Volker Elis Pilgrim
Hitler 1 und Hitler 2
Erstes Buch
Das sexuelle Niemandsland

Volker Elis Pilgrim

Hitler 1 und Hitler 2

Erstes Buch
Das sexuelle Niemandsland

Osburg Verlag

Erste Auflage 2017
© Osburg Verlag Hamburg August 2017
www.osburgverlag.de

Lektorat: Ulrich Steinmetzger, Halle (Saale)
Umschlaggestaltung: Judith Hilgenstöhler, Hamburg
Satz, Layout: Hans-Jürgen Paasch, Oeste
Druck und Bindung: CPI books GmbH, Leck
Printed in Germany
ISBN 978-3-95510-140-4

Inhalt

Für Aotearoa, ohne deren unerschöpfliche
Spiritualität ich die Entdeckung »Hitler war ein
Serienkiller« nicht hätte machen und den »Ring«
darüber nicht vollenden können.

Zwischen Autobiografie und Hitler-Biografie

Hitler 1 und Hitler 2 ist das Ergebnis einer Jahrzehnte-lang unternommenen Biografiearbeit. Am 12. April 2017 las ich den Begriff »Biografiearbeit« im *Tagesspiegel* und freute mich, dass er Allgemeingut geworden ist. *(Sergon)* Ich benutze ihn manchmal sogar in der Kombination mit Bio(grafie)analyse, um den antiquierten und aus manchen Perspektiven sogar zweifelhaft gewordenen Begriff Psychoanalyse zu verdeutlichen. Bei der Biografiearbeit, ja der Bioanalyse handelt es sich um die Arbeit mit der eigenen Lebensgeschichte oder mit der Geschichte anderer Personen.

Als ich im Herbst 1994 die Szene des Büchermachens verließ, geschah das um ausschließlich (Auto)Biografiearbeit zu unternehmen, was für eine öffentliche Person nicht möglich ist. Ich musste für eine Weile unöffentlich werden. Dass diese Phase meines Lebens ein Vierteljahrhundert dauern würde, konnte ich mir nicht vorstellen.

Ich hatte zwischen 1971 und 1994 fast 25 Jahre lang nonstop Bücher, Aufsätze und Artikel veröffentlicht. Zugleich war ich permanent auf Publikums-Veranstaltungen und in TV-Programmen präsent. Beide vermuteten Gründe für mein plötzliches Verschwinden – Erfolglosigkeit und Schreibunfähigkeit – trafen nicht zu. Mein 15. Buch »*Du kannst mich ruhig ›Frau Hitler‹ nennen*« startete kurz nach seinem Erscheinen im Oktober 1994, zum Bestseller zu werden, den ich mit meinem Ausstieg abwürgte. Mir war zum zweiten Mal geglückt, eine Welle in Bewegung zu setzen – nach dem »neuen Mann« und der Männerbewegung 1971/73 diesmal die Nazifrauen-Buch-Bewegung, ein Thema, das mindestens ein Jahrzehnt lang boomte. *(Zur Nieden 01)* Ich überließ Kolleginnen und Kollegen den Erfolg mit ihm und stieg in die tiefsten Gründe eines Nazi*sohnes* ein. Als solchen hatte mich ein mir persönlich unbekannter Nachbar in meinem Kindheitsdorf tituliert und damit zugleich begründet, warum er mich nicht kennenlernen wollte. Er hatte gute Gründe dafür, war er doch vor Jahrzehnten das bei Freunden versteckt überlebende Baby seiner deportierten und ermordeten jüdischen Eltern gewesen.

Tatsächlich war meine Bio-Sozio-Psycho-Basis eine Nazifamilie »mit langem Arm nach oben«, wie andere Nachbarn mein aristokratisches Herkunfts-Milieu noch in den 1970ern kennzeichneten. Geboren 1942 hatte dieses Milieu auf mich bis zu meiner Trennung von ihm 1978 eine prioritäre Wirkung. Doch auf diese »U-Ebene« setzte sich die Gemeinschaftlichkeits-Gesinnung des DDR-versuchten Sozialismus, dazu die geistige Schulung in Marxismus. 1960 kam es wider meinen Willen zur Flucht der Familie in die BRD. Dort wurde ich ab 1963 Kind der *Frankfurter Schule* und trieb es bis zum »Äußersten« der Duz-Freundschaft mit Adorno, dessen Geliebte Eva ich 1969 heiratete – ja, genau die geheimnisvolle *Artisten-in-der-Zirkuskuppel-ratlos*-Verlobte Alexander Kluges.

Dieser Sud bis Sumpf von Widersprüchen in meiner Jugend machte es mir möglich, Anfang der 1970er Jahre zu einer Nach-68er Kultfigur zu erblühen. Das gelang mir deswegen, weil ich neben der Befreiung des Mannes aus seinen Verstrickungen ins »Patriarchat« auch um die Befreiung des Kindes und des »Tieres« aus den unsäglichen Umgangsweisen der Menschen mit den Schutzlosen kämpfte. Im Zuge der Verfechtung einer neuen Kind-Eltern-Beziehung trennte ich mich von meinem gesamten Ursprung bis zum kompletten Erbverzicht und der Aufgabe meines bürgerlichen Namens. Denn Befreiung geschieht nicht, wenn sie nur gedacht und nicht auch mit der eigenen Biografie gelebt wird – die entscheidenden Gründe dafür, warum die Erneuerer vom Großkaliber eines Marx und eines Freud notorisch erfolglos blieben. Sie verbreiteten ihr falsches Credo: Befreiung müsse nur bei anderen geschehen, nicht bei sich selbst. Wegen dieser anti-autobiografischen Attacke geschieht Befreiung dann bei anderen ebenfalls nicht.

Mit der Beibehaltung meines hebro-germanischen Künstlernamens falle ich nicht etwa in alte Stadien zurück. Sie geschieht wegen des dreißig Jahre lang gestanzten Markenzeichens, das in unzählbaren Artikeln über mich bis zu *Time Magazine* in Rotation gegangen ist. Unter meinem neuen Namen auf die Dauer publizistisch zu firmieren, wie ich es 2009 versuchte, hätte wegen des digitalen Zeitalters eine schwächende Zweinamens-Spaltung der Person bedeutet.

Zehn Jahre nach meinem Abschied vom privaten Ursprung wurde ich von deutsch-österreichisch-polnisch-jüdischen Emigranten in Melbourne adoptiert, aus denen ich mir eine Zweit-Familie schuf. 1988 war ich als *permanent resident* dorthin gezogen und hatte 1989 die australische Staatsbürgerschaft erworben. Die neun Melbourner jüdischen Wahlverwandten ersetzten mir meine neun Primärpersonen, in deren Großfamilie ich aufgewachsen war.

Mit der historischen und geografischen Weitenschau auf alles Deutsche – nicht nur auf mich selbst – konnte ich ungewöhnliche Perspektiven einnehmen, die mir wissenschaftliche Entdeckungen und die Bearbeitung neuer Themen ermöglichte. Vier Beispiele:
1. Ein Buch-Zyklus über Kleists Leben und Werk,
2. Missbrauch und Botschaft in der Eltern-Kind-Beziehung,

3. die genetischen Ursachen des Tätertyps Serienkiller,
4. die psychischen Konditionen des Täterinnentyps Gattenmörderin.

Bei jedem Thema konnte ich auf frühe Erfahrungen aufbauen:
1. Zwei Jahrzehnte Theaterspielen,
2. meine achtjährige Psychoanalyse,
3. mein Jura-Studium – Schwerpunkt Kriminologie,
4. meine Bekanntschaft mit der Pionierin im Frauen-Strafvollzug, Helga Einsele.

Für jedes Thema entstanden mehrere Manuskripte – das folgenreichste *Hitler 1 und Hitler 2*, eine psychoanalytische, sexualwissenschaftliche, sozio- und kriminologische Auseinandersetzung mit *dem* deutsch-österreichischen Täter des (20.) Jahrhunderts.

Hitler 1 und Hitler 2 ist eine Studie – verfasst worden im Stil eines Matches mit der Hitler-Biografik. Neben Hitler sind mehr als zwanzig Autorinnen und Autoren in der Hitler-Forschung die Protagonisten, mit denen es zum Teil hoch hergeht, weil sie sich Angriffen ausgesetzt sehen werden, die noch nie gegen sie geritten wurden.

Ich habe mein historisches Handwerk auf dem Schoß meines mütterlichen Großvaters erworben – des Mittelalter-Spezialisten Dr. Wilhelm Smidt. Hinzu kommt meine Ausbildung in Aristokratologie – ermöglicht durch die mit dem Ur-Adel verzweigte väterliche Familie, ein Rüstzeug, dass bei der Beschäftigung mit Hitler nicht zu unterschätzen ist. Denn gewöhnlich hat die bürgerliche Geschichtsschreibung keine Kenntnisse von der feudalistischen Gesellschaft mehr erworben, der Vorform der kapitalistischen, in der wir heute leben. Hitler entstammte feudal-bäuerlichen Vorfahren im österreichischen Waldviertel, in dem seine miteinander verwandten Eltern aufgewachsen waren.

Der Kampf mit der Hitler-Biografik ging um etwas Dramatisches, das ich vor meiner siebenjährigen Hitler-Forschung nicht für möglich gehalten hätte. Meine Existenz spannte sich zwischen dem Mich-Vertiefen in zehn deutsche Spezial-Archive und dem Verarbeiten des Quellenmaterials, meinen Niederschriften in Neuseeland, wo ich seit 1999 lebe – mit Ausnahme eines Bonner Intervalls von 2009 bis 2012, währenddessen ich 2010 meine Hitler-Forschung begann.

Die Drei-Länder-Wirkung auf mich erbrachte nicht nur unentwegt Neues über Hitler, sondern auch das Gewahrwerden: »Etwas ist faul im Staate Dänemark!« (Hamlet) Etwas stimmt nicht mit der Hitler-Rezeption, wie sie hauptsächlich in Deutschland betrieben wird. Ich war schockiert von der Herausgabe des Hitler-Buchs *Mein Kampf* durch das Münchener *Institut für Zeitgeschichte*. Das *IfZM* ist eines meiner geachtetsten Archive, in dem ich viele Stunden für meine Hitler-Forschung zubrachte. Wie konnte es dieser Institution, deren Ethos die Bewältigung der Nazizeit ist, passieren, »dass sich antisemitische Perspektiven in den Kommentar [von *Mein Kampf*] einschleichen«? So formulierte es der Londoner Professor Jeremy Adler am 5./6. Januar 2017 in der *Süddeutschen Zeitung*.

Auch machte mich stutzig, wie in Deutschland mit dem Neonazitum umgegangen wird: Lässigkeit gegenüber dem politischen Agieren der extremen Rechten, aber höchste Rechtsschutz-Achtsamkeit, falls jemand als »Neonazi« geziehen wird, was sich als eine Art *Holocaust-Leugnung* mit umgekehrten Vorzeichen ausnimmt. Sowie gegen jemanden die Vokabel »Neonazi« fällt, hat der Plakateur den Staatsanwalt im Haus. Unter solchen Adenauerzeit-»restaurativen« Gegenwärtigkeiten war es für mich definitorisch kompliziert, die momentane Hitler-Rezeption zu attackieren, was sein muss, sobald sie in braune Abwässer schliddert. Wenn schon der Gral der Dritte-Reichs-Forschung vor diesem Ertrinken nicht gefeit ist, was soll man dann gegen schlichtere Abwracker sagen?!

Ich kann nur sagen: Mir haben drei Länder geholfen, meinen Nazi-Ausgangspunkt Rückstands-los zu bewältigen: die DDR, Australien und Neuseeland. In Neuseeland gibt es das Pflicht-Schulfach »Nazi-Diktatur«, das Deutschland dringend bräuchte. Was Peter Longerich, der aktuellste Hitler-Biograf, 2015 forderte: »Wir dürfen nicht die letzten Opfer der Nazipropaganda werden!«, ist bei dem Schlamassel der *Mein Kampf*-Herausgabe des Münchener *Instituts für Zeitgeschichte* längst geschehen, den Jeremy Adler mit den Worten geißelte: »Man sollte wohl in einem Rechtsstaat, da die Volksverhetzung strafbar ist, diese Ausgabe [von Hitlers *Mein Kampf*] zurückziehen.« Ein schlimmeres Verdikt gegen ein wissenschaftliches Werk ist nicht denkbar. In Bezug auf Adlers vorletzten Satz seines Essays in der *SZ*: »Das absolut Böse lässt sich nicht edieren!«, muss hinzugefügt werden: »aber erforschen«. Und dabei haben mir die von Nazis am weitesten entfernten Demokratien Australiens und Neuseelands unschätzbar geholfen.

Ehe es losgeht mit dem *ersten Buch* von *Hitler 1 und Hitler 2* soll in einem Prolog das Unterfangen vorgestellt und das geistig-politische Bezugsnetz angesprochen werden, in dem sich das Thema Hitler heute befindet:

Der Spiegel schrieb am 14. Januar 2008 aus Anlass des 75. Jahrestages von Hitlers Machterlangung:»Wäre Hitler am 30. Januar 1933 nicht Reichskanzler geworden, das ist gewiss, sähe unsere Welt anders aus. Und so lautet heute und wohl die nächsten Jahrzehnte, wenn nicht gar Jahrhunderte, die Königsfrage der deutschen Geschichte: Wie konnte es dazu kommen? … Eine letzte Antwort, eine Formel, die alles erklären könnte, steht bis heute aus.« (3/08)

Die Zeit leitete am 24. Dezember 2015 ihre Kritik der neuesten Hitler-Biografie des deutsch-englischen Geschichtsprofessors Peter Longerich mit den Worten ein:»Hitler *sells*. Dass der ›Führer‹ auf dem Umschlag zu höheren Auflagen verhilft, zeigt nicht nur ein Blick auf die *Spiegel*-Titel der letzten Jahrzehnte. Der Markt wird geradezu überschwemmt von Büchern und Filmen zu Hitler, von allem Möglichen, wenn es sich nur irgendwie mit Hitler in Verbindung bringen lässt.«

Die Welt vom 30. Dezember 2016 übertrumpfte diese Feststellung mit der Nachricht:»2016 war das beste Hitler-Jahr«. Das Blatt stellte sechs neue deutsche Publikationen zum Thema»Hitler« vor und war bester Hoffnung:»Man darf gespannt sein, ob es auch künftig noch überraschende Ideen [zu Hitler] gibt.«

Die *FAZ* hatte schon am 22. Juni 2004 nach dem Hitler-Bunker-Film *Der Untergang* die Hitler-Rezeption in »eine neue Phase« eintreten sehen. Die Ausstellung *Hitler und die Deutschen* 2010 im Berliner *Deutschen Historischen Museum* war von Gästen aus aller Welt regelmäßig überfüllt. Das *Nachtstudio* des *ZDF* brachte dazu am 1. Februar 2011 seine Sendung *Zeitgenosse Hitler*. Die 2012 erschienene Satire *Er ist wieder da* von Timur Vermes katapultierte sich zu einem Weltbestseller – Thema: Adolf Hitler aufersteht im Berlin von 2011.

Der englische Geschichts-Professor Ian Kershaw – die Nummer eins in der Zunft der Hitler-Biografen – publizierte aus Anlass von Hitlers 125. Geburtstag am 20. April 2014 im *History Magazine* den Aufsatz *The Long Shadow of Adolf Hitler*. Geradezu verrückt sind die Anglos nach Hitler. In Erinnerung ist, dass Hitler auf dem *Sergeant Pepper*-Cover der *Beatles* von 1967 ursprünglich unter den Gästen sein sollte, dann aber mit Jesus und Gandhi herauszensiert wurde. Das hat sich auch bei der Jubiläumsausgabe von 2017 nicht geändert.

Der brasilianische Journalist Carlos Haag schreibt in seinem Blog *The Day on which Hitler cried*: Die Faszination der 20.-Jahrhundert-Diktatoren wie Franco, Mao, Mussolini, Pol Pot und Stalin verblasse, die publizistische Wirkung von Hitler jedoch steige.

Die deutsche und englischsprachige Wissenschafts-Literatur um die Jahrtausendwende beschleunigt sich: Alle paar Jahre neue Bücher über Hitler! Die Franzosen bemühen sich jedes Jahrzehnt um neue Perspektiven auf Nachbars blutrünstigen Public-Tycoon. Vier Autoren aus diesen drei Kulturen, die sich im Prinzip die Hitler-Biografik teilen, versuchen noch einmal mit der Größt-Anstrengung einer 1000–2000-Seiten-Gesamtschau, dem Sondermann zu Leibe zu rücken: Der Brite Ian Kershaw (1998/2000 und 2008), der Franzose Bernard Plouvier (2007/08), der Deutsche Volker Ullrich (2013, Englisch März 2016) und der transnationalisierte, in London lehrende Peter Longerich (2015).

Anglo- und deutsche TV-Produzenten planen neue Mammut-Serien über Hitler.

Und doch ist noch immer ein Rest des Unerklärlichen an Hitler hängen geblieben. Der erste Nach-45-Hitler-Biograf von Weltrang, Alan Bullock, sagte gegen Ende seines Lebens zu seinem amerikanischen Kollegen Ron Rosenbaum, je mehr er sich mit Hitler beschäftigt habe, umso unverständlicher sei ihm der Diktator geworden. »Da bleibt«, so auch der britisch-australische Historiker und Bestsellerautor Christopher Clark resignativ, »etwas Unbegreifliches«.

Die alten Versuche der Annäherung an Hitler mit Hilfe von Kategorien aus Psychiatrie und Psychoanalyse haben Hitler *nicht* enträtselt. Ian Kershaw summierte zur Jahrtausendwende: »Die Interpretationen von Adolf Hitlers Verhalten aus Ursachen *frühkindlicher* Störungen sind gescheitert.«

Zwei Besonderheiten in Hitlers Wirken und Persönlichkeit überragen alle anderen seiner Abnormitäten:

Erstens. Hitler war ein ungewöhnlicher Serienkiller.

Obwohl Massenmörder und Terroristen ebenfalls wiederholte Tötungen begehen, sind Serienkiller kriminologisch etwas phänotypisch anderes als Massenmörder, Terroristen und auch Amokläufer. Serienkiller leiden unter einer *sexuellen* Anomalie. Sie haben einen Drang zu morden, um sexuelle Befriedigung zu erlangen. Sie wurden früher »Triebtäter« oder »Lustmörder« genannt – Begriffe, die dieser Eigenart männlichen Mordens sehr nahe kamen und zu Unrecht in der Fach-Terminologie aufgegeben wurden.

Was Serienkiller mit ihren Händen tun, tat Hitler aus seinem Kopf heraus. Er wirkte schon ab 1919 darauf hin, dass Menschen von seinen – um ihn gescharten – Horden gequält und getötet wurden. Er befahl als Staatsführer Quälungen und Ermordungen fließbandhaft sofort von Februar 1933 an und machte damit bis zu seinem Selbstmord im »*Führer*«-*Bunker* am 30. April 1945 nicht Schluss. Adolf Hitler als Serienkiller zu definieren heißt deshalb, er tritt diesmal nicht als *Psycho*path auf – wie jahrzehntelang missverstanden –, sondern als *Sexo*path.

Es geht in *Hitler 1 und Hitler 2* auch immer wieder um »profane« Serienkiller. Ohne ihr Spiegeln des Extrems würde Adolf Hitler nicht klar erkennbar werden. Außerdem sind Serienkiller ebenfalls immer noch eine *terra incognita*, ein maskulines Rätsel.

Maskuline Rätsel sind seit über vierzig Jahren Gegenstand meiner Untersuchungen. Ich arbeite neben Walter Hollstein, Klaus Theweleit und Wilfried Wieck für die Männerforschung, die universitär nicht etabliert ist. Es gibt an deutschen Universitäten inzwischen rund zweihundert Lehrstühle für Frauenforschung, jedoch keinen einzigen für Männerforschung!

Meine erste Veröffentlichung im Mai 1971 galt Albrecht Dürer, den ich zur Feier seines fünfhundertsten Geburtstags als homosexuell outete – was 2003 vom Nürnberger Dürer-Haus offiziell bestätigt wurde. Meine zweitjüngste Publikation *Die Königsfälschung* von 2009 behandelt den »Sonnenkönig« Louis XIV: Der Initiator des *Absolutismus* war kein gebürtiger Bourbone, sondern ein von der römischen Kardinalskorporation dem unfruchtbaren Königspaar untergelegtes süditalienisches Klappenbaby. Schon bei Ludwig 14 gab es eine Wesensveränderung, wenn auch aus ganz anderen Gründen als bei Hitler: Zuerst war Louis XIV ein unauffälliger Landesfürst, der aus den Fugen geriet, nachdem er am Sterbebett seiner Offizialmutter Anne d'Autriche erfahren hatte: Er verdankte seine Position des Königs von Frankreich nicht dem Gottesgnadentum, sondern einem Coup d'État, vollführt von den Kardinälen Richelieu und Mazarin.

Ob über Bismarck, Freud, Goethe, Marx, Mozart, Napoleon, Nietzsche, Luther, Rathenau, Reagan, Stalin und Wagner oder den »Mann auf der Straße«, es handelt sich in den meisten meiner Bücher um ungewohnte Perspektiven auf den Mann und seine männerbündische Gesellschaft. Ich studierte zwischen 1961 und 1968 bis zum Dr. jur. Geschichts- und Rechtswissenschaft, Psychoanalyse und Soziologie an den Universitäten Göttingen und Frankfurt am Main. Acht meiner zwischen 1973 und 2009 publizierten sechzehn Bücher behandeln Themen der Geschichtsschreibung, zwei berühren Hitler (*Muttersöhne*, 1986, und »*Du kannst mich ruhig ›Frau Hitler‹ nennen*«, 1994).

Bereits als Student beschäftigte ich mich in den Seminaren von Strafrechtlern, Kriminologen und Soziologen mit Serienkillern. Meine Universitätslehrer auf diesem Gebiet waren Friedrich Geerds, Jürgen

Habermas, Klaus Lüderssen, Eberhard Schmidhäuser, Curt und Ilse Staff und die hessische Frauengefängnis-Direktorin Helga Einsele, deren Nachfolgerin Eva von Pilgrim wurde. Während meines Studiums in den 1960ern machte in Nordrhein-Westfalen der jugendliche »Kirmesmörder« Jürgen Bartsch Schlagzeilen und lieferte – gemeinsam mit seinen Vorläufern, dem »Schlächter von Hannover« Fritz Haarmann und dem »Vampir von Düsseldorf« Peter Kürten – erstes Material für eine Definition des befremdlichen Tätertyps »Serienkiller«.

Zweitens. Hitler erscheint biografisch nicht einheitlich. Es gibt »*zwei* Hitlers«, den frühen unauffälligen *Hitler 1* – bis 29-jährig – und den historisch wirksamen *Hitler 2* in seinem Alter von 30 bis 56.

Ist in der Hitler-Forschung die Auseinandersetzung mit Hitlers Serienkiller-Anlage eine Neuheit, so haben sich schon mehrere Autoren dem Phänomen der »*zwei* Hitlers« genähert, u. a. in der zeitlichen Reihenfolge ihrer Publikationen Anton Joachimsthaler mit *Korrektur einer Biographie* (1989), Brigitte Hamann mit *Hitlers Wien* (1996), Anna Maria Sigmund mit *Diktator, Dämon, Demagoge* (2006), Dirk Bavendamm mit *Der junge Hitler* (2009), Ralf Georg Reuth mit *Hitlers Judenhass* – den es bei *Hitler 1* noch nicht gab – (2009), Thomas Weber mit *Hitlers erster Krieg* (2010/2012) – behandelnd einen Hitler, der als Soldat des Ersten Weltkriegs seine weltbekannten Negativa noch nicht »draufgehabt« hatte – sowie Henrik Eberle mit *Hitlers Weltkriege. Wie der Gefreite zum Feldherrn wurde* (2014) – eine Gegenüberstellung der zwei Hitler-»Ausgaben«, wie sie sich im Ersten und im Zweiten Weltkrieg jeweils betätigten.

Hitler 1 war weder politisch begabt noch antisemitisch fanatisiert. Schon Autoren wie Erich Fromm und Joseph Stern haben sich mit einer weiteren Auffälligkeit am frühen Hitler beschäftigt: *Hitler 1* war ein willenloser, Publikums-scheuer »Sonderling« (Hitlers eigenes Wort für seine Selbstkennzeichnung als *Hitler 1),* der vor mehr als fünf Personen nicht reden konnte und nicht wagte, sich auf eine Empfehlung hin bei einem bekannten Wiener Bühnenbildner vorzustellen. Er war ein »Schöngeist«, ein privatisierender, sich in Malerei, Architektur und Musik versuchender Dilettant, jedoch nicht imstande, Prüfungen zu bestehen.

Hitler 1 war praktisch und ideell kein »Gewaltmann«, stattdessen ein körperlich fragiler »Weichling«, der Offiziere nicht mochte, sich vier Jahre lang seiner Stellungspflicht entzog und der bei seiner erzwungenen Musterung für den österreichischen Militärdienst im

Februar 1914 als untauglich eingestuft wurde. Über diese Besonderheiten gibt es genügend Zeugnisse aus seiner österreichischen Jugend-
und seiner deutschen Soldatenzeit – allen voran August Kubizeks *Adolf
Hitler. Mein Jugendfreund,* Franz Jetzingers *Hitlers Jugend. Phantasien,
Lügen und die Wahrheit,* Bradley f. Smiths *Adolf Hitler. His Family,
Childhood and Youth* und Fritz Wiedemanns *Der Mann, der Feldherr
werden wollte.* Hitlers militärischer Vorgesetzter im Ersten Weltkrieg,
sein späterer Adjutant als Bürochef in der Reichskanzlei, Wiedemann,
zeigt einen *Hitler 1,* der nicht führen *konnte* und nicht vorstehen *wollte*
und deshalb nie zum Offizier befördert wurde.

Aufgrund dieser riesigen Differenzen zwischen den zwei Hit-
ler-»Ausgaben« wurde bisher vergeblich versucht, mit dem erwachsenen *Hitler 2* den jugendlichen *Hitler 1* zu interpretieren oder *Hitler 2*
aus *Hitler 1* herzuleiten. Alle diesbezüglichen Versuche gingen ins
Leere, da *Hitler 1* und *Hitler 2* voneinander so verschieden waren, als
hätte es sich um andere Personen gehandelt.

Wie kam es zu der Wesensveränderung und vor allem wann und wo?
Dieser Vorgang ist das Hauptthema des Zyklus, das alle Bände durchzieht. Die Nahtstelle zwischen *Hitler 1* und *Hitler 2* war seine Zeit vom
21. Oktober bis zum 19. November 1918 als damals »hysterisch« diag-
nostizierter »gasvergifteter« Soldat in einer sanitären Spezial-Station
für »Kriegsneurotiker«, ab 1916 eingerichtet im ganzen Lande – so
auch im *Reserve-Lazarett zu Pasewalk.* In einer solchen Station wurden
Blinde, Taube, Stumme, Zitterer, Stotterer und andere Nerven-geschä-
digte Leicht-Verwundete oder Somatisierende hospitalisiert. *Hitler 1*
war nach seiner Giftgas-Verwundung Mitte Oktober 1918 medizinisch
als »Funktioneller« – was damals hieß, nicht organisch Verwundeter,
sondern psychosomatisch Reagierender – eingestuft und in einem
Invaliden-Transportzug von der Westfront nach Pasewalk verbracht
worden. Auf seinen beiden erhalten gebliebenen *Zählkarten* – den
Miniaturausgaben von Daten aus der Krankenakte zu seiner zweiten
Kriegsverletzung im Herbst 1918 – wurde die Art von Hitlers Krankheit nur mit »Gasvergiftung« umschrieben.

Deshalb besteht in der Hitler-Forschung völlige Unklarheit über die
genauere Art von Hitlers Leiden nach einem Gasgranaten-Angriff der
Briten am 15. Oktober 1918. Seine Pasewalker Krankenakte ist von den
Nazis vernichtet worden. Und allgemeine Unterlagen über das *Reserve-Lazarett zu Pasewalk* im dortigen Garnisonskomplex sind im *Zweiten*
Weltkrieg verbrannt. Einzelheiten zu *Hitlers Pasewalk* mussten daher
für *Hitler 1 und Hitler 2* über andere Quellen rekonstruiert werden.

Hitler 2 mystifiziert seine Pasewalker Lazarett-Zeit Oktober/ November 1918 in seiner Teil-Autobiografie *Mein Kampf*. Er deutet darin an, es sei in Pasewalk etwas Eigentümliches mit ihm geschehen, das ihn zum Politiker »gemacht« habe: »Ich aber beschloss, Politiker zu werden!« Dieser Satz, 1925 rückdatiert auf die Herbst-1918-Geschehnisse, markiert die Grenzüberschreitung von *Hitler 1* zu *Hitler 2*. Denn *Hitler 1* hatte überhaupt keine Voraussetzungen für eine erfolgreiche Politikerlaufbahn.

Obwohl es schon zwei Bücher über Hitlers Phase in Pasewalk gibt – David Lewis' *The Man Who Invented Hitler* (2003) und Bernhard Horstmanns *Hitler in Pasewalk* (2004) –, und außerdem Autoren wie Rudolph Binion und David Post zwischen 1976 und 1998 dem Problem Abschnitte in ihren Büchern oder Fachzeitschriften-Aufsätze gewidmet haben, liegt immer noch ein Dunkel über Pasewalk. Was geschah dort?

Hitler 1 wurde während seines Aufenthaltes im *Reserve-Lazarett zu Pasewalk* ein Opfer der »Maschinengewehre hinter der Front«. So nannte Sigmund Freud die Militärpsychiater, die die psychosomatisch oder mikroorganisch/molekularbiologisch erkrankten – damals genannt »kriegsneurotischen« – Soldaten im Eilmarsch mit dubiosen Verfahren traktierten, um die jungen Männer so schnell wie möglich an die Front zurückschicken zu können. Der angeblich »funktionell« erkrankte *Hitler 1* war in Pasewalk von einem neuropsychiatrischen Offizier mit unlauteren psycho-invasiven Methoden symptomlos gemacht worden.

Dabei geschah ein medizinischer Supergau: Durch einen ärztlichen Kunstfehler während der tiefenpsychischen Behandlung war Hitlers bisher verdrängtes Serienkiller-Potential aus Versehen »entdrängt«, d. h. gezündet worden und Verhaltens-steuernd in Hitlers Ich-Struktur eingedrungen. Fortan fuhr *Hitler 2* als polit-hypnotischer massensuggestiver »Frankenstein« in Deutschland und Europa hinein, bis über fünfzig Millionen Menschen tot waren und er am 30. April 1945 von der ganzen Welt zum Aufgeben gezwungen werden musste.

Adolf Hitler war in zweierlei Weise selbst ein Opfer, ehe er sich als »Täter des Jahrhunderts« äußerte: *Erstens* genetisch als Serienkiller, verursacht durch die Inzuchts-Ehe seiner Eltern, *zweitens* medizinisch, indem ihm mit einer »gehirnwaschenden« Ich-überrumpelnden Brachial-Kur ein neues Verhalten konditioniert wurde – nämlich dasjenige eines Landes-, später eines Staats-terroristischen Massenmörders und schließlich eines versuchten Völkervernichters.

Nach der etwa zehnjährigen konzentrierten Beschäftigung mit dem Thema »Serienkiller« und dem Abschluss eines Manuskripts Ende 2010 reifte der Entschluss, zu dem besonderen Serienkiller Adolf Hitler ein eigenes Buch zu schreiben, der schon im Text über die gewöhnlichen Serienkiller immer wieder Gastauftritte absolviert. Es sollte eine kurze Studie werden, weil Hitler ja bekannt ist, deshalb sollte das Thema nur Hitlers Wesensveränderung betreffen. Wie geschah sie? Was für eine psychodynamische Transformation ereignete sich zwischen dem Militärpsychiater in Pasewalk und dem Weltkrieg-I-verwundeten Gefreiten und Meldegänger?

Kaum war das Forschungsfeld betreten, stellte sich heraus, *Hitlers Pasewalk* ist das verwuchertste Dickicht von Unbewältigtheiten in der Hitler-Biografik. Kein exaktes Wissen vorhanden – weder darüber, wer der behandelnde Arzt gewesen ist, noch ob es in Pasewalk überhaupt eine »Kriegsneurotiker«-Station gegeben hat, wogegen 2014 Henrik Eberle polemisierte. Er sah Hitler nur mit »Augenbrennen« in einem Pasewalker »Genesungsheim« untergebracht und wollte die Problematik der Hitler'schen Wesensveränderung vom Tisch fegen. Der Existenz einer Nerven-Abteilung im Pasewalker Lazarett gelten mehrere Beweisführungen, ehe sie belegt werden kann. (*drittes Buch*)

Wegen der schwärzesten Nacht von Unkenntnis über Hitlers fünf Wochen zwischen seiner Verwundung Mitte Oktober 1918 an der Westfront und seiner dokumentierten Entlassung aus dem Pasewalker Lazarett am 19. November 1918 kann sich jeder Hitler-Forscher einbilden, was er will. Wer nicht glaubt, wie es hinsichtlich Hitlers mysteriösen fünf Wochen in der offiziellen Hitler-Forschung zugeht, möge sich die Pasewalk-Erzählungen der Hitler-Biografen zu Gemüte ziehen: Nach Olden (35) und Heiden (36/37), die noch wenig haben wissen *können*, folgten nur »Blind«-Stellen – so bei Görlitz/Quint (52), Bullock (52/53), Orr (52), Heiber (60), P. u. R. Gosset (61–63), Maser (65/71), Snyder (67), Deuerlein (69), Fest (73), Toland (76), Payne (77), Zitelmann (89), Steinert (91/94), Pätzold/Weißbecker (95), Kershaw (98/2000 und 2008), Reuth (2003), Ullrich (2013/2016), Sandkühler (2015), Longerich (2015).

Geradezu eine Verdunklungs-Schuld trifft Hitlers medizinische Spezial-Biografen: Recktenwald (63), Röhrs (65/66), Schenck (89), Redlich (98/2002), Neumayr (2001) und Eberle/Neumann (2009/2013), denen allen noch Plouvier hinzugerechnet werden muss, da er mit seinen aufwendigen vier/sechs Bänden eine *biographie médicale et politique* vorgelegt hat (2007/2008). Es wäre die Pflicht dieser Autoren gewesen, konzentrierte Untersuchungen über Hitlers Lazarett-Zeit in Pasewalk vorzunehmen, anstatt diese zu marginalisieren.

Die vielen anglo-deutschen Sonder-Studien zu Hitlers »Psychopathie« von Coolidge und Langer über Miller und Stierlin bis zu Waite wurden bei den medizinischen Biografien nicht aufgeführt, weil sie nicht Gesamt-Lebens-betrachtend vorgehen und weil sich ihre Relevanz nach der Terminierung Hitlers als Serienkiller aufgehoben hat.

Überraschend neue Töne schlugen alle drei Hitler-Chronisten an: Hauner, Bruppacher und Sandner erwähnen immerhin schon Hitlers Schnitt-Zeit in Pasewalk und berichten davon, dass Oktober/November 1918 eine Hypnose Hitlers durch einen Militärpsychiater stattgefunden hat. Das ist ein Lichtblick, weil die Chronisten – im Gegensatz zu sämtlichen Biografen – die beiden Pioniere Lewis und Horstmann in ihre Hitler-von-Tag-zu-Tag-Revues einarbeiteten. Jedoch: In dem Gewirr von Unklarheiten über Hitlers Bruch-Zeit der Pasewalker Wesensveränderung machen die beiden ersten unternommenen Versuche von David Lewis (2003) und Bernhard Horstmann (2004), Licht in *Hitlers Pasewalk* zu bringen, einen niederschmetternden Eindruck, den auch kein Chronist reparieren konnte. Denn die Autoren warten mit einem »Kraut und Rüben« von echter Recherche und – in der Geschichtswissenschaft verpönten – »Vermutungen«, »Annahmen« und fantasierten Verstiegenheiten auf. Nach den Publikationen von Lewis und Horstmann gibt es immer noch kein Licht über Pasewalk.

Das ursprünglich beabsichtigte kurze Themen-Buch über Hitlers Wesensveränderung musste ad acta gelegt und in eine Spezial-Untersuchung eingestiegen werden. Deren Anspruch: Nicht mit einer *einzigen* Vermutung sich im Raum der Darstellung einzurichten, sondern alles Konstatierte mit der Dokumentierung von Zeugnissen und Zeugenaussagen zu beweisen. Das Unternehmen führte zu einer fast siebenjährigen Nonstop-»Feldforschung« auf ganz anderen »Feldern«, als zuvor die Serienkiller-Forschung unternommen worden war. Das Wagnis wurde belohnt mit einer Vielzahl von überraschenden Entdeckungen, die oftmals dazu führten, dass viele Passagen im Text mehrmals verfasst werden mussten, jeweils dann, wenn sich neue Erkenntnisse aus neuen Funden ergaben.

Höhepunkt: Im vierten Jahr der Recherche das Ergebnis – Hitler war *nicht* blind, wie er es in *Mein Kampf* und weitere fünfmal behauptete und im Dritten Reich seine Mit-Propagandisten achtmal lügen ließ. Hitler litt nicht einmal an Augenproblemen. Seine »Gasvergiftung« am Ende des Ersten Weltkriegs hatte sich auf die feine Muskulatur seines Kehlkopfes ausgewirkt. Hitler war stumm, und das auch noch real und nicht funktionell. Die Giftgas-Verletzungsfolge »stumm« führte zum biografischen Schnittpunkt des Massen-suggestivsten Redners aller Zeiten. Ein komplettes Novum in der Hitler-Forschung, da alle Biografen und Chronisten von einem »blinden« oder Augen-involviert »gasvergifteten« Hitler ausgehen. Die Neuheit wurde mit über zehn Zeugnissen und Zeitzeugen-Aussagen stabilisiert.

Das Entsetzen jedes Verlages musste herausgefordert werden: Das Projekt schwoll so an, dass es sich im vierten Jahr in drei und im sechsten Jahr in vier Bücher gliederte. Das Quatro-»Konzert« ließ sich nicht vermeiden, da bei *Hitlers Pasewalk* prozesshaft vorgegangen werden musste – *so* lange zu recherchieren, zu argumentieren, ja zu verhandeln, bis ein Detail klipp und klar dasteht, entweder mit einem Dokument belegt oder mit Faktenscherben von mindestens drei Indizien konsolidiert. Es wurden Forschungen in zehn Primär-Dokumenten-Zentren oder -Archiven und darüber hinaus in genauso vielen Spezial-Bibliotheken und -Sammlungen unternommen, um das medizinische Fachschrifttum der Weltkrieg-I-Epoche nach Antworten zu komplizierten Fragen zu durchsuchen und um die Realitäten von *Hitler 1* und *Hitler 2* in versteckten Zeugnissen und Zeitzeugen-Aussagen zu finden.

In *Das sexuelle Niemandsland* wird die Klärung von sexuellen Fragen zu Hitler vorangetrieben, die in seinen Biografien ebenso unbefriedigend beantwortet werden wie die Geheimzeit von *Hitlers Pasewalk*.

Der Mainstream vermutet Hitler als Hetero – wegen seiner Beziehung mit Eva Braun. Der Außenseiter Lothar Machtan setzt Hitler als Homo voraus. Beides musste differenziert und bisher irrige Annahmen konnten mit dem Serienkiller-Wissen verifiziert werden: Serienkiller sind im Prinzip »hypo-sexuell« (= gering-, a- oder unsexuell), womit ein treffender Begriff des frühen medizinbiografischen Hitler-Forschers Johann Recktenwald für die Diskussion um Hitlers Sexualität wiederbelebt wird. Heute würde Hitler als sexuell »low« bezeichnet werden. Das genetisch deformierte eigentliche sexuelle Interesse der Serienkiller ist aufs Quäl-Töten gerichtet, erst dabei erleben sie sexuelle Befriedigung.

Im *ersten Buch* muss Hitler von Sexual-Mythen befreit werden, was sehr aufwendig verläuft, weil es knifflig ist, Genauigkeiten bei dieser Problematik zu erreichen. Sein Titel entstammt einer Einschätzung des frühen Hitler-Gefolgsmannes Ernst Hanfstaengl. Hanfstaengl wollte mit der Kennzeichnung Hitlers als »sexuelles Niemandsland« die fehlende sexuelle Praxis Hitlers treffen und kam damit erstaunlich nahe an dessen Serienkiller-Eigenart heran.

Das *zweite Buch* gilt dem Ziel, Hitlers *dichte* Inzucht zu beweisen. Die Hitler-Biografik zuckt zu diesem Thema die Achseln. Es ist ihr egal, ob Hitlers Eltern Onkel und Nichte ersten oder zweiten Grades waren. Doch für den Nachweis von Hitlers Serienkiller-Anlage kann die Situation nicht im »Egal« bleiben, da eine der Ursachen dieser männlichen Anomalie ein genetischer Schaden aus *dichter* Inzucht ist. Außerdem wird die Frage behandelt: Warum war *Hitler 1* kein aktiver Serienkiller? Bei den meisten zeigt sich der Quältötungs-Trieb schon um die Pubertät im zweiten Lebensjahrzehnt oder in den Zwanzigern. Hitlers Serienkiller-Anlage wurde in die Verdrängung gezwungen, so dass von *Hitler 1* als einem *stillen Serienkiller* gesprochen werden kann, dem der Trieb an sich stillgelegt worden war – von seinem intakt humanen Milieu. Deshalb war *Hitler 1* ab seinem 11. Lebensjahr willenlos im Sinne von antriebsschwach. Um ihm den Serienkiller-Trieb stillzulegen, musste Hitlers gesamter Trieb vom österreichisch ländlich-kleinstädtischen Umfeld niedergehalten, gleichsam versiegelt werden.

Die Forschung kam in diesem Punkt zum gegenteiligen Ergebnis, in das sich die Hitler-biografische Psy-Fraktion hineinfantasiert hat, deren terminologische Altbackenheit immer noch in breiter Aufmachung die Hitler-Interpretation im *Wikipedia* dominiert: *Hitlers Auschwitz* wäre ein Resultat aus »schlagendem Vater« und »gefühlloser Mutter« gewesen.

Alle ab Jugendzeit quältötend praktizierenden Serienkiller, bei denen die Anlage zum Vorschein kommt, wuchsen in deformierten Milieus auf. Das erzwang bei Hitler die Annahme des Gegenteils, was sich auch beweisen lässt.

Das *dritte Buch* konzentriert sich auf die medizinhistorischen Tatsachen zu Hitlers »Gasvergiftung«, die ihn in die Hände von Militärpsychiatern gebracht hat. Wegen der über Jahrzehnte hinweg prolongierten Unkenntnis der Hitler-Biografik über dieses Thema muss hier breitest ausgeholt werden – vor allem auch deshalb, um die Nazi-Lügen, an die alle Hitler-Forscher bis heute glauben, zu enttarnen.

Es gibt für die Wesensveränderung Hitlers in Pasewalk immer noch keine wissenschaftliche Basis in der Hitler-Forschung. Ab 2009 treten auch noch zwei Neuropsychiater in den Ring um Pasewalk – Jan Armbruster und Peter Theiss-Abendroth, die behaupteten, alles um *Hitlers Pasewalk* sei ein Fantasieprodukt und es handele sich um keine Tatsachen. Dieser Meinung schloss sich auch der jüngste Hitler-Biograf Longerich an. Die beiden amtierenden Psychiater Armbruster und Theiss-Abendroth wollten ihre Fachrichtung von dem

Verdacht reinigen, einer der Ihren wäre an Hitlers psychischer Explosion zum »Tschernobyl der Geschichte« (Jäckel) Schuld gewesen. Die Nervenärzte nahmen sich heraus, in Fachzeitschrifts-Aufsätzen ihre Ansicht von *Hitler in Pasewalk* als »Mythenbildung« zu verbreiten, ohne Spezial-Forschungen unternommen zu haben, was ihnen mit Einzelheiten nachgewiesen werden wird.

Erst mit den Klarheiten »Hitler nicht blind, sondern stumm« und »nicht ›hysterisch‹, sondern real verletzt« war der Weg für das *vierte Buch* geebnet. Das Arzt-Patienten-Verhältnis und der ärztliche Eingriff müssen anders gesehen werden, wenn nach der Gasvergiftung das reale Symptom des Geschichts-Verdrehers A. H. ein anderes als eine Augen-Krankheit war.

Horstmann und Lewis gingen irrig von »Hitlers ›hysterischer‹ Blindheit« aus und verirrten sich dadurch in abwegigen Vorstellungen über die Art und Motorik von Hitlers Pasewalker Behandlung, wie sie von Ernst Weiß in seinem Hitler-Roman *Der Augenzeuge* beschrieben werden.

Schon in den 1960er Jahren wurde nach Hitlers »Arzt von Pasewalk« gesucht – so von der Münchener *Abendzeitung* unmittelbar im Zusammenhang mit der Erstveröffentlichung des Weiß-Romans. Angesichts der falschen medizinhistorischen Implikationen konnte er bisher nicht gefunden werden. Das gelang in eigener Recherche per 18 Indizien. Nun erst begann die Beschäftigung mit der konkreten »Therapie« des Militärpsychiaters und deren Wirkung auf den unbedarften Soldaten.

Eine weitere Frage, die nach Antworten drängte: Warum wurde im Lazarett von Pasewalk der Unhold *Hitler 2* als gezündeter Serienkiller zwar hergestellt, aber als ein solcher, der selber nicht mehr Hand anlegen konnte? Die Alltäglichkeit im Leben von *Hitler 2*: Er wollte stattdessen viel schlimmer per Staat und mit Hilfe einer unübersehbaren Bande von Mittätern als seinen verlängerten Armen und Ersatz-Händen seine Lustmorde rituell inszenieren. *Hitler 2* musste zur ständigen Befriedigung seines ausgebrochenen deformierten Sexualtriebs serienkillend Quälerisches und Tödliches *befehlen*, zuerst in Deutschland, alsdann in ganz Europa.

Die Antworten zu der soeben aufgeworfenen Frage werden mit der notorisch seit Generationen im gesellschaftlichen Bewusstsein vergessenen Forschung über die *wilden Kinder* gegeben: Der *Wolfsjunge* Victor von Aveyron (1785–1828) des französischen Taubstummen-Arztes Jean Itard (1774–1838) konnte – als Wieder- Mensch-Gewordener

– nur noch schreiben, jedoch nicht mehr sprechen lernen. Fürs Sprechenlernen geschah die Wesensveränderung des als Baby ausgesetzten und bis zu seiner Pubertät unter nahest verwandten Mitgeschöpfen aufgewachsenen *Wolfsjungen* zu spät. Ebenso geschah fürs Selbermorden die psychische Transformation Hitlers in Pasewalk zwanzig Jahre nach seiner Pubertät zu spät – während der er hätte real oder in der Fantasie mit dem Quältöten von Mensch und Tier beginnen müssen, um sich als ein Hand-anlegender Serienkiller äußern zu können.

Wegen dieser Besonderheit Hitlers blieben ein paar einzelne potentielle Opfer verschont. Doch aufgrund des – in Kultur, Politik, Religion, Wirtschaft und Wissenschaft – herrschenden männerbündischen Gesellschaftssystems konnte der seit seiner Pasewalker Transformation plötzlich hypnotisch suggestiv exorbitant befähigte, gezündete Serienkiller *sui generis* die Verhaltensweisen von Millionen Männern aus allen Schichten des Volkes steuern, auf dass diese psychisch gesteuerten bündischen Mitglieder zu Hitlers Befriedigung mit Hilfe seiner Kriegsindustrie Dutzende Millionen Menschen ermordeten.

Die nachfolgend abgedruckten Bilder von *Hitler 1* und *Hitler 2* lassen erkennen, wie verschieden Hitlers Gesichtsausdruck in beiden Stadien war. Kaum zu glauben, dass es sich bei *Hitler 1* und *Hitler 2* um denselben Mann gehandelt hat. Wird der Unterschied zwischen dem gutmütig entrückten *Hitler 1* und dem fanatisch bohrenden, zynisch furchtbaren *Hitler 2* festgestellt, ist es nicht mehr schwer zu begreifen, dass infolge eines ärztlichen Kunstfehlers des Militärpsychiaters beim Patienten eine Wesensveränderung stattgefunden hatte.

Die *Deutsche Nationalbibliothek* verzeichnet 120 000 Arbeiten über Hitler. Ist die Hundertzwanzigtausendunderste wirklich nötig? Ist es nicht gleichgültig, ob Hitler blind oder stumm war, »normal«-heterosexuell konturiert oder sexopathisch homodestruktiv serienkillend veranlagt und ob der Massenmörder sich langsam zu seinem Tun entwickelt hat oder durch einen ärztlichen Kunstfehler dazu explodierte? Die Toten werden mit historischen Wahrheiten nicht wieder aufgeweckt, aber die Lebenden und vor allem die Nachgeborenen von einer Volksneurose befreit. Unklarheit über Hitler heißt, in der Krankheit zu verharren, in die dieser Mann Deutschland gestürzt hat. Für das Zusammenwachsen Europas ist es gefährlich, wenn das in der Mitte liegende wirtschaftlich und politisch mächtige Deutschland psychisch schwächelt, weil es an seiner Geschichte krank bleibt.

Ich habe mich schon einmal mit einer Volksneurose beschäftigt, die Frankreich kennzeichnet: nicht zu wissen, wie es zu der Erfindung des »Sonnenkönigs« kam. Die Deutschen wissen wenigstens, dass Hitler scheußlich war. Die Franzosen widmen alle paar Zeiten ihrer regentischen Formel-1-Katastrophe hymnische »Roi-de-Gloire«-Biografien. Da ich in meiner Jugend Französisch sprechen und schreiben konnte, war es mir möglich, für mein Buch *Die Königsfälschung* in die französische Geschichtskrankheit einzutauchen.

Während der Arbeit an meiner dreibändigen Autobiografie ab 2002 musste ich mich mit meiner Teil-adligen Herkunft befassen. In ihr spielte Henri IV eine Rolle, da sich die Familie über Hugenotten von ihm herleitet. Bereits als Kind begann mein Denken: Louis XIV passt als Enkel weder physiologisch noch spirituell-politisch zu Henri IV. Er bricht die Regel, dass »Enkel ihren Großeltern ähneln«. Antwort des Rätsels: Ludwig der Vierzehnte stammt nicht von Heinrich dem Vierten ab. Er ist 1638 dem 23 Jahre lang unfruchtbaren Königs-Ehepaar aus dem Fundus von süditalienischen Waisenhäusern beschafft und dem französischen Volk als »Dieudonné« angedreht worden.

Schon früh hatte mich Henri IV interessiert, die Glanzgestalt des politischen Humanismus, der Heinrich Mann im Anti-Nazi-Exil seinen zweibändigen Roman widmete. Henris Nicht-Enkel Louis hatte sechzig Jahre später politisch alles wieder zurückgedreht und »KZs des Grand Siècle« *(Erlanger)* gegen die Protestanten errichtet, ehe er das ganze Land von ihnen säuberte und bei seinem Tod zwei Millionen Ermordete und Verhungerte hinterließ – wegen seiner Kriegssucht und seiner sich selbst überhöhenden Schlösserbau-Manie.

Die beiden französischen Könige waren für mich Prototypen in kontroversem Denken und Tun. Auch in der Pilgrim-Familie der Göring-Höflinge gab es Beispiele für das Gegenteil. Zwei nahe Tanten waren ganz anders. Nettchen von Pilgrim hatte den sozialdemokratischen Bürgermeister Bernhard Hoffmann geheiratet und ihren Sohn Hans zum Kommunisten erzogen, der von SA-Männern umgebracht wurde. Fanny von Kurowsky hatte sich im Widerstandskreis der Elisabeth von Thadden organisiert, war mit ihr verhaftet worden und aus Zufall ihrer Hinrichtung entgangen. Sie erzählte mir, wie in unserer Verwandtschaft die Pilgrims »zutiefst verhasst« waren. Der engste Jugend- und Studienfreund meines Großonkels Rudolf Freiherr von Reibnitz, einziger Bruder meiner Großmutter, war der hingerichtete 20.-Juli-44-Widerstandskämpfer Ulrich von Hassell. Wenn bei Tisch über „Ulli Hassell" gesprochen wurde, begannen sich in meinem Hinterkopf Fragezeichen zu regen: Wie kam es dazu, dass der im Ersten

1 *Hitler 1 – WK I*

2 *Hitler 2 – 1927*

Weltkrieg gefallene Bruder der naheste Freund eines späteren Widerständlers gewesen war, die Schwester jedoch Nazi-Kooperateurin, die sich mit Göring verband?

Abermals löste sich eine Lawine von Folge-Entdeckungen, als ich professionell über das Thema des gefälschten Ludwig 14 zu arbeiten begann – zuerst für meinen Vortrag im Bonner *Haus der Geschichte*, Februar 2008: *Von Louis XIV zu Hitler. Die Weichen in Richtung Nazidiktatur wurden von den Päpsten um 1600 gestellt.* Daher kann mein Hitler-Ring ohne meine Ludwig-14-Studie nicht gedacht werden.

Dass man sich dem ultra-ausgefallenen Spezialmann Adolf Hitler nicht nur inhaltlich, sondern auch formell auf besondere Art nähern muss, wird niemandem mehr uneinsichtig sein, nachdem der sprachliche »Ring des Nibelungen« abgeschlossen vorliegen wird. Es handelt sich bei *Hitler 1 und Hitler 2* auf transliterarische Weise tatsächlich um etwas musikdramatisch Vergleichbares, um eine »gerockte Recherche« in einem »(Theater)gespielten« Sachbuch-Zyklus.

Als »Pilgrim 1« startete ich 1971 zu Albrecht Dürers fünfhundertstem Geburtstag. Als »Pilgrim 2« melde ich mich zum fünfhundertsten Jahrestag von Martin Luthers Wittenberger Thesen-Verkündigung zurück. Beide Künstler gehören seit langem zu meinen Medien-übergreifenden Identifikationsfiguren – Dürer als schwuler Maler und Aufklärer, Luther als Sprachschöpfer und Anti-Corpiarchaliker.

Auftakt

»Hitlers Gier nach Blut blieb unvermindert, stieg vielleicht sogar mit der Zeit der Niederlagen. Obwohl er physisch Angst hatte, Blut zu sehen, erregte und berauschte ihn der Gedanke daran. Die bloße Zerstörung in allen ihren Formen schien auf den angeborenen Nihilismus seines Geistes zu wirken ... Es war für ihn gleichgültig, wessen Blut vergossen wurde. Deshalb war das Ereignis, die nachsinnende Vorstellung über Ströme von menschlichem Blut, was ihn inspirierte, nicht der Gedanke an Sieg und der praktische Nutzen ... Während des Krieges stellte Hitler kontinuierlich seine Gier nach Blut unter Beweis – diese physische Lust beim geistigen Nachempfinden der Schlachten zu seiner eigenen Befriedigung. Die Generäle – abgehärtete Automaten –, berüchtigt als entpersönlichte Männer von Blut und Eisen, waren schockiert über solche zum Ausdruck gebrachten Gefühle [Hitlers] und haben darüber zahlreiche Beispiele gebracht. Während der Schlacht gegen Polen bekräftigte [General Franz] Halder immer wieder, dass die Erstürmung Warschaus unnötig wäre; es würde von alleine fallen, seit die polnische Armee nicht mehr existierte. Doch Hitler bestand darauf, dass Warschau zerstört werden müsste.« (Hugh Trevor-Roper: *The Last Days of Hitler.* 1947, S. 117)

»Er sah aus wie der Knabenmörder von Hannover, dessen Prozess unlängst Sensation gemacht hatte. Ob er, der österreichische Operettenhabitué am Nebentisch, ebenso tüchtig war wie sein norddeutscher Doppelgänger? Dieser homosexuelle Blaubart hatte es fertiggebracht, dreißig bis vierzig junge Buben in seine gastliche Stube zu locken, wo er ihnen im Liebesakt die Kehle durchbiss und aus den Leichen schmackhafte Wurstware machte. Eine stupende Leistung! – Die Ähnlichkeit zwischen den beiden Tatmenschen frappierte mich. Schnurrbart und Locke, der verhangene Blick, der zugleich wehleidige und rohe Mund, die sture Stirn, ja sogar die anstößige Nase. Es war alles dasselbe! ... Schicklgruber, bei dir langt es höchstens zum Lustmord.« (Klaus Mann: *Der Wendepunkt.* 1930–1932, S. 349)

»Die besetzten Ostgebiete werden judenfrei. Die Durchführung dieses sehr schweren Befehls hat der Führer auf meine Schultern gelegt.« (Heinrich Himmler am 28. Juli 1942 – In: *Peter Longerich 08*, S. 933, Anm. 87)

»Die Vorstellung bleibt hartnäckig, dass Hitler ein tief verborgenes, ihn beunruhigendes sexuelles Geheimnis hatte, das seine ansonsten unerklärliche Pathologie erklärt. Sogar der vorsichtige Alan Bullock erzählte mir, dass er glaube, dass da wahrscheinlich etwas Sexuelles in Hitlers Antisemitismus lag – ein verlorenes Echo auf Wilhelm Reichs Glaube: Der Ursprung des Bösen kann im Versagen einer ›normalen‹ orgastischen Reaktion gefunden werden.« (Ron Rosenbaum *Explaining Hitler: The Search for the Origin of his Evil*. 98, S. 135, 151)

«Die sexuelle Erregung ist in der Tat zerstörerisch und quälend, wenn die Entspannung nicht zugelassen ist. – Es ist aus Behandlungen kranker Priester bekannt, dass am Höhepunkt religiös extatischer Zustände unwillkürliche Samenentleerungen sehr häufig vorkommen. Die normale orgastische Befriedigung ist ersetzt durch einen allgemeinen körperlichen Erregungszustand, der das Genitale ausschliesst und der gegen den Willen, wie zufällig, Teilentspannung herbeiführt. Man kann den faschistischen Amokläufer nicht unschädlich machen, wenn man ihn, je nach politischer Konjunktur, nur im Deutschen oder Italienischen und nicht auch im Amerikanischen und Chinesischen sucht, wenn man ihn nicht in sich selbst aufspürt.« (Wilhelm Reich: *Die Massenpsychologie des Faschismus*. 1986, S. 15, 143)

3   *Direktiv-delegierender Serienkiller Hitler 2 1930er*

4   *Praktizierender Serienkiller Fritz Haarmann 1920er*

Introduktion – »Induziertes Irresein«

»Der Psychiater kennt eine Form der geistigen Erkrankung, die als induziertes Irresein bezeichnet wird. Es handelt sich dabei darum, dass ein psychisch Kranker seine Umgebung mit seinen Wahnbildungen so beeinflusst, dass sie selbst dem Wahne verfällt. Die Aufgabe ist in einem solchen Falle im Interesse der Therapie zunächst, den primär Erkrankten festzustellen, was keineswegs immer ganz einfach ist wegen der oft weitgehenden Identität der Wahnidee und der Übereinstimmung des Affektes.

Weiterhin sind die Besonderheiten der Psyche, die die Übernahme des Wahns verursacht haben, bei beiden Beteiligten zu klären. Es zeigt sich dabei, dass es sich bei dem Übertragenden meist um stark affektbetonte Vorstellungskomplexe handelt, die mit großer Überzeugungskraft vorgetragen werden, und dass für den Inhalt bei dem Induzierten ein für die Suggestion empfänglicher Boden vorliegt.

Es ist nun kein Zweifel, dass sich auch im Leben von Völkern – vor allem in revolutionären Zeiten – Erscheinungen finden, die in ihrem psychischen Mechanismus diesem Vorgang beim Einzelindividuum entsprechen.

Auch bei einer solchen, weite Volkskreise erfassenden psychischen Masseninfektion hat sich die Untersuchung auf die beiden Seiten zu erstrecken – die aktive führende Persönlichkeit und die psychische Zusammensetzung der geführten Masse.«

Die Sätze des Einleitungszitats schrieb 1947 der 79-jährige Karl Bonhoeffer. Er war von 1912 bis 1938 Inhaber des Lehrstuhls für Psychiatrie und Neurologie an der Berliner Universität und Direktor der *psychiatrischen und Nervenklinik* der *Charité*.

Zwei Jahre zuvor, am 9. April 1945, hatte Bonhoeffer seinen Sohn Dietrich verloren und am 23. April seinen Sohn Klaus, die wegen Widerstandes gegen die Naziherrschaft hingerichtet worden waren – wenige Wochen und Tage vor dem Selbstmord Adolf Hitlers und damit der Beendigung des zwölf Jahre anhaltenden Staatsterrors.

Karl Bonhoeffers klinisches Resumee zur Hitler-Diktatur wurde zu Lebzeiten des Psychiaters nicht gedruckt. Er starb 80-jährig 1948. Seine Schüler Heinrich Scheller, Erwin Straus und Jürg Zutt publizierten den Bonhoeffer-Text erst 22 Jahre später in ihrem Buch zu Ehren von Bonhoeffers 100. Geburtstag. (*Bonhoeffer*, S. 108 ff.)

Beide Beteiligte in den zwölf Jahren Massenmordzeit, der Wahn-Produzent Adolf Hitler und die Mehrheit der Wahn-korrespondieren-den Deutschen, wurden in den vergangenen 70 Jahren nach dem Ende des induzierten Irreseins von »Führer« und Volk weltweit ausgiebigen Forschungen unterzogen.

Die Forschung über die Wahn-Mitschwingenden, die »Induzier-ten«, kann im Wesentlichen als abgeschlossen angesehen werden. Von Adornos *Autoritärer Persönlichkeit* über Arendts *Eichmann in Jerusalem*, Brownings *Ganz normale Männer*, Kershaws *Hitler-Mythos/Hitlers Macht*, Goldhagens *Willige Vollstrecker*, Matussek/Marbachs *Hitler – Karriere eines Wahns*, Herbsts *Hitlers Charisma*, Pauls *Die Täter der Shoah*, Saul Friedländers *Das Dritte Reich und die Juden* bis zu Welzers *Täter: Wie aus ganz normalen Menschen Massenmörder werden* ist das Verhalten der »namenlos« untersten Wahn-Vollziehen-den analysiert, seziert und schlüssig summiert worden: Männerbünde wüteten im Destruktions-Delirium.

Auch konnten die oberen Etagen, die namentlich hervorgetretenen »Hände« und »Füße« des Mordkopfes Adolf Hitler, mit einer Vielzahl von oft pro Täter verschiedenen Biografien entschlüsselt werden. So erging es den Görings, Goebbels', Heydrichs, Himmlers, Speers ...

Den mittäterischen Nazifrauen – allen voran Eva Hitler, Magda Goebbels, Emmy Göring und Leni Riefenstahl – wurde ebenfalls erfolgreich zu Leib und Seele gerückt. *(Meissner, Ebermayer/Roos, Gun, Infield, Charlier/de Launay, J. Frank, Pilgrim, Sigmund, Klabunde, Lambert, Costelle, Görtemaker, Taylor)*

Über die Ursachen des Mitmachens bestehen keine grundsätzlichen Fragen mehr. Der amerikanische »Test Abraham« von Stanley Milgram hat es unspektakulär klargestellt: Die Mehrheit der Menschen, auch der Frauen, drückt im Versuchslabor auf den Knopf für »Mord« und »Folter«, wenn eine »Autoritätsperson« ein solches Tun vorgibt.

Die Polizei-Bataillone, die KZ-Wärter, die Erschießungs-Kommandos und die Zyklon-B-Gas-Einstreuer haben den irren Vollzug sogar »gern« gemacht.

Psychisch Infantile machen das überall gern, »wenn sie losgelassen werden« – Stichwort »Greuel« während kriegerischer Auseinandersetzungen zwischen Völkern. Die Bilder der Misshandlung und Ermordung von Vietnamesen und Irakern durch US-Soldaten laufen noch heute um die Welt.

Es trieft die Erde vor Blut. Es wütet die Spezies Mensch im Kleinen wie im Großen, im Einzelnen wie in der Masse mit Hunderttausenden Verhaltensweisen im Destru-Fun ihrem Untergang entgegen.

Unklarheit herrscht jedoch noch immer über die »Führerpersönlichkeit« Adolf Hitler höchstselbst. 70 Jahre lang wurde versucht, sie zu entschlüsseln. Denn »eine sichere Diagnose ist nicht bloß vom psychiatrischen Gesichtspunkt aus von Interesse, es ist auch für die Beurteilung seiner [Hitlers] großen Gefolgschaft im deutschen Volke nicht gleichgültig, ob diese sich von einem schweren Psychopathen oder von einem wirklich Geisteskranken durch 12 Jahre hat führen lassen.« *(Bonhoeffer, S. 109 f.)*

Die Ursache des Scheiterns der »Diagnose Hitler« ist in den beiden von Bonhoeffer gesetzten Alternativen verborgen, in denen bisher das Rätsel »Hitler« zu lösen versucht wurde, denn irgendwie krank musste ein solcher Anführer der Kulturzerstörung und millionenhaften Einzelmensch-Vernichtung ja gewesen sein. Bonhoeffers Begriffe »Geist(eskranker)« und »Psycho(path)« liegen oben und in der Mitte des menschlichen Person-Aufbaus. Befremdlicherweise wurde an diesen Orten die Krankheit Hitlers nicht gefunden.

Daher soll der Versuch unternommen werden, Hitlers Krankheit, besser seine Fehlsteuerung, von unten aufzurollen, von dort her, wo im Verständnis vom Menschen die Sexualität lagert.

ONANO

Hitlers Männermord-Orgasmus

Die deutsche Film- und Theaterschauspielerin Marianne Hoppe (1909–2002) hat zu Adolf Hitlers Sexualität eine Beobachtung gemacht, die von der Hitler-Forschung noch nicht ausgewertet wurde: »Viel später [Mitte der 1930er] waren wir [jungen Schauspielerinnen] noch einmal [zu Hitler in die Reichskanzlei] eingeladen. Das ist allerdings eine Geschichte, die ein bisschen prekär ist. Da saß Goebbels, da saß seine Frau [Magda], da saßen die ganzen Potentaten, und ich saß in der zweiten Reihe, und da wurde ein Film vorgeführt, der hieß Der Rebell, mit Luis Trenker. Der [Film] spielte 1809 während der Tiroler Volkserhebung gegen die Franzosen. Da war eine Szene, da musste die französische Armee durch einen schmalen Engpass, und die Tiroler hatten oben Bretter festgemacht mit Steinen drauf. Als die Franzosen kamen, da machten sie [die Tiroler] die Stricke los, und dann fielen die ganzen Steine auf die Franzosen herab. Und da, glaube ich, kriegte Hitler eine Art Erregung und hat so die Knie gerieben bei diesem Ereignis, wie die Steine da runterrollten auf die Franzosen drauf, und hat gestöhnt. Ich weiß nicht, ob er verrückt war, aber da kriegte er so eine Art von Orgasmus, sagen wir mal. Und da weiß ich noch, wie ich in der Dunkelheit aufgestanden bin, denn da war mir der Mann unheimlich. Und da ging ich raus und bin nie wieder hingegangen.« *(Hoppe, S. 75 f.)*

Als Marianne Hoppe 1936/37 die Beobachtung von Hitlers Gewalt-provozierter Onanie mit anschließendem Orgasmus machte, hatte Hitler den Film Der Rebell nachweislich schon mehrere Male gesehen. Er selbst bekundete am 20. August 1942 während seiner *Monologe im Führerhauptquartier*, er hätte den *Rebell* viermal gesehen. *(Hitler 80 II, S. 467)*

Hitlers »Leibfotograf« Heinrich Hoffmann behauptet in seinen Erinnerungen, »gewisse« Filme hätte er Hitler zuliebe in dessen Privat-Filmvorführ-Räumen »zwanzigmal« anschauen müssen. *(Hoffmann, S. 16 ff.)*

Hitlers »Leibarchitekt« Albert Speer wartete mit ähnlichen Zahlen auf: Vornehmlich Gewalt-gespickte Filme wollte Hitler immer wieder sehen, zum Beispiel »katastrophische Melodramen wie San Francisco oder King Kong. Manche dieser Filme wurden von ihm bis zu zehnmal verlangt.« *(Fest 99, S. 138)*

Der Rebell war 1932 herausgekommen. Kurz danach hatte Hitler ihn zum ersten Mal gesehen. Die Handlung folgt einem Entwurf von Luis Trenker, der neben Kurt Bernhardt die Co-Regie übernahm und die Hauptrolle spielte. *(Zentner/Bedürftig)*

Hitlers zweitjüngster Gesamt-Biograf Volker Ullrich (2013/16) entblößte, dass Hitler zum Film *Der Rebell* ein besonders »intimes« Verhältnis hatte: »Am Abend des 18. Januar [1933] sah er [Hitler] sich gemeinsam mit dem Berliner Gauleiter [Joseph Goebbels] den Film *Der Rebell* an, in dem Luis Trenker Regie führte und die Hauptrolle spielte – einen Tiroler Studenten, der im Widerstand gegen die napoleonische Besatzung sein Leben opfert ... Hitler war so hingerissen, dass er sich den Film am Abend darauf [dem 19. Januar 1933] noch ein zweites Mal ansah.« *(Ullrich, S.* 399)

Schon im August 1933, ein halbes Jahr nach seiner Machterlangung, empfing Hitler Luis Trenker. *(Sigmund* 98, S. 227, Anm. 13)

Marianne Hoppe hat mit ihrer Schilderung von Hitlers Männer-Tötungs-entflammtem Orgasmus, der durch die gestellte Szene der Soldaten-Steinigung im *Rebell* angebahnt worden war, eine Büchse der Pandora geöffnet: Mit Hitlers Sexualität stimmte etwas nicht – »ob er verrückt war«, »da war mir der Mann unheimlich«.

Hoppe hat sich nicht etwas Hyper-Dramatisches eingebildet oder wollte ihre Beteiligung am Nazi-Regime als Hermann Görings Staatsschauspielerin wiedergutmachen, indem sie ihre persönliche Entrüstung über Hitler nach 1945 zur Schau stellte. Unter verschiedenen Umständen in unterschiedlichen Personen-Besetzungen hat Hoppe ihr Erlebnis mit Hitlers Gewalt-legierter halböffentlich prozedierter Onanie preisgegeben. Aus den Gesprächen mit Hoppes zweiter Biografin Carola Stern entstammt eine zweite Version ihrer Beobachtung: »Einmal veranstaltete der [Hitler] eine Filmvorführung. Einen Film von Trenker [...] Da reibt der [Hitler] sich die Oberschenkel. Und da gehe ich leise raus. Da kommt bei mir der Punkt, wo ich nicht mehr neugierig bin.« *(Stern, C., S.* 105)

Zwischen beiden Versionen der Wiedergabe von Hoppes Erlebnis liegen eineinhalb Jahrzehnte. Die ausführliche Fassung wurde 1989 in dem Sammelband *Deutsche im Zweiten Weltkrieg. Zeitzeugen sprechen* – herausgegeben von Peter Pechel, Dennis Showalter und Johannes Steinhoff –, publiziert. *(Steinhoff/Pechel/Showalter)* Einer der Herausgeber oder alle drei waren damals Hoppes Interviewer.

Hoppes erste Biografin Petra Kohse zitiert diese ausführliche Darstellung 2001. *(Kohse, S.* 127 f.)

Bei den Gesprächen Hoppes mit ihrer zweiten Biografin Carola Stern ist die Schauspielerin in ihren Achtzigern. Stern publizierte ihre Hoppe-Biographie 2005. *(Stern, C.)* Das hohe Alter Hoppes oder das Sich-Genieren der Biografin vor der obszönen Drastik der 16 Jahre zuvor erstmals veröffentlichten Szene – welche Gründe auch immer darin lagen, dass Carola Stern nur einen Ausschnitt von Hoppes Erlebnis mitgeteilt hat –, es handelt sich bei beiden Versionen um dieselbe Szene von Hitlers masturbatorischem Oberschenkelreiben vor dem Luis-Trenker-Film *Der Rebell*, die Hoppe auf verschiedene Weise innerhalb von 16 Jahren dreimal zu Protokoll gegeben hat – für Steinhoffs *Zeitzeugen* 1989, Kohses Hoppe-Biografie 2001 und Sterns Hoppe-Gründgens Doppelbiografie 2005. Zwei Biografinnen hatten die Möglichkeit, Hoppes Erlebnis mit Hitlers Gewalt-provozierter Masturbation zu hinterfragen. Doch es fand keine Revision Hoppes statt, im Gegenteil, auch in der Kurzfassung stehen die Ecksteine von Hoppes Übermittlung »felsenfest«. Hitlers – von Marianne Hoppe beobachtete – Onanie per Oberschenkel-Auf-und-Ab vor geladenem Publikum im Filmvorführungs-Raum der Reichskanzlei Mitte der 1930er Jahre muss als eine Tatsache akzeptiert werden.

Zur Abstützung von Hoppes Erlebnis konnte eine vergleichbare Wahrnehmung von einer der nahesten Personen im Hitler-Umfeld gefunden werden. Es handelt sich um Hitlers frühesten Kammerdiener seit Beginn seiner Regierungszeit, Karl Wilhelm Krause:»War Hitler aufgeregt, so rieb er sich nervös die Oberschenkel. Besonders hat ihn ein Eishockeyspiel auf der Winterolympiade 1936 in Erregung gebracht. Das Spiel endete 1:1. Hitler konnte vor lauter Aufregung das Ende des Spiels nicht abwarten, verließ das Stadion und ließ sich später das Ende des Spiels berichten.« *(Krause, S. 19/19)*

Selbstverständlich sparte der Grenz-lose Leibdiener – für Hitlers Körper-Angelegenheiten ab 1934 tätig – das Zwangs-sexuelle Moment des Oberschenkel-Reibens aus. Nicht wegen Prüderie, sondern weil dem »simplen Gemüt« Krauses dieser Zusammenhang nicht zu Bewusstsein gekommen war. Aber seine Beobachtung enthüllt etwas Ähnliches wie das, was die Intellektuelle Hoppe geschulten Verstandes wahrgenommen hat:»Knie-Reibung« im Sitzen, wenn Hitler »in Erregung gebracht« worden war!

Die vor sich hergeschobenen Schläger der Eishockey-Spieler müssen den in der Arena sitzenden Hitler wie Waffen »aufgeregt« haben. Die Sportarten per Ball oder gänzlich ohne »Werkzeuge« hätten ihn vielleicht nicht so »in Erregung gebracht« wie das Puck-schlagende Eishockey. Zu »Erregungs«-Reaktionen Hitlers auf die nicht-schlagenden Sportarten gibt es keine Übermittlungen – weder bei Krause noch in anderen Äußerungen von Hitler-Körper-Nahen wie dem späteren Leibdiener Heinz Linge, den »Leibfahrern« Emil Maurice und Erich Kempka, dem »Leibpiloten« Hans Baur und den Adjutanten Nicolaus von Below, Wilhelm Brückner, Otto Günsche, Julius Schaub und Max Wünsche.

Das Besondere an der Schilderung Krauses ist die Wiederkehr der von Hoppe beobachteten Oberschenkel-Reibung – mit dem Unterschied von Hitlers diesmaliger Flucht aus dem Stadion.

Hitler befand sich jetzt nicht in seinem Reichskanzlei-Kino unter geladenen Gästen, wo er sich ungeniert hatte benehmen können. Er war während der Olympiade massenhaft umringt von Zuschauern und wurde hundertfach aus nächster Nähe beobachtet und vor allem gehört. Hoppe spricht ja auch davon, Hitler habe »gestöhnt« und dass »er so eine Art von Orgasmus« »kriegte«!

In der Eishockey-Arena geschah alles bei grellem Licht und nicht verdunkelt wie während Hitlers Privatkino-Vorführung, in der er seinen Gewalt-provozierten Orgasmus mit einem Hustenanfall hätte letzt-sekündlich kaschieren können.

Bei dem von Karl Wilhelm Krause an Hitler beobachteten Oberschenkel-Reiben im Eishockey-Stadion und auch sonst bei »Aufregungen« handelte es sich nicht um eine Verlegenheits-Geste, die im Nachwort zu Krauses Erinnerungen an Hitler wiedergegeben wird: »Er [Hitler] [...] saß [...] auf der Kante des Sessels, als scheute er sich, ungezwungen und locker zu sein, und rieb sich, verlegen und nervös, mit den Händen die Oberschenkel, wenn er fremden Besuchern gegenübersaß und diese ihn mit peinlichen Fragen bedrängten.« (a. a. O., S. 81/79)

Dieses Reiben war ein Reiben der Hände an oder auf den Oberschenkeln Hitlers. Das Aufregungs-Oberschenkel-Reiben als sexuelles Erregungs-Reiben war ein Reiben der Oberschenkel aneinander ohne die Benutzung der Hände. In Krauses Beobachtung des erregten Hitlers im Eishockey-Stadion fehlt das Wort »Hände«. Hitlers Oberschenkel-Reiben ohne Hände war etwas anderes.

Beide Reibungen geschahen an und mit den Oberschenkeln, aber das eine ohne Hände aus sexueller Erregung, das andere mit den Händen aus Verlegenheit.

Die Situation im Eishockey-Stadion hatte nichts mit Verlegenheit zu tun. Hitler und alle anderen Besucher verfolgten den Kampf, der Hitler in spezifische »andere Umstände« versetzte.

Das von Hoppe wahrgenommene Oberschenkel-Reiben definierte sie genau als Knie-Aneinander-Reiben (»hat so die Knie gerieben«), wobei sie nur vergaß, das Wort »aneinander« hinzuzufügen. Hoppe war in den 1930ern so berühmt, dass sie als Ehrengast in der Nähe Hitlers oder anderer Nazi-Größen platziert wurde.

Außerdem berichtet Hoppe nicht nur über ihre optische, sondern auch über ihre akustische »Bemerkung« von Hitlers »Erregung«: »und hat gestöhnt [...] da kriegte er so eine Art von Orgasmus [...]«

5   *Marianne Hoppe neben Goebbels und Jannings 1937*

Es handelt sich bei Hoppes Zeugnis um wörtliche Rede, in der es immer wieder vorkommt, dass Wörter ausgelassen werden. Die Umstände der Szene machen es jedoch eindeutig, dass Hitler seine Knie *aneinanderrieb* und sie nicht mit Händen oder Gegenständen »rieb«. Auf dieses »Aneinander« kommt es wesentlich an, um Hitlers Gewalt-legierte Onanie freizulegen. Denn »Knie-[Aneinander]Reiben« bedeutet zugleich das Oberschenkel-auf-und-ab-Reiben – eine Art der Masturbation, die Männer sogar auf dem Rücken liegend vollführen können – ohne jegliches »Handanlegen«!

Hitlers Oberschenkel-Reiben hat nichts zu tun mit dem heute bei Jugendlichen oft zu beobachtenden Oberschenkel-Stampfen. Einhergehend mit Musikhören oder aus Gründen von Unruhe, Nervosität und Verlegenheit hämmern junge Menschen ihre Beine auf und ab – jedoch auseinandergebreitet! Dieses Breitbeinig ist der

Unterschied zur Onanie-Reibung, die per geschlossener Oberschenkel und aneinandergedrückter Knie verläuft.

Hitler ahmte die Akkord-Näherinnen nach, die – nebeneinander sitzend – am Fließband ununterbrochen mit ihren Füßen ihre Nähmaschinen treten mussten. Auch das geschah mit geschlossenen Oberschenkeln, weil das Antritt-Kipp-Metall der Nähmaschinen unter ihren Füßen viel zu eng war für gespreizte Beine. So geschah es, dass durch das ununterbrochene Oberschenkel-Reiben an der Clitoris die Textil-Arbeiterinnen unfreiwillige Orgasmen bekamen. Es gibt ein Zeit-Zeugnis davon, dass immer wieder eine der Fließband-Maschinen-Näherinnen plötzlich einen bestimmten bekannten unzweideutigen leisen hohen Schrei ausstieß! *(Pilgrim 75, S. 181 f.)*

Hitlers Knie- beziehungsweise Oberschenkel-Reibungen wurden als Roll-Friktionen seiner Oberschenkel an seinem erigierten Penis prozediert, der im Eishockey-Stadion von Direkt-Neben-Hitler-Sitzenden bei Lichte durch die Hosen bemerkbar gewesen wäre.

Seine sexuelle Spannung auch im Stadion wieder mit einem durch »Oberschenkel-Reibungen« erzeugten Orgasmus abklingen zu lassen – wie in seinem dunklen Privatkino –, hätte Hitler vor einer Masse von ihm benachbarten Zuschauern als »abartig« desavouiert! (Hoppe: »Ich weiß nicht, ob er verrückt war …«, »[…] denn da war mir der Mann unheimlich.«) Deswegen musste Hitler die öffentliche und vor allem hell erleuchtete Sportstätte schleunigst verlassen, als er seine »Erregung« nicht mehr aushalten konnte. Diese Begründung für Hitlers plötzliches Verschwinden noch vor dem Ende des Spiels reichte Kammerdiener Krause ahnungsvoll nach.

Serielle Mordlust

Der *Anfangsverdacht* besteht, dass es bei Hitler einen Zusammenhang zwischen Sexualität und Gewalt gegeben hat, ja noch genauer, dass ihm Gewalt an Männern und deren Tötung Lust verschaffte. Die Lust am Töten ist das Charakteristikum von Serienkillern, die für ihren Lustgewinn massenhaft morden, ohne ihr Verlangen stoppen zu können. War Hitler also ein Serienkiller, der zum Zwecke seiner Befriedigung morden ließ?

»Er sei von einem Blutrausch besessen, sagte ein ihm Nahestehender … Die Skrupellosigkeit, mit der er Todesurteile verhängte, für Begnadigungen und Amnestie kein Ohr hatte, ist bekannt […], auch dass er den gefilmten Erhängungsakt der Attentäter des 20. Juli [44] mehrfach zu sehen verlangte.« – »Man kann danach nicht im Zweifel sein, dass es Hitlers eigenstem Wesen entsprach und nicht nur Ausfluss sadistischer Lust seiner untergeordneten, verbrecherischen Organe war, wenn Millionen von Juden, Polen und auch Deutsche in den Konzentrationslagern zu Tode gemartert wurden.« *(Bonhoeffer 69, S. 110 f.)*

Eine Kapitulation gibt es für Serienkiller nicht. Sie hören erst auf zu morden, wenn sie im Gefängnis sind. Hitler hatte ein bisher nicht verstandenes pathologisches Missverhältnis zu Kapitulation. Er hat nie kapituliert, ja bei allen Gelegenheiten innerhalb des Zweiten Weltkriegs, in denen sie angebracht gewesen wäre, eine Kapitulation strengstens verboten. Im Januar/Februar 1943 hat er strategisch sinnlos in der *Schlacht um Stalingrad* Hunderttausende deutsche junge Männer aufgerieben, obwohl ihm die *Rote Armee* am 8. Januar 1943 zur Befreiung der seit Dezember 1942 eingeschlossenen 6. Armee einen ehrenhaften Frieden angeboten hatte. *(Bruppacher, Hauner, Sandner, Snyder, Zentner/Bedürftig)*

Ein paar Stunden vor seinem Selbstmord am 30. April 1945 ließ Hitler seinen Schwager Hermann Fegelein, sein letztes Opfer, wegen versuchter Fahnenflucht erschießen.

»Die Zerstörung von Warschau [im September 1939] war unnötig, es wäre von selbst gefallen, seit die polnische Armee nicht länger existierte. Aber Hitler bestand darauf, dass Warschau zerstört werden musste.« *(Trevor-Roper 47/93, S. 117 f.)*

Serienkiller brauchen einen Destruktions-Orgasmus. Sie haben einen Tötungstrieb, ein Verlangen nach einer Quälprozedur, die ihnen den Orgasmus bringt, während ihr Opfer schmerzhaft allmählich stirbt. Serienkiller morden nicht aus Hass, sondern aus Lust. Sie begehren die Opfer, auf die sie sexual-mörderisch fokussiert sind.

Bei über der Hälfte der Serienkiller ist der sexuelle Faktor ihrer wiederholten Morde leicht zu enthüllen, entweder durch Selbstbekenntnisse der Täter oder durch Zeugenaussagen von Opfern, die ausnahmsweise entkommen konnten, oder durch Hinterlassenschaften am Tatort – von Leichenpositionen über ermittelbare Tötungsprozeduren bis zu Samenspuren.

Durch eine Analyse des einzelnen Falles kann auch der Minderheit derjenigen Serienkiller, die auf oberflächlichen Blick hin keine Sexualmörder zu sein scheinen, auf die Spur des Mordlusthabens gekommen werden, sodass sich die Feststellung, Serienkiller sind *sexo*pathische Geschlechtsaktivisten, die Destruktions-Orgasmen erreichen wollen, immer verifizieren läßt. Denn eine neu definierte Kategorie, die wissenschaftlich anerkannt werden soll, muss auf alle Fälle eines Phänomens anwendbar sein.

Was wie eine Unterteilung aussieht, der der Serienkiller-Forscher Hans Pfeiffer nachgeht, ist nur Verkleidung. Auch die gemäß Pfeiffer »Habgierigen«, »Beleidigten« und »Vereinsamten« sind Trieb-gesteuert. Serienmord entspringt immer einer Sexualdevianz.

Manche Serienkiller tarnen ihre orgastische Dysfunktion derart geschickt, dass es so aussieht, als seien sie ein anderer Tätertyp. Eine solche Tarnung gelang besonders exakt dem amerikanischen Serienkiller Richard Kuklinski, genannt »der Eismann« (1935–2006 im Gefängniskrankenhaus gestorben, weil von privaten Rächern vergiftet). Kuklinski verband »das Schöne« mit dem »Nützlichen«. Er machte 24-jährig 1959 seinen schon seit eineinhalb Jahrzehnten in ihm wütenden Männermord-Trieb zu Geld, den er in seiner frühen Jugend »ersatzweise« an den Tieren seines Wohnviertels befriedigt hatte. Kuklinski verdingte sich für die Mafia, um seinen Lohn als Klempner aufzubessern. Er ermordete alles erwachsene Männliche, das er nun auftragsgemäß »um die Ecke bringen« sollte. Er tat es auf verschiedene Weise, immer quälerisch, jedoch genauso, wie seine Auftraggeber meist auch die Tötungsart mitbestellt hatten. Das Serielle und Sexuelle seines Vorgehens kam in etwas sich immer Wiederholendem zum Ausdruck. Kuklinski stand darauf, dass seine gepeinigten und geängstigten Opfer im Todeskampf mit ihren brechenden Augen ihren letzten Blick an sein über sie gebeugtes Gesicht hefteten, das Aug-in-Aug der Liebesverschmelzung in den Sterbemoment getrieben.

»Eismann« wird Kuklinski von den Amerikanern genannt, nicht weil er »eiskalt« vorging, das tun alle Serienkiller, sondern weil zu einem seiner Mordaufträge gehört hatte, die Leiche des Opfers einzufrieren und sie in einer Eistruhe »bis auf Abruf« des Mafia-Bosses zu lagern.

Kuklinski war schon 11 Jahre vor seiner Trieb-berufenen Zusammenarbeit mit Mafia-Gruppierungen »in Serie gegangen« und hätte mit seiner Männerzerstörung selbst dann weitergemacht wie bisher, wenn die Aufträge der verschiedenen Mafia-Bosse ausgeblieben wären. Bereits vor seinem Kontakt mit den Mafiosi hatte Kuklinski es ab 13-jährig zu der stattlichen Zahl von mindestens 65 Ermordeten gebracht und kam danach auf eine Zahl von über 200. Er war fast 40 Jahre männermörderisch tätig, als er endlich 1986 mit 51 festgenommen und bis zu seinem Tod mit 70 inhaftiert wurde. (*Carlo*, S. 67, 89 ff., 92 f.)

Am deutlichsten legte der deutsche jugendliche »Kirmesmörder«, der »Knabenschnetzler« Jürgen Bartsch (1946–1976, gestorben bei

einer anästhetisch überdosierten Kastrationsoperation) das Prinzip
»Serienkiller« bloß. Nach fünfjähriger Praxis mit vier Todesopfern,
zwei Entkommenen und Hunderten Versuchen, an Jungs im Alter von
acht bis 13 zu Lustmordzwecken heranzutreten, äußerte sich Bartsch
in Gefangenschaft über die Abnormität der im Serienkiller wirkenden
Sexualfunktions-Störung.

Der amerikanische Journalist und Europa-Korrespondent Paul
Moor widmete sich dem – in Deutschland Schauer erregenden – Serienkiller, der zwischen seinem 14. und seinem 19. Jahr sexualmörderisch
tätig geworden war. Moor beleuchtete während einer achtjährigen
Brieffreundschaft jeden Winkel in der Persönlichkeit des Heranwachsenden und motivierte Bartsch zu Geständnissen und Selbstzeugnis-
sen, die in der Geschichte der Serienkiller bis heute eimalig blieben.
Bartsch definierte das Morden selbst, vor allem die Opfer-Quältour,
als eine Art von »High«. Das gesamte ausgedehnte Töten war für ihn
ein Orgasmus: »[...] dass er den Höhepunkt der geschlechtlichen Erregung nicht bei seiner Masturbation erreichte, sondern beim Schnei-
den des Fleisches [seiner noch lebenden Opfer], jenes ihn zu einer Art
Dauerorgasmus brachte.« *(Moor,* S. 48)

Auch andere berühmte Serienkiller erklärten das »Lustbetonte«
ihres Tötens.

Der »Schlächter von Hannover«, Fritz Haarmann (1879–1925, hingerichtet), der 30- bis 60-fache (selbst eingestandene) Mörder männlicher Jugendlicher, fand es am schönsten, den Kehlkopf der von der
Straße oder dem Hauptbahnhof Hannover aufgegriffenen Jünglinge
beim »Liebesspiel« im Bett durchzubeißen und sie dann zu erwürgen.
Während dieser Prozedur sei Haarmann in eine »Liebesraserei« geraten. *(Blazek,* S. 89 f.)

Der 30 Jahre lang aktive, sich mit »BTK« (»Bind, Torture, Kill«)
definierende amerikanische Serienkiller Dennis Rader (geboren 1945,
seit 2005 im Gefängnis, mindestens zehn nachgewiesene Getötete)
»verlustierte« sich dabei, die von ihm in seine Gewalt gebrachten,
prinzipiell weiblichen Opfer zu fesseln und zu quälen, bis sie starben
und die Stadien dieser Quältour zu fotografieren, um sich die Bilder
zwischen seinen Morden immer wieder nachschauernd beim Masturbieren ansehen zu können. Er gestand in seinen Vernehmungen, er
hätte Frauen qualvoll töten müssen, um seine sexuellen Fantasien zu
befriedigen. *(Douglas/Dodd,* S. 168, 238)

Der blutrünstige »Vampir von Oregon« (USA), der Mechaniker
und Rasenmäher-Spezialist Dayton Rogers (geboren 1953, ab 1987
inhaftiert, 2015 das vierte Mal höchstrichterlich zum Tode verurteilt),

musste für eine sexuelle Reaktion Blut sehen. Nur dessen Hervordringen aus dem Körper seiner weiblichen Opfer erregte ihn. Er fesselte während seiner vier- bis fünfjährigen Mord-Aktivität vermutet acht nackte Frauen stehend und verstümmelte sie bei lebendigem Leibe in Zeitlupen-Allmählichkeit mit seinem Messer von den Füßen an Körper-aufwärts, bis die Malträtierten starben. *(King, S. 2)*

So hatte auch Rogers Vorbild und Staatsgenosse in Oregon, der Elektromechaniker Jerome [»Jerry«] Brudos (1939–2006), praktiziert. *(a. a. O., S. 11)*

So eiferte den beiden am Ende des 20. Jahrhunderts der kanadische »Frauen-Verwurster von Vancouver« nach – Robert Pickton (geboren 1949, seit 2002 im Gefängnis), der seine geschätzt 50–100 weiblichen Opfer stehend kreuzigte, um sie von unten nach oben zu schächten und später die Weichteile der Geschlachteten auf seiner Schweinefarm zunächst zu verfüttern und sie dann auch als Büchsenfleisch zu veräußern, womit er den deutschen Serienkiller Fritz Haarmann zu Anfang des 20. Jahrhunderts übertrumpfte, der das Fleisch von dessen etwa 60 getöteten Jungs und Jünglingen auf dem Hannoveraner Schwarzmarkt verkauft hatte. *(Brueckweh, S. 61 f.)* In Hannovers Fluss Leine fand man 285 Knochen von jungen Männlichkeiten im Alter zwischen zehn und 22. *(Blazek, S. 7 f.)*

Der französische »Ritter Blaubart« Michel Fourniret (geboren 1942, seit 2003 im Gefängnis) – ab Anfang vierzig etwa 20 Jahre lang aktiv mit ungefähr 20 ausschließlich weiblichen Opfern – gab in seinem schriftlichen Geständnis zu, er habe es »gebraucht«, mindestens einmal pro Jahr ein junges Mädchen zu vergewaltigen und »mit allen Schikanen« zu töten. *(Stabenow, Lichfield)*

Anomalia masculinis

Sofort erheben sich zwei Fragen: Was ist mit der Orgasmus-Strecke auf normalem Wege los? Und warum brauchen Serienkiller es Mords-kompliziert, wenn es von Natur aus einfacher zu haben wäre?

Diese Fragen beantwortete ebenfalls Jürgen Bartsch am präzisesten unter allen Serienkillern. »Normal« geht es bei ihnen nicht – oder nicht befriedigend genug: »Es ging mir da [bei wechselseitiger Onanie mit einem gleichaltrigen 16/17-Jährigen] um eine bloße sexuelle Befriedigung. Das Dumme ist nur, so besonders befriedigend war all das gar nicht […] Nun ja, eine gewisse Befriedigung war es, aber […] nichts Halbes und nichts Ganzes.« *(Moor, S. 258)* »Dazu kam, dass für meinen Trieb die sexuelle Befriedigung durch Sadismus [den Quälmord] weitaus ›schöner‹ war, weitaus erregender war, als etwa Onanieren. Infolgedessen hat das Onanieren [nach dem Mord] eine verhältnismäßig untergeordnete Rolle gespielt in dem eigentlichen Geschehen.« *(a. a. O., S. 310)* »[...] daß Sadismus [= das Knabenschlachten in Bartschs Fall] [...] viel länger anhält, somit auch die ›Lust‹, als etwa der vergleichsweise läppische Drang zum Onanieren. Denn ist es nicht ein Unterschied, ob Sie eine Badewanne voll Wasser laufen lassen (Onanieren) oder eine ganze Talsperre ([Tötungs]Sadismus)? [...] Ich habe ja verschiedentlich [bei den Tötungen] onaniert, aber wer nun meint, na ja, dann wäre ich ja ›befriedigt‹ gewesen, der irrt sich gewaltig. Nichts, aber auch gar nichts, hat es bei den Taten geholfen, wo der [Tötungs]Sadismus die Hauptrolle spielte. Für mich war das Onanieren ja schließlich (im Bett) in diesen Fällen beim Fantasieren [der Tötungen] nur eine Not-Ersatzhandlung.« *(a. a. O., S. 311)*

Bartsch musste anschließend doch noch quältöten, wenn er versucht hatte, seine Erregung durch eine Selbstbefriedigung abklingen zu lassen. Diese brachte ihm »nichts Halbes und nichts Ganzes«.

Der orgastische Entspannungs-Reflex funktioniert beim Serienkiller nicht – nicht während der »normalen« Tätigkeit phallisch-friktiv provozierter Samen-Entleerung. Dieser Reflex löst sich erst während des Quältötungs-Aktes oder unmittelbar danach, unabhängig davon, ob nun noch eine Sperma-Abgabe stattfindet oder nicht.

Die bizarrsten Hinweise auf eine Orgasmus-Störung aller Serienkiller haben der Amerikaner Dennis Rader (»BTK«) und der Russe Anatoli Sliwko, der »Jünglings-Club-Ausweider«, gegeben. Beide Männer praktizierten quälmörderisch jahrzehntelang mit zeitlich weit gestreckten Unterbrechungen, Rader 30 Jahre lang von 1974 bis 2005 (mindestens zehn bewiesene Opfer) in Wichita, US-Staat Kansas, Sliwko 22 Jahre lang von 1964 bis 1985 (mindestens sieben bewiesene Opfer) in der russischen Stadt Nevinnomyssk.

Sliwko (1938–1989, hingerichtet) war im Gegensatz zu Rader Trieb-mäßig auf jugendlich männliche Opfer ausgerichtet. Als angestellter Lehrer fand er sie leicht in dem von ihm geleiteten städtischen Jugendclub *Tschergid* in der Gegend von Stawropol. Mit einer Droge versetzte Sliwko seine 14–17-jährigen Opfer, die er mit der Animierung für ein abenteuerliches Erlebnis geködert hatte, in Bewusstlosigkeit, hängte sie in diesem Zustand nackt auf und delektierte sich sexuell an ihnen.

Zugegebenermaßen 43-mal veranstaltete Sliwko – Ehemann, zweifacher Familienvater und geachteter Stadtbürger – dieses komplizierte Lust-Umwegs-Verfahren. 36-mal weckte er seine Opfer wieder auf, die nichts von dem Vorgang mitbekommen hatten. Aber mindestens siebenmal »musste« Sliwko seine Sexual-Objekte ermorden, was auf dem Wege des körperlichen Zerfleischens geschah, wonach Sliwko einige Leichenteile – mit Petroleum getränkt – verbrannte und in eine Lust-Trance geriet. Den Rest vergrub er im Wald.

Während Sliwkos Jünglingstötung lief eine von ihm installierte Kamera. Das Wiederanschauen der seriellen Morde ermöglichte Sliwko erneute orgastische Höhepunkte. Doch sobald das ihm in der Folgezeit immer mehr vertraute Geschehen seine sexuelle Attraktivität eingebüßt hatte, musste er den nächsten ohnmächtigen Jugendlichen ermorden. Die reinen sexuellen Delektierungen an den bewusstlos Aufgehängten ohne tödliches Finale brachten dem Serienkiller – nur mit Hilfe seiner synchron in ihm abgespulten Ermordungs-Fantasie – plötzlich keinen Lust-Höhepunkt mehr. Der geschah erst wieder bei der Zerfleischung eines Neuen.

Da noch keine Buchpublikationen über Anatoli Sliwko existieren, wird für Näheres über Sliwko wie bei Fourniret und Pickton auf Zeitungsartikel verwiesen – diesmal auf die ausführliche Arbeit von Stephan Hille über den russischen Psychiater und Serienkiller-Profiler, den Universitätsprofessor Dr. med. Alexander Buchanowski, der Einzelheiten auch über Sliwko zusammengetragen hat. (Hille) Außer für die aktuellsten Nach-2003-Fälle unverzichtbares Werkzeug bei der Beschäftigung mit Serienkillern sind das Lexikon der Serienmörder von Julia und Peter Murakami und Die große Enzyklopädie der Serienmörder von Michael Newton. Für die Entschlüsselung von Serienkillern ist allgemein immer wieder außerordentlich hilfreich das online-biografische Lexikon Wikipedia, das routinemäßig die neuesten Fakten und Erkenntnisse aus Prozess-Berichten weltweit über Serienkiller ins Netz stellt.

Wie Sliwko hatte Dennis Rader versucht, sich mit dem Anschauen seiner fotografierten Mord-Aktionen orgastisch lange Zeit »über Wasser zu halten«, was ihm mit seiner onanistischen Voyeurhaftigkeit gegenüber dem Betrachten seiner eigenen Quältötungen sogar einmal bis zu zehn Jahren gelang. Der Ehemann und zweifache Familienvater war inzwischen Stadt-Beamter im Justiz-Dezernat und Präsident der größten lutherischen Kirchengemeinde Wichitas geworden. Das alles half ihm jedoch nicht als Damm gegen seine Mordimpulse. Plötzlich reichte ihm beim Masturbieren das Betrachten des Fotomaterials von seinen Foltertötungen nicht mehr. Rader brauchte zur Erzielung seines geschlechtlichen Höhepunktes einen neuen, selbst provozierten Mord-Fall und brachte ein nächstes weibliches Opfer in seine Gewalt, was ihm wie immer sehr leicht gelang, obwohl seine Zielgruppe keine Prostituierten waren. Ausführlich hielt Rader seine Mord-Praxen und zwischenzeitlichen Durststrecken in Tagebüchern fest, die kaum etwas anderes als Chroniken seiner Lustmorde und Lustmord-Fantasien sind. *(Douglas/Dodd, S. 238)*

Der US-Serienkiller, der »Milwaukee-Cannibal« Jeffrey Dahmer aus Wisconsin (1960–1994, im Gefängnis von einem Insassen erschlagen) – zwischen 1978 und 1991 mindestens 17 getötete Jünglinge und jüngste Männer –, masturbierte in seinen Mord-Zwischenzeiten auf vor sich hingestellte Opfer-Schädel und -Knochen, die er in seinem Kühlschrank aufbewahrte.

Zu diesem nekrophilen Lustzweck hatte er schon in seiner Kindheit Tier-Kadaver aus der Umgebung seines Elternhauses gesammelt und mit ihnen sein Knabenzimmer dekoriert. Später behielt er während seiner Serienmord-Phase die Leichen seiner Opfer längere Zeit in seinem Appartement, bevor er sie zersägte und in der städtischen Müllabfuhr entsorgte. Auch verspeiste er regelmäßig Fleischteile der Ermordeten. Bei seiner Festnahme 1991 wurden in seiner Wohnung die Überreste von 11 Jugendlichen und jungen Männern gefunden. Dahmers Mord-Ritual (Harbort) verlief immer nach dem gleichen Schema: Betäuben, Ermorden, sich an der Leiche vergehen und sich später mit den Leichen und dann Leichenteilen »verlustieren«, bis die nichts mehr »hergaben« und Dahmer orgastisches »Frischfleisch« benötigte.

Wie der Amerikaner Dennis Rader und der Russe Anatoli Sliwko fotografierte Jeffrey Dahmer die Stadien seiner Mordaktionen – zum Zwecke der Betrachtung während seiner orgastischen »Überwinterung« in den Tötungs-freien Zwischenzeiten. *(Bourgoin, Dahmer, Davis, Dvorchak/Holewa, Masters,B., Tithecott, S. 65 ff., Vitt-Mugg, S. 194 ff.)*

Schon bei den ersten beiden im Bewusstsein des 20. Jahrhunderts gespeicherten 1900-Wende-Serienkillern, dem Amerikaner »Dr. Holmes« und dem Engländer »Jack the Ripper«, wird die Trieb-Komponente offensichtlich: Henry Howard Holmes, geboren als Herman Webster Mudgett (1860–1896, hingerichtet), war zwar nicht der erste Anglo-Serienkiller, aber der erste, der am Ende des 19. Jahrhunderts weltweites Aufsehen erregt hatte und als Person fassbar in Erscheinung getreten war. Über den Mann hinter der an den Tatorten aufgefundenen Selbstdefinition »Jack the Ripper« wird bis heute gerätselt, obwohl dieser Täter von den Serienkiller-Forschern Martin Howells und Keith Skinner schon Ende der 1980er Jahre als der englische homosexuelle Lehrer Montague John Druitt geoutet wurde.

Der Amerikaner Holmes und der Brite Druitt waren – trotz unterschiedlicher sexueller Privat-Neigungen – als Serienkiller ausschließlich auf Frauen ausgerichtet. Druitt brachte es »nur« auf sechs ausgeweidete Opfer, weil er von seinen Homo-Club-Mitgliedern, die hinter seine Taten gekommen waren, umgebracht und im Meer versenkt wurde. *(Howells/Skinner, Larson, Püstow)*

Holmes' ausschließlich junge, mit verschiedenen Methoden ermordete Frauen belaufen sich in einer Schätzungszone zwischen mehreren Dutzend und an die 200. Er hatte sich während seines Medizinstudiums nicht enthalten können, für seine Knochen-Onanie Teile menschlicher Gerippe aus der Pathologie zu entwenden und sich deswegen den Rauswurf aus der Fakultät eingehandelt.

Sein Doktortitel war hochgestapelt. Er musste als Apotheker arbeiten, bis er es durch seine multigamistischen Heiraten reicher Frauen und deren Ermordung zu Wohlstand gebracht hatte und sich ein Horrorhaus als annonciertes Hotel mit Folter- und Tötungsräumen errichten konnte – für die Chicagoer Weltausstellung 1893, zu der auch Frauen strömten, die bei ihm eincheckten und nicht wieder auftauchten.

Sein Serienkiller-Spezifikum war die qualvolle Tötung junger reisender Frauen, die in seinem »Hotel« abgestiegen waren und auf seinem Foltertisch, in seiner Säure-Badewanne oder seiner Gaskammer landeten und an deren langsamem Sterben er sich weidete. *(Geary, Larson, Schechter)*

Richard Kuklinski war niemals auf Dahmer-Holmes'sche nekrophile Vorlust-Techniken angewiesen, weil er sofort nach Gewahrwerden seines Tötungstriebes in medias res der Tier-Ermordungen ging. Später gab es für ihn auch keine Rader-Sliwko'schen Durststrecken inmitten der Serie, denn Kuklinski hatte sich eine Mordmethode ausgeklügelt, mit der er töten konnte, sowie ihm der »Appetit« darauf kam. Er ging nächtlich auf einen New Yorker Dealer- und Homo-Steg am Hafen und brachte dort den nächstbesten ihm begegnenden »Cruiser« in seine Gewalt, erstach ihn und versenkte die Leiche direkt im Wasser nebenan. Er tat das in der gewieften Weise eines Auto-Mechanikers, indem er die Gedärme des Opfers aufschlitzte, sodass die Leiche nicht blähte und an die Wasseroberfläche trat. Kuklinskis Opfer verschwanden alle auf dem Hafengrund. Die US-Behörden ermittelten nicht, weil Männer-Verschwinden in Amerika an der Tagesordnung ist und Kuklinskis Opfer unter Dealern und Homosexuellen keine gesellschaftlich achtbare und daher besonders Schutz-würdige Personengruppe darstellen.

Aus ähnlichen Polizei-kooperativen Gründen erreichten John Gacy und Robert Pickton ihre hohen Opferzahlen. Gacy (1942–1994, hingerichtet) brachte die Chicagoer Stricher-Szene »zum Erliegen«. Die Jünglinge verschwanden nach einer nächtlichen Foltermordtour unversehens als Leichen unter Gacys Eigenheim. Pickton eliminierte Mord um Mord Vancouvers privaten Prostitutions-Markt und wurde daher von »akkreditierten« Zuhältern, Gerichtsjuristen und Stadtpolitikern bei seinem Treiben jahrzehntelang gestützt.

Der russische Serienkiller Alexander Pitschuschkin, genannt »Irrer von Bisewski«, »befreite« den Moskauer Bisewski-Park von Pennern, die den Behörden auch eher ungenehm sind. Wegen des Verwaltungs-technischen Augenzudrückens gegenüber der eigenwilligen Art des Park-Aufräumens kam Pitschuschkin, geboren 1974, inerhalb kurzer Zeit auf über 60 Opfer. Er sprach vor Gericht von einem »Supergefühl« beim Morden: »Für mich ist Leben ohne Killen wie für Sie ein Leben ohne Gott. Ich hätte niemals aufgehört, niemals. Mit meiner Festnahme haben Sie viele Leben gerettet.« *(Focus-Panorama*, online, 9. Oktober 2007)

Bei dem amerikanischen Serienkiller Richard Chase (1950–1980, Selbstmord im Gefängnis), dem »Vampir von Sakramento« mit sechs nachgewiesenen Opfern beiderlei Geschlechts, fielen »normale« und Tötungs-begleitende Sexualität so weit auseinander, dass »normal« gar nicht funktionierte. Chase bekam keine Erektionen, konnte auch keine Samen-Abgänge »auf üblichen Wegen und Weisen« produzieren. Seine Beziehungen zu Mädchen scheiterten deshalb. *(Ressler/Shachtman* 93, S. 22). »Es ging« bei Chase nur per Schießen auf Unbekannte. Zuzüglich gelang ihm noch die Masturbation auf die zwei zuvor von ihm erschossenen Frauen. *(a. a. O.,* S. 30)

Mit Chase vergleichbar ist der deutsche Serienkiller Max Hoßfeld (geboren 1940, nach drei Mordzyklen – begonnen mit 15/16 Jahren – ab 1983 wegen zu später Erkenntnis seines serienmörderischen Naturells lebenslänglich im Gefängnis). Hoßfeld konnte eine sexuelle Reaktion nur im Zusammenhang mit einem Gewehr abrufen, das er sich schon als 14/15-Jähriger mit dem erschlichenen Personalausweis seines älteren Bruders und »organisierten Geldern« seiner wohlsituierten Eltern beschafft hatte. An und mit diesem Gewehr onanierte er in seinem Jünglingsbett.

Die Gewehr-kopulative Masturbation bewirkte für Hoßfeld jedoch nur eine Vorlust-Befriedigung. Das Eigentliche war auch für Hoßfeld wie für Chase die wahllose Erschießung von in Parks und auf Stadtwald-Wegen angetroffenen Passanten – das Töten mit eben diesem erschwindelten, geliebten, das heißt libidinös besetzten Gewehr, der destru-symbolischen Verlängerung seines insolventen Geschlechtsorgans (geschätzt um die zehn Opfer).

Hoßfeld sprach gegenüber Kriminalbeamten und Gerichtsmedizinern Klartext, den der deutsche Serienkiller-Spezialist Stephan Harbort aus den Vernehmungs-Protokollen in seinem Hoßfeld-Porträt resumierte. Weil Hoßfeld wie sein deutscher Generationsgenosse Jürgen Bartsch schon Pubertäts-früh zu morden angefangen hatte, konnte er Selbstzensur-los über seine orgastische Aberation Auskunft geben:»Ich war immer gleich erregt, wenn ich das Gewehr in die Hand genommen habe. Ich habe den Drang gehabt, das Gewehr herauszuholen, habe das Zimmer immer abgesperrt und habe das Gewehr in der Hand gehalten. Dabei kam die Erregung. Ich habe mich auch vor den Spiegel gestellt und wollte mich mit dem Gewehr sehen. Ich war dann oft so erregt, dass ich dabei einen Geschlechtserguss hatte [...] Als ich im Wald die Waffe in die Hand genommen habe, war die Erregung schon da. Ich meine damit, dass ich ein steifes Glied bekommen habe. Dabei habe ich auch oft ein helles Singen in den Ohren bekommen [...] Es ging mir in erster Linie darum, mit einer Waffe auf einen Menschen zu schießen, weil damit mein Drang beseitigt wurde. Ich glaube, es genügte bei mir schon das Schießen auf einen Menschen, ich musste aber so lange schießen, bis die geschlechtliche Erregung vorbei war, und diese Erregung dauerte meist so lange, bis ich mehrere Schüsse abgegeben hatte. Ich ging bis an die nächste Nähe bei Abgabe meiner Schüsse an die Opfer heran, weil ein Schießen aus größerer Entfernung nicht meinem Drang entsprochen hat [...] –

[Frage:] Wohin ging der erste Schuss [...]? – [Antwort:] Er ging in den Unterleib ...« *(Harbort 01, S. 116 f.)*

Jürgen Bartsch gelang kein einziger Penetrations-Akt (Moor, S. 48, 364). Fritz Haarmann war beim Mord-zuvorlaufenden»Pussieren« mit seinen Jünglingen im Bett impotent:»Mit den Jahren wird mein kleiner Mann nicht mehr steif«, beklagte er sich in seinen Bekenntnissen. *(Blazek, S. 89, 129)*

Die Ehefrau des sowjetischen »Rippers von Rostow«, Andrej Tschikatilo (1936–1994, hingerichtet), bekundete, dass ihr Mann die eheliche Sexualität nicht vollziehen konnte. *(Krivitch/Olgin, S. 123, 129, 132)* Seine Tochter und sein Sohn sind daher möglicherweise von anderen Männern gezeugt worden, wenn nicht wie für Hermann Görings Tochter Edda eine künstliche Befruchtung stattgefunden hat.

Tschikatilo war von 1978 bis 1990 serienmörderisch unterwegs – mit über 60 »fabelhaft«-qualvoll getöteten jungen Frauen und Mädchen, zuzüglich ersatzweise ein paar vorpubertären Knaben, wenn er an junge Mädchen nicht herangekommen war. Der russiche Serienkiller behauptete, sich in seiner Kindheit gefühlt zu haben, als ob er ohne Augen und ohne Geschlechtsteile geboren wäre. *(a. a. O., S. 73 ff.)* Er entblößte während seines Strafprozesses unversehens seine Genitalien, wie um das *corpus delicti* seiner Insuffizienz vorzuführen. *(Morrison, S. 301)* Tschikatilos alarmierende Geste blieb bisher auf der ganzen Welt ohne wissenschaftliche Reaktion.

Das extrem weite Auseinanderfallen von biophiler Sexual-Norm und nekrophiler Abnormität ist jedoch keine Serienkiller-Regel. Wie der Prozentsatz männlichen Begehrens bei Normali aussieht, so verteilt er sich auch bei Serienkillern: 50–60 Prozent sind heterosexuell, 30–40 Prozent homo- oder bisexuell und um die 10–20 Prozent pädophil, separiert wiederum in die Ausrichtung auf Mädchen *oder* Jungs. Die meisten Serienkiller sind verheiratet oder Frauen-liiert und haben oftmals auch selbst gezeugte Kinder. Diese Mehrzahl mordet am Fließband quälerisch bevorzugt weibliche Menschen. Ihre Aufsehen erregenden Repräsentanten sind die Amerikaner Theodore Bundy, Jerome Brudos, Henry Holmes, Bobby Joe Long, Dennis Rader, Gary Ridgway und Dayton Rogers, die Deutschen Johann Eichhorn, Peter Kürten und Marco M., die Engländer Harold Shipman und Peter Sutcliff, die Franzosen Michel Fourniret und Marcel Petiot, der Kanadier Robert Pickton, der Österreicher Jack Unterweger und der Russe Andrej Tschikatilo.

Trotzdem »bringen« die *nicht*-mörderischen Geschlechtsakte den Serienkiller-veranlagten Männern »nichts Halbes und nichts Ganzes«, wie Bartsch es treffend gekürzelt hat.

Der zeitlich »längstamtierende« und zahlenmäßig »erfolgreichste« Serienkiller der Welt, der amerikanische »Eismann« Richard Kuklinski, hatte sexuelle Verhältnisse mit drei Frauen, war zweimal verheiratet und brachte mit seinen Ehefrauen zuerst zwei Söhne und alsdann zwei Töchter hervor, zeugte ein fünftes, nicht-eheliches Kind.

Auf den Nutzen seiner – von selbst nicht endenden, über 30 Jahre währenden – Ermordungen ausschließlich erwachsener Männer befragt, antwortete Kuklinski seinem Biografen Philip Carlo, er habe sich nach den Morden in einem langanhaltenden Hochgefühl befunden, das er sich zwischen seinem 13. und seinem 34. Jahr über zweihundertmal hätte holen müssen – dann habe er keine Strichliste mehr geführt hat und wüsste deshalb nicht, ob es nicht doppelt oder dreifach so viele Opfer gewesen wären. *(Carlo, S. 66 ff.)*

Der Kriminalist Stephan Harbort berichtete über den deutschen Serienkiller Max Hoßfeld, dass auch dieser nach der quälerischen Dreifach-Beschießung und endlichen Tötung eines Opfers »tief befriedigt [...] nach Hause kam«. *(Harbort 01,* S. 108)

Andrej Tschikatilo erlebte sein High beim ausgedehnten Zerfleischen seiner noch lebenden Opfer. Er fühlte sich dabei im »siebenten Himmel«, auf »neunter *Woge*«, wie die Russen das englische »Cloud Nine« abwandeln. *(Krivitch/Olgin,* S. 110 f.)

Der »Kujauismus« in der Hitler-Biografik

Dutzende Frauen haben sich *Hitler 2* an den Hals geworfen. Er war umgeben von Männern wie Sand am Meer. Und doch spielte sich bei ihm auf der Horizontalen nichts eindeutig Belegbares und daher möglicherweise überhaupt nichts ab.

In Bezug auf diese bisherige Unnachweisbarkeit der intimen Angelegenheiten des multimörderischen deutschen Staatsführers muss das Ergebnis der Hitler-Forschung zu Beginn des 21. Jahrhunderts so zusammengefasst werden: Hitler war un-offenbart sexuell weder eindeutig »he« noch »ho«, sondern »low«! *(Görlitz/Quint,* S. 71, *Recktenwald,* S. 57, *Bullock* 64, S. 37, 392, *Kershaw* 98, S. 93, *Kershaw 2000,* S. 199, *Joachimsthaler* 03, S. 10 ff., 22, 118, 434, 454 ff., *Sigmund* 03, S. 94, *Sigmund* 08, S. 16 ff., *Longerich* 15, S. 175 f., 370 f.), während der Gesamt-Biograf Ullrich noch 2013 versucht, Hitlers Unter-Gürtel-Bedingungen auf die Hetero-Seite zu ziehen. *(Ullrich,* S. 299 ff., 689 f., 911 ff.) Trotzdem muss Ullrich resümieren: »Mit Bestimmtheit sagen lässt sich [...] jedoch nicht«, ob Hitler »ein normales Liebesverhältnis mit Eva Braun pflegte.« *(a. a. O.,* S. 689) – und bisher genauso nicht, ob Hitler »unnormale« Liebesverhältnisse mit Männern unterhalten hat, wie es der Historiker Lothar Machtan bei der Vorführung von Hitlers verheimlichtem Schwulen-Lebenslauf probiert hat. *(Machtan, zweites Buch)*

Schon jetzt kann das Ergebnis der Sexualanalyse Adolf Hitlers herausgestellt werden: Die Versuche, *Hitler 2* ganz auf *eine* sexuelle Praxis-Seite zu ziehen, sind gescheitert.

Um das nachzuweisen, wird zunächst Hitlers Non-Heterosexualität mit rücksichtsloser Ausführlichkeit in sechs Kapiteln von *ONANO* über *HETERO, ORALO, NEUTRO, AMORO* bis zu *ANALO* ausgebreitet und das zu seinen Lebzeiten ihm nachgeredete PERVERSO angesprochen.

Die allein Zeugnis-orientierte, Hunderte Seiten umfassende Detail-Rekonstruktion in Bezug auf Hitlers nicht-existente Heterosexualität muss deshalb vorgenommen werden, weil sich bei der Erforschung der sexuellen Bedingungen Adolf Hitlers herausgestellt hat, dass alles, was von Hitler-Biografen – und neuerdings auch von Hitler-Freundin-Eva-Braun-Biografinnen – angeführt wird, auf Fehleinschätzungen und Irrtümern basiert, ja zum Teil von den Autoren und Autorinnen selbst gefälscht oder manipuliert wurde. Deshalb wird wie in Gerichtsverfahren nur mit geprüften Zeugenaussagen gearbeitet. Was die Heterosexualität Hitlers betrifft, herrscht bis in das Jahr 2016 ein »Kujauismus« in der Hitler-Biografik.

Der Maler Konrad Kujau hat bekanntlich ab den 1970ern zuerst unzählige Einzelstücke Hitlers und danach ganze Jahrgänge von nicht existenten Hitler-Tagebüchern gefälscht und dadurch den Markt mit Hitler-Originalen zusammenbrechen lassen, sodass seriöse Herausgeber von Hitler-Schriften wie Eberhard Jäckel und Axel Kuhn zugeben mussten, dass in ihrer 1980 publizierten Sammlung der Hitler-Privatschriften im Zeitraum von 1905 bis 1924 an die 80 »Kujaus« enthalten sind, denen die Herausgeber wegen Nachlässigkeiten und Unprofessionalitäten bei der Prüfung von Originalen aufgesessen waren. *(Jäckel/Kuhn* 81) Jäckel/Kuhn sind nicht die Einzigen, denen das passierte. Auch der britische Hitler-Spezialist Hugh Trevor-Roper erlag anfangs seinem Glauben an die Echtheit von Kujaus gefälschten Hitler-Tagebüchern. *(Sisman,* S. 414, B. 12 f., 475 ff., 487 ff., 495 ff.)

Es gab zwei Attacken Kujaus auf die Hitler-Forschung – zuerst fälschte er ab den 1970ern singuläre Blätter. Als er bemerkte, wie »easy« ihm alles für bare Münze mit harten Währungen abgenommen wurde, ging er daran, Hitler-Tagebücher zu fingieren, womit er dann Anfang der 1980er durch eine Papier- und Tinten-Probe aufflog. Die ersten Nachrichtenagenturen vermeldeten am frühen Nachmittag des 6. Mai 1983 »Alles Schwindel«. Kujaus Tagebuch-Fälschung wurde ein gesellschaftlicher Skandal um die Illustrierte *Stern* und konnte als kompletter Vorgang enttarnt werden. *(Seufert)*

Doch die Fälschungen von Einzelstücken treiben noch heute ihr Unwesen in der Hitler-Forschung. Sogar in den edelsten Archivhallen der Welt, den *National Archives* in Washington, lagern noch immer ungeknackte gefälschte »Frühschriften«, wie ein angeblicher Hitler-Liebesbrief an Eva Braun, von dem sich 2010 die Braun-Biografin Heike Görtemaker distanzierte, sich jedoch nur vier Jahre zuvor die Braun-Biografin Angela Lambert »reinreiten« ließ! *(Görtemaker* 11, S. 220, in Abgrenzung von *Gun* 69, S. 207, *Lambert* 06, S. 394 f.)

Jemand, der wie Adolf Hitler von seinem 15. bis Anfang seines 30. Jahres (zwischen 1904 und ab Ende 1918) in der männlich

heißest-potenten Zeit fast 20 Jahre lang gar keine feuchten Mädchen-
und Frauenspuren hinterlassen hat, solch ein Jemand kann entsprechend den Standards der modernen Sexualwissenschaft nicht für
»hetero-voll« genommen werden.

Alles Spätere, das bis zur Lächerlichkeit einer »Eidesstattlichen
Erklärung« über Hitlers »Normalität« geführt hat – wie bei seiner
Kurzfrist-Freundin Maria »Mitzi« Reiter –, ist so ungeklärt geblieben,
dass es um die auf Frauen bezogene Männlichkeit eines inzwischen
37-jährigen Mannes dürftig bestellt sein muss, dem posthum eine Frau
notariell bescheinigen lassen will (soll?), er sei »ein ganzer Mann«
gewesen. (*Joachimsthaler* 03, S. 184 ff., 188 ff., 196, *Sigmund* 02 F, Bd III,
S. 728, *Sigmund* 08, S. 16 ff., 20 f.)

Den Biografinnen und Biografen Eva Brauns, Hitlers vor der damaligen Öffentlichkeit abgeschirmter Partial-Partnerin, gelingt es nicht
überzeugend genug, die Flüssigkeit dieser Beziehung ein für alle Male
»stichhaltig« aufzudecken oder das Verhältnis als ein ganzes Trockengebiet freizulegen. (*Goertemaker* 10, S. 51–94, 169 ff., *Costelle*, S. 89 ff.,
107 ff., *Frank J.*, S. 44 ff., 62 ff., 68 ff., 86 ff., 104 ff., 157 ff., *Charlier/
de Launay*, S. 55 ff., 80 ff., 130 ff., *Sigmund* 98, S. 166 ff., *Sigmund* 05,
S. 245 ff., *Gun* 68 I, S. 48 ff., 89 ff., 116 ff.)

Der einzige Pfahl im Sumpf der Unklarheit ist ein Späteinsteiger in
die Hitler-Forschung: Anton Joachimsthaler. Er kanzelte unüberbietbar
deutlich Hitlers Heterosexualität ab (*Joachimsthaler* 96, S. 261 ff., *Joachimsthaler* 03, S. 118, 455) – besonders mit Verweis auf immer wieder
geführte Gespräche mit Hitlers Dienst-zweitältester Sekretärin Christa
Schroeder, die sich selbst auch schriftlich zu dem Problem geäußert hat.
(*Schroeder* 99, S. 155 f.) Doch Schroeder und Joachimsthaler konnten
sich mit ihren Publikationen ab 1985 nicht durchsetzen. Der Mainstream
in der Hitler-Biografik segelt unaufhaltsam weiter auf der Schimäre von
Hitlers angeblich »normal« funktionierender Heterosexualität.

Und dabei wird fortgesetzt verdreht und geschludert – beides
zusammen mehr als 10 Mal vom zweitneuesten Hitler-Biografen Ullrich in Deutsch und Englisch! Oder alte Fälschungen – wie die Teile
in den Werner-Maser-Biografien zu Hitlers Heterosexualität und
das von Maser dem Hitler-Leibdiener Heinz Linge untergeschobene
»Diensttagebuch« mit Schlüsselloch-Durchblick auf ein imaginäres
Braun-Hitler-Bett – werden in zig Sprachen bis jetzt neu aufgelegt.
Nicht zu reden von den falschen Zeuginnen wie der ehemaligen *Berghof*-Hausverwalterin Gretel Mittlstrasser, der noch im Jahre 2000/01
für ihre erneuten Falsch-Aussagen große Auftritte in deutschen und
englischen TV-Shows eingeräumt wurden (*HETERO, 7. Ja-Sagerin*).

Solche Schwierigkeiten in der sexuellen Zuordnung und Praxis-Erfassung hat außer Hitler kein weiterer Naziführer oder sonstiger Diktator gemacht. Bei Mussolini lief es bis zu seinem Tod heterosexuell einwandfrei ohne permanente intervallische Interrupti wie bei Hitler. Gemeinsam mit seiner ihm wichtigsten Mätresse Clara Petacci wurde Mussolini ermordet. Der italienische Faschistenführer hinterließ keine sexuellen Fragen. *(Sigmund* 08, S. 16, *Knox, Ridley, Suttora)* Ebenfalls Hitlers deutsche Co-Führer geben sexuell nur eindeutige Antworten: Göring war zweimal verheiratet, hatte mit seiner zweiten Frau eine Tochter. Aus Himmlers Ehe ging eine Tochter hervor, aus seinem Verhältnis mit einer Nebenfrau entsprangen zwei Kinder. Bormann brachte es mit seiner Ehefrau auf zehn Kinder, hatte mindestens eine ständige Beifrau. Röhm hatte um sich herum als sexuelle Partner nur Männer. Die Nazi-Chargen ab Speer, Eichmann, Frank, Heß, Heydrich abwärts bis zu den Adjutanten dienen sofort mit gleicher genitaler Klarheit, sowie sich ein Interesse auf ihre intimen Angelegenheiten fokussiert. Aus allen ragte das hetero-promiske Glanzlicht über der deutschen Verdunklung der Humanität heraus – Joseph Goebbels.

Marianne Hoppe konturierte ihre Erzählung von Hitlers Gewalt- und Mord-unterflammter Onanie mit einer Episode, die ihr Goebbels 1936 aufgezwungen hatte, der ihr plötzlich von einem SS-Mann vor ihrem Berliner Haus angekündigt wurde. Mit goldenem Parteiabzeichen am Revers seines Anzugs dringt Goebbels ungebeten bei Hoppe ein, um ein weiteres Eindringenlassen von ihr zu erzwingen, das er bis zum Kniefall vor ihr einzuleiten versucht hat. *(Hoppe, S. 76)* Goebbels war bei Hoppe auch später nicht gelandet, als er sie in sein Berliner Stadthaus eingeladen hatte und sie mit einem 100 000-Reichsmark-Scheck, den er ihr hinschob, beeindrucken wollte. Sie widerstand ihm abermals. *(Kohse, S. 123 f.)*

Goebbels hatte sechs Kinder mit seiner Frau Magda, der Hitler-Vertrauten und Karyatide des Nazistaates, ging zahlreiche nebeneheliche Beziehungen mit Frauen ein, die ihm erlagen, wie die tschechische Filmschauspielerin Lída Baarová. *(Reuth* 90, *Thacker , Longerich* 10) Die lesbisch grundierte Marianne Hoppe war mit ihrem Widerstand gegen Goebbels eine Ausnahme.

Beide Szenen männlicher Außergewöhnlichkeit – die penetrant aufdringliche Werbestrategie des sexuellen Dauer-Übertourers Joseph Goebbels und die vom Männermord angeköchelte Selbstbefriedigung des per Befehlsdistanz mordenden Serienkillers *sui generis* Adolf Hitler – sind von Marianne Hoppe so eigenwillig präzise festgehalten, dass sie nicht erfunden wirken und im Falle Goebbels' vielfach von anderen Frauen bestätigt wurden. Nur die Unheimlichkeit des sexuell nekrophilen Männerverschleißers Adolf Hitler fand keine Entsprechung durch weitere Zeugen des Ungebührlichen und bisher keinen Anstoß zu einer Diagnose von Hitlers Sexual-Devianz.

Hoppe hatte den genauen Blick der Künstlerin, was sie mit unzähligen Bemerkungen über ihre Zeitgenossen bewies. *(Kohse)* Hitlers Masturbation vor der Kinoleinwand galt nicht der jungen Schauspielerin selbst oder der unweit von ihr sitzenden Magda Goebbels oder einer anderen eingeladenen weiblichen Gestalt des NS-Kulturbetriebs. Im Gegenteil, Hitler lud sich sexuell auf und alsdann mitten in der Schar seiner Gäste demonstrativ ab – direkt vor dem filmkomparsisch gestellten Männermassenmord, den er in der Realität zu seinem Ergötzen schon seit Jahren betreiben ließ und bald multimillionenfach steigern würde.

Der Mann »ohne Unterleib«

Da Adolf Hitler in der Welt die bisher extremste politische Aufmerksamkeit erregt hat, ist er von dieser politischen Seite her auch prinzipiell biografisch »aufgerollt« worden. Seine sexuellen Bedingungen spielen konsequenterweise in allen bisherigen biografischen Studien entweder eine untergeordnete oder gar keine Rolle. Die Kurz-Biografien von nicht mehr als um die 200 bis 300 Seiten *(Heiber, Deuerlein 69, Zitelmann)* und die sogenannten politischen Biografien klammern das Thema aus *(Steinert, Pätzold/Weißbecker, Reuth 03, Sandkühler).*

Bei den medizinischen Hitler-Biografien spielt das Thema auch keine Rolle, obwohl Sexualität eigentlich zum Körper gehört, die medizinischen Biografen aber nur alles andere von Hitlers Körper behandeln und von seiner Sexualität lediglich von fern etwas wissen wollen *(Recktenwald, Röhrs, Schenck, Redlich, Neumayr, Plouvier, Eberle/Neumann).*

Unter den Mammut-Biografien – genannt im Folgenden oft »die 2000er«, weil die manchmal zwei- und mehrbändigen Werke ein Volumen ab 500 Seiten aufwärts bis zu 1000/2000 Seiten erreichen – gibt es zwei Positionen:

Erstens: Hitler hatte mehr oder weniger gar keine Sexualität. Denn Sex = Privatleben = aufgesogen von seiner politischen Tätigkeit *(Olden, Heiden, Orr, Görlitz/Quint, Bullock, Fest, Joachimsthaler, Kershaw, Longerich).*

Zweitens: Hitler = normaler Heteromann wie du und ich *(P. u. R. Gosset, Maser, Toland, Irving, Steinert, Ullrich, Plouvier).*

Wenn Hitler von psychiatrisch-psychopathologischer Seite her betrachtet wurde, dann lag seine Krankheit im Kopf oder in seiner Psyche = oben oder im oberen Drittel des menschlichen Person-Aufbaus *(Binion, Bromberg/Volz Small, Coolidge, Langer, Miller, Rosenbaum, Stierlin, Waite).*

Ursache-Folge-Forschungen geschahen auch dann nicht, wenn Hitler heterosexuelle Perversionen angedichtet wurden, wie von seinen ehemaligen Jüngern und späteren Abtrünnigen Hanfstaengl und Otto Strasser, auf den sich der Psychopathologe Langer nur nebenbei bezieht *(PERVERSO).* Die einzige Ausnahme war Machtan, der Hitler als homosexuell definierte und ihn in Schwierigkeiten mit der – die männliche Homosexualität tabuierenden und unterdrückenden – männerbündischen Gesellschaft darstellte.

Aus sexualwissenschaftlich-maskulogischer Perspektive ist Hitler noch nicht vorgenommen worden. Er wurde bisher auch nicht als Anlage-bedingt Destruktions-deviant beschrieben. Letzteres nicht, weil er weder als Serienkiller erkannt noch das Serienkiller-Syndrom selbst als männliche Sexual-Aberation schon enttarnt worden wäre.

All das wird im *ersten Buch* von *Hitler 1* und *Hitler 2* geschehen. Denn bevor im *vierten Buch* die eigentliche Wesensveränderung von *Hitler 1* zu *Hitler 2* behandelt wird, muss zuerst freigelegt werden, was Hitlers Serienkiller-Anlage mit seiner Wesensveränderung zu tun hat. Denn *Hitler 1* war weder als Serienkiller im Besonderen noch sonstwie als sexual-aberativ im Allgemeinen auffällig geworden. Was für eine Sexualität lag bei ihm vor, aus der, mit der oder in die hinein seine Wesensveränderung geschah?

Für die Beantwortung dieser Frage konnte Machtans Studie über Hitlers Homosexualität nur ungefähr Richtung-weisend sein, denn Machtan kommt zu dem Ergebnis: Hitler war ein »gewöhnlicher Homosexueller«, der seinen Trieb unterdrücken, bedecken, einschränken, ja phasenweise stilllegen musste. Mit diesem Ergebnis ist nichts gesagt worden zu einer Verbindung zwischen Hitlers Sexualität und Massenmord-Praxis. Da dazu bisher nichts bekannt ist, muss diese Verbindung erst noch unter Beweis gestellt werden. *(zweites Buch)*

Der Titel des laufenden Absatzes *Der Mann »ohne Unterleib«* wurde aus den Jahrmarkts-Amusements der Zaubertrickser entnommen. Aus dem Bereich einer Publikums-Foppung entstand das geflügelte Wort »Die Frau ohne Unterleib«, einer lebenden Frau, der mit einer Versenkungsmaschine der Unterleib abgesägt zu werden schien, der in Wirklichkeit drangeblieben war. Die Publikums-Foppung geschah per optischer Täuschung.

Hitler kam aus der politischen Versenkung als Mann ohne Unter-leib, dem Unterleibliches angedichtet werden musste, was schon durch seine Zeitgenossen nicht unbeträchtlich geschah, sich aber bis ein-schließlich zum Fall von Eva Braun als Zaubertrick entlarvte.

Nach dem Tod seiner Nichte Geli Raubal in seiner Wohnung am Münchener Prinzregentenplatz im September 1931 musste Hitler sich als Mann *mit* Unterleib darstellen, weil die zeitgenössische demokra-tische Anti-Nazi-Presse der Weimarer Republik endlich einen Zugriff hatte, den unangenehm Volks-verführerischen Klamauk-Politiker der äußersten Rechten in den Griff zu bekommen: Hitler = ein Einzelgän-ger, dessen Sexualität »nicht ganz dicht« zu sein schien.

Hitler musste sich ab Ende 1931 einen Unterleib anschaffen, sich das Image eines Mannes mit Unterleib zulegen. Dieses Image wird bis heute nicht als die unechte Wirklichkeit Hitlers erkannt.

Der »Führer« war kein »Ficker«

So überzeugend Lothar Machtan in seinem Buch *Hitlers Geheimnis* die homosexuelle Orientierung Adolf Hitlers freigelegt hat, der Historiker bleibt für *Hitler 2* die Akte schuldig. *(Machtan, zweite Buch)* Damit befindet er sich in bester Gesellschaft mit der Hetero-Mehrheitsfrak-tion der Hitler-Biografik, die auch nicht belegen kann, dass Hitler ein geschlechtsaktiver, erst recht nicht, dass er ein phallisch-vaginal pene-trativ-friktiv agierender Frauenliebhaber gewesen war.

Im Gegenteil: Es wimmelt von Statements aus der Hitler-umge-benden Nazi-Szene, sexuell habe der »Führer« nicht richtig getickt. Alle Äußerungen auf einen Nenner gebracht: Der »Führer« war kein »Ficker«. Sogar dem Verhältnis Hitlers zu seiner »Geliebten« und Lebensgefährtin Eva Braun wurde immer wieder die Plakette »plato-nisch« verpasst.

Wie sich am Schluss der Verhandlung zu Hitlers nicht-existenter Heterosexualität herausstellen wird, hielten mit sehr unterschied-lichen Schilderungen schließlich an die 40 seiner Nahen aus nächster Nähe den Daumen nach unten. Die zu Unrecht vergessenen Görlitz/ Quint hatten 1952 schon alles zu *Hitler 1* durchschaut: »Neben den natürlichen Beziehungen zum anderen Geschlecht fehlte [bei *Hitler 1*] eine zweite Beziehung zur Umwelt gleichfalls völlig, so natürlich und mächtig sie in den großen imperialen Militärstaaten Europas in diesen Jahrzehnten auch war, der Militärdienst.« *(Görlitz/Quint, S. 71, 468 ff.)* Das Phallische im Weichen wie im Harten war nicht Sache von *Hit-ler 1*.

1.–6. Zeuge:

Heinrich Hoffmann, Franz Xaver Schwarz, Christa Schroeder, Ernst Hanfstaengl, Herbert Döhring und Heinz Linge sprachen Hitler glattweg die Potenz gegenüber seiner Teilzeitgefährtin Eva Braun ab.

1. Allen voran der Stifter dieses Verhältnisses, Hitlers Münchener Leibfotograf Heinrich Hoffmann, der den vier Jahre lang fotoscheuen *Hitler 2* erstmals 1922/23 vor seine Kamera gebracht hatte und ihm später dutzende Male ihn konterfeiend zuleibe rücken durfte, sodass einem solch fotoanalytischen Auge auf den politischen Star-Redner der extremen bayerischen Rechten auch ein Gucken durch den Hosenschlitz Hitlers zuzutrauen ist.

Hoffmanns erste Aussage über seine Einschätzung des Verhältnisses Braun-Hitler machte er am 1. Juli 1949 bei seinem Verhör in der öffentlichen Sitzung vor der Spruchkammer München: »Hitler hat sie alle Vierteljahr mal gesehen. Erst Jahre später hat er mir gegenüber geschildert, dass Fräulein Braun ihm sehr angenehm sei. Ich meine, Hitlers Verhältnis zu Eva Braun war immer ein platonisches. – Hitler ist ab 1930 öfters in meinem Geschäft gewesen und hat bei solchen Gelegenheiten die Braun bei mir kennengelernt und sie öfters gesehen.« *(Hoffmann 49, S. 434)*

In Hoffmanns Buch von 1974, *Hitler wie ich ihn sah*, kommt der Stabbruch über die Sexualität zwischen Braun und Hitler nicht expressis verbis vor. Doch Hoffmann erreicht sein Urteil über das Trockengebiet Braun-Hitler auf andere Weise. Er beschreibt einen Hitler bar jeder sexuellen Zündung gegenüber Braun: »Hitler lernte Eva Braun in meinem Geschäft kennen, wie eben jeden anderen Angestellten auch. Er sprach mit ihr über völlig unpersönliche Dinge. Nur manchmal ging er aus seiner Zurückhaltung heraus und machte ihr auf seine Art harmlose kleine Komplimente. Weder ich noch sonst irgend jemand merkte ihm intensiveres Interesse an ... Er dachte nicht daran, mit Eva eine engere Bindung einzugehen.« *(Hoffmann 74, S. 136)*

2. Der Schatzmeister der NSDAP Franz Xaver Schwarz tutete in dasselbe Horn: »Die Beziehung« Hitlers zu Braun sei »rein platonisch« gewesen, vermeldete Schwarz am 26. Oktober 1945 den Interviewern der U. S. Army Interrogation Division beim Internationalen Militärgerichtshof in Nürnberg. *(Schwarz, S. 9)*

Schwarz war als Duz-Freund und oberster, nie entthronter Finanzmann der Partei Hitler so nah, dass sich ihm über Hitlers Verhältnis zu Eva Braun das Essentielle vermittelt hat – vor allem auch deshalb,

6   *Eva Braun mit Wahleltern Schwarz 1930er*

weil Eva Braun bei Schwarz zu Hause verkehrte. Aus solch einem
nahen Umgang ebenfalls mit der »Beteiligten« sind erst recht Schlüsse
aus dem Privaten des befreundeten Paares zu ziehen.

Brauns Biograf Nerin E. Gun publizierte ein Foto aus dem Hause
Schwarz. (*Gun* 68 I, S. 80, B. 2) Es zeigt Schwarz mit seiner Frau an
einem Tisch sitzend. Zwischen und zugleich über ihnen auf einer
Mauer thront Braun und umarmt beide, die zufrieden lächeln. (B. 6)

Frei nach Goethe kann die Stimmung zwischen Eva und den
Schwarzens beschrieben werden: »Hier ist sie Mensch, hier darf sie's
sein.« – Wehmütig-glücklich schaut sie in die Kamera – ihr gesamt-
körperlicher Gestus zeigt ein vollständiges Vertrauen gegenüber ihren
Wahleltern. Die Charakteristik von Wahlverwandtschaften: Es sind
Wahr-Verwandtschaften, in denen alles zur Person des seelisch adop-
tierten Kindes herauskommen darf und herauskommt.

Franz Xaver Schwarz hat sich deshalb über die a-sexuelle Eigenart
der Braun-Hitler-Beziehung nichts eingebildet.

3. Hitlers Sekretärin Christa Schroeder hielt in ihren zu Lebzeiten
nicht veröffentlichten Notizen über Hitler fest, Eva Braun habe deren
Friseuse anvertraut: Kein Sex mit Hitler! Schroeder summierte über
Hitlers Trockengebiet: »Er brauchte Erotik, aber keinen Sex.«

Ein unglaublicher Satz, dessen Inhalt wegen seiner Kürze blind-
gängerhaft nicht richtig hochgehen kann, um das Ungebührliche
Erkenntnis-wirksam in die Gegend zu streuen. Sekretärin Schroeder
hielt fest: Hitler »brauchte keinen Sex«! Ja, wenn das *so* war, dann hat
Hitler auch keinen interpersonellen Sex agiert! Denn das machen nur
Menschen, die ihn brauchen.

Schroeder dekretierte Hitlers sämtliche Beziehungen zu Frauen in
die Sterilität. Alle seine Verhältnisse mit Frauen seien »platonisch«
gewesen und das zu Eva Braun ein »Scheinverhältnis«! *(Schroeder 99,*
S. 152 f., 155 f.)

4. Die Einschätzung von Hitlers Sexualität durch einen seiner ersten
politischen »Liebhaber«, den anglophilen Intellektuellen Ernst Hanfstaengl, gibt den Grundsatz zu Hitlers sexuellen Bedingungen preis:
Hitler sei »ein absolutes Neutrum« gewesen, »aber kein Mann, trotz
seines dauernden Schmachtens«, wie Hanfstaengls Frau Helene ihren
Mann »Putzi« beruhigt hatte, der beinahe in einen Kniefall Hitlers
vor Helene im Wohnzimmer des Ehepaars hineingeplatzt war. *(Hanf-*
staengl 70, S. 61)

Doch »so richtig vom Leder« gegen Hitlers sexuelle »Untüchtigkeit«
zieht Hanfstaengl erst in seinen unbearbeiteten Erinnerungen: Hitler
sei »im medizinischen Sinn des Wortes impotent« gewesen und habe
»in einem sexuellen Niemandsland« ohne »normales Geschlechtsleben« dahinvegetiert. *(Hanfstaengl BSB,* S. 3, 42)

Das sind die schärfst denkbaren Ausformulierungen des etwas ein-
silbig wirkenden Diktums von Sekretärin Schroeder: »Hitler brauchte
keinen Sex«. Hanfstaengls Beschreibung von Hitler als »sexuellem
Niemandsland«, das »im medizinischen Sinn des Wortes impotent«
war, muss Hitler-Forscher in allen Ländern so verschreckt haben, dass
Hanfstaengls »Geheim«-Erinnerungen von ihnen bis heute nicht herausgegeben wurden und unpubliziert in der Bayerischen Staatsbiblio-
thek in München vor sich hin modern.

Beide Hitler-Nahen, Hanfstaengl und Schroeder, brechen auch den
Stab über der angeblichen Liebesbeziehung Braun-Hitler: Eva Braun
sei »ein Dekorationsstück« gewesen, das Hitler »als Schutzschild gegen
alle anderen aufdringlichen Frauen« benutzt hätte. *(Hanfstaengl 70,*
S. 359, *Hanfstaengl 05,* S. 294, Schroeder in *Joachimsthaler 03,* S. 454 f)

Nazifrauen-Biografin Anna Maria Sigmund näherte sich 2008 dieser Position, die sie referierte: Hitler habe »seine Freundin, mit der er in
biederer Zweisamkeit seine karge Freizeit verbrachte, nur zur Kaschierung seiner sexuellen Abstinenz benutzt«. *(Sigmund 08 I,* S. 19 f) Mit

besagter Einschätzung Hanfstaengls und Schroeders könnte Sigmund
ihre Vorstellung vom Funktionieren des sexuellen Verhältnisses zwischen Hitler und Braun überwinden, was sie derart radikal jedoch
nicht tut, da sie ihre alte Meinung bis zur jüngsten Ausgabe ihres
mehrbändigen Nazifrauen-Konvoluts 2013 in ihrem Braun-Hitler-Be-
ziehungs-Abriss propagiert. (*Sigmund* 98, S. 166, *Sigmund* 05/13, S. 245)
Und Sigmund selbst war nicht bereit, ihre neue Einstellung gegenüber
der Nicht-Sexualität im Verhältnis Braun-Hitler in die jüngste Ausgabe ihrer Bücher *Die Frauen der Nazis* von 2013 zu übernehmen. (*Sigmund* 13)

5. Es wird noch deutlicher in Sachen von Hitlers Nicht-Heterosexualität: Nie befleckte Laken decouvrierten die sexuelle Sahara des »Führers«. Das sagte einer, der speziell mit Hitlers Bettwäsche zu tun gehabt
hat. Herbert Döhring, der Hausverwalter von Hitlers Landsitz *Berghof*
auf dem Obersalzberg bei Berchtesgaden, hat zwischen Juli 1936 und
Februar 1943 für fast sieben Jahre mit seiner Frau die Betttücher in
den Braun-Hitler-Zimmern kontrolliert und habe sie immer im Spu-
ren-losen Zustand vorgefunden, wie er noch in einem Interview 2001
zum Besten gab: »[...] meine Frau, extra die Wäsche nachgeschaut,
vorm Waschen, wenn Hitler weg war. Nix, nix, nix festgestellt [...]
auch nirgendwo Tücher oder wie, gab keine Anhaltspunkte, nix.«
(*Joachimsthaler* 03, S. 454, *Sigmund* 08 I, S. 54, Anm. 110 – [ungekürz-
tes Döhring-Zitat unter 21.*»Nein«-Sagerin*])

6. Ein weiterer Leibnaher Hitlers, der nach Karl Wilhelm Krause
zweite Kammerdiener Heinz Linge (ab 1935), strauchelte in seiner
Einschätzung des »Ob oder Nicht«, wenn er die Begegnungsrituale
zwischen »Führer« und »Mätresse« darstellen sollte. Zu viel spräche
bei den Abläufen der Abende in Hitlers Münchener Privatwohnung
am Prinzregentenplatz – meist ohne gemeinsame Nächte und nie in
einem gemeinsamen Zimmer – dafür, dass im Verhältnis zwischen
Adolf und Eva »Stoß und Drang« fehlten. Linge fasste 1945/46 in seinen
Verhören durch die sowjetischen Investigatoren deshalb für das von
Stalin beauftragte *Buch Hitler* seine Erfahrungen zusammen: »Hitlers
Verhältnis zu Eva Braun war eindeutig unnormal.« »Als Bettgenossin«
war sie »zu einem entsagungsvollen Leben verurteilt«. (*Eberle/Uhl*,
S. 63 f., 102, *Sigmund* 08 I, S. 19, 21)

Tiefensexologische Analyse

Obwohl mit stärksten Worten Hitlers Heterosexual-Leben von sechs Zeugen abgekanzelt wurde, hatten sie keinen Nachhall in der Hitler-Biografik. Hitlers Sexualität blieb bis heute unter den Hitler-Biografen un-eruierbar. Prinzipiell verharrte jeder – außer Werner Maser – im Schema: »Kann sein, kann auch nicht sein.«

In der zitierten Kürze und mit dieser Auswahl bringen die sechs Zeugen immer noch keine Klarheit, denn ihnen stehen vier gegenüber – drei, die von wiederholten Treffen zwischen Hitler und Braun in Hitlers Münchener Wohnung am Prinzregentenplatz zum Zwecke des Austauschs von Intimitäten berichten, und eine Zeugin, die Empfängnis-verhütend Spezifisches zum Besten gab, woraus geschlossen werden sollte, es sei auf Hitlers *Berghof* regelmäßig zu vaginal-penetrierenden Sexualakten zwischen Hitler und Braun gekommen, an die auch noch Hitlers Gesamt-Biograf Volker Ullrich glaubt, der seinen Gegenstand heterosexuell so aufpeppt, als sei Adolf Hitler in Sachen Sex ein ganz normaler Mann gewesen. *(Ullrich*, S. 299 ff., 677 ff., Einzelheiten zu dieser Zeugin unter 7. *Ja-Sagerin)*

Zu den Vieren gehört die Abschrift eines *Tagebuch-Fragments*, das Eva Braun hinterlassen hat und in dem sie ihre Sexualität mit Hitler andeutet. Formelle und inhaltliche Echtheit des Zeugnisses sind in der Braun-Hitler-Biografik so umstritten, dass ihm ein ausführliches Kapitel gewidmet wird. Mit den vier Aussagen und dem einen Zeugnis stehen den sechs Neins fünf Jas gegenüber.

Aus der Reihe der sechs Nein-Sagenden muss in einer Serie von extra Kapiteln ein Zeuge separiert behandelt werden, der Leibdiener Heinz Linge, der sich in Abständen von Jahrzehnten dreimal widersprüchlich über Hitlers Heterosexualität geäußert haben soll – zum ersten Mal 1945/46 mit seinem Nein für die sowjetischen Interviewer. *(Eberle/Uhl)* Dagegen hätte Linge angeblich zweimal seine russische Nein-Position in ihr Gegenteil, eine deutsche Ja-Behauptung, gewandelt, 1955/56 *(Linge* 55/56) und 1980. *(Linge* 80/82)

Zeugen-Widersprüche sind in Verfahren jeglicher Art das Unangenehmste bei der Wahrheitsfindung, weil es äußerst beschwerlich ist, das Wirklichkeits-Entsprechende aus der 180-Grad-Kehrtwende-Zickzack-Bewegung eines Zeugen herauszubekommen: Hat der Zeuge zuerst oder später die Unwahrheit gesagt? Mindestens einmal muss er es bei einander widersprechenden Aussagen getan haben – in Linges Fall unternahm der Zeuge Falschdarstellungen möglicherweise sogar zweimal. Welche Aussage ist die falsche? Und warum hat der Zeuge sie in einem bestimmten Moment gemacht? Der Faktor Zeit hilft nicht, denn spätere Aussagen müssen nicht immer Wahrheits-Korrekturen der früheren sein, sondern können jetzt erst Lügen enthalten, die herauszufinden sind. Zusätzlich muss die Erklärung dafür geliefert werden, warum die Fälschungen zuerst oder später gemacht wurden.

In der Einschätzung von Hitlers Heterosexualität kann man mit diesem Patt der sechs Neins – von denen eines »wackelt« – gegen die fünf Jas keinen Schritt in Richtung Klarheit vorankommen.

Deshalb muss in die Tiefe und in die Breite gegangen werden, was Seiten-verschlingende Folgen hat: Es müssen alle Zeugen zu Hitlers Heterosexualität, die heute dokumentarisch erreichbar sind, herangezogen werden. Dazu müssen auch die Minus-Botschaften – das Nichts-Sagende – präsentiert werden, falls es in einem bestimmten Zeugnis eigentlich einige Auskunfts-Späne zu Hitlers Heterosexualität hätte geben sollen, so beiläufig fallengelassen sie auch immer sind. Das blanke heterosexuelle Schweigen in einer Zeugenschaft über Hitler sagt selbstverständlich etwas aus. Ebenfalls müssen die Versäumnisse einer Mitteilung über Hitlers heterosexuelle Bedingungen eingesammelt und der Diskussion zur Verfügung gestellt werden. Zuzüglich ist es erforderlich, markante Äußerungen, wie die von den Flecken-losen Laken, komplett zu zitieren. Die Kürzel von zwei bis drei Zeilen geben keine genügende Kontur, wenn es um so etwas Kompliziertes wie die Sexualität einer öffentlichen historischen Person geht.

Klarheit über die Sexualität eines Menschen herzustellen ist in der Geschichtsschreibung das Komplizierteste überhaupt, weil bis in das 21. Jahrhundert hinein Menschen sich über ihre eigene Sexualität nicht schriftlich festgelegt haben und Geschichtswissenschaft nur mit Hilfe von Dokumenten, Zeugnissen und Zeugenaussagen möglich ist, um sich vom historischen Roman abzugrenzen, in dem fantasiert werden kann, was das Papier aushält. Die Schamschwelle in Sachen Sexualität reicht bis zum Beobachten des Geschlechtlichen bei anderen Menschen. Auch Umfeld-haft wird bei Sexualität eher weg-, als auf sie hingeschaut. Sex präsentiert sich im Bewusstsein der Öffentlichkeit immer nur mit den Daten von Heirat und Kindergeburten. Wenn beides wie bei Hitler im Verlaufe seines Daseins nicht stattfand, beginnt die Arbeit einer Montage aus Kubikmillimeter-kleinsten Steinchen.

Als Inge Jens 2010 aus Anlass der Publikation ihres Buches über ihre Ehe mit ihrem inzwischen dement gewordenen Mann, dem ehemaligen Tübinger Rhetorik-Professor und jahrzehntelangen BRBonn-Kultur-Träger Walter Jens, in einem Fernseh-Interview gefragt wurde, warum Sex in ihren *Unvollständigen Erinnerungen* nicht vorkomme, antwortete sie schlagfertig:»Das muss man können! Ich kann so etwas nicht.«

Auch die gängige Hitler-Biografik kann so etwas nicht und lässt die Gesellschaft mit ihrer Darstellungs-Abstinenz bis ins dritte Jahrtausend hinein im Regen stehen. Die bisherige Hitler-Biografik leistet sich ihre Enthaltsamkeit guten Gewissens, weil sie davon ausgeht, Sex gehöre zum Privatleben, Hitler habe jedoch als öffentliche Person politisch oder psychiatrisch geknackt zu werden und nicht sexuell.

Die 68er Protest- und die Nach-68-Emanzipations-Bewegungen fanden heraus:»Das Private ist politisch.« Und:»Das Politische konditioniert das Private.« Hinter diese überall verifizierbare Wahrheit sollte auch bei einer Hitler-Studie nicht zurückgefallen werden, vor allem dann nicht, wenn es darum geht, den deutschen Staatsterroristen als sexual-deviant freizulegen. Deshalb gilt es, mit dem Achselzucken der Hitler-Biografik Schluss zu machen, ihr Jacke-wie-Hose zu beenden, das Ungenaue und Unsaubere, ja bei den Hitler-Biografen Werner Maser und David Irving sogar das absichtlich Falsche zu überwinden. Wenn dargestellt werden soll, Adolf Hitler war eine *sexopathia masculinis*, darf es weder Hemmschwellen noch Aussparungen und Beiseite-Lassungen geben.

Geschichts-Prozess gegen Zeugen-Auswahl-Diktatur

Die Braun-Biografin Heike Görtemaker ist wie alle ihre Vorläufer und Vorläuferinnen davon überzeugt, dass es zwischen Braun und Hitler sexuell geklappt hat. Anders als mit Otto-und-Ottilie-Normalverbraucher-Kategorien kann bezeichnenderweise bis heute über Eva Braun nicht »Biografie gemacht« werden.

Die Braun(-Teil)-Biografin, die Bearbeiterin aller näheren Beziehungen Hitlers zu Frauen, Anna Maria Sigmund, ist die Einzige, die die Mann-Frau-Aktions-Rinne Braun/Hitler verließ, die sie noch in ihren Nazifrauen-Büchern beschritten hatte. *(Sigmund* 98–13) Sigmund machte in ihrer Einzelstudie über *Sexualität im Dritten Reich* eine Kehrtwendung. Sie rückte nun auch Hitlers Sexualität zuleibe und kam zu dem oben schon zitierten Ergebnis: Hitler »benutzte« Eva Braun »nur zur Kaschierung seiner sexuellen Abstinenz«. *(Sigmund* 08 I, S. 19 f.)

Dieses eiserne Ergebnis von Sigmunds Forschung zur Sexualität bei Hitler und den Seinen wurde prompt von den Hitler-Braunbiografischen sexuellen Verpaarschaftern, der Braun-Biografin Heike Görtemaker und dem Hitler-Biografen Volker Ullrich, umgangen.

Sigmunds Expertise wird von Görtemaker und Ullrich weggelassen, damit deren Mann-Frau-Beziehungs-Dreh im Falle Braun-Hitlers leichter vonstatten geht.

Große Teile des kommenden Textes von *Hitler 1 und Hitler 2* für die Freilegung der Hitler'schen Sexualität setzen sich mit der Vorgehensweise des zweitjüngsten Hitler-Biografen Volker Ullrich auseinander, um zu zeigen, wie er es erreicht, der deutschen Öffentlichkeit 2013 und der Anglo-Öffentlichkeit 2016 einen hetero-intakten Hitler zu liefern. In viel kürzerer Weise kann bei Heike Görtemaker entblößt werden, wie es ihr gelingt, die Beziehung zwischen Braun und Hitler in ein »Feuchtgebiet« zu verlegen. Görtemaker bringt auf fünf Seiten acht Pro-Bezeugende und schmettert zwei Kontra-Statements mit verschiedenen Mitteln ab. Die fünf Seiten sind durch 130 Zwischenseiten auseinandergerissen, sodass ein Zusammenhang zwischen den zweimal vier »Ja«-Sagenden bei einmaliger Lektüre nicht hergestellt werden kann. Die ersten vier Jas stehen auf den Seiten 41/42 der neuesten englischen Ausgabe ihres Buches von 2011. Görtemaker beschäftigt sich an dieser Stelle mit dem Beginn der Beziehung Braun-Hitler und will sich da schon entscheiden, ob feucht oder trocken. Die übrigen vier Jas treten erst auf, als es um die Präsentation von Meinungen der Leute im Hitler-Umfeld geht, was dieses Umfeld so über Hitlers Verhältnis zu Braun gedacht und davon mitbekommen hat. (*Görtemaker* 11 I, S. 169 ff.)

Achtmal Ja und zweimal Nein, die als unglaubwürdig hingestellt werden. Das ist ein wahrlich eigenwilliger Umgang mit Zeugen und Zeuginnen. Auch auf die Braun-Biografinnen und -biografen färbt Adolf Hitler noch ab, was ständig mit Ausnahme des meist zu absoluter Distanz befähigten Ian Kershaw beobachtet werden kann.

Es musste gegen jenes diktatorische Verfahren mit Zeitzeugen ein Geschichts-Prozess aufgerollt werden, dessen Ergebnis vorweggenommen wird, um schon jetzt ein Verständnis dafür hervorzulocken, dass mit Hitlers Heterosexualität, so wie Görtemaker und Ullrich es machen, nicht mehr umgegangen werden darf, denn Görtemakers Vorlaufende in der Braun-(Teil)-Biografik, Gun, Charlier/de Launay, Johannes Frank und Angela Lambert, verflüssigten die Beziehung Braun-Hitler mit anderen »unkoscheren« Mitteln und arbeiteten dem Heterosexualisten Werner Maser in die Hände, der seit 1971 bis in die jüngste Gegenwart mit um die hundert Auflagen, Ausgaben und Übersetzungen seiner Bücher Hitler höchst erfolgreich in die Hetero-Schablone gezwängt hat – bis zur Andichtung eines nicht-ehelichen Sohnes.

»So kann es nicht bleiben!«, lautet Heinrich Manns berühmter Refrain in seinem Roman *Die Jugend des Königs Henri IV.* Hitler-Biograf Werner Maser hat mit Volker Ullrich einen kompetenten Nachfolger erhalten, der weiter an der Verheterosexualisierung Hitlers werkelte, ja zu dichten anfing, wenn Hitler stattdessen endlich hätten die Hosen runtergezogen werden müssen.

Für die Zeitzeugen-»Verhöre« werden erst einmal 23 Hitler-Nahe angeführt, die ihn als heterosexuell inaktiv beschreiben werden. Demgegenüber werden von zwölf Voten pro Hitlers heterosexuelle Funktionstüchtigkeit nach einem intensiven »Kreuzverhör« nur vier als ernstzunehmende Aussagen übrig bleiben. Während der Behandlung der Pros und Kons wird die Zahl der Neins gegenüber Hitlers heterosexueller Ausdruckskraft auf 40 anwachsen, also fast das Doppelte der fürs Erste vorgestellten 23. Am Schluss wird es ein Verhältnis zwischen vier Jas und 40 Neins geben = eine 1-zu-10-Gegenüberstellung. In Ansehung der einzelnen Pro-und Kontra-Zeugen wird auf die Argumentationsweise Görtemakers zu ihrem spärlichen »Häuflein der acht Aufrechten« noch eingegangen werden, was jetzt ohne ausführliche Darstellung eines Zeugen nicht überzeugend genug wäre. Eine Ausnahme wird jedoch sogleich gemacht – betreffend Görtemakers Abschmetterung der 3. Nein-Sagerin, der Hitler-Sekretärin Christa Schroeder.

Görtemaker versucht, Christa Schroeders Wahrnehmung von Hitlers Gesamt-Verhalten gegenüber Frauen zu konterkarieren, indem sie die Bemerkung Schroeders zu Hitlers (Hetero)Sexualtod – nämlich alle Verhältnisse mit Frauen wären bei Hitler unfleischlich gewesen – gegen eine Antwort Schroeders in deren erstem Verhör durch die Amerikaner nach April 1945 ausspielt. *(Görtemaker 11 I, S. 169 f.)*

US-Offiziers-Frage: »Sah Hitler Fräulein Braun als seine Ehefrau an?« – Antwort Schroeders: »So behandelte er sie!« – Nachfassende Frage: »Hat er sie wirklich so gesehen?« – Verstärkende Antwort: »Ja, natürlich!« *(Schroeder 45, S. 3)*

In diesem Schlagabtausch kommt nur Äußeres zur Sprache, wie »als Ehefrau ansehen« und »so behandeln«. All das wird zum genauen Verständnis auch noch einmal wiederholt: Es geht um ein Rollen-mäßiges Ansehen und Behandeln. Die darunter liegende, ja lauernde Frage des gemeinsam Schleimhaut-berührend gestalteten nächtlichen Bettes zwischen Hitler und Braun wird nicht angesprochen, von Schroeder deshalb weder bejaht noch verneint.

Niemand kann jemals bestreiten, dass Hitler »das Fräulein Braun« als »Ausdruck« seines »Eheweibes« im Juli 1936 auf seinen zum *Berghof*

umgebauten Landsitz *Haus Wachenfeld* auf dem Obersalzberg bei
Berchtesgaden mitgenommen und dort positionell Ehe-ähnlich installiert hat – als ein lebendes Inventar, das rituell dem nahen Umkreis
gezeigt und gleichzeitig vor dem ganzen deutschen Volk verheimlicht
wurde. Mehr weiß bis heute niemand.

Durch solche uneindringlichen, weil ins Sexuell-Eigentliche nicht
einsteigenden Frage-und-Antwort-Hin-und-Hers wird die sexuelle
Frage noch nicht einmal berührt, geschweige denn beantwortet. Im
Verhör Schroeders 1945 wurde nur von der sozialen Seite des Ehe-ähnlichen Verhältnisses zwischen Braun und Hitler gesprochen = zusammen
wohnen und sich bis in die tiefste Nacht hinein zusammen darstellen,
wovon alle Hitler-Nahen mehrfach beredtes Zeugnis abgelegt haben.

Doch die Lampe über ein gemeinsames nächtliches Lager zwischen
Braun und Hitler hat auch von den damals Nahen niemand gehalten.
Das muss die Geschichsschreibung nun mit anderen Beleuchtungen
unternehmen.

Einziger Zeuge zu Hitlers Geschlechtsteil nie danach befragt

Von den sechs soeben nur kurz zitierten Kontra-Zeugen kommen alle
noch einmal oder mehrmals zu Wort, oder über sie werden weitere
Einzelheiten berichtet, die ihre Aussage konturieren. Solch ein Verfahren mit einem Ein-bis-zwei-Zeilen-Zitat, um dann prompt in die »Liebesgeschichte« zwischen Braun und Hitler zu segeln, wie Görtemaker
es achtmal gemacht hat, ist überholt. Ullrich geht genauso vor – mit
zusätzlich vier weiteren Jas, die alle in der kommenden Ja-Liste zu
durchleuchten sind.

Neben der Verteidigung der Aussage Schroeders, der 3. Nein-Sagerin, muss sogleich eine Konturierung des 4. Nein-Sager Ernst
Hanfstaengl angefügt werden. Auch Hanfstaengl schien in einem
Interview von seinem Verdikt, Hitler sei im »medizinischen Sinne
impotent« gewesen, abzuweichen. Er schwenkte in die Relativierung
eines »Doch-etwas«- und »Manchmal-Sex« ein: »Hitlers Potenz war
teils beschränkt und teils ins Abnorme pervertiert [...] Nach Mitteilung eines Reichsministers, dessen Namen Hanfstaengl nicht nennen wollte, der Hitler beim Ankleiden nackt gesehen hatte, war der
Geschlechtsteil nur sehr gering entwickelt. Zu einer Befriedigung
dürfte Hitler mit Frauen nur sehr selten und mit ganz bestimmten
Typen von tadelloser Gestalt, wie z. B. Eva Braun, gekommen sein.
Aus dieser teilweisen Impotenz resultierte der Sager, dass Deutschland
seine [Hitlers] Braut sei etc. [...]« *(Hanfstaengl* 51, S. 1)

Mit dem Zitat einer zweiten Aussage Hanfstaengls soll hier im Prolog des Geschichts-Prozesses »auf die Schnelle« nur darauf hingewiesen werden: Bei der Zeugen-Konturierung ergibt sich manchmal eine Verschärfung der Aussage, manchmal eine Abschwächung. Schwarz (2.), Schroeder (3.) und Döhring (5.) verschärften und präzisierten, Hoffmann (1.) begann später zu schwanken, worauf Görtemaker selbst schon hingewiesen hat. *(Görtemaker* 11 I, S. 41, 170) Aber darum Hoffmann ganz auf die Seite der Ja-Sager zu ziehen, wie Görtemaker es tut, ist schon wieder bedenklich, was sich später erweisen wird, sodass Hoffmann Anführer der Nein-Liste bleibt.

Der »Widerrufs-Linge« (6. Nein-Sager und 2. Ja-Sager [AMORO]) gerät zu einem der aufwendigsten Einzelthemen, das sich zum Buch im Buch verselbstständigt.

Bei Hanfstaengl scheint es sich zunächst um eine Abschwächung seines Stabbruchs über Hitlers Sexualität zu handeln. Hitler wäre »im medizinischen Sinne impotent« gewesen, ein »Neutrum«, ein »sexuelles Niemandsland«. Doch aus »nichts« und »nie« machte Hanfstaengl 1951 plötzlich »sehr selten«.

Aber seit der ersten Ausgabe seiner Memoiren 1957 *Unheard Witness* ist er in seinem Urteil gefestigt, an dem er nie wieder rüttelt, wie aus allen seinen späteren deutschen und englischen Büchern und von seinen Fernseh-Auftritten entnommen werden kann *(HETERO, 10. Ja-Sager* Albert Speer) Die negativen Urteile Hanfstaengls und Speers über Hitler schärften sich im Laufe der Jahrzehnte des Abstands von ihrem einstigen Idol immer mehr. Deswegen summierte Hanfstaengl schließlich:

»Je näher ich Hitler kennenlernte, um so mehr kamen mir auch gewisse Anomalien zu Bewusstsein, die sich in seinem Verhalten gegenüber dem weiblichen Geschlecht zeigten ... Seine offensichtliche Verliebtheit in meine Frau ... seine dauernden Blumengeschenke, Handküsse und verzehrenden Blicke [seien] allein in seiner außergewöhnlichen Fähigkeit zur Selbstdarstellung und keineswegs in einem ursprünglichen erotischen Begehren zu suchen ... Mit dem ihm eigenen Talent, sich und andere bis zur Glaubwürdigkeit betören zu können, lebte er sich auch in die Rolle des leidenschaftlichen Liebhabers hinein, ohne sie jedoch, wie ich zu behaupten wage, bis zur Vereinigung mit dem weiblichen Partner steigern zu können. Hitler war nach meiner Überzeugung im medizinischen Sinne impotent. Hierfür einen eindeutigen Beweis zu erbringen, ist mir ebenso wenig möglich, wie Zitate von Frauen vorzulegen, die mit oder gegen ihren Willen in die Verlegenheit gerieten, Hitler in seiner hoffnungslosen

Lohengrinrolle zu erleben. Dem Sinne nach waren diese Äußerungen jedoch sämtlich auf die gleiche Tonart abgestimmt wie eine Bemerkung meiner damaligen Lebensgefährtin, die mir bereits in den Anfängen unserer Bekanntschaft mit Hitler erklärte: ›Glaube mir, er ist ein absolutes Neutrum, aber kein Mann – trotz seines dauernden Schmachtens.‹ Sowenig mir nun daran liegt, diese Intima um ihrer selbst willen zur Sprache zu bringen, so aufschlussreich erscheinen sie mir andererseits als ein Ergebnis aus allmählich oder nachträglich gewonnenen Einsichten in die Phänomenologie des Typus Hitler und seines ruhelosen Aggressionstriebes. Infolge eines psychischen oder organischen Defektes zum sexuellen Nonvaleur degradiert, entlud sich das aufgestaute Übermaß seiner Libido – gleichsam zur Selbstbestätigung seiner Männlichkeit – in neurotischen und schließlich in rhetorischen Ersatzreaktionen. Hierfür war Hitlers gelegentlicher Ausspruch kennzeichnend: »Die einzige Braut, die für mich in Frage kommt, ist die Masse, ist das Volk – ist Deutschland!« *(Hanfstaengl 70, S. 61)*

Auch schon im US-Geheimdienst-Papier für den US-Präsidenten Roosevelt vom 3. Dezember 1942 über *Adolf Hitler* hielt Hanfstaengl seine Beobachtung fest:

»Während der wahre Hitler für den Diagnostiker schwer fassbar ist, gibt es gewisse Fakten, die beweisen, dass seine sexuelle Situation unhaltbar, ja sogar hoffnungslos ist. Es scheinen psychische, wenn nicht auch physische Hindernisse zu bestehen, die eine tatsächliche und vollständige sexuelle Erfüllung immer unmöglich machen.« *(Hanfstaengl 05, S. 357)*

In Hanfstaengls Aussage 1951 gegenüber einem deutschen Befrager vom Münchener *Institut für Zeitgeschichte* untermauerte er seine Einschätzung mit dem Hinweis auf das »sehr-gering-Entwickelte« von Hitlers »Geschlechtsteil«. *(Hanfstaengl 51, S. 1)*

Der namenlose, von Hanfstaengl angeführte »Minister« konnte niemand anders sein als Hitlers früherer Fahrer und Diener Emil Maurice, der Hitler in ihrer sechs- bis siebenjährigen Freundschaft zwischen 1922 und 1928 bestens gekannt hat, weil beide frühe Kumpels waren, verbunden im Du und zusammengeschweißt in ihrer Haftzeit 1924 nach Hitlers versuchtem Münchener Novemberputsch 1923.

Es gibt eine zweite Äußerung zu Hitlers Entwicklungs-gestörtem Geschlechtsteil, einen Hinweis, der in der Hitler-Forschung ganz untergegangen ist. Was sollte diese damit auch anfangen?! Sie ist schließlich keine Peepshow-Veranstalterin für das Panoptikum extrem ausgefallener männlicher Mitte-Leibes-Glieder. Jetzt aber, bei der Eruierung von Hitlers heterosexuellen Konditionen, spielt die Aussage von Hitlers zweitem chirurgischem Begleitarzt Hans Karl von Hasselbach eine Rolle:»Hitler hatte eine ausgesprochene Scheu, seinen Körper zu zeigen. Auch ich habe ihn daher nie ganz entkleidet gesehen und untersucht. Ob er eine körperliche Missbildung an seinen Geschlechtsteilen hatte, darüber könnte wahrscheinlich sein früherer Fahrer und Diener Maurice etwas wissen, dessen Adresse ich angegeben habe und der mir in der Gefangenschaft Andeutungen machte.« *(Hasselbach 52, S. 2)*

In Hasselbachs Aussage ist zweierlei enthalten: Erstens: Hitler war extrem scheu mit dem Sehenlassen seines nackten Körpers. Sogar Hitlers fünf Jahre tätiger und während dieser Zeit ununterbrochen in seiner Nähe befindlicher chirurgischer Begleitarzt hat ihn nie unbekleidet gesehen.

Zweitens: Hasselbachs Hinweis auf Emil Maurice. Maurice ist der Einzige von den überlebenden Hitler-Nahen, der Hitler nackt gesehen haben könnte. Beide duzten sich und haben vorübergehend auch zusammen gewohnt.

Dem späteren Leibdiener Heinz Linge ist das Sehen des nackten Hitlers von Biograf Maser nur untergejubelt worden, es basiert auf keiner Realität. Linges sogenannte Aussage ist gefälscht worden. *(Linge 80/82, AMORO)*

Emil Maurice und auch der aus der 1914–1918-Kriegskameraden-Zeit»grenzenlos« nahe Ernst Schmidt sind auf die Ausstattung von Hitlers Geschlechtsteil nie angesprochen worden. In den Verhören von Hitler-Nahen ist eine gewisse Peinlichkeit zu bemerken, sich die Fragen diesem Komplex zu nähern beginnen.

Was Anna Maria Sigmund über das Interesse der amerikanischen Besatzungsmacht an Hitlers geschlechtlichen Verhaltensweisen schreibt, stimmt nur theoretisch:»Im Mai 1945 erstellte der amerikanische Geheimdienst Richtlinien für die Einvernahme [offizielle Verhöre] hoher nationalsozialistischer Funktionäre. Die Frage nach Hitlers Sexualleben erhielt Priorität. Die Antworten der NS-Bonzen entpuppten sich allerdings als wenig ergiebig. Man erzählte bereitwillig von der Bewunderung des ›Führers‹ für schöne Frauen, von näheren Verhältnissen wussten sie – abgesehen von Eva Braun – nichts zu berichten.« *(Sigmund 08 I, S. 53)*

Werden Verhöre von Nazi-Mittätern und -Gehilfen im Fluss gelesen, entsteht der Eindruck der Feigenblatt-Fragen. Auch unter Männern, gerade unter ihnen, wird nicht aufs Eigentliche von Hitlers Sexualität gezielt, herrscht eine Umwölkung, die bei der Lektüre immer wieder

Unmut erzeugt. Es kommen Momente, die das Interesse an Hitlers Sexualität pur umgehen, ja dieses Thema buchstäblich im Stich lassen: An eben dieser Stelle hätte jetzt ein Einstieg in genaues Sexuelles erfolgen, nachgehakt werden und jegliches Feigenblatt runtergerissen werden müssen.

Es geschieht nur einmal bei Robert Kempner. Aber auch da geht es alsbald nicht weiter, führt nicht tiefer (15. Nein-Sager Julius Schaub). Dem Zeitalter fehlen bis heute die kategorialen Werkzeuge, um ins Sexuelle sprachlich wirklich einzudringen. Die Gespräche mit Nazi-Tätern über Hitlers Sexualität blieben demnach alle schamhaft. Die amerikanische Priorität gegenüber diesem Thema bestand nur auf dem Papier, konnte in der Praxis jedoch nichts Erhellendes ausrichten. Das sexuelle Aufklärungs-Blocken geschah schon, bevor die Befragungen losgingen.

Wie es sich gezeigt hat, haben die Amerikaner auf Hasselbachs Hinweis, Maurice nach dem nackten Hitler zu befragen, nicht reagiert. Hasselbach und Maurice hatten genug Zeit gemeinsam in einer Zelle verbracht, auf dass Hasselbachs Hinweis hätte ernst genommen werden müssen.

Die Deutschen drehten sich später ebenfalls von dem Thema weg. In den überlieferten Maurice-Interviews kommt der »sehr gering entwickelte Geschlechtsteil« Hitlers nicht vor. Den Zusammenhang zwischen *anomalia sexualis* und *destructiva masculinis* wollten Vertreter des Abendlandes bisher nicht so genau kennenlernen.

Deshalb muss immer wieder auf die vorbildliche Vorgehensweise der sowjetischen Interrogateure für das *Buch Hitler* hingewiesen werden, die den ehemaligen Leibdiener Heinz Linge zu den Kern-Aussagen über Hitlers »eindeutig unnormales« Verhältnis gegenüber Eva Braun bewogen. (*Eberle/Uhl*, 6. Nein-Sager und 2. Ja-Sager, der »Widerrufs-Linge«, *AMORO*)

Doch dieser Klarheit von 1945/46 wirkten deutsche und Anglo-Interviewer zehn Jahre später, 1955/56, definitiv entgegen, sodass über die ganze Welt hinweg das Gegenteil verbreitet und 25 Jahre später, 1980/82, in einer der verborgensten Fälschungen durch einen Hitler-Biografen bis heute fixiert wurde. (*Linge 80/82*, »*Widerrufs-Linge*«, *AMORO*)

Was bei den widersprüchlich erscheinenden Hanfstaengl-Berichten erst einmal festgehalten werden muss: Mit Hitlers Heterosexualität stimmte etwas nicht. Dieser Eindruck bleibt auch bei Hanfstaengls Relativierungen von »Nie« in »Sehr selten«. Gerade solch ein Schwanken, eine derartige Unsicherheit zwischen absolutem und relativem Nein, machte es für *Hitler 1 und Hitler 2* nötig, Dutzende Zeuginnen und

Zeugen zu hören. Auch einigen anderen Umfeldern werden hier und da Unsicherheiten angekreidet werden müssen. Deswegen führt es zu gar nichts, nur mit zwei Görtemaker'schen Wackel-Neins zu kommen.

Wenige der späteren Zeugen haben mit Hitler dieselbe Wohnung geteilt wie sein früher Freund und Fahrer Maurice und wie seine Diener Krause und Linge oder sein längstamtierender Adjutant Schaub oder für einige Zeit mit ihm unter einem Dach gelebt wie seine Sekretärinnen Junge und Schroeder, seine Vermieterin Reichert und seine Haushälterin Winter. Ganz anders sind deshalb die Aussagen des Jugend-Umfeldes, das meist auf den Erfahrungen eines Zusammenlebens aufbaut.

Über Hitlers sexuelle Bedingungen Klarheit zu gewinnen erfordert Breitwand-Darstellungen eines neuen Zweitausender-Epos, das nicht nur in der Länge mit Tolstois *Krieg und Frieden* vergleichbar ist, sondern in dem es auch inhaltlich um Krieg oder Frieden geht.

Ein sexueller Frieden mit Eva Braun, den die Biografen Görtemaker und Ullrich mit den englischen Fassungen ihrer Werke bis zur Stunde der ganzen Welt einreden, hätte solch eine bisher nie gekannte Kriegstreiberei, ja einen Kriegstrieb des Staatsterroristen Adolf Hitler provoziert? Sexfrieden hätte mit Kriegstrieb Seit an Seit kooperiert? 50–70 Millionen tot – auf der Basis des Bettes mit Eva Braun?

Diesen Gartenzwergin- und Waisenknaben-Fantasien der Braun- und Hitler-Biografen muss mit den entschiedensten und ausführlichsten sexologischen Erwachsenheiten entgegengetreten werden.

Vier ihrer Ja-Sager werden dabei Görtemaker entrissen – Hoffmann, Kempka, Schaub und Speer. Die drei ersten wandern gleich zur Nein-Seite (1., 23. und 15.), Speer fällt bei der Prüfung des Zehnten Ja-Sagers hinterrunter. *(HETERO)*

Übrig bleiben Görtemakers drei Ja-Zeuginnen Winter, Schirach und Ostermayr-Schneider (5., 4. und 3.). Und die Abschrift von Brauns *Tagebuch-Fragment* setzt sich ebenfalls auf der Ja-Seite fest (6. Ja-Sagerin, *ORALO).*

Das Landsberger Zeugnis zu Hitlers Ein-Hoden-Syndrom

70 Jahre strauchelte die Hitler-Biografik wegen der sexuellen Frage auch in Anbetracht der physischen Beschaffenheit von Hitlers Genitalien und ließ sich von Werner Maser ab 1971 täuschen, Hitlers Geschlechtsteile seien »ganz normal« gewesen, denn Hitlers Leibarzt Theodor Morell hätte sie mehrmals untersucht und darüber Berichte hinterlassen. *(Maser 71/01, S. 319 f./323 f., 480, Anm. 70 f.)*

Die Hitler-Biografik wusste nicht ein noch aus, wie sie es halten sollte. Denn im sowjetischen Obduktionsbericht stand, Hitler hätte der linke Hoden gefehlt. *(Bezymenski 68)*

Volker Ullrich bevorzugte es, Maser blind zu folgen: »Nach allem, was wir aber aus den Berichten seines Leibarztes Theodor Morell wissen, der Hitler auch im Intimbereich untersuchte, waren die Geschlechtsorgane seines Patienten normal entwickelt. Alle Vermutungen, er sei unfähig gewesen, Frauen körperlich zu lieben, treffen demnach nicht zu.« *(Ullrich, S.* 300, 911)

Da geschah 2010 ein »Finde-Wunder« in der Hitler-Forschung: Ein Fürther Auktionshaus kündigte für den 2. Juli 2010 die Versteigerung eines Konvolutes von über 500 Schriftstücken aus den Landsberger Gefängnis-Akten an, unter ihnen Amtszeugnisse zu Hitlers Festungshaftzeit zwischen November 1923 und Dezember 1924. Der Freistaat Bayern konfiszierte das Material per Amtsgerichtsbeschluss, weil das auf dem Antiquitäten-Markt angebotene Konvolut aus Staatsakten bestand »die nicht auf legale Weise« hätten »veräußert werden« dürfen. *(Fleischmann, S.* 9 ff., *Kellerhoff* 15)

Der damalige Direktor des Staatsarchivs München, Peter Fleischmann, gab 2015 die für 90 Jahre zuerst nicht greifbaren und dann verschwundenen Akten heraus. Seine sorgfältig recherchierte, detailliert Rechts- und Fakten-verbindlich kommentierte Edition des Materials ist eine unschätzbare Bereicherung für die Hitler-Forschung, vor allem wegen des nun einsehbaren Materials zur Frühgeschichte der NS-Kristallisation in Bayern.

Ullrichs »Gewusstes« fasste im Wort »wir« ein Nichtwissen der gesamten Hitler-Forschung zusammen: Weder waren Hitlers Geschlechtsorgane normal entwickelt, noch gibt es Berichte des Leibarztes Theodor Morell über dessen Untersuchungen von Hitlers »Intimbereich«. Ersteres konnte niemand vor dem Auftauchen der Landsberger Festungshaft-Akten wissen. Letzteres zu widerlegen erfordert ein weiteres Buch im Buch, nämlich das Abschluss-Kapitel der Geschichts-prozessualen Zeugen-Vorführung, die Zurückweisung Morells als ersten Ja-*Sager*, als einen glaubwürdigen Zeugen in Sachen Hitlers Heterosexualität *(ANALO)*.

Damit jedoch die Diskussion um Hitlers geschlechtliche Normalität oder Unnormalität in Bezug auf seine genitale Beschaffenheit und Aktivität besser geführt werden kann, muss schon jetzt eine der wesentlichsten, verspätet zu Tage getretenen Neuheiten im Wissen über Hitler aus dem Landsberger Aktenmaterial mitgeteilt werden: Am 10. November 1923 fand abends im Landhaus der Hanfstaengls, in das Hitler nach seinem gescheiterten Münchener Putschversuch am 8./9. November 1923 geflohen war, seine Verhaftung statt. Er wurde von der bayerischen Polizei umgehend in die Festung Landsberg transportiert. Dort musste er sich am 12. November 1923 das einzige Mal als *Hitler 2* einer amtsärztlichen Untersuchung unterziehen. Mit seiner vom späteren chirurgischen Begleitarzt Hasselbach übermittelten »Scheu, seinen Körper ganz entkleidet zu zeigen«, konnte Hitler diesmal nichts ausrichten. Er musste sich als politischer Gefangener vor dem bayerischen Gefängnisarzt ganzkörperlich freimachen.

Alles Behauptete von Hitler-Geschlechtsteil-Untersuchungen durch Ärzte wie Morell oder den Hals-Nasen-Ohren-Spezialisten Giesing wird sich als Fälschung herausstellen *(ANALO)*. Der Landsberger Gefängnisarzt ist der Einzige, der Hitler ganz nackt gesehen hat. Denn eine solche Gesamtkörper-Untersuchung Hitlers war nur diesem Landsberger Gefängnisarzt Dr. Josef Brinsteiner kraft dessen Amtsautorität gegenüber dem Gefangenen Adolf Hitler möglich.

Das hier interessierende Ergebnis zu Hitlers Geschlechtsteilen hielt Brinsteiner in einer knappen Zeile inmitten seines trocken deutlichen Untersuchungs-Befundes fest: »Hitler, Adolf, 35 J. l. Künstler, zuletzt Schriftsteller, München, 11. XI. 1923 nachts 10 ½ Uhr – […] gesund, kräftig / rechts[gestrichen: links]seitiger Kryptorchismus, Luxation des l(inken) Oberarms vor 2 T(agen) […] Anm. 10: [Kryptorchismus = Lageanomalie eines Hodens mit dauerndem Verbleib im Hodenkanal].« *(Fleischmann, S. 417)*

Eingetragen im »Aufnahme-Buch für Schutzhaft-, Untersuch(ungs-) u(nd) Festungshaft-Gefangene 1919‹ bis 1933 der Anstaltsärzte Dr. Josef Brinsteiner und Dr. Hermann Eller der Gefangenenanstalt Landsberg am Lech.« *(a. a. O., S. 405 ff.)*

Ob bei den Untersuchungen von *Hitler 1* im Reserve-Lazarett zu Pasewalk im Oktober/November 1918 und bei seiner polizeilich erzwungenen Musterung am 5. Februar 1914 in Salzburg vor der staatlichen Ärzte-Kommission Genital-Check-ups stattgefunden haben, ist urkundlich nicht übermittelt worden. Es existieren zu Pasewalk nur der Eintrag »Gasvergiftung« im erhalten gebliebenen Krankenbuch *(Krankenbuchlager Berlin)* und in den Zählkarten, ferner das Ergebnis der österreichischen Musterung: »Zum Waffen- und Hilfsdienst untauglich, zu schwach. Waffenunfähig.« *(Jetzinger, S. 265)*

Nur Josef Brinsteiner und fast ein Jahrhundert nach ihm Peter Fleischmann haben der Welt Hitlers *Solotestis*, seinen *Monorchismus* als *Kryptorchismus* überliefert.

Sven Felix Kellerhoff weist Ende 2015 in seiner *Welt*-Besprechung von Fleischmanns Publikation der Landsberger Gefängnis-Akten daraufhin, dass Dr. Brinsteiner »Nationalist war und Hitlers politische Ziele geteilt« hat. Brinsteiner kann demnach nicht aus Gehässigkeit oder einer »linken Position« heraus Hitler das Einhoden-Syndrom angedichtet haben, um ihn als abnorm zu brandmarken und damit politisch zu diskreditieren. *(Kellerhoff* 15) Wie wohlwollend Brinsteiner mit Hitler umgegangen ist, schlägt sich in seinem *Gutachten* vom 8. Januar 1924 nieder. Brinsteiner musste Hitlers Zurechnungsfähigkeit und demnach Verantwortlichkeit für den Münchener November-1923-Putsch amtsärztlich beurteilen. Der Gerichtsmediziner kam »zu der bestimmten Anschauung, dass Hitler stets Herr seiner freien Selbst- und Willensbestimmung war und in seiner Geistestätigkeit nicht krankhaft beeinflusst war.« *(Brinsteiner, S.* 92)

Die Zeugen Hasselbach, Maurice und Hanfstaengl sind amtsärztlich bestätigt worden: Hitlers Genitalien waren gemäß der überlieferten Landsberger medizinischen Diagnose beschädigt = nicht normal entwickelt.

Von klein auf kein »Standbild« fürs Weibliche hinterlassen

Die Entdeckung der Landsberger Gefängnis-Akte zu Hitlers *Monorchismus* beantwortet die sexuelle Frage noch nicht, denn – wie Werner Maser in diesem Falle medizinisch richtig argumentierte – der *Kryptorchismus* führt nicht automatisch zu einer phallischen Impotenz. *(Maser* 71/01, *S.* 319 f., 323 f.)

Und das Hitlersche Ein-Hoden-Syndrom hat so gut wie gar nichts mit dem sexuellen Wunschverhalten eines Mannes zu tun, nämlich damit, worauf sich die Interessen des zweiten Teils der männlichen Geschlechtsorgane richten: Was wollte Hitlers Phallus? Für die Beantwortung dieser Frage ist für *Hitler 2* schon die Richtung gewiesen worden: Lusthöhepunkte bei Gewaltakten gegen Männer (Hitlers Männermord-Orgasmus).

Aber was war vorher – zu Zeiten von *Hitler 1*? Und war der Männermord-Orgasmus wirklich der einzige Ausdruck von Hitlers Geschlechtsverhalten? Oder gab es nicht doch noch etwas Moderiertes, Temperiertes, Differenziertes?

Die Beantwortung der Frage wird virulent, da es scheinbar »die Frau an seiner Seite« gab, Eva Braun, die inzwischen von einer Schar angelsächsischer, deutscher und französischer Biografen als »Geliebte des Führers« gehandelt wird. Gegen diese Fehleinschätzung scheint kein Kraut gewachsen zu sein, vor allem dann nicht, wenn von den Autoren und Autorinnen Braun und Hitler immer nur mit Hetero-Fantasie-Versatzstücken betrachtet werden. Deshalb ist bei der »Zeugen-Befragung« Hitlers Interesse gegenüber dem weiblichen Geschlecht von Anfang an zu klären, ab dem Alter, in dem sich sexuelle Motivation zeigt.

Um die Sexualität Hitlers herauszufinden, muss bei den Zeugnissen zu seiner frühesten Jugend begonnen werden. Ist er jemals in die Fuß-Stapfen Adams getreten, von denen Kulturproduzenten und -produzentinnen immer wieder faseln, weil sie der Verführung eines Vergleichs erliegen: »Adolf und Eva«? *(HETERO, 7.* Ja-Sagerin) Und das bei jemandem – wie sich alsbald herausstellt –, der nicht einmal Schritte in diese Richtung gegangen ist!

Mit Ernst Hanfstaengls treffendem Begriff, Hitler sei »ein sexuelles Niemandsland« gewesen, kann schon in die Jugend Hitlers hineingeleuchtet werden. Es gibt eine *Chorusline* von Zeugen, angehäuft im ehemaligen *Hauptarchiv der NSDAP* zu dem Zweck der einstmaligen Verfassung einer monumentalen Hitler-Enzyklopädie, einer Dinosaurier-Biografie des Fulminanz-Zerstörers – vergleichbar mit Albert Speers geplantem, zum architektonischen Mega-Germania angeschwollenem Neu-Berlin.

So versammeln sich in den Akten des *Hauptarchivs der NSDAP* noch heute einträchtig fast alle Personen, die Hitler in seiner Jugend gekannt haben und die ihm nahe waren – der Linzer Hausarzt, ein Schul- und ein Klavierlehrer, mehrere Mitschüler, der Vormund, bestellt nach dem Tod des Vaters wegen Minderjährigkeit der Kinder, die Hausangestellte, ein jahrelang mit den Hitlers in der Wohnung der Mutter zusammenlebender Pensionsgast, eine Nebenmieterin, eine Café-Kassiererin …

In anderen Zusammenhängen wurden Interviews mit Hitlers älterem Halbbruder Alois junior, mit den zwei Schwestern Angela (halb) und Paula und den mütterlichen Verwandten vom Lande, Schmidt-Koppensteiner, gemacht. (zu den mütterlichen Verwandten Pölzl-Schmidt aus dem österreichischen Waldviertel in *Koppensteiner*, zu Alois Hitler jr. Interview mit dem Gerichtspsychologen der Nürnberger Prozesse, Gustave Gilbert, in *Gilbert* 50, S. 18 ff., zu Angela Raubal-Hammitzsch, geborene Hitler, ihre Aussage im Mai 1945 in Berchtesgaden vor dem US Counter Intelligence Corps, *IfZ*, ZS /A 22 (M 46 13 F), *Joachimsthaler* 03, S. 314, 325, 599, Anm. 641, zu Paula Hitler: »Besprechung zwischen Herrn Albrecht und Fräulein Paula Hitler, Berchtesgaden am 26. Mai 1945« in *IfZ*, Sammlung D I – 13, Interview

mit der *New York Times* vom 5. März 1959 *[Waite* 77, S. 51] in Hayman,
S. 19 f. und in *Joachimsthaler* 03, S. 580, Anm. 98, 102, 105)

Unter allen gespeicherten Aussagen über Adolf Hitler ist kein
Hauch einer Andeutung zu finden, der heranwachsende Jugendliche
hätte auch nur eine Zuckung zum anderen Geschlecht hin durchblit-
zen lassen – in Aussicht immerhin auf seine gesellschaftlich normierte
Bestimmung als Mann, eine Frau zu nehmen und mit ihr Kinder in
die Welt zu setzen. Bei den Beschreibungen des jungen Hitlers kommt
das Thema Mädchen nicht vor.

Aus den originalen, in den Kartons und Mappen des ehemaligen
Hauptarchivs der NSDAP betrachtbaren Materialien ergibt sich, dass
das einstige Nazi-Institut nur sehr selten Eingriffe oder Schnitte in die
schriftlich festgehaltenen Aussagen zur frühen Jugend Hitlers gemacht
hat. Im Gegenteil: Die Beziehung zum anderen Geschlecht wäre das
»Normalste von der Welt« gewesen und hätte in die Darstellung des
Knaben und Jünglings Adolf hineingehört. Dieses »Normalste« fehlt
jedoch über ein dutzendmal. *(Bleibtreu, Bloch, Schichtl-Hörl, Wendt*
und *BAB,* NS 26/14, 17a, 65) Dass in die Interviews nach 1945 mit den
Verwandten nicht retuschierend eingegriffen worden ist, um Äußerungen zu Hitlers Heterosexualität rauszuschneiden, versteht sich von
selbst. *(Gilbert* 50, die Fundstellen zu den Schwestern in *Toland* und
Kershaw, Koppensteiner bei *Sigmund* 06)

Mit dieser Tabula rasa in Hitlers Hetero-Angelegenheiten zu seiner
Knaben- und Jünglings-Zeit geht es in der zeitlichen Reihenfolge des
Heranwachsenden ohne Unterbrechung oder jemalige Kurskorrektur
immer weiter.

Der *»Unberührte«* in *»strenger mönchischer Askese«*

7. Zeuge – Hitlers Jugendfreund August Kubizek

Als siebenter (Einzel)Zeuge zu Hitlers nun ausgesprochen = beschrieben fehlender Heterosexualität muss wieder jemand Herausra-
gendes aus den Hitler-Lebens-begleitenden Personen herangezogen
werden – sein Jugendfreund August Kubizek: Kubizek hat Hitler im
Alter der Jünglinge von 16/17–19/20 jugendfreundschaftlich extrem
nahegestanden und hat über die Beziehung der beiden zueinander
ausführliche Schilderungen in seinem Buch *Adolf Hitler. Mein Jugendfreund* hinterlassen.

Zuerst waren Hitler und Kubizek in Linz ein unzertrennliches
Freundespaar. Sie lebten dann 1908 ungefähr ein halbes Jahr in
einem Zimmer in Wien zusammen. Aus Kubizeks Buch ergibt sich

nun Schwarz auf Weiß: Hitlers heißeste Zeit zwischen 16 und 19 war heterosexuell kalt – und das auch noch *per definitionem*. Heiß war nur die Freundschaft Adolf-August. Kubizek seinerseits bestreitet jegliches »Andersrum« Hitlers. *(Kubizek 95, S. 231, 236 f.)* Räusche miteinander soll es nur während der gemeinsamen Opernbesuche gegeben haben. Und in Richtung junger Mädchen hätte es bei Adolf das einzige, normativ abgehakte Von-fern-Bebalzen hinsichtlich der Linzerin Stefanie Isak gegeben, von dem die Betroffene nicht einmal etwas gemerkt hat. *(a. a. O., S. 16 ff., 64 ff., 75 ff., 105 ff., 111 ff., 192 ff., 228 ff., 232 f.)* Dass die gesamte Stefanie-Affäre eine Erfindung des halb-kujauistisch vorgehenden Kubizek war, wird im *zweiten Buch* im Detail nachgewiesen werden. Der ganze Kubizek ist ein hohes Lied der nicht-sexuellen Freundesliebe, in der sogar perspektivisch bei Zukunfts-Fantasien Hitlers im Falle eines Lotto-Hauptgewinns Mädchen und Frauen für Lebens- und Liebesgemeinschaften nicht vorkamen. *(a. a. O., S. 105 ff.)* Kubizek beschließt seine Auslassungen über Hitlers Sexualität: Hitler wäre ein »Einsamer« gewesen, der »in strenger mönchischer Askese« gelebt hätte, »unberührt von einer wahrhaft großen, mitreißenden Liebe«. *(a. a. O., S. 239)*

Hitler verlässt im November 1908 die Zimmergemeinschaft mit Kubizek, lebt für weitere eineinhalb Jahre in Wien – wo überall, ist Hitler-biografisch umstritten *(Sigmund 06, S. 146 ff.)* –, bis er ab Februar 1910 im Wiener Männerheim des XX. Bezirks in der Meldemannstraße 27 landet, das Lothar Machtan, der Lüfter von Hitlers homosexuellem Geheimnis, mit Verweis auf den Hitler-zeitgenössischen Sexualforscher Magnus Hirschfeld als Stätte der fluktuierenden homosexuellen Interessen und ihres Auslebens enttarnt: Jünglinge ab 14 Jahren fanden im Männerheim Aufnahme, ältere Männer kamen, schauten sich um, bedienten sich oder ließen sich anmachen. *(Machtan, S. 63)*

Mehr als drei Jahre zwischen 21 und 24 in diesem Schwulenmilieunahen Wiener Fluidum gelebt zu haben, ist sowieso ein Zertifikat für Non-Heterosexualität, wenn nicht massive Zeugnisse von Frauen- und Mädchen-Beziehungen existierten, die das Sein im Männerheim als etwas bloß Unterkunfts-Praktisches aus finanziellen Gründen rationalisieren würden. Wie die Hitler-Forscherin Brigitte Hamann mit ihrem Buch *Hitlers Wien* nachgewiesen hat, existiert kein einziges Zeugnis zu Hitlers »Anstalten« gegenüber Weiblichkeiten jeglichen Alters während seiner Männerheim-Zeit. *(Hamann 96)*

Heterophobisch – Angst vor Mädchen und keine Jugendliebe

8. Zeuge – Hitlers Wiener Männerheim-Kumpel Reinhold Hanisch

Über das erste halbe Jahr (zwischen Februar und Ende Juli 1910) von Hitlers 3 ¼-jähriger Zeit im Wiener Männerheim gibt es den sich ausführlich äußernden Zeugen Reinhold Hanisch, von dem mindestens zweimal Aussagen hinterlassen wurden – die erste nachweisliche gegenüber einem österreichischen Freund. Dieser Text ist später im *Hauptarchiv der NSDAP* gelandet. *(Hanisch 36)* Darüber hinaus gab es Gespräche zwischen Hanisch und den ersten beiden kritischen Hitler-Biografen Rudolf Olden und Konrad Heiden, die beide Hanischs Äußerungen mitunter ohne genaue Nachweise in ihre Hitler-Biografien einfließen ließen. Eine Publikation unter Pseudonym kam 1933 in Bratislawa [Pressburg] heraus, die unter anderem Hanisch zugeschrieben wurde. *(Louisade)* Hanischs zweite Aussage erschien 1939 nach seinem Tod 1936 in der US-Zeitschrift *New Republic. (Hanisch 39)*

Die Hitler-Wien-Zeit-Spezialistin Brigitte Hamann musste sich für ihre Beweisführungen mit Hanischs Glaubwürdigkeit als Zeugen zu Hitlers Wiener Umständen auch schon vor dessen Eintreffen im Männerheim auseinandersetzen. Trotz Hanischs biografischer Zwielichtigkeit in der Nähe zur Kriminalität und wiederholter Begehung von Delikten wie Diebstahl und Urkundenfälschung, trotz Hanischs Meldung unter falschem Namen bei seinem ständigen, fluchtartigen Wohnwechsel plädiert Brigitte Hamann zugunsten von Hanischs Glaubwürdigkeit zumindest in den Angelegenheiten von Hitlers sexuellem Fluidum. *(Hamann 96, S. 265 ff., Joachimsthaler 2000, S. 331, Anm. 115)*

Da die Beziehung zwischen Hanisch und Hitler im August 1910 im Streit geendet hatte, wollte das *Hauptarchiv der NSDAP* bei der Aufbewahrung und für die einstmalige Nutzung der Hanisch-Aussagen auf Nummer Sicher gehen. Hitler hatte Anfang August 1910 Hanisch durch einen anderen Männerheim-Freund wegen Veruntreuung zweier seiner Bilder anzeigen lassen. Hitler selbst machte am 5. August 1910 vor der Wiener Kriminalpolizei eine Aussage. Das Dokument des Polizeikommissariats im XX. Bezirk blieb erhalten und enthält Fälschungs-resistente Einzelheiten. *(Hitler 80 I, S. 52)*

Das *Hauptarchiv der NSDAP* veranlasste von einem ehemaligen Bekannten des später zerstrittenen Freundespaares Hanisch-Hitler eine eidesstattliche Erklärung vor einem Wiener Amtsgericht. In dieser Erklärung gab der Bekannte der ehemaligen Freunde, der Kunstprofessor Carl Leidenroth, zu Protokoll, dass vor Mitte 1910 Hanisch und Hitler eng miteinander befreundet gewesen wären und Hanisch regelmäßig auf dem Wiener Kunstmarkt alle damals von Hitler gemalten Bilder vertrieben hätte. Die eidesstattliche Erklärung wurde am 27. August 1935 abgegeben, noch vor dem »Anschluss« Österreichs an Nazideutschland nach dem Einmarsch der deutschen Armee im März 1938 (BAB, NS 26/64, Bl. 32)

Mag diese oder jene Einzelheit in den Statements von Hanisch zu dessen Gunsten ausgeschmückt worden sein, beim Licht auf Hitlers Hetero-Bedingungen gab es nichts zu Hanischs Gunsten zu drehen. Das Thema ist auch bei Hanisch auf genauso prinzipielle Weise wie bei Kubizek anti-heterosexuell konturiert.

Um Hitlers Frauen-Aversion deutlich zu machen, hält Hanisch eine Episode fest, die ihm Hitler erzählt hatte: Um zehn-jährig war Hitler auf seinem Weg zur Schule von einem Bauernmädchen angemacht worden, in Panik geraten und weggelaufen und hatte dabei die Milchkanne des Mädchens umgestoßen. (Hanisch 39, S. 297)

Die Episode trieft vor Symbolik: Hitler befindet sich am Ende seiner dörflichen Schulzeit in Leonding und am Anfang seiner Pubertät. Jeden irgendwie am Weiblichen interessierten Jungen hätten die Avancen des Milchmädchens hoch erfreut. Nicht so den heterosexuell blockierten Adolf Hitler. Er kann nicht einmal ruhig weitergehen und das herausfordernde Mädchen stehen lassen. Er muss fliehen. Das ihm gezeigte Interesse einer Weiblichkeit schlägt ihn in die Flucht. Bei seinem Abgang ist er derart konfus, dass er die säulenhafte Milchkanne des Mädchens umstößt.

Eine noch so versprengte positive Bemerkung Hanischs zum erwachsenen »Hitler und die Frauen« (Ullrich) taucht nicht auf. Jetzt zwischen Februar und August 1910 ist Hitler bereits 20/21 Jahre alt.

Wenn ein naher Freund und enger Mitarbeiter Hitlers, dessen Bilder Hanisch verkaufte, nichts Bejahendes zum Thema Hitlers Heterosexualität beisteuert, dann muss er als 8. Zeuge inmitten der Nein-Fraktion zu Hitler und die Frauen gezählt werden. Die Liste der Neins bekommt mit Kubizek und Hanisch allmählich die Oberhand gegenüber den bisherigen fünf Jas. Damit ist fürs Erste das Zeugen-Patt überwunden.

Dem späteren Regierungs-Hitler muss im Umgang mit seinen Adjutanten, Dienern und Sekretärinnen zu Bewusstsein gekommen sein: So ganz ohne Jugendliebe steht er vor allen »Normalos« etwas blöd da. Flugs schüttelte er vor seiner Sekretärin Christa Schroeder zwischen einem Diktat seine Wiener »erste Geliebte Emilie« aus dem Ärmel. (Schroeder 85, S. 152)

Wieder sprang die Hitler-Wien-Spezialistin Brigitte Hamann bei
und enthüllte Hitlers »erste Geliebte« als Emilie Häusler, die zwei
Jahre jüngere Schwester von Rudolf Häusler, Hitlers Zimmer- und
Wohngenossen, mit dem er im Mai 1913 von Wien nach München floh
und dort monatelang zusammenlebte.

Hitler hatte Rudolf Häusler – geboren im Dezember 1893 – erst mit
18/19 Jahren kennengelernt. Die zwei Jahre jüngere Häusler-Schwes-
ter Emilie war zur Zeit von Hitlers angeblich »erster Liebe« mit ihr
16/17, keine Kellnerin, sondern ein viel zu behütetes Bürgermädchen,
als dass ihre Eltern sie für ein paar Monate mal schnell Hitlers »erste
Geliebte« hätten werden lassen. (Hamann 96, S. 517 ff.) Außerdem
bereitete Hitler sich im Frühjahr 1913 auf seine Flucht nach München
vor und hatte andere Sachen in der Mache, als ein Verhältnis mit einer
Wiener Jugendlichen zu beginnen, was 1913 unweigerlich in Heirats-
pflichten, zumindest in Querelen mit den »Geliebten«-Eltern gemün-
det hätte. Also alles wieder reine heterosexuelle Virtualität wie bei der
Linzerin Stefanie Isak.

Emilie Häusler kommt in keinem der Hanisch-Statements über
Hitlers Wien vor. Wenn von Hanisch Namen genannt werden, dann
nur die von Hitler-nahen Männern in dieser Zeit, darunter sogar von
mehreren engen jüdischen Freunden Hitlers, erwähnt in Hanischs
Heiden-Interview für die New Republic, (Hanisch 39, S. 272, 297) weggelassen in Hanischs Hauptarchiv-geordertem Notat.

Hitler-Forscherin Brigitte Hamanns Fiktionalitäts-Outing mit
Hitlers »erster Geliebter« passt zu Hitlers Hetero-Phobie in Reinhold
Hanischs Berichten, denen kein sonst noch existierendes Zeugnis
über Hitlers dreijährige Wiener Männerheim-Zeit irgendetwas Kon-
tradiktisches im Sinne von pro-heterosexuell entgegengestellt hat.
(Hamann 96, a. a. O.)

»Damenbesuch hat er nie empfangen«

9. Zeuge – die Gemeinschaft von Freunden in Hitlers Münchener Zeit
1913/14

Szenenwechsel: Hitlers Flucht mit seinem Wiener Männerheim-Freund Rudolf Häusler von Wien nach München am
24./25. Mai 1913.

Zwei Zeugnisse darüber liegen vor: die amtliche Abmeldung in
Wien am 24. Mai 1913, (Bleibtreu, Bl. 86) und die amtliche Anmeldung
in München am 26. Mai 1913. (Orr, Nr. 45 [1952], S. 38) Dortige Lebenszeit von einviertel Jahren in einem Zimmer als Untermieter in der

Schleißheimer Straße 34, dritter Stock – bis zu Hitlers Sonder-Einstieg in das bayerische Heer am 16. August 1914 zur Mitwirkung am Ersten Weltkrieg als Soldat von deutscher Seite aus. In München amtlich »abgemeldet am 21. 8. 14 – wohin? – Feld«! *(a. a. O.)* Zuerst Hitlers Teilen desselben Zimmers mit Häusler in der Schleißheimer Straße 34, danach erhalten gebliebene Wohngemeinschaft und später Freundschaft mit Häusler noch bis zu Häuslers Abreise nach Österreich wegen dessen Einberufung zu den Waffen nach Ausbruch des Ersten Weltkregs.

Kein Raum für »Hitler und die Frauen«. Er ist inzwischen 24/25 und befindet sich immer noch in der sexuell heißesten Zeit eines jungen Mannes, doch weiterhin ohne Spuren hin zu Frauen.

»Ein akademischer Mitarbeiter des ehemaligen *Hauptarchivs der NSDAP* publizierte 1952 unter dem Pseudonym Thomas Orr« *(Maser* 01, S. 552, Anm. 12) die erste biografische Dokumentation über Adolf Hitler – neben den ebenfalls 1952 erschienenen Biografien von Alan Bullock *(Bullock* 52) und der Gemeinschaftsarbeit von Walter Görlitz und Herbert A. Quint. *(Görlitz/Quint)*

Orr hatte die Wohn- und Lebensbedingungen des österreichischen Emigranten Adolf Hitler in München untersucht, einige von Hitlers ehemaligen Münchener Freunden interviewt und darüber Ausführliches berichtet. *(Orr)* Zuvor hatte Orr die gesamte Gegend um Hitlers Münchener frühes Domizil 1913/14 in der Schleißheimer Straße nach Bekannten Hitlers abgegrast.

Aus Orrs Zeugen-Befragungen treten fünf Personen einprägsam hervor – das Vermieter-Ehepaar Anna und Joseph Popp und drei Hitler-Freunde, der damalige Gerichtsassessor Ernst Hepp, der Bäckermeister Franz Heilmann und der Chemiker Dr. Josef Schnell. Die Beziehungen zwischen Hitler und den Genannten waren so nah, dass Hepp und Schnell dem Kunstmaler Bilder abkauften, die Orr in den Wohnungen der Interviewten noch anschauen konnte. Auch haben die Befragten Hitler einige Male zum Essen eingeladen. Der gut situierte Jurist Hepp schenkte Hitler dazu auch noch Opern-Karten. *(Orr,* Nr. 46 [1952], S. 38 f.) Über Schnells Besitz von Hitler-Bildern existiert ein Brief im *Hauptarchiv der NSDAP (BAB,* NS/26, 19–33, Folio 33, Bl. 1)

Aus dem Fünfer-Reigen der Münchener Hitler-Spiegelnden von 1913/14 kommt unisono das Gleiche heraus wie von den Hitler-Jugend-Begleitenden bis zu Reinhold Hanisch: Viel Rühriges am jungen Hitler, das ihn liebenswert macht. Doch wieder tritt keine heterosexuelle Stichhaltigkeit zu Tage. Das Thema Frauen wird abermals direkt angesprochen: »Damenbesuch hat er nie empfangen‹, versichern alle, die ihn aus dieser Münchener Zeit her kennen.« *(Orr)* Die Orr-Übermittlung ist so deutlich, dass Hitlers Münchener Bekannten-Kollektiv aus den Jahren 1913/14 zusammen in Gemeinschaft als 9. Zeuge gegen jegliche Hetero-Plausibilität Adolf Hitlers verbucht werden muss. Somit erbringen die fünf Zeugen Orrs einen weiteren Beleg für Hitler als heterosexuelles Niemandsland.

Zu den Orr-Eindrücken passt, was 1933/34 Hitlers Münchener Vermieterin Anna Popp für die englische Publikation *Germnay's Hitler* zu Protokoll gegeben hatte: Hitler = ein (heterosexueller) Eremit. *(Popp, S. 51)*

Dass dieser »mönchische Asket« *(Kubizek)* nicht heimlich hinter dem Rücken seiner Münchener Freunde in Bordelle oder auf den Münchener Straßen-Strich gegangen ist, braucht nicht extra noch vermutet oder gar geprüft zu werden. Hitler litt unter einer Phobie gegenüber dem weiblichen Körper, wie sein weltbekanntester Biograf Ian Kershaw das Ergebnis seiner Untersuchungen zu Hitlers Sexualität zusammenfasst. *(Kershaw 98, S. 44 ff.)* Hitler hinterließ mehrere Anti-Prostitutions-Voten – schon in seinen Monologen gegenüber seinem Jugendfreund Kubizek: Die »Flamme des Lebens« dürfe nicht im »Pfuhl der Laster« ausgeblasen werden. Zu mehr Berührung mit dem Rotlicht-Milieu, als einmal gemeinsam mit dem Freund durch die damalige Wiener Schaufenster-Huren-Straße, die Spittelberggasse, Szene-beobachtend zu schleichen, ist es bei Adolf Hitler nicht gekommen. *(Kubizek 95, S. 234 f.)* An dieser Reserviertheit hat sich auch in Hitlers Münchener Zeit nichts geändert. Gegenteiliges wäre zu den fünf Orr-Zeugen durchgesickert, die »stumm um den ganzen« Puff »herum« geblieben sind. Noch in *Mein Kampf* paukte Hitler seine Prostitutions-Verdammung in die Lettern. *(Hitler 25/26, S. 273 ff.)*

Der »Klosterbruder«, dem »die Zeit für Mädchen fehlt«

10. Zeuge – Hitlers Kriegskamerad Balthasar Brandmayer

An Hitlers nicht vorhandener Heterosexualitet ändert sich auch in der nächsten Lebensphase nichts, wofür wiederum ein Selbstzeugnis vorliegt: Hitler definiert sich in der Publikation seines Kriegskameraden Balthasar Brandmayer als »ohne Frauen«. Er hätte früher nichts mit ihnen zu tun gehabt, hat jetzt nichts mit ihnen im Sinn und plant auch nichts dergleichen für seine Zukunft.

Diese Anti-Hetero-Selbstdefinition unternimmt Hitler in einem Moment, da seine Kriegskameraden während einer Feuerpause auf Frauen-Abenteuer gehen wollen: »Seit Wochen entbehrten wir jeglicher

Nachricht von unseren Lieben zu Hause. Die Post hatte sich unterdessen angehäuft. In einem Brief lesend, lache ich vor mich hin. Das sieht Hitler und fragt im übermütigen Ton: ›Brandmoiri, hat Trutschnelda wieda g'schrieb'n?‹ – ›Beinahe erraten‹, gebe ich zurück, ›hast denn du no nia a Madl gern g'habt?‹, dringe ich in Hitler – ›Schau, Brandmoiri, für a solches Ding hat mir no immer die Zeit g'fehlt‹, meinte Hitler, ›und ich werde a nia dazu kemma‹, fuhr er fort. – ›Du bist a g'spaßiga Hecht, Adi! Di versteh' i einfach net‹, erwiderte ich. ›Dir is net zum helfa.‹« *(Brandmayer/Bayer 33, S. 102 f.)*

Hitler ist jetzt, während der Zeit seiner Teilnahme am Ersten Weltkrieg innerhalb der Jahre 1914–1918, Mitte bis Ende 20. Und immer noch ist auch vom zehnten Zeugen, Balthasar Brandmayer, zu Hitlers sexuellen Bedingungen nichts von »Vagina-Dialogen« zu übermitteln, im Gegenteil, Hitlers Kriegskameraden verhöhnen ihn als »Klosterbruder«, *(a. a. O.,* S. 103) weil er sich sträubte, in Nordfrankreich auf »Mamsell-Ausschau« mit den anderen Meldern zu gehen.

Brandmayers Darstellung der Situation unter den Meldegängern in einer Ruhe-Phase wirkt nicht fingiert, sondern als ein echtes Zeugnis für Hitlers »Penis-Monologe«.

Das ganze Buch Brandmayers ist durch den beigesprungenen Ghostwriter Heinz Bayer Nazi-ideologisch verbrämt und mit vielen Pro-Kriegs- und Pro-»Führer«-Hymnen versetzt. Trotzdem lugt immer wieder in Brandmayers Schilderungen die authentische Atmosphäre zwischen den Weltkrieg-I-Melde-Freunden aus den propagandistischen Anmachereien von 1932/33 hervor. So auch hier im anti-heterosexuellen Glaubensbekenntnis Adolf Hitlers, das auf Hochdeutsch übersetzt lautet: »Für ein solches Ding [ein Mädchen] hat mir noch immer die Zeit gefehlt. Und ich werde auch niemals dazu kommen.« Brandmayer ist nach Kubizek der zweite Überlieferer von Hitlers »mönchischer Askese«, von dessen »Klosterbruder«-Naturell.

14 Jahre später: Auftritt der in der Hitler-Biografik nun echt »Vagina-Dialog«-verdächtigen Eva Braun – ab 1932 bis zum gemeinsamen Selbstmord am 30. April 1945 im Reichskanzlei-Bunker als Hitlers Lebensgefährtin inoffiziell geführt und mangels Funktions-enthüllender Begriffe voreilig »Geliebte« oder »Mätresse« genannt, ein Verhältnis, das noch von über zehn weiteren Zeugen als »nicht flüssig« gekennzeichnet werden wird, was Hitlers anti-heterosexuelles Glaubensbekenntnis bestätigt: Hitler hat auch für Eva Braun »die Zeit gefehlt«. Und er ist nicht wirklich zu ihr, geschweige denn mit ihr »gekommen«!

Wegen der zweiten zehn Nein-Sager gibt es nicht mehr nur ein Häuflein von sechs Aufrechten, die von fast ebensovielen Gegnerisches-Meinenden, den Ja-Sagern, attackiert werden könnten – wie unter *HETERO* besprochen werden wird. Es summiert sich am Ende das Gesamt-Votum von plattmachenden 23 Stimmen kontra Adolf Hitlers phallisch-vaginales Verfahren mit Frauen und seine Beziehung zu Eva Braun im Besonderen. Das bedeutet ein Pro für seine komplette Abstinenz gegenüber Frauen und Mädchen im Allgemeinen.

Nah stehen Hitler auch alle weiteren 13 Zeugen. Es muss nur noch bei jedem darauf hingewiesen werden, wie nah er Hitler im Einzelfall stand, um seine Glaubwürdigkeit zu untermauern.

Hitlers Penis-Monologe

11. *Zeugin* – Hitlers jüngste Sekretärin Traudl Junge

»Verschiedene Zeugen des inneren Kreises um Hitler sagten nach dem Kriege aus, dass es sich bei dem Verhältnis Hitler-Eva Braun mehr um eine gute Freundschaft als um eine Liebesbeziehung gehandelt habe. Auch die Sekretärin Gertraud Junge erklärte (s. Film von André Heller 02 *[Heller, A.]*), dass das Verhältnis Eva Braun-Hitler nichts mit Erotik zu tun gehabt habe.« *(Joachimsthaler 03, S. 604, Anm. 809)*

Traudl Junge kam erst im Dezember 1942 in Hitlers Dienste. Sie tippte sein politisches und privates Testament in die Maschine. *(Junge, Müller)* Geriet sie damit nicht viel zu spät in Hitlers Nähe, als dass sie noch in der Lage gewesen wäre, Verbindliches zu seiner laufenden Heterosexualität hätte übermitteln zu können? Der »Führer« war seit dem Russland-Feldzug ab Juni 1941 eh nicht mehr »auf Liebe eingestellt«, da war Vernichten »seine Welt und sonst gar nichts«. (Marlene Dietrich im *Blauen Engel)*

Einerseits ja, andererseits befand sich Traudl Junge immerhin zweieinhalb Jahre im engsten Kreis um Adolf Hitler. Ihre Funktion ermöglichte ihr ein tägliches Zusammensein mit ihm. Er brauchte sie als seine verlängerte Hand, denn er schrieb so gut wie gar nichts mehr eigenhändig.

Und beobachten und alsdann wissen heißt nicht nur selber hinzuschauen und wahrzunehmen, sondern auch von anderen Nahen etwas vermittelt zu bekommen – zum Beispiel dieses rein Erfundene:

»Der arme Führer ist jetzt immer so abbatue gegenüber der Eva Braun. Was glaubst du aber, was zwischen den beiden früher im Gange war, vor allem auf dem *Berghof*, wenn er in Urlaubslaune war: ›Jede Nacht, jede Nacht!‹ [Büchners *Woyzeck*] Ich konnte die gellenden

Juchzer des ›Fräulein Brauns‹, ›Fräulein‹ wohlgemerkt, bald nicht mehr aushalten! Bin deshalb froh, dass es jetzt etwas stiller mit ihr zugeht. Ihre Laune hängt deswegen ja auch Knie-tief.« Solche Informationen sind der Traudl Junge eben *nicht* zugekommen. Außerdem wirken auch ehemals heiße Beziehungen noch im Stadium des Abkühlens »erotisch«.

Zentral wichtig zum elften Zeugnis, dass Traudl Junge nicht die Unterscheidung ihrer älteren Kollegin Christa Schroeder gemacht hat: »Hitler brauchte Erotik, aber keinen Sex.« (*Der* »*Führer*« *war kein Ficker*) Sekretärin Junge benutzte den antiquierten Begriff »Erotik« auch für die Kennzeichnung von Sexualität, wie es früher bei den noch Anfang des 20. Jahrhunderts Geborenen gehandhabt wurde. Junges Verdikt »dass das Verhältnis nichts mit Erotik zu tun gehabt« habe, heißt in diesem Zusammenhang: Die gesamte Beziehung Braun-Hitler war keine sexuelle.

Junge, geboren 1920 als Gertraud Humps, hat in der Zeit ihrer Anstellung bei Hitler seinen Kammerdiener Hans Hermann Junge (1914–1944) geehelicht – am 19. Juni 1943. Sie war mit ihm bis zu seinem Tod am 13. August 1944 über ein Jahr lang verheiratet. Sie wusste also trotz der Distanz-Ehe mit einem Soldaten, was Erotik ist. Es gibt daher keine Anhaltspunkte, das Zeugnis Traudl Junges anzufechten.

Das Tochter-Vater-Verhältnis zwischen Braun und Hitler

12. Zeuge – Chirurg und Hitlers Begleitarzt Dr. Karl Brandt

Brandt bestätigte mit anderen Worten Traudl Junges Zeugnis »Braun-Hitler = nichts mit Erotik zu tun«. Brandt setzte den Akzent auf eine andere Gegenüberstellung: Hitler sei nicht der Mann von Brauns Träumen, sondern die Beziehung Braun-Hitler sei ein Versorgungs-Arrangement gewesen: »Es besteht kein Zweifel, dass Eva Hitler, den sie bis zuletzt als ›mein Führer‹ anredete, sehr geliebt hat. Hitler war sicher nicht der perfekte Liebhaber, den Eva sich in ihrem romantischen Herzen ausmalte, aber er umsorgte sie wie ein Vater und bemühte sich immer darum, ihr das Leben an seiner Seite so angenehm und glücklich wie möglich zu machen. Er überschüttete sie mit Charme und Freundlichkeit und gestattete ihr jeden kleinen täglichen Luxus, den das Leben auf dem Berghof erlaubte. Für Eva war es sicherlich schwer, sich in Hitlers Tagesablauf einzufügen.« (*Brandt* 99, S. 227)

Ulrich Schlie, der Herausgeber der Karl-Brandt-Erinnerungen *Frauen um Hitler,* geschrieben 1945 in amerikanischer Gefangenschaft, lobt Brandts »hohes Maß an Objektivität, das sich im Vergleich mit heute [1999] verfügbaren anderen Quellen ermitteln lässt. Der Ton der Aussage ist weder apologetisch noch anklagend. Karl Brandt war ein kluger und aufmerksamer Beobachter mit unbestechlichem Blick. Er war häufig am ›Berghof‹ zu Gast, um als intimer Kenner von Hitlers Privatleben gelten zu können.« *(Schlie* 99, S. 221)

Brandt hatte auf dem Obersalzberg ein Appartement in der ehemaligen Villa des Klavierbauer- und Hitler-Finanzier-Ehepaars Edwin und Helene Bechstein gemietet, »um für Hitler ständig erreichbar zu sein«. *(Ullrich,* S. 692) Brandt war oft auf Hitlers »Ruhesitz« *Berghof,* sodass er als vor allem in menschlichen Dingen bewanderter Arzt in die Lage versetzt wurde, die Art der Liaison Braun-Hitler zu durchschauen.

Über Hitlers Privatleben, in das auch das Braun-Hitler-Verhältnis gehört, summierte Ulrich Schlie: »Hitler suchte ihre [der Frauen] Gegenwart, das Gespräch mit ihnen, er liebte die leichte Unterhaltung und Zerstreuung [...], doch zu mehr als unverbindlicher Plauderei gereichte keine seiner Beziehungen [zu Frauen]. In den Fällen, wo es von Hitlers Verehrerinnen zu eindeutigen Avancen kam, entzog sich der Diktator auf ebenso deutliche Weise. Hitler enthielt sich einer sexuellen Beziehung [...] Und Eva Braun lebte in ihrem privaten Leben, wenn Hitler nicht dabei war, genau das aus, was der Diktator aus tiefstem Herzen verachtete: Sie rauchte, trank, tanzte, flirtete«. *(Schlie* 99, S. 221 f.)

Für Brandts »beobachtende Aufmerksamkeit« und »intime Kenntnis« der privaten Umstände Hitlers spricht als Erstes der Titel seines Aufsatzes *Frauen um Hitler.* Brandt schreibt eben nicht über »*Hitler und* die Frauen«. Diese auch von Ullrich wieder benutzte Wendung konzediert Hitler viel zu viel Subjektivität im Umgang mit Frauen. Ja, Frauen befanden sich um Hitler, waren an ihm interessiert, aber er hatte kein Verhältnis zu ihnen, geschweige denn ging sexuelle Verhältnisse mit ihnen ein.

Karl Brandt fügte etwas zur »Treue« Hitlers gegenüber Eva Braun hinzu: »Die Frage, ob Hitler der Eva Braun treu war, halte ich für unsinnig. Für einen Mann in derart herausgehobener Stellung wie Hitler, von dem kein Schritt der Öffentlichkeit verborgen blieb, wäre jedes andere Verhalten unmöglich gewesen [...] Eva Braun hatte auch keinen Grund, an Hitlers Treue zu zweifeln. Solange sie die Auserwählte an seiner Seite blieb, brauchte sie nichts zu befürchten. Immerhin hatte Hitler für Eva viel getan, als er sie aus dem gesellschaftlichen Nichts herausführte und an seiner Seite platzierte. Hitler und seine

Eva waren sich gefühlsmäßig tief verbunden, und sicher hat er sie deshalb in ihren letzten Stunden des 30. 4. noch geheiratet (Das stand in der Presse).« *(Brandt 99, S. 228)*

Mit diesen Nachsätzen zur Treue Hitlers gegenüber Braun ist die Nachwelt wieder so klug wie zuvor: Treu bedeutet im Deutschen stets *sexuell* treu.

Karl Brandts Aussage spricht also nicht für sich allein gegen Sexualität zwischen Hitler und Braun, wie die Urteile der Zeugen Hoffmann (1.) und Schwarz (2.) = Hitlers Verhältnis mit Braun war »platonisch«, Schroeder (3.) = »nie Sex«, Hanfstaengl (4.) = »Hitler impotent«, Döhring (5.) = »es gibt keine Spuren von Sexualität«, Linge (6.) = Eva Braun war gegenüber Hitler eine »entsagungsvolle Bettgenossin« und Junge (11.) = die Braun-Hitler-Beziehung hatte »nichts mit Erotik zu tun«.

Brandts Aussage muss von der Schale konventionellen Dahergeredes befreit werden, um ihren Kern sichtbar zu machen: In der zeitbedingt moralisch etwas gewunden erscheinenden Erklärung Karl Brandts von 1945 kommt der Sachverhalt, den Brandt kennzeichnen wollte, trotz der Treue-Bekundung am Schluss seiner Einschätzung zum Ausdruck: Die Braun-Hitler-Beziehung war keine romantische Liebe, sondern eine Versorgungs-Angelegenheit.

So gibt Brandt seinen Eindruck über das Verhältnis von der Seite Eva Brauns wieder. Was Brandt weglässt, was in seinen Schilderungen aber durchsickert, ist die Perspektive von Hitlers Seite aus: Dessen Verhältnis zu Eva Braun hatte nichts mit männlicher Geilheit auf eine Frau zu tun.

Die Anglos haben für die »flüssigen« Beziehungen mit den »Döhringschen Laken-Rückständen« den unmissverständlichen Begriff »romance«. Romanzen gehen in der englischen Sprache immer mit Sex einher. Im Deutschen besteht diese Klarheit nicht, weil der Begriff hier zu ausgefallen ist und selten benutzt wird. Im Englischen ist er sogar eine Kategorie der Bücher-Einordnung in Bibliotheken und Buchhandlungen.

Gerade Karl Brandt war prädestiniert, diese Unterscheidung mit aller Zurückhaltung so zum Ausdruck zu bringen, dass klar wird: Das Hitler-Braun-Verhältnis war keine Romanze.

Brandts eigene Ehe mit der deutschen Meister-Schwimmerin Anni Rehborn ging aus einer Romanze hervor. Brandt wusste, was eine Romanze zwischen Mann und Frau ist. Brandt und Rehborn hatten im März 1934 geheiratet, als Brandt gerade 30 war (geboren Januar 1904).

Brandt umreißt das Außer-Romantische der Hitler-Braun-Beziehung mit mehreren Wörtern und Satzteilen:»Hitler war nicht der perfekte Liebhaber, den Eva sich in ihrem romantischen Herzen ausmalte. [...] Er umsorgte sie wie ein Vater und bemühte sich immer darum, ihr das Leben an seiner Seite so angenehm und glücklich wie möglich zu machen. [...] Immerhin hatte Hitler für Eva viel getan, als er sie aus dem gesellschaftlichen Nichts herausführte und an seiner Seite platzierte.«

Noch etwas Zweites prädestinierte Brandt dafür, den Unterschied zwischen Romanze und Versorgung mit seinen Formulierungen sichtbar zu machen: Brandt war neben Philipp Bouhler der leitende Mann, der Hitlers Euthanasie-Befehl vom 1. September 1939 organisatorisch und Verwaltungs-technisch in die Tat umsetzte und sowohl die Morde als auch die Menschenversuche supervisierte, wofür er vom amerikanischen Militärgericht in Nürnberg wegen begangener Kriegsverbrechen am 20. August 1947 zum Tode verurteilt und am 2. Juni 1948 hingerichtet worden war. Brandt hätte sich in seiner Funktion als Hitlers ärztlicher Begleiter nicht vor diesen Massenmord-»Karren« spannen lassen müssen. Seine Kollegen in der Position von Hitlers Begleitarzt, Hans Karl von Hasselbach und Werner Haase, haben das nicht getan.

Immer wieder ist darauf hinzuweisen: Niemand wurde unter Hitler zu den Ermordungen Wehr- und Hilfloser, zu den Greueln,»Abspritzungen« und Vergasungen in den KZs gezwungen. In Karl Bandts Psycho-Konstitution hat etwas gelegen, das ihn zum Töten Behinderter und Verhaltens-Abweichender drängte. Der Befehl Hitlers hat in Brandt lediglich etwas abgerufen, das nur ausgelöst werden musste. Bei der Euthanasie ging es im»größten Stil« um die Ermordung Hunderttausender»Unnormaler« in allen Hinsichten – körperlich, geistig, seelisch und sozial.

Als ab 1939 tödlich wirkender Norm-Fetischist ist Karl Brandt nun jedoch gerade besonders geeignet gewesen, das Verhältnis Braun-Hitler mit zurückhaltend feinsten Worten als»unnormal« zu kennzeichnen, etwas Ähnliches zu sagen, wie Hitlers Leibdiener Heinz Linge (6. Nein-Sager, Der »Führer« war kein »Ficker«): Hitler und Braun stellten vor etwa 50 Leuten des engsten Kreises ihr Verhältnis unter der Kategorie Romanze dar: doch»Führer« und»Geliebte« haben in Wirklichkeit die Versorgung einer gesellschaftlich Untersten durch den damals Obersten gelebt.

Unablässig wurden Fotos vom»hohen« Paar gemacht – manchmal allein, manchmal umringt von Teinehmern der Festivitäten – und in die Hände der Engsten lanciert. Immer mit dem Verbot der

Veröffentlichung, aber nicht mit dem Verbot der Kenntnisnahme, der Betrachtung, des Aufstellens in den Privat-Wohnungen und der Info-Einsickerung in die Kreise von Verwandten und Freunden der Engsten.

Keine Hitler-Biografie, kein Gedenk-Aufsatz über ihn ohne Fotos vom »Duo infernal«, auch wieder bei Volker Ullrich 2013 und Ian Kershaw 2014. Da stehen oder sitzen Braun und Hitler ganz »normal«, ja allernettest zum Anfassen und Sich-Identifizieren für den Leib- und Geist-Zirkel um Hitler. *(Ullrich, S. 688, 702, Kershaw 14, S. 33)* So sollte es schon ab 1936 sein. Und diese Bild-Paarschaft wirkt auf die Gemüter der Hitler-biografisch Tätigen bis heute. Die Publikationen der neuesten Braun-Biografien titeln mit den Paar-Fotos und erzielen schon allein damit erneut die Wirkung der heterosexuellen Stimmigkeit zwischen Hitler und Braun. *(Lambert, Görtemaker)*

Über dieses ständige Seit-an-Seit von »Führer« und »Geliebter« hätte Brandt eigentlich die gleichen Worte verwenden müssen, die der spätere Widerrufs-Diener Heinz Linge 1955 und 1980/82 benutzte: »Führer« und »Geliebte« – das sei ein »Liebesidyll« von zwei »Turteltauben« gewesen, die nur zufällig aus regulativen Gründen nicht heiraten konnten. Aber auch ohne Heirat »ging zwischen denen die Post ab«. *(AMORO)*

Der Normspezialist Karl Brandt hätte so etwas zum Ausdruck gebracht, wenn diese Charakterisierung des Verhältnisses Hitler-Braun der Wahrheit entsprochen hätte. Stattdessen kommen Brandts Pincetten-Wörter »Auserwählte an seiner Seite«, die Hitler »aus dem gesellschaftlichen Nichts herausführte« und »an seiner Seite platzierte«, mit der er »gefühlsmäßig tief verbunden« war.

Aber mit was für Gefühlen? »Umsorgte sie wie ein Vater«, »ihr das Leben an seiner Seite so angenehm und glücklich wie möglich zu machen«, »er überschüttete sie mit Charme und Freundlichkeit« – und mit sonst gar nichts! Er schüttete eben gerade nicht seinen Samen in sie. In dieser Hinsicht ging Braun leer aus.

All das bedeutet in der Aufhäufung der Superlative immer noch nicht, Hitler hätte den Körper der Eva Braun glücklich gemacht, sondern nur ihr Budget. »Glücklich machen« ist im Deutschen ein anderer Ausdruck für Sex: Eine Frau glücklich zu machen heißt, sie sexuell zu befriedigen. Damit ist nicht gemeint, »ihr das Leben an seiner Seite so glücklich wie möglich zu machen«, wie Brandt es festhielt. Die Aufplusterung des ganzen glücklich gemachten Lebens der Eva Braun überdeckt nur, dass ein bestimmter Körperteil dieser Frau durch diesen Mann nicht glücklich gemacht wurde.

Brandts »Treue« Hitlers gegenüber Eva Braun hat deutlich mehr soziale und weniger sexuelle Implikationen, wie es in der Formulierung »an seiner Seite platzierte« zum Ausdruck kommt. Und die Unsinnigkeit der Frage von Hitlers möglichen Fremdgängen enthält auch den verschwommenen Hinweis darauf, dass es fraglich ist, ob Hitler und Eva Braun überhaupt miteinander »gegangen« sind. Noch oft wird bei der Analyse von Zeugen-Texten zu Tage treten: Nicht immer wollte ein Autor das sagen, was er vortrug. Ja, nicht immer weiß er genau, was seine Worte zum Ausdruck bringen. Aber der Text weiß es. Und das allein zählt als Zeugnis für die nächsten Generationen. Karl Brandt macht den Unterschied zwischen Romanze und Versorgungs-Verhältnis und teilt etwas über Treue mit, wobei er nicht direkt sagt, um welche Treue es sich handelt, um eine sexuelle oder eine soziale.

Der Brandt-Text ist zweimal veröffentlicht worden. Anton Joachimsthaler zitiert ihn vier Jahre nach Ulrich Schlie in der Kurzfassung der englischen Version vom Januar 1946 vor den Nürnberger Investigatoren, gespeichert in der Musmanno-Collection. Da heißt es: »Klar, Hitler war nicht der ideale Liebhaber, den sich Evas romantisches Herz ausgemalt hatte, aber er war ein Mann, der sie unterstützte und sich um sie sorgte. Hitler versuchte immer, ihr das Leben mit ihm so angenehm und glücklich wie möglich zu machen.« *(Joachimsthaler* 03, S. 604, Anm. 811) »Unterstützen« und »sich um sie sorgen« bedeutet nicht, in sie verliebt zu sein, erst recht nicht auf sie geil zu sein.

Im Englischen heißt es bei Brandt »make life for her with him as pleasant and happy as possible«. Wieder fällt das allgemeine Wort »life« und kommen nicht etwa die Begriffe »relationship«, »defacto marriage«, geschweige denn »love-affaire«, die Engeres und Sexuelles bezeichnet hätten.

König Adolf verrät: Kein Sex mit »*Mätresse*« *Eva*

13. Zeuge – Hitlers Zahnarzt Dr. Hugo Blaschke

Könnte in der Darstellung seines Kollegen Brandt im weitesten Sinne doch etwas »Erotisches« inbegriffen sein, wenn der von »[Zusammen] Leben« zwischen Braun und Hitler spricht, so macht Hitlers Zahnarzt eisern klar: Keine Anzeichen von zu diesem »Leben« gehörendem Sex wären nach außen hin für ihn jemals wahrnehmbar gewesen.

Hugo Blaschke kann auf 14 Jahre »Mundauf« Hitlers verweisen. Gerade der Mund ist ein wesentlicher Teil, der zur »Erotik« eingesetzt wird. Jemand wie Hugo Blaschke, der professionell den geöffneten

Mund eines Mannes regelmäßig über eine lange Zeit vor sich hatte, ist auch befähigt, das in sexuellen Aktionen dieses Mannes zum Mund gehörende Verbindungsorgan Penis der Wahrheit nahekommend einzuschätzen.

Von Blaschke ist ein ausführliches Statement im Interview mit Robert Kempner übermittelt, dem Nürnberger Ankläger und Investigator. Im Gespräch zwischen Kempner und Blaschke bleibt alles trocken, wenn es um das Verhältnis Braun-Hitler geht:

»Blaschke: Sie [Eva Braun] war kein kluger Mensch. Am liebsten hat sie zwei Filme am Tag gesehen. Wenn sie gekonnt hätte, hätte sie sich vier Filme am Tag angesehen. Das Komische ist ja, ich glaube nicht, dass ein Mann, wenn er eine Frau gern hat, es verbergen kann, trotz größter Selbstbeherrschung. Obwohl Hitler nie angab, so wie Göring: In den ganzen Jahren habe ich nicht einmal gemerkt, dass er [Hitler] die Frau liebt. Das muss man als Mann [von Mann zu Mann] doch merken!

Kempner: Ich weiß nicht.

Blaschke: Man müsste es doch merken, durch eine Geste oder so.

Kempner: Aber Sie wussten es auf der anderen Seite?

Blaschke: Ich sah nicht durch. Mir persönlich lag sie nicht. Ich habe sie sehr bald, nach zweimonatiger Behandlung, abgegeben, und zwar meinem Assistenten [...]

Kempner: Sie haben sie [Braun und Hitler] zusammen gesehen?

Blaschke: Links von Hitler saß Eva und links von ihr Bormann.

Kempner: War das eine Brünette, die Eva?

Blaschke: Ein bisschen Wasserstoff, sie war nicht ganz hellblond.

Kempner: Gefärbt?

Blaschke: Blondiert. Ein bisschen nachgeholfen. Etwas heller gemacht.

Kempner: Kinder haben die nicht gehabt, oder doch?

Blaschke: Ich habe nichts gehört. Sie hatte auch das, was man Sex-Appeal nennt, nicht. Sie war sehr gut angezogen. Wenn ich wochenlang oben war, hatte sie nicht zweimal dasselbe Kleid an. Man sah sie nur mittags und abends. Manchmal, wenn es zum Tee im Berghaus [gemeint Teehaus] ging, ging sie auch runter.

Kempner: Sie sagen, man hat es ihm nicht angemerkt, dass er sie geliebt hat. Aber auf der anderen Seite, wenn einer ständig bei einer so hohen Persönlichkeit sitzt, zwischen Hitler und Bormann, müsste man annehmen, dass was Besonderes los war?

Blaschke: Die Position hatte sie, aber für mich ist es fraglich, warum. Denn in den 14 Jahren [seit 1931] bin ich mit größeren Abständen manchmal auch daneben gesessen.

Kempner: Haben Sie nie einen zärtlichen Blick beobachtet?
Blaschke: Wenn man in Berlin W. [West] aufgewachsen ist, kennt man das. Vielleicht liegt mir das auch, Menschen zu beobachten.
Kempner: Aber es war nie etwas zu merken?
Blaschke: Nein.
Kempner: Nur aus den äußeren Umständen konnte man das schließen?
Blaschke: Wenn ich eine Frau gern habe, nehme ich doch mal ihre Hand!
Kempner: Auch nicht in harmloser Weise?
Blaschke: Nein.
Kempner: Hat er sie nie angefasst in Gegenwart von Dritten?
Blaschke: Nein, er hat ihr nur die Hand geküsst. Ich fand es komisch, er küsste allen verheirateten Damen die Hand. Eine seiner Sekretärinnen heiratete, und nach der Heirat hat er ihr auch die Hand geküsst. Vorher nicht [...]« *(Kempner, S. 73 f.)*

Das ungekürzte Gespräch zwischen Blaschke und Kempner über die Art von Hitlers Beziehung zu Eva Braun erschien in Kempners *Das Dritte Reich im Kreuzverhör* – 1969 und 2005. Einen verstümmelten Auszug gab es seit 1980 und gibt es wieder zwischen 2003 und 2015 in den Neuauflagen von Biograf Werner Masers fingiertem »Diensttagebuch« des Hitler-Dieners Heinz Linge *(Bis zum Untergang)*, über diesen Text werden in *AMORO* Einzelheiten vorgebracht. Mit dem Auszug des Blaschke-Interviews versucht Maser, Blaschkes Verdikt der A-Sexualität des Verhältnisses Hitler-Braun lächerlich zu machen. Wie wenig von Blaschke in der Hitler-Biografik hängenblieb, ist daran auszumachen, dass in ihr bis hin zu Volker Ullrich immer noch der heterosexuell einwandfreie Hitler herumgeistert, den Maser wider alle Fakten ab 1971 in die Welt gesetzt hat, was ihm mit über hundert Auflagen und Übersetzungen seiner Hitler-Biografie auch tatsächlich gelungen ist. *(Linge* 80)

Ullrich, der Blaschke Zeugnis einfach weglässt, macht sich der Aussonderung von Zeugnissen, die er kennt – denn er führt Kempners *Kreuzverhör* in seiner Literaturliste auf *(a. a. O.,* S. 1041) –, sonst niemals schuldig in Hitlers politischen und allgemein persönlichen Angelegenheiten. Im Gegenteil, Ullrich offeriert der Gesellschaft in diesen Zusammenhängen am laufenden Band mit seiner Hitler-Biografie neue Einsichten. Aber in Hitlers Sexual-Bezüglichem glaubt Ullrich eingreifen zu dürfen, was er ebenfalls im gesamten Komplex zu Hitlers Wesensveränderung von *Hitler 1* zu *Hitler 2* – genauso wie seine

Vorläufer – unternommen hat, *(a. a. O., S.* 87 ff.*)* sodass es in diesem Punkt darum gehen wird, auch in Ullrich immer wieder einen aktuellen Widerpart sehen zu müssen.

Ullrich schifft mit seiner Heterosexualisierung Hitlers im brakigsten Fahrwasser seines Vorgänger Werner Maser, der zu diesem Thema schon vor fast 30 Jahren von seinem Herausforderer Anton Joachimsthaler ab 1989 verschrottet wurde.

Blaschke lieferte ein Panorama zur nicht-sexuellen Definiertheit des Braun-Hitler-Verhältnisses. Er speist die Nachwelt nicht mit einem Begriff ab wie »platonisch« (Hoffmann [1.] und Schwarz [2.]) oder informiert über Hitlers gesamtes Verhältnis zur Sexualität, die dieser gar nicht gebraucht hätte (Schroeder [3.]). Blaschke verhöhnt Hitler auch nicht mit Abschätzigkeiten wie »Neutrum« und »sexuelles Niemandsland« (Hanfstaengl [4.]), geschweige denn wird er ordinär wie Döhring (5.) mit seinen »unbefleckten Laken und Tüchern«, noch wartet Blaschke mit der Umschreibung »entsagungsvolles Leben« auf, das Eva Braun »als Bettgenossin« an Hitlers Seite geführt hätte (Linge [6.]).

Blaschke rafft seine 14-jährigen Beobachtungen der Paarschaft Braun-Hitler. Das heißt in Blaschkes Fall, er hatte von dieser Beziehung seit deren Beginn Kenntnis. Und Blaschke war kein Zahnarzt, in dessen Sprechstunde die Patienten Braun und Hitler hingingen. Das Verhältnis zwischen Blaschke und Hitler funktionierte umgekehrt, wie sich aus dem gesamten Kempner-Blaschke-Interview ergibt. Blaschke wurde gerufen und ständig in die Privatsphäre Hitlers hereingeholt, in der er dann auch nach der Zahnbehandlung verbleiben durfte, ja sollte. Er wurde in die Höflinge eingereiht. Blaschke ist daher mit allen anderen Nahen zu vergleichen, mit den Leibdienern, Adjutanten und Sekretärinnen. In den *Berghof*-Komplex war für Blaschke eine Zahnstation eingebaut worden – nur zum Zwecke der Versorgung von Hitler und den Seinen. *(Misch, S.* 101) Blaschke übertreibt also seine Position nicht, aus der heraus er das Paar Braun-Hitler jahrelang beobachten konnte. Blaschke war bis zum Untergang 14 Jahre lang Hitlers einziger Zahnarzt, weil er angeblich Wunder an Heilungen bewirkte und sich Hitler vor Blaschke keinen Zwang antat.

In einem solchen Zusammenhang dann 14 Jahre lang keine einzige Zuneigungs-Geste von Hitler gegenüber Eva Braun wahrgenommen zu haben bedeutet – auf Schul-Zeugnisse übertragen – die Abqualifikation mit der Note Sechs = ungenügend. Hitlers Leistung im Fach »Braun-Sex« existierte nicht.

Zehnmal muss Blaschke auf äußere Gegebenheiten ausweichen, weil es über das Eigentliche, an dessen Charakterisierung der Interviewer

Robert Kempner interessiert ist, nichts zu sagen gibt, so sehr nichts, dass es klar wird: Blaschke sagt aus seiner 14-jährigen Anschauung des Paares das Gleiche wie *Berghof*-Verwalter Herbert Döhring mit der Laken-Antwort:»Da war nix!«

Blaschkes Ausweichthemen sind: Eva Braun war vernarrt in tägliches Filme-Anschauen (erstens), der Zahnarzt hat sie nach kurzer Behandlungszeit seinem Assistenten abgegeben (zweitens), dargestellte Sitzordnung bei den Essen Braun-Hitlers mit Besuchern (drittens), Eva Brauns blondiertes Haar (viertens), Braun-Hitler haben keine Kinder (fünftens), Braun hat keinen Sexappeal, wechselt gerade deshalb ihre Kleider stündlich wie ein Mannequin (sechstens), Eva Braun hat auf dem *Berghof* eine halböffentliche Position, deren Grund Blaschke nicht kennt (siebentens), die Beziehung Braun-Hitler ergibt sich nur aus äußeren Umständen (achtens), Hitler küsst Eva Braun die Hand, wenn er erscheint (neuntens), Blaschke mag Eva Braun nicht (zehntens).

Blaschkes Erlebnisbericht von Hitlers einem Zwergstaat vergleichbarem Hofimperium auf dem *Berghof* endet mit einer Pointe, die enthüllt: Alles, was an »Landgraf« Adolf und seiner »Mätresse« Eva zu sehen war, war Show. Und dabei machte der höfisch ungebildete Möchtegern-Herzog mit dem Kuss von Eva Brauns Hand einen Fehler.

Der Handkuss war unter aristokratischen Bedingungen eine Geste des adligen Mannes gegenüber der verheirateten Frau, mit der der Hand-küssende Mann vorgegebenermaßen kein sexuelles Verhältnis hatte und es auch nicht zu haben beabsichtigte. Der Handkuss hatte bei Hofe einen doppelten Show-Wert – einerseits zu zeigen, mit dieser Frau besteht nichts Genitales, sie wird mit dem Handkuss abgespeist. Andererseits werden mit dem Handkuss gleichzeitig die Rechte des befreundeten, bekannten oder fremden Mannes an dieser Frau respektiert. So galt der Handkuss subinformativ als Trostpreis für den nicht möglichen oder konventionshaft nicht gesollten Scheiden-Kuss zwischen dem Hand-küssenden Mann und dieser Ehefrau eines anderen.

Der in höfischen Sitten unbewanderte Adolf Hitler wusste von dieser sozialen Regel der um 1900 verfließenden Herrschaftszeit des Adels nichts. Bauern, von denen Hitler beid-Eltern-seits abstammte, küssten überhaupt nicht Hand.

Wenn Hitler seiner nicht mit ihm verheirateten angeblichen Geliebten bei einer Haus-öffentlichen *Berghof*-Begegnung vor den versammelten Höflingen summarisch wie allen anderen verheirateten Frauen die Hand küsste, verriet er sich mit zweierlei: Erstens: Eva Braun ist nicht wirklich seine Frau. Und geschlechtlich haben beide nichts miteinander zu tun. Zweitens: Das Gestellte und permanent künstlich Zelebrierte der Braun-Hitler-Lebensweise bricht mit den Wahrnehmungs-Werkzeugen des Doktor Blaschke in sich zusammen.

»Wo Hitler geschlafen hat, hat nie jemand genau gewusst«

14. Zeugin – Berghof-Zimmermädchen Anna Plaim-Mittlstrasser
Die Zeugen 11, 12 und 13 – Junge, Brandt und Blaschke – sagen mit dürren Worten oder ausführlicher, schriftstellerisch gekonnter Beobachtung: Hitlers Penis war in Richtung Eva Brauns Vagina nicht tätig. Die nächste Zeugin kommt von einer unverhofften Seite den drei Von-außen-Betrachtenden zu Hilfe. Sie begleitet das Paar Braun-Hitler beim Spaziergang und gibt eine innenarchitektonische Beschreibung der Schlafgemächer der seltsamen Wohngemeinschaft preis, woraus klar wird: Das Interior-Design und die Zeiten von dessen Nutzung enthüllen nichts Sexuelles.

Anna Plaim-Mittlstrasser hat als 20/21-Jährige über ein Jahr lang von Mai 1941 bis Ende 1942 die Zimmer von Braun-Hitler auf dem *Berghof* gesäubert und hergerichtet. Sie war von ihrer angeheirateten Cousine Gretel Mittlstrasser, die Anna den Job vermittelt hatte, sofort bei ihrer Ankunft über das Verhältnis Braun-Hitler instruiert worden.

Die Beaufsichtigerin der Zimmermädchen auf dem *Berghof*, genannt »Beschließerin«, Gretel Mittlstrasser, ist die 7. Ja-Sagerin, die heftigste Kontrahentin der Nein-Zeugen. Sie hat noch 2001 im deutschen und englischen Fernsehen ausgesagt, dass sie im Auftrag Eva Brauns Perioden-beeinflussende Mittel hätte besorgen müssen – immer dann, wenn Hitler auf den *Berghof* zurückgekommen war, woraufhin vom ehemaligen Zimmermädchen Anna bis zu Ullrich der Schluss gezogen wird: Die organisierten Schwangerschafts-verhütenden Medikamente für Braun belegten das Sich-in-Aktion-Befinden der Körper-eigenen Säfte von Penis und Vagina der umstrittenen Zusammenlebens-Kombination Eva Braun und Adolf Hitler. (*HETERO*, 7. Ja-Sagerin, Gretel Mittlstrasser)

Weil diese Mitteilung, die Anna Plaim-Mittlstrasser in ihrem Buch zweimal macht, *(Plaim/Kuch*, S. 75, 108 f.) im Zeitalter der Antibaby-Pillen eine größtdenkbare Wirkung pro Hitler-Penis in Braun-Vagina zeitigt, sind der Aussage später eigene Kapitel in *HETERO* gewidmet. Hier wird zur Plastizität der 14. Nein-Sagerin diese Info der »Beschließerin« nur gestreift.

Das *Berghof*-Zimmermädchen Anna hat sich in den Intimgemä-
chern von Braun-Hitler umgeschaut und Fakten über die a-sexuellen Bedingungen des höchsten Staatspaares zu Tage befördert. Anna
wollte »es« selber wissen und konnte nichts eindeutig Säfte-Bezogenes
finden, was sie als alte Frau ihrem Interviewer Kurt Kuch zur Jahrtausendwende deutlich sagt und deshalb zur 14. Zeugin über die Sterilität
der Braun-Hitler-Beziehung gekürt wird.

»Kuch: Bleiben wir beim Verhältnis von Hitler und Eva Braun! Was
bekam man als Angestellter denn von diesem Staatsgeheimnis mit,
wenn Hitler persönlich am Berghof anwesend war? Wie haben sich
die beiden die Zeit vertrieben?

Plaim-Mittlstrasser: So gegen 15 Uhr sind die beiden immer gemeinsam ins Teehaus gegangen [...] – Vom Haupthaus zum Teehaus
brauchte man zu Fuß ungefähr zehn Minuten [...]– Im Teehaus gab
es meist Käsekuchen, was Hitlers Lieblingsmehlspeise war [...] Diese
Besuche des Teehauses waren sozusagen der tägliche Fixpunkt, wo Eva
Braun und Hitler zusammentrafen. [Aber nie allein, es gingen immer
Leute mit!] Die restliche Zeit hat Hitler in seinem Arbeitszimmer
verbracht, wo man ihn keinesfalls stören durfte. – Ich glaube, das hat
auch in gewisser Hinsicht für Eva Braun gegolten. – Die Stimmung im
Teehaus war immer sehr freundlich. Manchmal hat Eva versucht, Hitler eine kleine Freude zu bereiten, beispielsweise hat sie sich extra für
ihn ein Dirndl angezogen. Aber trotz aller Freundlichkeit zwischen
den beiden kann ich mich nicht erinnern, dass Hitler und Eva Braun
beim Nachmittagstee oder ähnlichen halb öffentlichen Gelegenheiten
jemals Händchen gehalten hätten oder dass es gar einen Kuss gegeben
hätte. Die Aufenthalte im Teehaus haben normalerweise ungefähr eine
Stunde gedauert. Nicht länger. Danach hat sich Hitler sofort wieder in
sein Arbeitszimmer zurückgezogen. Alleine. Und das bedeutete, dass
im Haus wieder absolute Ruhe herrschen musste, damit er auf keinen
Fall gestört wurde. – Deshalb kann ich zumindest so viel sagen: Hitler
ist untertags nie in seinem Bett gelegen. Auch Eva Brauns Bett schien
tagsüber immer unangetastet.« *(a. a. O., S. 71 ff.)*

»Kuch: Und wie sah es in Hitlers Schlafzimmer aus?
Plaim-Mittlstrasser: Ich habe ein sehr einfaches Bett in Erinnerung.
Schon damals habe ich mich darüber gewundert, dass der Führer nicht
einmal eine Daunendecke hatte, sondern mit einer gewöhnlichen Stepp-
decke schlief. Eva Braun zum Beispiel hatte eine dicke Daunendecke.
Auf dem Nachttisch lag ein Buch von Wilhelm Busch [...] Und dann

war da noch das Badezimmer mit einer Badewanne, einem Waschbecken und einer Waage [...] Daneben gab es dann den so genannten Kofferraum, durch den man in das Zimmer von Eva Braun kam.
Kuch: Hatte Hitler eigentlich ein Einzel- oder ein Doppelbett?
Plaim-Mittlstrasser: Er hatte ein einfaches Einzelbett. Ein ausgesprochen schlichtes Einzelbett.
Kuch: Und Eva Braun?
Plaim-Mittlstrasser: Deren Bett war größer. Außerdem konnte man ihr Bett zu einer Sitzcouch umfunktionieren, die dann wie eine richtige Wohnzimmer-Couch aussah.
Kuch: Hat Hitler denn bei Eva Braun genächtigt oder in seinem eigenen Bett geschlafen?
Plaim-Mittlstrasser: Das lässt sich nur sehr schwer nachvollziehen. Eigentlich hat nie jemand genau gewusst, wo er geschlafen hat [...]«
(a. a. O., S. 107 ff.)

Anna Plaim-Mittlstrassers Auskünfte haben zwei Teile. Der erste Teil fasst etwas Ähnliches zusammen, das Hitlers Zahnarzt Hugo Blaschke bemerkt hat: Wenn Braun und Hitler miteinander zugange sind, wenn sie – von anderen Menschen begleitet – gemeinsam eine Stunde im Teehaus verbringen, kommt nichts rüber, das auf Erotisches schließen lässt. Und Plaim-Mittlstrasser lässt keinen Zweifel daran, dass der tägliche Ritus »zehnminütiger Gang vom *Berghof* zum Teehaus mit einstündigem Verbleiben« immer im Verbund mit mehreren Menschen unternommen wurde. Teehaus hieß für Braun und Hitler nicht: Endlich allein!

Der zweite Teil von Plaim-Mittlstrassers Wahrnehmungen: Die Gestalt der Betten des Paares und der Umgang mit ihnen am Tage. Hitlers Bett = Einperson-schmal. Und »Hitler ist untertags nie in seinem Bett gelegen.« Eva Brauns Bett dagegen eine Sitzcouch, die am Tage zu einer richtigen Wohnzimmer-Couch geklappt wurde. »Auch Eva Brauns Bett schien tagsüber immer unangetastet.«

Für die Nachtzeit Hitlers »hat nie jemand genau gewusst, wo er geschlafen hat«. Und am Tage wurden die Braun-Hitler-Schlafzimmer entweder nicht benutzt (seines) oder als Wohnzimmer hergerichtet.

Jeder weiß, dass ein genital orientiertes, Schleimhaut-Kontakt-organisiertes Liebesverhältnis gerade aus Zwischenzeiten lebt. Die Liebenden wollen es auch mal am Tage machen, am hellichten Tage das Partnerchen ansehen und anfühlen, wollen erneut geil werden. Und Geilwerden verlangt nach zwei-Menschen-breiten, ausgeklappten und nicht Sitzcouch-eng eingeklappten Befriedigungsplätzen für die Erregung.

Das brauchte jemand wie Hitler nicht, der sich woanders erregte, vor Kinoleinwänden und in Sportstadien. Deswegen lässt er sein Bett tagsüber unberührt und Eva Brauns zusammenklappen. Plaim-Mittlstrasser berichtet auch von Gäste-Zimmer-Herrichtungen nach langanhaltenden Benutzungen in ausgedehnten Nächten. Die Zimmermädchen mussten immer alles wieder sauber machen, was von den *Berghof*-Gästen bis Mittag hinein zerwühlt worden war. Die Gäste-Zimmer wurden auch noch am Tage vor Anbruch der neuen Nacht immer wieder so gestaltet, als hätten die Gäste gewechselt. *(a. a. O.,* S. 31 f.)

Solch eine Information zur Wieder-Instandsetzung eines tagsüber benutzten Schlafzimmers Hitlers und Brauns gibt es bei Plaim-Mittlstrasser nicht. Im Unterschied zu den Gäste-Zimmern blieben die Braun-Hitler-Schlafzimmer ganztags »kalte Pracht«.

Demnach bestätigt das ehemalige Zimmermädchen Anna durch ihren Bericht über den Tagesumgang mit den Klosterbruder- und Klosterschwester-Schlafzimmern des Herrscherpaares das Gleiche wie *Berghof*-Verwalter und Laken-Inspizient Herbert Döhring: Keine Spuren. Plaim-Mittlstrasser tut es nur etwas züchtiger, indem sie von Möbel-Arrangements spricht.

Es sieht gemäß Plaim-Mittlstrassers Erzählungen aus eineinhalb Jahren manchmal täglicher Erfahrung mit Braun und Hitler dürftig um die Unter-Gürtel-Bedingungen des Paares aus. Am Tage blieben die »Führer«-»Mätressen«-Betten nachweislich unberührt. Auch im Teehaus »nix«, denn Braun-Hitler gingen dorthin nie allein. Und dann weiß das Zimmermädchen nicht einmal, wo der Herr des Nachts geschlafen hat. Niemand wüsste das.

Plaim-Mittlstrassers assoziatives Verlegenheitswort »nachvollziehen« sagt alles. Sie ist von Kurt Kuch in Umschreibungen und Umkreisungen des Themas gefragt worden, wo und wann die Geschlechtsakte zwischen Hitler und Braun vollzogen wurden. Das jedoch kann sie »schwer nach-vollziehen«. Sie weiß nichts Bestimmtes. Sie hat keine Schlafzimmer-Türen klappern hören. Sie kann die Licht-Frage nicht beantworten: Vorhänge wann auf oder zu? Zur Akustik des Erotischen kommen ihr keine Erinnerungen. Liebesakte machen Geräusche. Plaim-Mittlstrasser war nicht taub.

Hitler minus die Frauen

Die nunmehr 14 Personen, die Hitlers unterbelichtete Heterosexualität bekundeten, teilen sich in drei Gruppen.

Erstens: Die Besuchs- oder Begegnungsfreunde wie Hoffmann (1.), Schwarz (2.), Hanfstaengl (4.) und die drei Münchener Freunde aus der 1913/14-Zeit (9.).

Zweitens: Die intervallisch Gerufenen und dann nonstop Anwesenden wie die Sekretärinnen Schroeder (3.) und Junge (11.), der Hausverwalter Döhring (5.), die Ärzte Brandt (12.) und Blaschke (13.), das Zimmermädchen Anna (14.) und auch die funktional temporär Permanenten wie Hitlers Münchener Vermieter Popp (9.)

Drittens: Die Ganzzeit-Körper-Nahen, die rund um die Uhr minütlich, zumindest von Stunde zu Stunde in Hitlers Gegenwart Weilenden, wie der Kammerdiener Linge (6.), der Zimmer-Freund Kubizek (7.), der Männerwohnheim-Genosse Hanisch (8.) und der Melde-Kamerad Brandmayer im Felde (10.).

Bei den letztgenannten ist die Nähe am engsten, weil sie über einen längeren Zeitraum ununterbrochen bestand und weder von Hitler noch von den Freunden/Begleitenden ausgesetzt wurde, solange die Gemeinschaft hielt. Kurze Abwesenheiten durch Dienste, Reisen, Tätigkeiten und Urlaube änderten an der prinzipiellen Enge zwischen Hitler und den genannten Personen nichts.

Die dritte Gruppe hat daher den höchsten Authentizitäts-Wert, weil die Nähe zwischen Hitler und den vier Männern wegen deren Funktion und Bedeutung für Hitler Eltern-Kleinkind-Beziehungs-ähnlich total war, was es sonst im Leben eines Erwachsenen nicht gibt, nur bei der ausgefallenen Position des Männerbünde-Führers und späteren Reichskanzlers, dem etliche Männer multifunktional ganz nah zur Hand gehen mussten. Die Total-Nähen zu Kubizek, Hanisch und Brandmayer ergaben sich Ausbildungs-, Wohn- und Kriegs-bedingt.

Wenn sich aus den Mitteilungen Kubizeks und Hanischs Hitlers Heterosexualität nicht ergibt, muss davon ausgegangen werden, dass sie zum Beobachtungs-Zeitraum in Hitler nicht vorhanden war. Brandmayer entblößt – ähnlich wie Kubizek – für die Zeit zehn Jahre später das Gleiche noch drastischer. Drastischer vor allem deswegen, weil Hitler jetzt im »Frau-baren« Alter ist. Doch Hitler wiederholt sein routinemäßig gegenüber Kubizek zum Ausdruck Gebrachtes: »Früher Mädchen nicht, jetzo Frauen nicht, und auch künftighin ›Klosterbruder‹ bin!«

Was aus dieser Haltung des jungen Hitlers hinsichtlich seiner Beziehung zu Frauen dann Jahrzehnte später zu Tage tritt – als es ernst werden sollte –, gibt der Von-Stunde-zu-Stunde-Nahe, Hitlers Leibdiener Linge, zu Protokoll: Für Eva Braun, die »Bettgenossin« eines solchen »Klosterbruders«, »ein entsagungsvolles Leben«.

Zu dem Von-Stunde-zu-Stunde-Nahen Heinz Linge gehören noch drei Weitere, die sich nach dem Ende des Dritten Reichs zu ihrer Position und zu Hitler geäußert haben – der Adjutant Julius Schaub, der Kammerdiener Karl Wilhelm Krause und der Leibwächter Rochus Misch.

Schaub war Hitler von 1925 bis 1945 ganz nah, weil Mädchen für alles = Bube für Jedes, eine Art Senior-Adjutant, der er dann 1933 auch positionell geworden war. Auf Schaub passt am besten Ullrichs Wort vom »ständigen Begleiter« Hitlers, *(Ullrich*, S. 313) das aus der Hetero-Begriffswelt für Intimst-Nahe entnommen ist, wo »ständige Begleiter« immer Bettgenossinnen und -genossen betrifft, im Schaub-Hitler-Fall jedoch beileibe nicht, sondern eher etwas wie ein Hund an der Leine, den sein Herrchen auf jedem seiner Ausgänge mit sich führt. Schaub wurde von Hitler für alles Ausgefallene andauernd herbeigerufen und zu Spezial-Aktionen beauftragt, wie am Schluss:»Verbrenne meine ganzen Hinterlassenschaften in der Reichskanzlei, am Prinzregentenplatz und auf dem ›Berghof‹.« (*Schaub* 46, 47)

Auch wenn es langsam lächerlich wirken wird, ständig den Lebensumstand Nähe zu superlativieren, muss darauf hingewiesen werden, dass der Naheste im Sinne von total und statisch unentwegt nah Hitlers frühester Reichskanzler-Kammerdiener Krause war – tätig ab 1934 mit einer kurzen Ungnade-Trübung, die sich jedoch zu neuer Nähe aufgeklart haben soll.

Anton Joachimsthaler stellte für die Herausgabe der Erinnerungen von Hitlers zweiter Sekretärin Christa Schroeder die Wirkungsdaten von Karl Wilhelm Krause in Hitlers Dienst zusammen und kam auf nur eine Nähe-Zeit von fünf bis sechs Jahren, während Krause selbst behauptet, er hätte zehn Jahre bei Hitler als Kammerdiener zu tun gehabt. (*Joachimsthaler* 85, S. 326, Anm. 99, *Krause* 49) Was Joachimsthaler 1985 schrieb, wurde ein bis zwei Jahrzehnte später von den SS-Spezialisten Williamson und Klubertanz und von ihm selbst differenziert: Krause, geboren 1911, trat mit 20 Jahren 1931 in die Marine ein. Bereits 1933 ist er in SS-Uniform als Begleiter Hitlers zu sehen, auf einem Foto, das Krause neben Hitler beim Besuch der Bayreuther Festspiele zeigt und das Joachimsthaler fast 20 Jahre nach seinen Krause-Daten veröffentlicht. (*Joachimsthaler* 03, S. 167) Krause selbst gibt an, dass sein Dienst als Kammerdiener Hitlers am 2. Juli 1934 begonnen habe. (*Krause*, S. 4/5)

In Bayreuth wirkt Krause auf dem Foto vom Sommer 1933 innerhalb der familiären Situation zwischen Hitler und den Wagners während der Festspiele wie ein Familienmitglied Hitlers. Als es Mitte 1934 zur Anheuerung Krauses für den Dienst beim Reichskanzler kam, hatte Hitler selbstverständlich schon Erfahrungen mit ihm gesammelt und sich nicht einen komplett Fremden »auf die Pelle rücken« lassen. 1939 entzündete sich das Zerwürfnis zwischen Hitler und Krause, weil Krause polnisches Mineralwasser anstatt des von Hitler befohlenen deutschen organisiert hatte. Nach dem Zerwürfnis gab es laut Krause jedoch eine Versöhnung zwischen Hitler und ihm, so dass eine reale Zeit der Hitler-Krause-Partnerschaft von etwa sechs bis sieben Jahren zusammenkommt und Krause mit seinen *Zehn Jahren Kammerdiener bei Hitler* nicht pur gelogen, sondern die Spanne der Nähe zu Hitler nur etwas ausgedehnt hat. *(Krause, S. 69 ff/62 ff, Williamson* »Krause«)

Julius Schaub skizzierte das Tun der Kammerdiener und damit die Ultra-Nähe zu Hitler: »Diener – Krause – von 1933 ab [Krause selbst sagt »1934«]. Mussten Wäsche herrichten, servieren und den Führer persönlich bedienen. Koffer packen, Hosen aufbügeln. Krause kam von der Marine, Linge und Junge von der Leibstandarte.« *(Schaub 10, S. 46)*

Kammerdiener Krause kann als Schatten beschrieben werden, den Hitler ganztags, vor allem morgens, abends und nachts nach sich zog. Das Wort Kammerdiener entstammt feudalen Bedingungen. Jemand »Niederes« war mit einer höheren Standes- oder Positions-gehobenen Person so verbunden, dass er deren Ganz-Körper-Bedürfnisse bis in die Schlafkammer hinein zu befriedigen hatte.

Den Telefonisten, Kurier und Leibwächter Rochus Misch kennzeichnet etwas anderes. Er war zwischen 1940 und Hitlers letzten Tagen 1945 in dessen unmittelbarer Nähe. Auch wenn in abgewandelten Funktionen, die ihn scheinbar nicht so nah wie Schaub und Krause bei Hitler sein ließen, bedeutete auch Misch für Hitler eine Unentbehrlichkeit, die am 22. April 1945, mitten im Untergang, in der Anordnung eines Zwischen-Befehlshabers im Bunker kulminierte: »Misch, Sie werden natürlich noch gebraucht!« *(Misch, S. 203)*

Aus den Schilderungen Mischs und den Fotografien in seinem Buch kommt heraus, dass er wie ein Sohn der *Berghof*-Familie wirkt – und zwar ein noch ziemlich junger Sohn, nicht einer, der schon außer Haus lebt, sondern einer, der noch verwachsen mit »Vater Adolf« und »Mutter Eva« ist.

Misch gibt an vielen Stellen seiner Erinnerungen seine Verwachsenheit mit beiden dominanten Personen während seiner genau fünf Jahre in Hitlers nächster Nähe zu: »Fünf Jahre lang – die letzten fünf Jahre im Leben Hitlers – wohnte ich dort, wo Hitler wohnte: in der ›Führerwohnung‹ in der Alten Reichskanzlei, in den ›Führerhauptquartieren‹,

zuletzt im ›Führer‹Bunker.« *(a. a. O.,* S. 14) Misch vergaß bei dieser
Aufzählung den *Berghof* auf dem Obersalzberg bei Berchtesgaden.
Zehn Fotos vom *Berghof* präsentieren Misch auch dort in Hitlers
nächster Nähe.

Diese drei Ganz-Nahen, der längstamtierende Adjutant Schaub
(zwei Jahrzehnte), der früheste Regierungs-Kammerdiener Krause
(fünf bis zehn Jahre) und der intensivste Schluss-Nahe, sich zurecht
Der letzte Zeuge nennend, hinterließen Äußerungen, die im Abstand
von 50 bis 60 Jahren publiziert wurden – Krause 1949, Schaub 2005
und Misch 2008. *(Krause* 49, *Schaub* 10, *Misch)* Schaub, Krause und
Misch haben Extra-Beobachtungen zu Eva Braun festgehalten – zu
sonst keiner anderen Frau im Zusammenhang mit Hitler.

Dieses Fehlen von anderen Frauen in den Mitteilungen von drei
Ultra-Nahen Hitlers sagt wiederum alles über Hitlers vakante Heterosexualität, wie es in den gesammelten Jugend-Zeugnissen beim Hauptarchiv-Mann Bleibtreu zum Ausdruck kommt und wie es bei Kubizek,
Hanisch und Brandmayer steht: Die Hitler-Lücke Frau.

Hitlers Lücke Frau wird von seinem zweitjüngsten Biografen Vol-
ker Ullrich geschickt gefüllt in dessen Kapitel *Hitler und die Frauen.*
Denn es haben sich ja so viele in Hitlers Nähe gedrängt, wie Nazi-
Frauen-Kritikerin Martha Schad in ihrem Buch *Sie liebten den Führer*
nachweist, *(Schad* 09) vor allem Kultur-Frauen und Finanz-potente
Oberschichts-Damen: Die Filmemacherin Riefenstahl, die Architektin Troost, die Pianistin Ney, die Ärztin und Schriftstellerin
Kemnitz-Ludendorff, die Wagner-Schwiegertochter Winifred, die
Philosophen-Schwester Förster-Nietzsche, die Filmschauspielerin
Tschechowa, die Soubrette Slezak, die Diplomaten-, Flügelbauer-, Tex-
tilproduzenten- und Verlegergattinnen Dirksen, Bechstein, Quandt
(spätere Goebbels), Bruckmann und [Helene] Hanfstaengl, die Politi-
ker-Töchter Mitford und Mussolini (spätere Ciano).

In diesen Beziehungen zwischen Hitler und den Frauen wurde
jedoch von Sexualität nicht einmal geredet, geschweige denn dieselbe
praktiziert. Diese Frauen« rotierten alle um die Achse von Hitlers
anderweitigem libidinösem Interessiertsein. Ihr »Beine-Breit« galt
seinem Kopf, geschah aus ihren Gedanken, die sie für ihn öffneten.
Anstatt Kindern stießen sie für ihn Valuta aus.

Das Wichtigste an der bald insgesamt 23-gliedrigen Zeugen-Kette
zur Nicht-Existenz von Hitlers Heterosexualität: Alle sagen das Gleiche – teils mit verschiedenen, teils mit identischen Worten.

Zum Beispiel wird der Sachverhalt der »entsagungsvollen Bettgenossin«, den Heinz Linge gegenüber den sowjetischen Investigatoren

für das *Buch Hitler* mit einem Satz pointierte, von Hitlers »ständigem Begleiter« Julius Schaub mit vielen Einzelheiten spezifiziert. Schaub kannte seine Generations-Genossin Eva Braun von Anfang der Braun-Hitler-Beziehung an und komprimierte die Prinzipien dieses Verhältnisses. Zentrum seiner Darstellung ist Eva Brauns »entsagungsvolles Leben als Hitlers Bettgenossin«, auch wenn Schaub dieses Leben mit novellistischen Beschreibungen kennzeichnet. Er macht das aber so ausführlich, dass der festgehaltene Sachverhalt Detail-getreu überzeugend und nicht nur begrifflich zum Ausdruck kommt.

Hitlers Platin-Ring um Eva Brauns innere Leere

15. *Zeuge* – längstamtierender Hitler-Adjutant Julius Schaub

»Eva Braun war keine ›Mätresse‹ der üblichen Auffassung [...] Jahrelang gab sie ihm das, was ihm infolge seiner Stellung und durch den ihn eigentlich ständig umgebenden Menschenkreis versagt blieb: eine gewisse Häuslichkeit.« *(Schaub 10, S. 274)*

Nach ihrem zweiten sogenannten Selbstmordversuch im März 1935 – der mehr die Demonstration einer Selbst-Attacke war, um Hitlers kontinuierliche Aufmerksamkeit zu erzwingen und einen biografisch ernst gemeinten Einsatz dafür zu zeigen – notierte Schaub ungerührt nüchtern: »Es gelang ihr immerhin, wenigstens Hitlers mitleidsvolles Interesse zu erwecken, er schickte ihr Blumen und gute Wünsche zur Genesung.« *(a. a. O., S. 276)*

Eva Brauns selbstschädigendes Unterfangen – die Gefährdung ihres Lebens und ihrer Gesundheit – führte dazu, dass Hitler ihr 1936 ein Haus in München schenkte und ihr den Status der nicht-öffentlichen, nur im kleinsten Kreis gezeigten Präsenz-Partnerin einräumte. Doch Schaub winkte weiterhin ab: »Trotz aller dieser Begegnungen aber spielte Eva bis zum Jahre 1936 eine ziemlich oberflächliche Rolle in Hitlers Leben.« *(a. a. O., S. 277)*

1936 ändert sich etwas – Verfahrens-technisch. Hitlers Landsitz *Haus Wachenfeld* bei Berchtesgaden war zur Residenz *Berghof* umgebaut worden – mit der »Führer«-Geliebten-Doppelzimmer-Architektur für Hitlers Privaträume: »Eva aber zog als Gast im Berghof ein. Dorthin ließ sie sich von ihrer Firma beurlauben, da sie noch weiterhin bei [Foto] Hoffmann [in München] tätig war, wenn Hitler nach Berchtesgaden kam. Die Haushaltsführung auf dem Berghof hatte eine Wirtschafterin, Frau Endres, die sich Hitler aus München hatte kommen lassen, übernommen.« *(a. a. O., S. 277)*

Aus den verhedderten, Sinn-verwirrend ineinandergeschobenen Sätzen die Tatsache gefiltert: »Eva aber zog als Gast im ›Berghof‹ ein ...‹, wenn Hitler nach Berchtesgaden kam.«

Das Folgende führt nun ins Zentrum zur »entsagungsvollen Bettgenossin«: »Der kühne Traum des kleinen Mädchens war erfüllt, sie durfte mit Hitler leben. Doch Eva musste sehr bald die Erfahrung machen, dass dieses Leben fast ausschließlich aus Warten bestand – aus Warten auf ihn. Sie liebte Hitler ohne Zweifel mit einer ehrlichen und tiefen Zuneigung.« (a. a. O., S. 278)

Beim Besuch von Staatsgästen auf dem Berghof musste Eva Braun optisch verschwinden: »Wenn sie es nicht vorzog, Ausflüge zu machen, blieb sie dann manchmal tagelang in ihren Zimmern und nahm dort auch die Mahlzeiten ein [...] – Hitler bot ihr alles, was sie sich wünschen konnte, sogar die Anerkennung durch seinen engsten Kreis, aber er wollte sich keine Mätresse halten, mit deren Hilfe, nach klassischen Beispielen, die Fäden der Politik gesponnen würden.« (a. a. O., S. 279 f.)

»[...] dass seine Gefühle zu Eva für eine Ehe, von der er sehr hohe Vorstellungen hatte, einfach nicht ausreichten.« (a. a. O., S. 280)

»Bis zum Jahre 1942 siezten sich Eva und Hitler auch im intimen Kreis, dann erst gebrauchten sie in Gegenwart langjähriger Hausgäste das vertrauliche ›Du‹. Eva sagte meistens einfach zu Hitler ›Adolf‹, während er sie, wenn er gut gelaunt war, ›Patscherl‹ nannte [auch Tschapperl ist überliefert]. – ›Mein Führer‹ sagte sie selten, umging jede Anrede.« (a. a. O., S. 281)

»Eigentlich zeigte Eva, obgleich sie sich durch Hitler sehr oft enttäuscht fühlte, eine fast ständig heitere Stimmung. Ich sah sie jedenfalls niemals weinen [...] In der schönen Leni Riefenstahl sah sie, ganz besonders unbegründet, eine gefährliche Konkurrentin, wusste sie doch, wie sehr Hitler die Filmschauspielerin und Regisseurin wegen ihres Könnens achtete. Sie selbst konnte ihm nichts weiter bieten, als Entspannung – und sie musste warten, endlos warten, ihm das bisschen häusliche Behagen, das sie allein ihm vorzaubern konnte, zu vermitteln. So wartete sie viele Tage in ihrem hübschen, kleinen Einfamilienhaus in München, im Stadtviertel Bogenhausen, das er ihr 1936 geschenkt hatte. – Sie hatte auch ihre Freunde, mit denen sie Skilaufen ging. Keiner dieser Begleiter aber konnte sich rühmen, die ›Geliebte des Führers‹ in ihren langen Wartestunden ›getröstet‹ zu haben«. (a. a. O., S. 284) [Anmerkung zu den Freunden fürs Skilaufen: Das waren keine männlichen »Begleiter«, wie Schaub mit seiner

Formulierung den Eindruck erweckt, sondern Anni und Karl Brandt und Albert und Margarete Speer, mit diesen jungen Ehepaaren, vor allem den Frauen, war Eva Braun eng befreundet. *(Ullrich, S.* 691 f., *Schlie* 99, S. 221) In diese Freundschaften hatte Schaub zu wenig Einblick, um Authentisches zu hinterlassen. Eva Braun hätte nicht mit alleinstehenden Begleitern aus Hitlers dienendem Umfeld auf Ski-Touren gehen können, sodass sich aus Eva Brauns Skilaufen gar keine sexuellen Fragen ergeben, unabhängig davon, ob sie positiv oder negativ hätten beantwortet werden können.]

»Auch die Tage in Berlin waren ein einziges Warten auf ihn. In den Jahren 1936 bis 39 durfte sie, wenn noch andere Damen der Begleitung in den Räumen der Führerwohnung [in der Reichskanzlei] zu Gast waren, dort ebenfalls Aufenthalt nehmen. Manchmal aß Hitler dann mit ihr und einer kleinen privaten Gesellschaft in seiner Wohnung zu Mittag. Die vielen freien Stunden verbummelte sie in den prächtigen Geschäftsstraßen [Berlins], machte eine Unzahl von Einkäufen. *(Schaub* 10, S. 285 f.) [...] Alle diese Einkäufe bezahlte Hitler aus seiner Privatschatulle. Er sagte einmal: ›Ich muss sie für das, was ihr entgeht, irgendwie entschädigen.‹ [Die Preise der Geschenke durften 2000 RM nicht übersteigen] Eine Ausnahme bildete sein Geschenk der letzten Jahre, ein Platinring mit einem rosa Diamanten, der ungefähr 15 000 RM gekostet hatte. Aber Eva trug ihn kaum, da er ihr nicht besonders viel bedeutete, er stellte für sie höchstens eine gewisse Kapitalrücklage dar, wofür er auch gedacht war.« *(a. a. O.,* 287)

»Das Leben bot ihr also alles, was sich die Geliebte eines mächtigen Mannes wünschen kann. Trotzdem war sie nicht glücklich, sie war sich trotz aller Verwöhnung der Leere ihres Lebens bewusst, einer Leere, die alle Geschenke der Welt nicht füllen konnten [...] Oft lagen zwischen ihren [Hitlers und Brauns] verschiedenen Treffen nicht nur Wochen, sondern Monate.« *(a. a. O.,* S. 288)

Vonseiten Hitlers kein horizontales Interesse an Eva Braun

Das Problematische an Schaubs Schilderungen des Verhältnisses Braun-Hitler: Er beschreibt das Drumherum um den historischen Frage-Kern, ob Hitler und Braun Penis-Vagina-Dialoge führten. Oder waren sie stumm, weil sie sich zu diesem Thema nichts zu sagen hatten?

Alle bisher aufgebotenen 14 Zeugen richteten darauf direkt ihr Augenmerk, oder die phallisch-vaginale Praxis-Pleite kam zumindest indirekt aus ihren Berichten heraus. Hoffmann (1.) und Schwarz (2.)

wählten dafür das im Deutschen zuständige Fremdwort »platonisch«. Schroeder (3.) wiederholte den (Un-)Tat-Bestand mit dem Verdikt: Hitler hatte gar kein Interesse an Sex. Hanfstaengl (4.) unterstützte diese Nachricht mit dem Begriff »Niemandsland«, der überwältigend doppeldeutig ist: Niemanden beackerte Hitler. Und niemand drang in Angelegenheiten Sex zu ihm vor. Er war – gemäß des von den Erd-Exkursionen übernommenen Begriffs – noch nicht vom weißen Mann, geschweige denn von einer weißen Frau, ent-deckt worden. Döhring (5.) behandelte den fehlenden Begleitumstand vom Vagina-phallischen Geschehen, Braun und Hitler hätten nie Schleimhaut-Sekret- und Ejakulations-Spuren auf ihren Bett- und Handtüchern hinterlassen. Linge (6.) definierte die Lage Eva Brauns: Mit Hitler hätte sie eine Bett-Niete gezogen. Kubizek (7.) und Brandmayer (10.) übermittelten Hitlers Theorie und Praxis der anti-heterosexuellen Einstellung. Hanisch (8.) glänzte bei diesem Thema mit dessen Abwesenheit. Die fünf Münchener Hitler-Freunde (9.) machten es sozial klar: »Nie Damenbesuch!« Dass Adolf Hitler keine Bordelle frequentierte, hatte schon Kubizek nachgereicht. Hitler lamentierte 30–40 Jahre später vor seinem Kammerdiener Heinz Linge über seinen Abscheu gegenüber dem ältesten Gewerbe der Welt, das viele bedeutende Männer geschlechtskrank gemacht und damit ruiniert hätte, zu denen er nicht gehören wolle. (Linge 55/56, Nr. 48 v. 26. 11. 55, S. 34 f.) Traudl Junge (11.): Weder Flüssiges noch Elektrisches zwischen Braun und Hitler = keine Erotik. Brandt (12) summierte, was auch Schaub (15.) hinterließ: Versorgungsverhältnis mit Werte-Anlage, aber kein oder äußerst seltenes gemeinsames Lager. Blaschke (13.) konnte 14 Jahre lang keine libidinöse Anziehung zwischen Hitler und Braun feststellen. Und Plaim-Mittlstrasser (14.) hat nie etwas bemerkt und die Schlafzimmer des Paares tagsüber so herrichten müssen, als ob darin einander gänzlich Fremde genächtigt hätten und wieder nächtigen würden.

Schaub schildert die Zeiten zwischen den seltenen Treffen des Paares und lüftet dabei etwas den Vorhang vor dem Funktions-Zusammenhang des ungebührlichen Mann-Frau-Verhältnisses. Auch dadurch kommt heraus: Vonseiten Hitlers kein horizontales Interesse an Eva Braun.

Der »einfach gestrickte« Julius Schaub, der noch in seinen spritzigen Dreißigern unter Hitlers Trauzeugenschaft geheiratet hatte, (Schaub 10, S. 80, B. 6) konnte sich nicht vorstellen, was ein Mann von Anfang vierzig aufwärts damit bezweckte, seine Mätresse im unüblichen Sinne »warten, endlos warten« zu lassen – oft Monate-lang.

Schaub sah Eva Brauns Funktion für Hitler nur in dem Gefühlsteil »Entspannung« und ein »bisschen häusliches Behagen«. Mehr sei es nicht gewesen, was sie ihm hätte »bieten«, »vorzaubern« und »vermitteln« können. Was war das für ein »häusliches Behagen«? Denn das, was die echten Hausfrauen damit ihren Männern vermitteln, tat Eva Braun auch nicht.

Haushaltsführung – Kochen und Backen mit allem Gaumenschmaus – machten auf dem *Berghof* immer andere, zuerst die Köchin Elsa Endres aus Hitlers Münchener Stammlokal *Osteria Bavaria*, dann die Hausverwalter-Ehepaare Döhring und Mittlstrasser. *(Ullrich, S.* 685) Und für Hitlers Sich-Wohlfühlen mussten bis zum Morgengrauen nachtein, nachtaus die Diener, Adjutanten und die gegen Schluss herkommandierten Gäste bis zum todmüden Umfallen sorgen. *(HETERO, Des Biografen unlauterer Stelldichein-Wink)*

Auch Schaub blickte nicht ganz durch, was Hitler bei Braun eigentlich suchte. Schaub ging es damit wie Blaschke. Für den war es fraglich, warum Eva Braun die halb-öffentlich demonstrierte hohe Position an Hitlers Seite auf dem *Berghof* überhaupt hatte. »Ich sah nicht durch«, gestand er seinem Interviewer Kempner. Sex als Beweg-Grund war es gemäß Blaschkes 14-jähriger Wahrnehmung auf keinen Fall (13. Nein-Sager).

In Schaubs Schilderungen entlarven mehrere Absurditäten von allein Hitlers mangelndes sexuelles Interesse an Eva Braun: Hitler lädt Braun nach Berlin ein – nur wenn auch andere Damen dort weilen, nämlich die Frauen seiner Begleitmannschaften. Erst dann isst er mit Braun und den anderen Frauen mal zu Mittag – nie mit ihr allein, was selbstverständlich arrangierbar und vorm Volk zu verheimlichen gewesen wäre.

Die Spitze: Schaubs Ring-Parabel. Ring ist das Verbindungszeichen der Heterosexualität, siehe Verlobungs- und Eheringe, getragen, »bis Tod oder Zwietracht euch scheiden.« Bei Hitlers Ring-Geschenk für Eva Braun handelte es sich um einen sehr teuren Ring, sieben- bis achtmal so teuer wie die üblichen 2000-Mark-Geschenke, die Hitler aus Volkswirtschafts-schonenden Gründen Eva Braun sonst machte.

»Zur Kapitalrücklage« = Anal-isierung des genitalen Symbols von Penis in Vagina. Geld, das veredelte Symbol für Scheiße. Freuds Theorie von der analen Deformiertheit des Systems »Kapital-ismus« ist noch immer brauchbar. *(Pilgrim/Mend)* Wie jeder Mensch weiß, hat Freud zwischen Geld und Kot einen Zusammenhang hergestellt, den es schon lange im Bewusstsein des deutschen Volkes als Wahrheit gibt, verkörpert in den Märchen-Figuren der *Bremer Stadtmusikanten:*

»Tischlein deck dich!« (Oral) »Goldeselein, streck dich!« (Anal)
»Knüppel aus dem Sack!« (Genital). Das ist eine verschmitzte Verbildlichung von Freuds Trieb-Genesis des Menschen nach der Geburt bis
etwa zum dritten Lebensjahr: Oral-Anal-Genital.

Was das Anale bei den *Bremer Stadtmusikanten* betrifft, so *kackt*
das »Goldeselein« im hohen Bogen goldene Taler. Das Ausscheidungsorgan ist bei Mensch und Tier ein rosa Ring, der nur um wenige Zen-
timeter von den Fruchtbarkeitsorganen im Körperbau des Unterleibes
entfernt liegt. Spielen nun in einer Mann-Frau-Beziehung wie der
von Braun und Hitler diese Organe nicht nur Frucht-machend und
Frucht-tragend gar keine Rolle, sondern auch emotional Verliebt-
heits-angemessen nicht, dann bleibt für Brauns Platin-Ring kaum
Symbolkraft übrig, als nur die vom Adjutanten Schaub definierte
der »Geldanlage«. (Näheres zu Braun-Hitlers Ring-Begegnungen in
ORALO)

Dass diese *Ring-Parabel* nicht überinterpretiert ist, zeigt sich
in Brauns schaler Reaktion auf das Geschenk von Hitlers Lie-
bes-Pleite- alias Platin-Ring, über den sich alle nicht wie Braun Ver-
krampft-Liebenden bloß gefreut hätten. Wegen Hitlers »Rückfall« in
die »Partialtriebe« – von Genitalität in Analität und Oralität – kommt
vonseiten Eva Brauns zu dem Ring-Geschenk nur Enttäuschung. Sie
»trägt« ihn »kaum«, »weil er ihr nicht besonders viel bedeutet«.

Der Platinring mit einem rosa Diamanten symbolisiert beim
Demonstrations-Paar Braun-Hitler keine geschlechtliche Vereinigung
zwischen Mann und Frau. Was ist dem spendablen Hitler denn da
Freud-fehlleistend passiert? Was ist sonst noch rosa in Ring-Ange-
legenheiten für die Preisgabe von Untenrum-Verbindungen? Auflösung des Rätsels im zweiten Buch.

Hitler zu Schaub: »Ich muss sie für das, was ihr entgeht, irgendwie
entschädigen.«

Was ist das, »was ihr entgeht«? Das Nicht-Ehefrau-Sein? Darauf
pfiffe eine Echt-Geliebte, hat sie doch das Eigentliche ihres Liebhabers,
besitzt es in der Regel mehr und eindringlicher, vor allem öfter als eine
Ehefrau.

Eva Braun »entgeht« etwas. In der Braun-Hitler-Beziehung fehlt
etwas. Hitler wählte in seinem Satz ein Tätigkeitswort, kein Substantiv
und keinen Status. Er meinte nicht Brauns passives Warten oder ihren
ihr fehlenden Zustand einer nicht-legalisierten Ehefrau. Außerdem
war Braun so etwas schon, zwar nicht nach dem Gesetz, aber de facto,
vor allem mit Schaubs Hinweis auf das »häusliche Behagen«, das nur
Eva allein hätte Hitler bereiten können.

Die echt geheirateten Ehe- und Hausfrauen warten sich auch einiges zusammen, bis ... Aber dann gibt es eben noch dieses gewisse Etwas, das ihnen nicht »entgeht«. Im Gegenteil: Da geht was, es sei denn, es handelt sich um eine reine Konventions-Ehe. Abgesehen von diesen Fällen müssen sich die normalen Ehe-Häuslichen von ihren Männern nicht »sehr oft enttäuscht fühlen«, wie Braun es gegenüber Hitler tat.

Noch tiefer traf der sprachgewaltige Hitler mit seiner Wortwahl »was ihr entgeht« den statisch-trockenen Zustand zwischen sich und seiner verwunschenen Berg-Hausfrau: »Geht« ist im Deutschen die Kennzeichnung für die sexuelle Bewegung zwischen einem Heteropaar: »Er geht mit ihr« heißt, er vögelt mit ihr. Das »entgeht« Braun. Das ist ihr Schaden, für den Hitler sie »irgendwie entschädigen muss«.

»Hitlers Verhältnis zu Eva Braun war eindeutig unnormal«

Das Vertrackte bei der Beweisführung von Hitlers nicht existenter Heterosexualität: Oft erreichen die Auszugs-Zitate keine genügende Klarheit.

Erst die ungekürzte Schaub-Passage über die ewig wartende Eva Braun mit allen Facetten enthüllt die Wahrheit, zieht den in Richtung Braun sexuell nicht tätigen Hitler nackt aus und zeigt die Bescherung: Da »steht« einfach nichts bei ihm vor und für Eva Braun.

Was sollte die Eingemeindung Brauns in den Berliner Gattinnen-Mittagstisch? Sonder-Demonstration vor dem Entourage-Anhang oder Sonder-Kränkung der Pseudo-Partnerin? Eva Brauns ständige Enttäuschungen durch Hitler bis zu seinem Hochnehm-Geschenk des rosa-Diamanten-besetzten 15 000-Mark-Rings für nichts anderes als eine »Kapitalrücklage«! In Cash wäre die Geste weniger verhöhnend gewesen.

Auffällig die Eifersucht Eva Brauns auf Leni Riefenstahl, mit der sicher nichts war, wie Hitlers erste Sekretärin Johanna Wolf als 16. Zeugin sogleich sagen wird. Doch gerade auf die geistige Beziehung Hitlers zu Riefenstahl war Braun eifersüchtig – die Amateur-Filmerin für den Hausgebrauch auf die international akklamierte, höchst professionelle Cineastin Riefenstahl. Es handelte sich bei der Eifersucht Brauns auf Riefenstahl um eine reine Sach-Eifersucht, die auch belegt: kein sexuelles Verhältnis zwischen Braun und Hitler. Riefenstahl war eine geistige Konkurrentin Brauns und keine sexuelle, weil es bei beiden Frauen zwischen ihnen und Hitler nichts Sexuelles gab, auf das frau hätte eifersüchtig sein können.

Das noch Schlimmere bei der Beweisführung in Sachen »Hitlers Sexualität«: Viele Stellen über Hitlers Nicht-Heterosexualität geben ihren
Wahrheitsgehalt erst nach mehrmaligem Lesen preis. Zuerst erschien die Schaub-Erzählung fast unbrauchbar für ihre
Einreihung in die Nein-Fraktion. Schließlich wirkt sie schlagend.
Schaub könnte ohne seine bisher 22 Mitzeugen dastehen, wenn es um
die Beantwortung der Frage zum Braun-Hitler-Verhältnis geht: Flüssig oder trocken?

Muss allein schon wegen Schaubs Ambiente des heterosexuellen
Etwas-Fehlens im Raum eines Mann-Frau-Paares sein Bericht als
15. Nein-Zeugnis herangezogen und ernst genommen werden, so hat
Schaub auch noch zusätzlich einen Ein-Wort-Blitz zum eigentlichen
Problem des Verkehrs zwischen Braun und Hitler in die Hitler-biogra-
fische Ratespiel-Szene gefunkt. Schaubs Interviewer Robert Kempner
ist wie alle damaligen alliierten Interrogateure der Mittäter aus dem
Hitler-Umfeld an der menschlichen Zentralfrage interessiert: Haben
Braun und Hitler oder haben sie nicht?

Und in Kempners geschicktem Kreuzverhör lässt Schaub die Wahrheit punktuell wie seine 14 Vorzeugen heraus: Sie haben nicht.

»Schaub: Es ist weder von Juden umlegen noch von Konzentrationslagern gesprochen worden.

Kempner: Von was denn? Von der Eva Braun? [...]

Schaub: Ja, wenn wir auf dem Berghof waren. [...]

Kempner: Über ihr Haar oder über Strümpfe, worüber denn?

Schaub: Ach Gott!

Kempner: Nicht ›Ach Gott!‹, ich will wissen, worüber Sie sich unterhalten haben.

Schaub: Dass sie ins Geschäft geht. Ich könnte Ihnen im Augenblick
jetzt kein Thema sagen. [...]

Kempner: Hat er sie sehr geliebt?

Schaub: Er hat sie sehr lieb gehabt.

Kempner: Was heißt das, das weiß ich nicht, was das heißt, wenn Sie
in München sagen: ›Er hat sie gern gehabt‹. Hat er sie geliebt?

Schaub: Er hat sie lieb gehabt. [...]« *(Schaub* 10, S. 15)

Sollte sich jemandem das Nicht-Sexuelle der Beziehung Braun-Hitler aus Schaubs Bericht über die langen Zwischenzeiten als Brauns
Warte-Zelebrierungen nicht auf Anhieb von selbst erschließen,
so erschloss es der Nazi-Verhörer Kempner in seinem Interview
mit Schaub. Kempner trieb Schaub mit den Begriffen »lieben« und

»liebhaben« oder »gernhaben« in die Enge. Kempners Frage »Hat er sie sehr geliebt?« heißt un-obszön: War das eine Geschlechts-bezügliche Liebe? Schaub weicht aus, weil er den Fakt des geschlechtlichen Mangels in der Braun-Hitler-Beziehung kennt, das geschlechtliche Entgehen, das Eva Braun erleiden musste. Deshalb ihr oftmaliges Enttäuschtsein. Das allein ist der essentielle Mangel, für den Hitler Braun »irgendwie entschädigen« muss.

Im Deutschen ist der sprachliche Unterschied, um den der Ankläger und sein Angeklagter miteinander ringen, aufdeckend deutlich: »Sehr geliebt« heißt mit Geschlechts-Affekten und -Praktiken verbundene Liebe. »Lieb oder gern gehabt« bedeutet ohne Involvierung des Geschlechtlichen – sowohl in der Praxis wie in der Intention.

Schaub lässt im Interview mit Kempner die Wahrheit schließlich unumkleidet heraus, ja er wiederholt sie. Er lügt nicht, obwohl er seinen ehemaligen Chef nicht brüskiert, wie es viele von Schaubs Mitzeugen mit ihren einprägsamen Begriffen taten. Denn die Plakettierung des Verhältnisses Braun-Hitler als etwas Steriles ist eine Brüskierung, wenn nach 1945 eine als heimliche Mann-Frau-Geliebtenschaft fast zehn Jahre lang dargestellte Hausgemeinschaft als sexuell inaktiv entblößt wird. Spätestens ab diesem Moment setzt sich die Lawine der Unnormalitäts-Verdächtigungen in Bewegung, wofür der Zeuge Heinz Linge (6.) sich mit dem Satz stark gemacht hat: »Hitlers Verhältnis zu Eva Braun war eindeutig unnormal.«

Ist das Wort »unnormal« hier schon diffamierend genug, so unterstreicht der Hitler-Gefolgsmann es noch mit der Stützvokabel »eindeutig«: Für den Leibdiener des »Führers« gab es an der Unnormalität von Hitlers Verhältnis zu Eva Braun nichts zu deuteln. Es war »eindeutig unnormal«.

Ausgerechnet der Führer des Gesamtunternehmens deutscher Terror-Staat demonstrierte routinemäßig vor seinem direkten Umfeld eine Mann-Frau-Liaison, die im wesentlichsten Punkt eines solchen Verhältnisses nicht funktionierte, was sie wegen ihrer vor allem permanent fotografischen und Festivitäts-Darstellung hätte tun sollen.

Im englischen Original des Kempner-Schaub-Interviews vom 12. März 1947 für die Unterlagen der US-Nazi-Verfolgungs-Behörden heißt die Schaubsche Wendung »er hat sie lieb gehabt« »he was fond of her«.

Genau stehen wieder die beiden Gegensätze vom Lieben nebeneinander, indem Kempner Schaub zuerst fragt: »Was he in love with her?« Darauf Schaub erneut: »He was fond of her.« Kempner insistiert, will auf den Punkt kommen, wird ärgerlich, weil Schaub zunächst mit

»Ach Gott!« ausweicht. Und dann kann er nicht anders und lässt die Wahrheit heraus, indem er Kempners »was he in love with her?« sein »he was fond of her« entgegenstellt.

Im Englischen sind die Gegensätze des Liebens noch klarer als im Deutschen: »in love with her« = mit Sex, »fond of her« = ohne Sex.

Für die schwerst Begriffsstutzigen wiederholt Schaub seine Aussage vom ›Ohnsex‹ des Braun-Hitler-Verhältnisses. *(Schaub 47, S. 5 f.)*

Der Katalog der englischen Bedeutungen von »fond of« enthält eine reiche Auswahl von »gernhaben« oder »gern tun«. Mindestens zehn Beispiele fasst der modernste English-German-*Collins* unter »fond of« zusammen: Jemand ist Tier-»lieb«, ein Freund der Stücke von George Bernhard Shaw, mag Gartenarbeit, geht »liebend gern« einkaufen, tut etwas mit »Vorliebe«, hat jemanden im Laufe der Zeit immer »lieber« bekommen, verabschiedet sich »liebevoll« von einer Person, die ihm »ans Herz gewachsen« ist, ist seinen Kindern und Verwandten »allerliebst« zugetan … Keine einzige Bedeutung enthält Sex. Im Gegenteil, alles Mögen, Lieben als Gernhaben und Gern-Tun schließt Sexualität hundertprozentig aus.

Noch deutlicher kommt in der englischen Fassung des Interviews heraus, dass der 20 Jahre für Hitler tätige Adjutant Schaub Hitlers komisches Gernhaben der Eva Braun ohne Sexualität nicht verstanden hat – überhaupt dieses andauernd und zu allen Seiten hin von sich gegebene Hitler'sche Credo vom Nicht-Heiraten.

Jetzt kommt es am dicksten. Dieses Credo Hitlers bedeutete nicht etwa: Aber ins Bett gehen mit Demo-Freundin Eva, ja, allezeit. Nicht-Heiraten hieß für Hitler Nicht-»Sexen«, Nie-ins-Bett-mit-Frau.

Hitler habe Eva Braun die ganze Zeit in Schaubs Gegenwart immer mit »Fräulein Braun« angeredet. Schaub schüttelt den Kopf darüber, dass keiner von Hitlers »personals« das hätte verstehen können, weil ja alle diese Männer jung und verheiratet waren, alle mit Frauen ins Bett gingen. *(a. a. O.)*

Schaubs »lieb gehabt« und »sehr lieb gehabt« passt zu dem, was Hitlers jüngste Sekretärin Traudl Junge über das Verhältnis Braun-Hitler schon als Anfang-20-Jährige beobachtet hat: Hitler hätte sich gegen Kriegsende heftige Sorgen um »seine Eva« gemacht, weil sie immer ablehnte, in den Luftschutzbunker ihres Münchener Hauses zu gehen, wenn Fliegeralarm kam. Hitler sorgte sich um Eva Braun wie eine Mutter um ihr Kind – um etwas liebgehabtes Unersetzliches.

Ins Bett gehen kann »Mann« mit jeder, aber die Stelle eines Menschen am Herzen ist etwas Unersetzbares, das bei in Aussicht gestelltem

Verlust Angst macht. In einer solchen Situation befand sich Hitler, wie Junge berichtet: »Sie geht nicht in den Bunker, obwohl ich sie dauernd darum bitte, und das kleine Häuschen wird eines Tages zusammenfallen wie ein Kartenhaus«, erzählte Hitler seiner Sekretärin »den ganzen Tag von Evas Tapferkeit.« *(Junge 02, S. 120)*

(Nachtrag zum aufdeckenden Kempner-Schaub-Interview: Das Wort »geliebt« = »in love with her« verwendet Schaub nur im Zusammenhang mit dem Verhältnis Hitlers zu seiner Halbnichte Geli Raubal. *[Schaub 10, S. 69]* Dass in dieser Beziehung Hitlers zu einer jungen Frau sein Geschlechtliches mitschwang – darüber ist sich die Hitler-Biografik unisono einig.)

Anton Joachimsthaler zitiert in seinem Buch *Hitlers Ende* aus einer Schaub-Befragung kurz nach dem April 1945, in der es mit anderen Worten um das Gleiche ging. Wieder wurde zwischen Interviewer und Interviewtem um die Art des Liebens zwischen Hitler und Braun gerungen. Die Kampf-Vokabeln waren in der englischen Übersetzung von 1996 »love« = mit Sex, wonach Schaub befragt wird. – Nein, »like« = ohne Sex, antwortet er. Und als Schaub mit noch größerer Deutlichkeit nachbessern soll, sagt er: Hitler »had affection for her« = Zuneigung für sie. *(Joachimsthaler 96, S. 266)* Das englische »affection« ist ein Gemütszustand, bleibt in der Körper-Region der Gefühle Mitte-Oben, geht jedoch nicht nach Mitte-Unten, wo die Geschlechtsorgane des Menschen nun einmal liegen.

»Er war immer nur kurze Stunden mit ihr zusammen«

16. Zeugin – Hitlers dienstälteste Sekretärin Johanna Wolf

Eva Braun bekam von Hitlers Adjutanten Schaub vier Negativ-Orden verliehen: Sie ist »nicht glücklich«, lebt in einer »Leere«, muss »monatelang warten« und wird dann »sehr oft enttäuscht«. Das ist die komprimierte Umschreibung von sexueller Frustration.

Das Nicht-glücklich-Machen, das Nicht-Füllen, Nicht-Befriedigen (»Entgehen«) und das über riesige Zwischenzeiten Wartenlassen deckt sich mit den Beobachtungen seiner ihm vertrautesten und ihm die längste Zeit seines Wirkens zur Seite stehenden Sachpartnerin Johanna Wolf. Ihre Eindrücke gab sie ebenfalls in ihrem Verhör durch den Nürnberger Anklage-Vertreter Robert Kempner wieder:

»Wolf: Er [Hitler] war immer der Chef und hat nie persönliche engere Verbindungen gehalten.

Kempner: War die Eva Braun die einzige, mit der er näherstand?

Wolf: Ja, soviel ich weiß.

Kempner: Was war mit der [Leni] Riefenstahl? War das alles nur Gerede?

Wolf: Sicher.

Kempner: War er viel zusammen mit der Braun?

Wolf: Das war eigentlich nur in der letzten Zeit, dass sie darauf bestand, nach Berlin zu gehen. Er wollte es gar nicht haben.

Kempner: Wann war das?

Wolf: Vielleicht 1945.

Kempner: Hat er sich der Eva Braun anvertraut?

Wolf: Das weiß ich nicht. Ich glaube nicht, dass er über dienstliche Dinge mit ihr gesprochen hat. Er war eigentlich doch immer nur kurze Stunden mit ihr zusammen, so dass sie sicher nicht über solche Sachen gesprochen haben.« *(Kempner, S. 56)*

»Nie persönliche engere Verbindungen gehalten.« – »Eva Braun die einzige, mit der er näherstand.« – doch nicht »viel zusammen mit der Braun« – »Nur in der letzten Zeit«, als Braun im Frühjahr 1945 nach Berlin gereist kam, um zu Hitler in den Bunker zu ziehen. *(HETERO, Görtemakers gehäufte Counter-Faktizität)* Aber »er wollte es gar nicht haben.« – »Er war eigentlich doch immer nur kurze Stunden mit ihr zusammen.«

Sekretärin Wolf sagt aus einer anderen Perspektive das Gleiche wie ihre Kollegin Schroeder. Aus Schroeders »Hitler brauchte keinen Sex« wird Wolfs »Er war immer nur kurze Stunden mit ihr zusammen« und »wollte es gar nicht haben«, dass Braun zu ihm nach Berlin kommt.

Hitler brauchte eigentlich die ganze, an ihn geschmiedete Person Eva Braun nicht, zu gar keinem Zweck, auch nicht für die Häuslichkeit, denn er hatte dafür seine anderen Mittäter und Mittäterinnen – Besucher, Begleiter oder *Berghof*-Angestellte –, vor denen er bis in die Nächte hinein monologisierte und so um ihn herum Gemütlichkeit = Häuslichkeit erzwang.

Kammerdiener räumt mit dem Braun-Tagebuch-Schwindel auf

17. Zeuge – Tag-und-Nacht-Kammerdiener Karl Wilhelm Krause

Eine weitere Preziose unter den Schilderungen des Verhältnisses Braun-Hitler hat Hitlers Schatten geliefert, der Kammerdiener Karl Wilhelm Krause. Im Prinzip füllte auch Krause den Rahmen seines Kollegen und Nachfolgers Heinz Linge über die Konditionen von Brauns »ungezwungenem« Dasein an der Seite des schwärzesten

Mannes der Geschichte. Krause steuerte eigene Wahrnehmungen bei, die offenlegen:»Als Bettgenossin« hatte sie sich selbst »zu einem entsagungsvollen Leben verurteilt«.

Krause publizierte schon 1949 seine knapp 100-Seiten-Broschüre *Zehn Jahre Tag und Nacht Kammerdiener bei Hitler (Krause)* und ließ darin auch »Bemerkenswertes« über das Verhältnis Braun-Hitler heraus. 1949 war es nötig, gegen eine in der Öffentlichkeit kursierende Fälschung dieses Verhältnisses zu argumentieren.

Der Filmschauspieler und -regisseur Luis Trenker hatte kurz zuvor einen 96-Seiten-Schreibmaschinen-Text in Umlauf gebracht – mit der Behauptung, das sei »das Tagebuch der Eva Braun«, das diese ihm 1944 in einem Hotel übergeben hätte. Unterschrift, Anmerkungen und Hand-Korrekturen Eva Brauns fehlten auf dem Getippten.

Bei Luis Trenker handelt es sich um den Mann, der – nach Marianne Hoppes Beobachtung in Hitlers Privatkino – der Lieferant für die Gelegenheit war, Hitler einen Spezial-Gewalt-Orgasmus vor dem Trenker-Film *Der Rebell* zu verschaffen. (*Hitlers Männermord-Orgasmus*) Die ehemalige Sympathie Hitlers für Luis Trenker muss dem nach 1945 in Geldschwierigkeiten geratenen Trenker zu Kopf gestiegen sein, sodass er sich die Verbreitung und möglicherweise sogar die ganze Produktion des gefälschten Braun-Tagebuchs zugetraut hat.

Französische, italienische, holländische und Anglo-Verleger glaubten an den Schwindel und druckten das Produkt umgehend. Frankreich begann 1948 mit der Herausgabe unter dem Titel *Hitler et les femmes. Le journal intime d'Eva Braun.* 1949 folgte dann nach den italienischen und holländischen Versionen auch die englische: *The Diary of Eva Braun.* Bis in die Gegenwart hinein glaubt die ausländische *demimonde*-Presse an die Echtheit der Schmiere, die immer mal wieder aufgelegt wird.

In Deutschland war mit Glauben diesmal nichts, denn Eva Brauns Eltern, im Verbund mit Leni Riefenstahl, klagten gegen den Anlauf von Vorabdrucken in deutschen Boulevard-Zeitschriften und bekamen Recht. In den deutschsprachigen Ländern wurde für immer eine Publikation der Fälschung untersagt. Die internationale Hitler-Forschung brauchte deshalb in das Thema gar nicht erst einzusteigen, da der Schwindel noch vor einem deutschen Buchdruck zu Tage trat.

Die Einzelheiten zu dieser Rüpelstory würden sich amüsant ausnehmen, wenn sie nicht ein Abfallprodukt des schauerlichsten Zeitgeschehens wären.

Die Trenker-Machenschaft vom Tagebuch der Eva Braun ist nicht zu verwechseln mit dem *Tagebuch-Fragment*, das Brauns erster wissenschaftlicher Biograf, der türkisch-amerikanische Journalist Nerin E. Gun, in den Washingtoner *National Archives* entdeckte und 1968 herausgab. *(Gun 68 I – Einzelheiten zur Authentizität dieses Tagebuch-Fragments* unter *ORALO)*

Das »dicke Ding« der sofort aufgeflogenen Tagebuch-Fälschung nach 1945 hat jedoch ein Nachspiel, das bis heute wie mit verteilten Rollen durch die Köpfe der Hitler-Rezeptoren spukt. Ein heterosexuell normal grundierter männlicher Jemand hatte sich eingebildet, wie wohl die Beziehung Braun-Hitler verlaufen sein könnte, hatte seiner Fantasie freien Lauf gelassen und damit 96 Schreibmaschinen-Seiten gefüllt. Dadurch gelang es der postfaschistischen Braun-Tagebuch-Aktion, das Braun-Hitler-Verhältnis saftigst zu heterosexualisieren.

Kurz nach 1945 wusste kaum jemand, wie Hitler intim wirklich gewesen war. Und doch: Zu viele Hitler leibhaftig Umgebende hatten von dem Verhältnis Braun-Hitler etwas mitbekommen und ihr Wissen, vermischt mit eigenen Vorstellungen, nach draußen tröpfeln lassen. Gerüchte begannen auszuschwärmen und sich im Volk zu verändern. Während ihrer permanenten Verbreitung und Verdünnung »ver-heterosexualisierte« sich die Beziehung zwischen Hitler und Eva Braun mehr und mehr, woran das der Braun angedichtete Schriftstück kräftig mitwirkte. Deshalb hatte trotz des sofort offenkundigen Schwindels die Braun-Tagebuch-Fälschung schon damals eine Wirkung, die bis heute nicht aufgehoben ist.

Da sehr bald in der Hitler-Forschung einhellige Klarheit – wie selten in Hitlers Angelegenheiten – darüber herrschte, dass das Trenker'sche *Braun-Tagebuch* eine komplette Fälschung ist, braucht nicht mehr auf Einzelheiten eingegangen zu werden, aber das *Braun-Tagebuch* muss in der Zeugenaussage Karl Wilhelm Krauses Zerrspiegel-haft reflektiert werden. Denn Krause wollte 1949 inmitten des Medien-Rummels mit dem historischen Phantasy-diary gegen etliche Einzelheiten zu Felde ziehen, was er gerade wegen seiner Tag-und-Nacht-Nähe zu Hitler erlesenermaßen leisten konnte: Es gab keinen Nebenbuhler, der von Hitler umgebracht worden war. Kein Selbstmord geschah auf dem *Berghof.* Braun und Hitler gingen nie gemeinsam »shopping«, wie Hitler es noch zu Vor-Regierungs-Zeiten mit seiner Nichte Geli Raubal gemacht hatte. Braun und Hitler badeten nicht draußen in einem See, weil Hitler das nie getan hat ...

Der Effekt von Krauses Lügen-Ausmerzungen in der *Braun-Tage-buch*-Fälschung trifft ins Schwarze der Wahrheitssuche: Hitler und Braun – sexuell miteinander aktiv oder nicht?

Mit Krauses Widerlegungen von allem Erfundenen reinigte er das gesamte Verhältnis nicht nur von den permanenten sexuellen Anspielungen, sondern auch von dessen ganzer vorgespiegelter Sexualität. Nach Krauses Berichtigungen bleibt nichts mehr, das die Braun-Hitler-Beziehung als eine geschlechtlich intakte kennzeichnen könnte. Nach Krauses Wahrheits-Saubermachen bleibt ein leeres Zimmer zurück, in dem auch kein Bett mehr steht.

Der Produzent des Fantasie-Tagebuchs der Eva Braun muss ein drahtiger Hetero gewesen sein, der von sich auf Hitler als Braun-Liebhaber geschlossen, der möglicherweise selbst ein Ehefrau-Geliebten-Doppelleben geführt oder bei einem Freund beobachtet hat und sich das Phänomen Geliebte nur als ein ständiges Begierde-angeköcheltes Unter-Strom-Stehen vorstellen konnte. Jedenfalls war der Fälscher aus »Normalmann«-Perspektive nach dem Schema Esther Vilars vorgegangen: *Das polygame Geschlecht. Das Recht des Mannes auf zwei Frauen.*

Die tote Hose ist den »Normali« zwar durchaus für ihre steril gewordenen Ehe- und andere Langzeit-Verhältnisse bekannt und verständlich, nicht aber bei allem, was unter dem Wort Geliebte zusammengefasst wird. Und in Krauses Gegendarstellungen kommen nun die gesammelten toten Hosen zum Vorschein, die Braun und Hitler in verschiedenen Weiten und Größen getragen haben.

Hitlers und Brauns »tote Hosen« in verschiedenen Größen

»[...] für mich ist dieses ›Tagebuch‹ ein plumper Schwindel [...] – Ich kannte Eva Braun gut, und zwar vom ersten Tage an, da ich meinen Dienst bei Hitler antrat [am 2. Juli 1934]. Ich möchte kein Urteil über sie abgeben; denn dieses wäre zweifellos befangen. Eva Braun und ich verstanden uns nicht besser, als – volkstümlich ausgesprochen – Hund und Katze. Wir hatten uns im Winter 1935 auf 1936 in einer persönlichen Angelegenheit einmal gehörig die Meinung gesagt, und seitdem waren wir miteinander fertig und grüßten uns nur noch.

In Berlin ist Eva Braun bis Kriegsbeginn nur etwa zwei oder drei Mal und dann immer nur für einen oder zwei Tage gewesen. In den Jahren 1934 bis 1937 war sie in Berlin überhaupt nicht mit Hitler zusammen. Die Beziehungen wurden erst mit Kriegsbeginn enger [...] Längere Zeit lebte sie auf dem Berghof. Mit Martin Bormann, dem eigentlichen Herrn des Berghofs, war sie gut befreundet und wurde von ihm dort als Haushälterin eingesetzt, damit sie gegenüber dem Arbeitsamt eine Beschäftigung hatte. Im Hauptquartier ist Eva Braun niemals gewesen. Auch zu offiziellen Empfängen wurde sie nicht hinzugezogen. Bei privaten Gesellschaften trat sie als Hitlers Frau auf, wurde von ihm wie alle anderen Damen mit Handkuss begrüßt und Evchen genannt. Sie selbst sprach Hitler stets mit ›Du‹ an. Zweifellos betrachtete Hitler sie als seine ›Braut‹. Dabei war er nicht eifersüchtig. Nach dem Umbau des Berghofs bestand zwischen den beiden Schlafzimmern eine Verbindungstür. Zweifellos lebte Eva Braun von der persönlichen Unterstützung Hitlers.« *(Krause,* S. 48 f., 44 f. – die beiden Seitenzahlen betreffen die zwei Ausgaben, die in einem Abstand von 60 Jahren publiziert wurden und auf ihre Identität oder Verschiedenheit hin geprüft werden mussten; zuerst folgt der Druck von 2011)

»In dem Tagebuch wird auch behauptet, dass Eva Braun von einzelnen Parteigrößen Instruktionen für den [Geschlechts]Verkehr mit Hitler erhalten haben soll. Das ist möglich; aber sie hatte kaum Gelegenheit dazu in dem Umfang, wie das ›Tagebuch‹ erkennen lassen möchte. Vielleicht auf dem Obersalzberg oder – nur für Stunden – in München. Es ist mir auch niemals aufgefallen, dass sich Göring jemals gut oder länger mit ihr unterhalten hätte [...] – Niemals ist Hitler bis zum Morgen aufgeblieben und dann anschließend spazierengegangen [...]« *(a. a. O.,* S. 51, 47)

»Dass Hitler mit Eva Braun beim Schneider war und anschließend mit ihr zu einem Wasserfest nach Nymphenburg fuhr, ist gleichfalls [...] frei erfunden [...]« *(a. a. O.,* S. 52, 48)

Auch wenn Krause ohne den Kampf mit der *Braun-Tagebuch*-Fälschung um die Richtigstellung von Begebenheiten Hitlers Beziehung zu Eva Braun beschreibt, legt er Zug um Zug »männerphantasierte« »Feuchtgebiete«« *(Theweleit, Roche)* trocken. Mehrmals stellt er einen Zusammenhang her zwischen einer Bemerkung über das Verhältnis Braun-Hitler und einer unmittelbar anschließenden organisatorisch-technischen Begründung oder einer Abweichung in ein anderes Thema. Der Text sagt zunächst etwas zu »Führer« und »Ehefrau« oder »Braut«. Aber es folgt sogleich eine Regulations-Plumpheit, die den Bezug zwischen Braun und Hitler aus jeglichem ins Bett lotsendem Flirren umleitet in etwas Anti-Sexuelles oder Behörden-Spezifisches und damit »Abgefucktes«: Oh, da passiert gleich etwas »Engeres«, »Längeres«! Doch nein, es geschieht nur Brauns »Einsetzung als Haushälterin« für die Täuschung des »Arbeitsamtes«. Wie beim Zimmermächen Anna (14.) und beim Adjutanten Schaub (15.) mündet die Schilderung des Verhältnisses nie im Hafen von Brunst, sondern verödet immer in etwas seit langer Zeit Verabredetem. Um dieses seltsame Vorgehen verständlich zu machen, müssen die Zitate ausschnitthaft wiederholt und vor allem aneinandergereiht werden: »Die Beziehungen wurden erst mit Kriegsbeginn enger [...] Längere Zeit lebte sie auf dem Berghof. Mit Martin Bormann, dem eigentlichen Herrn des Berghofs, war sie gut befreundet und wurde von ihm dort als Haushälterin eingesetzt, damit sie gegenüber dem Arbeitsamt eine Beschäftigung hatte.«

»Bei privaten Gesellschaften trat sie als Hitlers Frau auf, wurde von ihm wie alle anderen Damen mit Handkuss begrüßt [...]« [zur »sterilen« Bedeutung des Handkusses hatte als 13. Zeuge Hugo Blaschke Feuer-Löschendes beigetragen.]

»Zweifellos betrachtete Hitler sie als seine ›Braut‹. Dabei war er nicht eifersüchtig.« [ein fast unmerklicher Hinweis aufs Nicht-Sexuelle der Verbindung, denn praktizierte Beziehungs-Sexualität macht immer eifersüchtig]

»Nach dem Umbau des Berghofs bestand zwischen den beiden Schlafzimmern eine Verbindungstür. Zweifellos lebte Eva Braun von der persönlichen Unterstützung Hitlers.« Dieses Ineinander der Satzteile »Verbindungstür zwischen den beiden Schlafzimmern« und »Eva Braun lebte von der persönlichen Unterstützung Hitlers« ist die kühnste Brücke zwischen architektonischer Demonstration und Versorgungs-Arrangement. Die Verbindungstür zwischen den Braun-Hitler-Schlafzimmern galt nicht der sexuellen Verbindung von Bei-Schläfern, sondern der finanziellen der Protagonisten am Tage, der »persönlichen Unterstützung« Brauns durch Hitler.

Nach dem Eingangssatz über die Verbindungstür »zwischen den beiden Schlafzimmern« suggeriert der weiterlaufende Text mit dem Anfangswort des nächsten Satzes »zweifellos« eine andere Fortsetzung, nämlich zum Beispiel diese frei erfundene: »Zweifellos wollte Hitler bei seinen nächtlichen Besuchen Eva Brauns ungestört sein und bequem von seinem Schlafzimmer in ihres gelangen.« Doch genau dieser erwartete Gedankengang wird nicht beschritten, sondern die Verbindungstür »zwischen den beiden Schlafzimmern« öffnet sich zur »persönlichen Unterstützung Hitlers« von der »Eva Braun« »zweifellos« lebte.

Anmerkung: Es gab nicht eine »Verbindungstür zwischen den beiden Schlafzimmern«, sondern zwei. Jede führte in den »Kofferraum«, der noch »zwischen den Schlafzimmern Hitlers und Brauns« lag: »Und dass sein Zimmer und das Schlafzimmer Eva Brauns lediglich durch ein Kammerl getrennt waren, das ›Kofferraum‹ hieß [...] der sogenannte ›Kofferraum‹ hatte zwei Türen [...]« – Dieser Schilderung der Braun-Hitler-Schlafzimmer-Anlage auf dem *Berghof* durch das Zimmermädchen Anna, die dort eineinhalb Jahre lang täglich zu tun hatte, ist unbedingt der glaubwürdige Vorzug zu geben. (*Plaim/Kuch*, S. 39) Außerdem wird die Anlage der »Führer«-»Mätressen«-Zimmerflucht vom Grundriss bestätigt, den 2015 die US-Wissenschaftlerin Despina Stratigakos publizierte. (B. 10, *Stratigakos*, *HETERO*)

Dass auch Karl Wilhelm Krause in seiner Braun-Story das Sexuelle zwischen Braun und Hitler zum Erliegen bringt, ist von der Hitler-Biografik fast 70 Jahre lang nicht bemerkt worden. Deshalb müssen ihr die ohne Beiwerk komprimierten Sätze »aufs Auge gedrückt werden«: »In dem [gefälschten Braun-] ›Tagebuch‹ wird auch behauptet, dass Eva Braun von einzelnen Parteigrößen Instruktionen für den [Geschlechts]Verkehr mit Hitler erhalten haben soll. Das ist möglich; aber sie hatte kaum Gelegenheit dazu in dem Umfang, wie das ›Tagebuch‹ erkennen lassen möchte. Vielleicht auf dem Obersalzberg oder – nur für Stunden – in München.«

Andere Orte für ein Zusammenkommen zum Geschlechtsverkehr gab es laut Krause für Braun und Hitler nicht. Doch auch über dem Obersalzberg und München lässt Krause die Guillotine des Vielleichts hinuntersausen. Und das macht jemand, der Tag und Nacht mit Hitler zusammen war, der jedes Ausscheren seines Chefs aus der Herr-Knecht-Beziehung zum Zwecke eines anderen Kammer-Geschehens hätte bemerken und es daraufhin vom Vielleicht-Fragezeichen befreien müssen. Aber Krause ist nichts aufgefallen. Das Vielleicht kann dann nur jenseits seiner Wahrnehmung gelegen haben, hätte hinter seinem Rücken passiert sein müssen. So etwas gibt es bei Kammerdienern nicht, da sie auch von all dem wissen, was ihr Kammerherr in seiner Schlaf-Kammer treibt.

Gelegenheit macht keine Diebe

Krauses Treffsicherstes ist »Kaum Gelegenheit dazu«, zum [Geschlechts]»Verkehr mit Hitler« nämlich.

»Kaum Gelegenheit« bezieht sich nicht darauf, keine Gelegenheit gehabt zu haben, »von einzelnen Parteigrößen Instruktionen für den Verkehr mit Hitler [zu] erhalten«. Denn Eva Braun war monatelang auf dem *Berghof* oder in ihrem Münchener Haus ohne Hitler und daher täglich bereit, von den Parteigrößen GV-Instruktionen zu bekommen – allen voran vom eigentlichen *Berghof*-Chef, Reichsleiter Martin Bormann, der mit seinen zehn Kindern und einer ständigen Geliebten wusste, wie Mann's macht. Bormann hatte sich sogar eines Nachts auf dem *Berghof* beim »fest-umschlungenen« Tanzen mit Eva Brauns jüngerer Schwester Gretl einen Abgang verschafft, der ihn

mitsamt seiner Mittänzerin straucheln und zu Boden stürzen ließ, wie
Zimmermädchen Anna es beobachtete. *(Plaim/Kuch, S. 78)*

Es gibt genug Zeugnisse der Hitler-Dienenden zu deren real betriebener Sexualität. Hitlers Leib-Umfeld war »blutjung« und hatte was
zur Sexualität zu sagen. Wenn dann so viele junge Leute in Angelegenheit Hitlers passen und sich zu seiner Sexualität negativ äußern,
summieren sich ihre Aussagen zum Beweis: »Da war nichts!«

Zimmermädchen Annas Gabe zur scharfen Beobachtung der männlichen Unterwärts-Vorkommnisse hatte Bormann so gewurmt, dass er
nach einem Vorwand suchte, um die ihm unangenehme Zeugin seiner
Umtriebigkeit loszuwerden. Einen solchen Vorwand fand er darin, dass
Plaim-Mittlstrassers Vater regelmäßig in die Kirche ging, was auch in
der Nazi-Endzeit eigentlich nicht verboten war. *(a. a. O., S. 113)*

Bormann kündigte dem Zimmermädchen Anna. Eva Braun und
alle anderen Dienenden waren entsetzt, weil sie die 20/21-jährige
Österreicherin sehr gern hatten. Eva Braun intervenierte bei Hitler,
der in diesem Fall hart blieb. Bormann muss ihm Plaim-Mittlstrassers Eignung zur Realitäts-Abtastung intimer Details klargemacht
haben, sodass es in Hitlers eigenem Interesse lag, die unüblich wache
junge Beobachterin loszuwerden. Plaim-Mittlstrasser musste nach nur
eineinhalb Jahren wieder gehen. Alle anderen jungen Mädchen und
jüngsten Frauen verließen den *Berghof* nur zum Heiraten von Hitlers
jungen Gefolgsmännern.

Das Gemeine bei der Filterung der Aussagen über Hitlers nicht
existente Heterosexualität: Seine Umfeld-Zeugen geben ihre schärfsten Einzelheiten ohne »Hab Acht« mitten in einem Satzfluss preis. Bei
Plaim-Mittlstrasser und Schaub war es schon so. Im Krause-Text ist es
gleichermaßen die Crux. Mit Bibelstechen im Buch, mit Querlesen und
Überfliegen ist Hitlers sexueller Realität nicht auf die Spur zu kommen.

Hitler-Zeugen-Wahrheiten zu seiner Heterosexualität zu destillieren heißt demnach, immerzu den Textzug anzuhalten: Stopp! Was
steht denn hier plötzlich? Und bei Krause steht: Eva Braun hatte
»kaum Gelegenheit« zum GV mit Adolf Hitler. Diesem Satzteil wird
sofort auch noch die Potenzialität des Vielleicht nachgereicht: »Wenn,
dann auf dem Berghof oder in München«.

Das Detail der Krause-Information »kaum Gelegenheit zum Verkehr mit Hitler« wird immer sensationeller, je länger es herausgelöst
aus dem Ganzen dasteht und allein betrachtet wird. Es entlarvt einen
führenden Widersinn: Auf dem *Berghof* sind extra zwei »Führer«-»Geliebten«-Schlafzimmer mit zwei Verbindungstüren zueinander und
einem Kofferraum in ihrer Mitte gebaut worden – eine gesamte

Innenarchitektur für die »Gelegenheit« des Geschlechtsverkehrs und zwar »jede Nacht, jede Nacht«, wenn Hitler auf dem *Berghof* weilte. Und gemäß Krause hätte es auch in dieser »Führer«-»Mätressen«-Suite »kaum Gelegenheit« gegeben, wo doch die »Gelegenheit« für »jede Nacht, jede Nacht« extra in Stein gehauen und liebevoll eingerichtet worden war. In München hätte das »Kaum-Gelegenheit« seine Berechtigung haben können, waren dort doch »Führer« und »Mätresse« mit zwei verschiedenen Wohnungen voneinander getrennt. Und es mussten aufwendige Arrangements für eine »Gelegenheit« getroffen werden. (*ORALO*)

Aber auf dem *Berghof*, auf dem Eva Braun seit 1936 mehr oder weniger als demonstrierte Hausherrin thronte, war die »Gelegenheit« zu Architektur geworden.

Das ganze aufwendig in das *Haus Wachenfeld* eingebaute Intim-Raum-Gezimmere kracht mit Krauses »Kaum-Gelegenheit« zusammen. »Kaum Gelegenheit« ist in seiner Nacktheit entlarvender als platonisch. Bei platonisch kann sich ein Irrtum in der Wahrnehmung eines Verhältnisses eingeschlichen haben. Vornehmlich bedeckt gehaltene Beziehungen sind nicht leicht auf ihren sexuellen Realitäts-Kern zu durchschauen. Aber zu sagen, auch in der »Führer«-»Geliebten«-Suite, die extra gebaut worden war, hätte es »kaum Gelegenheit« zum GV gegeben, ist die Spitze.

Der fürs Praktische um den Leib Adolf Hitlers zuständige Kammerdiener Krause lässt mit einem Hinweis zur Praktizierung des Gechlechtsverkehrs zwischen Hitler und Braun das ganze Konstrukt »Wenn der ›Führer‹ mit der Eva Braun ...« einstürzen.

Die Bemerkung Krauses ist der zweite Hinweis darauf, dass Hitler und Braun das Schlafzimmer-Nebeneinander während Hitlers Anwesenheit auf dem *Berghof* gar nicht benutzt haben. Einer der beiden Demo-Partner in diesem Verhältnis musste weichen, um nicht einmal Wand an Wand neben dem anderen zu schlafen.

Den ersten Hinweis darauf gab *Berghof*-Zimmermädchen Anna, als sie sagte: »hat nie jemand genau gewusst, wo er geschlafen hat«. (*Plaim/Kuch*, S. 108)

Es gibt noch einen dritten Hinweis auf die Praxis des Nicht-im-Nebenzimmer-Schlafens während Hitlers Aufenthalten auf dem *Berghof.* Dieser Hinweis wird bei der Auseinandersetzung mit den Widersprüchen in den Aussagen des anderen Kammerdieners, Heinz Linge, behandelt (*AMORO*).

Krauses Satzteil »kaum Gelegenheit« legt erst einmal die Ungeheuerlichkeit bloß: Die im *Berghof* eingebaute »Führer«-»Geliebten«-Zimmer-Zuordnung war ebenfalls nur eine Hetero-Show und nicht etwas, das die Gelegenheit zum ständigen Geschlechtsverkehr schaffen sollte. Es erübrigt sich fast anzufügen: In der neuen Berliner Reichskanzlei war ebenfalls eine »Führer«-»Geliebten«-Zimmerflucht eingebaut worden, hier genannt »Arbeits- und Gäste-Zimmer«, deren Benutzung durch Hitler und Braun für gemeinsame schöne Stunden Kammerdiener Krause ganz ausschließt, indem er sagt: wenn »Gelegenheit dazu«, dann »vielleicht auf dem Berghof und in München«.

Und Adjutant Julius Schaub (15.) hatte Eva Brauns Aufenthalte in Berlin ja auch als nichts anderes als die Wiederholungen des Wartens beschrieben, von Nazi-»Frauschafts«-Mittagessen mit den Partnerinnen der Dienenden, von Sich-die-Zeit-Totschlagen mit Einkäufen des Sinnlosen. Da »Tuchfühl«-Krause – der Hitler so nah war, dass sich beide für einige Zeit dieselbe Unterhose teilten (Krause, S. 31 f./30 f.) – die Reichskanzlei als Ort der Gelegenheit nicht einmal erwähnt und da die dortige »Führer«-»Gäste«-Suite bisher von niemand Ernstzunehmendem für die Frequentierung von Hitlers heterosexuellen Aktivitäten reklamiert wurde, kann diese Nicht-Möglichkeit sogleich als Nicht-Gelegenheit ad acta gelegt werden.

Rochus Misch berichtete von Eva Brauns unvermutetem Liegen im unabgeschlossenen Gästezimmer der Reichskanzlei an einem frühen Morgen in der zweiten Hälfte 1940, in das Misch wie immer hineingehen wollte, um die neuesten Meldungen dem in seinem Schlafzimmer dahinter noch schlafenden Hitler auf einen dafür vorgesehenen Schemel zu legen.

»Sie [Eva Braun] war nur mit einem sehr dünnen Nachthemd bekleidet.« (Misch, S. 111) War das jetzt endlich die »Gelegenheit«? Es war die Rolle »Geliebte«, die Eva Braun mit solchen Tür-unabgeschlossenen Anwesenheits-Demonstrationen »an der Seite des Führers« zu spielen hatte. Gründe dafür werden im Laufe der Nachweis-Marter-Straße von Hitlers nicht existenter Heterosexualität immer wieder eingeschoben (HETERO, NEUTRO).

Das Besondere am Kammerdiener-Krause-Text: Er entsprang keinem Verhör wie bei vielen seiner 16 Vor-Zeugen, sondern ist ein prompt nach Ende des Dritten Reichs verfasstes und publiziertes Manuskript, in dem es wegen des mehrjährigen »induzierten Irreseins« (Bonhoeffer) zwischen Hitler und Krause auch noch unbewusst Wahrheits-Fontänen-haft zugeht.

Wieder schließt Krause in derselben Zeile, in der »kaum Gelegenheit« steht, mit etwas an, das sich auf die soeben gemachte Information

»kaum Gelegenheit« zum GV mit Hitler zu beziehen scheint: »Es ist mir auch niemals aufgefallen, dass sich Göring jemals gut oder länger mit ihr [Eva Braun] unterhalten hätte [...]« – Dieser Passus enthält etwas krass anderes und hat nichts mit der Information »kaum Gelegenheit« zum Verkehr mit Hitler zu tun.

Krauses »Es ist mir auch niemals aufgefallen« soll im Anschluss an »kaum Gelegenheit« eigentlich sagen: »Es ist mir auch niemals aufgefallen«, dass Braun und Hitler Geschlechtsverkehr miteinander hatten. Aber so unverblümt direkt wollte der ehemalige Rund-um-die-Uhr-Diener Krause seinen toten Herrn nicht denunzieren – genauso wenig wie Schaub das wollte. Und gegenüber Krause gab es keinen Investigator Kempner, der dem ehemaligen Kammerdiener die Wahrheit frontal herauslockte. Doch sie kommt unbewusst.

Markant für Krauses Zeugen-Qualität ist auch der von ihm mitgeteilte Gefühlsstand zwischen ihm und Eva Braun. Sie mögen einander nicht, stehen zueinander wie »Hund und Katze« und hatten 1935/36 einen Zank, nach dem sie miteinander fertig waren und sich nur noch grüßten.

Gerade dieses Nicht-Mögen schuf eine Distanz, aus der heraus die Beobachtung des permanenten Abschlaffens des »Führer«-»Geliebten«-Arrangements ins Funktionale möglich wurde, das über dem kompletten Braun-Hitler-Verhältnis hing.

Auch Haus-Verwalter Herbert Döhring mochte Eva Braun nicht, wie Zimmermädchen Anna berichtete. *(Plaim/Kuch, S. 75, 110)*

Daher sind es mit Zahnarzt Hugo Blaschke drei Männer in nächster Nähe Hitlers, die keinen Bezug zu Eva Braun hatten und deswegen qualifiziert waren, deren Verhältnis zu Adolf Hitler als Scheinverhältnis zu enttarnen. Gerade die gegenüber Eva Braun kalten Männer hatten ein Gespür für das Kalte der Braun-Hitler-Beziehung.

Weder Blaschke noch Döhring und Krause haben Eva Braun als Nutte etc. denunziert, als eine, die sich etwas »Unmoralisches« (Winter) herausgenommen hätte. Das Gegenteil liegt in den Äußerungen dieser Männer vor, mit dem sie die Realität des Verhältnisses Braun-Hitler trafen.

Braun und Hitler getrennte Erotika: Kriegmachen und Kuppeln

18. Zeuge – Hitlers Leibwächter, Kurier und Telefonist Rochus Misch

Zunächst hat Rochus Misch die gleiche Beobachtung gemacht, von der auch Zahnarzt Hugo Blaschke (13.) und das ehemalige

Zimmermädchen Anna Plaim-Mittlstrasser (14.) berichten – sie hätten nichts bemerken können, das auf eine Liebesbeziehung zwischen Braun und Hitler hinwiese.

Anziehung zwischen Menschen vermittelt sich irgendwie, sogar bei Schauspielern auf der Bühne. Hitler und Braun haben sich zwar unentwegt vor ihrem Gehilfenkreis als Paar dargestellt, konnten aber ihre nicht vorhandene Anziehung nicht simulieren. Nichts an »Erotischem« (Traudl Junge [11.]) strahlte das Paar aus. Anziehung zeigt sich sogar bei Paaren, denen man zum ersten Mal begegnet. Ja, Anziehung ist auch noch bei langlebigen Paaren zu spüren, deren Beziehung nicht mehr vor äußerster Spannung vibriert.

Alle hier verwendeten Begriffe wie Anziehung, Spannung, Vibration hatten nichts mit dem Klima zwischen Hitler und Braun zu tun, das Misch einfing und der Nachwelt übermittelte: »Eva entsprach nicht gerade dem Ideal eines deutschen Mädchens, wie man es vielleicht erwartet hätte. Natürlichkeit und Bodenständigkeit waren ihre Sache nicht. Sie zog sich mehrmals täglich um, war immer sorgfältig geschminkt und trug kostbaren Schmuck. Ich habe nie irgendwelche Intimitäten zwischen Hitler und Eva beobachtet. Meine Kameraden ebenfalls nicht, jedenfalls sprach nie jemand darüber. Ich hätte es auch nicht getan, wenn mir etwas aufgefallen wäre. Soweit ich das mitbekommen konnte, riefen sich beide, wenn Eva auf dem Berghof und Hitler in Berlin war, nicht allzu oft an, keinesfalls täglich.« *(Misch, S. 110)*

Über dieses pure Aufhäufen des Beziehungs-restlichen »Mont Schamotts« hinaus steuerte Misch jedoch etwas Eigenes bei, mit dem er die Braun-Hitler-Beziehung als ein counter-erotisches Arrangement enthüllte, das den weiblichen Beteiligten daran oft nervte: »Nachdem Hitler im Herbst 1940 zwischen Berlin und Berchtesgaden regelrecht pendelte, war auch ich im Oktober, nach einem vorübergehenden Aufenthalt zu Hause bei meiner Frau, wieder auf dem Berghof. Ende Oktober verließ Hitler den Obersalzberg, um sich mit General Francisco Franco an der französisch-spanischen Grenze zu treffen [am 23. Oktober 1940 in Hendaye auf dem dortigen Bahnhof].

Kaum war Hitler abgefahren, nahm Eva das Heft in die Hand. Sie war eine Frau mit zwei ganz unterschiedlichen Seiten. In Hitlers Gegenwart war sie zurückhaltend [...] Verließ aber Hitler den Berghof, änderte sich ihr Auftreten schlagartig. Man hätte die Limousinen noch die Serpentinen hinabfahren sehen können, da wurden schon die ersten Vorbereitungen für mancherlei Amüsements getroffen. Gerade noch sittsam wie eine Gouvernante, stellte sie nun alles auf den Kopf. Und fröhlich wurde sie dann, fröhlich und ausgelassen, beinahe kindisch.

An jenem Oktobertag, als Hitler nach Südfrankreich aufbrach, waren vom Begleitkommando nur mein Kamerad Karl Tenazek und ich zurückgeblieben. Schon bald darauf erschien Eva bei Karl und mir und lud uns ein, zu den anderen in die Wohnhalle zu kommen. Die Mädels bräuchten Tanzpartner. Ungläubig und zögernd folgten Karl und ich ihr. [Es war Mischs erste Erfahrung mit Eva Braun, der ›Frau mit den zwei Gesichtern‹ (letzter Garbo-Film)] Im Handumdrehen hatte sie eine kleine Party organisiert – mit Foxtrottmusik und kleinem Büfett. Wir naschten ein bisschen und unterhielten uns.

›Ihr müsst lustig sein‹, animierte Eva Karl und mich immer wieder. ›Ihr müsst tanzen‹. Eva wollte mich unbedingt mit einer Hausangestellten verkuppeln, die Gretl hieß. ›Ihr seid's a schönes Paar‹, kicherte sie wie ein Backfisch. Beziehungen zwischen den weiblichen Bediensteten des Berghofs und den Kameraden aus dem Begleitkommando waren nicht selten. Irgendwann hatte sich auch das letzte Stubenmädchen einen Begleitkommando-Mann geschnappt, schien es. Auch von jenen, die – wie ich – vergeben [= verheiratet] waren, konnten nicht alle einem Techtelmechtel mit einem der Mädchen vom Berghof oder aus Berchtesgaden widerstehen. Viele waren lange von zu Hause weg. Ich hatte das Glück, Gerda [Mischs Ehefrau] wenigstens während der Aufenthalte in Berlin regelmäßig sehen zu können. Diese von Eva immer wieder in meine Nähe bugsierte Gretl war auf dem Berghof das ›Bar-Mädchen‹.« (*a. a. O.*, S. 111 ff.)

Wieder wie bei Zahnarzt Blaschke (13.), Zimmermädchen Anna (14.), Adjutant Schaub (15.) und Kammerdiener Krause (17.) blitzt auch bei Telefonist Rochus Misch etwas Unverwechselbares, novellistisch Treffendes auf.

Die Erotik der Eva Braun begann erst nach der Abreise ihres Partners in Aktion zu treten, genauso wie für Adolf Hitler das Sado-Erotische = das Kriegmachende mit seiner Abreise zusammen mit seinen Militär-Mannen nach seiner Erholung auf dem Berghof endlich wieder fortgesetzt werden konnte. Jetzt ging auch Hitlers Tanzerei erst richtig los, wie Fotograf und Kameramann Walter Frentz Hitlers Frohlocken nach dem Sieg über Frankreich 1940 festgehalten hatte. Da enthemmte Hitler sich wirklich zu einem Bein-hebenden Tanz. (*Toland* 92, Frentz' Hitler-Tanz-Bild-Folge neben S. 485 – in der deutschen Ausgabe von Tolands Biografie nicht zu haben! [*Toland* 76/77])

Schon im Jahr zuvor hatte Hitler getanzt – am 15. März 1939 nach dem k.o.-Schlag gegen den tschechischen Staatspräsidenten Emil

Hácha, der auch physisch zusammengebrochen war, als Hitler ihm den Überfall seiner Angriffs- alias Wehrmacht auf Tschechien für den nächsten Morgen 6 Uhr angekündigt hatte.

»Überglücklich« nach dem »größten politischen Geniestück aller Zeiten«, *(Goebbels)* forderte Hitler seine Sekretärinnen Daranowski und Schroeder auf: »So Kinder, jetzt gebt mir mal da und da einen Kuss!« *(Schroeder 85, S. 88)* Abermals entblößte Hitler den Zusammenhang zwischen Volkstotschlag und orgiastischer Juppheidie-Ausgelassenheit bis ins Körperlich-Erotische seiner verlangten Sekretärinnen-Küsse hinein. In Volker Ullrichs brillanter Darstellung des Politiker-killenden Hitler-Coups nun gegen die Tschechei entlarvt sich glasklar das »Gangsterstück aus Drohungen und Erpressungen, wie man es in der neueren Diplomatiegeschichte noch nicht erlebt hatte«. *(Ullrich, S. 828 f.)*

Auf der Hausfrauen-Seite der Eva Braun kommt ihre Spezialität der Destru-Erotik in Rochus Mischs Erinnerung zum Vorschein. Braun mutierte, sowie Adolf Hitler ihr den Rücken gekehrt hat, zur Kupplerin – mit k. o.-schlagenden Folgen gegenüber allen Ehefrauen und Partnerinnen der jungen Hitler-Begleitmänner, die sie dazu verführte, sich hinter dem Rücken der Soldaten-Frauen mit den *Berghof*-Mädchen einzulassen. Das ganze Haus sollte tanzen, wozu Braun es mit ihrer aus dem Boden gestampften Party zwang. Und Tanzen hieß dann unmittelbar anschließend: »In die gemeinsamen Betten mit Euch!«, »Ihr seid ein schönes Paar!«

Verblüffend ist Rochus Mischs Gegenüberstellung der beiden Braun-Existenz-Stadien: Bei Anwesenheit Hitlers = Gouvernante, bei seiner Abwesenheit = Kupplerin. Gouvernante ist das treffende Bild für das Komplett-Unerotische einer Frau.

Die Gouvernante stand zwischen Eltern und Kindern in gehobenen Familien des ausgehenden feudalen Zeitalters, abgeleitet vom französischen Wort »gouverner« = regieren und regeln. Das tat auch Eva Braun in der Position von Adolf Hitlers (Stroh-)»Hauswirtschafterin«, als die sie den jungen Männern des Begleitkommandos offiziell vorgestellt worden war. *(Misch, S. 110)* Aber Eva Brauns Eigentliches war der vorlusthafte Gruppen-erotische Tanz.

Kupplerin ist im Gegensatz zur Gouvernante eine erotische Kategorie: Die Kupplerin »verlustiert« sich an den von ihr gestifteten Paaren. Sie hat ein voyeuristisches sexuelles Naturell. Sie ist zwar nicht Gruppen-sexuell an den Paar-Stiftungen beteiligt, aber Gruppen-erotisch. Sie arbeitet *in medias res* für jegliches Horizontale. Und das erfreut sie, drastischer formuliert: Das geilt sie auf.

Ob Eva Braun mit eigenem Horizontalen am Gruppen-erotischen Vorgang Tanzen zwischen den Kriegern und den Mädchen beteiligt war, ist im Moment nicht wichtig zu klären, deswegen geschieht es erst in *ORALO*. Es genügt, den von Rochus Misch dargestellten Gegensatz der Braun-Befindlichkeiten hervorzuheben: Braun-Hitler, wenn zusammen = Gouvernante. Braun-Hitler, wenn getrennt = Kupplerin.

Alle um Eva Braun herum, die sie verkuppelte, waren jung. Misch war während seiner Zeit mit Braun und Hitler zwischen 23 und 28 (geboren 1917, eingestiegen bei Hitlers Mai/Juni 1940). In Mischs Alter waren auch die anderen »Begleitkommenden«. Eva Braun selbst (geboren 1912) war in der Misch-Hitler-Zeit 28–33. Kaum einer der Tänzer war über 30. Die uniformierten Männer wirkten auf Frauen stimulierend – ein Kriegs-fördernder erotischer Effekt auf das weibliche Geschlecht. Die Ursachen dieses selbstschädigenden Defekts wurden bisher Frauen-forscherisch weder gehoben noch abgeschafft. *(Pilgrim* 94)

Rochus Misch mochte Eva Braun, er glaubte ihrer und Hitlers Darstellung, ebenfalls der »Mätressen«-Show-Architektur am *Berghof* und in der Reichskanzlei und auch den Begegnungs-Riten. Er hat sich brav täuschen lassen. *(Misch*, S. 110 f., 113)

Aber Mischs unkontrolliertes Sensorium schert für seine Erzählung aus der Diener-Gefälligkeit aus, das Falsche registrieren und für echt halten zu sollen. Wieder ist wie bei Kammerdiener Krause (17.) Rochus Mischs Unbewusstes klüger als sein Bewusstes. Misch stellt die Atmosphäre dar, sowie Braun und Hitler getrennt waren und hält damit das Richtige fest: »Erotisch-sexuell« ging es bei dem »Paar des Grauens« erst dann los, wenn es sich trennte. Zusammen waren sie ein sich langweilender, monologisierender Hausherr und eine gouvernantische Hausfrau.

Hitler hatte keinen sogenannten Geschlechtstrieb

19. Zeuge – Hitlers vergessener Finanz-Partner Otto Wagener

Die nächsten vier Zeugen treten wieder wie die ersten sechs mit einem Satz hervor, der in seiner Markanz jedoch besticht, weil er alles sagt. Nach seiner Vergegenwärtigung oder nach einer kurzen, Sinn-freilegenden Exploration trifft er den Sachverhalt von Hitlers phallisch-vaginaler Abstinenz.

Innerhalb der letzten eineinhalb Jahre seiner Zeit des Anmarschs auf die Staatsmacht ließ Hitler gegenüber seinem damaligen finanzpolitischen Mitarbeiter Otto Wagener eine Bemerkung fallen, die einem Gelübde als Klosterbruder alle Ehre gemacht hätte:»[...] habe ich den Drang zum körperlichen Besitz einer Frau überwunden [...]« *(Wagener, S.* 358) Es kann nicht davon ausgegangen werden, dass heute jeder junge Mensch noch versteht, was das hieß. Eine widerhakige Erschwerung liegt darin, in Sachen Sexualität durchzublicken, vor allem die Art der Praxis Ding-fest zu machen, die eine historische Person aus der Ur- bis Ururgroßeltern-Generation der heute 20–40-Jährigen betrieben hat: Die Herrschaften, geboren und aufgewachsen am Ende des 19. Jahrhunderts, sagten und schrieben entweder gar nichts zu dem Thema, oder sie schrieben und redeten nur verblümt, verbrämt und damit vernebelnd. So geschah es in Hitlers Aussage»[...] habe ich den Drang zum körperlichen Besitz einer Frau überwunden [...]«.

Was heißt dieser Satz sexualspezifisch? Der männliche»Drang zum körperlichen Besitz einer Frau« hat nichts mit Sklavenhalterei zu tun, nichts mit Okkultismus, Hypnose oder suggestiver Macht eines Mannes über eine Frau, ja nicht einmal damit, eine Frau nur zu haben = geheiratet zu haben, wonach ein Mann dann sagen konnte: »Ich habe eine Frau.«

Der Halbsatz enthält auch keinen unlauteren Machismo – in dem Sinne von Gewalt eines Mannes über eine Frau zu haben oder patri-archalisch über sie zu verfügen.»Drang zum körperlichen Besitz einer Frau« hieß, eine bestimmte heterosexuelle Praxis betätigen zu wollen, was lateinisch aufgeschlüsselt werden kann, um nicht schon wieder das im Anglo-Kultur-Bereich verbotene F-Wort gebrauchen zu müssen. Wenn es in englischsprachigen Publikationen irgendwo fällig wäre oder eigentlich zitiert werden müsste, gebietet der Sitten-Zensor – wer ist das? – die Schrumpfung des Wortes zum Buchstaben»F« mit Pünktchen-Pünktchen-Schwanz.

Bei»Drang zum körperlichen Besitz einer Frau« ist zunächst wichtig, dass das Wort Drang ähnlich Trieb zu Anfang steht, denn es handelt sich tatsächlich um einen unwillkürlichen Mechanismus des männlichen Begehrens. Dieser Mechanismus verschlüsselt vier sexuelle Aktionen, die millionenhaft pro Nacht und oft auch am Tage ein Mann gegenüber einer Frau zunächst imaginiert und die er mit ihr dann in die Tat umsetzen will:

Erstens: Erektion des männlichen Gliedes im Angesicht einer weiblichen Scheide oder in Gedanken an sie.

Zweitens: Penetration des zum Phallus errichteten Penis des Mannes in die – diesen Vorgang provozierende – Vagina der Frau, mit deren Willen und Verlangens-Gegenzeichnung.

Drittens: Friktionen des Phallus in der Vagina zu beiderseitiger Geschlechtslust-Entfaltung.

Viertens: Ejakulation desselben in derselben – »kommen«, verkürzt von »zum Orgasmus kommen«.

50–60 Prozent aller Männer auf der Erde begehren den genitalen Vierschritt-Vorgang, spüren in sich den Drang dazu. Dieser Drang wird vom Volksbewusstsein in allen Schichten fälschlich als »der männliche Geschlechtstrieb« verallgemeinert. Falsch ist das deswegen, weil viele der übrigen 40–50 Prozent Männer, die diesen Drang nicht haben, sehr wohl über sexuelle Reaktionen verfügen, die selbstverständlich auch als männlich klassifiziert werden müssen.

Dass es nicht mehr als 50–60 Prozent der Männer sind, die den Drang nach phallisch-vaginaler Aktion haben, ist eine der schockierenden Tatsachen zum sexuellen Empfinden des Mannes, weswegen in allen männerbündischen Gesellschaften Männer-Forschung tabuiert wird und Sexual-Forschung, besonders die am ganzen Mann vollführte, immer wieder in Statisterei verebbt – in Sozial-Forschung und sogenannten Genderstudies, um bloß die Frau, das längst bekannte Wesen, immer wieder lang und breit mit einzubeziehen und den Mann nicht zu kahl dastehen zu lassen. Dem männlichen »Drang zum körperlichen Besitz einer Frau« verdanken die jetzt Lebenden ihre Existenz. Er ist grundsätzlich etwas Positives.

Warum und wie er in Negatives, ja Welt-Zerstörerisches versackte, ist bei der Belichtung von Adolf Hitlers Sexualität nicht das Thema. Daher genügt zu summieren: Der von Hitler angesprochene Drang ist zum Teil angeboren, zum Teil erlernt. Und mit dem Erlernen hapert es in allen männerbündischen Gesellschaftsformationen. Deshalb gibt es nur die hauchdünne Mehrheit derjenigen Männer, die diesen Drang in sich ausgebildet haben.

Nächstes Tabu der Männerbünde: Der Mann kann und will nicht von Geburt aus ficken. Dieses Verlangen ist lediglich ein von der Natur gemachtes physiologisches Angebot, das noch der sozio-psychischen Ausbildung bedarf. Und – größte Überraschung – die sogenannten patri-archalischen Gesellschaften erschweren diese Ausbildung entgegen allen ihren Dogmen und phallokratischen Hypertrophien.

Der Mann erwirbt die spezifische Fähigkeit auf der Basis seiner Anlage aus vielen Zutaten bei seinem Heranwachsen.

Jedoch: Wenn er es will und es tut und zu den 50–60 Prozent gehört, die das regelmäßig wollen und tun, dann kann er diesen Drang nicht überwinden. Sein Drang ist ein *perpetuum mobile* geworden und regeneriert sich wie andere Dränge, was wiederum für Frauen, vor allem für Feministinnen, ein Tabu ist, die nicht wahrhaben wollen, dass der »50-bis-60-Prozenter« in regelmäßigen Abständen mit (s)einer Frau koitieren muss. Die Problematik sexueller Gewalt in der Ehe braucht bei Hitlers Heterosexualitäts-Fragen jetzt nicht behandelt zu werden. Dafür aber der Schluss-Teil seines Satzes zu Otto Wagener, Hitler hätte diesen Drang überwunden, was sexualwissenschaftlicher Quatsch ist. Hitler brüstete sich damit vor seinem Freund an mehreren Wahrheiten vorbei und weiter nichts. Er glaubte, Wagener einiges erläutern zu müssen, da zu einem derart nahen Freund, mit dem Hitler sich drei Jahre lang zu regelmäßigem Gedanken-Austausch traf, durchgesickert sein muss: Mit dem Regel-entsprechenden Geschlechtstrieb vom Führer der NSDAP scheint etwas nicht zu stimmen. Denn in Hitlers Leben fehlt da doch was Wesentliches, das das Leben der meisten Männer kennzeichnet. Das, genau das hatte sich jemand Männlich-Nahem wie Otto Wagener irgendwie vermittelt.

Mit Hitlers unfreiwilliger Selbstenthüllung in Sachen seiner Heterosexualität können seine Fakten in Bezug zu seiner Mann-Frau-Beziehungsfähigkeit zusammengetragen werden.

Wenn ein Heranwachsender diesen »Drang, zum körperlichen Besitz einer Frau« entwickelt hat, kommen Mädchen und Frauen in seinem Leben ab der Pubertät regelmäßig vor. Die vollständige Abwesenheit von Mädchen und Frauen im Leben von *Hitler 1* indiziert nicht nur, sondern *belegt*, dass dieser junge Mann bis zu seinem 30. Lebensjahr den »Drang zum körperlichen Besitz einer Frau« nicht gehabt hat.

Hat er ihn erwiesenermaßen sozial-geschlechtlich bis 30 nicht gehabt, kann er ihn später nur in Ausnahmen nachgereicht bekommen. Ausnahmen bestätigen die Regel. Aber Ausnahmen haben Ausnahme-Bedingungen auf ihrer Seite, die in diesem Fall den Drang nachschaffen müssen. Solche Ausnahme-Vorgänge sind jahrelange Beziehungen eines Vagina-Drang-vakanten Jünglings und jungen Mannes mit penetrierenden Männern, per Identifikation mit diesen wird der Drang umweghaft in die Sexualstruktur des bisher Drang-vakanten Mannes implantiert = das sichere Südseemittel, von jüngster Jugend an jede männliche Potenz optimal auszubilden – mit einer Erfolgsquote von nahezu hundert Prozent phallisch-vaginal dranghafter Männer, die Väter von fünf Kindern aufwärts werden. All das muss jedoch unter 30-jährig in der psycho-physischen Weichheit des Betroffenen geschehen sein.

Bei Hitler ist es nicht geschehen. Es gibt zwischen 15 und 30 und auch zwischen 30 und 35 keine Belege für eine penetrative

Spät-Heterosexualisierung Hitlers auf dem zweiten temporär homosexuellen (Heran)Bildungsweg. Gerade dieses Fehlen von verlässlichen Quellen zu Hitlers Du-bezogener homosexueller Dauerpraxis in den ersten Stadien seines Lebens als *Hitler 2* hat Lothar Machtan in seinem Buch *Hitlers Geheimnis* dargetan, wenn auch wider Willen. *(zweites Buch)*

Otto Wagener gibt ein genaues Datum des Gesprächs an, während dessen Hitlers ominöse Anti-Koitus-Erklärung gefallen ist – eine Woche nach dem gewaltsamen Tod von Hitlers Nichte Geli Raubal am 18./19. September 1931, die Hitler »sehr geliebt« haben soll. *(Hitlers Verhältnis zu Eva Braun war eindeutig unnormal, 15.* Nein-Sager, Julius Schaub) Ob Hitler gegenüber Raubal den vaginal-penetrierenden Drang verspürt hat, ist von keiner Person übermittelt worden. Es heißt immer nur: Wenn Hitler jemals hätte geheiratet haben wollen, dann Geli.

Hitler redete zu Otto Wagener über etwas, das er – so die erdrückende Zeugen-Beweis-Lage – höchstens nur aufglimmend gegenüber seiner Nichte gehabt hat. Auch wenn das so gewesen wäre, hätte Hitler dann noch immer nicht zu den 50–60-Prozentern gehört, weil diese Männer ihren Drang nicht gegenüber nur einer einzigen Frau in ihrem Leben haben. Klosterbruder wird Mann nicht durch Verzicht, sondern durch Vakanz.

Für Hitlers gesamte heterosexuelle Kontur und die Gestalt seines Verhältnisses zu Eva Braun ist bedeutsam, dass dieser Satz ein halbes Jahr vor der Annäherung Hitlers an Braun gefallen ist. Diese Annäherung wird von den Braun-Biograf(inn)en einheitlich für das Frühjahr 1932 gesetzt – ein halbes Jahr nach Hitlers Bekenntnis zu seiner vaginal-phallischen Dranglosigkeit. *(Gun, S. 55, Sigmund 05, S. 245, Lambert 06, S. 125 f., Görtemaker 10, S. 51 ff.)*

Hinter Hitlers Behauptung von der Überwindung des Dranges ist seine unwillentliche Konfession versteckt, den Drang nie gehabt zu haben. Hitler hat den Drang auch nicht ein halbes Jahr später (wieder) bekommen oder ihn im Angesicht Eva Brauns erstmals in sich aufsteigen gefühlt. Der Drang entsteht nach der Pubertät oder gar nicht, abgesehen von der Prozedur des jahrelang anhaltenden penetrativen »zweiten Bildungsweges«. Als Hitler Ende September 1931 seinen Satz zu Otto Wagener sagte, war er 42 und kannte die Verkaufs-Gehilfin Eva Braun aus dem Foto-Geschäft Heinrich Hoffmanns schon seit etwa zwei Jahren flüchtig. Mit 17 war Braun 1929 Angestellte im Photohaus Hoffmann geworden. *(Joachimsthaler 03, S. 432 ff.)* Die bisherigen Begegnungen zwischen Braun und Hitler waren so sporadisch, dass es Hitler überraschte, das Fräulein Braun hätte in der zweiten Hälfte 1932 seinetwegen ihren ersten Selbstmordversuch unternommen. Das bedeutet, wie Adjutant Schaub (15.) es zum Ausdruck brachte, Hitler hat die Hoffmann-Angestellte anfangs gar nicht beachtet. Er kannte sie nur »sozial«, wie Prinzregentenplatz-Haushälterin Anni Winter sich im Verhör gegenüber dem amerikanischen Richter Michael Musmanno ausdrückte. (Winter 48 II, S. 11)

Eva Braun musste mit zwei zur Schau gestellten Selbst-Attacken, genannt Selbstmordversuche, Hitler zu sozialen Reaktionen bringen – im Herbst 1932 dazu, dass seine Beziehung mit Braun eine ernstere Sache wurde, und im Frühjahr 1935 dazu, dass Hitler mit Brauns Versorgung in ihr Leben einstieg, um dadurch aber intim wieder aussteigen zu können, was noch einer aufwendigen Rekonstruktion bedarf. Normalerweise läuft Versorgung im Gegenzug für Geschlechtsverkehr. Zwischen Hitler und Braun lief Versorgung für Geschlechtsverkehr-außer-Diensten. (ORALO)

Otto Wageners Zeugnis von Hitlers Ausspruch ist eine zentral wichtige Hinterlassenschaft für die Einschätzung von Hitlers Nicht-Heterosexualität. Adolf Hitler gehörte zu den 40–50 Prozent Männern, die entweder nicht penetrieren oder in die zwei außerdem noch zur Verfügung stehenden Körperöffnungen ihrer Mitmenschen eindringen wollen oder andere sexuelle Techniken bevorzugen, jedenfalls an »PV« = Phallus in Vagina nicht interessiert sind.

Wagener ist eine Rarität unter den Zeugen, Hitlers geschlechtliche Substanz betreffend, denn er wollte nichts Spezielles über Hitlers sexuelle Grundierung oder dessen Liaison mit Eva Braun aussagen, wie es Hoffmann (1.), Schwarz (2.), Schroeder (3.), Hanfstaengl (4.), Döhring (5.), Linge (6.), Kubizek (7.), die Münchener 1913/14-Freunde (9.), Junge (11.), Brandt (12.), Blaschke (13.), Plaim-Mittlstrasser (14.), Schaub (15.), Wolf (16.), Krause (17.) und Misch (18.) taten.

Wagener teilt etwas mit, das Hitler ihm gegenüber zufällig einmal gesagt hat. Wagener ist dem Zeugen Brandmayer (10.) ähnlich, der nur Hitlers Klosterbruder-Satz wiedergab.

Zur temporär bestehenden nächsten Nähe Otto Wageners zu Hitler hielt der Herausgeber seiner Aufzeichnungen, die Wagener 1946 während seiner Kriegsgefangenschaft bei den Westalliierten gemacht hatte, ein paar Grundsätze fest, die mitgeteilt werden müssen, um den im heutigen gesellschaftlichen Bewusstsein vergessenen Wagener als Hitler-Intim-Zeugen zu re-installieren. Die aufgezeichneten Gespräche zwischen Hitler und Wagener enden 1932 noch vor der Nazi-Machterlangung.

Der Historiker Henry A. Turner schreibt über Wagener in seiner Einleitung: »Vom Herbst 1929 bis zum Frühjahr 1933 war Wagener jedoch ein prominenter Nationalsozialist, der während der ersten drei Jahre dieser Periode zur engsten Umgebung Hitlers gehörte. Zunächst Stabschef der SA, war er von Anfang September 1930 bis Ende jenes Jahres ihr de-facto-Chef. Ab Januar 1931 leitete er die Wirtschaftspolitische Abteilung der Reichsleitung der NSDAP, die im Juni 1932 infolge einer Umorganisation zur Hauptabteilung IV (Wirtschaft) wurde, mit Amtssitz im ›Braunen Haus‹, dem Münchener Hauptquartier der Partei. Im September 1932 trat er von diesem Amt zurück und siedelte nach Berlin über, wo er ›im Stabe des Führers zur besonderen Verfügung‹ tätig war. 1933 fungierte er im neuen ›Dritten Reich‹ als Leiter des wirtschaftspolitischen Amtes der NSDAP und von Mitte April bis Anfang Juli als Reichskommissar für die Wirtschaft. Dass Wagener trotz dieser Laufbahn wenig bekannt ist, lässt sich hauptsächlich dadurch erklären, dass er Ende Juni 1933 beim ›Führer‹ Adolf Hitler plötzlich in Ungnade fiel und seiner Staats- und Parteiämter enthoben wurde. Danach war er politisch kaltgestellt und blieb nur noch nomineller SA-Gruppenführer und (bis 1938) Mitglied des völlig entmachteten NS-Reichstags.« (Turner in *Wagener*, S. 7)

Was Herausgeber Turner 1978 noch nicht wissen konnte: Otto Wagener hatte nicht erst 1946 während seiner Kriegsgefangenschaft seine Erinnerungen an Hitler niedergelegt. Sie wirken seltsam aktuell, spontan, direkt, nicht wie aus einem Abstand von eineinhalb Jahrzehnten verfasst. Das kam daher, weil Wagener sich nach jedem intimen Gespräch mit Hitler sofort Aufzeichnungen gemacht hat, die er seiner damaligen Sekretärin Christa Schroeder, die von Hitler ab 1933 übernommen wurde, diktiert hatte.

Wagener vollführte diese Diktate camoufliert, indem er seinen Gesprächspartner verschleierte, sodass seine ehemalige Sekretärin bis zum Erscheinen seines Buches nicht wusste, mit wem Wagener zwischen 1929 und 1932 gesprochen hatte. Seine Diktate in Schroeders Maschine blieben erhalten. Er konnte sie in seine Erinnerungen an Hitler einbauen.

Christa Schroeder enthüllte 1985, sieben Jahre nach Erscheinen von Wageners Erinnerungen, den Grund für die Aktualität und Authentizität des Erinnerten: »Als Dr. Otto Wagener am 1. Januar 1931 Leiter des Wirtschaftspolitischen Amtes der NSDAP (WPA) wurde, forderte er mich wieder als Sekretärin an. Die Diensträume des WPA mit den verschiedenen Unterabteilungen für Handel, Gewerbe und

Landwirtschaft befanden sich in dem zum *Braunen Haus* umgebauten Barlow-Palais in der Briennerstraße Nr. 54, gegenüber der Nuntiatur. Dr. Wagener diktierte mir damals u. a. lange Berichte über stattgehabte Unterredungen, ohne die Namen der Gesprächspartner zu erwähnen. Auch unternahm er des öfteren Reisen, um nach seiner Rückkehr Aktennotizen zu diktieren, die in seinem Schreibtisch verschwanden. Oft ärgerte ich mich über diese, wie mir damals schien, unnötige Schreiberei. Außerdem sah mir dies oft nach einer gewissen Geheimniskrämerei aus. Erst als ich im Jahre 1978 die ›Aufzeichnungen eines Vertrauten, Dr. h. c. Wagener, 1929–1932‹, die von H. A. Turner jr. herausgegeben wurden, sah, durchzuckte mich die Erkenntnis wie ein Blitz. Der geheimnisvolle Partner Wageners, sowohl auf den Reisen wie bei den Gesprächen, war Adolf Hitler gewesen. Seine anderen Gesprächspartner waren [die Nationalsozialisten] Franz Pfeffer von Salomon und Gregor Strasser.« *(Schroeder 85, S. 28 f.)*

Schroeders Zeugnis gibt eine hundertprozentige Gewähr dafür, dass der unwillentliche Selbstverrat Hitlers, er hätte den vaginal-penetrativen Drang nie gehabt, von Wagener nicht erfunden, fantasiert oder halluziniert ist. Gemäß Schroeders Aussage hielt ihr ehemaliger Chef Otto Wagener in regelmäßigen Abständen Sätze und Wendungen Hitlers fest, die er ihr prompt diktierte, nachdem sie gefallen waren.

Hitler von innen

20. Zeuge – Hitlers Geistdiener und Chronik-Sekretär Thomas Orr

»Am Anfang ihrer Lebensgemeinschaft mit Hitler, von der Eingeweihte bezweifeln, dass es auch eine Liebesgemeinschaft war, steht ein Selbstmordversuch, und am Ende der gemeinsame Selbstmord im Bunker der Reichskanzlei. Der Berghof war für Eva kaum mehr als ein luxuriöses Gefängnis. Eine [Foto]Aufnahme wie die nebenstehende (aus Privatbesitz), die Eva Braun Arm in Arm mit Hitler zeigt, gehört zu den größten Seltenheiten. Solche Fotos erhielten den Stempel: ›Achtung! Veröffentlichung verboten!‹« *(Orr, Nr. 40 vom 4. Oktober 1952, S. 5, B. 13, 14)*

Zu den Eingeweihten, von denen Thomas Orr spricht, gehörte auch er selbst – auf eine besondere und Hitler-biografisch bis heute nicht beachtete Weise.

Dank Hitlers einflussreichstem deutschen Nachkriegs-Biografen Werner Maser kann seit 1971 überhaupt erst gewusst werden, dass Orr »ein akademischer Mitarbeiter des ehemaligen Hauptarchivs der NSDAP« war und er die zweite deutsche Nachkriegs-Hitler-Biografie

1952 »unter dem Pseudonym Thomas Orr« publiziert hat *(Maser 01,* S. 552, Anm. 12) – fast zeitgleich mit der ersten deutschen, nach 1945 erschienenen von Walter Görlitz und Herbert A. Quint. *(Görlitz/ Quint)* Der Dritte im Bunde war 1952 der Brite Alan Bullock. *(Bullock 52)*

Maser behielt seine Information von 1971 bis in die jüngste Ausgabe seiner Hitler-Biografie von 2001 bei. Es gibt demnach keinen Grund, ihr auszuweichen. Doch Maser versteckte sie inmitten seiner tausend Anmerkungen, sodass diese überraschende Nachricht in Anbetracht von Thomas Orr als ehemaligem Hauptarchiv-Mann die Hitler-Forschung nicht erreichte. Denn Maser zitiert Orr nur ein einziges Mal in einer unwichtigen Nebensache und behandelt seinen potenten Hitler-Biografie-Vorläufer als einen marginalen Artikelserie-Schreiber. *(Maser 01,* S. 80) Diese erniedrigende Sichtweise wird bis heute von der Hitler-Forschung übernommen. Zum Beispiel kommen weder Orr noch Görlitz/Quint in der Hitler-Biografie von Volker Ullrich vor – einer der Gründe, warum es bei Ullrich zu den Verstiegenheiten in Bezug auf Hitlers »normal funktionierende Heterosexualität« kommen konnte. Eine genaue Kenntnis von Orr hätte Ullrich rechtzeitig eines Besseren belehrt.

Der Quereinsteiger in die Hitler-Biografik, Anton Joachimsthaler, hat sich fast 20 Jahre nach Maser mehrmals auf Nachrichten von Thomas Orr berufen, ihn als Quelle zum ersten Mal ernst genommen und durchlaufend zitiert – 1989 in seiner *Korrektur einer Biographie.* *(Joachimsthaler* 89)

Doch abermals trat die Besonderheit des frühen deutschen Nachkriegs-Hitler-Biografen Thomas Orr noch nicht zu Tage, weil Joachimsthaler seinen Vorläufer, Werner Maser, ständig attakiert. So war er nicht empfänglich für Masers Meriten, die Masers Negativa immer noch die Waage halten. Joachimsthaler bemerkte Masers essentielle Aufdeckung der Herkunft von Thomas Orr als ehemaligem NSDAP-Hauptarchiv-Mann nicht.

Erst ein weiteres Jahrzehnt später stellte der englische Historiker Ian Kershaw 1998 im ersten Band seiner Hitler-Biografie Thomas Orrs Publikation von 1952/53 so heraus, dass mit einem Mal ihre Sensation erkannt werden konnte. *(Kershaw* 98, S. 7 / 603, S. 10 / 605)

Mit Thomas Orr, der seine Hitler-Biografie zurecht *Tatsachenbericht* untertitelt, beginnt die Dokumentation in der Hitler-Forschung und endet die spekulative Phase, in der sich die frühen Zu-Lebzeit-Hitler-Biografen Rudolf Olden und Konrad Heiden 1935 und 1936/37 noch notgedrungen befinden mussten.

Thomas Orr war ein »Spezial-Naher« im Umfeld von Hitler. Orr muss in die Reihe der Diener, Adjutanten, Sekretärinnen und engsten Freunde Hitlers gestellt werden. Nach der Lektüre von Orrs in der ehemaligen Münchener Hausfrauen-Illustrierten *Revue* versteckten Hitler-Biografie wird sogar deutlich: Orr gehört nicht nur in die Reihe neben die Diener etc., sondern muss in mehreren Punkten bei der Wahrheitssuche über die anderen Hitler-Nahen gestellt werden. Orrs Äußerungen beherbergen zu manchen Dingen den gefülltesten Wahrheitsgehalt.

Freunde und Sekretärinnen waren auch mal äußerlich oder innerlich abwesend, haben bei Zusammentreffen mit Hitler nicht immer auf alles aufgepasst oder etwas nach eigenem Gutdünken verschieft. Und die Rund-um-die-Uhr-Diener können zuweilen gedöst haben, bekamen auch oft nur noch den mechanisch funktionierenden »Körper-Hitler« vorgesetzt.

Thomas Orr als ehemaliger Mitarbeiter des *Hauptarchivs der NSDAP* war beauftragt, Material für eine einstmals zu publizierende Hitler-Biografie zu recherchieren und zu sammeln. Er war inhaltlich positionell ein Wahrheitsdiener. Was dann später von seinen gefundenen Einzelheiten in die geplante mehrbändige Hitler-Enzyklopädie bei Andauern des »1000jährigen Reiches« hätte hineingelassen werden dürfen, wäre eine andere Sache gewesen. Doch zuerst einmal sollte so gründlich und genau wie möglich, das hieß, der Realität Hitlers entsprechend, untersucht und – auf Vollständigkeit bedacht – gesammelt werden.

Somit ist die heute noch im *Bundesarchiv Berlin* existierende Material-Anhäufung des *Hauptarchivs der NSDAP* in vielen Details ein Hort der Wahrheit über Hitler. Nur bei den Dingen, mit denen sofort noch im Nazi-Reich an die Öffentlichkeit gegangen wurde, wie bei Hitlers Abstammung und bei Hitlers zweiter Kriegsverwundung, musste vom Prinzip der Wahrheits-Sammlung abgewichen werden *(zweites und drittes Buch)*. Für die Vertuschung der Realitäten um Hitlers zweite Kriegsverwundung hatte das *Hauptarchiv* selbst so fälschend mitgearbeitet, dass bis heute in der gesamten Hitler-Biografik ohne Ausnahme geglaubt und ausgewalzt wird, Hitler sei durch eine Gelbkreuz-Gasvergiftung im Oktober 1918 an der Westfront Augen-geschädigt worden und/oder hätte angeblich unter zeitweiliger Blindheit gelitten.

Im *dritten Buch* muss daher militär- und medizinhistorisch rekonstruiert werden, dass Hitler nicht durch Gelbkreuz blind war, sondern durch andere Gasmunitionen Stimmbänder-involviert stumm – und zwar real und nicht eingebildet, damals »hysterisch« genannt oder »Kriegs-neurotisch«.

Diese Forschungen nunmehr gegen das *Hauptarchiv der NSDAP* als »Lügenhort« waren nötig, um eine Basis zu schaffen, von der aus Hitlers Wesensveränderung durch einen militärärztlichen Missgriff im *Reserve-Lazarett zu Pasewalk* von der Hitler-Biografik rezipiert werden kann.

Wenn das *Hauptarchiv* sich jedoch im Stadium der Recherche befand und Publikationen noch nicht in Sicht waren, galt es auch für diese Nazi-Einrichtung, der Wahrheit von Einzelheiten in Hitlers Leben nahe zu kommen, wie schon beim 9. Zeugen zu Hitlers Nicht-Heterosexualität – Hitlers Münchener Freundeskreis von 1913/14 – hervorgehoben wurde.

Dass Thomas Orr sich nach 1945 nicht mehr angehalten fühlte, bei der Publikation seiner Hitler-Biografie propagandistisch zu fälschen, versteht sich von selbst. Er präsentierte Erkenntnisse aus Recherchen und gefundenen Zeugnissen während seiner Arbeit für das ehemalige *Hauptarchiv*, die er zwar verschweigt, aber er kommentierte die Ergebnisse seiner früheren Tätigkeit keineswegs Hitler-apologetisch, sondern Fakten-adäquat.

Orr hat als historische Quelle daher einen Vorzug, den kein anderer Hitler-Biograf mehr haben konnte. Orr war mal innen. Er ist kein üblicher Hitler-Biograf von außen, der nur noch mit dem vorlieb nehmen muss, was übrig geblieben ist.

Orr befand sich zehn bis zwanzig Jahre vor seiner Publikation von 1952/53 in der günstigen Lage, in die Vollen gegriffen zu haben. Wenn es eine Steigerung von Otto Wageners aus nächster Nähe und Karl Wilhelm Krauses Tag und Nacht geben kann, dann müsste es auf Orr gemünzt heißen: *Hitler von innen.*

Dass Thomas Orr wirklich ein Mitarbeiter des *Hauptarchivs der NSDAP* war, kommt aus der Präsentation seiner Belege heraus, die 1952 nur ein ehemaliger *HA*-Insider haben konnte. Orr hatte sie während seiner Tätigkeit vorsorglich als Fotografien, Abschriften oder Notizen in seinen Besitz gebracht. Orr war ein Doppelagent in eigener Sache – einerseits tätig für das oberste Nazi-Archiv, andererseits für seine eigene Zukunft nach einem absehbaren Ende des Staatsterrorismus sorgend.

Es handelt sich bei Orrs Raritäten um Zeugnisse oder Berichte von Vorgängen, die heute noch in den *Hauptarchiv*-Materialien des *Bundesarchivs Berlin* vorhanden sind. Zum Beispiel erwähnt Orr in Einzelheiten die ungewöhnlich teure Transaktion eines Hitler-Bildes, das das *HA* zurückkaufen wollte. (*Orr*, Nr. 46 v. 15. 11. 52, S. 38, *BAB*, NS 26/19–33, Folio 28, Bl. 3/4) Orr nennt den Namen des Drogisten und Seifenhändlers Schnell, der in Hitlers erster Münchener Wohngegend 1913/14 Schleißheimer Straße sein Geschäft hatte und ebenfalls zu den Hitler-Bilder-Käufern oder -Vermittlern gehörte. Orr hatte für seine Recherchen Schnell kontaktiert. Der Münchener Hitler-Bekannte erscheint tatsächlich in den Korrespondenzen des *Hauptarchivs* auf der Suche nach originalen Hitler-Bildern. *(Orr a. a. O., S.* 39, *BAB a. a. O.,* Folio 24, Bl. 7/8)

Solche Konkreta konnte 1952/53 nur ein ehemaliger *HA*-Insider präsentieren. Denn der *Hauptarchiv*-Bestand war nach 1945 in Kisten Kriegs-unversehrt geblieben und erst einmal unter die US-Hoheit genommen und im *Berlin Document Center* archiviert worden, bis die *Hoover*-Stiftung ihn mikroverfilmt und die Originale in den 1960ern der Bundesrepublik Bonn damals für das *Bundesarchiv Koblenz* zur Verfügung gestellt hat. *(Hoover, AMORO)*

Als 1952 noch nicht aufgedeckter Eingeweihter ist Orrs Zeugnis zur Braun-Hitler-Beziehung deshalb so authentisch wie die Taxierung anderer Zeugen: das Verhältnis zwischen Braun und Hitler = platonisch! Orrs Einschätzung »keine Liebesgemeinschaft« heißt mit damaligen Worten: kein sexuelles Verhältnis.

Zur Erforschung Hitlers von innen hatte Orr auch Gespräche mit Hitlers nahesten Außenstehenden geführt, wie er in seiner Untersuchung über Hitlers Münchener Einstiegszeit 1913/14 nachweist.

Auch für sein Diktum »keine Liebesgemeinschaft« muss er sich mit echt Eingeweihten ins Benehmen gesetzt haben. Denn das Verdikt »keine Liebesgemeinschaft« streicht sogar »Liebe« aus – den Oberbegriff für alle Emotionen.

Braun-Hitler = ohne Liebe – so etwas konnten nur die Nahesten der Nahen erfahren haben.

Orrs Zeugnis deckt sich mit den Wahrnehmungen Hoffmanns (1.), Schwarz' (2.), Schroeders (3.), Döhrings (5.), Junges (11.), Brandts (12.), Blaschkes (13.), Plaim-Mittlstrassers (14.) und Wolfs (16.). Und mit seiner Verschärfung, »der Berghof war für Eva ein luxuriöses Gefängnis« gießt Orr Wasser auf die Mühlen von Heinz Linges Aussage (6.), Eva Braun sei »als Bettgenossin« Hitlers zu einem »entsagungsvollen Leben verurteilt« gewesen. In ein »Gefängnis« kommt auch »frau« meist nach einer Verurteilung und muss dann allem Kommunikativ-Sexuellen entsagen.

Orrs im Eingangszitat erwähntes Braun-Hitler-Foto, das er auf dieselbe Seite neben die Einschätzung der Eingeweihten setzen ließ, das Verhältnis zwischen Braun und Hitler sei nur eine »Lebensgemeinschaft«, aber keine »Liebesgemeinschaft«, dieses Foto stellt das

Gleiche dar, das Schroeder, Blaschke, Plaim-Mittlstrasser, Wolf und Misch beobachtet haben: zwischen Hitler und Braun niemals eine Verliebtheits-Anwandlung am Tage oder eine Gemeinsamkeit des Nachts wahrnehmen zu können = Hitler an Braun eigentlich nicht interessiert, das Ganze ein »Scheinverhältnis«.

Hitler steht steif da. Keine Geste der Nähe zu Eva Braun kommt von ihm. Braun presst sich an ihn und lächelt fotogen, Schauspielerinnen-gekonnt. Aber nur ihre linke Hand lugt in Tuchfühlung mit Hitler ins Bild. Seine sieht man nicht, die wahrscheinlich starr runterhängt, an seinem nach unten gestreckten rechten Arm. Hitler hält es nicht einmal für nötig, für den Schnappschuss eine Regung der Nähe zu Eva Braun zu zeigen. *(Orr,* Nr. 40 [1952], S. 5)

Dass Orrs authentische Informationen im Gestrüpp einer Hausfrauen-Illustrierten versteckt sind, darf die Hitler-Biografik nicht weiterhin davon abhalten, sie zu rezipieren. Kein deutscher Buch-Verleger konnte unmittelbar nach 1945 eine Hitler-Biografie von einem ehemaligen Mitarbeiter des *Hauptarchivs der NSDAP* veröffentlichen. Die Bundesrepublik Bonn stand 1952 noch unter der Kontrolle der Alliierten. Der *Alliierte Kontrollrat* fungierte von 1945 bis 1948.

Doch auch ab 1949 war die Kontrolle längst noch nicht aufgehoben worden, sondern an die *Alliierte Hohe Kommission* der drei Westmächte übergeben worden, die erst mit den Pariser Verträgen von 1955 ihre Funktion einstellte. Auch danach war die BRBonn nicht vollständig souverän. Sie wurde von den Westmächten weiter beobachtet und kontrolliert – die DDR durch den Ostalliierten, die Sowjetunion.

Diese Kontrolle war nicht nur eine politisch-verwaltungstechnische, sondern auch eine ideologische. Wer was in den Gedanken-Umlauf der westdeutschen Nach-Nazi-Gesellschaft bringen durfte, das wurde von außen beobachtet, wenn nicht sogar entschieden. Verleger bekamen erst allmählich die Berechtigung zurück, Bücher publizieren zu können. Thomas Orr musste entweder warten oder sich in den dezentrierenden Bild-Text-Wildwuchs einer Hausfrauen-Illustrierten begeben und sein Manuskript zwischen Werbungen und Klatsch-Informationen und damit Ablenkungen aller Art platzieren – in Vergeltung für die einstmals tödlich irreführende politische Nazi-Reklame, für die Orr im weitesten Sinne tätig war und von der sein ehemaliger Chef Adolf Hitler extrem viel hielt. *(Hitler* 33, S. 200 ff., 376, 401 f.)

Aber jetzt sind über 60 Jahre ins Land gegangen. Orrs Mitteilungen sollten endlich das Quellen-Zertifikat verliehen bekommen, als befänden sich seine Hitler-Dokumentationen und -Erläuterungen zwischen den anständigsten Buchdeckeln der Welt.

Gynäkologenblick in Eva Brauns allzeit leere Scheide

21. Zeugin – Nelly Scholten, Ehefrau des Gynäkologen von Gerda Bormann

Aus der Text-Exegese der Zeugen Brandt (12.), Blaschke (13.), Plaim-Mittlstrasser (14.), Schaub (15.), Krause (17.) und Misch (18.) ergab sich: Wahrheit über Hitlers Sexualität ist weder schnell noch »kurz angebunden« zu finden. Erst die vollständigen Passagen zum Problem »Hitler und die Frauen« legten das Niederschmetternde frei: Hitler war phallisch-vaginal gemäß bisher 20 Zeugen nicht oder nicht mit Eva Braun tätig.

Aufbauend auf dem heterosexuellen Loch der Hitler-Jugendzeit-Erinnerungen von Freunden und Bekannten in Renato Attilo Bleibtreus *Hauptarchiv-der-NSDAP*-Dossier, konnte mit den Zeugen Schroeder (3.), Hanfstaengl (4.), Kubizek (7.), Hanisch (8.), Brandmayer (10.) und dem Münchener Kollektiv von fünf Personen (9.) die Wahrheit komprimiert werden: »Hitler und die Frauen« als Anspielung auf eine sexuelle Konnotation gibt es nicht. Und beim Zeugen Wagener (19.) steht immerhin, der 42-jährige Adolf Hitler habe 1931 den »Drang«, mit einer Frau eindringlichen Geschlechtsverkehr zu betreiben, »überwunden«.

Durch die jetzt vorzunehmende Vervollständigung der Aussagen von zwei der ersten Zeugen (Schroeder [3.] und Döhring [5.]) kann eine 21. Zeugin in den Kranz der Nein-Sager eingeflochten und die flapsige Bemerkung des *Berghof*-Verwalters Herbert Döhring durch die Hinzuziehung eines zweiten Teils seiner Übermittlung seriös gemacht werden. Dieser Zusatz hat einen stärkeren Fakten-Wert als die zum Lachen provozierenden »unbefleckten« Laken Hitlers. Damit wird zugleich die Glaubwürdigkeit aller anderen Hitler-Dienenden stabilisiert: »Hitlers Sekretärin [Schroeder], war sich sicher: ›Seine Beziehung zu Eva Braun war ein Scheinverhältnis, sozusagen benutzte er sie als Schutzschild gegen aufdringliche Frauen. Hitlers Leibfotograf Heinrich Hoffmann war überzeugt davon, dass Hitler nichts mit Eva Braun hatte. Sie war hinter ihm her, er ging hin und wieder mit ihr aus, und als er nach der Machtübernahme keine Zeit mehr für sie hatte, versuchte sie es schlauerweise mit Selbstmordversuchen, und siehe da, sie hatte Erfolg damit. Einen zweiten Selbstmord [einer Frau in seiner Nähe nach dem gewaltsamen Tod seiner Nichte Geli Raubal] konnte sich Hitler als Politiker nicht leisten. Die einzige Frau, die er geliebt und später bestimmt geheiratet hätte, war seine Stiefnichte [richtig: Halbnichte] Geli Raubal, die 1931 Selbstmord beging. Die Kalkulation

Eva Brauns ging auf: Hitler bezog Eva Braun mehr in sein Leben ein. Dadurch war er nicht nur vor weiteren Selbstmorddrohungen geschützt, sondern baute sich auch gleichzeitig mit ihrem Vorhandensein ein Schutzschild gegen alle anderen aufdringlichen Frauen auf.‹ Dass Hitler keinen Geschlechtsverkehr mit Eva Braun gehabt hat, vertraute diese ihrer Friseuse an [...] – Dasselbe erzählte Nelly Scholten, die Frau des Bormannschen Gynäkologen Dr. Scholten, Ada Klein. Auch mit dieser und mit Gretl Slezak ist es nie zu Intimitäten gekommen.« (Joachimsthaler 03, S. 454 f., 604 Anm. 810 – »Angaben von Christa Schroeder vom Mai 1983, i[m]. Besitz des Verfassers [Joachimsthaler], und [Schroeder] Er war mein Chef, S. 156)« (Schroeder 85, S. 367 Anm. 296)

Schon acht Jahre vor Joachimsthalers Liste a-sexueller Beziehungen Hitlers zu Frauen verhängte er geradezu die Platonik über Hitlers ganzes Leben. Er tat das im Besonderen in seiner Passage über die Beziehung zwischen Eva Braun und dem späteren Mann ihrer Schwester Gretl, Hermann Fegelein. Joachimsthaler argumentierte in Hitlers Ende in zwei Strängen: »Von ungefähr 1920 an war Hitler unter genauer Beobachtung, besonders durch seine politischen Feinde. Hätte er eine lang dauernde sexuelle Beziehung zu einer Frau gehabt, wäre das bemerkt worden. Aber keiner seiner Feinde noch seiner Freunde war in der Lage, solch eine Behauptung zu machen. Und die Frauen, die Hitler nahest kannten – Maria Reiter, Eugenie Haug, Ada Klein, Sigrid von Laffert, Unity Mitford und Margarete Slezak, um nur einige zu nennen –, bestätigten alle, dass Hitler nicht auf Sex aus war.« (Joachimsthaler 96, S. 264 f.)

»Sein Leibwächter Ullrich Graf, die Fahrer Maurice, Schreck und Kempka, Adjutant Schaub, Fotograf Hoffmann, Haushälterin Winter, Diener, Adjutanten, Sekretärinnen und viele andere zu verschiedenen Zeiten und in verschiedenen Perioden waren mit Hitler praktisch Tag und Nacht zusammen bis zum Ende seines Lebens 1945. Wenn man die Aussagen dieser Menschen analysiert, dann erscheint es wirklich so, dass Hitler – aus welchen Gründen auch immer – seine Beziehungen mit Frauen strikt platonisch hielt.« (a. a. O., S. 265)

Das wird alles stimmen, aber in dieser von Joachimsthaler gemachten Pauschale überzeugt es immer noch nicht, Hitlers sexuellen »Knacks« gesellschaftsfähig zu machen. Fast 20 Jahre nach dem Erscheinen von Hitlers Ende (1995/96), nach Joachimsthalers Stabbruch über jeder kommunikativ praktizierten Heterosexualität Hitlers, schießt ein neuer Hitler-Biograf ins Kraut der gesellschaftlichen Meinung und macht das Braun-Hitler-Verhältnis 2013/16 wieder flüssig.

An der sogleich zu führenden Auseinandersetzung mit Volker Ullrich soll veranschaulicht werden: Den Sex einer historischen Person kann man nicht allgemein »für tot erklären«. Über die Sexualität eines Politikers Schlüssiges auszusagen, geht nur konkret.

Joachimsthalers »Analyse der Aussagen dieser Menschen« bringt nichts, wenn sie »im stillen Kämmerlein« des Autors gemacht wird und er danach der Gesellschaft nur sein Ergebnis hinhält. Joachimsthaler realisierte nicht die ungeheure Wirkung, die die Geschichts-Revisionisten David Irving und Werner Maser auch mit ihrer Beantwortung der »sexuellen Frage« Hitlers »als ganz normaler Mann« bis heute erreicht haben.

Hinzu kommen die jüngsten Braun-Biografinnen Angela Lambert 2006/07 und Heike Görtemaker 2010/11, die die Beziehung Braun-Hitler so behandeln, als wateten sie durch ein sexuelles Feuchtgebiet.

Deshalb müssen Hunderte Seiten ins Land gehen, um zwölf Ja-Sagende, deren Stimmen Joachimsthaler alle nicht beachtet hat, vor die Schranken des Geschichts-Prozesses zu laden (HETERO, ORALO).

Doch hat Joachimsthaler schon in seiner Abhandlung über das Verhältnis Braun-Fegelein in seinem Buch Hitlers Ende mit seiner Mitteilung des Anti-Votums der Gynäkologen-Ehefrau Nelly Scholten etwas Konkretes angeboten. Diese doppelte Information hängt trotz Zeugnislosigkeit nicht so in der Luft, wie es zunächst erscheint: »Eva Braun vertraute ihrer Friseuse an, dass Hitler keinen Sex mit ihr gehabt hat. Wie Frau [Christa] Schroeder von Henriette von Schirach erfahren hat, existierte angeblich ein Bericht dieses Inhalts in der Kanzlei des Münchener Rechtsanwalts Claus von Schirach. Dieselbe Aussage wurde von Nelly Scholten – der Frau des Gynäkologen Dr. Gustav Scholten, der Bormanns Frau behandelte – gegenüber Ada Schultze, geborene Klein, gemacht, die in den 1920ern eine Freundin Hitlers war und 1936 Professor Dr. Walter Schultze geheiratet hatte. Es hat nie Sex zwischen Hitler und der attraktiven, dunkelhaarigen Ada Klein stattgefunden, obwohl sie alles versucht hatte, Hitler zu verführen. Hitler verhielt sich in der gleichen Abstinenz gegenüber der Schauspielerin und Sängerin Gretl Slezak, obwohl auch sie versucht hat, Hitler näher zu kommen.« (Joachimsthaler 96, S. 265 f.)

Frauen-Klatsch? Neid und Missgunst der Hitler-Nicht-Partnerinnen?

Nelly Scholten hatte einen Nazi-dotierten Ehemann, den Bormann-Gynäkologen Dr. Gustav Scholten. Der Arzt Scholten fällt nicht unter die Tratsch-Klientel der weiblichen Missgünstigen und an Hitler Zu-kurz-Gekommenen. Das muss beachtet werden, wenn seine Ehefrau Vaginal-Spezifisches über Hitler weitergibt.

Dr. Scholten war der Gynäkologe Gerda Bormanns, die mit ihren zehn Kindern, gezeugt von ihrem Mann Martin, eine gewisse Priorität auf das »Kindermachen« gelegt hatte. Die Bormanns lebten auch auf dem Obersalzberg bei Berchtesgaden, standen mit Hitler in so enger Verbindung, dass der zwei/drei-jährige Junge auf einem Foto mit Eva Braun vom Hitler-Diener Heinz Linge nach 1945 als ein Bormann-Kind taxiert wurde. (Linge 55/56, Nr. 3 [1956], S. 14) Sowie Bormann auf dem Obersalzberg war, schaute er täglich bei den Hitlers vorbei. Dafür gab es wegen seiner Höchst-Positionierung als NSDAP-Kanzlei-Chef auch meist politische Gründe.

Martin Bormann wurde vom Hitler-Umfeld als der eigentliche *Berghof*-Hausherr gekennzeichnet. Eine solche Nähe überträgt sich dann auch auf das, was Leute der aufstampfenden Fruchtbarkeit wie die Bormanns bei dem Sonder-Paar Braun-Hitler als Fehlanzeige bemerkt und an von Berufs wegen daran Interessierte wie das Gynäkologen-Paar Scholten weitergegeben haben. Geredet wird halt unter Menschen, besonders wenn es bei Haus- und Ehefrauen wegen deren Ausgeschlossenseins aus der Politik nicht viel anderes zum Sich-Erzählen, -Aufregen und -Wundern gibt.

Nelly Scholten war im Zusammenhang mit dem Thema »Penis in Vagina« jedoch nicht irgendwer, keine Gärtnerin, Nachbarin oder Raumpflegerin. Ihr Mann arbeitete medizinisch an demjenigen weiblichen Körperteil, von dem es bei Eva Braun und deren Verhältnis zu Hitler nichts zu erzählen gab. Und gerade wegen dieser Nähe ihres Mannes zum Geschehen, das in der Beziehung Braun-Hitler fehlte, ist Scholtens Bemerkung wesentlich. Auch dass Nelly Scholten zusätzlich zu Eva Braun zwei weitere nachweisbare Hitler-Freundinnen anführt, mit denen Hitler ebenfalls nichts anfangen konnte, macht sie als Zeugin stabil.

Mit Ada Klein hatte Hitler ein Kuss-Verhältnis, über das noch zu berichten sein wird (ORALO). Und Gretl Slezak war von Hitler strikt abgewiesen worden. (Schroeder 85, S. 159 ff.) Beide Frauen sind als sexuelle Zero-Territorien in die Geschichte der Hitler-Beziehungen eingegangen (22. Nein-Sager, Emil Maurice).

Die Vermeidung der zwei Braun-nahesten Nein-Sagerinnen

Anton Joachimsthaler, der Verreißer von Hitlers sämtlichen Frauen-Verhältnissen, leitet Christa Schroeders Bericht über die Mitteilung der Gynäkologen-Ehefrau Nelly Scholten zweimal mit einem Satz der Sekretärin ein, der in der Hitler-Biografik vollständig untergegangen ist: »Dass Hitler keinen Geschlechtsverkehr mit Eva Braun gehabt hat, vertraute diese ihrer Friseuse an.«

Gun druckte in der deutschen Ausgabe seines Buches (nicht in der amerikanischen und englischen) ein Foto von besagter Friseuse ab, *(Gun 68 I, B. 2 neben S. 193)* beliess sie aber namenlos und sparte ein Interview mit ihr aus, was tief in die männlich-mediterranäische Mentalität Guns blicken lässt.

Einzelheiten über Herkunft und Vorleben Guns finden sich in Görtemakers deutschen und englischen Versionen ihres Buches *Eva Braun. Leben mit Hitler.* Da sich die Informationen über Nerin Emrullah Gun in den Görtemaker-Ausgaben nicht decken, ist die Kenntnis von beiden Mitteilungen wichtig, um einschätzen zu können, wie authentisch und zugleich wie befangen der spätere erste Braun-Biograf Gun in seinen Recherchen zu und in seinen Ansichten über Eva Braun gewesen ist. *(HETERO, 9. Ja-Sager, Görtemaker 10, S. 19 ff, 295, Anm. 18, Görtemaker 11 I, S. 14)*

Der gebürtige Italo-Türke *(Görtemaker 10, S. 19 ff., 295, Anm. 18)* hätte seinen Interessensaufwind für Eva Braun als »Geliebte des ›Führers‹« möglicherweise verloren, wenn er sich das Herbert Döhring'sche »Da war nix!« hätte klarmachen müssen. Deshalb wollte Gun lieber nicht an das Problem des Trockengebietes der Braun-Hitler-Beziehung herangehen.

Eva Braun muss nahezu täglichen Umgang mit ihrer Friseuse gehabt haben, da sie auf allen von ihr zahlreich überlieferten Fotografien mit einer anderen Haartracht brilliert – so auf den Abbildungen, die das gesamte Buch von Brauns dritter Biografin (2006/07), der Deutsch-Engländerin Angela Lambert, durchziehen. *(Lambert)* Zur Braun-Identität als *Berghof*-Mannequin und Filmschauspielerin ihrer neun Jahre lang dargestellten Hitler-Ehefrau-Rolle auf seinem Obersalzberger Landsitz gab es auch schon konkret Beobachtende, wie Hitlers Zahnarzt Hugo Blaschke (13.) und die jüngste Sekretärin Traudl Junge (11.). *(Junge 02, S. 74, 79, 84 f.)*, die zum Thema Markantes bezeugten. In den 1960er Jahren, in denen Gun für seine Braun-Biografie recherchierte, konnte er die Publikation der Sekretärin Schroeder von 1985 noch nicht kennen. Aber er führte Gespräche über Eva Braun mit allen ihm greifbaren Zeitzeugen, auch mit Schroeder *(Gun 69, S. 7)*, hatte jedoch für die Skepsis der zweitältesten Hitler-Sekretärin gegenüber der geschlechtlichen Seite des Braun-Hitler-Verhältnisses kein Ohr.

So muss Gun vorgeworfen werden, dass er 1968/69 von deutsch-englischer Seite her die Mär vom normal funktionierenden

Geschlechtsverkehr zwischen Braun und Hitler in die Hitler-biografische Welt gesetzt hat, in der sie bis heute ihr Unwesen treibt. *(Gun* 68 I, S. 55, 114 ff.*)* Damit hatten schon zu Anfang der 1960er Jahre die französischen Eheleute Pierre und Renée Gosset in ihrer dreibändigen Hitler-Biografie begonnen, *(Gosset)* was aber wegen international mangelnder Französisch-Kenntnisse in der Hitler-Biografik noch keine tiefe Wirkung zeitigte. Diese Wirkung wurde erst mit Gun freigesetzt, dem drei Jahre später Werner Maser und zehn Jahre später der Amerikaner Glenn Infield folgten. Mit Infields *Adolf and Eva* war dann die Lampe über dem Bett von A. H. und E. B. unauslöschbar angeschaltet worden, die bis in die Jahrtausendwende das nun auch von Frauenseite her entzündete Licht leuchten lässt, das der Menschheit von Jahrzehnt zu Jahrzehnt neu aufgesetzt wird. *(Steinert, Sigmund, Milne, Lambert, Görtemaker, Taylor)* Neben Nerin Guns Aussparung von Gesprächen mit Brauns Friseuse wurde eine viel schwerere Unterlassungssünde bemerkt, derer sich die Hitler- und Braun-Biografen ab Bullock und Gun schuldig gemacht haben: Die naheste Braun-Frau, die jüngere Schwester Gretl, wurde von keinem Biografen befragt. Margarethe Braun-Fegelein-Berlinghoff hat bis zum 10. Oktober 1987 gelebt *(Lambert,* Braun-Stammbaum) und hat alles über die sexuelle Pleite der Beziehung zwischen Adolf Hitler und Eva Braun gewusst. Intimfreundinnen und unzertrennliche Schwestern haben untereinander keine Geheimnisse, tauschen sich gerade auch über Intimstes permanent aus.

Gretl Braun war Männern gegenüber eine »Flotte«, die es mit der Sexualität leichtnahm. In allen Biografien ihrer Schwester Eva ist das nachzulesen und den Bildern anzusehen. Gretl Braun strahlt erotisch dieses gewisse Etwas aus.

Sie war auf dem *Berghof* wegen ständiger Anwesenheit bei ihrer Schwester Eva unter der Entourage »im Gespräch«, zwei von Hitlers Gefolgsmännern zu heiraten, den SS-Obersturmbannführer Fritz Darges und den Aussenamts-Verbindungsmann Walter Hewel. Sie hatte in ihrem Dasein als weibliches Begleitkommando für ihre Schwester Eva nichts zu tun und deshalb ausgiebig Zeit fürs Erotische – in Gedanken und in eigener Tat, bis sie durch ihre Heirat von SS-General und Himmler-Verbindungsmann zu Hitler, Hermann Fegelein, am 3. Juni 1944 polyamourös stillgelegt wurde.

Schon in ihrer Zeit bei »Photo-Hoffmann« ab 1931 (16jährig) hatte sie mit Heini, dem Sohn ihres Chefs, Hitlers Leibfotografen Heinrich Hoffmann, angebandelt. Ihre nahe Beziehung zu Hoffmann jr. kommt auf einem Kopf-an-Kopf-Foto der beiden zum Ausdruck, das Braun-Biografin Lambert publizierte *(Lambert* 06, S. 83, B. 2)

Braun-Biografin Görtemaker berichtet von einem Gespräch Gretl Brauns mit einem amerikanischen Geheimdienst-Mann am 15. September 1945, (*Görtemaker* 11 I, S. 237 f., 307, Anm. 69 f., 70) auch davon, dass Gretl Braun sich einem anderen US-Secret anvertraut und ihm gesteckt hatte, wo die Filme und Fotoalben ihrer Schwester Eva verblieben sind, woraufhin die Offiziere fündig wurden und das Material nach Washington transportierten. *(a. a. O.,* S. 86, mit Verweis auf *Gun* 68 II, S. 289 f. [in der deutschen Fassung von 1968 und der englischen von 1969 gibt es gar nicht so viele Text-Seiten.] Gretl Braun war demnach redselig und hat mit den Amerikanern sofort kooperiert.

Nerin E. Gun zieht 20 Jahre später nur Brauns Mutter Franziska, außerdem Evas ältere Schwester Ilse und ihre engste Freundin Herta Ostermayr-Schneider zu Rate, nicht Gretl Braun. Die Braun-familiären Frauen in Distanz zu Tochter/Schwester Eva werden aufgesucht, jedoch die Von-Stunde-zu-Stunde-Nahen, wie Brauns jüngere Schwester Gretl und ihre Friseuse, nicht. Gun hat mit den Recherchen für seine Braun-Biografie schon Anfang der 1960er Jahre begonnen, in denen Gretl neu verheiratet und erst Mitte vierzig war.

Die Friseuse bekleidete eine Funktion in Brauns Leben wie die Leibdiener in dem Hitlers, auch wenn sie prinzipiell nur für Brauns Haare zuständig war und nicht für den ganzen Körper. Vor allem ist mysteriös, warum die Flächen-deckend Hitler-neugierigen Amerikaner Gretl Braun nicht unablässig ins Verhör genommen haben. Nur einmal das Interesse eines Secrets wegen des Eva-Braun-Nachlasses und das Round Table gemeinsam mit Herta Ostermayr durch einen anderen Geheimdienstler – das sind keine echt zusetzenden Verhöre von Nazis, wie sie zu Hunderten sofort nach April 1945 von den Amerikanern unternommen und bis in die 1960er Jahre hinein fortgesetzt wurden (Gespräche mit Hitlers »Leibadjutanten« Otto Günsche 1967). Das, was Rechts-Außen-Braun-Biograf Johannes Frank als eine seiner Quellen angibt – »schriftliche Mitteilung« von »Gretl und Kurt Berlinghoff« »an den Verfasser« *(Frank, J.* S. 324) – basiert selbstredend auf keiner echten Befragung Gretls. Franks Buch *Eva Braun. Ein ungewöhnliches Frauenschicksal in geschichtlich bewegter Zeit* kam 1988 heraus. Gretl war am 10. Oktober 1987 mit 72 Jahren gestorben (geboren am 30. August 1915). Als J. Frank seine Braun-Biografie vorbereitete, war Gretl hoch in ihren Sechzigern und wollte sich keinem echten Interview mehr stellen. Sie speiste Frank mit einer schriftlichen Mitteilung ab, die sie auch noch gemeinsam mit ihrem zweiten Ehemann, Kurt Berlinghoff, verfasst hatte.

Im Unterschied dazu hatten die Zeitzeuginnen, Hitlers jüngste Sekretärin Traudl Junge und Eva Brauns engste Freundin Herta Oster-mayr-Schneider, ausgiebig schriftlich und mündlich dem Autor Fragen beantwortet. *(a. a. O.)* Durch nichts wird die Tatsache außer Kraft gesetzt: Die gesamte Hitler-Rezeption ist an seiner Schwägerin Gretl Braun, verheiratete Fegelein-Berlinghoff, vorbeigegangen.

Die Vermeidung von Interviews mit Eva Brauns Friseuse und ihrer jüngeren Schwester Gretl zielt direkt in die männliche Schwachstelle sogar der Siegermächte, dem Gewahrwerden von Hitlers phallischer Schwäche auszuweichen. Was kein Leibdiener etc. von Hitlers Seite her Beweis-kräftig beschwören konnte, genau das hätten die beiden Leibdienerinnen Eva Brauns in die Annalen der Geschichte meißeln können.

Der Erkenntnisstand zu Hitlers in Wirklichkeit nicht stattgehabter Heterosexualität ist in der Hitler-Biografik immer noch disparat. Daher wird es bei der folgenden Beschäftigung mit weiteren Zeugen immer wieder notwendig sein, darauf hinzuweisen, dass vor allem die männlichen Hitler-Biografen wegschauten, retuschierten, ausblendeten, ja fälschten. An diesen Fakt muss sich die Frage anschließen, warum Männer das bis zum jüngsten Hitler-Biografen Volker Ullrich 2013/16 tun.

Was für ein Interesse haben Nazizeit-Historiker daran, Hitler als heterosexuell intakt zurechtzubiegen? Sie taten das von Maser über Toland und Irving bis zu Plouvier und Ullrich so sehr auf Biegen und Brechen, dass in Ansehung dieses Themas der Stab über diese Sexual-Normativisten gebrochen werden muss, so verdienstvoll ihre Arbeiten sonst auch sind. Ohne das Mittel des argumentativen Stabbruchs kommt es nicht zu einer Verflüchtigung der Hitler-Hetero-Schimäre, die der Protagonist vor mehr als 80 Jahren als Aura um sich selbst erfand und der der Mainstream der Hitler-Biografik noch immer erliegt.

Bullock, Fest und Kershaw, die drei Außenseiter bei der Beantwortung der sexuellen Frage Hitlers, konnten sich nicht durchsetzen, vor allem deshalb, weil sie das Thema nur streiften, auch wenn alle drei statuierten: Hitler = kein gewöhnlicher Heterosexueller. Doch blieben die Autoren in der Vermutung stecken, womit keine Chance für die gesellschaftliche Tiefenwirkung einer Wahrheit besteht.

Auch der neueste Hitler-Biograf Peter Longerich (2015) wird sie nicht erzielen. Er gehört zwar zu den genannten Außenseitern, doch zuckt er wie seine drei Vorläufer wieder nur die Achseln: Hitlers Beziehungen zu seinen nahesten Frauen Geli Raubal und Eva Braun wären irgendwie komisch, nicht ernst zu nehmen. *(Longerich* 15, S. 175 f., 234 ff., 371 ff .) So sehr Longerich die Fehlsteuerung seines direkten Vorläufers Ullrich nicht übernimmt, so sehr verharrt er praktisch auf der Position von Hitlers zweitem Biografen Konrad Heiden, Hitler sei in seinen Beziehungen zu Frauen von einer »undurchsichtigen Erotik« gekennzeichnet gewesen. *(Heiden* 36, Bd. I, S. 303) Damit bleibt Hitlers sexuelle Frage weiter hinter einem Vorhang versteckt, den auch Longerich nicht herunterreißt.

Die erste Frau im Alleingang einer Hitler-Gesamt-Biografie, Marlis Steinert (1991/94), war an Details zur Art der Beziehung zwischen Braun und Hitler nicht interessiert. Sie wollte für die historisch-politischen Dimensionen der Hitler-Forschung wirken und keine Antworten auf Intimfragen zu Hitlers Verhältnissen mit Frauen geben. Solche als »Frauenthemen« marginalisierten Ansätze waren zu Steinerts Arbeitszeit als Historikerin in den 1970/80ern von Frauenseite her verpönt. Das hat für Steinerts Hitler-Biografie allerdings erbracht, dass sie zur Hitler-Braun-Beziehung alles ungeprüft so stehen ließ, wie es seit Werner Maser in die Hitler-biografischen Lettern gestanzt worden war. Mit dieser Masche, alles zu »Hitler intim« von Geschichts-revisionistischen Vorläufern zu übernehmen und nichts eigenständig zu recherchieren, reihte sich auch Steinert in die Sexual-Normativisten ein. *(Steinert* 91, S. 53, 238 f., 310 f.)

Erst Anna Maria Sigmunds Verdienst war es, erneut das Private als das Politische zu desavouieren und in ihrem Reigen der Nazi-Partnerinnen das Phänomen Mittäterin zu behandeln. *(Sigmund* 98, 2000) Leider blieb sie auf halber Strecke stehen, behauptete in ihrer Abrechnung mit der *Sexualität im Dritten Reich,* jede Aussage über die Art des Verhältnisses Braun-Hitler sei »Spekulation«. *(Sigmund* 08, S. 19 f.). Das war immerhin ein Durchbruch gegenüber ihrer Verfeuchtung des Verhältnisses Braun-Hitler, die sie zwischen 1998 und 2005 betrieb und die sie trotz ihres 2008-Keils *Das Geschlechtsleben bestimmen wir* auch 2013 noch nicht widerrief. Ihre Herausforderin Heike Görtemaker konnte nachweisen, dass Sigmund unter einer Absence gelitten hatte, als sie den Beginn des »sexuellen Verhältnisses« zwischen Braun und Hitler terminieren wollte. Görtemaker bezichtigte Sigmund schnödester Unachtsamkeit: »Anna Maria Sigmund erklärte gleichfalls, unter Berufung auf die *Spandauer Tagebücher* Albert Speers, das sexuelle Verhältnis zwischen Eva Braun und Hitler habe Anfang 1932 in dessen Wohnung begonnen. Doch Speer machte dazu weder in den *Spandauer Tagebüchern* noch in seinen *Erinnerungen* irgendwelche Angaben – verständlicherweise, denn 1932 gehörte er noch nicht zum engeren Umfeld Hitlers, lebte vielmehr als selbständiger Architekt in Mannheim, war erst im Jahr zuvor in die NSDAP und in die SA eingetreten und erhielt 1932 erstmals Aufträge von der Partei.« *(Görtemaker* 10, S. 52, 301, Anm. 7, 8)

Die Seite 140 in den *Spandauer Tagebüchern,* die angeblich Speers Fanfare vom Beginn der »sexuellen Beziehung« zwischen Braun und Hitler hätte ertönen lassen, ist davon stumm. *(Speer* 75, S. 140)

Wie zuchtlos unwissenschaftlich es auch bei einer Sigmund zugeht, wenn sie plötzlich ihren Sachverstand verliert und das Unzüchtige zwischen Braun und Hitler ihrem internationalen, vornehmlich weiblichen Publikum eingängig machen will, zeigt die Originalstelle zu Sigmunds »Beweisführung« des angeblich »sexuellen Verhältnisses« zwischen Hitler und Braun. Diese Stelle revidierte Sigmund trotz ihres gesamtkritischen Buches von 2008 zur Hitler(-Zeit)-Sexualität nicht etwa 2013 selbstkritisch in ihrer jüngsten »aktualisierten« Ausgabe ihrer Nazi-Frauen-Serie:

»Anfang 1932 wurde Eva – Frau Winter, der Haushälterin, war es nicht entgangen – in Hitlers Wohnung am Prinzregentenplatz seine Geliebte.«

Als »Beleg« wird von Sigmund in ihrer Anmerkung 17 auf »Speer, *Spandauer Tagebücher,* S. 140« verwiesen. *(Sigmund* 98, S. 166, 232) Auch Sigmunds Schlenker auf »Frau Winter« kippt aus der wissenschaftlichen Beweisführung, da keine Quelle folgt. Wie in den Kapiteln ORALO und NEUTRO im Einzelnen behandelt wird, tritt die Zeugin Anni Winter in ihren durchaus greifbaren eigenen Äußerungen als eingeschränkte Ja-Sagerin und danach sogar als überraschende Nein-Sagerin auf.

Sigmund beging aber den wissenschaftlichen Fehler, dass sie ihren Irrtum über das angeblich sexuell laufende Braun-Hitler-Verhältnis in der »vollständig aktualisierten Neuausgabe« ihrer Nazifrauen-Bücher (2005) und der »komplett überarbeiteten, aktualisierten und erweiterten Taschenbuchausgabe« (2013) nicht korrigierte. In ihren Ausgaben »letzter Hand« 2005 und 2013 ist aller breit getretener Geschlechtsquark zu Braun-Hitler wie gehabt immer noch zu lesen. *(Sigmund* 05, S. 245, *Sigmund* 13, S. 298, 421, Anm. 19) Mit solchem, sich in die Frauenherzen einschleichenden, Eva-Braun-identifikatorischen Verkaufskalkül ist es dann um die sexuelle Wahrheit des Mannes A. H. geschehen.

Das »Politische Serienkiller-Manifest« – Ausgeburt eines Heteros?

Die Ausmistung des Hitlerschen Heterostalls muss vor allem deshalb geschehen, weil die Fälschung eines heterosexuell intakten Hitlers eine Verhöhnung seiner Millionen Opfer und ihrer Hinterbliebenen bedeutet: »Da war ein ganz normaler Mann wie Du und ich am historischen Werk, dessen Millionen Opfer Ihr, liebe Behinderte, Juden, Ost-Europäer, Russen, Roma und Sinti, nur so rein zufällig geworden seid!«

Im Gegenteil: Da war die schlimmste männliche Sexual-Devianz in einem Ausmaß tätig, wie es sogar die männerbündisch destruktive Gesellschaft in ihrer Geschichte noch nicht gesehen hat, nunmehr in Völker-Dimensionen ausufernd, Millionen von Einzelnen quälmörderisch zu töten, bis einer der lebendigsten Faktoren Europas, das europäische Judentum, »erledigt« war, was kulturelle Schädigungen des ganzen Gebildes Europa zur Folge hatte, die erst allmählich den Nachgeborenen der dritten und vierten Generation zu Bewusstsein kommen.

Und immer wieder sei mit unerbittlicher Härte auf den größten Massenmord-Faktor hingewiesen: Das russische Volk wird nicht ruhen, bis ihm von Deutschland eine historisch-politische Abbitte für Hitlers schwerstes Wüten gegen »die Russen« mit 20–40 Millionen Toten und ungezählten körperlich-seelischen Verstümmelten getan wird.

Auch über dem Gral der Hitler-Forschung, dem Münchener *Institut für Zeitgeschichte*, muss der Stab solange gebrochen werden, bis es sich entschließt, einen begangenen, fassungslos machenden Fehler zu korrigieren. Das Institut hat 1995 Hitlers *Zweites Buch* im Allerlei seiner *Reden, Schriften, Anordnungen* wissenschaftlich vergraben. Schon 1961 war es ein Fehler des Entdeckers dieses Hitler-Manuskriptes, Gerhard Weinberg, es ohne Titel herauszugeben. Denn der Titel *Hitlers zweites Buch*, den Weinberg wählte, ist keiner, sondern nur eine Verlegenheitslösung. Als Schriftsteller hätte Weinberg wissen müssen, dass über die Wirkung eines Buches zu 90 Prozent dessen Titel entscheidet. Unzählige pointierte Phrasen aus dem Hitler-Text hätten sich geeignet und eignen sich immer noch, diesem ideologischen Zerstörungs-Machwerk einen prägnanten Titel zu geben, der dem Buch ein solches Leben einhaucht, dass es wie *Mein Kampf* um die Welt laufen kann. (*Hitler* 61)

Nicht einzusehen ist, warum sich der alte Weinberg nun sogar noch zu einer weiteren Minimierung seiner Ausgabe von 1961 in die

Unauffindbarkeit einer Sammlung zwischen Hitlers *Reden, Schriften, Anordnungen* hat bereiterklären können. Er hat damit sein Buch für die außer-wissenschaftliche Öffentlichkeit unzugänglich gemacht. Hitlers *Zweites Buch* ist nicht irgendein Text, der unter »ferner liefen« wie eine Rede oder eine Anordnung abgelegt werden darf. Dieses Buch ist ein Individuum, ein Unikat mit dem größten Enthüllungswert, den ein Text von Hitler hinsichtlich seiner Charakterisierung als Völkermörder haben kann.

Das Münchener *Institut für Zeitgeschichte* muss jetzt Hitlers »Politisches Serienkiller-Manifest« als Buch mit einem eindeutig Inhalts-bezogenen Titel herausgeben, federführend kommentiert von israelischen und russischen Wissenschaftlern mehrerer akademischer Disziplinen.

Solange das nicht gemacht wird, kann sich die Hitler-Biografik über diese Destruktions-Schrift alles zurechtspinnen, was sie will, wie es auch bei Ullrich wieder geschehen ist. Auf zwei Seiten darf er bei seiner Präsentation dieses Buches Hitlers Konfession vom beabsichtigten Millionengemetzel als »Zusammenfassung aussenpolitischer Ansichten« unkenntlich machen, wobei Ullrich sich nur im Kielwasser der Präsentation dieser Schrift durch das Münchener *Institut für Zeitgeschichte* befindet, das das makabre Genozid-Zeugnis als »Außenpolitische Standortbestimmung« Hitlers verniedlicht. *(Ullrich, S. 242 f., Hitler 61)*

Die Hitler-forscherische Marginalisierung vom *Zweiten Buch* als Hitlers »Außenpolitisches Programm« ist die weiterlaufende größtmögliche Beleidigung der Opfer, vor allem des russischen Volkes, mit der endlich Schluss sein muss.

Es bleibt unverständlich, wie das deutsche Zentrum der Hitler-Forschung und seine Herausgeber, inklusive Weinberg, bis zum Hitler-Biografen Ullrich derart blind gegenüber Hitlers Kriegstreibereien und Menschen-Vernichtungs-Plänen sein konnten. Und das geschah zwischen 1995 und 2013/16 in den letzten 20 Jahren. Hitlers *Zweites Buch* ist keine »außenpolitische Standortbestimmung«, mit dieser Verdummung von Forschern, Geschichtsprofessoren und – lehrern, Studenten und Schülern das *Institut* seinen Auftrag zur geistigen Bewältigung des Nazi-Regimes verrät.

Die Parlamente im Land Bayern und in der Stadt München sollten über Konsequenzen gegenüber der Führung und dem Konzept des *Instituts für Zeitgeschichte* nachdenken und *dessen* innen- und weltpolitische Bestimmung neu definieren. Denn unter dem Deckmantel von Aufklärung wird eine Ärgernis erregende Verharmlosung der beiden

Bücher des größten Massenmörders aller Zeiten betrieben, zuerst mit Hitlers *Zweitem Buch* und jetzt mit Hitlers *Mein Kampf*, bei letzterem das *Institut* sogar in einen unfreiwilligen Antisemitismus geschliddert ist, wie Jeremy Adler ihm am 5./6. Januar 2017 in der *Süddeutschen Zeitung* nachwies. *(Adler)*

Wenn von Seiten der Volksvertreter nicht alsbald gehandelt wird, entsteht im ganzen Land erneut der Verdacht, dass München sich diesmal von zentral ideologischer Seite her in eine nachwirkende Hitler-Komplizenschaft begibt.

Der Begriff »Außenpolitik« im Zusammenhang mit Hitlers *Zweitem Buch* entstammt Formulierungen von Hitlers Adepten Rudolf Heß und Joseph Goebbels, einem Brief von Heß an seine Eltern aus dem Jahre 1928 und einem Eintrag in Goebbels' Tagebüchern von 1929, wie Ullrich nachweist. *(Ullrich, S. 242, 899 f., Anm. 137, 142)* Die beiden Mittäter kannten das Manuskript jedoch entweder gar nicht oder hatten nur flüchtigsten Einblick in den Text, wie Heß sich aufgeplustert haben soll, was nicht einmal von Heß selber hinterlassen wurde, sondern von der sich in Sachen *Zweitem Buch* ebenfalls wichtigtuenden Hitler-Diva Winifred Wagner per »Hörensagen«. *(Hamann 02, S. 165 f.)*

Hitler hatte das Typoskript unauffindbar für seine Zeitgenossen versteckt, es auch gegenüber seinen Anhängern geheimgehalten. Ihm muss klargeworden sein: Derart als Weltkriegstreiber, beabsichtigter Gruppen- und Völkermörder die Hose runterzulassen, hätte auch zu Verstörungen in den eigenen Reihen führen können.

Gerade auf die Resthumanität der Bewegungs-Mittäter musste Hitler Rücksicht nehmen, die sich wie Rudolf Diels einbildeten, bis zu den Massen-Ermordungen im »Röhm-Putsch« Ende Juni/Anfang Juli 1934 sei Hitler noch »der Gute« gewesen, für den es sich gelohnt hätte, »sich ins Zeug zu legen«. *(Diels)* Auch den Strasser-Brüdern Gregor und Otto, den frühen Kumpanen in der SA, wie Otto Wagener (19.) und Franz Pfeffer von Salomon, wären mit Einzelheiten aus Hitlers *Zweitem Buch* einige »Lichter aufgegangen«. *(Strasser)*

Der Begriff Außenpolitik gehört in das typische Hitler-Instrumentarium, seiner Zeit Sand über sich in die Augen zu streuen, dieser Sand klebt noch immer in den modernsten Hitler-Biografen-und-Forscher-Augen.

Dagegen hat der jüngste Hitler-Gesamt-Biograf Peter Longerich das Wort zum Hitler-rezeptorischen Moment ausgesprochen, das sich alle Hitler-Arbeitenden »hinter die Ohren schreiben müssen: »Wir dürfen nicht die letzten Opfer der Nazi-Propaganda werden. Wer sich ein Bild

von Hitler machen will, darf nicht auf dessen Selbststilisierung herein-
fallen.« *(Deutschlandfunk, den 13. November 2015)*

Hitlers *Zweites Buch* mit »Außenpolitik« zu kennzeichnen suggeriert, es handele sich im Text um Reflexionen Hitlers über sein Verhältnis zum Beispiel zu Ländern wie Großbritannien, Frankreich,
Italien, Österreich, die Sowjetunion und die USA. Solche Reflexionen
hatte Hitler in der Tat schon längst in Druck gehen lassen, im zweiten
Band seines ersten Buches *Mein Kampf,* das sich trotz fortlaufender
Seitenzahlen in zwei Bände teilt. Der zweite Band von *Mein Kampf* ist
nicht zu verwechseln mit Hitlers nie publiziertem *Zweitem Buch.* Jeder
Band von *Mein Kampf* umfasst 400 Seiten Dünnstdruck und sollte
griffig in den Händen von Hitlers Gefolgsmenschen liegen können.

Im zweiten Band von *Mein Kampf* unter dem Titel *Die nationalsozialistische Bewegung* geht es auf den letzten 100–120 Seiten tatsächlich
um Außenpolitik – besonders in den Kapiteln *Deutsche Bündnispoli-
tik nach dem Kriege* und *Ostorientierung oder Ostpolitik. (Hitler 25/26,*
S. 684 ff., 726 ff.) Ein Viertel des Textes im gesamten zweiten Band
beschäftigt sich dezidiert mit Außenpolitik, obwohl das vom Titel
dieses Bandes her nicht zu vermuten wäre. Und Außenpolitik kommt
auch schon immer wieder im ersten Band von *Mein Kampf* vor.

Der überwiegende Teil von Hitlers *Zweitem Buch,* seinem 1928er
Anti-Menschen-Traktat, hat überhaupt nichts mit »Ausland« zu tun.

Erstens: Hitlers schon 1928 – wie man nachlesen kann – geplante
»Euthanasie« geschah ab 1939 in Deutschland und dem Zwangs-»an-
geschlossenen« Österreich.

Zweitens: Hitlers 1928 projektierte »Endlösung« begann sofort nach
1933 im Inland – im 1920er Jahrzehnt imaginiert, im ganzen 1930er
Jahrzehnt vorbereitet und im 1940er dann vollendet.

Dem jüdisch gebürtigen Bevölkerungsteil Deutschlands wurden
unmittelbar nach Hitlers Machterlangung die »Quellen des Lebens«
(Freud) abgegraben: Geschäftsboykott, Anstellungsstop, Beamten-
rauswurf und Liebesverbot *(Wagner)* für jüdisch gebürtige Deutsche,
die sich mit Bürgern anderer Herkünfte liieren oder verheiraten wollten. Das meiste wurde zum Zwecke der Stillung der deutschen Obrig-
keits-hörigen Bedürfnisse mit Gesetzen geregelt. Alles zur Genüge
bekannt, sodass Einzelnachweise überflüssig sind. Verschleppungen
von Juden in KZs, erster Massenmord in der Pogromnacht vom 9. auf
den 10. November 1938 – in ganz Deutschland (»Reichskristallnacht«
mit geschätzt 500 Todesopfern).

Drittens: Auch die Massen-Erschießungen der Polen und die
Vergasungen des jüdischen Bevölkerungsteils in den okkupierten

europäischen Ländern können nicht als Ausfluss von »Auslandspolitik« bezeichnet werden.

Sowie Hitlers Angriffs- alias Wehrmacht ab 1. September 1939 ein Gebiet besetzt hatte, wurde es unter deutsche Hoheit gestellt, wurden Gouverneure wie Länder-Ministerpräsidenten und Gauleiter wie Regierungspräsidenten installiert.

Die im *Zweiten Buch* visionierten Verbrechen Hitlers und seiner Männer geschahen immer in Deutschland und von Deutschland aus. Hitler hatte das ihm unterworfene Land nach der Anzettelung des Zweiten Weltkriegs nur drei Jahre lang »ausgedehnt«, bis ihm die Alliierten Zug um Zug die Zurück-Schrumpfung zumuteten.

Hitler betrieb im *Zweiten Buch* eine Behämmerung der Deutschen, um sie zu allen seinen Angriffen auf Menschen und Länder bereit zu schlagen: Deutschland sei für seine Bevölkerung zu klein, der deutsche »Lebensraum« müsse vergrößert werden. Die damit verbundenen Aggressionen stünden den zahlenmäßig angeschwollenen Deutschen zu.

Dass dieser »Lebensraum« im Übergang Deutschlands vom kleinen Deutschland zu »Großdeutschland« erst einmal ein Todesraum für die Russen werden würde, hatte auch nichts mit Ausland zu tun, sondern mit der Verwirklichung von Hitlers Killer-Mentalität.

Hitlers *Zweites Buch* ist die Erkennungsmarke des Staats-Terroristen und muss als solche endlich in die Welt gebracht werden. Das wäre der sicherste Weg, um die Faszination von Hitlers erstem Buch *Mein Kampf* aufzuheben.

Alle drei seiner Auslösch-Programme werden im *Zweiten Buch* atemberaubend deutlich ausformuliert. Genau in der historischen Reihenfolge, in der Hitler gemeinsam mit seinem männerbündischen Staat zur Tat geschritten ist, hat er die »Euthanasie« der Behinderten, die »Endlösung« als Vergasung der Juden und die Niedermetzelung des russischen Volkes indoktriniert. Seine Inhumanitäten in *Mein Kampf* sind dagegen geradezu nichts.

Hitler propagierte die Vernichtung »kranker, schwächlicher, missgestalteter« Menschen, die er als »Degeneraten« herabwürdigte. (*Hitler 61*, S. 57) Hitler degradierte das gesamte jüdische Volk zur »internationalen jüdischen Völkermade«, die es gälte mit insektiziden Mitteln auszulöschen. (*a. a. O.*, S. 62) Und Hitler heizte seine »Volksgenossen« zu Angriffskriegen an, weil die »ungenügende Raummenge, die unserem Volk heute zur Verfügung steht«, mit dem Massenmord vor allem unter den russischen Nachbarn im Osten durch die Schaffung neuen »Lebensraums« kriegerisch bewältigt werden müsse. *(a. a. O.,* S. 58 f., 62 ff.)

Hitler predigte mit seiner »Rassenreinheit« Inzucht, dessen eigene im zweiten Buch behandelt werden wird. Auf fünf Seiten delirierte er bis zu 20-mal in Abwandlungen mit dem von ihm erfundenen Begriff »Rassenwert«, der von Hitler dazu gebraucht wurde, um die Deutschen als nun ebenfalls verinzüchtete »Obermenschen« für die drei Auslöschprogramme und den von Hitler losgetretenen Zweiten Weltkrieg fähig zu machen. *(a. a. O.,* S. 64 ff.)

Hitlers »Politisches Serienkiller-Manifest« ist »in letzter Minute« vor einer Veröffentlichung 1928/29 zurückgehalten worden. Seine Publikation wäre das erfolgreichste Mittel geworden, Hitlers »Machtergreifung« zu verhindern.

Hitlers Dynamik und Politik in Richtung der historisch bekannten Destruktionen im größtmöglichen bisher gesehenen Ausmaß von Gruppen- und Völker-»Ausrottungen« sind geblieben und ab 1939 in tausende Taten umgesetzt worden. Deshalb muss dieses serielle Kill-Manifest in die Welt geradezu hinausgeschrien werden. Denn gerade mit diesem Selbstzeugnis ist Hitler bestens verständlich zu machen.

Das Münchener *Institut für Zeitgeschichte* wird für *Hitler 1 und Hitler 2* andauernd wegen seiner vorbildlichen Tätigkeit nach 1945 betreffs seiner Sammlungen zum Dritten Reich affirmativ zitiert. Es hat nicht nur gesammelt – auch aus US-Beständen –, sondern ebenfalls eigene Zeugen-Befragungen in Auftrag gegeben, wie die des Historikers Georg Franz-Willing, die unverzichtbares Erkennungs-Material zur Hitler-Regierungs- und -Vor-Regierungs-Zeit geworden sind, worüber hier immer wieder bei Einzel-Erwähnungen berichtet werden wird. Jedoch: Wie konnte gerade diesem Spezial-Institut für die Dritte-Reichs-Geschichte solch ein Eigentor passieren, die präziseste Erkennungsmarke des universalen Zerstörers unauffindbar für das allgemeine Publikum zu verstecken.

Das Beste wäre gewesen – und würde es weiterhin noch immer sein –, wenn in der neuen Instituts-Ausgabe von *Mein Kampf* das *Zweite Buch* mitpubliziert worden wäre. Dieser Zusammenhang hätte dann so für sich selbst gesprochen, dass sich die Herausgeber viele Kommentare hätten ersparen können. Hitlers *Zweites Buch* ist der erhellendste Kommentar seines ersten Buches *Mein Kampf.*

In einer derartigen Permanenz der Völker-Ausrottung – als Plan und als Vollzug –, die Hitler im *Zweiten Buch* propagiert hat, befindet sich kein »normaler Heteromann«.

Welch eine Fehlvorstellung waltet da unter Hitler-Biografen auch über die männliche Heterosexualität, als ob die in der Lage wäre, so etwas auszubrüten. Derartige Vorstellungen können sich nur sexualwissenschaftliche Ignoranten leisten, von denen sich die Hitler-Biografik emanzipieren sollte.

Es darf auch nicht vergessen werden, dass alles, was man gegen die heterosexuell »normal« funktionierenden Nazi-Männer Goebbels, Heydrich und Himmler vorbringen kann, richtig ist. Aber: Sie haben solche Texte wie Hitlers *Zweites Buch* nicht fabriziert. Außerdem waren sie Ausführende, Nachvollzieher, Untergebene. Göring ist wegen seiner Schussverletzung im Unterleib während des Hitler-Putsches am 9. November 1923 ein Sonderfall. Aber auch Göring funktionierte heterosexuell zuvor annähernd normal, was er mit der Heirat seiner ersten Frau Carin von Kantzow plausibel gemacht hat, als er noch »gertenschlank« war.

Vor ihrer Berührung mit *Hitler 2*, dem durch den militärpsychiatrischen Eingriff in Pasewalk zu einem »Unnatural« *(Philip Ball)* Transformierten, verfügten alle Nazi-Co-Führer auch über normale Sach-Identitäten von Heteromännern. Goebbels war philosemitischer Autor (Roman *Michael*), Göring war Pilot, Heydrich Violin-Virtuose und Himmler Farmer.

Hitler 1 war gar nichts – ein dilettierender Kunstmaler ohne Berufsausübung und ohne Berufsperspektiven. Und *Hitler 2* war Massenmörder von Gebilden, Einheiten und Zusammenhängen, kaschiert hinter dem Begriff Politiker. *(Hitler,* 25/26, S. 225, Näheres im *vierten Buch)*

»Unbefleckte« Begängnis und das Diener-Geflüster

Ebenso wie die ungekürzte und komplettierte Aussage von Hitlers Sekretärin Christa Schroeder stammt auch das vollständige Zitat der Bemerkungen des *Berghof*-Verwalters Herbert Döhring über Hitlers trockenes Verhältnis zu Eva Braun aus Anton Joachimsthalers Buchveröffentlichung *Hitler Liste* von 2003. Joachimsthaler ist der Erst-Darsteller von Hitlers biografisch toter Hetero-Hose, indem er sich alle Hitler-Freundinnen vornahm, mit denen etwas gewesen sein soll.

Joachimsthalers Auseinandersetzung mit Hitler-Biograf Werner Maser diente als Vorbild für die weiterhin zu führende Auseinandersetzung mit dem Hitler-Gesamt-Biografen Volker Ullrich wegen der Bild-Korrektur Hitlers als eines Mannes der Frauen, als der er bei Ullrich trotz Lothar Machtans schon 2001 vorgenommenem allgemeinem Hetero-Verriss Hitlers immer noch rüberkommt. *(Machtan)*

Joachimsthaler war 2003 wegweisend – zehn Jahre vor Ullrichs Rückdrehung Hitlers zum normalen Heteromann. Machtan (2001/03) und Joachimsthaler (2003) haben von verschiedenen Seiten aus nahezu gleichzeitig eigentlich Endgültiges zu Hitlers nicht-normaler Heterosexualität recherchiert und vorgetragen. Und von der Seite der Hitler-Freundinnen aus liegen die Untersuchungen Anna Maria Sigmunds seit 1998 vor, die in die Hosen aller sogenannter »Hitler-Frauen« hineingeschaut und darin – außer im Falle Eva Brauns – nicht viel bis gar nichts sexuell Lebendiges gefunden und darüber in immer neuen Auflagen ihres Werkes bis 2013 publiziert hat.

Erst in ihrem späteren Nazi-Sex-explorierenden Buch *Das Geschlechtsleben bestimmen wir* von 2008 hält Sigmund es im Anschluss an manchen Eingeweihten für möglich, dass Hitler Eva Braun nur »zur Kaschierung seiner sexuellen Abstinenz benutzte«, *(Sigmund* 08, S. 19) weil er »anscheinend nur einen schwach ausgeprägten Geschlechtstrieb hatte«. Doch beweisen ließe sich nichts. Daher bliebe Hitlers sexuelle Frage »in allerletzter Konsequenz unbeantwortbar«. *(a. a. O., S.* 22)

Die Untersuchungen von diesen drei Wissenschaftlern Machtan (2001/03), Joachimsthaler (2003) und Sigmund (1998–2008) zur Hitler-Heterosexualitäts-Frage konnten Ullrich 2013 nicht davon abhalten, Hitler erneut zu normalisieren. Man sieht erneut, welch ein Drang unter »Normali« danach besteht, Hitler als einen der *Ihren* »körperlich zu besitzen«!

Joachimsthaler verurteilte schon zehn Jahre vor Ullrich diesen Versuch zum Scheitern: »Verschiedene Zeugen des inneren Kreises um Hitler sagten nach dem Kriege aus, dass es sich bei dem Verhältnis Hitler-Eva Braun mehr um eine gute Freundschaft als um eine Liebesbeziehung gehandelt habe [...] Herbert Döhring meinte, ›[...] dass es nicht mal 'n richtiges Freundschaftsverhältnis, sondern eine dahinplätschernde gute Bekanntschaft war.‹ – Danach wären die Sätze über sexuelle Beziehungen Hitlers zu Eva Braun wirklich ein Blödsinn! Nur Werner Maser stellte fest: ›Darüber, dass Hitlers Sexualleben normal war, bestehen keine Zweifel.‹ (Werner Maser [19]75, Heyne, S. 320).« *(Joachimsthaler* 03, S. 604, Anm. 809)

So schreibt Maser auch noch in der 14. Auflage 1995, Heyne, S. 320. Danach, in der 18. und letzten Auflage von Masers Hitler-Gesamt-Biografie, der Sonderausgabe von 2001, ist der Text um viereinhalb Seiten nach vornhin verschoben worden auf die Seite 324, was seit der 15. Auflage 1996 geschah. Auf der dortigen Seite 320 von Masers »Ausgabe letzter Hand« steht noch etwas Weiteres zur Normalität von Hitlers

Sexualleben. Da heißt es: »Dass Hitler tiefer und inniger Liebe [zu Frauen] nicht fähig gewesen sei, wie durchweg behauptet wird, trifft nicht zu.« *(Maser* 01, S. 320)

Gegen Masers »Darüber, dass Hitlers Sexualleben normal war, bestehen keine Zweifel« positionierte sich Joachimsthaler direkt: »Darüber bestehen sehr wohl beträchtliche Zweifel, wie sie auch die meisten, die Hitler näher kannten und sich mit dessen angeblicher Sexualität beschäftigten, zum Ausdruck gebracht haben. Döhring, Schroeder, Hoffmann usw., Menschen, die wirklich lange Jahre in seiner Nähe verbracht haben, sagten aus, dass Hitler mit Eva Braun keine sexuellen Beziehungen gehabt habe. So antwortete der mehrfach erwähnte Hausverwalter Herbert Döhring auf die Frage [2001 im ZDF-Interview], ob Eva Braun und Hitler miteinander intim waren: ›Dafür gibt's kein Anhaltspunkt. Wir, meine Frau hat da nix feststellen können. Wenn irgend jemand von uns, wir waren untereinander so vertraut, seine persönlichen Diener, auch die Zimmermädchen, wir ham so ein kollegiales, familiäres Verhältnis [gehabt]. Die hätten das uns mitgeteilt oder wie. Auch meine Frau in der Wäsche, die war immer neugierig, meine Frau, extra die Wäsche nachgeschaut, vorm Waschen, wenn Hitler weg war. Nix, nix, nix festgestellt ... [im Text] Auch nirgendwo Tücher oder wie, gab keine Anhaltspunkte, nix.‹« *(Joachimsthaler* 03, S. 454, 604, Anm. 796, zitiert aus dem Interview Döhrings, Sommer 2001, im Film von Oliver Halmburger, Loopfilm München)

An diesem vollständigen Zitat ist hervorzuheben, dass es zwei Teile hat, der eine bezieht sich auf die Untersuchung der Braun-Hitler-Bettwäsche, der andere auf die Unterhaltungen unter dem Dienstpersonal. Und wie Rochus Misch (18.) es hinterließ: Keinem ist etwas aufgefallen, niemand hat etwas Intimes bemerkt und darüber eine Andeutung gemacht. Auch das Zimmermädchen Anna hat nichts dergleichen wahrgenommen (14.).

Im Gegensatz zu Misch versicherte Döhring jedoch, dass sich die *Berghof*-Bediensteten im Unterschied zu denen in der Berliner Reichskanzlei, von denen Rochus Misch spricht, selbstverständlich über Braun-Hitlers fehlende sexuelle Spuren ausgetauscht hätten: »Wir waren untereinander so vertraut, seine persönlichen Diener, auch die Zimmermädchen, wir ham so ein kollegiales, familiäres Verhältnis [gehabt]. Die hätten das uns mitgeteilt«. Anders bei den Reichskanzlei-Bediensteten und Hitler-Begleitenden, die oft wechselten und unübersichtlich viel mehr waren als die auf dem *Berghof.* Die *Berghof*-Diener waren eine durch ihr Sein in dem geschlossenen

Gebäude-Komplex verschworene Gemeinschaft, die sich untereinander angefreundet hatte, sodass ein Vertrauensverhältnis aufgebaut
war, in dem auch über das Herrscherpaar gesprochen werden konnte.
Mit Döhrings Kennzeichnung der *Berghof*-Diener als eine Familie
bekommt die Gewagtheit seines Blickes auf die »unbefleckte« Begängnis der Braun-Hitler-Bett- und Handtücher eine solide Basis, nämlich:
Niemand hat etwas bemerkt, auch ohne Laken-Inspektion. Das Die-
ner-Vertrauensverhältnis ist ein Alarm-Zeichen als Massen-Response:
Nicht nur das Ehepaar Döhring hat mit der (Geschlechtslust)»Was-
serprobe« ein negatives Resultat erhalten. Auch dem Chor der Hit-
ler-Leib-Zugesellten hat sich nichts Diesbezügliches erschlossen.

Döhrings negative Aussage zur Intimität zwischen Hitler und
Braun wird noch eine besondere Bedeutung bei der Herannahme des
Widerrufs durch Diener Heinz Linge haben (*AMORO*, zweiter Ja-Sa-
ger) – und bei der Auseinandersetzung mit der siebenten Ja-Sagerin,
Gretel Mittlstrasser, der Nachfolgerin Döhrings, die behauptet hat, sie
hätte Medikamente zur Perioden-Beeinflussung für Eva Braun vom
Arzt holen müssen – angeblich immer während der Zeit, in der der
»Führer« auf dem *Berghof* weilte. (»Kreuzverhör« dieser Spezialaus-
gabe einer Eva-Braun-Hofdame in *HETERO*)

Zur Glaubwürdigkeit Herbert Döhrings folgt die Übermittlung
seiner Daten, die ihn für etwa acht Jahre lang Hitler gegenüber als
nah erweisen: »Herbert Döhring, Bauer, geboren am 29. 9. 1913 in Paa-
ris, Kreis Rastenburg (Ostpreußen) [eineinhalb Jahre jünger als Eva
Braun!], gestorben am 23. 12. 2001 in Hersbruck. 1934 mit 21 Jahren zur
SS-Leibstandarte (SS-Nr. 268 076) nach Berlin. 1935 Kommandierung
zum Wachkommando Obersalzberg. Dienst als Telefonist und da
Hitler aufgefallen. Am 15. Mai 1936 mit [noch nicht] 23 Jahren Hausverwalter im Haus Wachenfeld bzw. Berghof Hitlers. Mit der Köchin
Hitlers, Anna Krautenbacher, seit 10. 12. 36 verheiratet. Ab Ende 1942
zum Kriegsdienst bei der Waffen-SS (SS-Untersturmführer) eingezogen und Einsatz in Russland. Verwundet. 1945 im Lazarett in Hamburg [...]« *(Joachimsthaler* 03, S. 586, Anm. 239)

Somit schied Döhring als Hausverwalter Militärdienst-rechtlich
Ende 1942 aus, praktisch jedoch erst am 28. Februar 1943. Er war durch
seine Telefonisten-Tätigkeit bei Hitler ab 1935 insgesamt fast acht Jahre
in nächster Nähe des »Führers«. Döhrings Nachfolger Willi Mittlstrasser trat die Nachfolge erst im Frühjahr 1943 an.

Auf der letzten Seite der Neuausgabe von Kammerdiener Karl Wilhelm Krauses Erinnerungen *Im Schatten der Macht. Kammerdiener
bei Hitler* wird Werbung für die zwei Hitler-*Berghof*-Filme Teil I und

Teil II gemacht:»Herbert Döhring war acht Jahre lang, von 1935 bis 1943 [zuerst als Telefonist und dann] als Hausverwalter des Berghofes im persönlichen Dienst Hitlers tätig [...] vom 13. Mai 1935 bis zum 28. Februar 1943.« *(Krause* 11, S. 96)

Döhrings Interview von 2001 im *Berghof*-Film von Oliver Halmburger mit seinem Kommentar zur Braun-Hitler-Beziehung ist sozusagen ein Spät-Zeugnis, keine Sofort-Äußerung bei US-Verhörern und in Publikationen direkt nach 1945. Man merkt Döhrings Einschätzung des Braun-Hitler-Verhältnisses das Verstreichen der Zeit von mehr als einem halben Jahrhundert an. Zwischen 1945 und der Jahrtausendwende liegt die »sexuelle Revolution«.

So genau, wie Döhring sich über die Nicht-Existenz der Trivial-Folgen von sexueller Tätigkeit mit seinem Hinweis auf das Rückstandslose von Braun-Hitlers Bettwäsche ausgelassen hat, wurde direkt nach 1945 noch nicht geredet.

Döhrings »unbefleckte« Begängnis wird ihn als Zeugnis-Markenzeichen verewigen, das ihm speziell als einem (ostpreußischen) Bauern möglich war, der von klein auf gelernt hatte, auf jegliche Art von Sexualität genau zu schauen. Döhring war wegen dieser Kombination zu einer Nach-68er-Bemerkung fähig. Er benutzte kein Fremdwort, wie »platonisch« oder »Erotik«, die von Abwehrmechanismen weggeschoben und daran gehindert werden können, ihre aufklärende Wirkung zu entfalten.

Die Diskussion um Hitlers nicht-existente Heterosexualität und sein nicht-feuchtes Verhältnis zu Eva Braun wurden von Döhring mit der präzisen Erfassung des Hitler'schen Non-Hetero-Sexes aus der ordinären Folgen-Beschreibung herumgerissen.

Der 86/87-jährige Herbert Döhring hat im Jahre 2000/01 noch ein zweites Interview gegeben, von dem Anton Joachimsthaler nichts wusste. Döhring äußerte sich für die einstündige TV-Dokumentation *Adolf and Eva* der englischen Filmemacherin Marion Milne, Erst-Sendung am 29. April 2001 – noch vor seinem Auftritt im deutschen Fernsehen. *(Lambert* 06, S. XII, Anm. 5, *Milne)*

Das Bemerkenswerte: Für die Briten spricht Döhring nicht durch die Blume wie für die Deutschen:»An den Folgen sollt Ihr sie erkennen!« – Keine Intimsekret-Spuren auf den Laken und Handtüchern = kein Geschlechtsverkehr stattgefunden.

Döhring votiert im englischen Fernsehen für ein Adolf without Eva. Sein Diktum lässt an Klarheit nichts zu wünschen übrig:»Hitler war unfähig dazu. Darin könnte der größte Teil der Ursache liegen, warum Eva Braun immer so unbefriedigt war.« *(Lambert* 06, S. 244, Anm. 18)

»Bei Liebschaften ist es zu keinem intimen Verkehr gekommen«

22. Zeuge – Hitlers »Sturm«-Gefährte und zweiter »Leibfahrer« Emil Maurice

Emil Maurice (1897–1972) war Hitlers nahester Duzfreund aus den frühen Schläger-Tagen um die Münchener Putschzeit 1923. Er und Hitler waren in den Jahren ihrer Freundschaft zwischen 1921 und Ende 1927 zuweilen auf »Jung-Mädchen-Eroberung« gegangen, wobei Hitler mit dem Backfischfang nur Tee-nachmittäglich charmierte und nichts Weiterführendes arrangierte – das überließ er dem Praktiker Maurice. *(Schroeder 99*, S. 153, *Sigmund 08*, S. 17, *Sigmund 98*, S. 94, *Sigmund 05*, S. 94 f.)

Von diesem Spontan-Anmachen schöner Frauen und junger Mädchen berichten auch zwei andere Leibnahe Hitlers, die späteren Diener Karl Wilhelm Krause und Heinz Linge.

»Begeistert« von der weiblichen Schönheit ließ Hitler die Frauen frisch von der Straße weg oder nach einem Opernabend zu einem Date einladen. Doch es blieb immer bei einem Plauderstündchen mit Mineralwasser-Trinken und Weggeschickt-Werden – auf Nie-mehr-Wiedersehen. Keiner der beiden Diener machte einen Hinweis auf ein Bett-Ergebnis zwischen Hitler und der Neuen. Auch von anderer Seite her wurde so etwas nicht behauptet. *(Krause,* S. 47/43, *Linge* 55/56, Nr. 48 v. 26. 11. 55, S. 34, Nr. 52 v. 24. 12. 55, S. 32 f.)

Maurice stand Hitler sieben Jahre lang Leib-nah, war in beider Straßenmädchen-Abenteuer verwickelt und im Unterschied zu Hitler mit Frauen immer Bett-aktiv. Wenn ein solcher Zeuge feststellte: »Da war schon in Hitlers Münchener politischer Frühzeit das ›Berghof‹-Verwalter-Döhring-Laken-›Nix‹«, dann muss eine derartige Aussage für bare Münze genommen werden.

Maurice gab bei seinem Verhör vor den Amerikanern im Juni 1945 zu Protokoll: »Zur Beantwortung der sexuellen Frage glaube ich bestimmt sagen zu können, dass es bei keiner der verschiedenen kürzeren oder längeren Liebschaften Hitlers zu einem intimen Verkehr gekommen ist. Er fürchtete wohl zu Recht, ein geschlechtlicher Verkehr hätte ihn nur an die Frau oder das Mädchen gebunden. In diesem Sinne sprach er oft. Er, der die Abwechslung liebte, wollte frei sein.« (Verhör von Emil Maurice am 5. Juni 1945 in Augsburg durch das US-*Counter Intelligence Corps* [CIC] – Kopie der Abschrift der Vernehmung im Besitz von Anna Maria Sigmund, die die Passage 2003 zum ersten Mal publizierte. *[Sigmund* 03/05, S. 94 f., 79 ff., 301 ff., 336, Anm. 30 f.])

»Bei keiner der verschiedenen kürzeren oder längeren Liebschaften Hitlers zu einem intimen Verkehr gekommen« – von Maurice gemeint waren Hitlers Geschichten während der Zeit zwischen 1921 und 1927 mit Ada Klein, Maria Reiter und Margarete Slezak, erst recht die Anbahnungen von namenlosen Nachmittags- und Abend-Bekanntschaften.

Wenn drei Zeugen zu verschiedenen Zeiten und Gelegenheiten das Gleiche sagen – Maurice 1945, Krause 1949 und Linge 1955 –, dann kristallisieren sich die Aussagen zu historischen Wahrheiten heraus.

Maurice hat in seiner Zeit mit Hitler, in der er vorübergehend mit ihm auch zusammenwohnte, die Lampe sogar über Hitlers »längere Liebschaften« halten können und dessen Horizontale ausnahmslos vakant vorgefunden. In Maurices Übermittlung lag keine Spur von Gehässigkeit gegenüber Hitler im Döhring'-Hanfstaengl'schen Sinne, Hitler wäre impotent gewesen (5., 4. Zeuge). Maurice begründete Hitlers sexuelle Enthaltung in naiver Gutherzigkeit aus angeblichem freien Willen heraus, Hitler habe frei sein wollen. Gerade diese Neutralität in Maurices Aussage macht sein Zeugnis unangefochten authentisch.

Doch wie war es mit Maurices Verlobter Geli Raubal? Hat Hitler den Othello Ende 1927 ohne jegliche sexuelle Grundlage aufführen können? Oder war da doch Sex mit im Spiel?

Geli Raubal (1908–1931) war eine Männerfrau, trat mit Verhältnissen in Erscheinung, ehe Hitler sie psychisch besetzte und im Oktober 1929 bei sich in seiner neuen großen Wohnung am Münchener Prinzregentenplatz 16 einziehen ließ. Raubal hatte auch danach Männerbekanntschaften. Ihre kurze Verlobung mit Maurice kann von Maurices Draufgänger-Naturell her keine reine Distanz-Angelegenheit gewesen sein.

Hitler hat sich ein einziges Mal Furien-eifersüchtig benommen – und die Entlobung zwischen Geli und Emil im Dezember 1927 erzwungen, aber seltsamerweise seinen alten Fahrer und Leibdiener, der nach der Trennung von Hitler ein unauffälliges, NSDAP-gestütztes Leben als Uhrmacher in München führte, nicht in der »Nacht der langen Messer« während des »Röhm-Putschs« (30. Juni–2. Juli 1934) umbringen lassen. Stattdessen hat er ihn bei halböffentlichen Gelegenheiten zuweilen sogar wiedergesehen.

Hitler – Geli = »nichts mit einem unmoralischen Verhältnis zu tun«

Die Übermittlungen durch Hitlers naheste Personen widersprechen einander darin nicht, dass Geli Raubal einen besonderen Stellenwert in Hitlers Gefühlshaushalt eingenommen hatte. Doch auch die

Onkel-Nichte-Beziehung setzte die Tatsache von Hitlers Low-Sex-Konditionen nicht außer Kraft.

Wenn Klarheit über die Art einer Beziehung erreicht werden muss, genügt oft schon die Beschäftigung mit den einfachen Fragen: Wann und wo soll geschlechtlich verkehrt worden sein?

Geli Raubal lebte vom 5. Oktober 1929 bis zu ihrem Tod am 18./19. September 1931 für fast zwei Jahre in Hitlers Neun-Zimmer-Wohnung in der zweiten Etage am Prinzregentenplatz 16 in München. Dort wohnten außer Onkel und Nichte noch weitere zwei Personen, die Hitler für eine Wohngemeinschaft aufgenommen hatte. Das waren seine Haushälterin Anni Winter und ihr Mann Georg. Hitler war willentlich in seiner Wohnung prinzipiell nie allein.

Ein permanentes gemeinsames Unter-einem-Dach-Sein von vier Personen – Hitler, Raubal und zwei faktotische Lampen-Halter mit vier Augen und ebensovielen Ohren, die nach 1945 von ihrer Zeugenschaft über Sexual-Spezifisches zwischen Hitler und Raubal etwas hätten herauslassen können. Stattdessen nur lapidar das Resumee: Die Beziehung zwischen Onkel und Nichte habe »nichts mit einem unmoralischen Verhältnis« zu tun gehabt, war nur eine »mit Eifersucht durchtränkte platonische Liebe«. So äußerte sich Haushälterin Winter im Einklang mit den Wahrnehmungen von Sekretärin Schroeder. (*Joachimsthaler* 03, S. 339, *Schroeder* 85, S. 234)

Also Affekt – ja, darüber hinaus sogar eine Zukunfts-Potenzialität des »Wenn heiraten, dann Geli!«, aber voreheliche genitale Praxis zwischen Hitler und Raubal – nein! Wieder ist das allem Feuchten den Garaus machende Fremdwort fürs Trockene gefallen: das Verhältnis Hitler-Raubal = platonisch.

Um die Jahrtausendwende 1998/2003 wurde von den Pionieren in der Hitler-Biografik, Anna Maria Sigmund und Anton Joachimsthaler, die Nachricht gestreut, Hitler hätte von Anfang an in seiner Münchener Wohnung am Prinzregentenplatz mit noch drei weiteren Personen zusammengelebt, also zwischen 1929 und 1931 nicht nur zu viert, sondern zu sechst bis siebent. Zwei zusätzliche Mitbewohner wären die ehemaligen Vermieter seiner bisherigen Wohnung in der Thierschstraße gewesen, in der er von Mai 1920 bis Oktober 1929 gelebt hatte. Wie mit seinen Mitarbeitern Max Amann und Fritz Wiedemann hätte Hitler die Rollen diesmal in seinen privaten Umständen vertauscht. Aus ehemaligen Kriegsvorgesetzten hatte er Untergebene gemacht. So wäre es mit »den Reicherts« geschehen. Aus ehemaligen Vermietern wären Untermieter geworden.

Wegen Untrainiertheit in richterlicher Prozessführung, die auch keinerlei Amtszeugnissen ungeprüft glauben darf, sind Sigmund und Joachimsthaler einem der übelsten Tricks des damaligen bayerischen Justizministers Franz Gürtner aufgesessen, der die mit ihm unter einer Decke steckenden Münchener Kriminalpolizisten zu der Erfindung animiert hatte, die plötzlich tot in Hitlers Wohnung aufgefundene Raubal nicht als Hitlers Untermieterin, sondern als Untermieterin seiner erfundenen Untermieter Reichert zu fingieren. Gürtner war einer der raffiniertesten Public-Relation-Spezialisten in Sachen Nazi-Promotion und hat mit dieser Fähigkeit 20 Jahre lang zuerst als bayerischer und dann als gesamtdeutscher Justizminister Hitler gedient (*drittes Buch*).

Da das Reichert-Ding und der Glaube der Hitler-Biografik ab Sigmund und Joachimsthaler bis zu Plouvier und Ullrich an den Justiz- und Polizei-Coup wegen der Herausarbeitung von Hitlers Heterosexualität und Serienkiller-Qualität eine derartige Rolle spielt, musste eine eigene Reichert-Forschung unternommen werden, die in einem Extra-Kapitel referiert wird (*zweites Buch*). Bis zu dieser Aufhellung des juristischen Täuschungsmanövers muss erst einmal unbewiesenermaßen die Information hingenommen werden: Es waren niemals sechs bis sieben Personen, die in der Hitler-Wohnung am Prinzregentenplatz lebten, sondern zuerst zwei Jahre lang vier und dann nach dem gewaltsamen Tod von Raubal drei.

Klar soll hier lediglich gemacht werden: Hitler und Raubal lebten nie allein zusammen. Hitler war in seiner eigenen Wohnung nie in einem unbeobachteten Zustand, um mit seiner Nichte alle denkbaren »Tassen hochgehen zu lassen« (Ihm wurden ja auch »pervers-abartige« Praktiken mit Raubal und anderen Frauen wie der Filmschauspielerin Renate Müller angedichtet, worüber unter *PERVERSO* nachzulesen ist).

Das kategorische Nein zum Sex zwischen Hitler und Raubal ist sogar auch von Gelis Seite her stützbar: Es gab mehrere Bündel hinterlassener Liebesbriefe von Männern an Geli, die später vom Adjutanten Julius Schaub verbrannt wurden, gemäß Hitlers letztwilligem Befehl zur Vernichtung seines Nachlasses. *(Joachimsthaler 03, S. 324 f.)* Einer dieser Briefe war von Gelis Mutter in Österreich, Hitlers Halbschwester Angela Raubal, abgefangen worden.

Die Handschriftfassung des an Gelis Onkel Adolf nach München weitergeleiteten Liebesbriefes hatte Sekretärin Schroeder in Maschinenschrift übertragen müssen und sich für ihre Unterlagen vor Schaubs Vernichtungsaktion eine Kopie zurückbehalten, deren Inhalt sie in ihre Erinnerungen *Er war mein Chef* einfügte: Das Schreiben des Geli-Verehrers entlarvt eine Sexpraxis-nahe Liebesbeziehung zwischen Geli und einem fremden Heiratskandidaten, der sich über die Ehe-Hinausschiebungs-Maßnahmen Onkel Adolfs empörte. *(Schroeder 85, S. 235 f.)*

Aber schon während Gelis erster Zeit in München vor dem gemeinsamen Zusammenleben mit ihrem Onkel ab Herbst 1929 am Prinzregentenplatz gibt es unverbrüchliche Zeugnisse zu Gelis libidinösen Interessen jenseits von Onkel Adi. Nach der Öffnung von Emile Maurices Nachlass trudelten Liebesbriefe Gelis an Maurice aus den Papieren. Sie war nicht interessiert an sexuellen Beziehungen mit ihrem Onkel. Dieser Fakt wurde zur Basis des ganzen Buches von Anna Maria Sigmund *Des Führers bester Freund. Adolf Hitler, seine Nichte Geli Raubal und der »Ehrenarier« Emil Maurice. Eine Dreiecksbeziehung. (Sigmund 03/05)* »Die angebliche Liaison Adolf Hitlers mit seiner Nichte Geli Raubal erwies sich mit dem Auftauchen des Maurice-Nachlasses als Chimäre. Geli liebte, wie aus einem ihrer Briefe ersichtlich, Emil Maurice.« *(Sigmund 08, S. 55)*

Den frühen Tod Gelis mit 23 Jahren versucht die neueste Hitler-Forschung nicht mehr aus Gewalt und Leidenschaft herzuleiten, mit denen Hitler gegenüber seiner Nichte auch physisch-destruktiv gewirkt habe. (So ab *Schaake*, S. 133 ff. bis zu den Jahrtausendwende-Erhebungen der Hitler-Biografik: *Bullock* 64–73 ff., S. 393 ff., *Maser* 78 ff., S. 316, Anmerkung*, *Fest* 73 ff., S. 447 f, *Zentner/Bedürftig*, S. 468, *Steinert* 91, S. 237 f., *Kershaw* 98, S. 351 ff., *Sigmund* 98, S. 148 ff., *Schaake/Baeurle*, S. 133 ff., *Hauner*, S. 74, *Plouvier* II, S. 251 ff., *Goertemaker* 10, S. 53 f., *Ullrich*, S. 314, *Longerich* 15, S. 234 ff., *Sandner* II, S. 862 ff.) Nur die beiden Außenseiter und Hitler-Frauenbeziehungs-Spezialisten Ronald Hayman und Anton Joachimsthaler hielten die Selbstmord-These nicht für glaubwürdig und brachten dagegen eine Vielzahl von Ungereimtheiten vor *(zweites Buch). (Hayman, S. 171 ff, Joachimsthaler 03, S. 328 ff)* Eine kriminalistische Klarheit jedoch gibt es nicht, da in dem Fall keine echten polizeilichen und gerichtsmedizinischen Untersuchungen vorgenommen wurden. Es fand keine Obduktion von Gelis Leiche statt. Wenn Selbstmord, dann Kurzschluss, weil Geli sich in einer biografischen Klemme zwischen Onkel Adolf in München und Mutter Angela in Österreich befand, zwischen denen sie andauernd hin und her pendelte und dadurch zu keinem eigenen Leben fand.

Aussagen der Münchener Mitbewohner, des Ehepaars Winter, lassen keinen Unfall Raubals wegen einer Unachtsamkeit im Umgang mit

der Waffe ihres Onkels als möglich erscheinen. Schon ihre Freundin Henriette von Schirach, Leibfotograf Hoffmanns Tochter, hat einen Unfall ausgeschlossen, denn Geli hätte einst mit Schirach gemeinsam Schießübungen mit Hitlers Pistole unternommen. *(Schirach 83, S. 67)* Nach Hitlers Abreise am Freitagnachmittag, dem 18. September 1931, hätte Geli sich in ihr Zimmer eingeschlossen und sich irgendwann am Abend oder in der Nacht zum Samstag, dem 19. September, mit Hitlers Walther-Pistole einen Lungenstreifschuss zugefügt, an dessen Folgen sie erstickt wäre – so die heute allgemeine, immer noch zweifelhafte Verständigung der Historiker. Aktuelle kriminaltechnische Statements versuchen, die Selbstmord-Version des Raubal'schen Todes plausibel zu machen: Gelis Zimmer wäre abgeschlossen gewesen, die Pistole auf der nackten Brust angesetzt worden, um ein Sich-Verhaken oder Fehlgeleitetwerden der Kugel zu vermeiden. Mit dieser Technik hätte Geli einen Herzschuss vollführen wollen, der nicht ganz gelang. Keiner der beiden in der Hitler-Wohnung Mitlebenden hätte einen Schuss gehört. Erst als Geli am nächsten Tag nicht wie sonst zum Frühstück erschien, wurde die verschlossene Tür ihres Zimmers vom Mitbewohner Georg Winter, dem Mann der Haushälterin Anni Winter, aufgebrochen und ihre Leiche gefunden. Kein Abschiedsbrief! 60 bis 70 Prozent der Selbstmörderinnen und Selbstmörder hinterlassen keine letzten Nachrichten! *(ZDF Hitler und die Frauen 2011)*
   [Im *zweiten Buch* wird der Fall Geli Raubal noch einmal aufgerollt und das Sich-Einrichten der Hitler-Biografik in der Selbstmord-These hinterfragt werden. Spielt der gewaltsame und bisher nicht restlos geklärte Tod Geli Raubals doch eine zentrale Rolle für die hemmungslose Befriedigung von Hitlers delegierendem Serienkiller-Naturell?]

Der Musterzwang zwischen Hitler und seiner Nichte Geli

Von Hitlers Seite aus ist jetzt nur die Klärung nötig, um was für eine Beziehung es sich bei ihm gegenüber seiner Nichte gehandelt hat. Hitler war in einen psychischen Musterzwang geraten. Sein Vater Alois hatte in dritter Ehe dessen Nichte ersten Grades geheiratet, Hitlers Mutter Klara *(zweites Buch)*. Hitler erlag diesem Familienmuster, nachdem er Geli, seiner Halbnichte ersten Grades, der 16-jährigen begabten Schülerin, zum ersten Mal begegnet war. Sie und ihr um zwei Jahre älterer Bruder Leo hatten 1924 ihren Onkel Adolf, den sie persönlich noch nicht kannten, in der Festung Landsberg besucht. Ein zweites Treffen zwischen Onkel und Nichte fand 1926 statt, aus Anlass eines Ausflugs von Gelis Linzer Schulklasse nach München. Das junge Mädchen war inzwischen 18. Im Juni des nächsten Jahres machte Geli ihr Abitur und zog im Dezember 1927 zwecks Studiums der Medizin nach München. *(Joachimsthaler* 03, S. 311 f.) Der Musterzwang ist der Zwang, unbewältigte Geschehnisse in der nächst-folgenden Generation innerhalb eines Kleinfamilien-Milieus zu wiederholen. Dann nämlich, wenn das Eltern-Kind-Verhältnis zu nah war und eine Ablösung des Jugendlichen von seinen Primärpersonen nicht stattfand.

Beispiele: Eine Mutter stirbt mit 40. Ihr Sohn geht eine Beziehung zu einer Frau ein, die mit etwa 40 einen tödlichen Unfall erleidet.

Eine Mutter verliert ihren Mann an Leukämie. Der Partner ihres schwulen Sohnes stirbt ebenfalls an Leukämie.

Der Musterzwang wirkt nicht immer so platt tödlich, wie bei diesen Beispielen.

Die Duplizierung von Verhaltensweisen ist es, die im Musterzwang generativ ihr Unwesen treibt. Es wirkt ein ungewollter biografisch-kopistischer Mechanismus zwischen Altvorderen und Nachfahren. Nicht Identifikation eines Menschen mit den Personen, die sein Aufwachsen begleitet haben, sondern ein Wiederholungs-Magnetismus geschieht, der sich ausgerechnet in den negativen, weil unbewältigten Ereignissen der Eltern-Kind-Beziehung seine Bahn bricht. Das Unbewältigte spukt durch die Generationen und bricht sich eine Bahn in den unschuldigen Nachgeborenen. So geschieht es im kleinfamiliären psycho-strangulativen Milieu, in dem auch Adolf Hitler aufgewachsen ist. Hitlers unabgelöste Nähe zu seiner Mutter tönt Hitler-biografisch aus allen Zeugnissen, deren Echo in den Einzel- und Gesamt-Biografien widerhallt.

Der Musterzwang verfolgt Menschen bis in ihre unwillkürlichen Aktionen hinein. Er kann zunächst nur konstellativ zum Ausdruck gebracht werden, hat aber auch dann negative Wirkungen, wie sie bei Adolf Hitler in seinem Verhältnis zu seiner Nichte Geli Raubal in Erscheinung traten. Hitler unterlag dem Zwang, seine Nichte eheähnlich – wie sein Vater dessen Nichte ehelich – an sich zu fesseln, koste es, was es wolle, sogar Gelis Leben.

Nach den beiden Treffen zwischen Hitler und der 16/18jährigen Schülerin in München 1924 und 1926 agierte Hitler marionettenhaft »an der Emotionsleine« seiner Nichte auf ein Immer-Näher-Kommen hin. Im Sommer 1927 machte Geli in Linz ihr Abitur. Alsdann holte Hitler die 19-Jährige im Dezember 1927 nach München, diesmal zum Bleiben und in München-Studieren. Zwei Jahre später lud er die gerade Volljährige ein, mit ihm ab 1. Oktober 1929 in seiner ersten herrschaftlichen Wohnung, der am Prinzregentenplatz, zusammenzuleben.

Sofort, als er Ende 1927 von dem Verlöbnis zwischen Geli und seinem Fahrer und Diener Emil Maurice erfuhr, erzwang er die Entlobung, trennte sich von Maurice, um seine Nichte immer enger an sich binden zu können. Das letzte Gespräch zwischen Onkel und Nichte, über das Hitler sich am 19. September 1931 während seiner Vernehmung durch die Münchener Polizei äußerte, fand angeblich am Nachmittag des 18. September 1931 kurz vor seiner Abreise aus München statt. *(Sigmund* 03, S. 175 f.)

Geli wollte zurück nach Wien. Hitler: Ja, aber nur, wenn sie dort mit ihrer Mutter zusammenzieht. Geli sollte auch außerhalb von Hitlers Münchener Wohngemeinschaft biografisch für ihn weiter griffbereit bleiben, was am leichtesten ging, wenn sie bei ihrer Mutter, seiner Schwester, wohnte.

Das alles sind psychisch interaktive, weil generativ wirkende Vorgänge, Fixierungen, Verstrickungen und Zwänge.

Dass daraus aber jemals Sexualität zwischen Geli und Hitler erfolgt wäre, darüber gibt es keinen glaubhaften Zeugen, dazu existiert kein einziges relevantes Zeugnis *(PERVERSO).* Im Gegenteil: Alle heute erreichbaren seriösen Zeugnisse sagen nein zu jeglicher praktizierter Genitalität zwischen Onkel und Nichte.

Daher die heutige Gewissheit über das Verhältnis Hitler-Geli: Keine Gegenstimme unter den Hitler-Ganz- oder -Teil-Biografen zu dem Fakt, dass Hitler gegenüber seiner Nichte Geli das erste und einzige Mal in seinem Leben in einen libidinösen Höchst-Affekt geraten war, sodass sein früher Psycho-Spiritu-Intimus Ernst Hanfstaengl in dessen »verschwiegenen« *Erinnerungen* Klartext schreiben konnte. Hitlers Gefühle zu Geli hätten ihm »das erste und einzige Mal in seinem Leben die natürliche Bahn seiner männlichen Libido verschafft«. *(Hanfstaengl,* BSB, S. 198)

Trotzdem blieb die »natürliche Bahn seiner männlichen Libido« »oben« stecken, kam es mit seiner Nichte zu keinem natürlichen Vollzug von Hitlers Männlichkeit »unten«.

Emil Maurice hatte sich in Geli möglicherweise schon 1924 bei ihrem Besuch ihres Onkels Adolf in der Landsberger Festung verliebt, in der auch Maurice wegen Beteiligung am Hitler-Putsch einsitzen musste. Sofort im Dezember 1927 hatten sich Emil und Geli verlobt, kaum dass Geli in München eingetroffen war, um dort Medizin zu studieren. Maurice berichtete, Hitler wäre Othello-eifersüchtig geworden, als er von der Verbindung Emil-Geli erfuhr. »Ich glaube ernstlich, er wollte mich in diesem Augenblick erschießen.« *(Sigmund* 03, S. 125 f.) Unmittelbar nach seinem Eifersuchts-Anfall trennte Hitler sich von Maurice, enthob ihn aller Funktionen und verbannte ihn aus seinem Leben.

Das zuerst Lustvolle in der Beziehung zu ihrem Onkel Adolf korrumpierte Geli auf Dauer: Sie war 1931 seit vier Jahren bevorzugte Begleiterin eines der aufregendsten deutschen Zeitgenossen der 1920er Jahre. Und der Onkel feuerte auf sie darüber hinaus auch noch permanent amouröse Schüsse ab. Sie stand ohne eigene Leistungen im Rampenlicht, würde es heute heißen. Doch allmählich war von ihr nichts anderes mehr übrig geblieben, als dass sie begleitet wurde. Hitler verlangte fast bei jedem ihrer Ausgänge eine Begleitperson aus seiner Entourage an Gelis Seite. Alles um Geli Raubal herum war zu Adolf Hitler geworden. Gelis Situation hatte sich so sehr verkrasst, als ob sie mit den Armen einer Krake verheiratet gewesen wäre – nicht einmal mit deren Kopf –, die sie mehr und mehr erdrückten. Sie war am Schluss ihres Lebens umfassend fremdbestimmt und beabsichtigte, sich aus dieser Strangulierung zu befreien.

In ihrem Zimmer wurde der abgebrochene Brief an eine österreichische Freundin gefunden – stärkster Beleg gegen die neuerliche Hitler-forscherische Selbstmord-Thesen-Euphorie. Der abgebrochene Brief beweist Gelis Lebenswillen und ihre Aufbruchspläne. Auch der Dirigent, Komponist und Wagner-Experte, Adolf Vogel, der Geli im Zusammenhang mit ihrem Gesangsstudium näher gekommen war, stemmte sich vehement gegen die Selbstmord-Version zu Gelis gewaltsamem Tod. *(Vogel)*

Summe Geli

Trotz Hitlers Libido-Hochkochen in seinem Verhältnis zu Geli Raubal änderte diese Beziehung nichts am Sach-, vielmehr Personverhalt der heterosexuellen Unterbelichtetheit Adolf Hitlers, die der erste Reflekteur von Hitlers Psycho- und Sexo-Bedingungen, der psychiatrische Zeitgenosse der Hitler-Generation Johann Recktenwald, als »Hyposexualität« charakterisiert hat *(Recktenwald*, S. 57), wie eine solche auch schon der erste große britische Nachkriegs-Biograf Hitlers, Alan Bullock, statuieren musste. *(Bullock* 64–73, S. 392 f.)

Das Beiwort »hypo« ist nicht zu verwechseln mit seinem Gegenteil »hyper«. »Hypo« (griechisch) bedeutet in Wortkombinationen »unzureichend«, »herabgesetzt«, »mäßig«, »mangelhaft« – definitorisch geortet als »unter«, »minder« und »weniger« = »fast nichts«.

Die Heftigkeit, die an Hitler von allen Seiten in seinem Verhältnis zu seiner Nichte beobachtet wurde, war Trieb, aber kein heterosexueller Geschlechtstrieb, sondern ein »nuclear family desire«, nachweisbar im Musterzwang. Wenn Geli nicht Hitlers Nichte gewesen wäre, hätte er sie nicht weiter beachtet. Denn dieses Frauen-Nicht-Beachten betrieb er seit Jahrzehnten dutzendfach, da Dutzende schon seit Kubizeks Zeiten in Linz und Wien an Hitler interessiert waren. *(Kubizek 95, S. 229, 231 ff.)* In München ab 1919 wuchs die Zahl der Frauen auf Hunderte bis Tausende, in Berlin ab 1933 dann auf Millionen. Hitler erhörte keine.

Eva Braun – *»die unglücklichste Frau Deutschlands«*

23. *Zeuge* – Hitlers vierter »Leibfahrer« Erich Kempka

Erich Kempka war Hitlers Fahrer von 1932 bis 1945 – nach Emil Maurice (1921–1927) und alsdann neben und nach Julius Schreck (1928–1936). Kempka äußerte sich 1947 in seinem Verhör durch den Nürnberger Anklage-Vertreter, den US-Richter Michael Musmanno, über die Frau-Mann-Bedingungen beim Paar Braun-Hitler. Kempka beschrieb Brauns Existenz an der Seite Adolf Hitlers: »Sie war die unglücklichste Frau in Deutschland.« *(Kempka 47)*

Von Hitler ist seit Langem bekannt, dass er ein Auto-Narr war. *(Ullrich, S. 449 ff.)* Doch verblüffenderweise konnte er selbst nicht fahren. *(a. a. O., S. 450)* Ein Verhaltensmerkmal, dessen genital-bezügliche Interpretation im Moment ausgespart wird.

Hitler hätte zu Anfang seines Lebens als *Hitler 2* in München ab Ende November 1918 genug Zeit und auch Gelegenheiten gehabt, das Autofahren zu erlernen. Er leistete sich stattdessen mit seinen »Leibfahrern« schon zu seiner Frühzeit eine intimst denkbare Seit-an-Seit-Busenfreundschaft, indem er immer vorn auf dem Beifahrer-Sitz saß und seine Lenkrad-Steuerer oft zu den tollsten Über-100-Stundenkilometer-Geschwindigkeiten ankitzelte, um in seinen Mercedes-Benz-Gefährten gemeinsam mit seinen Chauffeuren durch die Gegend zu rasen. Nicht nur sausende Geschwindigkeit nach vorn, sondern auch Emotions-Speed zur linken Seite hin, zu seinen immer selben »Leibfahrern«, ist belegt = ganz enge siebenjährige Freundschaft mit Emil Maurice bis zum Geli-Maurice-Verlobungs-Knatsch im Dezember 1927.

Beim Tod von Hitlers nächstem »Leibfahrer« Julius Schreck 1936 war Hitler so tief ergriffen, dass er sich ähnlich wie nach dem gewaltsamen Tod seiner Nichte Geli Raubal 1931 für einen lebensgeschichtlichen Moment zurückziehen musste. *(a. a. O., S. 631)*

Wenn ein noch ziemlich junger Mann von Anfang zwanzig in eine solche Gefühls-Siedehitze von Hitler gebracht wurde, öffneten sich auch andere Befindlichkeits-Poren. Erich Kempka (1910–1975) nahm seinen Dienst bei Hitler als »Leibfahrer« mit 21½ Jahren auf – am 29. Februar 1932, weil er zu dieser Zeit in Hitlers SS-Begleitkommando kam und der Vertreter von Hitlers damals »erstem [Leib]Fahrer« Julius Schreck geworden war. Das alles geschah genau im Monat vor Beginn der engeren Beziehung zwischen Braun und Hitler im März 1932.

Also ist Wahrheit über Hitlers sexuelle Angelegenheiten wieder aus einer menschlichen Nähe zwischen ihm und jemandem zu pressen. »Leibfahrer« Erich Kempka kannte auch Eva Braun genau. Er fuhr sie meist, wenn sie während Hitlers Anwesenheit in dessen Münchener Wohnung am Prinzregentenplatz zu ihm zu Besuch geholt werden sollte. Kempka gab zu Protokoll, dass ab 1932 keine andere Frau mehr außer Eva Braun in Hitlers Auto sitzen durfte. (Kempka 47, Lambert, S. 254)

Trotzdem definierte dieser junge Mann und Hitlers Auto-Alter-Ego seine Generations-Genossin Eva Braun als »unglücklichste Frau in Deutschland«.

Das tat Kempka nicht wie viele seiner 22 Vorzeugen aus der statischen Nähe eines Arztes, Dieners, Freundes, Verwalters oder sonstigen Funktionsträgers oder der Position einer der vier Sekretärinnen, sondern aus der Rolle von Hitlers Auto-Sausebraus, des »Leibfahrers«, mit dem routinemäßig durch Deutschland gekurvt wurde, was Hitler lieber tat als zu fliegen oder mit der Bahn zu fahren.

Mit »unglücklichster Frau in Deutschland« war gemeint, dass »Leibfahrer« Kempka den Stab über der sexuellen Erfüllung Eva Brauns brechen wollte. Dass Kempka mit der Bemerkung, Braun sei »die unglücklichste Frau in Deutschland«, tatsächlich sexuelles Unglück hat treffen wollen, ergibt sich aus Kempkas eigenen Lebensbedingungen. Er selbst war verheiratet und wusste aus eigener Erfahrung, was es bedeutet, »eine Frau glücklich zu machen.« Er war blutjung und nur eineinhalb Jahre älter als Eva Braun, beobachtete sie demnach auch altersmäßig aus nächster Nähe.

Kempka entstammte einer Bergmann-Familie mit zehn Kindern. Noch wichtiger für sein Urteil: Er war mit einer Frau verheiratet, die vor ihrer Ehe beruflich auf sexuellem Gebiet tätig gewesen war. Sie durchschaute die Dinge der Horizontalen schneller und leichter als andere Menschen – aus einem Fachfrau-Hintergrund, auch wenn dieser das halbseidene Gewerbe betraf, wie damals verächtlich über solche Frauen gesprochen wurde.

Pikanterweise hatte Frau Kempka auch ein loses Mundwerk, mit dem sie ungeniert ihre Einschätzungen über eben dieses »ganzseidene

Gewerbe« sämtlicher Paare unter der Hitler-Entourage in Umlauf brachte. Bormann verlangte schließlich von Kempka die Scheidung von dieser Frau. Das Paar absolvierte sie wie mit linker Hand im Oktober 1944, blieb jedoch weiterhin miteinander verbunden. Alle Einzelheiten darüber sind in den Briefen Bormanns an seine sittenstrenge, stumme, zehnfach gebärende Mittäter-Gattin Gerda in den Monaten vor der Kempka-Scheidung 1944 zu finden. *(Trevor-Roper* 54)

Wieder wurde eine Frau aus dem engeren Kreis um Hitler verbannt, weil sie wie das österreichische Mädchen vom Lande, das Zimmermädchen Anna Plaim-Mittlstrasser (14.), zum Glas-klaren Durchblick in intimen Dingen fähig war. Solche genauen Wahrnehmungen in sexuellen Dingen fürchtete Hitler wie die Pest. Die Bestrebung, seinen »Leibfahrer« Kempka zur Scheidung zu bringen, ging von Hitler selber aus. *(a. a. O.)*

Kempka gab seine Einschätzung von der sexuellen Pleite im (»Berg«)Hause Hitler gleich nach 1945 zu Protokoll. Sein Verdikt über Eva Braun als »unglücklichste Frau Deutschlands« wirkte noch im Jahre 2000 auf die US-Dokumentaristin Marion Milne so überzeugend, dass sie es in ihren Film *Adolf and Eva* einbaute (Premiere am 29. April 2001). *(Lambert,* S. XI f., Anm. 5, S. 254)

HETERO

HETERO

Das »Kunst«gewerbe »des Weglassens«

Wie präsentiert man einen Mann, der – auch für jeden Hitler-Biografen belegtermaßen ersichtlich – auf sexuellem Gebiet von der Norm abwich, als stinknormalen Hausherrn mit Zubehör-Weib?

So tat es Volker Ullrich in seiner zweitjüngsten, immer noch aktuell frischen, Zeugnis-überquellenden 1100 Seiten langen Hitler-Gesamt-Biografie von 2013 (erster Teil) – Englisch 2016: Man lässt von dem »Trauermarsch« der Anti-Hetero-Zeugen, den bisher 23 vorbeidefilierten Daumen-Runter-Haltenden, als Erstes einfach 15 weg.

In Ullrichs zwei Kapiteln zu Hitlers Heterosexualität, *Hitler und die Frauen* und *Die Berghof-Gesellschaft*, und in den zwei Jugend-Abrissen *Die Wiener Jahre* und *Das Schlüsselerlebnis des Krieges* kommen nur acht Nein-Zeugen zu Wort: NSDAP-Schatzmeister Schwarz (2.) = »platonisch« *(Ullrich*, S. 918, Anm. 108), Sekretärin Schroeder (3.) = »Scheinverhältnis« (S. 321), Auslands-Spezialist Hanfstaengl (4.) = »impotent« (S. 911, Anm. 4), *Berghof*-Hausverwalter Döhring (5.) = »keine Bett-Spuren« (S. 689), Jünglings-Intimus Kubizek (7.) = »Asket« (S. 54), Co-Meldegänger Brandmayer (10.) = »Klosterbruder« (S. 76), SA-Finanz-Spezialist Otto Wagener (19.) = »Überwindung« des Sexualtriebs (S. 322), Duzfreund und erster »Leibfahrer« Emil Maurice (22.) = »kein Geschlechtsverkehr mit Liebschaften!« (S. 305).

Zwischen einer und drei Zeilen werden von Ullrich zu jedem Zeugen gebracht, manchmal steht nur ein Wort da – in einem 1100-Seiten-Buch über Hunderte Seiten ohne Zusammenhang verstreut, mit Seite 54 anfangend, der ersten Erwähnung des Problems, bis zu Seite 918 im Anmerkungsapparat – hier nicht einmal im Text.

Ullrichs zwei Mitteilungen der negativen Bewertung von Hitlers Sexualität durch Schwarz (2.) und Hanfstaengl (4.) unter den Anmerkungen zählen wie nur halb, da viele Leser von Ullrichs riesigem Konvolut es nicht bis zum Studium jeder Fußnote schaffen können. Damit schrumpfen die acht auf sieben.

Und Otto Wagener (19.) mit seiner brisanten Wiedergabe von Hitlers verschlüsseltem Bekenntnis, nie den spezifisch männlich-sexuellen, phallisch-vaginalen Eindrangs-Trieb gehabt zu haben, wurde unter den Seitenzahlen im Personen-Register vergessen. Dann ist diese Passage für den Querleser und Überflieger unauffindbar – macht lediglich sechs Neins. Die Zahl der von Ullrich weggelassenen Neins steigt dadurch auf 17, die – wie sich noch ergeben wird – längst noch nicht alle erreichbaren Zeugen sind. Die Neins werden im Laufe der Untersuchung zu Hitlers Heterosexualität auf über 40 steigen.

Die Ullrich'sche Schieflage bedeutete nichts, wenn es nicht um etwas Jahrhundert-Essentielles ginge – um die Erkrankung des umfänglichsten Zerstörers der Welt an der Reagibilität seines speziellsten Organs, das und dessen kommunikative Tätigkeit Sitten-dogmatisch nicht bei Tisch und in Gesellschaft benannt, geschweige denn von früh an erforscht werden darf. (Und kein Protest von Sexualwissenschaftlern gegen diese Strangulierung von Forschung und Lehre!)

Das Häuflein der sechs/acht Aufrechten zum Thema Hitlers abartige Sexualität ist in Ullrichs Hitler-Biografie von keinem noch so sexual-bezüglich interessierten Lesenden in einen Zusammenhang zu bringen, der jemals in dem Aha münden könnte: Ach so, Hitler = serienkillend Orgasmus-defekt.

Besonders die weggelassenen 15 Zeugen wider die sexuelle Normalstatur Adolf Hitlers erlaubten es Ullrich, Hitler den Normalmann-Anzug maßgeschneidert anzupassen. Das wiegt schwer, weil Ullrich – mit zwei Ausnahmen – alle übrigen 13 Nein-Zeugen und ihre Bemerkungen kennt und sie trotzdem bei seiner Beschäftigung mit Hitlers Sexualität nicht zu Wort kommen lässt. Erst wenn Ullrich die 15 Gemiedenen vorgehalten werden, tritt sein Verfahren der Aussparung deutlich hervor, mit dem er es sich erlauben konnte, den Weg in die sexuelle Abnormität Hitlers nicht gehen zu müssen.

Erstens: Hoffmann (1.) – Es beginnt sogleich mit dem ersten Zeugen, dem Stifter des Braun-Hitler-Verhältnisses, Fotograf Heinrich Hoffmann, der von Ullrich um die 40-mal herangezogen wird – nicht mit Hoffmanns heterosexuellem Todesurteil, Hitlers Verhältnis zu Eva Braun »war immer ein platonisches«. Wegen Hoffmanns Wort »immer« hätte die Akte über Hitlers Heterosexualität eigentlich geschlossen werden können. Gerade Ullrich muss vorgeworfen werden, dass er dieses Kurz-und-Bündig-Ergebnis zu Hitlers nicht-existierender Heterosexualität für weitere unabsehbare Jahre Hitler-Forschung verhindert hat.

Zweitens: Linge (6.) Bei Ullrich fehlt ausgerechnet eine der Zeugen-Hauptfiguren – Hitlers zweiter Leibdiener Heinz Linge – mit ihrer Einsicht über Eva Brauns Schicksal an Hitlers Seite: »als Bettgenossin ein entsagungsvolles Leben.« Diese fünf Wörter sind so einprägsam wie Döhrings »unbefleckte Laken«, erst recht Linges Stabbruch über »Hitlers Verhältnis zu Eva Braun«, das »eindeutig unnormal« gewesen sei. Anstatt Linge aus dem *Buch Hitler* zu zitieren, widmet sich Ullrich dem

»Widerrufs-Linge«, (*Ullrich,* S. 689) den er zum Ja-Sager umpolt, dieser Vorgang bekommt in *AMORO* eine ausführliche Behandlung (2. Ja-Sager).

Ullrichs sechsmal Ja – das hält die Waage mit Ullrichs Sechs-Komma-Zwei Neins (sechs im Text, zwei in den Anmerkungen). Und schon steht der heterosexuelle Hitler Kerzen-gerade da.

Drittens: Hanisch (8.) – wesentlich wegen Hanischs Hinweis auf Hitlers Mädchen-Phobie schon als 10/11-Jähriger.

Viertens: Das Münchener Freundes-Kollektiv von 1913/14 (9.): »Nie Damenbesuch!«

Fünftens: Junge (11.) – Das Braun-Hitler-Verhältnis habe »nichts mit Erotik zu tun« gehabt. Wieder, wie bei Hoffmann, wird ein Beiwort benutzt, das Endgültigkeit beansprucht. Bei Hoffmann ist es »immer platonisch«, bei Junge »nichts mit Erotik zu tun«. Ende der Diskussion, was Ullrich verhindert.

Sechstens: Brandt (12.) – Die Braun-Hitler-Beziehung sei ein Versorgungs-Arrangement gewesen und keine romantische Liebe.

Siebentens: Blaschke (13.) – 14 Jahre keine Geste, keinen Liebes-Blick gesehen.

Achtens: Plaim-Mittlstrasser (14.) – Nie etwas emotional Du-Harmonisches wahrgenommen und niemand wusste, wo Hitler »eigentlich geschlafen« hätte.

Neuntens: Schaub (15.) – Seine Auswalzung der »wartenden« Eva, der »oft Enttäuschten« mit der »inneren Leere« in ihrem Leben.

Zehntens: Wolf (16.) – Hitler war an Eva Braun gar nicht interessiert, wollte sie beim Kriegführen nicht in seiner Nähe haben. In die *Wolfsschanze* durfte sie nie kommen. Und in den *»Führer«-Bunker* unter der Reichskanzlei hat sie sich Hitler für die letzten Untergangs-Wochen im April 1945 aufgedrängt.

Elftens: Krause (17.) – Es gab »kaum Gelegenheit« zum Sexualverkehr – heißt: Trotz »Führer«-»Mätressen«-Suite auf dem *Berghof* war auch da nix mit Geschlechtsakten.

Zwölftens: Misch (18.) – Nie »etwas« bemerkt. Die Erotik fehlte sogar über dem komischen Mann-Frau-Seit-an-Seit. »Die Musi spielte« auf dem *Berghof* erst, wenn Hitler weg war.

Dreizehntens: Orr (20.) – Alle Eingeweihten wussten es: Braun und Hitler hatten keine »Liebesgemeinschaft« miteinander. Das ganze Dokumenten-Refugium über Adolf Hitler im Gestrüpp der Münchener Hausfrauen-Illustrierten *Revue* kennt Ullrich nicht. Und dieses Versäumnis begeht er, obwohl Orr bei Ullrichs größtem Vorläufer, Ian Kershaw, mehrmals vorkommt.

Vierzehntens: Scholten (21.) – die Gynäkologen-Quelle zu Eva Brauns Hitler-Phallus-vakanter Vagina.

Fünfzehntens: Kempka (23.) – das Nach-45-Interview mit dem Verdikt, Eva Braun wäre »die unglücklichste Frau Deutschlands« gewesen und das über ein Jahrzehnt lang, wonach wiederum die Hitler-Hetero-Akte hätte geschlossen werden können.

Die gesamte englische TV-Dokumentation *Adolf and Eva* von Marion Milne (2001), in der auch das Statement von Hitlers ehemaligem »Leibfahrer« Erich Kempka vorkommt, enthält zu viele Hinweise auf Ungereimtheiten in Bezug auf Hitlers Heterosexualität, *(Milne)* sodass Ullrich sie links liegen lässt, sie nicht im Einzelnen oder gar nicht kennt, auf jeden Fall nicht erwähnt, weil er sie seiner Darstellung eines heterosexuell normalen Hitlers nicht in die Quere kommen lassen will.

»Ausgewogenheit« als ein Mittel der Hitler-Bild-»Frisierung«

Ullrich bringt in seiner Hitler-Biografie, Teil I, doch Tausende Quellen – warum ihm das Fehlen von 15 vorwerfen? Weil er mit dieser Aussparung erneut einen Hitler in die Welt gesetzt hat, den es in sexueller Hinsicht nicht gab. Ullrich macht das nicht dogmatisch-indoktrinierend wie ab den 1970ern sein Vorläufer Werner Maser. (*Maser* 71-2001) Aber gerade mit Ullrichs Ausgewogenheits-Methode wirkt der Dargestellte normal funktionierende Heteromann Adolf Hitler so überzeugend, dass er für die nächsten Jahre im gesellschaftlichen Bewusstsein Wahrheits-resistent weiter umlaufen kann – und ab März 2016, dem Erscheinen der englischen Fassung von Ullrichs Buch, dann auch in der vom Englischen dominierten ganzen Welt.

Neben die 8 Nein-Sagenden stellte Ullrich 9 Ja-Sagende, die drei Zeuginnen Winter, Schirach und Ostermayr, die über ein Techtelmechtel zwischen Braun und Hitler in dessen Münchener Wohnung am Prinzregentenplatz berichtet haben (*ORALO, Auf dem Chamberlainsofa*), dazu die *Berghof*-Angestellte und ab 1943 Hausverwalterin Gretel Mittlstrasser (7. Ja-Sagerin), die betroffene Eva Braun mit ihrem *Tagebuch-Fragment* über ihre Beziehung zu Adolf Hitler (*ORALO*, 6. Ja-Sagerin) und den angeblichen 180-Grad-Kehrtwende-Diener Heinz Linge (*AMORO*, 2. Ja-Sager) – macht sechs.

Mit zwei Herren-Statements möchte Ullrich das Hetero-Bild Hitlers abrunden. Er zitiert eine Äußerung Hitlers, die dieser angeblich zu seinem Kanzlei-Adjutanten Fritz Wiedemann gemacht hätte: »[...] halte ich mir eben in München ein Mädchen«. (*Wiedemann*, S. 70,

Ullrich, S. 322 f.) Und Ullrich baut auf Hitlers »Leibpiloten« Hans Baur auf, der behauptetermaßen in ein »Stelldichein« zwischen Braun und Hitler geplatzt sei = achtens.

Neuntens fügt Ullrich einen Satz aus den Gesprächen zwischen Joachim Fest und Albert Speer an, »das Verhältnis Hitlers zu Eva Braun [sei] ›einfach zu enträtseln‹, Hitler habe sie sich ›ausschließlich für gewisse natürliche Bedürfnisse gehalten‹ – ›sozusagen für die Regulierung seines Hormonhaushalts‹«. *(Fest* 05 I, S. 59, *Ullrich*, S. 689, 10. Ja-Sager)

Dass Hitlers Hormonhaushalt über heterosexuelle Praktiken reguliert worden sei, hat Speer aus der Luft gegriffen, wie Ullrich selbst sofort im Nachsatz des Zitats den Finger in die Wunde dieser Übermittlung legt: »Woher er [Speer] dieses Wissen bezogen hatte, das verriet Speer allerdings nicht.« *(Ullrich* a. a. O.)

Diese Relativierung Ullrichs genügt nicht, denn der von Fest zitierte Speer-Satz ist der Wurf einer Handgranate in jegliches Forschungs-Labor, in dem Hitlers sexuelle Außer-Normalität nachgewiesen werden soll: Adolf Hitler habe seinen Hormonhaushalt über den heterosexuellen Geschlechtsverkehr mit seiner *Berghof*-Genossin Eva Braun reguliert. So etwas glaubt die Hetero-Mehrheit bereitwillig, weil sie es glauben will.

Und das noch Dickere im Speer-Zitat: Hitler habe »ausschließlich [...] gewisse natürliche Bedürfnisse« in Richtung Eva Braun gehabt und sie sich im Geschlechtsverkehr mit ihr befriedigt. Da können Marianne Hoppe und Karl Wilhelm Krause mit ihrer Registrierung von Hitlers Oberschenkel-Reibungen vor Männer-Kampf-Szenen einpacken. (*ONANO, Hitlers Männermord-Orgasmus*)

Es handelt sich bei Speers Satz gegenüber Fest um reine »Männerphantasien« *(Theweleit)* – ausgetauscht von Normalo zu Normalo über den angeblichen Mit-Normalo-»Führer«. Seinen Hormonhaushalt regelte der noch junge, verheiratete Ehemann und Familienvater Albert Speer gemeinsam mit seiner Ehefrau Margarete und mithilfe seines ihm zur Verfügung stehenden männlichen Dranges, »eine Frau körperlich zu besitzen« (*ONANO*, 19. Nein-Sager Otto Wagener).

Ullrich lässt mit diesen neun Pro- und acht Kontra-Zeugen zu Hitlers Heterosexualität die Wahrheit in der Schwebe und schreibt dazu für Forscher-Gemüter Tränen-Rühriges: Er geht daran, »eine Zentralfrage in Hitlers persönlicher Biographie aufzuwerfen: wie es nämlich um seine Beziehungen zum weiblichen Geschlecht bestellt war. – Diese Frage ist nur sehr schwer und wahrscheinlich niemals abschließend zu beantworten. Von ›undurchsichtiger Erotik‹ hat schon der erste Biograph Konrad Heiden gesprochen, und daran hat sich bis heute wenig geändert«. *(Ullrich,* S. 299 – Hilden war Hitlers zweiter Biograf nach Rudol Olden)

Auf Schritt und Tritt kann Ullrich nachgewiesen werden, dass er mit seinem Text strauchelt, sowie es um die Sexualität Adolf Hitlers geht. Ullrich verliert den festen Boden unter seinen Füßen, der ansonsten sein großes Werk über Hitler konstant kennzeichnet. Doch mit einem Male werden Namen falsch geschrieben. Ja, die gesamte Adresse von Hitlers Münchener »Intim-Schauplatz«-Wohnung am Prinzregentenplatz verlegt Ullrich durchgängig in die »Prinzregentenstraße«. (Einzelnachweise folgen, wenn dieser Schauplatz betreten wird.)

»Hitler hat, was die Seite seines Privatlebens betraf, selbst gegenüber Vertrauten ein Versteckspiel getrieben.« *(a. a. O.)* Das allein schon genügte für die Aberkennung des Prädikats »heterosexuell«, denn so etwas macht kein Heteromann und es ist von keinem übermittelt worden. Ein solcher hat immer Intimfreunde, die über sein Intimstes alles wissen.

»Authentische persönliche Dokumente sind äußerst rar«, *(a. a. O.)* das stimmt schon wieder nicht, da 23 »persönliche Dokumente« soeben vorgelegt werden konnten. Nach diesem Jammer-Entree zur angeblichen Unbeantwortbarkeit der Frage *Hitler und die Frauen* wechselt Ullrich trotz seiner später nur vier sich als echt erweisenden Ja-Zeuginnen auf deren Seite und beendet seine Ausgewogenheit. Er tut das auf so Biografie-verheerende Weise, dass die Kritik dieser Ullrich-Passage nicht scharf genug sein kann:

Sprung zu Ullrichs zweitem Hitler-Hetero-Kapitel *Die Berghof-Gesellschaft,* nämlich dem Hausstand seines Protagonisten, in dem dieser einen Veitstanz demonstrierter Heterosexualität bei all seinen *Berghof*-Aufenthalten aufführte – an der Seite seiner Mittäterin Eva Braun: »Hier bin ich Mann, hier darf ich's sein!«

O-Ton Ullrich: »Manches spricht in der Tat dafür, dass Hitler hinter der Fassade vermeintlicher Unnahbarkeit ein normales Liebesverhältnis mit Eva Braun pflegte. Mit Bestimmtheit sagen lässt sich das jedoch nicht, und die Biografen sollten sich davor hüten, Schlüssellochphantasien der Leser zu reizen. ›Vor diesem menschlichen Persönlichen hat auch die Pflicht des Chronisten halt zu machen und es zu respektieren‹, hat schon Otto Dietrich bemerkt.« *(Ullrich,* S. 689, 1006, Anm. 79 – mit Verweis auf Dietrichs Schrift *12 Jahre mit Hitler* von 1955, S. 231)

Dass es bei Ullrich mit seinem Otto-Dietrich-Zitat plötzlich zu einer derartigen Rückversicherung geführt hat, zeigt, wie unsicher der Biograf gegenüber Hitlers Heterosexualität wirklich ist. Mithilfe eines der obersten Nazi-Terror-Mittäter will Ullrich den Vorhang des Unwissens vor Hitlers sexuellen Bedingungen zuziehen – mit dem denkbar unsinnigsten Anti-Forscher-Argument, es bestünde »die Pflicht des Chronisten«, »vor diesem menschlichen Persönlichen« (der sexuellen Frage gegenüber dem Zerstörer Adolf Hitler) »halt zu machen und es zu respektieren«!

Was sollen wir »Chronisten« »respektieren«? Die Mauer vor Hitlers aberativer Sexualität, die ihn in die kollossalste Vernichtung trieb, derer sich je ein Mann gegenüber seinen Zeitgenossen und der Nachwelt schuldig gemacht hat?

Ullrich muss in Sachen Hitlerscher Sexualität so verunsichert sein, dass er einen der engsten Hitler-Mitzerstörer zitiert, um seine eigene Blöße zu bedecken, hier nicht weiterforschen zu können. Otto Dietrich war neben Goebbels und Max Amann *die* Propaganda-Walze, die den Destruktions-Staubsauger Adolf Hitler 26 Jahre über die deutsche Gesellschaft fegen ließ, bis nach präliminarischen Tötungen in der Anmarsch-Zeit ein mörderisches «Ausmisten« des Ganzen von allen Kräften geschah, die eine Nation veredeln, und bis im Lande nur noch übrig blieb, wer auf die Bluttour des Staats-terroristisch seriellen Vernichters abfuhr und sich zum Mitmachen ins Zeug legte.

Otto Dietrich war »Reichspressechef der NSDAP« seit 1931, »SS-Obergruppen-Führer« seit 1932 und Staatssekretär im Goebbels'schen »Reichsministerium für Volksaufklärung und Propaganda« seit 1933. Ullrich vergaß bei seinem absegnenden Vorhang-zu-Zitat aus dem Gedanken-»Schatz« eines Otto Dietrich, was sich dieser Nazi-Co-Destrukteur hat zu Schulden kommen lassen.

Nur weil die Nürnberger Ankläger dem »Zerstörer mit Hilfe der Schrift« Gnade vor Recht gewährten, ist Dietrich als Kriegsverbrecher lediglich zu sieben Jahren Gefängnis verurteilt worden. Ihm hätte genauso der Strang gebührt wie den anderen beiden verbalen Mitmördern Alfred Rosenberg und Julius Streicher, wenn schon Todesurteile ausgesprochen wurden. Diesmal für Dietrichs Volksteile- und Völker-totmachende Scharfmach-Schriften *Mit Hitler in die Macht. Persönliche Erlebnisse mit meinem Führer* (1933), *Die philosophischen Grundlagen des Nationalsozialismus. Ein Ruf zu den Waffen deutschen Geistes* (1935), *Der Führer und das deutsche Volk* (1936) sowie *Auf den Straßen des Sieges. Mit dem Führer in Polen* (1939).

Volker Ullrich passt nicht auf, realisiert nicht, dass ihm sein affirmatives Otto-Dietrich-Zitat Zustimmung aus der rechten Ecke einbringen könnte. Selbstverständlich müssen Nazi-Quellen fürs

Faktische herangezogen werden, aber nicht für Philosopheme und erst recht nicht für die Enthaltsamkeit gegenüber Wahrheiten in Sex-Angelegenheiten, noch weniger dazu, die eigene Blöße der Kenntnisse in Sexualwissenschaft zu bedecken.

Otto Dietrichs Satz hat nach 1945 Gesellschafts-glücklicher Weise keine Gültigkeit mehr. Bei Adolf Hitler, dem Universal-Zerstörer, darf es überhaupt kein Halt und keinen Respekt »vor diesem menschlichen Persönlichen« geben. Im Gegenteil, es gibt nur eine »Pflicht des Chronisten«, endlich die Sphinx Hitler zu enträtseln. Und deswegen muss auch mit den unbeantwortbaren Fragen Schluss sein, zugunsten von deren Antwort-losem Verbleiben sich der Hitler-Biograf Joachim Fest mit Hitler-Liebling Albert Speer gegen Fests eigene Aufklärungspflicht plötzlich eingeschaukelt hatte.

Zu diesem Vorgang hat Ullrich wiederum vorbildlich informiert, dass nämlich Fest und Verleger Siedler den aus dem Gefängnis entlassenen Speer dazu bewogen hätten, dessen *Erinnerungen* verkaufsträchtig zu modifizieren *(Ullrich,* S. 10, 840, Anm. 22) – ein ungehöriges, unerhörtes und ungeheuerliches Geschehen in den 1960er Jahren, das diesmal den Biografen Fest diskreditiert. Es belegt, dass auch jemand wie Fest in eine temporäre Umnachtung gegenüber seinem Gegenstand Adolf Hitler verfallen konnte. Volker Ullrich hat über diese Fest-Speer-Liaison schon zwei Artikel publiziert und kündigte an, zur Hitler-biografischen Entgleisung Fests eine weitere »gesonderte Studie vor[zu]legen«. *(a. a. O.)*

Hitler-biografische Enthaltung von Frauen-Seite her

So wie Hitlers fulminante (Teil)Biografin Anna Maria Sigmund, die das gesamte Hetero-Territorium Hitlers mit mehreren Publikationen abdeckte, das Thema stehen ließ, kann die Status-quo-Situation um Hitlers Heterosexualität nicht bleiben. Zunächst hielt sich Sigmund verdienstvoll in Objektivität zurück und zog Hitler nicht krampfhaft und mutwillig ganz auf die heterosexuelle Seite: Nach der nüchternen Sichtung des Materials zu dem sensiblen Thema, der Ausblendung von Klatsch, Tratsch, Gerüchten und manipulierten Quellen bleibt nur wenig übrig, das ein objektives Licht auf Hitlers Sexualleben wirft. »Ob Hitler, der sich jeden sexuellen Wunsch hätte erfüllen können, zölibatär lebte, wie es manche meinen, oder er – wie es andere meinen – mit Fräulein Braun und anderen Frauen normale, perverse, stets jedoch geheime Verhältnisse pflegte, bleibt in allerletzter Konsequenz unbeantwortet und Spekulation.«, schreibt Sigmund im Kapitel *Der*

»Führer« und die Sexualität in ihrem neuesten Buch »Das Geschlechtsleben bestimmen wir.« Sexualität im Dritten Reich. (Sigmund 08, S.
22) Zu dem Wenig-Übrig-Gebliebenen zählt Sigmund das Tagebuch-Fragment der Eva Braun, worüber in Die »sieben Siegel« des
Braun-Tagebuchs berichtet werden wird (ORALO, 6. Ja-Sagerin).
Kritisiert werden soll hier Sigmunds zu weit gehende Zurückhaltung
gegenüber dem »sensiblen Thema« und ihr Diktum, die heterosexuelle
Frage in Hitlers Lebenslauf bliebe »unbeantwortet und Spekulation«.
Wie sich im Folgenden zeigen wird, ist diese Frage sehr wohl auf
nicht-spekulative Weise beantwortbar. Vorgangs-adäquat sind Hitler-Gesamt-Biografen mit ihren tausend Einzelheiten im Kopf, die
zu Textfluss mit Fußnoten transformiert werden müssen, überfordert. Sie können so etwas Verstecktes wie die Berichte von Marianne
Hoppe und Karl Wilhelm Krause über Hitlers – auf Männer bezogene – Gewalt-Erregung und onanistisch-orgastische Entspannung
weder suchen noch finden (ONANO, Hitlers Männermord-Orgasmus).
Sigmund und Ullrich kennen die Hitler-Schenkel-Onanie-Stellen
nicht, sonst hätten sie sich erst gar nicht näher mit Hitlers angeblich
prozedierter interpersonell aktiver vaginal-phallischer Heterosexualität beschäftigt. Auch Anna Maria Sigmund muss ähnlich einem
Hitler-Gesamt-Biografen respektiert werden, da sie mit fünf Arbeiten
in mehreren Teilen und Neuauflagen Hitler-biografische Längen von
2000 Seiten erreicht hat und nicht nur Frauen-Themen behandelt, sondern auch viele andere Hitler-Einzelheiten. (Sigmund 03, 06, 08 I u. II)
Jedoch: Die moderne Gesellschaft des 21. Jahrhunderts kann keine
Rücksicht darauf nehmen, dass Historiker und Historikerinnen sich
generell für sexualwissenschaftliche Fragen kaum oder nicht interessieren und bei Sexualität überhaupt von einem sensiblen Thema reden.
In der Sexualwissenschaft ist Sexualität kein »sensibles«, sondern ein
robustes, sogar öffentlich zu machendes, der ständigen Betrachtung
ausgesetztes Thema, das wie alle anderen Themen in jegliche Diskussion über die Konditionen des Menschen hineingetragen werden kann.
In ihrer un-sensiblen chirurgischen Vorgehensweise ist die Sexualwissenschaft bisher von den Medien bloß gehindert worden – wegen
der überall noch lauernden Tabus und der Abwehr gegen das sezie-
rende Auf-den-Operations-Tisch-Legen von sexuellen Vorkommnissen. Die Sexualwissenschaft verhält sich gegenüber sexuellen Fragen
genauso ungerührt wie die Anatomen gegenüber den vor ihnen liegenden Leichen. Hitlers Sexualität ist quasi eine Leiche, die wie die in der
Pathologie vorliegenden seziert werden muss. Bei der Sezierung von
Hitlers Sexualität besteht noch ein anderes Dilemma, dass nämlich

die Sexualwissenschaft bisher nur marginal historisch interessiert war. Es gibt zu wenig Werke über die Sexualität politischer Figuren in der Geschichte. Deshalb ist das Buch von Lothar Machtan über Hitlers Homosexualität ein Anfang, ja ein wesentlicher Durchbruch, die Diskrepanz zwischen Sexual- und Geschichtswissenschaft zu überwinden, ganz gleich, ob Machtan in jeder Einzelheit gefolgt werden kann.

Peinlich ist, dass die deutsche Gesellschaft von allen Seiten her gegenüber Machtans Versuch, Licht in Hitlers »undurchsichtige Erotik« (Heiden) zu tragen, aufgeschrien hat, worüber Machtan 2003 in der Neuausgabe seines Buches von 2001 berichtet. (Machtan 03, S. 449 ff.) Bezeichnenderweise erwähnt auch die sensible Historikerin Anna Maria Sigmund Machtan nicht, obwohl sie das bei ihrer Beantwortung von Hitlers sexueller Frage spätestens in ihrem Buch von 2008 über Nazi-Sexualität hätte tun müssen.

Sigmund macht sich auch immer wieder des Hitler-biografischen Frevels der Aussparung von Hitler-Bild-Zerstörerischem schuldig, was ihr bei relevanten Einzelheiten noch vorgeworfen werden wird. Als weltweit bekannt gewordene Hitler-Freundinnen-Biografin wollte sie nichts mit Hitlers homosexuellem Schatten zu tun haben und kniff vor dem Thema. (Sigmund 98–13) Doch es gibt nicht nur den heterosexuellen Hitler, sondern auch den homosexuellen und – wie sich herausgestellt hat – den onanistischen. Gerade das macht die Beantwortung der sexuellen Frage spekulativ, wenn nur auf dem heterosexuellen Bein Hitlers Hurra geschrien wird.

Nicht nur gegenüber der Homosexualisierung eines Adolf Hitlers schreit die Gesellschaft auf, sondern auch gegenüber der nüchternen Libido-Entfaltung einer Kulturfigur wie Franz Schubert, dessen Homosexualität Lupen-rein zwei Schubert-Biografen durchleuchtet haben – 1989 Maynard Solomon und 1997 Christoph Schwandt. (Solomon, Schwandt)

Schwandts Werk erfuhr zu Schuberts 200. Geburtstag 1997 »nicht mehr feierliche« Blockierungen durch die Musik-Szene, musste in der Sprachzeitschrift text und kritik unterkriechen und bekam keinen Eingang in Buchverlage und Musikzeitschriften.

Noch 2013 berichtete Moritz Weber über das skandalöse Vorgehen von Herausgebern und Interpreten, die in einigen Werken Schuberts homosexuelle Inhalte dahingehend verfälschten, dass sie diese verheterosexualisierten«. (Weber)

All das wird sich erst ändern, wenn die Sexual- und Sozialwissenschaftler beiderlei Geschlechts und aller Orientierungen ihre Abstinenz in dieser Hinsicht aufgeben und sich den gesamten Marx'schen

Überbau in Politik, Wirtschaft, Wissenschaft, Religion und Kultur sexual-spezifisch von unten vornehmen: Friedrich II. von Preußen, Bismarck, Wilhelm II., Rathenau, Willy Brandt, der an seinem sexuellen Verhalten gescheitert ist, Kanzler Schröder, der mit dem seinen reüssierte ... Und auch über Angela Merkel würde die Gesellschaft gern manches wissen, inwiefern ihr beispielloses Gelingen mit ihrer Sexualität in Zusammenhang steht.

Händel, Haydn, Beethoven, Brahms, Strauss warten auf ihr Geknacktwerden, Botticelli, El Greco, Murillo, Raffael, Renoir und Rubens tun das ebenso. Das schwule Outing von Albrecht Dürer zu dessen 500. Geburtstag 1971 hat immer noch keine Nachfolger gefunden. (*Pilgrim* 71)

Bei Adolf Hitler darf es überhaupt kein Entweichen vor der Beantwortung der sexuellen Frage geben. Dafür ist das *Tagebuch-Fragment* der Eva Braun nur einer der Mosaik-Steine im neu zusammenzusetzenden Bild von Hitlers Sex-Tod, seinem von ihm permanent zelebrierten Sexual-Sterben.

Als Tatsache dazu konnte bisher präsentiert werden:

Hitler 1 war null Frauen-bezogen. Es gibt nichts, superlativiert ganz und gar nichts, das heißt: Keine Vorläuferin Eva Brauns oder auch nur eine gute Freundin existierte in Ansätzen, wie mit den 23 Zeugen und vor allem mit den Hitler-Jugend-Umfeld-Sammlungen im Bleibtreu-Dossier und anderen Material-Mappen im *Hauptarchiv der NSDAP* belegt wurde. (*Bleibtreu, Bloch, BAB, NS 26/14, 17a, 19–33, 65*)

Ja, *belegt!* Denn sexualwissenschaftlich lässt sich das un-»sensible Thema« Sexualität durchaus beweisen, wenn auch nur auf ungeahnt komplizierte und ausufernd ausführlich zu bewerkstelligende Art wie Spiegelung, Summe-Bildung, Vakanz-Forschung. Mit der durch das *Hauptarchiv der NSDAP* unwillentlich unternommenen Hitler-Jugend-Heterosex-Abholzung sieht es von Frauen-Seite her für Hitler viel schlechter aus, als es Volker Ullrich darstellen möchte, der auch Bleibtreus Fülle des heterosexuellen Miss-Lauts nicht hören wollte.

Sachliche und sexuelle »Wohlanständigkeit« des Serienkillers

Je undurchsichtiger Hitler bleibt, je normaler er gemacht wird, um so unverständlicher ist auch die Entfaltung seiner Destruktivität. Die Normalisierung Hitlers durch seine Biografen setzt fort, womit er selbst begonnen hat – sich als normal zu stilisieren: Für das ferne Volk messianisch überhöht, aber für den direkten Umkreis einer wie jedermann, auf dass jeder nahe Mann ihm folgen, Hitlers Wünsche und

Befehle befolgen und ihn niemals an der Durchsetzung seiner einzelnen Zerstörungs-Aktionen hindern konnte. Hitlers von ihm selbst betriebene Normalisierung galt dem Vorgang, seine personifizierten Zerstörungswerkzeuge als Normalmänner in die Hand zu bekommen und in der Hand zu behalten, auf dass sie immer und überall alle seine Destruktionen ausführten. Er ist ja einer von uns! Er ist einer wie wir! Da macht das Mitmachen als Mordwerkzeug richtig Spaß!

So lief es vom Hitler-Umkreis aus wellenbewegend weiter in die Bereiche der entfernteren und entferntesten Mittäter hinein, bis ein millionenhaftes Mitmachen von allein funktionierte, das zu Greueln aller Art führte – vom Oben einer Heydrich'schen *Wannsee-Konferenz* aller für die »Endlösung« zuständigen Behörden (20. Januar 1942) bis zum Unten der Zyklon-B-Einstreuer in die Gaskammern.

Eine Normalmann-Maskierung unternehmen die meisten Serienkiller. Deswegen sind sie äußerst schwer zu enttarnen. Und deswegen gelingt es ihnen leicht, sich in die Apparaturen der Gesellschaft einzuschleichen. Sie sind keine üblichen Verbrecher, sondern Ehrenmänner mit nur einem sehr versteckten Schaden an ihrem verstecktesten und sie als Mann kennzeichnenden Organ.

Die überwiegende Mehrzahl der Serienkiller hatte etablierte Berufe oder ging einer geregelten Tätigkeit nach – ausgenommen diejenigen, die schon als Jünglinge zu morden begannen wie Bartsch, Chase, Hagedorn und Hoßfeld oder die so vermögend waren, dass sie wie Gein nicht zu arbeiten brauchten, der sich ungestört von finanziellen Zwängen seiner ihm angenehmsten Tätigkeit widmen konnte, sein ererbtes Elternhaus tagein tagaus mit zerstückelten Frauenleichen auszustaffieren.

Auf allen beruflichen Ebenen glänzten erwachsene, schon non stop mörderisch praktizierende Serienkiller – als Angestellter im Justizdezernat und städtischer Kirchenpräsident (Rader), als Schulaufsichts-Beamter (Fourniret), als Landwirt und Büchsenfleisch-fabrizierender Millionär (Pickton), als Geschäftsmann und Kooperateur der Demokratischen Partei (Gacy), als Psychologe, Jurastudent und Promoter der Republikanischen Partei (Bundy), als Lehrer (Druitt und Sliwko), als Polytechnik-Dozent und Mitglied der Kommunistischen Partei (Tschikatilo), als Arzt (Petiot und Shipman), als Polizist (Schäfer), als Radio-Sendungs-Host (Williams), als Gewerkschafter (Kürten), als Gemischtwaren-Händler und V-Mann der Kriminalpolizei (Haarmann), als Pädagoge (Martin [Nachname Behörden-seits unterdrückt – »der Mann mit der schwarzen Maske«), als Apotheker (Holmes), als Gallerist (Berdella), als Schriftsteller (Unterweger), als

Röntgenfachmann (Long), als Autolackierer (Ridgway), als Mechaniker und Reparateur (Brudos und Rogers), als LKW-Fahrer (Eckert, Kuklinski, Marco M. [ebenfalls verheimlichter Nachname] und Sutcliff), als Lagerist (Dahmer) ...

Diese Etabliertheit und Reputiertheit der Serienkiller hat eine zweite anti-aufklärerische Folge ihrer Unenttarnbarkeit. Die Serienkiller verflechten sich mit dem Establishment. Wenn sie dann schließlich kriminalpolizeilich längst aufgeflogen sind, mag selbiges Establishment auf keinen Fall prompt gegen sie vorgehen, weil es dann seine Verstrickung mit dem Serienkiller zugeben müsste.

Dennis Rader hat sich während seiner 30-jährigen Mordpraxis mehrfach verschlüsselt selbst angezeigt – ohne Erfolg! Erst als er kurz vor seinem 65. Geburtstag stand und die US-Stadt Wichita ihn als Präsidenten der größten Kirchengemeinde des Ortes hätte weit sichtbar feiern müssen, da mussten die Stadtväter das kleinere Übel wählen: Lieber jetzt noch vor den Jubilierungen zugreifen als später – nach zu vielen 65-Feier-Hymnen auf Rader, mit denen zu viele Honoratioren sich durch Raders irgendwann zu erwartende Festnahme blamiert hätten. *(Douglas/Dodd)*

Wenn den Serienkillern ihr genetischer Schaden des *morbus orgasmus* mit einer zellulären Beigabe des ihnen Fehlenden oder einem operativen Eingriff medizinisch repariert werden könnte, würden sie prompt aufhören zu morden und blieben Rückfalls-los die Gesellschafts-stützenden Beruflichen, die sie vorher waren. Kastration, wie sie bei Bartsch versucht wurde, nützt nichts, da der physiologische Serienkiller-Schaden nicht in den Hoden liegt.

Adolf Hitler wäre ohne seine *Anomalia masculinis* möglicherweise ein großer Staatsmann gewesen – keine Gewaltakte gegen Volksteile, keine Massenmorde und keine Anzettelung des Zweiten Weltkriegs mit den folgenden Genoziden an Juden, Roma und Sinti!

Für die Beantwortung der sexuellen Frage in Ansehung Adolf Hitlers ist ein weiterer allgemeiner Fakt im Verhalten von Serienkillern von Wichtigkeit: Zur Selbstpräsentation als Wohlanständiger, beruflich Etablierter gehört es auch, sich wie die meisten Serienkiller auf eine Frau zu beziehen, mit ihr zusammenzuleben, verheiratet zu sein und manchmal sogar Kinder zu haben – ein Kind bis fünf Kinder von Serienkillern sind überliefert.

Zu den monogamen, treuen, Frauen-bezogenen Serienkillern gehört die überwiegende Mehrheit dieses Täter-Kalibers: Brudos, Bundy, Eichhorn, Fourniret, Gacy, Kürten, Kuklinski, Long, Marco M., Petiot, Rader, Ridgway, Rogers, Sliwko, Sutcliff, Tschikatilo, Unterweger ...

Auf schwuler Seite waltet das gleiche Serienkiller-Prinzip des Nett-Seins gegenüber Partnern und des Bös-Seins gegenüber jeder fremden Männlichkeit. Haarmann und Bartsch zum Beispiel waren durchhomosexualisiert bis ins Mark, hatten Freunde mit gelegentlichem Sexualkontakt, auf die sich keine mörderischen Impulse der SK richteten. Ermordet mit Lusthöhepunkten wurden von der Straße aufgepickte Jünglinge und Knaben.

Die dritte Gruppierung sind die »Lonely Cowboys«, die nichts partnerschaftlich Männlichem oder Weiblichem nahestehen, die aber wild in die Gegend Männliches oder Weibliches am Fließband zur Ader lassen – so dargestellt und vollführt von Anglos Berdella, Dahmer, Druitt, Gein, Pickton und Williams.

Serienkiller *sui generis* Adolf Hitler tat mit seiner konstanten Darstellung einer geheim gehaltenen »Frau an seiner Seite« zwischen 1936 und 1945 nicht viel anderes, als neben seinem »ordentlichen« Beruf des Staatsführers das sicherste Mittel zur Tarnung seiner Mordsorgiastik einzusetzen – mit einer Frau zusammenzuleben, auch wenn das Volk davon nichts wusste. Doch über den kleinen Kreis der etwa hundert Hitler-Umfeld-Leute trug sich die Tatsache des Ehe-ähnlichen Verhältnisses wellenbewegend ins Land: »Mit dem Führer ist alles in Ordnung. Er hat 'ne Frau!«

Der Trieb der destruktiven Ausnahme-Männer geht ja sowieso auf etwas anderes, aber irgendwie funktionieren sie ansonsten sozial und nicht selten sogar auch sexuell Kaffeesatz-mäßig, sodass es für die von der männerbündischen Gesellschaft zur sexuellen Anspruchslosigkeit gedrillten Frauen gerade ausreicht. Die emotionale Abstumpfung dieser Frauen ist derart gediehen, dass sie das neben ihnen betriebene serienmörderische Tun ihres Mannes nicht registrieren oder wie Eva Braun daran keinen Anstoß nehmen oder es bewusst oder unbewusst unterstützen.

Das bizarrste Beispiel für die Serienkiller-Mittäterinnenschaft einer Gattin ist Missis Gacy, die mit ihrem Monster-Gatten im selben Haus zusammenlebte, unter dessen Boden er das sternförmig angelegte Leichen-Ballett seiner 28 nächtlich qualmörderisch getöteten Jünglinge begraben hatte. *(Konzenczak/Henrikson, Linedecker, Ressler/Shachtman 92)* Wie konnten solche Vorgänge im eigenen Haus mit diesem Endergebnis unter dem eigenen Boden von einer Serienkiller-Ehefrau unbemerkt geblieben sein?!

Madame Fourniret ließ es sich jahrelang nicht nehmen, über einen Hauswand-Außenspiegel an der ausgedehnten Prozedur der sexuellen Quäl-Ermordung junger Mädchen, die sie für ihren Mann selber angemacht hatte, Anteil zu haben. Der Außen-Spiegel verband optisch ihren Raum mit dem Tötungszimmer, in das Fourniret seine Frau während seines Sexualmord-Vollzugs hineinzuschauen zwang. *(Stabenow, Lichfield)*

Es gab eine Ausnahme: Die Freundin von Theodore Bundy registrierte plötzlich unter seinen Sachen die Dessous fremder Frauen, schöpfte Verdacht und zeigte ihn an. Ohne ihr Eingreifen wäre Bundy noch jahrelang weiter tätig gewesen. Zu hoch war seine Reputation als Psychologe und als Republikaner! *(Dekle)*

Das wissenschaftlich Verwirrendste sind die bisexuellen Serienkiller – um den Terminus hier oberflächlich zu benutzen und bloß zur schnell verständlichen Kennzeichnung einzusetzen: Es gibt diese vierte Gruppe, die Überkreuz-Serienkiller, die mit dem einen Geschlecht zusammenleben und auch sporadisch sexuell verkehren – und im Gegensatz dazu das andere Geschlecht töten wollen.

Das »Low«-, das Hyposexuelle, gestalten sie biophil mit einer Frau, das »High«, das Explosions-orgastisch Nekrophile, genehmigen sie sich beim Töten von männlichen Menschen. So praktizierten es die Amerikaner Gacy und Kuklinski und der Russe Sliwko.

Auch auf den umgekehrten Fall des englischen Montague John Druitt, alias »Jack the Ripper«, muss hingewiesen werden: Biophil homo, nekrophil hetero. Druitt war ein junger schwuler Lehrer, der plötzlich anfing, seriell Frauen bei lebendigem Leibe auszuweiden. *(Howels/Skinner)*

Zu der Sorte der Überkreuzer, der Serienkiller mit dem kontradiktischen Doppel-Vermögen, scheint auch *Hitler 2* zu gehören. Er war in der Lage, irgendetwas Emotions-Bezügliches mit einer Frau anzuleben – in Hitlers Fall mit dieser einen Haus- und Ehefrau-karikierenden Eva Braun auf dem Obersalzberg. Davor lagen seine kurzfristig irgendwie Frauen-betreffenden »Liebschaften« mit Ada Klein und Maria Reiter und sein Affekt auf Geli Raubal, mit der er in zweijähriger Wohngemeinschaft zusammenlebte. Doch der orgastische Reibach ging mit Hitler erst beim Anschauen von Männer-Match's los – egal ob blutig oder sportlich, ob Film-komparsisch oder Realitäts-gerecht.

Vorstufen zu Hitlers Weltkrieg-provozierenden multiplen Orgasmen geschahen permanent bei seinem Anzetteln von Männer-Einzel- und Männer-Massenmorden und schließlich wahllosen Schlachtungen von Menschen beiderlei Geschlechts: Das Knacken von Veranstaltungen poltischer Gegner, das Überfallen von Kommunisten und Sozialdemokraten auf der Straße und in ihren Wohnungen, die geplanten 1.-Mai-1923-Toten, die 8./9.-November-1923-Putsch-Toten, die ab Februar 1933 zahllos zu Tode Gefolterten (das ganze 12-jährige KZ-Unwesen war ein Alltags- und Allnachts-Männer-Massenmord), die 100–200 *Röhm-Putsch*-Erschossenen Juni/Juli 1934, der Nazi-seits versuchte Staatsstreich in Österreich mit der Ermordung von Kanzler Engelbert Dollfuß am 25. Juli 1934 mit insgesamt 200 Toten, die »Reichskristallnacht« im November 1938 mit der Spontan-Ermordung von mehr als 500 deutschen Bürgern jüdischer Herkunft. Dann die laufende europäische Land-»Einheimsungs«-Politik nach Osten und Süden 1937/38 mit dem »Anschluss« Österreichs im März 1938 bis zum Überfall auf Polen am 1. September 1939 und dem Antritt der »Euthanasie«, unter diesem Deckbegriff wurden Hunderttausende Behinderte und sozial Auffällige »liquidiert«. Das weiß die Menschheit längst. Auch wohin das alles geführt hat.

Nur mit dem Wissen über das Woher hapert es.

Hinter welcher Serienkiller-Formation versteckte Hitler sich?

Wie der Berliner Psychiater Karl Bonhoeffer schrieb, »ist es nicht gleichgültig, ob seine [Hitlers] große Gefolgschaft im deutschen Volke ... sich von einem schweren Psychopathen oder von einem wirklich Geisteskranken durch 12 Jahre hat führen lassen.« *(Bonhoeffer, S. 109 f.)* Bonhoeffers Gegenüberstellung mit zwei Merkmalen zum devianten Charakter Hitlers entspringt nicht mehr brauchbaren psychiatrischen Kategorien für die Entschlüsselung von Hitlers politisch-historischer Destruktivität. Doch Bonhoeffers Vorgehen der Genauigkeit ist auch für die neue Kategorie von Hitlers sexueller (Serienkiller-)Devianz anzuwenden.

Es gibt die vier Möglichkeiten:

1. Heterosexuell in Partnerschaft lebend und Frauen/Weiblichkeiten ermordend,
2. Homosexuell Partner-bezogen und Männer/Männlichkeiten ermordend,
3. Hetero- oder Homo-Einzelgänger mit keinem sozial-biophil sexuellen Partner-Bezug, sondern nur nekrophile Anwandlungen und gelegentliche Praxis, Weiblichkeiten oder Männlichkeiten qualvoll zu töten,
4. Der Überkreuzer – sich auf Exemplare des einen Geschlechts partnerschaftlich zu beziehen und Exemplare des anderen Geschlechts zu ermorden.

Von den vier Möglichkeiten kommen 1. und 2. nicht in Frage: Hitlers Mord-Impuls richtete sich generell nicht auf Frauen *(ONANO, Hitlers*

Männermord-Orgasmus). Und *Hitler 2* lebte in keiner nachweisbaren homosexuellen Partner-Beziehung *(zweites Buch)*.

Es bleiben 3. und 4., die geprüft werden müssen – der Hetero- oder Homo-Einzelgänger, der kontinuierlich Anwandlungen bekam, Männer töten zu lassen, oder der Überkreuzer, der sich partnerschaftlich auf Frauen bezog und sich als delegierender Serienkiller Männern gegenüber delektierte. Wegen Hitlers mehrmaligem Zusammenleben mit Frauen wurde lange Zeit diese Formation bevorzugt. Um sie annehmen zu können, ist es jedoch erforderlich, wenigstens eine Beziehung in Hitlers Biografie als ein echtes, sexuell funktionierendes Verhältnis nachweisen zu können, wie es bei den Serienkillern Gacy, Kuklinski und Sliwko möglich ist *(ONANO)*. Ein solcher Nachweis ist mit 17 Nein-Zeugen vor der Brust gegen ein sexuelles Verhältnis zwischen Adolf Hitler und Eva Braun ein erneuter prozessualer Stemmakt. Die zweijährige Wohngemeinschaft von Hitler und seiner Nichte Geli Raubal konnte als familiärer Musterzwang jenseits sexueller Praxis bloßgestellt werden *(ONANO,* 22. Nein-Sager, Emil Maurice*)*. Es bleibt also nur Eva Braun – trotz der 17 Neins.

Es ist nicht gleichgültig, welcher Serienkiller-Formation Hitler angehörte: Auf was für eine Art von Serienkiller sind die Deutschen «abgeflippt» und reingefallen, haben auch Ausländer anfänglich derart stark reagiert, dass es zum demonstrativen Sympathie-Besuch des abgedankten englischen Königs Edward VIII. mit seiner unhöfischen, weil zweimal geschiedenen Ehefrau Wallis Simpson auf Hitlers Landsitz *Berghof* kommen konnte? Das Reinfallen der Opfer ist das Erfolgsrezept von Serienkillern, das sie oft fassungslos machend lange Zeiten mörderisch tätig sein lässt.

Das Ergebnis der Untersuchung wird auf die kaputte Sittenordnung der bürgerlich-kapitalistischen Gesellschaft ein grelles Licht werfen. Die von ihr reglementierten Menschen haben sich mit ihrer Begeisterung, ja semi-sexuellen Enthemmung für Hitler ein Ventil aus ihrem sexuellen Gequältsein geschaffen. Da Hitler mit zwei Frauen 1925 und 1927 Küsse und Karten gewechselt und mit Geli Raubal und Eva Braun zusammengewohnt hat, besteht tatsächlich der Anfangsverdacht, Hitler wäre ein Überkreuzer gewesen – mit Frauen nett, mit Männern böse.

Für die Definition eines Überkreuzers wäre es notwendig, herauszufinden, ob Hitler wirklich aus genuin sexuellen Interessen mit seinen zwei Kuss-und-Karten-Freundinnen »verkehrt« und mit den Wohngenossinnen aus eben diesen Interessen heraus zusammengelebt hat, wie unterbelichtet, amorph, skizziert = »low« sein sexuelles Interesse an diesen vier Frauen auch immer gewesen ist. Hitlers Beziehungen zu Ada Klein und Mizzi Reiter waren nur intervallisch prozediert und gingen so schnell auseinander, dass sich allein mit diesen Verhältnissen kein tiefwurzelnd heterosexuell orientierter Hitler konturieren ließe. Im Affekt Hitlers auf seine Nichte Geli Raubal wurde schon der kleinfamiliäre Musterzwang entblößt, der gar kein sexueller Impuls ist, der sich bloß in zig biografischen Altvorderen-Wiederholungs-Zuckungen zeigt (*ONANO, 22. Nein-Sager,* Emil Maurice).

Nur bei Eva Braun scheint alles sexuell paletti gewesen zu sein – das Verhältnis mit Braun = Hitlers Ausdruck von heterosexuell-biophil partnerschaftlichem »Low«. Doch bestand überhaupt ein Rudiment sexueller Motivation Hitlers gegenüber Eva Braun, wie es sich die anglosächsische, deutsche und französische Hetero-Fraktion der Braun-Hitler-Biografik einbildet? Über zehn namhafte Autorinnen und Autoren haben mit ihren zum Teil mehreren oder mehrbändigen Publikationen für den Hetero-Hitler gewirkt – trotz der 17 Nein-Sagenden zu Hitlers Sex mit Braun und trotz der weiteren sechs Zeugen, die sich generell gegen Hitlers heterosexuelles Format äußerten (*ONANO,* 7., 8., 9., 10., 19. und 22. Nein-Zeuge).

Aber es gibt 12 Ja-Zeugen, deren Aussagen im Verlaufe von *HETERO* und *ORALO* verhandelt werden müssen. Denn sie bieten den 17 Neins zu Hitlers Sex mit Eva Braun die Stirn. (*ONANO*)

Die Ausgangsfrage zur Erlangung einer Antwort über Hitlers Serienkiller-Eigenart lautet: Fand das Zusammenleben Hitlers mit Eva Braun auf dem *Berghof* aus noch so Sparflammen-haft sexuellen Gründen statt? Und wenn nein, aus welchen sonstigen Gründen war es neun Jahre lang arrangiert worden?

Denn Hitler lebte ja mit Braun nicht zum ersten Mal mit einer Frau zusammen. Er hatte ein eineinhalb Jahrzehnte langes Vorleben mit Frauen in seinen Wohnungen, das eindeutig nicht-sexueller Art war. Von 1920 bis 1929 lebte er mit drei Frauen in der Thierschstraße 41 zusammen, mit Maria Reichert, ihrer Mutter und Jungmädchen-Tochter. Zwischen 1929 und 1945 fungierte in Hitlers Wohnung am Prinzregentenplatz 16 die junge Haushälterin Anni Winter, die Hitler mit ihrem Mann Georg als Haushaltspaar aufgenommen hatte. Auch sein Verhältnis zu Maria Reichert in der Thierschstraße war unstrittig ein nicht-sexuelles. Reichert lebte mit ihrem Ehemann zusammen, Hitler war Untermieter des Ehepaars. Niemand in der Hitler-Biografik hat aus diesen Wohn-Verhältnissen mit Frauen Hitler eine heterosexuelle Orientierung konstruiert.

Bei Eva Braun wird das jedoch gemacht, obwohl 17 Zeugen angemerkt haben:»Da war nix!«Die Beziehung Braun-Hitler befand sich in einem vertrackten und kaum zu entwirrenden Funktions-Knäuel zwischen auf der einen Seite den Positionen Haushälterin/Mieterin und auf der anderen Seite»Frauenbekanntschaft« als»Liebschaft« mit sporadischem Ausgeh- und Besuchs-Bezug plus späterer Hausfrauen-ähnlicher Partnerin-Repräsentation.

Es gibt eine Ullrich'sche Verführung zur Annahme der zweitgenannten Version des Braun-Hitler-Verhältnisses – die Zu-Bett-Geh-Story, das nächtliche Sich-Hinaufbegeben des Paares Braun-Hitler in den ersten Stock zum gemeinsamen Schlafen auf dem *Berghof.* Die ganze Geschichte in Ullrichs Darstellung riecht nach echter Heterosexualität, die Hitler mit Braun zum Ausdruck gebracht hätte. Ist Eva Braun wirklich eine sexuelle Rumpfpartnerin Hitlers gewesen, wie Ullrich sie darstellt, oder nur eine Hausfunktionärin, vergleichbar mit ihren Vorläuferinnen, der Prinzregentenplatz-Anni-Winter und der Thierschstraßen-Maria-Reichert? Braun – eine Hausfrau zu bestimmten Zwecken? Wie wollen Sie das auseinanderklamüsern? – Mit einem Kampf um (das sexualwissenschaftliche Mammut-)Rom auf Hunderten von Seiten und der sozial-sexuellen Breitenanalyse sämtlicher Ja-Sagenden. Zuerst muss jedoch das modernste Ja, Ullrichs Hitler-Braun-zu-Bett-Geh-Geschichte, vorgenommen werden, weil sie schlicht und einfach Sex zwischen Braun und Hitler suggeriert. Und basta: Wer auf diese Weise zusammen ins Bett geht, der tut dort auch etwas Mann-Frau-Übliches.

Des Biografen unlauterer Stelldichein-Wink

Vor der Grundsteinlegung von Hitlers neuer definitorischer Sex-Kanzlei muss das Geröll von allen hinterlassenen Hitler-Hetero-Konstruktionen Volker Ullrichs weggeräumt werden. Die Braun-Hitler-zu-Bett-geh-Geschichte ist ein besonders schwerer Brocken. Doch es darf nichts heterosexuell Wahnhaftes zum Rumsprechen nach flüchtigem Rumlesen in Ullrichs Hitler-Biografie mehr geben. Dass Ullrich absichtlich Hitler normalisieren will, entlarvt er spätestens nach seiner zunächst versuchten Ausgewogenheit. Er tut es nicht nur mit dem Weglassen der 15 Zeugen zu Hitlers heterosexueller Unstimmigkeit, sondern mit seinem – in seiner Hitler-Biografie nirgendwo anders zu findenden – Abdriften in Fantasie. Sowieso spricht Ullrich die ganze Zeit – während seiner Berührung des Themas Heterosexualität – von Hitlers»Freundin«,»Geliebter« und»Partnerin« Eva Braun rein affirmativ, benutzt ohne Zweifel-Zermürbung die Begriffe für die Kennzeichnung der nahesten Frau eines Mannes, was schon allein den Eindruck von Hitlers heterosexueller Orientierung zementiert. *(Ullrich,* S. 323, 677 f., 680–704) Erst recht rückt Ullrich mit seiner Schilderung des Hitler-Braun'schen Zu-Bett-Geh-Ritus auf dem *Berghof* von seiner sonstigen wissenschaftlichen Arbeitsweise ab. Er will in der Imagination seiner Lesenden das gemeinsame Bett von Braun und Hitler installieren.

Zunächst bringt Ullrich ein Zitat nach dem anderen, Zitate darüber, was Eingeweihte und Naheste über ihre Erlebnisse an einem *Berghof*-Abend berichten. Doch plötzlich übermannen Ullrich seine eigenen Fantasien. Er stellt sich freihändig genau das vor, was sich zwischen einem «normal» funktionierenden Heteromann und dessen Verhältnis abgespielt hätte, und unterschiebt seine Vorstellungen der Zu-Bett-Geh-Prozedur von Hitler und Braun, um damit Eindrücke herzustellen, wie es danach im Bett der beiden zugegangen sein soll: Die *Berghof*-Gesellschaft hat gespeist und sich Adolf Hitlers Monologen aussetzen müssen, danach u. a. Richard-Wagner-Platten aufgelegt. Otto Dietrich wird von Ullrich mit Fakten zur Auflösung der Abend-Gesellschaft und zum Zu-Bett-Gehen der Massenmörder und ihrer Mittäterinnen zitiert. Es werden auch Nazi-Quellen benötigt, um zu beschreiben, wie es mit Hitler und den Seinen von Stunde zu Stunde zuging. Bisher nichts dagegen zu sagen.

Aber mit einem Mal ist Schluss mit den Zitaten. Ullrich schwingt sich auf, um mit Adolf und Eva losgelöst von allem beschwerenden Zeugenkram in die Betten zu fliegen:

»Schließlich flüsterten Hitler und Eva Braun ein paar Worte miteinander, sie begab sich in ihre Privatgemächer im ersten Stock, und kurze Zeit später folgte er ihr.« *(Ullrich,* S. 700) Geil, wie Geiles von unten zu Geilem im Oben führt!

Das ist romanesk organisierte Vorlust pur! Keine Anführungszeichen mehr, keine Anmerkungszahl! Das ist jetzt ein Ullrich-eigenes Elaborat, was oberflächliche Lesende nicht bemerken. Die letzte Fußnoten-Zahl betrifft das Zuvor-Zitat aus Otto Dietrichs *12 Jahren mit Hitler.* Es folgen noch Verweise auf Seitenzahlen anderer Zeugen und des ersten Braun-Biografen Nerin Gun. Nichts jedoch wird spezifiziert. *(a. a. O.,* S. 1009, Anm. 128) Ullrichs Zu-Bett-Geh-Geschichte Hitlers und Brauns entbehrt jeden Verweises.

Wenn so etwas in der Hitler-Biografik passiert, ist sofort extremste Aufmerksamkeit vonnöten. Es wird nämlich plötzlich vermutet, das heißt, eine fantasierte Un-Wirklichkeit wird an den Haaren herbeigezogen.

Die Herren und Damen Hitler- und Braun-Lebens-Beschrei-
bende machen sich mit einem Male von der Last der Zeugen-Zitate
frei und steigern sich in das hinein, was sie in ihrer Vorstellung
von Hitler Roman-haft zum Ausdruck bringen wollen. Sie wechseln Minuten-Bruchteil-mäßig die Fronten, verlassen das Wissen-
schafts-Territorium und landen im Fiktiven – jedoch meist nur
momenthaft, so dass ihr Genre-Straucheln allerschwerst bemerkbar
ist und sich deshalb viele »Fakes« in der Hitler-Biografik festgesetzt
haben, die eingangs mit dem Begriff »Kujauismus« glossifiziert wurden.

Die Hitler-Braun-Flüster-Stelle ist etwas eindeutig heterosexuell
dem Bett Zulaufendes – und ist vom Hitler-Biografen frei erfunden
worden.

Wenn jemand Nahes das Hitler-Braun-Geflüster im Beisein der
Gäste beobachtet hätte, hätte Ullrich das Original-Zitat genau bringen
müssen, aus dem dann erfahrbar wäre: Bildet sich der Zeuge etwas
ein? Oder handelt es sich hier um eine perfekt ausgeklügelte Demo in
der Demo: Leute! Herschauen! Der Führer ist endlich so weit, sich in
den Ficker zu verwandeln, schickt seine Liebste schon mal hoch, alles
für seinen Empfang bereitzumachen, und wird ihr sogleich folgen.

Alle Zahlen in Ullrichs Anmerkungs-Apparat sind hier pauschaliert, mehrere Seiten betreffend und nicht bezogen auf diese explizite
Zwei-Zeilen-Stelle. So produziert man Einwand-frei funktionierende
Hetero-Paare. Flüstert Mann zu Frauchen: Geh du mal schon rauf und
zieh dein ganz dünnes, durchsichtiges Nachthemd an, denn ich komm
auch gleich und freu mich hier und jetzt, es dir in ein paar Minuten
abzustreifen ...

Es kommt bei der näheren Beschäftigung mit Ullrichs Heterosexualisierung Hitlers heraus, dass dem Biografen mit der Zu-Bett-
Geh-Szene kein Versehen passiert ist, sondern dass die »Normalität«
auch von Hitlers Geschlechtsleben in Ullrichs Konzept gehört, Hitler
als Mann von nebenan darzustellen: »In gewisser Weise wird Hitler
hier ›normalisiert‹«, verrät Ullrich das Konzept seiner Hitler-Biografie
selbst. (a. a. O., S. 21)

Das zweite Urszenen-Konstrukt zu Hitlers Heterosex

Dass Ullrich sich die Zu-Bett-Geh-Szene zwischen Hitler und Braun
aus den Fingern gesogen hat, ist bisher nur behauptet, nicht bewiesen
worden. Es musste zu seinem Gunsten auch angenommen werden,
dass Ullrich sich vertan hätte, dass er einmal die Anführungszeichen

vergessen oder die Fußnote aus Versehen nicht aufgeschlüsselt haben könnte. Ja, es kann passieren, dass ein Hitler/Braun-Biograf eine von den Tausenden Anmerkungen, die er/sie bewältigen muss, verloren hat, was die Braun-Biografin Angela Lambert sogar einmal zugibt. Ihr war ausgerechnet die Fundstelle zu David Irvings Bemerkung über Hitlers unnormale Genitalien entfallen. *(Lambert 06, S. 245)* Doch bei Volker Ullrich steht an der Stelle kein solches Eingeständnis.

Die Zu-Bett-Geh-Verabredung zwischen Hitler und Braun ist Ullrichs Urszene zum versuchten Nachweis von Hitlers heterosexueller Betriebsamkeit. Die Szene besteht aus drei Einzelheiten: Erstens: Flüstern zwischen Hitler und Braun, zweitens: sofortiges Aufstehen und Hochgehen Brauns, drittens: Hitlers unmittelbares Ihr-Folgen.

Die Szene muss mit Zeugen-Aussagen über die *Berghof*-Abende realisiert werden, sonst ist sie Spuk, ein Beitrag zum Spuk des heterosexuellen Hitlers. Nur mit mindestens einem Zeugnis hätte diese Szene die Kraft, die Behauptungen vom »Scheinverhältnis« zwischen Braun und Hitler »außer Kraft« zu setzen: Auch der »Führer« tickt sexuell »richtig«, wispert zu später Abendstunde mit der Seinen, um sogleich oben in den Betten des Paares in *Schreie und Flüstern* (Bergman) auszubrechen.

Es begann eine Hetero-Ur-Szenen-Forschung, denn Ullrich ist nicht der Erste, der solch eine erotische Begebenheit zwischen Hitler und Braun in die Welt gesetzt hat, um den heterosexuell Funktions-tüchtigen »Führer« überzeugend darstellen zu können. Noch eine weitere Adolf-und-Eva-Urszene wird geknackt werden müssen, die 35 und 60 Jahre zuvor zweimal erfunden wurde, weil auch mit dieser Erfindung das Hetero-Bild Hitlers um die Welt geschickt werden sollte und bis heute Ergebnis-effizient fixiert wurde. Ullrich hat Vorläufer. *(AMORO)*

Damit ist schon das Ergebnis der Untersuchung zu Ullrichs Zu-Bett-Geh-Geschichte ausgeplaudert worden: Auch er hat sie erfunden. Aber wie? Das muss in einer wissenschaftlichen Studie sauber nachgewiesen, Geschichts-prozessual unwiderlegbar per Zeugen-Verhör vorgeführt werden. Alle von Ullrich angegebenen Zeugen, die solch eine Zu-Bett-Geh-Szene behauptetermaßen beobachtet hätten, müssen herangezogen werden.

Günstigerweise brauchte nicht noch zum zweiten Teil der Zeugen-Befragung geschritten zu werden, in die Glaubwürdigkeits-Prüfung. Denn – wer hätte es gedacht? – niemand von Ullrichs suggerierten Zeugen hat das Zu-Bett-Geh-Geflüster zwischen Hitler und Braun gesehen oder gehört. Es kommt noch krasser: Alle von Ullrich angeführten Zeugen sagen entweder nichts zum gemeinsamen Hitler-Braun-Zu-Bett-Gehen oder geben das plattest denkbare Gegenteil zu Protokoll.

Wegen der Schwere von Ullrichs abgefeuerter Munition müssen alle anders lautenden Zu-Bett-Geh-Versionen zitiert werden. Und dabei soll sich das Niederschmetternde auf die Gemüter der Lesenden drücken: Dass ein seriöser Hitler-Forscher wie Volker Ullrich es nötig hatte, derart simpel zum Mittel der Erfindung zu greifen, um seinen angeblich hetero-intakten Protagonisten durchzupauken, zeigt, dass die Hitler-Biografik sexual-bezüglich seit fast 50 Jahren nicht alle Tassen im Schrank hat, wenn sie ab 1971 zyklisch innerhalb von zwei bis drei Jahrzehnten der Welt einen Hetero-Hitler weismachen will (siehe die Aufdeckung der Ur-Szenen-Fälschungen Eins 1955/56 und 1980/82 unter *AMORO*).

Ullrich gibt fünf Zeitzeugen an, die in Verbindung zu seiner Ur-Szenen-Konstruktion stünden: Otto Dietrich, Heinrich Hoffmann, Traudl Junge, Christa Schroeder und Albert Speer. Dazu fügt er unsinnigerweise noch den ersten Braun-Biografen Nerin E. Gun an, der kein Zeitzeuge ist, sondern die genitale Flüssigkeit zwischen Hitler und Braun 1968 auch schon fingiert hatte. *(Ullrich*, S. 1009, Anm. 128, *Gun* 68 I, S. 55 ff., 114 f.)

Bei Dietrich steht innerhalb seines Berichts über die Kamin-Abende im *Berghof*, die bis in die Morgenstunden dauerten, nichts über ein zärtlich-einvernehmliches gemeinsames Zu-Bett-Gehen Hitlers und Brauns. *(Dietrich*, S. 229 ff.) In den Erinnerungen von Hitlers »Leibfotografen« Heinrich Hoffmann findet man ebenfalls nichts. *(Hoffmann*, S. 160 ff.) Traudl Junge und Christa Schroeder behandeln wie Otto Dietrich die nicht endenden Kamin-Plauder-Nächte ausführlich. Doch auch bei ihnen fehlt das – Intimität vorbereitende – Geflüster zwischen Hitler und Braun.

Stattdessen das Entlarvende: Es gab tatsächlich ein Hochgeschicktwerden Brauns durch Hitler. Aber zu eklatant anderen Zwecken, als Ullrich sie suggeriert. Hitler entlässt Braun aus ihrer Paarschafts-Demonstration an seiner Seite. Sie darf sich endlich zurückziehen. Jedoch sie allein. Er folgt ihr noch lange nicht, sondern vegetiert weitere unendliche Stunden mit seinem monologischen Gelaber, das anzuhören er seine Gäste zwingt. Er will und muss die Zeit zwischen Nacht und Tag so lange totschlagen, bis er totmüde zusammensackt und endlich abgedreht zu Bett gehen kann, um zu schlafen, nicht aber, um unter die Decke von Eva Braun zu schlüpfen.

Aus dem Zeuginnen-Gedächtnis der – in ihrer Geschichte zu Hitler und mit ihrem Ein-Jahrzehnt-Altersabstand voneinander verschiedenen – Sekretärinnen gestaltete sich das Zu-Bett-Gehen Hitlers und Brauns kalt unerotisch.

Zunächst in Christa Schroeders Worten: »Wurden jedoch Gespräche angeschnitten, die Eva nicht lagen, so war ihr das sofort anzusehen, und auch Hitler pflegte dies nicht zu entgehen. Er tätschelte dann beruhigend ihre auf der Sessellehne liegende Hand, flüsterte ein paar Worte mit ihr und Eva verschwand nach oben. Genauso verhielt sie sich, wenn sie meinte, Hitler würde einer anderen Dame ›zuviel‹ Aufmerksamkeit widmen.« *(Schroeder* 85, S. 190 f.)

»In ihren Stenoaufzeichnungen notierte Frau Christa Schroeder: ›Wenn irgendeine Dame anwesend war, deren Konkurrenz E. [Eva Braun] fürchtete, dann ging sie entweder sehr bald in ihr Zimmer, oder sie war ungenießbar, so dass er [Hitler] selbst es merkte und sie dann gern überredete, sich zurückzuziehen, da sie müde sei.‹« *(Joachimsthaler* 85, S. 376, Anm. 353)

Traudl Junge hinterließ Brocken zu Hitlers Nacht-Totschlagen: »[...] ab Mitternacht nächtliche Plauderstunden am Kamin [...]« *(Junge* 02, S. 88) »Hitler freute sich immer wie ein Kind auf seine nächtliche Teegesellschaft [...]« Junge zitiert Hitler: »»Ich habe niemals Ferien, ich kann nicht irgend wohinfahren und ausspannen. So teile ich meinen Urlaub in Stunden auf, die ich hier mit meinen Gästen am Kamin verbringe‹, sagte er.« *(a. a. O.,* S. 91)

»Die Stunden vergingen, und es war bereits morgens vier Uhr oder fünf Uhr, als Hitler nach dem Diener klingelte und fragte, ob Einflüge gemeldet seien. Er stellte diese Frage jeden Abend, ehe er ins Bett ging und zog sich nie zurück, ehe er nicht die Meldung bekam, dass das Reichsgebiet feindfrei sei. Einzelne Maschinen oder Störverbände wurden ihm manchmal gar nicht mehr gemeldet, sonst hätte der Tag nie ein Ende gefunden. – Schließlich erhob er sich, gab jedem die Hand zum Gutenachtgruß und zog sich in die oberen Räume zurück.« *(a. a. O.,* S. 94)

Allein, ohne Eva Braun. Die lag längst in den oberen Räumen und schlief.

Was geschah mit Eva Braun, wenn sie noch unten war? Für sie hatte Traudl Junge nur ein mitleidiges Erwähnen, wie Braun in den spätesten Nachtstunden an Hitlers Seite zu einem Häuflein Elend zusammengeschrumpft war, wenn Junge beschreibt, dass sich alles Dienende und Zu-Gast-Seiende absentiert hatte und Hitler mit dem »schlummernden Morell [Leibarzt] und der treuen Eva« sitzengelassen wurde, die die aufgelegten Platten allein hören mussten. Unter der dröhnenden Musik war man entwichen, lachte, frohlockte oder zankte sich im Nebenraum hinter dem Vorhang, bis Hitler manchmal um Ruhe bitten musste. *(a. a. O.,* S. 93)

Kein Mitschlafen – kein Beischlafen

Die Schilderungen der beiden Sekretärinnen decken sich fast, obwohl sie einen Beobachtungszeitraum betreffen, der zum Teil zehn Jahre auseinanderliegt. Schroeder kam Anfang 1933 zu Hitler, Junges erste Erfahrungen mit dem *Berghof* datieren aus dem März 1943.

Erwähnt werden muss, dass Schroeder schon Hitlers erstes, noch unrenoviertes Landhaus *Wachenfeld* auf dem Obersalzberg kannte. Drei Jahre lang wurde sie zwischen August 1933 und Juli 1936 von Hitler dorthin mitgenommen und selbstverständlich danach auch in den zum *Berghof* umgebauten Haus-Komplex. Immer wieder ist das erst im dritten *Buch* näher behandelte Phänomen anzusprechen: *Hitler 2* konnte/wollte nicht mehr malen, zeichnen und mit der Hand schreiben. Alles, was er als *Hitler 2* noch mit seiner Hand vollführte, war nur hingeworfen. Seine zuvor – im Stadium von *Hitler 1* – bestehende intensive Verbindung zwischen Kopf und Hand, betreffend das Zeichnen, Malen und das endlose Briefe-Schreiben, war nach seiner militärpsychiatrischen Behandlung in Pasewalk im Oktober/November 1918 für all seine folgende Zeit unterbrochen worden.

Beide Sekretärinnen Schroeder und Junge, die Memoiren hinterlassen haben, weisen kontinuierlich darauf hin, dass Hitler sie als seine verlängerte Schreibhand brauchte. *Hitler 1* haben beide Sekretärinnen nicht kennengelernt.

Deswegen wurde Schroeder auch in Hitlers ab 1928 gemieteten Landsitz *Haus Wachenfeld* mitgenommen. Und zwar immer, wenn er sich dorthin begab. Hitler ließ zehn Jahre später Traudl Junge überhaupt nicht mehr von seiner Seite. Wegen dieses organisatorischen Angeschlossenseins an Hitlers Bewegungen zwischen seinen Aufenthaltsorten nehmen die Sekretärinnen einen zentral wichtigen Zeuginnen-Status ein – auch und gerade Hitlers Intimes betreffend.

Die beiden übrigen Sekretärinnen Johanna Wolf und Gerda Daranowski-Christian haben keine Memoiren hinterlassen. Aus dem Verhör Christians sind nur Bruchstücke erhalten geblieben *(Christian)*. Wolf gehört mit ihren Aussagen gegenüber dem Nürnberger Interrogator Robert Kempner als 16. Zeugin zu den Nein-Sagenden *(ONANO)*. Aber sie starb zu früh, um genauere Reflexionen über ihre Erfahrungen mit Hitler und seinen intimen Gepflogenheiten zu hinterlassen. Gerda Christian blieb bis ins hohe Alter»Nazisse« und war deshalb zur Schroeder/Junge'schen Distanzierung von Hitler nicht fähig. *(Wikipedia)*

Beide Sekretärinnen, Christa Schroeder und Traudl Junge, sind jedoch ein Glücksfall für die Hitler-Forschung, weil sie biografisch nicht unter einer Decke steckten, sondern ihre Texte und deren Wege in die Öffentlichkeit anderen Lebensumständen verdankten, abgesehen davon, dass Schroeder 1908 und Junge 1920 geboren wurde. Und trotzdem sagen die beiden Hitler-«Hände» zu seiner Heterosexualität im Allgemeinen und zu seinem Verhältnis mit Eva Braun im Besonderen das nahezu Deckungsgleiche.

Vor allem Schroeder hat Einblicke noch in die Frühzeit des Verhältnisses Braun-Hitler gehabt. Daher ist ihre Mitteilung, Eva Braun habe nie im *Haus Wachenfeld* mitgewohnt, nie dort geschlafen, eines der Träger-Elemente der Tatsache: Dann hat Eva Braun auch nicht mit Hitler geschlafen. *(Schroeder 85, S. 172)*

Diener, Adjutanten und Sekretärinnen waren zum Schweigen verpflichtet. Schweigen gehörte zu ihrem Job. Vor seinem dienenden Zubehör brauchte Hitler sich keinen Zwang anzutun. Trotzdem nächtigte Braun immer im Gästehaus *Platterhof,* wenn sie denn mal mit auf den Obersalzberg genommen wurde. Das Pikante: Braun wurde weiterhin auf dem *Platterhof* untergebracht, auch nachdem Hitler seine Schwester 1934 rausgeworfen hatte, die bisher in *Wachenfeld* Haushälterin gewesen war.

Ausgerechnet Volker Ullrich weist überzeugend nach, dass der Rauswurf von Hitlers Schwester nicht erst 1935 oder 1936 geschah, wie bisher allgemein angenommen wurde, sondern schon 1934. *(Ullrich,* S. 679) Und trotzdem schlief Braun ab jetzt für die nächsten zwei Jahre weiterhin nicht mit im *Haus Wachenfeld.* Hitlers Schwester Angela konnte Eva Braun nicht leiden. Aber dieser Fakt wäre kein Hinderungsgrund für Hitler gewesen, seiner Intimität zu fröhnen, wenn er ihr denn hätte fröhnen wollen. Seine Schwester hätte er gezwungen, bei den Besuchen Eva Brauns ausnahmsweise wegzubleiben oder wegzusehen und wegzuhören. Eben das geschah nicht. Weder zwischen 1932 und 1934, noch zwischen 1934 und 1936 – auch nach dem Rauswurf der Hitler-Schwester Angela 1934 keine Eva Braun über Nacht im *Haus Wachenfeld.*

Dass Hitler nächtlich Kater-gleich zu Eva Braun in den *Platterhof* geschlichen wäre, wird die Hitler-Biografik doch wohl nicht ernsthaft annehmen. Hitlers Strategie der Geheimhaltung des Verhältnisses vorm deutschen Volk wäre zusammengebrochen. Das Hotel-Personal hätte etwas erfahren, wenn Hitler regelmäßig zu Braun in den *Platterhof* gekommen wäre. Hotelbesitzer, Rezeptionisten, Portiers, Kellner, Zimmermädchen – niemand war vereidigter Schweiger in Hitlers Diensten. Eins, zwei, drei wäre herausgekommen und in Umlauf gebracht worden: Der Führer erscheint immer bei uns, wenn eine bestimmte junge Frau da ist, unsere Gästin Eva Braun! – Von wegen enthaltsam im Dienste des deutschen Volkes ...

Die Information Christa Schroeders: »Eva Braun immer im ›Platterhof‹ untergebracht, wenn mit auf dem Obersalzberg« – in der ganzen Zeit vor dem Demo-Interieur der Bezugs-fertigen »Führer«-»Mätressen«-Zimmerflucht nach dem Umbau von *Haus Wachenfeld* zum *Berghof* Juli 1936 –, diese Information kam zum Hitler-Forschungs-Pionier Anton Joachimsthaler auf verblüffend zufällige Weise, die er in seinem Kommentar der Herausgabe der Schroeder-Memoiren preisgibt. Eines Tages wird Joachimsthaler von Walter Frentz, Hitlers Kameramann, gebeten, eine Dame aus München in seinem Auto zu einer Einladung mitzunehmen. Diese Dame war Christa Schroeder. *(Joachimsthaler* 85, S. 7, 281, Anm. 1)

Eine für die Hitler-Biografik enorm folgenreiche Freundschaft begann. Joachimsthaler war vor der Begegnung mit Schroeder ein Bundesbahn-Diplom-Ingenieur. Er hatte sich publizistisch mit Hitler nur nebensächlich beschäftigt für seine Recherche zum Thema *Die Breitspurbahn Hitlers.* (*Joachimsthaler* 81) Durch seine Freundschaft mit Schroeder mutierte er zu *dem* Innovator in der Hitler-Biografik an der Wende vom 20. zum 21. Jahrhundert. Schroeder hat Joachimsthaler als Hitler-Spezialisten quasi gezeugt und geboren. Er durfte ihre Memoiren nach ihrem Tod herausgeben und – das noch Wichtigere – ihre stenografisch verschlüsselten Notizen und die Gespräche zwischen Schroeder und Joachimsthaler in ihre Erinnerungen einarbeiten, was in der Publikation durchlaufend geschah. Die Schroeder-Memoiren sind Joachimsthalers erstes biografisches Buch über Hitler, was im Literaturverzeichnis zu *Hitler 1 und Hitler 2* hervorgehoben wird. (*Joachimsthaler* 85)

Der englische Geschichtsprofessor und Dritte-Reichs- sowie Hitler-Spezialist Ian Kershaw, war von Joachimsthalers Arbeiten so beeindruckt, dass er dessen Buch *Hitlers Weg begann in München. 1913–1923* mit einem Geleitwort versah. (*Joachimsthaler* 2000, S. 7)

Der Transport der Nachricht von Schroeder zu Joachimsthaler über die Einquartierung Eva Brauns im *Platterhof* ist eine von jeglicher Spekulation freie Mitteilung. Außerdem hat Joachimsthaler das noch existierende Gästebuch des *Platterhofes* studiert und Schroeders Bericht mit den Notaten zu Eva Braun als Gast bestätigt gefunden. (*Joachimsthaler* 85, S. 285, *Joachimsthaler* 03, S. 300, 442)

Schon ab 1985 mit Joachimsthalers Herausgabe, Kommentierung und Komplettierung der Schroeder-Memoiren hätte erneut Schluss sein müssen mit der Einbildung der Hitler- und Braun-Biografik von einem heterosexuell intakten Adolf Hitler. Aber zu jener Zeit wirkte inzwischen weltweit der Hitler-Hetero-Promoter Werner Maser, der bis heute auch noch als Gespenst in dieser Zunft umgeht. Nicht nur Masers Hitler-Biografie rotierte zwischen 1971 und 2001 in der Welt mit einer Fülle von Falschdarstellungen, wie der Behauptung von Hitlers angeblich existierendem natürlichem Sohn, gezeugt wärend des Ersten Weltkriegs – ausgerechnet mit einer Französin! Sondern das Fatalste: Maser beging auch einen echten Kujau-Coup, indem er ein ganzes »Diensttagebuch« des Hitler-Leibdieners Heinz Linge vorlegte und es nach dessen Tod 1980 unter Linges Autorenschaft als Widerruf der Aussagen Linges (6.) vor den sowjetischen Interrogatoren im *Buch Hitler* präsentierte.

Dieses Vorgehen Masers – über das in *AMORO*, 2. Ja-Sager, der *»Widerrufs-Linge«* berichtet wird – läuft in einer unübersehbaren Fülle von Auflagen und Übersetzungen seit nunmehr fast 40 Jahren ebenfalls um die Welt (letzte Ausgaben um 2015). Maser verweist 1980 – im Klappentext dieses camouflierten, letztlich eigenen Buches – auf 85 Versionen, Ausgaben und Übersetzungen aller seiner Bücher. (*Linge* 80, 82)

Doch es ist viel schlimmer: Mit dem Kujau-Maser unter dem Autorennamen Heinz Linge und dem Titel *Bis zum Untergang* sind die Maser-Elaborate inzwischen auch nach seinem Tod 2007 auf über hundert Ausgaben mit seiner Falschdarstellung eines heterosexuellen Hitlers angeschwollen. Der Kujau-Maser ist der eigentliche Eisberg, auf dem die wenigen Seiten Volker Ullrichs zur Hitler-Hetero-Bild-Fälschung nur spitzenhaft thronen. Mit seinem Kujau-Streich von 1980, dem gefälschten »Diensttagebuch« Linges, hat Maser die gesamte Hitler-Biografik in Hinsicht auf Hitlers Heterosexualität für dumm verkauft. Auch Volker Ullrich, der sich noch 2013/16 auf Maser/Linges *Bis zum Untergang* beruft, (*Ullrich*, S. 689, 1006, Anm. 77) gehört in diesem Zusammenhang zu den »Dummen« (*AMORO*)

»Aimez-vous Brahms?«

Sogar der Hormonhaushalts-Fantast Albert Speer, dem nicht vorgeworfen werden könnte, er entsexualisierte das Verhältnis Hitler-Braun (10. Ja-Sager), hinterließ Beobachtungen darüber, was es mit dem Zu-Bett-Geh-Geflüster zwischen Hitler und Braun auf sich hatte. Wie bei Schroeder kommt auch bei Speer ein Hochschicken Eva Brauns vor, aber nicht als Verabredung zum Sex, sondern als Brauns Entlassung aus der Kamin-Runde: »Wir setzten uns auf Sofa oder Sessel einer der Sitzgruppen; die zwei Gobelins wurden hochgezogen, und mit den auch in Berlin üblichen abendfüllenden Spielfilmen begann der zweite Teil des Abends [erster Teil war Essen mit Tischordnung]. Anschließend versammelte man sich um den riesigen Kamin, etwa sechs oder acht Personen auf einem überlangen, unbequem tiefen Sofa wie auf einer Stange aufgereiht, während Hitler, wiederum flankiert von Eva Braun und einer der Frauen, in bequemen Sesseln Platz genommen hatte. Die Runde war infolge der ungünstigen Möblierung so auseinandergezogen, dass ein gemeinsames Gespräch nicht aufkommen konnte. Jeder unterhielt sich gedämpft mit seinem Nachbarn. Hitler sprach leise Belangloses mit den beiden Frauen an seiner Seite, oder tuschelte mit Eva Braun, machmal hielt er ihre Hand. Oft aber schwieg er vor sich hin oder starrte brütend ins Kaminfeuer; die Gäste verstummten, um ihn nicht in bedeutenden Gedanken zu stören [...] (B. 7).

Zur Belebung dieser etwas kargen Nachtgeselligkeit wurde Sekt herumgereicht [...] Ab ein Uhr nachts konnte dieser und jener trotz aller Beherrschung ein Gähnen nicht mehr unterdrücken. Aber in eintöniger, ermüdender Leere ging der Abend noch eine gute Stunde weiter, bis dann endlich Eva Braun mit Adolf Hitler einige Worte wechselte und in die oberen Räume entlassen wurde. Hitler selbst erhob sich erst eine Viertelstunde später, um sich zu verabschieden. [Es war inzwischen mindestens halb 3 Uhr morgens!] Diesen lähmenden Stunden folgte oft ein ausgelassenes Zusammensein der wie befreit Zurückbleibenden bei Sekt und Cognac.

In den frühen Morgenstunden kamen wir [Albert und Margret Speer] dann todmüd nach Hause, müde vom Nichtstun. Nach einigen Tagen bekam ich, wie ich es damals nannte, die ›Bergkrankheit‹, das heißt, ich fühlte mich durch andauernde Zeitvergeudung erschöpft und leer.« (Speer 05, S. 104 f.)

Die Speer-Passage ähnelt Ullrichs Erfindung um Haaresbreite, sodass bei oberflächlicher Lektüre der Eindruck entstehen könnte: Ullrich habe sich aus Speers Erinnerungen bedient. Und alles hätte seine Richtigkeit. Erst wenn die beiden Zwei/Drei-Zeiler, die miteinander konkurrieren, untereinandergesetzt werden, tritt Ullrichs Winkelzug zu Tage.

Speers Original: »[...] bis dann endlich Eva Braun mit Adolf Hitler einige Worte wechselte und in die oberen Räume entlassen wurde. Hitler selbst erhob sich erst eine Viertelstunde später, um sich zu verabschieden.«

Ullrichs Darstellung: »Schließlich flüsterten Hitler und Eva Braun ein paar Worte miteinander, sie begab sich in ihre Privatgemächer im ersten Stock, und kurze Zeit später folgte er ihr.« (Ullrich, S. 700)

Erstens: Nicht beide flüsterten in Speers Originalversion, geschweige denn Hitler flüsterte mit Braun und schickte sie schon mal vor, sich für den sogleich folgenden nächtlichen Geschlechtsakt bereitzumachen. Er komme sofort nach.

Zweitens: Es war Eva Braun, die das Wort an Hitler richtete. Nicht um etwas in Richtung gemeinsames Bett in die Wege zu leiten, sondern sie konnte das Zeit-Totschlagen nicht länger aushalten. Sie litt wie Speer wegen der »Zeitvergeudung« an »Erschöpfung« und »Ausleerung«.

Drittens: Eva Braun »flüsterte« nicht mit Hitler, sondern »wechselte einige Worte« mit Hitler. Ullrichs »Flüstern« ist erotisch, Speers »Einige-Worte-Wechseln« ist un-, ohn- bis contra-erotisch.

Viertens: Eva Braun »begab sich« nicht »in ihre Privatgemächer im ersten Stock«, sondern »wurde« [von Hitler] »in die oberen Räume entlassen.« Extrem anti-erotisch! Hitler an ihr nicht mehr interessiert! Sie kann abhauen, ihr Dienst der Repräsentation an seiner Seite ist beendet. Der Sinn »Entlassen« enthält das Gegenteil von einer sexuellen Finalität: Braun kann sich verdrücken. Es kommt nichts mehr. Hitler braucht sie nicht mehr.

Fünftens: Speers »Hitler selbst erhob sich erst eine Viertelstunde später, um sich zu verabschieden.« = Steif! Man weiß nicht, wie lange Hitlers »Sich-Verabschieden« gedauert hat. Speers »Hitler selbst erhob sich erst eine Viertelstunde später« hat keinen Zusammenhang mehr mit Eva Brauns Entlassung aus ihrer Präsenz-Pflicht in die oberen Räume. Einen solchen Zusammenhang stellt Ullrich künstlich her: »Sie begab sich in ihre Privatgemächer im ersten Stock, und kurze Zeit später folgte er ihr«. – Von diesem »Folgte-er-ihr« steht bei Speer nichts. Hitler folgte Braun mitnichten. Er »erhob sich« nur, »um sich zu verabschieden«. Sein Nach-oben-Gehen steht in keinem Zusammenhang mit dem ihren.

Sechstens: Speer lässt offen, was Hitler dann nach seiner Verabschiedung »in den oberen Räumen«, seinem Arbeitszimmer und seinem Schlafzimmer, noch alles gemacht hat. Vor allem fehlt komplett bei Eva Brauns »Wortwechsel« mit Hitler, dass dieser auf etwas Gemeinsam-»Bettiges« mit Braun hätte erpicht sein können, wie es in Ullrichs Wendung »rüberkommt«.

Siebentens: Speer stellt ein Zu-Bett-Geh-Verfahren dar. Eva Braun will endlich hoch und schlafen. Hitler genehmigt es, bricht nach einer Viertelstunde dann auch auf. Alles »kalte Tracht«. Es handelte sich um kein gemeinsames Geflüster. Und das Hitler-Braun-Hoch-Folgen geschah auch nur rein zeitlich, nicht phantasievoll vorlusthaft-einvernehmlich.

7   Berghof-Runde von Adolfine mit Frauenkränzchen

Ullrich erotisierte das Aufbruchs-Verfahren zwischen Braun und Hitler. Er wandelte das Fluidum des Johannes Brahms'schen Mutter-Kind-Eros-*Wiegenliedes* ab und suggerierte zwischen Hitler und Eva Braun ein Schleimhaut-Kontakt-seliges »Paradies«. Brahms' Original: »Guten Abend, gut' Nacht, mit Rosen bedacht, mit Näglein besteckt, schlupf unter die Deck! Morgen früh, wenn Gott will, wirst du wieder geweckt.« *(Arnim/Brentano)* In Ullrichs Version der Hitler-Braun-Zu-Bett-Geh-Szene scheinen zwei Personen und zwei Worte von Brahms' Original hetero-paradiesisch zurechtgebogen zu sein: Aus Mutter und Kind wurden »Adolf und Eva«. Und aus »Morgen früh, wenn Gott will, wirst du wieder geweckt« entstand eine Rückdrehung in das mittelalterlich Liebeslied-Ursprüngliche, das das romantisch de-sexualisierte *Wiegenlied* einmal gewesen ist *(Arnim/Brentano)*, frei nach Hitler/Braun: »Morgen spät, wenn Gott will, wirst du wieder geneckt!«

»Gegen vier Uhr morgens maßloser Hass des Führers«

Dass Hitler sich nicht nur eine Viertelstunde, sondern oft viele Stunden später erst von seinen Gästen verabschiedete, nachdem Eva Braun längst in die »oberen Räume entlassen« worden war, davon berichtete ein naher Hitler-Mann, den Ullrich im Zusammenhang mit dem Zu-Bett-Geh-Ritus auf dem *Berghof* nicht erwähnt. Im Verhör während der Nürnberger Verhandlungen gab Baldur von Schirach, der ehemalige »Reichsjugendführer« und spätere Gauleiter Wiens, eine Geschichte zu Protokoll, die ihm und seiner Frau gegenüber Hitler an einem der Kamin-Abende auf dem *Berghof* passiert sein soll.

Die Schirachs hätten Hitler auf die Misshandlungen jüdischer Holländerinnen angesprochen, die von SS-Männern und deutschen Soldaten auf drastisch unsanfte Weise zur Deportation gezwungen worden waren, was Henriette von Schirach aus einem Hotelzimmer in Amsterdam beobachtet haben will. Die Konfrontation der Schirachs mit Hitler ist auch von Christa Schroeder und Traudl Junge erwähnt worden. *(Schroeder 85, S. 194 f., Junge 02, S. 101)* Inmitten der Schilderung Schirachs kommt ein Schlenker zu Hitlers Nacht-Totschlag-Usancen vor, die nicht einen Spalt für ein Zu-Bett-Geh-»Geflüster« zwischen Hitler und Braun übrig lassen.

Mit dem Schirach-Bericht kann gezeigt werden, wie Hitler seine Abende normalerweise verbrachte, in denen auch noch zu spätester, vielmehr frühester Morgen-Stunde kein Hauch eines Interesses bei ihm bestand, mit Eva Braun schließlich »im ersten Stock« auf ihrer

Auszieh-Couch zum gemeinsamen Leck-und-Steck-Spiel zu verschwinden. Im Gegenteil, Hitler enthemmte sich um vier Uhr morgens in »maßlosem Hass gegen die Wiener Bevölkerung«. Nach dem Schirach-Vortrag in der Nacht auf dem *Berghof* erstarrte jegliches Miteinander unter den Anwesenden: »Hitler schwieg. Es schwiegen auch die anderen Zeugen dieser Besprechung; unter anderen war mein eigener Schwiegervater, Professor Hoffmann, Zeuge. Es entstand ein eisiges Schweigen, und nach einiger Zeit sagte Hitler bloß darauf: ›Das sind Sentimentalitäten.‹ Das war alles. Es kam an dem Abend keine Unterhaltung mehr auf. Er zog sich auch früher als sonst zurück; ich hatte den Eindruck, dass nun eine Situation entstanden war, die völlig unhaltbar war [...]«. *(Schirach, B.* 46, S. 472)

»[...] Dann kam am nächsten Abend Goebbels an, und es wurde dann in meiner Gegenwart, ohne dass ich davon anfing, das Thema Wien angeschnitten. Ich war natürlich gezwungen, den Äußerungen entgegenzutreten, die zunächst Goebbels gegen die Wiener machte. Der Führer fing nun an, in einem – ich möchte sagen – maßlosen Hass sich gegen die Wiener Bevölkerung zu äußern [...] Bei dieser Auseinandersetzung nun trat ich, wie es meine Pflicht war, wie es meinem Gefühl entsprach, für die Menschen ein, die ich dort führte. Hitler sprach unter anderem gegen vier Uhr morgens ein Wort aus, das ich aus historischen Gründen hier festhalten will. Er sagte: ›Wien hätte eigentlich nie in den Verband des Großdeutschen Reiches aufgenommen werden dürfen.‹ [...]« *(a. a. O.,* S. 473)

»[...] dass ich mich noch in der gleichen Nacht – es war inzwischen halb fünf Uhr früh geworden – verabschiedete und am nächsten Morgen [Vormittag] abreiste und den Berghof verließ. Ich habe seitdem keine Besprechung mehr mit Hitler gehabt.« *(a. a. O.)*

Baldur von Schirach war Zeuge eines Rand-Affektes von Hitler geworden. Dessen ausgebrochener »Hass gegen die Wiener Bevölkerung« füllte noch mitten in der Nacht um vier Uhr morgens die leere Stelle von Hitlers sexuell mitmenschlichen Bedürfnissen. Insofern wurde Schirach Zeuge eines ähnlichen Geschehens, das Marianne Hoppe und Karl Wilhelm Krause an Hitler beobachtet hatten: Sexuelle Wirkung von etwas, das auf «normale« Heteromänner gerade keine solche Wirkung gehabt hätte *(ONANO, Hitlers Männermord-Orgasmus).*

Sogar zu nach-mitter-nächtlicher Stunde war Hitler Hass-bezogen nicht einmal gedämpft, sondern trieb sich auch während dieser Zeit allgemeiner Abschlaffung »bis zum Äußersten« seines »maßlosen Hasses gegen die Wiener« hoch.

Jemand, der noch Sex vorhat, drängt schon gegen Ende des Tages zum Aufbruch, zieht sich zumindest mit seiner Auserwählten, Angebeteten beizeiten zurück. Hitler tat regelmäßig das Gegenteil. Er verlängerte die Abende immer bis in die frühesten Morgenstunden hinein. Er hielt alle Personen, die um ihn waren, fest, auf dass sie sein Nachttotschlagen begleiten mussten. (Alle sechs genannten Zeugen Dietrich, Hoffmann, Junge, Schirach, Schroeder und Speer haben davon berichtet. Gegenstimmen sind nicht vorhanden.) Es gibt eine körperliche Regel beim Sexualverhalten des Mannes: Der Mann ist desto potenter, je höher die Sonne steht. Nach Mitternacht sinkt die Potenz. Da Hitler immer alle Gäste des *Berghofes* dazu verleitete, bis lange nach Mitternacht bei ihm auszuharren, und sich üblicherweise – wenn es nichts zum Hass-Ausbrechen gab – seine Belanglosigkeiten um die Ohren schlagen zu lassen, kann von »Jiepern« auf Sex mit Eva Braun bei ihm nie die Rede sein.

Er wollte schnödest das Umgekehrte, die Zeit solange bis in die frühen Morgenstunden totschlagen, bis jede physische Potenz von ihm gewichen war und er rein aus Tag-und-Nacht-Zyklus-Gründen gar keinen mehr hoch bekam, wenn er schließlich in seine Privatgemächer im ersten Stock hochtorkelte.

Es musste bei der Wiedergabe der Zeugen-Aussage Schirachs vor dem Nürnberger *Internationalen Militärgerichtshof* nicht geprüft werden, ob die Szene der Konfrontation zwischen seiner Frau und Hitler über die Deportierung jüdischer Holländerinnen eine Schutzbehauptung Schirachs war, um am 26. Mai 1946 vor seinen Anklägern besser dazustehen. Die Szene ist berühmt geworden. Schirachs Frau und er selbst hätten den »Führer« mal konfrontiert.

Die Szene kann zur Entlastung des wegen Kriegsverbrechen angeklagten Schirachs vorgetragen und auch die Münchener Freundin Traudl Junge kann von den Schirachs gebeten worden sein, Derartiges festzuhalten und von sich zu geben, weil sich das emotional vor den Nürnberger Richtern gut ausnehmen würde.

Tatsache ist: Baldur von Schirach war »Gauleiter« von Wien und in dieser Position auch mitverantwortlich für die Deportation Wiener Juden in die mörderischen KZs. (*Klee*, E. 86, *Snyder* 95, *Zentner/ Bedürftig*) Deshalb gehörte er unter die Angeklagten im Nürnberger Kriegsverbrecher-Prozess. Die drei Schwestern von Sigmund Freud wurden dank Schirachs Beteiligung an der »Endlösung« von Wien aus in die osteuropäischen Gaskammern deportiert.

Der Ausschnitt aus Schirachs Verhör wurde hier als Teil der Beweisführung gegen Ullrichs zärtlich-libidinös konturierte Zu-Bett-

Geh-Geschichte Braun-Hitlers eingesetzt, um einen Zeugen zu Hitlers eigentlicher nächtlicher Siedehitze zu erwähnen, nämlich sich mitten in der Nacht in einen »maßlosen Hass gegen die Wiener Bevölkerung« hineinzusteigern und hochzuschaukeln. Dieser Hass war von Hitlers treuestem und unverbrüchlichstem Latenz-Geliebten, Joseph Goebbels, zuvor angeköchelt worden. Dass Hitler speziell Wien hasste, ist schon von seinem Jugendfreund August Kubizek hinterlassen worden (*ONANO, 7. Nein-Sager*). Und auch in Hitlers Gesamt-Hass-Elaborat *Mein Kampf* sind genügend Stellen über seine Anti-Wien-Anwandlungen nachzulesen. *(Hitler* 25/26, S. 9 ff., 18 ff., 55 ff., 71 ff., 130 ff., 161 ff.)

Hass-Aufkoche gehörte in Hitlers Trieb-Instrumentarium und nicht, sich mit Eva Braun zu vereinen. Auch noch des nachts in Hass ausbrechen zu können – auf solches Angekitzelt- und Aufgewühltwerden richtete sich Hitlers Intim-Interesse und nicht auf Einvernehmungen mit seiner »Mätresse«. Sein homo-erotischer Geheim-Latenzier Goebbels wusste das genau und hatte seinem Hitler diesen nächtlichen Lustgewinn verschaffen wollen.

Die (Sexual)Verkehrs-Sünden-Kartei des Hitler-Biografen

Die intensive Aufbereitung von Ullrichs fantasierter Hitler-Braun-Zu-Bett-Geh-Szene hat das Prinzip der gesamten Hitler-biografischen Hetero-Täuschung über ihren Protagonisten zutage gefördert. Außer bei Werner Masers Erfindung von Hitlers nicht-ehelichem Sohn laufen die Täuschungen subkutan. Kollegen, Nachfahren und die Öffentlichkeit bemerken die Fälschungen zum heterosexuell intakten Hitler nicht. Behauptungen, Darstellungen und ganze Szenen sind plötzlich in der an Hitler interessierten und sogar in der mit ihm professionell arbeitenden Wissenschafts-Welt installiert und sitzen dann Meinungs-zementierend Jahrzehnte-lang fest. Ab März 2016 düst die englische Fassung von Ullrichs Hitler-Biografie nun wirklich um die Welt.

In Kultur und Wissenschaft gibt es keine Abwahl von Ansichten. Es herrscht in beiden Gebieten der blanke Autoritarismus. Eine Fälschung ist in den Köpfen der Menschen drin und bleibt da einfach über Generationen sitzen. Auch Masers Fiktion von Hitlers nicht-ehelichem Sohn musste mit einem aufwendigen DNA-Verfahren berichtigt und in einem ganzen Buch, dem von Jean-Paul Mulders, aufgehoben werden.

Und immer noch spricht trotzdem Guido Knopp, der bis Februar 2013 mächtige Meinungs-Zar des deutschen Staats-Fernsehens ZDF in Sachen Drittes Reich und sonstiger Geschichte *(History)*, von »nicht hundertprozentig bewiesen«. Denn es fehlten an der Wahrheit angeblich noch zehn Prozent, die die Öffentlichkeit weiter in Sachen Hitlers nicht-ehelichem Sohn am Kochen halten sollen, weil die Nachfahren des Hitler-Sohn-Gespenstes im Gespräch bleiben wollen, weil dieses Gespräch für sie lukrativ ist. Jeder Bericht, jedes Foto, jedes Interview mit der Familie, der Werner Maser Hitlers Sohn untergeschoben hat, bringt Geld. So gaben die mit der Maser-Erfindung von Hitlers Sohn Beglückten einfach keine Gewebe-Proben für eine DNA-Analyse ab. Einen gerichtlichen Zwang zugunsten historischer Wahrheit gibt es nicht.

Mulders detektivische Umwegs-Methode arbeitete mit getrockneten Speichelproben unter Briefmarken, an Zigaretten-Kippen und in liegengelassenen Papier-Taschentüchern. *(Mulders)* Und doch triumphiert der Hitler-pro-Hetero-Fraktionär Knopp, gemeinsam mit seiner Assistentin Anja Greulich, weiterhin: Hitlers natürlicher Sohn »nicht hundertprozentig widerlegt!« *(Greulich/Knopp*, S. 273 ff.)

Im Kapitel *AMORO (Masers Mega-Ente)* wird mit anderen Methoden ein Nachweis gegen einen natürlichen Hitler-Sohn erbracht, der auch die letzten behauptetermaßen zehn Prozent Unsicherheit ausräumt.

Um dieses Einschleich-Verfahren zur Herstellung von öffentlichen Meinungen kristallklar zu machen, muss eine Liste angelegt werden, mit der festgehalten wird, wie es der Hitler-Gesamt-Biograf Volker Ullrich bewerkstelligt hat, Meinungen über die Tadel-lose Heterosexualität Hitlers zu verbreiten.

Die Wahrheitsfindung in Sachen Hitler-Sexualität darf nicht mit den gleichen Mitteln arbeiten, die die Hitler-Biografik beim Hitler-Bild anwendet. Die Wahrheit kann nicht sub, heimlich = unterbewusst daherkommen. Deshalb die Aufwendigkeit, das nicht endende Auf-den-Tisch-des-Geschichts-Prozesses-Zerren von Zeugen und Zeugnissen.

Die Anfertigung der Ullrich'schen Sünden-Kartei geschieht zur Erinnerung, zum Nachschlagen und zur Überzeugung, denn die Anhäufung des nachweislich Falschen ist erst in der vorgestellten Summierung frappierend. Zehn Anti-Wissenschafts-Allüren zur Promotierung des heterosexuellen Hitlers werden sogleich besprochen, auf weitere wird bei besonderen Textstellen hingewiesen.

Zuvor sind einige allgemeine Bemerkungen nötig: Warum geschieht die Ullrich-Attacke und nicht eine gegen den wirklich neuesten Hitler-Biografen Peter Longerich und nicht gegen den permanent für den Hetero-Hitler im publizistischen Einsatz befindlichen Guido Knopp?

Die »Einschießung« auf Ullrich muss wegen seiner auch nach Longerichs Publikation weiterhin bestehenden Aktualität gemacht werden. Außerdem befindet sich Ullrich als Deutscher in einer bei diesem

Volk verdächtigen Tradition von Retuschen des Hitler-Bildes, mit der Werner Maser ab 1971 begonnen hat und die von Ullrich bei seiner sonstigen Klasse unbedingt hätte beendet werden sollen, und zwar in jedem Detail von Hitlers Person.

Da Masers Bücher laufend auch in die Weltsprache Englisch übersetzt wurden, hat er einen bis heute anhaltenden demagogischen Einfluss auf das Denken über den Normalmann Adolf Hitler. An dieses Denken hat sich Ullrich unnötigerweise angeschlossen, um es für weitere unabsehbare Zeiten zu verfestigen.

Als »Gesamter« konnte er diesen Einfluss auf das Hitler-Bild erneut ausüben, was keines der aktuellsten Themen-Bücher zu Hitler konnte, da die Themen mit Sexualität nichts zu tun haben und Hitlers Sexualität demnach in diesen Publikationen nicht vorkommt. *(Eberle 14, Plöckinger, Weber, T.)*

Und bei dem echt aktuellsten Hitler-Gesamt-Biografen Peter Longerich von 2015 gibt es nichts dergleichen wie bei Ullrich zu kritisieren – im Gegenteil, Longerich reiht sich in die Schiene von Konrad Heiden bis Ian Kershaw ein: Mit Hitlers Sexualität stimmte etwas nicht. *(Longerich 15, S. 175 f., 234 ff., 371 ff.)*

Es müsste der Gesellschaft zu denken geben, dass alle langjährigen Hitler- und Drittes-Reich-Spezialisten diese Wahrnehmung machen – von Bullock über Fest bis zu Kershaw. Auch Longerich ist mit seinen sieben bisherigen Büchern über die SA (1989), Bormann und Heß (1992), die Juden-Ermordung (1998, 2006), Himmler (2008), Goebbels (2010) und die Weimarer Republik als Vorgeschichte zu Hitler (1995) ein permanenter Drittes-Reich-Forscher. Demgegenüber sind Ullrichs eigentliche Spezialgebiete die Bismarck-Zeit und das Kaiserreich bis zum Ersten Weltkrieg. Er als temporärer Drittes-Reich-Forscher hat Hitler quasi nur besucht.

Dieses »Fremd bin ich eingezogen [...]« *(Hölderlin)* erwies sich bei Ullrichs Untersuchung des öffentlich-politischen Hitlers als Glücksfall, weil er immer wieder furchtlos Neuigkeiten in der Hitler-Biografik loseiste. Um so empfindlicher falsch wirken seine Maser'schen Altbackenheiten beim privat-sexuellen Hitler.

Leider hat die neueste Hitler-Biografie von Peter Longerich die sexuelle Frage wieder nicht erledigt. Auch hier geschah das Gleiche wie bei Longerichs Vorläufern: Statuierung des sexuellen Abnorm-Hitlers, jedoch danach vornehme Zurückhaltung. Es bleibt bei Heidens »erotischer Undurchsichtigkeit« Hitlers.

Den Drittes-Reich-Spezialisten, die sich wie Kershaw und Longerich endlich ganz dem Unhold widmen, fehlen sexualwissenschaftliche, erst recht männerforscherische Kenntnisse. Sie selber machen vor dem Schleier der erotischen Undurchsichtigkeit Halt, als erfüllten sie Otto Dietrichs Diktum »Bis hierher und nicht weiter«. Der Hitler-Biograf darf nicht ins 13. Zimmer von Hitlers sexuellem Rätsel eindringen. Während die vornehmen und zurückhaltenden Ahner von Hitlers sexueller Abnormität das 13. Zimmer nicht betreten, macht sich der nächste Brachialist breit und spannt zwischen Maser und Ullrich das Netz von Hitlers normaler Heterosexualität. Ein solcher Sexual-Normativist um die Jahrtausendwende ist der ebenfalls international publizierende deutsche Fernsehmann Guido Knopp.

Der Hitler-biografisch Medien-bewusst äußerst wirkungsvolle ehemalige Frontal- und heutige Fernseh-Hintergrundmann Knopp arbeitet mit seinen Nach-2000er-Büchern ebenso an der Verfestigung der Hetero-Hitler-Bild-Fälschung.

Jedoch: Knopp hatte zwar mit seinen Fernseh-Sendungen bis 2013 und seinen Publikationen eine auch im Englischen funktionierende weite Fernwirkung, gerät aber in der Hitler-Biografik in die Rolle des Märchenonkels. Er publiziert dann nämlich Fundstellen, lässt alles Zitierte im Raum von irgendetwas Aufgepicktem hängen, das zuzuordnen nur dem Fachmenschen möglich ist. Er ist ein Arrangeur. Er lässt falsche Manns-Bilder Hitlers in seinen Filmen und Druckerzeugnissen weltweit Revue passieren. Aber er hat von Autoren wie Werner Maser die Lieferungen bekommen, die er kritiklos übernimmt.

Deswegen muss an die Produzenten der Täuschungen herangegangen werden, aus der die »Unterhaltungsindustrie« *(Adorno)*, für die ein Knopp weiterhin als Hintergrundmann tätig ist, ihre Informationen bezieht. In Knopps Büchern kommen nicht Brigitte Hamann, Joachimsthaler, Kershaw, Christa Schroeder und Anna Maria Sigmund vor, sondern auf Teufel komm raus die verschiedenen Masers – Maser, Maser und nochmals Maser! *(Knopp 01/03, 11)*

Franzosen und Frauen verfeuchten das Braun-Hitler-Verhältnis

Der Fokus auf Ullrich gilt keineswegs einem einzelnen Autor, sondern dem Mainstream in der Hitler-Biografik. Da das Einschwenken in den Hitler-Hetero-Wahn nicht an jeder Biografie mit den fälligen Einzelnachweisen prozediert werden kann, wird der zweitneueste Hitler-Biograf als pars pro toto exemplifiziert. Doch bevor das geschieht, muss der ideologische Rahmen abgesteckt werden, in den Ullrich passt.

Eine unrühmliche Rolle bei der Hitler-Hetero-Wahn-Gefolgschaft spielt die französische Hitler-Biografik. Da volkstümlich fester als die Anglo- und deutsch-österreichische Kultur in der Heterosexualität gesattelt, war für die französischen Kolleginnen und Kollegen von den Gossets über die Co-Autoren Charlier/de Launay, den Braun-Bild-Biografen Costelle bis zu Plouvier nichts anderes als ein heterosexueller Normalmann A. H. vorstellbar.

Das Unikum der Gossets ist weder in die Anglo- noch in die Germano-Hitler-Rezeption per Übersetzungen ihrer drei Bände Hitler-Biografie eingedrungen, aber ideologisch geistig über den europäischen »Wind, das himmlische Kind«, obwohl selten bis nie zitiert. Genau das Gleiche geschah mit der neuesten französischen Sechsbände-, in zweiter Auflage geschrumpften Vierbände-Hitler-Biografie von Bernard Plouvier. In der Anglo-Germano-Hitler-Biografik kennt man sie nicht, obwohl sie mit wichtigen Einzelheiten aufwartet, von denen noch zu reden sein wird. Dass der erste französische Groß-Angriff auf Hitler durch ein Ehepaar geschah, ist nicht außerhalb der französischen Hetero-Besonderheiten zu verstehen. Im Gegensatz dazu gibt es keinen französischen Joachimsthaler, keine französischen Hamann und Sigmund, keinen französischen Machtan und Rosenbaum, ja nicht einmal französische Drittes-Reich-Strukturalisten wie Kershaw und Longerich, die Ullrich zeitlich einrahmen und kurz und bündig erklärten: Hitler gesamt-sexuell dubios.

Die französische Hitler-Biografik ist im Ton der Jahrhunderte-alten Salon-Tradition gehalten. Auch Plouvier ist das anzumerken – und daher entfernt von der Vorgehensweise des Anatoms einer Leiche.

Außerdem zeigen sich die Franzosen im Diskurs über Hitler bis heute vergiftet von der Kurz-nach-45-Publikation des gefälschten Braun-Tagebuchs. Die Braun-Erben und die mitbetroffene Riefenstahl mochten das Manuskript nicht für die außer-deutschen Märkte verbieten. Tantiemen wenigstens durch die Auslandspublikationen der Fälschung? Jedenfalls ist England, Frankreich, Holland und Italien der Smog des koitablen A. H. so in die Augen geschwelt, dass englisch-französische Kulturschaffende bis heute nicht klar sehen können und weiter im Dunkeln mit *Adolf and Eva (Infield* [1974/79], *Milne* [2001]) tappten. (*ONANO, 17. Nein-Sager, Karl Wilhelm Krause, HETERO, 7. Ja-Sagerin, Gretel Mittlstrasser)*

Einen ungünstigen Einfluss auf die Hitler-Biografik bei der Von-Mund-zu-Mund-Propaganda von einem »normalen« sexuellen Braun-Hitler-Verhältnis nehmen fortlaufend Frauen. Sie taten das sofort, nachdem sie in das Metier einstiegen. Ausnahmen sind Brigitte

Hamann, Martha Schad und Michaela Karl, die sich in ihren wissenschaftlichen Arbeiten nicht mit Braun beschäftigen und die alle drei zu den pur Erhellenden in der Hitler-Biografik gehören. Aber ihnen stehen sieben Braun- oder Hitler-Spezialistinnen gegenüber, die auf verschiedene Weise an der Braun-Hitler-Beziehung gescheitert sind.

Die erste französische Hitler-Gesamt-Co-Biografin Renée Gosset errichtete noch vor Nerin E. Gun und Werner Maser ein Hitler-Hetero-Standbild. Wie bei sich selbst und ihrem Mann Pierre glaubte sie auch bei E. B. und A. H. an etwas Vorn-Mitten-Passendes und schrieb es in ihrer dreibändigen Hitler-Biografie fest.

25 Jahre später kam von Marlis Steinert die erste alleinige Hitler-Gesamtbiografie einer Frau auf den Markt (1991) – wieder in französischer Sprache. Den intimen Hitler ließ sie völlig heraus aus eigener Forschung und klamüserte nur zusammen aus dem, was an Gerüchten umlief. Genäht wurden dann die Privat-Passagen zur Braun-Hitler-Beziehung aus Kleinmädchen-Fantasie und unemanzipierter Hausfrauen-Allüre.

1998 bis 2013 wirkte die Hitler-Frauen-Beziehungs-Forscherin Anna Maria Sigmund, die das ganze Hitler-Frauen-Emotions-Feld noch vor Joachimsthalers *Liste* (2003) sexuell abmähte, aber Braun und Hitler als einsame, sexuell glimmende Königskerze bis 2013 stehen ließ – wider Sigmunds eigene Forscherinnen-Vernunft von 2008. Theoretisch gewann Sigmund seit »*Das Geschlechtsleben bestimmen wir.*« *Sexualität im Dritten Reich* neue Einsichten über das Verhältnis von Hitler und Braun. Aber deren bisher auch von ihr eingebildete heterosexuelle Praxis wollte Sigmund in ihren Nazifrauen-Büchern ihrem weiblichen Lesepublikum nicht stehlen. Alles ließ sie noch 2013 Wissenschafts-konträr beim Alten.

Bereits wenn auf Hitler und Braun gemünzt das Wort »intim« fällt–, stöhnen Frauen auf und greifen wie im Dritten Reich nach Hitler nun nach Daniel Costelles Braun-Bildbiografie von 2007 *Eva Braun: Dans l'intimité d'Hitler.* »In der Intimität mit Hitler«?! Ja, dann hat es bei denen doch geklappt – im Gegensatz zu mir und meinem Mann! Schon ist die Falschmeldung in das Erfüllungsloch der «Normalfrau» reingesteckt.

So lief es auch bei der weite Strecken ihres Buches *The Lost Life of Eva Braun* als B.-H.-Verpaarschaftungs-Kitschiöse fungierenden Angela Lambert (2006/07), der der erste englische Braun-Bildbiograf Blaine Taylor 2013 sein Werk als Hommage widmete. Auch Taylor verleibte sich wie Lambert die Welt-ärgste Gewalt-Komplizin E. B. mit ständigem Vornamen-Anrede ein. Es geschieht alles auf

Gruppengesprächs-Kreis-Niveau, eine Annäherung zwischen Autor und Braun, die »Eva« oder »Effi«, mit der auf Du und Du gestanden wird – ein unmögliches Vorgehen von Lambert und Taylor, eine Braun-Biografie im Stil von Hollywood-Star-Lebensbeschreibungen zu verfassen.

So wie sich als Erster der gebürtige Italo-Türke Nerin Emrullah Guen, zum späteren Anglo-Germanen Gun transmutiert, für den Breitwand-ausladenden Sexappeal der im Zwei-Stunden-Takt ihre Kleider wechselnden Berghof-Vorsitzenden Braun interessierte und das deutscheste Rätsel aller Zeiten verstöpselte, so wurde die ausufernde Leidenschaft der Autorin Lambert und die Altherrenlüsternheit des Vietnam-Veteranen Taylor angekitzelt von dem modistischen Körper-Effekt der Gerten-schlanken, in allen Stellungen vor der Fotokamera turnenden Sportiva E. B. Dabei blieb die sexuelle Wahrheit über Hitler bis zum Weiter-gehts-nicht-mehr außen vor.

Mit der Situation der desperaten Ungenauigkeit und Fantasie-Geschwängertheit in Hitlers sexuellen Dingen hatten die Geschichts-Revisionisten David Irving und Werner Maser leichtestes Spiel: Frankreich, Frauen und die Sexual-Normativisten verknäulen sich seit Jahrzehnten ineinander und konservieren Hitler als einen heterosexuellen Normalo. Ullrich zitiert von den erwähnten Franzosen- und Frauen-Büchern fast nichts. Das Buch des anerkannten Weltkrieg-I-Spezialisten Blaine Taylor über Miss Hitler erschien gleichzeitig mit Ullrichs Hitler-Biografie, Band 1. Trotzdem vermittelt sich der Zeitgeist zwischen Kollegen untereinander. Es gibt ein vehementes Interesse an der Hitler-Normalisierung, wozu im vorletzten Kapitel ANALO sogar einiges Geheimdienstliches aufgedeckt werden wird.

Auch die Braun-Gesamt-Biografin Heike Görtemaker (2010/11) steht bei der Einschätzung des angeblich echt sexuellen Verhältnisses zwischen Braun und Hitler plötzlich still – jenseits ihrer wissenschaftlichen Kapazität. Trotzdem wird Görtemaker auf dem Cover ihrer amerikanischen Buchausgabe hochgelobt. Das geschieht nicht, obwohl, sondern gerade weil Hitler bei Görtemaker als heterosexueller Normalmann auftritt.

Somit bleibt für die US-Gesellschaft alles im Lot: »Hitler normal« – wer dann unnormal? Das müssen allein »die Deutschen« gewesen sein. Keine Notwendigkeit, sich das männerbündische System vorzunehmen und sich klarmachen zu müssen: Ein System, das solch eine aberatio masculinis ausgebrütet und ins höchste Staatsamt lanciert hat, mit dem selbst stimmt etwas nicht. »Hitler = normal« ist die schwerste Barriere und die höchste Mauer gegen die Abschaffung des unnormal destruktiven, irre gewordenen Männerbund-Systems. Die taffen Feministinnen vom Schlage einer Claudia Bruns und Susanne zur Nieden sprangen auf die männerbündische Frage längst auf und kritisieren mit der Stimme zur Niedens das Nähkästchen-Geplaudere der Nazifrauen-Biografin Sigmund. Recht so! Aber die echten Feministinnen meiden Adolf Hitler, weil sie nicht in seine gesellschaftlichen und persönlichen Untiefen fallen wollen. Diese feministisch forscherische Abstinenz ist falsch, prolongiert nimmer endend das Geschlechter-unparitätische gesellschaftliche Unrecht. Denn erst »die Stunde der wahren« Entschleierung Hitlers entschleiert das ihn möglich gemacht habende männerbündische System als ganzes, das nicht nur in »Wissenschaft und Politik« (Bruns), sondern auch in Wirtschaft, Religion und Sport verbreitet ist wie die Luft zum Atmen.

Es wird Zeit, konzertierter praktisch und theoretisch anti-virikorpiarchalisch vorzugehen, damit nicht von Forscherin-zu-Forscherin-Generation solch eine Spaltung geschieht, wie sie die neueste US-Hitler-Teil-Biografin Despina Stratigakos 2015 vorführte – ein Ass, was sie zum Innenwelt-Raum Hitlers beiträgt, eine Niete, was sie sich zur funktionierenden Heterosexualität Hitlers einbildet. »So kann es nicht bleiben!« Die auch in Amerika installierten Lehrstühle für Frauenforschung müssen sich endlich der Männerforschung widmen, um ihre Rückschrittlichkeit im Wissen vom Mann zu beenden.

Weglassen eines Spezialisten für das zweite Sexualorgan

1. Sünde

Hitler-Biograf Ullrichs Wissenschafts-Sünden zum Thema heterosexueller Hitler sind in seinem Buch verstreut über 1100 Seiten. Dadurch sind sie erstens unauffindbar und zweitens summieren sie sich nicht zu griffbereiten Tatsachen. Unter Ullrichs Weglassen der 15 Nein-Zeugen könnte manches als bloße Meinung eines zeitgenössischen Autors abgetan werden. Anderes kommt erst in der hier geübten novellistisch ausgebreiteten Gesamtdarstellung einer Zeugenaussage zum Ausdruck. Für dieses assoziativ-subsummierende Verfahren hat der Nicht-Jurist Ullrich keine Fähigkeiten erworben, und dafür soll ihm kein Vorwurf gemacht werden. Aber es gibt Statements, wie die von Hitlers Zahnarzt Hugo Blaschke, wie die vom ehemaligen Mitarbeiter des *Hauptarchivs der NSDAP*, Thomas Orr, und wie die vom *Buch-Hitler*-Linge, die Ullrich nicht hätte weglassen dürfen.

Der *Buch-Hitler*-Linge *(ONANO, 6. Nein-Zeuge)* steht im Zusammenhang mit Masers Fälschung des Heinz-Linge-»Diensttagebuches«, dieses Thema kann erst in *AMORO* behandelt werden, sodass in der Anti-Ullrich-Liste das Fehlen von Linges Äußerung über das »eindeutig unnormale Verhältnis« Adolf Hitlers zu Eva Braun nur als Punkt erwähnt wird. Ullrichs Hitler-forscherische »Verkehrssünder-Kartei« muss mit der Blaschke-Aussage begonnen werden. Ihr Weglassen verrät die »Absicht« Ullrichs. Er kennt den Zeugen Dr. med. dent. Hugo Blaschke. *(Ullrich,* S. 454) Er kennt die Verhöre des Nürnberger Anklage-Vertreters Robert Kempner: *Das Dritte Reich im Kreuzverhör,* worin Blaschkes langes Interview vorkommt. *(a. a. O.,* S. 1041, *Kempner* 05, S. 65–84, *ONANO, 13. Nein-Sager)* Einem sensiblen Publizisten wie Ullrich, der jahrelang für den Gral der deutschen Sensibilität, die Wochenzeitschrift *Die Zeit,* gewirkt hat und das noch weiterhin tut, hätte sich der Bericht Blaschkes erschließen müssen – als prioritär ernstzunehmendes Zeugnis der Nicht-Existenz einer heterosexuellen Beziehung zwischen Hitler und Braun. *(Kempner* 05, S. 74 ff.) Blaschke war der Zahnarzt Hitlers und dessen gesamter Entourage, hatte sogar im *Berghof*-Komplex eine eigene Praxis eingerichtet bekommen. Außerdem hatte er neben den Sekretärinnenzimmern im 1. Stock des Berghofs ein extra Behandlungszimmer.

Er spielte nach April 1945 für die Alliierten eine riesige Rolle, weil er und seine Assistenten mit der Verifikation der Zähne seiner ehemaligen Patienten die Leichen der NS-Täter, wie u. a. Hitler und Braun, hundertprozentig sicher identifizieren konnten. *(a. a. O.,* S. 65) Blaschkes Zahnarztpraxis im *Berghof* ist außer von ihm noch vierfach bewiesen worden, durch ein Foto von Blaschkes Zahnstation im *Berghof,* gemacht von Hitlers Telefonist und Leibwächter Rochus Misch *(Misch,* S. 101), durch Schilderungen der Sekretärinnen Christa Schroeder *(Schroeder* 09, S. 149 f.) und Traudl Junge *(Junge* 02, S. 60 f.) und durch die Baupläne, die die New Yorker US-Architektur-Spezialistin Despina Stratigakos 2015 aus dem Nachlass von Hitlers architektonischer Partnerin Gerdy Troost publiziert hat: »Direkt neben dem Büro der Sekretärinnen lag eine vollständig eingerichtete Zahnpraxis, in der Professor Blaschke aus Berlin mit einer Krankenschwester und Assistenten tätig war.« *(Stratigakos,* S. 95) Auch im *»Führer«-Bunker* unter der Reichskanzlei war eine Zahnstation eingerichtet worden: »Es wurde extra ein Raum eingerichtet als Zahnstation. Oben war alles zerstört. Nebenan war die Diätküche«, berichtete Blaschke bei seinem Verhör durch Kempner. *(Kempner* 05, S. 82) Hitler führte seinen Zahnarzt wie einen Leib-gewordenen »Erste-Hilfe«-Koffer seit 1931 mit sich. Eine derartige und früh installierte Leibesnähe gab es dann ab 1936 nur noch zu Hitlers Leibarzt Theodor Morell. Aber das Verhältnis Hitler-Blaschke bestand da schon seit fünf/sechs Jahren. *(a. a. O., S. 74)*

Ullrich unterdrückt in seiner Hitler-Biografie bei seiner einzigen Erwähnung Blaschkes die Tatsache, dass Blaschke als Hitler-Spezial-Naher in den *Berghof* quasi eingebaut und noch in den *»Führer«-Bunker* unter der Reichskanzlei installiert worden war. Ullrichs einzige Erwähnung Blaschkes minimiert einen zentralen Hitler-Partner zu jemand X-Beliebigem, wenn er Blaschke unter ferner liefen an den äußersten Rand der Beziehungen von Menschen zu Hitler drängt: »Hitlers Zähne befanden sich in einem bemerkenswert schlechten Zustand, und er musste sich Ende 1933 einer langwierigen Behandlung durch den Berliner Zahnarzt Hugo Blaschke unterziehen.« *(Ullrich, S. 454)*

Mehr zu Blaschke gibt es bei Ullrich nicht. Ullrich erweckt den Eindruck, als ob Hitler sich »Ende 1933« zu »dem Berliner Zahnarzt« begeben = irgendeinen »Berliner Zahnarzt« aufgesucht hätte. Blaschke wird degradiert zur Fluse am Rande von Ullrichs Kapitel *Der Mensch Hitler,* anstatt in die Rolle eines Kronzeugen zur naturhaftesten Dynamik der Sexualität einzurücken.

Blaschke war Ende 1933 längst seit mehr als zwei Jahren Hitlers »Leibzahnarzt«, ähnlich einem Leibdiener, Leibwächter oder einem persönlichen Adjutanten, auch wenn Blaschke erst Mitte 1936 im *Berghof* mit einer Praxis lebendes Inventar geworden war. Als »Leibzahnarzt« war Blaschke zuständig für sämtliche Zahnprobleme Hitlers, und nicht irgendein »Berliner Zahnarzt«, den Hitler mal aufgesucht hätte. Ab 1931 für 14 Jahre war er Hitlers »Mundarzt« – der Spezialist für die Erkrankung des Mundes und dessen 32 Soldaten. Dieser ärztliche Spezialist war für Hitler extrem wichtig. Er hatte Hitler mehrmals geholfen und vollständig von Zahn-Leiden befreit.

Blaschke nahm bei Hitler einen besonderen Stellenwert ein – wegen Hitlers »Gasvergiftung« am Ende des Ersten Weltkriegs. Diese »Gasvergiftung« hatte, wie im *zweiten Buch*, nachgewiesen werden wird, Hitlers Mund- und Rachenregion, seinen Hals mit Atemweg und Speiseröhre und seinen Magen-Darm-Trakt betroffen. In Hitlers Mund hatte die »Gasvergiftung« begonnen. Er war Hitlers besonders sensible Region, der er beständig Spezialpflege angedeihen ließ. *(Kempner 05, 81 f.)*

Von der Entdeckung der »Gasvergiftung« des Mundes und nicht der Augen Hitlers konnte Ullrich noch nichts wissen, was weder ihm

noch anderen Forschern zum Vorwurf gemacht wird. Denn Entdeckungen geschehen in einer Mischung aus Akribie und Gnade. Kein
Forscher wirft Kollegen vor, dass sie etwas nicht entdeckt haben.
Doch Ullrich hätte sich klarmachen müssen, dass ein Zahnarzt mit
dem zweit-wichtigsten Organ-Zentrum der Sexualität umgeht, mit
der Mund-Region.

Hugo Blaschke kommt als Hitlers »Leibzahnarzt« in seiner Bedeutung gleich nach dem – auf dem Gebiet von Haut- und Geschlechtskrankheiten profilierten – Hitler-Gesamt-Leibarzt Theodor Morell.
Ullrich vertraut Morell blind, was Ullrich an einer Stelle zugibt, die
schon zitiert wurde *(Ullrich, S.* 300) und worüber einzelnes noch mehrmals vorgetragen werden wird *(ANALO, 1. Ja-Sager).* Seinen Glauben
an Morells angeblichen Bericht über eine Untersuchung von Hitlers
Geschlechtsteilen (eine weitere Fälschung des Geschichts-Revisionisten
Werner Maser) – ohne jeglichen Primär-Quellen-Nachweis – brauchte
Ullrich zur Untermauerung seiner Hitler-Hetero-Installierung. Für
eben diese erfinderische Freihändigkeit schneidet Ullrich den zweiten
Leibarzt Hitlers, Zahnarzt Blasche, und dessen singuläre Position aus
Hitlers Leben. Mit Blaschkes überaus kompetentem Zeugnis als das
eines Mund-Spezialisten wollte Ullrich nichts zu tun haben.

Erotische und sogar sexuelle Beziehungen drücken sich gerade
per Sprache aus. Ullrich musste Blaschkes Zeugnis weglassen, weil
Blaschke Mund-Bezügliches zwischen Braun und Hitler beim Tafeln
beobachtet hat – nämlich dass die Münder des Paares füreinander
stumm waren.

Blaschke war dem Horror-Paar nicht Bett-nah, wie ein Kammerdiener, sondern Tisch-nah. Und bei Tisch zeigt sich sehr wohl Erotik zwischen Menschen – sie kann sich in einer Hingeworfenheit von
Andeutungen, Lächeln, Zurufen ausdrücken. Und von alldem hat
Blaschke nie etwas bemerkt. Er spricht nicht von verborgenem Sex,
sondern vom an die Oberfläche kommenden Knistern einer jeden
echt existenten sexuellen Beziehung *(ONANO, 13. Nein-Sager).* Nie
habe Blaschke innerhalb von 14 Jahren eine einzige Blüte Erotik aus
der Wurzel Sexualität hervorbrechen sehen. Keine Anziehung, keine
Spannung, keinen Flirt, nichts Mund-Bezügliches beim Reden und
Flüstern – gerade eben all das nicht, das Ullrich mit seiner Zu-Bett-
Geh-Geschichte zwischen dem Paar Braun-Hitler erfindet.

Diese von Blaschke wahrgenommene Öde, ja Leere bestand während eines Zeitraums von gut zehn Jahren. Seit 1936 war Eva Braun
in Hitlers Landsitz *Berghof* in die »Führer«-»Mätressen«-Suite »eingebaut« worden. Und da saß manchmal in der großen Halle mit am

Tisch zu Mittag oder zu Abend Hitlers »Leibzahnarzt« Hugo Blaschke, der für ein paar Monate auch Eva Brauns Zahnarzt gewesen war. Blaschke saß auf dem *Berghof* unter den Gästen bei gesellschaftlichen Essen – die rituell jeden Mittag und Abend veranstaltet wurden, wenn Hitler auf dem Obersalzberg weilte – dem Paar gegenüber oder auch neben den beiden. Und aus dieser Nähe brach Blaschke den Stab über den schlechten Darstellern des Gesprächs-Lippen-Erotischen. Als Hollywood-Schauspieler wären sie sofort entlassen, ja nach dem Vorsprechen für die Rollen des Staatsführer-Liebespaares gar nicht engagiert worden.

Die Hitlers waren blöd. Sie hatten gedacht, mit der Innenarchitektur ihrer oberen Räume – der »Führer«-»Mätressen«-Suite –, mit Körperkult- und Höflichkeits-Demonstrationen, mit Eva Brauns bis zu siebenmaligem täglichem Sich-Umziehen und -Umfrisieren, mit Hitlers Ihr-die-Hand-Küssen wäre auch Sexualität darstellbar gewesen. War sie aber nicht!

Blaschke, der Mund-Spezialist, war der profilierteste Zeuge, der das Fehlen psycho-erotischer Darstellungen von Braun und Hitler bemerkt hat. Keinem Heteromann muss erklärt werden, was für eine Bedeutung der Mund beim Sexualverkehr hat. Blaschke weist auf den Idiotismus des Hitler'schen Eva-Braun-die-Hand-Küssens hin *(ONANO, 13. Nein-Sager)*, womit Hitler gerade über die Nicht(mehr)-Involvierung von dessen zweitem Geschlechtsorgan Mund in die Beziehung zu Eva Braun hinwegtäuschen wollte *(ORALO, 6. Ja-Sagerin)*. Hitlers rituelles Handgeküsse war nichts anderes als eine Sozio-Show, hinter der sich kein Gran sexuellen Interesses an Frauen verbarg, weder an Eva Braun noch an anderen.

Verheimlichung eines Hitler-forschenden Insiders

2. Sünde

Das Groteske bei dem Verfahren: Ullrichs Sünden betreffen nur seine elf Seiten zu Hitlers Heterosexualität. Die im ganzen Buch verstreuten Zeilen mussten zusammengezählt werden. Es sind zusammen nicht mehr als 11 Seiten = 1 Prozent seines in die Hitler-Forschung eingegangenen Werkes, dem nirgendwo anders kontinuierlich derart Gravierendes vorgeworfen werden kann wie bei der Frisierung des Hetero-Hitlers.

Der einzige weitere Vorwurf betrifft Ullrichs Fehlverständnis von Hitlers »Politischen Serienkiller-Manifest (seinem *Zweiten Buch*)« *(ONANO, 21. Nein-Sagende, Konnte ein Heteromann Auschwitz ausbrüten?).* Dass bei Ullrichs Manipulation des Hitler-Hetero-Bildes auf jeder seiner elf Seiten eine »Sünde« vorkommt, unterstreicht, wie daneben in Sachen Sex es in der Hitler-Forschung zugeht.

Die Hitler-Biografen rudern, straucheln und fingieren, was das Zeug hält. Und die Disziplinen Sexualwissenschaft und Frauenforschung interessieren sich nicht für Hitler, was eine generale Fach-Sünde ist, da dieser Mann die Basis der deutschen Zukunft gelegt hat und eine solche Grundlage nicht derart schwammig und sumpfig bleiben darf wie bisher. Universitäre Männerforschung gibt es nicht, die – wenn sie denn je institutionalisiert und hundertfach installiert wird – sich zur vornehmsten Aufgabe machen muss, die Physio-, Spiritu- und Sexo-Bedingungen des Ausnahmemannes A. H. zu eruieren und in ihm die destruktive Männerbund-Gesellschaft zu spiegeln, um sie besser und vor allem bald überwinden zu können.

Von den 17 zusammengetragenen Nein-Zeugen über Hitlers angeblich heterosexuell organisierte Beziehung zu Eva Braun bringt Ullrich nur drei. Von den 14 fehlenden müssen Ullrich drei besonders vorgeworfen werden. Neben Hugo Blaschke noch Thomas Orr und der *Buch-Hitler*-Linge. Die zehn anderen Neins könnten auch als Geschmackssache abgetan werden, als Meinungen, die andere Interpreten anders sehen würden. Oder sie lagen versteckt wie das Gerda-Bormann-Gynäkologen-Ehepaar Gustav und Nelly Scholten, sodass einem Gesamt-Biografen wie Ullrich nicht permanent angelastet werden kann, in bestimmten Fällen keine Einzelforschungen betrieben zu haben, was die Gesamten ohnehin nur ausnahmsweise tun können und was Ullrich in vielen Spezialfragen, die sich aus neu geöffneten Quellen ergaben, schon zur Genüge getan hat, worauf immer wieder an Ort und Stelle in *Hitler 1 und Hitler 2* hingewiesen werden wird.

Jedoch darf kein Hitler-Biograf Thomas Orr nicht kennen. Hier begeht Ullrich einen Verstoß gegen die eigene Zunft. Bei Ullrichs Vorläufern Anton Joachimsthaler und Ian Kershaw kommt Orr immer wieder vor. Der zweite Eintrag in Ullrichs »Verkehrssünden-Kartei« richtet sich darauf, den Eingeweihten Orr ausgeblendet zu haben *(20. Nein-Sager).* Über Maser und Kershaw hätte Ullrich die Kenntnis von Orrs Herkunft als ein ehemaliges Mitglied des *Hauptarchivs der NSDAP* erwerben können, gerade diese wesentliche Quelle zu Hitler-Einzelheiten führt Ullrich selbst immer wieder an, er weiß also genauestens, was das *Hauptarchiv der NSDAP* für die Hitler-Forschung bedeutet. Dass Orr dann im ersten Teil von Ullrichs Hitler-Biografie gar nicht vorkommt – weder im Text noch im Personen- oder

Literaturverzeichnis – ist ein schweres Versäumnis. Damit wird nicht nur ein Kenner von Hitlers sexuellen Bedingungen unterschlagen, sondern auch eine der wesentlichsten Quellen zu Hitlers Beginn in München 1913.

Für das *dritte Buch* muss sich nicht nur mit dem Ende von Hitlers Weltkrieg-I-Beteiligung beschäftigt werden, seiner »Gasvergiftung« im Oktober 1918 an der Westfront. Diese »Gasvergiftung« hat zum »Tschernobyl der Geschichte« geführt, würde Eberhard Jäckel sagen, (*Jäckel* 94) zum Supergau einer Personenveränderung, der Zündung eines politischen Serienkillers durch einen militärärztlichen Kunstfehler – dieser Vorgang verbirgt sich hinter dem Feigenblatt-Satz in *Mein Kampf*: »Ich aber beschloss, Politiker zu werden.« *(Hitler* 25/26, S. 225) Der Wahrheit entsprechend, hätte es heißen müssen: »Ich aber wurde zum Politiker hypno-explodiert.«

Im *dritten Buch* wird auch der Bogen zu Hitlers Anfang seiner Weltkrieg-I-Zeit geschlagen werden, der in München geschah, worüber Anton Joachimsthaler Revolutionäres publiziert hat. *(Joachimsthaler* 89/2000) Aber niemand ist unfehlbar. Auch Joachimsthaler rutschten Fakten aus Hitlers früher Militärgeschichte durch – der Beginn des Österreichers im deutschen Kaiserlichen Heer über das bayerische Regiment List. Und diese vom Labortisch Joachimsthalers gefallenen Einzelheiten hätten mit Hilfe des Zeitzeugen Thomas Orr aufgesammelt werden können, um mit ihnen die Rätsel zu Hitlers Münchener Frühgeschichte als dessen Militärgeschichte zu lösen. Ullrich hat sich mit dem Weglassen von Orr und dessen erster Dokumenten-gestützten Hitler-Biografie geschadet, weil er sich dadurch im Nebel von unhaltbaren Vermutungen verirrte, was bei der Heranziehung von Orr leicht hätte vermieden werden können – zum Beispiel für die Beantwortung der Frage, wie es passieren konnte, dass Hitler als Österreicher, der verpflichtet gewesen wäre, in der österreichischen Armee zu dienen, von der bayerischen Armee aufgenommen wurde und mit diesem Vorgang seine Transnationalisierung zum Deutschen begann.

Diese Frage konnte auch Joachimsthaler nicht beantworten. Die Beantwortung gelang erst mit Hilfe von Orr und der Kombination seiner Informationen mit anderen gefundenen Zeugnissen. Dadurch wurde ein von Joachimsthaler in die Welt gesetzter Irrtum korrigiert, auf den sich auch Ullrich als scheinbar Faktisches bezieht: Hitler sei im Drang der Ereignisse aus Versehen in die bayerische Armee aufgenommen worden. Wegen des Andrangs zu vieler junger Männer hätte ein derartiges »Durcheinander der ersten Mobilmachungstage« bei den Aufnahmestellen geherrscht, dass Hitler aus Zufall, quasi wegen Amtsschludrigkeit, in die bayerische Armee hereingelassen wurde. *(Joachimsthaler 89, S.* 102 ff., *Ullrich, S.* 67 f.) Zivilisten um 2000, wie Joachimsthaler und Ullrich, haben keine Ahnung davon, wie Militärs vor hundert Jahren funktionierten. Hitlers Rekrutierung schließlich im *Regiment List* im August/September 1914 geschah militärrechtlich korrekt und nicht aus Versehen im »Durcheinander der ersten Mobilmachung«, was im *dritten Buch* nachgewiesen werden wird.

Masers Mitspieler beim Schachzug von Linges »Diensttagebuch«

3. Sünde

Unmöglich, den *Buch-Hitler-*Linge wegzulassen und den Linge des von Maser geschaffenen »Diensttagebuches« als angeblich soliden Zeugen zu Hitlers funktionierender Heterosexualität zu bringen. *(Ullrich,* S. 689, 1006, Anm. 77) Was Ullrich machte, hieß, dem Kujau-Maser zu erliegen, die Fälschung des »Diensttagebuches« nicht zu bemerken, sie brav zu zitieren, als handle es sich um eine seriöse Quelle, was Ullrichs plötzliches Nicht-bei-der-Sache-sein entblößt. Denn gerade Ullrich ist Spezialist für die Dienstkalender und -tagebücher der Hitler-Adjutanten Nicolaus von Below, Wilhelm Brückner und Max Wünsche, die er durchlaufend zitiert. Mit Recht darf er sich den Ersten nennen, der diese neu erschlossenen Quellen angestochen hat. Aber dann muss Ullrich doch genau wissen, was ein Diensttagebuch ist und wie es aussieht.

Schon beim Aufschlagen einer Seite des von Maser 1980 der Öffentlichkeit angedrehten »Diensttagebuches« von Hitlers Leibdiener Heinz Linge unter dem reißerischen Titel *Bis zum Untergang* springt es ins Auge: Dies ist kein »Diensttagebuch«. *(AMORO)*

Es muss daher die zweite Variante angenommen werden: Ullrich hat als Spezialist für die Adjutanten-Diensttagebücher sehr wohl gewusst, wie so ein Tagebuch aussieht und hat sein (Mit)Wissen von Masers Fälschung nicht offenbart, schlimmer noch: Er hat den gefälschten »*Widerrufs-*Linge« als Kronzeugen zur funktionierenden Sexualität zwischen Hitler und Braun eingesetzt.

Aussparung des Hitler-Adjutanten Günsche
zu dubiosen Zwecken

4. Sünde

Nicht verziehen werden kann Ullrich die Aussparung von Hitlers persönlichem Adjutanten Otto Günsche, der wie Thomas Orr in Ullrichs Hitler-Biografie, erster Teil, nicht vorkommt. Auch wenn Ullrich sich mehr auf die geistig tätigen Adjutanten konzentriert hat, geht es nicht, einen der Leibwächter, Leibdiener oder persönlichen Adjutanten wegzulassen. Otto Günsche wird später noch zur Abrundung der Nein-Zeugen gebraucht, weil er unverzichtbare Positionen eingenommen hat, aus denen Perspektiven auch auf das Verhältnis Braun-Hitler möglich wurden.

Günsche kam 1936 in Hitlers »Begleitkommando«, das mehr für die Reisebegleitung Hitlers tätig war, daher weniger einen intimen Einblick in die Beziehung Braun-Hitler »zu Hause« haben konnte. Trotzdem gibt es von Günsche ein halbes Dutzend Überlieferungen, die auch Aspekte zum Verhältnis Braun-Hitler als einer äußerst distanzierten, ja fragwürdigen Beziehung enthüllt haben.

Erstens: Günsche gab noch in den 1960er Jahren den Amerikanern Interviews, in denen Vernichtendes zur reinen Gefühls-Beziehung zwischen Hitler und Braun vorkommt. *(Günsche 67, S. 16 ff., 19 ff.)*

Zweitens: Das russische *Buch Hitler* basiert auf den Äußerungen Heinz Linges und Otto Günsches. *(Eberle/Uhl, S. 25 ff., 31 ff., 173 ff., 256, B. 4, 417, B. 3, 467 ff., 560)* Auch wenn Günsche erst ab 1943 als »persönlicher Adjutant des Führers« verhältnismäßig spät in Hitlers intime Nähe kam, gibt es niemals einen Einspruch Günsches gegen das, was Linge über das Verhältnis Braun-Hitler vor den Russen zu Protokoll gegeben hat. Dieses sei »eindeutig unnormal« *(ONANO, 6. Nein-Sager)*.

Drittens: Der Amerikaner John Toland beruft sich in seiner erstmals 1976 publizierten Hitler-Biographie auf mehrere mit Günsche nach dessen Rückkehr aus sowjetischer Kriegsgefangenschaft geführte Gespräche. Toland bringt zahlreiche Fotos des Hitler-Begleiters Günsche und auch eines des Nach-45-Günsche. Nicht ein einziges Mal berichtet Toland von Günsches Relativierungen seiner und Linges Äußerungen in den sowjetischen Verhören *(AMORO, 2. Ja-Sager, der »Widerrufs«-Linge)*.

Viertens: Joachimsthaler zitiert mehrmals aus Vernehmungen und Interviews Günsches, sogar eine Aussage unter Eid, die nichts Schmeichelhaftes über das Verhältnis Braun-Hitler enthält.

(*Joachimsthaler* 96, S. 278 f., *Joachimsthaler* 03, S. 40, 580, Anm. 95, S. 416, 482 ff.)

Jemanden, der Hitler jahrelang nah und der danach über zwei bis drei Jahrzehnte hinweg derartig präsent in den Drittes-Reich-Befragungen dreier Länder war, wie Günsche es gewesen ist, diesen umworbenen Zeugen aus Hitlers Nähe einfach überhaupt nicht zu erwähnen, weil immer wieder aus seinen Äußerungen die »Schieflage« des Verhältnisses Braun-Hitler zu Tage tritt – das muss Ullrich als Beitrag zur Hitler-Sex-Bild-Fälschung »angekreidet« werden.

Das Fehlen der Berichte über den trieblosen »Sonderling«

5. Sünde

Es gibt ein weiteres Versäumnis Ullrichs, das wissenschaftlich verstimmt. Auch wenn diese Auslassung schon mehrmals angesprochen wurde, muss der Fakt jetzt in die Liste aufgenommen werden. Ullrich meidet das Bleibtreu-Dossier und sonstige Hitlers Kindheit und Jugend betreffende Materialien im *Hauptarchiv der NSDAP* (*BAB*, NS 26/14, 17a, 19–33, 65).

In einer Fußnote schlenkert Ullrich die Tätigkeit Bleibtreus für das *Hauptarchiv* aus dem Ärmel: »Der Journalist Renato Attilo Bleibtreu, der im Auftrag des Münchener Hauptarchivs der NSDAP Ende der dreißiger Jahre nach Material aus Hitlers Jugend vor Ort recherchierte, suchte auch August Kubizek auf [...]«. (*Ullrich*, S. 846, Anm. 51) Diese Passage beweist, dass Ullrich das Bleibtreu-Dossier etc., gestapelt im *Hauptarchiv* unter mehreren Aktennummern, sehr wohl kennt, aber die ihm unpassenden Zeugen zu Hitlers schon früh sich zeigender heterosexueller Vakanz ausspart. Und er führt in seinem Literaturverzeichnis zwar die prominentesten Hitler-Jugendbiografien auf: Franz Jetzingers *Hitlers Jugend. Phantasien, Lügen – und die Wahrheit* (1956), Bradley Smith' nicht ins Deutsche übersetzte, immer noch unverzichtbare Studie *Adolf Hitler. His Family, Childhood and Youth* (1967) und Dirk Bavendamms *Der junge Hitler. Korrektur einer Biografie 1889– 1914* (2009).

Ullrich nennt die Titel, hat die Inhalte jedoch nicht verinnerlicht. Denn die drei Jugend-Spezialisten berichten vom Gleichen wie die Bleibtreu-Interviewten. Es ist ja nicht so, dass es zu Hitlers Jugendzeit auch nur ein Gran einer Kontradiktik gäbe. Zur Heterosexualität des erwachsenen Hitlers gibt es immerhin die sogleich zu besprechenden zwölf Ja-Stimmen. Aus Hitlers Jugendzeugnissen tönt ein Chor mit einem einzigen Wort – und das heißt »Nichts«. Sogar in einem Selbstzeugnis von *Hitler 2* zu dessen Jugend- und Erwachsenenzeit kommt dieses heterosexuelle »Nichts« unfällbar Eichen-stark zum Ausdruck.

Hitlers Jugendfreund Fritz Seidl schreibt an ihn am 11. Oktober 1923 aus Graz in Österreich, gratuliert ihm zu »so viel Rühmlichem«, das Seidl von ihm gehört hätte, und bittet ihn, »mir einige Zeilen über Deine Familie zu schreiben«.

Damit meinte Seidl Hitlers Herkunftsfamilie, vor allem dessen Schwestern, denn die kannte Seidl auch. Er erwähnte sofort im Zusammenhang mit dieser Bitte den ehemaligen Vormund, der nach dem Tod der Eltern über die noch unmündigen Hitler-Kinder amtlich bestellt worden war: »Dieser Tage war Mayrhofer bei mir und sprachen wir auch über Dich.« *(BAB*, NS 26 / 14, Bl. 6) Am 16. Oktober 1923, drei Wochen vor Hitlers Münchener Putsch-Versuch am 8./9. November, wird Hitlers Diktat seiner Antwort an seinen Kindheits-Freund Fritz Seidl aus dem Stenogramm seines damaligen Sekretärs Fritz Lauböck in die Maschine getippt. Und da steht im überlieferten Text das Selbstzeugnis Hitlers zu dessen nicht praktizierter Heterosexualität.

Anstatt Seidls Frage nach Hitlers Familie zu beantworten, fühlte sich dieser durch das harmlose Interesse seines Freundes sofort auf den Schlips getreten: »Lieber Fritz! Mit unendlicher Freude erhielt ich gestern Deine lieben Zeilen, die mich an die sonnige Lausbubenzeit erinnerten, die wir beide im Verein mit anderen damals verbrochen haben [...] Was meine Familie betrifft, so besteht sie zunächst nur aus einem wundervollen deutschen Schäferhund. Zu Höherem hab ich's noch nicht gebracht. Der Rädelsführer von einst ist auch als Rädelsführer von heute für die zärtlichen Gebundenheiten des Lebens noch nicht genug zugeschliffen. Ich grüße Dich auf das Herzlichste und bitte Dich, mir wieder zu schreiben. Dein alter Freund Adolf Hitler.« *(a. a. O.*, Bl. 7)

Das ist nicht nur ein Geständnis zum Nicht-Verheiratet-Sein, sondern zum Nicht-Beweibt-Sein. Hitler wäre »für die zärtlichen Gebundenheiten des Lebens noch nicht genug zugeschliffen«. Schneller und einfacher: Hitler fehlte das Interesse am Sex mit Frauen.

Wem Ullrich den Rücken dreht, das ist die Reihe der Spiegelungen aller Hitler-Frühzeit-Zeugen, aus deren Berichten der non-heterosexuelle Sonderling in Linz, Wien und München hervortritt, der prinzipiell nicht plötzlich im sexuell »trauten Glück zu Zweien« mit einer Eva Braun landen konnte.

Das von Ullrich erfundene Zu-Bett-Geh-Geflüster zwischen Hitler und Braun mit der Wirkung des bald folgenden Bettgeflüsters in der »Führer«-»Mätressen«-Suite auf dem *Berghof* hatte in der heterosexuellen Wirklichkeit Adolf Hitlers keine Entwicklungs-Basis. Und deswegen lässt Ullrich mit der Ausklammerung der *Hauptarchiv*-Materialien zu *Hitler 1* etwas weg, das das Zeug gehabt hätte, Hitlers »co-operative« Heterosexualität ganz und gar in Abrede zu stellen. Die Reflexionen über die Jugend Hitlers geben ungeordnet und unabsichtlich das Gleiche wieder, das die späteren Regenten-Umfelder bewusst und zielgerichtet ausgesprochen haben: Es gibt über Hitlers Heterosexualität nichts zu sagen.

Unterschlagung der Nazi-Sex-Recherchen von Kollegin Sigmund

6. Sünde

Teil von Ullrichs Steuerung in Richtung von Hitlers »normal« funktionierender Heterosexualität ist, dass er ausgerechnet die Nazi-Sex-spezifische Schrift seiner Vorläuferin Anna Maria Sigmund ausklammert. Alle Publikationen von Sigmund zwischen 1998 und 2008 befinden sich in Ullrichs Literaturverzeichnis. *(Ullrich, S.* 1061) Sigmunds bedeutende Abhandlung zur Sexualität im Dritten Reich »*Das Geschlechtsleben bestimmen wir*« *Sex im Dritten Reich* und darin zu Hitlers »Low«-Sex-Konditionen fehlt – genau die Publikation, in der Sigmund der Voraussetzung von Hitlers sogenanntem normalen Sexleben den Boden entzieht, die »Hyposexualitäts«-Diagnose des Arztes Johann Recktenwald aufgreift und Hitlers sexuelle Unterbelichtetheit herausstellt. *(Recktenwald, S.* 57) Sigmund graste das gesamte Hitler-Umfeld ab und fand nichts, das der Auffassung von Recktenwald widersprochen hätte. Da sie selber in ihren Nazifrauen-Büchern auf Fälschungen über Hitlers Heterosexualität hereingefallen ist, hat sie für ihre nun vorgelegte Expertise über Hitlers sexuelle Bedingungen höllisch aufgepasst, ehe sie ihre Summe veröffentlichte: »Hitlers anscheinend nur schwach ausgeprägter Geschlechtstrieb«. *(Sigmund* 08 I, S. 22, 66)

Noch für ihre Version der Nazifrauen-Bücher von 2005 hatte sie sich an eine gar nicht existente Quelle Albert Speers über den Anfang der sexuellen Beziehung zwischen Braun und Hitler gehalten. *(Sigmund* 05, S. 245) Sigmunds Konkurrentin und Nachfolgerin zu diesem Thema, Heike Görtemaker, verhöhnte Sigmund mit den Fakten zu Speers nirgendwo hinterlassenen Äußerungen über den Start des sexuellen Braun-Hitler-Verhältnisses. *(Görtemaker* 10, S. 51 f.)

Auch zwischen Frauen wird mit Ohrfeigen um die Hitler-Wahrheiten gekämpft, was Lektüre-würzenden Spaß bereitet. Sigmund hatte zwei Jahre vor Görtemakers Braun-Gesamt-Biografie von 2010 ihren Fehler theoretisch korrigiert – in ihrer Schrift *(Sigmund* 08 I) was wiederum Görtemaker nicht zur Kenntnis genommen hat, die wie Ullrich diese Braun-Hitler-Sex-einstampfende Schrift Sigmunds weglässt, weil auch Görtemaker auf den »Flügeln des« ›Gedranges‹ in der Beziehung zwischen Braun und Hilter segelt. Das einzig nicht Verständliche: Sigmund unterlässt in ihrer 2013-Nazifrauenbuch-Ausgabe die Korrektur ihrer eigenen früheren Fehlvorstellung.

Trotzdem bleibt ihre Schrift von 2008 zu Hitlers Sexualität ein Meilenstein, weil darin endlich von Hitler-forscherischer Seite her die Wahrheit steht: Hitlers »schwach ausgeprägter Geschlechtstrieb«. Und: Brauns »bestimmter Zweck« ist die »Kaschierung von seiner Abstinenz«. Klartext: heterosexueller Geschlechtstrieb nicht vorhanden. Anstatt Sigmunds Vorgehen, sich ständig auf dem Laufenden über sich wandelndes Wissen zu halten, zu honorieren, unterschlugen Görtemaker und Ullrich Anna Maria Sigmunds gesamte Nazi-Sex-Schrift.

Das Verfahren der jüngsten Braun- und Hitler-Biografen von 2010/11 und 2013/16 zeigt: Das Verhältnis Braun-Hitler zu sexualisieren, geht nur mit der Vermeidung von thematischer Genauigkeit und Gründlichkeit. Zuerst erfolgt die Abwehr gegen die vielen Kopfschüttel-Realitäten. Alsdann – nach Bereinigung des Territoriums von jeglichem Heterosex-Kritischem – geschieht das Abheben ins Fantasyland.

Sigmund beleuchtete in ihrer Schrift *»Das Geschlechtsleben bestimmen wir.« Sex im Dritten Reich* die Äußerungen des Hitler-Umfeldes und kam zum gleichen Ergebnis, mit dem die Aussagen der 23 *Nein-Sagenden* vorläufig abgeschlossen werden konnten: »Im Mai 1945 erstellte der amerikanische Geheimdienst Richtlinien für die Einvernahme [die öffentlichen Verhöre] hoher nationalsozialistischer Funktionäre. Die Frage nach Hitlers Sexualleben erhielt Priorität. Die Antworten der Nazi-Bonzen entpuppten sich als wenig ergiebig. Man erzählte bereitwillig von der Bewunderung des ›Führers‹ für schöne Frauen, von näheren Verhältnissen wussten sie – abgesehen von Eva Braun – nichts zu berichten.« *(Siegmund* 08 I, S. 53)

»Die meisten NS-Politiker verbargen ihr Sexualleben nicht vor der Öffentlichkeit.« *(a. a. O.,* S. 22) – Aber über ihren »Führer« wissen sie »nichts zu berichten«, was sie nach 1945 getan hätten, wenn es dazu etwas zu berichten gegeben hätte: »Für ein exzessives Sexualleben [Hitlers] [...] fehlen Beweise. Ausschweifende Liebeskapaden des ›Führers‹ wären den vielen Mitarbeitern und dem zahlreichen Personal nicht verborgen geblieben. Weder auf seinem Landsitz auf dem

Obersalzberg, noch in der Privatwohnung in München oder den Privaträumen der Berliner Reichskanzlei empfing Hitler – abgesehen von Eva Braun – Besuch für intime Stunden.« *(a. a. O., S. 20)*

Hitler verführte keine seiner Privatsekretärinnen, die auch auf Reisen dabei waren.»Anzügliche Bemerkungen oder sexuelle Belästigungen fanden nicht statt.« *(a. a. O., S. 21)*

»[...] hielt sich Hitlers Bedürfnis nach dem weiblichen Geschlecht in engen Grenzen. Er hatte keine leidenschaftliche Affäre, besaß niemals eine enge Vertraute, stand niemals unter dem Einfluss einer Frau.« *(a. a. O., S. 22)*

»Es ist kein Fall bekannt, in dem sich der ›Führer‹ – in Ausnützung seiner Macht und Stellung – den Frauen seiner Mitarbeiter genähert, sie bedrängt oder verführt hätte.« *(a. a. O., S. 23)*

Hitlers Leibfotograf »Heinrich Hoffmann, der Hitler jahrzehntelang kannte, weiß in seiner Nachkriegsbiographie – ebenfalls abgesehen von der Erwähnung Eva Brauns – nichts Konkretes über das Liebesleben seines Idols zu berichten.« *(a. a. O., S. 56)*

Eine tödlichere Summe zu Hitlers nicht existenter Heterosexualität ist in der Hitler-Forschung bisher nicht publiziert worden. Sigmunds Zusammenfassung zu Hitlers »Heterosexualität« lässt diesbezüglich verbrannte Erde zurück.

Heike Görtemaker und Volker Ullrich hätten die seit 1998 in vorderster Reihe in der Welt publizierende Chronistin von Hitlers hetero-emotionalen Bedingungen nicht übergehen dürfen, wenn die Braun-Hitler-Biografen etwas Schlüssiges zu Hitlers Geschlechtsverkehr mit Eva Braun hätten sagen wollen. Aber sie wollten sämtliche Statuierungen von Hitlers »Low«-Sex-Bedingungen, aus denen Hitlers kontinentale heterosexuelle Wüste herauskommen könnte, umgehen. Ebenfalls die medizinischen Hitler-Biografien von Johann Recktenwald, Fritz Redlich und Bernard Plouvier fehlen in Görtemakers und Ullrichs Literaturverzeichnis.

Kollegin Sigmund bringt in ihrer neuesten Schrift Hitlers »Mindersexuelles« derart scharf zum Ausdruck, dass dadurch auch die Braun-Hitler-Beziehung gesamt-sexuell zusammenbricht. Görtemaker und Ullrich haben diese Beziehung mit allen unwissenschaftlich denkbaren Mitteln sexuell stabilisiert. Das essentielle Buch Sigmunds über Hitlers nur hauchende »Heterosexualität« mussten die Braun-Hitler-Biografen auf Biegen und Brechen aus ihren Konstruktionen eines Braun-Hitler-Bettes draußen lassen. Vor allem auch deswegen, weil Sigmund vollständige Klarheit über das Nicht-Sexuelle der Beziehung zwischen Onkel Hitler und Nichte Raubal hergestellt hat – nach ihrer intensiven Beschäftigung mit dem Nachlass von Emil Maurice *(a. a. O., S.* 55) und der Publikation ihres Buches über die Dreiecksbeziehung zwischen Hitler, Geli und Maurice *(Sigmund 03/05, 22. Nein-Sager, Emil Maurice).* Durch das Weglassen von Sigmunds Einebnung jeglicher heterosexueller Luftschlösser konnte es sich Ullrich auch ersparen, sich mit dem Maurice-Nachlass auseinanderzusetzen – um sich dann jedoch die Willkür zu erlauben, das Sexuelle weiterhin über der Beziehung Hitler-Geli schweben zu lassen: »Ob Hitler mit seiner Nichte auch intim wurde, diese Frage muss allerdings offen bleiben.« *(Ullrich, S.* 312)

»Diese Frage« kann geschlossen werden, auch wenn Hitler-Intimus Ernst Hanfstaengl sich plötzlich gegen sein eigenes Diktum von Hitler als »sexuellem Niemandsland« etwas Inzestuös-Praktisches in der Onkel-Nichte-Beziehung vorstellte. *(Hanfstaengl 70, S.* 233) Hanfstaengl hat nicht in der Vier-Personen-Wohngemeinschaft am Münchener Prinzregentenplatz mitgelebt und jemals eine Lampe gehalten.

Ullrich benahm sich in Sachen Heterosexualität Hitlers wie sein Vorläufer Werner Maser, dem jedoch leichter auf die Schliche gekommen werden konnte, weil er mit Albernheiten wie einem illegitimen Hitler-Sohn aus dem Ersten Weltkrieg, gezeugt ausgerechnet mit einer Feindin, aufgeflogen war. *(Mulders)*

Ullrich verfuhr für das gleiche Ergebnis des Anscheins von Hitlers intakter »Heterosexualität« mit schwieriger zu durchschauenden Kniffen: Er wollte das Verhältnis Braun-Hitler für alle Ewigkeit als das von Otto und Ottilie Normalverbraucher legalisieren. Dazu benötigte er Träger-Elemente schon aus Hitlers scheinbar existentem heterosexuellem Vorleben.

Je mehr sexuelle Fragen über Hitler und Geli – der direkten Beziehung zeitlich vor Hitler und Braun – noch schweben bleiben, um so stabiler hält das Konstrukt des Liebespaares Adolf und Eva. *(AMORO, »Turteltauben-Idyll«)*

Sexual-kontemporärer Exkurs

Es geschah zu Beginn des dritten Jahrtausends das Unding, dass zwei deutsche Top-Wissenschaftler wie Heike Görtemaker und Volker Ullrich sich in Sachen »Hitlers Heterosexualität« unter demokratischen Verhältnissen diktatorisch benahmen. Sie hörten zu forschen auf und verhielten sich so, als stünde über ihren Braun- und Hitler-Biografien der Nazi-Satz, den Anna Maria Sigmund zum Titel ihres Buches gemacht hat: »Das Geschlechtsleben bestimmen wir.« Das heißt auf

Görtemaker und Ullrich übertragen: Hitler-Brauns Geschlechtsverkehr bestimmen wir! Auch Görtemaker spricht in ihrer Braun-Biografie durchlaufend von Hitlers »Geliebter«. Wenn in der englischen Version ihres Buches die Kennzeichnung für Eva Braun als Hitlers »girlfriend« benutzt wird, hat die Dissonanz des Falschen ein Maß erreicht, dass sich gefragt werden muss: Sind Görtemaker und Ullrich Opfer einer Zeitmaschine geworden, die sie um 80 Jahre zurückgedreht hat.

Görtemaker und Ullrich stehen ja nicht allein, wenn redundant-penetrant auf das Installieren ihrer »Fakten« im Bewusstsein der Gesellschaft insistiert wird. Gemeinsam mit ihren direkten Vorläufern um die Jahrtausendwende Guido Knopp (01/11) und der Deutsch-Britin Angela Lambert (2006) drehen sie sich um Hitler als »sexualisches Quartett« in einem »Totentanz«. Denn *Hitler 2* hatte überhaupt kein Sexualleben, auch kein schwules (*Zweites Buch*). Sex hieß für ihn Totmachen – zuerst von Männern, am Schluss aller Menschen.

Nachdem er den Zweiten Weltkrieg entfesselt hatte, brauchte er keine Filme mehr für seine sexual-destruktive Anregung, die vorher allabendlich als »Gute-Nacht«-Geschichten herhalten mussten. In die *Reichskanzlei* und in den *Berghof* hatte er die ganze Film-Vorführungs-Technik einbauen lassen. Was er als moralisch motivierten Verzicht des nächtlichen Film-Anschauens ausgab, war etwas ganz anderes. Ab 1. September 1939 wurden Männer massenhaft wirklich getötet, und jetzt galt es: »Seit 5.45 Uhr früh wird zurückgeschossen!« Von nun an war der Kreislauf zwischen seiner Begierde und dem von ihm befohlenen Vollzug geschlossen. Er ging schlafen und wachte auf mit dem ihm Lust bereitenden Gedanken an den Blutfluss der von ihm »umschlungenen [= erschossenen, zerbombten und vergasten] Millionen«.

Siehe die Trevor-Roper-Textpassage zu Beginn des *ersten Buches* über Hitlers Blutrunst, die heute verständlicher ist, wenn das Wort in Blut-Brunst abgewandelt wird – eine solche Brunst nach menschlichem Blutfluss kennzeichnete *Hitler 2* ab seiner Wesensveränderung im Herbst 1918 tatsächlich. All das weiß das Zeitalter noch nicht. Daher muss der Geschichts-Prozess um Hitlers nicht existente Heterosexualität und seinen sich politisch-militärisch Bahn brechenden Serienkiller-Trieb mit Beweisführungen bis zur »Weißglut« fortgesetzt werden.

Da auch Frankreich mit seinen beiden neuesten Biografien zum »Duo infernal« Braun/Hitler von Daniel Costelle (2007) und Bernard Plouvier (2007/08) vom Hitler-Hetero-Wahn ergriffen worden ist, handelt es sich um einen Skandal in der neuzeitlichen Geschichtsschreibung.

Hitler und Braun überhaupt in einem sexuellen Verhältnis miteinander zu halluzinieren, bedeutet eine in den 1970ern unvorstellbare
sexualwissenschaftliche Verfinsterung, die ebenfalls über Frankreich,
dem Land der unverklemmteren Frau-Mann-Beziehung, herrscht.
Die 19./20.-Jahrhundert-Pioniere Havelock Ellis, Sigmund Freud,
Ivan Bloch, Magnus Hirschfeld und Wilhelm Reich würden sich im
Grabe umdrehen. Auch Ernest Bornemann und Hans Giese, Gilles
Deleuze, Michel Foucault und Félix Guattari täten das. Und die ab den
1970ern Furore machenden Sexualwissenschaftler Martin Dannecker,
Reimut Reiche, Gunther Schmidt und Volkmar Sigusch, ebenso die
amerikanischen Feministinnen Nancy Friday, Shere Hite, Kate Millet
und Mary Jane Sherfey würden in unwiderrufbarer Konsternierung
erstarren, wenn sie wüssten, was da in der Hitler-Biografik gegenwärtig geschieht.

Eva Brauns Manövrierung durch Daniel Costelle »in die Intimität
mit Hitler« und Bernard Plouviers Verlegung Hitlers in einen »koitablen Raum« sind Ausstattungen und Proviant-Packungen der Kreuz-
züge des Hitler-Hetero-Wahns, dem die Deutschen und Franzosen in
der Nachfolge von Pierre und Renée Gosset und Werner Maser erneut
erliegen. Nur der Engländer Ian Kershaw schüttelte aufklärerisch den
Kopf über Hitlers Beziehungen zu Frauen und summierte: »Unnormal«.

Doch das nützte nichts, weil Kershaw keinen Prozess um Hitlers
Sexualität eröffnete. Er ist als Historiker Gesellschaftswissenschaftler
(»Strukturalist«, wie er sagt) und hatte sich von dieser Seite her mit vielen Publikationen seit Jahrzehnten Hitler genähert. Seine zweibändige
Hitler-Biografie (1998/2000) wurde von der ganzen Welt geschätzt,
aber sein Kopfschütteln über Hitlers Beziehungen zu Frauen kam
zu den Kollegen und Kolleginnen der Braun-Hitler-Biografik nicht
durch. Das Unstimmige, das Kershaw bei Hitlers Verhältnis gegenüber Frauen wahrnahm, haben seine Nachfolgerinnen und Nachfolger
rücksichtslos wieder »stimmig« gemacht. Und der neueste Hitler-Biograf Peter Longerich (2015) hatte auch nicht mehr als ein Kopfnicken
von Insider zu Insider in Richtung Kershaw übrig. Gesellschaftliche
Wirkung hat solch ein Ingroup-Verfahren nicht.

Alle über Hitler und Braun verfassten Groß- als Gesamt-Biografien
nach der Jahrtausendwende sind in sexualwissenschaftlicher Hinsicht
ein Rückfall hinter die gesellschaftlichen 1960/70er Bewegungen: entweder massiv Falsches oder Kopfschütteln, was für eine wirksame
Aufklärung nicht reicht.

Einzelstudien zu Hitlers Sexualität gibt es außer von Machtan
nicht – über seine Psyche gab es so etwas mehrmals (Bromberg/Volz

Small, Coolidge, Fest, Langer, Miller, Rosenbaum, Stierlin, Waite). Und die rein politisch orientierten Hitler-Biografen Heiber (1960), Snyder (1967), Deuerlein (1969), Zitelmann (1989), Steinert (1991/94), Pätzold/ Weißbecker (1995), Reuth (2003) und Sandkühler (2015) behandeln das Thema »Hitlers Sexualität« nicht.

Nur Sigmund sprang vom Zug des Glaubens an etwas heterosexuell bei Hitler Funktionierendes ab. Doch wieder nützte das wie bei Kershaw und Longerich als Wirkung auf die Hitler-Biografik und die allgemeine Rezeption nichts. Ja, nicht einmal Sigmund selbst war zur Korrektur in ihren Nazifrauen-Büchern bereit, denn mit dem Kreuz, Hitler hatte gar nichts Sexuelles mit Frauen, hätte Sigmund den Verkaufserfolg ihrer Nazifrauenbücher ruiniert. Die fortgesetzt publizierten Hitler- und Braun-Groß-Biografien werden – mit Ausnahme Longerichs – dem Hitler-Hetero-Wahn geradezu gewidmet.

Schon das Kopfschütteln der frühen Hitler-Biografen Olden, Heiden, Bullock und Orr blieb folgenlos für die Hitler-Biografik. Je energischer das Kopfschütteln geschah, um so drastischer werden die »Frühen« ausgespart und beiseitegelassen, wenn nicht ganz unterschlagen. Nicht anders erging es Machtan, der 2001/03 Hitlers angebliche »Heterosexualität« ebenfalls Wirkungs-los attackierte und ihn mit einer Fülle von ernstzunehmenden Argumenten zum Schwulen kürte. (*zweites Buch*)

Skandalös ist die Fraktionierung der Hitler- und Braun-Biografik vor Longerich, der damit erst einmal Schluss macht. Seine Durchsetzung ist aber noch nicht in Sicht. Fortlaufend werden Neuerungen zu den Protagonisten Braun und Hitler vorgetragen. Keine der Biografien war überflüssig. Jede enthält Entdeckungen, die immer noch fesseln. Doch was Hitlers Leben mit Eva Braun betrifft, wird es für angebracht gehalten, sich in spießigsten eternellen Monogamie-Romantizismen aufzuhalten, die letztlich überflüssiges, ja störendes Zubehör bedeutender Forschungen sind.

Würden die drei jüngsten Hitler-Braun-Groß-Biografen Plouvier (2007/08), Görtemaker (2010/11) und Ullrich (2013/16) ihren Humbug um Hitlers Heterosexualität streichen, würde das ihren Büchern kaum anzumerken sein. Plouvier müsste seine Männerfantasien zügeln und das Hitler-Braun-Verhältnis trockenlegen. Ullrich brauchte nur elf zeilenweise über sein ganzes Buch verstreute Seiten herauszunehmen. Und Görtemaker müsste eine Sigmund'sche Widerrufs-Erklärung abgeben: Braun und Hitler haben nicht. Danach fängt es dann erst an, spannend zu werden. Denn aneinander gefesselt in einer Einerbeziehung waren Hitler und Braun bis zum gemeinsamen Selbstmord 13 Jahre lang.

Schmerzhaft deutlich kommt die Spaltung in Forschen und Wäh-
nen zum Ausdruck in der neuesten Hitler-biografischen Studie der
Amerikanerin Despina Stratigakos (2015) zu seinen Domizilen, in
denen das »Heimische am Herd« auch bei einem Adolf Hitler stattgefunden haben soll, der von der Autorin schon mit seiner Nichte Geli
ins Bett geschickt wird. Posthum fordert sie ihn auf, er hätte seine
Nichte nicht nur »vögeln« dürfen, sondern sie auch heiraten müssen,
um ihren Selbstmord zu verhindern.

Alles Architektur-Soziologische bei Stratigakos ist eine Sensation.
Alles Sexual-Bezügliche schrumpft jedoch zu Prediger- und Bet-
schwestern-Gesinnungen. Die Spaltung in Blüten-reichen Fortschritt
und brakigen Abstoff verbrauchtester Sitten-Doktrinen könnte bei
jeder der nach 2000 publizierten Hitler- bzw. Braun-Biografien vor
Longerich nachgewiesen werden, was jedoch einer gesonderten Einzelstudie bedürfte.

Da Ullrich der gewichtigste Aktual-Hitler-Hetero-Fiktion-Be-
fangene ist, dem 2016 der Durchstoß in den Anglo-Markt geglückt
ist, bedarf er der Korrektur des Hitler-Hetero-Mythos. Diese Korrektur wird im ganzen *ersten Buch* von *Hitler 1 und Hitler 2* immer
dann fortgesetzt, wenn Ullrich sich einer weiteren »Verkehrssünde«
im wissenschaftlichen Umgang mit dem korodierendsten Sujet der
Geschichtsschreibung schuldig gemacht hat.

Manipulativer Eingriff in die Aussage eines Zeitzeugen

7. Sünde

Die Anti-Ullrich-Liste wird nicht erstellt, um Ullrich Irrtümer
vorzuwerfen, sondern um seine »Methode Fiktion« zu geißeln. Manipulation ist beim puren Weglassen noch nicht zu beweisen, nur zu
indizieren, indem die Auffälligkeiten zusammengetragen werden,
was mit sechs Anlastungen schon nicht wenige sind – mehr Indizien,
wie sie in einem Gerichtsverfahren unter Lebenden benötigt werden.
Doch der Beleg einer Manipulation gelingt erst, wenn Autoren innerhalb von Zeugen-Aussagen Eingriffe in den überlieferten Text nachgewiesen werden können.

So etwas geschieht zweimal – bei den Berichten von Hitlers Reichs-
kanzlei-Chef Fritz Wiedemann und von Hitlers »Leibpiloten« Hans
Baur. Ullrich unternimmt Umfrisierungen von historischen Statements.
Dadurch konnte er Zeugen-Aussagen in die Kette der Ja-Sager einrei-
hen. Beim 9. Ja-Sager riss Ullrich einen von Wiedemann übermittelten
Satz Hitlers aus dem Zusammenhang einer Einwandvorwegnahme.

Hitler hatte seinem verheirateten, noch jüngeren neuen Reichskanzlei-Bürovorsteher Sand über sein rätselhaftes Einzelgängertum in die Augen streuen wollen. Die von Ullrich zitierte Aussage Wiedemanns, überprüft im Original von dessen Buch über Hitler, *Der Mann, der Feldherr werden wollte*, läßt die 180-Grad-Drehung, die Ullrich mit der Szene zwischen Hitler und Wiedemann unternimmt, zutage treten. Abermals erweist sich Ullrich als Spezialist für eine Szenen-Ummodelung. Nach dem Zu-Bett-Geh-Geflüster zwischen dem angeblichen Liebespaar Hitler und Braun ist es diesmal ein vertrauliches Gespräch unter Männern, das im Original nicht so abgelaufen war, wie Ullrich es suggeriert.

Hitler hatte seinen Reichskanzlei-Bürochef plötzlich mit der Nachricht über sein angeblich in München praziertes, »normal« funktionierendes Geschlechtsverhalten konfrontiert und ihn zu Tatsachen seines »Intimlebens« ins Vertrauen gezogen.

Dieser Vorgang entblößt Ullrichs Vorgehen, nach dessen Aufdeckung das ganze Zeugnis Wiedemanns auf die gegnerische Seite der Nein-Sager gerückt werden muss, wie im Einzelnen unter dem 9. Ja-Sager sogleich nachgewiesen werden wird.

Amputation von vier Gliedern
einer Aussage des »Leibpiloten«

8. *Sünde*

Eine zweifelhafte Verabredung zwischen Hitler und seinem Piloten Hans Baur entkleidete Ullrich bei seiner Übermittlung des Zeugnisses von vier Einzelheiten, bis er es zu einem Inflagranti zwischen Braun und Hitler zurechtgestutzt hatte. Ein Inflagranti ist das Star-Beweismittel, um Sex zwischen Leuten aufzudecken. Jemand hat sie dabei, kurz davor oder kurz danach überrascht. So etwas brauchte Ullrich und scheute nicht davor zurück, alles aus dem Original herauszutrennen, was den Eindruck des Inflagranti gestört hätte.

Um auf das Kommende zünftig vorzubereiten, sei aus dem 16. Jahrhundert ein staatlich gefälschtes Inflagranti erzählt: Der französische König Henri III hatte so viele Mignons und keine Kinder, dass im Volk vom Stehen des Königs am anderen Ufer geplaudert wurde. Das passte den Staatsschützern nicht. Eines Tages kidnappten sie einen schwatzhaften Bäcker, transportierten ihn in den Louvre, zerrten ihn durch die Gänge und rissen eine Tür auf: Da lagen König und Königin zusammen in einem Bett: »Hast du's gesehen? Erzähl's der ganzen Stadt!« *(Mann, H.)*

Pauschalierungen für den Hitler-Hetero-Wahn

9. Sünde

Ullrichs neunte und zehnte Modifikation sind so Hitler-Hetero-Wahn-stabilisierend, dass neue Einzel-Forschungen unternommen werden müssen. Bei 7. und 8. von Ullrichs Eingriffen in Zeugen-Aussagen war die Enttarnung verhältnismäßig einfach: Ran an die Originale! Und schon entblößen sich Ullrichs Entstellungen der Aussagen von Wiedemann und Baur wie von selbst.

Hinsichtlich der 9. Entgleisung muss das Zitat wiederholt werden: »Nach allem, was wir aber aus den Berichten seines Leibarztes Theodor Morell wissen, der Hitler auch im Intimbereich untersuchte, waren die Geschlechtsorgane seines Patienten normal entwickelt. Alle Vermutungen, er sei unfähig gewesen, Frauen körperlich zu lieben, treffen demnach nicht zu.« *(Ullrich*, S. 300)

Die Joachimsthaler'sche Abrechnungsstunde gegenüber Maser hat nun auch gegenüber Ullrich geschlagen: Nichts stimmt! Ullrich gibt entgegen seinen sonstigen Gepflogenheiten keine Primärliteratur an, keine Quellen, sondern verweist auf die Autoritäten Henrik Eberle und Hans-Joachim Neumann und ihre Untersuchung *War Hitler krank? Ein abschließender Befund. (Eberle/Neumann* 09/13)

Doch auf den von Ullrich angegebenen Seiten bei Eberle/Neumann steht nicht, was Ullrich möchte. Und das, was bei Eberle/Neumann in den Passagen über Hitlers Leibarzt Morell und weitere Ärzte an anderer Stelle steht, kommt nicht zu dem von Ullrich behaupteten Ergebnis, wie bei einem weiteren Buch im Buch, der Untersuchung der Aussage des 1. Ja-Sagers, Theodor Morell, Millimeter-genau durchgeführt werden wird *(ANALO)*. Ergebnis: Aus dem Studium von Morells medizinischem Tagebuch über seine Behandlung Hitlers und aus anderen Zeugnissen erwies sich: Morell hat Hitler nie »im Intimbereich untersucht«. Ullrich sparte einfach das ganze medizinische Tagebuch Morells aus, was er für sein Apodiktum nicht hätte tun dürfen. Dass er den erst 2015 publizierten ärztlichen Untersuchungs-Befund aus Landsberg von Hitlers rechtseitiger Ein-Hoden-Anomalie noch nicht kennen konnte, der der Mär von den »normal entwickelten Geschlechtsorganen« Hitlers ein Ende bereitete, darf Ullrich nicht negativ angerechnet werden, sehr wohl aber, Morells Tagebücher nicht konsultiert zu haben. Weder die deutsche noch die englische Ausgabe von Morells *Geheimen Medizinischen Tagebüchern* kommt in Ullrichs Literaturliste vor *(ONANO, Das Landsberger Zeugnis zu Hitlers Ein-Hoden-Syndrom).*

Eine derartige Pauschalierung, die Ullrich in seinem Zwei-Sätzer über Hitler und Morell über die komplizierteste Beziehung zwischen Hitler und einer nahen Person vornimmt, hätte Ullrich bei seinen ihn echt interessierenden außer-sexuellen Angelegenheiten seiner Hitler-Biografie sich selbst niemals durchgehen lassen.

Mit dem Mittel der Pauschalierung wird seit Werner Maser ab den 1970ern über Hitlers »Heterosexualität« verfahren. Die Pauschalen dringen schnell und tief in das Bewusstsein der Öffentlichkeit ein. Sie dort herauszubulldozzern, ist nicht nur aufwendig – es geht nur mit Detail-Belegführungen –, sondern auch auf gewisse Weise tendenziell hoffnungslos, weil nach ein paar Jahrzehnten der nächste Pauschalist kommt und wieder eine unsinnige Direktive über Hitlers angeblich intakt funktonierendes «normales« Geschlechtsverhalten gegenüber Frauen in die Gesellschaft lanciert.

Werner Masers 40-jährige Wirkung war gerade am Verblassen, schon zeigte sich mit Volker Ullrich der nächste Vertreter von Hitlers schimärischer »Heterosexualität« und streckte dem ganzen Joachimsthaler-Versuch der Korrektur des wahnhaften Bildes von Hitlers Fähigkeit, »Frauen körperlich zu lieben«, die Zunge heraus.

Verbreitung von Unsinn über die Gynäkologie-Geschichte

10. Sünde

Beim zehnten Punkt der (Sexual)Verkehrs-Sünden geht es so flächendeckend wahnsinnig zu, dass die gesamte historische Fakultät zum Nachdenken bewegt werden muss, wie sie in Zukunft ein derartiges sexualwissenschaftliches Plemplem in ihren eigenen Reihen verhindern kann. Denn – wie bei der 7. Ja-Sagerin mitgeteilt werden wird: Ullrich ist nicht der Einzige, der sich etwas zuvor unter Akademikern Nicht-Denkbares geleistet hat. Er, seine deutschen Mit-Nichtwissenden Anja Greulich und Guido Knopp und seine englischen Kolleginnen Marion Milne und Angela Lambert akzeptierten die Aussage einer unverbesserlichen Post-mortem-Komplizin von Eva Braun als Kronzeugnis für phallisch-vaginal penetrative Geschlechtsakte zwischen Hitler und Braun und traten den Quark publizistisch breit.

Die Rede ist von der ehemaligen Aufseherin der Zimmermädchen und während der letzten zweieinviertel Jahre fungierenden *Berghof*-Hausmeisterin Gretel Mittlstrasser, die zu Beginn des dritten Jahrtausends im deutschen und englischen Fernsehen behaupten durfte, sie habe von Ärzten oder aus der Apotheke Perioden-beeinflussende Medikamente für die 20/30-jährige Eva Braun besorgen müssen, wenn

Hitler sich auf dem *Berghof* befand und angeblich Braun hätte penetrieren wollen. Zwei Fernseh-Produktions-Teams mit mehreren Frauen
darin und vier Autoren/Autorinnen – Lambert, Greulich/Knopp und
Ullrich – kommen 2001, 2006, 2011 und 2013/16 nicht darauf, dass es
medikamentöse Eingriffe in den weiblichen Monats-Zyklus vor 1951
noch nicht gegeben hat. Alle lassen die Lügnerin Gretel Mittlstrasser
unwidersprochen mit deren Falschzeugnis passieren in ihren Sendun-
gen beziehungsweise Büchern. Der französische Internist und medi-
zinisch-politische Hitler-Gesamt-Biograf Bernard Plouvier geht so
weit nicht, kann es jedoch auch nicht lassen, zu schreiben: „Eva Braun
benutzte gemäß ihrer Vertrauten und ihrer Schwester Gretl kontra-
zeptive Gummis". (*Plouvier* 08 III, S. 294) Es handelt sich bei „Gummis" nicht um Präservative, sondern um etwas den weiblichen Part
der Verhütung Betreffendes, das Plouvier unaufgeschlüsselt ließ. Und
so etwas wird von einem staatlich geprüften Mediziner einfach hin-
geschlenkert, ohne sich die *anti*-kontrazeptive Ideologie und Praxis
im Dritten Reich gegenüber jeder Art von Verhütung klarzumachen,
der unter keinen Umständen die „Führer-Mätresse" hätte fröhnen
dürfen. (*Kaupen-Haas*) Sobald das Wort »Sexualwissenschaft« fällt,
zucken die ihm gegenüber sensiblen Historiker und Historikerinnen
zusammen, als ob in der Sexualwissenschaft immer nur von dem
Sprach-peinlich gemiedenen unterleiblichen Pfui-Pfui die Rede wäre.
Zur Sexualwissenschaft aber gehört auch so etwas wie die Geschichte
der Schwangerschafts-Verhütung – eine Sparte, die eigentlich ein Teil
der Geschichtswissenschaft wäre.

Eine der perplexesten Überraschungen bei der Auseinandersetzung mit dem Hitler-Hetero-Wahn provozierte der Sachverhalt, dass
Historiker und vor allem Historikerinnen der Jahrtausendwende in
den Medien Buch und Television nicht über die Geschichte der Pille
im Bilde sind, um sofort einer derartigen Stuss-Rednerin wie Gretel
Mittlstrasser den Auftritt entweder verwehren oder sie professionell
zur Rede stellen zu können und dann über ihren Nazi-Spät-Schrott
nicht mehr in reputierten Buch-Publikationen wie denen von Lambert, Greulich/Knopp und Ullrich zu berichten.

Die angeprangerten Vorgänge in den Medien spielen sich in einer
deutschen Gesellschaft ab, die postfaschistische Züge trägt. Diese laut-
starke Empörung wird unter der 7. Ja-Sagerin mit den leisest geflüs-
terten Schritt-um-Schritt-Recherche-Miniaturen aushaltbar gemacht.
Einen Knall gibt es nur noch beim Wurf der 7. Ja-Sagerin, Gretel Mittlstrasser, auf den Stapel der Neins. Denn auch »der lange Schatten«
(*Kershaw* 14) der Eva Braun hat ihre ehemalige Intima nicht ruhen

lassen, den Hitler-Hetero-Wahn in die Welt zu tragen, der sich mit der Enttarnung der Aussage als Lug und Trug nun für hoffentlich alle Zukunft überwinden lässt.

Die Hitler-Hetero-»Friseuse« Gretel Mittlstrasser darf nicht mit ihrer Cousine, dem ehemaligen Berghof-»Zimmermädchen Anna« Mittlstrasser, später verheiratete Plaim, verwechselt werden, die eine genuine Nein-Sagerin ist (ONANO, 14.). Zur Unterscheidung von ihrer angeheirateten Verwandten, der unechten Ja-Zeugin Gretel Mittlstrasser, wird sie immer mit ihrem Doppelnamen Anna Plaim-Mittlstrasser aufgeführt.

Die Gegenseite der Ja-Sagenden

Im prozesshaften Vorgehen muss auch bei der Geschichtsschreibung immer die andere Seite zu Wort kommen. Es darf an den Ja-Sagenden nicht vorbeigesehen, nicht derselbe Fehler gemacht werden, der gerade eben Ullrich vorgeworfen wurde – die Nichtbeachtung von Gegen-Informationen. So sehr auf Ullrichs bisher zehn zusammengetragenen Sünden wider die historische Wissenschaft herumgehackt werden kann, der Hitler-Biograf hat zehn Ja-Sagende präsentiert, fünf Männer und fünf Frauen.

Die Männer: »Leibarchitekt« Albert Speer (10.), Reichskanzlei-Chef Fritz Wiedemann (9.), »Leibpilot« Hans Baur (8.), Leibarzt Theodor Morell (1.) und als angeblicher Widerrufer Leibdiener Heinz Linge (2.). Die Frauen: Berghof-Hausverwalterin Gretel Mittlstrasser (7.), Eva Braun (6.), Prinzregentenplatz-Wirtschafterin Anni Winter (5.), Brauns Freundin Henriette Hoffmann-von Schirach (4.) und Braun-Kindheits-Kameradin Herta Ostermayr-Schneider (3.).

Die insgesamt zehn Ja-Stimmen zu Hitler-Brauns aktiv betriebenem Geschlechtsverkehr gibt es nur zu dieser Hitler-Freundin, dem »Fräulein Eva« – nichts dergleichen jedoch zu Hitler und einer anderen Frau, außer den noch hier und da zu erwähnenden Schimären. Und auch nichts zu Hitlers vielleicht sonst und früher betriebener Heterosexualität mit Namenlosen und Öffentlichen.

Zu Ullrichs zehn Jas werden noch zwei weitere beigesteuert: 12. Max Amann, Hitlers Feldwebel im Ersten Weltkrieg und späterer Leiter des Münchener Eher Verlages, der sämtliches Nazi-Schrifttum inklusive Hitlers Mein Kampf publizierte. Und 11. Hans Karl von Hasselbach, Hitlers zweiter chirurgischer Begleitarzt neben Karl Brandt.

Jeder der zwölf Zeugen zur funktionierenden Heterosexualität zwischen Hitler und Braun muss einen gesonderten Auftritt bekommen, auch wenn fast eineinhalbmal so viele Zeugen das Gegenteil von dem vortrugen, womit sich die zwölf überliefert haben. In diese Anhörung muss vonseiten des Prozederes so neutral wie möglich vorgegangen werden. Ebenfalls die *Ja-Sagenden* müssen ihr Recht auf eine freie Aussage-Entfaltung bekommen.

Entweder kippen die zwölf Jas die 17 Braun-bezüglichen Neins: Hitler hatte wenigstens eine heterosexuelle Saite, so zartbesaitet auch immer, aber sie war da und kann nicht mit Norm-Standards von funktionierender Männlichkeit über den Haufen argumentiert werden. Volker Ullrich wäre dann rehabilitiert. Die Beantwortung der Frage zu Hitlers Heterosexualität müsste modifiziert werden. Oder es ist an den zwölf Pro-Zeugen zu viel Zweifelhaftes zu finden, das sie unglaubwürdig macht.

Die Auseinandersetzung mit der Glaubwürdigkeit muss bei jedem einzelnen sorgsam vorgenommen werden. Denn es kann ein einziger Vertrauens-würdiger Zeuge das Einverständnis einer gesamten Zeugen-Gemeinschaft von fast zwei Dutzend zerbröckeln lassen.

Weil die *Ja-Sagenden* von hinten nach vorn immer heißer und – wie es scheint – authentischer werden, vor allem weil sie von Ja-Sager Zwölf bis zu Ja-Sager Eins mit ihren Formulierungen dem Geschehen immer näherkommen, wird diesmal von hinten nach vorn aufgereiht. Das geschieht auch deshalb, um die Reihe der *Ja-Sagenden* »verkehrtherum« von der Reihe der *Nein-Sagenden* besser unterscheiden zu können.

Haut- und Haus-ferner Hitler-Verleger

12. Ja-Sager – Max Amann

Am 26. Mai 1945 war der in amerikanische Gefangenschaft geratene ehemalige Chef des Nazi-*Eher Verlages*, Max Amann, einer der Ersten, die von den Geheimdiensten der Siegermacht verhört und auch zu den Einzelheiten von Hitlers Sexualverhalten befragt wurde. Über Amanns Antwort berichtete ein Offizier des *Seventh Army Interrogation Center's APO/758* in der Niederschrift des Interviews: »Amann beschrieb Hitler als einen sexuell normalen Mann. Hitlers einzige Geliebte [woman friend], mit der er gelegentlich intime Beziehungen hatte, war Eva Braun, eine frühere Angestellte des Fotografen Hoffmann […] Während der letzten Monate war sie beständig um Hitler.« (*Amann 45*, S. 490)

Die Aussage steht da wie eine Eins. Doch der 12. Ja-Sager selber bleibt so nicht stehen bei der Prüfung seiner Bedingungen und seines Verhältnisses zu Hitler. Amann war ein Kriegskamerad Hitlers im Ersten Weltkrieg, als Feldwebel sein direkter Vorgesetzter. Doch diese Körper-nahe Beziehung zwischen Amann und Hitler bestand nur zu *Hitler 1*, über dessen heterosexuelle Aktionen sich Amann nicht äußerte, wie das auch sonst niemand Zeitgenössisches getan hat. Bei der Erwähnung von Ullrichs fünfter »Verkehrssünde« wurde gerade darauf hingewiesen, dass es zu *Hitler 1* keine Pro-Hetero-Aussage gibt.

(Bleibtreu – *Das Fehlen der Berichte über den trieblosen »Sonderling«*) Melde-Kamerad Balthasar Brandmayer aus dem Ersten Weltkrieg zeichnete aus der ganz nahen Position zu Hitler sogar ein detailliert konturiertes Bild zu Hitlers »Out of Heterosexuality« *(ONANO, 10. Nein-Sager)*.

Mit dem 12. Ja-Sager, Max Amann, muss die gleiche Prüfung unternommen werden, wie sie bei allen Nein-Sagern gemacht wurde. Das Sagen allein nützt nichts, um die Glaubwürdigkeit eines Zeugen zu bestätigen oder abzulehnen. Es müssen seine persönlichen Bedingungen untersucht werden: In was für einem Verhältnis stand der Zeuge zu Hitler? Denn erst die Art der Beziehung zwischen Hitler und dem Zeugen entscheidet über die Vertrauenswürdigkeit seiner Aussage.

Der Titel über dem 12. Ja-Sager ist zusammengesetzt aus den Begriffen »Haut« und »Haus«. Um über die Sexualität einer Person etwas Bindendes aussagen zu können, muss der Zeuge eine nahe Position in einem längeren Zeitraum eingenommen haben, sodass der Zeuge Einblick in das Versteckteste haben konnte. Die 23 Nein-Sagenden waren permanent um ihn, konnten dadurch seine Verhaltensweisen tags und nachts auf sich wirken lassen. Bei der Revue der 17 Nein-Sagenden zum Sex zwischen A. H. und E. B. kommt das Prinzip »Haut« oder »Haus« deutlich zum Ausdruck.

1.: Heinrich Hoffmann war nicht nur ein naher Freund Hitlers, sondern rückte ihm permanent mit seinem Fotoapparat »zu Leibe«, traf ihn unzählige Male, publizierte Band um Band mit Hitler-Fotos und war der Spender der Beziehung Braun-Hitler. Hoffmann hatte Hitler geradezu verführt, sich nach dem Geli-Tod im September 1931 zu einem vorzeigbaren und positiv – gesellschaftlich affirmativ – verbergbaren Frauen-Verhältnis durchzuringen (Merkmal »Haut«).

2.: Franz Xaver Schwarz befand sich in nahem Umgang mit Eva Braun, die bei ihm und seiner Frau im Hause verkehrte (Merkmal »Haut«).

3.: Christa Schroeder – zweite Sekretärin Hitlers war unentwegt um ihn (»Haut«).

4.: Ernst Hanfstaengl – Frühzeit-Intimus, war Kenner von Hitlers Zimmer in der Thierschstraße, das dieser von 1920 bis 1929 bewohnte.

Hitler verkehrte im Hause Hanfstaengl und hatte ein nahes Verhältnis zu Helene Hanfstaengl (»Haut«).

5.: Herbert Döhring – Wachmann im *Haus Wachenfeld*, später sieben Jahre Hausverwalter auf dem *Berghof* (Merkmal »Haus«).

6.: Heinz Linge – zehn Jahre Hitlers Leibdiener, definierte das Merkmal »Haut«.

11.: Traudl Junge – Hitlers jüngste Sekretärin, war seit Dezember 1942 permanent in Hitlers Nähe (»Haut«).

12.: Karl Brandt – in der Funktion des chirurgischen Begleitarztes auf Hitlers Reisen andauernd an dessen »Haut«.

13.: Hugo Blaschke – 14 Jahre Hitlers »Leibzahnarzt« mit Praxis-Räumen auf dem *Berghof* und im *»Führer«-Bunker* unter der Reichskanzlei (»Haus« und »Haut«).

14.: Zimmermädchen Anna – lebte eineinhalb Jahre auf dem *Berghof* und säuberte die Zimmer Brauns und Hitlers (»Haus« und indirekt auch »Haut«).

15.: Julius Schaub – 20 Jahre lang Hitlers Faktotum, ständig um ihn herum. Er muss wie ein Kammerdiener angesehen werden, nahest an Hitlers »Haut«.

16.: Johanna Wolf – älteste und längstamtierende Sekretärin Hitlers, die genauso wie Christa Schroeder und Traudl Junge Hitlers verlängertes Organ »Hand« war, um seine diktierten Gedanken festzuhalten (»Haut«).

17.: Karl Wilhelm Krause – Kammerdiener, für Hitlers Kleidung zuständig, servierte ihm Essen und Trinken. Die Funktion ergibt die »Haut«-Nähe.

18.: Rochus Misch – Leibguard, Telefonist, Kurier. Ständig in »Tuchfühlung« mit Hitler und seinen Bedürfnissen nach Schutz, Kontakt und Nachrichten (»Haut«).

20.: Thomas Orr – ein Supervisor vieler Haut- und Haus-Nahen. Dem Mitarbeiter des *Hauptarchivs der NSDAP* gegenüber waren die Häuslichen und Häutlichen geradezu verpflichtet, Orr auf dem Laufenden von Hitlers Intim-Angelegenheiten zu halten. Darüber gibt es zwar keine Zeugnisse, aber Orrs Wissen bezeugt den Vorgang der »Informanden«-Tätigkeit. Orr ist der Einzige, der seine Infos über Hitlers Non-Sex-Life aus zweiter Hand bekommen hat. Doch wegen der vielen »Zulieferanten« und seiner Position als Kontrolleur und Sammler von Hitler-Eigenarten für die geplante »Führer«-Groß-Biografie vertrauenswürdig.

21.: Nelly Scholten – Gemeinsam mit ihrem Mann, dem Gynäkologen Gustav Scholten, hatten die Scholtens Einblick in den Obersalzberg bekommen. Scholten war nicht irgendein Gynäkologe einer Nazi-Ehe-frau, sondern ausgerechnet der zehnfachen Mutter Gerda Bormann, die ganz in der Nähe von Braun-Hitlers *Berghof* einen eigenen Land-besitz hatte. Ihr Mann Martin Bormann war als Chef der Parteikanz-lei ständiger Kontrolleur, »Dirigent« und auch Beobachter Hitlers und darüber hinaus selber versessen auf Frauen, die ihm seine Gemahlin Gerda sogar genehmigte. Das alles ergibt eine Mixtur aus »Haut« und »Haus«, die Nelly Scholten als Zeugin für No-Sex zwischen Braun und Hitler glaubhaft macht.

23.: Erich Kempka – Hitlers »Leibfahrer«, der ebenfalls Eva Braun fuhr. Wenn auch in anderer Funktion als ein Leibdiener, so hatte Kempka doch ständigen Kontakt mit dem Paar Braun und Hitler, um über das »Unglückliche« in der Beziehung Braun-Hitler informiert zu sein (»Haut«).

All das fehlt bei der Position Amanns gegenüber *Hitler 2*. Die Män-ner waren weiterhin miteinander zugange, jedoch außer Haut und außer Haus. Amann war als Verleger zuständig für Hitlers Gedanken in Buchform. Beide sahen einander regelmäßig. Aber Amann wohnte und arbeitete woanders. Die Nächte verbrachten sie nie unter einem Dach. Amann war nicht ständig in Hitlers Haus und an dessen Haut. Amann hatte eine Distanz-Funktion wie Julius Streicher, der Heraus-geber des Nürnberger *Stürmer*, wie Hermann Göring, der zwar auf dem Obersalzberg ebenfalls einen Gebäudekomplex besaß, mit seiner Frau Emmy jedoch nicht bei den Hitlers auf dem *Berghof* verkehrte. Und auch von Amanns regelmäßigen Besuchen auf dem *Berghof* gibt es keine Zeugnisse. Er hatte keine Wohnung auf dem Obersalzberg oder in Berchtesgaden wie die Hitler-Nahen Albert Speer und Karl Brandt. Amann war Hitler ideologisch nah, aber nicht physiolo-gisch – darin ähnelte er Otto Dietrich, Joseph Goebbels, Hans Frank, Rudolf Heß und Alfred Rosenberg. Deshalb gibt es zum Beispiel auch kein Urteil von Goebbels über Hitlers kommunikativ agierte Sexuali-tät, von den anderen erwähnten Nazi-Führer-Koops ebenfalls nicht. Nur Presse-Chef Otto Dietrich zeichnete von Hitler das Urbild eines Abstinenzlers, eines Frauen gegenüber genital unempfindlichen und untätigen Nicht-Kontakters. *(Dietrich, S. 233)*

Jedoch musste Otto Dietrich den Platz des ihm einst eingeräum-ten 24. Nein-Sagers wieder verlassen, da er nicht über die Qualitäten des Haus- und Haut-nah verfügte, die für die Zeugen zur Sexualität Hitlers erforderlich sind. Was Amann den Amerikanern zu Protokoll gab, hat er nicht von Haut zu Haut im selben Haus mit Hitler unter einem Dach erfahren, sondern von Hitler unterbreitet bekommen, um es zu speichern, zu glauben und bei Gelegenheit weiterzusagen. Das tat Amann – im Gegensatz zum Intellektuellen Dietrich, der sich nichts vormachen ließ, sondern Hitlers abstinenzielle Wahrheit sensibel registrierte. Amanns Aussage über das sexuelle Verhältnis zwischen Braun und Hitler ist für die Geschichts-prozessuale Beweisführung in Sachen Hitlers Heterosexualität unbrauchbar.

Distanziertheit verstellte den Blick fürs Eigentliche

11. *Ja-Sager* – Hans Karl von Hasselbach

Beim 11. Ja-Sager, Hans Karl von Hasselbach, muss die »Haut«- und »Haus«-Frage nicht extra erörtert werden. Hasselbach war zwischen 1936 und 1944 mit ein paar Jahren Unterbrechung insgesamt fünf Jahre Hitlers zweiter chirurgischer Begleitarzt, der Stellvertreter Karl Brandts. Hasselbach war während seiner Dienstzeit »immer wieder wochenlang in Hitlers Begleitung«. *(Hasselbach* 52, S. 1)

Am 27. und 28. Dezember 1951 gewährte Hasselbach einem Beauf-tragten des Münchener *Instituts für Zeitgeschichte* ein Interview, in dem er sich auch zu sexuellen Fragen um die Person Hitler äußerte: »Dass Hitler etwa zu [Rudolf] Heß anormale Beziehungen gehabt habe, halte ich für völlig ausgeschlossen. Hitlers Verhalten Frauen gegenüber ließ keinerlei anormale, sondern nur völlig natürliche Ein-stellungen erkennen.« *(a. a. O.,* S. 2)

Vier/fünf Jahre zuvor hatte es schon einmal Äußerungen Has-selbachs zu Hitlers sexuellen Bedingungen gegeben, damals sogar speziell etwas über das Verhältnis zwischen Hitler und Eva Braun. Hasselbachs Einschätzungen entstammen Befragungen durch den amerikanischen Geheimdienst *Military Intelligence Service Center,* einer Sektion der *Headquarters, United States Forces in the European Theatre.* Die US-Secrets fassten aus 12 Verhören von Nazi-Mittätern einen Strauß von Erfahrungen und Meinungen über Hitler zusammen und betitelten das Potpourri mit *Adolf Hitler. A Composite Picture, March* 12, *1947.*

Dieses ehemalige US-Geheimdienst-Dossier ist heute in drei Biblio-theken/Archiven einzusehen, den *National Archives* in Washington, den *Hoover Institution Archives* in der *Stanford-University* Kalifornien und im Münchener *Institut für Zeitgeschichte.* Eva Brauns dritte Bio-grafin, Angela Lambert, publizierte 2006 die Aussage Hasselbachs über die Beziehung Hitler-Braun und enthüllte einen gerüttelt konfu-sen Text des sonst immer wieder gelobten Zeugen Hasselbach, der im Gegensatz zu vielen anderen aus dem Umfeld eine Distanz gegenüber

Hitler gehabt hätte, nicht in seinem Bann stand und deshalb zu objektiver Berichterstattung fähig gewesen wäre. Das mag sein. Und beim 1. Ja-Sager, Theodor Morell, wird Hasselbach noch einmal gehört werden, um den Zustand von Hitlers Leibarzt nach April 45 zu klären und dadurch zu eruieren: War der am 21. April 45 vom Schlaganfall getroffene Morell hinterher überhaupt noch Aussage-fähig, um seine Bejahung des Geschlechtsverkehrs zwischen Braun und Hitler ernst nehmen zu können? Was jedoch das Verhältnis Braun-Hitler betrifft, ist die Hasselbach-Aussage eine Mischung aus Erfahrung und Kolportage: Eva Braun machte auf Hasselbach »kaum jemals den Eindruck, glücklich zu sein«. (Lambert 06, S. 195)

Diese Wahrnehmung wäre ja die gleiche, die der 23. Nein-Sager, Erich Kempka, übermittelt hat, Eva Braun sei »die unglücklichste Frau Deutschlands« gewesen. (ONANO) Somit würde Hasselbach von der Seite der Ja-Sagenden zu der der Nein-Sagenden wechseln. Denn was er vier Jahre später im deutschen Interview von sich gab, taugt nicht dazu, als Urteil über Hitlers Geschlechts-Praxis mit Frauen herangezogen zu werden.

»Hitlers völlig natürliche Einstellungen gegenüber Frauen« betreffen seinen »österreichischen Charme«, sein »Küss die Hand, gnä Frau!«, seine nächtlichen Berghof-Kamin-Runden mit Frauen, in denen er sich per Small Talk entspannte, aber mit keiner in ein gemeinsames Bett drängte, im Gegenteil, den Tag nicht enden und die Nacht nicht anfangen lassen wollte. (Des Biografen unlauterer Stelldichein-Wink) Hitlers »natürliche Einstellungen gegenüber Frauen« entsprechen Hasselbachs Beobachtung von Hitlers Sozial-Verhalten gegenüber Frauen, nicht jedoch von dessen Sexual-Verhalten.

Was nun Hasselbach des Weiteren über die »unglückliche Eva Braun« in sexueller Hinsicht zum Besten gab, zeigt, dass er trotz seiner Begleitarzt-Nähe zu Hitler von dessen sexuellen Einzelheiten im Verhältnis zu Braun gar nichts wusste. Hasselbach behauptete nämlich, Braun hätte mit Hitler nicht-eheliche Kinder gehabt, die ihr weggenommen worden wären, weil Hitler diese nicht haben wollte. (a. a. O.)

Die »Kinderfrage« ist inzwischen endgültig geklärt. Der wirklich ganz nahe Leibdiener Heinz Linge hat in seinen ersten Interviews nach seiner Entlassung aus sowjetischer Gefangenschaft zu Protokoll gegeben: Keine Kinder zwischen Braun und Hitler. (Linge 55/56, Nr. 3 v. 21. 1. 56, S. 14) Dieser Fakt wird sogar von Werner Maser bestätigt, der für die Errichtung seines Hetero-Hitler-Standbildes »liebend gern« Kinder zwischen Hitler und Braun gehabt hätte. Aber eine solche Fiktion entbehrt jeder Nahrung auch aller anderen Umfelder. Maser weist die Behauptung des zweiten medizinischen Hitler-Bio-grafen Röhrs zurück, Braun sei von Hitler schwanger gewesen und habe abgetrieben. (*Maser* 71/01, S. 480, Anm. 72 in Bezug auf *Röhrs* 65, S. 100 f.) Brauns ältere Schwester Ilse hat mit Maser am 18. März 1969 ein Gespräch geführt und ihm erklärt, dass Eva niemals schwanger war, weder von Hitler noch von einem anderen Mann, und sie hätte auch nicht abgetrieben, weil das nicht zu ihrer Lebenseinstellung und ihrer katholischen Erziehung passte. (*Maser* 71/01, S. 480, Anm. 73)

Damit ist der 11. Ja-Sager, Hans Karl von Hasselbach, nur für ein Sozio-Kolorit brauchbar: Hitler hatte es Umgangs-weise mit Frauen zu tun – plaudernd, bei Tisch zu Mittag, nachmittags, abends und nachts sitzend, essend und trinkend, aber nicht gemeinsam mit ihnen im Bett liegend. Und der Sex-Bezug auf die angeblich mehreren nicht-eheli-chen Kinder zwischen Braun und Hitler, die ihr weggenommen worden seien, enthüllt, dass Hasselbach zu dem vermeintlichen Kin-dermach-Geschehen zwischen Braun und Hitler nichts wusste. Seine oft gelobte Fähigkeit zur Distanz gegenüber Hitler hatte auch eine Kehrseite. Hasselbach war beim Leben mit Hitler, beim Ihn-Beobach-ten und auch bei der Wahrnehmung von Hitlers Beziehung zu Eva Braun derart distanziert, dass ihm das Eigentliche daran nicht auf-gegangen war. Ebenso wie Max Amann kann Hasselbach als ernst zu nehmender Ja-Zeuge daher nicht akzeptiert werden.

Gespaltene Augen verzerrten Hitlers Gestalt

10. Ja-Sager – Albert Speer

Hitlers »Leibarchitekt« Albert Speer hat mindestens sechs heute leicht greifbare Bemerkungen über die Art des Verhältnisses zwi-schen Braun und Hitler im Besonderen und Hitlers sexuelle Tätigkeit im Allgemeinen hinterlassen. Die Quellen sind die zwei von Speer verfassten Texte *Erinnerungen* und *Spandauer Tagebücher* (*Speer* 05, 75) und zweimal Publikationen von und mit ihm – seine von Ulrich Schlie herausgegebenen und kommentierten *Kransberger Verhöre* zwi-schen Juni und September 1945 (*Schlie* 03) und die Aufzeichnungen von Speers Biografen Joachim Fest über *Gespräche mit Albert Speer zwischen Ende 1966 und 1981* (*Fest* 06 II), darüber hinaus die beiden Speer-Biografien von Fest und Gitta Sereny (*Fest* 99, *Sereny* 01)

Fests *Unbeantwortbare Fragen* sind Arbeitsmaterialien für seine Speer-Biografie, 25 Jahre nach Speers Tod herausgegeben, weil sie unendlich viele Erfahrungs-Splitter des Hitler-Günstlings enthalten, die nicht alle in die offizielle Biografie Eingang gefunden haben und daher heute ein besonderes Interesse für komplizierte Einzelheiten wie die Art des Braun-Hitler-Verhältnisses auf sich ziehen.

1. Bemerkung Speers

Aus dem ersten *Kransberg-Protokoll* vom 1. August 1945:
[Frage des US-Interrogators:]»Wie war sein [Hitlers] Verhältnis zu Frauen?« [Speers Antwort:]»Gerüchte, dass er wie viele seiner Mitarbeiter ein Freund der Frauen gewesen sei, sind falsch. Er war zwar im Frieden gern gesellschaftlich mit Frauen zusammen, die er für schön hielt und die vom Film oder Theater kamen. Die ›Sammlung‹ wurde meist von Goebbels vorgenommen. Aber er scheint der Frau, die er liebte, Fräulein Eva Braun, immer treu geblieben zu sein. Sie bedeutete ihm sehr viel; von ihr sprach er mit großer Achtung und innerer Verehrung. Er wusste, dass er andere Frauen in großer Zahl haben könn[t]e. Er lehnte dies ab; denn er wüsste nicht, wie er spaßend sagte, ob sie ihn als ›Reichskanzler‹ oder als Adolf Hitler bevorzugten. ›Geistreiche‹ Frauen wollte er nicht in seiner Nähe haben.«
[Frage:]»Wie war Fräulein Braun? Wie wirkte sie?«
[Antwort:]»Für alle Historienschreiber wird sie eine Enttäuschung sein [...] – Früher hat A. H. schon immer resigniert betont, dass er nur einen Menschen habe, der ihm in entscheidender Stunde die letzte Treue hielte, das sei Eva Braun.« *(Schlie 03, S. 118 f.)*

2. Bemerkung Speers

3. März 1949, Speer war inzwischen im dritten Jahr in Spandauer Haft. Er war sich der Gefühle Hitlers für Eva Braun nun nicht mehr sicher:»Heute frage ich mich, ob der Mann, dem ich gedient, den ich sicherlich über lange Jahre verehrt habe, überhaupt aufrichtiger Gefühle wie Freundschaft, Dankbarkeit, Treue fähig war. Bei Eva Braun habe ich mitunter meine Zweifel, aber Geli Raubal, so sagten seine alten Gefährten, habe er wohl wirklich geliebt. In der Männerwelt gab es neben mir und dem Fahrer Schreck, von dem er sogar ein Gemälde in seinem privaten Arbeitszimmer neben einem Bild seiner Mutter hatte, eigentlich nur Mussolini, dem er echte Zuneigung entgegenzubringen schien [...]«. *(Speer 75, S. 198)*

In Speers *Erinnerungen* kommt über Eva Braun plötzlich sogar eine Floskel vor, die zu dem 23. Nein-Sager, Erich Kempka, *(ONANO)* passt: »Aus einem gewissen Mitgefühl für ihre [Brauns] Lage begann ich bald Sympathie mit der unglücklichen Frau zu empfinden, die Hitler sehr anhing.« *(Speer 05, S. 107)*

Brauns vierte Biografin, Heike Görtemaker, kommentiert die gewandelte Einschätzung Speers den Tatsachen entsprechend mit Speers allmählicher Distanzierung von Hitler, die sich während seiner Spandauer Haft abzeichnete: »Ein knappes Vierteljahrhundert später, in seinen *Erinnerungen*, war von ›Liebe‹ als Empfindung Hitlers für Eva Braun allerdings nicht mehr die Rede. Zwanzig Jahre Gefängnis und der Einfluss seiner Berater Joachim Fest und [seines Verlegers] Wolf Jobst Siedler hatten Speers Betrachtungsweise verändert [...] Er schilderte Hitler jetzt als einen stets unzugänglichen, gefühlskalten Menschen, der ›keinen Humor‹ besessen habe und sich seiner Geliebten gegenüber rücksichtslos, misstrauisch und zynisch verhalten habe.« *(Görtemaker 11 I, S. 198 f.)*

3. Bemerkung Speers

Speers »feste Burg« seines Glaubens an die tatkräftige Geschlechtlichkeit, die das Verhältnis Hitler-Braun gekennzeichnet haben sollte, blieb unerschütterlich: In der Einschätzung von Hitlers Gefühlen gegenüber Braun schwankte Speer zwischen seinen Äußerungen beträchtlich. Worin Speer jedoch nicht wankelmütig war, das war sein Eindruck vom – seiner Meinung nach – echt und wirklich stattgehabten sexuellen Verkehr zwischen Hitler und Braun.

Sein Biograf Joachim Fest notierte zu dieser Problematik in seinen Reflexionen über die Gespräche zwischen Fest und Speer in den Jahren 1966 bis 1981 ausführlich: »Über Hitlers Verhältnis zu Eva Braun, warum er sie überhaupt in die Hofhaltung aufgenommen habe, und anderes vom Obersalzberg.

Speer meinte, die Beziehung sei einfach zu enträtseln, falls sie überhaupt so etwas wie ein Rätsel aufgebe. Hitler habe sich ›Fräulein Braun‹, wie er sie immer bezeichnete, ausschließlich für gewisse natürliche Bedürfnisse ›gehalten‹, die auch er nicht ignorieren konnte, sozusagen für die ›Regulierung seines Hormonhaushalts‹.

Die Münchener Lehrerstochter, fügte er noch hinzu, die Hitler über Heinrich Hoffmann kennengelernt hatte, sei einfach, unaufdringlich und das gewesen, was man ›lebenslustig‹ nennt, habe aber auch eine klaglose Wesensart gehabt, so dass Hitler für die gedachte Rolle kaum jemand Geeigneteres hätte finden können. Sie habe den ›Führer‹, wie sie ihn selbst in Gegenwart Dritter ansprach, zweifellos auch mit aller Hingebung geliebt, während Hitler für sie, wie er fest glaube, im Grunde keine Gefühle aufbrachte, mit Ausnahme womöglich der letzten Tage im Bunker. Aber das seien Empfindungen vor allem der Dankbarkeit für ihre Anhänglichkeit und ihre Bereitschaft gewesen, mit ihm in den Tod zu gehen.

Und so noch einiges in dieser Art. Auf meine Frage, woher er das alles wisse, erwiderte Speer, dass er natürlich keine Belege dafür vorweisen könne. Aber wenn man rund zwölf Jahre ständig mit einem Menschen zusammen sei, benötige man keine Belege, dergleichen wisse man dann einfach.

Als ich lachte, zeigte sich Speer darüber halb verwundert, halb irritiert. Ich berichtete ihm, dass ich vor einiger Zeit, bei einem Fernsehgespräch mit Hitlers frühem Auslandspressechef Ernst ›Putzi‹ Hanfstaengl, auf das gleiche Thema gekommen sei. Hanfstaengl habe mir die exakt gegenteilige Version von Hitlers Sexualleben gegeben. Hitler sei, habe er gemeint, so egoman gewesen, dass er nicht einmal das ›bisschen Zuwendung‹ für einen anderen Menschen aufzubringen vermochte, das der Geschlechtsakt verlange. Als der Willensmaniac, der er gewesen sei, habe er selbst die unwillkürlichen Reaktionen des Triebes ausschalten können und sogar ausgeschaltet. Hitler sei, kurzum, ›der geborene Onanist‹ gewesen. Infolgedessen habe es mit Eva Braun, wie er mit ›absoluter Gewissheit‹ sagen könne, niemals auch nur den geringsten sexuellen Kontakt gegeben. ›Unvorstellbar!‹ rief Hanfstaengl. ›Niemals! Niemals!‹ ›Die Eva‹ sei nur ein ›Statusschätzchen‹ gewesen. So etwas habe man sich in dieser Männerkumpanei zumal der Aufstiegs- und Kampfjahre der Bewegung halten müssen. Gerade als ›Führer‹ habe Hitler nicht umhinkönnen. Eva Braun sei lediglich Inventar gewesen, alle hätten darüber geredet, wie sie selbst bei Hitlers Besuchen am Obersalzberg einsam die Nächte verbracht habe und so weiter.

Und nun sagte ich zu Speer, solle er auch die Gründe meiner Belustigung erfahren. Auf die Frage, woher er das alles wisse, habe Hanfstaengl geantwortet: ›Ach, hören Sie, man muss nicht die Lampe halten. Aber wenn man, die Landsberger Haft und manche Reisen abgerechnet, zwölf Jahre oder mehr mit einem Menschen täglich zusammen ist, weiß man das einfach.‹

Die kleine Episode ist auch ein aufschlussreicher Hinweis über den Wert und die Glaubwürdigkeit von Zeitgenossen oder ›ersten Zeugen‹.« *(Fest 06 II, S. 59 ff.)*

Erfordernis eines Salomonischen Urteils

An diesem Zwei-Seiten-Zitat lässt sich erneut vorführen, dass zur Entwirrung der Komplikation, Klarheiten über die Sexualität der kompliziertesten Person der Weltgeschichte zu erlangen, nicht mit Ausschnitten von Zeugenaussagen aufgewartet werden kann. Von den soeben wiedergegebenen zwei Seiten zitierte Ullrich nur zwei

Zeilen – die »Hormonhaushalts«-Passage. Ullrich benötigte sie, um seine Vorstellung untermauern zu können: »Es gab Sex zwischen Braun und Hitler.«

Ullrichs »Hormonhaushalts«-Ausschnitt aus den Speer-Äußerungen wirkt in der Diskussion um die Eigenart des Verhältnisses Braun-Hitler so, als ob in einem Prozess unter Lebenden plötzlich die Tür des Gerichtssaals aufgeht, jemand zwei Sätze in den Raum ruft und danach die Tür sofort wieder schließt. Durch solche Informations-Spritzen sind Hinterfragungen, Analysen, das Herstellen von Zusammenhängen und das Achten auf Zwischentöne unmöglich.

Die komplette Zwei-Seiten-Passage aus dem Konvolut der Fest-Notizen über die Gespräche mit Speer ist die spannendste und auch die einzige direkte Gegenüberstellung von Ja- und Nein-Stimmen, eine solche Gegenüberstellung muss sonst erst hergestellt werden, denn die Ja- und Nein-Sagenden begaben sich normalerweise nicht in den Pro- und-Contra-Ring einer TV-Show, worüber anlässlich der 7. Ja-Sagerin, Gretel Mittlstrasser, noch berichtet werden wird.

Die Gegenüberstellung, die Joachim Fest vornahm, gelang ihm, weil beide Zeugen, Speer und Hanfstaengl, zufällig einander in zeitlicher Nähe die Klinken zu den Fest-Gesprächs-Räumen in die Hand gaben.

Joachim Fests ein Jahr vor seinem Tode 2006 erstmals publiziertes Buch *Die unbeantwortbaren Fragen* erweist der Glaubwürdigkeits-Prüfung des Zeugen Speer einen riesigen Dienst, indem Fest in unmittelbarem Zusammenhang mit Albert Speers positiven Aussagen zur Sexualität des Verhältnisses Braun-Hitler das Hanfstaengl-Statement setzt. Hanfstaengl sagt genau das Gegenteil. Beide Zeugen begründen die Richtigkeit ihrer Einschätzung von Hitlers sexuellen Bedingungen mit den über zwölf Jahren ihrer Freundschaft zu ihm. Es ist eine Salomonische Situation. Joachim Fest hält sich nicht länger dabei auf, zu eruieren, wer von beiden recht habe, obwohl Fest innerhalb seiner Reflexionen rüberbringt, er glaube mehr Hanfstaengl als Speer.

»So kann es« mal wieder »nicht bleiben!« (Heinrich Mann *Die Jugend des Königs Henri Quatre*) Um Speers Glaubwürdigkeit als Ja-Sager zu stabilisieren, muss er gegen Hanfstaengl in einer Gegenüberstellung antreten. Dadurch können mehrere Wahrheits-Partikel freigesetzt werden.

Der Speer-Text ist lau, während Hanfstaengl in seiner Überzeugung auf die Pauke haut. Hanfstaengl ist von seiner Wahrnehmung des »No-Sex« zwischen Hitler und Braun viel überzeugter als Speer vom »Yes-Sex«.

Mit mehreren Ausrufen, wie »Unvorstellbar!« und »Niemals! Niemals!« übertönt Hanfstaengl sein Gesagtes, würzt es außerdem mit fassbar prägnanten Begriffen: Hitler sei ein »Egoman« gewesen, ein »Willensmaniac«, der seinen Trieb »ausgeschaltet« habe. Noch treffender: Hitler = »der geborene Onanist«.

Mit »absoluter Gewissheit« konnte Hanfstaengl sagen, dass es »niemals auch nur den geringsten sexuellen Kontakt« zwischen Braun und Hitler gegeben hätte, die auch »bei Hitlers Besuchen am Obersalzberg einsam die Nächte verbracht« hätte. Eva Braun war ein »Statusschätzchen«, »lediglich Inventar«. Das sind Anspielungen auf Brauns Nächte im *Platterhof*, wenn sie von Hitler zum *Haus Wachenfeld* mitgenommen wurde, in dem sie nie mit übernachten durfte.

Gegenüber Hanfstaengls gehämmerter Drastik fallen bei den Äußerungen Speers immer wieder Unentschlossenheiten im Urteil auf. Speer argumentiert oft mit Konjunktivismen: Hitler »scheint« Eva Braun »treu geblieben zu sein«. (1.) »Frage ich mich«. – »Bei Eva Braun habe ich mitunter meine Zweifel.« – »Geli Raubal [...] habe er wohl wirklich geliebt« – »Mussolini« »Zuneigung entgegenzubringen schien«. (2.) Er »glaube« – »womöglich« – »im Grunde«. (3.)

Beim Speer-Hinweis auf den »Hormonhaushalt«, den Hitler per Geschlechtsverkehr mit Eva Braun »reguliert« habe, handelt es sich um kein echtes Zeugnis, sondern um einen gedanklichen Rückschluss von Speers eigenen sexuellen Bedingungen mit seiner Frau Margarete auf die angenommenen Verhaltensweisen Adolf Hitlers gegenüber Eva Braun. Ohne einen Quellenbezug gab Speer gegenüber Fest seine Annahme zum Besten. Speer offerierte dem Hitler-Biografen seine Vorstellung zur Interpretation des Verhältnisses zwischen Hitler und Braun. Mit zwei imaginierten Abwandlungen der Speer-Aussage kann gezeigt werden, ab wann die Bemerkung Speers ein echtes Zeugnis gewesen wäre und nicht nur die Wiedergabe seiner persönliche Meinung.

Hätte Speer gesagt, Hitler oder Braun hätten ihm diesen Passus übermittelt, wäre es anders gewesen – vergleichbar mit dem Nein-Zeugnis von Otto Wagener (*ONANO, 19. Nein-Sager*). Die zweite Möglichkeit, die als Zeugnis hätte ernst genommen werden müssen – Speer hätte von seiner eigenen Beobachtung Hitlers berichtet. Er sei mit Hitler in der Reichskanzlei beim Betrachten von Speers Neu-*Germania*-Modellen beisammen gewesen. Da habe sich die Tür geöffnet und der seltene Gast Eva Braun habe kurz den Kopf hereingesteckt: »Wo bleibt mein Führer?« – Der »Führer« danach zu Speer »von Mann zu Mann«

flunkernd: »Entschuldigen Sie, Speer, aber ich muss unsere spannende Unterhaltung für ein Stündchen zur ›Regulierung‹ meines ›Hormonhaushalts‹ unterbrechen, Sie wissen schon! Ich bin ein Gesundheitsapostel auch für mich selbst! Danach komme ich gleich wieder zurück zu Ihnen.« Von solch einer Szene berichten weder Speer noch andere Hitler-Nahe etwas.

Die zwölf Hitler-nahen Jahre, die die Zeugen Speer und Hanfstaengl reklamierten, liegen nicht im selben Jahrzehnt. Sie betreffen jeweils einen anderen Hitler – einmal den zwischen Ende 1922 und 1936/37, das andere Mal den zwischen Juli 1933 und April 1945. Auch wenn beide Jahrzehnte innerhalb des Wesenszustands von *Hitler 2* liegen, bestehen immer noch gewaltige Unterschiede zwischen dem 30-40-jährigen Nicht-Regenten und antidemokratischen Feuerleger und dem 40-50-jährigen Staatsoberhaupt, Landestyrannen, Kriegstreiber und Massenmörder.

Hanfstaengl erlebte Hitler erstmals am 22. November 1922 bei einer Massenveranstaltung in der Münchener Bierhalle *Kindl-Keller*. (*Toland* 92, S. 128, *Evans* 05, S. 16) Danach suchte Hanfstaengl den Kontakt zu Hitler, trat in die NSDAP ein, nahm am Putsch-Versuch vom 8./9. November 1923 teil und wurde Hitlers »nahester Freund«. (*Hanfstaengl* 43) Seit Hitlers Machterlangung am 30. Januar 1933 trübte sich das Verhältnis Hanfstaengl-Hitler wegen Intrigen durch Goebbels. Außerdem passte Hitler die Scheidung Hanfstaengls von dessen Frau Helene 1936 nicht. Und Hitlers britische Anbeterin Unity Valkyrie Mitford denunzierte Hanfstaengl bei Hitler. 1937 kam es zum Bruch. Nach einem missglückten Mordversuch auf ihn floh Hanfstaengl am 10. Februar 1937 über die Schweiz aus Deutschland, wechselte zuerst nach England, dann in die USA. (*Hanfstaengl* 57, 70, 05, 11) Ende 1922 bis 1937 sind fast eineinhalb Jahrzehnte Hanfstaengl-Hitler-Nähe.

Bei Speer war es eine fast ebensolange Zeit von Juli 1933 bis April 1945. Jedoch bezogen sich die Freundschaften nicht auf denselben Hitler, bei Hanfstaengl hauptsächlich auf den noch *nicht* regierenden Hitler, bei Speer *nur* auf diesen. In den beiden Jahrzehnten zwischen Anfang der 1920er und Mitter der 1940er Jahre hatte Hitler andere Prioritäten der Selbstdarstellung setzen müssen. Zu diesen Prioritäten hatte es an erster Stelle gehört, sich ein solides heterosexuelles Image zu verschaffen, worauf Hanfstaengl in seinem Votum Bezug nimmt. Er spricht über seine Zeit mit Hitler von täglichem Umgang.

Bei Speer heißt es nur, er sei »rund zwölf Jahre ständig mit« Hitler »zusammen« gewesen, dieses »Ständig« bezieht aber auch einen Pausen-Rhythmus ein. Bei Hanfstaengls »Täglich« gibt es den nicht, sondern nur die Distanzlosigkeit des Immerzu, so übertrieben es auch immer gewesen sein mag. Hanfstaengl beobachtete Hitler lange vor dem Auftauchen von Eva Braun in dessen Nähe ab Anfang 1932. Da kannte er Hitler schon seit etwa zehn Jahren.

Vor allem hatte Hanfstaengl die wesentliche Münchener Junggesellen-Zeit in Hitlers Leben als Untermieter in dem winzigen Zimmer bei Ernst und Maria Reichert in der Thierschstraße 41 begleitet, wo Hitler zwischen Mai 1920 und Oktober 1929 gewohnt hatte. *(Hanfstaengl 05, S. 45)* Es ist nicht nur die Quantität der 14 Jahre, mit denen Hanfstaengl die Speerschen 12 Jahre übertrumpft, es war auch eine andere Qualität von Nähe, die Hanfstaengl mit Hitler verband.

Im Verhältnis Hitler-Speer stand zwischen den Männern immer der Staat, vielmehr Hitlers Position als Staatsführer, während Hanfstaengl und Hitler so etwas Ähnliches waren wie Schulfreunde, Kommilitonen und Kriegskameraden. Mit diesen Genres von Männer-Freundschaft muss die Hanfstaengl-Hitler-Beziehung verglichen werden.

Und schon passt der gesamte Stabbruch Hanfstaengls über Hitlers Sexualität zu den Nein-Sagenden Brandmayer, Hanisch, Kubizek und dem Münchener Freundeskreis aus Hitlers dortiger Frühzeit zwischen 1913 und 1914. *(ONANO, 7.–10. Nein-Sager)*

Hanfstaengl hat bei seinen Beobachtungen Hitlers genau dessen Aus-den-Fugen-Geraten gegenüber Nichte Geli beschrieben. Keineswegs gehört er zu den Ja-Zeugen für die Frage »Sex Hitlers mit Raubal?« Biograf Ullrich verhielt sich bei der Wiedergabe der Hanfstaengl-Reflexionen diesbezüglich abermals »vom Stamme nimm« [es dir, wie es dir passt und trimm es dir, bis du es hast!]. *(Ullrich, S. 316 f.)*

Hanfstaengl registrierte feinstnervig Hitlers Kippen ins Pennälerhafte beim Zusammensein mit Nichte Raubal: »Für die dominierenden Triebrichtungen im Persönlichkeitsbild Hitlers – ein Gemisch von eiskalter Berechnung, Gewalttätigkeit und Empfindungsüberschwang bei einer zweifellos vorhandenen psychischen oder körperlichen Läsion im Geschlechtlichen – war der scheinbar nur animalisch reagierende und sich sogar unzumutbaren Ansprüchen ausliefernde Nicht-Ich-Typus Gelis ein derart ideales ›Spielzeug‹, dass er von dem Wunder ›Liebe‹ in einer zwar abnormen, doch deshalb nicht weniger beglückenden und erlösenden Spielart eingefangen wurde.« *(Hanfstaengl 70, S. 237)*

Diese künstlerisch prägnante Hitler-Raubal-Paarschafts-Schraffierung kann man in die Horizontale verlegen. Nicht aber, wenn Hanfstaengls englische Texte herangezogen werden, die Ullrich

außer Acht ließ. Kommt schon in der deutschen Fassung der Hanf-
staengl-Memoiren – die nicht identisch ist mit den englischen – bei
der Beschreibung des Verhältnisses zwischen Onkel und Nichte viel
emotionales »Seel-an-Seele-Drängen« *(Faust)* heraus, zu dem das
abermals Goethesch-züchtige Bettknarren nicht laut und deutlich
nachgeliefert wird, so bleibt Hanfstaengl in seinen englischen Texten
erklärtermaßen auf der Nein-Seite: Mit mehr als »wir wissen nichts«
verlegt er die Beziehung Hitler-Raubal nicht in die Waagerechte: »Ob
er annahm, dass eine junge Frau, die schon von vornherein keine
Heilige war, ziemlich leicht dazu gebracht werden könnte, sich seinem ausgefallenen Geschmack zu unterwerfen oder ob sie tatsächlich
die einzige Frau in seinem Leben war, die sich einen Weg gebahnt
hat, seine Impotenz zu heilen und aus ihm halbwegs einen Mann zu
machen – noch einmal: wir werden es niemals mit Sicherheit wissen.
Auf Grund der verfügbaren Anhaltspunkte neige ich zu der ersteren
Annahme. Was sicher ist: Die Dienste zu leisten, für die sie sich vorbereitete, hatten den Effekt auf ihn, sich wie ein verliebter Mann zu
verhalten.« *(Hanfstaengl 05, S. 174, Hanfstaengl 57, S. 169)*

Klarer geht es nicht, in der unklaren, weil uneinsichtigen Hit-
ler-Raubal-Beziehungs-Angelegenheit, einen Standpunkt zu vertreten. Hanfstaengl verlässt auch in »Sachen Geli« nicht seine Position
des Nein-Sagers. Im Gegenteil, er setzt ein schweres Gewicht auf die
Nein-Waagschale durch die Aussage seiner Frau Helene, Hitler sei
sexuell nicht ernst zu nehmen, da »kein Mann«, sondern »ein Neutrum«, worüber im Einzelnen unter *NEUTRO* berichtet werden wird.
Hitler hatte im Hause Hanfstaengl verkehrt und eines Abends Helene
mit einer Knie-fallenden Liebeserklärung angemacht, in die Hanfstaengl fast reingeplatzt wäre und von der Helene ihrem Mann nach
seiner Rückkehr sofort berichtete. Alles Show, wiegelte Helene ab, Hitler sei nur ein Masku-Performer, aber kein echter Eindringling in den
»Hormonhaushalt« einer Frau. *(Hanfstaengl 70, S. 183 f.)* Danach traf
Hanfstaengl perfekt Hitlers Situation mit dem Begriff, Hitler sei »ein
sexuelles Niemandsland«.

Er entlehnte den Begriff aus der militärischen Nomenklatur des
Ersten Weltkriegs. Ein Niemandsland war ein Stück Erde, das nicht
mehr oder noch nicht von den einander feindlich gegenüberstehenden
Truppen besetzt wurde: Boden ohne sich darauf bewegende Natio-
nen = Unterleib ohne jegliche sexuelle Bewegung. Luzider gings nicht,
Hitlers serienkillersche Eigenart erahnt zu haben.

Die zulaufende Einschätzung von Hitlers interpersonell nicht
funktionierender Sexualität durch die Erfahrungen von Hanfstaengls

Ehefrau Helene mit Hitler sind ein erhebliches Plus für die Glaubwürdigkeit Hanfstaengls, ein Minus für die Speers. Denn es gab gar keine Beziehung zwischen Hitler und Speers Ehefrau Margarete, obwohl Margarete Speer zu den engsten Freundinnen Eva Brauns gehörte. Hitler hatte die Speers mehr oder weniger dazu gezwungen, zu ihm auf den Obersalzberg zu ziehen, sich dort ein Haus zu bauen, in dem Hitler dann aber nicht verkehrte wie in den Stadt- und Land-Häusern der Hanfstaengls. Es ist nichts zu Margarete Speers Einschätzung von Hitlers Sexualverhalten überliefert worden, das den Äußerungen von Helene Hanfstaengl vergleichbar wäre.

Die Hanfstaengls standen Hitler nicht nur näher als die Speers, sondern sie befanden sich in der längsten Spanne ihrer Freundschaftszeit auch auf derselben Ebene mit ihm. Hitler als Reichskanzler war den Speers immer entrückt. Sie standen weit unter ihm. Und die Hanfstaengls waren Hitlers Generation, Ernst – geboren 1887 – sogar zwei Jahre älter als Hitler. Die Speers gehörten zur nächsten Generation.

Der Psycho- und Sozio-Analytiker der Nazizeit

Speer wird als sensibelster Nazi-Zeuge des Dritten Reichs von der Hitler-Biografik geschätzt. Er gerierte sich nach 1945 als eine Mischung aus Alexander Mitscherlich und Karl Popper und er beantwortete seinen diversen Befragern alle Fragen eloquent einsichtig in die Mechanismen des Nazi-Staates. Nur eine einzige Frage blieb unbeantwortet: Warum hat Speer sich in selbstauflösender Weise per zwölfjährigem mentalem »Beinebreit« derart vor Hitler auf den Rücken geworfen?

Die zwei Speer-Korrekturen von Matthias Schmidt (1982) sowie von Heinrich Breloer und Rainer Zimmer (2006) und brandneuest von Magnus Brechtken (2017) haben das immer für wahrscheinlich Gehaltene dokumentarisch bestätigt: Speer wusste und wollte alles, ab 1942 als Kriegs- und Rüstungsminister im Einsatz für den »totalen Krieg« sowie erst recht als Oberkommandierender Tausender von Zwangsarbeitern. Von Juden-rettenden Anwandlungen, ja Taten seines Generationsgenossen Oskar Schindler (1908–1974 [*Schindlers Liste*]) sind bei Speer keine Spuren zu finden.

Seine Biografen Gitta Sereny und Joachim Fest hakten in ihren Gesprächen mit Speer immer wieder nach und stießen jahrelang ins Leere. Bei der obigen Grundsatzfrage verstummte Speer einfach. Er hat für das Warum seiner derartigen Hitler-Heirat nie eine Antwort gefunden – weder gegenüber Befragern, noch in seinen zwei zusammen über tausendseitigen Texten *Spandauer Tagebücher* und

Erinnerungen. Kurzum: Heute definiert die Psychoanalyse solch ein Verhalten als Wahrnehmungs-Störung.

Eine derartige Störung wird Hanfstaengl keineswegs bescheinigt. Der besaß zu viele Autonomien gegenüber Hitler – in seiner Position als Auslands-Pressechef der NSDAP, als ehemaliger Harvard-Student und US-Geschäftsmann, herstammend von einer halb-amerikanischen Mutter aus dem amerikanisch-deutschen Geschäftsmilieu. Hanfstaengl war Mitte 30-jährig, als er Hitler erstmals begegnete, war durch den Verlag seines Vaters finanziell so abgesichert, dass er Hitler sogar unterstützen konnte und Sponsoren anbaggerte.

Speer, geboren 1905, war 25, ein Auftrags-loser, gerade examinierter Architekt, als er 1931 in die NSDAP eintrat. Er war 28, als Hitler im Juli 1933 auf ihn aufmerksam wurde und alsbald Speers Biografie entkorkte.

Hanfstaengl war wie viele Zeitgenossen auf den Massendompteur A. H. anfänglich geil, wie es noch heute Millionen Hitler-»Fans« sind, sonst würde sich die historische Figur nicht derart lange und intensiv im Interesse der Öffentlichkeit halten können. Als Hanfstaengl Ende 1922 auf Hitler »abfuhr«, versprach er sich von dem Demagogen psychischen Thrill und politisches Abenteuer, bei dem der deutsch-amerikanische Globetrotter gern dabei sein wollte. Außerdem beendete Hitler einstweilen Hanfstaengls Zerreißprobe zwischen Deutschland und Amerika, indem er ihn in Deutschland erdete, ihm deutschen Lebenssinn einflößte. Doch Hanfstaengl hat mit dem Von-Hitler-Abstand-Nehmen selbst begonnen, indem er dem Hitler-Co-Fanatiker Joseph Goebbels nach Januar 33 eine Reibungsfläche bot, bis Goebbels und Hitler sich den bizarren »Hanfstaengl-Putsch« ausgedacht hatten, der die persönliche Beziehung Hanfstaengl-Hitler für alle Zeiten zerstörte. (*NEUTRO*)

Mutmaßung von Sexualität zwischen Hitler und Winifred Wagner

4. Bemerkung Speers

Es muss erwogen werden, ob Albert Speer nicht nur in politisch-gesellschaftlichen, sondern auch in sexuellen Dingen unter Störungen der Realitäts-Wahrnehmung gelitten hat. Einen Beleg dafür liefert sein Biograf Joachim Fest aus dessen Notizen über die Gespräche zwischen Fest und Speer von 1966 bis 1981. Speer hatte behauptet, die Beziehung zwischen Adolf Hitler und der Richard-Wagner-Schwiegertochter und Direktorin der Bayreuther Festspiele, Winifred Wagner, sei Geschlechts-aktiv gestaltet gewesen.

Abermals ist keine Kurzfassung zu präsentieren. Allerdings ist die Original-Stelle aus den Fest-Notizen über die Speer-Auslassungen so entlarvend, dass Speer als Zeuge für die ausgeübte Sexualität zwischen Braun und Hitler lädiert wird:»Speer ist der Überzeugung, dass Hitler mit Winifred Wagner eine, wie er leicht geniert bemerkte, ›Bettaffäre‹ gehabt habe. Auf dem Weg zwischen München und Berlin (oder umgekehrt) hätten sie häufig in Bad Berneck Station gemacht. Hitler sei dann alsbald allein nach Bayreuth aufgebrochen und erst in später Nacht, meist gegen fünf oder sechs Uhr morgens zurückgekehrt. Er [Speer] könne nicht glauben, dass er [Hitler] mit Winifred nur über die Festspiele, die Geldnöte (die Hitler großzügig löste), Regisseure, Dirigenten oder den Meister [Richard Wagner] selbst gesprochen habe. Ausgelöst worden sei sein Verdacht unter anderem durch die Tatsache, dass Hitler und Winifred sich privat duzten, doch sobald ein Dritter hinzutrat, zum ›Sie‹ übergingen. Bei diesem Wechsel hätten sie stets wie ertappt gewirkt, fast habe man gemeint, beide erröten zu sehen. Speer glaubt, diese Heimlichtuerei habe für Hitler, der insoweit nie aus seiner Pubertät hinausgelangt sei, zu aller Erotik gehört. Vielleicht sei eine ernsthafte Beziehung zwischen Mann und Frau für ihn nicht ohne Verbotsgefühle vorstellbar gewesen. Ich ergänzte, dass dies womöglich den Reiz des Verhältnisses zu seiner Nichte Geli Raubal ausgemacht haben könne; denn der Inzest ist sicherlich eine der erregendsten Verbotsvorstellungen.

Im weiteren Verlauf berichtet Speer, es sei sogar von einem oder mehreren Heiratsanträgen die Rede gewesen, die Hitler seiner ›Königin‹, wie er Winifred zu nennen liebte, gemacht habe. Allerdings vor seiner Ernennung zum Kanzler, bald nach Geli Raubals Selbstmord. Doch habe Winifred, so hieß es weiter, Hitlers Avancen abgelehnt. Verbürgen allerdings könne und wolle er sich für das alles nicht. Ich erwähnte, dass ich unlängst Friedelinde Wagner getroffen hätte, die auf eine entsprechende Frage in reinstem Fränkisch geantwortet habe: ›Hitler habe schon gemecht, aber Winifred net.‹

Speer schien dennoch etwas verwirrt, als ich mich am Ende über diese Mutmaßungen belustigte und von ›Unsinn‹ und ›Casinogerede‹ sprach. Hitler, meinte er [Speer], habe jeweils nach der Rückkehr [von Winifred] einen seltsam – er suchte einige Zeit nach dem treffenden Wort – ›befriedigten‹ Eindruck gemacht. Ich wandte ein, das könne auch mit Bayreuth an sich zu tun gehabt haben, mit der Anerkennung, die er dort fand, den Möglichkeiten zum mäzenatischen Beistand, die sich für ihn ergaben, und anderem mehr. Immerhin gab es die seit 1923 bestehende Freundschaft, die Hilfen, den Zuspruch und

8   *Hitlers Lust auf Wagners, links von Hitler Winifred, rechte Wieland Wagner*

die gesellschaftliche Aufwertung, die Hitler durch Winifred erfuhr. Zu hören war auch, warf Speer ein, sie habe Hitler den entscheidenden Anstoß gegeben, mit der anfangs nur vage beabsichtigten Niederschrift von ›Mein Kampf‹ Ernst zu machen. Was die behauptete ›Liebesgeschichte‹ anginge, hielt ich dagegen, dass da seit Mitte der dreißiger Jahre im übrigen noch Heinz Tietjen gewesen sei, über den sich vielleicht Hitler, aber sicherlich nicht Winifred einfach hinweggesetzt hätte.

Doch ließ Speer von seiner Auffassung nicht ab. ›Damals jedenfalls‹, sagte er abschließend, ›war ich mir aufgrund unzähliger kleiner, aber verräterischer Anzeichen ganz sicher.‹ Hitler habe sich am folgenden Morgen stets seltsam erhoben gezeigt, mit irgendeinem Glanz in den Augen – beseligt eben. Den wiederholten Einwand, es müsse keine ›Bettaffäre‹ gewesen sein, vielmehr könne die Villa Wahnfried als eine Art kultureller ›Tabernakel‹ auf Hitler gewirkt haben, tat er ab. Wenn Hitler bisweilen tagelang nervös oder schlechter Stimmung gewesen sei, habe seine Begleitung im Scherz bemerkt, der Führer habe wohl wieder einmal eine ›Bayreuth-Kur‹ nötig. Na ja!« *(Fest* 06 II, S. 57 ff.)
Die Bemühung Speers, das Verhältnis zwischen Hitler und Winifred

Wagner zu verflüssigen, ist unverständlich, nachdem sein neuester Biograf Magnus Brechtken mit Hilfe eines Privatfilms aus dem Hause Wagner aufdecken konnte, dass Speer 1936 einbezogen war in die Wagner-Mutter-und-Kinder-Runde und deshalb bei gemeinsamen Mittagessen genau wahrgenommen haben musste, was Hitlers Wagner-Glut entfacht hat – nicht Frau Winifred, sondern das Sich-Wohlfühlen und Getragenwerden im Kreise von Mutter und vier Kindern. (Brechtken 17, S. 76, 609, Anm. 13)

Würde die Bayreuth-Erzählung Speers ohne die Namen von Hitler und Winifred Wagner reproduziert werden, gefüllt mit Frau und Herrn Irgendwer, hätte Speers Darstellung die Chance gehabt, zu über 50 Prozent als Ausdruck eines sexuell funktionierenden Verhältnisses zwischen einer Frau und einem Mann begriffen werden zu können. Bei nun ausgerechnet den Protagonisten Hitler und Winifred Wagner ist beschwerlicherweise wieder alles ganz anders.

Zuerst muss der »Pudel« Sex mit den Recherchen der ultra-korrekten Winifred-Biografin Brigitte Hamann »begossen« werden. In ihrem Buch Winifred Wagner oder Hitlers Bayreuth heißt es ernüchternd zur Frage »Sex zwischen Hitler und der Wagner-Schwiegertochter«?: »In Bayreuth wie in Hitlers Umgebung wurde über die Art der Beziehung zwischen Hitler und Winifred viel getratscht. Speer, der Hitler manchmal nach Bayreuth und Berneck begleitete, war sich ›aufgrund unzähliger kleiner, aber verräterischer Anzeichen ganz sicher‹, dass Hitler eine Affäre mit Winifred hatte. Anders konnte er sich nicht erklären, dass Hitler bei der Rückkehr aus Bayreuth stets ›seltsam erhoben‹ wirkte, ›mit irgendeinem Glanz in den Augen – beseligt eben […]‹«. (Hamann 13, S. 312 f.)

Hamann publizierte ihre Winifred-Wagner-Biografie erstmals 2002, konnte sich deshalb noch nicht auf Fests 2005 erschienene Unbeantwortbaren Fragen beziehen. Aber Fest hatte schon 1999 in seiner Speer-Biografie die von Hamann zitierten Teile aus den Gesprächen mit Speer veröffentlicht. (Fest 99, S. 487, Anm. 16)

Gegen die von Speer und von Hitlers männlicher Umgebung fantasierte »Feuchtigkeit« der Hitler-Wagner-Beziehung gelang der Wagner-Biografin Brigitte Hamann eine ungerührte Trockenlegung mit Hilfe spezifizierter Aussagen der Winifred-Wagner-Umgebung: »Tatsächlich kam Hitler, wenn er in Berneck wohnte, meist erst im Morgengrauen von Wahnfried zurück, was die Tratschereien beflügelte. Doch alle Wahnfried-Gäste, das Personal und die Kinder hätten bezeugen können, dass Hitler die Nacht keineswegs in Winifreds Schlafzimmer, sondern in trauter Runde am Kamin verbrachte.« (Hamann 13, S. 313)

Danach fügt Hamann O-Ton Winifred Wagners aus Syberbergs Film über die ehemalige Hitler-»Liebhaberin« an: »Es konnte so heiß sein, wie es wollte, es musste der Kamin angezündet werden, und er saß daneben und kokelte Stunden und Stunden an dem Kamin herum. Also das machte ihm Mordsspaß.« *(Syberberg –* »Tonbandabschrift der Dreharbeiten des Films *Winifred Wagner* von Hans-Jürgen Syberberg 1975 – im Privatarchiv Wolfgang Wagner.« *(Hamann* 13, S. 313)

Hitlers Kamin-Abende auf dem *Berghof* mit den folgenden Nächte-Verbrennungen wurden schon ausgiebig besprochen, als es darum ging, Hitler-Biograf Ullrichs Erotisierung des »Hochgehens« von Hitler und Eva Braun in ihre *Berghof*-Schlafgemächer zu kritisieren (*Des Biografen unlauterer Stelldichein-Wink, Das zweite Urszenen-Konstrukt zu Hitlers Heterosex, Kein Mitschlafen – kein Beischlafen,* »Aimez-vous Brahms?*«*).

Zwischen Winifred Wagner und Hitler ging es beim »Stunden-um-Stunden« dauernden »Mords-spaßigen« »Kamin-Kokeln« noch intimer, ja »heißer« zu als auf dem *Berghof,* sodass Hitler, wie Wagner-Biografin Hamann hinzufügte, sich einen Drink genehmigte: »Im Wagnerschen Familienkreis leistete sich der Antialkoholiker sogar manchmal ein Stamperl österreichischen Schnaps.« *(a. a. O.)*

Kein Wunder, dass Hitler frühmorgens aus Bayreuth zu seinen auf ihn wartenden Mannschaften in Bad Berneck »seltsam erhoben«, »beseligt«, »mit Glanz in den Augen« zurückkam, was Speer falsche Schlüsse ziehen ließ.

Winifred Wagner entfuhr bei ihrer Beschreibung von Hitlers Kamin-Lust das zentrale Wort, das Hitler als Serienkiller *sui generis* kennzeichnet. Das »Stunden-und-Stunden-an-dem-Kamin-herum«-»Kokeln« »machte ihm Mordsspaß«. Hitler gehörte zu denjenigen Serienkillern, die – wie der deutsche Peter Kürten – zugleich Brandstifter sind. Das Ausweiden von Personen liegt in der Nähe des Verbrennens von Sachen, was beides bestimmten Serienkillern einen »Mordsspaß« bereitet, sich bei ihnen orgiastisch überschneidet. Peter Kürten wechselte zwischen Brandstiftung und Frauen-Schlachten ständig ab. *(Berg/Farin, Bourgoin, Brückweh, Fink, Harbort, Kompisch/Otto, Lenck, Schäffer, Schüler, Vitt-Mugg)*

Wie Hitlers Vorläufer Napoleon vor dem brennenden Moskau und Alexander von Makedonien vor dem brennenden Tripolis in Erregung standen, so »bestand« Hitler »darauf, dass Warschau zerstört werden müsste« *(Trevor-Roper* 47, S. 117 f.).

Nach dieser Sexual-Korrektur der Winifred-Wagner-Biografin Hamann folgen unerbittliche Seiten mit Belegen, dass Hitler geil auf die gesamte Familie Wagner war, wie spontan er sich gerade auch mit Winifreds Kindern Wieland, Friedelind, Wolfgang und Verena einlassen und vergnügen konnte und dann auch noch die Mutter dabeihaben wollte. Hitler rief Winifred von irgendwoher einfach an und verlangte nach ihr und ihren Kindern, sowie ihm seine Zeit das ermöglichte. Die Wagners mussten dann kommen, um mit ihm zu speisen und weiterzureisen. Er kehrte nicht nur in Bayreuth ein, sondern stellte den Kindern auch nach, wenn sie sich irgendwo anders aufhielten, holte die Mädchen aus ihren Klosterpensionaten und die Jungs aus ihrem Arbeitsdienst heraus. *(a. a. O., S. 313 f.)* Hitlers Verliebtsein in alle Wagners, sein Zusammensein-Wollen mit allen spricht genau vom Gegenteil eines Geschlechts-Verhältnisses mit der Mutter. Wie Joachim Fest bei seinen Gesprächen mit Speer schon gegenhielt: Hitlers »Beseligtsein«, sein »Glanz in den Augen« können andere Gründe gehabt haben, als mal wieder Hormonhaushalts-Putz betrieben zu haben. *(Fest 06 II, S. 58 f.)*

Die Lust auf den puren Sexualverkehr tendiert dazu, mit der Person des Begehrens allein ausgelebt zu werden, dabei nicht immerzu von einer Schar von Kindern gestört zu werden, im Gegenteil, mal Kinder-frei zu haben. Hitler jedoch verhielt sich umgekehrt: Es verlangte ihn nach Mutter plus möglichst vier Kindern dazu. Immer wieder kann mit der Hitler-Teil-Biografin Brigitte Hamann vorgeführt werden, was es heißt, jeglichen Schwulst in Sachen Hitler-Sex mit genauen Zeugen-Aussagen aufzulösen. Hamann schließt ihre Passage zur Diskussion über die Art der Beziehung zwischen Hitler und Winifred Wagner mit der Beschreibung einer Beteiligten ab: »Um halb neun dann Abendbrot, gefolgt von den üblichen Kaminstunden. Liselotte preist in langen Hymnen Hitlers Liebe zur Familie Wagner: ›Er sieht dann immer verklärter von den Kindern zur Mutter und umgekehrt und weiß, dass, wenn es auf dieser Erde etwas wie Heimat für ihn gibt, er sie nirgends schöner finden kann als in diesem Wahnfried und unter diesen Menschen [in der Bayreuther Wagner-Villa].‹« *(Hamann 13, S. 314)*

Leider hat die Historikerin Hamann sich nur mit Ausschnitten der Hitler-Biografie beschäftigt, worunter eine Fülle von Klarheiten über *Hitlers Wien (Hamann 01)* und *Hitlers Bayreuth (Hamann 13)* zu Tage trat. Eine Brigitte Hamann hätte sich mit »Hitlers München« und »Hitlers Berchtesgaden« auseinandersetzen müssen, was die Spurensuche über die Art des Verhältnisses zwischen Hitler und Eva Braun ungeahnt erleichtert hätte. Diese Hamann'schen Arbeiten

gibt es jedoch nicht, sondern nur das zu beklagende heterosexual-be-
zügliche Phantasy-Gewäsch alter männlicher Hitler-Umgebender
und neuer Braun-Biografinnen und Hitler-Biografen, die gegen die
geballte Ladung von bisher 17 zusammengetragenen Nein-Zeugen und
-Zeuginnen immer wieder und immer noch die Ehe-Ähnlichkeit des
Verhältnisses zwischen Braun und Hitler durchpauken wollen.

»Tratschereien« anstatt »Tatort«-Bezeugungen

Speer kann deshalb als Ja-Sager noch nicht entlassen werden. Seiner
Aussage stehen mehrere prozessuale Zeugen-Zweifelhaftigkeiten entgegen.

Speer kennt Hitler persönlich erst seit Juli 1933. Wenn der ambitio-
nierte Architekt ein sexuelles Verhältnis zwischen Hitler und Winifred
Wagner für die Jahre von 1923 bis 1929 behauptet hätte, hätte Speer ernst
genommen werden müssen. Das wäre die Zeit vor Hitlers Münchener
Wohngemeinschaft mit seiner Nichte Geli Raubal am Prinzregentenplatz. Anfang/Mitte der 1920er gab es Hitlers Kurzweil-Kontakte zu
Mizzi Reiter und Ada Klein *(ORALO, 6. Ja-Sagerin,* Eva Braun). Doch
für ein Jahrzehnt vor seiner Beziehung zu Hitler ist Speer als Zeuge
nicht zuständig, wie oben in Anbetracht der Aussage Hanfstaengls
demonstriert wurde.

Speer kann auf Hitlers Reisen von München oder Berchtesgaden
nach Berlin und umgekehrt erst ab 1934 mitgenommen worden sein,
weil es erst ab diesem Jahr eine Nähe zwischen Hitler und Speer gab.
Wäre das Verhältnis Hitler-Winifred-Wagner je ein sexuelles gewesen,
wäre es wie bei allen anderen Frauen damit zu Hitlers Regierungszei-
ten längst vorbei gewesen *(ORALO, 6. Ja-Sagerin,* Eva Braun).

Speer ist Tratschereien aufgesessen. Wenn er sich auf Hitlers Umgebung beruft, nennt er keinen Namen: Wer sagt was zu welcher Zeit
über Hitlers sexuelle Beziehung mit Winifred Wagner? Speer strauchelt:»Mehr oder minder sei dies damals auch die Meinung fast aller
an den Reisen Beteiligten gewesen.« *(Fest* 99, S. 487, Anm. 16)»Meinung« ist Privatsache und keine Zeugen-Aussage. Und »fast alle an
den Reisen Beteiligte« ist ohne Namens-Aufschlüsselung niemand.
Es gab ja genug Hitler-Umgebungs-Leute, die der Einfachheit halber
Umfelder genannt werden. Von niemandem ist ein Statement pro
sexuellem Verhältnis zwischen Hitler und Winifred Wagner gemacht
worden. Prädestiniert wären Leibdiener Heinz Linge und Kammerdiener Karl Wilhelm Krause. Von Linge nichts Positives in Richtung
sexuellem Fluss zwischen Hitler und Wagner. Bei Krause kommt

Winifred Wagner vor, aber platt a-sexuell: »Frau Wagner verehrte er als Traditionsträgerin des Wagnerschen Erbes. Auch hier war wohl an Heirat nie gedacht. Einmal war ich bei einem Gespräch zwischen Frau Wagner und Hitler zugegen, in dem er sagte, dass er daran dachte, die Partei aufzulösen. Als Grund nannte er die Gemeinschaft des deutschen Volkes, es sollte keinerlei Unterschied mehr zwischen Parteimitglied und Nichtmitglied bestehen. Frau Wagner war über diese Äußerung sehr erstaunt und gab ihm zu bedenken, was wohl seine alten Parteigenossen zu einem derartigen Vorgehen meinen würden.« *(Krause* 11, S. 47 – in der 1949-Ausgabe nicht enthalten)

Kammerdiener Krause war Hitler wirklich »an der Haut« und »auf den Fersen«. Sie waren einander so nah, dass sie einmal dieselbe Unterhose benutzten. *(a. a. O.,* S. 32/30) Aus solch einer Perspektive wäre von Hitler zu Krause auch ein sexuelles Verhältnis zwischen Hitler und Winifred Wagner durchgedrungen. Ist aber nicht.

Speers Biograf Joachim Fest schließt Speers Bayreuth-Erzählung mit etwas Glutvollem ab, womit Speer nachgesehen werden kann, dass Hitlers »Leibarchitekt« die Wagner-Hitler-Beziehung ins Hetero-Kanal-Wasser gesteuert hat: »Die größte Wirkung sei für Hitler vom Schluss der ›Götterdämmerung‹ ausgegangen. Immer, wenn zu Brünnhildes Todesjubel die ›feurige Lohe‹ aufstob, neigte er sich in der Loge zu Frau Winifred hinüber und küsste sichtlich ergriffen ihre Hand.« *(Fest* 06 II, S. 62)

Dieses Erotikum hat Speer bezeugt, weil er während Opern-Aufführungen in Bayreuth zuweilen hinter dem Paar Hitler-Wagner in der »Führer-Loge« saß. Bei der von Speer mitbekommenen Geste Hitlers gegenüber Winifred Wagner handelte es sich aber um kein »Sexualikum«. Fast das gesamte Werk Richard Wagners ist das »Hohe Lied« der Sexualstörung. Mit der einzigen Ausnahme der *Meistersinger von Nürnberg* geht in Wagners Opern Liebe zwischen Mann und Frau überhaupt nicht. Wer in den Wagner-Bühnen-Stücken lieben will, wird mit dem Tod bestraft.

In Verdis Opern ist es ebenso. Aber Wagner arbeitete mehr soziologisch – für die Gleichung: »Aus Sexualstörung folgt Sozialdestruktion.« Darum hat sich der Soziologe Theodor W. Adorno für Wagner interessiert und nicht für Verdi. *(Adorno* 52)

Auch der Sozialvernichter Adolf Hitler tat das, weil er zu oft seine eigene Dualität von Sexualstörung und aus ihr resultierender Sozialdestruktion in Wagners Werk antreffen und weil er sich mit Richard Wagner eine Absegnung seiner Untergangspraxis in Deutschland und Europa holen konnte. Wenn um Brünnhilde die »feurige Lohe«

am Ende der letzten *Ring*-Oper *Götterdämmerung* emporsteigt, erlebte Hitler den von Marianne Hoppe bezeugten orgastischen Moment – lustvolle Anteilnahme am Totmachen oder Totgehen.

(ONANO, Hitlers Männermord-Orgasmus)

Hitlers Logen-Handkuss für Winifred Wagner während Brünnhildes Feuertod prozedierte er als Isoldes »höchste Lust« – in seinem Fall ganz bewusst als Destru-Rausch hier und jetzt. Doch er erlebte keine Reminiszenz an Räusche mit Winifred, kein Nachbeben von gehabten und keine Vorfreude auf neue mit ihr. Außerdem konnte Speer nicht wissen, dass es sich bei seinem Chef um einen spät gezündeten pyromanisch kombinierten delegierenden Serienkiller handelte, der vor der *Götterdammerung* seinen Trieb auf Mord- und Kulturbrennerei Richard-Wagner-operal abgesegnet bekam. Es ist dem Normalo Albert Speer nicht zu verdenken, dass er alle Hitler-Verhaltensweisen gegenüber Winifred Wagner »in den falschen Hals« bekam, aus dieser falschen Kehle stieß er eine – bis zur Stunde wirkungsvolle – falsche Stimme aus.

Speer sagte permanent Irriges über das Verhältnis Hitler-Winifred-Wagner, das die Hetero-Fraktion der Hitler-Biografik auf dessen Verhältnis mit Eva Braun überträgt – in Abwandlung des geflügelten Wortes übers Lügen: Wer einmal fickt, pardon, erfolgreich fiktionalisiert, dem glaubt man immer.

Speer hatte nichts anderes als Männerfantasien im Kopf. Ihn mit »glänzenden Augen« frühmorgens von Bayreuth zu kommen, musste Speer so sehen, als ob Hitlers »Beseligtsein« aus dessen gerade erlebter Versenkung im physischen Körper Winifred Wagners herrührte. Speer konnte sich nicht vorstellen, dass Hitlers »High« aus dessen Versenkung im Sozialkörper der Wagner-Familie und des *Hauses Wahnfried* hochgepusht worden war.

Und weiterhin gebrach es Speer daran, eine Idee davon zu haben, was Hitler bei Brünnhildes Feuertod empfand. Es handelte sich um Hitlers orgiastische Anteilnahme an der Zerstörung eines nunmehr weiblichen Individuums, die ihm Schauer verschaffte, wie er sie sich in der Steinschlag-Szene von Luis Trenkers Rebell per Oberschenkelreiben selbst geholt hatte. So weit konnte Hitler – neben Winifred Wagner in der *Götterdämmerungs*-Loge sitzend – nicht gehen. Aber der Bayreuth-Chefin verzückt die Hand küssen – das ging.

Hitler verhielt sich vor Brünnhildes Verbrennen wie der russische Serienkiller Andrej Tschikatilo, der sich seine Räusche ausnahmsweise bei der Quältötung kleiner Jungs verschaffte, wenn seine Suche nach jungen Weiblichkeiten zu lange vergeblich war. Dann tat es ersatzweise auch mal ein Junge. Speers »falsche Kehle« bei der Beurteilung des Verhältnisses Hitler-Winifred Wagner könnte sich wie eine Blaupause auch für seine Einschätzung des Verhältnisses Hitler-Eva Braun herausstellen: Es hätte sich dann bei allem, was Speer über Hitler und Eva Braun äußerte, ebenfalls um nichts anderes als um die Männerfantasien eines heterosexuellen Normalos gehandelt, der von sich auf Hitler rückschloss und dabei alle Darstellungen und Demonstrationen Hitlers und Brauns für bare Münze nahm.

Wenn Speers Fantasien sich nicht bis in die jüngsten Hitler- und Braun-Biografien fortgepflanzt hätten, wäre er mit einer Handbewegung abzutun, wie Joachim Fest es mit dem Ausruf »Na ja!« erfolglos versucht hat. *(Fest 06 II, S. 59)* Aber Speer lieferte die Basis, auf der bis in das Jahr 2017 in Deutsch und Englisch die jüngsten Hitler-Rezeptoren Heike Görtemaker und Volker Ullrich ihren Wahrheits-blasphemischen Veitstanz von Hitlers gesunder Heterosexualität aufführen können.

Belegt Brauns Klage über Hitlers Impotenz seine Potenz?

5. Bemerkung Speers

An den folgenden, viermal übermittelten Berichten Speers von Eva Brauns Klage über Hitlers Impotenz kann gesehen werden, wie der Schwall von Pro-Hetero-Nachrichten über Hitler kaum zu bändigen ist: In Speers *Spandauer Tagebüchern* heißt es am 1. August 1949: »Auch Heß hat der Wechsel im Essen gutgetan. Einige Minuten nach der Visite saßen wir zusammen auf einer Bank in der Sonne. Ich versuchte ein Gespräch mit ihm. Da politische Themen heikel sind und zu nichts führen, er andererseits nur bei Gesprächen über die alten Zeiten lebhaft wird, brachte ich das Gespräch auf Eva Braun. Dabei erzählte ich ihm auch eine Episode, die von Hitlers extremer Kontaktlosigkeit zeugt. Eva Braun, die mir manchmal ihr Herz ausschüttete, berichtete mir eines Tages im Frühjahr 1939 verstört, Hitler habe ihr freigestellt, ihn zu verlassen und sich einen anderen Mann zu suchen – er könne ihr doch nicht mehr genügen. Schroff hatte er ihr diese Eröffnung gemacht, aber vielleicht ließ gerade diese Äußerung erkennen, dass er momentweise eine Ahnung davon hatte, was an Opfern es von einem jungen Mädchen verlangte, seine Geliebte zu sein. Heß, der anfangs aufmerksam zugehört hatte, winkte gelangweilt ab, und ich ging an die Arbeit.« *(Speer 75, S. 210 f.)*

In Speers *Erinnerungen* (erstmals 1969 publiziert) wird dieser Passus in abgewandelter Form wiederholt – 8. Kapitel *Die neue Reichskanzlei:*

»Häufig kam es vor, dass er [Hitler] vor Schmerzen eine Besprechung unvermittelt abbrach, sich auf eine halbe Stunde und mehr zurückzog oder gar nicht mehr wiederkehrte. Auch litt er, wie er sagte, unter übermäßiger Gasbildung, Herzbeschwerden und Schlaflosigkeit. Einmal erzählte mir Eva Braun, dass der noch nicht einmal Fünfzigjährige zu ihr sagte: ›Ich werde Dich bald freigeben müssen; was sollst Du mit einem alten Mann.‹« *(Speer 05, S. 118)*

Überraschenderweise kommt die Episode in Joachim Fests Notizen über seine Gespräche mit Speer, in den *Unbeantwortbaren Fragen*, nicht vor, auch nicht in Fests Speer-Biografie. Dafür zweimal bei Gitta Sereny – 1995 in ihrer Speer-Biografie *Albert Speer. Sein Ringen mit der Wahrheit* und sieben Jahre später noch einmal in ihren Reflexionen über die Nazizeit und deren Auswirkungen *Das deutsche Trauma. Eine heilende Wunde*. Serenys Speer-Biografie ist ein typisch Nazi-unbändiges Werk von fast 1000 Seiten – zugleich ein Zwiegespräch der ehemaligen Wienerin und Zeitzeugin (geboren 1923) mit dem Nazi-Täter: »Wenn auch die Beziehung [Speers] zu Eva Braun auf den ersten Blick als eine ›Familienfreundschaft‹ galt und sie [Braun] nur mit beiden Speers auf Reisen oder ausging, wurde Speer ihr besonderer Vertrauter. (Persönliches besprach sie nie mit Margret.) Eines Tages im Jahr 1943 kam sie in Tränen aufgelöst zu Speer. ›Der Führer hat mir grad gesagt, ich solle mir einen anderen suchen‹, schluchzte sie. ›Er sagte, er könne mich nicht mehr zufriedenstellen.‹

›Das konnte man nur auf eine Weise verstehen‹, sagte Speer zu mir. ›Sie [Eva Braun] machte es vollkommen klar: Hitler hatte ihr mitgeteilt, dass er zu beschäftigt war, zu beansprucht, zu müde – er konnte sie als Mann nicht mehr befriedigen.‹

Ich fragte, ob sie [Braun] versucht gewesen sei, Hitler beim Wort zu nehmen. ›Das kam für sie nicht in Frage‹, sagte er [Speer]. ›Ihre Liebe, ihre Treue zu ihm waren absolut – wie sie es dann am Ende auch unmissverständlich bewies. Sie war sehr jung, sehr schüchtern und sehr bescheiden.‹« *(Sereny 01, S. 234)*

Diese von Speer festgehaltene Braun-Klage über den angeblichen Abbruch von Hitlers sexueller Beziehung zu Braun hat Sereny in einer Kurzfassung ein zweites Mal verewigt, auf dass die heterosexuelle Normalität der ganzen Welt nun wirklich hundertprozentig sicher weiß: Hitler ist einer von uns.

Es hätte ja jemand die Passage in Serenys Speer-Biografie verpasst haben können. Doppelt genäht, hält besser. Deswegen heißt es im *Deutschen Trauma*: »Obwohl Eva Braun mit beiden Speers zum Skilaufen und auf Urlaub ins Ausland fuhr, wurde er ihr besonderer Vertrauter.

(Zu ihm kam sie Jahre später, in Tränen aufgelöst, um ihm zu sagen: ›Der Führer hat mir gerade gesagt, ich soll mir einen anderen suchen; er kann mir als Mann nicht mehr genügen!‹)« *(Sereny* 04, S. 371) Die beiden Speer-Stellen waren zu versteckt in seinen Texten *Spandauer Tagebücher* und *Erinnerungen.* Erst Gitta Sereny hat sie an die große Glocke gehängt und mit dieser zu Beginn des dritten Jahrtausends laut und weit hörbar zweimal geläutet. Die große Glocke Serenys über Hitlers heterosexuelle Bestücktheit hatte prompt »Sieg-Heil!«-Wirkung auf die Braun-Biografik.

Brauns nächste und dritte Biografin Angela Lambert stieß 2006 in ihrer englischen Publikation einen Braun-Biografinnen-Brunst-Schrei aus, den sie in der amerikanischen Ausgabe ihres Buches 2007 wiederholte: Er ists! Er hats! Er kanns! O-Ton Lambert: »Die wichtigsten Worte in dieser Darstellung sind ›nicht länger‹. Die machen es absolut klar, dass Hitler als Mann in der Vergangenheit sie [Eva Braun] befriedigt hat.« *(Lambert* 07, S. 311)

Lambert jubelte die Braun-Klage über Hitlers Impotenz als Beleg-Kernstück für Hitlers phallisch integre, intakte Heterosexualität hoch. Und befriedigt mit diesem Ergebnis war Lambert nicht faul, Publikums-wirksam perfekt nachzuschieben: Sie schreibt nicht mehr von »Intimität«, ja nur allgemein von »Sexualität« zwischen Hitler und Braun, sondern von »Defloration«: »Eva verlor wahrscheinlich ihre Jungfräulichkeit durch Hitler damals oder sehr bald danach [zwischen Winter 1931/32 und Frühjahr 1932]. Seine Haushälterin am Prinzregentenplatz, Anni Winter, erzählte Werner Maser 1969, dass Evas Entjungferung Anfang 1932 geschah.« *(a. a. O.,* S. 126, Anm. 1)

Die Braun-Biografin Lambert befand sich bei der Wirkung der Speer-Übermittlungen durch die Sereny-Glocken über den Rückschluss-Effekt von Hitlers Potenz, gemacht aus der Braun'schen Hitler-Impotenz-Klage, derartig im Fieber, dass sie sich die Deflorations-Stelle in Masers Hitler-Biografie rein einbildete. Im Original bei Werner Maser steht nichts dergleichen – weder in Masers Worten noch als Zitat von Hitlers Haushälterin Anni Winter. Lambert vergisst bei ihrem heterosexuellen Fieber-Ausbruch auch, die Seitenzahl bei Maser anzugeben.

Der spricht in seiner Hitler-Biografie nur vom Beginn einer Intimität zwischen Braun und Hitler – gemäß den Aussagen der Haushälterin. Aber die von Lambert riskierten Wendungen »Verlust der Braun-Jungfernschaft« und »Defloration« kommen bei Maser nicht vor, der viel dafür getan hat, Hitler heterosexuell ordentlich erscheinen zu lassen, wie die Andichtung eines nicht-ehelichen Sohnes mit einer Französin *(drittes Buch)*. Doch auf Brauns »Defloration« durch Hitler wollte sich nicht einmal Maser festlegen, der mit Bezug auf eine Mitteilung von Prinzregentenplatz-Haushälterin Winter 1969 diesmal nur vorsichtig formulierte: Hitler „nimmt sie [Braun] in seine Wohnung und macht sie Anfang 1932 zu seiner Geliebten." *(Maser* 78 ff., S. 318, 570, Anm. 59)

Die Wirkung der dritten Braun-Biografin Lambert war enorm. Die US-Ausgabe ihrer Hitler-Braun-Hetero-Stanzung wirbt mit den soigniertesten britischen Presse-Stimmen, in denen es heißt: »Braun erscheint als ein ganz und gar rundes, komplexes Individuum – befreit und zugleich gefangen durch ihre Beziehung mit Hitler«, »erschöpfend recherchiert – für Lambert ist Braun nichts Exotisches, sondern eine normale Frau speziell deutschen Typs – nicht unähnlich Lamberts [deutscher] Mutter [...]«. *(Lambert* 07 Cover)

Da sitzt die moderne Jahrtausendwende-Quelle für das deutsche Hitler-Braun-Normalisierungs-Duo Heike Görtemaker und Volker Ullrich, die sich vier bis sieben Jahre später in derselben Hitler-Hetero-Rinne schifften und nach den englischen Ausgaben ihrer Bücher von den Anglos ebenfalls bejubelt wurden. Es scheint wirklich eine Art Weltbedarf zu geben, Hitler als normal zu empfangen. Görtemaker (2010/11) und Ullrich (2013/16) gehen schamhafter vor als Lambert. Aber auch die beiden Deutschen handeln im Öffentlichkeits-indoktrinierenden Verbund miteinander für das Ziel: »Wir wollen unseren alten Kaiser Wilhelm wiederhaben, aber den mit seinem für Braun gezückten Schwert.«!

Zeugnis Verhunzung zum Zweck von Effekthascherei

Was es mit der eigentlichen Klage Eva Brauns über Hitlers Geschlechtsverhalten »als Mann« auf sich hat, kann hier noch nicht geprüft werden. Das muss im Zusammenhang mit der Erörterung von Brauns eigenem Geschlechtsverhalten geschehen, wenn sie selbst als 6. Ja-Sagerin zur Debatte steht und dabei als dragonische Unnormala ihren Weg in die Geschichte antreten wird *(ORALO)*. Auf eine Besonderheit der Speer-Nachricht von Brauns Hitler-Impotenz-Klage muss jedoch schon jetzt hingewiesen werden, weil die Original-Szene aus Speers *Spandauer Tagebüchern* soeben vor Augen getreten ist.

Bei den Wiederholungen des indirekten Potenz-Beweises von Hitlers Geschlechts-Vorrichtung wird durch Speer selbst und dann erst recht durch Biografin Sereny immer die Rahmenhandlung weggelassen. Speer bettet die Braun-Klage ein in das Zusammensein mit Rudolf

Heß während beider Gefangenschaft in Spandau. Diese Einbettung ist für die Eruierung des Charakters des Braun-Hitler-Verhältnisses nicht nebensächlich, ja plötzlich tritt jemand auf, der neben den Nein-sagenden Stabbrecher Ernst Hanfstaengl gestellt werden könnte. Es unterhalten sich im Spandauer Gefängnis nämlich zwei verschiedene Insider – Rudolf Heß, ein Uralt-Zeuge, ein Hitler-Bewegungs-Begleiter von frühester Stunde an, und Albert Speer, ein Spätling, ein Newcomer, der erst ab 1934 wirklich im Hitler-Kreis inbegriffen war. *(Fest 99, S. 59 ff.)* Zwischen diesen beiden Nazi-Extremen wird Hitlers Heterosexualität bei einer Pause im Garten des Spandauer Gefängnisses quasi verhandelt.

Braun stand in der Tat Speer viel näher als Heß, weil die Bedeutung von Rudolf Heß als Hitlers Stellvertreter in der Führung der NSDAP während der Nazi-Herrschaft ab Januar 1933 immer mehr abnahm. Außerdem war Heß kein Zubehör von Hitlers Leben auf dem Obersalzberg, wie es ganz speziell über Albert Speer gesagt werden muss. Ab 1936 nahm Eva Braun in ihrer Funktion als Hitlers Semi-Ehefrau auf dem *Berghof* eine Position ein, die sie eng mit Speer und dessen Frau Margarete verband. Und nun weiß der Braun-Hitler-Zubehör-Mann Speer etwas, das Heß nicht weiß, und das heißt:»Potenz Hitlers im Spiegel von Nicht-mehr-Potenz«.

Doch da winkt Rudolf Heß nur verächtlich ab. Dieses Abwinken des alten Hitler-Mitkämpfers kann eine Menge bedeuten. Oberflächlich heißt es erst einmal: Da gab es für Heß nichts zum Diskutieren. Heß wusste viel mehr als Speer, weil er Hitler-nah wie Hanfstaengl schon ein Jahrzehnt früher war. Und Heß sagte nichts, obwohl nicht mehr Nazi-Geheimdienst-kontrolliert. Aber man kann ja nie wissen. Dieses Heß'sche Abwinken und Die-Diskussion-Abbrechen ist dicht bei Herbert Döhrings»Da war nix!« *(ONANO, 5./21. Nein-Sager).* Es lohnt nicht als Gegenstand zur Unterhaltung. Alles Fiktion und hat nichts mit dem so ähnlich klingenden unanständigen Nachbarwort zu tun!

Rudolf Heß wurde auf Hitlers Sexualität hin nicht befragt, auch jetzt im Gefängnis nicht von Speer. Kein Tropfen seiner Wahrnehmung von Hitlers Sexualität konnte Heß aus der Nase gezogen werden. Was wiederum verdächtig ist, denn über die von Speer erzählte Braun-Klage gäbe es sehr wohl etwas zu diskutieren: Mann und Potenz. Bei einer Überstrapazierung des ganzen Mannes sinkt die Kapazität seines »kleinen Mannes«. Und mit dürresten Worten sagt Speers Rahmenhandlung seines Berichts über die Braun-Klage: Hitlers naheste Person aus frühesten Kämpfer-Tagen, Rudolf Heß, hat zu diesem Thema nichts zum Sagen.

Der Beobachter Speer hebelt Speer als Fantasten aus

6. Bemerkung Speers

Es handelt sich um Speers bereits zitierte Braun-Hitler-Zu-Bett-geh-Geschichte, die sich auf Hitlers Landsitz Berghof abspielt. Sie wurde gegen Ullrichs Vorlust-inszenierte Erotisierung des Schlafengehens von Braun und Hitler eingesetzt. Speer berichtete in seinen Erinnerungen von seinen Erlebnissen der »Kamin-Nächte« im Berghof. Und jetzt, da Speer nicht mehr fantasiert, sondern nur beobachtet, geht es zwischen Hitler und Braun überhaupt nicht Geliebten-schaftlich zu, sondern hölzern Firmen-Sitzungs-haft.

Bezug genommen werden muss auf diese Schilderung Speers hier einmal, weil mit ihr gezeigt werden kann: Wenn Speer nicht fantasiert, nicht glaubt, nicht nur meint, dann beobachtet er echt, dann fängt er die Wahrheit ein, die heißt: Die gemeinsam stundenlang vorm brennenden Kamin sitzenden Eva Braun und Adolf Hitler transferierten sich nicht zu einem alsbald umschlungen liegenden Liebespaar. Hitler hat bis in die frühesten Morgenstunden die Nächte totgeschlagen, wobei ihm Eva Braun assistieren musste. Wenn sie schließlich vor Müdigkeit k. o. war, bat sie Hitler um ihre Entlassung, die ihr jedesmal gewährt wurde. Hitler machte dann meist noch allein weiter und legte keine Verhaltens-Spuren zu einem gemeinsamen Bett mit Braun. Wird sich noch einmal an Speers »Zu-Bett-geh-Szene« erinnert, dann kann wieder realisiert werden, wie entscheidend für eine Zeugen-Aussagekraft die Originalität eines Berichtes ist, der so ausführlich wie nötig wiedergegeben werden muss.

Das Original in Speers Erinnerungen ist sogar zwei- bis dreimal so lang, weil gefüllt mit Einzelheiten über alles, was bei den »Kamin-Abenden« auf Hitlers Berghof gemacht wurde, Filme angeschaut und Platten gehört, womit Hitler seine Gäste jedoch mehr peinigte als erfreute – speziell mit der Nacht-Zerstörung, dem nicht frei-lassenden Unendlichen des Beisammenseins. Als Direkt-Zeuge ist Speer jetzt unbestechlich. Am wichtigsten sind seine Schluss-Sätze nach der Schilderung der »Kamin-Abende«: »In den frühen Morgenstunden kamen wir dann todmüde nach Hause, müde vom Nichtstun. Nach einigen Tagen bekam ich, wie ich es damals nannte, die ›Bergkrankheit‹, das heißt, ich fühlte mich durch andauernde Zeitvergeudung erschöpft und leer.« (Speer 05, S. 105)

Es ging Hitler um »Ausleerung« und »Erschöpfung« aller seiner Gäste, um ein Energie-Zapfen, was am besten nachts gelingt, wenn der Mensch sich eigentlich für den Schlaf entspannt und entgrenzt, seine physischen Schutzwälle runterfährt, um im Schlaf neue Kräfte von der Erde zu sammeln. *(Pilgrim* 89)

Diesen Mechanismus der Aufladung oder Auftankung nutzte Hitler für seine parasitäre Energie-Zufuhr, die ihm durch sein eigenes Schlafen im Bett zu schlecht gelang. Alle Umfeld-Zeugen berichten von Hitlers Verdauungsproblemen und Schlafstörungen. Er behalf sich für die Energie-Zufuhr mit einer Art Meta-Schlaf. Rudolf Steiner würde sagen, es ginge Hitler um ätherleibliche Vermischung mit seinen bei ihm sitzenden dahindämmernden Gästen und nicht um physische Vereinigung zum Zwecke sexuellen Lustgewinns, der Hitler mit seiner genetisch verursachten, Anlage-bedingten Serienkiller-Fehlsteuerung auf »normalem Wege« sowieso nicht möglich war. *(ORALO, 6. Ja-Sagerin,* Eva Braun)

Die Prozedur der Energie-Spende, die alle *Berghof*-Abend- und -Nachtgäste Hitler leisten mussten, galt auch für Eva Braun, die jedoch das Privileg hatte, sich zu verabschieden, wenn sie ausgelaugt war. Diesen »Es ist genug!«-Rückzug Eva Brauns aus Hitlers »Kamin-Nächten« durfte sich sonst kein Gast erlauben. Die »Kamin-Abende« auf dem *Berghof* waren schließlich so gefürchtet, dass Hitler-Leute gezwungen werden mussten, besuchsweise auf den *Berghof* zu kommen und Hitler bei seiner Nacht-Totschlagung Gesellschaft zu leisten. *(Schroeder* 85, S. 376, Anm. 350, *Junge* 02, S. 77 f., 88, 92, 110, *Speer* 71, S. 309)

Speers positive Aussage zum sexuellen Verhältnis zwischen Braun und Hitler wird noch mehrmals bei anderen Ja-Sagenden zur Sprache kommen, bis endgültig entschieden werden kann: Sind Speers Mutmaßungen von der Hitler-Braun-Geliebtenschaft Realitäts-gerecht oder nicht? Speers Beobachtungen von Hitlers Zu-Bett-geh-Modi auf dem *Berghof* sagen jedenfalls ganz klar: Hitler war an genitalen Akten mit Braun nicht interessiert, sondern am oral-vampiristischen Ansaugen der Energien seiner Gäste.

»Du sollst nicht falsch Zeugnis« schreiben!

9. *Ja-Sager* – Reichskanzlei-Bürochef Wiedemann
Bei Ullrichs 9. Ja-Sager zu Hitlers Heterosexualität muss nicht wie bei Albert Speer eine komplizierte Prüfung des Zeugen-Status vorgenommen werden. Doch der von Ullrich beigebrachte Zeuge sagt etwas vollständig anderes als das, was Ullrich mit ihm nachzuweisen versucht. Da Ullrich sowohl beim 9. wie auch beim 8. Ja-Sager mit der Verdrehung von Original-Texten operiert, muss eine Gegenüberstellung von Original und Fälschung erfolgen.

Zuerst Ullrichs Wiedergabe eines Schlagabtauschs zwischen Adolf Hitler und dessen Bürochef für vier Jahre, Fritz Wiedemann. Ullrichs Fassung des Gesprächs sieht tatsächlich nach Ja aus = Jawoll, Hitler war fähig und willig, sich heterosexuell »ordentlich« zu betragen: »Auf die Frage seines ehemaligen Regimentsvorgesetzten und späteren Adjutanten Fritz Wiedemann, ob ihm [Hitler] das Junggesellenleben nicht zu schaffen mache, soll Hitler lächelnd geäußert haben: ›Es hat auch Vorteile. Und für die Liebe halte ich mir eben in München ein Mädchen.‹« *(Ullrich, S. 322 f., 918, Anm. 115 mit Verweis auf Wiedemanns Buch Der Mann, der Feldherr werden wollte* [S. 70])

Das Original in Fritz Wiedemanns *Der Mann, der Feldherr werden wollte*: »An einem der ersten Abende [im Januar 1935], die ich in der Reichskanzlei verbrachte, ging Hitler mit mir im Vorraum auf und ab, um mich – wie ich glaubte – in meinen Berliner Dienst einzuweisen [...] An jenem Abend machte er [Hitler] noch eine Bemerkung darüber, dass er kein Familienleben habe und das doch sehr entbehre. Aber heiraten könne er eben nicht, da für eine Familie keine Zeit bliebe, und außerdem würde er als verheirateter Mann zahlreiche Frauenstimmen bei den Wahlen verlieren. Und so ›halte ich mir eben in München ein Mädchen‹, schloss er diese Bemerkung. Über diesen Ausdruck – ›halte ich mir ein Mädchen‹ – war ich doch etwas schockiert, erinnerte er doch allzu sehr an den Jargon eines Korpsstudenten oder Leutnants.« *(Wiedemann, S. 70)*

Ullrich gestaltet das Original für die Konturierung seines neunten Zeugen pro Hitlers praktizierte Heterosexualität dreimal.

Erstens: Wiedemann »fragte« Hitler nicht, sprach ihn nicht mal irgendwann auf dessen »Junggesellenleben« an. Vom völligen Gegenteil berichtet Wiedemann: Hitler überfiel ihn in einem komplett unpassenden Moment mit dem Thema seines Nicht-Verheiratet-Seins.

Zweitens: Hitler »lächelte« nicht bei seiner »Mädchen«-Erzählung. Das Thema war ihm ernst. Er behandelte auch nicht die »Vorteile« des »Junggesellenlebens«.

Drittens: Der Passus »und für die Liebe« kommt in Wiedemanns Original-Zitat von Hitlers Rede nicht vor.

Der dritte Teil von Ullrichs Zeugnis-Beschreibung wiegt am schwersten, da das Wort »Liebe« in dem von Ullrich hergestellten Zusammenhang »Sex« meint, den Hitler »in München« mit dem von ihm dort »gehaltenen Mädchen« betreibe. Auch ohne diese Verstärkung kommt Hitlers Aussage »halte ich mir eben in München ein Mädchen« rüber. Doch Ullrich will mit der Wendung »und für die Liebe« noch einmal nachdrücken, sodass auch dem Begriffs-Stutzigsten ganz

klar wird, was Hitler mit seinem »in München gehaltenen Mädchen«
vorgibt zu machen. Ullrich missachtet das erste Gebot der Historiker:
»Du sollst nicht falsch Zeugnis bringen!« Quellen müssen original wiedergegeben werden. Eingriffe, vor allem unmerkliche Veränderungen,
sind verboten. Muss beim Zitieren aus Platzgründen gerafft werden,
dürfen Zusammenfassungen nicht Sinn-entstellt oder vom Original-
sinn nur etwas weggedreht werden. Inhalts-Wiedergaben müssen dem
Original so nah wie möglich kommen.

Ullrichs Verstoß gegen das erste Historiker-Gebot hat sofort Bume-
rang-Wirkungen. Denn wenn das Original mit seinem Umfeld-Text
überprüft wird, kommt ein Kontext heraus, aus dem klar wird: Hitler wollte sich vor Wiedemann, seiner neuen »rechten Hand« in der
Reichskanzlei, ins rechte heterosexuelle Licht setzen. Wiedemann
sollte auf unabsehbare Zeit Hitlers Berliner »Vorzimmer-Herr« werden. Täglich mussten die beiden von Anfang 1935 bis Ende 1938 miteinander umgehen.

Wiedemann beschreibt auf den Seiten zuvor, wie dilettantisch es
in Hitlers Berliner Reichskanzlei zuging, die ja schon seit zwei Jahren
in Betrieb war. Er verhöhnt mit einem Detail die bei Hitler waltende
amtliche Unprofessionalität, dass nämlich der Bürochef in spe am
2. Januar 1935 an der Gebäude-Pforte zurückgewiesen worden war mit
der Begründung, der »Führer« sei erst in zwei Wochen wieder zu sprechen. Die SS-Männer am Eingang zur Reichskanzlei kannten Wiedemann, den neuen »Adjutanten des Führers und Reichskanzlers«, noch
nicht. Sie dachten, ein »Irrer« wollte in die Reichskanzlei eindringen.
Erst der zufällig sich im Hause befindliche Hitler-»Leibpilot« Hans
Baur, der Wiedemann schon begegnet war, legitimierte den irrtümlich
Zurückgewiesenen. *(Baur 56, Wiedemann, S. 66)*

In 14 Tagen, Mitte Januar 1935, fand dann Wiedemanns Einweisung
durch Hitler persönlich statt. Wiedemann hatte in diesem Moment zig
Sach-Fragen im Kopf, nur nicht die eine zu Hitlers sexuellen Gepflogenheiten. Er musste die Apparatur der Reichskanzlei kennenlernen, um sie eines Tages beherrschen zu können. In diesem denkbar
unpassendsten Augenblick der Einweisung seines neuen Büro-Vor-
stehers hielt Hitler es für notwendig, seine zukünftige »rechte Hand«
über seine normal funktionierende Sexualität zu informieren. Nicht
auf eine »Frage« Wiedemanns reagierte Hitler – wie Ullrich es erfindet –, sondern der Kanzlei-Adjutant wurde von Hitler mit dem Thema
»Familienleben« und »in München gehaltenes Mädchen« überfallen.
Tief senkte sich ins momentan noch weiche, ängstliche Gemüt des
Kanzlei-Büro-Anfängers Wiedemann schnell und unverhofft die

Nachricht von Hitlers bestens funktionierender Heterosexualität, auf dass dieselbe als Tatsache in Wiedemanns Unterbewusstheiten fest verwurzelt wurde: Was?! Der im Weltkrieg unter mir dienende Gefreite Adolf Hitler ist nicht a-sexuell, wie wir damals alle über ihn dachten, sondern mit seinem ›Mädchen in München‹ ... he ... ä ... na, nun ist ja alles in Ordnung! Mit seinem ›in München‹ ›gehaltenen‹ ›Mädchen‹ macht der führende Schlawiner dann ja das Gleiche wie ich mit meiner Frau im Ehebett.

Es handelte sich bei Hitlers Informations-Attacke auf Wiedemann wieder einmal um eine Einwand-Vorwegnahme, die noch immer Ergebnis-sicher den antizipierenden defensiven Täter entlarvt. Damit sich im Kopf seines politisch-administrativen nahesten Berliner Behörden-Mitarbeiters Fragezeichen erst gar nicht aufrichten konnten, wurden Wiedemann Grundsätze zu Hitlers Sexualität eingetrichtert: »Familienleben« geht aus Arbeitsüberlastung nicht. Und Heirat nicht wegen der dann wegsackenden Frauensympathien. Aber die »Haltung« »eines Mädchens in München« geht. Regiert wird in Berlin, gefickt in München.

Der Normalo Fritz Wiedemann mit Ehefrau hatte die notwendige Nachricht über des »Führers« Untergürtel-Region verpasst bekommen, war nur etwas Frauen-rechtlich verwirrt über die »Korpsstudenten«- und »Leutnants«-Floskel »halte ich mir eben in München ein Mädchen«.

Doch die Derbheit diente der Hetero-Propaganda, die Hitler in diesem Moment gegenüber seinem neuesten, alsbald Behörden-technisch nahesten Mitarbeiter betrieb. Dieses Briefing war Hitler so wichtig, dass er es gleich bei Wiedemanns Ankunft im Amt vornehmen musste.

Auch wenn der anständig verheiratete Wiedemann über Hitlers »Halte ich mir eben in München ein Mädchen« »etwas schockiert« war, wusste Hitler, dass der ehemalige Weltkrieg-I-Offizier und sein damaliger Vorgesetzter »von Mann zu Mann« in diesem Moment genau verstand, welchem Zweck die »Haltung« des »Mädchens« »in München« dienen sollte. Genaueres Nachdenken Wiedemanns über das »in München« »gehaltene« »Mädchen« sollte verhindert werden.

Mit der Realität des Original-Textes bricht das ganze 9. Ja-Zeugnis zur Bestätigung von Hitlers optimierter Heterosexualität zusammen. Wenn Wiedemanns Aussage zu Hitlers Sexualität überhaupt etwas sagt, dann spricht sie vom Gegenteil: Wer es bei der ersten Amtseinweisung eines Mitarbeiters so eilig hat, seine normale Heterosexualität darzustellen, dessen sexuelle Beziehung zu Frauen ist – mit Verlaub gesagt – »abnorm«. *(Kershaw)*

Ullrichs Schuss ging nach hinten los. Es handelt sich bei Wiedemanns Übermittlung um eine unverlangt zelebrierte Hetero-Darstellung Hitlers gegenüber dessen zukünftigem Bürochef, aber um kein
Zeugnis pro Hitlers Heterosexualität. Außerdem nennt Hitler keinen
Namen seines »Mädchens« »in München«.

Dass das »Mädchen« Hitlers die inzwischen 23-jährige Eva Braun
war, kann erst im Zusammenhang der Ja-Zeuginnen 6 bis 3 verifiziert
werden.

Das Fehlen jeglicher Spezifizierung des »Mädchens« fördert nur
die Korosion der Mitteilung als ernstzunehmendes Zeugnis für die
Intaktheit der Braun-Hitler-»Liebes«beziehung.

Originale meiden – Secondhand-Retuschen übernehmen

Ullrich kann sich nicht herausreden, dass er in der Reihe der Interpreta-
toren des Wiedemann-Zeugnisses nicht der Erste ist, sondern dass damit
1968 Eva Brauns Biograf Nerin Emrullah Gun begonnen hat, *(Gun* 68 I,
S. 57) den Ullrich mit der Verfälschung zitiert, als ob er sich auf diese
Weise eine Fahrkarte hat kaufen wollen, um sich ebenfalls in den Hitler-
Hetero-Wahn-Zug zu setzen. Vier Jahre nach dem Erscheinen von Wiedemanns Original in seinem Buch über Hitler *Der Mann, der Feldherr
werden wollte* von 1964 schmuggelte Gun in dessen weltweit verbreiteter,
weil gleichzeitig in Englisch und Deutsch publizierter Braun-Biografie
1968/69 das »Und für die Liebe« in den Text Wiedemanns.

So verdrehte Gun den gesamten Wiedemann und Hitlers antizipierte Defensive zugunsten der horizontalen Mann-Frau-Dynamik.
Und Gun wurde von den nächsten Verflüssigern und Verflüssigerin-
nen der sexuellen Hitler-Braun-Versandung willig gefolgt. Gun war
gebürtiger Mediterranäer, Sohn einer Italienerin und eines Türken,
in Rom 1920 geboren, in Deutschland und Frankreich aufgewachsen.
(Görtemaker 11 I, S. 13 f., 250, Anm. 18) Er brauchte etwas Griffiges im
Sinne von »amore«, damit er sich das Hin und Her zwischen Hitler
und Braun als ein Frauen-Beine-Hoch vorstellen und seine mühevoll
trockene, heute immer noch Maß-gebende biografische Recherche zu
Braun und Hitler besser voranfegen konnte.

Von Braun-biografischer Seite her war Gun nach dem französischen
Ehepaar Pierre und Renée Gosset (1961/62/65.) noch vor Hitler-Biograf
Werner Maser (1971) der dritte Hitler-Heterosexualist.

Ein Jahrzehnt vor den Gossets trat 1953 die früheste Braun-Biografin in den Ring der Hitler-Forschung, die Italienerin Domenica
di Constanza. Im aktuellen Schrifttum kommt sie nicht vor, in den

Standard-Braun-Biografien von Gun, Frank, Lambert, Görtemaker und Taylor auch nicht. Durch einen Recherchen-Zufall (so etwas geschieht andauernd) tauchte die französische Uebersetzung von Constanzas Braun-Biografie auf, in Paris publiziert bereits ein Jahr nach der italienischen Originalausgabe. *(Constanza)* Das Dritte Reich war noch keine fünf Jahre in Schutt und Asche gesunken, als sich ausgerechnet eine Frau daran machte, den Hitler-Hetero-Mythos fortzuspinnen, mit dem Hitler die Deutschen auf trickreich »hintervotzige«, scheinbar verschwiegene Weise gefoppt hatte: Der »Führer« *liebt!*

Sechs seiner männlichen Biografen hatten daran schon gezweifelt, Fragen gestellt, abgewunken oder Hitler die funktionierende Heterosexualitaet sogar abgesprochen *(Olden 1935, Heiden 1936/37, Bullock 1952, Orr 1952, Görlitz/Quint 1952).* Da kam eine Frau und kostümierte als Erste Adolf Hitler heterosexuell adrett, sodass über dieses bis zu Sigmund und Görtemaker unerhörte Verfahren von Frauenseite her sogleich die gröbsten Verwünschungen ausgesprochen werden *(Je netter der private Hitler, desto netter der öffentliche, Die Braun-Hitler-Verpaarung, Gestörtes Bild von Heterosexualität).* Im Zuge ihrer Emanzipation ist Frauen ein historischer Lapsus passiert. Es kommt heraus: Sogar Nachgeborene »lieben den Führer« (Schad). Mit der Darstellung einer Hitler-*liebenden* Eva Braun machen Zeitgenossinnen den unliebenswürdigsten Mann der Weltgeschichte anfassbar. Dieser Lapsus geschah, weil Adolf Hitler vorderhand sichtbar Frauen nicht derart unterdrückte, wie es die Männergremien seit Jahrtausenden tun. Öffentlich eingepaukt hat er das alte Rollen-Bild von Hausfrau und Mutter. Aber privat war er liiert mit einer Emanze nach der anderen – von Bechstein bis Wagner, über Quandt (spätere Goebbels), Riefenstahl, Scholtz-Klink und Troost.

Trotz der Bemühungen von Domenica di Constanza und Renée Gosset, Hitler heterotüchtig zu machen, blieben beide romanischen Publikationen über Braun und Hitler auf den italienisch-französischen Markt lokalisiert. Erst der türkische Italiener Nerin Gun erreichte wegen seiner Transformation zum Deutsch-Amerikaner innerhalb eines Jahres mit seiner Braun-Publikation in Deutschland (1968), den USA (1968) und Großbritannien (1969) den Weltmarkt und beeinflusste damit das Weltbewusstsein über Adolf Hitler als Normalmann.

Er hatte in Sachen Braun-Hitler-Verhältnis sechs Jahre lang eine Monopolstellung, bis der Amerikaner Glenn Infield 1974 seine New Yorker Paarschrift *Adolf and Eva (Infield 74)* veröffentlichte und die Franzosen Jean Michel Charlier und Jaques de Launay ihr Tuttifrutti-Buch über allerlei Hitler-Privat-Beziehungen unter der Suggerierung einer Braun-Biografie *Eva Hitler, nee Braun* 1978 in Paris vorlegten. *(Charlier/de Launay)* Nerin Gun gilt wegen der vergessenen Domenica di Constanza als der erste echte, sich allein Braun verschriebene Gesamtbiograf der »Führer«-»Mätresse«. Gun wird mit seiner sechs- bis zehnjährigen Vorlaufszeit vor dem Amerikaner Infield und den Franzosen Charlier/de Launay und wegen vieler sich als tragfähig erwiesener Meriten seiner Braun-Biografie auch gegenwärtig noch als Autorität behandelt. Dies geschieht trotz seiner Pionier-Irrtümer und Falschheiten, aber auch gerade weil Gun den um die Welt laufenden Hitler-Hetero-Wahn erst eigentlich installiert hat, indem er Hitler und dessen sich 13 Jahre an seiner Seite befindlichen Rätsel-Partnerin und Zwei-Tage-Ehefrau eine Matratze unterlegte, die fast 50 Jahre lang tragfähig war für die primitivste Hitler-apologetische Koitabilität.

Wegen dieser Position Guns in der Hitler- und Braun-Forschung könnte sich eine Information von Domenica di Constanza als Sensation auswirken. Sie schreibt in ihrem Quellen-Verzeichnis: »Nerin E. Gun: *J'ai connu Eva Braun* (articles publiés en 1945)«. *(Constanza,* S. 270) Da die Entdeckung Constanzas als erste Braun-Biografin kurz vor der Veröffentlichung vom *Sexuellen Niemandsland* geschah, war es zu spät für erneute Spezial-Recherchen darüber, um was es sich für Artikel Guns, betreffend sein »Kennen« von Eva Braun, es sich handelt. Constanza gibt keine Quellen für Guns »Artikel« an. Jedoch das Frappierende ihrer Nachricht: Gun hätte Eva Braun persönlich kennengelernt und 1945 vor oder nach ihrem Tod Artikel über sie publiziert. Kein Wort darüber läßt sich in Guns Braun-Biografie finden. Auch wenn vor dem »Auftauchen« dieser Artikel noch nichts Spezielles zur Beziehung Braun-Gun gesagt werden kann, genügt der Hinweis von Constanza, dass Guns Vorstellung von Hitler und Braun als ein heterosexuell funktionierendes Mann-Frau-Paar auf sehr frühe Eindrücke Guns zurückgehen und dass möglicherweise Braun selbst oder eine Person ihres Vertrauens an der Fama »Hitler-Braun = echtes Mann-Frau wie jedes Er und Sie« gewirkt hat, was dann endgültig bei der Abschmetterung der 7. *Ja-Sagerin,* Gretl Mittlstrasser, nachgewiesen wird.

Guns Buch hat in der englischen Fassung den Titel *Eva Braun. Hitler's Mistress. (Gun* 68 II, 69) Dieses Matratzige, das zwischen Hitler und Braun geherrscht haben soll, kommt in Guns deutschem Titel nicht zum Ausdruck, wenn es dort heißt *Eva Braun-Hitler, Leben und Schicksal. (Gun* 68 I)

Mit welchem Titel auch immer, innerhalb des Jahrzehnts zwischen 1968 und 1978 war der Hitler-Hetero-Wahn in Deutschland,

Großbritannien und Amerika introjiziert und schwappte nach Frankreich über. Dort traf er wegen der Vorarbeiten durch Constanza und
die Gossets und wegen der publizistisch in Frankreich nicht gestoppten
Braun-Tagebuch-Fälschung, fingierend eine triefende Mann-Frau-Ge-
schlechtlichkeit zwischen Hitler und Braun, auf fruchtbaren Boden
(*ONANO*, *17. Nein-Sager*) und wurde dann vom Hitler-Biografen
Werner Maser ab 1971 bis zu dessen letzter Publikation 2004 mit den
unlautersten anti-historischen Machenschaften in den Gedanken der
Menschheit über Hitler am Kochen gehalten. Die jüngsten Ausgaben
von Maser-Büchern in aller Welt erschienen 2017.

Die Wendung »und für die Liebe [halte ich mir eben in München ein
Mädchen]« war auf jedes leichteste Männer-Verständnis gezielt, denn
sie sollte im sexuell revolutionären Sprachgebrauch der 1960er heißen:
Für meine Ficks »halte ich mir eben in München ein Mädchen«.
»Mädchen« sagte gemäß Zeuge Wiedemann der Nicht-Ficker
A. H. – nicht »Frau« oder »Freundin«. »Mädchen« ist in diesem
Zusammenhang nah an »Prostituierter«, etwas Funktional-Aus-
tauschbares, was noch verstärkt wurde mit dem »Halte-ich-mir-eben«:
Ach sooo! – Jaaaaaa! – Richtig! – Ein Mann hat halt einen »Hormon-
haushalt« und muss sich dafür »ein Mädchen halten«.

Ullrich hätte in das Original von Wiedemann hineinsehen müssen,
beging stattdessen aber die Historiker-Untersünde: Verfälschungen
von Sekundaristen zu *über*nehmen, anstatt sich die Originale *vorzu*-
nehmen. Kein Geschichtsschreiber kann aufs Übernehmen verzichten. Er muss sich jedoch dann an Originale halten, wenn es um so
etwas Umstrittenes geht wie die heterosexuelle Kapazität des Weltzer-
störers Adolf Hitler.

Vor allem wäre es extrem leicht für Ullrich gewesen, in das Original
von Wiedemann wirklich hineinzuschauen – anstatt nur Gun heranzuziehen –, einmal das seit fast 50 Jahren in Bibliotheken und auf dem
Antiquariats-Markt griffbereite Wiedemann-Buch aufzuschlagen und
die Seite 70 darin zu lesen und nicht nur unüberprüft *second hand* zu
zitieren. Neben Ullrichs Verstoß gegen die zentrale Historiker-Regel,
in Zeugnisse nicht eingreifen zu dürfen, entblößt er mit seinem Vorgehen abermals, dass er von Sexualwissenschaft nichts versteht.

Es geht in dieser Zunft ähnlich wie in der Geschichtswissenschaft
um die Erhellung von Verborgenem. Das Verborgene liegt bei beiden
Wissenschaften nur woanders, bei Historikern hinten, bei Sexologen
unten.

In sexuellen Dingen wird schon im gewöhnlichen Leben viel
unterschlagen, beschnitten, zensiert, unwillentlich verdrängt und

willentlich vergessen. Wenn Historiker sich dieser Unart der Menschen gegenüber den zentralen Leibes- und Liebesdingen auch noch beim Schreiben über verblichene Gestalten befleißigen, wird aus der Lebens-Unart eine Wissenschafts-Untugend.

Nur mit Millimeter-feiner Genauigkeit kommt es bei der Beantwortung sexueller Fragen zu Wissen, das zu Wahrheiten führt, was mit Ullrichs Verfahren des Drüber-Hinweg-Gehens über den authentischen Quellen-Wortlaut nicht geschieht.

Kontext-Verkehrung in das Gegenteil vom Text-Sinn

Abändern eines Originals ist das schwerste Vergehen gegen den Historiker-Ethos. Dass jemand wie Ullrich diese Praxis zur Untermauerung von Hitlers »heterosexuellen Konditionen« meint nötig zu haben und eben nur da und an sonst keiner Stelle seiner Hitler-Biografie könnte Beweis genug sein, wie zerbrechlich Ullrichs Bau des »heterosexuellen Hitlers« in der Künstlichkeit der sexuellen Architektur der Normalmannschaft des Ubiquitär-Zerstörers ist. Doch es gibt bei Ullrichs 9. Ja-Sager noch ein drittes Vergehen gegen die Vertrauenswürdigkeit historischen Vorgehens – einen falschen Kontext herzustellen, das ganze Original beim Zitieren mit einer nicht zu ihm passenden Information zu ummanteln.

Ullrich unternimmt diesen Zeugnis-Eingriff in Sachen »Hitlers Heterosexualität« bei seinem 9. und auch 8. Ja-Sager so drastisch, dass nicht daran gedacht werden kann, es handle sich nur um einen zufälligen Lapsus, ein Versehen in der Drangsal der geschichtsschreibenden Beweisführung. Einen falschen Kontext um das Original zu setzen, »macht richtig Arbeit«, bedarf der Ausklügelung. Denn ein neuer Gegenwarts-Bogen muss um das historische Zeugnis gespannt werden. Mit dem Wort »Drangsal« wurde absichtlich die Brücke zu den Trieb- und Lust-Angelegenheiten des Menschen geschlagen. In Zeugnisse verändernd einzugreifen, schadet jeder Beweisführung, nicht nur der bei sexuellen Problemen. Doch mit einem falschen Kontext kann die Beantwortung der »sexuellen Frage« in der Hitler-Forschung schnöde abgewürgt werden – und das für Jahre, wenn nicht Jahrzehnte.

Werner Maser, Ullrichs Vorläufer beim Unterfangen der Hitler-Heterosexualisierung, ist immer so vorgegangen: Zeugnisse fälschen und danach das Eigenblut in einen vom Original abweichenden Kontext spritzen. (ANALO, 1. Ja-Sager, Theodor Morell, AMORO, 2. Ja-Sager, der »Widerrufs-Linge«)

Gemäß dem Originals von Fritz Wiedemanns Mitteilung war der designierte Bürochef in dem Moment, als ihn Hitler mit Hinweisen auf dessen in München stattgehabte Heterosexualität überfiel, nicht ein Gran an Unterleibs-Konfessionen des Reichskanzlers interessiert. Wiedemann wollte in den ersten Amts-Begegnungen mit Hitler das Funktionieren der Staats-Apparatur kennenlernen, denn der Kanzlei-Chef musste von morgen an diese Apparatur steuern wie einen Dampfer oder einen Laster. In den Augenblicken der Amtseinführung hatte Wiedemann das Funktionieren der Geschlechts-Apparatur seines Vorgesetzten nicht interessiert. Gerade diesen Moment von Wiedemanns Amts-funktioneller Entnervung, von dessen Bibbern vor der neuen hohen Position, hatte Hitler abgepasst, um die Nachricht über sein vorgegeben Männer-üblich doppelmoralisch unterköcheltes Sexualverhalten auf Frauen hin in den unbelasteten Normalo Wiedemann zu implantieren, bevor sich Fragezeichen im Hinterkopf des Bürokraten aufstellen konnten, die sich alsbald in für Hitler unschmeichelhafte Antwort-Signale hätten umschalten können: Wieso landet in der Reichskanzlei nie ein Anruf einer »Weibsperson« für den »Führer«, erscheint kein Verabredungs-Schatten einer Hormonhaushalts-Zugehfrau als Intim-Raum-Pflegerin? Antwort: Weil es das »[aus]gehaltene« »Mädchen« in »München« gibt, das geheimgehalten werden soll und deswegen keine Schatten hinterlässt. Der »Führer« ist entschuldigt für seine in Berlin herrschende Frauen-Bewegungslosigkeit.

Der echte Kontext des Wiedemann'schen Originals der Aussage über Hitlers dubios-abnormes Verhalten gegenüber Frauen (Kershaw) war die Entlarvung einer klassischen antizipierten Defensive. Frei nach Serienkiller Peter Kürten: Kommt der Düsseldorfer Serienkiller am Tag nach seinem an der nächsten Frau verübten Mord zu seinem Stadtteil-Kiosk. Deutet der Buden-Besitzer auf die ausgehängte Titelseite der größten Zeitung in der Region, weil er seinen Kunden zum Kauf der heutigen Ausgabe animieren möchte: »Haben Sie schon gehört, Herr Kürten? Gestern hier wieder eine Frau ermordet – in unserem bisher so gut beleumundeten Viertel! War doch gerade erst vor einem Monat so ein schrecklicher Fall! Die Polizei ...« – Unterbricht ihn der Serienkiller: »Ich hatte gestern den ganzen Tag in Köln zu tun!«

Wie es in der Medizin feststehende Krankheitsbilder gibt, so gibt es in der Jurisprudenz ebenfalls feststehende Täter-Erkennungsmerkmale, die man »soziale Krankheitsbilder« nennen kann. Wer sich selbst verteidigt, bevor er angeklagt oder angegriffen wird, oder wer etwas darstellt, bevor er darum gebeten wird, der kaschiert seine Täterschaft oder täuscht über etwas Nicht-Existentes hinweg. In beiden Fällen entlarvt er sich mit seiner versuchten Einwand-Vorwegnahme unfreiwillig selbst.

So tat es Hitler gegenüber seinem neuen Reichskanzlei-Chef Wiedemann zu Anfang von dessen Amtseinweisung. Die komplette zeitliche und situative Deplatzierung von Hitlers Protzen mit seinem »in München«»gehaltenen«»Mädchen« entlarvt, dass er es irgendwie nötig hatte, sofort zu Beginn einer reinen Sach-Verabredung unter beruflich miteinander eng zusammenarbeitenden Männern auf sein intaktes Geschlechtsverhalten gegenüber Frauen hinzuweisen.

Hitler sagte zu Wiedemann nicht: »Habe ich in München eine Freundin.« Oder »Mehr als ein ›Verhältnis‹ in München geht bei mir leider nicht.« Nein, Hitlers Wortwahl »halte ich mir eben in München ein Mädchen« sollte unmissverständlich das Klappbett der Assoziation auf die heterosexuelle Waagerechte runterlassen. Ullrich macht diese poröse Stelle Hitlers von vorn und hinten her Kontext-klammernd dicht. Hinten transferiert Ullrich eine Einwand-Vorwegnahme in ein Intim-Bekenntnis von Mann zu Mann. Und vorn stellt er die Passage in einen falschen Zusammenhang, sodass mit Ullrichs Doppelstrategie wirklich ein hetero-versierter Hitler herauskommt.

Ullrichs ins Bewusstsein seiner Leser geschmuggeltes gesamtes Modulations-Paket: »Eva Braun war für ihn [Hitler] eine Idealbesetzung – nicht nur deshalb, weil sie anscheinend seinen sexuellen Bedürfnissen entgegenkam, sondern auch, weil sie bereit war, sich auf sein Maskenspiel einzulassen. Für Hitler war es ein pflegeleichtes Verhältnis, am Anfang ohne große Verbindlichkeit. Auf die Frage seines ehemaligen Regimentsvorgesetzten und späteren Adjutanten Fritz Wiedemann, ob ihm das Junggesellenleben nicht zu schaffen mache, soll Hitler lächelnd geäußert haben: ›Es hat auch Vorteile. Und für die Liebe halte ich mir eben in München ein Mädchen.‹«. *(Ullrich*, S. 322 f.)

Von der Mann-Frau-Muster-inspirierten neuen Kontext-Basis kann die Vorstellung über einen Hetero-Hitler bestens abfedern: Eva Braun = »anscheinend seinen sexuellen Bedürfnissen entgegenkam«. – »Seine sexuellen Bedürfnisse«? – Das sind gemäß Albert Speer diejenigen, zum Zwecke der Regulierung »seines« »männlichen Hormonhaushalts« regelmäßig in der Scheide einer Frau zum Orgasmus kommen zu wollen. *(10. Ja-Sager)* Und Eva Braun hat sich diesem Grund-normalen männlichen Bedürfnis weiblich »hingegeben«. *(Gun* 68 I, S. 55) Ob dieses Wort benutzt wird oder nicht, Eva Brauns Verhalten wird von den Heterosexualisten in der Hitler-Biografik so beschrieben, als sei Braun für Hitler das passende Töpfchen gewesen, das mit ihm ihr etwas extrem ausgefallenes Deckelchen gefunden hätte (*Gossets, Gun, Maser, Infield, Charlier/de Launay, J. Frank, Irving, Steinert, Knopp, Lambert, Costelle, Plouvier, Görtemaker, Ullrich*).

Ergebnis:

Das Original-Zeugnis von Fritz Wiedemann entlarvt Hitlers Einwand-Vorwegnahme. Hitlers antizipierte Defensive galt dem – von ihm für möglich gehaltenen – Verdacht seiner Zeitgenossen, Hitler wäre ein Mann ohne die Ausübung heterosexuellen Geschlechtsverkehrs. Einwand-Vorwegnahmen sind indirekte »Täter«-Geständnisse.

Wenn Hitler gegenüber seinem zukünftigen Reichskanzlei-Bürochef mitten während der administrativen Einführung des neuen hohen Ministerial-Beamten ungefragt seinen »in München« mit »einem Mädchen« praktizierten Geschlechtsverkehr herausposaunt, dann hat Hitler keinen – weder mit diesem »Mädchen« Eva Braun noch mit anderen Frauen. Der 9. Ja-Sager, Fritz Wiedemann (real in der Zählung nach Amann, Hasselbach und Speer der 4.) konvertiert zum 24. Nein-Sager.

Verfälschte Erinnerung von Hitlers »Leibpiloten«

8. *Ja-Sager* – Hans Baur

Beim 8. von Ullrich beigebrachten Ja-Sager geht der Hitler-Biograf mit Original-Verfälschung und Kontext-Veränderung noch extremer vor als beim 9., der Aussage von Hitlers Reichskanzlei-Chef Fritz Wiedemann: Die Ummodelung eines *coup de foudre* in ein *Inflagranti* = die Fälschung.

»Flugkapitän Hans Baur schildert in seinen Erinnerungen, wie er das Paar kurz vor Weihnachten 1933 bei einem Rendezvous in Hitlers Wohnung überraschte. Eva Braun sei ganz rot geworden, und auch Hitler sei ›etwas verlegen‹ gewesen. Offenbar war der Diktator bemüht, die Existenz seiner Geliebten auch vor den Mitgliedern seiner Entourage zu verbergen.« (*Ullrich, S. 677*)

Mit acht Erotica verdrehte Ullrich das Original Baurs. Er tat das so geschickt, dass während der Untersuchungen für das Pro und Contra zu Hitlers Heterosexualität drei Jahre lang an Ullrichs Version der Baur-Aussage geglaubt wurde. Da *Hitler 1 und Hitler 2* nicht linear von vorn nach hinten abgefasst worden ist, sondern Mosaik-haft zusammengesetzt wurde, war es aus Arbeitsgründen zufällig gerade nicht wie beim 9. Ja-Sager, Fritz Wiedemann, möglich, sofort das Original von Pilot Hans Baurs Erinnerung heranzuziehen. Wer in Zeugnisse eingreift, gefährdet nicht nur seine eigene Reputation als Historiker, sondern auch noch diejenige der Übernehmer dieser Deutung. Ullrichs Raffung des Baur-Textes wirkte so einsichtig, dass der Gang ans Original diesmal überflüssig zu sein schien. Ullrichs Version stellt ein *Inflagranti* dar, mit dem er Hitlers und Eva Brauns Anmarsch auf ein oder Auslauf von einem »Schäferstündchen« suggeriert. (*ORALO*, 4. *Ja-Sagerin*, Henriette von Schirach)

Die acht Erotica in Ullrichs Wiedergabe der Pilot-Baur-Erinnerung sind glaubwürdig, sodass in der Enstehungsphase dieses Buches zunächst ein uneingeschränktes Ja-Kapitel über Hitlers Heterosexualität entstand, das jedoch nach der Bescherung der Wahrheit bei Durchdringen des Baur-Originals in den digitalen Trash wanderte.

1.: »Das Paar« = so zwei, wie die zwei, die sind zwei, die machen's zu zweit!

2.: »Kurz vor Weihnachten« = da hat der »Führer« von seinem Amt in Berlin frei, da ist er mit seinem »Mädchen in München« für schöne Stunden allein.

3.: »Bei einem Rendezvous« = altmodischer Begriff aus dem Französischen, betreffend keine Einladung zum Essen und Miteinander-Sprechen, sondern eine Zusammenkunft der Mitten-körperlichen Organe zweier einander sehr zugeneigter Menschen.

4.: »In Hitlers Wohnung« = Ja mei! Mitten »in Hitlers Wohnung«! In der Muschel fürs Intime!

5.: »Überraschte« = Das notwendige Wort fürs *Inflagranti*.

Wie kommt der »Leibpilot« Baur denn da hinein, um Hitler und Eva Braun bei ihrem »Rendezvous« gerade dort zu »überraschen«? Das teilt Hitler-Biograf Ullrich nicht mit. Aber es ist doch ganz einfach: Baur musste eine wichtige Nachricht für den »Führer und Reichskanzler« aus Berlin nach München fliegen und sie Hitler an der Tür von dessen Privatwohnung überbringen. »In Hitlers Wohnung« »kurz vor Weihnachten« ist niemand da, nur das »traute«, hochgeile »Paar«, dessen »Rendezvous«-Spuren der Pilot noch auf dem errötenden Gesicht Eva Brauns und im Verhalten Hitlers hat mitbekommen können, ja müssen.

Denn der damalige Reichskanzler selbst hat »1933« dem Piloten seine Wohnungstür geöffnet, war deshalb »etwas verlegen«. Und beim Türöffnen stand seine »Geliebte« direkt neben ihm, um zu gucken, wer da geklingelt hat und »ist ganz rot geworden«, als sie Baur sah.

So ist die liebesgeschichtliche Herzigkeit von Ullrichs Piloten-Text-Verschnitt drei Jahre lang für *Hitler 1 und Hitler 2* weitergesponnen worden – da konnten die mittlerweile 24 Nein-Sagenden sagen, was sie wollten. Denen ist es eben nie wie dem Flugkapitän Baur geglückt, alle Hürden zu überfliegen und in ein »Rendezvous« zwischen dem »Paar« Hitler und Braun hineinzuplatzen. Mit Flugkapitän Baurs Zeugnis haben wir Hitlers Heterosexualität, wie sie leibte und lebte = er »etwas verlegen«, sie »ganz rot geworden«. Was wollen wir mehr?! Da schäumt der ganze Saft des Schleimhautkontakts des obersten politischen Bösewichts mit Braut einem doch direkt ins Gesicht.

6.: »Eva Braun – »ganz rot geworden« = Das wird jede beim Sex »überraschte« Frau.

7.: »Auch Hitler – etwas verlegen« = Der Mann, der seit einem knappen Jahr über Leben und Tod seiner deutschen Staatsbürger verfügte, »sei ›etwas verlegen‹ gewesen«. Wenn diese »Verlegenheit« jemandem derart todesverachtend rigoristisch Regierenden wie Hitler passiert, dann kann er nur bei seinen intimsten Intim-Vorgängen »überrascht« worden sein.

8.: »Geliebte« = keinen Kommentar braucht dieses für alles flüssig sich-bewegende Unterleibliche zuständige deutsche Wort.

Die Echtheit

Endlich war der Moment gekommen, Flugkapitän Baurs Original-Schilderungen kennenzulernen. Die Wahrheit der von Hans Baur übermittelten Szene ist ernüchternd, ein dem Sexual-Normativisten Ullrich verpasstes »Watschn«-Konglomerat: »Kurz vor Weihnachten 1933 erwartete mich meine Frau – wie so oft – zusammen mit meiner damals neunjährigen Tochter Inge auf dem Münchener Flugplatz. Hitler gab auch meiner Tochter die Hand und sagte: ›Baur, mir schenken viele Frauen zu Weihnachten Pralinenkästen. Es sind welche darunter mit einem Durchmesser bis zu einem halben Meter. Kommen Sie doch einmal mit Ihrer Tochter vorbei, ich möchte ihr gern solch eine Pralinenschachtel schenken.‹ Hitler wohnte während der Zeit, da er in München war, in einem vierstöckigen Mietshaus, das einem Schweizer Juden gehörte. Am Nachmittag vor dem Weihnachtsabend [demnach am 24. Dezember 1933] ging ich also zu seiner Wohnung im zweiten Stock dieses Hauses. Auf mein Läuten öffnete mir Frau Winter. Sie meinte, das sei dumm, dass ich gerade jetzt käme. Hitler habe Besuch. ›Aber klopfen Sie doch ruhig einmal an, Sie sind ja schließlich kein Fremder – er wird nicht gleich schimpfen!‹ Ich klopfte und öffnete auf das ›Herein‹. Vor Hitler stand das Mädchen von Hoffmann. Sie

wurde rot, auch Hitler war etwas verlegen. Er wollte mich bekannt-machen – aber Eva Braun, denn sie war es, wehrte ab und sagte: ›Wir kennen uns bereits – ich sah Herrn Baur schon, als er sich seine Bil-der abholte.‹ Hitler nahm sich meiner Tochter an, gab ihr die Prali-nenschachtel, worauf wir uns mit guten Wünschen bald empfahlen.«
(Baur 56, S. 113)

Damit Hitlers Hetero-Advokat Ullrich bei der Raffung der Baur-Schilderung seine acht Erotica fingieren konnte, musste er genausoviele Merkmale des Originals eliminieren:

1.: Der Grund des Zusammentreffens von Hitler und Baur in Hitlers Wohnung: Eine Verabredung für den Weihnachts-Nachmittag 1933. Hitler persönlich wollte Baurs neunjähriger Tochter Inge eine von den an ihn geschickten »Pralinenschachteln« als Weihnachtsgeschenk überreichen.

2.: Die gesamte Szene des sogenannten Inflagranti ist kein Dreier, läuft nicht zwischen Baur und dem Paar Hitler und Braun, sondern die von Hitler extra eingeladene Baur-Tochter Inge war dabei. Es handelt sich um ein Vier-Personen-Stück.

3.: Die Tür zu Hitlers Wohnung wird nach dem Klingeln von der Haushälterin Anni Winter dem von Hitler speziell eingeladenen Pilo-ten Hans Baur und dessen Tochter geöffnet.

Das Weglassen dieses Details ist besonders befremdlich, weil bei seiner gesamten *Inflagranti*-Erfindung die Frage unbeantwortet im Raum hängen blieb: Wie kam Hitlers Pilot in Hitlers Wohnung und dort in eines der Zimmer? Hatte der Reichskanzler ausnahmsweise einmal niemand Dienendes um sich gehabt? Musste Hitler aufs Klin-gelzeichen hin selber seine Münchener Wohnungstür öffnen? Nein, es handelt sich sogar um ein Fünf-Personen-Stück. Mitspielerin ist Hit-lers Münchener Faktotum Anni Winter.

4.: Haushälterin Anni Winter weist Hans Baur und seine Tochter Inge daraufhin, dass Hitler zwar da ist, jedoch »Besuch« habe.

Auch die Weglassung der zweiten Person in der Szene muss Ullrich heftig vorgeworfen werden. Haushälterin Winter hat im Original von Baurs erinnertem Besuch in Hitlers Wohnung am Münchener Prinz-regentenplatz zwei Schlüssel-Funktionen: Sie öffnet Baur und seiner Tochter die Wohnungstür. Und sie leitet die eingetroffenen Besucher zu Hitlers Privatgemach weiter.

Winter: »Aber klopfen Sie doch ruhig einmal an, Sie sind ja schließ-lich kein Fremder – er wird nicht gleich schimpfen!«

5.: Baur bekommt von Anni Winter mitgeteilt, welche der Türen in der Neun-Zimmer-Wohnung zu Hitlers Zimmer führt.

6.: Baur »klopfte und öffnete auf das ›Herein‹«. Baur teilt nicht mit, wer da vom Innen des Hitler-Zimmers aus »Herein« gerufen hat. Er sagt nur, dass er die ihm von Anni Winter angegebene Tür nach seinem Klopfen und Hören eines »Hereins« geöffnet hat.

7.: Das eigentliche *Inflagranti* ist keines! Baur trifft in dem Zimmer zwar Eva Braun und Adolf Hitler an, aber Braun steht nicht neben oder hinter Hitler, gar mit ihm in einer Umarmung da, wie diese noch für den 2. Ja-Sager, den »Widerrufs-Linge«, eine zentrale Rolle spielen wird *(AMORO)*. Braun steht »vor Hitler«, was heißt, von den zwei Personen im Raum am nahesten zur Tür, die Baur geöffnet hat. Braun war auch nicht »ganz rot geworden«, wie es in der Ullrich-Fassung des Baur-Zeugnisses heißt. Dieses »ganz rot geworden« ist ein Alarmzeichen für den Rausriss aus etwas dezidiert Intimem. Nein, Braun »wurde [nur] rot«. Ihr Rotwerden bezog sich jedoch auf das plötzliche Ansichtigwerden von Hans Baur – dem sie einige Zeit zuvor erstmals begegnet war – und nicht auf ihr Stehen mit Adolf Hitler in dessen Zimmer. Die Besonderheit des Aufeinandertreffens von Hans Baur und Eva Braun ist erst zu verstehen, wenn Baurs Erinnerung an seinen Weihnachtsbesuch bei Hitler mit dem Kontext gelesen wird, in den Baur diese Szene setzt.

Nun bewahrheitet sich das, was schon beim 9. Ja-Sager hervorgehoben wurde, auf noch viel drastischere Weise: Die Wichtigkeit des Kontextes einer Bezeugung. Was geschah kurz vor dem eigentlichen Zeugnis, was kurz danach? Auch der Kontext gehört noch zum Original. Er ist dem Ort des Entspringens einer Quelle gleichzustellen, ist das Bett des ersten Fließens.

Baur setzt in seinem Buch direkt vor seinen Besuch mit Tochter Inge bei Hitler und Braun am Weihnachtsnachmittag eine dazu passende Ouvertüre, die zum Ganzen gehört und nicht ausgewechselt werden darf: »Als ich im Jahre 1933 in Begleitung meiner Frau wieder einmal das Atelier von Hoffmann im ersten Stock der Amalienstraße betrat [nach Umzug aus der Schellingstraße], um Bilder abzuholen, kam aus der Tür des Labors ein Mädchen in den Ladenraum, das ich noch nie dort gesehen hatte. Schon von weitem erkannte ich, dass es eine außergewöhnliche Schönheit war. Als wir uns am Ladentisch gegenüberstanden, muss ich vor Verwunderung recht große Augen gemacht haben, bis sie mich endlich fragte: ›Sie wünschen, mein Herr?‹ Worauf ich mich vorstellte und mich nach meinen Bildern erkundigte. ›Ach, Sie sind der bekannte Flugkapitän Baur‹, erwiderte sie, ›wie mich das freut, Sie kennenzulernen! Ich habe schon sehr viel von Ihnen gehört.‹ Meine brave Frau sah einmal das hübsche

Mädel, dann wieder mich an, da ich mich von dem Anblick einer so lieblichen Schönheit schlecht trennen konnte. Wahrscheinlich kam es dem Mädchen bedenklich vor, wie meine Frau so schaute, denn es erklärte augenblicklich: ›Einen Moment, Herr Baur, ich werde sofort nachsehen, ich glaube, die Bilder sind bereits fertig.‹ Nun ging sie wieder zur Tür hinaus. Als sie zurückkam, gab sie mir die Bilder mit den Worten: ›Sehen Sie sie an, Herr Baur, ob alles in Ordnung ist.‹ Ich besah mir die Bilder nur mit einem Auge, fühlte aber beide Augen meiner Frau auf mich gerichtet. Deshalb sagte ich, sie seien alle in Ordnung, bedankte und verabschiedete mich. Als wir das Atelier verlassen hatten, fragte mich meine Frau, ob ich das Mädchen schon länger kenne, was ich verneinte. Dann meinte sie, sie müsse schon zugeben, dass sie selten ein so hübsches Mädchen gesehen habe wie dieses hier. Kurz vor Weihnachten 1933 erwartete mich meine Frau – wie so oft – zusammen mit meiner damals neunjährigen Tochter Inge auf dem Münchener Flugplatz. Hitler gab auch meiner Tochter die Hand und sagte [...]«. *(Baur 56, S. 112 f.)* [Es folgt die gerade zitierte Einladung Hitlers an Baur und dessen Tochter zum Weihnachtsnachmittag in Hitlers Wohnung.]

Aus diesem Zusammenhang zwischen Baurs direktem Vortext und seinem von ihm geschilderten Weihnachtsbesuch bei Hitler privat kommt heraus: Hans Baur ist kein *Inflagranti* gegenüber Eva Braun und *Hitler* passiert, sondern er bestätigt mit Brauns Rotwerden den *coup de foudre*, der zwischen ihr und Hans Baur im Foto-Atelier Hoffmann einige Zeit vor Baurs Weihnachtsbesuch in Hitlers Privatwohnung geschehen ist. Hans Baur und Eva Braun waren spontan aufeinander abgefahren, so wie jegliche erotische Anziehung zwischen Menschen läuft.

Durch das Urteil des 13. Nein-Sagers, Hitlers Zahnarzt Hugo Blaschke *(ONANO)*, über die nicht-sexuelle Beziehung zwischen Braun und Hitler kam die ganze Person Eva Brauns bisher in ihrer Wirkung schlecht weg. Blaschke mochte Braun nicht. Außerdem traf er sie immer nur im ausgezehrten Zustand des Energie-Verlusts in ihrer sphinxischen Position an der Seite Hitlers auf dem *Berghof* an. Die zündende Begegnung zwischen Hans Baur und Eva Braun geschah irgendwann 1933 in München – ohne Beisein Hitlers. Baur wohnte in München. Hans Baur war 1932 Hitlers persönlicher Pilot geworden. Kurz danach hatte sich Hitlers »Leibfotograf« Heinrich Hoffmann für Baurs Fotografien interessiert und sich die Erlaubnis für deren Veröffentlichungen von Baur eingeholt, die

Bilder entwickelt, die Baur sich regelmäßig von Hoffmann abholte. *(a. a. O., S.* 112)

Bei *Foto-Hoffmann* in München sprühte Eva Braun. Sie war dort die *Number One* unter den Angestellten. Sie war schon Hitlers Freundin (ab etwa März 1932), lebte jedoch noch mit Schwester Gretl zusammen in der Wohnung ihrer Eltern.

Sämtliche überlieferten Fotos, erst recht die Amateur-Filme auf dem *Berghof,* geben eine Eva Braun wieder, die über den Sexappeal einer Monroe hätte verfügen können, wenn sie denn in ihre erwünschte Karriere einer Filmschauspielerin hätte einsteigen dürfen und nicht von divergierenden psychischen Fesseln daran gehindert worden wäre. *(ORALO, 6. Ja-Sagerin, Hitlers Phantommöse)*

8.: »Hitler nahm sich meiner Tochter an, gab ihr die Pralinen-schachtel, worauf wir uns mit guten Wünschen bald empfahlen.« Und was geschah, während »Hitler« »sich« Baurs »Tochter« »annahm« und »ihr die Pralinenschachtel« »gab«? Hans Baur und Eva Braun blieben in Hitlers Zimmer zurück – zu zweit allein.

Ein bei einem anlaufenden oder abklingenden Geschlechtsakt gestörter Hetero-Mann hätte diese Kombination nie hergestellt: Er = raus zur Tochter des Besuchers, seine GV-Partnerin mit dem Besucher sich selbst überlassen. Undenkbar! Ein solcher Mann hätte durch die Tür zu seiner Haushälterin gerufen: »Frau Winter, geben Sie doch mal der kleinen Inge eine von den großen Pralinenschach-teln!« Dann sofort ab mit den gerade hereingeplatzten Besuchern. Und weiter im Text mit dem unterbrochenen Geschlechtsakt oder dessen Nachbeben bis zum seligen Abklingen. Doch Vater und Tochter Baur verschwanden nicht sofort, sondern erst »bald«, nachdem Hitler »sich« Baurs »Tochter« »angenommen« und Eva Braun mit dem Vater der kleinen Inge zurückgelassen hatte.

Abermalige Kontext-Nichtbeachtung

Ullrich lässt seiner verfälschten Baur-Szene einen Nachsatz folgen, mit dem ebenfalls über Hitlers Realität gegenüber Eva Braun hinwegge-täuscht wird: »Offenbar war der Diktator bemüht, die Existenz seiner Geliebten auch vor den Mitgliedern seiner Entourage zu verbergen.« *(Ullrich, S.* 677)

Die Original-Baur-Szene hat nicht nur an ihrem Anfang einen spezifischen direkten Vortext, aus dem sie nicht herausgelöst werden darf. Baur schließt sie auch mit etwas ab, das genau vom Gegenteil über das Braun-Hitler-Verhältnis berichtet, wie Ullrich die Situation dreht: Hitler hätte sich »bemüht, die Existenz seiner Geliebten auch vor den Mitgliedern seiner Entourage zu verbergen«. Die »Nach-Szene« belegt: Hitler hat Eva Braun seinem Piloten Hans Baur demonstrieren wollen. »[...] worauf wir uns mit guten Wünschen bald empfahlen. Nach den Feiertagen flogen wir wieder nach Berlin zurück. Bevor ich zum Mittagstisch ging, traf ich Sepp Dietrich, den Führer der Leibstandarte. Ich erzählte ihm von meiner Begegnung in München. Er antwortete nur: ›Hat sie Dir auch gefallen?‹ Und als ich dies bejahte: ›Ja, unser Vater hat keinen schlechten Geschmack!‹ Seit diesem Zeitpunkt wusste ich von der Existenz der Frau, die einen Anteil an Hitler hatte, und die wohl auch die einzige blieb, der er wirklich zugetan war. Der Bevölkerung war das Verhältnis Hitlers zu Eva Braun unbekannt. Und doch wurde gemunkelt – Wahrheit und Dichtung durcheinandergemischt. So sagte mir meine Frau im Jahre 1935 einmal, dass man in München von einem Mädchen Eva Braun erzähle, mit der Hitler ein Techtelmechtel habe. In der Umgebung Hitlers wurden Fragen dieser Art entweder mit einem ›nein‹ oder so beantwortet, dass man sich unwissend stellte. Selbstverständlich kam ich in der folgenden Zeit häufig mit Eva Braun zusammen.« *(Baur 56, S. 113 f.)*

Mit seinen engen Körper-Männern wie »Sepp Dietrich, dem Führer der [SS]-Leibstandarte« und Hans Baur, seinem »Leibpiloten«, verfuhr Hitler nicht so nebulös wie eineinhalb Jahre später mit seinem Reichskanzlei-Vorsteher Fritz Wiedemann. Hitler wurde sogar praktisch und führte seinen »guten Geschmack« anfassbar und vor allem Namens-aufgedeckt seinen *bodymen* vor. Sein »Leibfahrer« Erich Kempka und sein Leibdiener Heinz Linge wussten ebenfalls von Anfang an, dass es eine Frau an Hitlers Seite gab, auch wenn »die Umgebung Hitlers« »Fragen« mit »nein« »beantwortete« oder »sich unwissend stellte«.

Die von Hitler eingefädelte Baur-Braun-Weihnachts-Begegnung in seiner Wohnung ist ein einmaliges Zeugnis für Hitlers Strategie, wie er seine körpernah direkt um ihn herum fungierenden Mannschaften über sein heterosexuelles »Funktionieren« in Bezug auf diese eine Frau Eva Braun instruierte, »die Existenz seiner Geliebten« auf keinen Fall »vor den Mitgliedern seiner Entourage« »verbarg«, wie Ullrich irrtümlich annimmt.

Hitlers Mann-Frau-Beziehungs-Demonstration

Es kann mit der originalen Baur-und-Tochter-Weihnachts-Bescherung 1933 bei Hitler gezeigt werden, dass Hitler kein *Inflagranti* – ein Ertapptwerden vor oder nach Sex mit Eva Braun – riskiert, sondern seinem Flugkapitän eine Mann-Frau-Beziehungs-Demonstration vorgespielt hat:

1.: Vor den Augen und Ohren von Baurs Ehefrau lädt Hitler seinen »Leibpiloten« direkt nach der Ankunft des Fluges aus Berlin in München dazu ein, mit Baurs neunjäriger Tochter Inge zwecks einer Pralinenkasten-Beschenkung am Weihnachtsnachmittag Hitler in dessen Privatwohnung zu besuchen. Hitler möchte sich gegenüber Baur als Kinderfreund zeigen, als der er sich auf vielen Fotos hat verewigen lassen. *(Stratigakos, S.* 175 f., *B.* 49 f., *Ullrich, S.* 439 f., *Görtemaker* 11 I, S. 132, 208, *Lambert, S.* 307, *B.* 1, *Gun* 69, S. 81, *B.* 2, *Hoffmann* 34)

Hans Baur hinterließ für den Zeitpunkt der Flugzeug-Ankunft in München und Hitlers Einladung zum Weihnachtsbesuch mit Tochter Inge kein Datum. Er datierte nur den Besuch selbst auf den »Nachmittag vor dem Weihnachtsabend«. Unmöglich, dass Hitler den Termin des Besuches von Baur und Tochter dem Piloten selbst überlassen hätte, irgendwann spontan beim deutschen Reichskanzler in der Weihnachtswoche mal vorbeizuschauen. Es gab dafür nicht viel »Auswahl«, denn »nach den Feiertagen flogen wir [Baur und Hitler] wieder nach Berlin zurück.« *(Baur* 56, S. 113) Es muss demnach davon ausgegangen werden, dass Baur bei Hitler nicht »mal« vorbeigeschaut hat = »hereingetropft« ist, wie die Anglos mit »drop in« die ultimative Spontaneität charakterisieren. Statt dessen handelte es sich zwischen Baur und Hitler um ein »date«. Anders ging es nicht, denn es hätte sein können, dass Hitler noch über die Weihnachtstage in sein ab 1928 gemietetes *Landhaus Wachenfeld* – den Vorläufer seines in der ersten Jahreshälfte 1936 umgebauten *Berghofes* – auf dem Obersalzberg bei Berchtesgaden weitergereist wäre. Baur und Tochter hätten dann »im Regen gestanden«.

Hitler hätte zu Baur ja auch sagen können: »Holen Sie sich bei meiner Haushälterin irgendwann einmal für Ihre Tochter einen Halbmeter-Pralinenkasten ab.« So unprofessionell betrieb Hitler gerade seine Propaganda gegenüber Kindern und Jugendlichen nicht, veröffentlichte er doch gemeinsam mit seinem »Leibfotografen« Heinrich Hoffmann mehrere Bildbände, in denen er sich Kinder-freundlich und Tier-lieb präsentierte: *Hitler, wie ihn keiner kennt, Jugend um Hitler, Hitler in seinen Bergen* und *Hitler abseits vom Alltag. (Hoffmann*

32, 34, 35, 37) Hitler hatte zu seinem Piloten Hans Baur ausdrücklich gesagt:»Ich möchte ihr [der kleinen Inge Baur] gern solch eine Pralinenschachtel schenken.«

2.: Auf das Klingeln eines Unerwarteten zu Weihnachten an der Wohnungstür hätten weder Hitler noch seine Haushälterin Anni Winter zu öffnen brauchen. Wer alles konnte sich erdreisten, gerade zum ersten Weihnachten des »Führers und Reichskanzlers Adolf Hitler« bei ihm privat mal vorbeischauen zu wollen. Die Münchener hatten mitbekommen, dass der jetzige oberste Staats(verun)sicherer seit Ende 1918 unter ihnen wohnte, seit 1929 sogar im noblen Bogenhausen. Rauszukriegen war seine Adresse damals von jedermann. Im Haus am Prinzregentenplatz 16 lebten unter und über Hitler noch weitere Mieter.

3.: Anni Winters Reaktion an der Tür von Hitlers Privat-Wohnung scheint zunächst nicht zum Date zu passen. Vielleicht hat Hitler seiner Haushälterin den Baur-und-Tochter-Besuch nicht genau mitgeteilt. Oder sie hatte ihn vergessen. Oder ihre Reaktion war gespielt, ein Teil von Hitlers »Mädchen-in-München«-Show – diesmal nicht für den Berliner Kanzlei-Chef Wiedemann, sondern für den Münchener »Leibpiloten« Baur.

4.: Wenn Baur und Tochter Inge wirklich unpassend gekommen wären, hätte Anni Winter anders reagieren müssen – Baur und Tochter wegschicken, auf ein anderes, nun genau verabredetes Mal vertrösten.

5.: Oder sie hätte zu Vater und Tochter sagen können:»Nehmt doch beide mal Platz im Vestibül! Ich will schauen, wie es bei Hitler steht, ob er gestört werden kann.« Sprachs und ging selbst zu Hitlers Zimmer, klopfte an und rief:»Baur und Tochter sind da! Wie isses, mein Führer?« Zwischen Anni Winters erster Reaktion gegenüber Baur an der Wohnungstür:»Das sei dumm, dass ich gerade jetzt käme. Hitler habe Besuch« und Winters darauf folgendem zweiten Satz:»Aber klopfen Sie doch ruhig einmal an, Sie sind ja schließlich kein Fremder – er wird nicht gleich schimpfen« besteht eine Diskrepanz. Diese Diskrepanz ist der erste Beweis für Hitlers »Mädchen-in-München«-Demonstration vor seinem Piloten Hans Baur. Es passt gerade. Alles ist vorbereitet: Baur und Tochter soll etwas wichtiges Unverabredetes gezeigt werden – während und neben der Übergabe der Pralinenschachtel.

6. Baurs Anklopfen an Hitlers Schlafzimmertür. Wieder ein Moment, durch den Wahrheit sickert: Hitler muss gewusst haben, wer da jetzt klopft. Er war nicht genötigt gewesen,»Herein!« zu rufen, als jemand an seine Schlafzimmertür klopfte. Er hätte hinter

verschlossener Tür aus seinem Zimmer murren können: »Frau Winter? Worum geht's?« Oder Hitler hätte selber zur Tür gehen und sie öffnen können, um zu sehen, wer da klopft oder sich an Baurs Besuch erinnern, um durch die Tür zu rufen: »Moment mal, einen Augenblick! Komme gleich!« (Von wegen Ullrichs eingebildeter Kaschierung der Hitler-»Geliebten« vor den »Leibmännern«!) Das alles geschieht nicht. Stattdessen wird »Herein!« gerufen, damit Baur Hitlers Zimmertür groß und breit aufreißen und die Frau an Hitlers Seite erblicken kann.

7.: Die Wiederholung des *coup de foudre* zwischen Baur und Braun, die »vor Hitler« vorn an dessen Schlafzimmertür steht. Die beiden Polit-Protagonisten Hitler und Eva Braun sind gelernte Schauspieler, Hitler mehr für die Bühne, Braun mehr für die Kamera. Darstellen, darstellen und nochmals darstellen, so berichtet Brauns Biograf Nerin Gun von der Spezial-Leidenschaft seiner Heldin schon von klein auf, worüber ihm noch ehemalige Lebens-begleitende Personen Brauns in den 1960ern erzählten. (*Gun* 68 I, S. 36 ff.) »Hitler war etwas verlegen«, »wollte« Baur und Braun miteinander »bekanntmachen«, was überflüssig war, da Braun und Baur sich schon im Fotohaus Hoffmann kennengelernt hatten.

Worauf bezog sich die Verlegenheit Hitlers? Hineingeplatzt war Hans Baur in nichts Horizontales, in kein »Rendezvous«. Das Verlegensein Hitlers kann dem »Herein!«-Rufen gegolten haben, mit dem etwas Peinliches verbunden war: Hier, mein Leibpilot, zeig ich dir mal was von und mit mir, was ich in Wirklichkeit gar nicht bin und habe. Ich stehe hier und kann nicht anders, als dir etwas linkisch mein Potemkinsches Bett-Verhältnis Eva Braun bei deinem von mir inszenierten Weihnachtsbesuch vorzustellen. Der Anlass von Hitlers »Verlegenheit« wäre demnach genau entgegengesetzt zu dem, was Ullrich dem Baur-Text unterschiebt.

8.: Hans Baur durfte nun minutenlang Eva Braun im ungestörten Tête-à-Tête studieren, ihre Reize auf sich wirken lassen. Die »jungen Verliebten« Baur und Braun konnten sich für die Zeit, in der Hitler sich der kleinen Baur-Tochter Inge »annahm«, ihrem *coup de foudre* etwas ausgiebiger hingeben, als ihnen das im Fotohaus Hoffmann möglich war, weil bei ihrer ersten Begegnung die Ehefrau des Piloten danebenstand. Jetzt beobachtete niemand Braun und Baur argwöhnisch, um hinterher dumme Fragen zu stellen. Nun konnte Baur den Anblick des »selten hübschen Mädchens« für eine Weile in Hitlers Wohnzimmer genießen.

Die Wiederkehr der *Tristan-und-Isolde*-Konstellation: König Hitler abwesend, mit Weihnachts-Bescherung für eine Neunjährige beschäftigt, Hans und Eva irgendwie sich selbst überlassen. Baurs Text und Kontext beweisen Hitlers Demonstration seines Verhältnisses zur 21-jährigen Eva Braun.

Funktionszwänge für die Sex-Intaktheits-Darstellungen

Warum musste Hitlers »Leibpilot« Hans Baur über Hitlers spezielle Leib-Vakanz »zur Seite der Frau hin« derart ausführlich und drastisch getäuscht werden? Aus Baurs direktem Anschluss-Text kommt heraus: Der Leibgardisten-Führer der »SS Leibstandarte Adolf Hitler«, Sepp Dietrich, wusste schon alles. Er warf Hans Baur, dem Wissens-Neuling, die Tatsache vor dessen Gang zur Mittagstafel in der Reichskanzlei-Kantine so deutlich durch die Flure zu, dass es auch noch andere Hitler-Leibmänner mitkriegen konnten.

Eineinhalb Jahre später wurde Leibdiener Heinz Linge, der seinen Job im Mai 1935 bei Hitler antrat, informiert. Linge berichtet im *Buch Hitler* ausführlich von den Riten zwischen »Führer« und dessen Freundin, die Hitler seinem neuen Diener vorführte. *(Eberle/Uhl, S. 63 f., Zitat in AMORO)*

»Leibsekretär«, Reichskanzlei-Bürochef Fritz Wiedemann, musste es Anfang 1935 erst einmal namenlos wissen, ehe er dem »Mädchen in München«, Eva Braun, bei nächstbester Gelegenheit persönlich vorgestellt wurde.

»Leibfahrer« Erich Kempka wusste: Eva Braun gab es an Hitlers Seite ab Frühjahr 1932, denn er hatte sie ab dieser Zeit manchmal zu fahren – nur sie und keine andere Frau. *(Görtemaker 11 I, S. 42, Lambert 06, S. 254)*

»Leibstandarten«-Führer Sepp Dietrich, der »persönliche Adjutant des Führers« Otto Günsche, »Leibpilot« Hans Baur, »Leibfahrer« Erich Kempka *(23. Nein-Sager)*, Körper-nahester Kammerdiener Karl Wilhelm Krause *(17. Nein-Sager)*, Leibdiener Heinz Linge *(6. Nein-Sager)*, »Leibadjutant« Julius Schaub *(15. Nein-Sager)*, Telefonist und »Bodyguard« Rochus Misch *(18. Nein-Sager)*, Wachmann und Hausmeister Herbert Döhring *(5.Nein-Sager)* und Rechte-Hand-Bürovorsteher Fritz Wiedemann – alle zehn »Leibmänner« wussten sofort nach ihrer Ankunft im Job bei Hitler oder nach Eva Brauns Auftauchen, dass es sie gab, und haben zu der Tatsache längere oder kürzere Zeugnisse hinterlassen. Von Biograf Ullrichs behauptetem »Verbergen« Eva Brauns vor Hitlers Entourage kann also keine Rede sein.

Diese Prompt-Sex-Info fand bei Hitlers »Geistdienern« Martin Bormann, Presse-Chef Otto Dietrich, NSDAP-Anwalt Hans Frank, Josef

Goebbels, Hermann Göring, Ernst Hanfstaengl, Rudolf Heß, Reinhard Heydrich, Heinrich Himmler, Robert Ley, Alfred Rosenberg, Franz Xaver Schwarz, Julius Streicher ... nicht statt.

Der Unterschied zwischen den Erst- und Letzt-Genannten: Die geistig nahen Männer kamen von oben zu ihren Gefühlen für Hitler, die Leib-nahen von unten. Bei den Spiritu-Emotio-Getreuen Hitlers, den Akademikern und Doktoren, war keine Sofort-Hetero-Demo nötig wie beim »Leibsekretär«, dem gebürtigen Landmann Fritz Wiedemann, oder beim »Leibpiloten« Hans Baur. Für die »Verkopften« war sexuelle Enthaltung kein lebensgeschichtliches Unikum. Alle Geistarbeiter kennen Verzicht, Triebaufschub, Sublimation. Zuerst sind sie in ihrer Jugend meist verklemmt, dann üben sie sich während ihres Studiums in Verzicht – wegen avisierter Karriere und vollführtem Training in Wissen und geistigem Können.

Für alle soeben genannten Ideologie-gesteuerten Nazis war Hitlers Abstinenz nichts Befremdliches. Sie hatten sich in ihrem Leben ebenfalls mal einer Enthaltung befleißigen müssen – der eine kürzer, der andere länger. Hitler eben länger, nahmen sie gutwillig gläubig an. Was nicht ist, kann ja noch werden. Alle geistig Nahen Hitlers hatten es irgendwann geschafft und sich mit einer Frau liiert.

Doch für die Männer von unten – die Bauch-Fühligen und Schenkel-Fertigen – ist sexuelle Nicht-Tätigkeit etwas Unverständliches bis Unheimliches. Hitlers Dilemma lag darin, dass er auch die längste Zeit seiner Existenz als *Hitler 2* über keine ausübende kommunikative Sexualität verfügte, außer der serienmörderisch angeköchelten, Destruktions-orientierten, masturbatorisch betriebenen Weise, zum Orgasmus zu kommen (*ONANO, Hitlers Männermord-Orgasmus*). Es ging Hitler bei seiner Demonstration vor seinen Leib-nahen einfachen Männern nicht nur darum, ihnen gegenüber die »richtige« Sexualität darzustellen – im Gegensatz zum 1934 von ihm per Befehl ermordeten Ernst Röhm nicht homosexuell zu sein. Sondern es ging Hitler in erster Linie auch darum, von seiner umfassenden Teuflischkeit des Mangels an jeglicher kommunikativ einvernehmlicher Sexualität abzulenken. Hitler musste sich den von ihm dringend gebrauchten niederen »Leibmännern« von Leib zu Leib als normal sexuell kommunikabel darstellen. Diese Männer hätten sonst nicht unangefochten für ihn fungieren können. Das Identifikations-Räderwerk des bündischen Mannes von unten wäre nicht angelaufen, wenn diese Männer Hitlers Destruktions-Trieb wahrgenommen hätten.

Hitlers unheimliches sexuelles Markenzeichen »Da war nix!«, das sich dem einfachen Mann, dem gebürtigen ostpreußischen Bauern

Herbert Döhring, ausnahmsweise noch während seiner Tätigkeit als *Berghof*-Hausverwalter offenbart hatte *(ONANO, 5./21. Nein-Sager)*, sollte sich auf keinen Fall unter Hitlers »Leibmännern« herumsprechen. Hitler hatte mit Eva Braun genau das tun müssen, was sein früher Begleiter Ernst Hanfstaengl Nagel-auf-den-Kopf-treffend im Gespräch mit Joachim Fest zum Ausdruck gebracht hatte: »Die Eva‹ sei nur ein ›Statusschätzchen‹ gewesen. So etwas habe man sich in dieser Männerkumpanei zumal der Aufstiegs- und Kampfjahre der Bewegung halten müssen. Gerade als ›Führer‹ habe Hitler nicht umhinkönnen. Eva Braun sei lediglich Inventar gewesen, alle hätten darüber geredet, wie sie selbst bei Hitlers Besuchen am Obersalzberg einsam die Nächte verbracht habe [...]«. *(Fest 06 II, S. 60 f. 10. Ja Sager, Albert Speer, Gespaltene Augen verzerrten Hitlers Gestalt)*

Dem geistigen Freund Otto Wagener gegenüber konnte Hitler sich echt darstellen mit »keinen Drang, eine Frau zu besitzen«. *(ONANO, 19. Nein-Sager)* So etwas ging unmöglich gegenüber Hitlers leiblichen Freunden, die sich wie Karl Wilhelm Krause und Julius Schaub sofort mit Eva Braun in eine eifersüchtige Beziehung setzten. *(ONANO, 17. und 15. Nein-Sager)* Ullrichs Ansicht, Hitler hätte auch dessen geistigen Freund Otto Wagener mit seiner »Dranglosigkeit« getäuscht, ist ein Irrtum. Bei seinen Geistdienern konnte Hitler Wahrheiten riskieren, bei seinen Leibdienern nicht, zu denen auch Fritz Wiedemann gehörte, denn Wiedemann war von dessen Ursprung her ebenfalls »einfach gestrickt«, nämlich im Zivilleben vor seinem Antritt als Hitlers »Leibsekretär« bäurisch und gärtnerisch tätig gewesen. Er wurde durch die mit Hitler gemeinsam verbrachte Zeit als Soldat im Ersten Weltkrieg von Hitler weiterhin als Leib-nah begriffen. Erst recht war Hitlers »Leibpilot« ein Body-Typ. Hitler vertraute Hans Baur hundertprozentig, denn er hatte prinzipiell eine Flug-Phobie, die er neben Baurs Ruhe und technischem Können restlos überwand, um mit Flügen durch Deutschland sein politisches Veranstaltungs-Pensum schadlos absolvieren zu können. Baur musste ohne einen Millimeter Distanz und ein Jota Misstrauen für Hitler perfekt funktionieren. Baur war für Hitler »pflegeleicht«. Er war in Sachen Sex so irden, dass er Hitlers »Mädchen«-Show ohne ein Prozent Abstrich glaubte. Das geht aus Baurs Erinnerungen hervor. Er misstraute der Verleiblichung der Hitler-Braun-Beziehung keinen Deut. Ja, mehr noch: Baur selbst fuhr auf Eva Braun ab. Da war es für ihn klar, dass Hitler als Mann das erst recht tat.

Es ging Hitler darum, das feinmechanisch präzise Funktionieren seiner »Leibmänner« zu garantieren. Seinem Leibdiener Heinz

Linge hatte er einmal gestanden, dass er sich niemals so sicher fühlte, wie wenn Linge hinter Hitler im Auto sitzt. *(Linge* 56, Nr. 46 vom 12. November 1955, S. 49, und Nr. 50 vom 10. Dezember 1955, S. 44) Dieses sichere Funktionieren der »Leibmänner« um Hitler herum wäre gestört worden, wenn sie einen Zweifel an Hitlers feinmechanisch exakt funktionierender Heterosexualität gehabt hätten.

Ihr Dämmern, dass da bei Hitler etwas nicht stimmte, geschah langsam. Die endgültige Klarheit kam den meisten erst nach Ende ihrer Tätigkeit für Hitler – mit Ausnahme des »Leibfahrers« Erich Kempka, der mit einer ehemaligen Spezialistin für das »horizontale Gewerbe« verheiratet war, die schon allein aus Eckdaten die dürre Wahrheit realisieren konnte, zum Beispiel dass Eva Braun bei ihren Besuchen Hitlers auf dem Obersalzberg immer in Pensionen, nie im *Haus Wachenfeld* mit übernachtet. *(Kein Mitschlafen – kein Beischlafen* und *ONANO, 23. Nein-Sager)*

Bei Hitlers Geistdienern war alles ganz anders. Sie waren nicht stündlich um ihn, wie es die Leibdiener Funktions-halber manchmal tage- und auch nächtelang mussten. Daher haben von den Geistdienern die meisten nichts bemerkt oder an Hitlers Verzicht geglaubt. Entweder gibt es gar keine oder keine genaueren Äußerungen von ihnen über Hitlers Sexualität – nichts spezifisch Wahrheits-Treffendes ist von Goebbels, Göring, Heß, Frank, Heydrich, Ley, Rosenberg, Streicher übermittelt worden. Oder sie ergießen sich in Rührung über den Abstinenzler A. H., wie Presse-Chef Otto Dietrich es tat. *(Dietrich,* S. 230 ff.) Überraschend, dass in Joseph Goebbels' Tausenden Seiten Tagebüchern keine »Abhandlung« über Hitlers Sexualität existiert, nur die Stelle »Ach, der arme Zöli-Führer!« *(ORALO, AMORO)*

Unter seinen Geistdienern waren es Bormann, Hanfstaengl und Himmler, die von Hitlers sexuellem Vakanz-Betrieb wussten. Bormann wegen der Beziehung zu Gustav Scholten, dem Gynäkologen seiner »zehnkämpferisch« gebärenden Ehefrau Gerda. Die Bormanns hatten den Scholtens »reinsten Wein« über Hitlers *Andro-Gyn-Terra-Incognita* eingeschenkt. Die Bormanns kamen derart drastisch von der Fruchtbarkeits-Seite zur funktionierenden Heterosexualität, dass Hitler ihnen in ihrem Verbund mit dem Gynäkologen-Ehepaar Scholten nichts vormachen konnte. Aus dem Negativ-Votum von Nelly Scholten ergibt sich, dass auch die Bormanns über Hitlers Unterleibs-Verödung informiert waren *(21. Nein-Sagende).*

Himmler war im Bilde über Hitlers genitales »Passen« wegen seiner Nähe zu Hitlers Schwippschwager Hermann Fegelein, der von dessen Ehefrau, Eva Brauns Schwester Gretl, die a-sexuellen »Effekten«

zugesteckt bekommen hatte und dadurch wusste: Nicht Verzicht übte Hitler, sondern phallisch-vaginale Ohn-Macht kennzeichnete ihn, was Himmler für seine komplette Supervisierung Hitlers interessierte und er in seine »Schwarzakte« aufnahm. (ORALO, 6. Ja-Sagerin. Eva Braun, NEUTRO, Himmlers Akte »in Rot«)

Hanfstaengl wusste, weil er Anglo-angesteckt war, vielmehr durch sein frühes Training von Jugend auf in angelsächsischer Nicht-Verklemmtheit schneller hinter Hitlers Wahrheiten gekommen war: Hitler = »im medizinischen Sinne impotent«. (ONANO, 4. Nein-Sager) Hanfstaengl hatte Ehefrau und Geliebte. Über diesen Umstand erregte sich Hitler am Mittagstisch mit seiner Sekretärin Traudl Junge, weil die Geliebte nicht so schön gewesen wäre wie die Ehefrau. (Junge 02, S. 120) Mit diesem Sich-Wundern entblößte Hitler sein interpersonell sexuelles Nicht-Funktionieren. Er verstand nicht, was Sexappeal und gegenseitige sexuelle Anziehung sind, die wenig mit dem organisatorisch messbaren Gesichtsphänomen Schönheit zu tun haben.

Die beiden Ja-Sager, Hitlers Geistdiener, der Eher-Verlags-Leiter Max Amann und Hitlers »Leibarchitekt« Albert Speer, nahmen eine Mischposition ein. Sie müssen in Verbindung mit Hitlers »Leib-Staatssekretär« Fritz Wiedemann gesetzt werden. Auch Max Amann und Albert Speer dienten Hitler geistig. Aber sie standen wie Fritz Wiedemann in Hitlers Gefühlshaushalt den Leibdienern näher als den Geistdienern – Amann, weil Hitler 1 mit seinem ehemaligen Erste-Weltkriegs-Feldwebel jahrelang profan-leibliche Nähe erlebt hatte, aus der Hitler Amann emotional nie wieder entlassen konnte, auch wenn Amann für Hitler 2 zum Ideologie-Fabrikanten in der Position des Hitler-Schriften-Verlegers mutiert war.

Albert Speer wirkte auf Hitler aus zwei Gründen mehr leibdienend als geistdienend.

Erstens: Hitler hatte sich Mitte 1933 spontan in den 28-jährigen Architekten verliebt, wollte ihn ab 1934 immer um sich haben, zeigte sich sogar am Schluss gegenüber Speer gnädig, obwohl er Hitlers Befehl zur »Verbrannten Erde« nicht in die Tat umgesetzt hatte – Hitlers »Nerobefehl« vom 19. März 1945. (Fest 06 I, S. 8 f.) Sich-Verlieben ist etwas zutiefst Leibliches.

Zweitens: Hitler selbst war ein Liebhaber-Architekt, bekundete immer wieder, dass er eigentlich habe Baumeister werden wollen. Er zeichnete architektonische Entwürfe, machte Skizzen. Sich in architektonischen Fantasien zu betätigen entspannte ihn. Bauen kam Hitler nicht nur aus innerstem Innen, sondern bedeutete für ihn auch etwas Physisches, ein Mann-bei-Mann-Miteinander.

Für Hitlers Beziehung zu seinen beiden Misch- oder Grenz-Männern Max Amann und Albert Speer galt das Gleiche wie für Hitlers Beziehung zu all seinen Leibnahen. Er musste Sonder-Anstrengungen unternehmen, sich in der subtilsten Leiblichkeit, der Sexualität, auch vor diesen beiden Männern als gesund und normal darzustellen. So nahm Hitler mit seinen Hetero-Demos auch Amann und Speer unter besonderen Beschuss, genauso wie seinen »Leibsekretär« Fritz Wiedemann, den ihm erfahrungsgemäß Leib-Nahen aus der Erste-Weltkriegs-Soldatenzeit. Ebenfalls Wiedemann hat Hitlers Fake-Sex mit dem »Mädchen in München« nicht durchschaut. Wiedemann bezeugte nur Hitlers Zwanghaftigkeit, sofort bei der Amtseinführung sich seinem neuen Reichskanzlei-Mitarbeiter als hetero-intakt darzustellen. (9. Ja-Sager) Diese besondere Zielscheibe von Hitlers Hetero-Darstellung gewesen zu sein, schränkt Albert Speers Aussagekraft als 10. Ja-Sager weiterhin ein, denn immer mehr wird deutlich: Speer hat sich in seiner Einschätzung des Hitler-Braun-Verhältnisses nicht wie Ernst Hanfstaengl auf seine unabhängigen Beobachtungen bezogen, sondern ist Opfer von Hitlers Täuschungs-Manöver geworden.

Fazit von Hitlers Peepshows
Wie Fritz Wiedemann (9. Ja-Sager) muss auch der 8. Ja-Sager, Pilot Hans Baur, mit seiner Erinnerung an die Bescherungs-Geschichte zu Weihnachten 1933 zwischen Hitler, Eva Braun, Baur, dessen Tochter und Haushälterin Winter die Ja-Seite verlassen, obwohl Baur selbst sich im Ja eingerichtet hatte und keinen Zweifel an Hitlers Tiefgang in dessen sexuellen »Geschmack« E.B. (Sepp Dietrich) verspürte. Doch ebenso wie beim neutralen Bericht von Wiedermann und bei den Verneinungen durch die Hitler-Leibmänner Krause (17.), Misch (18.) und Schaub (15.) sei hervorgehoben: Es kommt bei der Zeugnis-Verifizierung nicht darauf an, was eine Person meint, glaubt etc., sondern was sie mit ihrem überlieferten Text zum Ausdruck gebracht hat. Hans Baurs Weihnachts-Bescherung mit wiederholtem *coup de foudre* zwischen ihm und Eva Braun enthüllt eine gewollte Schaustellung des Braun-Hitler-Verhältnisses als heterosexuell TÜV-passierbare Mechanik: Komm, Eva, stell dich mal an die Tür meines Schlafzimmers! Um vier Uhr nachmittags vor dem Weihnachtsabend besucht mich mein Pilot Baur mit seiner Tochter Inge. Denen soll was gezeigt werden, damit sie in ihren Kreisen die frohe Botschaft von unserer Horizontalen ausposaunen: Freuet euch, denn heute steht der gute Geschmack unseres Vaters Heilhitler an der Tür.

Und richtig, Pilot Baur verständigte sich mit Leibstandarten-Führer Dietrich: Donnerwetter, unser Heilhitler-Vater hat einen guten Geschmack, ein gutes Schwänzchen, äh, Händchen bei der Wahl seiner Geliebten gezeigt. Sogleich im Nachtext fügt Baur an, wie es mit Hitlers gutem Geschmack rund in München ging, worüber ihm seine Frau berichtete. Und Baur selbst hat seiner Frau was vom Führer mit der Eva Braun erzählen können, ja auch die neunjährige Tochter Inge hatte nun schon was zum Erzählen und Rundgehenlassen in ihrer Schule bekommen. Nichts berichtet Baur darüber, dass seiner Tochter die Geheimhaltung des weihnachtlichen Antreffens vom »Führer« und dessen »gutem Geschmack« auferlegt worden sei. Das war das Weihnachtsgeschenk, an dem Hitler interessiert war, am Zwei-Generationen-Weitersagen und Rumtragen, wobei in diesen »Reigen« von Mund zu Mund alle drei Baurs inbegriffen waren – der Pilot, dessen Ehefrau und Tochter. Alle drei hatten gehört oder gesehen.

Hitlers Bedarf an seinen privaten »Peep-Shows« entblößt das Künstlich-Gestellte seiner Heterosexualität, nicht ihre wahrhaftige Existenz, die gar keiner Darstellung bedurfte, weil sie sich von selbst vermittelt hätte. Ebenfalls der 8. Ja-Sager, Hans Baur, wurde ein Nein-Zeuge, wenn auch von besonderer Art. Er ist nach Reichskanzlei-Chef Fritz Wiedemann (24.) der 25. Nein-Bestätiger. Die Jas haben sich damit auf sieben verringert, sind weniger als ein Drittel der Neins geworden.

Ahnungslosigkeit gegenüber dem Hausmeisterin-Betrug

7. Ja-Sagerin – Gretel Mittlstrasser

Diese Ja-Sagerin hat den schärfsten Wahnsinn in die Hitler-Biografik gebracht und eine der aufwendigsten Forschungsmaßnahmen zu einem Seitenthema von *Hitler 1 und Hitler 2* mobilisiert. Es handelt sich um die *Berghof*-»Beschließerin« Gretel Mittlstrasser, die Ehefrau des zweiten und letzten dortigen Hausverwalters Willi Mittlstrasser (Februar 1943 bis April 1945), Nachfolger von Herbert Döhring, dem 5. Nein-Sager und Verreißer der trockenen Laken von Braun und Hitler – mit seinem Fazit: »Hitler konnte nicht.«

Heute ist nicht mehr verständlich, was die damalige Frauen-Position »Beschließerin« bedeutete. Gretel Mittlstrasser war zwischen 1936 und 1943 die Aufseherin des Reinigungs-Personals auf dem *Berghof*. Sie stellte Herbert Döhrings Zeugnis (*ONANO, 5./21. Nein*) das schwierig zu knackende Kontra entgegen, von dem ihre Cousine Anna Plaim-Mittlstrasser berichtete: »Was also die intime Beziehung zwischen Hitler und Eva Braun betrifft, kann ich nur sagen, dass sich

Gretels Schilderungen grundlegend von den Behauptungen Dö[h] rings unterschieden. Denn schließlich war Gretel diejenige gewesen, die für Eva Braun Medikamente besorgen musste, damit sie [Braun] ihren Zyklus verschieben konnte, wenn der Führer gerade am Berghof war.« *(Plaim/Kuch, S. 75)*

Gretel Mittlstrasser sollte neben dem 2. Ja-Sager, dem Leibdiener und »Widerrufer« Heinz Linge, eine »Kronzeugin« für Hitlers funktionierende vaginal-bezogene Phallik sein – so wie Biograf Ullrich die Aussage von Mittlstrasser präsentiert: »Auch Gretl Mittelstrasser, die Frau des Döhring-Nachfolgers, ging wie selbstverständlich davon aus, dass Hitler und seine Freundin miteinander geschlafen hatten. Sie selbst, erzählte sie dem Zimmermädchen Anna Mittlstrasser, habe aus der Apotheke die Medikamente besorgen müssen, damit Eva Braun ihren Zyklus verschieben konnte, wenn der ›Führer‹ sich auf dem Berghof aufhielt.« *(Ullrich, S. 689)*

Schon wieder muss der zweit-aktuellste Hitler-Biograf einer Verdrehung überführt werden: Ullrich verweist in seiner Anmerkung auf das Interview-Buch zwischen dem ehemaligen *Berghof*-Zimmermädchen Anna Mittlstrasser, später verheiratete Plaim, und ihrem Gesprächspartner Kurt Kuch: »Vgl. Plaim/Kuch: *Bei Hitlers*, S. 75, 108«. *(a. a. O.,* S. 1006, Anm. 78) Ullrichs Wiedergabe des Textes von Anna Plaim-Mittlstrasser, die über die Aussage ihrer angeheirateten Cousine Gretel Mittlstrasser zur »Zyklus-Verschiebung« der Eva Braun berichtet, enthält zwei Ungenauigkeiten:

1.: Die *Berghof*-»Beschließerin«/Verwalterin Gretel Mittlstrasser hat ihrer Cousine Anna, die sie im Mai 1941 als Zimmermädchen für den *Berghof* anheuerte, damals nichts von der »Medikamenten«-»Besorgung« für Eva Brauns »Zyklus-Verschiebung«»erzählt«, wie aus dem Original ersichtlich ist.

2.: Ullrich schreibt den Namen Gretel Mittlstrasser konstant falsch, auch den Nachnamen ihres Mannes, des *Berghof*-Mitarbeiters und späteren -Hausverwalters Willi Mittlstrasser. *(Ullrich,* S. 685, 689, 1078) Bei Ullrich hat die fiktive Kronzeugin den Namen »Gretl Mittelstrasser« und nicht wie original geschrieben »Gretel Mittlstrasser«. Abermals ist zu bemerken, dass Ullrich bei seiner Behandlung von Hitlers heterosexuellen Intim-Angelegenheiten extrem unkonzentriert ist.

Zu 1.: Ullrich zitiert nur den einen Ausspruch des ehemaligen Zimmermädchens aus ihrem Buch über ihre Zeit auf dem *Berghof.* Anna Plaim-Mittlstrasser bespricht mit Kurt Kuch die »Zyklus-Verschiebung« Eva Brauns jedoch zweimal. Erst beim zweiten Mal kommt heraus, wann die Vorsteherin der *Berghof*-Zimmermädchen und spätere Hausverwalterin sich darüber ausgelassen hat. Nicht zur damaligen Zeit gegenüber ihrer Cousine während deren anderthalbjährigem Dienst als *Berghof*-Zimmermädchen zwischen Mai/Juni 1941 und Anfang 1943. Die Mitteilung über Eva Brauns angebliche »Zyklus-Verschiebung« geschah erst 60 Jahre später – im Fernsehen!

Ullrich verschweigt die folgende Aussage, gibt in seinem Anmerkungs-Apparat für das Kapitel 18 *Die Berghof-Gesellschaft* unter der Fußnote 78 auf Seite 1006 zu seinem obigen Zitat nur die Seitenzahl des zweiten Statements bei Plaim/Kuch an. Immer wieder verfährt Ullrich für sein Promoting des Hitler-Hetero-Wahns in dieser Doppelgleisigkeit: »Rein wissenschaftlich« benimmt er sich Sach-unanfechtbar. Auch die zweite Aussage der Zeugin Plaim-Mittlstrasser wird von Ullrich gebracht, aber nicht als nachvollziehbarer Text, sondern geschrumpft auf eine Seitenzahl. Somit ist diese wesentliche Stelle für den Erkenntnis-Prozess tot, da verscharrt im Massengrab von Tausenden Zahlen in Ullrichs Anmerkungs-Apparat.

Erst in der zweiten Erwähnung des Themas durch das ehemalige Zimmermädchen Anna kommt heraus, wer was wann zu wem gesagt hat: »Eigentlich hat nie jemand genau gewusst, wo er [Hitler] geschlafen hat. In einer Dokumentation des ZDFs wurde dieser Punkt auch einmal angesprochen. Gretel hat dort gesagt, Hitler habe selbstverständlich bei oder mit Eva Braun geschlafen, da sie selbst [Gretel] aus der Apotheke Medikamente besorgt habe, so dass Eva Braun ihren Zyklus habe verschieben können.« *(Plaim/Kuch, S. 108 f.)*

Es handelt sich um die »Dokumentation« von 2001 über den *Berghof*, in der auch Herbert Döhring *(5. Nein)* sein Votum zu Hitlers inaktiver Heterosexualität im Falle Eva Brauns abgab. *(Krause 11, S. 96, 21. Nein-Sagerin, Nelly Scholten)*

Die Diskrepanz zwischen Wahrheit und Unterstellung ist in diesem Falle äußerst wichtig, denn Ullrich suggeriert mit seiner falschen Wiedergabe des ersten Ausspruchs von Plaim-Mittlstrasser und seinem Weglassen von Plaim-Mittlstrassers zweiter Erwähnung des Themas, dass zur Zeit des Geschehens auf dem *Berghof* unter Frauen über die »Zyklus-Verschiebung« bei Eva Braun gesprochen worden sei. Dadurch wird die in Frage stehende phallisch-vaginale Tätigkeit Hitlers mit einem weiteren Argument gestützt: Naheste Frauen um Eva Braun hätten sich zwischen 1941 und 1943 über Menstruations-Probleme bei der Hitler-Freundin in Bezug auf Geschlechtsverkehr mit ihm ausgetauscht. Dann stimmt ja alles mit der Zeugungskraft des »Führers«, wenn Frauen zu Frauenthemen von ihrer Seite her eine so essentielle Nachricht weitergeben. Noch dazu handelt es sich bei Gretel Mittlstrasser um eine der nahesten Vertrauenspersonen Eva Brauns.

Durch die Aussage der Kronzeugin Gretel Mittlstrasser über Hitlers angebliche phallische Intaktheit 60 Jahre später unter öffentlichen Bedingungen im *ZDF* bricht erst einmal der Grundstein des Gebäudes dieser Mitteilung heraus. An keiner Stelle ihres Buches erwähnt das ehemalige Zimmermädchen Anna, dass »es« vor oder nach 1945 von Cousine Gretel Mittlstrasser persönlich über eine von Eva Braun praktizierte »Zyklus-Verschiebung« informiert worden sei. Anna Plaim-Mittlstrasser macht nur den soeben zitierten Hinweis auf das *ZDF*-Interview ihrer Cousine Gretel von 2001. *(Plaim/Kuch*, S. 108 f.)

Ullrichs Schludrigkeit in »Frauensachen«

Zu 2.: Die Namen von Nebenpersonen, die in einem Buch von 1100 Seiten zweimal vorkommen, falsch zu schreiben, wäre nicht der Rede wert, wenn damit nicht erneut auf Volker Ullrichs Fahrigkeit in Sachen Hitlers Heterosexualität hingewiesen werden müsste. In der Presse hätte es nach Erscheinen von Ullrichs Hitler-Biografie 2013 einen Aufschrei gegeben, wenn er sich derartige Nachlässigkeiten in Männersachen geleistet hätte, zum Beispiel den letzten demokratischen Kanzler der Weimarer Republik (Dezember 1932–Januar 1933) Kurt von Schleicher »Schlecher« geschrieben hätte. Oder der 1922 ermordete Reichs-Außenminister Walther Rathenau wäre bei Ullrich als »Walter Ratenow« aufgeführt worden.

Kulturell tätige Männer bilden sich immer noch ein, sie müssten »Frauen- und Privat-Sachen« nicht die gleiche präzise Aufmerksamkeit angedeihen lassen wie politischen Angelegenheiten. Auch diese plötzliche Nachlässigkeit in der Anspannung eines Autors wäre nicht der Rede wert, wenn nicht gerade damit etwas sexualpolitisch Zentrales in der Geschichtsschreibung zum Dritten Reich verfälscht würde: Die Sexualität Adolf Hitlers mit einer Frau habe »normal« funktioniert. Sowohl den Vornamen als auch den Nachnamen der 7. Ja-Sagerin zu Hitlers angeblich intakter Heterosexualität schreibt Ullrich falsch.

Vergleichbar ging es bei ihrem Mann zu, der von Geburt Wilhelm heißt, sich aber immer »Willi« nannte und so auch in den Hitler-Chroniken und -Biografien überliefert wird. Ullrichs Form-Fehler ist gravierend, da Willi und Gretel Mittlstrassers Cousine, Anna Plaim-Mittlstrasser, als Buch-Autorin und ehemalige *Berghof*-Mitarbeiterin eine ernstzunehmende Zeugin für Hitlers intime

Angelegenheiten ist und zur 14. Nein-Sagerin »gekürt« werden konnte. Ullrich passt nicht auf. Er macht seinen Fehler im Zusammenhang mit Plaim-Mittlstrassers Buch *Bei Hitlers. Zimmermädchen Annas Erinnerungen.* Darin halten es Autoren und Lektoren auch nicht so genau mit der Schreibweise von Eigennamen. *Berghof*-Verwalter Herbert Döhring wird immer ohne »h« geschrieben. Aber die falsche Schreibweise der »Kronzeugin« Gretel Mittlstrasser kommt in Plaim/Kuchs Werk nur einmal vor, bei der Untertitelung eines Fotos auf Seite 23. Ansonsten heißt die »Beschließerin« und Hausverwalterin auf Hitlers *Berghof* korrekt Gretel Mittlstrasser, was Ullrich aufgefallen wäre, wenn er sich genauer mit dem Text beschäftigt hätte. Auch in den Erinnerungen der jüngsten Hitler-Sekretärin Traudl Junge werden die Namen des zweiten *Berghof*-Hausverwalter-Ehepaares Gretel und Willi Mittlstrasser durchlaufend richtig geschrieben. *(Junge* 02) Der weibliche Geburts-Vorname »Margaret[h]e« kann zu »Gretel« oder zu »Gretl« verkürzt und dann als Eigenname verfestigt werden. Bei Mittlstrasser geschah es per »Gretel«, bei Eva Brauns jüngerer Schwester Margarethe per »Gretl«. Auch gibt es manchmal das »h« hinter dem »t« von »Margarete«, manchmal nicht! *(Lambert, Taylor* – Braun-Stammbaum)

Unverständlich, dass Ullrich als Kulturträger gerade über diesen herausragenden deutschen Frauennamen stolpert, der in der Figur *Gretchen am Spinnrad* in Goethes *Faust* und Schuberts Lied Weltbedeutung erlangt hat!

Besonders zur Kennzeichnung der Chargen im weiblichen Tross unter den Hitler-Mittäterinnen ist es nötig, die Namen der einzelnen Frauen korrekt zu schreiben – vor allem dann, wenn ein Historiker eine Person zu einer relevanten Zeit-Zeugin machen will. Zeugen mit falsch geschriebenen Namen wären eigentlich für jegliche Beweisführung in Prozessen unbrauchbar.

Ullrichs Sich-gehen-Lassen in der Aufmerksamkeit gegenüber Hitlers Mittätern, Mittäterinnen, Gehilfen und Gehilfinnen ist in Anbetracht der Mittlstrassers kein Einzelfall.

Die naheste Jugendfreundin Eva Brauns, Herta Ostermayr, ab 1936 verheiratete Schneider, rubriziert Ullrich in seinem Personenverzeichnis unter dem Namen »Schneider«! *(Ullrich,* S. 694, 918, Anm. 111, S. 1081) Als »Herta Schneider« ist Brauns Begleiterin seit der frühen Schulzeit ab sieben-/achtjährig jedoch nicht eine Fußnote in der Geschichte des Dritten Reichs geworden, sondern als »Herta Ostermayr« – ebenso wie die Hitler-Halbschwester Angela Raubal nicht unter dem Namen ihres zweiten Ehemannes, Martin Hammitzsch, in die Hitler-Biografie eingegangen ist, in der sie im Unterschied zu ihrer Tochter Geli Raubal manchmal als »Angela Hitler«, manchmal wegen ihrer ersten Verheiratung als »Angela Raubal« aufgeführt wird. Ullrich setzt den Mädchennamen Herta Ostermayrs nur in Klammern hinter »Schneider« und schreibt ihn dann auch noch falsch: »(geb. Ostermeier)«. *(a. a. O., S.* 694)

Auch die drei Biografen Nerin Gun, Anton Joachimsthaler und Heike Görtemaker rubrizieren Herta Ostermayr unter dem Namen ihrer Verehelichung »Schneider«. Dadurch wird das Falsche nicht richtiger. Ostermayr muss in den Braun-Hitler-Biografien den Namen bekommen, mit dem sie sozial und psychisch in Eva Braun eingestiegen und in ihr ›drin‹ geblieben ist. Das geschah nicht ab 1936 als »Schneider«, sondern bereits ab 1919 als »Ostermayr«.

Herta Ostermayr als engste Freundin Eva Brauns, als rituelle Besucherin des *Berghofs* mit einer eigenen späteren Wohnung auf dem Obersalzberg, gehört zum Thema Hitlers Heterosexualität in die erste Reihe. *(Lambert* 06, S. 37, 50, 162, 196, 213, 228 f., 313 402, B. 12, 425 f.) Ostermayr, verheiratete Schneider, hatte zwei Töchter, Gitta und Uschi, mit denen Hitlers Lebensgefährtin »Fräulein Braun« sich so oft fotografieren ließ, dass die unter »Eingeweihten« umlaufenden Fotos den Eindruck erweckten, es handle sich um Eva Brauns eigene Kinder – mit?! – vielleicht dem »Führer«? *(a. a. O.,* S. 307, B. 1, *Görtemaker* 10, S. 245, *Linge* 55/56, Nr. 3 vom 21. Januar 1956, S. 14) Die zusammen mit ihrem Ehemann Erwin Schneider zweifach Mutter gewordene Hetera Herta Ostermayr-Schneider gehörte in Hitlers Konzept, wenigstens durch andere junge Frauen auf dem *Berghof* die dem Volk eingepaukten Zwänge von »Mutter und Kind« fluidal durch die Propaganda-Lüfte zu schicken. Dazu gehörten auch die Bormann- und die Speer-Kinder. Aber von Brauns Busenfreundin Herta färbte »Mütterliches« auch auf das sterile »Fräulein Braun« ab – und damit zugleich auf Hitler selbst.

Hitlers in eigener Sache ständig betriebene Hetero-Fiktion anstatt -Friktion spielte für sein Image, von ihm genannt »Reklame«, heißt »Propaganda«, eine überdimensionale Rolle. In diesem Schau-Spiel wird Herta Ostermayr bei näherer Betrachtung immer wichtiger. Sie darf nicht nur eine Fußnote bleiben. Auf keinen Fall kann mit Ostermayr weiter in der Nachlässigkeit wie bisher umgegangen werden, die dazu geführt hat, dass ihr Name immer mal wieder falsch geschrieben wird. Neben Ullrichs Version »Ostermeier« gibt es noch »Ostermair« und »Ostermayer«. Hitlers Hetero-Gespenst ist niemals zu verscheuchen, wenn darüber und über seine Begleit-Umstände derart nachlässig geschrieben wird.

Wer im militärischen Hochkommen und politischen Herauskommen von *Hitler 2* in München nach dem Ende des Ersten Weltkriegs eine Schlüsselrolle spielte, war Hitlers Lancierer und früher »Sponsor«, Hauptmann Karl Mayr, den niemand in Hitler-Chroniken und -Biografien mehr falsch schreibt. Ebenso muss es nun ein für alle Male auch mit Herta Ostermayr zugehen, von der im Zusammenhang mit dem überhaupt nicht »verlorenen [weil geheimen Emotions-]Leben der Eva Braun« *(Lambert)* noch öfter zu reden sein wird (weitere Einzelheiten zu Ostermayr in *ORALO, 6. Ja-Sagerin,* Eva Braun, und *3. Ja-Sagerin,* Herta Ostermayr).

Brauns zweiter Biograf Johannes Frank veröffentlichte in seiner Biografie von 1988/97 einen Brief Brauns vom November 1943 an Busenfreundin Hertas Bruder Walter Ostermayr. Aus dem Faksimile dieses Briefes tritt die Schreibweise des Namens der Hitler-Kooperateure Herta und Walter Ostermayr klipp und klar zutage. *(Frank, J.,* S. 261). Die Heterosexualität ist nun einmal der innigste Ausdruck der Mann-Frau-Beziehung. Ullrich verhält sich beim Verfassen seiner Hitler-Biografie immer wieder in Angelegenheiten, die Frauen betreffen, unaufmerksam. Er schreibt sogar den Namen seiner Hitler-Biografie-Vorläuferin Marlis Steinert konstant falsch, fügte in Steinerts Vornamen ein dort nicht hingehörendes »e« ein und nannte sie »Marlies«. *(Ullrich,* S. 843, Anm. 17, S. 1062) Ullrichs Nachlässigkeitt in »Frauensachen« beginnt irgendwann dann doch symptomatisch zu werden. Über den angeblichen Hitler-Jugend-Schwarm, die Linzerin Stefanie Isak, erlaubt sich Ullrich im Band I seiner Hitler-Biografie drei einander widersprechende Namens-Einträge: Mit »Stefanie (Nachname unbekannt) 38, 301« und »Isak, Stefanie (verheiratete Rabatsch) 38, 301« erscheint die Frau in Ullrichs Personenregister unter zwei verschiedenen Namen *(a. a. O.,* S. 1082, 1076), beim dritten Mal ihrer Erwähnung – nunmehr im Text – wird sie wieder anders geschrieben: »Zu Stefanie Isac, so hieß die Beamtentochter [...]«, um ihren dann doch noch von Ullrich gefundenen Nachnamen mit einem »c« anstatt dem korrekten »k« am Ende falsch zu präsentieren. *(a. a. O.,* S. 38) Dass es sich bei Ullrichs beiden »Stefanies« um dieselbe Person handelt, wird mit den identischen Seitenzahlen hervorgehoben. Und eine zweite Stefanie gibt es in Hitlers Jugend nicht.

Die falsche Schreibweise des Namens der 7. Ja-Sagerin Gretel Mittlstrasser ist noch deshalb anzukreiden, weil Ullrich mit zwei verschiedenen Schreibweisen von Verwandten zweiten Grades aufwartet. Es kann schon einmal vorkommen, dass Nachnamen von Familienmitgliedern unterschiedlich geschrieben werden, wie das im zweiten Buch zu besprechen sein wird: Großvater und Großonkel Adolf Hitlers väterlicherseits schrieben sich »Hüttler« und »Hiedler«, obwohl sie Brüder waren. Aber das geschah im 19. Jahrhundert. Hitlers *Berghof*-Verwalter Willi Mittlstrasser und Zimmermädchen Anna Plaim-Mittlstrasser stammten von zwei bayerisch-österreichischen Brüdern, die sich beide »Mittlstrasser« schrieben und nicht der eine »Mittelstrasser« und der andere »Mittlstrasser«. *(Plaim/Kuch,* S. 7, 15 ff., 19, 21)

Ullrichs rigorose Unzulänglichkeiten bei der Präsentation einer »Kronzeugin« für Hitlers phallisch-vaginale Kapazität sind keine Form-, sondern eine Inhaltssache. Denn das plötzliche Schleifenlassen in Genauigkeit enthüllt schon einmal formell, wie zerstreut sich der Biograf gegenüber dem Thema von Hitlers angeblich »normal« funktionierender, auf Frauen bezogener Sexualität verhalten hat. Er verscherzt sich mit seiner Nachlässigkeit ein um das andere Mal die eigene Glaubwürdigkeit bei seinem Versuch, nach Werner Masers Götterdämmerung erneut Hitler gegenüber Frauen als sexuell intakt im gesellschaftlichen Bewusstsein zu installieren.

Hitler-Forscher fallen auf Verhütungs-Kokolores rein

Das Match mit Ullrich über die inhaltliche Glaubwürdigkeit seiner »Kronzeugin« Gretel Mittlstrasser geht so ungünstig für ihn aus, dass dem verdienten Hitler-Biografen nachträglich gewünscht werden muss, er hätte diese Pseudo-Zeugin nie erwähnt. Ullrich maßt sich an, mithilfe des unüberprüften Statements der Gretel Mittlstrasser von 2001 im *ZDF* zur »Zyklus-Verschiebung« der Eva Braun eine Aussage darüber zu machen, »dass Hitler und seine Freundin miteinander geschlafen hatten«. – »*Hatten*«, schrieb er! Die Konjunktivierung »hätten« hielt er nicht mehr für nötig. So sicher fühlte er sich mit der Aussage der 7. Ja-Sagerin. Und genauso sicher wollte er seine Lesenden in Hitlers sexueller »Normalität« wiegen. *(Ullrich,* S. 689)

Die Original-Aussage Gretel Mittlstrassers in der *ZDF*-Dokumentation vom Juli 2001 *Der Berghof* lautet: »Ich weiß das genau, dass die [Hitler und Braun] ein Paar waren, denn wenn er [Hitler] zu ihr kam, und sie [Braun] hat die Regel gehabt, hat sie vom Doktor was gekriegt, um die Regel zu vertreiben. Und das hab meistens ich vom Arzt geholt, ich selbst hab das geholt – also war doch klar, dass da was war.« *(Greulich/Knopp,* S. 317) Das, was Ullrich mit der Aussparung dieser Original-Sätze seiner »Kronzeugin« gemacht hat, nennt man im privaten Umgang unter Menschen »fies«.

Da Ullrich sich mit dem Bringen und Weglassen von Originalen in Angelegenheit vom Hitler-Braun-Verhältnis nun auch bei der 7. Ja-Sagerin (Ullrichs vierter) zum dritten Mal so benimmt – zuvor bei den Zeugen Wiedemann und Baur –, muss er sich einen drastischen Kommentar zu seinem Vorgehen gefallen lassen: Wissenschaftlich »fies« ist, beide Texte, auf die es angekommen wäre, nicht zu präsentieren – Anna Plaim-Mittlstrassers Erwähnung vom TV-Auftritt ihrer Cousine Gretel im ZDF 2001 und Gretel Mittlstrassers dort gemachte Original-Aussage. Die Quellen von 2005 und 2001/2011 waren bequem für Ullrich erreichbar, dessen Hitler-Biografie, Teil I, erst 2013 erschien. Aber nein, zu diesen heißen Aussagen zweier Braun-Freundinnen über Brauns Menstruation bringt Ullrich nur Nummern – die Seitenzahlen der Originale, damit man ihm Historiker-Kollegen-seits nichts anhaben kann. Doch mit dieser Versteckspiel-Technik bleibt die Wahrheit wieder und wieder auf der Strecke. Deswegen muss laufend, wo auch immer sich so etwas als Manipulation zeigt, in Ullrichs Hexenküche zur Produktion des Hitler-Hetero-Wahn-Dampfs eingestiegen werden.

Was die eigenwilligen Ausdrücke der – um die Jahrtausendwende – alten Frauen Anna Plaim-Mittlstrasser und Gretel Mittlstrasser, »Zyklus-Verschiebung« und »Regel-Vertreibung«, auf die Schnelle bedeuten, erläuterte Eva Brauns dritte Biografin Angela Lambert: »Evas Sorge über die Verschiebung ihrer Periode und Hitlers Darauf-Bestehen, dass sie eine effektive Schwangerschafts-Verhütung betreiben müsse, lässt es stark wahrscheinlich sein, dass sich beide jeder gewöhnlichen Weise des Liebemachens erfreuten.« (Lambert 06, S. 245)

Wie beim Hitler-Biografen Ullrich geschieht auch bei der Braun-Biografin Lambert ein Kurzschluss: Die »Kronzeugin« Gretel Mittlstrasser berichtet 2001 im deutschen Staatsfernsehen laienhaft etwas über medikamentöse Eingriffe »vom Doktor« in die Monats-»Regel« der Eva Braun, »wenn« Hitler »zu« Braun »kam«. Und schon öffnet sich für die Biografen der blaue Himmel der Frau-Mann-sexuellen »Normalität« über dem Paar Braun-Hitler. Mittlstrassers »Regel-Vertreibung« im Falle von Eva Braun, wenn Hitler »zu ihr kam«, propagiert intim-»eindringliche« Geschehnisse, sodass gegen diese phallisch korrekt anmutende »Wahrscheinlichkeits-Rechnung« ein erneuter Kampf ums Stoßen des Sondermannes Adolf Hitler geführt werden muss. Seine Biografen selber stehen im Bann von Hitlers »Lug und Trug« und fangen an zu retuschieren, ja zu fälschen.

Das Gleiche wie gegen Ullrich muss gegen Lambert vorgebracht werden. Beim Thema »Hitlers viril intakte Heterosexualität« landet die Braun-Biografin eine Schummelei: Dass Hitler gegenüber Braun auf »Verhütung« »bestanden« hätte, erfindet Lambert. Für dieses Ansinnen Hitlers an Braun gibt es weder ein Zeugnis noch eine Zeugenaussage. Sogar das, was Gretel Mittlstrasser Fernseh-öffentlich von sich gegeben hat, sagt das nicht. Und Lambert zitiert auch nichts dergleichen.

Was es mit dem dubiosen »Sagen« Gretel Mittlstrassers, dieser angeblichen Intim-Zeugin des mörderischsten Paares der Weltgeschichte, eigentlich auf sich hat, wird jetzt direkt angegangen.

Beide Biografen, Lambert und Ullrich, machen sich 2006/07 und 2013/16 nicht klar, dass »Zyklus-Verschiebung«/»Regel-Vertreibung« nur mit Medikamenten möglich war und ist, die in die Monatsblutung der Frau eingreifen. Solch ein Eingriff konnte und kann noch immer nur hormonell geschehen, da der Zyklus der Frau durch Hormone gesteuert wird. Über die Steuerung der Hormon-Balance funktioniert die sogenannte Pille, die es – auch in medikamentösen Vorformen – zwischen 1932 und 1945, als Braun und Hitler Verhütungs-erforderlich tätig gewesen sein sollen, noch nicht gab. Gretel Mittlstrasser redete im deutschen Fernsehen 2001 Medizin-geschichtlich gerüttelten Unsinn, den beide Biografen nicht realisierten. Auch die Frau Angela Lambert hat die Geschichte der Schwangerschafts-Vereitelungen nicht drauf und fällt dadurch wie der Mann Volker Ullrich der Täuschung Mittlstrassers anheim.

Beide Hitler-Braun-Biografen sind wirkungsvolle moderne Hitler-Forscher – Lambert ab 2006 weltweit über *Random House*, 2007 über den New Yorker Verlag *St. Martin's Press* und Ullrich ab 2013 mit dem *S. Fischer Verlag* aus der weltgrößten Buchmessen-Stadt Frankfurt am Main und ab März 2016 in Englisch ebenfalls über *Random House*. Wenn solche Meinungs-machenden Power-Leute die Aussage Gretel Mittlstrassers als »Kronzeugnis« für den regelmäßig ausgeübten Fruchtbarkeits-riskierenden Geschlechtsverkehr zwischen Hitler und Braun reklamieren und der Öffentlichkeit aufdrücken, muss die Geschichte der Antikonzeption aufgeblättert werden, um diese späte Braun-Gefolgschaft alias »Zeugnis-Aussage« aufdecken zu können.

Es gibt drei Methoden von Verhütung – die vollständige Sterilisation einer Frau per »Total-Ausräumung« ihres Uterus und die Austreibung der befruchteten Eizelle bis hin zur Abtreibung des Fötus/Embryos nicht einbezogen:

1.: Verhinderung des »Ei-Sprungs«, der Entstehung einer Befruchtungs-fähigen Eizelle (Ovulations-Hemmung),

2.: Verhinderung der Einnistung einer Eizelle in die Gebärmutter-Schleimhaut (Nidations-Hemmung),

3.: Verhinderung des Zusammentreffens einer Eizelle mit fruchtbarem Samen (Spermozid). *(Jütte, McLaren)*

Gretel Mittlstrasser spricht im ZDF 2001 deutlich davon, sie hätte angeblich für Eva Brauns »Regel-Vertreibung« »was« »vom Arzt geholt«. »Regel-Vertreibung« heißt, die Monatsblutung findet nicht zu dem Zeitpunkt statt, zu dem sie hätte stattfinden sollen, der Zyklus wird unterbrochen. Diese Schwangerschafts-Verhütung kann nur auf dem Wege von Methode Eins geschehen.

Bei Methode Zwei entsteht ein Befruchtungs-fähiges Ei, dessen Einnistung im Uterus jedoch durch mechanische Mittel, die sogenannten Intrauterinpessare wie Spirale etc., verhindert wird. Bei dieser Methode kommt es selbstverständlich zur Monatsblutung, die immer bedeutet: Unbrauchbare Reste des Empfängis-Vorgangs werden von der Gebärmutter abgestoßen, weil eine Befruchtung nicht stattfand. Gretel Mittlstrasser redet – wie laienhaft auch immer – nicht über diese Methode. Denn dann hätte sie gesagt, sie habe immer »Pessare«, »Spiralen« oder andere Ei-Einnistungs-Blocker »vom Arzt« holen müssen.

Ebenfalls hat Mittlstrasser nicht Methode Drei gemeint, den Stopp der Befruchtung eines eingenisteten Eis, die Wehr gegen die in den Uterus eingedrungenen Samenzellen. Diese Methode ist die älteste in der Geschichte der Empfängnis-Verhütung. Es gibt Zeugnisse darüber schon vor 3000 Jahren aus antiken Kulturen. Gelees oder Tinkturen wurden in den Uterus eingeführt, um eine Befruchtung zu vereiteln. Waren die Mittel zur Verhütung einer Schwangerschaft erfolgreich, geschieht anschließend ebenfalls eine Monatsblutung und keine »Regel-Vertreibung«. Der Zyklus bleibt erhalten wie in den Fällen des nicht ausgeübten Geschlechtsverkehrs.

Die Verhinderung eines Ei-Sprungs, der Produktion einer Befruchtungs-fähigen Eizelle = die Perioden-Modifikation, »Regel-Vertreibung« (Methode Eins), kann nur durch hormonelle Eingriffe in den weiblichen Körper geschehen.

Gretel Mittlstrassers »vom Doktor« »gekriegtes« »Was« für den Eingriff in Eva Brauns Monatsblutung, das die Manipulatorin für diese Methode der Empfängnis-Verhütung »selbst« »vom Arzt« »geholt« hätte, gab es erst sechs bis 16 Jahre nach dem Ende des Nazi-Reiches, für dessen oberstes Paar Mittlstrasser demnach damals dieses Verhütungs-Mittel von keinem »Arzt« hat »holen« können.

Hitler und Braun konnten noch nicht »Regel vertreiben«

Die Stunde Null der hormonellen Schwangerschafts-Verhütung schlug ausgerechnet im deutschen Schicksalsjahr 1933, als US-Mikromediziner das Sexualhormon Progesteron entdeckten. Progesteron kann als ein »bi-sexuelles« Hormon bezeichnet werden, weil es bei beiden Geschlechtern vorkommt, in den Nebennieren-Rinden und beim Mann auch in den Hoden. Im Gegensatz zu den Geschlechts-getrennten Sexualhormonen Östrogen und Testosteron ist Progesteron im außer-medizinischen Wissen so gut wie unbekannt geblieben.

Bei der Frau hat Progesteron eine Doppelfunktion. Zunächst regt es das Wachstum der Gebärmutter-Schleimhaut an und bereitet diese auf die Einbettung einer Befruchtungs-fähigen Eizelle vor. Das ist das »Pro-Konzept« des Hormons, woher es den ersten Teil seines Namens bezog.

Aber Progesteron hat darüberhinaus auch noch eine »Contra-Funktion«. Denn: Kommt es zu einer Befruchtung der Eizelle, verhindert Progesteron eine weitere Follikel-Reifung. Progesteron wirkt Ovulations-hemmend gegen alle neuen Ei-Bildungen, damit die nun stattfindende Föten-Entwicklung im Uterus nicht gestört wird. *(Hinrichsen)* Und genau von dieser »Anti-Ei-Strategie« des Progesterons profitiert die hormonell wirkende Anti-Baby-Pille (Empfängnis-Verhütungs-Methode Eins).

Jedoch: Diese erste Entdeckung von 1933 zur hormonellen Empfängnis-Verhütung nützte allgemein für fast ein weiteres Jahrzehnt noch nichts, bis 1941 in der Wurzel einer Mexikanischen Kletterpflanze die chemische Substanz *Diosgenin* gefunden wurde, aus der das Hormon Progesteron auf künstlichem Wege produziert werden kann.

Im Jahrzehnt, in dem Eva Braun laut Gretel Mittlstrasser angeblich schon hormonell verhütet hätte, sah die Situation zur Produktion des contrazeptiven Progesterons hoffnungslos aus: »Die moderne hormonelle Verhütung verdanken wir dem Mexikanischen ›Yam‹. Eine Substanz, genannt *diosgenin*, wurde in der Wurzel dieses ›Yams‹ gefunden und dabei entdeckt, dass Progesteron daraus hergestellt werden kann. Das war ein bedeutender Durchbruch, denn bis dahin waren Tiere die einzige Quelle für Hormone. Der zeitliche Aufwand und die Kostspieligkeit dieser Methode hat das Voranschreiten der Entwicklung auf diesem Gebiet erheblich verzögert. In den frühen 1930ern mussten [das tierische] Östrogen und Progesteron isoliert werden, was eine minimale praktische Bedeutung hatte, weil 10 000e von Tieren ›erforderlich‹ waren, um genug Hormone für eine einzige

Dosis zu erzielen. Erst 1941 änderte das Mexikanische ›Yam‹ alles. Und zum ersten Mal bekam die Produktion einer oral-contrazeptiven Pille eine realistische Aussicht. Innerhalb von zehn Jahren waren die ersten synthetischen Präparate erhältlich. Die ersten hormonellen Verhütungen wurden durch Injektionen verabreicht, aber sehr bald waren die Pillen eingeführt worden.« *(Szarewski/Guillebaud,* S. 15 f.)

»Die moderne orale Verhütung begann in den späten 1940ern mit der Entdeckung, dass die Wurzel des wilden Mexikanischen ›Yams‹ eine Substanz enthält, die in die Grundbestandteile zur Isolierung von Hormonen verwandelt werden kann. [...] Seit Jahrzehnten war bekannt, dass die Behandlung von Frauen und weiblichen Tieren mit reinen Hormonen die Ovulation tangierte und die Schwangerschaft unterbrach. Aber natürliche Hormone sind teuer und werden schnell vom Verdauungssystem aufgelöst. Deshalb war die neue Entdeckung ein Durchbruch. Vorher war die einzige Quelle für Hormone der tierische Körper. Zum Beispiel musste in den 1930ern *ein* Labor vier Tonnen von Mutterschwein-Eiern aufbringen, um 25 Milligramm Östrogen zu isolieren.« *(Bromwich/Parsons,* S. 24 f.)

»Da das natürliche Progesteron im Magen zerstört wird, sind orale Einnahmen unmöglich, und die Pille kann kein natürliches Progesteron enthalten. Sie enthält statt dessen eine synthetische Mischung, genannt *Progestogen«, (Szarewski/Guillebaid,* S. 18) wofür die Entdeckung des *Diosgenins* in den Wurzel-Knollen der mexikanischen Yam-Pflanze 1941 die Vorausbedingung war.

Es ist nötig, die Tatsachen aus der Geschichte der Empfängnis-Verhütung mit zwei *Oxford-Universitäts-*Standardwerken, wie den *Oxford Medical Publications,* zu untermauern, weil niemand Obstinates in der Hitler-Biografik noch auf die Idee kommen soll, dass vielleicht Medikamente zur »Regel-Vertreibung« aus deutschen Spezial-Laboren zur Empfängnis-Verhütung für die »Führer«-»Braut« hätten »geholt« oder sogar aus dem Ausland ultra-geheim in deren Residenz auf dem Obersalzberg geschmuggelt werden konnten. Unmöglich. Die medizinische Forschung war auf der ganzen Welt noch nicht so weit. Die ersten in der »Apotheke« erhältlichen Präparate konnten erst ab 1951 besorgt werden. Und die industriell erzeugte Standard-Pille war dann ab 1. Juni 1961 erhältlich. *(Hoffmann-La Roche, Pschyrembel)*

Ergebnis: »Regel-Vertreibung« = Perioden-Aussetzung – zu welchem Zweck auch immer – war im Zeitraum, in dem Gretel Mittlstrasser das Paar Braun-Hitler der deutschen Öffentlichkeit als vaginal-phallisch tätig einredete, noch nicht möglich.

Dass Gretel Mittlstrasser mit »Regel-Vertreibung« und ihr ehemaliges Zimmermädchen Anna Plaim-Mittlstrasser mit »Zyklus-Verschiebung« wirklich die hormonelle Methode Eins der Schwangerschafts-Verhütung kennzeichneten, bedarf einer endgültigen summarischen Spezifizierung, um den Hitler-Hetero-Apologeten Angela Lambert und Volker Ullrich jegliches Sich-aus-der-Affäre-Ziehen trotz der Falsch-Aussagen der Zeitzeuginnen zu verbarrikadieren: »Regel vertreiben« und »Zyklus verschieben« sind laienhafte Umschreibungen für die Schwangerschafts-Verhütungs-Methode Eins. Mit ihr soll der gesamte Monats-Turnus der Frau unterbrochen werden.

Wenn Frauen sagen »Ich habe heute ›meine Tage‹«, weisen sie auf diesen Turnus hin, der sich »heute« in der Ausstoßung einer nicht-befruchteten Eizelle und deren uteraler Gewebe-Beigaben äußert.

Bei Methode Zwei, der Verhinderung des Sich-Einnistens einer Monats-regelmäßig produzierten Eizelle im Uterus, brauchte nicht die ganze »Regel« »vertrieben«, nicht der »Zyklus« »verschoben«, nicht in den monatlichen Ablauf des natürlichen Empfängnis-Angebots eingegriffen zu werden. Ebenso nicht bei Methode Drei, der Verhinderung des Befruchtetwerdens eines produzierten und vom Eileiter in die Gebärmutter gewanderten Eis. Bei Methode Zwei und Drei bleibt der Zyklus in seiner Regelmäßigkeit erhalten, die Monatsblutung braucht weder »vertrieben« noch »verschoben« zu werden.

Im Dritten Reich Verhütungsmittel keiner Methode erhältlich

Es gibt einen zweiten Grund dafür, dass Gretel Mittlstrasser 2001 bei ihrer Aussage im ZDF log: Empfängnis-Verhütung war im Dritten Reich verboten, was der oberste Volks-Züchter und Ausmerzer »unwerten Lebens«, Heinrich Himmler, 1941 sogar mit einer Polizei-Verordnung durchgesetzt hatte, im selben Jahr 1941 wie extra bezogen auf die Entdeckung der wilden mexikanischen Kletterpflanze mit der Verhütungs-Hormon-Progesteron-angereicherten Spezial-Wurzel.

Dreierlei war im »Dritten Reich« verboten: Über Verhütung aufzuklären, für sie zu werben und Mittel aus dem Ausland einzuführen. Deutsche Produkte gab es nicht.

Die Ideologie war es, dass jede »deutsche« gebärfähige Frau dem »Führer« ein Kind »zu schenken« hatte. Sofort nach Januar 1933 wurden die Beratungsstellen zur Familienplanung geschlossen. »Im Gegenzug« dazu wurde wüst unter sogenannten »Untermenschen« sterilisiert und abgetrieben. Die Zwangs-Verhütungen waren Konzept und Praxis innerhalb der medizinischen Menschen-Versuche in den Konzentrationslagern. *(Grossmann, Kaupen-Haas, Voegeli)*

Die Vorsteherin der *Berghof*-Raumpflegerinnen und ab 1943 für mehr als zwei Jahre Etablissements-Verwalterin Gretel Mittlstrasser hatte eine viel zu hohe und vor allem »Führer«-nahe Position, in der sie auch nicht auf Schleichwegen Empfängnis-verhütende Mittel anderer Methoden für ausgerechnet die »Führer-Braut« »vom Arzt« hätte »holen« oder »holen« lassen dürfen und können. Aus Medizin-geschichtlichen Gründen waren die behaupteten Mittel zur »Regel-Vertreibung« noch nicht vorhanden, aus Diktatur-politischen Gründen war jede Art von Vorläufern nicht erhältlich, weil deren Konsumierung für die »deutsche Frau« streng verboten war. Und aus Positions-Gründen war Gretel Mittlstrasser selbst nicht in der Lage, für das Nazi-Regenten-Paar Verhütungs-aktiv zu werden. Auch ein Gespräch zwischen den Cousinen Gretel und Anna Mittlstrasser konnte aus den beiden letztgenannten Gründen vor 1945 nicht stattgefunden haben.

Und Hausverwalter Herbert Döhring, der von Familien-naher Verbundenheit aller *Berghof*-Bediensteten untereinander berichtet, hätte gegebenenfalls über seine Frau von Empfängnis-Verhütungs-Aktionen des »Herrscherpaares« etwas vernommen. Doch kein Wort darüber, dass irgendeine Verhütungspraxis Braun-Hitlers an Döhrings aufmerksame Ohren gedrungen wäre. *(ONANO, »Unbefleckte« Begängnis und das Diener-Geflüster, 21. Nein-Sagerin, Nelly Scholten)*

Ullrichs »Versteckspiel« mit den Aussagen der Cousinen Anna Plaim-Mittlstrasser und Gretel Mittlstrasser über Eva Brauns medizinischen Menstruations-Dirigismus zugunsten Adolf Hitlers Koitus-Willigkeit und damit -Fähigkeit schlägt als Bumerang auf den Biografen zurück.

Er zitiert bei etwas ihm anscheinend Wichtigem, wie die Präsentation einer »Kronzeugin« für Hitlers sich »am Laufen« befindliche vaginale Penetrativität, nur ein Sekundär-Zeugnis – die Aussage von Anna Plaim-Mittlstrasser, die Fernseh-geguckt hat, im Gespräch mit dem Co-Autor ihres Buches von 2005 *Bei Hitlers. Zimmermädchen Annas Erinnerungen.* Noch dazu wird der zweite Hinweis der Zeugin Plaim-Mittlstrasser auf den brisanten Auftritt der Geschichts-Fälscherin Gretel Mittlstrasser im deutschen Staatsfernsehen von Ullrich weggelassen,

Der Biograf verfängt sich in der Harmlosigkeit des ersten Teils seines vorgebrachten Sekundär-Zeugnisses. Bei einer Auseinandersetzung mit der Primär-Quelle und einem Vergleich mit dem Sekundär-Zeugnis hätte Ullrich stutzen müssen: Moment! Was sagt die

»Sekundäre« genau? – »Medikamente« zur »Zyklus-Verschiebung« »aus der Apotheke besorgen«? Das ging unter Hitler doch gar nicht, auch nicht für die »Führer-Braut«!

Primär-Quellen beginnen bei der Arbeit mit ihnen, ein Eigenleben zu entwickeln. Sie sind ja Repräsentanten ehemals lebender Personen, fangen an zu sprechen, als ob die Abgelebten sich verlebendigten. Deshalb bedeutet, Lebendiges absichtlich auszusparen, sich einen Erkenntnisprozess zu ersparen.

Gretel Mittlstrasser kommt bei Ullrich nicht zu Wort. Das Original ihrer Formulierung ist drastischer und hätte besser den Weg zur Enttarnung eines Betruges geebnet. Nur die Fundstelle im Buch von Guido Knopp *Geheimnisse des »Dritten Reichs«* (2011) gibt Ullrich unter seinen Fußnoten an. *(Ullrich*, S. 1006, Anm. 78) Von dort her kann im Gestrüpp von Zahlen und Titeln die Wahrheit auf niemanden wirken, auch nicht auf den Hitler-Biografen selbst – die Krassheit der Täuschung der Gretel Mittlstrasser bei *ihrer* Darstellung im *ZDF*. Die Rache für Ullrichs Verheimlichungs-Trick: Der Biograf musste »dumm« bleiben!

So geschieht das erneut Schmerzhafte: In Ullrichs Sekundär-Zitat des harmlosen Teils der Rede von Anna Plaim-Mittlstrasser gegenüber Kurt Kuch kommt die Wendung vor, dass Gretel »selbst aus der Apotheke Medikamente besorgt habe, so dass Eva Braun ihren Zyklus habe verschieben können«. *(Plaim/Kuch*, S. 108 f.) Der Hitler-Biograf übernimmt diese Wendung, Gretel Mittlstrasser »habe aus der Apotheke die Medikamente besorgen müssen«. *(Ullrich*, S. 689) Er macht aus Plaim-Mittlstrassers »Medikamenten« dann auch noch »*die* Medikamente«, die die Braun-Vertraute, Cousine Gretel, »aus der Apotheke« hätte »besorgen müssen«.

Ullrich sieht sich plötzlich nicht mehr vor und deckt seine Unkenntnis in medizinischen Dritte-Reichs-Angelegenheiten auf, nicht zu wissen, dass »die Medikamente« zur Schwangerschafts-Verhütung »aus der Apotheke« zwölf Jahre lang nicht »besorgt« werden konnten. Gretel Mittlstrasser deutet diese geschichtliche Realität immerhin an, indem sie die Wendung »Medikamente« »aus der Apotheke besorgen« nicht benutzt, sondern sich mit Wort-Knautschungen an den Tatsachen vorbeiwindet, Eva Braun habe »vom Doktor was gekriegt, um die Regel zu vertreiben. Das habe meistens ich vom Arzt geholt, ich selbst hab' das geholt«.

Das weist schon einmal auf etwas Privates, Um-die-Ecke-Geschehenes hin, weil Mittlstrasser genau wusste, mit »Medikamente aus der Apotheke besorgen«, um Eva Brauns »Regel zu vertreiben«, war damals nichts. Mittlstrassers Original-Aussage im *ZDF* 2001 entlarvt die damalige Profi. Ihre angeheiratete Cousine, das »Zimmermädchen Anna«, war zu jung und kam aus der Provinz, die sie sich bis ins hohe Alter erhielt, so dass sie von »Medikamente«»aus der Apotheke« für die »Zyklus-Verschiebung« der Eva Braun faseln konnte.

Eine »besonders enge« Komplizin

Wie kam es zu der Darstellung dieses Kokolores im deutschen Staats-Fernsehen? 1.: Gretel Mittlstrasser war 2001 hoch in ihren Achtzigern. Ihre Geburtsdaten konnten aus Publikationen und *Wikipedien* nicht ermittelt werden. Und aus Mangel an Verwandtschaft mit der »Missetäterin« war auch keine Geburtsurkunden-Einsicht möglich. Jedoch gab es wieder einmal Umwege zur Wahrheit: Anna Plaim-Mittlstrasser berichtet einige Einzelheiten über ihre angeheiratete Cousine Gretel, die im Mai 1941 das Zimmermädchen auf den *Berghof* gelotst hatte. Mit diesen und zwei anderen Details kann Gretels Alter zur Zeit ihrer Aussage 2001 im *ZDF* rekonstruiert werden: Sie »führte als Chefin aller Zimmermädchen ein strenges Regiment am Berghof und war für ihr resolutes Auftreten bekannt. Gretel hatte ein besonders enges Vertrauensverhältnis zu Eva Braun.« *(Plaim/Kuch*, S. 23)

Hitlers jüngste Sekretärin für die letzten zweieinhalb Jahre vor dem »Untergang« stellt Gretel Mittlstrasser wie folgt vor: »Wir [Sekretärinnen] wurden [im März 1943] von Frau Mittlstrasser, der Haushälterin des Berghofes, begrüßt. Sie war eine kleine, hübsche, resolute Münchenerin und, wie ich gehört hatte, sehr tüchtig.« *(Junge* 02, S. 66) Traudl Junge selbst war zur Zeit ihrer ersten Begegnung mit Gretel Mittlstrasser 23, geboren 1920. *(Mueller*, S. 13 ff., *Junge* 02, S. 9 ff., 231 ff.) Junges Eindruck von Mittlstrasser war der von einer Frau, die älter war als sie. Gretel Mittlstrasser hatte ein Jahr vor Mai 1941, dem Engagement des damals 20/21-jährigen »Zimmermädchens Anna«, der Cousine ihres Mannes Willi, diesen geheiratet. *(Plaim/Kuch*, S. 21 f.) All diese Umzingelungs-Daten sprechen dafür, dass Gretel ihr »besonders enges Vertrauensverhältnis zu Eva Braun« zu einer Altersgenossin hatte. Braun war am 16. Februar 1912 geboren worden, um dieses Jahr herum muss auch Gretel Mittlstrasser zur Welt gekommen sein.

Mittlstrasser hat sich als (Fast-)90-Jährige bei ihrem Interview für das *ZDF* 2001 in der Art der Empfängnis-Verhütung vertan und für ihre Lüge »ausgerechnet« diejenige Methode gewählt, die es zwischen 1932 und 1945 noch nicht gab. Mittlstrasser hatte 2001 vergessen, wann in den letzten 60/70 Jahren die Verhütungs-Methode Eins auf den Markt gekommen war – vor genau 40 Jahren. Erst seit 1961 hätte von »Regel-Vertreibungs«-Medikamenten gesprochen werden können, die »vom Arzt« zu »holen« gewesen wären. So ist Mittlstrassers Falsch-Darstellung Verhütungs-geschichtlich zu entlarven.

Mittlstrasser war als gehobene Raumpflegerin eine sogenannte gestandene Person. Sie meinte, sich auf ihre zeitgeschichtliche Erinnerung verlassen zu können, hielt es deshalb nicht für nötig, sich für ihre Falsch-Aussage der Verhütungs-Tatsache im Fernsehen noch einmal zu vergewissern. Wegen ihres hohen Alters hat Mittlstrasser sich jedoch nicht mehr an den Anfangs-Zeitpunkt der »Pille« und deren Vorläuferinnen erinnert, mit denen allein eine »Regel-Vertreibung« hätte ermöglicht werden können.

2.: Warum stellte Mittlstrasser die ganze Verhütungs-Story den Tatsachen zuwider überhaupt dar? Auch wenn sie von Methode Zwei oder Methode Drei gesprochen hätte, hätte sie gelogen, was ihr nur nicht so prompt nachweisbar gewesen wäre. Mittlstrassers Lüge steht mit ihrem »besonders engen Vertrauensverhältnis zu Eva Braun« in Verbindung.

Aus den Berichten des 15. Nein-Zeugen, Julius Schaub, wurde klar: Hitler hat Eva Braun permanent mit Wertsachen »abgespeist«, zum Zwecke ihrer »Kapitalrücklage«, wie Schaub schreibt. (*Schaub 10*, S. 287) Bevor Eva Braun sich zwischen März und April 1945 aufmachte, um mit Hitler im Berliner Bunker unter der Reichskanzlei die nächsten Wochen zu verbringen, (*Görtemaker* I 11, S. 3, 247, Anm. 1, *Kershaw* 2000, S. 797, 1029, Anm. 1) hat sie über ihren Nachlass verfügt und ein Testament aufgesetzt, das sie in ihrem Haus in München zurückließ und auf das sie in ihrem letzten Brief an ihre jüngere Schwester Gretl vom 23. April 1945 Bezug nimmt. Sie listet darin auf, was mit ihren Sachen geschehen soll – einiges sei zu vernichten, einiges zu erhalten, einiges zu verteilen. (*Gun* 68 I, S. 190 ff., *Gun* 69, S. 242) Eva Braun konnte ihre Massen von »kostbarem Schmuck«, den sie immer getragen hat, (*Junge* 02, S. 68 f.) nicht mit in die Hölle nehmen.

Auch in ihrem letzten Brief an ihre Intima Herta Ostermayr aus dem Bunker unter der Reichskanzlei vom 22. April 1945 erwähnt Braun ihren Schmuck, den sie an Ostermayr mit letzter Flug-Post schickt und ihre Freundin ums Verteilen bittet. (*Gun* 69, S. 241, *Frank, J*, S. 286 f.)

Nicht nur Brauns jüngere Schwester Gretl (Margarethe) und ihre liebste Freundin Herta, sondern auch ihr »besonders enges Vertrauensverhältnis«, Margarete II, Gretel Mittlstrasser, wird von dem »Segen« der Eva-Braun-Hinterlassenschaften nießgenutzt haben. Gegenleistung: »mit am Führer-Mythos zu stricken«.

Hierzu muss eine brillante und wiederum exakt stimmige Feststellung Volker Ullrichs zur Person Eva Brauns und aller ihrer »Vertrauten«
zitiert werden: »Eva Braun war keineswegs das blonde Dummchen, als
das man sie lange gesehen hat, sondern eine moderne junge Frau, die
genau wusste, worauf sie sich in der Verbindung mit Hitler einließ,
und die mit ihren Hoffmann überlassenen Fotos und den auch für die
Nachwelt bestimmten Filmen selbst mit am Führer-Mythos strickte.
Sie wie auch ihre Vertrauten auf dem Berghof teilten die rassistischen
politischen Überzeugungen Hitlers und waren über die Ausgrenzung
und Verfolgung der Juden mit Sicherheit informiert.« *(Ullrich, S. 704)*

Dieses Resumee Ullrichs am Ende seines Kapitels »Die Berghof-
Gesellschaft« ist eine fällige Einschätzung des verbrecherischen Charakters auch der noch so dienenden Entourage. Alle waren Mittäter
und Mittäterinnen. Bei dem andauernd notwendigen Hinzuziehen
von Statements der Diener und Dienerinnen für die Konturierung von
Hitler-Besonderheiten gerät das damalige Tun dieser Zeuginnen und
Zeugen leicht aus dem Blick, vor allem das der Frauen, von denen keine
von den Nürnberger internationalen Tribunalisten zwischen 1945 und
1948 wirklich zur Verantwortung gezogen wurde. Ein paar Jährchen
in einem human geführten Alliierten-Lager – mit Fingerzeig: Du,
Du! Nicht noch einmal Partnerin von Menschheits-geschichtlichen
Grausewichten werden! –, und schon waren alle wieder frei und konnten wie Emmy Göring »im privaten Kreis« weiter »Hof halten«, ihre
Tochter Edda in Hermann-Göring-Apologetik erziehen oder wie Lina
Heydrich NS-Veteranen-Treffen organisieren. Und die Mittäterinnen
Emmy Göring, Lina Heydrich und Henriette von Schirach konnten
mit »Gattinnen«-Konfessionen »an der Seite« ihrer Multimörder auf-
warten oder sich wie Bayreuth-Chefin Winifred Wagner Hitler-Affir-
matives vor der Syberberg-Kamera herausnehmen.

Auch Gretel Mittlstrasser war in ihrer hauswirtschaftlich führenden Position eine Mittäterin des Massenmörders. Sein Relaxing-Re-
fugium in Schuss und die dortigen Bediensteten auf Trapp zu halten
war ein wesentlicher Beitrag dafür, dass der Staats-terroristische Serienkiller Adolf Hitler agieren konnte, was er zum überwiegenden Teil
ab 1936 vom *Berghof* aus tat. Sektionen seiner in Berlin ausgebreiteten
Verlängerte-Arme-Instanzen wurden jedesmal für eine monatelange
Tätigkeit auf den Obersalzberg und nach Berchtesgaden »überführt«.
(Junge 02, S. 57 ff.) Gerade vom *Berghof* aus destruierte Hitler fast ein
Jahrzehnt lang europaweit wirksam – von Sommer 36 bis Sommer 44.

Nur Hitlers jüngste Sekretärin, Traudl Junge, hat eine klar-sehende
Distanzierung zu ihrem verbrecherischen Mittun als 20-Jährige

vornehmen können. So etwas tat das *Berghof*-Zimmermädchen, die damals 21–23-jährige Anna Mittlstrasser, nicht. Im Gegenteil, Plaim-Mittlstrasser strickte ebenfalls als Über-80-Jährige noch am »Führer-Mythos« mit, indem sie ihrerseits die Verhütungs-Lüge ihrer Cousine Gretel in ihrem Druck-Erzeugnis *Bei Hitlers* kolportierte, anstatt sich in Verhütungs-Geschichte fortzubilden und ihre Cousine als Lügnerin zu entlarven.

Auch Interview-Partner Kurt Kuch muss der Vorwurf gemacht werden, dass er das ehemalige Zimmermädchen Anna nicht korrigierte, stattdessen mit ihr zusammen an zwei Stellen für die posthume vaginal-phallische Huldigung Hitlers Medizin-historischen Unsinn verbreitete, sodass seriöse Hitler-Forscher wie Volker Ullrich und Angela Lambert darauf reinfielen und ihren eigenen Werken Schaden zufügten.

Ullrichs 7. Ja-Sagerin, die *Berghof*-Haushälterin Gretel Mittlstrasser, war noch als (Fast)-90-Jährige im Bann des »Führer-Paares« und hat mit »am Führer-Mythos gestrickt« – in schnöder Gegenleistung für die ihr widerfahrenen Wohltaten durch ihre einstmalige »besonders enge Vertrauens«-Person Eva Braun. Zu diesem »Führer-Mythos« hatte es gehört, die phallisch nicht-penetrativ-friktive Eigenheit Adolf Hitlers zu verbergen. Um genau das muss Eva Braun ihr »besonders enges Vertrauensverhältnis«, Gretel Mittlstrasser, gebeten haben: Red von »Regel-Vertreibung«. Da denkt jeder an Verhütung. Das ist das Beste bei der Errichtung des Führer-Standbildes.

Eine regelmäßig praktizierte Verhütung – das war die sicherste »Methode«, um die kapable Hitler-Braun-Genital-Interaktion und -Integration zu verbreiten. Verhütet wird in jeglicher Art nur bei der Glied-in-Scheide-Technik. »Verhütung« spiegelt nichts anderes als einen virilen, kompetenten, potenten Penis. Deshalb kann phallisch-vaginale Tätigkeit außer durch Schwangerschaften so gut wie nie positiv bestätigt werden, aber immer negativ – über die Folgen-Beseitigung, die Empfängnis-Verhütung. Dass solch eine Verabredung zwischen Eva Braun und Gretel Mittlstrasser – inmitten des »besonders engen Vertrauensverhältnisses« dieser beiden Frauen miteinander – keiner historisch unzulässigen Vermutung entspringt, enthüllt kaum merklich eine Szene, die sich am ersten Arbeitstag des neuen *Berghof*-Zimmermädchens abgespielt hat – ein Schlagabtausch zwischen der Cleaner-Chefin Gretel und ihrer neuen Bediensteten und angeheirateten Cousine Anna.

Gretel machte für Anna eine Führung durch die Privat-Gemächer des »Führers« und seiner »Gefährtin« in der ersten Etage des *Berghofs*.

Diese Zimmer sollten zum zukünftigen Arbeitsfeld Annas gehören.
Anna Plaim-Mittlstrasser zu Kurt Kuch: »Stellen Sie sich nur meine
Überraschung vor, als Gretel, die ja eine recht resolute Frau war, in
tiefstem Bayerisch erklärte: ›Also, Anni. Ich sag's dir gleich: Der Hitler
und die Eva Braun, die gehören zusammen.‹ – Diese ersten Worte ihrer
so genannten Einweisung werde ich nie vergessen.Und dann fuhr sie im
selben Tonfall fort: ›Des is des Zimmer vom Führer. Und des is der Kofferraum.‹ [...] Der so genannte ›Kofferraum‹ hatte zwei Türen. Die eine
war auf der Seite von Hitlers Zimmer. – Und als wir durch die zweite
Tür gingen, kam Gretel auch gleich auf den springenden Punkt zu sprechen: ›Und das hier ist das Zimmer von der Eva Braun. Kennst dich aus?
Mehr brauch ich dir ja nicht zu sagen, oder?‹ – Und das brauchte sie
wohl auch nicht. Ich war sprachlos. Denn dass der Führer eine Freundin – damals war wohl Gefährtin die treffendere Bezeichnung – hatte,
wusste zu diesem Zeitpunkt kein Normalsterblicher. Und dass sein
Zimmer und das Schlafzimmer Eva Brauns lediglich durch ein Kammerl getrennt waren, das ›Kofferraum‹ hieß, wussten wohl nur die aller-
wenigsten. Und schon gar kein 20jähriges Mädchen aus Loosdorf.

Kuch: Es war also ein Geheimnis.

Plaim-Mittlstrasser: So ist es. Und die Gretel hat auch gleich gesagt:
›Alles, was du jetzt weißt, alles, was du hier siehst, alles, was du hier
hörst, muss unter uns bleiben. Über alle Sachen, die hier passieren,
darfst du nichts sagen. Zu niemandem. Niemals. Und du sprichst mit
überhaupt niemandem darüber. Damit das klar ist. Und schon gar
nicht über den Führer und Eva Braun.‹« *(Plaim/Kuch*, S. 38 f.)

Mit dieser Schilderung kommt die Doppel-Strategie Hitlers zum
Ausdruck: Der »Führer« hat ein vor den Deutschen verheimlichtes
»Verhältnis«, das mit einem Interior-Design in den *Berghof* eingebaut
wurde. Die Chefin des Säuberungs-Kommandos zeigt ihrer Untergebenen die Innenarchitektur eines intakten Mann-Frau-Verhältnisses.
Und zugleich wird der Anfang-20-Jährigen eingehämmert: »Der Hitler
und die Eva Braun, die gehören zusammen.« = Die haben wirklich was
miteinander. Das kann man an der Anordnung der Zimmer sehen:
»Und als wir durch die zweite Tür gingen, kam Gretel auch gleich auf
den springenden Punkt zu sprechen: ›Und das hier ist das Zimmer
von der Eva Braun. Kennst dich aus? Mehr brauch ich dir ja nicht zu
sagen, oder?‹«

Kein Pfeile schießender Amor zwischen Liebenden, sondern ein
»Kofferkammerl« zwischen ihren Schlafzimmern. Die Zimmer vögel-
ten miteinander – über die offenen Türen der beiden in das »Kammerl« hinein. Da kannte sich auch eine 20-Jährige schon aus. Oder?

Was da zwischen den beiden Mittlstrasser-Frauen geschah, war das Intimitäts-Wahrnehmungs-Diktat anhand der Privat-Zimmer-Anordnung des »Führers« auf dem *Berghof*: »Der Hitler und die Eva Braun, die gehören zusammen« = die sind, die haben, die machens. Keine Fragen mehr. Und »damit das klar ist«: »Nichts sagen! Zu niemandem! Niemals!«

Gegen solche unverfrorene Schamlosigkeit beim Vorgang sexual-normativistischer Umtriebe gegen die Tatsache von Hitlers Abnormität hilft nur ebenfalls Schamlosigkeit: Die *Berghof*-Verwaltungschefin Gretel Mittlstrasser sollte über das »Kofferkammer«-Vögeln der zwei offenen Türen zwischen Hitlers und Brauns Schlafzimmern etwas fallenlassen. Sie hat es mehrmals getan.

Und schon vögelt es sich im Bewusstsein der Öffentlichkeit zwischen Braun und Hitler »wie geschmiert«. Doch Gretel Mittlstrasser ist nur eine Vogelscheuchen-Funkerin, keine Fick-Berichterstatterin über Adolf Hitler.

Ergebnis: Ullrichs »Kronzeugin«, seine 7. Ja-Sagerin, Gretel Mittlstrasser, sollte, wollte mit dem »verhütenden« Ungeschehenmachen des Ergebnisses vom Glied-Scheiden-»Verkehr« die phallische, vaginal-bezogene Potenz Hitlers »belegen«. Ungünstigerweise hat der zweitneueste Hitler-Biograf sich auf eine Lügnerin berufen, die auch noch vor dem Gericht der Geschichtsschreibung 60–70 Jahre nach ihrer handelnden Komplizenschaft mit Braun und Hitler ein Lügen-Konstrukt hinterließ.

Es sieht für Ullrichs Ja-Liste zu Hitlers Heterosexualität immer ungünstiger aus: Von seinen ursprünglich zehn Ja-Sagenden bleiben nur noch sechs übrig. Auch seine 4. (7.) Ja-Sagerin, Gretel Mittlstrasser, gerät auf die Nein-Seite: Die Behauptung über die angewandte Praxis einer noch nicht existenten Verhütungs-Methode entlarvt, dass es bei den Betroffenen, Hitler und Braun, gar keinen geschlechtlichen Vorgang gab, gegen den mit Verhütung hätte reagiert werden müssen.

Eine derart an den Haaren herbeigezogene Äußerung, die sich als historischer Mumpiz entpuppt, belegt, dass von dem Täter Hitler und seinen Mittäterinnen Braun und Mittlstrasser etwas verborgen werden sollte. Dafür wirkte noch 60–70 Jahre später die Komplizin Mittlstrasser. Sie wollte mit ihrer Aussage, Braun hätte für Hitler ihre »Regel« »vertrieben«, die vaginal-phallische Intaktheit der Braun-Hitler-Beziehung suggerieren und erreichte das Gegenteil. Dadurch wechselte Gretel Mittlstrasser wider Willen auf die andere Seite und wird die

26. Nein-Zeugin: Ein Mann-Frau-Paar, dessen Geschlechtsverkehr mit historisch Wahrheits-widrigen Behauptungen bestätigt werden sollte, hat keinen gehabt.

Verhütungs-Lüge im englischen Fernsehen 2001

Gretel Mittlstrasser hat nicht nur die deutsche Öffentlichkeit belogen, sondern auch die englische. Da Englisch heute die Weltsprache ist, hat Mittlstrasser über ihre Aussage für eine englische TV-Produktion die ganze Welt betrogen, die an Wahrheiten über Hitler interessiert ist. Mittlstrasser hat den Pfad der Falschheit über Hitlers sexuelle Angelegenheiten weiterhin so »breitgetreten«, dass ihr nicht nur der deutsche Hitler-Biograf Volker Ullrich, sondern auch britische-Hitler-Forscherinnen wie die dritte Braun-Biografin Angela Lambert und die Kreateurin des Films *Adolf and Eva*, Marion Milne, willig und vor allem gläubig folgten. Die Aussage Gretel Mittlstrassers für die englische TV-Dokumentation *Adolf and Eva* von Marion Milne, produziert von der Londoner Firma *3BM Television*, ausgestrahlt am 29. April 2001, ist der bizarre Höhepunkt im Verhalten der Nazi-Interior-Komplizin vom ehemaligen Hitler-»Dienst«.

Hätte Volker Ullrich davon etwas gewusst, hätte er seine Finger von dieser Falschzeugin gelassen und sie aus der Reihe seiner Pro-Hitler-Heterosex-Bekundenden gestrichen. Doch Ullrich kennt nur die erste und die bisweilen letzte Braun-Biografie von Gun und Görtemaker. Alles Teil- oder Gesamt-Braun-Biografische dazwischen fehlt: Infield, Charlier/de Launay, J. Frank, Lambert und Costelle. Angela Lambert legte die Spur zu dem unsäglichen Auftritt der Geschichts-Fälscherin Gretel Mittlstrasser im englischen Fernsehen. Alle biografischen Braun-Arbeiten, auch die infam-rührige Paar-Betrachtung von Glenn Infield, sind der im Fluss befindlichen Heterosexualität Hitlers und Brauns gewidmet und erreichten in der Akkumulierung ihrer Geschlechtsverkehrs-Apotheose schließlich den Einsturz des siebenfach Geglaubten. Dass Mittlstrasser offen in die englischen Kameras log, darüber informierte sie gleich mit, sowie ihre Aussage auseinandergenommen und mit ihrem Statement für den deutschen *ZDF*-Film *Der Berghof* im selben Jahr 2001 verglichen wird. Mittlstrasser sagte zum Thema zweimal etwas Verschiedenes und entblößte damit, dass sie zweimal log. Für die britische *3BM Television*- und die deutsche *ZDF*-Dokumentation wurden von beiden Teams zum Teil dieselben Zeugen aus dem Hitler-Umfeld interviewt oder frühere Interviews zitiert.

Der ehemalige, für sieben Jahre tätige *Berghof*-Hausverwalter Herbert Döhring sagt in beiden Filmen das Gleiche mit verschiedenen Sätzen. In Deutschland bringt er sein Zeugnis über die sexuelle Sahara zwischen Hitler und Braun mit der »Laken-Probe« zum Ausdruck *(ONANO, 5./21. Nein-Sager)*. Döhring zäumte hierbei das Pferd vom Ende der Geschichte auf. Phallo-vaginaler Sex hinterlässt Spuren, die bei Hitler und Braun sieben Jahre lang gefehlt haben. Für die Briten stieg Döhring in den Anfang dieser Tätigkeit ein: »Hitler war unfähig dazu. Darin lag ein großer Teil der Ursache, warum Eva Braun immer so unbefriedigt war.« *(a. a. O.* und *Lambert* 06, S. 244)

In *Adolf and Eva* ließ Gretel Mittlstrasser sich wie folgt vernehmen: »Als Frau Mittlstrasser, des ›Führers‹ Hausverwalterin auf dem Berghof, über die Beziehung zwischen Hitler und Eva befragt wurde, beschrieb sie das Verhältnis als ›ein normales wie zwischen Mann und Frau. Vollständig normal. Ich bin 100% sicher, dass sie eine sexuelle Beziehung miteinander hatten.‹« *(Lambert* 06, S. 244, Anm. 17)

Wie Mittlstrasser diese »normale« »Mann-Frau«-Sexualität zwischen Hitler und Braun begründet, schlägt dem Fass von Zeugenschaft, die zum Die-Wahrheit-Sagen angehalten ist, den sprichwörtlichen Boden aus: Mittlstrasser wird von der englischen Filmemacherin Marion Milne nachhakend befragt, ob sie wirklich genau wüsste, dass Hitler und Braun eine »uneingeschränkte sexuelle Beziehung miteinander unterhalten hätten«. Die Anglos sind mit Sexualität nicht so pingelig wie die Deutschen. Marion Milne meinte mit *complete sexual relationship* eben das bei *Adolf and Eva* so komplett in Frage stehende koitable »Glied in die Scheide«.

Mittlstrasser stößt mit einem zweiten »100%« sofort fälschend nach: »100 % weiß ich das. Denn wenn sie [Braun] ihre Periode hatte und er [Hitler] unerwartet zurückkam, erhielt sie von Dr. Brandt, unserem Hausarzt, etwas, das die Periode unterdrückte. Ich holte es aus seinem Raum. Ich weiß nicht, was das war, ob Pillen oder ein Trunk oder sonstwas, aber ich bin dessen sicher.« *(a. a. O.,* S. 245 und Anm. 22)

Ist es bei dem Mann Volker Ullrich noch verständlich, dass er über die Einzelheiten von Verhütung nicht im Bilde war, als er in seiner Hitler-Biografie die ZDF-Aussage Mittlstrassers in der Übermittlung von Cousine Plaim-Mittlstrasser zur »baren Münze« machte, so muss der dritten Braun-Gesamt-Biografin Angela Lambert angekreidet werden – die wie Ullrich »Frau Mittlstrasser« zur Kronzeugin pro Hitler-Brauns normal-sexuelle Mann-Frau-Beziehung erhebt –, dass Lambert als Frau in diesem Moment ein Auf-den-Leim-Gehen der Geschichts-Fälscherin Mittlstrasser nicht hätte passieren dürfen.

Lambert ist von der Frage »Hitler-Braun-Beziehung = sexuell »normal« oder nicht »normal«?« so obsessiv besetzt, dass sie für diesen Punkt ihren Sachverstand nicht einschaltet.

Auf zwei ihrer 500 Seiten Braun-Biografie setzt Lambert die beiden verschiedenen Äußerungen Mittlstrassers im deutschen und im englischen Fernsehen nebeneinander, ohne zu bemerken, dass die eine die andere auffliegen lässt. (a. a. O., S. 244 f.)

Außerdem verliert Lambert keinen Gedanken an ihr eigenes Geschlecht, um sich nur für einen Moment die Geschichte der Empfängnis-Verhütung zu vergegenwärtigen, der gemäß es mit »Regel-Vertreibung«, »Perioden-Unterdrückung« und »Zyklus-Verschiebung« zwischen 1932 und 1945 noch nicht so weit war. Für die Deutschen sagt Mittlstrasser, sie selbst habe im Auftrage Eva Brauns »was« »vom Arzt«, den sie anonym lässt, »holen« müssen. Für die Briten schiebt Mittlstrasser den »Hausarzt Dr. Brandt« nach. Die Präsentation der Autorität eines Arztes ist noch immer dazu geeignet, selbstständiges Denken zu unterlassen.

Mittlstrassers Versuch, sich als Komikerin einen Namen zu machen, muss hervorgehoben werden: Fürs deutsche Fernsehen soll die »Regel« Brauns bei dem Mensen-Schwank »vertrieben« werden. Fürs englische Fernsehen soll Brauns »Periode« mit unbekannten Mitteln Haus-ärztlich »unterdrückt« werden. Im ersten Fall behandelt Mittlstrasser die »Regel« der Frau als Monatsblutung, die aus dem Mutterleib von Eva Braun »vertrieben«, im zweiten Fall als »Periode«, die im Bauch der »Führer-Geliebten« »unterdrückt« werden sollte.

Mittlstrasser benutzte Wörter aus dem Inhumanitäts-Jargon der männlichen Täter des Nazi-Reiches, dem sie diente, das Menschen habituell »vertrieb« und »unterdrückte«.

Als Erstes hilft gegen diesen postfaschistischen Propaganda-Nachschlag eine Zeugnis-Raffung – telegramm-stilistisch das Ganze, weil's so schön widersinnig ist und ihm trotzdem Angela Lambert und Marion Milne nachdenklos gefolgt sind, um das Counter-Faktische weltweit zu verbreiten: Der Führer kommt. Der Führer sieht. Der Führer will. Der Führer kann … – nicht sofort. Denn seine Braut … blutet! Da hilft nur eins: Die servile Ober-Hausmeisterin ins Zimmer von »unserem Hausarzt Dr. Brandt«! Sie trifft »Dr. Brandt« in »seinem Raum« im »Berghof« sitzend auch sofort an, weil der für solche Akut-Genitalitäten des Führer-Paares jederzeit erreichbar sein muss. Sie bekommt von ihm »die Pillen oder den Trunk oder sonstwas«? Egal. Her damit! Auf jeden Fall »Dr. Brandts« Prompte-Medis für »Periode raus«!

Ja, ist das die Möglichkeit?! Genauso wie der Führer »verbrannte Erde« in der Sowjetunion macht mit Millionen Opfern – wovon jemand wie Mittlstrasser wusste –, so hat er einen Mense-freien Boden in Brauns Vulva haben wollen?!

Verniedlichung von »Mr Euthanasie« als Hitlers »Hausarzt«

Um in die Nüchternheit der Zeugnis-Analyse zurückzukehren: Günstigerweise hat 2007/09 – sechs/acht Jahre nach Mittlstrassers obszöner Phantasmagorie alias Zeugenaussage – der Dritte-Reich-Forscher Ulf Schmidt seine umfassende Karl-Brandt-Biografie vorgelegt, mit deren Hilfe Mittlstrassers Aussage bis aufs Mark als Historiker-verhöhnende Frechheit aufgeribbelt werden kann.

1.: Karl Brandt war nie Hausarzt Hitlers auf dem *Berghof*, sondern Hitlers »Begleitarzt«. Brandt war in Hitlers Nähe durch seine Verlobte gekommen, die deutsche Meisterschwimmerin Anni Rehborn, die von Hitler sehr gemocht wurde und schon Ende der 1920er Jahre »Nazisse« geworden war. Ab Juli 1933 sind beide – Anni und Karl – Hitlers Gäste auf seinem Landsitz *Wachenfeld* bei Berchtesgaden in Oberbayern. Der Durchbruch Brandts in die berufliche Nähe zu Hitler gelang ihm am 15. August 1933. Brandt hatte sich im Konvoi der Wagen einer Hitler-Kolonne befunden. Hitlers Adjutant Wilhelm Brückner war ein Autounfall passiert, bei dem Brückner sich einen Schädelbruch zugezogen hatte, den der beherzte Brandt im nächstbesten Krankenhaus, in das er den Verletzten fuhr, selbst operiert hatte. *(Schmidt, U.*, S. 93) Hitler war von der Brückner-Rettungs-Aktion überwältigt und bestellte Brandt zu seinem ständigen »Begleitarzt«, um weiterhin bei Unfällen oder Attentats-Versuchen einen derartigen chirurgischen Profi operativ eingreifen zu lassen. Brandt war ab 1934 eine »Erste-Hilfe«-Instanz, die Hitler beruhigte. »Begleitarzt« hieß, Mitglied des »Rollkommandos« zu sein, der sich bewegenden Männerschar Hitlers anzugehören. Das alles ist genau das Gegenteil von einem ständig sitzenden Hausarzt. Ein Begleitarzt war mobil, ein Hausarzt statisch.

2.: Brandt war kein Arzt für Allgemeinmedizin, der sich für die Position eines Hausarztes geeignet hätte, sondern Chirurg. Mit »Sitzen im Hause Hitlers« hatte Brandt weder praktisch noch positionell je etwas zu tun gehabt. Eva Brauns Biografin Angela Lambert weiß das alles. Zweimal erwähnt sie in ihrem Buch, dass Brandt gar nicht auf dem *Berghof* gearbeitet hat, sondern in Berlin tätig war: »Brandt gehörte zu Hitlers medizinischem Personal in Berlin« (*Lambert* 06,

S. 263) und »Dr. Brandt, Hitlers Berlin-stationierter Arzt für mehr als ein Jahrzehnt«. (a. a. O., S. 411)

Und doch ist Lambert von Mittlstrasser so suggestiv eingenommen, dass ihr deren Brandt-Lüge nicht auffällt. Das kommt auch noch darin zum Ausdruck, dass Lambert Karl Brandt im Personen-Verzeichnis ihres Buches *The Lost Live of Eva Braun* ausgerechnet mit derjenigen Seite weglässt, auf der er in der Mittlstrasser-Lüge erscheint. (a. a. O., S. 478)

3.: Anni Rehborn und Karl Brandt heirateten unter der Zeugenschaft Hitlers, Görings und anderer Nazi-Prominenz im März 1934. Mit Bezug auf den Eintrag vom 16. März 1934 in Goebbels' Tagebuch weist Hitler-Biograf Ullrich darauf hin, dass Karl Brandts Biograf Ulf Schmidt sich im von diesem angegebenen Hochzeitstermin von Ende 1934 geirrt hat. (*Ullrich*, S. 692, 1007, Anm. 94) Die Frischvermählten mieteten sich eine Suite im Gästehaus des Klavierbauer-Ehepaares Bechstein, in deren Villa auf dem Obersalzberg bei Berchtesgaden viele Vertraute Hitlers untergekommen waren, um unproblematisch in dessen Nähe sein zu können. Karl Brandt hatte niemals auch nur ein privates eigenes Zimmer in dem zum *Berghof* umgebauten Landsitz Hitlers *Haus Wachenfeld*, geschweige denn dass Brandt über einen hausärztlichen Praxisraum verfügt hätte, wie das bei Hitlers »Leibzahnarzt« Hugo Blaschke der Fall war. (*13. Nein-Sager – Schmidt, U.*, S. 89 ff., 93 ff.) Mittlstrassers »Ich holte es aus seinem Raum« – die Perioden-unterdrückenden »Pillen«, »den Trunk« »oder sonstwas« für Eva Braun – ist eine Ente.

4.: Noch bevor es ab Juli 1936 im fertig gebauten *Berghof* überhaupt eine Gelegenheit hätte geben können, einen Mittlstrasser'schen »Hausarzt Dr. Brandt« in Hitlers Landsitz zu implantieren, war Karl Brandt schon im Frühjahr 1936 vor Abschluss der *Berghof*-Bauarbeiten mit seiner Tätigkeit als sich bewegender Hitler-Reise-Begleitarzt derart überfordert, dass ein chirurgischer Vertretungsarzt für Brandt geordert werden musste. Das war Brandts Studienfreund Hans Karl von Hasselbach. (*Hasselbach* 52, S. 1) Da auch bald der Brandt-Vertreter Hasselbach überlastet war, musste ein dritter Hitler-Reise-Begleit-Notarzt eingestellt werden – Werner Haase. Haase hatte die Position des chirurgischen »Begleitarztes« nur kurz inne, wechselte in andere Positionen und kam erst wieder zu Hitlers Berliner »*Führer*«-*Bunker*-Zeit 1945 in dessen Nähe. (*Kershaw* 2000, S. 825 f.)

Die beiden anderen Hitler-Begleitärzte Brandt und Hasselbach hatten im Oktober 1944 zusammen mit dem Hals-Nasen-Ohrenarzt Giesing den Aufstand gegen Hitlers Leibarzt Morell versucht, weil sie dessen

Behandlungen Hitlers misstrauten – Stichwort »Ärztestreit«, den die drei verloren. Sie wurden aus Hitlers Nähe entlassen. *(Giesing 45 II*, S. 7/8 ff., *Hasselbach* 48, S, 5 ff., *Hasselbach* 52, S. 2 f.) Mittlstrassers »Unser-Hausarzt-Dr.-Brandt«-Lüge fliegt in der Person-betreffenden Angelegenheit genauso auf wie Mittlstrassers Lüge in der Sach-bezüglichen, als die Geschichts-Fälscherin die Nachwelt mit ihrer Methode-Eins-Verhütung mundtot machen wollte, die Eva Braun für den Koitus mit Adolf Hitler angewandt hätte. Da Welt-Spitzen in der Hitler-Biografik – zu denen auch das deutsche *ZDF*-Redaktions- und Autoren-Paar Anja Greulich und Guido Knopp gehört – der »Sexual-Normativistin« Gretel Mittlstrasser willig folgten, *(Greulich/Knopp*, S. 317) geht deren Auffliegenlassen jedoch nicht zügig und erst recht nicht mit links.

5.: Der junge Chirurg Karl Brandt bekam von Hitler mehrere Medizin-diktatorische Aufgaben übertragen, die ihn auch nicht mehr in Hitlers unmittelbarer Reise-Begleit-Nähe bleiben ließen. »Mit dem auf den 1. September 1939 rückdatierten Erlass wurde Karl Brandt zusammen mit dem Chef der Parteikanzlei, Philipp Bouhler, von Hitler mit der Organisation und Durchführung des Euthanasieprogramms betraut. Im August 1941 wurde Karl Brandt zum Generalkommissar für das Sanitäts- und Gesundheitswesen ernannt. 1943 wurde er in die Stellung eines zentralen Leiters des gesamten medizinischen Vorrats- und Versorgungswesens und in die Funktion des Koordinators der medizinischen Forschung berufen [die Menschenversuche einschloss]. Am 25. August 1944 – Brandt war inzwischen zum SS-Gruppenführer und Generalleutnant der Waffen-SS befördert – wurde er zum Reichskommissar für das Sanitäts- und Gesundheitswesen ernannt und erhielt damit volle Weisungsbefugnis gegenüber den Dienststellen des Staates, der Partei und der Wehrmacht.« *(Schlie* 99, S. 223)

Gretel Mittlstrassers scheinbar harmloser *Berghof*-»Hausarzt Dr. Brandt« mit den Anti-Mense-Prompte-»Pillen oder -Trunks« war in der Nazi-Realität »Mr. Euthanasie«, der oberste Arzt, der die Ermordung von 200 000 Behinderten koordinierte und supervisierte, wofür er am 20. August 1947 vom amerikanischen Militärgericht in Nürnberg zum Tode verurteilt und am 2. Juni 1948 in der *Festung Landsberg* durch Erhängen hingerichtet wurde. Brandt war der Ranghöchste unter den Angeklagten im Nürnberger Ärzte-Prozess. *(a. a. O.,* S. 224, *Snyder* 94) Diese Wendung bei der Zeugnis-Durchsicht ist so makaber, dass den englischen Kolporteurinnen Milne (2001) und Lambert (2006) ihr unverantwortlich nachlässiger Umgang mit dem Lügenkonstrukt der ehemaligen Hitler-Mittäterin Gretel Mittlstrasser nicht scharf genug vor Augen geführt werden kann.

6.: Es gibt einen Text von Karl Brandt über Eva Braun, aus dem unter dem 12. Nein-Sager schon zitiert wurde *(ONANO)*. Brandt hat sich zum Thema Frauen um Hitler gegenüber seinen amerikanischen Anklägern ausführlich geäußert. *(Brandt* 99) Diese Einlassungen Brandts hat der Hitler-Forscher Ulrich Schlie aus dem Konvolut der in die *Musmanno Collection* überführten Statements zu den Verhören der Nürnberger Angeklagten befreit und mit den ersten Äußerungen von Hitlers Architekt Albert Speer nach 1945 in einem separaten Buch unter dem Titel *Albert Speer. Alles, was ich weiß* herausgegeben und kommentiert. *(Schlie* 99) Die siegreichen Anglos waren grundsätzlich an den persönlich-sexuellen Bedingungen Adolf Hitlers interessiert, weil zu Recht davon überzeugt, dass eine derartige, auf ubiquitäres Auslöschen ›orientierte‹ Destruktivität dieses Mannes irgendetwas mit seiner Sexualität zu tun gehabt haben müsste. Die »Entstehung [des Brandt-Berichts *Frauen um Hitler*] ist vor allem vor dem Hintergrund zu sehen, dass den siegreichen Amerikanern und Briten auch daran lag, so viel wie möglich über den ganzen Hitler in Erfahrung zu bringen, um das Phänomen Hitler vollständig zu erfassen und von Anfang an einer etwaigen Legendenbildung entschieden entgegenzutreten.« *(a. a. O.,* S. 219)

In Karl Brandts *Frauen um Hitler* befindet sich keine Andeutung, dass Brandt selbst für Eva Brauns »Perioden-Unterdrückung« tätig geworden wäre, noch dass ein Kollege von ihm so etwas getan hätte. Das Thema »praktizierte Sexualität zwischen Braun und Hitler« kommt in Brandts Einlassungen nicht vor. *(Brandt* 99) Es gab für ihn keinen Grund, dieses Thema vor seinen Anglo-Verhörern auszusparen. Im Gegenteil, der erst gerade 40-Jährige wusste genau, dass ihm die Todesstrafe drohte. Außerdem war er als Akademiker ein gebildeter Mann, der verstehen konnte, wie das Anglo-Rechtssystem funktioniert: Je prinzipieller sich ein Angeklagter einlässt, um so sicherer entgeht er seiner Hinrichtung, um so niedriger setzen die Richter sein Strafmaß an. Brandts Freund und Altersgenosse Albert Speer hat mit diesem Wissen seinen Kopf gerettet, indem er zwar auch log, wie Dritte-Reichs-Forscher ihm heute nachweisen, *(Breloer, Schmidt, M.)* aber generell seine Mitschuld am mörderischen System eingestand und Reue bekundete. Für Karl Brandt wäre es unverfänglich gewesen, Genaues zum Thema »Beeinflussung des Eva Braun'schen Menstruations-Zyklus« vorzutragen. Dieses Thema hätte so gut wie nichts mit den Vorwürfen zu tun gehabt, die ihm als »Euthanasie«-Verantwortlicher gemacht wurden. Keine Rede davon im gesamten Prozess-bezogenen Gerede Brandts. Und das, obwohl Brandt alles über Eva

Braun wusste, was damals gewusst werden konnte. Brandt und seine Frau Anni waren nahe Freunde des Ehepaars Albert und Margarete Speer. Frau Brandt und die Speers wiederum standen Eva Braun nah. »Aus diesem Grunde sind die Passagen über Eva Braun in Brandts Bericht von besonderem Gewicht.« *(Schlie 99, S. 221)* Und wenn trotz dieses »Gewichts« in Brandts Bericht nichts über »Perioden-unter-drückende« Mittel steht, die Eva Braun bei überraschender Ankunft Hitlers bekommen hätte, dann ist diese Behauptung Mittlstrassers aus dem Rauch der Nazi-System-Ruinen gegriffen. Nachrichten über Menstruations-Bezügliches im Zusammenhang mit Geschlechts-verkehr zwischen Braun und Hitler hätten die Anglo-Interrogateure unter allen Umständen interessiert. Der Herausgeber der Brandt-Aus-sagen zum Problem »Hitler und die Frauen« lobt Brandts »hohes Maß an Objektivität, das sich im Vergleich mit heute [1999] verfügbaren anderen Quellen ermitteln lässt. Der Ton der Aussage ist weder apolo-getisch noch anklagend.« *(a. a. O., S. 220)*

7.: Wer nach der Fertigstellung des Umbaus von *Haus Wachenfeld* zum *Berghof* im Juli 1936 der wirkliche »Hausarzt« bei Hitlers wurde, war Dr. Theodor Morell. Morell hatte Hitlers jahrelange Haut- und Magen/Darm-Probleme in Angriff genommen und ihn Ende 1936 mit der Aussicht auf deren Heilung so verblüfft, dass Hitler ihm die Position des ständigen Leibarztes anbot, die Morell 1937 annahm. Heike Görte-maker, diskutiert Aussagen von Heinrich Hoffmann und Karl Brandt, die den Beginn der Hitler-Morell-Beziehung schon in den Verlauf des Jahres 1936 verlegen – so gut wie direkt nach der Fertigstellung des *Berghofes*. Zu diesem Gebäude-Komplex passte ein Hausarzt. Leibfo-tograf Hoffmann hatte Morell und Hitler zusammengeführt, weil 1936 Morells Kur für Hoffmanns Gonorrhoe erfolgreich war Auf jeden Fall ist zur Jahreswende 1936/37 die Beziehung Morell-Hitler installiert, verbunden mit der Anwesenheit Morells auf Hitlers Außen-»Herr-schersitz« *Berghof. (Görtemaker 11 I, S. 150 f., 282 f., Anm. 114)*

Wenn jemand als »Hausarzt« für die Maßnahme einer »Perio-den-Unterdrückung« bei Eva Braun in Frage gekommen wäre, dann wäre das Morell und nicht Brandt gewesen. Aber auch Morell hatte nicht wie Zahnarzt Blaschke auf dem Obersalzberg Praxisräume eingerichtet bekommen. Er war ein »fliegender Hausarzt«, wurde zu Hitler immer nur gerufen oder kam verabredetermaßen, wohnte aber im Hotel. Warum nennt die ehemalige *Berghof*-Hausverwalterin Gretel Mittlstrasser nicht Morell als Hausarzt, der für die Menstrua-tions-Probleme Brauns hätte zu Hilfe gerufen werden müssen? Mittl-strasser kannte Morell genau, war neben ihm die ganze Zeit auf dem

Berghof tätig – sie selbst fast zehn Jahre lang, zuerst als Managerin des Raumpflege-Dienstes. Morell vor den englischen Kameras für die Sendung *Adolf and Eva* zu nennen, ging aber nicht, weil Morell ein sogenanntes geheimes Tagebuch angelegt hatte, hinter dem sich seine Aufzeichnungen über alle Medikamente verbargen, die er während seiner Tätigkeit als Hitlers Leibarzt angewandt hatte. Morells Liste existiert im Druck seit dem Tod seiner Witwe 1983 sowohl auf Englisch als auch auf Deutsch, *(Morell* 83 I, II) jeweils herausgegeben vom britischen Historiker David Irving. *(Irving* 83 I, II) 1998 beschäftigte sich Ernst Günther Schenck, ehemaliger Hitler-Arzt in anderen Funktionen, *(Kershaw* 2000, S. 826) und späterer dritter medizinischer Hitler-Biograf, *(Schenck* 89) noch einmal mit Morell-Materialien. *(Schenck* 98)

Nichts ist in Morells hinterlassenen Notaten zu finden, was Braun-Hitlers Geschlechtsverkehr direkt und praktisch betroffen hätte – weder etwas über »Regel-Vertreibung«, »Zyklus-Verschiebung« noch etwas über »Perioden-Unterdrückung«. *(ANALO, 1. Ja-Sager)* So etwas hätte Morell festgehalten, vor allem deshalb, weil solche Mittel in sein Gebiet als »Leibarzt des Führers« gehört hätten.

Morell hat alle anderen »Wehwehchen« Hitlers rubriziert und terminiert und dazu alle (insgesamt fast 90) von ihm angewandten Medikamente für die Therapie medizinisch exakt aufgeführt, ganz gleich, ob es sich dabei um schon allgemein erwerbbare oder von Morell zusammengestellte, das heißt selbst angesetzte, fabrizierte Mittel gehandelt hat, die er sich dann manchmal sogar patentieren und sie nachproduzieren ließ. Morell hatte im Dritten Reich mit pharmazeutischen Produktionen begonnen. *(Irving* 83 I, II, *Katz, Morell* 83 I, II, *Schenck* 98)

Morell war außerdem bei seinem ärztlichen Werdegang besonders in Gynäkologie ausgebildet worden und hatte in diesem medizinischen Fach promoviert. *(Morell* 13) Morell stand gerade mit dieser Spezialisierung im besonderen Gegensatz zum Chirurgen Karl Brandt. Morell hätte sich deshalb für alles Frauen-Spezifische bei Eva Braun interessiert, wenn er von ihr für etwas Koitus-Unterstützendes wirklich konsultiert worden wäre (Einzelheiten beim 1. Ja-Sager, *ANALO).*

Doch nichts ist in Morells medizinischen Rechenschaftsberichten, was nur in die Nähe der Mittlstrasser-Behauptung kommen würde, von der er in seiner achteinhalbjährigen Position als Hitlers Leibarzt etwas hätte vernehmen müssen. Mittlstrasser konnte deshalb Morell als Haus-ärztlich tätigen Braun-»Perioden-Unterdrücker« nicht im englischen Fernsehen angeben. Ihre Lüge wäre mit der Heranziehung von Morells überlieferten täglichen Medikamenten-Einträgen sofort aufgeflogen. Gerade im Anglo-Bereich ist Morell als Hitlers Leibarzt bekannter als in Deutschland. Ab 1983 läuft seine Medikamenten-Liste auf Englisch um, die heute sogar auch online zu haben ist. *(Doyle, Durlacher)*

Bockmist als »Ziegen-AA«

8.: Gretel Mittlstrassers Lügen-Konstrukt ist »*Bockmist*«, vielmehr »*Ziegen-AA*«, wenn sich simpelster Fakten vergewissert wird:

Erstens: Hitler traf nie »unerwartet« auf dem *Berghof* ein, wie Mittlstrasser formuliert. Seine Reisen waren langfristig geplant, weil er einen Schwarm von Mitarbeitenden einführte und auch wieder abzog. Den von Mittlstrasser behaupteten Vorgang »unerwartetes Eintreffen Hitlers auf dem Berghof« gab es prinzipiell nicht, so als hätte der »Führer« auf seinem Landsitz mal überraschende Stippvisiten für ein bis zwei Nächte absolviert, um schnell mit Eva Braun zwischen den Zeiten »Friede, Freude, Eierkuchen« in die Röhre zu schieben. Nein, Hitler kam immer gut vorbereitet, tagelang im voraus angekündigt und blieb dann auch meist für längere Zeit bei »seinem Heimchen am Herd«. Anders waren seine Reisen als deutscher Staatsführer nicht organisierbar. *(Junge 02)*

Zweitens: Für die Deutschen erfand Mittlstrasser die Mär von der »Regel-Vertreibung«. Für die Briten sollte es zur Sache gehen über eine »Perioden-Unterdrückung«. Mit beiden unikistischen Wortkombinationen wurde derselbe Sachverhalt getroffen: Brauns Eingang hätte von Monats-Blut-Resten freigeschaltet werden sollen, damit es »Auf zum fröhlichen« Fegen gehen konnte.

Wie sich aus Erstens ergibt, brauchte sich die »Führer-Geliebte« um so etwas nicht zu kümmern. Der »Führer« war meist lange genug »zu Hause« auf dem *Berghof,* so dass Braun sich mit Methode II und III der Empfängnis-Verhütung, ja mit der Berechnung ihrer unfruchtbaren Tage hätte behelfen können. *(Hitler-Forscher fallen auf Verhütungs-Kokolores rein)*

Drittens: Den Deutschen hätte Mittlstrasser nicht mit »Dr. Brandt« als »unserem Hausarzt« kommen dürfen, weil ihr da sofort Kenner der Szene – ein solcher im übrigen der ehemalige Direktor der ZDF-Serie *History,* Guido Knopp, selber ist – in die Parade fahren konnten. Also im deutschen Fernsehen lieber nur allgemein ohne Namens-Nennung etwas über »Was-vom-Arzt-Holen« sagen und hoffen, dass niemand

Verhütungs-geschichtlich gerade auf Draht ist. Doch für die Engländer einfach den »Dr. Brandt« als Autorität vorschützen, der dort nicht so bekannt ist wie Morell.

9.: Das Infamste an Mittlstrassers Geschichts-Betrügerei, mit dem auf ihre böse Absicht hingewiesen werden kann: Mittlstrasser benutzte nie die Wörter »Empfängnis«, »Anti-Konzeption« oder »Verhütung«. Sie sprach stattdessen in den Fernseh-Sendungen von »Regel-Vertreibung« und »Perioden-Unterdrückung«. Hätte Mittlstrasser in ihren deutschen und englischen Aussagen vor den Kameras die Fach-Termini benutzt, wäre sie schneller aufgeflogen. Doch mit ihren Umschreibungen lenkte sie vom eigentlichen Thema ab, hatte gehofft, die elektronischen Medien-»Beauftragten« kommen ihr nicht so schnell auf die Schliche, was tatsächlich auch 17 Jahre lang nicht geschah.

Gerade Fernseh-Machende werden von vielen Zwängen getrieben und von Terminen und Absprachen konditioniert = »unterdrückt«. Mit den Mittlstrasser-Wörtern »Regel« und »Periode« traf sie ins Schwarze von Fernseh-»Serien«, die den TVlern vertraut sind wie deren Westentasche. Serien laufen täglich über alle Kanäle. Damit haben alle hinter der »Glotze« in ihrer Arbeitswelt andauernd zu tun. Da wird gar nicht erst auf »Falsch« geschaltet – weil es in der Eile von durchzuziehenden Produktionen schwer wäre, die Maschinerien anzuhalten und Einzelrecherchen zu betreiben. Jeden Tag werden unzählige Statements gesendet. Wo kämen Fernsehleute hin – Filmemachende wie Redaktionen –, wenn sie jeden Satz eines Interviewten auf seinen historisch wissenschaftlichen Wahrheitsgehalt überprüfen müssten?! So ist Mittlstrassers Lüge in der Hektik von TV-Produktionen untergegangen.

»Regel-Vertreibung« ist als »Ausnahme und die Regel« durchgegangen, »Perioden-Unterdrückung« als »Still-Legung« vorbeigerauscht. Es gibt ja im Zeitbewusstsein die »Ausschabung« – davon hat jede und jeder schon mal gehört. Sowie Mittlstrasser die Worte »Verhütung« und »Empfängnis« gebraucht hätte, kann unterstellt werden, dass es bei den Filmemacherinnen und -machern, ebenso wie bei den Sendern geklingelt hätte und jemand auf die Doppel-Idee gekommen wäre: Erstens Verhütung im Dritten Reich gar nicht und zweitens Methode I erst zehn Jahre nach 1945.

Unter Mittlstrassers Geschwimme – »vom Doktor was gekriegt«, »meistens ich vom Arzt geholt«, »erhielt sie von Dr. Brandt, unserem Hausarzt, etwas, das die Periode unterdrückte«, »Pillen oder einen Trunk« – hat im Speed des Redaktionsalltags alle Welt gedacht, es habe sich dabei um rein Praktisches zum ungestörteren Vögeln gehandelt. Und schon war die Sendung draußen.

Für die Buchmachenden Plaim-Mittlstrasser/Kuch, Lambert, Greulich/Knopp und Ullrich gilt diese Entschuldigung nicht. Sie sind solchen Reflexions-ausschaltenden Tempi alias Sachzwängen beim Manuskript-Schreiben und Zum-Druck-Abliefern nicht ausgesetzt. Für sie gibt es keine Entschuldigung: »Wir hatten leider keine Zeit nachzudenken.«

10.: Gretel Mittlstrasser betrat das Forum des Geschichts-prozessualen Verfahrens, das Hitlers Sexualität zu klären hat, als international gefragte Hetero-Intim-Kennerin ihres ehemaligen »Führers«. Sie verließ den Ring als eine Lügnerin, die auch 55 Jahre nach dem Ende ihrer Tätigkeit als Mittäterin des grauenhaftesten Herrscherpaares der Weltgeschichte sich weiter für ihre ehemaligen Arbeitgeber verwendete und neuen Schaden anrichtete. Sie leistete Fälschungen in der Geschichtsschreibung Vorschub und führte reputierte Hitler- und Braun-Biografen an der Nase herum. Mittlstrasser hat für mindestens die nächsten 20 Jahre erfolgreich versucht, Hitler in einer Mann-Frau-Beziehung als einen »100%ig« »normal« agierenden Heteromann zu stabilisieren. Dadurch hat sie Verwirrung angerichtet und die Menschen weiter im Dunkeln über Hitlers sexuell »un«- bis »ab-artiges« Funktionieren gelassen.

Ergebnis:

Dass Gretel Mittlstrasser sich bei ihren Aussagen im englischen und deutschen Fernsehen nicht geirrt hat oder über die »Vögelchen«, die zwischen Braun und Hitler hin und her geflogen sein sollen, von ihrer *Berghof*-Chefin nur falsch ins Bild gesetzt worden wäre, erwies sich dreifach.

Erstens: Mittlstrasser log absichtlich, indem sie Eva Braun eine Methode zur Empfängnis-Verhütung andrehte, die es auf der ganzen Welt erst ab 1951/61 gab.

Zweitens: Mittlstrasser erwähnte für die Lieferung von Antikonzeptiva einen Hausarzt – Dr. Karl Brandt –, der auf dem *Berghof* nie Hausarzt war, was sie wusste, da sie 8½ Jahre lang im selben Haus neben dem tatsächlichen Haus- und Leibarzt Hitlers gearbeitet hatte.

Drittens: Der echte »Hausarzt« Hitlers, Dr. Theodor Morell, hat in seinen erhalten gebliebenen Aufzeichnungen 3¾ Jahre lang nichts Verhütungs-Erforderliches für Eva Braun notiert. Da im Dritten Reich jegliche Mittel zur Empfängnis-Verhütung verboten waren und sie deshalb nicht in »Apotheken besorgt« werden konnten, hätte Eva

Braun sie nur über Schleichwege bekommen können. Der naheste Schleichweg wäre die Konsultierung des realen Leib- und Hausarztes Hitlers, Dr. Morell, gewesen *(ANALO, 1. Ja-Sager).* Doch Mittlstrasser konnte Morell nicht als Hausarzt nennen, wie es den Tatsachen entsprochen hätte, weil ihre Lüge dann bei der Lektüre von Morells täglichen medizinischen Einträgen, die es seit 1983 im Druck gibt, aufgeflogen wäre.

Fairy Tale = Fucking Tale

Dass Gretel Mittlstrassers Apologetinnen Marion Milne (2001) und Angela Lambert (2006/07) ihr nicht nur voreilig unprofessionell, sondern auch bewusst mitfälschend gefolgt sind, bedarf noch einiger Konturierungen. Zuerst die zwei Belege dafür, dass die Autorin Lambert die Geschichts-Lügnerin Gretel Mittlstrasser wirklich anbetet: »Das festmachende Beweismaterial [für Hitler-Brauns Koitus] ist dasjenige von Frau Mittlstrasse[r], einer ehrenwerten und zuverlässigen Zeugin.« *(Lambert* 06, S. 245) – »Marion Milne, Reporterin und Regisseurin von *Adolf and Eva,* war die Erste, die dieses offensichtlich passende Beweisstück von Frau Mittlstrasse[r] zu Tage beförderte.« *(a. a. O.,* Anm. 22)

Stimmt schon wieder nicht, denn der deutsche Filmemacher Oliver Halmburger hat für seinen Film *Der Berghof – Hitler privat* Gretel Mittlstrasser bereits 2000 ausfindig gemacht – gleichzeitig mit der englischen Produktion von *Adolf and Eva. (Halmburger)*

Angela Lambert rutschte auf den zwei Mittlstrasser-Anbetungs-Seiten ihres Buches *The Lost Life of Eva Braun* derart aus, dass sie ihrer Pflicht als Wissenschaftlerin nicht mehr genüge tat. Sie schrieb Sätze, die im Beleg-losen Raum gespenstern: »Trotz des Mangels an Nachweisen [zum Geschlechtsverkehr zwischen B. und H.] war Evas Dienstmädchen davon überzeugt, dass die beiden einen vollständigen Geschlechtsverkehr miteinander hatten.« *(Lambert* 06, S. 245)

Wer ist das »Dienstmädchen«, »Eva's personal maid«? Der Name dieses Dienstmädchens bleibt aus. Wann hat die Lambert-Zeugin »Braun-Zofe« zu wem ihre Ansicht über den »full intercourse« geäußert? Keine Antwort. Stattdessen landet die Autorin über ihrem Loch an Verifikation ihrer Behauptung mit einem Kamera-Schwenk auf Hitlers Leibarzt Dr. Morell, von dem David Irving in dessen Herausgabe der Morell-Tagebücher einen angeblichen Ausspruch wiedergibt: »Der Führer hatte Sexualkontakte mit Eva Braun von Zeit zu Zeit, obwohl sie in verschiedenen Betten schliefen.«

Lambert macht außerdem keine Spezifizierungen zum »Team der Investigatoren der amerikanischen Untersuchungskommission«, dem Morell »versichert« hätte, wie es sexuell zwischen Hitler und Braun zugegangen sei. Stattdessen verweist Lambert auf Irvings englische Version von Morells Tagebuch-Ausgabe – ohne eine Seitenzahl bei Irving anzugeben. (a. a. O. und Anm. 21) Anmerkungen ohne Seitenzahlen sind wissenschaftlich nur dann zulässig, wenn im ganzen zitierten Buch über ein Thema berichtet wird und sich darauf bezogen werden soll, wie es soeben mit Traudl Junges Memoiren *Bis zur letzten Stunde* gemacht wurde, weil Junge mit Hitler andauernd hin- und hergefahren ist und als Zeugin für die Professionalität und Vorausplanung der Hitler-Reisen gebraucht wurde, um der Mittlstrasser-Wendung »wenn Hitler unerwartet zurückkam« entgegenzutreten. Junge war wie die Begleitärzte Brandt und Hasselbach für Hitler eine mobile »Begleitsekretärin«, die auch nicht mal krank werden oder in Urlaub gehen sollte, wie es immer öfter bei den älteren Hitler-Sekretärinnen Johanna Wolf, Christa Schroeder und Gerda Daranowski-Christian vorkam. Junge war wegen ihres Alters von erst 22/23 von Anfang an als Hitlers »Reisekader« eingestellt worden – Audition von jungen Schreib-Maschinistinnen im »Führer«-Hauptquartier *Wolfsschanze*, Dezember 1942, Junge nach ihrem »Probediktat« zum sofortigen Arbeitsbeginn bei Hitler eingeladen, insgesamt zweieinhalb Jahre »bis zur letzten Stunde« für ihn tätig. (*Junge* 02, S. 10) Besonders bekannt geworden ist Junge, weil sie am 28./29. April 1945 Hitlers Diktate für seine Testamente im Bunker unter der Reichskanzlei in die Maschine getippt hat. (*Domarus* II, S. 2236 ff.)

Einen Satz von jemand Fremdem sogar in Anführungszeichen zu zitieren und dazu keine Seitenzahl anzugeben – wie Angela Lambert es mit dem angeblichen Morell-Ausspruch aus Irvings Morell-Tagebuch-Ausgabe gemacht hat – heißt immer: An dieser Stelle setzt die Wissenschaftlichkeit aus. Das Original von David Irvings Morell-Hinweis in seiner englischen Ausgabe der Morell-Tagebücher lautet: »Morell versicherte Investigatoren – auf Grund von welchem Beweismaterial wissen wir nicht –, dass Hitler von Zeit zu Zeit Eva Braun sexuell gefällig war, obwohl beide üblicherweise in getrennten Betten schliefen.« (*Irving* 83 II, S. 35)

Weil es bei der Verifizierung von sexuellen Dingen auf Millimeter-Nuancen ankommt, muss der an den Augen der Lesenden vorbeisausende Film des Dreifach-Verweises – von Lambert auf Morell auf die »amerikanische Untersuchungskommission« auf Irving – gestoppt

werden: Lambert gibt das Original von Irving falsch wieder. Sie modifiziert es einfach: »Der Führer hatte mit Eva Braun von Zeit zu Zeit
sexuelle Beziehungen gehabt«. *(Lambert 06, S. 245)*
Bei Irving steht: »Hitler war von Zeit zu Zeit Eva Braun sexuell
gefällig.« Das englische »obliged« hat ein Leck an Subjektivität auf Hitlers Seite, was bedeutet: Er hat kein »sexuelles Verhältnis« mit Braun
gehabt (»relations« sind viel mehr als »obliged«), sondern er hat Braun
nur mal »von Zeit zu Zeit sexuell Genüge getan«. Erst in der deutschen
Version von Irvings Morell-Tagebuch lässt Irving Morell sagen, Hitler
habe »sexuellen Kontakt zu Eva Braun gehabt«. *(Irving 83 I, S. 42)*
Lambert als Halbdeutsche muss die deutsche Morell-Ausgabe
Irvings kennen, denn Irvings »sexueller Kontakt« ist nahezu identisch
mit Lamberts »sexual relations«.
Von dorther kommt also Lamberts Eigenwilligkeit, Irvings »obliged« in »sexual relations« zu verwandeln. Deshalb lieber die Seiten-
zahl von Irvings englischer Morell-Tagebuch-Edition weglassen, um
Lamberts Gekunkel nicht rauskommen zu lassen.

Beim 1. Ja-Sager, Hitlers Leibarzt Theodor Morell, wird die Auseinandersetzung mit Irving geführt werden müssen, weil nämlich auch
Irving für diese Stelle von Morells »Aussage« über Hitlers Sex mit
Braun keine Einzelnachweise vornimmt, sondern wie Lambert im
Gewölk von Total-Unspezifika verschwindet *(ANALO)*. Bei Lambert
heißt es: Morell »versicherte einem Team von Investigatoren von der
Amerikanischen Untersuchungskommission, dass [...]« – Dreimal
wird mit Unspezifika gelogen, mit »einem Team«, mit der Pluralität
»von Investigatoren« und mit »der Amerikanischen Untersuchungskommission«.
Irving geht genauso vor: Als er berichten will, was eine Kommission über Morell gesagt hat, wartet er mit Fundstellen-Genauigkeit
auf: »Ein früher Untersuchungsbericht über Morell konstatiert: [...]
(OI/CIR 4).« *(Irving 83 I, S. 9)* Wenn Irving jedoch Hitlers Leibarzt
Morell sagen lassen will, dass »Hitler von Zeit zu Zeit sexuellen Kontakt zu Eva Braun gehabt« hätte, bleibt alles weg. Irving erwähnt nicht
einmal eine Autorität, die diese »Aussage« Morells entgegengenom-
men, geschweige denn eine Quelle, die diese »Aussage« festgehalten
hätte. Es heißt nur: »Morell sagte aus – aufgrund welcher Indizien wissen wir nicht – [...]« – Und schon »sagte« Morell »etwas« über Hitlers
»sexuellen Kontakt zu Eva Braun«! Und schon fand Hitlers »sexueller
Kontakt zu Eva Braun« wirklich statt, ist »der Führer« als heterosexueller Praktikant etabliert.

In der englischen Fassung wird nur ein Terminus vorgeschoben, mit dem so getan werden soll, als habe Morell sich einem Verhör gestellt: »Morell versicherte Befragern – auf Grund welchen Zeugnisses wissen wir nicht – , dass Hitler von Zeit zu Zeit Eva Braun sexuell Genüge getan hätte [...]« *(Irving 83 II, S. 35)*

Dass Irving auf Deutsch und Englisch ins »volle Rohr« der Lüge bläst, kommt aus der »Abrundung« seiner Fairy-Tale heraus: »Hitlers Adjutanten haben gegenüber dem Verfasser [Irving] im Wesentlichen diese Aussage bestätigt«, »seine Adjutanten haben dem Autor das selbe [wie Morell] gesagt«. *(Irving 83 I, S. 42 f., Irving 83 II, S. 35)* So etwas ist wissenschaftliches Fucking Tale! (Fortsetzung *ANALO)*

Die Hitler-Abnormitäts-Leugner

Alle machen es nach gleichem Muster – alle Sexual-Normativisten, die Hitler in einem günstigen heterosexuellen Licht präsentieren wollen. Irving wird neben Maser für die Parierung des 1. Ja-Sagers mit Einzelheiten ausgehebelt werden. *(ANALO)*

Hier geht es um die Kritik an zwei potenten, in englischen Medien Hitler-biografisch tätigen Frauen, die zu Beginn des dritten Jahrtausends das Gleiche machten wie ihre Kollegen Maser, Greulich/Knopp und Ullrich in deutschen Medien. Irving agierte zeitgleich zweisprachig.

Die Knautscherei und Mauschelei in Sachen »normal funktionierendem Sex zwischen Braun und Hitler« wird immer deutlicher, wenn gezeigt werden kann, dass sie von allen denjenigen betrieben wird, die Hitler in dieses »günstige heterosexuelle Licht« stellen wollen und die deshalb wie die Geschichts-Revisionisten in der Hitler-Forschung ab jetzt Sexual-Normativisten genannt werden – gemäß des »Verleumdungsprozesses [...] den der britische Schriftsteller David Irving im Frühjahr 2000 vor dem High Court in London gegen die amerikanische Professorin Deborah Lipstadt und ihren Verlag Penguin Books angestrengt hatte.« *(Evans, S. 7)*

Den Holocaust hat nur ein Hitler-Biograf von Weltgeltung (David Irving) geleugnet, wie ihm der britische High Court nachwies. *(Evans)* Hitlers Trieb-Abnormität leugnen mehrere Hitler-Biografen. Natürlich kann das Problem von Hitlers echter Sexualität nicht mit dem der Holocaust-Leugnung in einem Atemzug genannt werden, dennoch muss statuiert werden: Wer bei der Geschichtsschreibung irgendeiner Erkenntnis entgehen will, muss es anstellen mit Drehen, Knautschen, Mauscheln, Fakten-Weglassen, Urkunden-Retuschieren, frontal ins Gesicht der Rezipienten hinein.

Mehr als zehnmal konnte dieses Vorgehen Volker Ullrich bei seinem Fest von Braun-Hitlers gar nicht stattgehabter Hochzeit nachgewiesen werden. Wahrheit hat so etwas nicht nötig. Aber bis heute herrscht die immer wieder aufzudeckende Realität in der Hitler-Forschung, die eingangs Kujauismus genannt wurde: Die Hitler-Abnormitäts-Bestreiter sind effektiv bis zum Geht-nicht-Mehr. Wegen des Gemeinplatzes »Die Welt will betrogen werden« schmeicheln sie ihre gefälschte Hitler-Hetero-Version in das Bewusste und Unterbewusste ihrer Zeitgenossen, auf dass daran hoch bis in Redaktionen von Medienmachenden Millionen glauben – jahrzehntelang.

Und wenn die Fälschungen verblassen, werden von anderen Sexual-Luftschlösser-Bauenden neue aufgebrüht. Eben noch hat Anton Joachimsthaler von 1989 bis 2003 Werner Maser »korrigiert«, schon sprießen nach drei bis zehn/dreizehn Jahren Angela Lambert 2006, Daniel Costelle 2007, Bernard Plouvier 2007/08, Heike Görtemaker 2010/11, Volker Ullrich 2013/16 und Despina Stratigakos 2015 mit Vergiftungen der Wahrheit um Hitlers Sexualität aus dem umgepflügten Boden hervor, über dieses befremdliche Hetero-»Stehaufmännchen« in der Hitler-Biografik nur mit Brechts Nach-Nazizeit-Bonmot aus *Der unaufhaltsame Aufstieg des Arturo Ui* gelästert werden kann: »Der Schoß ist fruchtbar noch, aus dem das kroch!«

Die deutsch-englische Braun/Hitler-Forscherin Angela Lambert ist bewandert im deutschsprachigen Themen-bezogenen Schrifttum aus Biografik, Literatur und Wissenschaft. Vor allem hat sie ungedruckte Braun-Familien-Chroniken gehoben, aus denen noch nie publiziert worden ist und die neue Einsichten in die oberste Hitler-Gefolgsfrau ermöglichen. *(Lambert 06, S. 474)* Aber Lothar Machtans Hitler-Geheimnis (2001/03) und Anton Joachimsthalers Hitler-Liste (2003), die fünf bzw. drei Jahre vor Lamberts Braun-Biografie erschienen, unterdrückt sie, weil darin vonseiten Hitlers Homosexualität genauso wie vonseiten Hitlers Heterosexualität her Todesurteile gegenüber Geschlechtsaktivitäten zwischen Braun und Hitler enthalten sind.

Von unterdrücken muss immer dann gesprochen werden, wenn es sich um jüngste Standardwerke handelt, die im fachwissenschaftlichen Forschen nicht umgangen werden dürfen. Machtans *Geheimnis*, Joachimsthalers *Liste* und Sigmunds *Nazi-Geschlechtsleben* sind solche Standardwerke zur Beantwortung der »sexuellen Frage« gegenüber Adolf Hitler.

US-Untersuchungs-»Kommissionen«
betrieben kein Versteckspiel

Lambert kennt sich genau aus in Betreff »amerikanischer Untersuchungskommission« zur Nazi-Investigation. Vor allem weiß sie hyperpräzise, wo die Quellen zu finden sind – in der von ihr fortwährend zitierten NARA (The U. S. National Archives and Records Administration) in Washington. Ausführlich beschreibt Lambert ihren Weg durch die »Katakomben« und ihre Forschungen darin. (Lambert 06, S. 150)

In den ersten Jahren des dritten Jahrtausends gab es noch keine Digitalisierung von Hitler-Zeugenschaften. Kenntnis in diesen Zeugnissen und Aussagen wurde nur über Anreisen und Vor-Ort-Studieren erzielt, was Lambert ausführlich und zeitlich ausgedehnt betrieb, wovon sie in ihrem Braun-Buch durchlaufend Zeugnis ablegt.

Eben gerade wegen dieser in ihrer Biografie gewohnten Präzision – Lambert zitiert mehrmals eine »amerikanische Kommission« wiederfindbar genau, wenn sie nichts zu verbergen hat (a. a. O., S. 195, 454) – fällt die Unterbrechung ihrer Praxis auf. Plötzlich kommt für ein Zitat kein Quellenverweis mehr. Stattdessen geschieht das Abgefertigtwerden mit dem Alles und Nichts des »Teams der Investigatoren der amerikanischen Untersuchungskommission«, als Lambert das angebliche Morell-Statement zur Braun-Hitler-Sexpraxis durchziehen will, zuzüglich der Lachhaftigkeit der Singularität. Lambert weiß natürlich, dass es nicht nur eine »amerikanische Untersuchungskommission« gab, sondern viele.

Das, was schon zu Irvings Quellen-Gemauschel gesagt wurde, muss bei Lambert verstärkt werden. Beide Hitler-Forschenden sind wie Ullrich in vielen außersexuellen Einzelheiten Pioniere gewesen. Es war pur töricht, sich das internationale Renommee mit Quellen-Unsauberkeiten und Fakten-unhaltbaren Behauptungen zu verscherzen. Es gab für Lambert keinen einzigen Grund, sich um die Quelle zu Morells »Aussage« in der Irving-Übermittlung des »Von-Zeit-zu-Zeit«-Sexes zwischen Braun und Hitler nicht zu kümmern. Lambert hätte die wissenschaftliche Pflicht gehabt, bei so etwas Essenziellem wie »Haben Braun und Hitler? Oder haben sie nicht?« die Quelle genau zu recherchieren und nicht mit einem doppelten Verschwimmen unterzutauchen – unvollständig bis falsch wiedergegebenes Irving-Zitat und keinen Beleg für Morells »Auskunft« des »Von-Zeit-zu-Zeit«-Sexes zwischen Braun und Hitler.

In einer Braun-Biografie spielt der achteinhalb Jahre lang tätige Hausarzt des Paares Braun-Hitler keine Nebenrolle. Wenn dieser

Arzt angeblich eine Schlüssel-»Auskunft« zum Geschlechtsverkehr
der Protagonisten hinterließ, hätte seine Aussage entweder Quel-
len-exakt zitiert oder Abschied von einem Trugbild genommen
werden müssen. Da Lambert sich in den »amerikanischen« Nach-
April-45-Untersuchungs-»Kommissionen«, die Dutzende ehemalige
Nazis verhört haben, auskennt, weiß sie, dass es kein solches Im-Dun-
keln-Bleiben dieser »Kommissionen« gegeben hat. Im Gegenteil: Mit
beeindruckender Spezifizierungs-Freude haben die »Kommissionen«
immer alles festgehalten: Wer an welchem Ort die Untersuchung
führte, gegen wen, durch welchen Interrogator und an welchem Tag. So
nebulöse Verallgemeinerungen, mit denen Lambert überraschend bei
der Morell-»Auskunft« über die Sexualität des Paares Braun-Hitler aufwartet, gab es nicht. *(Brandt, Christian, Giesing, Günsche, Hasselbach,
Himmler, M., Junge, Kempka, Schaub, Schroeder, Schwarz, Winter)*
Irving kannte sich erst recht aus. Viele der Kommissions-Berichte
sind in seiner Sammlung im Münchener *Institut für Zeitgeschichte*
verewigt. Wenn Irving lügen wollte, musste er jeglichen Hinweis auf
etwas In-Frage-Stehendes unterlassen und sagte deshalb ganz einfach
nur »Morell sagte aus«. Vor wem, wo, wann? – Das weiß nur »der
Wind, das himmlische Kind«. Lambert eiferte ihrem sexual-normati-
vistischen Vorbild »schlicht und einfach« nach.

Die Braun-Hitler-Verpaarung

Es ist sagenhaft, wie Hitler-Biografen und -Biografinnen es nötig
haben, die mit Eva Braun praktizierte Heterosexualität Hitlers als
Kartenhaus zu errichten, das prompt zusammenfällt, sowie für die
Beweislage architektonische Statik-Prüfungen unternommen werden.
Jede und jeder, die und der sich dem Spuk des angeblich »normalen«
Geschlechter-Verhältnisses zwischen Adolf Hitler und Eva Braun hin-
gibt, kann als Hitler-Abnormitäts-Leugner enttarnt werden.
Auch Heike Görtemaker konnte offenbar nicht anders, als ihr prin-
zipiell vorbildlich exakt recherchiertes Buch über Eva Braun auf dem
Sumpf von Fehlvorstellungen über die Heterosexualität zu errichten.
(Görtemaker 11 I, S. 3 ff.) Alles, womit sie Hitler und Braun »verpaaren« wollte, kippt. Wer wie Görtemaker E. B. und A. H. mit Begriffen
wie »lover« und »girlfriend« verpaart, arbeitet für die Hitler-Abnormitäts-Leugnung. Denn als Mann mit einer Frau gepaart zu sein, ist
»normal«, ist lebendig.
Da kann mit noch so vielen exakten Forschungen aufgewartet werden, genau diese Normalität als Lebendigkeit hat *Hitler 2* von keinem

Moment seiner Existenz ab November 1918 an den Tag gelegt. Im Gegenteil: Was er von seiner Person innerhalb seiner politisch-militärischen Wirkung (Wilhelm Högner) während aller seiner Aktionen zwischen 1919 und 1933 Deutschland und der Welt gezeigt hat, war schon Lüge und Zerstörung, die beide er dann zwischen 1933 und 1945 in bisher ungekanntem Ausmaß betrieb. Und diese beiden hörten in Hitlers »Privatleben« nicht plötzlich auf, indem darin eine echte Verpaarung mit einer »normalen« Frau geschah, wie Görtemaker Eva Braun unvorsichtiger Weise beschreibt. Wer die Abnormität auch von Hitlers »Privatleben« in Abrede stellt, wer konstruiert, in seinem Privaten habe es wenigstens eine Spur von Mann-Frau-Sinn(lichkeit) gegeben, der und die sind Hitler-Abnormitäts-Leugner, zu denen ebenfalls Heike Görtemaker gehört, auch wenn diese Leugnung im *sophisticated scientific* ihrer Braun-Biografie immer nur plötzlich aufscheint. Aber sie ist sofort da, wenn Görtemaker nur das kleinste Zubehör einer wirklichen Mann-Frau-Beziehung erwähnt, erwähnen muss, weil diese Paar-Beziehung ihr Grundverständnis von Braun und Hitler ist. Die Verpaarung, die alle angeprangerten Hitler-Biografen und sämtliche Braun-Biografinnen und Biografen vornehmen, geschieht bei Görtemaker kammermusikalisch dezent.

Zum Beispiel Görtemakers Einstieg in ihr Buch mit der Bezeichnungen Eva Brauns als »Geliebte« Adolf Hitlers. Ebenso die eingangs schon gegeißelten Schrumpf-Nachweise bezüglich der Zeugen zum Pro und Kontra »Sexualität zwischen Braun und Hitler«. Görtemaker bringt acht Jas und zwei Neins. *(Görtemaker* 11 I, S. 41 ff., 168 ff.)

Die Neins in *ONANO* schwollen gemeinsam mit den Neu-Zugängen in *HETERO*, Wiedemann, Baur und Mittlstrasser, auf 26. Von den 26 Neins insgesamt müssen sechs abgezogen werden, die sich nicht auf das »Verhältnis« Hitler-Braun beziehen (Kubizek, Hanisch, Münchener 1913/14-Kollektiv, Brandmayer, Wagener und Maurice). Bleiben als Nein-Stimmen von nahen Hitler-Bezugspersonen gegen die Sexualität zwischen Braun und Hitler aber noch 20. Görtemakers zwei Neins rutschten damit auf zehn Prozent der historischen Zeugen-Realität. Görtemakers 10 Prozent werden in die Nähe der »Fünf-Prozent-Klausel« geraten, wenn die Zahl der Neins im Laufe des voranschreitenden Textes auf 40 gestiegen sein wird.

Kaum merklich und doch Haar-sträubend geschieht Görtemakers Abschmetterung ihres 1. Nein-Sagers, Franz Xaver Schwarz. Der sei als Zeuge nicht brauchbar, weil noch immer im Banne Hitlers tiefenpsychisch strukturell ein Nazi. *(a. a. O.,* S. 169) Mit einer solchen Argumentation entzieht Görtemaker sich die Basis ihres eigenen

Arbeitens. Alle Hitler-Umfelder waren Nazis. Biografien Hitlers und Brauns werden zu 99 Prozent aus Mittäter-und-Mittäterinnen-Material geschrieben. Herauszufinden, wer unter Zeugen lügt und wer die Wahrheit sagt, ist die Kunst jeder Geschichtsschreibung, aber bei einem Nazizeit-Buch ein Trapez-Seilakt, von dem jederzeit der Absturz wegen Fehleinschätzung möglich ist.

Mit der Braun-Biografin Angela Lambert ist das Paarschafts-Verfahren der Hitler-Abnormitäts-Leugner effizienter vorzuführen, weil Lambert nur mit Paukenschlägen fungiert und unter dem Deckmantel von Wissenschaftlichkeit einen »Lore-Roman« über »Adolf und Eva« geschrieben hat, die sie konstant mit Vornamen auftreten lässt. Von dieser Massenmörder-Komplizin permanent als »Eva« zu reden, enthüllt den Hitler-Normalisierungs-Vorgang schlagend. Auf so plumpe Weise entblößt Görtemaker ihre Vorstellung über das »Paar« Hitler und Braun nie. Deswegen eignet sich ihre Vorläuferin Lambert besser als »Zielscheibe«, um das Beispielhafte der Hitler-Abnormitäts-Leugnung vorzuführen. Außerdem passt Lambert Altarflügel-haft genau zu dem Unternehmen von Marion Milne, die allein schon im Titel ihres Films *Adolf and Eva* das Monsterpaar verzärtelt und verniedlicht. Keine Entschuldigung, dass das vor fast 40 Jahren schon einmal ein Mann gemacht hat, Glenn Infield 1974 mit seiner ersten biblischen Verpaarung *Adolf and Eva.*

Geht nicht! – Leute! Habt Ihr sie nicht mehr alle?! Die Urjuden, die uns Jetzige »gezeugt« und »geboren« haben, *Adam und Eva,* mit dem gedankenlos schicken Titel *Adolf and Eva* den grauenhaftesten Juden-Zerstörern gleichzusetzen!

Deswegen muss an diesem schrillsten Missverständnis von Hitler und Braun als Urpaar eingehakt werden, weil bei Marion Milnes Film *Adolf and Eva* und Angela Lamberts Buch über »das verlorene Leben der Eva Braun« das gestörte Bild von Heterosexualität, das auch moderne Frauen haben, prächtig zum Ausdruck kommt.

Gestörtes Bild von Heterosexualität

Dass mit der Kombination zwischen der Lüge von Eva Brauns Dienstmädchen über den »vollständigen Geschlechtsverkehr« und der dem Hausarzt Morell untergeschobenen Aussage vor einer unaufschlüsselbaren »amerikanischen Kommission« über Hitler-Brauns »sexuelle Beziehungen von Zeit zu Zeit« die Autorin Lambert zur Co-Fälscherin von Gretel Mittlstrasser wurde, beweist Lamberts Fußnote. Lambert kommentierte Morell unmittelbar nach ihrem Zitat seines angeblichen

Satzes »Von Zeit zu Zeit [...]«: »Er [Morell] trat in Hitlers Haushalt 1937 ein, als Hinzufügung zu Dr. Brandt.« *(Lambert 06, S. 245, Anm. 20)* Soeben wurde im Punkt 2 zur Enttarnung der Mittlstrasser-Lüge über »unseren Hausarzt Dr. Brandt« auf dem *Berghof* hervorgehoben, dass die Braun-Biografin Lambert genau weiß, wie fest Brandt in Berlin stationiert war (*Verniedlichung von* »*Mr Euthanasie*« *als Hitlers* »*Hausarzt*«). Doch das Mal-so-mal-anders machte Lambert gar nichts aus. Auf ihren Buchseiten 244/245 brauchte sie eine Unterstützung für Mittlstrassers Lüge und mogelte Brandt als im *Berghof*-»Haushalt« integriert, in den Morell nur »hinzugekommen« wäre – »in addition to Dr. Brandt«.

Mittlstrassers »Hausarzt-Dr.-Brandt«-Lüge wird auf Lamberts selber Buchseite präsentiert – zwischen der »full intercourse«-Behauptung des Braun-Dienstmädchens, Morells »Kommissions«-»Aussage« über die »sexual relations« zwischen Hitler und Braun »from time to time« und »Hausarzt Dr. Morell« auf dem *Berghof* 1937 »in addition to Dr. Brandt«. Lambert benötigte den nie existenten Hitler-»Hausarzt Dr. Brandt«, den sie zeitlich vor Morell als allein tätig suggerieren wollte, damit Mittlstrassers »Hausarzt-Dr.-Brandt«-Lüge besser zum »voll« »Geschlechts-verkehrenden« Paar Hitler-Braun passend gemacht werden konnte. Der *Berghof* wurde erst im Juli 1936 fertig. Fast ein halbes Jahr lang war *Haus Wachenfeld* eine Baustelle. Das ursprüngliche »bescheidene Ferienhaus« (*Ullrich*, S. 673) war viel zu klein, um dort einen ständigen »Hausarzt« zu installieren. (*Stratigakos*, S. 70 ff.) Auch aus diesem Umbau-technischen Grund konnte »Dr. Brandt« auf Hitlers Landsitz vor Juli 1936 gar kein »Hausarzt« gewesen sein. Und in der Berliner Reichskanzlei gab es so etwas wie einen »Hausarzt« nicht.

Schon 1937 nahm Theodor Morell diese Position auf dem *Berghof* ein. Vorher existierte um Hitler nirgendwo ein hausärztlicher Jemand, zu dem Morell hätte »zustoßen« können. Morell besetzte 1937 eine leere Stelle. Die Addition von zwei Hausärzten Hitlers ist Fiktion. Ab Kriegsbeginn wurde sogar Morell auch eine Art »Begleitarzt« – kein chirurgischer, aber eine von Hitler in alle »Führer«-Hauptquartiere und sonstigen Domizile mitgeschleppte Gesundheits-Instanz. Lamberts »in addition to Dr. Brandt« ist eine bewusste Fälschung, die alle Biografen am laufenden Band unternehmen, die Hitler als heterosexuell intakt darstellen und ihn in der Öffentlichkeit so gekennzeichnet durchsetzen wollen.

Unter den Jahrtausendwende-Autoren machte das nur Ian Kershaw nicht. Doch nichts hat es genützt – trotz Kershaws internationalem

Ruhm als Hitler-Biograf. Nach ihm geht es weiter im Text mit dem Hitler-Hetero-Wahn. Deswegen muss sich gegen diesen gröbsten Fälschungs-Vorsatz im Wissenschafts-Betrieb ausgerechnet der Dritte-Reichs-Geschichtsschreibung mit der härtest möglichen, Fakten-untermauernden Unerbittlichkeit gewehrt werden. Die Mogelei um Hitler als heterosexuell »normalen« Mann ist eine Wahrheits-Verschleierung, die niemals zu Einsichten führen kann, woher Hitler kam und was alles ihn exorbitant ubiquitär destruktiv hat werden lassen, auf dass er sich am Schluss seines seriell mörderischen Irrlaufes mit 90 Ländern im Kriegszustand befand.

Der voll geschlechtsaktiv interpersonell hetero-funktionierende Hitler ist der infamste Mantel über den Ursachen von Hitlers Zerstörungstätigkeit. Dass ebenfalls Frauen an diesem Mantel weben, zeigt, dass auch ihr Bild von Heterosexualität gestört ist. Sie machen sich nicht bewusst, dass diese Tätigkeit das Lebendigste ist, das die Erhaltung der Art Mensch garantiert. Hitler aber war der bisher versucht gründlichste Ausrotter dieser Art. Hätten Atombomben und Raketen (»Wunderwaffen«) für ihn schon zur Verfügung gestanden, er hätte sie zünden lassen.

Das Delirium der Hetero-Hitler-Wahn-Sinnigen

Zu der »härtest faktisch möglichen Unerbittlichkeit« gehört nicht nur das Aufdecken von Fälschungen mit entgegenstehenden Tatsachen. In der Auseinandersetzung mit Vertretern von Hitlers »normaler Heterosexualität« fielen auch Begriffe wie »Absencen«, also »geistiges Weggetretensein«.

Das geschah zum Beispiel bei Volker Ullrich in Frauensachen immer dann, wenn er den Namen einer Kronzeugin wie Gretel Mittlstrasser falsch schreibt, wenn er seine Vorläuferin Steinert mit dem inkorrekten Vornamen »Marlies« präsentiert, wenn er Brauns naheste Freundin Ostermayr als »Ostermeier« erscheinen lässt und wenn er die von Hitler angeblich in heterosexuell bezogenem Scheingebrunste avisierte Linzer Stadt-Walküre Stefanie Isak mit drei verschiedenen Nachnamens-Kombinationen seinen Lesenden anbietet.

Angela Lambert steht dem in nichts nach: Sie schreibt ihr ganzes Buch hindurch den Namen »Mittlstrasser« falsch – bei allen Erwähnungen des *Berghof*-Paares Gretel und Willi Mittlstrasser. Über 20-mal passiert das auf 13 Seiten. Und Mittlstrasser ist die »Kronzeugin« für Lamberts Halluzination von Hitler-Brauns genitaler Flüssigkeit.

Deshalb die These, die im Folgenden immer wieder in Realität umgemünzt werden wird: Männliche wie weibliche Hitler-Biografen irren, wenn sie Hitler als »normal heterosexuell« darstellen wollen. Es geschieht bei der wissenschaftlichen Verfahrensweise der Geschichtsschreibung etwas ziemlich Konsternierendes: Männer und Frauen – ungefähr zwei bis drei Generationen jünger als ihr Gegenstand »A. H.« – gehen dessen Hetero-»Reklame« auf den Leim. Sie erliegen ihr und damit ihm. Ihnen geschieht noch 40–90 Jahre später das, was Hitlers Zeitgenossen widerfuhr. Die im Hitler-Hetero-Wahn Befangenen hören plötzlich auf zu denken und zu forschen.

Dazu gibt es ein nicht zu glaubendes Beispiel bei Brauns Gesamt-Biografin Heike Görtemaker, das in allen deutschen und englischen Ausgaben von 2010/11 nachgeprüft werden musste, denn so sehr erfüllte der Sachverhalt die deutsche Redewendung: »Man traut seinen eigenen Augen nicht.« Görtemaker zitiert im letzten Kapitel von *Eva Braun. Leben mit Hitler* aus seinem privaten Testament. Zuerst muss das Original mit zwei Sätzen wiedergegeben werden, sonst wird die »Absence« Görtemakers nicht auf Anhieb deutlich. Hitler diktierte seiner jüngsten Sekretärin Traudl Junge am 29. April 1945 im *»Führer«-Bunker*: »Da ich in den Jahren des Kampfes glaubte, es nicht verantworten zu können, eine Ehe zu gründen, habe ich mich nunmehr vor Beendigung dieser irdenen Laufbahn entschlossen, jenes Mädchen zur Frau zu nehmen, das nach langen Jahren treuer Freundschaft aus freiem Willen in die schon fast belagerte Stadt hereinkam, um ihr Schicksal mit dem meinen zu teilen. Sie geht auf ihren Wunsch als meine Gattin mit mir in den Tod.« *(Domarus* II, S. 2240)

Görtemaker erleidet beim Zitieren des zweiten Satzes eine »Absence«. Sie lässt in allen genannten Ausgaben ihres Buches drucken, Hitler habe diktiert: Eva Braun »geht auf *meinen* Wunsch als meine Gattin mit mir in den Tod.« (*Görtemaker* 10, vierte Auflage, S. 281) Görtemaker zitiert nicht etwa die offizielle, von der Hitler-Forschung benutzte Quelle des Hitler-Schriften-Herausgebers Max Domarus, sondern eine dubiose »Abschrift einer notariell beglaubigten Abschrift«. (*a. a. O.*, S. 352, Anm. 82) Dieser Lese- oder Druckfehler wurde in Görtemakers »aktualisierter Taschenbuch-Ausgabe von 2011« nicht korrigiert. (*Görtemaker* 11 II)

Vorausgesetzt, bei der »Abschrift einer notariellen Abschrift« ist der Fehler unterlaufen und aus Hitlers dreimal »meinen« versehentlich ein viertes »meinen« statt des richtigen »ihren« hinzugesetzt worden. Bei der Vertauschung von »ihren Wunsch« in »meinen Wunsch« ist es gleichgültig, ob Görtemaker einen Fehler von einem Zeugnis übernommen oder ihn selber gemacht hat. An dieser Stelle in Hitlers Testament aus »ihren Wunsch«»meinen Wunsch« zu machen, enthüllt die Absence.

Die Braun-Biografin hätte bei der Wiedergabe des Textes extrem wach sein müssen. Denn Hitler zog in seinem Testament nicht nur Lebensbilanz, sondern lässt auch Einzelheiten zu seiner Beziehung gegenüber Eva Braun heraus – ein Bekenntnis, dass es sich bei Brauns Verhältnis ihm gegenüber um eine »jahre«-»lange«»treue Freundschaft« gehandelt hat, nicht um »Liebe«. Und von seinen Gefühlen für Braun spricht er bezeichnenderweise nicht.

Görtemaker hätte bemerken müssen: Hitler kann seiner Sekretärin im »Führer«-Bunker einen Tag vor seinem Selbstmord nicht diktiert haben: »Jenes Mädchen«»geht«»nach langen Jahren treuer Freundschaft [...] auf meinen Wunsch als meine Gattin mit mir in den Tod«. Denn gerade »jenes Mädchen«, »das aus freiem Willen [...]« zu Hitler in den Bunker »kam«, »geht« eben auch »auf ihren Wunsch mit« Hitler »in den Tod«. Dieser Zusammenhang von Brauns »freiem Willen« und »ihrem Wunsch« ist ehern. Welchen Nonsens übermittelt Görtemaker da der Gesellschaft: »Auf meinen Wunsch«»geht« sie »mir mir in den Tod«! Das sollte jemand diktiert haben, auf dessen »Wunsch« Millionen Menschen getötet wurden? »Auf meinen Wunsch« wäre ja das Eingeständnis von Hitlers letztem bewirktem Mord! Niemals hätte er dieses Eingeständnis gemacht, nachdem er zuvor gerade in seinem politischen Testament indirekt sogar Auschwitz zugegeben, aber jeglichen »eigenen Wunsch« dahingehend abgestritten hat. (Domarus II, S. 2237)

Wird aus Brauns »Wunsch«, mit Hitler »in den Tod zu gehen«, Hitlers »Wunsch« gemacht, dann wird der Zusammenhang mit dem Satz zuvor zerstört: »Jenes Mädchen«»aus freiem Willen in die schon fast belagerte Stadt hereinkam [...] Sie geht auf ihren Wunsch [...] mit mir in den Tod.« (a. a. O., S. 2240) Domarus druckt diese inhaltlich absolut richtige Version gemäß des Originals, das von den sowjetischen Bunker-Besetzern gefunden und zur Quelle gemacht wurde. Es bestand für Görtemaker kein Grund, vom Original abzuweichen, eine Fehler-anfällige »Abschrift« von der Abschrift« heranzuziehen. Und das Ärgste: Ihr Anheimfallen gegenüber fremdem Verschulden oder ihr Begehen eines eigenen Fehlers – in diesem Moment. Denn gerade Görtemakers »Mein«- und »Ihr«-Verwechslung in Hitlers Testament führt ihren Kollaps vor, bei der Einschätzung der Art der Beziehung zwischen Braun und Hitler derart auszurutschen.

So geht es bei den Hitler-Braun-Verpaarschaftern weiter. Als Nächstes der Nachweis von Lamberts Mittlstrasser-Abdriften: Bei Lambert heißt die Counter-Zeugin »Mittlstrasse«. (*Lambert* 06, S. 173 [n], 196 f., 203 f., 244 f., 300, 386, 404, 490) Lambert rotiert so beim Sich-Auf-halten im Irrealen des Hitler-Hetero-Wahns, dass sie ihr ganzes Buch hindurch bei mehr als 20 Erwähnungen ihrer »Kronzeugin« das »r« am Schluss des Namens weglässt! – Vergisst?

Lambert kennt die Bücher von Plaim-Mittlstrasser/Kuch und Junge, in denen Mittlstrassers Name im Text durchlaufend korrekt geschrieben wird. Die plötzliche Unaufmerksamkeit der Braun-Bio-grafin Lambert ist genauso schlagend wie die des Hitler-Biografen Ullrich. Das von Lambert weggelassene »r« steht sowohl in der eng-lischen Sprache ihres Vaters, als auch in der deutschen Sprache ihrer Mutter für »right« und »richtig«.

Und eben damit hat es bei der Lügnerin Gretel Mittlstrasser seine besondere Bewandtnis, sodass das Unbewusste Lamberts der Autorin ein Schnippchen schlug.

Die Entschuldigung kann nicht akzeptiert werden, schon Eva Brauns erster Biograf Nerin E. Gun habe den Namen Mittlstrasser ebenfalls falsch geschrieben. Bei ihm fungiert die Braun-Komplizin als »Margaret Mittelstrasse«. (*Gun* 69, S. 116, 207, 237, 285) Gun war »Ausländer« und Pionier, dem vieles nachgesehen werden muss. Lam-bert hatte fast 40 Jahre später Zugang zu allen denkbaren Quellen, um ein Braun-Freundinnen-Trägerelement wie die »*Berghof*«-Verwalterin mit richtigem Namen der Öffentlichkeit vorzustellen. Man sieht, wie aufgeschmissen die Modernen sind, wenn *Wikipedia* passt, wo Gretel Mittlstrasser noch nicht biografisch erfasst war.

»Erfolg« der »Reklame« von Hitlers Hetero-Selbstdarstellung

Betrüblicherweise passierte der verdienstvollen dritten Braun-Bio-grafin Angela Lambert noch etwas Schlimmeres, mit dem sie Gefahr läuft, sich aus den Reihen der erstrangigen Hitler-Forschenden einst-weilen herauszukatapultieren. Das Problem gab es schon bei Volker Ullrich. Darüber wird bis zur kompletten Diskreditierung des trotz-dem weiter in Teilen bedeutenden frühen Hitler-Forschers Werner Maser »verhandelt« werden müssen. (*AMORO*, 2. *Ja-Sager* – der »*Widerrufs-Linge*«) Und ebenfalls Lambert kann vom substanziellen Tadel ihres wissenschaftlichen Sich-selbst-Unmöglichmachens nicht verschont bleiben.

Denn der Hitler-Hetero-Wahn muss überwunden werden wie wei-land der Hexen- und der Onanie-Wahn. Wahne sind Vergiftungen des Sozialkörpers menschlicher Gemeinschaften. Niemand würde es

heute noch wagen, nur ein Haar Sinnvolles am Hexen- und am Onanie-Wahn zu belassen. *(Pilgrim 75)*

Der Hitler-Hetero-Wahn vereitelt den Zugang zu einer der wesentlichsten Ursachen der größten Katastrophe in der Geschichte Deutschlands, ja Europas.

Die Gesellschaft wird sich in Zukunft damit beschäftigen müssen,
warum Adolf Hitler – der Erfinder der industriell am Fließband laufenden Massen-Ermordung von Millionen Bürgern Europas – es für
erforderlich hielt, sich ein heterosexuelles Outfit zu usurpieren und
warum Frauen und Männer es noch heute nötig haben, ihn darin zu
bestätigen.

Für diese Ausrüstung machte Hitler nach seinem misslungenen
Versuch des Münchener Novemberputsches von 1923 bis zu seiner ver-
maledeiten Heirat Eva Brauns am 28./29. April 1945, eineinhalb Tage
vor seinem Selbstmord im *»Führer«-Bunker* unter der Reichskanzlei, permanent Reklame – Hitlers eigenes Sub-Wort für Propaganda:
»Jede Reklame, mag sie auf dem Gebiete des Geschäftes oder der Politik [oder der Moral!] liegen, trägt den Erfolg in der Dauer und gleich-
mäßigen Einheitlichkeit ihrer Anwendung«, stakkatierte er in *Mein
Kampf. (Hitler 25/26, S. 203)*

Hitlers Reklame für sein heterosexuelles »Rüst-Zeug« war so erfolgreich, dass ihm noch 60/70 Jahre nach seinem Tod europäische Kulturschaffende sein Produkt »Adolf und Eva« abkaufen – siehe Marion
Milnes *Adolf and Eva* (2001), Görtemakers Schale für die Verpaarung
zweier schauspielerisch begabter Norm-Demonstranten (2010/11),
Greulich/Knopps Pluralisierungs-Polster von *Hitlers Frauen* (2011)
und Volker Ullrichs *Berghof*-Zu-Bett-Geh-Schnulze zwischen Braun
und Hitler (2013/16).

Die Systematik von Hitlers Hetero-»Reklame« in eigener Angelegenheit nachzuweisen, ist 2015 der US-Architektur-Historikern Despina Stratigakos in ihrem Buch *Hitler at Home* mit überwältigender
Überzeugungskraft gelungen – als Ingenieur-nahe Fachfrau ist sie ein
weiblicher Joachimsthaler und daher ein neuer Stern am Himmel der
Hitler-Forschung. Trotzdem erlag auch sie den Hitler'schen Glied-Vul-
va-Dimensionen, die im Hitler-Innen-Raum-Buch einer New Yorker
TH-Professorin nur nicht besonders stören. *(Stratigakos)*

Bei der Abtakelung der einzelnen Protagonisten des Hitler-Hetero-Wahns wird auch die Heterosexualität selbst ins Visier genommen
werden müssen. Es bedarf keines Zweifels, dass bei einer permanenten Anschwellung auf den Erd-bakteriellen Stand von acht etc. Milli-
arden Menschen die fertile Heterosexualität als Ganze »einen Knall

hat«. Und als ob alle Hitler-Forscherinnen und -Forscher, die Hitler heterosexuell stabiliseren wollen, von diesem »Knall« getroffen worden sind, bricht ihre Wissenschaftlichkeit zusammen, sowie sie sich in die gegenwärtige Krankheit »Heterosexualität« der menschlichen Art hineinbegeben. Auf über hundert Seiten musste Volker Ullrich sein wissenschaftliches Straucheln bei allen seinen Berührungen des Themas »Hitlers Heterosexualität« vorgehalten werden.

Dieser Stein-Rundum-Schlag hat noch weitere Nachwirkungen, die zu Angela Lamberts fortwährend falscher Schreibweise des Namens »Mittlstrasser« passen: Ullrich gibt so gut wie konstant die Wiege von Hitlers Heterosexualität gegenüber Eva Braun falsch an. Dort, wo es losgegangen, wo das Teufelspaar gemäß Ullrich Anfang 1932 »intim« geworden sein soll, in Hitlers ab 1. Oktober 1929 gemieteter Neun-Zimmer-Wohnung am Prinzregentenplatz 16 in München – gerade auf dieses »Dort« kann sich der Hitler-Biograf nicht so recht konzentrieren, sodass er die Adresse des unliebenswürdigen Nestes zwölfmal falsch schreibt und es als befindlich in der »Prinzregentenstraße« fixiert. (Ullrich, S. 249, 299, 312, 313, 317, 321, 448, 638, 672, 677, 682, 901). Die Ullrichschen Wissenschafts-Attacken wirken erst in der Häufung als befremdlich. Niemand prinzipiell Gutwilliges gegenüber dem ehemaligen Zeit-Redakteur und Bismarckzeit-Spezialist kann sich auf die Dauer mit ihnen anfreunden, so sehr er auch Ullrichs Buch Adolf Hitler. Die Jahre des Aufstiegs 1889–1939 in dessen neunundneunzigprozentiger Großartigkeit estimiert.

Von den Verrissen der neuesten Braun- und Hitler-Biografen im Punkte der Hitler-Abnormitäts-Leugnung muss immer mal wieder Peter Longerich expressis verbis freigestellt werden. Mit einer Ausnahme, die im zweiten Buch zur Sprache kommen wird, bleibt Longerich strikt auf der Linie von Heiden über Bullock und Fest zu Kershaw: Hitlers Verhältnis gegenüber Frauen war nicht »normal«. (Longerich 15, S. 175 f., 234 ff., 371 ff.)

Doch Longerich weist darauf in der Art von Kershaws vornehmer Zurückhaltung hin. Dann geschieht weiter nichts. Und eben diese Art des quasi nur In-Frage-Stellens beantwortet nicht Hitlers »sexuelle Frage«. Keinesfalls erreichte Longerich die Drastik von Joachimsthaler, der in allen seinen Büchern mit anderen Worten das Gleiche wie der Berghof-Hausverwalter Herbert Döhring eisern klargemacht hat: »Da war nix.« Und »Es gab nichts.« – »Gründe unbekannt.« (ONANO, 21. Nein-Sagerin) Joachimsthaler hat am kompetentesten Hitlers sexuelles Niemandsland beschrieben und blieb ohne Wirkung. Longerichs vornehmer Zurückhaltung wird das Gleiche widerfahren – ohne

Drastik von allen Seiten her kein endgültiges Ergebnis: *Hitler 2* war ein sexual-kommunikatives Nichts. Jeder und jede, die das bestreiten wollten, rutschen schon bei ihren Versuchen ab. Es geht bei der Beantwortung von Hitlers »sexueller Frage« um den Ödipus'schen Sturz einer Sphinx in den Orkus.

Die Absencen der Braun-Biografin gegenüber Hitlers Ärzten

Bei Angela Lambert geschehen die Verstöße gegen das Wissenschaftsprinzip der Genauigkeit viel drastischer, sodass der argumentative Aufwand geringer ist als gegenüber Ullrich. Gegen Lambert heißt es nur: Zeigen des Verstoßes – und die Autorin fällt mitsamt ihrem Hetero-Hitler hintenrunter. Von der Rolle war Lambert in sämtlichen Angelenheiten, die die Hitler-Ärzte Karl Brandt und Theodor Morell betreffen. Lambert leistete sich gegenüber einem der Haupttäter des Nazireichs, dem Chef der »Euthanasie«, multiple Absencen – als sie zum Beispiel die folgenden eineinhalb Zeilen Wissenschaftsklamotte verzapfte: »Dr. Brandt, einer von Hitlers Leibärzten (eingeführt durch Eva, die ganz und gar misstrauisch gegenüber Dr. Morell war, dem Quacksalber, der sich in Hitlers Vertrauen eingeschmeichelt hatte [...])«. *(Lambert* 06, S. 226)

Erste Absence: Wie gerade im Abschnitt *Verniedlichung von* »*Mr Euthanasie*« *als Hitlers* »*Hausarzt*« nachgewiesen wurde, war Karl Brandt kein Leibarzt (»personal physician«), sondern ein chirurgischer Reisebegleit-Notarzt Hitlers. Lamberts Vorläufer in der Sexual-Normativistik des Hitler-Bildes, David Irving, glänzt hier mit treffender Genauigkeit, die sich Lambert ebenso hätte zum Vorbild nehmen müssen. Irving unterscheidet auch in englischer Sprache die Funktionen und Positionen der verschiedenen Ärzte um Hitler einwandfrei exakt: Dr. Theodor Morell war des »Führer's personal physician« – und zwar der einzige, den es je in dieser Position bei Hitler gab. *(Irving* 83 II, S. 295) Dr. Karl Brandt war »surgical escort doctor to Hitler«, von denen es im Laufe von Hitlers Regentschaft insgesamt vier gab. Neben und nach Brandt noch Hans-Karl von Hasselbach, Werner Haase und Ludwig Stumpfegger, *(a. a. O.,* S. VII f.) die durch so viele Quellen belegbar sind, dass ihre Position die historischen Spatzen vom Dach pfeifen.

Es gibt keine Entschuldigung dafür, dass es in der Anglo-Hitler-Forschung ansonsten mit den Hitler-Ärzte-Bezeichnungen nicht so genau genommen wird. Der Enzyklopädist Louis Snyder darf sich solch eine Oberflächlichkeit bei seiner Kennzeichnung Brandts erlauben, *(Snyder 76/95)* eine Spezial-Autorin wie eine Biografin Eva Brauns nicht, da Brandt und seine Frau Anni in Brauns Leben eine Rolle spielten.

Zweite Absence: Karl Brandt ist bei Hitler nicht durch Eva Braun eingeführt worden, sondern durch seine Verlobte, die Rekord-Schwimmerein Rehborn. Auch wenn Lambert die Karl-Brandt-Biografie von Ulf Schmidt (2007/09) für ihre Braun-Biografie von 2006 noch nicht hat kennen können, hätte sie sich zum wiederholten Male auch hierin das positive Vorbild von David Irving zur wissenschaftlichen Brust nehmen müssen.

Schon 26 Jahre vor der Publikation von Ulf Schmidts Brandt-Biografie hatte es sich in der Hitler-Forschung herumgesprochen, wie der spätere »Mr. Euthanasie« in Berührung mit Hitler gekommen war. Irving berichtet: »Brandts schicksalsvolle Einführung in Hitlers Dienst geschah indirekt. Hitlers einstmaliger Chauffeur, Emil Maurice, hatte während seines Schmachtens in der Landsberger Festung 1924 ein Foto der gutaussehenden deutschen Schwimm-Meisterin Anni Rehborn gesehen. Er nahm mit ihr Kontakt auf, und durch Maurice kam sie in Hitlers Umgebung. Als sie Brandt heiratete, wurde auch der Chirurg ins Kielwasser der Führers gezogen.« *(Irving 83 II, S. 26)*

Heute ist das Wissen über Brandt zeitbedingt rein quantitativ vorangeschritten: Es war schon während der Verlobungszeit, als Brandt durch Rehborn Hitlers Aufmerksamkeit erregt hatte, sodass Hitler zuzüglich Göring bei dem Paar Trauzeugen wurde. *(Verniedlichung von »Mr Euthanasie« als Hitlers »Hausarzt«)* Hitlers demonstrierte Trauzeugenschaft bei der Hochzeit des deutschen Sport-Stars Anni Rehborn und Dr. Karl Brandts gehörte zu seiner Hetero-»Reklame«.

Da die Braun-Biografin Lambert alle diese scheinbaren Nebensachen für die Aufrechterhaltung ihres Hitler-Hetero-Wahns ausblendet, konnte sie sich in dem historischen Nonsens verirren, Eva Braun hätte Karl Brandt »bei Hitler eingeführt«.

Adolf Hitler hat die Foto-Hoffmann-Assistentin Eva Braun erst Jahre nach der deutschen Schwimm-Olympierin Anni Rehborn kennengelernt, von naher Beziehung zwischen dem »Fräulein Braun« und Hitler, die so etwas wie Personen-»Einführung« hätte möglich machen können, war noch überhaupt nicht zu reden. Die zeitliche Reihenfolge der Bekanntschaften war: 1. Maurice–Rehborn (1925), 2. Rehborn–Hitler (1926 ff.), 3. Brandt–Hitler (Ende der 1920er), 4. Hitler–Braun (1929).

Dritte Absence: Karl Brandt kam weder neben noch nach Theodor Morell in Hitlers Nähe, sondern als Verlobter der international berühmten Schwimm-Rekordlerin Anni Rehborn fast ein Jahrzehnt vor dem Auftauchen von Morell bei Hitler. Und in eigener professioneller Sache als Hitlers »fliegender Notarzt« geschah Brandts »Vermählung« mit Hitler 1933/34 – drei bis vier Jahre vor dem Antritt von Morell als »Leibarzt des Führers« 1937. Dass die Brandt-Ehefrau Anni und spätere *Berghof*-Freundin von Eva Braun die ehemalige Meisterschimmerin Anni Rehborn war, erwähnt Lambert mit keinem Wort – eine schwere Unterlassungssünde in einer Braun-Biografie, denn Eva Braun und Anni Rehborn-Brandt waren miteinander gerade über ihr körperliches Fitsein verbunden, unternahmen mit Margarete Speer gemeinsame Skitouren und sonstige »Ferien«-Reisen, zum Beispiel mehrere nach Italien, worüber Lambert ausführlich berichtet. Aber immer ist »Anni Brandt« ein geheiratetes Niemand.

Die Absenzen der Braun-Hitler-Biografen, wenn sie Hitlers Hetero-»Reklame« erliegen, zieht immer wieder höllische Kreise in ihrer genuinen Arbeit als Hitler-Forschende, wie schon bei Volker Ullrich darauf hingewiesen werden musste, dass er plötzlich über ein eigenes Loch im Wissen von Dritte-Reichs-Essentials stolperte, wie dem Verbot von jeglicher Verhütung (*Im Dritten Reich Verhütungsmittel keiner Methode erhältlich*).

Aber Wissenschafts-verwegen wird, was sich Angela Lambert am Schluss ihres Buches *The Lost Life of Eva Braun* leistete. Nachdem sie Hitlers Begleitarzt Karl Brandt bewusst als »Hausarzt« auf dem *Berghof* wider alle Realität schon vor Morell tätig sein ließ, fiel sie über unstreitige Fakten in der Nach-NS-Geschichte buchstäblich in Ohnmacht. Sie schmiss dabei die Sterbe-Umstände der beiden Hitler-Haupt-Ärzte durcheinander.

Lambert verwechselte das Ende dieser Hitler-Mittäter, was so wirkt, als ob ein Hitler-Biograf den NSDAP-Führer-Stellvertreter Rudolf Heß und den Reichsführer SS, »Mr. Auschwitz« Heinrich Himmler, vertauschen würde.

Eine Braun-Biografie ist kein »Frauenkram« aus und für »Innenwelten«, in denen sich die geringsten Schlampigkeiten geleistet werden dürften. Braun ist eine eminent politische Figur im Dritten Reich gewesen, obwohl scheinbar ganz im – gemäß Kershaw – nicht existenten Privatleben Hitlers versteckt. Als Rieselweib war Braun die Front-Propagandistin für Hitlers bestens funktionierende Hetero-»Reklame«. Ab Fixierung der Liaison mit Hitlers Kauf des Münchener Hauses in der Wasserburger/Delpstraße für Braun Ende 1935 und ihrem Einzug dort im März 1936 hat die »Führer-Geliebte« dafür »gesorgt«, dass Hitlers scheintüchtiges Gemächt funktionabel zu allen seinen

Funktionsträgern und -trägerinnen durchrieselte. Wie flunkerte doch »Leibstandarten«-Führer Sepp Dietrich gegenüber »Leibpilot« Hans Baur: »Unser Vater hat einen guten Geschmack!« *(8. Ja-Sager)* Vierte Absenz: »Morell grunzte mit Erleichterung auf dem Flug nach Süden. Er muss sich selbst zu seiner Flucht [aus dem *»Führer«-Bunker* unter der Reichskanzlei Ende April 1945] gratuliert haben. Wie alle [Hitler] Vertrauensmänner war er ein geborener Überlebenskünstler. Nicht für viel länger. Morell wurde ins Kreuzverhör genommen, für schuldig befunden und nach den Nürnberger Verfahren 1948 gehängt.« *(Lambert* 06, S. 432 und Anm. 56) Das alles geschah mit Karl Brandt. Er wurde in der *Festung Landsberg* am 2. Juni 1948 hingerichtet. Morell starb im Kreiskrankenhaus Tegernsee am 26. Mai 1948. *(ANALO, 1. Ja-Sager)*

»30. Juni 1947: Die amerikanischen Autoritäten hatten keine weitere Verwendung für [Morell,] den Gefangenen Nummer 21.672 – er selbst war von allen Belastungen als Kriegsverbrecher freigestellt worden, und das Ärzte-Tribunal in Nürnberg endete, ohne dass er fähig gewesen wäre, Zeugnis abzulegen.« *(Irving* 83 II, S. 3)

TV-Produzenten fälschen Nazi-Zeugin-Position

Um Näheres darüber zu erfahren, warum Angela Lambert gerade bei ihrem »Dienstmädchen«- und Irving-Zitat einer Hausarzt-Morell-Phantom-»Aussage« und bei ihrer Dr.-Brandt-»Hausarzt«-»Addition«-Anmerkung ihren Sachverstand verlor und zu fälschen begann, wurde die *cast list* für Marion Milnes *Adolf and Eva* der englischen Produktions-Firma *3BM Television* herangezogen.

In der *cast list* trat nun ebenfalls etwas Umnachtetes zutage. Über die Kron-Lügnerin Gretel Mittlstrasser steht darin eine Zeile für ihre Kennzeichnung in der Dokumentation *Adolf and Eva*: »Gretl Mitlestrasser. Herself. Eva Braun's Maid«! *(online)*

Formell gibt es wie bei den Biografen Lambert und Ullrich genausowenig für die Filmdokumentaristin Milne eine Entschuldigung, den Namen der sogenannten Kronzeugin Gretel Mittlstrasser dreifach falsch zu schreiben: Anstatt Gretel »Gretl« – und anstatt Mittlstrasser »Mitlestrasser«. Der Dilettantismus beginnt immer, sich zuerst in Form-Fehlern zu entlarven.

Der inhaltliche Schlamassel folgt dem formellen meist auf dem Fuße: Gretel Mittlstrasser war nicht Eva Brauns »Dienstmädchen«.

Wenigstens wurde mit dem Einblick in die *cast list* klar, woher Lamberts plötzliches Ausscheren von »Mittlstrasser als

›Berghof‹-Hausverwalterin« und ihr Einkehren in Mittlstrasser als »Dienstmädchen« kommt. Lambert hat nicht aufgepasst oder ungeprüft den Begriff aus der *cast list* übernommen oder jemand hat ihr bei der Umbruchskorrektur ihres Buches in den Text gepfuscht. Lamberts oben zitiertes namenloses »Dienstmädchen« ist überraschender Weise die andauernd zur Verhandlung stehende, ehemals potente Mittäterin *Adolfs and Evas*, Gretel Mittlstrasser!

Außer an der bewussten Stelle auf Seite 245 gibt die Braun-Biografin Lambert die Position Mittlstrassers immer den Tatsachen entsprechend genau wieder – als »Hausverwalterin«, »house keeper«, »house manager«. *(Lambert 06, S.* 173, 196, 203) Außerdem stellt Lambert die eloquente Hitler-Mittäterin Mittlstrasser als Mutter von zwei Kindern vor. *(a. a. O., S.* 204) Niemals sonst ist bei Lamberts *The Lost Life of Eva Braun* von Mittlstrasser als »Dienstmädchen Eva Brauns« die Rede. Denn »Dienstmädchen« = »personal maid« ist positionell etwas vollständig anderes als »Hausverwalterin«.

Warum fälschte das Team von *Adolf and Eva* Mittlstrassers gesamte Position? Die Filmemacherin Marion Milne hat die fast 90-jährige Mittlstrasser für deren Auftritt in ihrer Film-Dokumentation kennengelernt und sich nicht über eine unplastisch gebliebene historische Person geirrt. Gretel Mittlstrasser als »Eva Brauns Dienstmädchen« ausgerechnet in der *cast list* vorzustellen, geschah zur Retusche der Glaubwürdigkeit dieser Zeugin.

Mit »Eva Brauns Dienstmädchen« wird Mittlstrasser runtergestuft und zugleich näher an Eva Brauns Haut gerückt, zu einem »Kammer«- oder Leibdiener, einem »Leibfahrer« oder einer »Leibsekretärin« frisiert. Ein »Dienstmädchen« ist wie diese genannten Positionen ein »Anhängsel« der »Herrin«. Unter feudalistischen Bedingungen hießen »Dienstmächen« »Zofen«.

Weil gerade auch die Position Mittlstrassers etwas mit ihrer Falschaussage zur Sexualität des Paares Braun-Hitler zu tun hat, eine letzte Klarheit über die Lügnerin: Mittlstrasser war zuerst sogenannte Beschließerin, Aufseherin des *Cleaning Staffs* in Hitlers Landsitz *Berghof*. Gewiss stand sie Eva Braun für vieles täglich zur Verfügung, wie Lambert es berichtet hat und wie oben schon zitiert wurde. *(a. a. O., S.* 203) Doch dieses Zur-Verfügung-Stehen für Brauns Tagesplan bedeutete nicht, dass Mittlstrasser das »Dienstmädchen« Brauns war. Denn »Dienstmädchen« ist für die reale Position Gretel Mittlstrassers eine Bezeichnung, die das Verhältnis der Frauen untereinander zu nah und Mittlstrasser zu klein macht. Mit diesem Haut-nahen Von-unten-Gucken Mittlstrassers auf die über

ihr stehende Eva Braun wollten die Film- und Buchmacherinnen
Marion Milne und Angela Lambert die Vertrauenswürdigkeit der
»Zeugin« heben.

Die Urteilskraft des Wändewackelns

Gretel Mittlstrasser hat vor Antritt ihrer Position als Hausverwalterin
im März 1943 nicht auf dem *Berghof* gewohnt wie ihre Cousine, Hitlers *Berghof*-Zimmermädchen Anna, in Plaim/Mittlstrassers Buch *Bei
Hitlers* fast nebenbei mitteilte. In *Zimmermädchen Annas Erinnerungen* wird ein Foto gezeigt. Dazu steht: »Haus Türken. Sitz der SS und
der Kriminalpolizei. Im Haus Türken hatte Annas Cousin Willi seine
Dienstwohnung.« Willi Mittlstrasser war der Ehemann von Gretel
Mittlstrasser. Sie war also eine SS-Frau, die ebenfalls im SS-Gebäude
»Haus Türken« wohnte, das nicht im architektonischen Komplex
des Berghofs inbegriffen ist, wie sehr in der Nähe auch immer es
sich befand. Die Mittlstrassers haben bis Anfang 1943 also nicht mit
den »Hitlers« zusammengewohnt und deswegen auch nicht in einer
Zimmer-Berührung Wand an Wand neben ihnen geschlafen. *(Plaim/
Kuch, S. 116)*

Brauns dritte Biografin Lambert macht zu diesem Detail selbstverständlich keine Ausführungen, assistiert aber dem Bericht des ehemaligen Zimmermädchens Anna, der Gretel-Mittlstrasser-Cousine
Anna Plaim-Mittlstrasser, mit dem Abdruck eines wesentlichen strategischen Secret-Service-Originals.

Es existiert eine US-Geheimdienst-Zeichnung von 1944, die das
Berghof-Gelände festhält: »Plan des Berghofes und seiner direkten
Umgebung, angefertigt von geheimen Informationen, die der ›Operation Foxley‹ [dem Plan der Briten, Hitler im Sommer 1944 außerhalb des *Berghof*-Gebäudes durch einen Scharfschützen erschießen zu
lassen] zur Verfügung gestellt wurden.« *(Lambert 06, S. 181)* Auf dem
»Foxley-Plan« aus der Vogelperspektive ist deutlich zu sehen, dass
das »Haus Türken« in einem weiten Abstand vom Haupthaus *Berghof* steht. Zusammenwohnen oder Nicht-Zusammenwohnen ist eine
der Vorausbedingungen, um über die gehandelte Sexualität von Menschen etwas aussagen zu können.

Im Gegensatz zu den sieben Jahre lang woanders wohnenden Mittlstrassers wohnte der erste *Berghof*-Hausverwalter Herbert Döhring
zuerst direkt im *Haus Wachenfeld*, weil er seit 1935 zum Wachper-
sonal gehörte, das selbstverständlich Zimmer im Hause bewohnen
musste, das bewacht werden sollte. Nach dem Umbau zum *Berghof* in

der ersten Hälfte des Jahres 1936 gab es auf dem selben Flur im ersten Stock, in dem Hitlers und Brauns Privatzimmer lagen, die »Hausmeister-Wohnung«.

Der Architekt des Umbaus, Alois Degano, hat auf seinem Grundriss zur Kennzeichnung dieser Wohnung den Oberbegriff »HAUSMEIS-TERWOHNUNG« benutzt. (B. 10, zitiert nach *Stratigakos*, S. 76 f., B. 24) Gemeint war der in der Hitler-Biografik übliche Begriff »Hausverwalter«, weil damit das Funktions-Konglomerat besser getroffen werden konnte. Auf dem *Berghof* gab es aber nicht »Hausverwalter« und »Hausmeister«, sondern nur die eine Position des Kontrolleurs aller Haus-Angelegenheiten, die mal »Hausmeister« und mal »Hausverwalter« genannt wurde. Und dieser Oberhof-Meister musste zur besseren Kontrollierung sämtlicher Haus-bezüglicher Probleme funktionshalber im Haupthaus selbst wohnen.

Dank der neuesten Publikation *Hitler At Home* von Despina Stratigakos aus dem Jahre 2015 zu Hitlers »Innenwelt« kann auch endlich Genaueres zu seiner Unterleibs-Welt festgestellt werden, was für das spätere 28. *Nein – Der Einsturz der »Führer«-»Mätressen«-Suite* – eine entscheidende Rolle spielen wird.

Von Juli 1936 bis Februar 1943 war Herbert Döhring der »Hausmeister/verwalter«. Er lebte mit seiner Frau Anna in einer Vierzimmer-Wohnung direkt um die Ecke der Hitler-Braun-Privat-Gemächer auf derselben Etage des *Berghofes*. Sieben Jahre lang! Zwischen den Döhrings und den »Hitlers« lagen nur noch drei Einzelzimmer mit zwei Bädern für Sekretärinnen, Diener und Adjutanten. *(a. a. O.)*

Kein Wunder dass die »Hausmeisters«, Leibdiener und »Leibsekretärinnen« die Verhältnisse der unbewegten Mitten des Regentenpaares luzider wahrgenommen haben als die Mittlstrassers, weil die sieben Jahre in einem anderen Haus jenseits des *Berghof*-Hauptgebäudes wohnten. Gerade die Flur-Nahen, wie Anna und Herbert Döhring, gehören zu den Nein-Sagenden. *(ONANO, 5./21.)*

Es kommt noch krasser: Auf dem *Berghof* in unmittelbarer Nähe von Hitler und Braun haben außer dem Hausmeister-Paar nur Alleinstehende gewohnt – die jeweils Dienst-habenden Adjutanten, Diener, Fahrer und Sekretärinnen, aus denen sich fast das gesamte Nein-Potenzial zu Hitlers Braun-bezogener Heterosexualität zusammensetzt. Denn nur diese Menschen als Wohngenossinnen und -genossen waren Hitlers verlängerte Organe – die Männer für die Bedienung, die Wache und für das Autofahren, die Frauen für das Schreiben.

Vor allem Traudl Junge, Hitlers jüngste Sekretärin, macht das unzweifelhaft deutlich, indem sie die Architektur des oberen

Stockwerkes im *Berghof* mit Hitlers Privat-Zimmern reißbretthaft skizziert, *(Junge*, S. 68 f.)* schon 13 Jahre bevor Despina Stratigakos mit dem Klartext des *Berghof*-Grundrisses aus dem Nachlass von Hitlers »Leibarchitektin« Gerdy Troost aufwartete.

Nur die funktional sofort zu Erreichenden durften und mussten in räumlicher Nähe zu Hitler und Braun wohnen und schlafen. Aus dieser Anschmiedung wurden die echt Nahen dann Berichterstattende vom Eigentlichen, sodass Döhring, Junge, Kempka, Krause, Linge, Misch, Schaub, Schroeder und das Zimmermädchen Anna mit verschiedenen Darstellungs-Techniken ihren Kopf zur Frage »Sex zwischen Hitler und Braun?« schütteln konnten, ja mussten. Die physiologische Vermittlung vom betrachtenden Oben der Dienenden auf das nonaktive Unten des Herrscherpaares ist nur in solch einer Organverlängernden Personal-Nähe möglich gewesen, über die – nomen *non* est omen – Gretel Mittlstrasser gerade nicht verfügte.

Traudl Junge berichtete von einer »Plätt-Kammer« der Dienstmädchen direkt neben Eva Brauns Schlafzimmer auf demselben Flur im ersten Stock des *Berghofes*. *(a. a. O.)* Das stimmt mit Architekt Deganos Grundriss überein. *(Stratigakos*, S. *77)* Von dort aus, in solch einem Wand-an-Wand wäre dann ein Einblick und vor allem auch ein Sich-Einhören in die Bett-Gewohnheiten des »Herrscherpaares« möglich gewesen. In der »Plätt-Kammer« war jedoch Haus-Organisatorin Gretel Mittlstrasser nicht tätig, sondern nur ein echtes Dienstmädchen. Deshalb war es essentiell wichtig, den von der englischen Filmemacherin Milne fälschlich benutzten und von der Braun-Biografin Lambert an zentraler Stelle übernommenen Begriff »Dienstmädchen« als Kennzeichnung der Position von Gretel Mittlstrasser auf dem *Berghof* zurückzuweisen. Das ehemalige Zimmermädchen Anna schildert ihre ganztägige Anwesenheit in der Braun-Hitler-Zimmerflucht und konnte dadurch regelmäßig beobachten, dass die Zimmer der beiden ganztags unberührt blieben, vor allem die Betten. *(14. Nein)* Nie tagsüber Sex zwischen einem Paar heißt im Prinzip nie Sex!

Hitlers Phobie gegenüber nächtigenden Ehepaaren

27. Nein-Zeugnis
Doch Hitler ist selbst noch etwas viel Verblüffenderes gelungen, das er in einer Flaschenpost versteckte, auf deren Zettel steht: »Nie Sex mit Braun im ›Berghof‹!« Hitler ließ überhaupt keine jungen Ehepaare als Gäste auf dem *Berghof* wohnen. Das Zimmermädchen Anna spricht zwar davon, dass andauernd Gäste da gewesen wären. Aber das waren

Einzelpersonen, alle möglichen Funktionsträger oder Beauftragte, die immer ohne Partnerinnen anreisen. Auch Eva Brauns Schwester Gretl oder ihre beste Freundin Herta Ostermayr, bevor Letztere ein eigenes Appartement auf dem *Obersalzberg* in der Nähe des *Berghofs* bekommen hatte, und die Braun-Freundin Marion Schönmann durften ohne Gatten direkt im Haus in Eva Brauns Nähe nächtigen.

Die vielen jungen Ehepaare unter Hitlers Gefolgsleuten, die Belows (sie erst 19!), Bormanns, Brandts, Brückners, Essers, Goebbels', Heß', Mittlstrassers, Schirachs, Speers und auch die älteren Männer Heinrich Hoffmann und Theodor Morell mit ihren jungen Frauen Erna und Hanni, durften nicht in Braun-Hitlers Nähe schlafen. Die meisten hatten sich Wohnungen oder Häuser in der Nähe gemietet oder ausgebaut (Bormann) oder kamen im »Gästehaus« unter, das wie das Hotel *Platterhof* weit ab vom Haupthaus lag, waren demnach als »nächtliche Beobachter«»bei Hitlers« nicht zugelassen. – Keine Fragen mehr!

Wenn Goebbels über seinen ersten Besuch im fertiggestellten *Berghof* schreibt, er und seine Frau Magda hätten »eigene Zimmer« im Hauptgebäude gehabt, so lügt er, was er auch in seinem Tagebuch nicht selten tut:»Der Führer empfängt uns mit großer Freude auf der Treppe. Und zeigt uns das ganze neue Haus mit unseren Zimmern. Es ist herrlich geworden. Gemütliche Fremdenzimmer [...]«. (17. Juli 1936) *(Goebbels/Fröhlich*, T. I, Bd. 3/II, S. 132)

Dass Goebbels »unsere Zimmer« im *Berghof*-Gebäude erschummelte, kommt in Kombination der Berichte der jungen Frauen, des Zimmermädchens Anna Plaim-Mittlstrasser und der jüngsten Hitler-Sekretärin Traudl Junge, mit Goebbels Eintrag 14 Tage vorher, am 4. Juli 1936 heraus:»Führer glücklich, da der Obersalzberg fertig ist. Ab 15. Juli bin ich mit der Familie bei ihm.« *(a. a. O.*, S. 123)

Goebbels schreibt hier richtig »da der Obersalzberg fertig ist« = der gesamte Komplex mit einer Anzahl von Beihäusern. In einem solchen lagen »unsere Zimmer« des Ehepaars Magda und Joseph Goebbels mit ihren damals drei mitgebrachten Kindern. Diese mindestens fünf Personen konnten aber nicht auf dem *Berghof*, im Hauptgebäude, untergebracht werden, was klar wird, sowie die Architektur-Beschreibungen von Junge und Plaim-Mittlstrasser und der Architekt-Degano-Grundriss hinzugezogen werden.

Um seine Ultra-Nähe zu Hitler herauszustreichen, ist die Stelle in Goebbels' Tagebüchern einer der Belege, die zeigen, dass Goebbels auch in seinen Tages-Elaboraten log, wenn es ihm opportun erschien. »Unsere Zimmer« im »ganzen neuen Haus« sollte für jetzt und alle Zeiten zeigen: Wir sind die Nahesten von Adolf Hitler. Wir wohnen ganz nah bei ihm in seinem Haus. Das taten die Goebbels' wie alle anderen Paare nicht. *(Joachimsthaler* 03, S. 99 f.)

Hitler wollte sich von keinem Ehepaar in die sexuellen Karten gucken lassen. Nah durften alle wohnen, aber nur in anderen Häusern, nicht im selben Haus nebenan, geschweige denn im selben Stockwerk Wand an Wand. Mit dem jungen Hausmeister-Ehepaar Anna und Herbert Döhring ging es funktional nicht anders.

Goebbels gibt sein Auswärtswohnen mit seiner Frau Magda ein Jahr später, am 10. Juli 1937, auch in seinem Tagebuch zu: »Wir wohnen im Bechsteinhaus und haben es da sehr gemütlich.« *(Goebbels/ Fröhlich* T. I, Bd. 4, S. 214) Da wohnte Familie Goebbels schon im Jahr zuvor. Das »Bechsteinhaus« wurde das »Gästehaus« genannt, das aus dem ehemaligen Landsitz der Früh-Förderer Hitlers, dem Flügelbauer-Ehepaar Edwin und Helene Bechstein, ausgebaut worden war. Die clevere Despina Stratigakos veröffentlicht in ihrem Buch *Hitler at Home* am laufenden Band originale Architekturzeichnungen und Wohnungs- und Hausgrundrisse, die wie kein Zeugnis zuvor Hitler die Hetero-Hosen runterziehen.

Ursprünglich war geplant, alle befreundeten Paare auch im Haupthaus des neuen *Berghofes* mitwohnen zu lassen. Am 16. November 1935 reichte Hitlers Architekt für seinen Landsitz auf dem Obersalzberg, Alois Degano, die Außenansicht des umgebauten *Haus Wachenfeld* bei den örtlichen Behörden ein. Schlossartig war ein Seitenflügel mit mindestens zehn Wohnungen für Hitler-nahe Nazi-Paare geplant, der am 22. Januar 1936 genehmigt worden war.*(Stratigakos,*S. 72 f., B. 22, S. 103 f., B. 33) Umsonst! Hitler pfiff alles zurück, ließ in seiner unmittelbaren räumlichen Nähe nur die Hausmeister-Wohnung, drei Sekretärinnen- und fünf Adjutanten-, Diener- bzw. Fahrer- und Leibwächter-Zimmer einbauen. (B. 10, *a. a. O.*, S. 76 f., B. 24) Das Spitzen-Witzige in Hitlers »Hier-kein-Sex!«-Flaschenpost: Die zehnfache Nazi-»Mutter der Nation«, Gerda Bormann, Ehefrau des NSDAP-Kanzlei-Chefs in Ministerrang, Martin Bormann, durfte auf den *Berghof* nur kommen, wenn sie offiziell zu semi-öffentlichen Veranstaltungen, wie der jährlichen Silvesterfeier, *(Ullrich,* S. 702) eingeladen worden war. Sonst hatte Gerda Bormann »Hausverbot«. *(Speer* 99, S. 81, *Brandt* 99, 231)

Warum durfte Frau Bormann denn nicht mal zwanglos vorbeischauen? Sie wohnte doch um die Ecke in einem Bauernhof, den sich ihr Mann ausgebaut hatte. Und ihr Mann war der eigentliche Herr des ganzen Unternehmens *Berghof,* dessen Finanzierung er getrixt und die Bauarbeiten überwacht hatte. Ab Sommer 1936 war er nun auch so gut wie täglich dort zugange. *(Ullrich,* S. 690)

Frau Bormanns »Aussperrung« aus dem *Berghof* hatte drei Gründe.

1.: Ihr Ehemann wollte von seiner Frau nicht dabei überrascht werden, wenn er auch mit *Berghof*-»Mädels« »zupotte« kam, wie Zimmermädchen Anna berichtete. Das wahrzunehmen – zum Beispiel das betrunkene Tanzen und Zu-Boden-Fallen des »Paares« Bormann und Gretl Braun –, hat das Zimmermädchen Anna die Stelle gekostet, nicht der sonntägliche Kirchgang ihres Vaters in Österreich. *(ONANO, 14. Nein-Sagerin)*

2.: Gerda Bormann, die wandelnde Darstellerin der Nazi-Ehe-Dogmatik mit ihren andauernden Schwangerschaften war die Leib-gewordene Provokation gegenüber den sterilen Celebritäten Eva Braun und Adolf Hitler, die der exzessiven Mutter-Demonstrantin möglichst gar nicht begegnen wollten. Eva Braun hätte mit Gerda Bormann wegen der Gebäude-Nähe zu ihr ebenso befreundet sein können wie mit den anderen jungen Ehefrauen Anni Brandt, Herta Ostermayr-Schneider und Margarete Speer.

Eva Braun hüpfte auch nicht mal schnell zu Gerda Bormann um die Ecke, war an deren schließlich zehn Kindern nicht interessiert. Wenn Braun mit Kindern fotografiert wurde, dann waren das in der Regel die zahlenmäßig gering gehaltenen Kinder ihrer Freundinnen Ostermayr und Speer.

Die andauernd vor sich her getragenen bis zu zehn Schwangerschaften Gerda Bormanns waren für die Non-Fertilität der Monster-Kumpanei Braun-Hitler eine Zumutung.

3.: Das Ehepaar Bormann sollte auf keinen Fall auf dem *Berghof* die Gelegenheit zu einem »Quicki« bekommen. Raumwechsel hat eine erregende Wirkung auf Paare. Hotels ficken immer mit! Deshalb galt für die Bormanns: Bitte nicht auf dem *Berghof* in einem der gerade freien Personal-Zimmer! Macht Eure Laken zu Hause dreckig, aber nicht rein zufällig in der Plätt-Kammer neben uns Sauber-Gatten!

Und die Bormanns sollten niemals bei keiner Gelegenheit wahrnehmen können, dass die Wände bei den »Hitlers« nicht wackelten.

Braun/Hitler-Komplizin reißt Kultur-Macherinnen rein

Ergebnis zum Sturz der »Fake-Phallikerin« Gretel Mittelstrasser: Sie hatte keine Gedächtnis-Lücken, sondern hat mit ihren zwei unterschiedlichen Aussagen im deutschen und im englischen Fernsehen 2001 die Öffentlichkeiten getäuscht. In Deutschland stellte sie eine Koinzidenz her zwischen Kontrazeption und Braun-Hitlers phallisch-vaginalem Koitus. In England fingierte sie einen ärztlichen

Eingriff in die Periode von Braun bei Ankunft Hitlers, wodurch Mittl-strasser ebenfalls einen zwischen Braun und Hitler statthabenden Koi-tus-Ritus suggerierte. In beiden Falsch-Aussagen spricht Mittlstrasser von Geschehnissen, die »immer« stattgefunden hätten.

Es spielt keine Rolle, ob Mittlstrasser in Wirklichkeit nicht wirklich wusste, ob Hitler und Braun miteinander wirklich »Geschlechtsver-kehr« hatten oder ob die *Berghof*-Hausverwalterin von Eva Braun über das Nein aufgeklärt worden war – in Gegenleistung zu Mittlstras-sers Gelöbnis, mit allen Mitteln bis ans Lebensende hinein das Ja zu verbreiten. Jedenfalls benahm sich Mittlstrasser in beiden Fernseh-sendungen so, als ob es zwischen ihr und ihrer Chefin einen Bluts-Schwestern-Schwur gegeben hat, für alle Zeiten in allen Medien die Lüge vom »normalen Sex« »bei Hitlers« zu erzählen.

Den Kultur-Produzentinnen Marion Milne und Angela Lambert muss der Vorwurf der Mittäuschung gemacht werden. Lambert selbst berichtet zu anderen Problemen, dass Gretel Mittlstrasser mitnichten eine »verlässliche«, »vertrauenswürdige« Zeugin gewesen wäre. Einmal beschwert sich Lambert über die Gedächtnisschwäche der immerhin endachtzigjährigen Mittlstrasser, *(Lambert* 06, S. 386) das andere Mal deckt Lambert die offensichtliche Lüge Gretel Mittlstrassers auf, sie hätte einen Schlüssel zum Privat-Safe von Hitler und Braun gehabt, in dem die »Korrespondenz« der beiden verschlossen gewesen wäre. Die Tresor-Kassette habe sich zwischen den Zimmern des Paares in dem »Kofferkammerl« des Zimmermädchens Anna befunden. *(a. a. O.,* S. 300) Entweder Mittlstrasser hat sich mithilfe ihres Mannes Willi, der ein »Mehrzweck«-Funktionaler in Hitlers Nähe war und aus dem Handwerker-Stand kam, einen Nach-Schlüssel für den Metall-Kasten machen lassen oder die Schlüssel-Geschichte ist erfunden.

Die beiden Aussagen Mittlstrassers im deutschen und im englischen Fernsehen über das phallisch-vaginale Funktionieren des Paares *Adolf and Eva* haben sich als rundum mit Täuschungen gespickte Falschdar-stellungen erwiesen. Mittlstrasser sollte die »Kronzeugin« für *Adolf and Eva* werden, die sich der »Liebe« beim »Liebemachen« erfreut hät-ten wie alle »gewöhnlichen« Menschen. Genau das stimmt nicht, was Lambert formulierte: »dass sich beide auf jedem gewöhnlichen Wege des Liebemachens erfreuten. Beweis ist zu viel des Forderns, und hier ist nicht der Platz, um ›gewöhnlich‹ zu definieren.« *(a. a. O.,* S. 245)

Doch! Denn die Unsitte von Historikerinnen und Historiker kann in der Hitler-Forschung nicht akzeptiert werden, immer dann ins Phi-losophische abzudriften, wenn es mit den Beweisen nicht weitergeht.

In keinem Geschichts-prozessualen Verfahren dürfen Beweise »zu viel verlangt« sein. Und wenn sie nicht gefunden werden können, müssen mindestens drei Indizien einen Beweis ersetzen. Fehlen auch Indizien, müssen männliche und weibliche Historiker »nach Hause gehen« und dürfen erst jetzt philosophisch werden, nicht schon inmitten der Geschichtswissenschaft.

Mittlstrasser rutschte mit ihrem Verhütungs-»Beweis« fürs »gewöhnliche Liebemachen« von *Adolf and Eva* vollständig ab. Der Versuch, Hitler und Braun mit dem Titel *Adolf and Eva* zu verzärteln, schlug ins Gegenteil aus. Auch die Filmemacherin Milne ist mit diesem Schnulzen-Verfahren abgerutscht und hat die dritte Braun-Biografin Lambert fünf Jahre später zum Einschwenken auf ihren Kurs verführt. Wie beide Medien-Frauen sich ineinander verknäult haben, um *Adolf and Eva* als intaktes »Liebespaar« darzustellen, zeigt die Autorin mit ihrem Kniefall vor der Filmemacherin, mit Lamberts Demonstration ihrer Dankbarkeit dafür, dass Milne die General-Lügnerin Mittlstrasser aufgetan und eingesetzt hätte: Marion Milne sei die Erste gewesen, die das »Klammerstück des Beweismaterials« zu Tage befördert habe. *(a. a. O., S. 245, Anm. 22)* Die »Klammer« soll Gretel Mittlstrasser selbst sein, mit deren Aussage nun über das englische Fernsehen die ganze Welt weiß: »Adolf und Eva« haben echt und wirklich und richtig, »full«, »complete« und »100 per cent« »intercourse« miteinander gehabt.

Es kann den in diesem Punkt General-Stümperinnen Milne und Lambert nicht erspart werden, mit den Flügelschlägen der Sphinx Gretel Mittlstrasser bei deren Sturz in den Abgrund des Lügen-Schrotts mitgerissen zu werden.

Seit Bestehen der Beziehung zwischen Hitler und Braun, Anfang 1932, geschah die Mörderei wüst – zuerst der Garaus der deutschen Demokratie und Kultur und Weltkultur, ab 1933 das Gemetzel unter Tausenden von Gegnern, Juden und Widerstandskämpfern, am Schluss die heute bis zu 70 Millionen geschätzten Opfer des von Hitler seit einem Jahrzehnt vorbereiteten und 1939 entfachten Weltkriegs. Dass ein Destru-Paar, das zwischen 1932 und 1945 diese Menschheits-Vernichtung veranstaltete und ihr präsidierte, irgendetwas mit »gewöhnlich« und »Freude«, geschweige denn mit »Liebe« zu tun hatte, war eine Fiktion, der die Filmemacherin anheimgefallen und in die ihr die Buchmacherin blind gefolgt ist.

In dem Moment, in dem »die Frau an seiner Seite« (Buchtitel Emmy Göring) genauso hingerichtet wird für die Taten ihres Mannes, ist das zerstörerische Männerbund-System überwunden. Jede Frau eines

Serienkillers verdient ein »Lebenslänglich« oder muss in die Todeszelle. Selbstverständlich auch eine Eva Braun, die mit nichts Modisch-Fotografisch-Filmisch-Körperkultisch-Schönheitsideologisch-Sinnlich-Sexuellem kreativ verzärtelt werden darf. Für Eva Braun gibt es nur die Komplett-Verurteilung der Geschichte wegen ihres »An der Seite dieses Mannes«. Versuche, Braun von dieser Verurteilung auch nur Ausschnitt-haft zu befreien, werden immer scheitern.

Adolf war kein Adam

Die Nazi-geile Medien-Schickeria hat sich nicht klargemacht, welch ein Fauxpas ihr mit dem Titel *Adolf and Eva* passiert ist. Ob von jüdisch-israelischer Seite her gegen Infields und Milnes *Adolf and Eva* Protest eingelegt wurde, konnte nicht eruiert werden. Ob das geschehen ist oder nicht – fast 30 Jahre liegen zwischen den Entgleisungen von Buch- und Filmtitel (1974 und 2001) –, es muss weitere eineinhalb Jahrzehnte später immer noch ein grundsätzlicher Protest gegen das Unterfangen eingereicht werden, Adolf Hitler und Eva Braun phallisch-vaginal Geschlechts-verkehrend miteinander zu verpaarschaften.

Adam ist der Stammvater der jüdisch-christlichen Kultur, genannt »Abendland«. Er ist Repräsentant der Frauenliebe von Männerseite her. »Und Adam erkannte seine Frau Heva, und sie ward schwanger und gebar den Kain und sprach: ›Ich habe einen Mann gewonnen mit Hilfe des Herrn.‹« (*1. Buch Mose*, Kapitel 4, Vers 1) Martin Luther hat für das hebräische Wort »yada« den umwerfend treffenden Begriff benutzt: »Und er erkannte sie!« = das Geilst-Körperliche, das Menschen miteinander erleben können, ist zugleich etwas einmalig Geistiges und damit auch Seelisches. Der Ausdruck stimmt und kann für jede Liebe – nicht jeden Geschlechtsakt! – angewandt werden, aber nicht für das schauerlichste Mord-Gespann in der Geschichte der Menschheit, das den Untergang dieser abendländischen Kultur veranstaltet hat.

Es sollte dabei nicht vergessen werden, dass sowohl Hitler als auch Braun jeder für sich misslungene Künstler waren – er Maler und Architekt, sie Fotografin, Filmemacherin, Modistin und Schauspielerin. Ihr beider Nicht-Durchkommen mit ihren Talenten in die Öffentlichkeit entfesselte ein gerüttelt Maß von Ungeistigkeit, die ausgerechnet zu den Ur-Gestalten des bekanntesten geistigen Zeugnisses des Abendlandes, der Bibel, in keinem Verhältnis steht.

Adolf Hitler und Eva Braun haben einander nicht »erkannt«! Und nichts von ihren hinterlassenen Zeugnissen hat etwas mit »Erkenntnis«

zu tun. Alles von ihnen basiert auf Lüge, auch bei Braun – Näheres unter der 6. Ja-Sagerin *(ORALO)*. Der biblische Adam befindet sich in einem Zusammenhang mit Salomons *Hohem Lied der Liebe*. In diese Reihe gehört höchstens Beethovens *Fidelio*, das »hohe Lied der Gattenliebe«, aber nicht die Menschen-Vergasungs-Thronenden Hitler und Braun. Adolf Hitler hat Eva Braun in dem Sinne nicht »erkannt«, dass er sie nie penetriert hat, wie unter der 6. bis 3. Ja-Sagerin näher erläutert wird *(ORALO)*.

Beides ist falsch, was sich die Hetero-Fraktion in der Hitler-Biografik und die gesamte Braun-Biografik einbilden: Hitler und Braun waren kein Liebespaar und ein phallisch-vaginal koitierendes schon erst überhaupt nicht. Auch die Braun-Biografin Heike Görtemaker verpaarschaftet die Grusel-Leute Adolf Hitler und Eva Braun. Sie spricht durchgängig von Eva Braun als »Geliebter« Hitlers. Wenn das Wort denn unbedingt fallen soll, dann nur von Brauns Seite her in Bezug zu Hitler. Er war ihr »Geliebter«. Aus psychoanalytisch bisher ungehobenen Gründen hatte sie ihm nachgestellt. Sie war eine unter Millionen Frauen – ein schäbig vernachlässigtes Thema von Feminismus und Frauen-Forschung: Warum stapeln sich bei inhaftierten, öffentlich bekannt gewordenen Mördern »Liebesbriefe« von Frauen?

Eva Braun war mitnichten Hitlers »Geliebte«. Er hat sie eingesetzt als zweite Hauptrolle in seinem Privattheater »Der Berghof« *(28. Nein – Der Einsturz der »Führer«-»Mätressen«-Suite)*. Hinter den Kulissen dieses Stückes gab es nicht noch etwas Eigentliches, das »Liebe« genannt wird. »Liebe« sollte tunlichst weder als Einzelwort noch in Wort-Kombinationen für Adolf Hitler und Eva Braun benutzt werden. Denn es handelt sich bei dem Gegenstand Braun/Hitler um das Unliebenswürdigste, das das jüdisch-christliche Abendland aufzubieten hat.

Die Braun-Biografik rammt das Neo-Nazitum

Es muss der gesamten Braun-Biografik von Gun bis Taylor ein Spiegel vorgehalten werden. Wenn die Hetero-Fraktion der Hitler-Biografik am laufenden Band wegen ihres Hitler-Hetero-Wahns kritisiert wird, dann muss zur Ehre der gesamten Hitler-Forschung gesagt werden, dass es dort die übergewichtige Gegenseite gibt: die heterosexuell Kritischen von Olden und Heiden über Bullock, Orr, Fest, Joachimsthaler bis zu Kershaw und Longerich, die nichts von dem sogenannten Menschlichsten des sexuellen Bezugs eines Mannes zu einer Frau bei

Hitler und Braun hielten. Sie sind die Glanzlichter der Zunft und wurden trotzdem mit ihrer Ansicht nicht populär. Deswegen nicht, weil sie ihre Wahrnehmung nur in ein paar Sätzen zum Ausdruck brachten, die in ihren hunderten von Seiten untergingen.

In der Braun-Biografik gibt es keine Gegenseite! Die inzwischen auf neun Autoren und Autorinnen angeschwollenen Gesamt- und Ausschnitt-Biografen der Hitler-Mittäterin saßen komplett dem Demo-Hetero und Hetero-Performer Adolf Hitler auf (28. *Nein – Der Einsturz der »Führer«-»Mätressen«-Suite*): Gun, Infield, Charlier/ de Launay, J. Frank, Sigmund, Lambert, Costelle und Görtemaker. Darunter befinden sich vier Gesamt-Biografien (*Gun, J. Frank, Lambert und Görtemaker*) und vier Teil-Biografien (*Infield, Charlier/de Launay, Sigmund und Costelle*). Die laufende Zählung geschieht unter den vier »Gesamten«.

Zu diesen acht Braun-Biografien müssen zwei jüngste Publikationen angefügt werden, die aus verschiedenen Gründen bisher noch nicht in die wissenschaftliche Auseinandersetzung einbezogen wurden. Es handelt sich zum einen um die erste Bild-Gesamt-Biografie Brauns, vorgelegt im März 2013 von dem Amerikaner Blaine Taylor: *Mrs Adolf Hitler. The Eva Braun Photograph Albums 1912–45*. Taylor verdient diesen Platz des Erstlings als Foto-Biograf Brauns, weil der Franzose Daniel Costelle sich mit seiner Bild-Teil-Biografie Brauns von 2007 auf die Beziehung Braun-Hitler konzentriert (*Eva Braun: Dans l'intimité d'Hitler*). (*Costelle*)

Taylors Tuttifrutti einer Collage von Schnappschüssen aus den Braun-Fotoalben, versetzt mit Text-Blöcken und -Klumpen zum Braun'schen Lebensweg ist etwas genuin Eigenes. Seine Arbeitsweise hat Vor- und Nachteile, von denen noch zu reden sein wird. Wahres und Falsches, Erhellendes und Verdunkelndes stehen »ungereimt« nebeneinander. Mit Taylor kritisch umzugehen erforderte erneut höchste Aufmerksamkeit und war nicht möglich, bevor nicht alle Details zu Eva Brauns Leben genau gewusst wurden, um einschätzen zu können, was an Neuheiten bei Taylor akzeptiert werden kann und was verworfen werden muss? (*Die Diana-Dietrich-Kaulquappe*)

Zum anderen gibt es ein zweites Kuriosum – eine Braun-Gesamt-Biografie im Entstehen, deren Trivial-Versionen erst einmal publiziert wurden, während man mit der Veröffentlichung der »rein wissenschaftlichen« Fassung noch wartete. Diese seltsame Vorgehensweise erschwert den kritischen Umgang mit dem Werk von Thomas Lundmark: *The Untold Story of Eva Braun. Her Life Beyond Hitler* von 2011 und dem Nachfolgeband *Her Kampf* (2012).

Doch auch bei Lundmark gibt es zentrale Aspekte, auf die bei Gelegenheit hingewiesen werden wird *(ORALO)*. In allen zehn Biografien – ob Gesamt oder Teil – tritt Eva Braun als irgendwie nett auf – zum Anfassen und Liebhaben und für Frauen zum Sich-Identifizieren mit ihr. Letzteres ist der ungehörigste Effekt der Braun-Biografik. Die außergewöhnliche Protagonistin der Nazi-Zeit hatte halt nur einen ungewöhnlich schwierigen »Geliebten«, was ihr mangels psychoanalytischer Kenntnisse und Fähigkeiten von Historikern und Historikerinnen nicht weiter negativ angerechnet wurde. Sie hatte mehr oder weniger Pech, war aber sonst ganz okay. So funktioniert auch vorsichtig und sich immerfort wissenschaftlich rückversichernd die in der Presse gepriesene Braun-Biografie von Heike Görtemaker. Eine kritische Braun-Biografie gibt es noch nicht. Auch Görtemaker hat eine solche nicht geschrieben, wie sogleich vorgeführt werden wird.

Muss der Hetero-Fraktion in der Hitler-Biografik angelastet werden, sie mache sich einer Hitler-Abnormitäts-Leugnung schuldig, so findet in der ganzen Braun-Biografik etwas Ähnliches statt – achtmal eine Braun-Devianz-Leugnung. Erst die beiden Newcomer Blaine Taylor und Thomas Lundmark versuchen wenigstens, Türen in Richtung Brauns Unnormalität aufzustoßen: Taylor diskutiert Brauns »Jungfräulichkeit« bis zu ihrem Tod im Bunker, womit er der Braun-Biografik das ungebührliche bisherige phallisch-vaginale Trallalla madig macht. Und Lundmark kämpft um die Glaubwürdigkeit seiner Entdeckung einer speziellen Scheidenkrankheit Brauns, die sie inkoitabel gemacht hätte. Das sind immerhin Signale, die in *ORALO* beachtet werden.

Ab jetzt wird es immer wieder um Brauns Devianz gehen, weil auch von ihrer Seite her das Konstrukt der »normalen heterosexuellen Frau« im Verhältnis zu Hitler aufgelöst werden muss. Dieses Konstrukt hat die gesamte Braun-Biografik bis zur vorsichtigen Kurskorrektur von Taylor und Lundmark beherrscht. Bei Angela Lambert und Nerin E. Gun geschieht der Höhepunkt der Leserinnen-freundlichen Einschmeichelung der Horror-Protagonistin. Das Ärgste bei der Verniedlichung und Verpuppung ist: Die Massenmörder-Liierte wird durchlaufend mit Vornamen präsentiert, als schrieben die Autoren über einen Filmstar oder eine andere Glamour-Figur des Establishments. Von »Eva« zu reden heißt, die autorische Person steht auf Du und Du mit ihrem Objekt der Darstellung. Auch Taylor und Lundmark sind verrückt nach »Eva« und verzückt von »Efi«, bleiben ihr den ganzen Text über nah per Du und streicheln sie andauernd wegen ihrer vorausgesetzten sozialen oder physischen Scheiden-Anomalie: Jungfräulichkeit als Opfertour oder *anomalia femininis*. Deswegen »die Arme« in den Fängen des Serienkillers A. H.!

Nur die beiden zur Distanz fähigen Autorinnen Anna Maria Sigmund und Heike Görtemaker enthielten sich derartiger Entgleisungen. Aber die Distanz zwischen Braun und Hitler aufzuheben und die Protagonisten in ein eheähnliches Verhältnis zueinander zu fantasieren, diesen Historikerinnen-Missgriff begingen auch sie. So sehr Sigmund sich in ihrer 2008er-Arbeit über Sexualität im Dritten Reich selbst korrigiert hat, sie tat es nicht in ihren Nazi-Frauen-Büchern. Sie legte noch keine Korrektur ihrer Einschätzung des Verhältnisses Braun-Hitler innerhalb ihrer Nazi-Frauen-Serie vor, was dringend erforderlich wäre.

Eva Braun zu »duzen«, sie zu verniedlichen und mit Hitler zu verpaaren, hat einen Publikums-freundlichen Effekt, in dessen Schlepptau dann ebenfalls der Braun-Partner Adolf Hitler irgendwie ganz nett wird – der horrende Effekt von Werner Masers, David Irvings und Volker Ullrichs Version: »Adolf Hitler« als körperlicher »Liebhaber« und geistiger Freund von Frauen. So versackt die Braun-Biografik in einem Neonazi-Effekt – sie = nett, dann auch er nett. Auf diese wissenschaftliche Weise kommt frau niemals aus der Strangulierung durch die Männerbund-Gesellschaft heraus. Das Verfahren muss genau umgekehrt laufen, wie es schon bei den Hand anlegenden Serienkillern gefordert wurde: Er multimörderisch – dann sie auch.

Madame Fourniret hat ihrem Serienkiller-Ehemann Michel bei den geschätzt 20 Mädchen-Ermordungen nicht nur zugeschaut, sondern ihm die Opfer zugeführt. Sie hat die jungen Frauen unterwegs angemacht, zu sich nach Hause eingeladen, wo ihr quälmörderisch veranlagter Mann schon gierig auf sie wartete. (*Stabenow, Lichfield, ONANO, Serielle Mordlust*) Ehe die Gesetzgebung und die Gerichte das Ungleichgewicht der Behandlung von Serienkiller und Partnerin nicht vollständig ändern, ist keine Geschichts-relevante Erfassung Eva Brauns möglich.

Die Braun-Biografik benimmt sich wie Madame Fourniret. Sie führt vor allem ihre Konsumentinnen dem Massenmörder Adolf Hitler zu. Zugegebenermaßen ist es im historischen Moment der Frau zwischen Männerbund und Paritätik in einer Geschlechter-gleichberechtigten Gesellschaft ein Ding der Unmöglichkeit, über Eva Braun biografisch zu arbeiten. Keinem der zehn Versuchenden ist das bisher gelungen, ohne der Neonazi-Stimmung in die Karten zu spielen. Eva

Braun verständnisvoll vom feministischen Standpunkt aus aufzuzäumen, färbt auf ihren »Partner« wohlwollend ab.

Den Stil der Filmstar-Biografien auf Eva Braun anzuwenden und namentlich von Eva oder von einer gesunden Normala an Hitlers Seite zu schreiben, ist inhaltlich gescheitert und hat diese Sonder-Frau als weibliche Spitzen-Negation im Patriarchat nicht geknackt.

Herr und Frau Adolf-Normal-Verwurster

Auch die vierte Braun-Biografin, Heike Görtemaker, konnte ihre Position, Braun zu »normalisieren«, nur mit dem punktuellen Verrat an Wissenschaftlichkeit halten. Görtemaker ist für das Bild vom normalen Mann-Frau-Paar Hitler und Braun die Altarflügel-Ideologin zum Hitler-Biografen Ullrich, der immer wieder wertschätzend auf seine Vorläuferin verweist. Da das Konstrukt, Eva Braun zu einer Normal-Frau zu stilisieren, bei einer Braun-Gesamt-Biografie viel schwerer ins Gewicht fällt, als sich das für Hitler in einer Hitler-Gesamt-Biografie auswirkt, muss Görtemaker mindestens ebenso heftig wie Ullrich attackiert werden, auch wenn das wegen des anderen Sujets von *Hitler 1* und *Hitler 2* nur Ausschnitt-haft geschehen kann. Die Grundsatz-Kritik im Falle Görtemakers muss jedoch sein, denn die »gesunde, begabte, normale Frau« Eva Braun wird zu einem Beziehungs-Auffangbecken für den »gesunden, begabten, normalen Mann« Adolf Hitler.

Zunächst sollte begründet werden, warum die Auseinandersetzung mit der 7. Ja-Sagerin, Gretel Mittlstrasser, mit einer Kritik an der Braun-Biografin Heike Görtemaker endet. Gretel Mittlstrasser kommt in Görtemakers Buch nicht vor, ebenso nicht die englische Dokumentation *Adolf and Eva* von Marion Milne. Das sieht zuerst so aus, als ob sich Görtemaker kritisch von solchen Verpaarungen Hitlers und Brauns distanziert. Leider ist das nicht der Fall. Auch Görtemaker verpaart Hitler und Braun in einer stillschweigend vorausgesetzten phallisch-vaginal koitablen Mann-Frau-Beziehung. Braun und Hitler heterosexuell fit zu machen und als ein eheähnliches Verhältnis darzustellen – heute würde es heißen, als eine de-facto-Ehe –, ist falsch.

Es handelt sich bei solch einer Interpretation durch die beiden Britinnen Milne und Lambert nicht um eine einmalige, vor zehn und 15 Jahren geschehene Entgleisung. Diese Entgleisung ist das Prinzip der ganzen Braun-Biografik – beginnend schon 1968/69 bei Gun und endend vorläufig 2010/11 bei Görtemaker. Die beiden Nachfahren

Taylor und Lundmark machen mit diesem Prinzip keineswegs Schluss, sondern strecken erst einmal vorsichtig Fühler aus in Richtung Wahrheiten der Pathologie auch bei Braun. Ebenfalls die TV-Dokumentation *Adolf and Eva* gehört im weitesten Sinne zur Braun-Biografik, obwohl sie im engeren Sinne bei den Veröffentlichungen nicht mitgezählt wird, da Dokumentationen nicht den Anspruch erheben, in allen ihren Einzelheiten wissenschaftlichen Standards zu genügen, was jedoch die bisherigen acht geschriebenen Braun-Gesamt- und Teil-Biografien für sich reklamieren.

Und gerade diesen wissenschaftlichen Anspruch an das eigene Werk erfüllt überraschenderweise ebenfalls eine Heike Görtemaker plötzlich nicht mehr – und zwar immer dann nicht, wenn sie Hitler und Braun in ein eheähnliches Verhältnis zueinander setzen will. Görtemaker hat diese Technik der Teil-Freihändigkeit dem späteren Hitler-Biografen Ullrich vorgemacht: Üb' immer Treu und Redlichkeit bei allem, was das »Oben« der Protagonisten Braun und Hitler betrifft. Aber mauschele, was das Zeug hält, wenn es ans »Unten« geht.

Auch eine Görtemaker muss wie Ullrich mit einem Male mogeln, verlässt das Territorium ihrer – sonst streng eingehaltenen – Wissenschaftlichkeit. Die vielen Meriten Görtemakers soll die folgende Kritik nicht antasten. Zum Beispiel war Görtemaker die Erste, die Eva Brauns ältere Schwester Ilse biografisch erschlossen hat, sodass es nun möglich ist, endgültig Eva Brauns zwei Selbstmord-Versuchs-Demonstrationen als Erpressungen Hitlers zu enttarnen. Welch ein Ding, dass der erfolgreichste Erpresser in der Geschichte der Menschheit zweimal selbst erpresst wurde, sich erpressen ließ und nicht mit seinem üblichen »Rübe-Ab!« bei nächstbester Gelegenheit reagierte.

Um so verstörender wirkt Görtemakers Versuch, Braun und Hitler in eine de-facto-Ehe zu pressen, weil Görtemaker dabei ihre sonst durchlaufend gediegene Wissenschaftlichkeit verlässt. Könnte Görtemakers gesamter Ansatz, Eva Braun als eine gesunde Normala zu veranschlagen, noch hingenommen werden – obwohl Görtemaker sich mit diesem Ansatz als bar von Kenntnissen in Familienforschung, Psychoanalyse und Sexualwissenschaft outet –, müssen ihr jedoch ihre Verstöße gegen die Prinzipien der Geschichtsschreibung präsentiert werden. Wenn etwas Faktisches Görtemakers Annahme gefährdet, Hitler und Braun seien ein phallisch-vaginal koitierendes Mann-Frau-Paar gewesen, gibt sie ihre sonst obwaltende Wissenschaftlichkeit *stante pede* auf. Das Hin und Her der »Erzähl-Stile« kann dann unerwartet von Seite zu Seite wechseln. Daher reiht sich mit dieser Technik der Teil-Freihändigkeit auch Görtemaker in die

»Sexual-Normativisten« der Geschichtsschreibung über Hitler ein, was auch bei einer Braun-Biografie schwer wirkt.

Braun und Hitler für 13 Jahre lang als intaktes Hetero-Paar zu fingieren, ist von der Perspektive einer Braun-Biografie aus gesehen eine Geschichts-Fälschung. Denn Braun hat in die Geschichte nur reingelangt wegen ihrer Beziehung zu Hitler. Deswegen muss alles, was von Brauns Seite her gegenüber Hitler geschah, historisch genauso stimmen, wie es bei allem um Hitler selbst beansprucht wird. Und »13 Jahre Braun-Hitler-›Liebe-Liebe‹« stimmt eben nicht, weil damit der unstimmigste Mann der Geschichte partial-stimmig gemacht wird – ausgerechnet in seiner weltgeschichtlich furchtbarsten Wirkungszeit von 1932 bis 1945.

Görtemakers gehäufte Counter-Faktizität

Zu allem, was Mann und Frau unterleiblich angeht, befindet sich bei Görtemaker hinter der Fassade der Wissenschaftlichkeit ein Gestrüpp von Ungereimtheiten, bezogen auf die Termini »heterosexuell« = »phallisch-vaginal«, »Liebe« als »Anziehung« und genitales Agieren zwischen einer Frau und einem Mann, sodass Görtemaker sich ermächtigt fühlt, Eva Braun ohne einen Anflug von Zweifel durch ihr ganzes Buch hindurch als »Geliebte« Hitlers darzustellen.

Erster Counter-Fakt: Görtemaker verändert die realen Zahlen von Nein- und Ja-Zeugen gegenüber der Art der Beziehung zwischen Hitler und Braun auf umwerfende Weise = die Tatsachen mit Füßen tretend: Zwei Neins setzte die Autorin acht Jas gegenüber. *(Görtemaker 11 I, S. 41 ff., 168 ff.)*

Wie niemand mehr davon überzeugt zu werden braucht, war es genau umgekehrt. Der Einstieg in die Zeugen- und Zeugnis-Analyse begann mit 23 Neins zu 12 Jas *(ONANO, Der »Führer« war kein »Ficker«, HETERO, Die Gegenseite der Ja-Sager).* Im Verlaufe von mehreren Untersuchungs-Phasen kam heraus, dass sich die Gegenüberstellung der Kontrahenten permanent veränderte. Die Neins stiegen auf bisher 27, von denen inzwischen 21 Eva Braun direkt betreffen. Die Jas fielen auf sechs herunter. Am Schluss werden nur noch vier Jas übrig bleiben = Braun selbst, zwei ihrer Freundinnen und eine Bedienstete Hitlers *(ORALO, 6. bis 3. Ja-Sagerin),* während die Neins einen Berg von 40 erklommen haben. Von den 40 Neins müssen wiederum zehn abgezogen werden, die nicht direkt auf das Verhältnis Braun-Hitler gemünzt waren. Doch 30-mal Nein steht in der historischen Wirklichkeit von

ernstzunehmenden Aussagen und Vorkommnissen gegenüber viermal Ja – ein Verhältnis von Eins zu Sieben bis Acht. Das »Sieben zu
Eins« von Nein zu Ja verdrehte Görtemaker in das Gegenteil von Vier
zu Eins im Verhältnis von Ja zu Nein.

Von ihren acht Ja-Sagenden halten nur drei den Geschichts-prozessualen »Verhören« stand – Hitlers Haushälterin Anni Winter und
die Braun-Freundinnen Henriette von Schirach und Herta Ostermayr-Schneider. Die Vierte im Bunde dieses »Häufleins der vier Aufrechten« wird Eva Braun selbst sein. *(ORALO, 6. bis 3. Ja-Sagerin)* Zwei
von den Görtemaker-Ja-Sagern wechselten bei genauerer Prüfung auf
die Nein-Seite – Heinrich Hoffmann und Erich Kempka. Max Amann
und Albert Speer mussten »abgeschmettert« werden *(12. und 10. Ja-Sager).* Eine derartige Counter-Faktizität erzielt Görtemaker bewusst,
denn ihr sind alle Zeugen bekannt – mit der einen Ausnahme des Hitler-Biografen unter dem Pseudonym Thomas Orr aus dem ehemaligen
Hauptarchiv der NSDAP (20. Nein).

Zweiter Counter-Fakt: Görtemaker setzt über das Ende der Braun-Hitler-Beziehung noch einmal ein extra-amouröses Fanal. Braun sei zu
Hitler in den Bunker gekommen, um mit ihm zu sterben = Anfang
März 1945. *(Görtemaker* 11 I, S. 229 ff.) Görtemaker selbst fügt eine
Mitteilung eines Zeugen der letzten Bunker-Tage an, dass Braun nach
ihrem Eintreffen im *»Führer«-Bunker* unter der Berliner Reichskanzlei
am 7. März 1945 von Hitler weggeschickt worden und erst am 15. April
1945 endgültig zum Bleiben »bis zum Untergang« wiedergekommen
wäre. *(a. a. O.,* S. 305, Anm. 38) Doch Görtemaker akzeptiert diese
Pause in der Liebe der zwei Anti-Kapitulations-Roboter nicht und will
Hitler und Braun für fast zwei Monate am Stück vereint miteinander
unter der Erde in der Höllen-Schaltzentrale des sterbenden Nazi-
Reichs lagern – bis zur Heirat am 28./29. und zum Doppelselbstmord
am 30. April 1945.

Die Finalität stimmt nicht, in der Eva Braun von Görtemaker beim
wiederholten Versuch beschrieben wird, mit Hitler im Bunker zusam-
menzusein und mit ihm dort zu sterben. *(a. a. O.,* S. 3) Frühestens am
7. März und spätestens am 15. April 1945 konnte sich Braun noch keinen
gemeinsamen Tod mit Hitler vorgenommen haben. Hitler hatte sich
erst zwischen dem 20. und 22. April 1945 dazu entschlossen, im *»Führer«-Bunker* der Berliner Reichskanzlei zu bleiben und viele aus seinem
Begleitpersonal wegzuschicken. Zuvor war geplant – und von Hitlers
Generälen dringend empfohlen –, dass Hitler sich so bald wie möglich
auf den Obersalzberg begibt und sein *»Führer«-Hauptquartier* wieder

auf den *Berghof* verlegt. *(Joachimsthaler* 96, S. 100 ff.) Görtemaker selbst bringt dazu genug Fakten, dass der »Stichtag« 22. April 1945 – Hitlers Entschluss, im Bunker zu bleiben und von dort aus zu »siegen« oder darin zu sterben – historisch unzweifelhaft ist. *(Görtemaker* 11 I, S. 233 ff.) Und dass Hitler Selbstmord verüben wollte, dazu entschloss er sich erst am 28. April 1945, kurz bevor er seiner jüngsten Sekretärin Traudl Junge in der Nacht zum 29. April seine beiden Testamente diktierte. *(Joachimsthaler* 96, S. 129 f., *Junge* 02, S. 197 ff.)

Erst als der Selbstmord Entschluss-reif war, folgte darauf innerhalb von ein paar Stunden der Zusatz-Entschluss, Eva Braun standesamtlich zu heiraten, was am 29. April 1945 geschah. Aber außer den beiden Trauzeugen Bormann und Goebbels, dem Adjutanten Below, der für die Registrierung der täglichen Daten zuständig war, und der Sekretärin Junge, die Hitlers Diktat seiner Testamente aufnahm, *(Görtemaker* 11 I, S. 238) wusste von der Konterkarierung des Geschehens »Hochzeit« niemand etwas im Bunker, nicht einmal Hitlers persönlicher Adjutant Otto Günsche. *(Günsche* 67, S. 16 f./19 f.)

Hitlers Entschluss, Braun noch zu heiraten, war ein Bekenntnis zum Totenbett mit ihr und nicht eine Danksagung an die Lebende. Ihm war jetzt »alles egal«. Außerdem brauchte er die Verdrehung des Lebendigsten in ein Fanal des Todes für seine Hetero-Performance, die er seit 13 Jahren mit Braun betrieben hatte.

Hitler ist als verheirateter Mann in die Grube gefahren. Mit diesem Praliné hat er der Welt die ordinärst denkbare Show geliefert – einen Stoff für alle Zeiten: Auch der Entsetzlichste machte mit der Mann-Frau-Monogamie ernst.

Die Gesellschaft behielt ihren Stoff, aus dem die Spintisierungen der Produkte *Adolf and Eva* gemacht sind. Und die Hitler-Hetero-Fraktion der Hitler-Biografik und die gesamte Braun-Biografik haben bis heute »was zum Erzählen«.

Dieses »Liebe-Liebe«-machende »Erzählen« sieht mal wieder ganz anders aus, wenn Braun und Hitler vor ihrem Untergang fast zwei Monate miteinander im »*Führer*«-Bunker unter der Erde verbrachten – vom 7. März bis zum 30 April 1945. Die Imagination fühlt sich dann fast so an, als hätte das Paar unter einer gemeinsamen Bettdecke gelegen.

So kann es Görtemaker nicht erspart bleiben, ihr das frühe Datum von Brauns Wiederkehr in den »*Führer*«-Bunker – 7. März – zu entreißen. Denn ihre »Liebe-Liebe«-Fiktion schmilzt beträchtlich zusammen, wenn Eva Braun für das Finale erst Mitte April unter Hitlers Erde geschlüpft ist und den Tod mit Hitler quasi so nebenbei am 30. April 1945 »mitgenommen« hat.

Eva Braun hatte »Führer«-Hauptquartiers-Verbot

Es gibt vier Zeugnisse, die Brauns späteren Ankunftstermin so gut wie belegen, zumindest für die Wahrheitsfindung favorisieren. Dadurch ist das Datum des 7. März für Brauns Eintreffen im Bunker nicht aufgehoben, aber die acht Wochen am Stück vom 7. März bis zum 30. April 45 mit dem Effekt des »So zwei wie wir zwei, die sind zwei!« sind weg. Eva Braun ist nach dem 7. März von Hitler noch einmal weggeschickt worden und für die »Endrunde« erst Anfang/Mitte April ein letztes Mal in den Bunker gekommen.

1. Artur Axmann: Der ehemalige Reichsjugendführer, Nachfolger des heute bekannteren Baldur von Schirach, berichtet in seinen *Erinnerungen*, dass er am 23. April 1945 in den »*Führer«-Bunker* eingezogen war, um ab da bis zum Ende des Dritten Reichs die Zeit mit Hitler zu verbringen. Eva Braun war zu Axmanns Ankunft schon anwesend und hatte ihm erzählt, dass sie vor einer Woche, am 15. April, eingetroffen wäre – gegen den Willen Hitlers, der sie Anfang März wieder zurück nach Berchtesgaden auf den *Berghof* geschickt hätte, *(Axmann,* S. 434) wo schon einige ihrer Komplizinnen, wie Gerda Bormann, und ihre Freundinnen sich in Sicherheit befanden. (*Görtemaker* 10, S. 268, *Görtemaker* 11 I, S. 236, *Junge* 02, S. 146) Und angeblich wollte Hitler Braun noch einmal Anfang April loswerden und bat ihren ehemaligen Chef, seinen Leibfotografen Heinrich Hoffmann, sie nach dem 6. April aus dem Bunker im Auto mit nach München zu nehmen. (*Joachimsthaler* 03, S. 481)

An Axmanns Mitteilung ist interessant, dass Braun selbst es war, die nicht nur ihr definitiv letztes Eintreffen im Bunker auf die zweite April-Woche festlegte, sondern dass sie Axmann auch gestand, Hitler hätte sie nach ihrer Ankunft am 7. März weggeschickt und dass sie jetzt gegen seinen definitiven Willen wiedergekommen wäre. Dazu muss gewusst werden, dass der »*Führer«-Bunker* das Kriegsend-Hauptquartier war und dass Eva Braun während des ganzen Krieges in keinem von Hitlers anderen »Führer«-Hauptquartieren in der Nähe der verschiedenen Fronten je auftauchen durfte. (*Günsche* 67, S. 17 f., 20 f.) Hitlers sich 1945 wiederholendes Benehmen gegenüber Braun, sie rituell aus dem Bunker wegzuschicken, passt zu seiner sonstigen Striktheit, Braun aus seinem Kriegsführen draußenzuhalten. Das Kriegsführen mit der Unabreißbarkeit des Männer-Tötens war Hitlers echt libidinöses »Liebe-Liebe-Machen«. Und dabei wollte er nicht einmal von seiner Vorschütz-Partnerin gestört werden.

2. Albert Speer: Hitlers »Leibarchitekt« und späterer Kriegs- und Rüstungsminister notierte in seinen *Erinnerungen*, dass Eva Braun

»in der ersten Hälfte des April 1945« zum letzten Mal in den Bunker zurückgekehrt wäre – »überraschend und ohne dazu eingeladen worden zu sein«. *(Speer 70, S.* 468) Das stimmt mit dem Zeugnis von Hitlers erster Sekretärin, Johanna Wolf, überein. *(ONANO, 16. Nein-Sagerin)* Speer ist in diesem Falle als Zeugen zu trauen, obwohl er zu Brauns Ankunftszeit im Bunker »in der ersten Hälfte April« selber noch nicht wieder dort war, jedoch eine Woche später eintraf – am 23. April, am selben Tag wie Axmann. Speer kann abgenommen werden, dass er sich dieses Mal genau erinnert, weil er stundenlang mit Eva Braun an seinem Ankunftstag, dem 23. April, in ihrem kleinen Bunker-Raum zusammensaß. Beide feierten *Willkommen und Abschied* (Goethe) bei Sekt und Süßigkeiten – Braun und Speer allein. Sie zelebrierten in dieser Ausgelassenheit ihre jahrelange Freundschaft. Bei solch einem markanten Zusammensein ist denn auch zur Sprache gekommen, wann Eva Braun erneut im Bunker erschien – eben nicht am 7. März, um die ganze Zeit von inzwischen sieben Wochen an Hitlers Seite im Bunker zu verbringen, sondern erst frisch vor einer Woche –, gemäß Axmann am 15. April. Brauns Feten-Stimmung war wieder mit ihr durchgegangen. Dies spricht dafür, dass Braun noch nicht Bunker-bleiern resignativ war, wie sie es nach sieben Wochen zwischen 7. März und 23. April gewesen wäre, sondern aufgeladen mit Tageslicht. Brauns bisher längste Zeiten im Berliner »*Führer«-Bunker* waren immer nur drei Wochen, wie im November/Dezember 1944 und im Januar/Februar 1945. *(Joachimsthaler 96, S.* 273 f.)

Speer benutzte einen passenden Ausdruck, um Eva Brauns »Draußen«-Stimmung zu kennzeichnen. Sie habe sich in einer »beschwingten Heiterkeit« befunden. Solch ein Zustand wäre mit sieben Wochen Bunker auf dem Gemüt schwer zu zelebrieren. Stattdessen war Braun von ihrem »Über-irdisch«-Sein bis vor einer Woche noch Himmel-gespeichert und nicht Halb-Schatten-haft Höllen-entkräftet. So konnte sie ihre gute Laune im Zusammensein mit Speer zum Ausdruck bringen. *(Speer 70, S.* 465, 476, 484)

3. Nicolaus von Below: Das dritte Zeugnis ersparte Görtemaker sich. Hitlers ehemaliger Adjutant datiert in seinen *Erinnerungen* Eva Brauns letzte Wiederkehr in den Bunker auf den Monatswechsel März/April 45. Dieser Zeitpunkt liegt nahe dem 15. April von Artur Axmann und »der ersten Hälfte April« von Albert Speer. Below war unter Hitler von Berufswegen Chronist. Er musste die Einzelheiten in Hitlers Regenten-Alltag von Stunde zu Stunde festhalten. Mithilfe dieser täglichen Aufzeichnungen Belows, Heinz Linges und Max Wünsches sind noch heute bei Detailproblemen viele Präzisierungen

möglich. Ein solcher Eintrag von Brauns letzter Ankunft im Bunker liegt diesmal zwar nicht vor, aber Below selbst war anwesend, als Eva Braun für ihr Bunker-Finale zurückkam. Da Below im Daten-Denken und Termine-Speichern trainiert war, kann seine Erinnerung an Ende März als Zeugnis akzeptiert werden. Dieses »Ende März« schließt im Zusammenhang mit den beiden anderen Zeugnissen von Axmann und Speer den Termin des 7. März für Brauns endgültiges Bleiben im Bunker aus. *(Below* 80, S. 407 f.) Auch Hitlers Gesamt-Biograf Ian Kershaw war dafür, sich auf den letzteren Ankunftstermin Eva Brauns im *»Führer«-Bunker* zwischen Ende März und Mitte April festzulegen. *(Kershaw* 2000, S. 797, 1029, Anm.1)

4. Hugh Trevor-Roper und seine sieben Zeugen: Der erste Publizist von Hitlers letzter Bunker-Zeit *(The Last Days of Hitler,* 1947) hatte im Oktober 1945 sieben Zeugen zu Hitlers und Brauns Selbstmord befragt – alle »aus nächster Nähe« des Zusammenseins mit Hitler und Braun im Bunker. Trevor-Roper war dadurch in die Lage gekommen, auch Brauns endgültiges Erscheinen im Bunker zu terminieren. Das wurde ihm bis zu siebenmal bestätigt: »Als die Schlacht sich Berlin näherte, hatte Hitler Braun nach München geschickt. Aber sie wollte dort nicht bleiben. Am 15. April, als die Stadt sich schon für die Belagerung bereitmachte, traf Braun ungebeten in der Reichskanzlei ein. Hitler befahl ihr [erneut], zurückzureisen.« *(Trevor-Roper* 47/93, S. 138)

Dieses Zeugnis ist die Krone für die Datierung von Brauns letzter Ankunft im Bunker, da aus den Berichten von sieben Hitler-Beipersonen gefiltert, die mit ihm die letzten Tage im Bunker oder direkt um den Bunker herum verbracht hatten. Unter Trevor-Ropers Zeugen befanden sich auch Soldaten, abkommandiert zur Bunker-Wache – Männer, die weder etwas beschönigen wollten, noch etwas zu verbergen hatten, die außerdem noch nicht Bunker-meschugge waren, wie Leute aus Hitlers Entourage, sondern frisch im Dienst. Sie litten im Oktober 1945 – fünf bis sechs Monate nach dem Ende der Bunkerzeit am 30. April 45 – nicht unter Gedächtnisverlust und konnten daher dem britischen Geheimdienstmann Trevor-Roper präzise mitteilen, was sie gespeichert hatten. Er führte die drei Polizisten/Wachmänner namentlich auf, darunter den detektivisch tätigen Schutzmann Hermann Karnau und die zwei Wache haltenden Polizisten Erich Mansfeld und Hilco Poppen. *(Trevor-Roper* 47/93, S. 17) Auch Trevor-Ropers drei weitere Zeugen (viertens, fünftens und sechstens) waren prädestiniert, die letzte Rückkehr Brauns in den Bunker zu datieren.

Der vierte Zeuge: Hitlers »Leibfahrer« Erich Kempka, der der früheste Starzeuge für Tod und Verbrennung von Braun und Hitler wurde und mit seinem 1950 publizierten Buch *Ich habe Adolf Hitler verbrannt* fünf Jahre später ins Bewusstsein der Öffentlichkeit trat. (*Kempka* 50) (Die Hitler-Begleiter Otto Günsche und Heinz Linge standen Trevor-Roper im Oktober 1945 nicht zu Verfügung, da sie sich in sowjetischer Gefangenschaft befanden.)

Die fünfte Zeugin: Bekannter noch als »Leibfahrer« Erich Kempka wurde Hitlers »Leibpilotin« Hanna Reitsch, die ebenso wie Reichsjugendführer Artur Axmann Ende April in den Bunker gezogen war und im Auftrag Hitlers den allerletzten Kurierflug aus Berlin unternommen hatte. (*Reitsch*)

Die sechste Zeugin: Hinzu kam die Sekretärin von Bormann, Else Krüger, die Bormann an Hitlers Seite bei allen seinen Bewegungen zwischen den verschiedenen Hauptquartieren begleiten musste. Krüger ist vergleichbar mit Hitlers jüngster und an ihn »bis zum Untergang« geschmiedete Sekretärin Traudl Junge, die sich als eine der verlässlichsten Zeuginnen zu Hitler-Angelegenheiten erwiesen hat.

Die siebente Zeugin: Baronesse von Varo, war durch Trevor-Ropers detaillierte Recherchen in sein Visier geraten. Ein britischer Journalist hatte sie entdeckt, da sie eine Besucherin des Bunkers war – Funktion nebulös. Das heißt, sie muss eine »Begleiterin« eines SS-Manns gewesen sein, denn sie bekannte sich dazu, am Kriegsende im zweiten Bunker unter der Reichskanzlei, reserviert für die SS, gewohnt zu haben. Von dort habe sie sich immer wieder auch im »*Führer*«-*Bunker* aufgehalten und hätte »Untergangs«-Einzelheiten wahrgenommen. (*Trevor-Roper* 47/93, S. 17 f., 275) Eine solche Phalanx von sieben Zeugen gibt es selten in der Geschichtsschreibung, sodass Trevor-Roper, ohne zu fackeln, den 15. April 1945 als Datum von Eva Brauns endgültiger Rückkehr in den Bunker festlegen konnte. Zusammen mit den drei Erstgenannten, Axmann, Speer und Below, ist der Termin 15. April 1945 als Eva Brauns Rückkehr in den Bunker mit überwältigender Mehrheit von zehn Zeugen gesichert worden.

Es geht auf das Manipulations-Konto Heike Görtemakers, dieses Konvolut der sieben namentlich genannten Zeugen, reflektiert durch Trevor-Roper, beiseitegelassen zu haben. Görtemakers zwei Monate von Eva Brauns »Bunker mit Hitler« zwischen 7. März und 30. April sind nicht nur Zeugen-aversiv, sondern dogmatisieren zwischen »Führer« und oberster Gefolgsfrau auch eine Tristan-und-Isolde'sche Liebes-Verschworenheit bis in den Tod hinein, die gar nicht bestand. Die Final-Farce »Hochzeit im Bunker kurz vor dem gemeinsamen Selbstmord« soll mit Görtemakers acht Wochen Braun-und-Hitler-unter-der-Beton-Decke etwas gestreckt und emotio-seriös aufgepeppt werden. Selbstredend ließ Görtemaker dabei auch Speers Bemerkung weg: Braun wäre in den Bunker zurückgekommen, ohne von Hitler dazu eingeladen worden zu sein: »Hitler wollte sie gar nicht dahaben!« *(Johanna Wolf, ONANO, 16. Nein-Sagerin)*

Die erste Publikation zu Hitler-Brauns Platonik vergessen

Dritter Counter-Fakt: Görtemaker unterschlägt das immer noch bedeutende und zeitlich erste Buch zu Hitlers Ende, Hugh Trevor-Ropers *The Last Days of Hitler* von 1947. Görtemaker führt im Literaturverzeichnis ihrer Braun-Biografie mehrere spätere Bücher zu Hitlers Endzeit auf, Trevor-Roper jedoch hält sie von sich fern – außer seiner Herausgabe des Briefwechsels zwischen dem Ehepaar Gerda und Martin Bormann. *(Bormann)*

Von Trevor-Roper direkt kommt in Görtemakers Buch nur ein verstümmeltes *bonmot* vor. Bei diesem »Zitat« begeht Görtemaker fünf Verstöße gegen die historische Wissenschaft auf einen Schlag.

1.: Ein Begriff wird Trevor-Roper zugeschrieben und dazu keine Quelle angefügt. Das fällt besonders auf, weil Görtemakers einzige Erwähnung Trevor-Ropers in ihrem Buch auf einer Seite inmitten von sechs exakten Quellen-Nachweisen geschieht, nur Trevor-Roper hängt nicht verifizierbar im Raum von Görtemakers Text: »Eva Braun […] ist gesehen worden […] sogar als ›eine historische Enttäuschung‹ in Hugh Trevor-Ropers Worten.« *(Görtemaker 11 I, S. 4)* Es folgt im Gegensatz zu sechsmaligen Bezügen diesmal keine Fundstelle – das einzige Mal auf den vier Seiten Einleitung mit insgesamt zwölf nachgewiesenen Zitaten.

2.: Das Original stammt aus dem von Görtemaker gemiedenen Trevor-Roper-Werk *The Last Days of Hitler* und lautet: »Für alle Geschichtsschreiber‹, sagt Speer, ›ist Eva Braun dabei, eine Enttäuschung zu werden‹; und für Leser von Geschichte auch.« *(Trevor-Roper 47/93, S. 135)* Aus dem Original ergibt sich, dass Görtemaker die Stelle in Trevor Ropers *Die letzten Tage Hitlers* eigenmächtig verändert hat. Eva Braun war – in Trevor-Ropers Worten – keine »historische Enttäuschung«, sondern eine solche für Geschichtsschreiber und Lesende von Geschichts-Büchern.

3.: Das Unangenehmste bei Görtemakers Inkorrektheit an dieser Stelle: Der Ausspruch stammt nicht von Trevor-Roper, sondern von Albert Speer. Trevor-Roper hat Eva Braun nicht kennengelernt und hätte sich 1947 solch ein Urteil über Brauns Bedeutungslosigkeit in der Geschichte nicht erlauben können.

Hitlers »Leibarchitekt« Speer jedoch war mit Braun eng befreundet. Speers Frau Margarete war eine Intima Brauns. Gemeinsam mit Anni Rehborn, der Frau von Karl Brandt, haben Eva Braun, Margarete Speer und andere Braun-Freundinnen permanent Ausflüge, Italien-Reisen, Ski-, Bergsteig- und Bade-Touren unternommen. Die Höchst-Nazi-Partnerinnen mussten ja wenigstens irgendwie ihre Zeit totschlagen, während ihre Männer sich auf Mord-Touren befanden. Görtemaker publizierte Fotos, die die Nähe der Speers zu Eva Braun augenfällig machen. (Görtemaker 11 I, S. 105, 113) Mit Speer zeigte Braun sich der Kamera auch einmal auf einem Spaziergang (a. a. O., S. 113)

Und was meinte denn dann Speer mit Eva Braun als »Enttäuschung für Geschichtsschreiber«? Was meinte Trevor-Roper mit seiner Hinzufügung, dass Braun eine ebensolche Enttäuschung für Geschichtsleser sein würde?

4.: Aus der ganzen Passage in Trevor-Ropers *The Last Days of Hitler* kommt heraus, worin die »Enttäuschung« Eva Brauns für Geschichtsschreibende und -lesende besteht. Sie war keine gewöhnliche »Geliebte«, keine »normale« »Mätresse«. Es gab über sie »nichts zum Sagen« und deshalb auch nichts Spannendes »zum Lesen«.

Und solch ein Urteil von einem so nahen Braun-Freund wie Speer musste Görtemaker strikt aus ihrem Text raushalten. Der bloße Verdacht »da war überhaupt nix«, der aus dem Speer-Urteil entnommen werden könnte, musste zerstreut werden, was am besten durch die Vermeidung jeglicher Berührung mit Trevor-Ropers *Letzten Tagen Hitlers* zu erreichen war. Denn die komplette Stelle im Buch lässt in Richtung »Hitler und Braun = platonisch« aufhorchen: »Für alle Geschichtsschreiber‹, sagt Speer, ›ist Eva Braun dabei, eine Enttäuschung zu werden‹; und für Geschichtsleser auch. Sie hatte keine der farbenreichen Qualitäten der konventionellen Tyrannen-Mätressen. Sie war weder eine Theodora, noch eine Pompadour, noch eine Lola Montez«. (*Trevor-Roper* 47/93, S. 135)

5.: Nach dem Studium der *Letzten Tage Hitlers* von Trevor-Roper wurde verständlich, warum Görtemaker das Buch umgeht. Die Bunker-Zeit Hitlers hat in Eva Brauns Lebenslauf durchaus eine Bedeutung. Braun war gegen ihre sonstige Gepflogenheit, alle Jahre ungefähr einmal in Berlin in der Reichskanzlei aufzukreuzen, nun November/Dezember 1944, Januar/Februar, März und April 1945 im Reichskanzlei-Territorium erschienen, als handelte es sich um ihren dritten Wohnsitz neben *Berghof* und Münchener Haus. (*Joachimsthaler 96*, S. 273 f.)

Brauns merkwürdige letzte Monate in der Reichskanzlei und dann ihre letzten Tage im Bunker sind in einer Braun-Biografie ein Hauptthema, das die Frage beantworten müsste: Was hatte Braun da bei Hitler in der Berliner Staatsmacht-Schaltzentrale oder untertage im Bunker zu suchen? War es wirklich ›Liebe‹ zu Hitler? Oder Autobiografie-Politik? Oder wollte sie nur Stimmung machen? Gute Laune unter den Durchhaltenden verbreiten?

Bei solch einem Hauptthema hätte das erste Hauptwerk über »die letzten Tage Hitlers« im Bunker, Trevor-Ropers *Last Days of Hitler*, nicht fehlen dürfen. Wieder muss eine Hitler-forschende Person der Unterdrückung eines Standardwerks geziehen werden, wie es Ullrich und Görtemaker mit Anna Maria Sigmunds Studie über *Sex im Dritten Reich* schon vorgeworfen wurde.

Warum »mied« Görtemaker »wie die Pest« dieses weltbekannte und in vielen Auflagen bis in die Gegenwart neu gedruckte Buch, verfasst noch dazu von einem Star in der Hitler-Forschung? Was war darin für Görtemaker »die Pest«?

Hitlers letzte Tage von Trevor-Roper sind das erste und sogleich weit verbreitetste Werk, das schon 1947 die Hand in die Wunde »Hitler-Braun = Platonik« legte. Das von der Hetero-Hitler-Fraktion gefürchtete Wort »platonisch« kommt hier öffentlich zum ersten Mal vor – als Kennzeichnung für die Braun-Hitler-Beziehung sogar mehrmals. Trevor-Ropers Buch spielt in der Auseinandersetzung mit dem 1. Ja-Sager, Hitlers Leibarzt Theodor Morell, eine bedeutende Rolle (*ANALO*). Daher wird es jetzt nur zum Punkt »Platonik« herangezogen.

Trevor-Roper interviewte zwischen Ende September und Ende Oktober 1945 – wie soeben berichtet – die sieben Hitler-Umfelder, um für den britischen Geheimdienst Wahrheits-exakt herauszubekommen: »Sind Hitler und Braun wirklich tot? Oder spuken sie in der Welt herum, worüber sich nach April 1945 zahlreiche Gerüchte selbständig gemacht hatten. Wann und wie sind Braun und Hitler gestorben? Wo verblieben ihre Reste?«

Am 1. November 1945 stellte Trevor-Roper in einer Berliner Pressekonferenz das Ergebnis seiner Befragungen und Recherchen der Weltöffentlichkeit vor und publizierte zwei Jahre später eine erweiterte Fassung. Seine Untersuchungen haben sich in zahlreichen Nachfolge-Publikationen als der Wahrheit entsprechend etabliert. Die sieben Zeitzeugen, die Trevor-Roper im Oktober 1945 interviewte, gaben nicht nur Einzelheiten über den Tod von Hitler und Braun zu Protokoll des englischen Geheimdienstmannes, sondern konnten ihm auch ihre Eindrücke über das Verhältnis der beiden untereinander vermitteln und sogar das genaue Datum von Brauns endgültiger Rückkehr in den Bunker angeben. Trevor-Roper war der Erste, der sich in die Nähe der Dubiosität dieses Mann-Frau-Verhältnisses begab. Alle sonstigen Aussagen von Zeitzeugen zu diesem Verhältnis standen 1947 noch unter Alliierten-Geheimdienste-Verschluss. Und die Memoiren der Umfelder erschienen nach Trevor-Ropers *Last Days of Hitler*.

Der erste Hitler-Gefolgsmann, der an die Öffentlichkeit trat, war Hitlers Kammerdiener Karl Wilhelm Krause, der seine Erinnerungen 1949 publizierte und aus dessen Äußerungen ebenfalls eine sexuelle Unstimmigkeit im Verhältnis Braun-Hitler zutage trat *(Krause 49, ONANO, 17. Nein-Sager)*. Krause als unterstellt »einfacher Mann« konnte nur die Wahrnehmung eines bleiernen Zustandes zwischen Hitler und Braun wiedergeben.

Dagegen hatte zwei Jahre zuvor der Intellektuelle Trevor-Roper das Verhakte, Stagnative und rundum Ungeklärte in der Art der Braun-Hitler-Beziehung ausgesprochenermaßen frontal in die Augen seiner Lesenden formuliert: »Obwohl die Details ihrer Beziehung möglicherweise immer ein Rätsel bleiben werden, kann vielleicht die leichteste Antwort die korrekte sein. Falls ihre Beziehung platonisch war oder als platonisch verstanden werden sollte, dann wäre die Position von entweder Ehefrau oder Mätresse bedeutungslos und bloßstellend. Gewiss würde eine platonische Beziehung am besten zum deutschen Messias passen, dem revolutionären Geist, der so erscheint und erscheinen muss, über alle menschlichen Begrenztheiten hinauszugehen. Wenn diese Antwort korrekt ist, dann ist die Heirat, die am Vorabend ihres Todes stattfand, von reiner Symbolik – ohne Definition von Brauns Status. Eva Braun hatte keine bevorzugteren Rechte im Todesritual als seine Sekretärinnen oder seine vegetarische Köchin, Fräulein Manziarly, die mit ihm während Brauns Abwesenheit zusammen aß«. *(Trevor-Roper 47/93, S. 138)*

Trevor-Roper hält die Version der Platonik zwischen Hitler und Braun für die wahrscheinlich »korrekte«, was er damit verbildlicht, dass er Hitlers Köchin Manziarly auf dieselbe Stufe wie Eva Braun stellt – und die Heirat zwischen Hitler und Braun als eine »reine Symbolik« definiert. Diese Position kommt allen Nein-Sagenden verflucht nahe.

Görtemaker musste das frühe reflektiv-wissenschaftlich gewonnene Urteil des britischen Historikers Trevor-Roper über die Hitler-Braun-Beziehung auslöschen, indem sie es ihren Lesenden gänzlich vorenthielt. Anders ging's nicht, Görtemakers Konzept durchzuziehen, Braun und Hitler seien »lovers« gewesen.

Trotz Trevor-Ropers beeindruckender Schlussfolgerung, das wahrscheinliche Charakteristikum der Braun-Hitler-Beziehung sei Platonik, wurde Trevor-Roper nicht in die Reihe der Nein-Sagenden aufgenommen.

Erstens: Trevor-Roper ist kein Primärzeuge, reflektiert solche nur. Bei einem Aufgebot von anfangs 23 Primärzeugen – 17 zu Braun-Hitler – war es nicht nötig, Trevor-Roper ebenfalls zu den Neins zu zählen. Die einzige Ausnahme, einen Sekundärzeugen heranzuziehen, wurde bei dem Hitler-Biografen Thomas Orr gemacht, der als ehemaliges Mitglied des *Hauptarchivs der NSDAP* mit vielen Primärzeugen den Kontakt gesucht hatte und der Szene um Hitler jahrelang so nah war, dass Orr aus dieser Nähe die Wahrheit filtern konnte. *(Orr, ONANO, 20. Nein-Sager)*

Zweitens: Trevor-Roper nennt für die Information »Braun und Hitler = platonisch« keine Namen von Primärzeugen. Das tat Orr auch nicht. Aber Orr befand sich noch zur Dritte-Reichs-Zeit jahrelang mit Hitlers Entourage quasi »auf Du und Du«, wodurch er Eingeweihter wurde, einem Primärzeugen denkbar nahe rückte.

Drittens: Trevor-Roper selbst konnte sich in seinem Urteil nicht entscheiden, blieb im »Status« der möglicherweise nie aufklärbaren Rätselhaftigkeit dieses Verhältnisses stecken. Demgegenüber war sich der Hauptarchiv-Mann Thomas Orr ganz sicher: Braun-Hitler nur Lebensgemeinschaft, keine Liebesgemeinschaft.

Und doch gibt Trevor-Roper der Version »Platonik« den Vorzug. Er ist damit ein früher Spiegel der Umfelder und taugt für einen Hinweis: Der an den Modalitäten des Todes von Adolf Hitler und Eva Braun interessierte britische Historiker hat in seiner Funktion als Interrogator von nahen Hitler-Leuten zugleich etwas über die Art der Beziehung zwischen Hitler und Braun herausgefunden.

Außerdem hatte Trevor-Roper geringe Meinungen über Eva Braun vermittelt bekommen. *(a. a. O., S. 135 ff.)* Beides war zu viel für Brauns Biografin. In Görtemakers Geschmack hat Eva Braun etwas Heroisches an sich, und das Verhältnis Braun-Hitler bestand aus Partikeln echter sexueller Amourösität.

Manipulation nach mieser Maser-Masche

Vierter Counter-Fakt: Damit das Amouröse eisern in der Beziehung Braun-Hitler reserviert bleiben konnte, beging Görtemaker einen noch viel größeren Verstoß gegen die Geschichts-Wissenschaft. Sie unterschlug das Amouröse zwischen Eva Braun und einem anderen Mann.

Görtemaker verschwieg komplett das libidinöse Verhältnis zwischen Eva Braun und Hermann Fegelein. Fegelein kommt in Görtemakers Braun-Biografie nur als Verbindungsmann Himmlers bei Hitler und als späterer Ehemann von Brauns Schwester Gretl vor (28. *Nein – Der Einsturz der »Führer«-»Mätressen«-Suite).* Was Görtemaker damit gemacht hat, war ein so umhauender Fehler, dass davon ihre ganze Braun-Biografie reingerissen wird.

Eva Brauns Dynamik, ab November 1944 gegen ihre sonstigen Gewohnheiten permanent nach Berlin in die Reichskanzlei zu streben, galt nicht Hitler, den sie seit 12/13 Jahren schon hatte und seit 15 Jahren kannte. *(Joachimsthaler 96, S. 267 ff.)* Das Benzin für Berlin, das Brauns Lebens-Auto nunmehr rituell dorthinfahren ließ, war der Hebel-haft auf Frauen wirkende Hermann Fegelein, der nicht wie Hitler »über drei Ecken« in die Scheide fuhr, sondern ganz direkt sexuell von unten zu unten.

Bei ihren Reisen vom 20. November bis zum 10. Dezember 1944, vom 20. Januar bis zum 9. Februar 1945, vom 7. März für ein bis zwei Wochen und vom 15. April bis zum Ende am 30. April 1945 traf Braun immer Fegelein, der zum Reichskanzlei- und dann zum Bunker-Personal gehörte. Und immer gabs »Party Party«, »Tanzen Tanzen« mit Fegelein, dem »Strohwitwer«. Nur während der zweiten Reise Brauns nach Berlin begleitete sie ihre hochschwangere Schwester Gretl. Sonst lief alles allein zwischen Braun und Fegelein. Jetzt endlich während ihrer ersten, dritten und vierten Berlin-Reise hatte Eva Braun Hermann Fegelein für sich allein, musste ihn nicht mit ihrer Schwester teilen und konnte sich von ihm so oft beim Tanzen hochheben lassen, wie sie wollte. *(a. a. O., S. 273 ff.)*

Hitlers persönlicher Adjutant Otto Günsche und sein Leibdiener Heinz Linge sprechen in ihren Verhören durch die sowjetischen Interrogateure im *Buch Hitler* von Eva Brauns Tanzen ohne Adolf Hitler – immer und generell, sowie der den *Berghof* verlassen hatte *(AMORO, 2. Ja-Sager, der »Widerrufs-Linge«).*

Braun tanzte als Ausdruck von Lebensfreude, beklagte nur wieder und wieder, dass ihr zu wenig Tänzer zur Verfügung stünden. Das in diesem Buch abgedruckte Bild zeigt sie auf der Hochzeit ihrer Schwester Gretl mit Hermann Fegelein. (B. 14, *Lambert 06,* S. 402, B. 13) Auf dieser Hochzeit konnte Eva Braun nicht oft mit Fegelein tanzen. Jetzt aber in Berlin ging das sogar mit »Etikette«.

Braun war in ihrer *Berghof*-Zeit zwischen 1936 und 1945 erst 24 bis 33 Jahre alt. Die Braun-Fegelein-Beziehung gegen Görtemakers Unterdrückung dieses Faktes ans Licht der Braun-Beziehungen-Diskussion zu zerren, gilt keinem »Lore-Roman«-Impuls. Im Gegenteil, das Braun-Fegelein-Verhältnis war vom Feinst-»Perversen«, in das sich 1944 die »Führer-Geliebte« 12 Jahre nach dem Start ihrer Beziehung zu Adolf Hitler ab ihrem 20. Lebensjahr verstrickt hatte, ehe sie nach zwei Selbstmord-Versuchs-Demonstrationen als »Frau Hitler« mit ihrem letzten gelungenen Suizid neben Adolf Hitler in die Geschichte der Destruktivität einging.

Hitlers sexuelle Abnormität oder Normalität steht und fällt mit der richtigen Einschätzung seines Verhältnisses zu Eva Braun. Und für diese »richtige Einschätzung« ist es unerlässlich, dass alles, worin Braun sich als Bezogene präsentiert hat, ans Licht der Darstellung in biografischen Teil- oder Gesamt-Werken gebracht wird. Görtemaker jedoch betreibt Verdunklung, wenn sie Brauns Verhältnis zu Fegelein in deren letztem Lebensjahr aus einer Braun-Gesamt-Biografie ausklammert.

Mit dem Weglassen von Fegelein in seiner Bedeutung für Eva Braun und vor allem für ihren Mit-Untergang dann wieder an Hitlers Seite steht ein weiterer Verstoß Görtemakers gegen die historische Wissenschaft in Verbindung: Görtemaker unterschlug nicht nur das erste Bunker-Buch, verfasst von Trevor-Roper (1947), sondern auch die bedeutendste Nachfolgeschrift zu diesem Thema von Anton Joachimsthaler aus dem Jahre 1995: *Hitlers Ende* – im Englischen ebenfalls unter dem Trevor-Roper-Titel erschienen *The Last Days of Hitler* – mit dem Untertitel-Zusatz *The Legends – The Evidence – The Truth*. *(Joachimsthaler* 96)

Joachimsthaler war der Erste, der unter den ihm folgenden Hitler-Endzeit-Spezialisten rein Fakten-nah gearbeitet hat. Sein Buch ist der Höhepunkt der Publikationen zu dieser Hitler-Phase. Dass dieses Bunker-Standardwerk bei Görtemaker fehlt, war eine Auto-Aggression, von der die Autorin sich als Wissenschaftlerin solange nicht erholen wird, bis sie nicht in späteren Auflagen ihrer Braun-Biografie den Fehler korrigiert hat.

Wieder lagen wie bei der Trevor-Roper-Ausklammerung auch hier für Görtemakers Unterschlagung von Joachimsthalers Hitler-Bunker-Buch ideologische Gründe vor – die Rettung von Görtemakers Konzept *Adolf and Eva*, in das kein anderer Mann in Eva Brauns Nähe interferieren durfte. So etwas ist *phantasy* mit umgekehrten Vorzeichen und keine Geschichtswissenschaft: In Joachimsthalers Werk *Hitlers Ende* gibt es ein Extra-Kapitel über *Eva Braun und Hermann Fegelein* – am Schluss des Buches. *(a. a. O.,* S. 261 ff.)

Und jetzt fallen den Lesenden die sprichwörtlichen Schuppen von den Augen, wo zur Kriegs-Endzeit Eva Brauns sexuelle Interessen eigentlich lagen – bei Hermann Fegelein und nicht (mehr) bei Adolf Hitler. Zumindest kann Joachimsthaler diese erotisch interaktive Situation zwischen Braun und Fegelein für den Schluss der Beziehung Braun-Hitler ab Auftauchen Fegeleins auf dem *Berghof* im März 1944 mit mehreren Zeugnissen und Zeugen-Aussagen nachweisen.

In einer Braun-Biografie von 2010/11 die Kardinal-Beziehung Brauns zu einem Mann neben Hitler gar nicht zu erwähnen, ist ein Vorkommnis der Geschichts-Fälschung, eine Manipulation nach mieser Maser-Masche. Der sechste Hitler-Biograf, Werner Maser, hatte sich 1971 etwas in der Geschichtswissenschaft für nicht möglich Gehaltenes geleistet: Maser unterschlug in seiner Hitler-Biografie den herausragendsten Staats-politischen Früh-Förderer Hitlers, den bayerischen Justizminister Franz Gürtner. Maser korrigierte seine Dreistigkeit in allen seinen 18 Auflagen bis 2001 nicht.

Das Zusatz-Frappierende dabei: Maser hatte in seinem Buch vor seiner Hitler-Biografie, seiner *Frühgeschichte der NSDAP* (1965) – die zur Hälfte schon eine Hitler-Biografie, erster Teil, ist – Gürtner historisch exakt als bedeutenden Hitler-Promoter auftreten lassen. Maser ist also kein Fehler wegen eines Irrtums unterlaufen. Die Gründe hierfür sind bisher nicht bekannt. (Näheres zu Gürtner im *zweiten Buch* und weiteres zur »Maser-Masche« unter 2. und *1. Ja-Sager*, dem »*Widerrufs-Linge*« [AMORO] und Hitlers Leibarzt Theodor Morell [ANALO])

In einer Braun-Biografie wirkt das Weglassen eines sexuellen Affekts der Protagonistin gegenüber einem Mann selbstredend nicht vergleichbar schwer wie das Weglassen Gürtners in einer Hitler-Biografie. Jedoch spielte Hermann Fegelein in Brauns Leben eine derart wichtige Rolle, dass sein Auftreten im März 1944 auf dem *Berghof* und seine Blitz-hafte Einfuhr in den Gefühlshaushalt Eva Brauns Konsequenzen hatte, die wesentlich zu Brauns Ende im Bunker beitrugen (die Modalitäten in *ORALO*, 6. bis 3. Ja-Sagerin, Eva Braun, Anni Winter, Henriette von Schirach und Herta Ostermayr). Die Ausklammerung Fegeleins als Braun-»Aufreißer« rückt die Bunker-Endzeit in ein falsches Licht, was auch Konsequenzen in der öffentlichen Wahrnehmung Hitlers hat.

Wie die Braun-Fegelein-Beziehung im Schrifttum bisher gedeutet wurde, kann als Geschmackssache angesehen werden. Ob mit praktizierter Sexualität, wozu Joachimsthaler tendiert, oder ohne interaktives genitales Beiwerk, wie Brauns Biografin Lambert es tut, ist nicht wesentlich. Lambert muss hier der Vorzug gegeben werden, wie unter 6. bis 3. Ja-Sagerin erläutert werden wird. Aber auch Joachimsthaler wäre nicht ganz falsch, weil aus mehreren Zeugnissen hervorgeht: Die sexuelle Wünschelrute hatte bei Braun und Fegelein dramatisch ausgeschlagen. Bei der Beziehung Braun-Fegelein handelt es sich nicht um etwas schwer auffindbar Verborgenes, sondern um eine von mehreren Umfeldern bezeugte Gefühls-»Affäre« der Protagonistin. Es kann sogar gesagt werden, dass die Braun-Fegelein-Beziehung an zweiter Stelle in Brauns Lebenslauf steht – direkt nach der Beziehung Braun-Hitler. Es gibt nicht viel »Erotisches« zwischen Braun und Männern – vergleichbar damit, wie Braun mit Frauen-Emotionalem überhäuft wurde. Und daher wiegt Görtemakers Eliminierung Fegeleins als Begehrter aus Brauns Leben doppelt schwer.

Nur Brauns erster Biograf, Nerin E. Gun, berichtet von der Erinnerung Herta Ostermayrs, dass es in Brauns Leben noch jemanden gegeben hätte. Dieser Jemand wurde von Ostermayr namentlich sogar aufgeschlüsselt als Peter Schilling – eine Urlaubsbekanntschaft 1935. Braun war mit Schwester Gretl und Mutter Franziska nach ihrer zweiten Selbstmord-Versuchs-Demonstration ›wegen A. H.‹ an den Bodensee gereist und hatte sich in den Geschäftsmann Peter Schilling verliebt. Gun hat die Stichhaltigkeit des Auftauchens dieses Braun-Verehrers sogar überprüft. Braun und Schilling waren »für einen Sommer lang« »ein Herz und eine Seele«. Doch »ein Genitales« wurden sie nicht. Braun setzte ihre Beziehung zu Schilling nach den gemeinsamen Urlaubserfahrungen nicht fort. Begründung: Zu spät, es gäbe schon einen Mann in ihrem Leben. *(Gun* 69, S. 143)

Bei der Beziehung zwischen Braun und Fegelein fast zehn Jahre später war es anders. Die Beziehung Braun-Hitler stand nicht mehr an ihrem Anfang wie 1935, als Braun Peter Schilling begegnete. 1944 befand sich die Beziehung Braun-Hitler längst an ihrem Ende. Und Fegelein war wie der Einschlag eines Meteors in Brauns Leben.

Es sind ja nicht nur Umfelder-Aussagen, die von Brauns Getroffensein durch Fegelein berichten. *(Joachimsthaler* 96, S. 270 ff.) Sondern auch Fotografien verraten, dass Braun gegenüber Fegelein aufgerissen worden war. Sowohl Joachimsthaler als auch Fest veröffentlichten in ihren »Bunker-Büchern« die nun zutreffende *Tristan-und-Isolde*-Wahrheit. Die Fotos entstammen einer Serie von Schnappschüssen, gemacht auf der Hochzeit Fegelein-Gretl am 3. Juni 1944 in Salzburg. Die Gesichter von Fegelein und Eva zeigen den Tiefen-Einschlag in Brauns emotionale Vibration – Sekundenbruchteile aus dem Gefühls-Leben eines Liebespaares.

So etwas gibt es kein einziges Mal von Eva Braun und Adolf Hitler – ähnlich den Fotos zwischen dem Liebespaar Hermann Fegelein

und Eva Braun, zwischen dem Ehepaar Gretl und Hermann Fegelein oder dem Liebespaar Gretl Braun mit »Leibfotografen«-Hoff-
mann-Sohn Heini. (B. 14, *Joachimsthaler* 96, S. 160, B. 14, 15, *Fest* 04,
S. 98, *Lambert*, S. 83, B. 2)

In solchen Bildern kommt die Geschlechtsliebe eines Paares zum
Ausdruck, die als Wirkung auf allen Fotos zwischen Eva Braun und
Adolf Hitler fehlt. Alle überlieferten Fotos von Braun und Hitler miteinander sind immer nur Repräsentationen des Staats-funktionellen
Paares Braun-Hitler. Da es davon Dutzende gibt, fehlt alles, das einen
echten Genital-Bezug der Dargestellten untereinander verraten würde.
Kein einziges Mal umarmt Hitler Braun auf diesen Gestellungen. Niemals bekennt Hitler sich gestisch zu dieser Frau als seiner. Er stellt sich
nur hin, weil das irgendwie nötig zu sein scheint, und versteift sich
ganzkörperlich. (B. 15)

Dieser Ausdruck eines Anhängsels an seiner Seite, aber nicht
»meine Geliebte« oder »meine Frau« passt zu dem, was Hitlers persönlicher Adjutant Otto Günsche in seiner Aussage am 21. Juni 1956
übermittelt hat: Auch nach der Eheschließung zwischen Hitler und
Braun am 28./29. April 1945 im Bunker hätte Hitler gegenüber seinem
Begleitpersonal nie von »seiner Frau« gesprochen, sondern wie zuvor
immer weiter vom »Fräulein Braun« oder »Fräulein Eva«. (*Joachimsthaler* 96, S. 279)

Erst diese Fotos der entzündeten Gesichter von Braun und Fegelein – verbunden mit den Aussagen der Umfelder – enthüllen Görtemakers Verfahren des Weglassens einer ganzen Beziehung Brauns
zu einem Mann als geschichtswissenschaftliche Ungeheuerlichkeit.
Selbstverständlich fehlt bei Görtemaker auch Brauns Sommer-35-Bo-
densee-Flirt Peter Schilling.

Görtemaker ruhte bei ihrer Eliminierungs- und Aussonde-
rungs-Praxis nicht eher, bis der Eindruck entstand, Eva Braun hätte
sich in einem von Hitler gelegten Brunhilde'schen Feuerkreis befunden, den niemand anderes als Hitler selbst hat überspringen können.

In der Hitler-Biografik geht es unheimlich »nach Schnauze« zu.
Das, was einem Biografen gerade passt, wird gebracht, gleichzeitig
das weggelassen oder dazufantasiert, was das Papier aushält. Daher
konnte Görtemakers Fegelein-Unterdrückung von der Öffentlichkeit
nicht als ein Verstoß gegen die Geschichtswissenschaft eingeschätzt
werden.

Ein gesellschaftlicher Aufschrei würde passieren, wenn in einer
Biografie über Clara Schumann deren sexuelle Beziehung zum jungen Johannes Brahms weggelassen und nur davon gesprochen würde,

dass im Hause Schumann ein junger Komponist namens Brahms verkehrt habe, den Claras Mann Robert eingeladen und gefördert hätte.
So etwas wäre sofort von Verlagslektoren und Medien-Rezensenten
bemerkt und gegeißelt, das heißt, zur Publikation entweder gar nicht
zugelassen oder danach verreißend eingestampft worden. Doch in der
Hitler-Biografik kann sich Vergleichbares »ohne Rücksicht auf Ver-
luste« der eigenen Reputation geleistet werden.

Mit Görtemakers vier Geschichts-fälschenden Absichtlichkeiten in
ihrer Braun-Biografie wäre sie in einem Staatsexamen für Geschichte
durchgefallen. Görtemakers berichtender Kujauismus übertrumpft in
seiner »geballten Ladung« den Hitler-Biografen Ullrich, da bei ihm die
Hitler-Hetero-Spur sein ganzes Buch durchzieht und nicht so leicht
»auf einen Schlag« zu bemerken ist wie die Grobschnitzer Görtemakers.

Je netter der private Hitler, desto netter der öffentliche

»Bis heute herrscht der Diktator über das persönliche Bild, das wir
von ihm haben – das Bild eines Menschen, der seine wahren Seiten
verbarg und auf dessen Inszenierung wir noch heute reinfallen.« (Ullrich 13 I, S. 1, 17)

Mit dieser reißerischen Formulierung kündigte der ZEIT-Redakteur Volker Ullrich in seinem Blatt am 26. September 2013 den ersten
Band seiner im Oktober desselben Jahres erscheinenden Hitler-Biografie an. Ullrichs Satz ist Janus-köpfig. Es stimmt, dass Hitler »seine
wahren Seiten verbarg«, die bis heute nicht gänzlich enthüllt sind. Aber
dass »wir noch heute auf« Hitlers »Inszenierung« seiner selbst »reinfallen«, ist in Ansehung dessen, was Ullrich mit Hitlers Normalität
und Heterosexualität »inszeniert« hat, wieder einmal eine Täuschung
des Publikums, das auf Ullrichs »Inszenierung« eines normal-hetero-
sexuellen Hitlers »reinfallen« soll.

Wer sind Ullrichs »wir«? Es geschieht in der Hitler-Forschung ein
zähes Ringen um die Wahrheit: Olden, Heiden, Bullock, Orr, Görlitz/
Quint, Fest, Toland, Joachimsthaler und Kershaw waren der sphinxischen Person Adolf Hitler sehr nahe gekommen. Die öffentliche Person A. H. ist inzwischen fast vollständig analysiert worden, die private
noch nicht. Die genannten Autoren näherten sich ihr jedoch so, dass
sie schon Summe machen konnten: Im Privaten, Individuellen, ja
Sex-Intimen stimmte bei Hitler etwas nicht, was mit verschiedenen
theoretischen Ansätzen interpretiert oder einfach nur so stehengelas-
sen wurde. Longerich hat die Linie 2015 fortgesetzt.

Wenn diese Entwicklung ungestört geblieben wäre, wäre es längst schon zu einer Enträtselung des ganzen Hitlers gekommen. Aber da kamen plötzlich Geschichts-Revisionisten wie Maser und Irving (1971 ff. und 1978 ff.) und stellten nicht »Lenin auf die Füße« (Rudi Dutschke). Nein, sie stellten Hitler auf den Kopf und behaupteten: Der private A. H. = einer von uns, ein Normalo, ja ein Hetero, der eine »Geliebte« hatte, der »zur körperlichen Liebe von Frauen fähig war« und mit einer Braun-Vorfrau sogar einen Sohn zeugte.

Da aus feministischer Sicht das Private politisch ist und umgekehrt, heißt die Wirkung dieses Hitler-auf-den-Kopf-Stellens: Wenn der private Hitler angeblich ganz »normal« war, dann war es der politische auch. Diesen Neo-Nazi-Effekt ihrer Sexual-Fälschungen um Hitler haben sich die verdienten Biografen bestimmt nicht bewusst gemacht. Doch sie arbeiteten akribisch für diesen Effekt. Sie fielen nicht auf Hitler rein wie seine Zeitgenossen, sondern sie konstruierten bewusst fälschend einen »normalen« privaten Heteromann, den es nicht gegeben hat und der auch von einer erdrückend hohen Zahl von Hitler-Umfeld-Zeitzeugen nicht überliefert wurde.

Um Ullrichs Einleitungs-Zitat im Schlusswort dieses Kapitels abzuwandeln: Ein Reinfallen auf Autoren wie Görtemaker und Ullrich, die seit 2011/16 schon die Anglos mit ihrer Geschichts-Manipulation verführen, darf es nicht mehr geben. Görtemaker und Ullrich entlarven nicht Hitlers Selbst-Inszenierung eines »normalen« Heteromannes, sondern sie sind seine »Erfüllungsgehilfen«. Sie wollen diese Hitler-Selbst-Darstellung im heutigen gesellschaftlichen Bewusstsein verfestigen.

Die Schieflage in den Braun-Lebens-Berichten: Es ist allen Biografen von Constanza bis Taylor anzumerken, dass sie ihrem Gegenstand verfallen sind. Braun ist »herzig«, ja ein Star. Sie auf die Dauer zu betrachten, ihr von Jugend an bildlich zu folgen, rührt schließlich, führt zu den gefährlichen Stimmungen der Identifikation mit ihr und, schlimmer, zu ihrer Verehrung. Der auf Hunderten ihrer Fotos und Filmmomente zu bestaunende ständige Wechsel von Kostüm, Haartracht und Körperhaltung erreicht die Wirkung, die zu erzielen Braun fähig war: Sie nimmt für sich ein. Bei ihrem Komplizen A. H. geschieht dieser Effekt auf trivialer Weise ja auch, wenn Carlos Haag davon schreibt, die Faszination aller anderen 20.-Jahrhundert-Diktatoren schwinde, der Reiz von Hitler steige. *(Haag)* Und doch wäre keinem Biografen nachzuweisen, er sei verliebt in Hitler. Selbst bei Maser und Irving gelänge solch eine Beweisführung nicht. Ihre Hitler-Normalisierungs-Aktivitäten geschehen eher, um ihre Zeitgenossen zu reizen oder ihnen zu gefallen. Doch den Braun-Biografen Constanza, Gun, Frank, Lambert, Costelle und Taylor kann leicht nachgewiesen werden: Braun hat bei ihnen einen Schlag weg. Görtemaker wäre die Einzige, die nach Einsicht ihres Irrtums vom Heteropaar-Funktionieren Brauns und Hitlers ihre Sympathie für Braun vollständig überwinden könnte.

Diese Gegenstands-Sympathie-Problematik gibt es abgeschwächt auch bei den Lebensbeschreibungen von Magda Goebbels und Unity Mitford. *(Ebermayer/Roos, Meissner, Klabunde, Karl)* Aber der Gegenstand »Magda Goebbels« wehrt sich gegen seine gänzliche Einvernahme, weil diese Frau nicht nur Mittäterin von Joseph Goebbels war, des dritten politischen Massenmörders nach Hitler und Himmler, sondern weil sie sich aus der Affäre ihrer Mittäterinnenschaft auch noch als sechsfache private Mörderin ihrer kleinen Kinder zog. Magda Quandt-Goebbels war eine Tragödin von mythischem Ausmaß. Eva Braun-Hitler jedoch war eine Komödiantin. Ihre Konkurrentin, die ehemalige Bühnen-Schauspielerin und Ministerpräsidenten-Gattin Emmy Göring ist dagegen Matronen-konventionell langweilig und hat deshalb noch kein biografisches Interesse auf sich gezogen. Braun reizt unentwegt Männer *und* Frauen – wegen ihrer optischen Präsenz auf dem überlieferten Material. Braun »haut voll rein« in die Glanzpapier- und »Zelluloid«-Kategorien von Fotomodell, Mannequin, Filmstar, Standwoman und Show-Sportlerin.

Um allen Hitler-Hetero-Verrutschenden die Sache leicht zu machen, eine Kehrtwendung zu wagen, sollen ihnen Sätze der frühen, aus der Versenkung aufgetauchten Braun-Biografin als Spiegel vorgehalten werden. Domenica di Constanza ist noch naiv, als Italienerin dem deutschen Mitt-20.-Jahrhundert-Desaster entfernt, historisch jedoch ganz nah, von keiner Shoa-Wahrheit und Weltkrieg-II-Millionen-Toten-Statistik angekränkelt. Constanza konnte Ende der 40er/Anfang der 50er Eva Braun draufloslieben. Heute macht ihr Sich-Ranschmeißen an die Mitmassenmörderin des Jahrhunderts betreten: »Eine grosse Liebende – Entdeckung der Liebe – Idylle auf dem Berghof – Hitler und die Frauen (zum Ersten) – Hitler und die Frauen (zum Zweiten)« *(Constanza, S. 275)* – »Der Tag wird kommen, an dem die Welt, zerrissen durch den letzten Weltkrieg, ihre Trauer vergessen wird, um Gerechtigkeit widerfahren zu lassen der Reinheit der Liebe, die Eva Braun für die monströseste Existenz empfunden, die unser Jahrhundert produziert hat. Der Tag wird kommen, an dem die Historiker nicht mehr damit beschäftigt sein werden, die Abertausenden

9   *Der Berghof*

von Zeugenaussagen zu sichten, sondern sie werden sprachlos sein bei
der Erwähnung des Namens derjenigen, die man die ›Muse des Dritten Reiches‹ nannte – sprachlos wegen des Adels, der Selbstlosigkeit
und des Geistes der Aufopferung dieser Frau, der befohlen wurde, im
Schatten des Regimes zu bleiben, um die Legende von Hitler als dem
»Mann ohne Frau« aufrechtzuerhalten und damit den Zielen der Propaganda nützlich zu sein. Trotz gegenlautender Anweisungen zögerte
diese Frau nicht, ihrem Geliebten in den Bunker der Reichskanzlei zu
folgen, um seinen Tod zu teilen ...« *(a. a. O., S. 7 f.)*

Die Ansiedlung von Eva Braun zwischen Goethes *Gretchen* und
Puccinis *Madame Butterfly* kommt in keiner der späteren Braun-Biografien so naiv krass zum Ausdruck wie bei Constanza.. Doch wegen
des Jahrhundert-Irrtums von Hitler als einem normalen Heteromann
schwingen in allen Braun-Einschätzungen bis zu Görtemaker die
Gretchen-Tragödie und das operale Co-Co-San-Desaster der Sitzenge-
lassenen mit. Von diesem Trip muss die zukünftige Nazifrauen-For-
schung völlig runterkommen.

Der Einsturz der »Führer«-»Mätressen«-Suite

28. Nein-Zeugnis-Konvolut
Der Altar für die Glaubenden an den laufenden Sexual-Verkehr
zwischen Braun und Hitler ist die *Berghof*-Architektur: Der »Führer«
hat dort extra sein Schlafzimmer neben das von Eva Braun bauen
lassen, beide Zimmer miteinander verbunden durch die Schuh- und

»Kofferkammer«, wie es »Zimmermädchen Anna« zu Protokoll gab. *(ONANO, 14. Nein-Sagerin, Anna Plaim-Mittlstrasser)*
Was für Symbole! – »Koffer« = für das weibliche Innen, »aus dem das Leben sprang« *(Faust)* – »Schuhe« = für »die holde Kraft, die aus dem Innern drang« *(Faust)* – Hä? – Jaaaa! – »Fuß« = antik-griechisch ein Bild für das … ähm … G-Verkehrs-»Dingens«.

Der »Führer« ging auf leisen Sohlen jede Nacht zu ihr ins Schlafzimmer! Direkt von seinem in das Ihre! – Haaach! – Durch die »geheime Verbindungstür« zwischen beiden Räumen über das Schuh-»Kofferkammerl«. Die Existenz der »Geheimtür« hat die *Berghof*-Köchin Therese Linke »bestätigt«. Hatte doch die Köchin was gehört davon, was erzählt bekommen, denn sie selbst als Köchin konnte ja nicht so einfach in das Allergeheimste über die »Geheimtür« in die »Führer«-»Mätressen«-Suite eindringen.

Trotzdem berichtete Therese Linke der am Hitler-Braun-»Geschlechtsverkehr« interessierten Hitler-Biografik eigens in ihren Erinnerungen an Hitler und Braun über das Geheimste des Geheimen, das sie selbst nie gesehen hatte. Und demnach fiel es ja auch falsch aus: »Sie [Eva Braun] hatte ein Zimmer, das mit einer Tapetentür von Hitlers Schlafzimmer getrennt war« *(Linge,* S. 9) Der Grundriss des ersten Stocks enthüllt das Gleiche, von dem das Zimmermädchen Anna berichtete: Keine Rede von »Tapetentür«. Die zwei Show-Schlafzimmer von »Führer« und »Mätresse« lagen robust voneinander entfernt, zwischen ihnen das Hitler-Bad und das „Kofferkammerl«, das wiederum über drei manifeste Türen verfügte, eine zum Flur, eine zu Hitlers und eine zu Brauns Schlafzimmer. Aber mit der »Tapetentür« fantasierte es sich besser. Mit ihr ließen sich »Führer« und »Mätresse« noch näher zueinander rücken, fast aufeinander verlegen.

Auch der Kurier, Telefonist und Leibwächter Rochus Misch berichtete in seinen Erinnerungen von der Anlage der Bezugs-Räume Hitlers und Brauns auf dem *Berghof.* Wenn Hitler seinem Verhältnis Eva Braun »einen besonderen Zugang« zu seinem »Schlafgemach« in seiner unmittelbaren Wand-an-Wand-Nachbarschaft einbaut, dann hatte er einen verborgenen, intimen Grund dafür. Dann hat er was mit ihr! *(Misch,* S. 96) So etwas hatte Rochus Misch zum Denken bekommen und dachte es sich auch folgsam. *(ONANO, 18. Nein-Sager)*
Es vergingen 80 Jahre seit dem Bau der Zwei-Schlafzimmer-Geschlechtsakts-Flucht in die Privat-Räume Hitlers auf seinem Landsitz *Berghof,* da kommt eine pfiffige Architekturspezialistin aus Amerika mit dem auf Anhieb schwer zu behaltenden griechischen Nachnamen

Stratigakos und dem griechisch-italienischen Vornamen Despina – eine musikgeschichtliche Anspielung! Denn so heißt die Zofe der Damen in Mozarts Liebesoper *Cosi fan tutte* – dem höchsten Lied auf Fremdgang.

Diese Fakten-Verknüpferin Despina Stratigakos ist Geschichts-Professorin an der Universität Buffalo am Institut für Architektur und hat auch noch zu allem Hitler-biografischen Gaudi etwas mit Deutschland zu tun. Sie unternimmt mit diesen ihren lebensgeschichtlichen Ingredienzen ungeahnt Neues in der Hitler-Forschung: Sie steigt in den gerade öffentlich gewordenen Nachlass von Hitlers »Leibarchitektin« Gerdy Troost ein, die fast hundert Jahre alt geworden ist. Stratigakos zerrte damit Gerdy Troost aus dem Schatten von Hitlers »Leibarchitekt« Albert Speer ans grellste Licht der Hitler-Forschung, die – auch aus Mangel an Zeugnissen – Troost bisher links liegen gelassen hatte. Troosts Funktion für das Dritte Reich als Hitlers Innenwelt-Träger-Element ist erstmals von dem Hitler-Frauen-Beziehungs-Forscher Anton Joachimsthaler in seinem Buch *Hitlers Liste* behandelt worden, (*Joachimsthaler* 03, S. 396 ff.) vertieft sechs Jahre später von der Hitler-Freundinnen-Forscherin Martha Schad: *Sie liebten den Führer. Wie Frauen Hitler verehrten.* (*Schad* 09, S. 150 ff.) Joachimsthaler und Schad hatten noch nicht mit dem Troost-Nachlass arbeiten können, was erst im Jahrzehnt danach der Hitler-Privat-Belichterin Stratigakos möglich war, die 2015 innerhalb ihres Buches *Hitler at Home* eine weitere Troost-Biografie vorlegte.

Soeben wurden die Grundrisse des *Berghofes* vorgeführt, die in Troosts Nachlass bestaunt werden können und die herangezogen werden mussten, um die Schlafgebräuche in Hitlers Landsitz aufs Korn zu nehmen (*27. Nein – Hitlers Phobie gegenüber nächtigenden Ehepaaren*).

Troost, geborene Gerhardine Andresen, war diejenige Hitler-Frau, die seine Mehrzimmer-Wohnungen ab 1929 zuerst gemeinsam mit ihrem Mann, dem Architekten Paul Ludwig Troost, und nach dessen Tod Anfang 1934 professionell allein »einrichtete« – so auch den *Berghof* (*Stratigakos*, S. 68 ff., 107 ff.) Die Öffnung des Troost-Nachlasses durch Stratigakos deckte etwas viel Wichtigeres auf als nur die Hitler-Gast-Verhältnisse mit der Ausgrenzung aller jungen Hetero-Paare aus der »Bannmeile« von Hitlers Schlafzimmer.

Wovon Stratigakos wie fast nebenbei berichtet, erweist sich als eine Bombe gegen das Hitler-Braun-Hetero-Konstrukt: Eva Braun hat gar nicht *neben* Adolf Hitler in der »Führer«-»Mätressen«-Suite geschlafen, sondern in einer eigenen Mehrzimmer-Wohnung über dem ersten Stock im zweiten, dem obersten unter dem Dach des Hauses. (B. 10,

*Lambert, S. 178, B. 2, 4 f., Stratigakos S. 96, 158, 256, Taylor, S. 104, B. 2 f.,
S. 105, B. 1)* Daraufhin nimmt es mit den sich überschlagenden »Ach
sos« fast kein Ende.

Die 15 Indizien für Brauns Leben unterm Dach
Erstens: Ach so, deshalb waren die Laken in den Zimmern von Hitler und Braun immer »unbefleckt« von genitalen Rückständen, wie
es der *Berghof*-Hausverwalter Herbert Döhring vortrug. *(ONANO,
5./21. Nein-Sager)* Eva Braun schlief ja gar nicht in der »Führer«-»Mätressen«-Suite, sondern oben unterm Dach in einer eigenen
Zwei- bis Drei-Zimmer-Wohnung.

Zweitens: Ach so, deshalb war das Bett der Eva Braun in der
»Führer«-»Mätressen«-Suite tagsüber immer »unberührt«. = Eine
zum Sitzen geklappte Couch, wie Zimmermädchen Anna berichtete
(14. Nein-Sagerin) und Biografin Lambert abbildete. *(Lambert 06,
S. 178, B. 9)* Eva Braun benutzte ihr Bett neben Hitlers Schlafzimmer
auch nachts nicht. Ihr »Mätressen«-Schlafzimmer »an der Seite« Hitlers war ein »Potemkinsches Vorschutz-Zimmer« für die gegenüber
auf dem Flur wohnenden Adjutanten, Diener, Fahrer und Sekretärinnen, damit die was zum Denken bekommen sollten.

Der Begriff ist dem *Potemkinschen Dorf* nachgebildet und steht
dafür, dass etwas unecht ist, vorgetäuscht wird: Der russische Regierungschef der Zarin Katharina II., Fürst Potemkin, hat damit seinen
Namen im Gedächtnis der Menschheit verewigt. Die der Aufklärung
gegenüber offene, aus dem deutschen Fürstentum Anhalt-Zerbst
stammende Herrscherin des 18. Jahrhunderts – Korrespondentin
Voltaires – wollte sich über den Zustand der Bauernhäuser in ihrem
Lande informieren und plante zwecks Inspektion der Lebensbedingungen unter der Landbevölkerung eine Reise.

In aller Eile soll Potemkin gemäß der Legende rechts und links an
den Seiten der Wege, die die Kaiserin mit ihrer Kutsche durchlaufen
musste, Häuser-Kulissen aufbauen gelassen haben, die der Zarin verschleiern sollten, in welch erbärmlichem Zustand sich die realen Häuser der russischen Bauern dahinter befanden.

Hitlers Potemkinsche »Mätressen«-Zimmerflucht bedeutet ab
Troost/Stratigakos' Ausstellung der realen Wohn-Bedingungen von
Hitler und Braun auf dem *Berghof*: Alles Kulisse! Mindestens eine
Person hat in der »Führer«-»Mätressen«-Suite nicht geschlafen: Eva
Braun! Und zusammen miteinander taten es dort beide nicht. Passt
diese Aufdeckung auch zu dem, was Zimmermädchen Anna hinter-
lassen hat, es sei nur schwer »nachzuvollziehen« gewesen, wo Hitler

geschlafen hätte. Und für Anna war es offenbar überhaupt nicht einsichtig, wo Eva Braun nächtigte.

Drittens: Ach so, deshalb gab Hitler Eva Braun spätest nachts in der Kamin-Runde immer ein Zeichen, Braun möge sich nach oben begeben. Die Treppe zu Brauns Dach-Wohnung im zweiten Stock lag räumlich unmittelbar neben oder zwischen Hitlers Arbeits- und Schlafzimmer. *(Stratigakos,* S. 76 f.) Wenn Hitler sich ausgequasselt hatte und endlich zum Rückzug bereit war, wollte er nicht mehr mit Trepp-auf-Trepp-ab-Getrappel Eva Brauns gestört werden und darum wurde Braun notorisch immer zuerst nach oben geschickt, um in ihrer eigenen Zimmerflucht zu verschwinden, damit Hitler in die seine einkehren konnte.

Alle Zeugnisse über die Kamin-Runde im *Berghof* berichten davon, dass immer Eva Braun zuerst nach oben geschickt wurde. Die umgekehrte Reihenfolge ist von niemandem bezeugt worden: Hitler wäre mal aufgebrochen und hätte Eva Braun unten am Kamin zurückgelassen. *(Das zweite Urszenen-Konstrukt zu Hitlers Heterosex)* Das bedeutet den Zusammenbruch von Ullrichs Erfindung des »Gut'-Nacht!«-Stelldicheins zwischen Hitler und Braun in der »Führer«-»Mätressen«-Suite *(Des Biografen unlauterer Stelldichein-Wink, »Aimez-vous Brahms?«).*

Viertens: Ach so, deshalb berichtete Hitlers Leibdiener Heinz Linge von einem seltsamen Morgenritual. »Wenn ich morgens dem ›Führer‹ im Arbeitszimmer zum ersten Mal begegnete, ging er in Richtung auf Evas Zimmer [zu]. Kurz vor der Tür fragte er mich regelmäßig: ›Linge, hat sich Fräulein Braun schon sehen lassen?‹ Ich pflegte zu erwidern, dass ich sie noch nicht gesehen hatte. Dann klopfte er an ihre Tür und rief: ›Eva, bist du schon aufgestanden und angezogen? Darf ich hereinkommen?‹ Aber selten wartete er eine Antwort ab, bevor er ihr Schlafzimmer betrat.« *(Linge* 55/56, Nr. 52 v. 24. 12. 55, S. 35) Hitler erkundigte sich bei seinem Leibdiener Linge danach, ob seine Freundin Eva Braun noch schläft? Ein schlagender Beweis dafür, dass Braun nicht im Zimmer neben Hitlers Schlafzimmer genächtigt hat.

Wie der Erste-Stock-Grundriss aus dem Nachlass von Gerdy Troost enthüllt, lagen die zwei Zimmer in der »Führer«-»Mätressen«-Suite so nah beieinander, dass Hitler diese Frage seinem Leibdiener nie hätte zu stellen brauchen. Denn alle Geräusche des Wachseins wären von Brauns Zimmer zu Hitler gedrungen – vor allem Brauns Benutzung ihres Bades wäre zu Hitlers Bad und Schlafzimmer getönt. Der musikalische Hitler hatte feinste Ohren, um Laute aller Art wahrzunehmen.

(B. 10) Im Gegensatz dazu hätten alle Anzeichen der Stille Hitler klargemacht: Braun schläft noch.

Hitler hat beim Vertuschen der Wahrheit von Brauns Leben *über* ihm auf dem *Berghof* unterm Dach in einer eigenen Drei-Zimmer-Wohnung einmal einen Fehler gemacht, den er auch allmorgendlich repetierte. Er enthüllte aus Versehen, dass Braun regelmäßig weit ab von ihm schlief und er daher wirklich nicht wissen konnte, ob sie schon wach war oder nicht.

Niemandem ist bisher diese Kuriosität aufgefallen, weder Heinz Linge, dem Übermittler von Hitlers Neugier über Brauns Morgenritus, noch einem Biografen, der gerade bei dieser Episode hätte stutzen müssen. Erst Gerdy Troosts Grundrisse machte es möglich, Hitlers Selbstverrat auffliegen zu lassen.

Fünftens: Ach so, deshalb verewigte Eva Braun in ihrem Fotoalbum ihre *Berghof*-Wohnung. Sie überschrieb die corpus-delicti-Fotos mit »Evas neue Zimmer auf dem Berghof«. Es handelt sich um eine Mehrzahl von »Evas neuen Zimmern«, um ein Wohn- und ein Schlafzimmer. Dazu gehörten ein Bad, eine Küche und eine Loggia. (B. 13, *Stratigakos*, S. 96) Mit den drei Räumen war nicht ihr Handtuch-Schauraum »an der Seite« von Hitlers Schlafzimmer gemeint.

Das alles wäre übrigens seit 60 bis 70 Jahren in den *National Archives* in Washington ansehbar gewesen, wohin der Braun-Film- und Foto-Bestand nach April 1945 transportiert worden war. Doch niemand Braun-Hitler-Biografisches schaute sich die Wahrheit in den Braun-Alben an – und wenn, dann stutzte niemand! Das tat zum ersten Mal die Hitler-Wohnungs-Forscherin Stratigakos, die sich zwar noch wunderte, wieso Eva Braun auf dem *Berghof* zweimal wohnte, einmal real und einmal demonstrativ, was Stratigakos sich noch nicht vorstellen wollte. Aber sie fackelte mit den Fakten nicht, berichtete von ihrer Einsicht in den bei ihr nicht abgedruckten Grundriss der Dachwohnung Eva Brauns und blätterte ausführlich das Statement des US-Offiziers auf, der die verlassene Braun-Dachwohnung 1945 begangen hatte. (*Stratigakos*, S. 96, 325, Anm. 72, S. 258 ff.)

Der Mainstream der Hitler-Biografik und die gesamte Braun-Biografik waren so umnachtet vom *Hitler-Hetero-Wahn*, dass sie sich der unangenehmen Nachricht der Braun-*chambres-séparées* nicht stellen wollten. Und die Gegenseiter interessierten sich für das Thema nur zu nebensächlich, als dass sie sich mit Arbeitsaufwand das Hitler-Braun-Hetero-Konstrukt hätten näher vornehmen wollen.

Sechstens: Ach so, deshalb turnte noch die Braun-Biografin Lambert in einem reportierenden Spagat, dessen Kontradiktik seinesgleichen

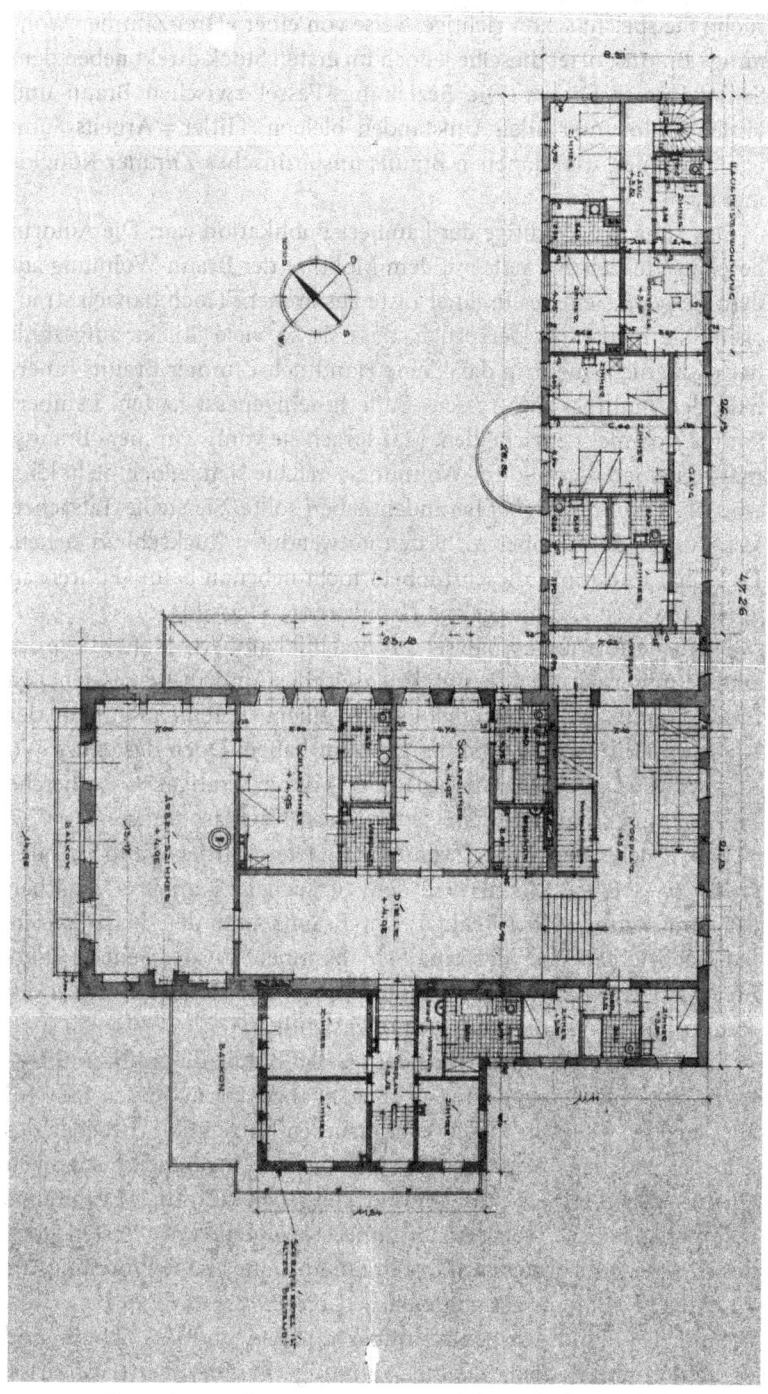

10   *Grundriss der »Führer«-«Mätressen«- Suite (Alois Degano)*

sucht. Sie spricht schon richtigerweise von einer »Drei-Zimmer-Wohnung« Brauns, ortet dieselbe jedoch im ersten Stock direkt neben dem Schlafzimmer Hitlers. Die Beziehungs-Fessel zwischen Braun und Hitler sollte unter allen Umständen bleiben: Hitler = Arbeits- und Schlafzimmer, und daneben Brauns unspezifisches Zimmer-Konglomerat.

Das zunächst Wichtige der Lambert-Publikation war: Die Autorin beschäftigte sich erstmals mit dem Mobiliar der Braun-Wohnung auf dem *Berghof*, stellte es in einer Liste zusammen. Doch danach strauchelte sie in dem Widerspruch, dass sie so viele Stücke aufgezählt hatte, die nicht mehr in das kleine Handtuch-Zimmer Brauns innerhalb der »Führer«-»Mätressen«-Suite hineingepasst hätten. Lambert konnte sich nicht entscheiden. Mal sprach sie vom »Zimmer« Brauns, mal von einer »Drei-Raum-Wohnung«, machte sich jedoch nicht klar, wo sich diese im *Berghof* befunden haben sollte. Sie stellte Tatsachen fest, konnte daraus aber nicht den notwendigen Rückschluss ziehen: Dann hat Braun mit diesen Möbeln nicht nebenan beim »Führer« in einem einzigen Zimmer gelebt. *(Lambert* 06, S. 205 f.)

Nichtsdestotrotz geschah schon 2006 mit Lamberts Möbel-Liste der erste Durchbruch zur Erkenntnis jenseits des Autorin-Bewussten: Eva Braun konnte auf dem *Berghof* nicht in einem einzelnen Raum an der Seite von Hitlers Schlafzimmer gewohnt haben. Doch das ganze Wo und Wie kam erst neun Jahre später 2015 durch Stratigakos' Recherche im Zusammenhang mit dem Gerdy-Troost-Nachlass zutage.

Es ist nicht übertrieben, von einem Hetero-Hitler-Wahn zu sprechen. An solchen Details wie dem Straucheln Lamberts zwischen der Drei-Raum-Möbel-Realität Eva Brauns und den Nazi-lancierten Nachrichten über das eine Schlafzimmer »an der Seite« Hitlers innerhalb der »Führer«-»Mätressen«-Suite wird der Denk-Verlust der Hetero-Hitler-Wahn-Ergriffenen offensichtlich.

Ein Denk-Verlust muss auch der vierten Braun-Biografin und Hitler-Braun-Verpaarschafterin Görtemaker angekreidet werden: Sie weiß alles aus den Zeugnissen der Sekretärinnen Junge und Schroeder, des Zimmermädchens Anna und des Leibdieners Linge, die unisono von einem – neben Hitlers Schlafzimmer gelegenen – Zimmer Eva Brauns gesprochen haben. Trotzdem formuliert sie plötzlich:»Im ersten Stock des Haupthauses bezog auch Eva Braun nun eine kleine Wohnung, die an Hitlers Schlafzimmer angrenzte.« *(Görtemaker* 10, S. 146)

Sind das Handtuch-Schlafzimmer mit Bad und das Schuh- und »Kofferkammerl« diese »kleine Wohnung« Eva Brauns? (Grundriss, B. 10) Oder war die fotografische Flaschenpost Brauns über deren reale eigene Dachwohnung im zweiten Stock auf Schleich- und Subwegen aus den *National Archives* ins Unterbewusste gedrungen, von dort aber nicht zum Nachdenken hochgekommen? Görtemaker beruft sich zwar auf Hitler-Sekretärin Schroeder, die in ihrem Buch *Er war mein Chef* von Brauns »Appartement« neben Hitlers Schlafzimmer spricht, (*Schroeder* 85, S. 166) aber Schroeder reichte nichts Innenarchitektonisches zu diesem »Appartement« nach, das sie sich aus Brauns Erste-Stock-Räumen Schlafzimmer, Bad, »Kofferkammerl« und Hausmädchen-Plättkammer zusammenfantasiert hatte, wenn sie formulierte: »Und als im Sommer 1936 das Haus Wachenfeld zum ›Berghof‹ umgestaltet wurde, bezog sie [Braun] im ersten Stock des Anbaus ein an Hitlers Schlafzimmer angrenzendes Appartement.« Görtemaker reiste nach Washington in die *National Archives*, beschäftigte sich darin aber mit politischen Angelegenheiten in der Nähe ihres Gegenstandes »E. B.«, mit einem Bericht des ehemaligen Geheimdienstes für die psychologische Kriegsführung der USA gegen Hitler, dem *Office of Strategic Services*, archiviert in den *CIA Special Collections*: »Adolf Hitler, December 3, 1942«. (*Görtemaker* 11 I, S. 312)

Brav! Doch so umgeht es frau, die Wahrheit darüber herauszufinden, was Sache in der »Horizontalen« zwischen Braun und Hitler war. Die originalen Braun-Fotos von »Evas neuen Räumen auf dem Berghof« kommen bei Görtemaker nicht vor. Sie hätte sie sich bei Vorläuferin Lambert oder original vor Ort in den *National Archives* zu Gemüte führen müssen, um dann erst Endgültiges über E. B. als »lover« und »girlfriend« A. H.s festzulegen, nicht schon beim Einstieg in ihr Buch. (*a. a. O.*, S. 3 ff.)

Dass Eva Brauns »neue Räume auf dem Berghof« bei Görtemaker sowohl im Text als auch unter den Bildern fehlen, gehört zu den Verkehrssünden dieser Braun-Biografin gegen die historische Wissenschaft, das heißt hier: Gegenstand-Zentrales auszusparen – es zu tun, um die Idee aufrechterhalten zu können, mit der eine Forschung angetreten war: Braun-Hitler = ein »Geschlechtsverkehr« betreibendes normales Frau-Mann-Paar! Die Verpaarschaftung Hitlers mit Braun geschieht bei Görtemaker immer auf demonstriert hohem wissenschaftlichen Niveau, das aber erneut in Frage gestellt werden muss mit Görtemakers Vermeidung der Fotos von Brauns echter Dach-Wohnung. Vorläuferin Lambert schonte sich nicht und lieferte Breitseiten, die allerdings immer Sofort-Erhellungen provozierten: Die Liste von Möbeln, die aus *drei* Zimmern stammen! Danach Lamberts Sich-»Werfen an den Hals« des Widerspruchs – einerseits wurden diese Möbel in das eine Schlafzimmer innerhalb der »Führer«-»Mätressen«-Suite gestapelt, denn alles dienende Personal Hitlers sprach immer nur von einem Zimmer Brauns. Andererseits konstruierte Lambert – zu den Braun-Möbeln passend – hier und da unversehens »drei Zimmer«, beließ diese separate Drei-Zimmer-Wohnung Brauns jedoch neben dem Schlafzimmer des »Führers«, was mit keinem Zeugenbericht übereinstimmt. *(Lambert* 06, S. 178, B. 7, 205 f.)

Mit allen diesen lustigen Einlagen Lamberts oder mit dem verlegenen Sich-Drücken Görtemakers ist es seit der Veröffentlichung des Gerdy-Troost-Nachlasses durch Stratigakos vorbei. Die bautechnische Räume-Grundriss-Wahrheit, verbunden mit den Braun-Fotos ihrer »neuen Zimmer auf dem Berghof«, heißt: Im ersten *Berghof*-Stock lag die Potemkinsche Zwei-Schlafzimmer-Flucht, im zweiten Stock unter dem Dach befand sich Brauns tatsächliche Zwei-Raum-Wohnung, bestehend aus Wohnzimmer, Schlafzimmer, Bad und Loggia.

Siebtens: Ach so, deshalb lebte Eva Braun auf dem *Berghof* in Saus und Braus mit ihrer jüngeren Schwester Gretl und ihren Freundinnen Herta und Marion.

Kein Hitler-Biograf, ja selbst keine Braun-Biografin war bisher auf den Gedanken gekommen: Wo fand eigentlich dieses Frauen-Wohlsein-Spektakel um und mit Eva Braun auf dem Obersalzberg die ganze Zeit statt? Herta Ostermayr-Schneider hatte zwei kleine Töchter, die sie bei ihren Besuchen auf dem *Berghof* regelmäßig mitbrachte und von Braun ständig fotografieren ließ. *(Görtemaker* 10, S. 245)

Wo spielte sich das Toben und das Geschrei der Kinder ab? – In dem einen »Führer«-»Mätressen«-Raum neben Hitlers Schlafzimmer? – »I woher denn!« Eva Braun lebte von 1936 bis 1944 auf dem *Berghof* in einer *folie a deux* mit ihrer Schwester Gretl, die sie auf allen ihren Wegen mit sich führte, ähnlich wie ihr »Auserwählter« zur selben Zeit seinen Leibarzt-Morell-Schatten nach sich zog.

Kein Biograf lässt die »Ein-Fleisch-Verwachsung« zwischen Eva und Gretl Braun unerwähnt, zuerst beide Frauen in der elterlichen Wohnung von Jugend auf, dann ab 1935 durch Hitlers Finanz-Spritze in einer eigenen Wohnung, ab 1936 in einem eigenen Haus in München und ab Mitte 1936 nunmehr auch noch in Hitlers eigenem Haus auf dem Obersalzberg. Immer waren die Braun-Sisters dort echt und wirklich »So zwei wie wir zwei, die sind zwei!« Genauso wie Hitler mit seinen Ärzten, Dienern, Fahrern, Sekretärinnen und Adjutanten verheiratet war, tat es ihm Eva Braun gleich. Allein erschien sie im *Berghof* nie. Mindestens war immer Gretl dabei, meist auch »Hertalein« und »Mariönchen«.

Und diese zwei bis vier Frauen hätten sich in das eine »Führer«-»Mätressen«-Schlafzimmer Brauns gequetscht oder hätten mit einem der 20 Einzelzimmer auf dem *Berghof* Vorlieb nehmen müssen? *(Stratigakos,* S. 99, 325, Anm. 77) So spintisiert es Sekretärin Schroeder: »Jetzt standen auch für ihre [Brauns] Schwestern und ihre Freundinnen, mit denen sie sich immer umgab, Fremdenzimmer zur Verfügung.« *(Schroeder* 85, S. 166) Dass auch die zahllos oft Klarsicht bewahrende Christa Schroeder jetzt genauso wie alle Umfelder nichts von Brauns realem Leben in einer großen Wohnung unterm Dach des *Berghofs* wusste, ist das 101. Rätsel, das Plouviers »100 ungeklärten Punkten über Hitler, das Dritte Reich und den Zweiten Weltkrieg« hinzugezählt werden kann. *(Plouvier* 09)

»Königin der Nacht« Eva bekam mit ihren drei Damen *(Zauberflöte)* keinen Besuch, der in Fremdenzimmer gesteckt werden konnte. Braun lebte in einer zeitlich und persönlich unabreißbaren Frauen-Gemeinschaft, deren Intensität und Prinzipialität auch den weiblichen Braun-Hitler-Biografen entgangen ist. So eine psychische Frauennähe vor allem zwischen den Braun-Schwestern Eva und Gretl spielte sich nicht über Flure getrennt in Fremdenzimmern ab. Brauns realer Frauen-Innenwelts-Saus-und-Braus fand genau über dem Potemkinschen »Mätressen«-Zimmer statt – nämlich in Brauns Mehr-Raum-Dachgeschoss-Wohnung mit Wohn- und Schlafzimmer, eigenem Bad und eigener Loggia. Das in der Übermittlung von Brauns Dachwohnung benutzte Wort »Loggia« könnte heute nicht mehr jeder Person geläufig sein. Es handelt sich dabei um »einen nach einer Seite offenen, überdeckten, kaum oder gar nicht vorspringenden Raum im Obergeschoss eines Hauses«. (Duden) Neben Wohnzimmer und Wohnküche, Schlafzimmer und Loggia verfügte Braun unterm Dach über vier Räume, in denen ein spaßiges Frauen-Beieinander alltäglich gestaltbar war. Passt ja auch besser zur die Geschlechter-Rollen separierenden Mann-Frau-Distanz: »Manti« Adolf macht mit seinen Mannen »draußen im feindlichen Leben« (Schillers *Glocke)* Gegner, KZ-Insassen, Behinderte, Juden, Slaven und Zigeuner tot. Und Frauchen Eva probiert derweil mit Schwesterlein Gretl und ihr herzensnah gerückten Weibsleuten Hertalein und Mariönchen »drinnen im« kuscheligen »Haus« die nächste Haarfrisur aus und probiert das – von der ersten Modistin des Landes für teuerstes Geld ihr ständig aus Berlin zugeschickte – nächste und übernächste und überübernächste Kleidungsstück an.

Achtens: Ach so, deshalb hinterließ Hitlers »Leibarchitektin« Gerdy Troost die Nachricht: Wenn sie auf dem *Berghof* war, um mit Hitler

Arbeitsgespräche zu führen, war Eva Braun nie anwesend. (*Stratiga-kos*, S. 96, 325, Anm. 67) Wo war Braun denn dann? Immer gerade in München in ihrem Haus?

Es kommt noch komischer: Troost hatte die Räume des *Berghofes* für Hitler zwar ausgestattet, wusste aber selbst nicht so genau, welche Funktion jede einzelne Behausung einnahm. Auch Troost war weisgemacht worden, Eva Brauns Existenz auf dem *Berghof* sei streng limitiert im Schlafzimmer neben der »Führer«-Doppelzimmerflucht. Doch genau da drin war Braun komischerweise immer gerade nicht, wenn Troost zu Besprechungen angereist gekommen war. Diese Hitler-Troost-Gespräche fanden in seinem Arbeitszimmer statt. Schon das übernächste Zimmer auf demselben Stock, dem ersten, war das von Braun in der »Führer«-»Mätressen«-Suite. Und von dort her hörte und sah Architektin Troost nie etwas, vernahm keine Freundinnen-Gesprächs-Fetzen, kein Husten Brauns, keine Klo-Spülung. Totenstille herrschte nebenan. Etwas anderes hätte Troost von Eva Braun nicht registrieren können, denn die befand sich direkt über Hitler und Troost in der top-isolierten echten Mittäterin-Wohnung im zweiten Stock des Hauses.

Dass Hitlers »Leibarchitektin« Gerdy Troost bei ihren Aufenthalten auf dem *Berghof* Eva Braun nie angetroffen hatte, steht mit der Pflicht Brauns im Einklang, sich bei Arbeit- und Politik-betreffenden Besuchen »unsichtbar« zu machen. Dieses »Verschwinden« Brauns fand nur nicht in ihrem Schau-Zimmer statt, sondern in ihrer wirklichen Wohnung unterm Dach des *Berghofes*.

Neuntens: Ach so, deshalb war Eva Braun gar nicht zu bedauern, wenn sie bei großen Empfängen vor allem von ausländischen Politikern, wie dem italienischen Außenminister Graf Ciano, unsichtbar werden musste. In ihrem Leben veränderte sich dadurch fast nichts. Sie blieb einfach nur in ihrer Wohnung innerhalb des Hauses.

Es gibt unter beiden Geschlechtern keinen Hitler-Braun-Biografen, der/die bei der Erwähnung von Brauns Unsichtbarwerden während Staats-Ereignissen auf dem *Berghof* nicht »in Tränen ausbricht« und Braun posthum sein/ihr tief empfundenes Mitleid zum Ausdruck bringt: Die Arme hätte immer in ihrem Zimmer verschwinden und tags und nachts darin verschlossen bleiben müssen! Sie wäre für kurze Zeit eine unschuldige Gefängnis-Insassin geworden und müsste kräftig bedauert werden. Denn mit einer echten Ehefrau hätte Hitler sich das nicht leisten dürfen.

Eva Braun = ein Teilzeit-Kaspar-Hauser – verborgen, ja eingeschlossen sitzend! Und nun kommt durch Stratigakos die »Stunde der wahren« Beziehungs-Architektur heraus. Nichts dergleichen stimmt.

Eva Brauns Innenwelt-Saus-und-Braus mit ihren Mitweibern Gretl, Herta und Marion konnte ungestört weiter zelebriert werden.

Zig Menschen leben in Zwei-Zimmer-Wohnungen. Der Unterschied besteht nur darin, dass Eva Brauns Wohnung auf dem *Berghof* eingebaut war in einen Groß-Komplex von mehr als 30 Räumen. *(Stratigakos, S. 99)* Ihr Domizil war jedoch neben der Hausverwalter-Wohnung die einzige separate Zwei-Zimmer-Wohnung im ganzen Gebäude. Hitler persönlich hatte auch nicht mehr Zimmer als seine eigenen zur Verfügung – ein Arbeits- und ein Schlafzimmer. Alles andere war entweder Diener-etc.-Einzelzimmer (manchmal mit, manchmal ohne Bad) oder der Repräsentations-Saal.

Zehntens: Ach so, deshalb überwachte Hitler die Bauarbeiten am *Berghof* immer wieder. *(a. a. O., S. 82, B. 26)* Er war architektonisch vorgebildet, erwähnte oft, dass er eigentlich Baumeister hätte werden wollen, und behauptete in *Mein Kampf*, sogar eine längere Zeit als Bauarbeiter praktiziert zu haben. *(Hitler 25/26, S. 40 ff.)*

Seine Eltern sind in seiner Kindheit mehrmals umgezogen – später sogar von Haus zu Haus. Der Vater hatte sich auch einmal in einer Landwirtschaft versucht, zu der mehrere Gebäude gehörten *(zweites Buch)*. Hitler erwarb in seiner Jugend genug Kenntnisse von Häusern und Wohnungen, um zu wissen, wie Lärm isoliert wird. Er konnte seinen Architekten genaue Anweisungen geben, um die Wände und Böden der separaten Braun-Wohnung im *Berghof* perfekt isolieren zu lassen, auf dass prinzipiell aus ihr nichts zu hören war. Und die Treppe dazu führte direkt aus dem Bereich seiner eigenen Räume.

Elftens: Ach so, deshalb berichtete Hitlers Faktotum Julius Schaub nebenbei von Brauns Zweizimmer-Wohnung. Schaub wusste wegen seiner zeitlich längsten Begleitung Hitlers von 1925 bis 1945 alles und ließ es sich nicht nehmen, in seinen Erinnerungen wie selbstverständlich die Braun-Wohnung zu erwähnen, ohne jedoch einzugestehen, wo sie lag. Es heißt bei Schaub nur: »Wenn sie es nicht vorzog, Ausflüge zu machen, blieb sie dann manchmal tagelang in ihren Zimmern und nahm dort auch die Mahlzeiten ein [...] – Hitler bot ihr alles, was sie sich wünschen konnte.« *(Schaub 10, S. 278 f.)*

Julius Schaub, längstamtierender »Führer«-Adjutant – schwer bekannt in der Hitler-Biografik! Doch seine Mitteilung von Brauns »Zimmern«, in denen sie »dort auch die Mahlzeiten einnahm« (also tatsächlich über eine eigene Küche verfügte), verhallten, ohne Denkstoff geworden zu sein.

Zwölftens: Ach so, deshalb paukte die Verhütungs-Lügnerin Gretel Mittlstrasser ihrer Cousine Anna bei deren Antritt als Zimmermädchen auf dem *Berghof* ein:»Also, Anni. Ich sag's dir gleich: Der Hitler und die Eva Braun, die gehören zusammen.‹ – ›Des is des Zimmer vom Führer. Und des is der Kofferraum.‹ [...] Der so genannte ›Kofferraum‹ hatte zwei Türen. Die eine war auf der Seite von Hitlers Zimmer. Und als wir durch die zweite Tür gingen, kam Gretel auch gleich auf den springenden Punkt zu sprechen: ›Und das hier ist das Zimmer von der Eva Braun. Kennst dich aus? Mehr brauch ich dir ja nicht zu sagen, oder?‹« *(Plaim/Kuch,* S. 38 f., *ONANO, 14. Nein-Sagerin, HETERO, 7. Ja-Sagerin)*

Zwischen den beiden Zimmern um den »Kofferraum« herum, die das »Zimmermädchen Anna« von der Raumpflegerinnen-Vorsteherin Gretel Mittlstrasser gezeigt bekam, sollten in der Einbildung des 20-jährigen Neuankömmlings »die Tassen von ›Führer‹ und ›Mätresse‹ hochgehen«.

Das Gespräch der Cousinen Mittlstrasser fand im Mai 1941 statt. Fünf Jahre lang war die Braun-Hitler-»Geschlechtsverkehrs«-Lüge schon im *Berghof* umgelaufen. Von der eigentlichen und echten Wohnung der Eva Braun unterm Dach bekam das Zimmermädchen Anna weder etwas gesagt noch etwas gezeigt. Und sie wusste davon bis ins Alter von über 80 Jahren nichts, nahm ihr Nichtwissen mit ins Grab.

Das heißt das »Schlagrührende«: Kein »Reinigungs-Kommando« durfte etwas von der separaten Braun-Wohnung erfahren. Niemand hat sie gesehen. Sauber machten dort Braun und ihre Freundinnen selber. Das Braun-Hitler-Sex-Einbildungs-Diktat geschah per Vorführung des Hitler-Braun-Zwei-Zimmer-»Kofferraum«-Arrangements im ersten Stock.

Aus der Einweisungs-Szene Gretel Mittlstrassers mit ihrer Cousine Anna kommt zweierlei zum Vorschein – »Einweisung« hieß: Hier hast du sauberzumachen und Du musst in diesen beiden Räumen die Reste eines Schein-Paares entsorgen! Damit entpuppte sich Gretel Mittlstrasser als eine der wenigen *Berghof*-Vertrauten Eva Brauns, die von der Spaltung in Schau im ersten und Realität im zweiten Stock wussten.

Dreizehntens: Ach so, deshalb gibt es eine der sonderbarsten Übermittlungen aus den *Berghof*-Geschehnissen, von sich gegeben durch den sieben Jahre tätigen Hausverwalter Herbert Döhring, der die ganze Zeit neben der »Führer«-»Mätressen«-Suite seine »Hausmeister-Wohnung« hatte – auf demselben Stock, nur um die Ecke gelegen. Auch Döhring »wusste« nichts von Brauns wirklichem Sein in einer eigenen Wohnung unterm Dach – oder er hat darüber nichts sagen wollen. Döhring sprach nur von »ihrem Zimmer«, in das Braun sich bei Staatsbesuchen hätte zurückziehen müssen. *(Lambert* 06, S. 196)

Und da er als Hausverwalter wissen musste, dass es unterm Dach eine separate Wohnung gab, machte Hitler ihm weis, dass dorthinein einmal Hitlers Schwester Angela mit ihrem zweiten Mann Martin Hammitzsch ziehen würde:»Während des Krieges, behauptete Herbert Döhring [2001 in *Adolf and Eva*], hätte Hitler dessen Halbschwester und ihrem Mann einen sicheren Himmel auf dem Berghof angeboten und sie einquartieren wollen in ein wunderschönes Appartement im zweiten Stock mit einem Blick auf den Untersberg.« *(a. a. O., S.* 203)

Eine vierte separate Wohnung außer Hitlers eigener, der des Hausmeisters und der von Eva Braun gab es auf dem *Berghof* nicht. Alles andere, was vom *Berghof*-Gebäude herumgeistert, ist virtuell, bestand nur auf den Skizzen, die nicht ausgeführt wurden. *(Stratigakos,* S. 70 ff., 102 f.) Die bauliche Nachbesserung 1939 betraf einen Zufahrtsweg, einen Lieferanten-Eingang und ein Repräsentations-Fenster. Weitere separate Wohnungen wurden nicht hinzugefügt. *(a. a. O.,* S. 99)

Hitler muss die Schutzbehauptung über den Einzug von Schwester und Schwager gegenüber dem Hausverwalter Döhring unternommen haben, um zu suggerieren, dass es sich beim Sein von Eva Braun unterm Dach um etwas rein Provisorisches, ja nur Tageweise-Anhaltendes gehandelt hätte. Richtig einziehen würde dort ja demnächst Hitlers Schwester Angela, die das nachweislich nie getan hat. Einwand-Vorwegnahme lässt grüßen! *(9. Ja-Sager,* Fritz Wiedemann)

Die Diana-Dietrich-Kaulquappe

Vierzehntens: Ach so, deshalb konnte sich Braun eine riesige Vamp-Schaltzentrale leisten, die nirgendwo in ihrem Handtuch-schmalen Raum »an der Seite« des »Führer«-Schlafzimmers Platz gehabt hätte. Das Neue, das die Braun-(Bild)Biografie von Blaine Taylor enthält, kann hier zum ersten Mal an einer geradezu durchbrechenden Effektivität vorgeführt werden. Taylor bringt in seiner ersten Bild-Gesamt-Braun-Biografie von 2013 eine Rarität aus den Braun-Fotoalben, die noch nie öffentlich gezeigt wurde – Eva Brauns Schmink- und Frisier-Tisch. *(Taylor)* Zu sehen ist eine ausladende Friseursalon-Unter-Spiegel-Fläche. Passend einander zugeordnet liegen da Seit an Seit diverse Verschönerungsutensilien: Handspiegel, Bürste, Stifte, Dosen, Parfüm-Fläschchen, Aschenbecher – Braun rauchte, wenn sie nicht »an der Seite« Hitlers sein musste –, griffbereite Handlichkeiten, die alle das Leben einer Frau entblößen, die ihren Körper zum Gegenstand ihres Daseins gemacht hat. An diesem Tisch geschah Brauns Toben »mit Haut und Haar« und dem dazugehörenden

Fummel-Beiwerk, von dem alle Umfelder erzählen: Viermal pro Tag gewandete und frisierte sie sich um.

Das Mittäterinnen-»Analytische« nachgereicht: Links auf dem Kosmetikum ein weißer Blumenstrauß in einem rundlichen Topf, in der Mitte ein großes Foto von Braun als 18jährige in weißem Kleid, sich immer vor sich habend, wenn sie an der Verschönerungs-Theke Platz genommen hatte, immer gegenüber dem lebenden Exemplar E. B., das auf eine riesige Spiegelwand guckte, wenn sie sich an ihrer Masken-Zentrale niederließ: Das doppelte Vis-à-Vis zwischen Braun im sich spiegelnden Conterfei und Braun in ihrer Bild-erstarrten Bräutlichkeit. Und dahinter, nicht zu glauben, rechts außen, nach außen schauend, ein Foto des »Führers«, für dessen bestimmte Medium-publizistische Zwecke sie sich vor dieser spiegelnden Breitestwand viermal am Tage in verschiedene Masken begeben würde.

Mit diesem Möbel für die Braunsche Frisierungs-Geschicklichkeit ist es aber noch nicht genug. In ihrer eigenen echten Wohnung unterm Dach stand noch ein zweiter Tisch, ein ziemlich behäbig generaldirektorischer Schalten-und-Walten-Schreibtisch mit Herrschersessel davor, Telefon darauf und genauso riesiger Alpenlandschaft dahinter. (Taylor, S. 104, B. 2) Hier ist sie Chefin, hier darf sie's sein! Der Schreibtisch ist leer, der Schminktisch ist voll. (B. 11 und 12) Beider ausladende Masse enthüllen schlagend die Geräumigkeit einer Wohnung, in die sie gehörten. Kein Platz für sie in dem Ziermöbel-skizzierten Handtuchraum an der Seite von Hitlers Schlafzimmer in der »Führer«-»Mätressen«-Suite im Stock darunter.

Der Braun'sche Schmink- und Frisiertisch wurde auf dem Foto in direkter Benutzung festgehalten. Seine Maße sind derart ausladend, dass dieses Möbel unmöglich in Brauns schmales Zimmer der »Führer«-»Mätressen«-Suite hineingepasst hätte. Auch gab es für ihn keinen Platz in Brauns dortigem Show-Bad. Zwei Becken zeigt der Grundriss von Brauns Zeig-her-Bad, die jedoch viel zu klein sind, um ein Toben »mit Haut und Haar« und dem dazugehörigen Fummel-Beiwerk zu ermöglichen.

Dass es in Brauns Show-Room »an der Seite« des »Führer«-Schlafzimmers ganz und gar klein zugeht, wird mit einem zweiten Foto offensichtlich, das schon Lambert publizierte: Brauns Vorzeige-Schreibtisch. Wie es sich die Semi-Öffentlichkeit der Berghof-Berührenden so vorgestellt hätte, ein kleinster Ziertisch mit einem Lämpchen darauf und einem Blumensträußchen im Glasväschen, die Platte gerade groß genug für ein DIN-A4-Papier, sodass Lambert das Foto unterschrieb: »Am entgegengesetzten Ende des Raumes stand ihr

Schreibtisch, darüber hing ein anderes Bild von Hitler. Eva war eine große Briefschreiberin, aber unglücklicherweise haben nur wenige ihrer Briefe überlebt.« *(Lambert* 06, S. 178). – Wer ist darüber unglücklich? So schnell passiert es einer Braun-Biografin, mit einer Formulierung auszurutschen. Es ist ein Unglück, dass Braun so psychisch deformiert war, dass sie nicht ein einziges Unglück verhinderte, das ihr Sonder-Mann »Seit an Seit mit ihr« millionenhaft verursachte.

Das Tischchen-Arrangement wirkt so geziert, dass klar wird: Hier kann sich niemand für irgendein Tun entfalten. Auch ausladendes Nähen und Stricken ginge nicht. All das war ja nicht nötig, denn hierbei handelte es sich nur um Brauns Demonstrations-Schreibtisch – anzuschauen von allen, auf die die Schau gemünzt war, das Plätzchen eingeklemmt vor einem kurzen Wandstück zwischen Fenster-Vorhang und Tür zum Braun'schen Show-Bad: Hier sitzt die »Führer«-»Mätresse« und schreibt für »ein Weilchen« zwischen den »Führer«-»Rendevous'« und »Führer«-»Schäferstündchen« ein paar Zeilen an ihre »liebe Mutti«.

Gegenüber zwischen den beiden Türen zum Flur und zum »Kofferkammerl« steht – wieder vor ein Stück Wand gequetscht – das nächste Schau-Möbel, eine schlanke Kommode mit zwei Ziergegenständen darauf und einem zweiten »Führer«-Bild. In ihrem Kommentar zu dieser fotografierten Ecke vertut Lambert sich noch einmal: »Eine Ecke von Eva Brauns Wohnzimmer, zeigend ihr bevorzugtes Hitler-Portrait, gemalt von Theodor Bohnenberger.« *(a. a. O.,* B. 7)

Das Schau-Schlafzimmer Brauns »an der Seite« des »Führer«-Schlafzimmers im ersten Stock war nicht ihr »livingroom«. Der befand sich in Brauns Drei-Raum-Wohnung unterm Dach im zweiten Stock – was Lambert noch nicht wusste –, dort wurde Brauns echte Wirklichkeit zelebriert, worüber ihr voluminöser Schreibtisch ohne »Führer«-Porträt darauf oder in der Nähe Auskunft gibt – und ihre Identifikations-Platte mit allem Handwerkszeug, um an ihrem Körper zu fräsen, zu richten, zu klempnern, zu akzentuieren, zu modulieren, zu färben, zu cremen, ja geradezu zu bildhauern und den gewünschten *special effect* für den nächsten Auftritt im *Berghof* herauszukitzeln. »Maske machen«, pflegte Brauns Zeitgenosse und Mittäter-Komplize Gustaf Gründgens den Vorgang der Gesichts-Bemächtigung zu nennen.

Dieser eigentliche Werkplatz von Brauns Tätigkeit konnte nur in den geräumigen Zimmern ihrer eigenen Wohnung unterm Dach eine ihm gebührende Stellfläche bekommen haben. Der Grundriss von Brauns Dachwohnung im zweiten Stock war genauso groß wie der der ganzen »Führer«-»Mätressen«-Suite im ersten Stock. Zum »Schalten

11 *Schminkparabel der Mit-Massenmörderin*

12 *Klartisch der Berghof-Chefin*

und Walten« verfügte Braun mindestens über dieselbe Fläche, die Hitlers Arbeitszimmer einnahm. Von diesen Details hatte Taylor zwei Jahre vor der Publikation Stratigakos' noch keine Ahnung. Mangels *Berghof*-Grundriss-Kenntnissen konnte er Brauns Kompakttische nicht speziell lokalisieren, was der Wichtigkeit seiner Publikation der Braun-Spezial-Möbel keinen Abbruch tut. Denn Taylor ahnte das Richtige: Keine phallisch-vaginale Beziehung zwischen Hitler und Braun. Das Objekt von Taylors Betrachtung blieb wahrscheinlich eine Jungfrau. Er konnte die geschlechtliche Wahrheit der Eva Braun nicht finden. *(Taylor, S. 179)*

Und woran arbeitete Braun, wenn sie über solch eine riesige Arbeitsplatte verfügte, die so groß war wie Hitlers Arbeitstisch – wenn nicht größer?

Brauns Leben spann sich zwischen den weiblichen »Phänomenen« Marlene Dietrich und Prinzessin Diana von Wales. Auch wenn die Briten über den Vergleich zwischen Eva Braun und Princess Diana aufschreien werden: Beide Frauen hatten auf ihre Weise in verschiedenen Epochen einen ganzen Staat geheiratet. Sie waren das eine Mal in der Figur der Eva Braun die Repräsentantin einer der fürchterlichsten Diktaturen und das andere Mal im Alter ihrer Enkelin und in der Figur der Diana Spencer die Repräsentantin einer konstitutionellen Monarchie.

Das schon mehrmals Hervorgehobene muss für den Vergleich zwischen Braun und Spencer wiederholt werden: Braun war nicht wirklich verborgen. Hitler hätte es echt heimlich haben können, wenn er denn ein tatsächliches sexuelles Verhältnis mit einer Frau hätte haben wollen, möglich mit jeder dritten Obersalzberg-Bäuerin, -Bäckerin oder -Gärtnerin, bei der er manchmal tags oder nachts verschwand. Dieses Tun wäre vor Volk und Entourage wirklich verheimlichbar gewesen. Eine solche »Mietzikatze« hätte nicht einmal einen historisch leicht übermittelbaren Namen gehabt. Doch Braun war eine Hetero-Demo-»Ehefrau« besonderer Art, karikiert als »Rieselweib«. Ihre Position und Funktion sollte etwas speziell fürs Volk-Bestimmtes ausdrücken, was auf Schleichwegen zum Volke durchkam, indem das »gewisse Etwas« »an der Seite« des »Führers« zunächst bei den Mitmördern implantiert wurde. Alle Mittäter kannten Eva Braun näher oder entfernter. Geheim über sie war in der Bande der Verbrecher und deren Gehilfen nichts. Die Botschaft wurde mit dem Info-»Rieselweib« propagandistisch verbreitet: Der »Führer« tickt richtig. An seiner Seite gibt es eine Frau. Wir können bedenkenlos für ihn weitermorden.

Diana Spencer hat mit ihrer Heirat von Kronprinz Charles zwar etwas ganz anderes dargestellt. Aber auch sie war eine Establishment-Demonstrations-Figur. Ihr ganzes royales Leben bestand aus dem Darstellen ihrer Rolle, die sie mit der Heirat von Charles frei gewählt hatte. Eine ihrer älteren Schwestern, der die Position im englischen Königshaus angetragen worden war, hatte den Antrag abgelehnt. Die Darstellung Diana Spencer-Wales' hieß: Die britische Gesellschaft wird durch ein Königshaus repräsentiert, das heterosexuell monogam nach Schema protestantischer Ehemoral vollkommen in der Spur ist. Das Thronfolger-Paar Charles und Diana ist ein echtes Liebespaar und hat das mit zwei hervorgebrachten Söhnen unter Beweis gestellt. Die Monarchie befolgt die Gesetze der bürgerlich-kapitalistischen, monogam-sexuellen Zwangs-Moral. Die Realität war anders, wie sie aus dem Schwall von Lebensbeschreibungen der spezial-unglücklichen Frau herausgeklaubt werden kann.

Diana Spencer-Wales und Eva Braun-Hitler hatten gedacht, es ginge, sich derart selbstlos mit dem System zu verheiraten, für irgendeinen seiner »bestimmten Zwecke« herzuhalten und dauerhaft zu funktionieren. Ging nicht, wie die frühen – auch wieder sehr verschiedenen – Gewalttode beider bewiesen.

Braun-Hitler und Spencer-Wales machten ihren eigenen Körper zum Kunstgewerbe und meinten, das reicht: Jeden Tag eine andere Frisur, ein anderes Kleid, ja, vier- bis fünfmal die Kostüme wechselnd, um die Höflinge oder Fotografen zu überraschen. Braun-Hitler und Spencer-Wales imitierten Marlene Dietrich und Greta Garbo. Es gebrach ihnen jedoch an echter Kunst, mit ihrer Körper-Darstellung andere Frauen zu spielen und dabei etwas Gesellschaftliches über den Stand der Frau in der männerbündischen Gesellschaft auf dem Wege zur Paritätik zu spiegeln. Braun-Hitler und Spencer-Wales blieben hohl, platt und unbefreit in der Hülse ihres Selbst gefangen. Am Schluss verfingen sie sich im Untergang – Braun in dem der Diktatur, Spencer nur in dem der eigenen Person. Beide hatten nichts von der Souveränität Dietrichs und Garbos, über eigenes Geld zu verfügen, Produktionsfirmen und Regisseure zu wechseln, Arbeitsangebote anzunehmen oder abzulehnen, ja aus dem Gewerbe auszusteigen. Braun-Hitler und Spencer Wales waren in ihrer Entwicklung verharrende Kaulquappen auf dem Wege der Frauen aus den Fängen und Zwängen des »Patriarchats«.

Brauns Kleiderbügel in » Yank. The Army Weekly«

Fünfzehntens. Ach so, deshalb publizierte Sergeant Harry Sions in der US-Militär-Wochenschrift *Yank* am 22. Juni 1945 unter dem unauffälligen Titel *Berchtesgaden* Brauns gesamte separate Wohnung im *Berghof*. Despina Stratigakos' folgenreichste Tat für den *Einsturz der »Führer«-»Mätressen«*-Suite ist ihre Entdeckung der Schloss-Besichtigung des amerikanischen Unteroffiziers in der US-Militär-Zeitschrift *Yank*. Ihr ist es zu verdanken, dass sie dieses Detail zur Konturierung der Braun-Hitler-Beziehung dem Vergessen entriss.

»Wir« haben Mai 1945. Die Amerikaner haben gesiegt. Ihre Siegfläche in Deutschland ist der Süden, vor allem Bayern. Das US-Zentralinteresse galt dem dort gelegenen »Führer«-Landsitz *Berghof* auf dem Obersalzberg bei Berchtesgaden. Die Anglo-Geheimdienste hatten ihn längst aufgespürt, war doch für die britische *Operation Foxley* geplant, Hitler dort von einem Scharfschützen erschießen zu lassen. Das hatte nicht geklappt, wie alle versuchten Attentate auf ihn auch. 1945 war er endlich durch eigene Hand zu Tode gekommen, am 30. April im Berliner *»Führer«-Bunker*, in den er sich schon monatelang zurückgezogen hatte. Der *Berghof* war von Hitler seit Mitte 1944 verwaist, bevölkert nur vom Mittäterinnen-Geschmeiss mit Anhang.

Bei Nachricht des Sieges der Alliierten über Deutschland hat sich dieses Gefolge auch aus diesem Rückzugs-Refugium verdrückt oder wurde von den Amerikanern dort verhaftet. Der Gebäude-Komplex war ausgeraubt und angekokelt worden. Doch die amerikanischen Soldaten fanden ihn noch in einem äußerlich und innerlich stabilen Zustand vor – eine Burg-hafte Antiquität, die man besuchen und in sie erkundend eindringen konnte. (*Stratigakos*, S. 263 f., 269 f., 291, 302). Das machte Leutnant Sions im Auftrag von *Yank*. Und wer hätte es gedacht? Harry Sions war von Hitler nicht hypnotisiert worden, hatte daher keine Schere im Kopf wie alle Hitler-Umfelder, die lebenslang die separate Braun-Wohnung unterm Dach des *Berghofes* verschwiegen oder sie schon in ihrer Wahrnehmung ausgeblendet hatten. Sions stattdessen stieg nicht nur in den Keller des Hauses, wie Stratigakos ihr Kapitel über die Eroberung des *Berghofs* überschrieb, (a. a. O. S. 258: *Secrets in the Cellar. Bombing, Looting, and the Reinvention of Hitler's Domesticity*) sondern Sions erklomm auch das Dachgeschoss, eben die im Dritten Reich und danach erfolgreichst verheimlichte Stelle des ganzen Systems, hoch oben unter Hitlers privatem Dach, korrespondierend mit seinem gleichfalls bis heute verborgenen nicht funktionierenden leiblichen Unten.

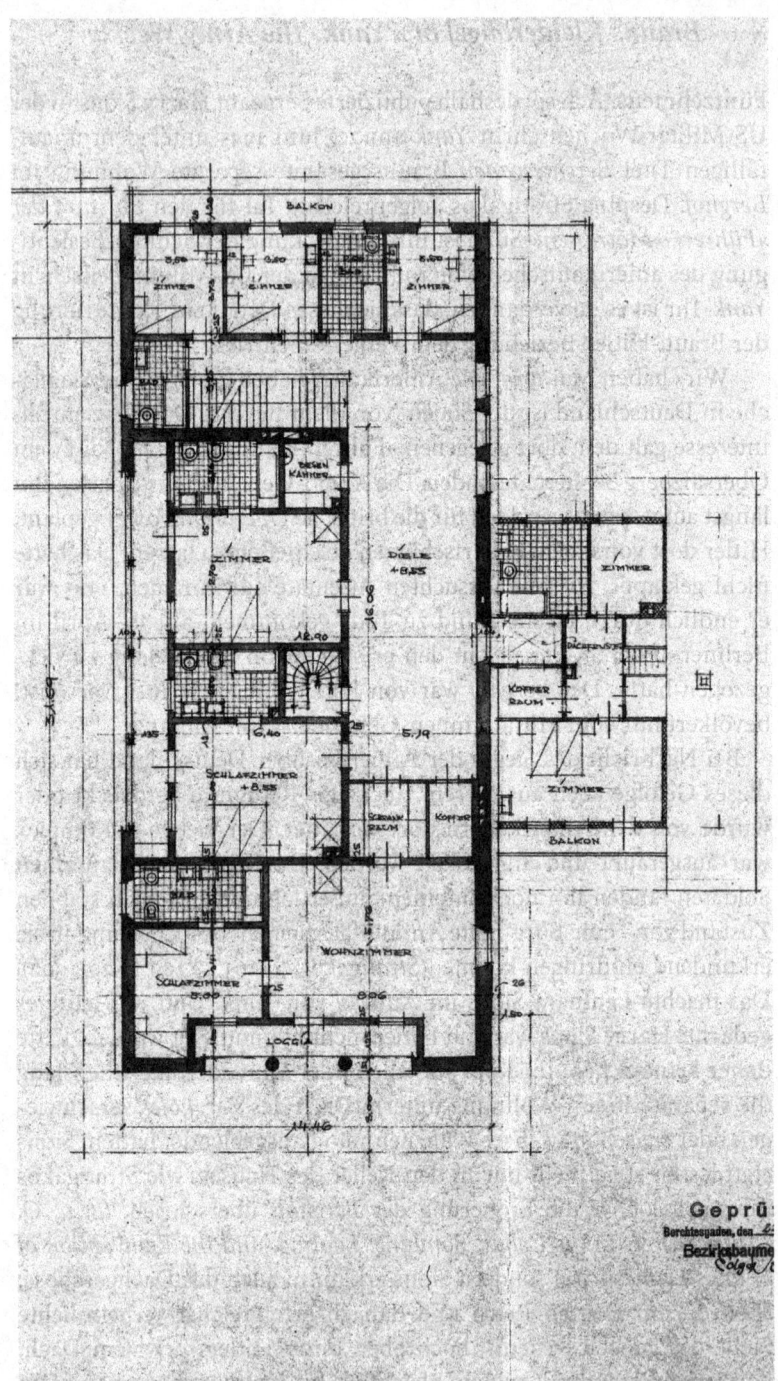

13   *Frauenpark unterm Berghof-Dach mit 40m² Wohnzimmer*

Und da enthüllte sich vor Sions' Blicken ein Detail nach dem anderen in der Wohnung einer verhinderten Marlene Dietrich, einer Selbstdarstellerin »zu bestimmten Zwecken«, der »An-der-Seite«-Partnerin des grandiosesten Lebensauslöschers und Kultureinstampfers des männerbündischen Systems: »In Brauns Räumen auf dem Berghof fand Sergeant Sions einen Kontrast zu Hitlers puritanisch getöntem Asketentum. ›Ihr Schlafzimmer nahm 18 × 27 Fuß ein [das sind etwa 5,5 × 8 Meter]. Es hatte einen Kamin und einfache Ahornmöbel. Die meisten von ihnen waren zerbrochen oder geraubt worden. Auf dem Boden zerstreut lag einiges von Eva Brauns Schreibpapier in zart blau, unparfümiert und mit den Initialen EB in den Ecken. Dann lagen da noch einige ihrer Visitenkarten herum, außerdem Broschüren über Kameraführung für Amateure und eine auf den 8. Juni 1940 datierte Schneiderin-Rechnung für ein Kleid. Das Kleid kostete Hitler 500 Mark.‹

Danach warf Sions einen verstohlenen Blick in einen noch intimeren Innenraum: ›In einem Schrank befanden sich Hunderte von Kleiderbügeln und Schuhspannern, dazu die November-1942-Ausgabe der Pariser Modezeitschrift *La femme chic*.‹ In einer Ecke ihres Wohnzimmers fand Sions ›einen Briefumschlag mit einer – auf die Rückseite gekritzelten – letzten Einkaufsliste.‹ Endlich, eindringend in den intimsten aller privaten Räume, war Sions überrascht, dass ›Eva Brauns Badezimmer simpel war und nichts von einem Hollywood-gestalteten Bad einer Diktator-Mätresse an sich hatte. Das Waschbecken, die Duschschüssel und die Badewanne waren aus weißem Porzellan. In ihrem Medizin-Schränkchen über dem Waschbecken befanden sich ein Glas mit *Ardena* Hautcreme, fabriziert von *Elisabeth Arden* Berlin/New York und eine Flasche mit einem Desinfektionsmittel für Sportler-Füße.‹

Während Sions Zeugnisse keinen Zweifel daran erlauben, dass Braun weit über den Mitteln normaler Deutscher hinaus Privilegien genoss – ein 500-Mark-Kleid überstieg das Monatsgehalt eines Facharbeiters –, so lassen die Hinweise auf die hingekritzelte Einkaufsliste, die Bad-Einrichtung und die Tinktur für Sportler-Füße Braun weniger fremd und abgehoben erscheinen.« *(Stratigakos, S. 275, Sions, S. 4)*

Sions und Stratigakos landeten eine Sensation: die gründliche Inspektion von Hitlers neben der Reichskanzlei zweiten Herrschersitz. Das musste im Mai 1945 nach der Besetzung Deutschlands bald gemacht werden, denn die Amerikaner rissen das »ärgste Gespensterhaus« der Welt später ab. *(Stratigakos, S. 238, 264)* Sions Inspektion des *Berghofes* erwies sich vor allem auch deshalb als Sensation, weil keiner von Hitlers häufigen Besuchern, Umfeldern und Faktoten jeglicher Art etwas über Brauns Wohnung unter dem Dach hinterlassen hat. Adjutant Schaub spricht als einziger zwar von Brauns Wohnung, unterschlägt jedoch den Gebäude-Trakt, in dem die Braun-Wohnung gelegen hat. (*Schaub* 10, S. 278) Und wenn Sekretärin Schroeder den Begriff von Brauns »Appartement« benutzte, dann meinte sie das Handtuch-Zimmer neben Hitlers Schlafzimmer. (*Schroeder* 85, S. 166) Schon bei *einem* Zimmer mit Bad kann von »Appartement« gesprochen werden, vor allem dann, wenn dazu noch zwei Kammern gehören, das vom Zimmermädchen Anna so titulierte »Kofferkammerl« zwischen den Schlafzimmern in der »Führer«-»Mätressen«-Suite und die von Sekretärin Junge und Leibdiener Linge erwähnte Mädchen-Plätt-Kammer auf demselben Flur des ersten Stocks neben Eva Brauns Schau-Raum. Aber diese drei Räume sind nicht Brauns Wohnung mit Schlafzimmer, Wohnzimmer und Loggia im zweiten Stock. Diese separate Wohnung beweist nun Sergeant Sions mit seiner Besichtigungs-Bestandsaufnahme.

Das 15. Indiz ist ein solider Beleg, der aus mehreren Einzelheiten besteht. Vor Stratigakos' Entdeckung von Sions Liste der Einzelheiten in Brauns Wohnung hätte der widerborstigste Hitler-Hetero-Fantast behaupten können: Unterm Dach soll doch die Hitler-Schwester Angela plus Ehemann gewohnt haben, Braun wäre da nur sporadisch mal Räume-Hütungsweise in Zwischenzeiten untergeschlüpft. Und was wollen Sie, keine einzige Braun-Hitler-Bezugsperson hat über Brauns Wohnung unterm Dach je ein Wort fallen lassen. Dieses Schweigen der 20 ist in der Tat das gespenstischste Zeichen von Hitlers Wirkung. Harry Sions Registratur verscheucht es. Oben unterm Dach des *Berghofs* hat Braun in einer nur ihr gehörenden Privatwohnung gelebt.

Außerdem kann kein Widerstand mehr geleistet werden dahingehend: Bei den Grundrissen handele es sich nur um Pläne. Die Fertigstellung, die eigentliche Erbauung der »Führer«-»Mätressen«-Suite, hätte dann ja ganz anders verlaufen können. Auch diesem Hitler-Hetero-komplizischen Argument zieht Stratigakos einen Riegel vor. Sie weist nach, dass der Grundriss der Hitler-Privat-Räume im ersten Stock des *Berghofes* am 16. November 1935 bei den zuständigen Baubehörden ordnungsgemäß eingereicht und am 22. Januar 1936 akzeptiert wurde. Danach erfolgte der Umbau von *Haus Wachenfeld* in den *Berghof* im Sinne der überlieferten Grundrisse. Spätere Zusätze und Anbauten betrafen anderes, worauf bereits hingewiesen wurde. (*Stratigakos*, S. 76)

Dass der Inspektion von Sergeant Sions die private Wohnung von Eva Braun im *Berghof*-Gebäude zugrunde lag, beweisen vier Funde Sions':

Erstens. In Brauns Schlafzimmer lagen Stücke ihres Briefpapiers mit ihren Initialen EB, ihre Visitenkarten, eine Kleider-Rechnung und Broschüren fürs Filmemachen, das Braun als Amateurin jahrelang betrieb.

Zweitens. Hinterließ Braun in ihrem Wohnzimmer einen Briefumschlag mit einer spontan darauf gekritzelten Einkaufsliste. Ein vorzügliches Indiz für Brauns Lebenswillen bis zu ihren letzten *Berghof*-Tagen im April 1945. *(Sions,* S. 4, Stratigakos, S. 275)

Drittens. Hunderte Kleiderbügel und Schuhspanner in einem überdimensionalen Schrank, der von den darin ehemals verstauten Kostbarkeiten inzwischen freigeräumt war. Doch all das betraf die Hinterlassenschaft einer Körper-bewussten Darstellerin besonderer Art, einer Schauspielerin, die eine einzige Rolle jeden Tag von Hitlers Anwesenheit auf dem *Berghof* zu geben hatte: Die »Führer«-Partnerin, die ihm den Hetero-Ausweis mit ihren täglich viermalig umkostümierten und umfrisierten Auftritten an seiner Seite auszustellen hatte.

Viertens. Das Bad mit der Schmink-Creme-Dose und dem Fuß-Desinfektions-Mittel. Die Bedeutung von Schminke in Brauns Leben bewies schon ihr ausladender Schmink-Tisch. *(Taylor,* S. 105, B. 1) Und die Fußbehandlungs-Tinktur macht auf den Fakt aufmerksam: Braun war eine Privat-Sportlerin in den Disziplinen Laufen, Klettern, Schwimmen, Skifahren, wie sie es in ihren Fotoalben festhielt. Lambert und Taylor druckten alles Notwendige groß und breit zur Einsicht darüber ab.

Bei der Bad-Betrachtung kommt ja nebenbei etwas heraus, das noch einmal der *siebenten Ja-Sagerin* Gretel Mittlstrasser die Hosen runterzieht. Sergeant Sions fand nichts Verhütungs-Bezügliches in Eva Brauns Medizinschränkchen. Wenn Braun regelmäßig, wie Mittlstrasser log, »unseren Hausarzt Dr. Brandt« um Perioden-Beeinflussendes gebeten hätte, um »Pillen oder einen Trunk«, dann wären davon in dem Medizinschränkchen von Brauns Badezimmer Schachteln, Gefäße, Behälter und sonstige Reste zurückgeblieben. Nichts. Mit Sicherheit hätte Sergeant Sions Verhütungs-Bezügliches erwähnt, wenn er es bei seiner Inspektion von Brauns Wohnung vorgefunden hätte.

Zu ihrem Verhütungs-Nichts passend auch das Seine – nämlich Hitlers. Auch dessen Bad durchmusterte Sions: »Das [Hitler]Bad war von so einfacher Art wie in den billigen Wohnungen von New York City. Im Medizinschränkchen befand sich eine Flasche Castor-Öll [ein stark wirkendes Abführ-Mittel, im Deutschen genannt ›Rizinus-Öl‹, Näheres darüber in *ANALO*] Weiter fand Sions eine Flasche mit einer Anti-Rheumatismus-Tinktur und eine mit Mundwasser.« (*Stratiga-kos*, S. 268 f.) Von Kondom-Verpackungs-Resten bei Sions kein Wort! (*Sions*, S. 4)

Nach der Entdeckung der separaten Braun-Wohnung unterm *Berg-hof*-Dach kann der Hitler-Hetero-Wahn endgültig verflüchtigt werden. Doch wie langsam es mit dieser Verflüchtigung zugeht, beweist sogar die Hitler-Innenwelt-Heberin, Despina Stratigakos, selbst. Sie entzieht der sexuellen Braun-Hitler-Intimität mit ihren Recherchen und Funden jegliche Basis. Aber ihre eigenen Entdeckungen führen bei der Autorin nicht zu ihrem Sich-Bewusstmachen: Dann war da nix. Stratigakos bleibt in der Vorstellung vom Funktionieren des Hetero-Paares Braun-Hitler befangen: »Mysteriös ist in [Brauns] Alben die Bezeichnung von Räumen als ›Evas neue Zimmer im Berg-hof‹. Diese Räume und Möblierungen sind vollkommen verschieden vom sogenannten türkischen Zimmer [der Bezeichnung von Brauns Schlafzimmer neben Hitlers in der »Führer«-»Mätressen«-Suite im ersten Stock]. Abbildungen und Etikettierungen identifizieren diese Räume als ein Wohnzimmer und ein Schlafzimmer. Das passt zu den Erinnerungen von Julius Schaub, Hitlers Chefadjutanten, in denen er schrieb, dass Braun im Gegensatz zu anderen Gästen eine kleine Woh-nung gehabt hätte, bestehend aus einem Wohnzimmer, einem Schlaf-zimmer und einem Bad. Aber er erwähnte ihre Lage nicht. [Verweis auf *Schaub* 10, S. 278] Der Plan von 1936, eingereicht bei den Baubehörden, belegt, dass neben Hitlers Schlafzimmer nur ein Raum lag (vermutlich das eine, das in den Alben als Türkisches Zimmer bezeichnet wurde). Seine Identität ist durch eine Beschreibung Linges von 1955 bestätigt worden, in welcher er Hitlers Arbeitszimmer und Schlafraum als auch diesen einen Raum, den Braun neben Hitlers Schlafzimmer benutzt hat, erwähnt. Seine Beschreibung der Räume und ihrer Lage zuein-ander passt exakt zu dem Grundriss von 1936 – [Verweis auf Linges US-Artikelserie *Valet Upsets Love Scene* und Schroeders *He was my Chief*, S. 143] Es ist nichtsdestoweniger möglich, dass Braun zuzüglich zu ihrem einen Raum neben Hitler eine andere Wohnung irgendwo im Berghof hatte. Im dritten Stock, direkt über Hitlers Arbeitszim-mer, war eine komfortable Wohnung, bestehend aus einem Wohnzim-mer, das sich zu einer Loggia öffnete, einem Schlafzimmer, das in ein eigenes Bad führte und einem Schrankzimmer, das von zwei Seiten betreten werden konnte. Vielleicht waren das ebenfalls Brauns Zim-mer. Eine Treppe in der Nähe dieser Wohnung führte auf den Flur gegenüber von Hitlers Schlafzimmer, was Hin- und-Hers zwischen den Räumen ganz diskret ermöglichte. [Anmerkung 72, S. 325: Grundriss vom *Berghof* dritter Stock (Dachgeschoss) BPL Berchtesgaden 1936-14-B116, {Haupt}Staatsarchiv München.] Diese Wohnung passt außerdem zur Beschreibung von Brauns Räumen, die Sergeant Harry Sions gemacht hat, während er den *Berghof* bei Kriegsende besuchte [Kapitel 10 – *Sions* S. 4].“ (*Stratigakos*, S. 96 f.)

Zwei Absätze tiefer reicht Stratigakos Faktisches nach: »Braun fotografierte alles von innen und außen auf dem ganzen *Berghof,* hielt eigens durch ihre Kamera ihr neues Heim fest. Ihre Bilder legen beides nahe, ihre Verfremdung und ihre Intimität mit ihren häuslichen Erfahrungen.« *(a. a. O.,* S. 97) Da steht es! Braun hat ihre eigene Wohnung mit der Kamera festgehalten. Und ihre Fotos blieben erhalten. Doch diese Tatsache provozierte kein anti-heterosexuelles Aha bei der alternativen Hitler-Braun-[Teil]Biografin Stratigakos.

»Die Eingeschlossene vom Berghof«?

Erst einmal ist bis auf Weiteres Schluss mit den Lichtern, die der Hitler-Biografik über das Leben der Eva Brauns in einer kleinen Wohnung unter dem Berghof-Dach nun nun aufgehen können. Zunächst stimmt nicht, was Eva Braun über sich selbst in einem Gespräch mit Hitlers Kameramann und Fotografen Walter Frentz kundtat und was die Hitler-Biografik nicht müde wird wiederzukäuen, um sich dadurch weiter in ihrem »tief empfundenen Mitleid« mit Eva Braun, der »Eingeschlossenen vom Berghof«, einzurichten. Braun täuschte Frentz, indem sie behauptete, sie lebe wie »ein Vogel in einem goldenen Käfig«. *(Joachimsthaler 96,* S. 263, *Joachimsthaler 03,* S. 468, 605, Anm. 822)

Ab den frühen Hitler-Biografien aus den 1950er Jahren wird eine Gebetsmühle in Betrieb gehalten, Eva Braun hätte in einem »luxuriösen Gefängnis« gelebt *(Orr,* Nr. 40 v. 4. 10. 52, S. 5) Von Forscher-Generation zu Forscher-Generation rotiert damit die Mär von Brauns Eingeschlossenheit, womit Braun einen Pseudo-»Rapunzel«-Charakter bekommen hat und fast in die deutsche Märchenwelt eingegangen ist: Arme Eva, eingepfercht in das eine Zimmer der »Führer-Mätressen-Suite« in der ihr Hitler aber »jeden Wunsch erfüllte«.

Um sich etwas vom Druck der Hirnverbranntheit der Vorstellung »Eva Braun in einem Zimmer neben Hitlers Schlafzimmer« zu befreien, wird um 2000 einfach ausgewichen vom Begriff »Zimmer« und übergelaufen zum Begriff »Appartement«: »Hitlers Privaträume – ein

Arbeitszimmer, ein Schlafzimmer und ein Bad – befanden sich im ersten Stock. Neben seinem Schlafzimmer, nur durch einen kleinen Raum [das »Kofferkammerl«] mit zwei Verbindungstüren getrennt, lag das Appartement Eva Brauns, das aus einem Schlafzimmer, einem kleinen Wohnzimmer und einem Bad bestand«, schreibt Hitler-Biograf Ullrich. *(Ullrich,* S. 677)

Nach der Veröffentlichung von Troosts Berghof-Stockwerk-Grundrissen ist alles Braun-*Berghof*-Wohn-Betreffende Quatsch. (B. 10, *Stratigakos,* S. 76 f., B. 24)

Wie kommt Ullrich auf diesen »Quatsch«? Er gibt ein Durcheinander von Quellen an. Die Zeitzeugen Rochus Misch und Zimmermädchen Anna machen an keiner Stelle ihrer Erinnerungen Angaben über ein »Appartement« Brauns, sondern sprechen wie alle Umfelder außer Schaub von Brauns »Zimmer« neben Hitlers Zimmer. *(Misch,* S. 96, *Plaim/Kuch,* S. 38 f.) Mit dem »Quatsch« des Drei-Raum-Appartements *neben* Hitlers Schlafzimmer beginnt 2003 ausgerechnet der Hitler-Biografie-Korrekteur Anton Joachimsthaler. Und diesmal, ohne eine Quelle dafür anzugeben: »Eva Braun bezog im Juli 1936 im ersten Stock des Neubaus ihr Appartement, das aus einem Schlafzimmer, einem kleinen Wohnzimmer und einem Bad bestand.« *(Joachimsthaler* 03, S. 458) Alle späteren Biografen und Biografinnen schreiben von Joachimsthaler ab, Lambert 2006 ohne Erwähnung von Joachimsthaler, den sie ganz aus der Literaturliste ihrer Braun-Biografie draußen lässt, Görtemaker 2010/11 und Ullrich 2013/16 mit Verweisen auf Joachimsthaler. *(Görtemaker* 11 I, S. 126, *Ullrich* S. 677, 1002, Anm. 14) Görtemaker bezieht sich auch noch auf Sekretärin Schroeder, die jedoch nur von Brauns »Appartement« schreibt, gelegen neben Hitlers Schlafzimmer. Schroeder schlüsselt nicht auf, wie es in diesem »Appartement« ausgesehen hat.

Dabei gibt es das nächste Zeichen für den hypnotischen Info-Stopp über Brauns separate Wohnung im *Berghof*-Dachgeschoss. Schroeder und ihr Herausgeber Joachimsthaler waren jahrelang miteinander im Gespräch. Schroeders Buch *Er war mein Chef* besteht aus zwei Kontingenten, ihren nach 1945 geschriebenen Erinnerungen und ihren Aufzeichnungen aus den Jahren zuvor, die Joachimsthaler bei der Herausgabe von Schroeders Buch immer wieder benutzen durfte. Mit zig Konturierungen und Einfügungen brillierte Joachimsthaler und rundete unermüdlich Schroeders Geschriebenes ab. Doch zu Brauns echter Unter-Dach-Wohnung erfolgt kein Kommentar. Und Joachimsthaler sagt auch nicht, woraus er Brauns Aufteilung ihres »Appartements« »im ersten Stock des Neubaus« entnommen hat:

»Schlafzimmer«, »kleines Wohnzimmer« und »Bad«. Er verweist diesmal nicht wie sonst auf Gespräche mit Schroeder oder auf ihre Notizen.

Aus Joachimsthalers Konturierung eines Details kommt indirekt
heraus, dass er sich die Anschwellung von Brauns Schlafzimmer
neben Hitlers Schlafzimmer in der »Führer«-»Mätressen«-Suite nur
einbildet und dass die Einzelheiten von Brauns Leben in einem Stockwerk höher auch Hitlers Sekretärin nicht bekannt waren: »Die Möbel
waren in zartem grünlichem Schleiflack gehalten ...« *(Joachimsthaler* 03, S. 458) So sahen die Möbel im Handtuch-schmalen Hitler-Si-
de-by-Side-Raum, dem »Türkenzimmer«, aus. Unterm Dach spielte
sich Brauns echter Saus und Braus auf und mit *Ahorn*möbeln ab, wie
Sergeant Sions festgehalten hat.

In Troosts Grundriss herrscht die blanke Wand-an-Wand-ein-
Zimmer-Wahrheit, sodass es mit der Traumtänzerei von Brauns
»Appartement« mit »einem kleinen Wohnzimmer« an Hitlers Schlaf-
zimmer-Seite aus ist.

»Führer«-»Mätressen«-Suite im ersten Stock = für jedes der beiden
Demo-Heteros ein Einzelzimmer. Dazwischen nur die fensterlose
Schuh- und »Kofferkammer« – »Rumpelkammer« nannte man so
etwas früher, jedenfalls nicht ausdehnbar zu einem »kleinen Wohnzimmer«. Auf der anderen Seite von Brauns Zimmer diesseits des
Flures lag die Hausmädchen-»Plätt-Kammer« – auch ohne Fenster.
Vielleicht hat in Brauns Zimmer mit Bad in der »Führer«-»Matres-
sen«-Suite einmal eine Braun-Freundin geschlafen, wenn es oben zu
voll wurde. Sie selbst nicht, sondern immer oben, einen Stock höher,
im zweiten Stock unterm Dach direkt über Hitlers Arbeits- und
Schlafzimmer – mit Schwesterherzlein Gretl und den Busenfreundin-
nen-Seelchen Herta und Marion.

»Woher wissen Sie das?« Es kann doch so gewesen sein: Eva Braun
nur tagsüber unterm Dach, nachts nicht, sondern da erst bei »Führer«-Schnucki im Bett oder gleich daneben im Braun-Schlafzimmer.
15 Indizien stehen gegen diese Version, weit mehr als in Gerichtsverfahren unter Lebenden erforderlich.

Und das massivste Pro, der »Widerrufs-Linge«, der das ätzendste
Paar der deutschen Geschichte in einer engen Umarmung »angetroffen« haben will? Bitte lesen: 2. Ja-Sager, AMORO!

Mit einer – für die Grauen-hafteste »first lady« des Landes standes-
gemäßen – Zwei-Zimmer-Bad-Balkon-Wohnung untern Dach, einem
Adler-haft weiten Blick bis zu den Bergen fliegt das »Märchen« vom
einen Zimmer an der Seite des »Führer«-Schlafzimmers gänzlich auf.

Es gab keinen Vogel-Käfig um Braun. Sie lebte in einem Freiluft-gehege im Himmel über der Mord(Befehl)-Hölle von »Manti« »Herr-scher«. Sie konnte aus- und ein»fliegen«, »schalten und walten«, wie sie wollte und mit wem sie wollte.

Es ging Hitler nur darum, dass Braun bei staatlichen Begeg-nungs-Ritualen nicht »an seiner Seite« »auftritt«. Sie hatte jedoch freie Hand, ihren Aufenthaltsort während dieser seltenen Staatsbesuche auf dem *Berghof* zu bestimmen, wo sie stattdessen sein wollte – souverän in einer separaten Wohnung im *Berghof* oder in München in ihrem Haus. Denn schon bei allen Besuchen aus der Nazi-Szene durfte, ja sollte Braun sich mittags, nachmittags, abends und frühnachts an Hit-lers Seite zeigen, um den Himmlers und Ribbentrops, Goebbels' und Schirachs etc. Eindruck zu machen, der auf ein heterosexuell funk-tionales Verhältnis zwischen Hitler und Braun hat schließen lassen können.

Mit »Vogel-Käfig« hatte ihr Leben nichts zu tun, es sei denn in psychoanalytischer Hinsicht einer inneren, Eltern-provozierten Gefesseltheit. Diese Klärung bedürfte einer Extra-Studie, die die Hit-ler-Forschung zur Zeit null interessieren würde.

Über 8ojähriges Erliegen der Hitler-Intim-Bild-Propaganda

Das Erstaunlichste ist, dass es *keinen* exakten Bericht eines Umfelders über Brauns reales Wohnen unterm Dach auf dem *Berghof* gibt. Hat die Isolierung der Böden und Wände der Braun-Wohnung so exakt funktioniert, dass die Adjus etc. kein Phon von Eva Brauns Lebens-umständen mit zuweilen drei Frauen und mindestens zwei Kindern unterm Dach vernommen haben? Auch jenseits der Isolierungs-Frage konnte es nicht sein, dass alle Umfelder *nichts* vom Frauen-und-Kin-der-Package-Trubel im Dachgeschoss und dem Trepp-Auf und Trepp-Ab mitbekommen hätten. Haben alle weggehört, weggeschaut? Below, Blaschke, Bormann, Brandt, die Braun-Mutter Franziska, Döhring mit Frau Anna, Günsche, Hasselbach, Hoffmann, Junge, Linge, Kempka, Krause, Misch, Morell, die Schirachs, Schroeder, Schwarz, die Speers, Anni Winter, Johanna Wolf und Zimmermäd-chen Anna erwähnen Eva Braun immer nur im »Käfig« des *einen* Zimmers in der »Führer-Mätressen«-Suite oder sagen gar nichts zu Brauns Wohnen, vor allem kein Wort über ihre tatsächliche Separie-rung unterm *Berghof*-Dach. Und die dort mitlebenden Frauen Gretl Braun-Fegelein, Herta Ostermayr-Schneider und Marion Schönmann schwiegen sich ebenfalls aus. Selbstverständlich lässt Mit-Lügnerin

Gretel Mittlstrasser, gemeinsam mit Ehemann Willi, darüber kein »Sterbens-Wörtchen« fallen, obwohl sie als zwei Jahre lang amtierende Hausmeisterin über alles Architektonische und seine »Intim«-Benutzung im *Berghof* Bescheid wusste.

Hat Hitler 23 Umfelder hypnotisiert? Und wenn ja, wäre die Hypnose eingewachsen bis in die tiefsten Wahrnehmungs-Strukturen? Oder hat die Hypnose die Berichts-Erlaubnis-Freiheit derart eingeschränkt, dass eine Selbstzensur bis in den Tod hinein herrschte?

An so etwas kann durchaus gedacht werden, nachdem Anton Joachimsthaler, Hitlers erster »Counter-Biograf«, Auszüge aus einem Brief der Braun-Intima Marion Schönmann zitierte. Schönmann gehörte neben Gretl Braun-Fegelein und Herta Ostermayr-Schneider zum Frauen-Quartett, das es sich in Eva Brauns »Freiluftgehege«-Wohnung unterm Dach des *Berghofs* über dem im Haus organisierten auswärtigen Männermordtrubel hatte wohl sein lassen.

Auf Schönmann muss ein hypnotischer Stöpsel gesessen haben. Denn sie schreibt etwas über den *Berghof* an Hitlers zweite Sekretärin Christa Schroeder noch 1963 unter »dem Siegel absoluter Verschwiegenheit«. Schroeder hatte wissen wollen, in welchem Monat Eva Braun und Hermann Fegelein, der Hitler-Himmler-Verbindungs-Mann und spätere Ehemann von Brauns Schwester Gretl, einander 1944 kennengelernt hatten. Es war Anfang März 1944. Schönmann wusste das genau, weil sie es war, die Fegelein Eva Braun vorgestellt hatte.

Schon der Austausch einer solch datalen Petitesse musste noch fast 20 Jahre nach dem Untergang des Dritten Reichs streng »unter uns bleiben«. *(Joachimsthaler 96, S. 270)* Und so etwas geschah zwischen Nahesten von Hitler (Schroeder) und Braun (Schönmann), die einander seit der Mordzeit kannten.

Dagegen wäre – auch unter Insidern – der Austausch der Wahrheit, Eva Braun hat gar nicht in der »Führer«-»Mätressen«-Suite im ersten Stock gelebt, sondern in einer eigenen Wohnung im zweiten Stock, der Ausbruch eines Wahrheits-Vulkans, dessen Feuer-gespiene Brocken noch den Umfelder selbst getroffen hätten, der die Tatsache nach 1945 »ausplauderte«.

Mysteriös wird es tatsächlich, wenn der Eindruck entsteht, Hitler hätte noch seine Forscher-Nachwelt hypnotisiert, die ihm nicht hinter seine Demonstrations-Hetero-Schliche kommen sollte. Wie kam es zu den »Tomaten auf den Augen« der männlichen und weiblichen Hitler-Hetero-Jubilies, auf dass diese seit Jahrzehnten einen Bogen um die Braun-Fotografien von deren Wohnung auf dem *Berghof* gemacht haben? Denn gegen Hitlers »Operation Führer-Mätressen-Suite«

hätte längst Widerstand geleistet werden können – seit der Öffnung der Braun-Alben in den *National Archives* für die Forschung in den 1970ern. Es hätte bis zu Troosts Ableben und dem Freiwerden ihres Nachlasses nicht gewartet werden müssen.

Das von Peter Longerich negativ beschworene »Wir dürfen nicht die letzten Opfer der Nazi-Propaganda werden« *(Wikipedia)* geschieht seit über 80 Jahren. Ab 1932 hat Hitler mit seiner Propaganda, ein »ganz normaler« Heteromann zu sein, begonnen.

Und auch Despina Stratigakos, die erste Veröffentlicherin der architektonischen Troost-Wahrheiten und die Animateurin des Braun-*Berghof*-Wohnungs-Beschauers Harry Sions erlag noch 2015 Hitlers Intim-Bild-Propaganda – bestätigt auch noch von amerikanischen Offizieren, die Hitlers und Brauns Wohnungen in München und auf dem *Berghof* nach April 1945 explorierten. *(Stratigakos,* S. 272, B. 67) Bilde sich niemand in Hitlers Schlafzimmern Zwei-Leiber-kommunikativ-freundliche 1,40-Bett-Breiten ein!

Das Zeitalter der sexuellen Verlogenheit

Die Entdeckung der wahren Wohnverhältnisse Eva Brauns auf dem *Berghof* ist nicht das schwerste Geschütz gegen den Braun-Hitler-»Geschlechtsverkehr«. Gerade die getrennten Betten in den getrennten Räumen, gelegen in getrennten Stockwerken im selben Gebäude auf dem Obersalzberg, hätten allein noch nicht gegen Sex zwischen Braun und Hitler zu sprechen brauchen. Im Gegenteil, Trennung und Separierung verlangen nach Wiedervereinigung. Kaum ein modernes Paar klebt noch wie »unsere« bürgerlich-kapitalistischen Altvordern in einem Ehehafen-Doppelbett, sondern man leistet sich den Luxus von verschiedenen Betten in verschiedenen Zimmern, manchmal auch verschiedenen Wohnungen »zu bestimmten Zwecken« – vor allem dem, neu-erregt aufeinandertreffen zu können.

Das schärfste und Zielfernrohr-exakt treffende Geschütz ist der heute als »Eigentor« von Hitlers Hetero-»Reklame« für sich selbst wirkende Fakt: Braun und Hitler in getrennten Wohnungen auf dem *Berghof* wurde *ultimo* verheimlicht.

Die Nachwelt musste auf den Tod der fast 100-jährigen Hitler-»Leibarchitektin« Gerdy Troost wirklich warten, ehe die Tatsachen herauskamen, weil erst nun die Grundrisse und der gesamte Hausaufbau klar wurden und die Konstruktion von Eva Braun im Handtuch-Zimmer die ganze Zeit mit Hitler neben sich in seinem Schlafzimmer einstürzte. Die »Führer«-»Mätressen«-Suite auf dem *Berghof* ist im privaten Bereich die effektivste Lüge Hitlers gewesen, wirkte weitest, gründlichst und längstanhaltend. Niemand aus Hitlers Entourage hat das Geheimnis von Eva Brauns realem Wohnen unterm Dach gänzlich gelüftet.

Für das Verständnis der Installierung und dem feinmechanisch exakten Funktionieren der »Führer«-»Mätressen«-Suite-Lüge Hitlers und Brauns ist es nötig, sich klarzumachen, dass Sex und Lüge im bürglich-kapitalistischen Kleinfamilien-System eine engst denkbare Verbindung miteinander eingegangen sind.

Diese Verbindung gab es im Feudalismus nicht. Während der Epoche des Zusammenlebens vor dem Kapitalismus war das Geschlecht der Menschen halbiert. Dem Einzelnen persönlich gehörte nur die eine Hälfte – für Liebe, Lust und »all das Schöne«, das das Geschlechtsleben eröffnet. Die andere Hälfte gehörte der Gemeinschaft, die mit diesem Eigentum den Menschen einige Pflichten aufbürdete. Bei König und Königin kam das Prinzip der Geschlechts-Hälftung am deutlichsten zum Ausdruck, es herrschte aber auch vom Grafen bis runter zum Bauern. Das Land spielte im Feudalismus die wichtigste Rolle. Es musste nicht nur beackert, sondern auch erhalten und dafür Nachkommen hervorgebracht werden. Nachkommen sind dem Kapitalismus prinzipiell schnurz. Seine Gesellschaftsordnung ist nicht mehr (nur) auf Landbesitz, sondern auf Produktion und Konsumierung von Waren aufgebaut. Produziert und konsumiert der oder die Einzelne nicht, tun es andere. Und dezimiert sich ein Volk durch Geburtenrückgänge, werden im mobilen Kapitalismus Einwanderer reingeholt. Deutschland macht es wie Neuseeland.

Für die Zeugung und Geburt von Nachkommen war es im noch statischen Feudalismus das Wichtigste, dass der Geschlechtsverkehr dafür Reibungs-los eingesetzt wurde. Moral interessierte nicht wirklich. »Konnte« ein Mann in einer Ehe nicht, wurde ihm ein Kind untergeschoben, durchaus manchmal mit seinem Einverständnis, denn das Aussterben einer Familie wurde in den feudalistischen Zeiten des »Gemeinschafts-Ichs« wie der drohende eigene Tod empfunden. »Konnte« die Ehefrau nicht, wurde sie entweder heimlich umgebracht und das Kindermachen mit einer neuen Heirat des Mannes probiert. Oder bei echter Liebe zwischen den Gatten wurde der Frau ein Kind »beschafft« und es vor dem beobachtenden Umfeld als das eigene ausgegeben – so staatlicherseits organisiert in den Fällen des französischen »Sonnenkönigs« Louis XIV und des deutschen Mittelalter-Kaisers Friedrichs II. (Melbo) Sexualität war im Feudalismus noch nicht monogam zensiert, im Gegenteil, es gab sogar festgeschriebene Rechte der Bastarde, der nebenehelichen Kinder.

Erst als sich die feudale Landgesellschaft langsam auflöste und der kapitalen Produktionsgesellschaft Platz machte, änderten sich auch die sexuellen Sitten und Anschauungen. Die protestantische ehelich-eternelle Zwangsmonogamie wurde eingeführt, der kein Mensch entsprechen kann. So begann das Zeitalter der sexuellen Lüge. Der Mensch musste sich Sitten-gemäß lebenslang monogam präsentieren und alles Echt-Geile anderwärts hinter dem Rücken der Gemeinschaft agieren. Im Feudalismus durfte er es zeigen. Daher der Begriff »Mätresse«, die an Adelshöfen sogar eine Position innehatte. Der Bauer hatte fürs Nebenher seine Mägde, die Herrin ihre Knechte. Im Kapitalismus wurde alles ganz anders: Am Anfang »Liebesheirat«, keine feudalistische Zwangsehe mehr. Formidabel! Schiller hat mit seinem Sittenkampf-Drama *Kabale und Liebe* gesiegt.

Aber dann, »frag mich nicht!«, Jahrzehnte des Zusammen-Bleibens trotz Geilheits-Schwund schon nach ein paar Jahren! Adorno/Horkheimers Stunde der *Dialektik der Aufklärung* hatte geschlagen. In den feudalistischen »Vernunfts«-Ehen spielte die Problematik des Geil-»Abgefuckt« keine Rolle. Auch waren die Gebote der katholischen Kirche mitnichten unsinnig und Menschen-feindlich: »Keine Scheidung!« und »Koitus nur an fruchtbaren Tagen!« galten der Sitte der Sozial-Ehe im Feudalismus und schritten nicht ein gegen die sexuelle Mehrpersonalität. Erst der protestantisch-bürgerlich-kapitalistische Refrain »Üb' immer Treu und Fickrigkeit!« – Luthers »In der Woche zwier« – wird zur Plage, wenn eine verblühte Liebesheirat lebenslänglich halten soll. Kann sie nicht! Das zu verbergen, geht nur mit Lüge, mit dem Darstellen falscher Erscheinungen.

Schon Marx spricht von den »falses appearances«, die die bürgerliche Moral definierten. Er selbst lebte schein-monogam und unterhielt – nicht einmal seiner Frau Jenny eingestandene – sexuelle Verhältnisse nacheinander mit seinen zwei Wohnungs-Mägden Helene Demuth und Marianne Kreuz und manövrierte damit sein Leben in eine Tragödie. Derartige »Triangels« hätten sich im Feudalismus ganz anders entwickelt, was dem Sitten-ideologisch verbürgerlichten Ehepaar Jenny und Karl Marx nicht mehr möglich war. Die an einer Zwangs-Abtreibung eines Marx-Kindes gestorbene 27-jährige Marianne Kreuz war einer neben-ehelichen Verbindung ihrer ländlichen Mutter entsprungen! *(Pilgrim 90, zweites Buch)*

Adolf Hitler fiel in seinen beiden Formationen *Hitler 1* und *Hitler 2* vollständig aus dem Rahmen des bürgerlich-kapitalistisch Gebotenen: »Du sollst ab 20 eine Frau lieben und ehelichen und mit ihr bis 80 ff. zusammenbleiben! Und das ›wider alle (sexuelle) Vernunft‹

darstellen!« Es gibt im Kapitalismus nicht einmal mehr die alte hebräische Regel: »Bis Tod oder Zwietracht euch scheidet!«

Trotz Einführung des Rechts der Ehescheidung wird jede Partner-Trennung bis heute immer noch als »Ehescheitern« missverstanden. Damit der Wahnsinn der eternellen Monogamie einigermaßen vom polygamen, promiskuitiven und bisexuellen Menschen gelebt werden kann, musste nach außen gelogen und nach innen betrogen werden – die Geburt der »Doppelmoral«. Der Feudalismus hatte nur eine Moral, nämlich die, dass Ehe und Geilheit offiziell getrennt waren – getrennt sein konnten –, was ein Zusammenbleiben bis 80 geradezu garantierte und Scheidungen überflüssig machte, da Ehen prinzipiell aus sozialen und nicht aus sexuellen Gründen geschlossen wurden.

Was Priester und Sittenwächter über »jungfräulich in die Ehe« predigten, hatte unter Bauern und Baronen keine Relevanz. Der Bauer musste sich sogar des Gegenteils befleißigen: Heirat erst, wenn Fruchtbarwerden »geklappt« hatte. Im Kapitalismus bekam die Darstellung von heterosexueller Monogamie eine überdimensionale Bedeutung. Die Ausweichmanöver ins wirklich Geile geschahen per »Fremdgang« oder sexuellem Missbrauch der eigenen Kinder.

Hitlers 180-Grad-Wende zum »Demo-Hetero«

Der »notorisch« sexuell abnorme *Hitler 2* war nicht einmal zu einer Darstellungs-Ehe fähig, was er hinter allen möglichen Rationalisierungen verbarg. Bei *Hitler 1* tat sich gar nichts mit Frauen. Und *Hitler 2* konnte immer nur kurz stottern, sich ab Mitte der 1920er ein paar Mal mit Frauen zeigen, bis das Gezeigte wenigstens zur günstigen Nachrede genügte, die bis heute in der Hitler-Biografik als Hitlers »Frauengeschichten« wiedergekäut wird. Denn noch immer reicht die bloße Namens-Nennung von Frauen in der Nähe Hitlers, auf dass der heterosexuelle Anschein um ihn erhalten bleiben kann.

Hitlers Situation änderte sich nach dem Tod seiner Halbnichte Geli Raubal – geschehen am 18./19. September 1931 in seiner Wohnung am Münchener Prinzregentenplatz 16. Hitler schrammte knapp am Skandal vorbei. Die gegnerischen Medien hatten endlich etwas, womit sie bei ihm Publikums-wirksam nachhaken konnten: Einzelgänger – demonstrierter Nicht-Ehemann und Nicht-Vater – lebt mit seiner Anfang-20-jährigen Nichte zusammen, die plötzlich eines Morgens tot in ihrem Zimmer aufgefunden wird. (*Stratigakos*, S. 11 ff.)

14   *Hitler mit seinen zwei Endlösungsbräuten auf der Braun-Fegelein-Hochzeit*

Wenn Hitler nicht sofort Abhilfe durch eine Image-Änderung unternommen hätte, wäre er bei seinem Anmarsch auf die Staatsmacht in Deutschland effektiv stoppbar gewesen. Er mutierte vom Krawallnik zum Paar-Freak, was entscheidend beruhigende Wirkung auf »das deutsche Volk« gehabt hatte. Daher kann die Bedeutung seiner Wende zum Demonstrations-Heterosexuellen mit Irgendwer-Frau an seiner Seite nicht hoch genug für Hitlers gesamt-gesellschaftliche Akzeptanz angesetzt werden. Klarerweise funktionierte diese Demonstration über das Rieselweib-Prinzip. Alle im Volk wussten nichts Direktes. Aber alle Umfelder sollten massiv »wissen«, wurden in die Horizontalen-Show geradezu reingerissen und gestoßen (*9. Ja-Sager*, Fritz Wiedemann, *8. Ja-Sager*, Hans Baur). Das reichte, um Wellen-bewegend von dem kleinen Kreis die Nachricht erst einmal in der Stadt München kursieren zu lassen. Von dort konnte die Kunde über das »Getuschel« von einem »Techtelmechtel« in das ganze Volk eindringen.

Ab 1932 zeigte sich Hitler manchmal auch halb-öffentlich bezogen auf eine Frau, die immer wieder auftauchte – auf Abendgesellschaften mit »großer Damen-Toilette« und Hitler im Frack, später unter Nazi-Prominenz auf Tribünen von Parteitagen und sogar in einer Publikums-Reihe direkt hinter ihm bei den Olympischen Spielen in

15   *Silvesterfeier auf dem Berghof*

einem Stadion, dort war sie zu sehen und wurde fotografisch festgehalten. *(Görtemaker* 11 I, S. 53, 151, 176) Und »haste nicht, kannste
nicht« war eine tschechische Zeitschrift so weit gegangen, Eva Braun
als »Pompadour Hitlers« zu präsentieren. *(Ullrich,* S. 687)
   Bestens! Hitler war gerettet. Er wurde von der Presse mit dem französischen König Ludwig XV. verglichen, dem heterosexuellsten Herr-
scher der Neuzeit. Von Innen nach Außen die Wellenbewegung. Und
vom Auslands-Außen schwappte alles zurück ins Inland-Innen. Die
Deutschen waren gar nicht so unwissend über Hitlers »Geliebte«, wie
die Hitler-Biografik immer tut. Alle wussten es über den Riesel-Effekt
und das Wellen-Bewegende zwischen Ausland und Inland. Alle waren
tiefenstrukturell über Hitlers »Frau an seiner Seite« informiert –, diskret, versteht sich! Doch mehr brauchte Hitler für sein heterosexuelles
Outfit nicht. Unter Hitlers Mittäterinnen spielte Eva Braun die her-
vorstechendste Rolle – trotz der sogenannten Geheimhaltung ihres
Arrangements mit Hitler.
   Ein Jahr vor seiner Macht-Erlangung durch Reichspräsident von
Hindenburg am 30. Januar 1933 hatte Hitler mit Braun angefangen.
Ab 1936 fungierte sie wie keine andere Frau für seine Macht-Erhal-
tung – vor allem für die Stabilisierung seiner Position unter sämtlichen

mittäterischen Trägern seines Männerbund-Staates. Leni Riefenstahl machte mit ihren Filmen von außen Propaganda für Hitler. Eva Brauns weitläufig bemerkbare Existenz an Hitlers Seite machte Reklame für den inneren Hitler, machte seine undichte Sexualität zugunsten der herrschenden heterosexuellen Norm ganz dicht.

Unmittelbar nach Gelis Tod im September 1931 hatte Hitler begonnen, das ihm bisher seit zwei Jahren lediglich bekannte »Fräulein Braun« – Angestellte bei Hitlers Münchener Freund und »Leibfotografen« Heinrich Hoffmann – als seine »Begleiterin« auszubauen. Die ersten Fotos von Eva Braun mit Hitler auf dem Obersalzberg tauchen in ihren Alben im Winter 1931/32 auf. *(Lambert* 06, S. 82, B. 12 ff.) Wie diese »Begleitung« von innen und vor allem von unten her aussah, wird sogleich in *ORALO, 6. Ja-Sagerin,* Eva Braun, vorgenommen werden.

Nach beträchtlichen Hin-und-Hers und zwei Selbstmord-Versuchs-Demonstrationen Eva Brauns Anfang November 1932 und Ende Mai 1935 begann Hitler mit der Architektur der Beziehung: Auszug der Schwestern Eva und Gretl Braun aus der elterlichen Wohnung Mitte 1935, zuerst in eine eigene Wohnung, dann in ein eigenes Haus plus Einzug des Schwestern-Paares in den *Berghof* Mitte 1936.

Im Kapitel *Kein Mitschlafen – kein Beischlafen* wurde darauf hingewiesen, dass Eva Braun nie in Hitlers seit 1928 gemietetem Landsitz *Haus Wachenfeld* übernachtet hat, auch nicht nach dem Rauswurf der Hitler-Schwester Angela aus der Position der Haushälterin, was gemäß Volker Ullrichs Entdeckung schon im Oktober 1934 und nicht erst 1935/36 geschehen war, worüber sich sogar Insider irrten. *(Ullrich,* S. 679) Ebenfalls in den weiteren fast zwei Jahren zwischen »1934 und 1936 fand *kein Mitschlafen – kein Beischlafen* Brauns und Hitlers im alten *Haus Wachenfeld* statt.

In Hitlers 1936 errichtetem Staats-Landsitz *Berghof* musste Eva Braun nun aus Hetero-Demonstrations-Kalkül auch schlafen. Aber wie denn? Halb irreal für die kleine Umfeld-Öffentlichkeit in der »Führer«-»Mätressen«-Suite, halb real in einer eigenen Wohnung unterm Dach. Immer wieder reitet die Hitler- und Braun-Biografik darauf herum, Hitlers »Verhältnis« »mit« Eva Braun sei vorm Volk streng geheim gehalten worden. Das verstellt den Blick auf Hitlers Lügen-Praxis, sich vor seinen Umfeldern permanent und intensiv als hetero-monogam intakt darzustellen, jedoch sexuell praktizierend mit Eva Braun nicht zu leben. Stattdessen rituelles mehrmalig tägliches Sich-Zeigen mit Braun und sich vor dem Fotoapparat mit ihr aufstellen, damit die Entourage was zum Einkleben ins Album hatte.

Und es waren ja nicht nur Faktoten, die Eva Braun zu sehen bekamen, sondern auch die erweiterte Nazi-Szene der Bormanns und Heß', der Goebbels' und Himmlers, der Görings, Ribbentrops, Brandts, Schirachs und Speers und deren viele Mittätigen, vor allem die Ehefrauen. Alle sollten etwas zu sehen bekommen – zum »Verheimlichen«, in Wirklichkeit aber zum In-die-Gesellschaft-Sickern-Lassen.

Dass dieses In-die-Gesellschaft-Tragen bestens geklappt hat, kommt optimal in einer Passage des Hitler-Begleit-Mannes Rochus Misch zum Ausdruck: »Warum bedurfte es für die Wirtschafterin des Berghofs, als die uns Eva Braun vorgestellt worden war, dieses besonderen Zugangs zum Schlafgemach Hitlers? Man dachte sich bald seinen Teil.« *(Misch, S.* 96)

Hitlers Innenwelt-»Aufreißerin« Despina Stratigakos legt Zeugnisse des ehemaligen *Hauptarchivs der NSDAP* vor, aus denen sich ergibt, dass im *Berghof* zwischen 30 und 50 Mitarbeitende tätig waren – zum Teil auswärts wohnend. *(Stratigakos, S.* 99, 325, Anm. 77) Das bedeutete ein kleiner Hofstaat, in dem alles »rundging« und Spezifisches über Hitlers Ehe-(ähnliche)Fähigkeit auch rundgehen sollte, damit es ins Land »rausgehen« konnte. Deshalb wird Eva Braun als »Rieselweib« gebrandmarkt. Die institutionale buchstäbliche Zementierung der Semi-Ehefrau Hitlers, E. B., verfestigte den Eindruck von Hitlers lebenslänglicher heterosexueller Monogamie-Kapazität, ausgestellt in der »Führer«-»Mätressen«-Suite, an der nicht gerüttelt werden durfte. Denn sie war ein in Stein gehauener heterosexueller »Führerschein« Hitlers.

Das Bekanntwerden des tatsächlichen Lebens von Hitler und Braun in zwei voneinander separierten Wohnungen in verschiedenen Stockwerken hätte strukturell der Optik der bürgerlich-kapitalistischen Ehe widersprochen. Wenn zutage getreten wäre, das »Herrscherpaar« nächtige in zwei voneinander getrennten ganz woanders liegenden Wohnungen im *Berghof,* dann hätte das zwischen 1936 und 1945 für die Hinterköpfe der Umfelder bedeutet: Demnach haben die nichts miteinander! Diese Schlussfolgerung würde auch gegenwärtig noch getroffen werden. Deshalb war die Potemkinsche »Führer«-»Mätressen«-Suite die propagandistische Nazi-Sieger-Trophäe, die der Hitler-Hetero-Fraktion mit dem Gerdy-Troost-Nachlass entrissen werden konnte.

Marianne Hoppes zweite Enttarnung Hitlers

Das monogam-eternelle »Ein-Fleisch« wird mit den Ehepaar-Doppel-bett-»Häfen« in ein und demselben Schlafzimmer demonstriert. Die Demos halten bis heute an. Folgende Groteske wird noch immer von ehemals verheirateten Frauen befolgt: Ein Ehemann stirbt oder lässt sich von der Ehefrau scheiden. Die Ehefrau zieht nicht aus der Ehe-ab-gelebten Wohnung aus, sondern bleibt sogar im nunmehr ehemaligen Ehebett liegen. Dass sie vom Ehemann getrennt ist, zeigt sich mit dem Material-stofflichen Zusammensinken des Doppelbettes an der ehe-maligen Schlafstelle des Mannes. Keine Daunen und Kissen bauschen von dorther noch auf, runden sich mehr zur Wölbung wie am aktu-ellen Schlafplatz der Ehefrau. Die alte Schlaf-Seite des Ehemannes ist zusammengefallen wie der Grabhügel eines darunter verrotteten Sar-ges. Millionen Frauen stellen so ihre gewesene = verweste Hetero-Mo-nogamie dar. Und tun das bis zur Stunde. Die Ehefrauen a. D. zeigen mit ihren halbseitigen Einsturz-Betten: Ich war mal verheiratet und fühle mich prächtig in meiner immer noch laufenden Anpassung an das vollbrachte Soll.

Hitler zeigte mit seiner »Führer«-»Mätressen«-Suite: Ich bin verhei-ratet, wenn auch auf eine allein mir genehme Weise. Er konnte aus eigenem nächtlichem Distanz-Verlangen so weit nicht gehen, sich mit Braun in einen doppel-gebetteten »Ehehafen« schlafend zu lügen = sich derart vor seinen Umfeldern zu präsentieren. Er schlief ab seiner Mün-chener Ein-Zimmer-Untermiete, von Mai 1920 bis September 1929 in der Thierschstraße, immer in einem schmalen Ein-Mann-Einzelbett, manchmal sogar in einem soldatischen Eisenbett.

Sein Frühzeit-Freund Ernst Hanfstaengl hinterließ zu Hitlers Schlaf-Puritanik das erste Zeugnis. (Hanfstaengl 11, S. 47) Hitler hielt daran sein ganzes weiteres Leben lang in allen seinen Wohnungen fest, worüber auch sein Leibdiener Heinz Linge berichtete. (Eberle/Uhl, S. 58). Zimmermädchen Anna entblößte mit dürreren Worten Hitlers soldatisches Feldbett-Spartanik sogar noch für sein Landhaus Berghof: »Hitler hatte ein einfaches Einzelbett, ein ausgesprochen schlichtes Einzelbett.« (Plaim/Kuch, S. 107 f.)

Marianne Hoppe erzählte ihrer zweiten Biografin Carola Stern von ihrem Blick in Hitlers Berliner Reichskanzlei-Wohnung 1934/35, für die sich Hoppe bei einer Abendgesellschafts-Einladung zu Hitler inte-ressiert hatte: »Und plötzlich macht er eine Tür auf! Und da stehe ich in seinem Schlafzimmer! Du lieber Gott, was macht man da bloß?! Da ist eine Eisenbettstelle und eine Glühbirne und ein Stuhl. Sonst nichts. ›Ach‹, sage ich, ›das ist aber ungemütlich.‹ Und gehe einfach raus.« (Hoppe in *C. Stern*, S. 104)

Hoppes Staunen »Du lieber Gott, was macht man da bloß?!« ist eine unspektakuläre Raffung von Hitlers Sexual-Abnormität. Die Wiedergabe der Gewalt-entfachten Onanie-Szene vor dem Film *Der Rebell* war ein Paukenschlag Hoppes *(ONANO, Hitlers Männermord-Orgasmus)*. Das hier jetzt ist ein lautloses Aufseufzen – macht keine weiteren Geräusche, wie Interieurs eben immer stumm sind. Aber mit Mobiliar kann manchmal ebensoviel zur Sexualität einer Person ausgesagt werden wie mit einem gesprochenen Statement eines Zeugen zum Verhalten einer bestimmten Person.

So geschah es schon, als Braun-Biografin Angela Lambert mit der Liste der Braun-Möbel aufwartete, die in kein Einzelzimmer, sondern in eine Mehr-Raum-Wohnung gepasst haben. So geschah es mit Blaine Taylors Präsentation von Brauns Schmink-Tisch, der die Voraussetzung schaffte für Brauns von allen Umfeldern bezeugte viermalige tägliche Moden- und Frisurenschau auf dem *Berghof* zu den vier Essens- und Trinkens-Geselligkeiten. Der Schminktisch bewies, dass Eva Braun ein Refugium hatte, das nicht identisch war mit dem Repräsentations-Schlauch an »Führers« Schlafzimmer-Seite. Eine, die den eigenen Körper zum Gegenstand täglich viermaliger Show machte, musste eine Privat-Garderobe haben, in der die Kostümierung, Frisierung und das Schminken stattfand. Das war kein Keller, sondern eine Wohnung mit einem Kleiderschrankzimmer, zu betreten durch zwei Türen.

Mobiliar kann nicht lügen. »Es ist, wie es ist.« (Kanzlerin-Mutter) Hoppes »Was macht man da bloß?!« ist die Bloßstellung: Kein Sexleben in diesem Zimmer. »Was macht man da bloß?!«, wenn es keine Möbel zum kommunikativen Sex in einem Zimmer gibt. »Du lieber Gott« – da ist ja die Liebe fort! Ein Schlafzimmer ist doch eigentlich zum Schlafen da. Aber nicht nur. Und das weiß eine Mitt-20-jährige Filmschauspielerin, die ununterbrochen fürs »Erotische« eingesetzt wurde – manchmal zwei/dreimal im Jahr *(Kohse)* –, eine der schönsten Frauen ihrer Zeit, die weiß natürlich, was »man« »da« sonst noch alles »macht«. Mit ihrem Satz »Ach, das ist aber ungemütlich!« und ihrem Einfach-Rausgehen hatte die Schauspielerin das unterleiblich Wesentliche von Hitler erkannt: Nichts für irgendein Zu-Zweit war in seinem Schlafzimmer wahrnehmbar. Hitler = ein Mann, der in seinem Single-Bett vor dem »lieben Gott« sexuell gar nichts machte. Auch diese Szene ist von Marianne Hoppe mehrmals übermittelt worden. In ihrem Interview für das Buch *Zeitzeugen sprechen* von Steinhoff/

16   Braun und Hitler: »Küss die Hand gnä' Frau!«

17   Hitler und Braun: »Du sollst mein Gebieter sein«

Pechel/Showalter lässt Hoppe keinen Zweifel daran, dass sie Hitlers soldatisches Einsamkeitsbett bei einem ihrer ersten Besuche aufgrund von Hitlers Einladungen überrascht hat:»Und es war noch nicht diese Hitler-Reichskanzlei, die er sich später ausbauen ließ, sondern man fuhr gegenüber vom Kaiserhof in einem Eckhaus rauf in den vierten Stock, und da wohnte er, dieser Führer ... Und da war die Riefenstahl, glaube ich, da war Sibylle Schmitz, und ein paar von uns auch ... Aber da standen wir auf, und dann sagte er zu mir: ›Es freut mich, dass Sie hier sind. Und kann ich Ihnen meine Wohnung zeigen?‹ Und da sagte ich: ›Ja, das würde mich interessieren!‹ Hat er mir ein paar Zimmer gezeigt und machte dann eine Tür auf und sagte: ›Das ist mein Schlafzimmer.‹ ›Ach‹, sage ich, ›wie ungemütlich!‹ Das werde ich nie vergessen, es war wirklich furchtbar ungemütlich. ›Können Sie sich das nicht ein bisschen freundlich und nett machen?‹ ›Nein!‹ Hitler hat auf mich gewirkt; ja, wie auf einer Postkarte. Er hat kein Flair als Mann gehabt, jedenfalls nicht für mich.« (Hoppe, S. 75)

Hitlers offensichtlich gewordene Puritanik seines Schlafzimmers hätte auch Show sein können. Er stellte sein »Klosterbruder«-Zimmer aus und hatte noch ein anderes Schlafzimmer fürs sexuell echt Grobe. So wie die neugierigen Besucher des damals berühmtesten Komponisten der Zeit, Richard Strauss, einen repräsentativen Saal des Meisters mit Flügel gezeigt bekamen. Doch Komponieren = »Dreckmachen«, wie seine Ehefrau es nannte, das tat er in einem kleinen, nicht vorzeigbaren Raum mit einem Tisch fürs Notenschreiben und einem Klavier fürs Ausprobieren – frei nach Luthers Erfahrung: »Herrschen in großen Räumen, kreieren in kleinen.« Hitlers Mönchskaten-Schlafzimmer in allen seinen Mehrzimmer-Wohnungen wurden von allen seinen Umfeldern beschrieben, die Hitlers Betten aus organisatorischen Gründen hatten sehen müssen, bestätigt auch ...

Beim »Bett« konnte Hitler keinen Kompromiss in Richtung Ehehafen-Show machen. Daher musste er wenigstens das Wand-an-Wand zwischen »Führer« und »Verhältnis« darstellen – wenn auch mit zwei Leibes-getrennten Bädern für jedes Zimmer.

Sofort springt aus Gerdy Troosts Berghof-erster-Stock-Grundriss etwas noch »fanatischer« Getrenntes ins Auge: Es gab von Brauns Bad und Brauns Schlafzimmer keinen Zugang zu Hitlers Bad – ein weiterer architektonischer Hinweis darauf, dass zwischen den Personen A. H. und E. B. in diesen Wand-an-Wand-Zimmern keine Verschmelzung stattfand, die bei echten Paaren mit dem Sich-Säubern zuvor und danach in einem Bad, zumindest mit allerlei offenen Türen zwischen Bad und Zimmern einhergeht. (B. 10)

Das Albernste in der Hitler-Biografik sind immer wieder Bemerkungen dazu, Hitler sei Eva Braun gegenüber treu gewesen. »Treu« war der Einbau des Potemkinschen »Verhältnis«-Raums für Eva Braun an der Seite des Schlafzimmers von Adolf Hitler – eine ein für alle Male gültige Architektur von Hitlers Hetero-Lüge. Einmal im *Berghof* installiert, allen Adjus bis Sekris gezeigt, und schon war die Lüge in allen drin und blieb dort bis zu ihrem Tod verankert. Niemand hat von Brauns heimlichen Tagen und Nächten in ihrem Frauen-Himmel berichtet, auch jemand wie ihre Intima Herta Ostermayr nicht, gerade die nicht, die dort mit Braun endlos geschwelgt hatte. Ostermayrs Mann Erwin Schneider war ja konstant auf der Tour des Krieges. Was wollten die Innenweltlerinnen Braun und Ostermayr mehr?!

Summe:

Hitler wusste, dass die bürgerlich-kapitalistische Gesellschaft keinen Spaß versteht bei der Lüge von der eternellen Monogamie, heißt bei deren Darstellung. Der für seinen delegierenden Serienkiller-Trieb wichtigste Staffellauf-Mörder Heinrich Himmler war »fein raus« und machte ihm das bürgerlich-kapitalistische männerbündisch gegengezeichnete Verhalten vor. Himmler hatte eine Ehefrau plus Tochter zum Darstellen und ein »Verhältnis« fürs Eigentliche, aus jenem zwei Kinder hervorgingen – ein Junge und ein Mädchen.

Hitler hatte »fürs Eigentliche« seinen Serienkiller-Trieb, dessen Befriedigung seit 1. September 1939 wie geschmiert vom Stapel lief. Und fürs Darstellen hatte er seine Ehe-…, nein Eva Braun. Was die Zeugen Max Amann und Heinrich Hoffmann hinterließen, betrifft nur die *Darstellung*, die Hetero-Demonstration Hitlers. Mit dem Krieg seien sich er und Braun näher gekommen, relativierte Hoffmann sein Verdikt: Braun-Hitler = platonisch. (*Hoffmann 74*, S. 22 f - *ONANO, erster Nein-Sager*) Doch das Sich-näher-Kommen zwischen Braun und Hitler ab Kriegsbeginn galt nur der notwendigen Permanenz-Registrierbarkeit einer Frau »an seiner Seite«. Dort befand sich Braun tatsächlich, aber nicht »auf Mitte«, vor seinen Geschlechtsteilen.

Was beim *achten Ja-Sager*, Hans Baur, schon ausgeführt wurde, trifft für diese Zeit in verstärktem Maße zu: Hitler brauchte Braun zweifach, zum Ausweis für seine »normale«, sexuell-phallische Männlichkeit und zur Kaschierung seiner Lust am Quältöten, seiner eigentlichen tiefen Befriedigung beim *seriellen* Staffellauf-Morden von Befehl zu Befehl. Ohne eine Frau an Hitlers Seite wäre dem tumpesten Hetero in seiner Entourage schließlich aufgegangen: »Was läuft hier eigentlich mit den Schlachten und Schlachten und den nicht endenden Befehlen von Attacken und Kapitulations-muffeligen Counter-Attacken?« Was bis zu Hitlers Selbstmord im Bunker nicht zu einem Ende kam. Doch mit der »Frau an seiner Seite« war alles in Ordnung. Die Befehle entsprangen dann nicht Hitlers Serienkiller-Trieb, sondern »höheren Zwängen«, also irgendetwas Oberem, geradezu »Göttlichem«, »der Vorsehung«, wie er es nannte, hatten nichts zu tun mit seinem echten, unsichtbaren, destruktiv gesteuerten Unten.

Hitlers Unten wurde Theater-halber von Eva Braun repräsentiert, mit der er während des von Heinrich Hoffmann missverstandenen »Näherkommens« seit Hitlers Antritt des Zweiten Weltkriegs viermal pro Tag Darstellungen absolvierte:

Erstens zu den Mittagessen, sobald seine Co-Diktatoren und sein direktes Kriegs-Klientel, genannt »Hitlers Generäle«, da waren, die zwischen den »Lagebesprechungen« essen mussten, und die »Frau an seiner Seite« zu sehen bekamen,

zweitens bei den Gesellschaften nachmittags im Obersalzberg-Teehaus, während denen Hitler im Sessel einschlief,

drittens zu den Abendessen im großen Parterre-Saal wieder mit Sitzordnung,

viertens bis zu den endlosen Kamin-Nächten mit Nonsens-Gerede. (Görtemaker 11 I, S. 72, 138, 210, Hiller von Gaertringen, S. 124, Lambert 06, S. 306, B. 8/9)

Hitler hatte zugelassen, dass Eva Braun ihm ab seiner Entfesselung des Zweiten Weltkrieges tatsächlich näherkommen konnte, aber nicht sexuell, sondern sozial. Auf dem Berghof war das Präsentations-Ritual installiert, aber kein Doppelbett. Mit der »Führer«-»Mätressen«-Suite im Berghof hatte Hitler vorgesorgt. In der Berliner Reichskanzlei gab es so etwas Stramm-Demonstratives nicht, nur ein Besuchs-Zimmer in der Nähe von Hitlers Privaträumen, in dem Braun selten zur Hetero-Image-Pflege Hitlers mal auftauchte und dann ihre Zimmertür nachts offen ließ, damit der Kurier Rochus Misch bei der morgendlichen Post-Hinterlegung Braun mit durchsichtigem Nachthemd im Bett bemerken sollte. (Misch, S. 110 f.)

ORALO

Die Betroffene spricht

6. *Ja-Sagerin* – Eva Braun

Nach der Ausbootung von sechs Ja-Sagenden – Max Amann (12.), Hans Karl von Hasselbach (11.), Albert Speer (10.), Fritz Wiedemann (9.), Hans Baur (8.) und Gretel Mittlstrasser (7.) – gibt es jedoch noch vier echte Pro-Zeuginnen zu Braun-Hitlers interpersonell ausgeübter Sexualität (von 6. bis 3.).

Der zweite (der insgesamt sechs noch zu prüfenden Ja-Sagenden und vorletzte in der Reihe), der »Widerrufer« Heinz Linge, kann so lange noch nicht mitgezählt werden, bis er einer Kreuzverhör-taktischen Zeugen-Befragung ausgesetzt wird, um herauszufinden, wo in seinen drei – einander widersprechenden – Äußerungen über das Paar Braun-Hitler die Wahrheit liegt und ob er ein echter Ja- oder Nein-Sager war.

Und der erste Ja-Sager, Hitlers Leibarzt Theodor Morell, steckt in einer derartigen Quellen-Verwucherung, aus der man ihn zunächst befreien muss, ehe das, was er in amerikanischer Gefangenschaft angeblich positiv zum Geschlechtsverkehr Hitlers mit Eva Braun hinterlassen hat, eine Aussage-Qualität bekommt oder als Fälschung zu enttarnen ist.

Doch von 6. bis 3. sind die Zeuginnen pro Braun-Hitler-Sex so ernst zu nehmen, dass sie nicht nur genau beachtet werden müssen, sondern dass es dabei zugleich auch um eine Rehabilitierung des in Sachen Hitler-Sexualität wiederholt kritisierten Hitler-Biographen Volker Ullrich gehen kann.

Das wichtigste Ja-Votum enthält das *Tagebuch-Fragment* Eva Brauns, in dem Passagen enthalten sind, die eindeutig auf »irgendeinen« Sex zwischen Braun und Hitler verweisen. Diesmal liegt keine *mündlich* gemachte Aussage vor, sondern ein Historiker aufatmen lassendes – Schriftstück. Die Beschäftigung mit diesem Text konnte aus mehreren Gründen bisher noch nicht geschehen:

Erstens mussten die sechs falschen Ja-Zeugen auffliegen, um der Pro-Hetero-Hitler-Seite Gewicht zu entziehen.

Zweitens gehört das Zeugnis des *Tagebuch-Fragments* in einen direkten Zusammenhang mit den übrigen drei substanziellen Ja-Sagerinnen. Die Geschehnisse, die im Braun-*Tagebuch-Fragment* behandelt werden, liegen im Zeitraum, von dem auch alle übrigen drei Ja-Sagerinnen sprechen oder schreiben.

Drittens ist die Authentizität des Textes in der Hitler-Forschung so umstritten, dass langatmige und verzweigte Sonder-Recherchen und Betrachtungen notwendig waren, um den Text als ein echtes Braun-Zeugnis zu verifizieren.

Die absurde Situation in der Hitler-Forschung: Da Tausende Details behandelt werden müssen, lassen alle Hitler-Gesamt-Biografen Aspekte und Passagen in seinem Leben ungeklärt liegen – so wie es nach Hitlers zweiter Kriegsverwundung mit seinen fünf Wochen zwischen 15. Oktober und 19. November 1918 gemacht wird, die zu Hitlers Wesensveränderung geführt haben, welche in der Hitler-Forschung »kein Thema« ist *(drittes Buch)*. Ein »Gesamter« kann sich nicht in einer der vielen Ungeklärtheiten in Hitlers Leben verlieren und dadurch riskieren, dass er bei der Bewältigung des Ganzen Schiffbruch erleidet.

Mit den Ungeklärtheiten in Hitlers Biografie ist es so weit gegangen, dass ihnen der neueste französische Hitler-Gesamt-Biograf Bernard Plouvier *(Plouvier* 07/08) ein eigenes Buch gewidmet hat. *(Plouvier* 09) Wegen dieser Situation in der Hitler-Forschung werden von Generation zu Generation die Blindstellen weitergereicht – und damit auch Fehleinschätzungen des Arbeitsgegenstandes »Adolf Hitler«, ein Sachverhalt der seinerseits zur Mythisierung Hitlers beiträgt. Für die Verifikation von Hitlers sexuellen Konditionen kann diesbezüglich nichts Ungeklärtes aufrechterhalten bleiben, weil diese in einem direkten Zusammenhang mit seinem sexual-devianten Serienkiller-»Format« stehen.

Das *Tagebuch-Fragment* der Eva Braun ist für Hitlers sexuelle Problematik keine Nebensache, sondern im Gegenteil etwas Zentrales, denn in dem Text wird von einem tatsächlich stattgehabten »sexuellen Umgang« zwischen Hitler und Braun berichtet – andeutungsweise, versteht sich, aber doch so deutlich, dass an den Bemerkungen nicht vorbeigesehen werden kann. Da dieses eine Zeugnis das Kaliber hat, alle, inzwischen auf 28 gestiegenen Neins umzustoßen, bekommt die Authentizitäts-Frage eine nach schlüssigen Antworten drängende Priorität – besonders deswegen, weil der (europäischen) Gesellschaft kurz nach 1945 schon eine Braun-Tagebuch-Fälschung zugemutet wurde *(ONANO, 17. Nein-Sager,* Karl Wilhelm Krause).

Auf keinen Fall kann es so bleiben, wie Ullrich die Authentizitäts-Frage stehen ließ. Auch er ist aus den gerade beschriebenen Gründen nicht in der Lage gewesen, sie zu beantworten. Aber er zieht seine Schlussfolgerungen trotzdem aus dem umstrittenen Text, als ob Ullrich ihn als authentisch nachgewiesen hätte. Ullrichs »Vorausgesetzt dass …« verblasst im Fluß seiner weiteren Argumentation. Und hängen bleibt bei der Lektüre nur ein »Also stimmt es doch! Braun und Hitler hatten Sex miteinander – weil das im Braun-Tagebuch steht!« *(Ullrich*, S. 681 *ff.)*. So etwas geht Geschichts-prozessual nicht. Noch weniger kann akzeptiert werden, wie sich die vierte Braun-Biografin Heike Görtemaker an dem Problem vorbeirobbt. 13 Seiten lang ist ihr Kapitel *Das »Tagebuch«. (Görtemaker 10,* S. 100–112) Beflissen setzt sie in ihrem Text das Wort Tagebuch immer in Anführungszeichen, weil die Echtheit ja noch »umstritten« ist. In ihrem wissenschaftlichen Apparat behandelt Görtemaker das Authentizitäts-Problem jedoch als gelöst, denn sie zitiert nun fortlaufend ab der Anmerkung 115 auf Seite 313 aus Brauns Tagebuch ohne Anführungszeichen, als hätte Görtemaker die Authentizität bewiesen. Ihr »Beweis« ist nachahmlich simpel: Braun-Schwester Ilse hat dem ersten Braun-Biografen Gun geschrieben: »Echt«. Gun glaubt's. Hitler-Biograf Maser glaubt's auch. Macht drei gegen den einen, denn Joachimsthaler glaubt's nicht, da Brauns *Tagebuch-Fragment* nicht in Brauns üblicher Handschrift verfasst wurde. So entscheidet sich Görtemaker wegen des klaren Drei zu Eins für die Echtheit. *(Görtemaker 10,* S. *103, Gun 68 I,* S. *69, Maser 1974 ff.,* S. *236, 325 ff., Joachimsthaler 03,* S. *444 ff.)*

Solch ein »Vorausgesetzt, das Tagebuchfragment sei echt ...«, wie es sich ein 1100-Seiten-Hitler-Biograf leisten kann *(a. a. O.,* S. 681), bei dem nicht alles stimmen muss, kann sich ein Detailforscher über Hitler nicht leisten. Die Wörter »offensichtlich«, »vermutlich«, »wahrscheinlich«, »wohl«, »bestimmt«, »vielleicht« müssen aus dem Text einer Einzel-Analyse prinzipiell draußen bleiben. Bei der Bearbeitung eines Spezialproblems zu Hitler muss etwas als »Es ist so!« oder »Es ist nicht so!« vorgestellt werden können. Jede Art von Konjunktivität wäre tödlich für das Unternehmen einer Hitler-Spezialforschung. Der Spezialforscher mag sich hier und da irren, was ihm dann von Fall zu Fall nachgewiesen werden müsste, aber etwas bewusst im Zweifel lassen, wie es in den Hitler-Dicklaib-Bios gang und gäbe ist, darf er nicht.

Das Braun-*Tagebuch-Fragment* kann nur dann zur Charakterisierung des Braun-Hitler-Verhältnisses herangezogen werden, wenn es hundertprozentig als echt verifiziert wurde. Daher werden genausoviele Seiten für die Erlangung des Wissens von der Echtheit des Fragments eingesetzt, wie Görtemaker sich derart ausgedehnt in ihrem Glauben einrichtet.

Die »sieben Siegel« des Braun-Tagebuchs

Das erhalten gebliebene *Tagebuch-Fragment* der Eva Braun schlummert in den *National Archives* in Washington, terminologisch genannt *NARA (The National Archives and Records Administration)*. Braun-Biograf Nerin E. Gun und Hitler-Biograf Werner Maser publizierten 1968 und 1975 in ihren Büchern die kalendarischen Notate einer Beziehungs-emotional heftig strapazierten jungen Frau mit den Eintragungen zwischen dem 11. Februar und dem 28. Mai 1935. *(Gun* 68 I, S. 70 ff., *Maser* 75, S. 332 ff.) Beide Autoren glaubten an die Authentizität des Geschriebenen und behaupteten, es handele sich um einen Text der Hitler-Freundin Eva Braun. So blieb die Situation, bis mehr als 30 Jahre später wieder einmal der mit dem scharfen Auge des Ingenieurs gesegnete Anton Joachimsthaler feststellte: Das Fragment ist nicht in der Handschrift Eva Brauns verfasst worden – daher für die Hitler-Forschung unbrauchbar.

Muss bei allen anderen Hitler-Biografen immer darauf geachtet werden: »Übersehen sie etwas?« oder »Stellen sie etwas falsch dar?«, so ist bei Joachimsthaler eine entgegengesetzte Aufmerksamkeit notwendig: »Überinterpretiert er einen Fund oder eine seiner Erkenntnisse?«. »Zieht er aus einer seiner Entdeckungen falsche Schlüsse?«, was Joachimsthaler mehrmals tat, worüber im Einzelnen immer wieder berichtet werden wird. »Falsche Schlüsse« zog Joachimsthaler gegenüber seiner Entdeckung der zu Eva Braun nicht passenden Handschrift des Fragments, indem er »apodiktierte«: Das Fragment nicht in Brauns Handschrift. Also nicht Brauns Tagebuch-Ausschnitt! *(Joachimsthaler* 03, S. 444 ff.)

Die *Realität* dieses Überbleibsels der höchstrangigen »Endlösungsbraut« des Dritten Reiches *(Pilgrim* 94) lässt sich mit anderen Mitteln als nur mit dem des platten Handschriften-Vergleichs beweisen.

Weil das Schriftstück gerade für die Diskussion von Hitlers »Low-Sex« eine zentrale Rolle spielen kann, muss die Bekräftigung seiner Authentizität so ausführlich vorgenommen werden, bis keine Widerworte mehr möglich sind.

Denn Gun und Maser haben sich überhaupt nicht mit der Handschrift-Frage befasst und sich dadurch leichtsinnig auf die Fährte des Glaubens begeben, die in der Hitler-Forschung ebenfalls immer wieder betreten wird, was die »Suche nach dem wahren Hitler« äußerst erschwert.

Mit sieben Schritten kann die Wahrheit über echt oder unecht erreicht werden.

Das Überleben des Tagebuch-Fragments

1. Schritt

Eva Braun unternahm Ende Mai 1935 ihre zweite Suizid-Demonstration – wieder, wie beim ersten Mal im November 1932, war es ein Hitler-Erpressungs-Versuch. Die 23-jährige Braun lebte Anfang 1935 noch in der Münchener Wohnung ihrer Eltern und war weiterhin in Heinrich Hoffmanns »Photohaus« angestellt – genauso wie während der sechs Jahre zuvor. Hitlers Freundin »für bestimmte Zwecke« war Braun zu dieser Zeit bereits seit drei Jahren.

Braun nahm in der Nacht vom 28. auf den 29. Mai 1935 eine Überdosis Schlaftabletten ein und lag – der Dinge harrend – im Bett ihres Jungmädchen-Zimmers. Da kam ihre drei Jahre ältere Schwester Ilse in die gerade Eltern-freie Wohnung und fand Eva in hilflosem Zustand im Bett liegend, neben sich ein aufgeschlagenes Tagebuch. So erzählte Ilse es Brauns Biografen Nerin E. Gun. *(Gun* 68 I, S. 78 f., *Görtemaker* 10, S. 112)

Ilse wohnte zu dieser Zeit schon seit 1929 in der Praxis ihres Arbeitgebers, des HNO-Arztes Dr. Martin Levy Marx. *(Joachimsthaler* 03, S. 430) Das Timing zwischen den Schwestern riecht nach Verabredung. Die älteste der Braun-Schwestern lebte seit sechs Jahren nicht mehr, wie Eva, in der elterlichen Wohnung und ist da auch nicht »zufällig« mal nachts zwischen dem 28. und dem 29. Mai 1935 vorbeigekommen. Brauns Eltern und ihre jüngere Schwester Gretl waren in dieser Nacht außer Haus. Eva Braun wäre im Tod gelandet, wenn die zwei älteren Braun-Schwestern Eva und Ilse nicht etwas ausbaldowert hätten, was Eva rettete und zugleich die Show entlarvte.

Damit wird klar, dass die bisherige Annahme der Hitler-Biografik von Ilses »Vorbeischauen« und »Eva-zufällig-Finden« unrealistisch war. Ilse muss aus ihrer Wohnung am anderen Ende Münchens in Eva Brauns Selbstmord-Show einbezogen worden sein. Ilse gibt bei ihrem Gespräch mit Nerin E. Gun immerhin zu, dass Braun den Selbstmordversuch »ein bisschen inszeniert« habe, ohne dass Ilse weitere Einzelheiten zu dieser Inszenierung preisgab. *(Gun* 68 I, S. 78 f.)

Auch der Spezialist zum Thema *Selbstmord in Nazi-Deutschland*, Christian Göschel, bezweifelt zu Recht die »Echtheit« des zweiten Selbstmord-Versuchs der Eva Braun *(Göschel*, S. 150) Nicht »wie gerufen«, sondern schnöde »gerufen«, weil verabredet, kommt Ilse zu einer bestimmten abgemachten spätnächtlichen Zeit in ihre alte Wohnung. Sie findet ihre jüngere Schwester Eva tatsächlich mit einer Überdosis Schlafmittel im Bett. Neben Eva liegt deren Tagebuch auf dem

Nachttisch. Ilse stößt auf die überlieferten »Hitler pfui, pfui«-Stellen zwischen März und Ende Mai 1935.

Auch alles weitere in der Chronik zur Rettung der Seiten Februar bis Mai 1935 in Eva Brauns Tagebuch bleibt überzeugend: Eva delirisch im Bett. Ilse erste Hilfe leistend und einen Arzt rufend. Vor allem: Ilse entfernt die Seiten Februar bis einschließlich Mai 1935 aus Evas Tagebuch, das Ilse bei dieser Rettungsaktion auf dem Nachttisch entdeckt. Sie fertigt eine Abschrift an oder lässt sie anfertigen und vernichtet die Originale dieses Ausschnittes, die nie aufgetaucht sind, noch von denen je etwas übermittelt wurde.

Ilse unternimmt damit eine berechtigte Vorsichtsmaßnahme. Denn wenn die Polizei diese Seiten der Anklage Brauns gegen Hitler gefunden hätte, geschweige denn, wenn dieser Text in die Hände der Gestapo gekommen wäre, hätte das für ihre Schwester Eva ungünstige Folgen haben können, stellt diese doch das Verhalten des Reichskanzlers und NSDAP-Führers in puncto Sex mit Frauen als problematisch, zweifelhaft bis »nicht ganz richtig tickend« dar: Das Abbild so vieler Wünsche von Millionen deutscher Frauen – in Wirklichkeit emotional zwielichtig bis gefühllos grausam, zumindest germanisch unritterlich. Er versetzt seine Freundin an einem verabredeten Termin, lässt sie stundenlang warten, verschwindet ohne Adieu, speist sie mit einem öffentlichen Treffen ab und meldet sich danach zwei Monate lang nicht. Er wendet seine Aufmerksamkeit anderen Frauen zu, demonstriert ihr das auch noch. Ja, er demütigt sie vor Bekannten, indem er ihr ohne Worte einen Briefumschlag mit Geld zusteckt – ihre Apanage! Er macht eine liebende Frau zum Nervenbündel. So steht es kontinuierlich in dem von fremder Hand abgeschriebenen Vier-Monats-Tagebuch-Fragment. (*Gun* 68 I, S. 70 ff., *Maser* 89, S. 332 ff.)

Nachdem Eva Braun kurze Zeit später als heimliche Lebensgefährtin Adolf Hitlers an seiner Seite installiert worden war, konnte der gefährliche Text unbeschadet in den Besitz der Autorin zurückkehren. Ab jetzt existierte er allerdings nur noch in der Form der Abschrift. Dieser Zustand sicherte jedoch zugleich seinen Erhalt für die Nachwelt. Der Text lagerte in Brauns Besitz auf dem *Berghof* woanders – nicht unter ihren handschriftlichen Zeugnissen, sondern unter ihren Büchern, Platten, Fotoalben und Filmen. US-Soldaten entdeckten die Hinterlassenschaften, als die Amerikaner Hitlers Landsitz auf dem Obersalzberg bei Berchtesgaden erobert hatten. (*Ullrich*, S. 681) Sämtliche Briefe, Notizen und Tagebücher Brauns – außer dem in Frage stehenden abgeschriebenen Fragment – befanden sich unter Brauns Handschriften. Sie fielen Ende April 1945 der Zerstörung des

Braun-Hitler-Nachlasses durch den Hitler-Adjutanten Julius Schaub anheim, dem Hitler letztwillig befohlen hatte, alles Persönliche des Paars Braun-Hitler in allen Wohnungen zu verbrennen. Da die Abschrift von Brauns Tagebuch-Fragment, betreffend den Zeitraum von Februar bis Mai 1935, zufällig zwischen den harmlosen, nicht von der Schaub-Verbrennung betroffenen Sachen steckte, überlebte sie zusammen mit ihnen, wurde mit ihnen nach Washington transportiert und in die Bestände der *National Archives* eingeordnet.

Ilse, später zum zweiten Mal verheiratete Fucke-Michels, hat den Hergang des Fragment-Überlebens in ihrem Brief vom 8. April 1967 an Nerin E. Gun skizziert, der den Brief in seiner Publikation von 1968 abdrucken ließ. *(Gun 68 I, S. 68 f., 79)*

An Ilses Zuverlässigkeit ist nicht zu zweifeln. Sie war in ihrem langjährig ausgeübten Beruf als Arzthelferin in Genauigkeit trainiert. Ihr damaliger Chef, der HNO-Arzt Dr. Levy Marx, war jüdisch. Ilse hatte anfänglich nichts mit der privaten Hitler-Clique zu tun, der sich neben Eva auch die jüngste der drei Braun-Schwestern, Gretl, rituell angeschlossen und es durch die Heirat mit dem SS-*Obersturmbannführer* und Himmler-Mittäter Hermann Fegelein bis zu Hitlers Schwägerin gebracht hatte *(NEUTRO, Die Informandinnen-Gleitcreme der Braun-Schwestern)*. Ilse, die Älteste der Braun-Schwestern, war nicht einmal ideologisch aufseiten der Nazis, was ihre Zusammenarbeit mit ihrem jüdisch gebürtigen Chef auch nach 1933 belegt, bis ihm 1937 die Auswanderung in die USA gelang. *(Görtemaker 11 I, S. 36 f.)* Nach ihrer Trennung von Levy Marx erschien Ilse zum ersten Mal in Hitlers Nähe. Sie ist auf dem Foto der *Berghof*-Silvesterparty von 1938 zu sehen, zu der ihre Schwester Eva sie eingeladen hatte. *(Ullrich, S. 702)*

Ilses Aktionen für die Rettung des *Tagebuch-Fragments* als eine Kopie in der Handschrift einer nicht genannten Person sind stimmig. Die gesamte Psyche dieser vatertöchterlichen Frau ist es ebenso – sehr im Unterschied zur Psyche ihrer beiden aneinandergeschweißten jüngeren muttertöchterlichen Schwestern Eva und Gretl. *(Pilgrim 94)*

Frappierende Termin-Übereinstimmungen

2. Schritt

Am überzeugendsten ist die Stimmigkeit des Fragmentes selbst, auf die Eva Brauns Biografin Heike Görtemaker zuletzt 2010 hinwies: Die Details von Terminen, die Eva Braun in den Monaten Februar bis Mai 1935 erwähnt, passen feinmechanisch mit der inzwischen erforschten Wirklichkeit der Hitler-Terminkalender »von Tag zu Tag« zusammen

(Bruppacher, Hauner, Sandner Februar bis Juni 1935). Sie decken sich vor allem mit den Eintragungen in Joseph Goebbels' Tagebüchern. *(Görtemaker* 10, S. 313 f., Anm. 119–122, 125, 131).

Hitler-Biograf Ullrich bestätigte die Termin-Simultaneitäten zwischen Braun-Privat und Hitler-Öffentlich, die sich aus dem – von der Forschung überraschenderweise vor Ullrich noch nicht gehobenen – »Notizbuch« des Hitler-Adjutanten Wilhelm Brückner ergeben. *(Ullrich,* S. 1003, Anm. 35, *Brückner)*

Braun und Hitler sitzen am 31. März 1935 nebeneinander bei einem Essen mit Tischordnung im Münchener Hotel *Vier Jahreszeiten.* Und doch beschwert sich Braun hinterher darüber, dass sie mit Hitler kein Wort wechseln konnte und er ihr am Schluss einen Briefumschlag mit Geld überreicht hätte – wieder ohne Worte. *(Gun* 68 I, S. 76, *Maser* 74 ff., S. 353) Hitlers Architekt für seinen monumentalen Städtebau, Albert Speer, beschreibt die Szene mehrmals und empört sich über diese Braun-Demütigung, nach der Speer die ersten Zweifel an Hitler bekommen hätte. *(Fest* 99, S. 11, *Fest* 06, S. 84, *Sereny* 01, S. 234)

Derartige Detail-Informationen hätte bis weit nach 1945 eine Tagebuch-fälschende Person außerhalb des Hitler-Zirkels nicht haben können. Nur Non-plus-ultra-Insider wie Adjutanten, engste politische oder künstlerische Vertraute und eben die »Geliebte des Führers« verfügten über die Kenntnisse von den »Bewegungen« Adolf Hitlers, die in dem Schriftstück festgehalten wurden. Wie beim *17. Nein-Sager,* Karl Wilhelm Krause, besprochen *(ONANO),* flog das »echt« falsche Luis-Trenker-»Tagebuch« der Eva Braun dadurch auf, dass darin so gut wie nichts mit der politischen Wirklichkeit der Betroffenen übereinstimmte. Brauns Biografin, Angela Lambert, berichtet von weiteren Braun-Tagebuch-Fälschungen, denen ebenfalls die Termin-Präzisionen fehlen. Und trotzdem werden solche Fantasieprodukte bis in das Jahr 2000 auf dem Anglo-Buchmarkt verbreitet. *(Lambert* 06, S. 153, Anm. 8)

Demgegenüber wird der Inhalt des Dokuments durch Zeugnisse bestätigt: Männer aus dem engsten Umkreis Hitlers verifizieren als Daten-Lieferanten die in Eva Brauns *Tagebuch-Fragment* festgehaltenen Termine. Doch diese Männer scheiden als Kandidaten für eine Fälschung aus, weil sie einen solchen Impetus nicht gehabt hatten – von der mangelnden Zeit und dem komplizierten Umstand, ausgerechnet ein Braun-*Tagebuch-Fragment* in einer fremden, Braun-fernen Schrift fälschen zu wollen, ganz zu schweigen.

Erst recht hatte Brauns Schwester Ilse über jene Insider-Details *nicht* verfügt, die Görtemaker und Ullrich als eins zu eins zur damaligen Wirklichkeit passend belegen können, es sei denn Ilse wäre ein

Alter Ego ihrer Schwester Eva gewesen, eine Leibwächterin, die jeden Schritt der »Führer-Geliebten« begleitet hätte. Solch eine Nähe gab es nur zwischen den beiden jüngeren Braun-Schwestern Eva und Gretl. Aber Gretl wiederum hat nichts mit dem *Tagebuch-Fragment* zu tun. Jedenfalls ist keine Story überliefert worden, wie die über die älteste der Braun-Schwestern, Ilse: In die elterliche Wohnung kommen, Eva vorfinden, Herausnahme der »Spezialseiten« in Evas Tagebuch von Februar bis Mai 1935, weiteres Tätigwerden, um eine Abschrift herstellen zu lassen, Vernichtung des Originals, Rückgabe der Abschrift der Seiten des herausgerissenen Zeitraums. Alles das ist übermittelt worden von *Ilse* und ergibt sich aus ihrem Tun. Nichts dergleichen existiert von Gretl, obwohl Gretl noch bis Ende 1987 gelebt hat *(Lambert 06, Eva Braun Family Tree)* und überhaupt keine »Fundgrube« für Biografen wurde *(ONANAO, Die Vermeidung der zwei Braun-nahesten Nein-Sagerinnen, 21. Nein-Zeugin, Nelly Scholten).* Von einer Von-Stunde-zu-Stunde-Nähe zwischen den beiden älteren Braun-Schwestern Eva und Ilse ist nirgendwo die Rede. Ja, Ilse taucht biografenseits ausführlicher behandelt zum ersten Mal in Evas Leben überhaupt erst auf, als es um die Frage der Tagebuch-Fragments-Authentizität geht.

Die Schönschrift-Auffälligkeit

3. Schritt

Nun gibt es zuschlechterletzt bei der Klärung der Authentizitäts-Frage noch ein bisher ungelöstes *formelles* Problem: Ilse hat die vier Monate von Februar bis Mai 1935 aus dem Tagebuch ihrer Schwester Eva nicht selbst abgeschrieben, sondern abschreiben lassen. Auch sie wollte mit dem Vorgang »Führer-Beleidigung« nicht in Verbindung gebracht werden, wollte von diesem Text aus nicht per Handschriften-Überprüfung eine Spur zu ihrer eigenen Person und damit auch zurück zu ihrer Schwester Eva legen.

Entweder alles vernichten. Das wäre ihrer Schlaftabletten-überdosiert daliegenden Schwester Eva nicht recht gewesen, denn sonst hätte diese das Fragment in fremder Schrift unter ihren Fotos etc. ja nicht aufbewahrt, bis es dort die Amerikaner fanden. Oder in Form einer Abschrift erhalten, deren Urheber den Behörden des Dritten Reiches, die am Bett der versuchten Selbstmörderin möglicherweise hätten auftauchen können, nicht mehr ermittelbar gewesen wäre.

Es gibt bei der Abschrift-Frage eine bisher übersehene Besonderheit: Das Fragment ist in einer altdeutschen Schönschrift verfasst worden. Die Klärung der Authentizität des Eva-Braun-*Tagebuch-Frag-ments* brachte wesentlich schon Hitler-Biograf Werner Maser voran, indem er auch das Abschrift-Original aus den Washingtoner *National Archives* abdrucken ließ, was Gun noch nicht getan hatte. *(Maser 89*, S. 332 ff.) Durch diesen Abdruck machte Maser die Bahn frei, die Authentizitäts-Frage genau umgekehrt zu beantworten, als es Anton Joachimsthaler tat. Denn gerade weil das Schriftstück in einer speziellen Abschrift vorliegt, konnte der Weg bis zum Ergebnis der inhaltlichen Echtheit beschritten und es musste für die Lösung dieses Problems nicht nach Washington gereist und in das Labyrint der *NARA* eingestiegen werden.

Aus Masers Faksimile wird sichtbar: Das Fragment ist so abgeschrieben worden, als ob ein gut lesbares Dokument wiedergegeben werden sollte. Eine derartige Exaktschrift-Ruhe ist für Tagebücher untypisch. Die Originalschrift in Tagebüchern steht nie so gleichmäßig geordnet da, wie sich die routinierte Abschrift des Eva-Braun-Fragmentes zeigt. Tagebuch-Schreiben ist ein eruptiver Vorgang der notierenden Person mit sich selbst, ist eine Lebensmoment-Verdauung. Tagebuch-Schriften schaukeln, schwanken, stolpern, stocken, springen, bersten, fallen zurück, veröden, zucken erneut hoch, sprengen den Rahmen von Grammatik und Buchstaben-Genauigkeit. Die Schrift ist immer am Puls des Erlebten. Die Schönschrift des Braun-*Tagebuch-Fragments* in altdeutscher Schreibweise ist in allen Geschehens-Wendungen Inhalts-ungerührt gleichmäßig. So werden Tagebücher original nie geschrieben – dessen kann man sich an Dutzenden von erhalten gebliebenen Handschriften in Archiven vergewissern. Es gab 1935, als Ilse die Abschrift herstellen ließ, noch den Beruf des Schreibers, der bei Gerichten, in sonstigen Amtsstuben und für Notariate gebraucht wurde, ehe sich nach 1945 die Fotokopie durchsetzte.

Überraschend auch, dass Ilse die Abschrift nicht mit lateinischen Buchstaben anfertigen ließ, in der alle überlieferten Handschriften Evas zwischen deren 17. und 34. Lebensjahr verfasst wurden, wie Joachimsthaler, Görtemaker und Ullrich nachweisen. *(Gun* 68 I, S. 80, *Joachimsthaler* 03, S. 444, 447, *Görtemaker* 10, S. 90, *Ullrich*, S. 1003, Anm. 34) Die Abschrift ist in altdeutscher Handschrift hergestellt worden – eine weitere Sicherungsmaßnahme Ilses, den erhaltenen Text formell so weit wie möglich entfernt von seiner Urheberin Eva zu fixieren.

Dass es sich bei dem überlieferten Fragment um eine Abschrift handelt, kommt ausserdem mit etwas Ordinärem zum Ausdruck: Während der Wort-für-Wort-Lektüre enthüllten sich andauernd Fehler, die ein Tagebuch-Schreiber so nicht machen würde. Ja, schnell und schludrig schreiben, aber nicht echt falsch, im Sinne von irrtümlich. Braun war auf einer Klosterschule und hat exaktes Schreiben bis 15jährig gelernt. Vor allem schreiben die echten Autoren nicht derart Sinnwidriges, wie es auf der Seite 14 zweimal vorkommt und sich so etwas auch laufend im Text wiederholt.

Hier die zwei Beispiele: »1. April 35 – Gestern war wir zum Abendessen von ihm in die *Vier Jahreszeiten* eingeladen.« Wer »wir« sind, wird nicht aufgeschlüsselt. Wenn Braun allein eingeladen worden wäre, hätte sie »ich« geschrieben. Die Abschrift geschah mit einem doppelten Fehler: »Gestern war wir ...« – Ein Lesefehler von »ich« zu »wir«, so dass bei der Abschrift »war wir« rauskam. Am Schluss des Eintrags zu diesem Datum fehlt ebenfalls etwas. In der Abschrift heisst es: »Ich wünschte nur, dass er vor seine Wohnung fertig ist nicht mehr kommt.« Bei der Abschrift ist das »be« überlesen worden. Kommata wegzulassen, geschieht bei jeder Eilschrift. Aber so wie es nun in der Abschrift heisst, ist alles außer Sinn geraten, der heißen sollte: »Ich wünschte nur, dass er, bevor seine Wohnung fertig ist, nicht mehr kommt.« *(Maser 74 ff.,* S. 352 f.) Gemeint ist der Umbau von Hitlers Muenchner Wohnung am Prinzregentenplatz 16, der 1935 vorgenommen wurde. *(Stratigakos,* S. 47 ff.)

Die Annahme von Brauns dritter Biografin Lambert, diese deutsche Schönschrift sei auch von Eva verfasst worden, deren Vielzahl überlieferter Handschriften in lateinischer Schrift geschrieben waren, ist irrig. Dabei spricht einiges dafür, dass in Eva Brauns Generation in der Volksschule die altdeutsche Handschrift gelehrt wurde. Lambert konzediert der Schrift des *Tagebuch-Fragments* eine »geschulte und intelligente Hand«, »fließend und unzögerlich«. *(Lambert 06,* S. 152) Genau diese Merkmale kennzeichnen die Schrift erfahrener Schreiber des Altdeutschen, wie es sie damals ja noch als professionelle Abschreiber gab, doch zu einem solchen Beruf war Eva Braun nicht ausgebildet worden. Braun hatte »die Grundlagen der Haushaltsführung«, »Maschineschreiben und Buchhaltung« gelernt. *(Ullrich,* S. 320 f.) Außerdem war sie 1935 seit fast sechs Jahren bei »Photo Hoffmann« als Kassenhilfe und im Fotolabor tätig.

Was Görtemaker im Online-Interview mit dem *Focus* behauptete, ist eine Ente: »Normalerweise schrieb Eva Braun kein Suetterlin [= eine Variante altdeutscher Handschrift], sagte die Historikerin [Görtemaker]. Es gebe nur eine einzige Karte von ihr [Braun], in der sie sich mit dieser Schrift an die Eltern wende.« *(Focus Eva Braun. Mehr als Hitlers naives »Tschapperl« Online)*

Weder in ihrem *Focus*-Interview, noch in ihrer Braun-Biografie gibt Görtemaker Datums-Spezifisches zu der »einzigen Karte« Brauns »an die Eltern« bekannt. Kein Hinweis in *Eva Braun. Leben mit Hitler*, dass Braun überhaupt fähig gewesen wäre, Altdeutsch zu schreiben. Nichts trägt Görtemaker in den ständigen Auflagen ihres Buches ab 2010 und in der englischen Übersetzung 2011 nach, falls sie später diese Entdeckung gemacht hätte. Die Einwände des *Focus* mussten schnell und effizient abgeschmettert werden. Und bei solchen Strategien bedienen sich Hitler- und Braun-Biografen gern Fiktivitäts-Schlenker, die von der Presse meist nicht bemerkt und kaum jemals nachgeprüft werden können.

Sollte später doch noch ein von Görtemaker in den Behauptungsraum gehängtes echtes, nicht verkujautes Zeugnis von Eva Braun in altdeutscher Handschrift auftauchen, bewiese das nur, dass Braun diese Schrift tatsächlich gelernt hat. Ein graphologischer Experte müsste erst einmal klären, ob die Schrift auf dem zu Tage getretenen Zeugnis Eva Brauns mit der der Abschrift des Braun-Tagebuch-Fragments identisch ist.

Very unlikely! Denn es gibt Beweise von der Kombination: Braun schrieb in lateinischer Schrift nicht nur immer, wie Joachimsthaler herausfand, sondern auch speziell und gerade für ihr echt Privates. Die Beschriftungen der Fotos für ihre Alben sind nur in Lateinisch überliefert. *(Gun 68 I, S. 80, B. 4, Joachimsthlaer 03, S. 447, Taylor, S. 150)* Ausgeschlossen, dass Braun dann für das noch Privatere, das ihr herzensnahe Tagebuchschreiben, eine von ihr vielleicht gelernte, aber ihr nicht so geläufige Schrift benutzt hätte. Bei dem *Tagebuch-Fragment* handelt es sich um einen Erguss innerster Gefühle, wie es am 4. März 1935 heißt: »Ich bin schon wieder totunglücklich. Da ich ihm nicht schreiben kann, muss eben dieses [Tage]Buch dazu da sein, meine Klagelieder aufzunehmen.« *(Maser 74 ff., S. 338 f.)* Im Einweihungsmoment am 6. Februar 1935, ihrem 23. Geburtstag, nennt Braun ihr »Buch« ein »Prachtstück«. *(a. a. O., S. 326 f.)*

Der historische Moment

4. Schritt

Als Ilse Ende Mai/Anfang Juni 1935 handeln musste, befand sie sich in einer widersprüchlichen Situation. Ihre nächstjüngere Schwester Eva hatte schon Geschichte gemacht. 1935 war die 23-jährige Eva Braun bereits seid drei Jahren die »Geliebte« des inzwischen mächtigsten deutschen Mannes. Aber gleichzeitig – und davon redet der gesamte überlieferte Text des *Tagebuch-Fragments* – befand sie sich im Frühjahr 1935 im Zustand des Fallengelassenwerdens: Hitler versetzt sie, verschwindet plötzlich aus ihrem Leben. Sie kann seinen Rückzug nicht aushalten, vor allem, sie weiß nicht, was Hitlers Verhalten ihr gegenüber bedeutet.

Es hatte ein knappes Jahr zuvor den das ganze Land überraschenden politischen Vorgang des Fallenlassens von Hitlers ehemals Nahesten aus der Nazi-Frühzeit gegeben: Duz-Freund, Mentor und Kampfgenosse Ernst Röhm und ungefähr 100 SA-Männer plötzlich erschossen, buchstäblich über Nacht, die mit dem Begriff »Nacht der langen Messer« in die Geschichte einging. Geschätzt werden zusätzlich doppelt so viele verübte Spontanmorde. Aus dem Kontingent der staatlicherseits umgebrachten Menschen schaffte es nur ein einziger Fall, vor die »ordentlichen« Gerichte zu kommen. Endlich hatte das damalige Deutschland einen gesamtgesellschaftlichen Beleg für den zur Zeit herrschenden Unrechtsstaat! *(Gallo, Gossweiler, Gritschneder 93)*

Gegen die Ermordung des ehemaligen NSDAP-Parteigenossen Gregor Strasser, die Erschießung von Hitlers Reichskanzler-Vorläufer Kurt von Schleicher und dessen Frau Elisabeth, die Erschießung von Edgar Julius Jung, der rechten Hand von Hitlers Vizekanzler Franz von Papen ... gegen alle diese immerhin organisatorische Mühe bereitenden Liquidierungen von hohen Polit-Kalibern wäre das »Kaltmachen« von Hitlers »maulendem Verhältnis« ein »Katzenkopf« gewesen – in jeder Minute einer »Laune des Nicht-mehr-Verliebten« mit einem Augenkniff befohlen und von seinen ins ganze Land reichenden verlängerten Armen allerwilligst prompt vollzogen.

Einer gebildeten berufstätigen Frau wie Ilse Braun – zwischen 1937 und 1945 Redakteurin in zwei deutschen Zeitungen – stand nicht nur das nahe Beispiel des »Röhm-Putschs« (30. Juni bis 2. Juli 1934) abschreckend vor Augen, sondern auch die weiter zurückliegende Methode diktatorischer Herrscher vom Schlage des englischen Heinrichs VIII., der sich zwei seiner sechs Ehefrauen durch deren Ermordung entledigt hatte. Gerade der demonstrierte Selbstmordversuch Eva Brauns musste in dem historischen Moment von 1935 aus der Politik herausgehalten, das Zeugnis der viermonatigen »Jammerseiten« unschädlich gemacht werden – und zwar sofort.

Ilse war Juden-solidarisch und wusste genau, wozu der seit Februar 1933 etablierte Nazistaat alles fähig, dessen Haupt ausgerechnet der »Liebhaber« ihrer nächstjüngeren Schwester Eva war: Gegner wie Sozialisten, Kommunisten, Avantgardisten, Humanisten und Pazifisten – im KZ oder totgefoltert, die eigenen Reihen hundertfach vom schwulen, revolutionären und sich sonst wie querstellenden Potential gesäubert. Ilse konnte unter diesen Umständen nicht wissen, ob Hitler ihre Schwester längst hatte fallen lassen und was das konsequenterweise bedeuten würde. Ja, Eva selbst wusste nicht, was los war. Die vier Monate Tagebuch als Beweismaterial der Staatsführer-Zersetzung hätten Hitler genügt, sich Brauns zu entledigen, ihr sogar »den Hals umdrehen« zu lassen. Deswegen *musste* das gefährliche Dokument in Brauns Handschrift vernichtet, aber vorher von jemandem mit persönlich unerkennbarer Schrift festgehalten werden. Nicht in Ilses Handschrift, wie sich aus der Schriftprobe ihres Briefes an Gun, den Biografen ihrer Schwester, erweist *(Gun* 68 I, S. 69), aber auch nicht in der Schrift einer herauszufolternden nahen Person aus Evas und Ilses Freundes- und Verwandtenkreis, sondern von jemand Anonymen, den Ilse über Vertrauenspersonen hat organisieren können. Gestapo-Spezialisten hätten unschwer Eva Braun und Adolf Hitler in dem mit Brauns Handschrift Geschriebenen wiedererkennen und die freche »Führer«-Beschimpferin dingfest machen können.

Nachdem im August 1935 Hitler selbst Entwarnung signalisiert, er ein halbes Jahr später für Braun und ihre jüngere Schwester Gretl ein Haus in München gekauft hatte und sie hin und wieder in sein Rückzugs-Domizil *Wachenfeld* bei Berchtesgaden kommen ließ, konnten die abgeschriebenen »Schimpf und Schande«-Seiten in Brauns Besitz zurückkehren, waren ja nach der »Happy End«-Wende nichts weiter als ein temporäres Schmollzeichen – noch dazu in einer fremden Handschrift, von der sich die Urheberin gut distanzieren konnte.

Das, was Anton Joachimsthaler als Argument *gegen* die Authentizität sieht – die andere Schrift –, genau das erweist sich aus der Analyse des historischen Moments, in welchem das Fragment kopiert wurde, als einer der Belege für die Authentizität des *Tagebuch-Fragments:* erhalten in einer Schrift, die ganz weit weg von der Urheberin des Textes ist, in einer Schrift, die die Urheberin nicht hätte auf die Schnelle erkennen lassen.

Der originale Inhalt

5. Schritt

Obwohl die Schrift des Fragments nicht aus der Hand Eva Brauns stammt, muss sein Inhalt als authentisch von der Verfasserin herrührend festgestellt werden. Er gibt die Gefühlswelt einer Person wieder, die nahest am Puls des mächtigsten Mannes in Deutschland lebte. Näher ging nicht. Und näher gab es auch nicht.

Sollte sich doch noch irgendwo in einem der widerständlerischen Hinterköpfe unter Hitler-Forschern ein »Ja, aber!« eingenistet haben mit Gedanken an eine Fälschung durch Goebbels oder Adjutanten: Diese Männer kämen zwar wegen ihres Wissens von der Hitler-Daten-Hoheit in Frage, nicht aber wären sie fähig gewesen, solch eine muttertöchterliche Mittäterinnen-haft getriebene Schmacht-Orgie hervorzubringen, wie sie die vier Monate Text Eva Brauns belegen.

Adolf Hitler war 1935 schon mordnotorisch im ganzen Land unterwegs, worüber kein damaliger Zeitgenosse und keine Zeitgenossin hatte hinwegsehen können, und wären sie von noch so eingeschränkter Denkfähigkeit gewesen. Aber es *musste* für Eva Braun ausgerechnet dieser Destru-Berserker als »Liebhaber« sein – anders ging es für sie nicht. Dieses Tun enthüllt einen Komplex, von dem bestimmte muttergebundene Frauen gezeichnet sind. Eva Brauns *Elektra-Komplex* (C. G. Jung) kommt in jeder Zeile des Textes drastisch zum Vorschein. *(Pilgrim* 94, S. 82 ff., 247, 252 ff.)

In trivialer Abwandlung von Freuds Dogma: *Ödipus-Komplex* = der Sohn einer kleinbürgerlich-kapitalistischen biparentalen Familie wolle mit seiner Mutter schlafen und seinen Vater deshalb ermorden. Mit *Elektra-Komplex* hat sich Freud nicht beschäftigt. Der Begriff taucht erstmals bei C. G. Jung auf. Im Anschluss an die griechischen Sagen und Dramen um die *Orestie* und die Oper von Strauss/Hofmannsthal heißt *Elektrakomplex*: Die Tochter einer ebenso wie bei Ödipus verengten Familie wolle mit dem Vater schlafen und deshalb die Mutter töten. Abgesehen davon, wie bis ins Lächerliche hinein diese Komplexe formuliert werden, geht es darum, mit den Begriffen *Ödipus- und Elektra-Komplex* psychische Abnormitäten von Menschen zu treffen, die ihr Leben lang ihren Müttern zu nah sind und bleiben, teils libidinös, teils ambivalent, woraus Verhaltens-Deformationen vor allem in Bezug zu Gewalt resultieren, diese Destruktivität allerdings etwas Ubiquitäres ist und daher mit den verständlicheren Begriffen »Muttersohn« (im *Ödipus-Komplex)* und »Muttertocher« (im *Elektra-Komplex)* definiert wird.

Sämtliche prominente Nazi-Frauen waren vom muttertöchterlichen *Elektra-Komplex* gezeichnet, hatten verhakte unabgelöste Beziehungen zu ihrer Mutter, auch Eva Brauns jüngere Schwester Gretl, die 1935 noch in der elterlichen Wohnung lebte. Die beiden zogen im August 1935 in die von Hitler für sie gemietete Wohnung und ein weiteres halbes Jahr später in das von ihm 1936 für beide gekaufte Haus in München.

Gretl Braun war zwar mit ihrer älteren Schwester Eva siamesisch psycho-verzwillingt, aber auch Gretl scheidet als Fälscherin des

Tagebuch-Fragments aus, weil sie noch weniger wie Eva die deutsche Schrift beherrschte, in der das überlebte Dokument abgefasst wurde. Historische Beweismittel sind nicht nur Dinge als reine Gegenstände, sondern auch Spiegel der Innenwelt historischer Personen, wenn jemand sich so authentisch entäußert, wie es Eva Braun in dem Tagebuch-Fragment getan hat.

In ihrem Vier-Monats-Geständnis erscheint nicht ein einziges Mal etwas reflektorisch Relevantes zum historischen Bezugsfeld, in dem Braun sich emotional bewegte, *wer* ihr Geliebter in der gesellschaftlichen Wahrheit eigentlich ist. So etwas Sozial-Steriles, Politisch-Umnachtetes kann nur von einer nach »innen« verlegten muttertöchterlichen Hausfrauen-Psyche hervorgebracht worden sein, die Braun ihr ganzes Leben lang demonstriert hat – auch wenn sie Haushaltsarbeit nicht mochte. Daran änderten ihre sieben Jahre untergeordneter Berufstätigkeit in Heinrich Hoffmanns Münchener Fotogeschäft nichts. Braun befand sich dort nur im Übergang zu ihrer eigentlichen Bestimmung, *Gattin* – in ihrem Fall eines Multimörders – zu werden. Sie hat ihr Ziel schließlich in ihrer Zwei-Tage-Existenz als »Frau Hitler« im Reichskanzlei-Untergangs-Bunker erreicht. Von diesem ihrem destru-obszönen Ziel zeugt ihr Vier-Monate-Winseln nach »Manti« Adolf schon im Frühjahr 1935. In einer ersten Psychoanalyse dieses Frauentyps als Mittäterin von Muttersöhnen *(Pilgrim* 86) »an der Seite ihres Mannes« (Emmy Göring) unter dem Titel *»Du kannst mich ruhig ›Frau Hitler‹ nennen!«* – wurde zu Beginn der Nazifrauen-Bücher-Welle 1994 darauf hingewiesen, dass das *Tagebuch-Fragment* die Verhaltens-Bedingungen einer Nazi-Gattin vom Schlage einer Eva Braun spiegelt und deshalb von niemand anderem Männlichen oder Weiblichen, der oder die nicht von dieser Psycho-Kontur gezeichnet ist, fälschbar gewesen wäre. *(Pilgrim 94,* S. 82 ff.) Auch Hitler-Forscherin Anna Maria Sigmund fand die psychischen Bedingungen Eva Brauns in dem Text unnachahmlich wieder und votierte in ihrer biografischen Studie über Braun 1998/2005 ebenfalls aus diesem Gesichtspunkt für die Authentizität. *(Sigmund 05,* S. 170)

Ilses Schweigen

6. *Schritt*

Warum berichtete Ilse Braun dem ersten Biografen ihrer Schwester, Nerin E. Gun, nichts von der *Abschrift* des *Tagebuch-Fragments?* Sie verlor kein Wort darüber in ihrem Englisch geschriebenen Brief vom 8. April 1967 an Gun: »Ich bin glücklich, Ihnen zu bestätigen, dass die Dokumente, die Sie als Fotokopien in Besitz haben, von meiner Schwester Eva geschrieben wurden und dass sie authentisch sind. Ich habe Kenntnis von diesem Tagebuch aus der Zeit, als es geschrieben wurde.« *(Gun 68 I, S. 69)*

Zwei Details aus Ilses Brief entsprechen der Wahrheit – die Blätter sind authentisch, und es handelt sich um Auszüge des Tagebuches ihrer Schwester Eva, von dem Ilse Kenntnis hatte, als es geschrieben wurde. Falsch hingegen ist das »von meiner Schwester Eva *geschrieben*«. Der Wahrheit entsprechend hätte Ilse sagen müssen: »von meiner Schwester verfasst, jedoch in der überlieferten Form von fremder Hand abgeschrieben.«

1967 zu einem amerikanischen Rechercheur über das Dritte Reich zu sagen: »Das *Tagebuch-Fragment* meiner Schwester hat eine fremde Hand abgeschrieben. Das Original musste vernichtet werden!«, hätte bedeutet: Gun hätte sich auf diese Situation bei der Präsentation des Textes als authentisches *Tagebuch-Fragment* Eva Brauns nicht einlassen, er hätte das Zeugnis nicht bringen können.

Erst viele weitere Forschungen in den folgenden Jahrzehnten sicherten den Daten- und Inhaltsfakt: Der Text muss tatsächlich von Eva Braun stammen, kann von keiner anderen Person gefälscht worden sein. Fast 50 Jahre nach 1968 – dem Jahr des Ersterscheinens von Guns Braun-Biografie – können nun auch die Umstände um die Abschrift-Fassung geklärt werden. Doch das alles war in den 1960ern, zwanzig Jahre nach dem Zusammenbruch des Terror-Regimes, noch nicht möglich. Gun interessierte sich als (inzwischen eingebürgerter) Amerikaner auch nicht für einen Vergleich deutscher Handschriften. Das tat erst 35 Jahre später der Deutsche Anton Joachimsthaler, der damit den Anstoß für die Beschäftigung mit der Authentizität der Abschrift gab.

Ilse nutzte die Gunst der damaligen historischen Stunde, die Abschrift-Einzelheiten dem ausländischen Biografen ihrer Schwester *nicht* aufzudecken. Es gab für sie zwei Gründe: Erstens für ihre Schwester Eva zu handeln, die, wie der Tagebuch-Ausschnitt belegt, immerhin zu den Menschen gehörte, die an Adolf Hitler auch gelitten hatten. Zweitens agierte Ilse 1967 für sich selbst und ihre Familie, deren Reputation als Sippenhaftende für die Mittäterinnen, die Hitler-Gefährtin und »Last-Minute«-Ehefrau Eva Braun und die Hitler-Schwägerin Gretl Braun, verheiratete Fegelein, in der ganzen Welt »unten durch« war. Das *Tagebuch-Fragment* gibt einige intime Aufschlüsse über diesen Supermörder, die mit Ilses Hilfe verbreitet werden sollten.

Feminismus versus Maskulismus

7. Schritt

Auch Brauns Biografin Lambert ist von der inhaltlichen Echtheit des *Tagebuch-Fragments* überzeugt. Es sei eine »Biopsie ihres Gefühlszustandes«, geschrieben in einem unverwechselbaren »emotionalen Stil«. *(Lambert 06, S.* 153) Drei Eva-Braun-Gesamt-Biografen und -Biografinnen, Gun, Lambert und Görtemaker, sind von der Authentizität des *Tagebuch-Fragments* überzeugt, zwei Eva-Braun-Teil-Biografen, Maser und Sigmund, ebenfalls.

Hinzu kommt die Psychoanalyse: Das Geschriebene passt eins zu eins in das Konzept der kleinfamiliären Elternteil-Psychen »Muttertocher, Muttersohn, Vatersohn und Vatertochter«. Eva Braun war eine Muttertochter, die sich nicht halten konnte vor Gejammere danach, ausgerechnet durch den ersten Spezialisten für Destruktivität der damaligen Zeit erlöst zu werden – von ihrem ihr niemals bewusst gewordenen Mutter-aversiven *Elektra-Komplex*. So etwas konnte sich damals niemand anderes ausdenken, niemand, der von diesem psychischen Verhaltenssyndrom nicht gekennzeichnet gewesen wäre. Das Fragment entblößt den Defekt einer muttertöchterlichen Psyche pur.

Und eine andere lebende Ausgabe dieses Komplexes hätte das *Tagebuch-Fragment* nicht fälschen können, weil sie nicht über die intime Hitler'sche politische Aktions-Kenntnis verfügt hätte, die nur Eva Braun gehabt hat. Wenn also sechs Spezialisten das Fragment als inhaltlich echt taxieren und die Hitler-Dicklaib-Biografen davon immer noch nicht überzeugt sind, ist ihnen nicht zu helfen.

Ergebnis der Authentizitäts-Prüfung

Die Hitler-Forschung beschäftigt sich mit der Erforschung eines Mannes. Sie sollte nun die Erkenntnisse von sechs Eva-Braun-Profis – in zeitlicher Reihenfolge der publizierten Arbeiten: Gun, Maser, Pilgrim, Sigmund, Lambert und Görtemaker – über die Bedingungen einer bestimmten Frau, nämlich derjenigen, die Hitler am nächsten stand, Zweifel-rückstandslos akzeptieren: Die Abschrift ist ein Zeugnis der Hitler-Partnerin. In Zukunft muss nicht mehr von einer möglichen Fälschung geredet werden. Das *Tagebuch-Fragment* Eva Brauns ist authentisch, ist die zufällig überlebte *Abschrift* eines Originaltextes in der Handschrift einer unbekannten, damals zeitgenössischen Person und bekommt die Kennzeichnung *Abschrift von Eva Brauns Tagebuch-Fragment.* Mit diesem erhalten gebliebenen Kalender-Bruchstück kann nunmehr ohne weitere Anfechtungen wissenschaftlich gearbeitet werden.

Un-»bestimmte Zwecke«

Zu Fragen von Hitlers Sexualität gibt es in der *Abschrift von Eva Brauns Tagebuch-Fragment* die enigmatische Hauptstelle, deren Auslegung bisher immer wieder durch die Anti-Echtheits-Blockaden gebremst wurde. Die Stelle ist Orakel-unklar genug. Für ihre Deutung war es unerlässlich, nicht weiterhin von leisesten Zuordnungs-Zweifeln gestört zu werden. Zu ihrem genaueren Verständnis bedarf es der Zitierung des gesamten Umfeld-Textes:

»11. März 1935: [...] Er [Hitler] braucht mich nur zu bestimmten Zwecken es ist nicht anders möglich, (Blödsinn) [im Original] Wenn er sagt er hat mich lieb, so meint er nur in diesem Augenblick. Genau so wie seine Versprechungen, die er nie hält.« *(Gun 68 I, S. 75 f., Maser 74 ff., S. 349 – Schreibweise der Vorlage ohne Berichtigungen übernommen)*

Der Absatz sagt zunächst nichts zu Hitlers Penetrations-Tätigkeit, geschweige denn zu Hitlers Orgasmusfähigkeit. Vor allem legt die verschleiernde Formulierung keine Potenzen Hitlers in Richtung phallischer Ergiebigkeit, nämlich »Eindringlichkeit«, frei. Der Text ist ein hieroglyphischer »Vagina-Monolog« *(Ensler),* der mühevoll erschlossen werden muss.

Bei den »bestimmten Zwecken« denken die meisten »Normali« an »Techtel-Gemächtel«. Doch der Nachsatz »nicht anders möglich« könnte auch auf ein Lenden-entkräftetes »ohn-ge-mächtiges Techtel« verweisen.

Die Stelle ist mehrdeutig. Sie kann sich aufs Positionelle im Sozialen genauso wie im Sexuellen beziehen. Eva Brauns (nachempfundener) O-Ton: Leider nie Gattin, nicht einmal zuweilen vorzeigbare Geliebte mit festen Zeiten und Ansprüchen. Oder aber: Keine in*mitten* hin- und herführende Standhaftigkeit des »Führers«, nur etwas Oberhalb-Unterhalb, »Nichts Halbes und nichts Ganzes« (Bartsch) – das zu den bezeugten »reinen« Laken der *Berghof*-Bettwäschen-Wechslerinnen und -Wechslern passen würde.

Bei Zitaten werden meist die Rahmensätze weggelassen, die den Zusammenhang für eine Erkenntnis der Wahrheit erst unmissverständlich herstellen: »[...] meint er nur in diesem Augenblick« – da versteht das männlich »normal empfindende« Gemüt: »Während des Geschlechtsaktes schwört Adolf Hitler der Eva Braun seine Liebe«. Aber der Satz geht sofort ohne Zwischenwörter in seinen Nachsatz über: »Genau so wie seine Versprechungen, die er nie hält.« Könnte heißen: Hitler hält nicht, was er verspricht, weder außer Bett noch im Bett.

In der Zeit, da Hitler die Ermordung der Komparsen-Franzosen bei der halböffentlichen Vorführung des Luis-Trenker-Films *Der Rebell* in seinem Privatkino der Reichskanzlei als »Wichsvorlage« nutzte, gab es schon seit mehreren Jahren an seiner Seite Eva Braun »zu bestimmten Zwecken«, über die das Jahrhundert nach Hitler bis heute rätselt. *(ONANO, Hitlers Männermord-Orgasmus).*

Eva Brauns Sätze lüften nicht das Geheimnis, um welche »bestimmten Zwecke« es sich handelte, zu denen Hitler diese Frau gebraucht hätte. Das, was die 3. Nein-Zeugin, die genaueste Beobachterin von Hitlers Verhalten gegenüber Frauen, seine Sekretärin Christa Schroeder, für die Zeit ab 1930 bis 1945 als Regel beschreibt, gilt innerhalb des Arrangements auch für Eva Braun: »Fest stehen dürfte aber, dass von dem Moment an, als Hitler beschloss, Politiker zu werden« – ab November 1918! –, »er solchen [sexuellen] Genüssen entsagte. Hitlers Befriedigung spielte sich bei der Ekstase der Massen ab. Bei den Frauen, mit denen er sich umgab, war Erotik im Spiel, aber kein Sex. ›Meine Geliebte ist Deutschland‹, betonte Hitler immer wieder.« *(Schroeder* 85, S. 152, Anm. 273)

Das Eva-Braun'sche »Er hat mich lieb« wiederholt sich in der Aussage des 15. Nein-Zeugen, des Hitler-Adjutanten Julius Schaub, über Eva Braun *(ONANO):* »Er [Hitler] hat sie [Eva Braun] gern/lieb gehabt«, worauf Christa Schroeder verweist, wenn sie zum Ausdruck bringen will: Geil und scharf auf Braun mit allen sexuellen Konsequenzen war Hitler nicht und hat daher auch nichts mit ihr »gehabt«. *(Schroeder* 99, S. 367) Das Verhalten Hitlers gegenüber Frauen komprimierte Schroeder zu dem Ergebnis: »Wenn man weiß, dass Hitler sich immer distanzierte, sobald eine Beziehung feste Formen anzunehmen drohte [...]« *(Joachimsthaler* 03, S. 339), dann war »auch seine Beziehung zu Eva Braun [...] ein Scheinverhältnis.« *(Schroeder* 99, S. 156)

Die Summe der Beziehung zwischen Hitler und Braun zieht die Hetero-Analytikerin Hitlers, Anna Maria Sigmund, gnadenlos deutlich: Hitler benutzte Eva Braun »nur zur Kaschierung seiner sexuellen Abstinenz«. *(Sigmund* 08 I, S. 20) Eine treffendere Interpretation der »bestimmten Zwecke« ist bisher nicht gelungen. Kein »Scheinverhältnis« hatte Hitler zum rituellen Vorgang des Tötens. Doch über diese seine Ekstase sprach er mit niemandem. Die leistete er sich, je nachdem »wie's kommt«, masturbativ unter anderem beim Betrachten der filmischen Männertötungs-Szene in Luis Trenkers *Rebell* – coram publico! So triebhaft eilig hatte Hitler es jetzt. Demgegenüber hielt er seine »Geliebte« Eva Braun rituell hin, was der Absatz in Brauns *Tagebuch-Fragment* direkt *vor* den »bestimmten Zwecken« zum

Ausdruck bringt: »Drei Stunden habe ich vor dem [Hotel] Carlton gewartet und musste zusehen, wie er der Ondra [Ehefrau von Boxstar Max Schmeling] Blumen kaufte und sie zum Abendessen eingeladen hat.« *(Maser 74 ff., S. 348 f., Gun 68 I, S. 75).* Das war am 11. März. Zwei Wochen später, am 26. März, korrigierte Braun sich und notierte: »verrückte Einbildung«. *(Maser, a. a. O.).* Braun rotiert, krümmt sich in Entzugserscheinungen. Doch Hitler betrügt sie nicht mit anderen Frauen, sondern mit seiner »Braut Deutschland«.

Die überlieferten Blätter der *Abschrift des Eva-Braun-Tagebuch-Fragments* reflektieren stupide exakt den auch in der Beziehungs-Realität dem »Fräulein Braun« von Hitler angetanen Ärger über das Kontinuum von Hinhalten und Versetzen. In Verbindung mit Hitlers Luis-Trenker-*Rebellen*-Masturbation in seinem Hauskino, die sich mitten in den 1930er Jahren abgespielt hat, bekommt Eva Brauns *Tagebuch-Fragment* aus derselben Zeit eine andere Bedeutung: Hitler brauchte Eva Braun »zu bestimmten Zwecken«, nämlich zu denen, mit einer Scheinpartnerin, die sich öffentlich nicht zeigen durfte, seinen engsten Kreis darüber zu täuschen, worum es Hitler sexuell eigentlich ging – am Fließband Männer ermorden zu lassen und daraus den höchsten sexuellen Gewinn zu erzielen. *(HETERO, 8. Ja-Sager)*

Hitler »praktizierte« orgastisch eine auf Männliches bezogene Gewalt- und Mord-Onanie, die prinzipiell unsichtbar blieb und die ausnahmsweise die Zeugin Marianne Hoppe einmal mitbekommen hat: Durch Hitlers nach außen hin gezeigtes »Low« im Sexuellen blitzte da vor den Augen *und* Ohren Hoppes plötzlich sein ihm gewohntes männliches »High«. Dieses destru-sexuelle »High« muss für Hitler eine solche Regel gewesen sein, dass seine damals engste männliche Leib-Person, sein Kammerdiener Karl Wilhelm Krause, davon berichtete: »War Hitler aufgeregt, so rieb er sich nervös die Oberschenkel« – «vor lauter Aufregung«. Das geschah immer dann, wenn Hitler etwas »in Erregung gebracht« hatte, von dem Krause im Einzelnen nicht genau wusste, was es war. *(ONANO, Hitlers Männermord-Orgasmus)*

Adolf Hitlers Knappe

Die Funktion, mit einem Frauen-»Verhältnis« über sein sexuell Eigentliches jede noch so nahe Person zu foppen, konnte nur eine Kumpelfrau erfüllen: Eva Braun war Adolf Hitlers Knappe. Hitlers »Leibarchitekt« Albert Speer hatte diese Eigenart des Hitler-Braun-Verhältnisses »gerafft«, als er festhielt, Braun sei »ganz und gar eine Männer-Frau«

gewesen – nicht im sexuellen, sondern im kameradschaftlichen Sinne. *(Lambert 06, S. 193, Sereny 95, S. 193)*

Brauns Biograf Nerin E. Gun teilte dazu Wichtiges mit: An Braun sei »ein Junge verloren gegangen«. Sie habe sich von früh an männlich »identifiziert«. Gun führt mehrere Zeugen aus Brauns Kindheit an, die ihm über Brauns jungenhafte Eigentümlichkeiten berichtet haben, die so weit gegangen seien, dass man sagen kann: Braun hat in ihrer Jugend erfolgreich die Mädchen-Rolle gesprengt.

»»Eva war ein Mädchen, an dem ein Junge verloren gegangen ist‹, urteilt der Besitzer einer Autowerkstatt am Münchener Hohenzollernplatz, der einmal ihr Spielkamerad war. ›Wir spielten hier auf dem Platz immer Schlagball. Eva tobte dabei herum und wälzte sich mit den anderen unter wildem Geschrei auf der Erde. Wenn ihre Mutter sie abends vom Balkon aus zum Essen rufen wollte, hatte sie Mühe, ihre Tochter wiederzuerkennen. Eva und flirten? Sie war viel zu sehr damit beschäftigt, uns unterzukriegen und irgendwelche Streiche auszuhecken, um an so etwas zu denken.‹ – Evas Jugendfreund Hans erzählte: ›Einmal weihten wir mein neues Motorrad ein. Wir, das waren Inge Schropp, eine unserer Freundinnen, Eva und ihre Freundin Herta. Auf einmal – ich unterhalte mich gerade und passe einen Moment nicht auf – lässt diese verrückte Eva den Motor anspringen und verschwindet um die nächste Ecke. Dabei konnte sie überhaupt nicht fahren! Sie kam aber heil zurück [...].‹ – Aus dem Archiv des Lyzeums, das Eva besuchte, geht hervor, dass ihr Abschlusszeugnis viele Gut-Noten enthielt. ›Sicher‹ sie war ein ›enfant terrible‹, und jeder Blödsinn, der in der Klasse angestellt wurde, hatte seinen Ursprung bei ihr. Aber sie war intelligent, begriff schnell das Wesentliche und konnte selbständig denken›, erzählte ihre alte Lehrerin, Fräulein von Heidenaber. ›Wenn sie unbedingt still sein musste, las sie Karl-May-Bücher. Für Liebesgeschichten interessierte sie sich überhaupt nicht [...]‹« *(Gun 68 I, S. 37 f.)*

Das Wesentlichste zum Braun-Charakter, gemäß dem deutschen Spielfilm *Gustav Adolfs Page* camoufliert »Adolf Hitlers Knappe« sein zu wollen, berichten Brauns französische Teil-Biografen Jean-Michel Charlier und Jaques de Launay in ihrem Buch von 1978 über Hitlers private Beziehungen zu Braun und anderen ihm nahen Personen. Die Franzosen hatten Brauns 1976 verstorbene Mutter noch zu Lebzeiten interviewt: »Franziska sagte lachend: ›Fritz wollte, dass unser zweites Kind ein Junge würde. Nun hat er ihn!‹« *(Charlier/de Launay, S. 10)*

Noch in seinem »privaten Testament« dankte Adolf Hitler seiner Kameradin Eva Braun für ihre »treue Freundschaft«. Er diktierte seiner Sekretärin Traudl Junge nicht das Wort »Liebe«! *(Domarus II, S. 2240)*

Hitlers letzter diktierter Satz vor dem gemeinsamen Selbstmord des Zwei-Tage-Ehepaares Adolf und Eva Hitler enthält in der Drangsal des End-Moments, in der sich nun auch dieser fulminanteste Mörder der bisherigen Geschichte vor dem ihm selbst gebührenden Mord befand, eine *Freudsche Fehlleistung* – das Eingeständnis des *Nicht*-Sexuellen der Hitler-Braun-Beziehung: »Sie [Braun] geht auf ihren Wunsch als meine Gattin mit mir in den Tod. Er wird uns das ersetzen, was meine Arbeit im Dienst meines Volkes uns beiden raubte.« *(a. a. O.)*

Klartext, der durch die etwas verrutschten Wörter lugt: Ficken erst im Jenseits! Hitler hatte ein Oberleibs-Interesse an Frauen, das die vielen Funktionen, die Frauen für ihn einnahmen, über einen Kamm schor, so dass die ehemalige Leiterin der Bayreuther Festspiele Winifred Wagner noch Jahrzehnte später Erinnerungs-selig vor Syberbergs Kamera schmachten konnte, es habe sie Hitlers »Herzenstakt« beglückt. *(Syberberg)*

Das Unaussprechliche

Und doch: Es gibt ein gewichtiges Trotzdem! Zunächst: Es gibt bei der Verifikation von Adolf Hitlers »Sexleben« mehrere Spezial-Schwierigkeiten, von denen zwei hier angesprochen werden müssen:

1. Phallische Häme: Waaas?! Der Führer aller Zeiten hätte mit der unbesprechbaren und nicht schreib-erlaubten zweiten F-Tätigkeit Schwierigkeiten gehabt? Da beweist es sich mal wieder: »Wer zu viel führt, fickt nicht!«

Die Hitler-Forschung wurde bis zur Jahrtausendwende fast ausschließlich von Männern betrieben, bei denen das Mitschwingen eines »Schwanzneides« nicht ausgeschlossen werden kann, wenn sie Hitler sexuell abqualifizierten.

Oder die Motive waren entgegengesetzt. Werner Maser und David Irving arbeiteten über Hitler in einer Art phallischer Solidarität, indem sie Hitler heterosexuell »normal« »potenzieren« wollten, was sie zu Fälschungen und Erfindungen hinriss, über die im Rahmen der Beschäftigung mit den drei einander widersprechenden Aussagen des Kammerdieners Heinz Linge zu berichten sein wird *(AMORO, 2. Ja-Sager)* und die das gesamte Kapitel *ANALO* »kolorieren« (1. Ja-Sager, Leibarzt Morell). Eine ähnliche Atmosphäre vermittelt sich auch bei Volker Ullrich.

Die ersten Frauenarbeiten zu Adolf Hitler von Großbelang (der zeitlichen Reihenfolge entsprechend) wurden aus verschiedenen Perspektiven von Marlis Steinert (1991/94), Brigitte Hamann (1996 ff.),

Anna Maria Sigmund (1998 ff.), Anja Klabunde 1999, Martha Schad (2003/09), Angela Lambert (2006/07), Heike Görtemaker (2010/11) und Michaela Karl (2016) vorgelegt.

Eine Ausnahme unter den Hitler-Forschern war zuvor Renée Gosset, die gemeinsam mit ihrem Mann Pierre Gosset zwischen 1961 und 1965 die dreibändige erste französische Hitler-Biografie verfasste. *(Gosset)* Die Gossets dürfen nicht vergessen werden, was mangels Französischkenntnissen der anglo-germanischen Mainstreamer in der Hitler-Forschung meist geschieht. Die Gossets und Bernard Plouvier (2007/08) kommen zum Beispiel in der zweitneuesten Hitler-Biografie von Ullrich nicht vor. Und Kershaw zitiert die 1994 erschienene *deutsche* Übersetzung der französischen Hitler-Biografie, publiziert von der gebürtigen Deutschen Marlis Steinert.

Die Hitler-Forschung wird seit Jahrzehnten vorwiegend von drei Kulturen betrieben, der anglosächsischen, der deutschen und der französischen. Die Gossets gehören zu den frühen Hitler-Biografen und haben viele Meriten, von denen in den einzelnen Büchern zu *Hitler 1 und Hitler 2* noch zu reden sein wird, aber man kann nicht davon sprechen, dass dieses dreibändige Werk einen speziell weiblichen Blick auf Adolf Hitler gerichtet hätte.

So etwas ist jedoch bei den jüngeren Hitler-Forscherinnen seit der Zeit um die Jahrtausendwende, Steinert, Hamann, Sigmund, Klabunde, Schad, Lambert, Görtemaker und Karl zu konstatieren. Vor allem Brigitte Hamann entblößte ohne »phallische Häme« die totale heterosexuelle Nicht-Präsenz von *Hitler 1* in Linz und Wien – rein auf der Basis von Zeugnissen und deren Kombination. *(Hamann* 96, S. 517 ff.)

Auch Anna Maria Sigmund gelang es, Untrügerisches zur sexuellen Vakanz Adolf Hitlers vorzuführen – zum Beispiel etwa dass zwischen der 16-jährigen Maria Reiter und dem 37-jährigen Hitler kein »reitendes« *nomen est omen* stattfand. *(Sigmund* 02, S. 673 ff., 694, 698, *Sigmund* 05, S. 1049 ff.)

2. Ja, die Sprache zur Sexualität, wenn Sexualität zur Sprache gebracht werden will oder muss! Entweder lateinisch oder unanständig – »es ist nicht anders möglich«.

In einer Mischung des Sowohl-als-auch muss so lange über Sexualität geschrieben werden, bis eine Kultur sich dazu entschließt, das Tabuierte mit nicht-obszönen Wörtern in die Hochsprache zu übernehmen, die auch am Tisch bei einer Gala benutzt werden kann. Nur lateinisch – dann könnte es bei »Volksgenossen« zu Verständnisschwierigkeiten und auch bei akademischen Kollegen nicht immer

»zum Äußersten« einer durchblickenden Erkenntnis kommen. Und nur zotig – dann legte es das Geschriebene subkulturell fest und verhinderte den öffentlichen Diskurs.

Es gibt heutzutage zwischen lateinisch und zotig nichts akzeptabel Klares in der Mitte. So etwas wie »Liebesakt«? Bringt nichts, weil es zu viel bedeuten kann. Dagegen ist »Geschlechtsverkehr« zu sehr auf die Werkzeughaftigkeit der Genitalität ausgerichtet und sagt trotzdem nicht genau, welche Organe von Menschen im einzelnen Fall miteinander »verkehrt« haben, ja schließt andere Organe, die mit Geschlechtsteilen »verkehren« können, aus. Auch »Sexualität« ist inzwischen ein zu allgemeiner Begriff geworden.

Da aber für die Konturierung Hitlers als Serienkiller, der von einer beschädigten Genitalität gekennzeichnet ist, die Praxis seiner sogenannt normalen sexuellen Tätigkeit herausgefunden werden muss, um eindeutige Feststellungen treffen zu können, muss Hitlers »undurchsichtige Erotik« sichtbar gemacht werden. Als eine solche hat Konrad Heiden, Hitlers zweiter kritischer Biograf noch zu Lebzeiten, der sich sich 1935 mangels Zeugnissen nur in Vermutungen ergehen konnte, die genitalen Bedingungen des Diktators, unter Zuhilfenahme des Begriffs der »Erotik«, mystifiziert (Heiden I, S. 303).

Ähnliche Probleme gibt es auch bei biophilen männlichen Objekten deutscher Lebensbeschreibungen, wie bei Dürer, Händel, Goethe, Hölderlin, Schiller, Beethoven, Schubert, Kleist, Nietzsche, Bruckner, Brahms, Rilke, Kafka, Hugo Wolf … Klarheit herrscht immer erst bei »Kind«, das aber nur ein kleinerer Teil dieser kulturell Herausragenden hatte.

Bei Hitler muss vor allem das »Low«- oder »Hyposexuelle« belegt werden, weil diese Eigentümlichkeit Hitlers seine Charakteristik als Serienkiller unterstreichen würde. Rein technisch hilft bei der allgemeinen bürgerlichen Verklemmtheit, die sich darin äußert, Genauigkeiten zur Sexualität jedes Menschen gerade nicht fassen zu wollen, etwas Definitorisches: Der zu allgemeine Begriff »sexuell« muss oftmals durch die speziellere Kennzeichnung »genital« ersetzt werden. »Genital« ist nicht nur »Penis an« oder »in Vagina«, sondern ist alles, bei dem mindestens die Geschlechtsteile einer am Schleimhaut-Kontakt beteiligten Person in Aktion treten. Es geht bei der Genitalität dann eben nicht nur um den fegefeurigen Stoßakt in einer menschlichen Leibesöffnung, den machistische Männer gern als Definition der männlichen Sexualität euphorisch hypertrophieren.

Dieser männlich-phallischen Hybris wird keineswegs das Wort geredet. Woody Allens »Blow me! Blow me!« in seinem *Deconstructing*

Harry (1997) ist ebenfalls ein Ausdruck männlicher Genitalität, die begehrte Partnerin möge mit ihren Lippen Harrys Geschlechtsteile berühren und ihn auf diese Weise zum Orgasmus befördern. Prostituierte wissen von den diesbezüglichen Wünschen ihrer Kunden ein Lied zu singen. Genitalität ist deshalb auch Lippen/Zunge – Geschlecht; Hand – Geschlecht; Lippen/Zunge/Hand/Penis – Anus. Ohne eine derartige Definition müsste sonst dem homosexuellen Verkehr von Männern untereinander und von Frauen untereinander die Qualität von Genitalität abgesprochen werden, was heute kein halbwegs aufgeklärter Mensch mehr tun würde.

Mit dieser Präzisierung noch einmal Hitlers sogenannter Heterosexualität zum Zwecke von Erkenntnissen nahegerückt: Die Verhältnisse von *Hitler 2* zu Ada Klein, Maria Reiter und Geli Raubal = keine genitalen = »kein intimer Verkehr«. Weder Hitlers noch der Freundinnen Geschlechtsteile waren in diesen Beziehungen Kontakt-austauschend involviert (zu Klein und Reiter siehe *Lippenstärke – Lendenschwäche?*).

Bei *Hitler 1* gab es nur zwei »Gespensterbräute«, denen von der Biografik vergeblich Hitler-bezüglich erotisches Leben eingehaucht wurde *(zweites Buch)*.

Nur ein einziges Verhältnis Adolf Hitlers zu einer Frau wird von vier Zeuginnen für eine kurze Phase mit genitaler Praxis in eine Verbindung gebracht – das zu Eva Braun. Darüber hielt die Betroffene selbst, die 6. Pro-Zeugin, drei Zeilen in ihrem überlieferten *Tagebuch-Fragment* fest *(Un-»bestimmte Zwecke«)*. Darüber raunten andeutend außerdem noch drei Frauen. Das sind die weiteren drei Ja-Sagerinnen, die Zeuginnen fünf, vier und drei.

Hitlers Haushälterin hat was erlebt

5. Ja-Sagerin – Anni Winter

Die Haushälterin von Hitlers Münchener Wohnung am Prinzregentenplatz hat zu verschiedenen Zeiten mehreren Personen etwas berichtet, das von der Hitler- und Braun-Biografik zum Anlass genommen wurde, hier ein Statement zum Anfang sexueller Praxis zwischen Braun und Hitler sehen zu können. Ullrich triumphierte:»Anni Winter hat nach 1945 mehrfach ausgesagt, dass Eva Braun in den ersten Monaten des Jahres 1932 mit Hitler intim geworden sei.« *(Ullrich*, S. 322)

Die fünf Anni-Winter-Einlassungen zu dem Problem:

1.»Während der gemeinsamen Zeit der Internierung in Augsburg 1945 erzählte Anni Winter Christa Schroeder von den ein halbes Jahr nach Geli Raubals Selbstmord beginnenden Wochenendbesuchen Eva Brauns.« *(a. a. O.,* S. 918, Anm. 110) Christa Schroeder zitiert Anni Winter aus dem Gedächtnis:»Samstags erschien sie [Eva Braun] immer in der Wohnung am Prinzregentenplatz mit einem kleinen Köfferchen.« *(Schroeder* 85, S. 235)

2. In ihren Antworten auf die Fragen des amerikanischen Offiziers O. N. Norden bei ihrem Verhör am 6. November 1945 gab Anni Winter zu Protokoll: Eva Braun sei »manchmal nachts noch nach Hause gebracht worden, habe aber bisweilen ›auch im Hause‹ geschlafen.« *(Görtemaker* 10, S. 92, 309, Anm. 64) Winters Aussagen decken sich mit denen von Leibdiener Heinz Linge vor den sowjetischen Interrogateuren im *Buch Hitler*:»Eva trifft [am Prinzregentenplatz] mit einem Köfferchen ein ... Erst nach Mitternacht zieht sich Hitler in sein Schlafzimmer zurück ... Eva begibt sich in das für sie vorbereitete Zimmer oder wird von Linge nach Hause begleitet.« *(Eberle/Uhl,* S. 62 f.)

3. Im Gespräch mit dem amerikanischen Musmanno-Team 1948 bemerkte Winter:»Seit 1935 nahm sie [Eva Braun] in der Wohnung ein Gästezimmer in Anspruch. Sie blieb nur selten in der Wohnung. Sie kümmerte sich um nichts. Beide [Braun und Hitler] tranken Tee miteinander und abends aßen sie zusammen. Meist ging sie nach dem Tee und kam abends gegen 8 oder 8,30 Uhr wieder.« *(Winter* 48 II, S. 4)

4. Brauns Biograf Nerin Emrullah Gun hielt fest, was Anni Winter ihm 1967 erzählt hatte:»Eva Braun kam oft, wenn Hitler in München war. Sie lief ihm ständig nach und wollte unbedingt mit ihm allein sein. Sie verzehrte sich nach ihm‹, berichtet Anni Winter darüber. Mag der Historiker den Aussagen der Frau Winter gegenüber auch nicht immer ganz ohne Misstrauen sein, so darf er aus ihren sachlichen Erinnerungen dennoch schließen, dass Eva Braun in den ersten Monaten des Jahres 1932 Hitlers Geliebte wurde.« *(Gun* 68 I, S. 55)

5. 1969 bestätigte Anni Winter gegenüber Hitler-Biograf Werner Maser ihren Eindruck von den Treffen zwischen Braun und Hitler ab März 1932 am Münchener Prinzregentenplatz. *(Maser* 74 ff., S. 318, 570, Anm. 59)

Brauns Arbeitskollegin terminierte eine Intimität

4. Ja-Sagerin – Henriette von Schirach

Schierach hingegen war überzeugt, dass die ›Liebesaffäre‹ im Winter 1931/32, also nur wenige Monate nach der Tragödie [...] [von Geli Raubals gewaltsamem Tod], begann«, leitet Ullrich mit dem eigenen Brustton des hundertprozentigen Überzeugen-Wollens die nächste

Ja-Sagerin ein *(Ullrich, S.* 321): Es handelt sich um Henriette von Schirach, geborene Hoffmann, Tochter von Hitlers Münchener Leibfotografen Heinrich Hoffmann, bei dem Eva Braun seit 1929 angestellt war. Schirach, geboren 1913, war 16, als sie die 17-jährige Braun kennenlernte und sich mit ihr anfreundete. Schirach enthüllt in ihrem Buch *Frauen um Hitler* ein Detail aus der Braun-Hitler-Beziehung:

»In Hitlers Wohnung herrschte nach Gelis Tod Frau Winter, die sehr streng auf gute Sitten achtete. Hitler musste also vorgehen wie ein Gymnasiast, der ein Mädchen in der elterlichen Wohnung mit aufs Zimmer nimmt. Er musste Theaterkarten für Frau Winter und ihren Mann besorgen, um in der Wohnung ein Schäferstündchen mit Eva ungestört genießen zu können.« *(Schirach* 83, S. 226)

Die Sache bei der 4. Ja-Sagerin, Henriette von Schirach, sieht diesmal so klar aus, wie sie überhaupt nur sein kann: Für die genitalen Aktionen zwischen Braun und Hitler – wenn sie ungestört verlaufen sollten – mussten die Wohnungs-Beipersonen, das Ehepaar Anni und Georg Winter, Ausgang haben.

Ein Aha-Blitz von Brauns engster Freundin

3. *Ja-Sagerin* – Herta Ostermayr

Eine letzte Flüchtigkeit: Eva Brauns Busenfreundin Herta Ostermayr hat etwas Genital-Bezeichnendes aufgepickt und darüber Gun einen Aha-Blitz vermacht: »Eine Bemerkung, die Eva Braun später einmal gegenüber ihrer besten Freundin machte, als beide Erinnerungsfotos an die Münchener Konferenz betrachteten, scheint Anni Winter recht zu geben. Auf einem der Bilder waren Daladier, Mussolini und Chamberlain in Hitlers Privatwohnung auf einem mit rotem Samt bezogenen Sofa sitzend zu sehen. Eva Braun soll dazu gesagt haben: ›Wenn Chamberlain die Geschichte dieses Sofas kennen würde …!‹.« *(Gun* 68 I, S. 55)

Der Fehler, den Guns Nachricht enthält, ist mit dem Verweis auf die historischen Realitäten leicht korrigierbar und tangiert ansonsten nicht Guns Aha-Blitz durch die Aussage Herta Ostermayrs: Mit dem Sofa in Hitlers Wohnung am Münchener Prinzregentenplatz hat es eine Bewandtnis. Auf diesem Sofa saßen aber nicht Daladier, Mussolini und Chamberlain zusammen, sondern nur Chamberlain allein, wie es schon das Foto, das Braun und Ostermayr betrachtet hatten, beweist (B. 18, darauf auch der Übersetzer Paul Schmidt).

Chamberlain war am 30. September 1938 nach dem Ende der eigentlichen *Münchener Konferenz* spontan noch einmal zu einem

Privatbesuch in Hitlers Wohnung gekommen, wozu Chamberlain sich in einer Pause der Konferenz entschlossen und das persönliche Treffen Hitler vorgeschlagen hatte, der die Idee sofort aufgriff, wie es Chamberlain in seinen *Erinnerungen* übermittelte. *(Kershaw* 2000, S. 122) Es war die sechste Zusammenkunft der Staatsmänner, nach Chamberlains Gesprächen mit Hitler am 16. September 1938 auf dem *Berghof,* zwischen 22. und 24. September 1938 in Bad Godesberg und am 29. September 1938 während der *Münchener Konferenz,* die zusammen mit Mussolini und dem französischen Premierminister Daladier abgehalten wurde. *(Maser* 73, S. 332)

Auch Hitlers Faktotum und Adjutant Julius Schaub bestätigte in seinem Verhör durch die Amerikaner das Treffen zwischen Chamberlain und Hitler in Hitlers Münchener Wohnung am 30. September 1938 als ein »pas de deux«, dem Schaub »beigewohnt« habe. Mussolini war ein anderes Mal ebenfalls allein zu Hitler zu Besuch gekommen, so dass klar wird, dass Gun die historischen Fakten durcheinandergebracht hat. *(Schaub* 46, S. 6)

Aus dem Gestrüpp von – in diesem Fall – nebensächlichen historischen Unrichtigkeiten entwirrt, enthält Ostermayrs Erinnerung an den Eva-Braun-Ausruf jedoch einen Sexy Spot: Er ist ein spielerisch verschmitzter Schlenker auf die »Zeugenschaft« eines Doppelleib-»Träger-Elementes«, genannt »Wohnzimmer-Sofa«, auf dem zwei Sich-Enthüllende – Braun und Hitler – aneinander »vorstellig« geworden sein sollen. So etwas muss trotz der Kürze als Indiz für das Involvement mindestens eines Geschlechtsteils der beiden Übereingekommenen akzeptiert werden. Das *Chamberlainsofa* hat demnach die Kühnheit, sich zu einem »Kronzeugnis« pro Sex zwischen Hitler und Braun vorzudrängeln. Das geschieht vor allem deshalb, weil es sich um den Bericht von einer Aussage der »Tatbeteiligten« Eva Braun handelt.

Sexueller Sonnenschein über »Adi« und »Efilein«?

Aussage-Bereinigung: »Schön und gut«? Die Zitate der drei Ja-Sagerinnen direkt untereinandergesetzt, wurde nur mühsam klar, was sie an Wahrheit enthalten.

Das Indirekte und Angedeutete überwiegt so sehr, dass zuerst eine prozessuale Aussage-Bereinigung vorgenommen werden muss. Denn wenn es wie beim Hitler-biografischen Hetero-Fraktionär Ullrich zugeht, wird niemand aus den in Ullrichs 1100 Seiten verstreuten Statements dieser drei Pro-Voten das deutliche oder verwackelte Bild eines heterosexuell aktiven Adolf Hitlers vor Augen haben können.

Die drei Pros sind bei Ullrich an sechs Stellen wiedergegeben worden, zweimal sogar im Abstand von mehreren hundert Seiten voneinander entfernt: Seite 322, 677, 918 (Winter), Seite 321 f. (Schirach) und Seite 918 (Ostermayr). Zweimal sind Aussagen im Anmerkungs-Apparat verstaut – einmal für Pro-Zeugin fünf, Anni Winter, und auch die ganze Pro-Zeugin drei, Herta Ostermayr, liegt da versteckt. Wie soll dann jemand aus Hitlers heterosexueller Funktions-Tüchtigkeit oder Eingeschränktheit klug werden, wenn er/sie sich mit Hilfe einer der aktuellsten Hitler-Biografien darüber ein Urteil bilden will.

Zur Erhellung der Jas für deren Zeugnis-fungible genaueste Sichtbarkeit müssen die Aussagen selbst dreifach befragt werden: 1. Was sagen die Zeuginnen? 2. Was fehlt? 3. Was ist falsch?

Pro-Zeugin 5., Anni Winter

1. Winter berichtet über den Anfang der Braun-Hitler-Beziehung – ein halbes Jahr nach dem Tod von Geli Raubal.

2. Es fehlt:

a) eine Mitteilung über die Dauer der Beziehung, vor allem über deren Ende,

b) ein genauer Zusatz zur Häufigkeit der Hitler-Braun-Begegnungen,

c) ein Hinweis zur Art der sexuellen Praxis, die das Paar betrieben hat.

3. Falsch-Aussagen gibt es bei Anni Winter nicht.

Was Hitler-Hetero-Stabilisator Ullrich schreibt, Anni Winter hätte ausgesagt, Hitler und Braun seien »intim geworden«, sagt Winter in ihren direkt nach April 1945 gemachten Äußerungen gegenüber Hitlers Sekretärin Schroeder und amerikanischen und deutschen Interviewern nicht – im Gegenteil, Winter macht nur eine Bemerkung über Eva Brauns Besuche in der Hitler-Wohnung: »Samstags erschien sie immer mit einem kleinen Köfferchen.«

Und was Anni Winter mehr als zwanzig Jahre später zu Gun sagte, ist schon »Erinnerungs-selig« verkrasst: Eva Braun wäre »oft« zu Besuch gekommen, »wenn Hitler in München war«. Heißt jedoch nicht: »jedes Mal«. Das Weitere ist Winters Kommentar: Braun sei Hitler »ständig nachgelaufen« und habe »unbedingt mit ihm allein sein« wollen, weil sie sich »nach ihm verzehrte«. (*Gun* 68 I, S. 55)

Hitler war ab Beginn seiner Beziehung zu Braun nur noch ein Jahr lang Nicht-Kanzler, zwischen März 1932 und Februar 1933. Ab Februar 1933 konnte Hitler überhaupt nicht mehr regelmäßig »samstags« in seiner Münchener Wohnung am Prinzregentenplatz anwesend sein. Und vorher wollte er das auch nicht regelmäßig. Denn er hatte schon seit 1928 das *Haus Wachenfeld* auf dem Obersalzberg bei Berchtesgaden gemietet, für das er sich ein Vorkaufsrecht einräumen ließ, das er im Juni 1933 als Reichskanzler einlöste. *(Ullrich, S.* 673)

Auf seinem oberbayrischen Landsitz hat Hitler – wie Anton Joachimsthaler nachwies – Eva Braun niemals mitwohnen lassen. Das geschah auch nicht, nachdem Hitler im September 1934 seine Schwester Angela als *Wachenfeld*-Haushälterin rausgeschmissen hatte. *(a. a. O., S.* 679 f.) Nun hätte er für eineinhalb weitere Jahre eine Gymnasiasten-sturmfreieste Bude für die von Schirach (Pro-Zeugin 4.) behaupteten »Schäferstündchen« mit Braun gehabt. Erst im Juli 1936 war der Umbau von *Haus Wachenfeld* zum *Berghof* abgeschlossen. *(a. a. O., S.* 673)

Aber Hitler dachte nicht daran, mit Braun sexuell »die Tassen hochgehen zu lassen«. Er nutzte diese Gelegenheit nie, quartierte sein »Verhältnis«, wenn es denn mal mitgekommen war, immer im nahegelegenen *Platterhof* ein, wozu Anton Joachimsthaler sogar noch die Gäste-Buchungen fand. *(Joachimsthaler* 03, *S.* 300, 442 – *HETERO, Kein Mitschlafen – kein Beischlafen)*

Am auffälligsten ist das, was wieder der fleißige Trockenleger des Verhältnisses Braun-Hitler zu Geschichtsprotokoll gegeben hat – O-Ton *Berghof*-Verwalter Herbert Döhring: »Hitler wohnte während der Umbauarbeiten von ›Haus Wachenfeld‹ zum ›Berghof‹ immer im Gästehaus ›Hoher Göll‹, wenn er am Obersalzberg war.« (Döhring in dem Film *Der Berghof – Hitler privat [Hirschbiegel]*)

Doch Hitlers »ach so geliebte Schäferin« Eva Braun musste im *Platterhof* unterkommen! Als Hitlers ehemaliger *Haus Wachenfeld*-Wachposten hat Döhring über solche organisatorischen Nebensachen wie Hitlers Aufenthaltsort während der Umbauarbeiten von *Wachenfeld* zum *Berghof* genau Bescheid gewusst: nicht im Krach-belasteten und Geröll-beschwerten *Wachenfeld* selbst, sondern im Gästehaus *Hoher Göll* und vor allem auch nicht in Brauns Unterkunft *Platterhof*. Etwas »Platteres« bei der Entlarvung von Hitlers sexuellem Schaugepränge gibt es bei der Intim-Farce Hitler-Braun nicht: Er thront und e-regiert im *Hohen Göll*. Sie liegt alleine flach und brach im *Platterhof*!

Da Eva Braun bis August 1935 in der Münchener Wohnung ihrer Eltern gelebt hat *(Ullrich, S.* 684), kann Anni Winters »samstags« auch geheißen haben: Eva Braun durfte häufig »samstags« in die Hitler-Wohnung am Prinzregentenplatz kommen – nur so zum Sich-Wohlfühlen und Sich-Entspannen. »Samstags«, auch wenn Hitler nicht da war. Ja, gerade, wenn er nicht anwesend war – dies wurde später dann als Regel fixiert, wovon Hitlers jüngste Sekretärin Traudl Junge für die Zeit ab 1943 berichtete: Eva Braun hatte in Hitlers Münchener Wohnung am

Prinzregentenplatz ein Zimmer, das sie aber nie benutzte, wenn Hitler sich in der Wohnung befand. *(Junge* 02, S. 114) Dieses Detail hätte längst schon den Hahn »fantasy« um Braun-Hitlers »Liebesbeziehung« zudrehen müssen.

Und wozu brauchte Eva Braun eigentlich »immer« ein ganzes »kleines Köfferchen«, mit dem sie jedes Mal angekommen sein soll, obwohl sie nur von München nach München gereist war? Ja, zum Übernachten bis sonntags! Aber nicht, wenn sie noch »nach Hause gefahren« wurde, wie Anni Winter ebenfalls zu Protokoll gab. Und zum Nur-Vögeln braucht keine noch so Körperpflege-bewusste Frau ein »kleines Köfferchen« in das Domizil ihres Freundes mitzunehmen.

Über das Fehlen von 2 c): Es bedarf keiner Erläuterung, dass Anni Winter nichts Verstecktes zur sexuellen Praxis zwischen Hitler und Braun sagen konnte, ja nicht einmal etwas dazu, ob Hitler und Braun miteinander wirklich »intim« geworden sind, wie Ullrich behauptet. Anni Winter berichtet vom Ankommen Brauns in Hitlers Wohnung »samstags« – mehr nicht. Sie sagt auch nicht, ob das jeden Samstag so war. Es heißt nur »samstags«. Und das »immer« bezieht sich auf das »kleine Köfferchen«, mit dem Eva Braun »in der Wohnung am Prinzregentenplatz« »erschien«.

Gegenüber dem Musmanno-Team sprach Winter von Besuchen Brauns bei Hitler, davon, dass Braun ab 1935 mal im Gästezimmer der Prinzregentenplatz-Wohnung übernachten durfte. Das kann erst ab September 1935 gewesen sein, als Hitler nach Brauns zweiter Selbstmord-Demonstration beschloss, sie deutlicher sozial in sein Leben einzubinden.

Was Winter mehr als 20 Jahre später zum Braun-Biografen Gun sagte, ist Erinnerungs-selig verschwommen. Für Gun kolorierte sie Eva Brauns Stimmung gegenüber Hitler: »Sie lief ihm ständig nach«, »wollte unbedingt mit ihm allein sein«, sie verzehrte sich nach ihm. Sie kam »oft« zu Besuch, »wenn Hitler in München war.« *(Gun* 68 I, S. 55) Heißt jedoch auch hier nicht »jedes Mal«. Hitler war ab Beginn seiner Beziehung zu Braun Anfang 1932 nur noch ein Jahr lang Nicht-Reichskanzler. Er selbst konnte nicht einmal mehr »oft« in München sein. Und in Berlin bei Hitler war Braun selten an der Grenze zu »nie«, wie alle Umfelder berichteten. *(ONANO)*

Und erst recht konnte Winter über das eigentlich Intime gar nichts wissen, weil sie, gemäß Pro-Zeugin 4., Henriette von Schirach, für »ein Schäferstündchen« zwischen Hitler und Braun (»mit Köfferchen«) extra jedes Mal zu einem Theaterbesuch aus der Hitler-Wohnung weggeschickt worden wäre.

Pro-Zeugin 4., Henriette von Schirach
  Genauigkeit zu 1. liegt vor – zum Beginn der Beziehung: »Winter 1931/32«.
  Doch zu 2. a) fehlt die Dauer und das Ende. Diesen Aspekt wegzulassen, kann leicht damit entschuldigt werden, dass Winter und Schirach glauben machen wollten, das Ende der Beziehung sei der gemeinsame Selbstmord im Berliner »Führer«-Bunker unter der Reichskanzlei gewesen. Dieser Doppel-Selbstmord war das Ende der *Sozial*-Partnerschaft des Höllen-Paares. Die Zeuginnen hätten aber in der Lage sein können, etwas zum Ende der intimen Beziehung zu sagen.

  Etwas dergleichen kommt indirekt zum Beispiel in Traudl Junges Erinnerungen von 1947/48 vor, wenn Junge für den Zeitpunkt ab 1943 darüber berichtet, dass Eva Braun »ihr« Zimmer in Hitlers Wohnung am Prinzregentenplatz »nie« benutzte, sobald Hitler sich dort aufhielt. Junges Bemerkung über etwas Organisatorisches bedeutet unmissverständlich: Wenn Eva Braun aus der Wohnung Hitlers in München verschwindet, sobald er eintrifft, haben die beiden keinen Sex mehr miteinander. Im März 1943 hatten sich Hitler und Braun etwa ein halbes Jahr nicht gesehen, weil er den Zweiten Weltkrieg von seinem »Führer«-Hauptquartier in der *Wolfsschanze* an der Ostfront dirigieren wollte. In der Nähe seiner Armee-Kommando-Stellen durfte Eva Braun nie auftauchen. *(Günsche* 67, S. 17 f.,20 f.) Vom Glück des »Endlich wieder vereint!« in Hitlers Privatwohnung – bei Junge kein Wort.

  Zu 2. b), Häufigkeit der Treffen, wird bei Schirach nichts gesagt, nicht einmal so etwas wie Anni Winters »samstags«.

  Und selbstredend fällt kein direktes Wort zu 2 c), zur Art der sexuellen Praxis, die aus Schirachs Bemerkung jedoch herausgefiltert werden kann.

  Wird 3. unter die Lupe genommen, macht Schirach zwei Falsch-Aussagen:
  3. a) »In Hitlers Wohnung herrschte nach Gelis Tod Frau Winter.«
Haushälterin Anni Winter hat das Regiment über Hitlers Prinzregentenplatz-Wohnung nicht erst nach Geli Raubals Tod übernommen, sondern im Gegenteil schon ab Hitlers Anmieten dieser Wohnung am 1. Oktober 1929. Außerdem hatte Raubal in den Wohnungs-Angelegenheiten sowieso nie etwas zu vermelden gehabt. Dafür standen Hitler das Haushaltungs-Paar Anni und Georg Winter zur Verfügung, die bei ihm mitwohnten. *(Winter* 48 II, S. 1) Raubal war trotz ihrer inzwischen 21 Jahre immer noch ein verwöhnter »Backfisch«, die pro forma einem Medizin- und dann einem Gesangsstudium nachging und sich ausschweifend von »Onkel Alf« herumführen und aushalten ließ.

3. b) »Frau Winter« »achtete« »sehr streng auf gute Sitten«. Schirach
tut so, als ob Hitler der Untermieter von Anni Winter gewesen sei.
Im Gegenteil, Anni Winter war weisungsgebundene Wohnungsange-
stellte Adolf Hitlers und hätte sich in alles fügen müssen, was er von
ihr verlangte, auch in die schlechtest denkbaren Sitten. Ihr – aus persönlichen Gründen bevorzugtes – Auf-gute-Sitten-Achten hätte Anni
Winter nichts genützt. Dieses »Achtete sehr streng auf gute Sitten« hieß
nichts anderes als: »Sex nicht in der Hitler-Wohnung!« Und genau diese
»Achtsamkeit« kam von Winters Dienstherrn Adolf Hitler persönlich,
in dessen Befehlsvollzug Winter »streng« »auf gute Sitten achtete«.

Auf dem Chamberlainsofa

Was für die Konturierung eines tatsächlich *doch* gelaufenen sexuellen
Verhältnisses zwischen Braun und Hitler verwendet werden kann, ist
der »Und doch«-Rest der Pro-Zeuginnen Winter (5.), Schirach (4.) und
Ostermayr (3.) – im Zusammenhang mit Eva Brauns Kundgabe in
ihrem *Tagebuch-Fragment.* Das sind zwei Zeilen in der Abschrift des
Braun-*Tagebuch-Fragments* und jeweils zwei Zeilen von Anni Winter,
Henriette von Schirach und Herta Ostermayr:

»Er braucht mich nur zu bestimmten Zwecken es ist nicht anders
möglich, (Blödsinn) Wenn er sagt er hat mich lieb, so meint er nur in
diesem Augenblick.«

(6. Ja-Sagerin, Eva Braun – Un-»bestimmte« *Zwecke)*

»Samstags erschien sie immer in der Wohnung am Prinzregentenplatz mit einem kleinen Köfferchen.« – »Sie kam oft, wenn Hitler in
München war.« (5. *Ja-Sagerin* Anni Winter)

»Er [Hitler] musste Theaterkarten für Frau Winter und ihren Mann
besorgen, um in der Wohnung ein Schäferstündchen mit Eva ungestört genießen zu können.« (4. *Ja-Sagerin,* Henriette von Schirach)

»Wenn Chamberlain die Geschichte dieses Sofas kennen würde…!«,
habe Braun gegenüber ihrer besten Freundin beim Betrachten von
Fotos ausgerufen. (3. *Ja-Sagerin,* Herta Ostermayr)

Diese sechs Zeilen der Pro-Zeuginnen fünf, vier und drei in Verbindung mit den zwei Zeilen aus Eva Brauns Pro-Zeugnis sechs sind eine
Bastion der Pros, die gegen das Heer der inzwischen 28 Neins trotzdem für eine Annahme von ausgeübter Sexualität zwischen Hitler und
Braun sprechen und daher ernst genommen und genau untersucht
werden müssen. Es bedarf für ihren Einsatz im Pro-und-kontra-Ver-
fahren zu Hitlers praktizierter Heterosexualität noch der Aussage-Bereinigung der Bemerkung der Zeugin drei, Herta Ostermayr.

Pro-Zeugin 3., Herta Ostermayr

Ostermayrs Bemerkung gegenüber Biograf Gun ist eine Moment-Aufnahme zur Bestätigung des In-Gang-Seins einer sexuellen Beziehung zwischen Hitler und Braun: Nichts zu 1. = zum Anfang der Beziehung. Auch nichts zu 2. b), zur Häufigkeit der Begegnungen. Aber eine Winzigkeit zur »Geschichte« dieses Verhältnisses (2. a). Und zum ersten Mal unter den drei Ja-Sagerinnen per Schalk ein Hinweis auf die sexuelle Praxis (2. c). Ansonsten ist nichts zu 3. zu sagen. Es gibt bei Ostermayr nichts Falsches. So müssen nur 2. a) und 2. c) extra behandelt werden.

Der Zeuginnen-Hinweis zur sexuellen Praxis (2. c) ist insofern bemerkenswert, als bei der obigen Eingangs-Rubrizierung dieses Punktes viele Lesende im Geiste ihren Finger an die Stirn getippt haben werden – mit dem Gedanken: »Über die Art einer sexuellen Beziehung ist früher doch nie etwas hinterlassen worden!« Wie »mann und frau« im Fall der Pro-Zeugin 3. sehen, eben doch – nicht mit der Tür eines Praxis-Faktes ins Haus fallend, Deutung ist noch notwendig, aber die Umstände einer Mitteilung erlauben, so etwas Diffiziles wie die sexuellen Usancen eines Paares aus einem Zeugen-Detail zu destillieren. Und das Wichtigste: Die Pro-Zeugin 3., Herta Ostermayr, übermittelte ein kaum camoufliertes Eingeständnis der »Tat«-Beteiligten Eva Braun selbst.

Zu 2. a) Herta Ostermayr berichtete bei ihrer Überlieferung des Eva-Braun-Ausspruches von einer »Geschichte« des *Chamberlainsofas*, eines repräsentativen Möbels im Wohnzimmer von Hitlers Münchener Wohnung am Prinzregentenplatz, in der Hitler am 30. September 1938 nach der *Münchener Konferenz* zwischen Deutschland, Frankreich, Großbritannien und Italien den britischen Premierminister Neville Chamberlain halbprivat empfangen hat. Während dieses Staats(-mann)besuchs ist Chamberlain in unmittelbarer Berührung mit dem von Ostermayr angesprochenen Sofa fotografiert worden. Das Bild lief um die Welt. In diesem Zusammenhang mit Chamberlains Sitzen neben dem bestimmten Herrensofa ließ Eva Braun ihre Bemerkung über etwas »*Un*staatliches« im weitesten Sinne fallen: Das Sofa habe eine Geheim-»Geschichte«!

Bei der Übermittlung der Anekdote an Nerin E. Gun informierte Ostermayr den Braun-Biografen gleichzeitig darüber, dass die nahe Beziehung zwischen Hitler und Braun überhaupt eine »Geschichte« gehabt habe, vor allem eine sexuelle, und dass diese sich gerade auf diesem Sofa abgespielt habe, das wegen des um die Welt gehenden Fotos mit Chamberlain darvor auch öffentliche Geschichte gemacht hat.

Und damit wurde verschlüsselt auf eine sexuelle Technik hingewiesen, so dass erstmalig von 2. c) geredet werden kann: Ostermayr hinterließ nicht nur etwas über die Dauerhaftigkeit des Hitler-Braun-Verhältnisses, das eine »Geschichte« gehabt hat. Sondern Ostermayr deutete mit ihrem Zitat des Braun-Halbsatzes »Wenn Chamberlain die Geschichte dieses Sofas kennen würde!« auch eine bestimmte sexuelle Praxis an, die sich aus der Braun-Bemerkung entschlüsseln lässt. Zweimal Treffen ins Schwarze hinsichtlich einer historischen Wahrheit über spezifisch Sexuelles: Erstens »Sofa« mit »Geschichte«, zweitens eine »Geschichte«, die etwas Staats-Konträres an sich hat.Und das Kühnste an dem Kürzel zur Geheim-»Geschichte« des *Chamberlainsofas*: Die sexuelle Praxis, über die Ostermayr mit dem Braun-Zitat von der »Geschichte« des *Chamberlainsofas* Andeutungen machte, deckt sich mit derjenigen, die aus dem Schirach-Bericht *(4. Ja-Sagerin)* herausgeschält werden kann.

Montage, Montage und nochmals Montage getrennter Aussagen ist bei der Rekonstruktion der Sexualität historischer Personen das A und O, wie schon die Koinzidenz zwischen den Beobachtungen Marianne Hoppes zum Knie-Reiben Hitlers beim Ansehen des Films *Der Rebell* und Kammerdiener Krauses Registrieren von Hitlers ständigem Oberschenkel-Aneinanderreiben bei Aufregung gezeigt hat *(ONANO, Hitlers Männermord-Orgasmus)*.

Auch die Braun/Ostermayrsche Praxis-Entschlüpfung muss wie die der Henriette von Schirach in einem eigenen Kapitel »vorgenommen« werden.

Freie Fahrt in Richtung Hitlers Sex mit Eva Braun

Die Aussagen der Pro-Zeuginnen fünf, vier und drei – Winter, Schirach und Ostermayr – reichen nur für die Heranziehung von Indizien: Eva Brauns samstägliches Kommen in Hitlers Wohnung am Prinzregentenplatz geschah nicht für das gemeinsame Sanskrit-Studium von Hitler und Braun. Vor allem das Kommen mit »Köfferchen« indiziert: Da war was, das mit dem »Unten« des Menschen zu tun hatte. Aber eine agierte Intimität des umstrittenen Paares kann Winter allein mit ihrer Schilderung nicht beweisen. Der von Schirach gewählte Begriff »Schäferstündchen« ist eine Umwölkung für Geschlechtsakt. Trotzdem: Schirach hat nicht über etwas »Horizontales« zwischen Braun und Hitler »die Lampe gehalten«.

»Beweis« braucht mehr: Die »Geschichte« des *Chamberlainsofas* könnte sich auf etwas anderes bezogen haben, auf Hitlers eigene,

Braun-unabhängige sexuelle Aktivität auf diesem Sofa oder auf eine solche Brauns mit einer anderen Person. Die Übermittlungen aller drei Pro-Zeuginnen Winter, Schirach und Ostermayr enthalten jedoch Wahrheits-Bruchstücke, nicht nur Hinweise. Sie sind Indizien dafür, dass Sexualität zwischen Hitler und Braun wirklich stattgefunden hat.

Für die Annahme einer prozessual-geschichtlich erzielten Wahrheit werden – wie in einem streitigen Verfahren unter Lebenden – mehrere Indizien gebraucht. Die drei durch die Pro-Zeuginnen Winter, Schirach und Ostermayr übermittelten genügen deshalb für die Montage einer Wahrheit, stehen sie doch auch in Verbindung mit dem Inhalt des Braun-*Tagebuch-Fragments*. Somit ist das Thema »Sex zwischen Hitler und Braun« positiv »Spruch-reif«: Es hat Sex zwischen Hitler und Braun stattgefunden. Das Braun-*Tagebuch-Fragment* avanciert zu einem nicht mehr anfechtbaren Beweismaterial, gestützt sogar von drei Indizien, beigebracht von anderen Zeuginnen.

Die Frage, ob die drei Pro-Zeuginnen Fünf bis Drei – Winter, Schirach und Ostermayr – wie die Pro-Zeugin Sieben, Gretel Mittlstrasser, gelogen haben könnten, lässt sich dahingehend beantworten: Ein klassischer Eins-zu-Eins-Nachweis über die Lügenhaftigkeit einer Aussage kann für Winter, Schirach und Ostermayr nicht erbracht werden, wie er im Falle von Mittlstrasser mit der Geschichte der Schwangerschafts-Verhütung und Perioden-Unterdrückung ausgebreitet werden konnte. *(HETERO, Hitler-Biografen fallen auf Verhütungs-Kokolorus rein, Bockmist als »Ziegen-AA«)* Persönliches und Sachliches steht der Annahme einer Lüge Winters, Schirachs oder Ostermayrs entgegen: Anni Winter hat 16 Jahre in der Position von Hitlers Haushälterin in seiner Münchener Wohnung am Prinzregentenplatz gelebt. Wenn sie in ihrer Bewertung des Verhältnisses zwischen Hitler und seiner Nichte Geli Raubal, dass diese Beziehung nichts mit etwas »Unmoralischem« zu tun gehabt hätte, ernst genommen wird, dann muss Winters Äußerung zum nächsten Verhältnis Hitlers ebenso ernst genommen werden, vor allem deshalb, weil Winter letztlich nichts Besonderes erzählt, mit nichts Sexuellem im eigentlichen Sinne aufgetrumpft hat, wie es *Berghof*-Verwalterin Gretel Mittlstrasser unternahm. Dieses »samstägliche Erscheinen« Brauns »immer mit einem kleinen Köfferchen« ist so bescheiden untertreibend, dass es alles und nichts bedeuten kann. Winter war Hitlers nahe Freundin, ohne hinterher von ihm ein bestimmtes Bild in die Öffentlichkeit powern zu wollen, wie es der Braun-Freundin Mittlstrasser anzumerken ist *(7. Ja-Sagerin)*.

18 *Chamberlain besucht Hitler privat im Zusammenhang mit der*
Münchener Konferenz vom 29./30. September 1938

Henriette von Schirach berichtete über etwas, das ihr von Eva Braun selbst erzählt worden sein muss: Wegschicken des Ehepaars Winter, um in der Wohnung am Prinzregentenplatz mit Hitler ungestört sein zu können. Als Tochter von Hitlers Leibfotografen Heinrich Hoffmann begann Henriettes Beziehung zu Eva Braun, als diese im September 1929 im Geschäft ihres Vaters angestellt worden war – Henriette 16, Eva 17 Jahre alt.

Die Frauen begannen mit ihrer Freundschaft als Pubertäts-Kumpaninnen. Das ist ein Alter, in dem sich junge Mädchen über Jünglinge und Männer unterhalten, ihre Typ-Vorlieben austauschen und einander erste Kontaktversuche mit dem anderen Geschlecht eingestehen. Die Braun-Hoffmann-Beziehung startete in der Tratsch-Komplizenschaft und behielt davon immer etwas bei. Auch gab es keine Eifersucht zwischen den Frauen. Henriette Hoffmann mochte Hitler physisch fürs »Intime« nicht, wie sie es in ihrem Buch *Der Preis der Herrlichkeit* gestand. (*Schirach* 78, S. 244 f.). So gab es in der Braun-Schirach-Freundschaft nichts Rivalisierendes. Im Gegenteil, Henriette Hoffmann heiratete Baldur von Schirach im März 1932 und feierte das Fest in Hitlers Wohnung, der einen Empfang für das Brautpaar hatte organisieren lassen. März 32 – das war in etwa die gleiche Zeit, in der das nähere Verhältnis zwischen Hitler und Braun begann, das in eben dieser Wohnung auf dem *Chamberlainsofa* seinen Anfang nahm. Henriette war auch mit Hitlers Nichte Geli befreundet gewesen, mit der sie gemeinsame Schießübungen absolviert hatte. *(Schirach* 83, S. 67)

Bei der Freundschaft zwischen Braun und Schirach handelte es sich um ein Verhältnis von gleich zu gleich ab einem Alter von 16, 17. Schirach gab eine Bemerkung Brauns wieder, an der nicht der Ruch hängt, Hitler in einem günstigen Licht darstellen zu wollen, ihn »liebenswert« zu zeigen, weil »Liebe machend«, wie es den Engländerinnen Milne und Lambert vorgeworfen werden muss *(HETERO, Bockmist als »Ziegen-AA«, Adolf war kein Adam).*

Auch befand sich Herta Ostermayr-Schneider nicht wie Gretel Mittlstrasser gegenüber Eva Braun in einem Abhängigkeitsverhältnis, das zur Nachrichten-Devotion führte – nämlich dazu, noch bei der Übermittlung von Erfahrungen und Beobachtungen den ehemaligen Herren und Herrinnen gefällig zu sein und nicht Wahrheits-gemäß vorzugehen. Ostermayr war immer nur ein Besuch Brauns, ihrer Freundin aus Frühjugend-Zeiten – ab acht, wie sie vor der Münchener Spruchkammer angab. *(Joachimsthaler* 03, S. 422) Ostermayr konnte bei Braun kommen und gehen, wann sie wollte.

Ostermayrs Anekdote von Brauns Kommentar beim Betrachten des *Chamberlainsofas* ist viel zu überraschend und prägnant für die Aufwendigkeit einer Falschmeldung, außerdem so sibyllinisch, dass Ostermayr letztlich faktisch nichts Eindeutiges sagt, das erst durch Kombinationen des Braun-Zitats im Bewusstsein der Empfangenden dieses Halbsatzes entsteht. Nach den Kombinationen in den Köpfen der Adressaten dieser Bemerkung kann mit der Abfahrt in Richtung des Verständnisses von Sex begonnen werden. Ostermayr machte Assoziationen möglich, die zum »Aha« von Sexualität führen.

Das *Chamberlainsofa* ist ein klassisches Sofa, wie das Foto vermuten und die Grundrissskizze der Wohnung erkennen lässt – an beiden Seiten eine Seitenlehne. Auf dem Sofa hätten bequem zwei Personen, unbequem drei sitzen können. Liegen konnte dort aber nur eine – etwas gekrümmt.

Was eine zwischen Hitler und Braun geübte sexuelle Technik betrifft, bot dieses Sofa Platz und Halt für eine Person, besonders in den Ecken. Dort war Braun geschützt vor jedem Auf-den-Boden-Trudeln, konnte sich zurücklehnen und ihren Kelch entfalten. Mit beiden Armen sich übereck festhaltend, ihre Beine in alle Himmelsrichtungen wedelnd. Hitler bequem vor ihr kniend.

Auf dem Foto wird deutlich, dass Chamberlain nicht auf dem Sofa sitzt, jedoch direkt davor auf einem herangerückten Sessel, der so nah steht, dass Chamberlain sich wie in Tuchfühlung oder einer Seiten-Verlängerung des Herrensofas befindet. Das Zitat von Brauns Freundin Ostermayr macht keine Anspielung auf den Sessel Chamberlains, sondern auf das Sofa in seiner unmittelbaren Berührung, weswegen es *Chamberlainsofa* genannt wird.

Auf dem Sofasims steht links ein »Urnen-Gefäß«, daneben liegt eine Totenmaske, rechts befindet sich eine kleine Kopf-Skulptur mit Blümchen im Ohr – auch eine Tote. Das Gesicht der Totenmaske ist nicht erkennbar. Beethoven? Direkt vor der Totenmaske könnte das Sofa-über-Eck-bequeme Sexual-Agieren erfolgt sein.

Eva-Elektra: »Oral! Oral!«

Haben die drei Ja-Sagerinnen Winter, Schirach und Ostermayr – in Kombination mit dem Pro-Zeugnis des Braun-*Tagebuch-Fragments* – die bisher 28 Neins gekippt? Ja und nein! Es fanden bei den Treffen von Eva Braun und Adolf Hitler in seiner Wohnung am Münchener Prinzregentenplatz zwischen Frühjahr 1932 und Frühjahr 1935 tatsächlich sexuelle Handlungen statt. Aber welche?

Um das herauszufinden, muss für eine Weile der Geschichts-»Gerichtssaal« verlassen und in den Gutachtenstil gewechselt werden. Denn die Rekonstruktion der zwischen Hitler und Braun praktizierten sexuellen Technik basiert nur auf dem Wahrheitsbruchstück einer einzigen Zeugin – Herta Ostermayrs Übermittlung von Brauns Ausruf »Wenn Chamberlain die Geschichte dieses Sofas kennen würde!« Heißt: Auf diesem speziellen Möbelstück muss der Sex zwischen Hitler und Braun stattgefunden haben – gerade dort und möglicherweise nur und immer dort. Über die nächsten Abschnitte hinweg wird nun ein Gutachten erstellt, etwas Persönliches, das dem »Gericht« der Geschichtsschreibung vorgelegt wird. Gutachten werden von Thema-betreffenden Experten eingeholt, auf deren Expertise sich später das Geschichts-»Gericht« ein selbstständiges Urteil bilden kann. Nach diesem Gutachten wird das »Verfahren« um Hitlers Heterosexualität mit *NEUTRO* fortgesetzt und dann nicht noch einmal unterbrochen.

Vergegenwärtigt man sich die Essenz der bisher »gehörten« 23 Nein-Zeugen, dann sagen alle: Hitler war entweder *gar* nicht genital mit Frauen tätig oder nicht mit Eva Braun – insgesamt 17 behandeln das Thema direkt Braun-bezüglich. 17 Nein-Sagende stehen gegen die von Winter, Schirach und Ostermayr bezeugten sexuell motivierten Besuche Eva Brauns bei Adolf Hitler in seiner Privatwohnung in München; Treffen, von denen alle 17 Nein-Sagenden nichts oder nichts Näheres gewusst haben. Daran kann man sehen, wie es bei juristischen Zeugen-Befragungen zugeht. Das Überwiegen einer vierfachen Quantität von 17 Zeugen richtet plötzlich nichts aus gegen die Qualität der Statements von drei Zeuginnen mit gegenteiliger Wahrnehmung – in Zusammenhang mit einem Beweisstück des gleichen Inhalts. Jedoch: *Alle* vier Ja-Sagerinnen – Braun, Winter, Schirach und Ostermayr – haben zur Art des Sexes, der bei den Treffen zwischen Adolf Hitler und Eva Braun in seiner Wohnung am Prinzregentenplatz »gelaufen« ist, nur Indirektes mitgeteilt. Und sie konnten auch nichts dazu vermerken, ob dieser Sex in Hitlers Tiefen-strukturellen Trieb-Interessen »gelegen« hat, aus denen heraus er mit Eva Braun »aktiv« werden wollte, gar musste.

Es geht also in dem Gutachten darum zu eruieren, um was für einen Sex es sich bei der genitalen Beziehung zwischen Braun und Hitler gehandelt und wann und warum er aufgehört hat, auf dass 17 Nein-Zeugen die »Leere des Kelches« wahrnehmen mussten, was fast zwei Drittel der Nahen zu Protokoll gegeben haben: Hoffmann (1.), Schwarz (2.), Schroeder (3.), Hanfstaengl (4.), Döhring (5.), Linge (6.), Junge (11.), Brandt (12.), Blaschke (13.), Plaim-Mittlstrasser (14.), Schaub (15.), Wolf (16.), Krause (17.), Misch (18.), Orr (20.), Scholten (21.) und Kempka (23.).

Die genitale Technik zwischen Hitler und Braun wird aus der Höhe eines Kulturproduktes »runter« auf die »niedere« Geschlechtlichkeit eines der beiden an den Akten Beteiligten rückgespiegelt – in einer Weise, dass von dieser Technik und genitalen Position auch beim Mittagstisch der Bundeskanzlerin die Rede sein könnte: In der muttertöchterlich explosiven 1900-Wende-Oper *Elektra* von Hofmannsthal/ Strauss (Uraufführung 1909) geschieht eine inzestuöse Erlösung ziemlich am Schluss des Musikdramas, wenn Bruder/Sohn Orest in den Mutter-Tochter-Haushalt zurückkehrt und daraufhin bei seinem Erscheinen Elektra im lieblichst-höchsten Pianissimo seufzt »Orest! Orest!«, nachdem sie zum Zwecke der Ermordung ihrer ihr verhassten Mutter Klytämnestra die ganze Oper über eineinhalb Stunden lang im hochdramatischen Wagner-Heroinen-Fortissimo geschrien hat, bis der Bruder wirklich erscheint und die Mutter auch echt ermordet – was im Leben von Millionen »normal« muttergebundenen Frauen weder direkt noch indirekt geschieht. Das Werk überlebte als ein Dauerbrenner auf allen Opernbühnen der Welt.

Es ist nun vorsichtigst und doch Unterbühnenboden-einfach der Spagat zwischen aus der Versenkung geholten Begriffen zu wagen: *Elektra* = »Er-leckt-ihr!« und mit dieser »ihr« zu intonieren: »Oral! Oral!« anstatt »Orest! Orest!«

Alle Leute wissen jetzt mit *Elektra*, was »der Adi« mit »dem Evilein« auf dem *Chamberlainsofa* am Prinzregentenplatz getrieben hat. Und die elektronische »Leine« braucht nicht mehr zu rätseln: »Did Hitler and Eva Braun have sex?«, worüber sich ein anonymer Onliner vom 29. April 2012 an bis zur Stunde den Kopf zerbricht. Dem Armen konnte geholfen werden. Der Griff in die Hochmusik und gleichzeitig unter die Röcke des Slangs wäre zur Erläuterung der sexuellen Praxis zwischen Hitler und Braun nicht gewagt worden, wenn nicht sofort anschließend diese Praxis Gebäude-stabil hätte rekonstruiert werden können.

»Stille Tage in Clichy«

Herta Ostermayrs Übermittlung von Eva Brauns sexuellem Selbstzeugnis sagt nicht, was das Sofa einmal erlebt hat, sondern Braun spricht in Ostermayrs Worten von der »Geschichte dieses Sofas«, als ob das Sofa immer für die Braun-Hitler-Intimkontakte hat herhalten = Platz machen müssen.

Zuerst sollte sich etwas Sozial-Organisatorisches klargemacht werden: Hitler zieht am 1. Oktober 1929 in die ihm von dem Verleger-Ehepaar Elsa und Hugo Bruckmann gesuchte und teilweise finanzierte Neun-Zimmer-Wohnung am Prinzregentenplatz in München und nimmt sogleich drei Personen mit – das Ehepaar Anni und Georg Winter und seine Nichte Geli Raubal. Die Situation des »Gymnasiasten«, auf die Henriette von Schirach anspielt, hat sich Hitler freiest-willig selbst geschaffen. Hitler hat sich zum »Gymnasiasten« »erniedrigt« und sich mit dem Haushaltspaar Winter neue Wahleltern genehmigt, die er mit in seine Wohnung nimmt. Es wäre auch denkbar gewesen, die Position seiner Haushaltsführung jemanden von auswärts einvernehmen zu lassen, der oder die tageweise kommt und geht. Doch Hitler richtet sich künstlich etwas Ähnliches ein, vergeichbar dem, was er fast ein Jahrzehnt lang bei den Reicherts in der Münchener Thierschstraße 41 gelebt hat (von Mai 1920 bis Oktober 1929). Er macht sich de facto erneut zum beobachtbaren »Untermieter«.

Das Arrangement von »Hitler plus zwei« ist Hitlers ureigene Inszenierung der Sex-Verkomplizierung. Seine zwei Beipersonen Anni und Georg Winter kamen und gingen nicht, sondern lebten mit Hitler in der Wohnung, waren wie ein immer anwesendes lebendes Inventar. Für jedes »Schäferstündchen« mit Eva Braun zwei Personen außer Haus zu manövrieren – welch ein Umstand, der nicht jedes Wochenende, wenn Hitler in München war, hergestellt werden konnte! Die vom Adjutanten Julius Schaub berichteten monatelangen Wartezeiten Eva Brauns *(ONANO, 15. Nein-Sager)* erklären sich mit der WG am Prinzregentenplatz und münden in der Realität der seltenen sexuellen Praxis zwischen Hitler und Braun. Über diese Seltenheit beklagt sich Braun in ihrem *Tagebuch-Fragment* – zwischen Anfang März und Ende Mai 1935 *krümmte* sie sich sogar im Nie, einem ihr unerklärlichen Dauer-Warten.

Es gab in den neun Zimmern von Hitlers Münchener Wohnung mehr als genug Betten. Aber nein, »es« musste auf dem Wohnzimmer-Sofa geschehen, die repräsentative Halb-Öffentlichkeit in diesem Raum noch imaginierbar nah wie in einem animierenden Hotelzimmer. Sofa und Sex? Geil, weil dort »eine Nummer« zu fabrizieren gewesen wäre? »Halb sank sie zurück, halb kniete er vor ihr?« Jugend-stilistisch! Welch eine Platz-Einschränkung für jegliche »Stoßrichtung« und sonstiges begehrliches Aus-den-Fugen-Gehen! Viel zu eng für sämtliches Hoch-die-Tassen! »Sofa« ist eine gesamt-gymnasiale Sex-Beschränkung – ein Bild für Hitlers Prinzregentenplatz-Situation. Die »Geschichte« des *Chamberlainsofas* bedeutet letztlich eine Fick-Vernichtung. Dieses *Chamberlainsofa konnte* nur die Plattform für ein Oral-Vaginal gewesen sein.

Auf dem Foto des *Chamberlainsofas* können die Anti-Sukzessiva-Maße nachempfunden werden (B. 18) Braun sagt jedoch nicht: »Wenn Chamberlain die Geschichte dieses Sessels kennen würde!« Sie benutzte – in Ostermayrs Worten – den Begriff »Sofa«. Was auf dem Foto, auf das Braun sich bezieht, rüberkommt, ist jedoch Enge, Platz-Eingeschränktheit, ein Sessel-Sofa-Stellflächen-Design. Auf dem Foto ist es nur von hinten zu sehen, vom Kommodenteil her, auf dem Markant-Hitler-Bezügliches ruht. Vier Gegenstände sind erkennbar: Links ein »Urnen«-Gefäß, daneben eine Totenmaske, mit Gesicht zum Betrachtenden, sieht wegen der Stupsnase nach Beethoven aus. Es folgt eine Mini-Büste eines weiblichen Kopfes mit Blümchen im Ohr. Und rechts daneben – abgeschnitten im Foto – eine weitere Totenmaske, von der nur rechtes Ohr und Haarkranz-Ansatz zu sehen sind. Der Braun-Hitler-Sex fand vor viermaligen Todessymbolen statt.

Auf dem *Chamberlainsofa* hat Chamberlain – genau genommen – nicht gesessen, sondern über es hinweg beim Fotografiertwerden nur schauen müssen, weil sein Sessel direkt neben diesem nun

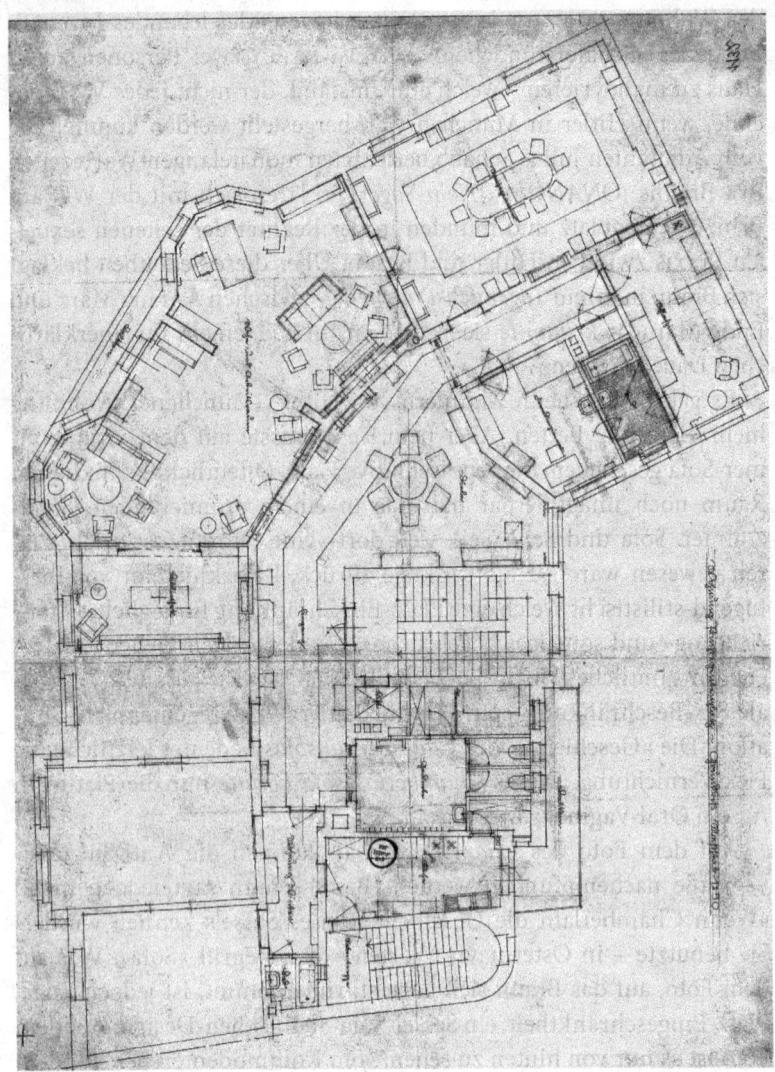

19 Atelier Gerdy Troost: Grundriss II. Stock, Prinzregentenplatz 16

nach ihm benannten Sofa stand. Dessen Sex-eingeschränkte Masse können auf dem Grundriss von Hitlers Prinzregentenplatz-Wohnung realisiert werden. Es handelt sich um die Fuenf-Sitzmoebel-Gruppe links im Fensterrondell, angrenzend an Hitlers Bibliothek Nur dort steht solch ein Sims-kombiniertes Kasten-Herren-Sofa, (B. 19, *Stratigakos*, S. 50 f., B. 15). Zwar nicht solch ein rundes 1900-Wende-Etwas, sondern eckig, typische 20.-Jahrhundert-Kreation, mehr Herren- als

Damen-Stil, wie Hitler es mochte, gemäß Gerdy Troosts Übermittlung, dass er Jugendstil hasste. Durch das Um-die-Ecke-Führen beider Seiten ist die Längsfläche limitiert und auch nicht breit. Sie ist kürzer als Manns-lang. Vielleicht könnte eine kleine Frau auf ihr schlafen, gekrümmt, die Beine angezogen.

Solch ein Sofa ist noch heute Bestandteil einer typischen Herrenzimmer-Ausstattung = kantige, breite Lehnen und Armstützen – zu »erleben« in Tausenden von Manager-Suiten, dort wie hier meist mit Leder bezogen, nicht mit »rotem Samt«, wie Braun-Biograf Gun irrtümlich festhielt. (*Ein Aha-Blitz von Brauns engster Freundin*) Das Sofa bietet beispielsweise zwei gesitteten, in Anzügen und diversen Hosen steckenden älteren Herren-Popos a la Chamberlain und Mussolini Platz, für jene es eigens konstruiert wurde, aber nicht für eine nackte Beinspreizung vom »Nordpol« bis zum »Südpol«, um in eine Äquator-heiße, glitschige Mitte-Leibes-Öffnung einzudringen

Gar nicht zu denken an ein breites Pariser Amouren-Bett, das Henry Miller fuer die *phallo*-vaginale Dynamik während seiner *lauten* »Tage in Clichy« benötigte: Sie drängte mich ins Bett zurück, beugte sich über mich und tauchte mit ihrem warmen roten Mund rasch zu ihm hinunter. Ich steckte ihr einen Finger hinein, um den Saft steigen zu lassen. Dann zog ich sie auf mich und ließ ihn dabei bis zum Heft eindringen ... Ihre geschickten Kontraktionen brachten mich bald außer Atem ... Mit beiden Händen wippte ich sie auf und ab und ließ ihr Becken rotieren. Schließlich sank sie stöhnend mit ihrem ganzen Gewicht auf mich. Ich rollte sie auf den Rücken, zog mir ihre Beine über die Schultern und legte tüchtig los. Ich dachte, ich würde gar nicht mehr aufhören, zu kommen – es strömte wie aus einem Gartenschlauch ... (*Miller, H., S.* 30 f.)

Solch ein »feuerwerkskörperlicher« Wirbel kann nur auf Größt- und Breitest-Flächen vollführt werden, wie sie Betten und Flauschteppich-Böden zur Verfügung stellen, die auch zum »Fleckenmachen« besser geeignet sind als ein manierlich-konversatives Herrensofa: Frau Winter kommt nach ihrem Theaterabend zurück und sieht auf dem *Chamberlainsofa* sofort ... Was? »Mein Führer! Was sollen Ihre Besucher denken?! Da können Sie ja zu niemand Staatsgästlichem mehr sagen: ›Bitte, nehmen Sie doch Platz, Herr Premierminister!‹«

Solche Worte wurden von Frau Winter nicht übermittelt, solche Beobachtungen von ihr ebenfalls nicht. Deshalb: An Hitlers Prinzregentenplatz fanden gar keine Kleckereien, sondern nur Leckereien statt, die bekanntlich keine richtig fetten, lachig-auslaufenden, suppigen Kleckse machen, sondern alleräußerst Tupfen hinterlassen, die später mit einem Häkeldeckchen drapiert werden können.

Musste diese unanständige Stelle nun wieder sein? Ja, denn der Eindruck muss endgültig überwunden werden: »Haach, der Führer war drei Jahre *so* verliebt in Eva Braun und danach zehn Jahre *so* beschäftigt mit Politik und Weltkrieg! Da ›konnte‹ er eben nicht mehr ganz so wie vorher! Was wollen Sie?! Ist doch alles in Ordnung!« Und schon schweben derart Helium-leichte Gedanken in den blauen Himmel der sexuellen »Normalität«, in den dieser Kontrast-Mann in seiner Wirklichkeit des Agierens niemals geflogen ist.

Herta Ostermayrs überlieferter Ausspruch Eva Brauns »Wenn Chamberlain die Geschichte dieses Sofas kennen würde« sagt durch alle Baudelaire'schen *Blumen des Bösen* noch leise vernehmbar: Auf »diesem Sofa« fand die oral-vaginale »Geschichte« zwischen Hitler und Braun statt. Braun spricht von einem Allgemeinheits-Sitzmöbel im Wohnzimmer. Es konnte für Sexualität wirklich nur benutzt werden, wenn die übrigen zwei Mitwohnenden am Prinzregentenplatz, Anni und Georg Winter, weg waren, was nicht oft organisierbar war. Und auf ihm konnte »gemütlich« nur ein bestimmter Zweck-Sex praktiziert werden.

Ein Hitler, der seine Nichte Geli Raubal zwischen 1929 und 1931 in der Neun-Zimmer-Wohnung hatte mitwohnen lassen, der hätte die Macht gehabt, auch einer Eva Braun in dieser reichhaltigen Zimmerflucht einen Spezialraum einräumen zu lassen, auf dass dort zumindest besuchsweise Intimität hätte stattfinden können. Direkt neben Hitlers Schlafzimmer befand sich ein zweiter kleinerer Raum, der für diese »bestimmten Zwecke« leicht hätte eingerichtet werden können. (B. 19, *Stratigakos*, S. 16 f., B. 2, S. 50 f., B. 15)

Von einem solchen Extra-Eva-Zimmer schon zwischen 1932 und 1935 ist von keinem Zeugen etwas übermittelt worden. Erst Hitlers jüngste Sekretärin Traudl Junge (*ONANO, 11. Nein-Sagerin*) berichtet davon, dass Braun in Hitlers Münchener Wohnung 1943 ein Zimmer gehabt hätte: »Auch Eva Braun hatte in Hitlers Wohnung [am Prinzregentenplatz] einen Raum zur Verfügung, den sie aber selten bewohnte und nie während Hitlers Anwesenheit in München.« (*Junge* 02, S. 114)

Wie aus den Grundrissen von Hitlers Prinzregentenplatz-Wohnung leicht zu ersehen ist, eignete sich für Brauns Zimmer nur der Wohnungstür-nahe Raum an der Seite von Hitlers privatem Bad. Alle anderen Räume waren nach dem Umbau 1935 repräsentativ oder wurden vom Haushaltspaar Winter eingenommen. Zwischen ihren Zimmern und der Bibliothek mit dem *Chamberlainsofa* der Geli-Gedenk-Raum, den nach ihrem Tod niemand mehr besetzen durfte.

Braun raus aus dem Bad-angehängten Zimmer, wenn Hitler in die Wohnung kam – das ist das immer wieder hervorzuhebende todsichere Votum gegen eine noch laufende *sexuelle* Beziehung jeglicher Art zwischen Hitler und Braun. Zwar erst für die Jahre ab März 1943 bezeugt, in einer Zeit, in der Junge immer an Hitlers Seite zu sein hatte, aber Junge spricht von dem Arrangement eines Zimmers für Eva Braun in Hitlers Wohnung, als ob diese Art der »Untervermietung« schon lange bestanden hätte: Zimmer für Braun in der Hitler-Wohnung, aber nicht benutzt, wenn Hitler sich am Prinzregentenplatz aufhielt.

Für die Jahre ab 1932 hat Eva Braun mit ihrem späteren Ausspruch gegenüber ihrer besten Freundin Herta Ostermayr etwas nachgeholt, was sie in ihrem *Tagebuch-Fragment* von Februar bis Juni 1935 versäumte. In dem Vier-Monate-Text ließ Braun keinen Nasentropfen einer Andeutung fallen, um was für eine sexuelle Praxis es sich bei den von ihr gekennzeichneten »Rendezvous« gehandelt hat und womit die »paar wundervoll schönen Stunden« mit Hitler »bis 12 Uhr« am 2. März 1935 gefüllt wurden, erst recht nicht, was Hitler mit Braun »in diesem Augenblick« machte, nur in dem er »meinte«, Braun zu lieben und sonst nicht, wie sie sich am 11. März 1935 beklagte. *(Gun 68 I, S. 74 ff., Un-»bestimmte« Zwecke)*

Doch plötzlich reichte Braun mit dem Ostermayr-Zeugnis etwas nach. Jetzt, irgendwann nach der *Münchener Konferenz* vom September 1938, während der das Chamberlain-Foto auf dem »anzüglichen« Sofa gemacht wurde, ist Braun relaxt. Als könnte sie ihre damaligen Treffen mit Hitler nun fast verspotten! Denn die Bemerkung »Wenn Chamberlain die Geschichte dieses Sofas kennen würde« ist eine Verulkung von Chamberlain, von Hitler, von sich selbst, vom Sofa und vor allem von dessen Intim-»Geschichte«, den »Veranstaltungen«, die Hitler und Braun darauf und davor unternommen haben. Vier und mehr Jahre nach ihrem Gefoltertwerden in der Zeit zwischen Februar und Juni 1935 kann Braun auch das Komische ihrer damaligen Situation treffen und dabei ganz heimlich herauslassen, was sie und Hitler auf dem *Chamberlainsofa* miteinander gemacht haben.

Hitlers Herrensofa-»Fetischismus«

Henriette von Schirachs Zeugnis (4. Ja) eiste nach der Lektüre zwei Fragen los. Die erste lautet: Warum musste Hitler das Ehepaar Winter zu einem Theaterabend wegschicken, »um in der Wohnung ein Schäferstündchen mit Eva ungestört genießen zu können«?

Neun Zimmer besaß er am Prinzregentenplatz. Im einen Teil seiner Wohnung zwei Zimmer für die Winters, dann fünf Zimmer Pufferzone. Und am anderen Ende der Wohnung zwei Privatgemächer für Hitler als den Wohnungsinhaber – ein riesig weiter Abstand, um »ungestört« in einem von den Winters entfernten Zimmer mit Eva Braun sexuell tätig werden zu können. Sein Schlafzimmer lag am anderen Ende der Wohnung, »kilometerweit« von der Küche und den Winter-Zimmern entfernt (B. 19). Seit der Veröffentlichung des Wohnungs-Grundrisses durch Despina Stratigakos werden alle Spekulationen der Hitler- und Braun-Biografik auf den Boden der architektonischen Tatsachen gezwungen. (*Stratigakos*, S. 16 f., B. 2, S. 50 f., B. 15)

Die um die Jahrhundertwende 1900 erbauten Großbürger-Protz- und -Prachtwohnungen hatten »Bahnhof«-Dimensionen mit langgestreckten Fluren.

Georg Winter und Anni Schuler waren jung, geboren um 1900, hatten Ende September 1929 geheiratet – kurz vor ihrem Einzug zu Hitler am 1. Oktober 1929 in die Wohnung am Prinzregentenplatz. Er war Kellner und Bursche beim versuchten Putschisten und späteren NSDAP-Mitglied, General Franz Ritter von Epp. (*Bruppacher*, S. 209, *Winter 52*, S. 1) Anni und Georg wussten, was »mann« und »frau« macht, wenn es paarweise zum Ablegen der Hüllen kommt.

In ihrer Funktion als Angestellte Hitlers konnten die Winters ihm in nichts »reinreden«. Auch hätten sie »samstags«, wenn Eva Braun mit »Köfferchen« eintrifft, diskret aus der Wohnung verschwinden *müssen* – ein Gang zum Münchener Viktualienmarkt hätte es »gebracht«, sonstige Besorgungen und Treffen mit Freunden ebenfalls. Anni Winter sagte in ihren Statements nichts zur Uhrzeit, wann Eva Braun »samstags« am Prinzregentenplatz aufgekreuzt wäre. War das vormittags, nachmittags oder abends? Das Schirach-Zeugnis zu den Theaterkarten für die Winters terminiert die »Schäferstündchen« zwischen Hitler und Braun auf abends. Winter erwähnte in einer ihrer Aussagen nur, mal wäre Eva Braun zum Schlafen über Nacht geblieben, mal nach Hause gebracht worden. Die Schirach- und Winter-Äußerungen legen demnach mehr abends nahe.

Das In-seiner-Wohnung-Alleinsein-Wollen Hitlers, wenn Braun zu Besuch kam, ist etwas Befremdliches. Schirach ist die einzige Zeugin, die auf diesen Umstand hinwies. Mit einem Verschwinden im Bett mit Eva Braun am anderen Ende der Wohnung hatte Hitler es nicht. Die Wohnung war so groß, dass Hitler im Bett mit Braun immer hätte »ungestört« sein können. Tür zu, abgeschlossen, Zettel »Bitte nicht stören!« an die Klinke gehängt – und automatisch wären die Winters weit weg ferngeblieben. Solche »Bitte nicht stören!«-Riten beschreibt die Tochter von Hitlers zweiten Münchener Wohnungsgebern (zwischen 1920 und 1929), dem Ehepaar Reichert in der Thierschstraße 41. Doch dieses »Bitte nicht stören!« hatte keine sexuellen Gründe. Hitler wollte schlafen oder nicht ans Telefon gehen müssen. *(Reichert, S. 3)*

Angesichts der Weitläufigkeit der ab 1. Oktober 1929 bewohnten Neun-Zimmer-Wohnung am Prinzregentenplatz wäre es für Hitler ein Leichtes gewesen, »ein Schäferstündchen ungestört mit Eva genießen zu können« – in Anwesenheit der Winters in der Wohnung – und sich und sein »Verhältnis« anschließend von den Winters bedienen zu lassen. War es ihm doch Sitten-konträr egal, dass bei der Vorführung des Films *Der Rebell* im Film-Raum der Reichskanzlei direkt neben ihm »in Tuchfühlung« mehrere ihm bekannte Personen saßen, während er sich überhaupt nicht genierte, gerade jetzt sexuell tätig zu werden. *(ONANO, Hitlers Männermord-Orgasmus)*

Hitlers Wohnung am Prinzregentenplatz war bestens dazu geeignet, seinen Braun-Sex mit dem Dableiben seines Haushalts-Ehepaares Winter einhergehen zu lassen. Aber nein, Hitler wollte seine »Tatkraft« gegenüber Eva Braun immer nur auf dem *Chamberlainsofa* mitten im halböffentlichen Wohnzimmer entfalten – als eine Art Fetischismus ausleben. Nicht Stiefel oder eine bestimmte Unterwäsche an Frauen hatten es ihm angetan *(PERVERSO)*, sondern diese spezielle Ältere-Herren-Sitzmöbel-Unterlage, auf der sein Oral-Vaginal mit Braun vonstatten gehen sollte. Und um diese Unterlage zum Oral-Vaginal mit Braun einsetzen zu können, musste er natürlich seine eigene Wohnung von den Winters freibekommen. Winters mussten weg sein, damit das Hitler-Braun'sche Oral-Vaginal auf dem *Chamberlainsofa* »ungestört« klappen konnte: So wie »Hotelzimmer mitficken« – das heißt reisende Paare in Sonder-Erregung versetzen –, so leckte Hitler nicht nur Brauns Vagina, sondern virtuell durch sie hindurch auch die Hintern der auf dem *Chamberlainsofa* sonst sitzenden älteren Herren. Der »Standort« dieses Sofas machte die Abwesenheit der Winters aus der ganzen Wohnung nötig. Für Oral-Vaginal auf dem *Chamberlainsofa* mit Eva Braun – sie sitzend, lehnend, er vor ihr kniend –, dafür wollte er keine Zeugen haben.

Denn dass Hitler die Winters weggeschickt hätte, um die ganze Eva Braun vor ihnen zu verheimlichen – genau das sagt Schirach nicht. Anni und Georg Winter wussten längst offiziell alles über Eva Braun. *(Winter 48 II, S. 4)* Das beweist das von Winter übermittelte Ankommen Brauns mit ihrem »kleinen Köfferchen« »samstags«.

Und warum hat sich Hitler kein zweites Sofa besorgt und es in sein Zimmer stellen lassen, damit er dann dort hätte »ungestört« sein können? Er brauchte das Flüchtige und »Publikale« dieses Platzes für Sex in seinem Wohnzimmer – und dazu das durch Braun hindurchdringende indirekte Herrenarsch-Leckende. Auf einem vergleichbaren Sofa in seinem Schlafzimmer hätte kein Amts- und Staatsgast-Popo je Platz genommen. Ebenfalls brauchte Hitler das zeitlich Eingeschränkte, das Nicht-zu-Oftmalige des sexuellen Kontakts mit Eva Braun, der libidinös nicht wirklich ihr galt. Auf keinen Fall wollte Hitler die Intimität mit Braun als eine Sex-Freikarte für den Zugang zu seinem Schlafzimmer, wie es alle »Normali« veranstaltet hätten, die in Besuchs-Beziehungen leben: Kommt die Freundin, geht es gleich ab ins Schlafzimmer des Freundes und dort erst einmal zur Sache.

Summe Braun-Hitler-Sex: Die Kombination der beiden Zeuginnen-Aussagen Ostermayrs und Schirachs ergibt eine Überraschung. In der Tat fand zwischen Hitler und Braun Sexualität statt, aber keine, die der Hetero-Fraktion der Hitler-Biografik und der gesamten Braun-Biografik genehm wäre, die beide die Protagonisten, deren Verhältnis zueinander und deren Sex »normalisieren« wollen. »Normalisieren« heißt in sexueller Hinsicht bei einer Frau-Mann-Beziehung phallisch-vaginal prozedierter Geschlechtsverkehr. Stattdessen fand zwischen Hitler und Braun Oral-Vaginal-Verkehr statt, bei dem Hitlers Penis außen vor blieb und nur sein zweites Sexualorgan Mund beteiligt war. Das noch Lästigere für die sexualwissenschaftlich analphabetische Hitler- und Braun-Biografik: Sexuelle Ziel-Vorstellung Hitlers war nicht Eva Braun, sondern quasi durch sie hindurch sein semi-öffentliches, fetischistisch unterlegtes Gehabe, sexuelle Erregung einer Person als Durchgangsstadium zu produzieren und in Wirklichkeit »im Hinterkopf« alle Staats- und Amts-Herren zu haben, die je auf gerade diesem – zum oral-vaginalen-Verkehr »geschichtlich«, das heißt immer benutzten – Chamberlainsofa gesessen haben.

Eine sogenannt normale phallisch-vaginale Aktivität hätte in einem der neun Zimmer von Hitlers Münchener Wohnung am Prinzregentenplatz praktiziert werden wollen und können, für diese »Stoß-Richtung« hätte das Haushalts-Ehepaar Winter Hitlers Wohnung nicht verlassen müssen. Mit nachgeahmt Hitler'scher Brutalität allen Damen und Herren Normalisierer in der Hitler-Forschung um die Ohren gehauen: Phallisch-vaginales »Reinstecken« Hitlers bei Braun hätte in einem der neun Zimmer stattgefunden und nicht auf dem Wohnzimmer-Herrensofa. So einfach lassen sich sexuelle Fragen beantworten, wenn dem Volk – um mit Martin Luther zu sprechen – aufs Genital geschaut wird und nach diesem Anblick bei Hitler das Unvölkisch-Absonderliche festgestellt werden muss.

Die Falle des Schlussberichts der Polizeidirektion

Die zweite Frage, die sich nach der Lektüre von Schirachs Zeugnis aufdrängt: Warum wurden nur Winters ins Theater geschickt und nicht auch Reicherts, wenn Hitler mit Braun ungestört sein wollte? Kannte sich Henriette von Schirach in Hitlers Wohn-Umständen am Prinzregentenplatz nicht genau aus? Die Eheleute Ernst und Maria Reichert waren zwischen 1920 und 1929 Hitlers Münchener Thierschstraßen-Vermieter, die er angeblich beim Auszug »mitgenommen« hat, so dass sie seit dem 1. Oktober 1929 ebenfalls in seiner neuen Wohnung am Prinzregentenplatz 16 lebten – so faselt es die gesamte moderne Hitler-Biografik seit der Jahrtausendwende.

Kaum waren Assoziationen und Kombinationen für die Bedeutung des *Chamberlainsofas* in Anbetracht der Hitler-Braun-Sex-Technik des Oral-Vaginal durchgecheckt, als eine der schlimmsten Forschungs-Lawinen herunterdonnerte: 1998 und 2003 referierten die beiden damaligen Stars in der Hitler-Biografik, Anna Maria Sigmund und Anton Joachimsthaler, den »Schlussbericht der Polizeidirektion München vom 28. 9. 1931« – die offizielle Reaktion der bayerischen Landespolizei auf den gewaltsamen Tod von Hitlers Nichte Geli Raubal eine Woche zuvor in dessen Wohnung am Prinzregentenplatz 16. *(Sigmund 98, Joachimsthaler 03)*

Beide Hitler-Forschende müssen ab 1989 (Joachimsthaler) und 1998 (Sigmund) als »Gesamte« begriffen werden, obwohl sie Hitler-Biografie nicht von A bis Z betreiben, sondern Themen-zentriert vorgehen. Sie taten und tun es jedoch mit einander jagenden Publikationen, die die 2000 Seiten längst erreicht und die Autoren unter die Welt-führenden Autoren in Hitler-Fragen katapultiert haben.

Sigmund ist die Erste, die im Band I ihrer Nazi-Frauen-Serie 1998 breit aus dem Münchener Polizeibericht über den Tod von Hitlers Nichte Geli Raubal zitiert. Sie beginnt mit einer Comédie intérieure, der die gesamte Hitler-Bio-Szene bis heute aufsitzt, es hätten bei ihm ab 1929 am Prinzregentenplatz 16 russische Verhältnisse geherrscht – gemäß Alfred Schnittkes Oper *Life with an Idiot*: Sechs Personen wären in die neue Hitler-Wohnung gestopft worden: Er selbst, das Haushalts-Ehepaar Anni und Georg Winter, Nichte Raubal und noch Hitlers frühere

Vermieterin Maria Reichert plus deren Mutter, die Vornamen-los wei-
tergereichte »Frau Dachs«. *(Sigmund* 98, S. 145, 148 f.)

Fünf Jahre später, 2003, heißt es in Joachimsthalers Hitler-Frau-
en-Buch *Hitlers Liste*: »Als Hitler am 1. 10. 29 eine Neun-Zimmer-Wohnung im zweiten Stock des herrschaftlichen Hauses Prinzregentenplatz
16 mietete, nahm er seine bisherigen Vermieter [aus der Thierschstraße
41], Marie und Ernst Reichert, mit in seine neue Wohnung. So konnte
er Geli Raubal als ›Untermieterin‹ der Reicherts anmelden. In dem
Bericht der Polizeidirektion zum Selbstmord der Angela Raubal ist
nachzulesen: ›Mieter der Wohnung ist nach Angabe der Frau Reichert
Adolf Hitler, bei ihm wohnen die Eheleute Reichert in Untermiete,
und wieder bei diesen war Raubal seit 5. 10. 29 als Untermieterin‹««
gemeldet (Es folgen Verweise auf die Aktenzeichen-Nummern 324,
599 im *Hauptstaatsarchiv München). (Joachimsthaler* 03, S. 324 f.)

Hitler-biografisch »Gesamte« wie Joachimsthaler und Sigmund –
auch wenn sie nicht Lebens-chronologisch von Anfang bis Ende
berichten – sind mit ihrem ganzen Thema überfordert und daher viel
zu beschäftigt, um sich in das Gestrüpp von zweifelhaften Einzelzeug-
nissen zu begeben. Sie tun es manchmal, meist jedoch nicht, wovon
noch hier und da die Rede sein wird. Für den »Schlussbericht der Polizeidirektion München« taten sie es nicht. Sie übernahmen ihn, prüften
nicht zuvor seinen Wahrheitsgehalt. Und verbreiteten danach gerüttelt
Falsches. Die neuesten Hochkarätigen in der Hitler- und Braun-Biografik, wie der Franzose Bernard Plouvier (2007/08), die Deutschen
Heike Görtemaker (2010/11), Volker Ullrich (2013/16) und Peter Longerich (2015) und die Chronisten, der Amerikaner Milan Hauner (2005)
und der Deutsche Paul Bruppacher (2014), folgten ihnen ohne Einschränkungen. (*Plouvier* 07, II, S. 241, *Görtemaker* 10, S. 51, *Ullrich* 13,
S. 249, 901, Anm. 175, *Longerich* 15, S. 173, *Hauner* 05, S. 64, *Bruppacher* 14 I, S. 209) Das Sonder-Witzige bei diesem Rüpelstück der Hitler-Biografik: Mal heißt es im Anschluss an Sigmund, »die Witwe Frau
Reichert mit und ohne Mutter« lebte mit Hitler zusammen (Plouvier,
Görtemaker und Hauner), mal wird ihm im Anschluss an Joachimsthaler »das Ehepaar Ernst und Maria Reichert« als Untermieter in die
Wohnung geschoben. (Ullrich, Longerich und Bruppacher). Dass die
gesamte jüngste Hitler-Biografik ab Sigmund und Joachimsthaler, mit
Ausnahme des neuesten Chronisten Sandner, keine Ahnung davon
hat, wie ihr Protagonist ab 1929 in seiner Neun-Zimmer-Wohnung
am Münchener Prinzregentenplatz 16 tatsächlich gelebt hat, muss
als ein Skandal gebrandmarkt werden. So weit weg von der Realität
eines dargestellten politischen Protagonisten darf sich die historische

Wissenschaft nicht bewegen. Dem »getürkten« »Abschlussbericht der Münchener Polizeidirektion« zum Tod von Hitlers Nichte Geli Raubal 1931 hätte früher und profunder nachrecherchiert werden müssen. Seit 1998 wird eine Saga über Hitlers großbürgerliche Wohnverhältnisse verbreitet, als hätte es sich um eine 1968er WG gehandelt. Am Münchener Prinzregentenplatz hätte mit Hitler ab 1929 eine Menschentraube von insgesamt fünf - mit Raubal für zwei Jahre lang sechs -, plus der »Zugehfrau« Kirmair *(Ullrich,* S. 313) sieben Bewohnern gehaust.

Mit diesem für wahr gehaltenen Anschwellen von Hitlers Wohnen in einer Massenschaffe war es illusorisch, sich irgendeinen Sex zwischen Hitler und Braun am Prinzregentenplatz vorzustellen. Nicht nur die Winters hätten für jedes Treffen zwischen Braun und Hitler auf dem *Chamberlainsofa* mit Theaterbesuchen außer Haus geschickt werden müssen, sondern die Reicherts ebenso. Ullrich hätte seine »Intimität« zwischen Hitler und Braun einpacken müssen, denn in Konsequenz der Behauptung des »Schlusberichts der Polizeidirektion München« lebte Hitler am Prinzregentenplatz unter Kategorien der Öffentlichkeit, des permanenten Beobachtetwerdens durch mindestens vier »dienstbare Geister« *(Ullrich,* S. 312 f.).

Auch während der Arbeit an *Hitler 1 und Hitler 2* wurde fünf Jahre lang an den »Schlusssbericht der Polizeidirektion München« geglaubt – waren die beiden Präsentatoren Joachimsthaler und Sigmund doch zu große Autoritäten, was erst recht für diejenige Autorität galt, die hinter dem Dokument stand: die Münchener Polizeidirektion. Doch am Ende des fünften Jahres wurden wieder Dutzende Seiten Makulatur. Denn Hitlers private Lebensumstände in allen seinen Wohnungen sind für die Studie über seine Wesensveränderung von erstrangiger Bedeutung. Dabei Falschheiten vorauszusetzen, hätte unabsehbare negative Folgen für das Ganze gehabt. Das Elend von Einzelstudien: Lupe und Mikroskop dürfen nie aus der Hand gelegt werden. Mit einem Mal spielte die Frage, welche Art Sex Hitler und Braun miteinander betrieben haben, eine derart wichtige Rolle, dass dem Wahrheitsgehalt des »Schlussberichts der Polizeidirektion München« vom 28. September 1931 multi-recherchierend monatelang auf den Grund gegangen werden musste.

Als Erstes ist den beiden Glanzlichtern in der Hitler-Biografik, Joachimsthaler und Sigmund, vorzuhalten: Amtszeugnisse können genauso wie Zeugenaussagen von Privatpersonen lügen, fälschen, Wahrheiten zurechtbiegen. Auch hinter Ämtern stehen Menschen, die zuweilen Motive haben, Texte in Dokumenten nicht der Wahrheit entsprechend zu formulieren. Da weder Joachimsthaler noch Sigmund von ihrer Ausbildung her juristisch trainiert sind, verfielen sie vollständig dem Glauben an die Wahrheit eines im September 1931 zugunsten Hitlers juristisch gefälschten Polizeidirektions-Papiers. Mit 17 Schritten, Vorgängen und Belegen konnte nachgewiesen werden – diesmal nicht nur indiziert –: Hitler hat am Prinzregentenplatz immer nur mit den Winters zusammengelebt. Die Reicherts sind nie als Untermieter Hitlers mit in die Wohnung gezogen. Das *Chamberlainsofa* behält seine Bedeutung für den Oral-Vaginal-Hitler-Braun-Sex, der allerdings immer nur auf dieser Unterlage stattgefunden hat. Eva Braun war keine »Bettgenossin« Adolf Hitlers, wie sein Leibdiener Heinz Linge in seinem Verhör vor den sowjetischen Investigatoren pointierte *(ONANO, Der »Führer« war kein »Ficker«)*. Braun war immer nur Hitlers Sofakumpanin. Dafür dass Braun jemals mehr geworden wäre und dass Braun-Hitler es je an einem anderen Ort und in einem richtigen Bett miteinander »getrieben« hätten, gibt es keinen Span eines Zeugnisses, darüber hauchte kein Zeuge eine Andeutung, im Gegenteil, 17 Nein-Sagende hielten ihr Kreuz gegen alle Ja-Vermutungen. Die zwei letzten Ja-Voten des »Widerrufs-Linge« (2.) und des Hitler-Leibarztes Theodor Morell (1.) liegen unter den in der Hitler-Rezeption häufigen »Kujauismen« und Nach-1945-Geheimdienst-Präferenzen begraben, was bei diesen »Zeugen« jedoch noch aufwendig nachgewiesen werden muss. Die Erkenntnisse gegen den »Polizeidirektions-Schlussbericht« geben dem *Chamberlainsofa* die Ehre wieder, die einzige Unterlage des Braun-Hitler-Intimverkehrs gewesen zu sein. Die Winters waren, wie es Schirach richtig übermittelt hat, so gut wie jedes Mal außer Haus. Andere Störer und Störerinnen gab es in Hitlers Wohnung am Prinzregentenplatz nicht.

Im sechsten Jahr der Recherchen für *Hitler 1 und Hitler 2* brachte die amerikanische Architektur-Historikerin Despina Stratigakos ihr Buch *Hitler at Home* heraus, in dem sie nicht nur alle Grundrisse der Hitler-Wohnungen ab 1929 veröffentlichte, sondern auch zu dem angeblichen Mit-Wohnen der Reicherts am Prinzregentenplatz 16 eigene Recherchen in München unternahm. Stratigakos konnte keine Meldebestätigung für die Reicherts am Prinzregentenplatz 16 ausfindig machen und bewies mit einer weiteren deutschen Mietverhältnis-Eigentümlichkeit, dass die Reicherts nicht mit Hitler umgezogen sein konnten. Umzieher, damals Wohnungssuchende genannt, mussten einen Fragebogen ausfüllen, der von Hitler, datiert im September 1929, vorliegt, von den Reicherts nicht. *(Stratigakos, S. 12, 17, 20, 48 ff.)*

Außerdem vollbringt Gerdy Troosts Grundriss der Hitler-Wohnung im zweiten Stock am Prinzregentenplatz 16 abermals Wunder an Klarheit: Rechts die zwei Zimmer für die Winters, daneben das für Geli Raubal, alsdann Hitlers Bibliothek und die Fluchten von Wohn- und Esszimmer. Die Reicherts hätten buchstäblich Hitler »auf der Pelle« in seiner Schlafzimmer-Suite leben oder in seinen Repräsentations-Räumen biwakieren müssen. *(Stratigakos,* B. 19, Stratigakos S. 16 f., B. 2, S. 50 f., B. 15)* Dieser Wohnungsgrundriss lag bis 2015 niemandem öffentlich vor, so dass es verständlich wird, warum sich die Hitler-Forschenden Anna Maria Sigmund und Anton Joachimsthaler in den Fälschungen des »Schlussberichts der Polizeidirektion München« verfangen konnten.

Mehr braucht es für die Problematik des Braun-Hitler-Sexes auf dem *Chamberlainsofa* nicht, um die Reicherts im *ersten Buch, Das sexuelle Niemandsland,* aus Hitlers Wohnung am Prinzregentenplatz rauszuhalten. Denn mit Reicherts bei Hitler wäre die *Chamberlainsofa*-Story vom Oral-Vaginal zusammengebrochen. Die Erkenntnisse zur ewigen Vakanz der Reicherts in Hitlers Wohnung am Prinzregentenplatz 16 waren jedoch nicht umsonst recherchiert. Sie werden im *zweiten Buch* aufgerollt, weil darin die Selbstmord-These zum Tod von Hitlers Nichte Geli Raubal detailliert untersucht wird. Dieses kriminalistische Ammenmärchen der Hitler-Biografik entblößt unter juristischen Voraussetzungen eine der beschämendsten »Unbelecktheiten«, die sich die gesamte Hitler-Forschung bisher geleistet hat. Und um gegen eine solche Kindischkeit vorzugehen, genügen nicht nur die Münchener Einwohnermeldeamts-Auskunft und der Wohnungsgrundriss. Raubal ist eines gewaltsamen Todes durch fremde Hand gestorben. Dieser aufzufaltende Fakt hätte längst jedem Hitler-Biografen in die Augen stechen müssen. Tat's keinem!

Hitler und Braun – »virgo intacta«?

Für das phallo-zentrierte Sexualverständnis von Männern und auch von vielen *Frauen* ist die Konstatierung »Oral-Vaginal« eine Frechheit, zumindest eine Herausforderung – wird der Satz einer sexuell emanzipierten Frau wiedergegeben: Orgasmus mit voller Möse sei besser als mit leerer. Kaum eine enthusiastischere Huldigung des männlichen Organs ist von Frauenseite her denkbar. Was sagt solch eine Frau zu Hitler-Brauns Oral-Vaginal?

Man darf bei aller Kritik der Phallozentrik nicht vergessen, dass die Römer dem erigierten Zustand des männlichsten Körperteils ihren

Hauseingang widmeten. Über jedem schwebte ein Phallus. Er wurde als Gesundbringer für Mann und Frau verehrt. Die Christen haben dieses Prinzip leider in sein krankmachendes, leidenlassendes Gegenteil verkehrt.

Stattdessen: Ist denn so etwas zu glauben? Lässt sich eine 20- bis 23-Jährige damit »abspeisen«? Oral-vaginal = nur »vornean«? Kommt Eva Braun *deswegen* »samstags immer mit einem kleinen Köfferchen« zu ihrem Begehrten? Nicht mal für das französische *savoir vivre* »Neunundsechzig«! Auch *sie* ihn? (Oral-Phallo zwischen Braun und Hitler?) – Nein, nur er sie! – »Was fällt Ihnen ein, so etwas zu behaupten!« – Abwarten! Näheres kommt unten!

Wem dieses Hitler-Braun'sche Oral-Vaginal nicht verständlich ist, der oder die weiß nicht, wie es in den Bürger-Schlafzimmern nach dem gesellschaftlich endgültigen Abschied vom Land um 1900 und vor der Einführung eines Sexualkunde-Unterrichtes erst in den 1970ern und 1980ern aussah. Hitler und Braun agierten »intim« miteinander zwischen 1932 und 1936. Braun war Bürgerstochter, die auch Eduard Fuchs' *Sittengeschichte* mit Hunderten »Steck«-Bildern zur Aufklärung nicht vor die Nase gesetzt bekommen hatte. *(Fuchs)* Hitler hätte in seiner Kindheit durch die Besuche bei seinen mütterlichen Pölzl-Schmidt-Verwandten im österreichischen Waldviertel noch hin und wieder genital-phallische Landerlebnisse vor Augen haben können, aber mit seiner eigenen Phallik hatte es ja eben eine besondere Bewandtnis, die aus allen Zeugnissen zu seiner Jugendzeit bis 30-jährig heißest »redet«! *(Bleibtreu)* Eine solche Bewandtnis hatte es auch bei »ganz normalen«, nicht wie Hitler Orgasmus-defekten Männern noch bis in die 1970er hinein »in sich«:

Lebt ein Ehepaar zwischen 20- und Mitte-30-jährig aus gehobenem Intellektuellen-Milieu zwölf Jahre lang miteinander verheiratet, wünscht sich sehnlichst ein Kind. Es kommt und kommt nicht! – Geht die Frau schließlich zum Gynäkologen. – Ruft der Doktor nach der Untersuchung ihrer Geschlechtsteile aus: »Gnädige Frau, Sie sind ja noch *virgo intacta*! Was machen Sie eigentlich mit Ihrem Mann die ganze Zeit im Bett?« – Sagt die Dame errötend: »Manuell-Genital!« – Lässt der Doktor den Ehemann kommen und erteilt ihm unter vier Augen den während der Jugend des Paares in den 1960er an den Schulen noch nicht etablierten Sexualkunde-Unterricht, der prompt wirkt: Nach einem Jahr das erste Kind, nach zwei bis drei Jahren das zweite, nach fünf Jahren das dritte! Die Leute lieben sich nämlich echt. Sie taten das zuvor ohne phallisch-vaginale Technik und tun es hinterher mit ihr.

»Kein Einzelfall!«, beklagt sich der Doktor Gyn, »weder bei mir noch bei meinen Kollegen. Wir haben da immer wieder allerhand zu lachen. In einem ähnlichen Fall: Zehn Jahre nur Oral-Oral! Die Ehe wurde auf Verlangen der inzwischen 30-jährigen Frau wegen *virgo intacta* geschieden! Sofortiger Scheidungsgrund! Ich werde für die Beweiserhebung oft gerufen!« Diese Frau hatte als über 30-Jährige in ihrer Beziehung zu ihrem nächsten Mann, der sie »entjungferte«, nicht nur ihr erstes phallisches Aha-Erlebnis, sondern bekam mit ihm auch ihr erstes Kind.

Außerhalb der Andrologie, der Männerheilkunde, ist der Gesellschaft nicht bekannt, dass etliche Männer sich in einem Zustand der generellen oder nur personenspezifischen »penetrativen Impotenz« befinden, so dass sie entweder gar nicht oder nicht mit einer bestimmten Frau »können«, mit ihr aber jahrelang verheiratet bleiben. Der erste Ehemann der eben erwähnten 30-jährigen Frau mit der ein Jahrzehnt lang fortgesetzten Praxis »Oral-Oral« war ein solcher Mann, der auch in seiner Beziehung mit seiner nächsten Frau nach der Scheidung von seiner ersten keine »Unterrum-Anstalten« machte. Die Frau bekam kein Kind von ihm, war aber – im Gegensatz zu der 30-Jährigen – trotzdem mit dem Verhalten dieses Phallo-Fragilen glücklich und zufrieden, blieb mit ihrem Mann verheiratet und »verkehrte« auf einer quasi lesbischen Basis bis zum Lebensende mit ihm.

Man kann nicht nur von einer »phallischen Impotenz« des Mannes, sondern muss auch von dem Pendant dazu, einer »vaginalen Impotenz« der Frau, sprechen. Solche Frauen sind entgegen Freuds Dogma weder frigide noch infantil, sondern befinden sich nur in einem besonderen (psycho-)physikalischen Zustand nach dem Schema: »Scheiden tut weh!«. Joop Admiraals Mutter hat jeder »eindringliche« Geschlechtsakt wehgetan, wie er in seinem autobiografischen Theaterstück *Du bist meine Mutter* bekennt. Bei dieser Art Impotenz von Männern und Frauen handelt es sich nicht um eine orgastische wie beim Serienkiller, sondern um eine phallisch-vaginal-penetrativ-friktive. Diese Menschen haben übliche Orgasmen, aber lediglich mit oral/manuell-genitalen Techniken.

Auch ist das Wort »Impotenz« in seinem allgemein negativen Diktum zu bedenken und möglicherweise in Zukunft nicht mehr zu gebrauchen. Es bedeutet: »Nicht-Macht«. Ist nichts dagegen einzuwenden – aus emanzipativer Sicht. »Mach'n wa was andres!« – Neuseelands Motto »Wenn nicht *so*, dann anders« lässt grüßen. Das Glück der »Andersmacher« und -»macherinnen« spricht dafür, dass phallische und vaginale Impotenz keine Leiden zu sein brauchen.

Außerdem: Die Natur »will« kein Kind von jedem und jeder. Nur: Die Menschen, die ihre Anlage dazu gern benutzen wollen, müssen, wenn sie nicht eine künstliche Befruchtung vornehmen lassen, die Tätigkeit des unaussprechlichen und schreib-verbotenen F-Wortes betreiben und erlernen. »Von allein« geht gerade sie nicht.

Trotz der »Runterschraubung« der phallischen Bedeutung zum »Glück der anderen« muss Kapitalismus-kritisch generalisiert werden: Der Abschied vom Land hat der »normalen« Phallik schwer geschadet. Hunde, Kater, Böcke, Eber, Stiere und Hengste können den städtischen Bürgern nicht mehr Eindruck machen. Fuchs' *Sittengeschichte* besaß nicht jeder Haushalt. Und erst recht Bürgertöchter wurden damit nicht phallisch trainiert. Kein Wunder, dass es noch in der zweiten Hälfte des 20. Jahrhunderts zu solchen Schwangerschafts-Wartezeiten von zwölf und mehr Jahren kam. Das war vor allem in einer Kultur möglich, die eine Jungfrau als Mutter verehrt, jene Kultur, die an eine Befruchtung durch den Heiligen Geist glaubt und deren Vatergott sich ihr schon seit Jahrtausenden nie penetrierend zeigt.

Den alten Griechen konnte so etwas wie Oral-Oral und Manu-ell-Genital – und auch das Hitler-Braun'sche Oral-Vaginal – nicht »passieren«, verehrten sie doch in Zeus einen Dauer-Penetrator mit zig Kindern als ihren obersten Gott, dem es die meisten Götter gleichta-ten und daher auch die Männer.

»Phallus in Vagina« ist im bürgerlichen Zeitalter – ob nun soma-tisch oder soziologisch verursacht – nicht mehr so Kultur-identisch wie es das im feudalen war. Siehe das ärztliche Tagebuch des französi-schen Hofarztes Jean Héroard aus dem frühen 17. Jahrhundert, der der Chronist der Sexual-Erziehung Louis XIII war, des Offizial-Sohnes von Henri IV. Louis XIII genoss eine phallische Erziehung ab einem Alter von zwei Jahren. *(Héroard I, Aries)*

Die heutige Gesellschaft muss sich klarmachen, dass das Treffen von Phallus und Vagina unter bürgerlich-kapitalistischen = puritani-schen Verhältnissen innerhalb der letzten hundert Jahre der »Ersten Welt« ziemlich ins Hintertreffen geraten ist, wogegen der bloße Sexu-alkunde-Unterricht nichts ausrichten kann. Hitler-Brauns Oral-Vagi-nal auf dem *Chamberlainsofa* bei unverletzter Jungfernhaut Brauns ist also glaubhaft.

Eva Braun – eine pathologia sexualis?

Es gibt zu dieser »Glaubhaftigkeit« eine Publikation vom Feb-ruar 2011, die Andeutungen macht, Eva Braun hätte an einem

»Scheiden-Verschluss« gelitten, einer *anomalia femininis*, die Brauns Scheide nicht penetrierbar gemacht, also die phallisch-vaginale Technik ausgeschlossen hätte. Der deutsch-amerikanische Rechts-Professor Thomas Lundmark (Münster 1997–2015) publizierte neben juristischen Fachbüchern ein Kuriosum: *The Untold Story of Eva Braun. Her Life beyond Hitler.* In dieser Schrift ließ er den folgenden Satz drucken: »Vielleicht der bedeutendste unentdeckte Fakt in meiner Recherche ist, dass Eva Braun – wie 1 zu 4/5000 Frauen weltweit – am Mayer-Rokitansky-Küster-Hauser-Syndrom, dem MRKH, litt.« *(Lundmark II, S. II).*

Mit dieser behaupteten »Entdeckung« kann jedoch noch nicht wissenschaftlich gearbeitet werden, da Lundmark bisher nur einen a-wissenschaftlichen Appetithappen seiner 20-jährigen Untersuchungen und Nachforschungen zu Eva Braun publizierte – eine Erzähl-Fassung für geistig »arme Leute«, die »interessiert sind, mehr über Eva Braun zu wissen, aber nicht willens, durch eine typische Biografie zu waten«. *(a. a. O., S. III f.)* Solch eine im voraus fast diskreditierte Biografie Eva Braun kündigte Lundmark jedoch an: »Ich werde eine längere, mehr akademische Fassung dieser Biografie in der nächsten Zukunft veröffentlichen. Die längere Ausgabe enthält über 2000 Fußnoten und daneben Kurz-Biografien von mehr als 150 Menschen, die auf den Seiten erwähnt werden«. *(a. a. O., S. IV)*

Prächtig! Aber die Öffentlichkeit wartet seit Februar 2011 noch immer auf diese wissenschaftliche Braun-Gesamtbiografie, die sich wahrscheinlich hinter Lundmarks angekündigtem Titel *Eva Braun. Her Life and Times* verbirgt, der online für 2012 angekündigt wurde, jedoch als Druck- oder Elektronik-Erzeugnis immer noch nicht erhältlich ist. Sobald dieses Werk vorliegt, muss geprüft werden, wie ernst Lundmark mit seiner Behauptung zu nehmen ist. Immerhin befindet sich unter den drei von ihm selbst als herausragend bezeichneten Zeugen auch Gerhard Scholten, der Sohn des Gynäkologen Gustav Scholten, der laut Lundmark auch Eva Braun behandelt haben soll. Diese von Lundmark im Rahmen seiner thematischen Trivial-Vorschau »Die unerzählte Geschichte der Eva Braun« vorgelegte Information wäre bei ihrer Bewahrheitung sensationell, weil in der Braun-Biografik bisher unbekannt ist, dass der Gynäkologe der zehnfachen Mutter und Mittäter-Ehefrau Gerda Bormann, Gustav Scholten, auch der Frauenarzt von Eva Braun gewesen sein soll.

Dadurch bekäme erst einmal die 21. *Nein-Sagerin*, Nelly Scholten, Ehefrau von Gustav Scholten, einen Glaubwürdigkeits-Aufwind. Was schon bei der Behandlung der 21. *Nein-Sagerin (ONANO)* angesprochen wurde, erhielte einen zusätzlichen Schub von Vertrauenswürdigkeit: Nelly Scholten war nicht nur auf dem Umweg über die Bormanns informiert, sondern ihre Quelle lag viel direkter, war ihr eigener Mann, der auch als Braun-Gynäkologe fungierte und seiner Frau übermittelt hat: Geschlechtsverkehr zwischen Hitler und Braun – nein, nun präzisierter: phallisch-vaginale, penetrativ-friktive Akte mit Braun unmöglich. Diese Quelle hätte Nelly Scholten jedoch wegen des Arztgeheimnisses nicht »offiziell versprühen« dürfen.

Es kommt jetzt für die medizin-historische Akzeptanz von Brauns »Scheiden-Verschluss«, dem MRKH-Syndrom, darauf an, ob Aufzeichnungen von Dr. Scholten überliefert wurden. Denn es lassen sich – was bisher viel zu wenig und medizin-analytisch überhaupt noch nicht gemacht wurde – aus den Aufzeichnungen von zwei Hitler-Ärzten, Eduard Bloch und Theodor Morell, Wahrheiten filtern, die schlüssige Ergebnisse über Hitlers homosexuelle Orientierung (Bloch) und seine hormonelle Konsistenz (Morell) liefern – gemäß seinem durch den Monorchismus verursachten Testosteron-Mangel, der sich in Morells medizinischen Aufzeichnungen aufgrund von camouflierten habituellen Hormon-Spritzungen Hitlers nachweisen lässt *(ANALO, zweites Buch)*.

Anstatt Wissenschaft nachzureichen, ging Lundmark abermals trivial vor. Er publiziert im Februar 2012 zum »Gedenken« an Eva Braun hundertsten Geburtstag eine art Fortsetzung seines ersten Buches von 2011 *Her Kampf. Eva braun centenary.* Jetzt wird nichts mehr vorbewortet, nichts angekündigt, sondern gleich zur Sache gegangen. Lundmark erzählt die Begegnung Brauns mit dem Gynäkolgen Scholten, der sie untersucht und eine Scheidenöffnungsoperation vornimmt *(Lundmark* 12, S. 25 ff.). Danach wäre Eva Braun penetrierbar, aber nicht mehr befruchtbar, was ebenfalls zum MRKH-Syndrom gehört. Wenn tatsächlich Aufzeichnungen Dr. Scholtens existierten, bekäme das *Chamberlainsofa* mit den ärztlichen Materialien Dr. Scholtens einen Verhandlungs-fähigen Zuspruch, der die bisherige Vorsicht der Beschäftigung mit Hitler-Brauns oral-vaginaler Sex-Praxis im Gutachtenstil überflüssig machen würde. Doch solange Dr. Scholtens Notizen der Öffentlichkeit nicht vorliegen und es weiterhin kein überprüfbares Wahrheitsfragment für Eva Brauns »Scheiden-Verschluss« gibt, muss für alles Weitere der Gutachten-Stil beibehalten werden, denn es gibt für das Oral-Vaginal zwischen Hitler und Braun tatsächlich noch Bemerkenswertes, ja sogar anzusprechende Auffälligkeiten.

Die Sexual-Subjekte der Geschlechter

Ehe sich der Kollege Ullrich zu früh freut und der selige Maser über den Wolken seiner Theorie vom heterosexuell intakten Adolf Hitler Freudentänze aufführt, muss die *conclusion* zu Hitler-Brauns Oral-Vaginal gezogen und ein Ergebnis aus fünfzig Jahren Sexual-Forschung mitgeteilt werden.

An jedem Sexual-Geschehen der Menschen können vier ihrer Organe/Organzentren beteiligt sein, bei der Frau die Vagina, die Klitoris, der Mund und die Hände, beim Mann der Penis, der Anus, der Mund und die Hände. Diese Organe sind alle aktiv. Es gibt bei Sexualität überhaupt nichts Passives. Es gibt nur Subjektives und Objektives. Eines oder mehrere Organe haben sich zu Begehr-Zentren ausgebildet, sind die *Sexual-Subjekte*, die ihr Verlangen auf *Sexual-Objekte* richten – eines oder mehrere Organe an anderen Menschen. Sind Penis und Scheide die *Sexual-Subjekte* geworden, können sich die Begierden auf vier *Sexual-Objekte* konzentrieren – beim Mann: phallo-vaginal, phallo-anal, phallo-oral und phallo-manuell. Bei der Frau: vaginal-phallo, vaginal-vaginal, vaginal-oral und vaginal-manuell. Sind die drei anderen Sexual-Zentren die *Sexual-Subjekte* geworden, gibt es nur ein bis zwei *Sexual-Objekte* für sie – beim Mann das Anal-phallo, bei beiden Geschlechtern die Möglichkeiten oral-phallo, oral-vaginal, manuell-vaginal, manuell-phallo.

Bei allen Menschen hat sich diese *Sexual-Subjektivierung* herangebildet. Die Annahme, es gäbe beim Menschen als *Sexual-Subjektives* nur das zur Fruchtbarkeit führende Phallo-Vaginal und Vaginal-Phallo, ist eine Menschen-unnatürliche Einschränkung, die sittenpolitisch jedoch eine Herrschaft ausübt und die Wirklichkeit der drei anderen *Sexual-Subjekte* und deren Verlangen nach verschiedenen *Sexual-Objekten* mit Füßen tritt. Kein Wunder, wenn Männer im Laufe ihrer Sexual-Geschichte »impotent« werden und Frauen vom Anfang der ihren an als »frigide« gelten! »Impotenz« und »Frigidität« sind die Folgen davon, langjährig Sex nicht aus dem echten, oft selbst nicht erkannten *Sexual-Subjekt* eines Menschen praktiziert zu haben.

Die *Sexual-Subjekte* dürfen nicht mit erogenen Zonen verwechselt werden, von denen es viel mehr gibt – Brüste, Ohren, Hals, Damm, bei der Frau den in ihrem Inneren liegenden »G-Punkt«, der in den 1950ern entdeckt wurde, beim Mann Prostata und Cowpera (Cowpersche Drüse), die auf Sonderreizungen ansprechen. Dass die *Sexual-Subjekte* auch erogene Zonen sein können, ergibt sich aus den Zentren Anus, Mund, Penis, Scheide. Diese vier *Sexual-Subjekte* nehmen unter den erogenen Zonen jedoch eine Sonderstellung ein, weil sich an sie Begehrformen binden, ja unlösbar mit ihnen verbunden sein können. Im Gegenteil dazu können sich an Händen *Sexual-Subjektivierungen* konzentriert haben, ohne erogene Zonen zu sein.

Ein weiteres Tabu: Nicht nur die zur Vermehrung geeigneten Sexualorgane Phallus und Vagina »begehren«, sondern auch die übrigen drei Anus, Hand und Mund tun es. Auch sie »wollen« sexuell agieren. Mit ihnen wird Begehren auf andere Personen gerichtet, der Wunsch, mit einer der sexuellen Zentrierungen eines anderen Menschen in Verbindung zu kommen. Diese menschliche Sexual-Befindlichkeit hat auch nichts mit der sogenannten Orientierung – früher »Veranlagung« genannt – zu tun: Mit welchem der beiden Geschlechter möchte jemand in eine sexuelle Aktion treten? Die *sexuelle Subjekt*-Werdung von einem Organ oder mehreren Organen kann sich auf Vertretende des anderen und/oder des eigenen Geschlechts beziehen.

Außerdem ist ja nicht immer nur ein einziges Organ Begierde-liiert. Es können auch mehrere sein. Zum Beispiel gibt es Männer, die sich per ihrem *Sexual-Subjekt* Penis auf Frauen beziehen, per ihrem Sexual-Subjekt Mund, Hand oder Anus auf Männer. Sind das die sogenannten Bisexuellen? Der Terminus gerät immer mehr ins Wanken, weil es sich bei der *sexuellen* Organ-*Subjektivierung* um Vorgänge bei ein und derselben Person handelt und die *Sexual-Objektivierung* von Zufällen abhängt.

Es kann also ein Mann, der mehrere seiner Organe *sexuell subjektiviert* hat, diese mehreren bei demselben Geschlecht *objektivieren*: Jemand will Frauen »vögeln« *und* hier und da von Frauen »einen geblasen bekommen«. In diesem Fall würde er nicht als »bisexuell« wahrgenommen werden, obwohl er zwei verschiedene *Sexual-Objektivierungen* vorgenommen hat – er begehrt die Vagina und den Mund der Frau für deren verschiedene Tätigkeiten mit seinem Phallus, das eine Mal als »Empfangende«, das andere Mal als »Sich Bemächtigende«.

Bringt ein Mann aber seine mehreren *Sexual-Subjektivierungen* bei beiden Geschlechtern unter, bekommt er die Plakette »bisexuell« aufgeprägt: Phallo mit Frauen, Analo, Manualo oder Oralo mit Männern. Trotzdem noch kein Grund, bei diesem Mann immer von »bisexuell« zu sprechen. Unverklemmte Frauen könnten dem Analo-Bedürfnis ihres Mannes zum Beispiel mit Dildos oder umgeschnallten künstlichen Phalli genügen. Bezieht sich sein Manualo oder Oralo jedoch auf Phallo, dann erst erfüllte dieser Mann die Voraussetzungen des sexuellen Interessiertseins an beiden Geschlechtern. (Auszug aus dem noch ungedruckten *Katechismus der postkapitalistischen Sexualität*)

Das unterbelichtete Glied

Naturwissenschaftliche Entdeckungen geschehen immer auf die gleiche Weise: Eine allgemein ungelöste Unklarheit besteht. Und eine erste Annahme zu ihrer Aufhellung muss gemacht werden.

Bei der kriminologischen Beschäftigung mit dem in den 1960ern tätigen Serienkiller Jürgen Bartsch entstand die Hypothese der besonderen sexuellen Aktivität der Hände des jugendlichen Sexualmörders, deren Ausbildung, Profilierung, Präzisierung, fachterminologisch genannt »Besetzung« als *Sexual-Subjekt*. Später konnte diese Hypothese anhand von Bartschs Geständnissen erhärtet werden. Mit seinem Phallus konnte/wollte Bartsch nicht zum Orgasmus kommen, aber mit Hilfe seiner Hände, die an den in seine Gewalt gebrachten Knabenkörpern zeitlich ausgedehnte Vivisektionen vornahmen *(ONANO, Serielle Mordlust)*.

Ähnliches praktizierte der deutsche jugendliche Serienkiller Max Hoßfeld, indem er seine Hände mit einem Gewehr »verlängerte«, auf es masturbierte und damit dann draußen in mehreren Etappen seine Opfer liquidierte. Bei Hoßfeld fand eine bizarre Doppel-Strategie und -Symbolik statt. Das Gewehr war einerseits »Verlängerung« und Ersatz seines orgastisch insolventen Phallus, der die Klimax erst im Zusammenhang mit dem Gewehr produzieren konnte. Andererseits jedoch war das Gewehr auch Werkzeug seiner Hände. Erst mit diesem mordete er und erlebte dabei den sexuellen Höhepunkt *(ONANO, Anomalia masculinis)*. Auch bei dem jungen US-Serienkiller Richard Chase funktionierte das orgastische »Abfahren« so – von den Händen über die Pistole zum tödlichen Schuss in die Leiber seiner Opfer. Bei Chase bestand ein doppelter Hinweis auf sein »*Fahren* zum Orgasmus«, indem Chase sein erstes Opfer aus einem fahrenden Auto tötete. *(ONANO, Anomalia Masculinis)*.

Bei dem jugendlichen Serienkiller Erwin Hagedorn aus der DDR gibt es den nächsten Hinweis auf die *Sexual-Subjektivierung* seiner Hände. Hagedorn erlernte den Beruf des Kochs, für den er besonders mit seinen Händen tätig werden musste – wegen des permanenten Zubereitens von Nahrungsmitteln für den Genuss von Mahlzeiten. Während seiner praktizierten und zehnfach versuchten Mord-Tätigkeit schon als Jüngling (mit drei ihm gelungenen Ermordungen von Jungs) war Hagedorn die ganze Zeit über Kochlehrling. Aufgrund seiner Serienkiller-Anlage hatte sich die *sexuelle Subjektivität* seiner Hände schon ab dem Beginn seiner Pubertät darauf gerichtet, jüngere Knaben in seiner Eberswalder »Folterbude« ausgedehnt zu malträtieren, bis er als 17-Jähriger schließlich daranging, sie dabei zu töten. *(a. a. O.)*

Die Entdeckung der verschiedenen *Sexual-Subjekt*-Zentrierungen und die Annahme einer Sexual-Devianz, die sich mit der Tätigkeit des *Sexual-Subjektes* Hand bei Serienkillern verschweißt hatte, ließ sich 35 bis 40 Jahre später über die mehrjährig unternommene Langzeit-Beobachtung eines werdenden Serienkillers und bei sämtlichen studierten Fällen, die in die Kriminalgeschichte der Welt eingegangen sind, wissenschaftlich bestätigen. Der werdende Serienkiller in der noch nicht publizierten Studie *Anomalia masculinis* konnte mit seinem physiologisch »normal gebauten« Phallus nur weniger als die Hälfte der fünf gemeinhin damit verbundenen sexuellen Funktionen »bewerkstelligen«. Erigieren in voller Montur und Ejakulieren von großen Samenmengen – das ging. Aber Penetrieren, Friktieren und »Orgasmieren« gingen nicht. Diese drei fehlten bei seiner sexuellen Aktivität immer. »Orgasmieren« gelang ihm zum ersten Mal bei seinem ersten quälerisch zelebrierten Mord. Genauso wie die jugendlichen Serienkiller Bartsch, Chase, Hagedorn und Hoßfeld konnte er Penetrieren und Friktieren nie ausüben.

Die sexuelle »Unterbelichtung« ihres Gliedes in biophiler Hinsicht trifft auf alle Serienkiller zu. Was die Serienkiller mit ihrem Phallus außer Destruktivität machen, ist für sie »unter-orgastisch« marginal. Bei keinem ist der Phallus sein »normales« *Sexual-Subjekt* geworden. Koitieren und masturbieren bringen ihm nichts. Bei einigen ist der Phallus lediglich ein »Destru-Subjekt.« *(Die Standarten-Abtakelung bei Serienkillern)*

Mal ist der Penis ein desexualisiertes Funktionsorgan, bei dem die vier Abläufe Erigieren, Penetrieren, Friktieren und Ejakulieren noch wie üblich geschehen. Bei allen fehlt jedoch während der sexuellen Betätigung immer der fünfte Vorgang, den das männliche Sexualorgan produzieren kann – der Orgasmus. Und mal ist der Penis so des-organisiert, dass er vollständig außer sexuelle Bezüge gerät. Keine der fünf Besonderheiten funktioniert (richtig). Er ist geschrumpft zu einer Urinier-Vorrichtung.

Das *Sexual-Subjekt* der Serienkiller sind ihre Hände geworden, mit denen sie einen begehrten Körper »erledigen« oder auseinandernehmen, wobei sie dann erst die Klimax erreichen, was mit oder ohne Samenerguss geschehen kann. Die überwiegende Mehrzahl der Serienkiller ist *sexual-subjektiv* per Hand destruktiv tätig – nicht immer von Werkzeugen unterstützt. Dahmer, Fish, Fourniret, Long, Rader, Ridgway, Sliwko, Tschikatilo »machten es« mit ihren bloßen Händen.

Jack Unterweger erwürgte seine ausschließlich weiblichen Opfer immer mit einem bestimmten Knoten, den er aus ihrer Unterwäsche fabrizierte. Der »Held« der *Anomalia masculinis* agierte jedes Mal wie viele Serienkiller mit einem Messer. Er ist auf Männer fokussiert und versuchte unzählige Male, an sie mörderisch heranzukommen, was ihm bei seinen ersten entsprechenden Anwandlungen in der Pubertät allerdings rein physisch noch nicht gelang. Bei zwei Opfern konnte er mit dem Zustechen beginnen, wurde jedoch an der Vollendung der Tat gehindert. Dreimal ist ihm die Quältötung eines Mannes gelungen, als 15-, 17- und 19-Jähriger. Die *Sexual-Subjektivierung* seiner Hände erwies sich bei seinem zweiten Opfer dadurch, dass der inzwischen 17-Jährige laut offiziellem Obduktionsbericht mehr als vierzig Stich- und Schlitz-Wunden im Körper des per Kehle-Durchschnitt wehrunfähig gemachten Mannes hinterlassen hatte.

Eine Minderheit von Serienkillern ist neben ihren Händen auch noch per *Mund* aktiv, wie der deutsche Fritz Haarmann es war. Diese »Exemplare« werden dann meist »Vampire« genannt, weil es so erscheint, dass sie am Blutsaugen »interessiert« sind. Die Bezeichnung ist gegenüber Haarmann falsch, denn Haarmann war nicht am Blutfluss »interessiert« wie die Serienkiller Brudos, Pickton und Rogers. Haarmann vollführte die *Tötung* mit seinem Mund, per Durchbeißen der Kehle seiner jugendlich männlichen Opfer. Jedoch würgte er sie auch mithilfe seiner Hände. Und aus seinem Geständnis wird deutlich, dass ebenfalls Haarmann seine Räusche sowohl mit seinem Mund (zu Anfang), als auch mit seinen Händen erzielte, bei der anschließenden Zerfleischung, die er nur mit seinen Händen vollführte. Er spricht bei dieser ausgedehnten Prozedur von seiner »Leidenschaft« an der »Zerstückelung«, jene stärker war als sein »Grauen« davor. *(Lessing, S. 140, PERVERSO, Serienkiller – Sadist)*

Bei der oral-zentrierten, gar vampiristisch tätigen Unterform der Serienkiller sind nicht die Hände das *Sexual-Subjekt*, sondern der Mund ist es. Ohne genetischen Orgasmus-Schaden wären diese Männer – auf männliche oder weibliche Gegenüber bezogen – oral-*sexuell subjektiviert* tätig.

Womit der Bogen zu Adolf Hitler gespannt wird. Hitlers Mund war die bevorzugte Zentrierung seiner Sexual-Destruktivität. Er war sein *Sexual-Subjekt. Hitler 2* hatte nach Aktivwerden seiner Serienkiller-Konsistenz ein Verlangen, per Rede und Sprechen zu zerstören. Zuerst geschah dies durch die historischen Lügen, die er in den Köpfen seiner Massen von Zuhörern festsetzte, dann mit seiner Anstiftung zu Mord und Zerstörung, später als Staatschef mit der Errichtung der KZ-Folterstätten, mit seinen Land-Einheimsungen per Einmarschieren-Lassen in Nachbarländer. Es folgten Befehle im von ihm »angesagten« Zweiten Weltkrieg, zur selben Zeit sein »Euthanasie«-Lostreten bis zu seiner »Endlösung« an Juden, Roma und Sinti, seinem Verhungernlassen von Millionen sowjetischer Kriegsgefangener, seiner Aufreibung Hunderttausender deutscher Soldaten in Russland und der aufgrund seiner Verweigerung einer Kapitulation provozierten mehreren Hunderttausend deutschen Bombenopfern, als längst nichts mehr zu siegen war. Am Schluss gab es noch zum Dessert gegen »Deserteure« die täglichen Todesurteile, die Hitlers serienkillend mit-aktive rechte Hand permanent unterschreiben *wollte*. Der Vorgang »Gnade« existierte für den staatsterroristisch aktiven Serienkiller sui generis Adolf Hitler nicht. *(Eberle/Uhl*, S. 205 f., 399 f.)

Die Standarten-Abtakelung bei Serienkillern

Selbstverständlich läuft es nicht bei allen Serienkillern so, wie durch den Hinweis auf die *Sexual-Subjektivierung* der Hände und des Mundes gerade der Anschein erweckt wurde – in dem Sinne: Wegen der *Sexual-Subjektivierung* von Hand und Mund »verschwände« der Phallus ganz aus der destru-sexuellen Praxis eines jeden Serienkillers. Es gibt einen »Verbleichungs«- oder »Rückzugsweg« des speziellen männlichen Organs. Dieser Weg aus der Biophilie in die Nekrophilie ist jedoch bei allen Serienkillern wiedererkennbar. Sogar der Punkt, an der der »phallische Rückzug« vom Lebensbejahenden ins Lebensverneinende stehenblieb, kann bei jedem Serienkiller fixiert werden. Manche prozedieren mit ihrem Phallus noch den Marsch zum orgastischen Höhepunkt, der jedoch immer mit einer Opfervernichtung in Zusammenhang gebracht werden muss, um überhaupt abgerufen werden zu können.

Ein Beispiel für diese negativ erhalten gebliebene »Funktionstüchtigkeit« eines Phallus ist die destruktive Vorgehensweise des deutschen Serienkillers Heinrich Pommerenke (1937–2008). Er stand darauf, Frauen zu ermorden und sie entweder dabei, davor oder danach zu penetrieren. Innerhalb von wenigen Monaten beging er mit 21/22 Jahren in Baden-Württemberg 1959 eine Serie von Morden/Mordversuchen, der acht Frauen zum Opfer fielen. Der ersten Frau wurde beim Vergewaltigen mit einem Messer die Kehle durchgeschnitten. Die zweite erschlug er mit einem Stein nach der Vergewaltigung. Die dritte würgte er, nachdem er durchs offene Fenster in ihr Zimmer eingedrungen war – ihr gelang es, sich zu befreien. In die Geschichte der Serienkiller ist er eingegangen, weil er bei seinem dritten Mord mit einem Vier-Schritte-Verfahren seine unterbrochene sexuelle Leitung auf dem Wege zum Orgasmus wieder zu flicken versucht hatte. Er erstach im Mai 1959 in einem Zug nach Italien eine junge Frau und warf ihre Leiche aus dem fahrenden Zug. Als Drittes zog er die Notbremse und sprang heraus. Er ging zurück, fand die tote Frau neben den Geleisen und schändete sie. (*Staisch*) Erst am Ende dieser kontra-erotischen antihumanen Vier-Katastrophen-Bestandteile seiner sexuellen Konfusion erreichte er mit der Toten einen Orgasmus. Welch ein Zeugnis für den »Mann, das fantasievolle Geschlecht«!

Das was Gotthold Ephraim Lessing für das Funktionieren eines Publikums-befriedigenden Theaterstücks »als die Einheit von Zeit, Ort und Handlung« forderte, kann auf den Orgasmus übertragen werden - die Einheit von Wunsch, Tat und Erquickung. Diese Einheit ist bei den vom *morbus orgasmus* gezeichneten Männern zerbrochen. Sie müssen das Kaputte mit einer äußerst komplizierten Reparatur wieder flicken. Der »springende Punkt« bei dieser Prozedur ist die Reaktion des Opfers – nicht mit Lust, sondern mit dem Erleiden der ausgeklügelsten und langwierigsten Köperschmerz-Fraktur. Der unter-zehn-jährige Junge, den der Serienkiller Jürgen Bartsch stundenlang vivisektiert hatte, gab davon Zeugnis – bis das Opfer mit dem Satz in Gedanken an seine Mutter starb: »Mami, jetzt geh' ich tot!« (*Werremeier*)

Ähnlich wie Pommerenke verfahren Kollegen von ihm phallisch *destru-subjektiviert*, wobei diesem Vorgang der Begriff »Sexualität« nicht mehr eingeräumt werden kann. Das Destru-Phallische läuft bei dieser Art von Serienkillern verschieden – entweder zuerst vergewaltigen und dann töten oder zuerst töten und dann schänden. Stupende »einfallsreich« benehmen sich auch solche Serienkiller, die in die vorher geritzte oder geschlitzte Verblutende koitieren. Diese Destru-Phalliker befinden sich am Anfang des Weges der Abtakelung des männlichen Lust- und Lebensorgans. Ihnen steht ihre Vorrichtung noch scheinbar »normal« zur Praxis zur Verfügung. Sie können mit ihrem Phallus sogar Orgasmen erreichen, aber immer erst bei, mit oder nach dem Quältöten. Daran ist die Devianz erkennbar und damit die Erkrankung der männlichen Sexualität. Der Weg des Verblassens des Phallischen führt bei manchen Serienkillern so weit, dass an ihren Morden nichts Phallisches mehr zu erkennen ist. Dadurch war bisher die genetisch verursachte Sexual-Aberation der *Anomalia masculinis* für die Verfolgungsbehörden und Kriminalisten nicht mehr wahrnehmbar.

Auch Hitler hat sich seinen Gewalt-legierten Orgasmus beim Betrachten des Films *Der Rebell* mit den Oberschenkel-Friktionen an seinem erigierten Glied verschaffen können *(ONANO, Hitlers Männermord-Orgasmus)*. Es gab also bei Hitler noch eine Rest-*Sexual-Subjektivität* seines Penis neben der *Sexual-Subjektivierung* seines Mundes und seiner Hände. Wie im vorigen Kapitel gezeigt, sind bei vielen Menschen mehrere Organe *sexual-subjektiviert*. Das Gleiche zeigt sich bei Serienkillern. Bei Pommerenke waren es Penis und Hände, eine Kombination, die bei allen tötenden Vergewaltigern angetroffen werden kann. Ein Phallus allein kann ja nicht töten. Es sind immer in Kombination mit dem Phallus die Hände, die quältöten, wie es Fourniret, Kürten, Long und Unterweger praktizierten. Bei Hitler lief die *Destru-Subjektivierung* über drei seiner Organe/Organzentren: Penis, Hände und Mund. Nur die penetrative Fungibilität seines Phallus war verloren gegangen. Er ähnelte denjenigen Serienkillern, die sich schon weiter auf dem Weg des Verblassens ihrer Phallik befinden, die ihre Opfer töten und danach auf die Leichen masturbieren, wie Chase es tat.

Bei der Mehrzahl der Serienkiller ist der Penis ganz aus dem *destru-subjektiven* Agieren verschwunden, hat sich aus dem mörderischen Geschehen »zurückgezogen«, bei dem nur Hände und Mund tätig sind – Hände ohne oder mit Werkzeugen. Der Penis ist bloß noch wie ein Fuß – vollständig außen vor beim Orgasmus-zelebrierenden Töten, so dass eine Sexual-Devianz bei diesen Männern nicht zu bestehen scheint. Dass dem doch so ist, verrät nur der Moment »Orgasmus«, den alle Serienkiller beim oder nach dem Morden empfinden, gleichgültig, auf welchem Tötungs-Weg sie die Klimax erreicht haben. Hände oder Mund übernehmen die Orgasmus-Funktion des Phallus – daher ihren vorherig geschehene *Sexual-Subjektivierung*. Haarmann geriet in Raserei beim Kehledurchbeißen, Bartsch, Fish, Rogers, Pickton und Tschikatilo begaben sich auf »Wolke neun« (in den »siebten Himmel« der Lust) beim Zerschneiden der in ihrer Gewalt befindlichen Körper. Druitt (Jack the Ripper) empfand die Höhen beim Ausweiden von Frauen, Kuklinski bei jeder Art des Tötens von Männern, Sutcliff bei demjenigen von jungen Frauen mit Kindern, Gacy beim Ersticken von Jünglingen, Rader und Sliwko beim Mord an den Bewusstlosen weiblichen oder männlichen Geschlechts.

Trotz noch so sehr voneinander abweichender Tötungs-Prozeduren spielt es keine Rolle, um welche Opfergruppe es sich jeweils handelt, die gemäß der sexuellen Präferierung eines Serienkillers fokussiert wird. Und gleichgültig ist ebenfalls, ob ihr Männlichkeits-definierendes

Organ noch für die Fruchtbarkeit einsetzbar ist. Das Prinzip: Es geschieht eine teilweise oder gänzliche Entkoppelung des Organs Phallus von der biophilen Konstruktivität – als Erstes sich bemerkbar machend beim Mann selbst: Der natürlich installierte Anlauf zum Orgasmus misslingt immer. Und damit fehlt dem Serienkiller der von Freud entdeckte *Chemismus*, die Belebung aller Organe duch den Orgasmus. Diese Leitung ist bei der *Anomalia masculinis* durchtrennt und kann nur mit Hilfe der Zerstörung von Körpern wieder geflickt werden. Am Flick-Vorgang ist in der überwältigenden Mehrzahl der Fälle der Penis nicht mehr beteiligt, sind meist die Hände »federführend«, aber es kann auch der Mund die Herrschaft übernommen haben, wie es von der bisherigen Geschichtsschreibung bei *Hitler 2* konstatiert wurde – die Besonderheit des Energie-aufsaugenden, Lügen-infiltrierenden und massensuggestiven Wörter-Ausstoßens durch seinen Mund.

Hitlers Phantommöse für die latente Lesbe Eva Braun

Wegen der *Sexual-Subjektivierung* von Hitlers Mund war er prinzipiell fähig, mit Eva Braun oral-vaginal zu verkehren. Es kann also jenseits von Phallozentrik wertfrei festgestellt werden, dass an den Geschlechtsakten zwischen Braun und Hitler jeweils eines der vier möglichen *Sexual-Subjekte* von beiden Protagonisten beteiligt war – von Hitler der Mund, von Braun die Scheide.

Unabhängig davon, dass etliche Menschen meta-fertil miteinander genital verkehren – neue *Kinsey-Reports* braucht das Land, um Prozentzahlen beizuschaffen! –, müssen einige Worte darüber verloren werden, ob zu Hitler und Braun diese Praxis denn wirklich passte, ob diese Technik für sie stimmig war. Man soll es nicht für möglich halten, aber auch dazu gibt es so viele Indizien und Hinweise, dass mit ihnen das historische Paar in seiner sexuellen Funktionsweise »erkannt« werden kann.

Auch bevor es sichere Beweise und Indizien zu Eva Brauns »Scheiden-Verschluss« gibt, kann schon jetzt festgehalten werden: Zu Braun passte auch psychisch genau diese Technik. Braun war keine übliche Heterofrau – im Gegensatz zu ihrer Vorläuferin in Hitlers Gefühlswelt, Geli Raubal. Das erste erhalten gebliebene Zeugnis zu Raubals Interesse an Vaginal-Phallo stammt von der 18-Jährigen. Als Geli 1924 und 1926 ihren Onkel Adolf Hitler in München besuchte, muss sie seinen »Leibfahrer« und Leibdiener Emil Maurice kennengelernt haben. Denn Maurice war praktisch der Grund, der Raubal nach München trieb, wo sie sich noch im ersten Monat ihres Umzugs im Dezember 1927 mit ihm verlobte und ihn täglich sah. (*Sigmund* 98, S. 138 ff., *Joachmisthaler* 03, S. 314 ff., *Lambert* 06, S. 115 f.) Aus den Folgejahren 1928 und 1929 gibt es Zeugnisse für Raubals Involvement in Maurice, einen Liebesbrief an ihn und ein ihm geschicktes Foto mit Liebesbeteuerungen auf der Rückseite – trotz des Diktums von Onkel Adolf, sich zwei Jahre zu prüfen. (*Sigmund* 98, S. 140 ff., *Lambert* 06, S. 83, B. , S. 116) Bei der Behandlung des 22. Nein-Zeugen zu Hitlers Heterosexualität, Emil Maurice, wurden Briefe auch noch von anderen Verehrern an Geli Raubal erwähnt. Im Falle Raubals hatte die Gesellschaft das, was sie Frau-Mann-bezüglich will und allen Menschen oktroyiert: vaginal-phallisches Aufeinander-Abfahren und Zueinanderpassen. Nichts dergleichen existiert bei Eva Braun.

Als die Beziehung Braun-Hitler Anfang 1932 begann, hatte Braun als 20-Jährige nicht einmal ein emotionales Vorleben in Richtung Mann, wie es bei Raubal schon ab 18 zutage trat. Im Kapitel *Adolf Hitlers Knappe* wurde über Braun als Hitlers »Kumpelfrau« berichtet und Zitate ihres ersten Biografen Nerin E. Gun angeführt, die spiegeln, dass Braun mehrere Jungs und Jünglinge zu Freunden hatte, aber an Flirts mit ihnen nicht so sehr interessiert war, obwohl sie unter eines ihrer Fotos »mein erster Flirt« notierte. Sie selber war »Junge« und schlüpfte später theatralisch als Rolle bei einer ihrer beliebten Privat-Vorstellungen für ihre Umgebung in die Figur des Entertainers Al Jolson son, der einen Schwarzen imitiert. Auch stand sie auf Autofahren und war »begeisterte Fliegerin«. (*Gun* 68 I, S. 32, B. 8, S. 36 ff., S. 80, B. 3, *Gun* 69, S. 145, B. 1)

Auf Frauenseite hatte Braun schon ab etwa achtjährig ihre lebenslange Busenfreundin Ostermayr, mit der sie sich auf vielen Fotos verewigte. (*Charlier/de Launay, Gun, J. Frank, Lambert, Görtemaker, Taylor*) Es kann davon ausgegangen werden, dass Eva Braun mit einem lesbischen Kolorit in die Beziehung mit Adolf Hitler einstieg. Und auf Braun trifft genau das zu, was in *Muttertöchter. Nazigattinnen* (»*Du kannst mich ruhig ›Frau Hitler‹ nennen*«) konstatiert wurde: Extrem Mutter-gebundene, ja Mutter-missbrauchte Töchter bleiben aus dieser ihrer psychischen Unabgelöstheit gegenüber ihrer Mutter mit einer lesbischen »Erwerbung« zurück, die sie jedoch wegen ihrer sie sexuell strangulierenden Mutterbindung nicht mit einer anderen Frau ausleben können. Alles zwischen Eva Braun und Herta Ostermayr blieb im »Busen«-Bezüglichen hängen. Daher weichen Muttertöchter libidinös auf Muttersöhne aus. Muttertöchter begehren Muttersöhne halluziniert lesbisch. Mit Frau geht es nicht – das Geschlecht der

20   *Franziska Braun, ihren Töchtern Eva und Gretl zu Fasching an die Wäsche gehend*

Muttertochter ist für den Geschlechtsverkehr mit anderen Frauen von ihrer Mutter »verplombt« –, aber mit Mann geht es, mit einem, der an Mutter erinnert, der Frauen-nah und Frauen-ähnlich ist. *(Pilgrim* 94)

Hitler war von einer Vielzahl sogenannt weiblicher Merkmale und Eigenschaften gekennzeichnet, über die sich viele seiner zeitgenössischen Beobachter gewundert haben. *(Pilgrim* 86, S. 25, 37 ff., *Pilgrim* 94, S. 206 ff.)* Werden die von Brauns Biografin Angela Lambert zahlreich publizierten Fotos von Brauns Mutter, Franziska Braun, geborene Kronburger, mit dem Gesicht von Adolf Hitler verglichen, dann ähnelt er Brauns Mutter und nicht Brauns Vater. Etwas »Südisch«-Mediterranes kennzeichnet beide. *(Lambert* 06, S. 82, B. 1, S. 178, B. 13, 14, S. 306, B. 6, 9, 10)* Durch ein von Gun publiziertes Foto kann das Südisch-Mediterrane in der Gesichtsstruktur von Brauns Mutter Franziska verifiziert werden. Braun hat eine spanische Urgrossmutter gehabt, die sich Gesichts-strukturell in ihrer Enkelin durchgesetzt hatte. Eva Braun

21 *Nazi-hochkarätige Schrumpelhüte auf Italienreise („Führer"-*
„Schwiegermutter" Franziska Braun, Kriegsminister-Speer-Ehefrau
Margarete, Euthanasie-Brandt-Ehefrau Anni, „Führer"-„Geliebte" Eva
Braun und ihre Intima Marion Schönmann)

präsentiert sich vor einer Fotokamera im Hochzeitskleid ihrer spa-
nischen Urgrossmutter, einem in Spanien üblichen schwarzen Jäck-
chen-Oberteil über einem bunten langen Kleid – im Gegensatz zu der
deutschen weißen Brautkleidmode. (Gun 68 I, S. 80, B. 4)

Am frappierendsten: Adolf Hitler in der Rolle von »Mutter Franziska«, wenn er sich als kinderlieb geben will und sich mit den Bor-
mann- und Speer-Kindern von »Hof-Fotografin« Braun ablichten
lässt. Nicht etwa tritt jetzt Väterliches an Hitler zum Vorschein, sondern Mütterliches! *(a. a. O.,* S. 306, B. 15) Demgegenüber kommt phänotypisch Eva selbst – im Gegensatz zu ihren beiden Schwestern Ilse
und Gretl –auf ihren Vater. Fritz Braun ist mehr Französisch-Keltisch
ausgefallen und ähnelt Hitler nicht so stark wie Evas komplett südi-
sche Mutter. (B. 21, *a. a. O.,* S. 306, B. 9, 10).

Daher der nächste Schock bei der Entblätterung von Hitlers sexuellen Konditionen: Hitler war für Braun eine – zu meta-lesbischen

Zwecken gebrauchte – »Phantommöse«. Gerade das »Schwanzzeit-lose« an Hitler ihr gegenüber begehrte Braun bis zum Wahnsinn, der aus ihrem *Tagebuch-Fragment* zum Ausdruck kommt und sich in ihrer Existenz als Vorzeige-»Führer-Braut« auf dem *Berghof* verwirklicht hat.

Braun war gepflastert mit Busenfreundinnen: Herta Ostermayr, Marion Schönmann, Gretel Mittlstrasser – der bis zum Bunker-Untergang unauslöschbare Affekt Brauns gegenüber ihrer jüngerer Schwester Gretl, die Nähe zu den Hitler-Mittäter-Gattinnen Anni Brandt und Margarete Speer.

Brauns regelmäßige Italienreisen im Urlaub zwischen 1938 und 1941 – immer mit einem Pulk von vier oder fünf Freundinnen, darunter ihre Mutter Franziska. *(a. a. O.,* S. 306, B. 3) Brauns Italien-Freuden liefen jedes Mal ohne Männer. Im Gegensatz zu Halb- und Ganz-Schwulen, die seit Jahrhunderten aus anderen europäischen Ländern zum Zwecke der Erfüllung ihrer verschiedenen sexuellen Wünsche gegenüber Männlichem nach Italien pilgerten, fuhr Eva Braun dorthin, um einmal ungestört von Männern ganz unter Frauen sein und sich ihrer Leidenschaft für die Florentiner Ferragamo-Schuhe hingeben zu können. *(a. a. O.,* S. 197, 474) Braun kann in Italien in Ruhe rauchen, so oft sie will, und sieht auf dem Zigaretten-Demo-Foto erotisch zum Umfallen aus. *(a. a. O.,* S. 306, B. 5)

Nicht zu vergessen die ungeheure Explosion von Brauns Narzismus in ihrem »goldenen Käfig« auf dem *Berghof.* Sie drehte sich ein Jahrzehnt lang in ihrem Auto-Erotismus. »Manti« Adi fuhr für Männer und mit ihnen seine Autos auf seinen Autobahnen »draußen im feindlichen Leben«. Und Frauchen Evi fuhr auf sich selber ab, »drinnen im Hause« walkte sie höchst un-»züchtig« Tag ein, Tag aus ihren Körper durch. Das Objekt ihrer Begierden war sie selbst, ihr eigener unablässig gestalteter Frauenkörper. Sie zog sich fünfmal am Tag um, stieg in immer andere Kleider ein, diätierte sich ohne Pause in die Superschlankheit, obwohl ihr Unterwelts-»Gatte« das permanent kritisierte. Er hätte sie lieber mollig mit ihren original dunkelblonden Haaren und immer mit derselben Frisur im selben Kleid gehabt und wies zu Recht darauf hin, dass mit Mode und Körperkult die Frauen nicht Männern, sondern anderen Frauen imponieren wollten. *(Junge* 02, S.73 f., 77, 79, 84 ff., *Schirach* 83, S. 255, *HETERO, Die Diana-Dietrich-Kaulquappe)* Kein Heteromann interessiert sich für Mode. Der weibliche Fanatismus »Mode« entblättert die unerfüllte Sehnsucht der muttergebundenen Frau nach dem anderen Frauenkörper, die Rotation im Käfig ihrer nicht zum genitalen Durchbruch gelangten latenten Lesbik.

Traudl Junge berichtete von Brauns geradezu maskierender
Schminktour, die sie auf ihrem eigenen Gesicht veranstaltete. *(Junge 02,
S. 74)* Dazu das Filmstar-organisierte Fummeln an den eigenen Haaren, die gefärbt und gedreht und gewendet und gehoben und gesenkt
und wieder quergelegt, gelockt und wieder gesträhnt wurden, so dass
auf jedem überlieferten Foto eine andere Frisur Brauns zu sehen ist.
Biografin Lambert veröffentlichte 35 Fotografien von der jugendlichen
und der erwachsenen Eva Braun, mit immer unterschiedlichen Frisuren. *(Lambert 06)* Das ganze Hitler-Zweck-»Verhältnis« E. B. wurde
nur 33 Jahre alt – heißt: Im Schnitt »gestaltete« Braun für jedes ihrer
Lebensjahre eine neue Frisur – das passt zu fünfmal am Tag die Kleider wechseln. Und »Teufelgatte« A. H. mochte das gar nicht, ärgerte
sich, wenn er andauernd ein anderes Braun-Gesicht vorgesetzt bekam,
an das er sich nicht schnell genug gewöhnen konnte. *(a. a. O., S. 84 f.)*

Wie Brauns Beziehung mit Hermann Fegelein in der »Horizontalen«
verlief, kann ja Zeugnis-dicht nicht nachgewiesen werden, obwohl die
dienstältesten Hitler-Sekretärinnen Johanna Wolf und Christa Schroeder behaupteten, Eva Braun hätte eine sexuelle Beziehung mit Fegelein
gehabt. Das »Wahrscheinlichste« des Wahrscheinlichen ist bei der
Dreierbeziehung zwischen Eva-Hermann-Gretl das libidinöse Funktionieren nach Schema »Heilige Anna selbdritt«: Zwischen zweien läuft's,
die Dritte im Bunde schwebt identifikatorisch drüber, ist bei den Akten
virtuell gegenwärtig. *Diese* Position wird Eva Braun eingenommen
haben, denn die anderen beiden, Gretl und Hermann, waren ja fertil
aktiv – mit dem Erfolg der Geburt einer Tochter im Mai 1945. Brauns
Position als »Heilige Anna« in der Fegelein-Triangel war so halluziniert koitabel, dass den Hitler-Sekretärinnen die Involvierung Brauns
in Fegelein wie ein eigenes »Verhältnis« mit ihm vorkam, das Braun
auf diese Weise mit ihm durchaus hatte. Aber bei Brauns Position als
»Heilige Anna selbdritt« darf nicht vergessen werden, dass die »Heilige Anna« virtuell mit beiden vögelt, über denen sie schwebt – Braun
mindestens genauso intensiv mit ihrer Schwester Gretl wie mit ihrem
Schwager Hermann. Solch eine eingebildete Triangel-Turbulenz wirkt
dann auf Außenstehende als »beinahe wie echt«.

Nachweisbar ist das sechsmal Innig-Nahe zwischen Eva und ihren
Freundinnen Herta, Marion, Anni und den drei Gret[e]ls Braun,
Mittlstrasser und Speer. Hinzuzuzählen ist noch für die frühe Mün-
chener Zeit die Beziehung zu Henriette von Schirach, der Tochter von
Evas Foto-Chef Heinrich Hoffmann.

Braun-Biografin Lambert bringt Äußerungen der *Berghof*-»Beschließerin« und ab 1943 -Verwalterin, Gretel Mittlstrasser, die

beweisen, wie »die Post« zwischen Eva und auch dieser Gretel »abging«, so sehr das Frauen-Miteinander durch *Berghof*-organisatorische Anlässe am Laufen gehalten wurde. Noch für Marion Milnes Dokumentation *Adolf and Eva* 2001 schwärmt Mittlstrasser von ihrer ehemaligen Chefin:»Sie war eine liebenswerte, charmante Münchenerin, die auf Abstand hielt. Wenn man sie akzeptierte und mochte, dann konnte man bestens mit ihr auskommen. Ich stand in jeder Art zu ihrer Verfügung. Ich war für sie da, wenn sie Kleider bestellte. Ich war für sie da, wenn sie Hüte kaufte.« *(Lambert* 06, S. 197, *HETERO, 7. Ja-Sagerin)* Durch das Herrin-Dienerin-Verhältnis blitzt die Erotik zwischen den Frauen:»Frau Mittlstrasser mochte und bewunderte Eva: ›Ich wurde nach dem Frühstück zu ihrem Raum gerufen, ausgestattet mit Papier und Bleistift. Und zusammen gingen wir die Tagesereignisse durch, die sie geplant hatte und was meine Rolle dabei war‹«, wird noch mal Mittlstrassers Eva-Mögen und deren Liebenswertes betont. *(a. a. O.,* S. 203) Ebenfalls Mittlstrassers Cousine Anna spricht davon, dass sie von Eva Braun geliebt wurde, die sich bei ihrer Kündigung durch Bormann querzulegen versuchte, weil Eva das Zimmermädchen Anna behalten wollte. *(Plaim/Kuch,* S. 112 f.)

Beweisbar ist außerdem, dass Eva Braun in der oral-vaginalen Praxis mit Hitler glücklich war. Eine der frappierendsten Entdeckungen ihrer dritten Biografin: Angela Lambert kann belegen, dass Eva Braun im *Tagebuch-Fragment* den Begriff »Rendezvous« nicht dafür benutzte, um allgemeine Treffen zwischen Braun und Hitler zu kennzeichnen, sondern nur sexuelle Rencontres. Lambert führt anhand von Brauns Einträgen vor, dass Braun und Hitler sich nach ihrem letzten »Rendezvous« vom 2. März 1935 noch einmal Ende März bei dem oben schon angesprochenen, für Eva Braun so enttäuschenden Essen mit mehreren Personen getroffen haben, hierfür verwendete Braun den Begriff »Rendezvous« jedoch nicht. *(Lambert* 06, S. 158 f.) »Rendezvous« bedeutet »intim«, war die spezifische Gestaltung des Braun-Hitler-Verhältnisses auf dem *Chamberlainsofa.*

Von der »Phantommöse Adolf Hitler« Scheiden-geleckt und -geküsst zu werden, war für die latent lesbische, im Käfig ihrer Mutterbindung sich drehende Eva Braun die einzige ihr möglich erscheinende sozial-sexuelle Befriedigungsform. Etwas anderes war für sie nicht möglich. Sie brauchte ihn für diese »bestimmten Zwecke«. Kein »Blödsinn« war dieses Notat, wie sie in ihrem *Tagebuch-Fragment* nachträglich relativierte. Denn einen anderen Mann, der zu ihr derart oral-*sexuell subjektiviert* hätte passen können, konnte sie sich nicht vorstellen.

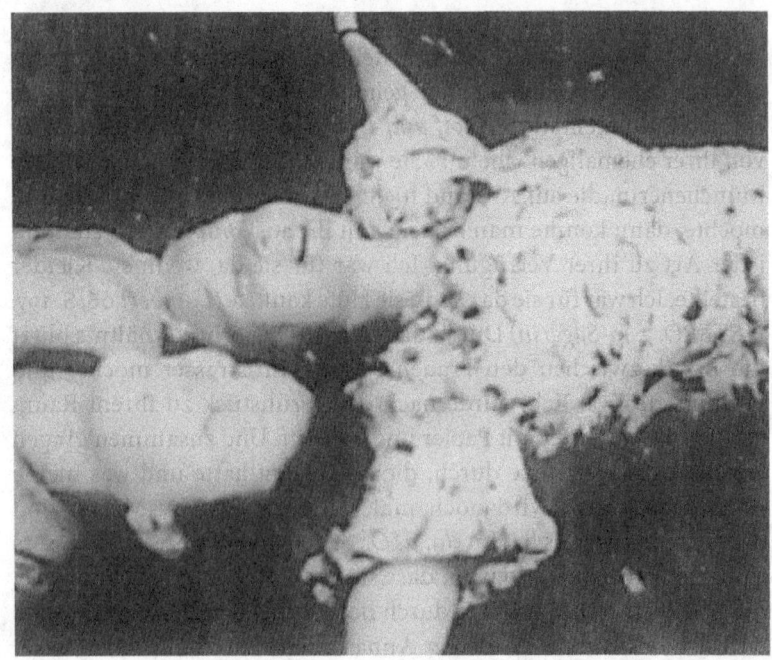

22   *Seliges Kopf an Kopf, die Schmetterlinge von Bauch zu Bauch sieht man nicht (Eva und Gretl Braun auf dem Berghof beim Relaxen von ihren Massenmörder-Mittäterinnen-Jobs)*

23   *Aus den Fotoalben der Eva Braun: Gretls schöner Rücken tat entzücken.*

Ohne Adolf Hitler wurde sie sterbens-depressiv. Ihren Lebensunmut demonstrierte sie immerhin zweimal, um Hitler erpresserisch zurückzurufen – 1932 und 1935.

Hitler und Braun brauchten einander »für bestimmte Zwecke«, die sich voneinander jedoch erheblich unterschieden. Welche waren die seinen? Wie sah das Oral-Vaginal der sexuellen Beziehung zwischen Hitler und Braun von seiner Seite aus? Die folgenden Kapitel werden das zu klären haben.

Lippenstärke – Lendenschwäche?

Doppelt konnte indiziert werden, dass die sexuelle Beziehung zwischen Hitler und Braun über eine oral-vaginale Technik funktionierte.
1. Im Weg über Herta Ostermayr, die 3. Ja-Sagerin und das Interior Design der »Schäferstündchen« zwischen Hitler und Braun. Die »Geschichte« der sexuellen Beziehung zwischen Hitler und Braun fand auf dem Chamberlainsofa statt – im Wohnzimmer der Neun-Zimmer-Wohnung Hitlers am Prinzregentenplatz 16 in München, im »living room« der WG von Hitler, Anni und Georg Winter. In diesem Gemeinschaftsraum stand das Repräsentations-Möbel »Sofa«, auf dem Hitler und Braun zur sexuellen Sache gekommen sind. Diese Technik konnte dort nicht oft geschehen, weil dafür die zwei Untermieter Hitlers wirklich sicher für längere Zeit »außer Haus« sein mussten (Schirach).

Dabei wurde von Herta Ostermayr zugleich indirekt mitgeteilt: An ein »Kommen« ist nur von Brauns Seite her zu denken, nicht auch von Hitlers. Für »Neunundsechzig« – Oral-Vaginal von Mann zu Frau und vice versa Oral-Phallo von Frau zu Mann = er sie und sie ihn – hätte es wie für alle Techniken, in denen ein Samen-produzierender Phallus, auch ummäntelt von einem Präservativ, beteiligt ist, eines größeren Platzes, einer breiteren Unterlage bedurft, auf der das Hinterlassen von Schleimhaut-Sekreten möglich gewesen wäre, woran gerade auf dem Chamberlainsofa im Wohn- und Empfangszimmer nicht zu denken war.

2. Es konnte mit dem Person-Intim-»Interieur«, den psychosozialen Bedingungen der Muttertochter Eva Braun, nahegelegt werden, dass Braun an einer anderen sexuellen Technik mit einer anderen Person männlichen oder weiblichen Geschlechts nicht interessiert sein konnte. Sie war eine sexuell Mutterbindungs-»Verplombte«. Braun kannte nur wucherndes »Busi-Gschpusi« mit Schwester Gretl und den Freundinnen Herta, Marion und Gretel, dieses unentwegte,

sexuell unerfüllte, inorgastische Frauen-Gemöge und -Gewoge zwischen Braun und den dreien, dazu noch den Mittäter-Gattinnen Anni Brandt und Margarete Speer und der frühen Henny Hoffmann von Schirach. Die Beziehung zwischen Braun und Hermann Fegelein verlief ebenfalls nach einem Unbefriedigungs-Muster, dem sexuellen Prinzip der »Heiligen Anna selbdritt«, bei dem Braun die Rolle der im Dreierbeziehungs-Raum-Schwebenden innehatte, aber keine echte, sie befriedigende Frau-Mann-Praxis einer Zweierbeziehung genoss.

Nun gibt es eine überraschend cleane Zeugnis-Situation, die diesmal sogar belegt, dass Hitlers *Sexual-Subjektivierung* Mund-zentriert verlaufen ist *(Die Sexual-Subjekte der Geschlechter)*. Von fünf Frauen sind Zeugnisse erhalten geblieben, die über die sexuelle Präferierung Hitlers berichten, mit seinem Organ Mund sexuell tätig zu werden. Eva Braun hatte fünf Vorläuferinnen, die beweisen, dass Hitler auch mit anderen Frauen sexuell Mund-aktiv werden wollte und konnte.

Es muss bei der Erforschung von Hitlers heterosexuellen Sexual-Bemühungen nicht so weit gegangen werden, wie es Anton Joachimsthaler machte, der Chronist aller Hitler-Frauen-Beziehungen, der in seiner *Liste* jedes Verhältnis zwischen Hitler und einer diesem nahen Frau restlos »entfeuchtet« hat. *(Joachimsthaler 03)*

Das halbe Dutzend Liebesbriefe und -zeilen, die der 37-jährige Hitler 1926/27 an die 16/17-jährige Maria Reiter – die spätere »vereidigte Sachverständige« für Hitlers Kapazität als »ganzer Mann« – geschrieben hat, lassen zwischen Absender und Adressatin kurzweilige Streichel-Einigkeiten durchblicken, die oberhalb des Äquators Gürtel auch erogene Zonen mit der Einbeziehung von Schleimhäuten in der körperlichen »Nord-Hemisphäre« involviert haben können. (*Sigmund 02*, S. 673 ff., *Sigmund 05*, S. 1049 ff.)

Aber Vorsicht vor der Ullrich'schen Hitler-Hetero-Euphorie! Denn es wiederholt sich vertrackterweise immer und immer wieder das Gleiche: Sowie Hitler wenigstens ein libidinöser Impuls gegenüber einer Frau zugestanden werden will, kommen Meldungen von seinem »Versagen« in die Quere. Es gibt unter den fünf »Kuss-schaften« Hitlers vier negative Zeugnisse über seine gegenüber Frauen unternommener Mund-Anstrengungen:

1. Ausgerechnet die selbsternannte »vereidigte Sachverständige« Maria Reiter, die nach 1945 notariell festhalten ließ, Hitlers »Standbedingungen« seien »normal«-männlich gewesen, bekundete, dass sie von seinen Küssen nicht angetan war. Zuerst sagte sie, sie hätte Hitler nicht küssen wollen: »Ich kann Sie nicht küssen.« Dann endlich, als sie auf einer gemeinsamen Autofahrt mit Hitler und Maurice

dazu gezwungen wird, notierte sie: »Er umschlang ganz fest meinen Hals. Er küsste mich. Er wusste nicht, was er tun sollte.« *(Sigmund 02, S. 673 ff., Joachimsthaler 03, S. 187 ff.)*

2. Die Tochter von Hitlers »Leibfotograf«-Hoffmann, Henriette, verheiratete Schirach, berichtet von einer ähnlichen Szene in ihrem Zimmer im ersten Stock des elterlichen Hauses, in das sich Hitler überraschend begeben habe, nachdem die übrigen Abendgäste ihrer Eltern das Haus bereits verlassen hatten: »Herr Hitler trug den englischen Trenchcoat und hielt seinen grauen Velourhut in der Hand. Und nun sagte er etwas, das gar nicht zu ihm passte; und er sagte es ganz ernst: ›Wollen Sie mich nicht küssen?‹ – ›Nein, bitte, wirklich nicht, Herr Hitler, es ist mir unmöglich!‹« – Hitler reagierte wortlos, aber eindrücklich. Er »sagte gar nichts, klopfte mit der Peitsche auf seine Handfläche und ging ganz langsam die Stufen zur Eingangstür herunter.« *(Schirach 78, S. 244 f.)* Die Szene fand Anfang/Mitte der 1920er statt

3. Lotte Bechstein – die einzige Tochter von Flügelbauer Edwin Bechstein, der mit seiner Frau Helene zu den finanzpotenten gesellschaftlichen Frühförderern des politischen Extremisten gehörte – sollte Hitler auf Wunsch ihrer Mutter Ende der 1920er heiraten. Eine Ehe mit Hitler sei für Lotte Bechstein jedoch nicht in Frage gekommen. Weil? »Er konnte nicht küssen!« *(Hamann 02, S. 139, Schad 09, S. 40)*

4. Auch Leni Riefenstahl behauptete, Hitler hätte sie Mitte der 1930er während eines Strandspazierganges in der Dämmerung bei Wilhelmshaven zu küssen versucht, was ihr unangenehm gewesen wäre und sie deshalb hatte abwehren müssen. Hitlers orale Annäherung war Riefenstahl so unangenehm, dass sie ihre sexuelle Abneigung gegen Hitlers Mund zweimal festhielt – in ihren Memoiren *(Riefenstahl, S. 159)* und in ihrem biografischen Filmporträt. *(Müller, R.)*

5. Nicht als unangenehm soll Hitlers erste nahe Freundin seine Küsse empfunden haben, die in Hitlers Münchener Parteiführer-Epoche zeitlich vor Maria Reiter, Geli Raubal und Eva Braun zu seiner auf Monate befristeten Begleiterin 1925/26 avancierte: Ada Klein, der gegenüber Hitler gesagt haben soll: »Du hast mich das Küssen *gelernt!*« *(Joachimsthaler 03, S. 360)* Jedoch: Hitler konnte es bei Reiter, Bechstein und Riefenstahl immer noch nicht. Vor allem konnte er sich jungen Frauen – wie bezeugt von H. v. Schirach und den drei anderen – nicht so Vorlust-bahnend nähern, dass es zum gesamt-körperlichen, all-zellulären Fließen der Frauen hätte kommen können. Es hakte und stockte immer etwas. Es geschah bei den angemachten Frauen kein echtes Abfahren auf Hitler

Adolf Hitler war also auch nicht erotisch »*lippenstark*«, um den von Karl Marx über sich selbst überlieferten Ausspruch vom »lendenstarken Familienvater« zu variieren. Dass Hitler »*lendenstark*« war, behauptet kein einziger seiner Biografen. Der eine »normal« funktionierende Heterosexualität Hitlers propagierende Werner Maser brachte es nur zu einem schlichten: Hitler »konnte« *(Linge* 82, S. 92) und zur Fiktion eines inzwischen widerlegten unehelichen Hitler-Sohnes *(AMORO)*. Biograf Ullrich, der jüngste Hitler-Hetero-Advokat, hat keine konkreten sexuellen Vorstellungen und macht auch keinerlei Angaben darüber, wie denn genau Hitler mit Eva Braun »intim« geworden wäre.

Die Schwierigkeit, über Hitlers Sexualität Genauigkeiten herauszufinden, wird verursacht durch das in der männerbündischen Gesellschaft herrschende Grundverbot, über »den Mann im Allgemeinen« zu forschen und über dessen spezifische Penetrations- und phallische Friktions-Tätigkeit im Besonderen etwas zu wissen. Die Gesellschaft forscht darüber nicht, weiß deshalb davon nichts, schreibt und spricht darüber nicht. Auch die schwul-wissenschaftliche Abteilung tut es nicht. Es gibt keine umfassende, erschöpfende Publikation über »den Johannes« (frei nach dem Volksmund: »Am Giebel des Mannes [seiner Nase] erkennst du den Johannes.«). In allen 35 OECD-Ländern herrscht die gleiche Situation der Wegschaltung jeglicher Männerforschung. Wegen dieser »phallischen Stromsperre« wirkt ein Dagegen-Ankämpfen wie Taschenlampen-Gefunzel in der Dunkelheit: verzerrt »komisch« und unwissenschaftlich. Wissenschaft vom Mann ist verboten oder verpönt. Und schon der bloße Verstoß gegen dieses Diktum wird als »unwissenschaftlich« abqualifiziert.

Nur dank solcher Umschreibungen wie Karl Marx' »lendenstarkem Familienvater« werden phallisch-friktive Sicherheiten hergestellt. Nämlich: Die Frucht-bringende Sexualität des Mannes kommt oder geschieht aus seinem Becken heraus, den Marx'schen »Lenden«, die bei diesem historisch bekannten Mann stark waren, weil sie sich bei ihm in oftmaliger Tätigkeit befanden. Sieben Schwangerschaften mit seiner Ehefrau Jenny waren schon im 19. Jahrhundert belegt, eine mit seiner Magd Helene Demuth und eine weitere mit deren Halbschwester, seiner späteren zweiten Magd Marianne Kreuz, konnten hundert Jahre später nachgewiesen werden. *(Pilgrim* 90)

Aus den »Lenden«, hat Marx richtig beobachtet, kommt diese spezifische Tätigkeit des Mannes, über die völlig zu Unrecht ein solches Geheimnis gemacht wird, dass nicht einmal die betroffenen Männer über sich selbst im Bilde sind. Aus den »Lenden« heißt, mit heute »nachstoßender« Ungeniertheit, aus den Hüften, noch schriller unverschämt formuliert, aus dem Hintern!

Die Frigidität des Mannes

Und genau über dieser phallisch-penetrativ-friktiven Becken-Hüften-Schenkel-Hintern-Tätigkeit mit dem erigierten Penis liegt bei Adolf Hitler das große Fragezeichen, das in Richtung Serienkiller weist. Diese Art Männer werden wie der junge Amerikaner Richard Chase entweder gar nicht erektiv oder wie Bartsch, Dahmer, Haarmann, Hagedorn, Hoßfeld und Tschikatilo nicht penetrativ-friktiv aktiv oder bleiben wie Bundy, Brudos, Eichhorn, Fourniret, Gacy, Kürten, Kuklinski, Long, Rader, Ridgway, Rogers, Sliwko, Sutcliff und Unterweger bei der »normalen« Ejakulation anästhetisch.

Mit diesem Wort wird das größte Tabu der männerbündischen Gesellschaft berührt – die Frigidität des Mannes. Die sexuelle Frigidität ist ein Thema, das allein für das Fehlverhalten der Frau reserviert bleibt. Es gibt keine Abhandlung über Frigidität beim Mann – in keinem Land der westlichen Kulturdomäne. Alles dreht sich bei den männlichen Sexualstörungen immer nur um Potenz, Erektion und Ejakulation – die drei Vor- oder Neben-Orgasmus-Phänomene des Mannes. (*Masters/Johnson* 73, *Beier/Bosinski/Hartmann/Loewitt, Sigusch* 79, 01, 05 I, II, *Vetter*)

Es geht so weit, dass der *Pschyrembel*, das deutsche medizinische Standardwerk, zwar über die in der Wirbelsäule lokalisierten Stellen zur Erektion und Ejakulation informiert, die Stelle, die für Orgasmus verantwortlich ist, aber auslässt. Die obersten Medizin-Enzyklopädisten wissen davon nichts. Nach »Orgasmusstörung« kommen sogleich im Anschluss daran die Stichwörter »Orientbeule« und »Orientierung«. Beim Konkurrenten *Roche Lexikon Medizin* gibt es nicht einmal das »Erektionszentrum« und das »Ejakulationszentrum«. Der Orgasmus des Mannes wird wissenschaftlich nicht erforscht, schlimmer, darf nicht erforscht werden. Enzyklopädisten sind Moralisten. Darin liegt einer der Gründe, warum das Serienkiller-Syndrom bisher nicht als Sexualstörung des Mannes aufgeschlüsselt werden konnte.

Für den Serienkiller ist jedoch – wie es der deutsche »Kirmesmörder« Jürgen Bartsch beschrieben hat – der normale Orgasmus immer eine Pleite, die ihn nach einem Orgasmus durch und über Destruktionen verlangen lässt oder den er im Zusammenhang mit Destruktionen erreicht (*ONANO, Serielle Mordlust*). Adolf Hitler hatte ein derartiges Nachholbedürfnis nach der Erlangung eines für ihn echten Destru-Orgasmus, dass er die ihm schon längst vielfach bekannte *Rebell*-Gewaltszene auf der Leinwand im Filmvorführungsraum der Reichskanzlei sofort dazu nutzen musste, sich eine Befriedigung zu verschaffen. Und das, obwohl es eigentlich »eigens« für diese Prozedur seine »Geliebte« Eva Braun schon jahrelang gab. *(ONANO, Hitlers Männermord-Orgasmus)* Wie der Berliner Neuropsychiater Karl Bonhoeffer 1947 schrieb, hat Hitler sich die echten Gewaltszenen der Hinrichtung der 20.-Juli-Attentäter, der für ein langsam quälerisches Sterben an Fleischerhaken aufgehängten Männer, mehrmals angeschaut! *(ONANO, Serielle Mordlust)*

Kein maskulogisches Institut existiert, das an der Aufklärung dieser zentralen Blindstelle des herrschenden Geschlechts arbeiten könnte, was doch dringend erforderlich wäre. Die an Universitäten in Deutschland installierten Lehrstühle für Frauenforschung behandeln dergleichen gesellschaftliche Essentialia selbstredend auch nicht. Es herrscht deshalb eine Grundsatzmisere für alle diejenigen, die das »Allerheiligste« erforschen wollen, über dem das Gebot wacht: »Du sollst dir kein Bild von männlicher Sexualität und ihren Anomalien machen!« Dieses Gebot wird bis zur Stunde weltweit befolgt. Deswegen sind Forschungen zu Hitlers eigentlicher Sexualität ein »Ding der Unmöglichkeit«.

Da aber der Serienkiller-Charakter Hitlers freigelegt werden muss, der eine sexuelle Fehlsteuerung ist, muss das Tabu der Forschung über die Sexualität des Mannes gebrochen werden – und zwar permanent. Die hierzu erforderliche Vorgehensweise ist die Zusammensetzung von Mosaiksteinen, bis ein Bild entsteht, das sich die Gesellschaft speziell auch von diesem furchtbarsten Mann aller Zeiten bisher nicht macht. Die Mosaiksteine sind überall im Lebenslauf Hitlers herumliegende Bruchstücke, die Zeitzeugen hinterlassen haben. Der größte Brocken ist Hitlers Verhältnis zu Eva Braun. Die Montage muss die Antwort liefern.

Für das Serienkiller-Essential des orgastischen Nicht-Genug, das den Männern mit dieser sexuellen Aberation widerfährt, ist es nicht nötig, die ganze Beziehung zwischen Hitler und Braun in allen ihren Stadien als »trocken« zu definieren, wie es die überwiegende Mehrzahl der Nein-Sagenden zu Hitlers Heterosexualität tut. Die meisten Serienkiller hatten »feuchte«, nicht-mörderische Beziehungen zu Frauen – jeweils zu einer, während ihr Quältötungs-Trieb »nebenrausging« und sich auf alle anderen Frauen richtete (so bei Brudos, Bundy, Eichhorn, Fourniret, Kürten, Long, Petiot, Rader, Ridgway, Rogers,

Sutcliff, Tschikatilo, Unterweger) oder Kontrast-sexuell auf Männer/
Jünglinge fokussiert war wie bei den mit einer Frau verheirateten
»Überkreuzern«, den Serienkillern Gacy, Kuklinski und Sliwko.

Hitler hatte keine Orgasmen mit Frauen

Für die im Entstehen begriffene Serienkiller-Forschung eröffnet sich
die günstige Situation, dass vier Zeugen zu Hitlers Sexualität die
beiden Extreme gekennzeichnet haben, die bei allen Serienkillern
zu finden sind – einerseits die nicht mit Gewalt legierte Form und
andererseits die Tötungs-kombinierte. Marianne Hoppe und Karl
Wilhelm Krause berichteten über Hitlers Gewalt/Kampf-amalga-
misierte Onanie = seine Knie- bzw. Schenkel-Reibungen. Eva Braun
und Herta Ostermayr legten die Spur zu Hitlers »rein« oral-vaginaler
Betätigung.

Es gibt nur sehr wenige Zeugnisse darüber, dass bei sogenannt
normaler Praxis den Serienkillern während ihrer sexuellen Reaktion
etwas fehlt, das erst hinzukommt, wenn der Serienkiller mit seinen
sexual-subjektivierten Organen Hände und/oder Mund/Zähne den
Tötungsakt prozediert *(Die Sexual-Subjekte der Geschlechter)*. Jürgen
Bartschs und Michel Fournirets Berichte darüber wurden eingangs
wiedergegeben *(ONANO, Serielle Mordlust)*. Genauso rar sind die
Zeugnisse von Serienkiller-Partnerinnen, wie das von der Tschikati-
lo-Ehefrau, die beim Verhör zu Protokoll gegeben hat, ihr Mann habe
den »eigentlichen« Sexualakt nicht vollziehen können. Mit »eigentlich«
ist immer die phallisch-penetrative »Variante« gemeint, die wegen
der gesellschaftlichen Unkenntnis vom Mann bei allen Männern als
sexuelle Tätigkeit vorausgesetzt wird, was nicht der Fall ist und was
Männer trotzdem noch nicht zu Serienkillern macht. »Mannsein ohne
Penetration« – ein heute immer noch unrealisierbares Projekt, weil
sich Männer darüber nicht äußern würden, schon gar nicht namentlich damit hervortreten wollten.

Dass Hitler bei seiner Gewalt-Masturbation ertappt wurde, lässt
darauf rückschließen, dass ihm beim kommunikativen Sex mit Eva
Braun, praktiziert mit seinem sexual-subjektivierten Organ Mund,
etwas fehlte *(Die Standarten-Abtakelung bei Serienkillern)*. Außerdem
kann anhand jener von Hoppe festgehaltenen Szene zusammengesetzt
werden, was alles bei Hitlers Gewalt-»angeregter« Masturbation vorhanden war. Es handelte sich bei der *Rebell*-Onanie-Szene Hitlers um
einen Akt sexueller Selbstgenügsamkeit ohne interpersonellen Sexualkontakt.

Somit scheint diese Szene die klassischen Merkmale einer männlichen Onanie zu erfüllen, bei der immer die Penetration fehlt. Doch hinzu kommt das Serienkiller-Novum der von Marianne Hoppe beobachteten Masturbation Hitlers: Was Hitler vor der Leinwand seines Privatkinos in Anwesenheit der geladenen Gäste aus Nazi-Politik und -Kulturindustrie per Oberschenkelreiben betrieb, war keine echte Onanie. Mal abgesehen davon, dass Hitler zwischen seinen Gästen sitzend auch gar nicht wirklich allein war. Jedoch das Besondere, worauf sich die Bemerkung über seine »unechte Onanie« bezieht: Hitlers sexueller Partner war Luis Trenkers Film *Der Rebell*.

Ähnlich wie in der Wirklichkeit von Person-Partnerschaften: Man teilt mit jemandem »Freud und Leid«. Und für die Sonder-Sensation gibt es da den spezifischen Höhepunkt beim Vorstelligwerden an den Schleimhäuten des Partners, der Partnerin. Hitler hat nicht zum ganzen Film *Der Rebell* oder gar während dessen gesamter Laufzeit masturbiert, sondern nur bei der Massen-Vernichtungs-Szene, die sich unter Männern abspielt. Genau so schildert Hoppe ihre Wahrnehmung. Denn die Schauspielerin saß vom Beginn des Films an im Publikum.

Da die Daten über Hitlers Kenntnis des Films *Der Rebell* vorliegen und er in seinen *Monologen* zugab, den Film viermal gesehen zu haben, kann getrost davon ausgegangen werden, dass es in Wirklichkeit weit häufiger war. Die Performance, an der Hoppe teilnahm, lief Mitte der 1930er Jahre, zu einem Zeitpunkt, da Hitler den Film mindestens schon zweimal gesehen hatte – am 18. und 19. Januar 1933 *(ONANO, Hitlers Männermord-Orgasmus)*. Von den fünf möglichen Anteilen bei phallischer Tätigkeit hat Hoppe drei mitbekommen: Erstens: Erektion = »kriegte Hitler eine Art Erregung«, zweitens: Friktion = » hat so die Knie gerieben«, und drittens: Orgasmus = »und hat gestöhnt, da kriegte er so eine Art von Orgasmus.« *(Hoppe, S. 75 f.)*

Das Unerhörte dieser Szene rekapituliert: Der führende deutsche Staatsmann sitzt im Film-Raum der Reichskanzlei inmitten von Menschen, die er persönlich kennt, einige sogar nah, wie das Ehepaar Goebbels. Er benutzt eine von der Statisterie des *Rebells* gespielte Männer-Gewalt-Szene, um sich – unter diesen sehr un-»intimen« Umständen – durch Oberschenkel-Friktionen an seinem erigierten Glied einen Orgasmus zu verschaffen. Hitler hat diese Anregung für seine sexuelle Reaktion gebraucht. Dann kann so etwas Ähnliches nicht durch Hitlers oral-orale oder oral-vaginale Kontakte geschehen sein. Dann kennzeichnet die Gewalt-spezifische *Rebellen*-Onanie Hitlers Ausdruck vom sexuellen »High«. Demgegenüber wird die interpersonelle Betätigung seines *sexual-subjektivierten* Mundes Hitlers »Low« gewesen sein, »nichts Halbes und nichts Ganzes« (Bartsch), der Ausdruck von Hitlers »Hyposexualität« – oder schlimmer, nur Show, die gar keine sexuelle Reaktion bei ihm abrief, nicht einmal eine reduzierte, beschädigte, runtergeschraubte, minimale, »minderwertige« (»low«/»hypo«) (Recktenwald – *ONANO, Der >Kujauismus< in der Hitler-Biografik, 22. Nein-Sager,* Emil Maurice, *Der Musterzwang zwischen Hitler und seiner Nichte Geli).*

Dass Hitler bei allen seinen vier oral involvierten Beziehungen zu Frauen hundert Prozent frigide war, lässt sich fünffach nachzeichnen – bei Maria Reiter, Ada Klein und Lotte Bechstein je einmal und bei Eva Braun zweimal. Über Brauns Vorläuferinnen gibt es nicht genügend Material, nur Kuss-Blinklichter, die Hitler nach einem halben Jahr ausschaltete, was in dieser Regelmäßigkeit kein orgastisch befriedigter Mann getan hätte. Da es im Fall von Braun dieses Material über Hitlers ausbleibende sexuelle Satisfaktion gibt, wird die Kette der Indizien diesem Verhältnis entnommen. Diese Indizien treffen jedoch ebenso für die abgebrochenen Sporadika mit den drei anderen Frauen zu, sonst wären die Verhältnisse nicht derart schnell und unmittelbar hintereinander verödet.

Braun hat Hitlers Einsätzen mit seinem Mund an ihrer Scheide nicht mit Oral-Phallo von ihrer Seite her »gegengeleistet«, was sechsmal indiziert werden kann:

1. und 2. durch die von der 3. *Ja-Sagerin* Herta Ostermayr (inklusive der Braun-Konfession) hinterlassenen Szenen auf und mit dem und um das *Chamberlainsofa.* – Ein »Neundsechzig« ist mit dieser Kombination nicht möglich, schon gar nicht als Regel.

3. Die muttertöchterlich eingeklemmte Lesbik der »Verplombten« Eva Braun war an »Schwanzlutschen« nicht interessiert.

4. Adolf Hitlers Gewalt-legierte phallo-zentrierte Selbstbefriedigung beim Betrachten einer Männer-Tötungs-Szene im *Rebell* inmitten von geladenen Gästen und Freunden hat fast Gruppensex-Qualität. Jemand, der sich auf diese Weise sein »High« verschafft, der will sich mit so etwas wie »einen geblasen bekommen« erst gar nicht abgeben, da ihm das sowieso keinen sexuellen Höhepunkt gebracht hätte.

5. Hitler war Körperkontakt-scheu, wie es sein Linzer Freund August Kubizek extrem deutlich bekundete und wie es wenig später sein Wiener Männerheim-Kumpel Reinhold Hanisch und die Kriegskameraden Balthasar Brandmayer und Adolf Meier wiederholten, die in den Anfangskapiteln von *ONANO* bereits zu Wort kamen. Sogar Hitlers fünfeinhalb Jahre für ihn tätiger chirurgischer Begleitarzt

Hans Karl von Hasselbach, der Tage- und Nächte-lang um ihn war, bezeugte nach 1945: »Hitler hatte eine ausgesprochene Scheu, seinen Körper zu zeigen. Auch ich habe ihn daher nie ganz nackt = entkleidet gesehen und untersucht.« *(Hasselbach* 52, S. 2) Beim 1. *Ja-Sager,* Hitlers Leibarzt Theodor Morell, erhält dieses Thema einen Hauptakzent, um zu entlarven, dass Morells angebliche Gesamt-Körper-Untersuchung Hitlers »auch im Intimbereich« mehreren Fälschungen entspringt. Morell hat Hitlers Genitalien nie gesehen, was aus Faktenscherben beweiskräftig montiert wird. Morell kann demnach während seiner amerikanischen Kriegsgefangenschaft auch nicht schriftlich hinterlassen oder in Interviews gesagt haben, Hitlers Geschlechtsteile seien »normal« gewesen, was durch das Auftauchen des Gutachtens des Landsberger Gefängnisarztes Josef Brinsteiner vom November 1923 für alle Zeiten geklärt ist: Hitler litt an rechtsseitigem *Monorchismus* in der Form des *Kryptorchismus. (Fleischmann,* S. 417). Diese *Solotestis,* Hitlers Einhoden-Syndrom, kommt jedoch in keiner Begriffsform unter Morells Aufzeichnungen vor. *(ANALO)*

Das Woody-Allen'sche »Blow me! Blow me!« ist mit Hitlers nackt-körperlicher Unnahbarkeit nicht in Einklang zu bringen – mit der Darbietung des präferiertesten Organs des Mannes für die Münder seiner an ihm interessierten Frauen. Unmöglich! Hitler hat seinen beschädigten Hodensack keiner an ihm sexuell interessierten Frau dargeboten. Gerade bei der »Neunundsechzig«-Technik auf dem *Chamberlainsofa* hätte Hitler ein genaues Hinschauen Eva Brauns riskiert, und sie hätte wahrnehmen können, wie sich seine Geschlechtsteile im Einzelnen gestaltet haben.

Darüber, dass er solch ein genitales Maßnehmen durch Frauen unter allen Umständen verhindern wollte, äußerte sich Hitlers Sekretärin Christa Schroeder eindrücklich: »Hitler sah gern schöne Frauen um sich, aber eine gewisse Scheu, die Angst, sich zu blamieren, hielt ihn von Abenteuern mit Frauen zurück [...]. Die Angst, sich lächerlich zu machen, war bei Hitler krankhaft [...]. Alles was über die vermeintlichen Geliebten Hitlers geschrieben wurde, entbehrt jeder Wahrheit [...]. Wenn man diese Scheu [vor Frauen] als unnormal bezeichnen will, dann war er unnormal.« *(Schroeder* 85, S. 152, Anm. 273).

6. Hitler lehnte ab, dass Frauen in jeglicher Weise Macht über ihn bekamen – auf allen Gebieten, dem körperlichen, organisatorischen und rechtlich positionellen. Eine »Blasmusik«, die Hitler sexuell Spaß bereitet haben könnte, hätte eine derartige von ihm gefürchtete weibliche Macht über ihn bedeutet. (Zu den unhaltbaren Behauptungen von Emigranten, Hitler sei Domina-süchtig gewesen, Einzelheiten unter

PERVERSO) Das gesamte Arrangement der Braun-Hitler-Beziehung beweist das Gegenteil: Macht hatte in diesem Verhältnis nur er gehabt. Die einzigen zwei Ausnahmen sind Brauns Selbstmordversuchs-Demonstrationen, die sie jedoch nicht noch einmal wiederholte.

Bei Oral-Vaginal war Hitler in seinem Schauspieler-Element und blieb »angezogen«. Er konnte Eva Braun etwas vorspielen, ohne an sein Ein-Hoden-Syndrom rühren zu lassen oder an einen anderen Schwachpunkt, zum Beispiel bei Brauns »Neunundsechzig«-Bemühungen »keinen hoch« und trotz ihres Minuten-langen oral-phallischen Einsatzes keinen Orgasmus zu bekommen. All das riskierte er nicht.

Mehr braucht es nach diesen sechs Indizien nicht, um vorzuführen: Hitler hatte in der Beziehung zu Eva Braun keine eigenen Orgasmen, noch weniger in den drei zuvor gemachten Versuchen, sich mit Frauen oral-oral zu betätigen. Daher die dreimaligen Abbrüche, die das Marginale zwischen Hitler und Frau belegen. Der Eindruck des Marginalen ist weder vorher noch nachher durch Gegenbeispiele in Hitlers Biografie gelöscht worden. Alles von Hitlers frühen Biografen seit Rudolf Olden Vermutete hat sich durch die Jahrtausendwende-Hitler-Forschung als nicht verifizierbar erwiesen. *(Sigmund 08)*

Und im Verhältnis Hitlers zu Eva Braun, das von den Biografen Werner Maser und Volker Ullrich mit verschiedenen counter-historischen Techniken sexuell aufgewertet wurde, sah es genauso aus – mit dem einzigen Unterschied: Eva Braun spielte in Hitlers Existenz eine tatsächlich dominierende Rolle, wie seine Mutter sie gespielt hatte. *(Ullrich,* S. 320) Das waren aber soziale und keine sexuellen Rollen. Bei Braun war es ähnlich wie bei Hitlers Mutter. Sonderfunktion und überragende Bedeutung waren da. Sie jedoch aus sexuellen Bedürfnissen, gar Befriedigungen Hitlers zu definieren, ist komplett am Verhältnis Hitler-Braun vorbeigesehen.

Ein Nachweis dafür gelingt mit Hitlers Trennungs-Zyklik, die er bei den Braun-Vorläuferinnen zeigte und der entsprechend er sich zweimal schon am Anfang ihrer Beziehung ebenfalls von Braun verabschieden wollte.

Hitlers Trennungs-Zyklus

Zwischen Hitler und drei Frauen ist es vor Eva Braun zu oral-oralen Beziehungen oder Beziehungs-Versuchen gekommen – mit Maria Reiter, Ada Klein und Lotte Bechstein. *(Lippenstärke – Lendenschwäche?)*

Bechstein (geboren 1907) machte keine näheren Angaben über die Dauer ihres Beziehungs-Versuchs mit Hitler. Ihre Bekanntschaft

mit ihm begann zur selben Zeit, als Hitler ihre Eltern in Berlin kennenlernte. Dort war er in den 1920ern sowieso nur selten und dann
besuchsweise. *(Joachimsthaler 03, S. 63 ff.)*. Doch da ihre Eltern, das
Flügelbauer-Ehepaar Edwin und Helene Bechstein, mit erheblichen
Finanz-Einsätzen langfristig an Hitler »zugange« waren, kann der
Kontakt-Versuch, einschließlich Küssen, ausgetauscht zwischen Hitler
und Bechstein-Tochter Lotte, nicht nur ein Einmal-Ereignis gewesen
sein. *(Hamann 02, S. 139, Joachimsthaler 03, S. 93 ff., Schad 09, S. 41 ff.)*
Ullrich entdeckte in den *Täglichen Aufzeichnungen* von Hitlers Sekretär Max Wünsche einen Eintrag noch für den 23. Juni 1938: »Fr[äu]
l[ein]. Bechstein« müsse ein Glückwunschtelegramm zum Geburtstag
gesandt werden. *(Ullrich, S. 912, Anm. 21)* Da das Glückwunschtelegramm durch Konvention und Rücksichten gegenüber den Eltern
Bechstein motiviert gewesen sein kann, sagt es nichts über die eigentliche Dauer des Kuss-Verhältnisses Hitler-Lotte Bechstein aus, es
dokumentiert aber, dass Hitler die Ambitionen von Lottes Eltern ernst
nehmen und wenigstens für ein paar Wochen oder Monate mit ihr
»poussieren« musste.

Kommen noch drei »Kniefälle« vor dem weiblichen »Geschlecht«
hinzu, die über Hitler berichtet werden, steigt die Zahl seiner oral-ver-
balen Bemühungen gegenüber Frauen auf acht – Bechstein, Hoffmann-Schirach, Klein, Reiter, Riefenstahl plus drei »Kniefälle«.

Ausführliche Beschreibungen zu einem Kniefall gibt es bei Hitlers
frühem »Mit-Streiter« Ernst Hanfstaengl: In dem Moment, da Hanfstaengl das Wohnzimmer seines Hauses kurz verlassen hatte, warf
Hitler sich vor Ehefrau Helene Hanfstaengl auf die Knie und schwor
ihr »ewige Liebe«. *(Hanfstaengl 70, S. 183 f.)*

Und fast nicht zu fassen: Es soll im selben Zeitraum noch zwei
weitere Kniefälle Hitlers vor Damen in Häusern seiner Mittäter und
Unterstützer gegeben haben – bei seinem frühen Duz-Freund Her-
mann Esser und bei Reichspostminister Wilhelm Ohnesorge, worüber
Hitler-Biograf Kershaw berichtet – und auch darüber, dass Hitlers
»Anwandlungen« gegenüber den Hausfrauen seine Beziehung zu den
genannten Männern getrübt hätte. *(Kershaw 98, S. 685, Anm. 150)*
Also muss da etwas Nicht-ganz-unernst-zu-Nehmendes zwischen
Hitler und den Frauen der Nazi-Koops gelaufen sein.

Das macht insgesamt acht »Anstöße« von Hitlers hetero-demons-
trierter Tretmühle. Hitler war in seiner »Frühgeschichte« nicht nur
politisch aktiv, sondern auch dafür tätig, dass von ihm »Damenverkehr« »rumgetragen« wurde, über den sich seine Parteigenossen
»den Mund zerrissen«. *(Deuerlein 76, S. 139)* Über die acht genannten

hinaus soll es noch mehrere weitere gegeben haben, die jedoch von der seriösen Hitler-Biografik um die Jahrtausendwende nicht mehr als diskussionswert erachtet werden. Beispiel Eugenie Haug, genannt »Jenny«, eine Mitarbeiterin im NSDAP-Büro, über die noch Hitlers zweiter Biograf Konrad Heiden 1936 spekulierte, weil Haug und Hitler mal bei einer Familie gemeinsam Weihnachten verbracht hatten. *(Heiden* I, S. 355) Hinweise aufs »Feuchte« trudelten nirgendwann heraus. Bei Hitlers »Kniefällen« handelte es sich um nichts weiter als um – wie Ernst Hanfstaengl es einschätzte – »Troubadour«-Expositionen, die Hitler »von Zeit zu Zeit« absolvieren wollte, um sich ein »normal«-heterosexuelles Erscheinungsbild zuzulegen. *(Hanfstaengl* 80, S. 183) Auch mit Winifred Wagner verbanden Hitler nur Emotionen *(Kershaw* 98, S. 685, Anm. 150), aus denen – außer zu Albert Speer – kein Tröpfchen Intimsekret in die damalige Zeit und die Nachwelt sickerte *(HETERO, 10. Ja-Sager)*. Was Hitlers zweitem Biografen Konrad Heiden in die Feder fantasiert wurde, Heiden hätte sich über ein vermeintlich flüssiges Verhältnis zwischen Hitler und Winifred Wagner positiv geäußert, stimmt nicht. An Ort und Stelle des ersten Bandes seiner Hitler-Biografie berichtet Heiden nur über Gerüchte, die er selbst nicht einmal teilt. *(Heiden* I, S. 356)

Die drei Kniefälle vor Co-Nazi-Führer-Gattinnen waren Ausdruck von Hitlers heterosexuellen Show-Allüren *(HETERO, 7. Ja-Sagerin)*. Seine drei Kuss-Verhältnisse und die zwei Kuss-Versuche gegenüber Henriette Hoffmann-Schirach und Leni Riefenstahl waren etwas mehr. Eva Braun steht also in einer Tradition des Hitler-Benehmens, mit seinem sexual-subjektivierten Organ Mund Anstalten in Richtung Frau zu unternehmen. Aber auch die Beziehung Hitlers zu Braun lief nach dem Schema ihrer drei Verhältnis-Vorläuferinnen Maria Reiter, Ada Klein und Lotte Bechstein.

Nach einem halben Jahr sollte auch mit Eva Braun eigentlich Schluss sein: Beginn der Hitler-Braun-Oral-Vaginalität auf dem *Chamberlainsofa* März 1932. Ende nach einem halben Jahr, am 1. November 1932, als Brauns erste Selbstmordversuchs-Demonstration stattfand – gemäß dem von Brauns älterer Schwester Ilse übermittelten Datum, der »Fachfrau« für dieses Thema, da Ilse, wie oben behandelt, Brauns Komplizin auch bei deren zweiter Selbstmordversuchs-Demonstration Ende Mai 1935 gewesen ist. *(Gun* 68 I, S. 78 f., *Joachimsthaler* 03, S. 439 ff., 448 ff.). Das von Heinrich Hoffmann und Baldur von Schirach übermittelte Datum August 1932 ist falsch *(Hoffmann* 74, S. 136 f., *Schirach*, B. 67, S. 138 ff.) Hoffmann und Baldur von Schirach standen Braun längst nicht so nah wie deren ältere Schwester Ilse, als

dass diese Hitler-Mittäter über Einzelheiten wie die Monats-Termi-
nierung der ersten Braun'schen Suizid-Show hätten präzise Bescheid
gewusst haben können. Der Termin »1. November 1932« lag genau in
Hitlers Trennungs-Zyklik, nach etwa einem halben Jahr den oralen
»Hokuspokus« mit einer Frau zu beenden, womit Hitler schon im September 1932 gegenüber Braun »zur Tat geschritten« ist. Braun reagierte
mit ihrer ersten Selbstmordversuchs-Demonstration am 1. November 1932 also auf Hitlers Rückzug ab September. Braun »verpasste«
sich in der elterlichen Wohnung mit der Pistole ihres Vaters einen
Streifschuss am Hals. (Gun 68 I, S. 56, Maser 74 ff., S. 317, Vier-Ster-
ne-Anmerkung, Görtemaker 10, S. 59 ff.) Hitler hatte sich zum vierten
Mal von einer Frau zurückgezogen, weil Küssen von Mund zu Mund
und von Mund zu Scheide nicht wirklich »sein Ding« war.

Hitler war kein »Muschi-Züngler«

Weder ein lateinischer noch ein Anstands-sprachlich Tisch-ge-
sprächiger Ausdruck »available«! Nur mit dem Volks*mund* kann dieser oral-vaginale Sachverhalt so genau wie möglich getroffen werden,
weil es sich hierbei um *eine sexual-subjektivierte Position* von Männern dreht – bei Frauen »beileibe« nicht so unbeliebt, wie es diese und
ähnliche Bezeichnungen erscheinen lassen. Die männlich-weibliche
sexuelle Subjekt-Objekt-Beziehung »Oral-Vaginal« beleidigt das phallozentrische Selbstbewusstsein des sogenannten normalen Mannes,
der eine Frau per »Schwanz« »besitzen«, ihr aber nicht per Mund hul-
digen will. (ONANO, 19. Nein-Sager) Die Fixierung dieser Technik in
der unanständigen Umgangssprache hat mal wieder Gründe.

Die Bemerkung »Hitler war kein ›Muschi-Züngler‹« musste fallen,
weil Vertreter dieser männlichen Begierde-Basis mit Frauen jahrelange Verhältnisse unterhalten können. Gerade bei ihnen gibt es in
der Regel keine halbjährige Abbruchs-Zyklik, wie Hitler sie viermal
zur Schau gestellt hat. Dreimal mit Brauns Vorläuferinnen, einmal
mit ihr – und nach zweieinhalb Jahren war es auch mit Braun zum
zweiten Mal aus.

Wenn Hitler nicht inzwischen das Haupt des deutschen Staates
geworden wäre, hätte er todsicher Braun im Frühjahr 1935 für immer
den Laufpass gegeben und sich um noch so viele ihrer Selbstmord-De-
mos keinen Deut gekümmert. Dieses bei Hitler plötzlich vom Zaun
gebrochene »Kümmern um Braun« ab August 1935, zwei bis drei Monate
nach ihrer zweiten Selbstmordversuchs-Inszenierung, geschah nicht
aus Liebe zu ihr, geschweige denn aus Geilheit auf sie – weil Hitler

so auf Braun »gestanden« hätte –, sondern die Häufung der »Sozial-
leistungen« für Braun wurde aus Staatsmann-Kalkül absolviert. Der
Zweck der später nicht noch ein drittes Mal abgebrochenen Beziehung
zu Eva Braun galt unter anderem Hitlers Täuschung seines direkten
Umfeldes. Er wollte ihm vorspielen, zu irgendeiner sexuellen Dauer
mit Frau fähig zu sein und als »Normo« zu funktionieren – jenseits
der »phallischen Frage« (HETERO, 7. Ja-Sagerin). Demgegenüber war
es Hitlers eigentliches, staatsterroristisch Serienkiller-Trieb-gesteuer-
tes »Ding«, seinen nur fragmentarisch brauchbaren Phallus vor Män-
ner-Gewalt-Szenen und im Zusammenhang mit seinen unabreißbaren
Befehlen zu Dauer-Gewalt und massenhaften Tötungen »in Gang zu
setzen«.

Braun hatte erreicht, was sie wollte. Sie konnte Hitler nach dem
1. November 1932 zur Umkehr von seinem Rückzug motivieren. Nach
ihrer ersten Selbstmordversuchs-Demonstration im Herbst 1932 war
es ihr gelungen, Hitler stärker in ihr Leben einzubinden. Dass ihr das
auch mit den von ihm abzuleistenden »Rendezvous« geglückt war,
beweist ihr Tagebuch-Fragment: Hin und wieder gab es die »wundervoll schönen Stunden«, wie sie sie noch für den 2. März 1935 kennzeichnete. (Gun 68 I, S. 74 f.)

Aber nach zweieinhalb Jahren (November 1932 bis März 1935)
brach Hitler die Beziehung zu Eva Braun ein zweites Mal ab. Zwischen
April und Juni 1935 verschwand er ganz aus Brauns Leben – die Ursache des erhalten gebliebenen Tagebuch-Fragments. Braun ist ratlos.
Sie hat damals noch keine Möglichkeit, Hitler in der Berliner Reichskanzlei, in seiner Münchener Wohnung am Prinzregentenplatz oder
im Haus Wachenfeld bei Berchtesgaden telefonisch zu erreichen.
Hitler hatte Braun Anfang April 1935 Erklärungs-los verlassen. Ihre
zweite Selbstmordversuchs-Demo geschieht am 28. Mai 1935. Das
von ihr selbst gesetzte Limit für ihr Zwei-Monate-Warten ins Nichts
war abgelaufen.

Alles danach weltweit bekannt: Hitler nimmt den selbstschädigenden Vorwurf seiner Freundin an und beschließt, sie noch deutlicher
und sozial enger in sein Leben einzubauen – zuerst mit dem Anmieten einer Eva-Gretl-Wohnung in München August 1935, danach
März 1936 mit dem Kauf eines Hauses ebendort, das auf Braun über-
schrieben wird, und ab Sommer 1936 mit der Installierung Eva Brauns
als Demo-Hausherrin auf Hitlers neu errichtetem Landsitz Berghof.
(Ullrich, S. 684 ff.)

Die Schwachstelle Mund-Rachen-Hals

Mit dem über drei Monate hinweg zelebrierten Bruch zwischen Hitler und Braun – von März bis Juni 1935 – hatte es eine besondere Bewandtnis, die das 102. Rätsel Hitlers ist, *(Plouvier 09)* das wie das Versteck der separaten Drei-Zimmer-Wohnung Eva Brauns unter dem Dach vom *Berghof* als ein solches von der Hitler-Biografik noch nicht erkannt wurde *(HETERO, 28. Nein – Der Einsturz der »Führer«-»Mätressen«-Suite).*

»Schon seit Monaten litt er [Hitler] [1935] unter starker Heiserkeit […] und fürchtete, an Kehlkopfkrebs erkrankt zu sein […].« *(Ullrich,* S. 684) Während Eva Braun – laut ihrem *Tagebuch-Fragment* – auf dem Höhepunkt ihrer Verzweiflung über Hitlers Verschwinden aus ihrem Leben rotierte, lag dieser Mitte/Ende Mai 1935 unter dem Messer des ersten Laryngologen des Landes, des Direktors der HNO-Klinik in der Berliner Charité, Professor Dr. Carl Otto von Eicken. *(Röhrs 65,* S. 141, *Schenck,* S. 300, 312, 316, *Redlich 99,* S. 130, *Eberle/ Neumann 09,* S. 172 f.) Eicken hatte in Hitlers Kehlkopf auf einem der Stimmbänder eine gutartige Geschwulst entdeckt, die der Spezial-Chirurg entfernte. Das geschah in Hitlers Privatwohnung in der Reichskanzlei. Mit dem genauen Datum dieser Operation schwankte die Forschung bisher. Die frühen medizinischen Hitler-Biografen wie Röhrs und Schenck konnten sie noch gar nicht terminieren. Bei Redlich heißt es, am 21. Mai, bei Plouvier, am 22. Mai 1935. Adjutant Wilhelm Brückner ist der verlässlichste Chronist, er trug unter dem 23. Mai 1935 in seinen Terminkalender ein: »Berlin Operation«. *(Brückner)* Bedeutungsvoll ist Plouviers Hinweis darauf, dass Hitlers chirurgischer Begleitarzt Karl Brandt dem HNO-Spezialisten Eicken bei der Polypen-Operation assistierte. Brandt hatte die Verbindung zwischen Hitler und Eicken hergestellt, der fortan Hitlers Kehlkopfprobleme bis über die zweite Operation im November 1944 hinaus betreute. *(Plouvier III 08,* S. 298). Außerdem wollte Hitler im Zustand der Bewusstlosigkeit einen Arzt seines jahrelangen Vertrauens dabeihaben.

Ein paar Wochen lang konnte Hitler nicht sprechen, wie Goebbels berichtet: »27. 5. 35« – Hitler »macht Kur durch. Schreibt mir, was er sagen will, auf Papier auf.« Und einen Monat später, am 21. Juni 35, jubelt Goebbels: »Er ist wieder ganz hergestellt. Wir hatten Angst um Halskrebs. Nun war es eine harmlose Wucherung.« *(Goebbels/Fröhlich,* Teil I, Bd. 3/I, S. 238, 250) Eva Braun wusste von allem nichts! Und das soll die »wichtigste Person in Hitlers Leben« gewesen sein?

Wann Hitler sich Braun wieder zeigte, bleibt mangels Überlieferung weiterer Braun-Tagebuch-Teile nur im Ungefähren schweben. Etwas Festes gibt es erst wieder ab Anfang August 1935, als Brauns Chef, Heinrich Hoffmann, im Auftrag Hitlers für sie und ihre jüngere Schwester Gretl in der Widenmayerstraße 42 eine Wohnung mietete, zehn Minuten zu Fuß von Hitlers Wohnung am Prinzregentenplatz entfernt.

Ein halbes Jahr später ließ Hitler, wieder durch Brauns formellen Noch-Chef Heinrich Hoffmann, das Haus an der Wasserburger Straße (heute Delpstraße) 12 in München-Bogenhausen kaufen, in das das Schwesternpaar Eva und Gretl im März 1936 einzog. Und ab Mitte Juli 1936, nach dem Richtfest des zum *Berghof* umgebauten *Haus Wachenfeld* auf dem bayrischen Obersalzberg bei Berchtesgaden, wurde Eva Braun das sogenannte »Führer-Geliebten«-Zimmer neben Hitlers Schlafzimmer eingeräumt, der *Berghof* zu ihrem zweiten Wohnsitz gemacht und sie trotz weiterlaufender formeller Arbeitsamt-Anmeldung bei »Photo Hoffmann« in München zur »un-signierten« Hausherrin des »Berghofes« gekürt. *(Ullrich,* S. 684 f.)

Dieser Höhepunkt in der Installierung seiner heimlichen Reichs-»Führerin« ereignete sich nur eineinviertel Jahre nach Hitlers Versuch, sich Eva Braun endgültig vom Leib zu halten – eine Trennung, mit der er im Laufe des März 1935 begonnen hatte. Belegte Sozial-Versöhnung erst im August 1935. Denn obwohl Hitler sich zwischen dem 27. Mai und dem 12. Juni 1935 zum Zwecke seiner Stimmband-Kur in seiner Münchener Wohnung am Prinzregentenplatz aufhielt, gibt es keine Notate in den *Täglichen Aufzeichnungen* von Hitlers Adjutanten Wilhelm Brückner zu Kontakten Hitlers mit Eva Braun. *(Brückner)* Und weitere Tagebuch-Fragmente Brauns nach dem 28. Mai 1935 existieren nicht. Keine Angaben auch bei Anni Winter, die es hätte wissen müssen, ob Eva Braun beim frisch operierten Adolf Hitler Krankenbesuche in seiner Wohnung am Prinzregentenplatz gemacht hat. Keine Mitteilungen Henriette von Schirachs und Herta Ostermayrs hinsichtlich der Frage »Versöhnung zwischen Hitler und Braun«.

Deshalb kann mit dürrsten Worten nur summiert werden: Es fand von Ende Mai bis Anfang August zwischen Hitler und Braun für weitere zwei Monate nichts statt. Hitler konnte ja nach seiner Kehlkopf-Operation zuerst auch noch nicht sprechen. Aber »lecken« hätte er gekonnt! »Nicht sprechen« geschah laut Goebbels' Tagebuch bis irgendwann im Laufe des Juni. Schon am 21. Juni 1935 jedoch war Hitler »wieder ganz hergestellt«.

Mit der Provokation »Lecken hätte er gekonnt« wird ein Ansatz zu einer weiteren Herausforderung der Hitler-Biografik gewagt: Die Wucherung in Hitlers Kehlkopf beruhte nicht auf der »Überbeanspruchung seiner Stimme« *(Ullrich,* S. 684), sondern auf der sexuellen Anspruchshaltung Eva Brauns! Hitlers Kehlkopf-Polyp war ein Ausdruck seines psychosomatischen Wehrverhaltens gegen die seit drei Jahren laufende oral-vaginale Braun-»Bedienung«, die überhaupt nicht in Hitlers sexuellem, erst recht nicht in seinem orgastischem Interesse gelegen hat.

Die Hitler-Biografik wird seit über achtzig Jahren von einer unbehebbaren Dialektik verfolgt (1935 publizierte Rudolf Olden im Exil das erste kritische Buch über Hitlers Leben). Ihr Gegenstand, dieser von Robert Louis Stevenson vorgeahnte »Mister Hyde« mit dem Buchstaben-nahen Namen »Hitler«, ist so monströs, dass er mit vielen Details seines Daseins und Wirkens andauernd in andere Wissensgebiete »reinlangt«, zu deren Bearbeitung sich »Schul-Historiker« außerstande sehen, was jemand so Souveränes wie Alan Bullock, Hitlers erster Anglo-Biograf, gegenüber seinem Kollegen Ron Rosenbaum sogar zugegeben hat: »Je mehr ich über Hitler lerne, desto schwerer fält es mir, ihn zu erklären.« *(Rosenbaum 94,* S. 151; *Rosenbaum 99,* S. 7) Der australisch-englische Historiker Christopher Clark fügte in einem Gespräch mit dem *Spiegel* hinzu, es bliebe in Hitler ein »Rest des Unerklärlichen« verborgen. *(Bönisch/Wiegrefe I)*

Adolf Hitler verursacht der Geschichtsschreibung permanent für sie unlösbare Probleme, die in die Jurisprudenz und speziell die Kriminologie gehören, in die Psychoanalyse, die Medizin, die Familienforschung, die Sexualwissenschaft, den Feminismus, in die Genderstudies und die erst im Entstehen begriffene Männerforschung und nun in das Spezialgebiet der Psychosomatik. Die Hitler-Biografen können ihr Gebiet nicht andauernd verlassen, um in den Nachbar-Disziplinen Einzelforschungen zu ihrem Gegenstand zu unternehmen. Und wenn wissenschaftlich Benachbartes sich aufschwingt und Erklärungen zu Hitler versuchen will – wozu es viele Versuche von Psychiatern, Psychologen, Psychoanalytikern, Politologen und Soziologen gab –, griffen die Deutungen bisher nicht, weil sich die Vertreter der akademischen Nachbargebiete herausnahmen, über Hitler etwas Schlüssiges zwar mit ihren professionellen Werkzeugen, aber nur mit ihrem »Brockhauswissen« über Adolf Hitlers gesamtes Leben sagen zu wollen.

Die Historiker waren gut beraten, keiner Deutung Hitlers von psychiatrischer Seite zu folgen. Hitler war kein Psychopath, kein

Seelenkranker. Und auch damit teilt er sein Charakteristikum mit fast allen Serienkillern. Volker Ullrich ist der Behandlung des »normalen« Hitler tatsächlich am denkbar nahesten gekommen – einmal abgesehen von Ullrichs Zerschellen an Hitlers Truggestalt heterosexueller Normalität. Serienkiller sind in ihren persönlich-privaten, häuslichen Bedingungen und in ihrem Arbeitsbereich weder psychiatrisch noch kriminalistisch auffällig. Eine Ausnahme war der US-Serienkiller Edward Gein, der sein ererbtes Elternhaus mit Überbleibseln seiner ermordeten Frauen ausstaffierte. Aber jenseits dieses Kuriosums fiel auch Gein den regionalen Verfolgungs-Behörden jahrzehntelang nicht auf, die ihm seine Mordserie quasi zugestanden hatten. *(Farin/Schmid)*

Ein non-phallisches sexuelles Verhältnis zu einer Frau zu haben, wäre keine Auffälligkeit, wenn mit Hitlers phallischer Abstinenz nicht sein destru-orgastisches Vorgehen als deutscher Staatsterrorist ins Verhältnis gesetzt werden müsste: Befriedigung in Partner-sexueller Hinsicht – gar keine. Orgasmus nur im Fokus auf deutsche und europäische Generalzerstörung. Dieser Destruktion allein diente Hitlers »Wille«, »Feldherr zu werden« (Wiedemann). Beim Vergleich Hitlers mit anderen Serienkillern wird es später keine Probleme mehr geben, Hitler in seinem interpersonellen Privatleben die längste Zeit über als sexuell vollständig abstinent wahrzunehmen. Jetzt zieht sich gegen diesen äußerst schwierig zu hebenden Fakt noch eine Sperre hoch, wie in *AMORO* gezeigt werden wird, das sich mit dem fundamentalen Irrtum von Hitler-Biografen wie Irving, Maser, Plouvier und Ullrich beschäftigt, ihr Gegenstand sei »irgendwie« »normal«-sexuell aktiv gewesen, eine Fehlvorstellung, die bis heute in zahllosen Übersetzungen von Maser-Büchern in der ganzen Welt verbreitet wird – trotz Joachimsthalers Veto von 2003 dagegen und Sigmunds abschließendem Verdikt von 2008. Ullrich behandelt Joachimsthaler und Sigmund in diesem Punkt wie Luft!

In einer Art eruptivem Staffellauf bäumt sich das phallozentrische Selbstverständnis sogenannt normaler Hitler-Forscher gegen einen Phallus-kranken »Führer« auf: Soeben ebbt die dreißigjährige Auflagen-Folge der Maser-Biografien von 1971 bis 2004/07 mit ihrem falschen Hohelied auf Hitlers »normal« funktionierende Phallik ab, da trumpfen die nächsten Hitler-Biografen Plouvier 2007/08 und Ullrich 2013 schon wieder mit phallischen Falschmeldungen auf. Und die Braun-Biografinnen Lambert (2006) und Görtemaker (2010) salutierten ihnen oder gingen ihnen mit falschen Beispielen voraus.

Das Rätsel von Hitlers Stimmband-Polypen

Mit seiner Schlussfolgerung, Hitler sei 1935 am Kehlkopf erkrankt, weil dessen Stimme »überbeansprucht« worden wäre, lässt Ullrich jegliches psychosomatisches Verständnis vermissen und muss zum wiederholten Mal kritisiert werden. Das geschieht nicht, um dem eloquenten, Facetten-reichen und auch *nach* Kershaw notwendigen und bedeutenden Hitler-Biografen den Boden seines Werkes unter den Füßen wegzuziehen, sondern um der zukünftigen Hitler-Biografik ein Menetekel an die Wand zu malen: Wer auf Ullrichs Art und Weise an der Vogelscheuche eines heterosexuell tätigen Hitlers bastelt, gefährdet sein gesamtes Werk. Im Kampf um Hitlers sexuelle Wahrheit muss eine weitere biografische »Hetero-Scheuche Hitler« unmöglich gemacht werden.

Mit Ullrichs Hinweis, Hitler habe seine Stimme überstrapaziert, argumentiert Ullrich physio-somatisch: Die Wucherung auf Hitlers Stimmband 1935 sei »eine Folge der jahrelangen Überbeanspruchung seiner Stimme«. *(Ullrich, S. 684)* Wieder weiß Ullrich in einem angrenzenden akademischen Fachgebiet etwas Essentielles nicht – hier in dem der Medizin: Physio-somatisch, also körperlich verursachte Krankheiten werden viel schneller wirksam, haben keine Laufzeit von drei Jahren. *(Dahlke)*

Wenn Hitler die Stimmband-Schädigung 1932 passiert wäre – ja! Aber zu dieser Zeit hat er die Belastung seiner Stimme mit Atemtechnik abfangen können, wie Ullrich selbst berichtet. Hitler nahm Unterricht bei dem Tenor Paul Devrient. *(Ullrich, S. 1005, Anm. 47, Devrient)* 1932, 1933, 1934 – keine Geschwulst! Denn Hitler war zu dieser Zeit nicht heiser, sondern seine Stimme befand sich 1932 in Höchstform für den Wahlkampf um den Reichspräsidenten und für zwei Reichstage.

1935 geschieht bei Hitler das Gegenteil, worauf Ullrich nicht achtet: Im Mai 1935, als Hitler sich operieren lassen muss, liegen zwei Jahre hinter ihm, in denen er seit Februar 1933 seine Stimme weniger belastet hat als zuvor in seiner gesamten Zeit nach November 1918 – zuerst ab Sommer 1919 als Schulungsleiter im Münchener *Reichswehrgruppenkommando* unter Hauptmann Mayr, dann ab November 1919 als Sprecher in den Versammlungen der *Deutschen Arbeiterpartei*, in den Folgejahren als ihr Führer, mit dem Höhepunkt der Wahlreisen für die Reichspräsidentenschaft 1932: keine Wucherung, die Hitler sonst schon damals hätte bemerkt haben müssen.

Vor allem waren Hitlers Reden ab Februar 1933 nicht mehr psychopolitisch überanstrengend. Er hatte jetzt endlich die oberste

Machtposition inne, die er seit mehr als einem Jahrzehnt hatte erringen wollen, war seit Mitte 1934, seit dem Tod des Reichspräsidenten, fürs »Volk« fast unmerklich, in Hindenburgs Position »geschlüpft« und war nun einfach beides. Hitler befand sich der destruktiven Einfachheit halber in der verfassungswidrigen Doppelposition von Reichskanzler und Reichspräsident. Seit Februar 1933, spätestens seit Mitte 1934, war in politischer Hinsicht zumindest psychische Ruhe für Hitlers Stimmbänder eingetreten. Die Reden, die er nun noch hielt, waren nicht mehr die Kraftanstrengungen von unten und außen, um das Reich zu erobern, sondern von oben und innen, um etwas kundzutun, zu befehlen oder darüber zu berichten, wie im Einzelnen diktatorisch gehandelt werden sollte. All das bedeutete keine »Überbeanspruchung seiner Stimme« mehr.

Trotz dieser ersten Hinweise ist im Moment noch nicht Ergebnis-trächtig diskutierbar, dass Hitler mit seiner Geschwulst psychosomatisch reagiert haben kann. Denn ohne eine laryngologisch-psychosomatische Einzelstudie eines Mediziners blieben halbgare Behauptungen im Raum stehen, die sämtliche Herleitungen von Hitlers Abnorm-Sexualität gefährdet würden. Vor allem ist das ganze *dritte Buch* von *Hitler 1 und Hitler 2* der Mund/Rachen/Hals-Schwachstelle des Berserkers gewidmet. Vor der Rezeption dieses Teils von *Hitler 1 und Hitler 2* wäre kein Boden bereitet, um solch ein Detail-Problem wie Hitlers psychosomatische Reaktion in seiner Kehle gegen die Fortsetzung des oral-vaginalen Verhältnisses mit Eva Braun verhandeln zu können.

Da die gesamte Hitler-Forschung Hitler in seine Fälschung der Art seiner zweiten Kriegsverwundung gefolgt ist, muss im *dritten Buch* genauso ausführlich wie im *ersten und zweiten* vorgegangen werden: Wie hatte Hitler überhaupt in die Hände von Militärpsychiatern kommen können, denen in seinem Fall ein ärztlicher Kunstfehler unterlaufen ist, wodurch die in *Hitler 1* verborgene Serienkiller-Anlage gezündet wurde? Hitlers Verschwinden aus Eva Brauns Leben und sein Untertauchen wegen seiner Stimmband-Operation Ende Mai 1935 stand am Abschluss einer 17-jährigen Fälschungs-Tour, um die deutsche Öffentlichkeit über das Organ seiner zweiten Kriegsverwundung zu täuschen.

Es waren nicht die Augen, die blind, Bindehaut-entzündet oder sonst wie Lid-geschwollen auf Hitlers Gasvergiftung reagiert hätten. Vielmehr war seine Halsregion das Opfer seiner Gasvergiftung an der Westfront im Oktober 1918. Hitler war stumm, was mit einer viel genaueren Medizin-historischen Beweisführung belegt werden kann, als es im Fall von Hitlers Geschlechtsverhalten möglich ist: Warum war Hitler stumm und nicht blind? Warum wollte er diese medizinische Tatsache akribisch verbergen? Und warum ist ihm das bis heute gelungen? Im Hier und Jetzt des *ersten Buches* von *Hitler 1 und Hitler 2* kann daher zur Psychosomatik der Entstehung von Hitlers Stimmband-Polypen nur Allgemeines skizziert werden, ehe im *dritten Buch* auch über Hitlers psychosomatische Reaktion an seinen Stimmbändern 1935 Sach-fundierter reflektiert wird. Psychosomatik »operiert« immer soziosomatisch: Wenn die Schaltstelle einer Person, die Ich-Instanz mit kanzlerscher Richtlinien-Kompetenz in einer Biografie, einen Konflikt in der Interaktion zwischen Einzelnem und seinem sozialen Umfeld nicht behandeln kann, muss der Körper handeln. Wenn ein Konflikt nicht soziopsychisch durch Aktionen behoben werden kann, wird dessen Gewicht auf den Körper verschoben, der sich daran »verhebt«. Die Psyche verschiebt ihre Kompetenz ins Physische. Und dabei geht sie nicht blindwütig alle Organe des Leibes an, sondern bedient sich immer der sogenannten Schwachstellen, die jeder Mensch in verschiedenen Regionen seines Körpers hat. Die Erkrankung der Schwachstelle ist die Ersatzhandlung dafür, dass eine Ich-Instanz in einem bestimmten Konflikt nicht handeln konnte – Psychosomatik ist Soziosomatik.

Für das Oral-Vaginal zwischen Hitler und Braun hier deshalb, entgegen der sonstigen Absicht zur Eindeutigkeit der Vorgehensweise, nur die Hypothese: Hitler mochte das Oral-Vaginal mit Braun nicht oder nicht genug. Für ihn fehlte dabei alles, vor allem jegliche orgastische Genugtuung. Braun fehlte dabei nichts. Ironischerweise verkehrte Welt, denn so geht es meist Frauen in konventionellen Ehen mit Männern. Dieses auf die Dauer produzierte Ungleichgewicht der orgastischen Befriedigung machte Hitler ausgerechnet an der Stelle krank, mit der er dieses Ungleichgewicht zu seinen eigenen Ungunsten produzierte – mit seiner Mund/Rachen-Region.

Auffällig ist, dass Hitler dreibahnig »agierte« – mit zwei körperlichen Ausfall-Erscheinungen, für die es sonst keine Anlässe gab, und drittens mit definitiv scheußlichem Sozialverhalten gegenüber Partnerin Braun nach dem 2. März 1935. Zur Heiserkeit Hitlers im Frühjahr 1935 kamen noch »unbestimmte Magenbeschwerden« hinzu. Keiner seiner SS-Ärzte konnte ihn davon heilen. Für den Polypen auf einem der Kehlkopf-Stimmbänder war, wie erwähnt, der Laryngologe Eicken zuständig. Und für die »unbestimmten Magenbeschwerden« fand 1936 der ehemalige Schiffs- und Tropenarzt Dr. Theodor Morell, den »Leibfotograf« Hoffmann Hitler ihm empfohlen hatte, den richtigen Zugang, woraufhin Hitler so auf Morell schwor, dass er ihn zu seinem »Leibarzt« kürte und in seine Entourage aufnahm. Denn Hitler laborierte 1936 schon seit zwei Jahren an seinen »unbestimmten Magenbeschwerden«. *(Katz,* S. 37 ff., *Irving* 83 I, S. 28 f., *Schenck* 89, S. 163 ff., *Redlich* 99, S. 225 f., 343, *Plouvier* III 08, S. 301 ff., *Eberel/ Neumann* 99, S. 92 ff.)

Eine weiterführende Provokation ist fällig – erneut in Form einer einstweiligen Hypothese: Hitlers Kehle reagierte gegen das Hitler-Braun-Oral-Vaginal mit der Stimmband-Wucherung. Und die Scheidenflora und klitoralen Sekrete Brauns bekamen Hitlers Magen schließlich so schlecht, dass das Eingangs-Verdauungsorgan mit »unbestimmten Beschwerden« gegen die Genital-Flüssigkeiten protestierte. Im *dritten Buch,* werden mehrere Aspekte erwähnt, die deutlich machen, dass auch der Magen noch zu Hitlers Schwachstelle Mund/ Rachen/Hals gehörte. Hitler »diätierte« seit seiner Gasvergiftung, wovon das *geheime medizinische Tagebuch* von Hitlers Leibarzt Morell übervoll ist.

»Die Launen des« Nicht-»Verliebten«

Dass Hitler zum einen in der Wirklichkeit seiner Serienkiller-fragmentarisch funktionierenden Phallik die oralen Bedienungen Eva Brauns nicht echt mochte, dass Hitlers Polypen-Operation zum anderen genau an der Stelle, an der er auch *sexual-subjektiviert* war, vorgenommen werden musste und dass letztendlich diese Operation etwas mit Eva Braun zu tun hatte, drückte Hitler unmissverständlich aus – mit seinem befremdlichen Sozialverhalten ihr gegenüber ab 3. März 1935. Hitler wollte Braun für etwas bestrafen. Plötzlich verhielt er sich, wie er sich vor Stimmband-Geschwür und »unbestimmten Magenbeschwerden« hätte verhalten müssen – längst hätte er handeln müssen nach dem Schema: »Ich will nicht mehr!«

Viermal hatte er vor dem Auftreten von körperlichen Anti-Reaktionen den Absprung von oralen Verhältnissen mit Frauen geschafft. Jetzt, 1935, überforderte ihn die Anstrengung der »Staatsräson«, sich mit einem »in München gehaltenen Mädchen« (Wiedemann) zumindest für seinen inneren Kreis als hetero-intakt darzustellen *(HETERO,* 9. *Ja-Sager,* Fritz Wiedemann). Als Reichskanzler wagte er nicht mehr, was er in der zweiten Jahreshälfte 1932 noch ohne weiteres durchgezogen hatte – zu sagen oder zu handeln: »Das war's, Tschapperl!« Als Hitler dann ab 3. März 1935 den sozialen Schnitt versuchte, kam diese Maßnahme für seine körperlichen Ausfallerscheinungen zu spät. Von alleine unterließ das Geschwür das Wachsen nicht mehr. Das Messer musste ran. Und ohne Morells »Mutaflor-Kapseln zur Restituierung der Darmflora« ging es ebenfalls nicht. *(Ullrich,* S. 693) Hitlers Darmflora war unter der wiederkehrenden »Einwirkung« seiner oralen Einnahme von Brauns Scheidensekreten so durcheinandergeraten, dass sich sein Magen hatte aufbäumen müssen. Es handelte sich um eine gutartige Geschwulst. Das Problem, das sie verursacht hatte, war relativ harmlos. Hitler hätte zu Braun nur »Tschüss!« zu sagen brauchen.

Der Polyp kam neun Jahre nicht wieder. Erst im November 1944 musste sich Hitler einer zweiten Operation an seinen Stimmbändern unterziehen. *(Morell* 83 I, S. 247, *Schenck* 89, S. 156) Schon 1935 hatte Hitlers Geschwür auf seinem Stimmband nichts mit »Überbeanspruchung« seiner Stimme zu tun. Noch deutlicher zeigt sich das bei seiner zweiten Geschwulst von 1944. Ein »schreckliches« Argument gegen Ullrichs »Überbeanspruchung« von Hitlers Stimme, denn 1944 gab es nicht einmal mehr eine normale »Beanspruchung«, da Hitler nun nur noch seine monologisierenden Tischgespräche führte, die den nächsten Polypen physiologisch nicht haben verursachen können. Das Hitler jetzt Kränkende resultierte aus seinen unaufhaltsamen Niederlagen. Er wollte gemäß seinem »Politischen Serienkiller-Manifest« von 1928 [*Hitlers zweites Buch*] »verbrannte Erde« in Russland veranstalten. Stattdessen wurden nun »seine« deutschen Städte verbrannt. Hitlers Stimme wurde zur Zeit der zweiten Geschwür-Bildung gar nicht mehr beansprucht. Reden hielt er schon seit Jahren kaum mehr. Die letzte Rede war am 30. Januar 1945, aber das waren keine Schreiorgien mehr. Aus seinem Mund kam ansonsten fast nur noch sein Monolog-Gelabere vor seinen obersten Militärs, das niemand als eine »Überbeanspruchung« seiner Stimmbänder bezeichnen würde.

Diesmal lag das psychisch Krankmachende in der »Überbeanspruchung« von Hitlers Befehls-Ohnmacht. Seit 1942, ein Jahr nach Beginn seines Russland-Feldzuges im Juni 1941, hatte keiner von Hitlers Befehlen mehr zu durchbrechend anhaltenden Siegen geführt. Wieder vollzieht sich das Geschwür-Wachstum binnen einer psychosomatisch üblichen Mehr-Jahres-Frist, wie bereits inmitten des oral-vaginalen Verkehrs mit Eva Braun zwischen 1932 und 1935. Im Mai 1935 war der erste Polyp zur Operation reif. Im März 1932 hatte das Hitler-Braun'sche Oral-Vaginal angefangen, im Sommer/Herbst 1932 nur kurzfristig ausgesetzt – Brauns erste Suizidversuchs-Demonstration fand im November 1932 statt.

Die Beleidigung von Hitlers empfindlichster Region Mund/Hals/Stimme geschah beim zweiten Polypen zwischen 1941 und 1944. Zum ersten Mal seit den 1920ern musste Hitler wieder eine Ohnmacht erleben, die ihm oral »kredenzt« wurde: Sein Reden führte nicht mehr zu Siegen, sondern zum Untergang. Auch sein gescheiterter Münchener Putsch vom November 1923 war schon eine Macht-Demonstration gewesen, die nur noch nicht zur Macht über den gesamten deutschen Staat geführt hatte. Aber sein Putschversuch hatte die bayerische Landesregierung aus den Angeln gehoben und die deutsche Reichsregierung zittern lassen. Kein Grund, Polypen »auszubilden«!

Das für Hitlers Serienkiller-Struktur Kränkendste, das er vor 1944 nicht parieren konnte und daher an seine Schwachstellen im Hals weiterreichen musste, war die »Kapitulation der Reste der deutschen Heeresgruppe in Nordafrika« am 13. Mai 1943. *(Maser* 89, S. 308) Vor Stalingrad hatte Hitler zur Jahreswende 1942/43 noch über zweieinhalb Monate hinweg Befehls-mäßig eine Kapitulation der deutschen Armee stets untersagt – trotz eines von den Sowjets angebotenen ehrenhaften Friedens. Doch von seiner »Heeresgruppe Afrika« – durch das Mittelmeer getrennt – war Hitler zu weit entfernt. Die dort stationierten Militärs scherten sich um Hitlers Kapitulations-Verbot nicht. So kam es zur für einen Serienkiller tiefstmöglichen Kränkung. Denn er gibt das serielle Morden nie auf. Innerhalb von ein bis zwei Jahren war im Herbst 1944 ein neues Geschwür in Hitlers Kehle operationsreif. *(Morell* 83 I, S. 246. ff.)

Nach der laryngologisch-psychosomatischen Spezial-Studie zu Hitlers Fehlreaktionen in seinem Sprachzentrum, seinem Nahrungsaufnahme- und Verdauungs-Trakt 1935 und 1944 und nach der Publikation des *dritten Buchs* über Hitlers Schwachstelle Mund/Rachen/ Hals wird die Hitler-Biografik eine neue Story haben. Jetzt ist vorab zu Hitlers sexueller Reagibilität auf »normale« und deviante« Weise lediglich festzuhalten: Die Grausamkeit, mit der Hitler Eva Braun nach dem 2. März 1935 behandelte, lässt auf seine Tiefen-Irritation schließen. Am 2. März 35 noch die »paar wundervoll schönen Stunden« mit Braun. Und schon am nächsten Tag, als hätte Hitler an diesem Abend heimlich von ihr Abschied genommen, versetzte er sie, hielt die Verabredung mit ihr ohne Absage nicht ein, gab null Zeichen.

Er bestellte seine Freundin erst vier Wochen später nun plötzlich wie aus »*düsterem* Himmel« Ende März zu einem halboffiziellen Essen mit mehreren Leuten in das Münchener Hotel *Vier Jahreszeiten*. Hitler speiste Braun vor der ganzen Gesellschaft ab, ohne ein einziges Wort mit ihr gewechselt zu haben, obwohl er sie neben sich platziert hatte. Das war eine demonstrierte Demütigung vor Eingeweihten. Dazu der »stumme« Umschlag mit Geld – die »Mätressen-Apanage« ohne

ein »liebes Wort«, einen Gruß dazu, wie Braun moniert. Die Geld-
brief-Übergabe hatte es oral-demütigend in sich: »Ich schlürfe nicht
mehr deine sexuellen Hochbetriebs-Gewässer, sondern speise dich
mit was zum Kaufen ab!« Albert Speer, der Zeuge dieser Demütigung
war, begriff intuitiv, dass mit Hitlers öffentlich vorgenommener Geste
irgendetwas Braun ins Gesicht Schlagendes verbunden war *(HETERO,
10. Ja-Sager).*

Die Beschreibungen in Brauns *Tagebuch-Fragment* über ihre
Zeit von März bis Mai 1935 sind die Wiedergabe einer Folge von ihr
zugefügten oralen K. o.-Schlägen durch Hitler: Erstens keine Ter-
min-Absage für den 3. März, zweitens einen Monat Schweigen, drittens formelle Einladung zum Essen mit anderen Leuten in den *Vier
Jahreszeiten,* viertens kein Wort an sie zu richten, obwohl sie neben
ihm sitzt, fünftens ihr einen Geld-»Umschlag« ohne Begleitschreiben
zu überreichen, was Braun besonders beleidigte, da demonstrativ vor
aller Augen geschehen, sechstens ab nun zwei Monate lang gar keine
Nachrichten, zuvor schon keine avisierten Aussichten auf neue »wundervoll schöne Stunden«. Das war's! Das ist eine Beziehungs-End-Re-
solution. *(Gun* 68 I, S. 75 ff., *Maser* 74 ff., S. 353 ff.)

Alle Psychosomatiker werden sich biegen vor Lachen darüber, wie
die Hitler-Biografik auf diesem Gebiet so an-alphabetisch sein kann,
diese »trapsende Nachtigall« in Hitlers Verhalten gegenüber Braun
nicht zu »hören«.

Brauns *Tagebuch-Fragment* belegt die prozedierte Veródung – nicht
nur den Stillstand, sondern das Ende der Beziehung. Zwei Monate
»tigert« die verlassene Braun durch ihr Dasein als Verkaufshilfe im
»Photohaus Hoffmann«. Der Oberste des Reiches hat einer der Untersten den Mittelfinger seiner rechten Hand gezeigt! Und das alles tat
Hitler Braun an, obwohl er wusste, dass sein unerklärter Rückzug,
das buchstäbliche Sitzenlassen des »Fräulein Braun«, ihr kritischster
Punkt war. Die Koinzidenz von Hitlers Rückzug und Brauns Selbstmordversuchs-Demonstration gab es schon einmal, am 1. November 1932.

Hitler riskierte nun als Reichskanzler, dass sich sein »Mädchen in
München« erneut das Leben zu nehmen versuchte bzw. sich mit dieser
Demonstration immerhin körperlich zu gefährden. Aber das scherte
ihn einen Dreck. Eva Braun lebte 1935 mit ihm ja noch nicht zusammen. Die öffentliche Situation wäre sehr anders geworden, als sie es
beim gewaltsamen Tod von Hitlers Nichte Geli Raubal war. Niemand
im ganzen Reich wusste etwas von »Hitler und Braun«. Sie wäre mit
ihrer Überdosis Schlaftabletten in ihrem Jungmädchen-Bett in ihrer

elterlichen Münchener Wohnung liegen geblieben – irgendeine von den vielen Frauen, die Hitler nachgestellt haben. »So what«? Die »Affäre« wäre für ihn Komplikations-los zu Ende gegangen. Wann Hitler etwas von Brauns zweiter Selbstmordversuchs-Demonstration erfahren hat, ist mangels jeglicher Hinweise im Moment nicht zu klären. Was jedoch heraussticht, ist Hitlers bewiesene Überreaktion danach – wiederum in sozialer Hinsicht, nunmehr auf krasse Art positiv: Wohnungsmiete für Braun, Hauskauf für sie, praktisches Job-Ende bei »Photo Hoffmann« und Brauns *Berghof*-Funktions-»Einbau«. Gründe für Hitlers »Überreaktion« bekannt! *(HETERO, 8. Ja-Sager,* Hans Baur)

Ein echt Braun-liierter und nicht Tiefen-psychisch verärgerter Hitler hätte vor seiner Stimmband-Operation gegenüber seiner Freundin anders reagiert: »Stell dir vor, Tschapperl! Ich kann kaum noch sprechen. Ich will meine empfindliche Stelle in jeder Hinsicht mal in Ruhe halten. Liebe ist im Moment bei mir nicht angesagt!« [frei nach Brauns *Tagebuch-Fragment*] Du verstehst schon! Ich muss mich operieren lassen und dann meine Stimme auskurieren. Ich kann eine Weile nur schreiben. Aber da gehen wir eben, wenn ich wieder in München bin, mal ausgiebig ins Kino und verständigen uns gestikulatorisch!«

Mit ihren letzten »Moneten« hätte Braun ihren kranken »Troubadour« mit Blumen und Präsenten überschüttet und ihre Tagebuchseiten fast leer gelassen, statt sie mit viermonatigem »Schimpf und Schande« zu füllen.

»Kronrat« der Sechs zu Braun-Hitlers geschlossenen Gürteln

Wie die beiden sich nach Hitlers Operation und Brauns zweiter Selbstmordversuchs-Demonstration geeinigt haben, ist nur durch die Betrachtung der äußeren Lebensumstände zu klären, denn nun gibt es keine Zeugnisse mehr, die eine noch laufende oral-vaginale Praxis zwischen Hitler und Braun indizieren könnten. Es gibt nur die nie abreißende Kette der Sozio-Demos, zuerst Hitlers »Sorge« für die Foto-Laden-Gehilfin Braun, dann ihr An-seine-Seite-Rücken auf dem *Berghof*, die nun beginnenden Shows für den kleinen engen Kreis der etwa fünfzig Funktions-Umgebenden Hitlers.

Eva Braun war vor dem Knatsch von 1935 zwar keine »Bettgenossin« Adolf Hitlers, aber immerhin sein »Sofamädchen«, das er sich zuerst »in München hielt« und dann in der skizzierten wichtigen, optisch herausgehängten Position der »Frau an seiner Seite« auf dem *Berghof* behielt. Diese Position musste rein aus Show-Gründen existieren, um das bessere Funktionieren sämtlicher »normaler«, vor allem männlicher Beipersonen im persönlichen Wirkungs-Umfeld Hitlers zu garantieren.

Dass Brauns Glück als Hitlers »Sofamädchen« nach seiner Stimmband-Geschwulst-Operation im Mai 1935 abbrach, lässt sich mit sieben Statements indizieren. Sechs stammen von seinen »Umfeldern«, die direkt oder indirekt von Brauns Unglück an Hitlers Seite berichten und in *ONANO* bereits ausführlich zu Wort gekommen sind: Herbert Döhring (5./21.), Erich Kempka (23.), Karl Wilhelm Krause (17.), Heinz Linge (6.), Rochus Misch (18.) und Julius Schaub (15.). Es handelte sich bei diesen Männern um die Hitler-nahesten überhaupt. Alle waren wesentliche Spannen von Jahren innerhalb der Braun-Hitler-Beziehung wochen- oder monatelang nonstop Rund-um-die-Uhr-Begleiter Hitlers: Döhring ab 1934/36, Kempka ab 1932, Krause ab 1934, Linge ab 1935, Misch ab 1940, Schaub sogar schon ab den 1920ern. Den sechs ist gemeinsam, dass ihre funktional naheste Tuchfühlung zu Hitler während der Unglückszeit Brauns bestand. Döhring, Kempka, Krause und Schaub kennen sogar noch die für kurze Zeit glückliche Eva Braun, sind demnach besonders qualifiziert, den später installierten dauerhaften Unglücks-Status Brauns wahrgenommen zu haben.

Zwischen 1943 und 1944 gab es noch einen Leibdiener, Hans Hermann Junge, der Hitlers jüngste Sekretärin Gertraud Humps durch Verehelichung zu »Traudl Junge« gemacht hat, aber noch 1944 an der Westfront gefallen ist und keine Notizen über das Verhältnis zwischen Hitler und Braun hinterließ. Das Gleiche gilt für einen weiteren Adjutanten, Wilhelm Arndt, den Hitler besonders mochte und der mit einer der letzten aus Berlin ausgeflogenen Maschinen am 21./22. April 1945 tödlich verunglückte und der Nachwelt keine Aufzeichnungen überlieferte.

Die Sekretärinnen Traudl Junge (11.), Christa Schroeder (3.) und Johanna Wolf (16.) haben in ihren Äußerungen das Verhältnis Braun-Hitler zwar de-sexualisiert, es aber nicht von Brauns Unglück her aufgezogen. Von der vierten Sekretärin, Gerda Daranowski-Christian sind keine Aussagen über das Verhältnis Hitler-Braun erhalten geblieben. *(Christian)*

Otto Günsche, Hitlers persönlicher Adjutant seit 1943/44, trat erst zu einer Zeit in Hitlers dauerhafte Nähe, da im Verhältnis Braun-Hitler überhaupt keine libidinösen Spuren mehr zu finden waren. Günsche selbst gibt in seinem zweiten Interview für US-Interrogateure 1967 nur noch etwas Abenddämmriges zu Protokoll und fantasiert Braun und Hitler in »bessere Zeiten«, die Günsche jedoch nicht aus

eigener Beobachtung erlebt hat. Als Mitglied des »Begleitkommandos«
begegnete er Hitler erstmals 1936, zu einer Zeit, da Brauns Glück des
Oral-Vaginal schon verflogen war. Und Günsche war Hitler zu dieser
Zeit nicht »häuslich« nah, sondern ein Reisebegleiter. *(Günsche 67)*

Die beiden stärkstdenkbaren Negativ-Voten zur praktizierten
Sexualität zwischen Braun und Hitler stammen vom Rund-um-die-
Uhr-Leibdiener Heinz Linge. Abgegeben hat er sie vor den sowjetischen Investigatoren für das *Buch Hitler*: »Als Bettgenossin« führte
Eva Braun »ein entsagungsvolles Leben« an der Seite Hitlers in einer
»eindeutig unnormalen Beziehung«. *(ONANO, 6. Nein-Zeuge)* Diesem
Votum hatte sich Otto Günsche in russischer Gefangenschaft angeschlossen. Im *Buch Hitler* wird von Günsche nichts Gegenteiliges zu
den Linge-Statements festgehalten

Leibarzt Theodor Morell wurde von Hitler gerufen und wieder
weggeschickt, traf sich mit ihm rituell jeden Morgen für die Konsul-
tationen, hat Hitler aber nicht von Stunde zu Stunde begleitet wie die
sechs Männer, hat vor allem seine Nächte nicht in Brauns und Hitlers
Schlafzimmer-Nähe auf dem *Berghof* verbracht – nie neben der »Führer«-»Mätressen«-Suite übernachtet wie die Adjutanten, Diener, Fahrer, Sekretärinnen und Wachposten, sondern in weit weg gelegenen
Gästezimmern oder in Berchtesgadener Hotels. *(Morell 83 I, II)*

Demgegenüber haben die sechs »Intim«-Begleiter Hitlers die Situation zwischen Braun und Hitler so plastisch beschrieben, dass der Fakt
des Non-Sexes aus jeder Ecke ihrer Texte herauspurzelt. Bei ihnen ist
an Fälschungen nicht zu denken. Der »Kronrat der sechs Faktoten«
in Ansehung der sexuellen Frage unterscheidet sich noch in einem
anderen Punkt von allen anderen Hitler-Bezugspersonen. Es handelte
sich um junge, attraktive, stramme Hetero-Männer ab zwanzig – aus
Arbeiter-, Bauern- und Handwerker-Kreisen kommend. Fünf von
ihnen waren schon damals verheiratet – Döhring, Kempka, Linge,
Misch und Schaub. Hitler selbst hatte zum Teil kontinuierlich ihre
Verkupplung betrieben. Diese Männer wussten, wie es geht, eine Frau
glücklich zu machen, wie eine solche Frau aussieht und sich verhält.

Die Adjutanten Nicolaus von Below, Wilhelm Brückner und
Max Wünsche waren zwar ebenfalls nahe Dienst-Männer Hitlers.
Aber man muss sie sich eher wie Assistenten von Professoren vorstellen. Auch zwischen ihnen und dem Chef herrschte ein Kommen
und Gehen, ein Licht-An und Licht-Aus. Vor allem waren die drei
Tagesplan-Durchführer keine Schlaf-Gewohnheits-Kontrolleure wie
die sechs Tag- und-Nacht-Begleiter Hitlers, die als seine »Ehemänner«
bezeichnet werden können, ohne dass sie je direkt in die Schamregion

Hitlers hineingeschaut haben und an diesem Schauen auch nicht interessiert waren. Trotzdem »verkehrte« Hitler mit den sechs polygam a-sexuell, hat ihnen dadurch Einblicke auch in seine sexuellen Usancen eingeräumt, sich zum Beispiel vor seinem Kammerdiener Krause keinen Zwang beim erregten Oberschenkel-Reiben angetan *(ONANO, Hitlers Männermord-Orgasmus)*.

Alle anderen Nahen standen mit Hitler in einem Verhältnis des Kommens und Gehens. So war es auch mit den Begleitärzten Karl Brandt und Hans Karl von Hasselbach und mit Hitlers Architekt Albert Speer. Durch sein Zeit-bedingtes ständiges Hitler-Wieder-Verlassen entging gerade Speer manches, ein Manko, das ihn zu Fehlurteilen verleitet hat – wie etwa die Meinung, Hitler habe im Verhältnis mit Eva Braun seinen Hormonhaushalt reguliert. Speer schlief nie in der Nähe der Privatgemächer Brauns und Hitlers im *Berghof*. Er hatte auf dem Obersalzberg ein eigenes Haus. *(HETERO, 10. Ja-Sager)*

Auch von einer Rund-um-die-Uhr-Nähe zwischen Hitler und seinen Mit-Potentaten Göring, Himmler u. a. kann nicht im Mindesten gesprochen werden. Goebbels zum Beispiel stand Hitler geistig und gefühlsmäßig nah, aber nicht körperlich. Er sinnierte andauernd über Hitler, lebte aber nicht in einem Von-Stunde-zu-Stunde-Verkehr mit ihm, hatte letztlich mit Hitler immer nur ein Besuchs-Verhältnis. Außerdem »fraß« er, was Hitler ihm über sein Privatleben vorsetzte. Zu diesem Umstand gibt es ein »köstlich amusantes« Beispiel. Goebbels war Hitler viel zu kindlich unterworfen, als dass er zu einer distanzierten, erwachsenen Reflexion über Hitlers genitale Konditionen hätte imstande sein können, wie sie Hitlers Pressechef Otto Dietrich in seinen Erinnerungen hinterlassen hat, in denen er sich ausführlich über Hitlers Abstinenz äußert. *(Dietrich, S. 230 ff.)*

Goebbels dagegen repetierte »treudoof« alles, was Hitler ihm auf die Nase band: »Er erzählt mir von seinem einsamen und freudlosen Privatleben [...] Ohne Frauen, ohne Liebe [...] Ich bin tief ergriffen. Er ist so gut.« (31. Januar 1935) »Große Aussprache mit Führer. Persönlich. Er spricht von Frauen, Ehe, Liebe und Einsamkeit. So spricht er wohl nur mit mir.« (4. Februar 1935) *(Goebbels/Reuth,* T. I, Bd. 3/I, S. 177/179) Perfekt: Genau zur selben Zeit, während der der gegenüber Goebbels »persönlich« gewordene Hitler mehrmals von »Einsamkeit« lamentierte, von »freudlosem Privatleben« »ohne Liebe« und »ohne Frauen«, köchelte fünfhundert Kilometer südlich von ihm seine »Geliebte« Eva Braun, die nichts anderes tat, als danach zu lechzen, »Frau Hitler« zu werden, um Mörder-Monster-Männe alle »Freuden« des »Privatlebens« zu verschaffen! Brauns Jammer-*Tagebuch-Fragment* beginnt am 6. Februar 1935, zwei Tage nach Goebbels' Fixierung von Hitlers Gejammere auf der anderen Seite. Bei echtem gegenseitig Gürtel-sprengendem »Untenrum« gibt es, solang es läuft, kein Gejammere. Die Zeit ist reif dafür, dass wenigstens die vierte Generation der Deutschen nach Hitler – die nicht mehr vom »Gottesfluch« für das Böse »bis ins dritte Glied« betroffen ist – sich eingestehen darf: Der grässlichste Führer unserer Tage hat sich zwar mit einem »Stoßtrupp« umgürtet, doch unter seinem Gürtel über keine »Stoßkraft« verfügt.

Weibliches Star-Zeugnis zu Brauns Unglück

Als ein Hinweis auf die sexuelle Inaktualität der Braun-Hitler-Beziehung kann das Witzemachen Eva Brauns nach 1938 über ihre oral-vaginale Tätigkeit auf dem *Chamberlainsofa* in Hitlers Wohnung am Prinzregentenplatz verstanden werden (3. *Ja-Sagerin*, Herta Ostermayr). Die Verulkung ihrer ehemaligen »Sex-Unterlage« spricht dafür, dass Braun ihre Bemerkung gegenüber ihrer besten Freundin Ostermayr aus dem Abstand der nicht mehr geübten Praxis gemacht hat. Darüber, wann diese Praxis zwischen Mitte 1935 und Ende 1938 eingestellt worden ist, sagt diese Bemerkung jedoch nichts, deshalb kann sie auch nicht als ein eigenes Indiz dazu verwendet werden, wann genau die sexuelle Ebbe zwischen Braun und Hitler begann, von der alle sechs Hitler-Dienenden überzeugt waren, sie hätte schon ab Mitte der 1930er geherrscht.

Den Äußerungen der sechs nahesten Männer um Hitler muss der Bericht einer nahen Frau zum »Unglücks-Status« Brauns angefügt werden. Es handelt sich um Brauns zweitnaheste Freundin Henriette Hoffmann-Schirach, die direkt nach Herta Ostermayr-Schneider rangierte. Die Nähe der jungen Münchener Frauen zueinander blieb organisatorisch bis zu Henriettes Eheschließung bestehen. 1932 heiratete Henriette den Hitler-Gefolgsmann Baldur von Schirach – was eine Distanz-Einlegung gegenüber Eva Braun bedeutete. Aber die Freundinnen waren füreinander nicht »aus der Welt«, sondern jede nahm weiter am Leben der anderen Anteil.

Hoffmann-Schirach macht hinsichtlich der Beziehung Braun-Hitler einen deutlichen Unterschied zwischen »frühen« und »späteren Jahren«, auch wenn Hoffmann-Schirach das »später« zeitlich nicht eindeutig terminiert. In ihrer Überlieferung gibt es aber etwas Eindeutiges als Bruch, nach dem das Glück Brauns verraucht ist: »Eva fand ihr Leben als unsichtbare Mätresse niederdrückend. In den späteren Jahren war sie oft schlecht gelaunt und krank. Hitler nahm gar keine

Notiz mehr von ihr [...]. Ihr Leben verlief ohne Anstrengung und Kampf, war wie ein Spiel, aber sie war nicht glücklich.« *(Schirach 83, S. 255)*

Die »späteren« = unglücklichen Jahre betreffen die Zeit von Brauns Versorgung mit Münchener Haus und *Berghof*-Position ab Ende ihrer tatsächlichen Arbeit bei »Photo Hoffmann« 1936 – alles nach Hitlers Stimmband-Geschwür-Operation und Brauns Selbstmordversuchs-Demonstration im Mai 1935. Da Henriette Hoffmann zwischen 1929 und 1932 drei Jahre mit Eva Braun eng verbunden war, kannte sie die »glückliche Braun« zu genau. Denn der Anfang der Braun-Hitler-Beziehung im Winter 1931/32 geschah noch vor dem Ende der engen Freundinnen-Nähe zwischen Braun und Hoffmann. Hoffmann-Schirach hat daher den Unterschied zwischen der glücklichen und der unglücklichen Braun erfahren können, obwohl sie die Ursache des Braun-Unglücks nur sozial, nicht sexuell beschreibt.

Das macht nichts. Denn die sechs »Ehemänner« Hitlers machen keinen Hehl aus der Ursache. Henriette von Schirach beschreibt jedoch zwei Merkmale, die sich mit den Aussagen der sechs decken: »Hitler nahm gar keine Notiz mehr von ihr« und »Sie war nicht glücklich«, sondern »oft schlecht gelaunt und krank«. Die insgesamt sieben Behandlungen von Brauns »Unglück« durch Umfeld-Zeugen sprechen dafür, dass Hitler nach seiner ersten Geschwür-Operation im Mai 1935 den oral-vaginalen Kontakt mit Braun eingestellt hat. Die ganze *Berghof*-»Herrin« wäre demnach gegenüber Hitler etwas Entsexualisiertes gewesen, was die Wiederkehr des öfters gefallenen Begriffs vom »goldenen Käfig« träfe, in dem Braun gesessen habe. Das Leben einer sexuell befriedigten Frau wird nicht mit einem »Käfig« charakterisiert. »Käfig« meint »Funktionen überwogen«, aus denen sie nicht mehr ausbrechen konnte und die sie schließlich unglücklich machten. Leibdiener Heinz Linge sprach davon, dass »Eva Braun als Hitlers Bettgenossin« zu einem »entsagungsvollen Leben« »verurteilt« gewesen sei. Und der 20. Nein-Sager, Thomas Orr, kennzeichnete die Situation Brauns als wie in einem »luxuriösen Gefängnis« *(ONANO)*.

Für die Freilegung des Serienkiller-Potentials von Hitlers fragmentarischer Phallik wäre eine hundertprozentige Sicherheit bei der Beantwortung der Frage »Haben Hitler und Braun ihr Oral-Vaginal fortgesetzt?« nicht unbedingt erforderlich. Denn ob Hitler und Braun noch manchmal oral-vaginal miteinander verkehrt haben, wie zwischen Frühjahr 1932 und März 1935, oder ob sie das nie mehr taten, würde an dem Sachverhalt von Hitlers – für den *intercourse* mit Braun sowieso nicht eingesetzten – Torso-Phallus nichts ändern. Der blieb für alle Zeiten »außer Frau« zwischen seinen Schenkeln und entlud sich höchstens Gewalt-mastubatorisch. Hitlers »Bettgenossin« war Braun nie, nur vorübergehend seine »Sofakumpanin«. Wer unter den Biografen von »gemeinsamem Bett« spricht, wie es Ullrich mit seinem Zu-Bett-Geh-Märchen tut, wirkt sofort empfindlich falsch oder kitschig. Die Wahrheit rutscht weg. Das ist dem Text unmittelbar anzumerken. *(HETERO, Des Biografen unlauterer Stelldichein-Wink)* Die verdienstvolle Braun-Biografin von 2006/07, Angela Lambert, bildet sich ebenfalls wie Ullrich 2013/16 ein, Hitler hätte Brauns Bett geteilt, schlimmer, Lambert setzt diese spukhafte, angeblich Ehe-ähnliche »Gemeinschaft von Tisch und Bett« in einen Dauerzustand, indem sie die in der englischen Sprache dafür zuständige Wendung benutzt: »sharing her bed«. *(Lambert 06, S. 254)* Lambert hat die Darstellungen des Zimmermädchens Anna nicht genau gelesen *(ONANO, 14. Nein-Sagerin)* und versackt daher mit ihren Bett-Passagen zu Hitler und Braun im »Lore-Roman«. Wieder riskiert Lambert, wie mit ihrem Niederknien vor der Verhütungs-Lügnerin Gretel Mittlstrasser *(HETERO, 7. Ja-Sagerin),* ihr ganzes Buch außer Diskussion zu katapultieren. Die Beziehung zwischen Hitler und Braun war kein »Liebesverhältnis« aus einem gemeinsamen Bett heraus. Denn für ein jahrelanges gemeinsames Bett mit Braun hätte es bei Hitler eines voll durchgestalteten und keines Torso-Phallus bedurft.

Der Mangel an penetrativer Friktivität

Kein Serienkiller hat seinen Phallus biophil voll durchgestaltet *sexual-subjektiviert.* Hätte er das, bräuchte er nicht quälerisch zu töten, um orgastische Reaktionen in seinem Gehirn zu erzielen. Bei jedem Serienkiller ist der Phallus nur ein reagibler Torso, bei den meisten ist er als aktiv-»elektrisches« Organ ganz verschwunden. Für die Herstellung einer orgastischen Aktion stehen den Serienkillern nur ihre Hände zur Verfügung, die das Töten »erledigen« oder an ihm teilhaben, was dann erst die orgastischen Sensationen hervorruft. In einigen Fällen wird dazu speziell der Mund eingesetzt, was jedoch immer in Kombination mit den Händen geschieht. Bei Hitler lief alles über Planen, Bewirken, Befehlen, Verursachen.

Die Rest-Bedeutung des phallischen Torsos ist bei jedem Serienkiller verschieden. Mancher kann mit ihm noch orgastische Reaktionen in Gang bringen (Hitlers *Rebell*-Onanie), mancher verfügt sogar über die penetrativ-friktive Mechanik. Im letzteren Fall ist der Serienkiller mit heterosexueller Orientierung dann auch fähig, fertil zu agieren. Er kann Kinder haben, bis hin zur größten überlieferten Zahl von fünf im Fall des mörderisch »ertragreichsten« Serienkillers der Welt, des »Eismanns« Richard Kuklinski. Allen gemeinsam ist die Marginalität der puren phallo-orgastischen Reaktion. Ob diese mit funktionierender penetrativ-friktiver Mechanik einhergeht oder nicht, das phallische Geschehen ist für alle Serienkiller so bedeutungsvoll respektive bedeutungslos wie das Streichen über ihren Zeigefinger, den großen Zeh oder das Ohrläppchen. Diese Bedeutungslosigkeit zeigt sich auch noch darin, dass bei der Orgiastik des Tötens Ejakulationen erfolgen können, aber nicht müssen.

Es kann also durchaus sein, dass Hitler zu den »Trockenen« gehört hat und seine Destru-Orgasmen erreichte, ohne dabei Samenergüsse zu haben. Umso mehr hätte er so etwas wie die von Marianne Hoppe beobachtete *Rebellen*-Onanie wagen können, weil er in diesem Fall bei seinen Gewalt-legierten »Knie-Reibungen« nur Orgasmen im Gehirn produzierte, die jedoch keine feuchten Spuren hinterließen (*ONANO, Hitlers Männermord-Orgasmus*).

Aus der Expertise über die spezielle oral-vaginale Praxis im Hitler-Braun-Verhältnis hat sich ergeben, dass Hitler mit Braun nicht penetrativ-friktiv tätig war. Der Zusammenhang konnte letztgültig durch die Kombination mit den Aussagen der Zeugen Marianne Hoppe und Karl Wilhelm Krause hergestellt werden. Hitler war phallisch friktiv orgasmo-final tätig, dabei aber nicht penetrativ. Die Friktionen seines Phallus durch seine Oberschenkel verliefen vertikal und nicht in fremden Leibesöffnungen Hüften-Becken-provoziert horizontal. Um diesen Sachverhalt herauszuarbeiten, ist absichtlich auf die permanente Wiederkehr des Wortes »ficken« verzichtet worden. Es hätte im Zusammenhang mit Hitler ständig negativ benutzt werden müssen, was noch heute für Augen und Ohren Kultur-lästig wirkt. Umschreibungen wirken verklemmt, Benutzungen verletzend.

Ähnlich den Anstrengungen der Homosexuellen ab den 1970ern, die darum gekämpft haben, dass das Wort »schwul« schrift- = hochsprachlich etabliert wurde, muss heute allgemein darum gekämpft werden, dass »ficken« in die Kultursprache Eingang erhält. Denn alle netten und unnetten Ersatzwörter sind nicht präzise genug, um diese »animalische« Sonder-Bewegung genau zu kennzeichnen. Und die Schrumpfung des Wortes auf den Buchstaben »f«, wie sich der Anglo-Kultur-Bereich aus der Affäre ziehen möchte, ist eine lächerliche Sackgasse.

Zugleich wurde noch aus einem anderen Grund auf die permanente Benutzung von »ficken« verzichtet: Das Wort ist mit phallischer

Hybris belegt. Der »einfache« Mann wie Berghof-Hausverwalter Herbert Döhring sagte es unumwunden:»Hitler war unfähig dazu!«. Damit präzisierte Döhring seinen »Laken-Verriss« im ZDF zur gleichen Zeit in seinem Interview mit Marion Milne für ihre englische Dokumentation *Adolf and Eva*. Döhring schloss sich außerdem den Aussagen von Hitlers Dienern an:»Darin kann der größte Teil der Ursache liegen, warum Eva Braun immer so unbefriedigt war.« *(Lambert 06, S. 244, ONANO, 5./21. Nein-Sager)*

Mit Döhrings Verächtlichkeit »Hitler war unfähig dazu« wird »das Kind mit dem Bade ausgeschüttet«, wie durch die Behandlung der acht *Sexual-Subjektivierungen* von Organen bei Mann und Frau klargemacht werden sollte. Drei von vier männlichen *Sexual-Subjektivierungen* agieren nicht penetrativ-friktiv. Die Eigentümlichkeit menschlicher Sexualität im gegenwärtigen Stadium der Entwicklung dieser Art hat nichts mit der Sexual-Anomalie von Serienkillern zu tun. Jedoch musste das Phänomen der *Sexual-Subjektivierung* von Organen für das bessere Verständnis des destruktiven Serienkiller-Vorgehens mit Mund und Händen vorgestellt werden. Es ging daher nicht, Hitler auf die Dauer mit »Er war unfähig dazu« sexuell »abzuwerten«.

Inzwischen sprechen jedoch längst auch Frauen davon, dass sie mit Männern »ficken«, wobei sie nicht nur die weibliche Aufreit-Position meinen, sondern das »beid-hinterliche Stoßfegen« mit dem Phallus und um ihn herum. An den meisten Hilfs- und Ersatzwörtern hängt Falsches – so etwas wie »stöpseln« meint eigentlich »zuschließen«, trifft das Hin und Her nicht. Auch »reiten« als Auf und Nieder des ganzen Bein-gespreizten Unterleibes kennzeichnet die Tätigkeit nicht exakt, von »bumsen« und dem österreichischen »pudern« ganz zu schweigen, das von »buttern« kommt, dem früheren Buttermachen durch das Fuß-Treten im Sahne-Fass. Ja,»treten«! Bezieht sich auf das Hahn-Henne-Bespringen. Aber »springen« ist gänzlich unbrauchbar, obwohl es für das »Aufbocken« von »Säugetieren« benutzt wird.

Trotz der Enthaltung von jeglicher Wertung muss für das Serienkiller-Kolorit Adolf Hitlers darauf hingewiesen werden, dass er phallisch-friktiv ohne Penetrationen tätig war. Er betrieb ein Oberschenkel-»Fahrrad-Fahren« mit seinen Muskeln und Sehnen um sein erigiertes Glied herum, wenn er in Gewalt-bezügliche Erregung geraten war und daher jetzt zum Orgasmus kommen wollte. Dieser Orgasmus brauchte bei der masturbatorischen Aktion immer die Kampf- und Gewalt-Stimulation, die Gewalt-Legierung als Gewalt-Vision oder die Gewalt-Erinnerung.

Mit Frauen war Hitler nie »Hintern-haft stoßfegend« tätig. Das kann nicht nur mit den 23 Nein-Sagenden, sondern im Moment mit 35 und abschließend mit 40 Aussagen oder Vorkommnissen bekräftigt werden, in die Hitler verwickelt war. Die 23 schon präsentierten Neins lassen sich mit 17 weiteren Bemerkungen zu Hitlers Sexualität oder sonstigen Auffälligkeiten und Begebenheiten in eine überraschende Stimmigkeit bringen. 40 Zeugen und Zeugnisse bauen ihre Wahrnehmungen bzw. Inhalte auf Hitlers fragmentarischer Phallik auf. Diese 40 können demnach zu Indizien und Hinweisen komprimiert werden. Ein Traum-Ergebnis in einem Geschichts-prozessualen Verfahren! Die 40 sind die erdrückende Mehrheit des gesamten Spektrums der Zeitzeugen, die etwas zu Hitlers Sexualität verlauten ließen, oder der Zeitzeugnisse, die darüber Realistisches beherbergen. Das Verhältnis von Ja und Nein beträgt damit eins zu zehn. Außer den vier behandelten Ja-Zeuginnen 6., 5., 4. und 3. weicht niemand sonst davon ab. Was auf diesen Berg des Hitler'schen »Mount Phall-not« noch aufgehäuft werden kann, entspringt reinem Sammelfleiß zum Fass-Überlaufen der präsentierten Quantität.

Ergebnis des Gutachtens

Adolf Hitler war ein Mann, der mit seinem Phallus nicht *penetrativ* friktierte. Er war weder horizontal noch vertikal »hinter(n) rücks« = Hintern-bezüglich kniend, liegend oder stehend Stoß-fegend tätig. Er »sonderbehandelte« seinen Phallus im Sitzen durch das Auf- und-Ab seiner Oberschenkel-Reibungen und -Pressungen. Hitlers gesamte, äußerst spärlich betriebene sexuelle Interpersonalität mit Frauen entbehrte ganz dieses seines Körperteils, war rein Mund-bezogen. Er praktizierte nicht tiefenwirkend, sondern oberflächlich, mit Braun oral-vaginal, mit ihren Vorläuferinnen Ada Klein und Maria Reiter oral-oral. Was viele Naheste als »platonisch« kennzeichneten, bedeutete deshalb nur »phall-ohnisch«.

Nach diesem Ergebnis wird zum Geschichts-prozessualen Verhandlungsstil bei der Klärung von Hitlers »sexueller Frage« zurückgekehrt.

NEUTRO

NEUTRO

35 Indizierungen von »Phall-ohnisch«

Jeder der 35 wird gleich zur besseren Einprägsamkeit mit *einer* Aussage gekennzeichnet, weil per Augenaufschlag erkannt wird, wie es um Hitlers Sexualität bestellt war: Die 23 Neins sagen das so oder so herum. Dazu kommen die drei Ullrich'schen Jas, die sich bei näherer Betrachtung als camouflierte Neins erwiesen haben – das 9. Ja von Fritz Wiedemann, das 8. Ja von Hans Baur und das 7. Ja von Gretel Mittlstrasser = 24., 25. und 26. Nein.

Zu diesen inzwischen 26 Neins müssen die beiden Merkwürdigkeiten gezählt werden: Hitler ließ phallo-vaginal aktive Ehepaare nicht in seiner räumlichen Nähe auf dem *Berghof* übernachten (27.) und die *false appearance* seiner »Führer«-»Mätressen«-Zimmer-Flucht – abermals ein Fall von antizipierter Defensive (28.): Eva Braun schlief nicht nur nicht mit Hitler, sondern auch nicht in einem Zimmer neben ihm, sondern wohnte mit ihrem »Frauenstaat« unter dem Dach des *Berghofs* über den Hitler-Privat-Räumen *(HETERO, 7. Ja-Sagerin, Gretel Mittlstrasser, 28. Nein – Der Einsturz der »Führer«-»Mätressen«-Suite)*.

Zuzüglich kommen auf die Nein-Halde die drei in kurzen Zeitabständen von wenigen Jahren hintereinander abgebrochenen Kuss-Verhältnisse mit Ada Klein, Maria Reiter und Lotte Bechstein = 29., 30. und 31. Es ging von Hitlers »Oben«-Bemühungen nichts nach »Unten« – weder bei den Frauen noch bei ihm selbst. Die drei Kuss-Verhältnisse konnten sich weder sexual-technisch verselbstständigen noch eine Funktion als »Vorlust« einnehmen. Es kam zwischen Hitler und seinen drei Kuss-Freundinnen zu gar keiner Hauptlust – weder zu einer oralen noch zu einer genitalen.

Des Weiteren gehören die zwei Abbrüche Hitlers gegenüber Eva Braun 1932 und 1935 dazu, der erste ebenfalls nach einem halben Jahr laufender Beziehung, der zweite zwischen März und Mai 1935 mit stärksten Verstößen gegen Beziehungs-Regeln als Ausdruck eines die Freundin überraschenden, sie abwehrenden Wut-Verhaltens – macht 32. und 33.

Und mit den beiden Zeugen Marianne Hoppe und Karl Wilhelm Krause zu Hitlers Aufregungs-Reibereien seiner Oberschenkel sind es dann einstweilen 35:

1. Heinrich Hoffmann: Braun-Hitler = immer platonisch.
2. Franz Xaver Schwarz: Braun-Hitler = rein platonisch.
3. Christa Schroeder: Seit Hitler Politiker = nie heterosexuell tätig.
4. Ernst Hanfstaengl: Hitler = im medizinischen Sinne impotent.
5. Herbert Döhring: Hitler unfähig dazu, Braun zu befriedigen.

6. Heinz Linge: Hitlers Verhältnis zu Braun eindeutig unnormal.
7. August Kubizek: Bis 19 nie etwas, weil im Reinheitswahn befangen.
8. Reinhold Hanisch: Bis 24 femi-phob. Es gab keine Frauen-Spuren.
9. Münchener Freunde: Bis 25 keine sexuellen Frauenkontakte.
10. Balthasar Brandmayer: Status quo bis 29 = nie Mädchen.
11. Traudl Junge: Verhältnis Braun-Hitler nichts mit Erotik zu tun.
12. Karl Brandt: Hitler zu Braun nur väterliche Sorge-Gefühle.
13. Hugo Blaschke: In 13 Jahren kein Abfahren Hitlers auf Braun bemerkt.
14. Anna Plaim-Mittlstrasser: Zwischen Hitler und Braun keine Zärtlichkeit.
15. Julius Schaub: Unglückliche Braun im monatelangen Wartestand.
16. Johanna Wolf: Hitler an Braun nicht wirklich interessiert.
17. Karl Wilhelm Krause: »Keine Gelegenheiten« zur »Horizontalen«
18. Rochus Misch: Braun erst para-sexuell aktiv, wenn Hitler weg war.
19. Otto Wagener: Hitler mit Frauen ab 1931 phallo-vaginal nicht tätig.
20. Thomas Orr: Braun-Hitler = kein Liebesverhältnis.
21. Nelly Scholten: Zwischen Hitler und Braun keine Geschlechtsakte.
22. Emil Maurice: Von 1921 bis 1928 kein intimer Verkehr Hitlers mit Frauen.
23. Erich Kempka: Eva Braun – die unglücklichste Frau in Deutschland.
24. Fritz Wiedemann wurde von Hitler mit »Mädchen in München« getäuscht.
25. Hans Baur bekam den »guten Geschmack« »unseres Vaters« vorgespiegelt.
26. Gretel Mittlstrasser log vergeblich, Braun und Hitler hätten verhütet.
27. Hitlers Phobie gegenüber phallo-vaginal praktizierenden Ehepaaren.
28. Das Potemkinsche Dorf der »Führer«-»Mätressen«-Suite im *Berghof.*
29. Ada Klein kam mit ihren mehrmonatigen Kuss-Lektionen nicht weiter.
30. Maria Reiter erklärte eidesstattlich, Hitler sei »ein ganzer Mann« gewesen!
31. Lotte Bechstein wies Hitler zurück: »Er konnte nicht küssen!«
32. Eva Braun wurde von Hitler nach einem halben Jahr Oral-Vaginal verlassen.
33. Hitler floh Eva Braun nach zweieinhalb Jahren zum zweiten Mal.

34. Marianne Hoppe erlebte Hitlers Onanie vor einer Männermord-Filmszene.
35. Karl Wilhelm Krause bestätigte Hitlers Schenkelreiben bei Erregungen.

Die 35 Zeugnisse teilen sich in vier Gruppen:
1. Hitler habe in einem bestimmten, benannten Zeitraum gar keine Sexualität mit einer Frau betrieben.

Schroeder (3.) = ab Ende 1918, als Hitler mit 29 ½ »beschloss, Politiker zu werden«, für sein weiteres Leben lang. – Hanfstaengl (4.) = nie, da Hitler im medizinischen Sinne impotent. – Kubizek (7.) = bis 19-jährig nichts. – Hanisch (8.) = desgleichen bis 24-jährig. – Die Münchener Freunde (9.) = dito bis 25 ½. – Brandmayer (10.) = »Fehlanzeige« bis 29-jährig. – Wagener (19.) = ab 42 ½ keine vaginale Penetration mehr vornehmen wollen. – Maurice (22.) = zwischen 32- und 38-jährig keinen intimen Verkehr durchgeführt. – Wiedemann (24.) wird über Hitlers »Nie mit Frauen« getäuscht.

2. Hitler habe mit Eva Braun keine oder sehr selten Geschlechtsakte ausgeübt.

Hoffmann (1.) = Verhältnis platonisch. – Schwarz (2.) = selbes Votum. – Döhring (5.) = Hitler unfähig dazu. – Linge (6.) = Verhältnis »unnormal«, Braun musste entsagen. – Junge (11.) = Das Ganze hatte nichts mit Erotik zu tun. – Blaschke (13.) = Es war in 13 Jahren nichts rübergekommen. – Anna Mittlstrasser (14.) = am Tage nichts bemerkt. Die nächtlichen Schlafgewohnheiten und der Umgang mit Braun/ Hitlers Zimmern stellte Fragezeichen auf. – Schaub (15.) = Wenn Sex, dann äußerst selten. – Wolf (16.) = Hitler an Braun nicht wirklich interessiert. – Krause (17.) = Zum Sex »keine Gelegenheit«. – Misch (18.) = Das Sozialverhalten der beiden spricht für kein Intim-Verhältnis. – Thomas Orr (20.) = keine Liebesgemeinschaft. – Scholten (21.) = kein Sexualverkehr. – Kempka (23.) = Braun, unglücklichste Partnerin Deutschlands. – Gretel Mittlstrasser (26.) = »Viel Lärm um nichts!« Mit Verhütungs-Absurditäten über nicht praktizierten Geschlechtsverkehr hinweggetäuscht.

3. »Irgendwie« »irgendwann« sei mit Frau »irgendwas« gewesen, das aber unphallisch abgelaufen sein müsse.

Brandt (12.) = Hitler nicht der Mann von Brauns Träumen. – Klein (29.) = die Kuss-Freundschaft führte zu nichts Weiterem. – Reiter (30.) = er wusste nicht, wie man küsst. – Bechstein (31.) = Hitler konnte nicht küssen. – Braun (32.) = Hitler hat Oral-Vaginal zweimal abgebrochen. – Braun (33.) = In ihrem *Tagebuch-Fragment* für die Zeit von Anfang Februar bis Ende Mai 1935 wird zweimal etwas erwähnt, das auf praktizierte Sexualität zwischen Braun und Hitler schließen lässt. Da Braun jedoch nichts darüber andeutet, um was für eine Art von Sex es sich bei ihren »Rendezvous« mit Hitler gehandelt hat, widerspricht dieses Zeugnis keinem der Statements zu Hitlers spärlicher, vor allem nicht-penetrativ-friktiver non-phallisch-sexueller Tätigkeit.

4. »Aufregung« = sexuelle Erregung geschah bei Hitler nicht personell motiviert, sondern Kampf- und Gewalt-legiert, was zu masturbatorisch-friktiven Oberschenkel-Reibungen seines erigierten Gliedes führte.

Krause (17./35.) = Hitlers Kampf-Erregung konnte so groß sein, dass er den Schauplatz verlassen musste, wenn er nicht umgehend Oberschenkel-friktiv onanieren durfte und dabei zum Orgasmus kommen konnte. – Hoppe (34.) = Hitlers rituelle Masturbation vor der Männer-tötenden Massenmord-Szene im Film *Der Rebell*, den er sich mindestens viermal angeschaut hat. Die Filme, in seinem Auftrag gemacht von den folterischen Original-Hinrichtungen der 20.-Juli-Attentäter, verlangte Hitler mehrmals zu sehen (Bonhoeffer).

»Hohes Lied« von Hitlers Abstinenz

36. Nein-Sager – Otto Dietrich

Die Voten der 23 Personen, von denen 20 nach 1945 etwas Negatives zu Hitlers sexueller Praxis mitgeteilt haben, wirken jenseits der »sexuellen Revolution« immer so, als hätten die ehemaligen Hitler-Begleitpersonen ihn denunzieren, ja pathologisieren wollen. No-Sex erscheint zu Beginn des dritten Jahrtausends krank bis »abartig«.

Diesen Hintergedanken hatten die Nahen entweder nur verschwommen oder überhaupt nicht. Es handelt sich bei ihren Äußerungen um eine beobachtete »Bestandsaufnahme«, einen Wertungs-freien Tatsachenbericht, der nur ein einziges Mal, bei Ernst Hanfstaengl, eine pathologische Klassifikation bekam: Hitler = »im medizinischen Sinne impotent«, wobei gerade Hanfstaengls Urteil – wie schon referiert – nicht einheitlich war, jedoch sich immer wieder bei No-Sex einpendelte, so beim Fernsehgespräch mit Joachim Fest: Hanfstaengls Definition Eva Brauns als »Statusschätzchen« und Hitlers als »Egomane«, der das »bisschen Zuwendung«, die ein Geschlechtsakt brauche, nicht habe aufbringen wollen. *(HETERO, 10. Ja-Sager,* Speer)

Eine neutrale Bestandsaufnahme von Hitlers No-Sex kommt am besten im Statement von Hitlers ehemaligem Presse-Chef Otto Dietrich zum Ausdruck. Dietrich sang – ohne jede negative Beimischung – auf

Hitler das »Hohe Lied« der Abstinenz gegenüber jeder Frau. Diese
Hymne setzt sich expressis verbis ab von den Urteilen der meisten
Nein-Sagenden. Hitler »war ... kein Frauenheld, sondern eher ein son-
derbarer Heiliger, dem der Verdacht intimer Beziehungen zu Frauen
durchaus nicht unangenehm war, ohne dass derartige Intimitäten
selbst im engsten Kreis jemals in Erscheinung getreten wären. Was
immer man Hitler in seinen Handlungen als Mensch und Politiker
zum Vorwurf machen kann – auf dem Gebiet der Moral und in seinen
persönlichen Beziehungen zum Weiblichen kann niemand einen Stein
auf ihn werfen.« *(Dietrich, S. 233)*

Dietrich gehört in die erste Gruppe und wird trotz seines blassen,
Moral-gefärbten Kolorits in die Reihe der Nein-Sager aufgenommen,
weil er Hitlers sexuelle Bedingungen für den langen Zeitraum von
zwölf Jahren erfasst und generalisiert hat: »Keine Intimitäten mit
Frauen.« Dietrich nimmt unter den Nein-Sagern den 36. Platz ein. Er
war zwölf Jahre in Hitlers Nähe, wird von »Umfeldern« immer wieder
auf dem *Berghof* gemeldet, hat in seinen Memoiren genaue Schilderungen von Hitlers Nächte-Totschlagen als Intimitäts-Vermeidung
hinterlassen. *(a. a. O., S.* 230) Dietrich hätten sich Hitlers »Verhältnisse« mit Frauen vermittelt. Von keinem hat er Kenntnis bekommen.
Statt dessen nur von den »vielen seltsamen Liebesbriefen« der »zahlreichen fanatischen und begeisterten Anhängerinnen« Hitlers. *(a. a. O.,
S.* 233) Obwohl diese Liebesbriefe von Frauen an Hitler »oft« »die
Grenze des Erträglichen überschritten«, hat Hitler keinen Liebesbrief
zum Anlass genommen, mit einer Frau in »Intimitäten« einzusteigen
und sein Desinteresse am weiblichen Geschlecht auch gegenüber Dietrich mit der Schutzbehauptung ummantelt: »Ich kann es mir nicht
erlauben zu heiraten, sonst werde ich die Hälfte meiner besten, treuesten Anhängerinnen verlieren.« *(a. a. O.)* Mit ähnlichen Worten sagte
Hitlers Reichskanzlei-Adjutant Fritz Wiedemann das Gleiche bei seinen ersten Verhören durch die Amerikaner ab September 1945: »Alle
Geschichten und Erzählungen zweideutigen Charakters sind erlogen.
Sein [Hitlers] Verhältnis zu Frauen war wohl das sauberste, was man
sich denken kann.« *(Joachimsthaler* 03, S. 33, 578, Anm. 54) Mit diesem
Votum ist Wiedemann als Nein-Sager nicht nur *Objekt* = Opfer einer
antizipierten Defensive, *(HETERO, 9. Ja-Sager)* sondern auch *Subjekt*,
indem er zum Ausdruck bringt: Hitler hatte nichts mit »zweideutigen«
»Geschichten« zu tun, Hitlers »Verhältnis zu Frauen = »das sauberste«.
Schön. Aber dann auch das Unsexuellste, die wandelnde Erfüllung des
Keuschheits-Gebotes für Priester.

Die Prinzipien der Nein-Halde

Das Verhältnis zwischen Ja- und Nein-Sagenden zu Hitlers Heterosexualität war zu Beginn der Verhandlung über Hitlers »sexuelle Frage« ausgeglichen. 12 Neins standen 12 Jas gegenüber. Im Laufe der siebenjährigen Arbeit am *Sexuellen Niemandsland* machte sich eine disparate Tendenz immer breiter: Die Neins stiegen ständig bis auf das Doppelte, die Jas sanken auf sechs = auf die Hälfte der Zahl zur Zeit der Erst-Erstellung der Liste. Gemeinsam mit den 12 »Vorgängen«, die gegen Hitlers phallisch-penetrativ-friktive Tätigkeit sprechen, werden die Nein-»Posten« auf 40 anschwellen. Selbst wenn böswilligste Gegner der phallischen Abtakelung Hitlers vorbringen könnten, die Zusammenstellung der Negativ-Liste geschähe nur dazu, um Hitler in das Korsett der Serienkiller-Theorie zu schnüren, auch dann wäre die Quantität der Indizien, die für Hitlers phallisches Wegtreten aufgeboten werden können, schwer zu passieren.

Vergleichbare »Mengen« von Ja-Zeugnissen zu Hitlers »normal« funktionierender Heterosexualität lungern nicht noch in den Hinterlassenschaften des Dritten Reiches, als müsse nur jemand kommen und sie ausfindig machen. Innerhalb von sieben Jahren Tag-und-Nacht-Arbeit an dem Thema wurde das gesamte Feld der möglichen Zeugnisse immer wieder umgepflügt und nichts mit den vier Pros zur heterosexuell laufenden Beziehung zwischen Adolf Hitler und Eva Braun Vergleichbares gefunden. Den Aussagen von Anni Winter (5.), Henriette von Schirach (4.), Herta Ostermayr (3.) und dem Zeugnis von Eva Brauns *Tagebuch-Fragment* (6.) ließ sich nichts Ernstzunehmendes an die Seite stellen.

Zwei Jas aus Hitlers »Frühgeschichte« zu Beginn der 1920er in München verschwanden so im Nebel, dass sie ohne jegliche »Stofflichkeit« blieben und nicht in die Liste der Ja-Sagenden aufgenommen werden konnten. Nicht einmal Biograf Ullrich nimmt sie ernst. *(Ullrich,* S. 302 f.)

Erstens. Eine Mitarbeiterin in der Geschäftsstelle der NSDAP (Maria Enders) hat 1951 behauptet, Hitler hätte mit einer anderen dortigen Mitarbeiterin (Jenny [Eugenie] Haug) »ein Verhältnis« gehabt *(Enders)*, woraus Hitlers zweiter Biograf Konrad Heiden eine Realität konstruierte, weil es sich um eine Information durch »Eingeweihte« handele. *(Heiden I,* S. 355) In den achtzig Jahren Zwischenzeit flatterte kein Papierchen in die Hitler-Biografik hinein, aus dem eine Konkretisierung der Geschäftsstellen-Frauen-Angelegenheit in Sachen »Sex mit Hitler« zu entnehmen gewesen wäre.

Vor Werner Maser 1971 konnten die Hitler-Biografen keine echten Forschungen betreiben, weil noch zu wenig zum Forschen »griffbereit« war. Doch Maser hat sich mit seinen Fantasien über Hitlers Heterosexualität so schmerzhaft verrannt, dass zu dieser Forscher-Tragödie mehrere Kapitel folgen werden, die im Zusammenhang mit dem »Widerrufs-Linge« stehen, dem 2. *Ja-Sager (AMORO)*.

Zweitens. Hitler-Gegner in der eigenen Partei haben ihm »übermäßigen Damenverkehr« vorgeworfen. *(Deuerlein 76, S. 139)* Das kann eine Verwechslung mit »Frauengeschichten« gewesen sein.

In der Tat berichtet eine Hitler-Zeugin aus der Zeit zwischen 1920 und 1929, Antonie Reichert, die Tochter seiner Zimmervermieter in der Thierschstraße 41, von »allerhand« Besucherinnen Hitlers in ihrer Wohnung. Sie zählt elf namentlich auf, dazu sechzehn Männer. *(Reichert, S. 1 f.)* Diese Fluktuation von elf Frauen, typologisch wild durcheinander gewürfelt, stellt praktizierte Sexualität in Hitlers einem gemieteten Mini-Zimmer bei den Reicherts geradezu in Abrede.

Wer kam alles? Seine Förderinnen Helene Bechstein und Elsa Bruckmann, seine mütterliche »Sorgerin« aus Solln, Hermine Hoffmann, dazu Winifred Wagner, vermixt mit Partei-Mitarbeiterinnen, Früh-Sekretärinnen, einer »Schwester Pia«, der Filmschauspielerin Renate Müller und seinem Kussverhältnis I, Ada Klein. Das eigene winzige Zimmer wird zur Bühne, auf der es nur Verbal-Verbal gibt. Die der Horizontalen gegenüber verklemmte Gesellschaft wagt das Äußerste an Ungenauigkeit mit ihrer Definition des Geschlechtsaktes: »Es kam zum Äußersten!« Dieses »Äußerste« war in Hitlers Fall während seiner Untermiete des Münchener Zimmers bei den Reicherts in der Thierschstraße nur das Oral-Oral mit Ada Klein.

Die Kussverhältnisse II und III, zu Maria Reiter und Lotte Bechstein, spielten sich nicht in München ab, Maria Reiter in und um Berchtesgaden, Lotte Bechstein im Raum Berlin.

Weiter gab es nichts, um darüber chronistisch »was« erzählen zu können, geschweige denn, sich »den Mund zu zerreißen«. Wie oben vorgeführt, war das Oral-Oral zwischen Hitler und den drei Frauen in der zweiten Hälfte des 1920er Jahrzehnts eben »das Äußerste«, zu dem Hitler sexuell gegenüber Frauen fähig gewesen war. Wenn Antonie Reichert von *einer* Frau berichtet hätte, die Hitler kontinuierlich besuchte, dann wäre auch ein geöffnetes Bett in seinem Zimmer vorstellbar. In diesem Zusammenhang ist bezeichnend, dass Reichert nichts dazu sagt, dass ihr Untermieter oft nachts außer Haus gewesen wäre – nämlich um zu dieser Zeit in das Bett einer Angebeteten zu steigen. Nichts ist mit Steigen in Frauenbetten! Nachts bestreitet Hitler

Versammlungen mit seinen Parteigenossen oder große öffentliche Veranstaltungen. Oder er arbeitet in seinem Zimmer bis frühmorgens. *(a. a. O., S. 3)*

Den »übermäßigen Damenverkehr« Hitlers haben seine Parteifreunde falsch verstanden. Hitler war nicht an »Bettgenossinnen« interessiert, sondern an »Überbau‹-›Schachteln«, vor allem an männerbündisch orientierten Mittäterinnen aus der Hautevolee des Systems – an so jemandem wie der Philosophen-Schwester und »Übermenschin« Dr. h. c. Elisabeth Förster-Nietzsche, der Flügelbauer-Fabrikantin und »Türöffnerin in Berlin«, Helene Bechstein, der Ärztin, Schriftstellerin und Generalsgattin, seiner »Philosophin« Dr. med. Mathilde Ludendorff, der Kunstbuch-Verlegerin, seiner »Kampfgefährtin« Elsa Bruckmann, und der Bayreuther Festspiele-Direktorin, der Richard-Wagner-Schwiegertochter Winifred. *(Schad 09, S. 113 ff., S. 41 ff., S. 132 ff., S. 11 ff., Joachimsthaler 03, S. 140 ff.)* Sein Schwengel drang in keine Dachgeschoss-Mutter ein, zu denen auch noch weitere Kulturschranzen wie die Cineastin Leni Riefenstahl, die Architektin Gerdy Troost, die Soubrette Margarete Slezak, die Pianistin Elly Ney und die sich aus dem englischen Hochadel an die Seite Hitlers gedrängt habende Unity Mitford gehören. *(Bach, Kinkel, Stratigakos, Karl, Joachimsthaler 03, S. 489 ff., Schad 09, S. 185 ff.)*

Nimmt man Otto Dietrich hinzu, äußerten sich 24 Personen aus Hitlers nächster Nähe gegen »normal«-männliche, genital-interpersonell prozedierte Verhältnisse Hitlers zu Frauen überhaupt. Sie taten es direkt oder indirekt. Die Voten sind so stabil, dass jeder Versuch, sie zu kippen, scheitern muss.

Am Beispiel von Franz Xaver Schwarz, dem NSDAP-Schatzmeister, lassen sich die Kriterien für die Eignung einer Person als Zeuge für Hitlers heterosexuelle Bedingungen noch einmal deutlich machen. Schwarz ist in der Rezeption des Dritten Reiches einer der Unbekanntesten, weil ohne Glamour wie die vielen zum Teil mehrfach biografisierten Destru-Coops Goebbels, Göring, Heydrich, Himmler, Röhm, Speer, Eichmann und der durch seine lebenslängliche Spandauer Gefangenschaft ins Zentrum des gesellschaftlichen Nach-45-Interesses gerückte Rudolf Heß.

Franz Xaver Schwarz trat als 2. Nein-Sager auf und hielt das Braun-Hitler-Verhältnis für ein »rein platonisches«, das heißt, in der Beziehung seien gar keine Schleimhautkontakte inbegriffen gewesen, wobei Schwarz, wie Otto Dietrich, das Phänomen »platonisch« auch für alle anderen Beziehungen Hitlers zu Frauen reklamierte. Wer war das, der so etwas vor den Mitgliedern der *U. S. Army Interrogation*

Division bei seinem Verhör am 26. Oktober 1945 mit dem Brustton hundertprozentiger Überzeugung zweimal verkündete? Schwarz, geboren am 27. November 1875, war 13 ½ Jahre älter als Hitler. Er gehörte zu dessen frühesten Wegbegleitern – so früh, dass er sich mit Hitler duzte. Es gab nur fünf Duzfreunde Hitlers. An ihnen waren die Amerikaner sehr interessiert. Schwarz war (einmal) verheiratet und hatte Kinder. Mit einer versteckten Nebenbemerkung weisen die US-Investigatoren auf Schwarz' phallisch-fertile »Kompetenz« hin. Sie registrieren unter der Rubrik »Persönliches« = »mindestens ein Sohn, namens Franz«. *(Schwarz.,* S. 1) Das »mindestens« ist eine Anspielung darauf, dass Schwarz auch noch nicht-eheliche Kinder hatte, deren Zahl er nicht so genau angeben wollte.

Schwarz dogmatisierte Hitlers Verhältnis mit Eva Braun nicht als ein »rein platonisches«, er informierte die Sieger nur über seine Einschätzung. *(a. a. O.,* S. 5, 9) Schwarz untermauerte seine Wahrnehmung dreifach:

Erstens. Er zitierte einen Hitler-Satz, den der ehemalige »Führer« zu Schwarz gesagt habe. Diesen Satz fanden die Amerikaner so interessant, dass sie ihn im sonst Englisch überlieferten Schwarz-Interview im Original-Deutsch wiedergaben: »Von mir bekommt eine Frau gar nichts. Ich kann mich nicht damit befassen.« *(a. a. O.,* S. 5) Ausgemacht deutlich Hitlers »damit«, mit dem er das Gesamt-Sexuelle in Verbindung mit Frauen abtat. Das »damit« ist für Hitler fast ein Degout, den er sich wie einen Fussel vom Finger schnippt.

Zweitens. Schwarz hielt seine Behauptung, das Verhältnis zwischen Hitler und Braun sei »rein platonisch« gewesen, auch nach Einwänden der Interviewer aufrecht. Er wiederholte das schon einmal Gesagte und fügte eine Generalisierung zu Hitlers sämtlichen »Beziehungen zu Frauen« an, indem er betonte, diese Beziehungen hätten sich auf einer »hohen Ebene« *(high plane)* befunden. *(a. a. O.,* S. 9) Was zugleich sagt, das »Niedere« – das »Untere« = das »Horizontale« – wäre in keiner Beziehung Hitlers zu Frauen agiert worden.

Drittens. Eva Braun verkehrte in Schwarz' Privatleben. Er hatte nahen Umgang mit ihr. Er kannte sie so gut, dass er das Platonische in ihrer Beziehung zu Hitler auch von ihrer Seite her erfassen konnte *(ONANO, 2. Nein-Sager).*

Schwarz war das siebente von acht Kindern eines Bäckermeister-Ehepaares, geboren in Günzburg an der Donau. Sexualität hatte Schwarz vom Vatersamen und von der Muttermilch her als phallisch-vaginal fixiertes Geschehen eingespeichert bekommen. Was anderes gab es für ihn nicht. Und das »andere« in Form des »zaghaften« Oral-Vaginal zwischen Hitler und Braun konnte Schwarz nicht als echtes sexuelles Geschehen wahrnehmen. »Phall-ohnisch« bedeutete für ihn »plato-nisch«. Es gibt keinen Grund, das Zeugnis dieses Mannes nicht her-anzuziehen. Seine Tätigkeit als Finanz-Regler der NSDAP hatte nichts mit Fragen des Intimen zu tun, dem Schwarz deshalb pur neutral gegenüberstand und auf das er bei Braun und Hitler nur gemäß seiner eigenen Erfahrung reagieren konnte.

Brauns vierte Biografin Heike Görtemaker versuchte, Schwarz' Nein-Votum abzuschmettern – mit der Begründung, Schwarz sei auch nach 1945 ein fanatischer Nazi und Antisemit gewesen und wolle mit seinem Platonik-Votum Hitler in einer Art Heiligen-Gloriole darstel-len. Görtemakers Einschätzung ist vollkommen an den Realitäten des Verhältnisses zwischen Braun und Schwarz vorbeigedacht. (Görtema-ker 11 I, S. 169, 289, Anm. 205) Die Qualifizierung oder Abqualifizierung von Zeugen unter dem Gesichtspunkt ihrer ehemaligen Hitler-Mittä-terschaft ist sowieso Geschichts-prozessual unbrauchbar. Denn mehr oder weniger waren alle Zeugen Mittäter und Mittäterinnen.

Die Glaubwürdigkeits-Prüfung von Zeugen zu Hitlers sexuellen Bedingungen hat daher nach den oben vorgeführten Kriterien statt-zufinden und nicht danach, wie schnell sich jemand nach dem Zusam-menbruch des Nazi-Staates aus seiner ehemaligen Komplizenschaft häutete (Problem beim 10. Ja-Sager, Albert Speer, in HETERO ausge-walzt).

Die Haushälterin als erste der vier No-Newcomer

37. Nein-Sagerin – Anni Winter

Von Hitlers Prinzregentenplatz-Haushälterin sind sechs Statements überliefert, drei private und drei offizielle. Ihre positive Einschätzung zum Sex zwischen Hitler und Braun ließ sich für die 5. Ja-Sagerin aus den privaten Gesprächen zwischen ihr und Sekretärin Schroeder fil-tern (ORALO). Die beiden Hitler-Gehilfinnen teilten ein Zimmer mit Matratzen in einer Wohnung, in der sie von den Amerikanern für ein paar Wochen gefangen gehalten wurden. Während dieser Zeit ließ Winter bekanntlich gegenüber Schroeder den Satz fallen: »Samstags erschien sie [Braun] immer in der Wohnung am Prinzregentenplatz mit einem kleinen Köfferchen.«« (Schroeder 85, S. 234 f.)

Außerdem hat Winter noch zweimal privat ihre Einschätzung kundgetan, das Verhältnis zwischen Hitler und Braun hätte als ein sexuelles im Frühjahr 1932 begonnen, ein halbes Jahr nach dem gewalt-samen Tod von Hitlers Nichte Geli Raubal im September 1931. Winter teilte ihre Beobachtung Brauns Biografen Gun vor 1968 und Hitlers Biografen Maser 1969 mit. *(Gun 68 I, S. 55, Maser 74 ff., S. 318)* Bei allen drei Äußerungen Winters handelt es sich um nicht viel mehr als um ein Kopfnicken, ein Abzeichnen des Geschehens, das ab Frühjahr 1932 in Hitlers Wohnung am Prinzregentenplatz stattgefunden hätte. Als mitwohnende Haushälterin hat Winter jegliches Kommen und Gehen von Gästen registriert.

Ziemlich anders ist die Situation bei Winters Auslassungen gegenüber offiziellen Stellen – 1945 vor Interrogateuren im Zusammenhang mit den Nürnberger Kriegsverbrecher-Prozessen, 1948 mit dem sich für die Hitler-Forschung auf die Pirsch begebenen Team um den ehemaligen Nürnberger Richter Michael Musmanno und 1952 für die Sammlung von Zeitzeugen im Münchener *Institut für Zeitgeschichte*. *(Winter 45, 48, 52)*

Anni Winter hätte für die Nein-Seite nicht reklamiert werden können, wenn nicht ein erheblicher Widerspruch zwischen ihren Aussagen von 1945 und 1948 bestehen würde. 1945 heißt es gegenüber dem Interrogator, Captain O. N. Norden: »Eva Braun war jedes Mal, wenn Hitler da war, auch da. Sie wurde manchmal nachts noch nach Hause gebracht, manchmal schlief sie aber auch im Hause. So war es [,] soviel ich mich erinnere [,] bis zum Schluss. Die gegenseitige Zuneigung zwischen Hitler und Eva Braun hat sich immer mehr vertieft. Eva Braun ging ungefähr im Oktober 1944 von München nach Berlin und blieb bis zum Ende in Berlin.« *(Winter 45, S. 7)*

Drei Jahre später sagt Winter dem Musmanno-Team etwas fast gänzlich anderes, ja geradezu Harsches über die fehlende Substanz im Braun-Hitler-Verhältnis, womit sie auch gleich so etwas wie einen »Trieb« Hitlers auf Braun aus der Beziehung ausräumte: »Wenn der Krieg einen anderen Ausgang gehabt hätte, wären die beiden nicht zusammen geblieben! Er [Hitler] wäre niemals bei ihr [Braun] geblieben.« *(Winter 48 II, S. 8)* Für die schwerst-Begriffsstutzigen wird Winter noch deutlicher: »Er [Hitler] hätte sie [Braun] nie so lange behalten, wenn sie nicht die ganze Zeit komische Tricks mit ihm angewandt hätte. Sie bedrohte ihn damit, Selbstmord zu verüben.« *(a. a. O, S. 5)*

Mit diesen Sätzen stellte Anni Winter nicht in Abrede, dass »da« »was« zwischen Hitler und Braun »gelaufen« war. Aber sie ergänzte quasi: Von Hitlers Seite aus = intimer Nebbich! Und sein eigentliches Interesse an der »Affäre« lag auf dem baldestmöglichen »Aus« und »Schluss«.

All das passt genau zu dem schon Konstatierten: Hitler hatte zwei Trennungen von Braun durchgezogen und wurde mit Hilfe ihrer

Selbstmordversuchs-Shows zurückgepfiffen *(ORALO, Hitlers Trennungszyklus)*. Anni Winter zitierte Hitlers Reaktionen darauf: »Der Führer kam zu ihr [Winter], nachdem das passiert war, und sagte: ›Was für ein dummes Zeug, so etwas zu tun! Was soll ich denn jetzt machen? Ich kann mir keinen Skandal leisten.« *(Winter* 48 I, S. 2) Das war Hitlers »Stellungnahme« zu Brauns zweiter Selbstmordversuchs-Demonstration Ende Mai 1935.

Doch auch schon auf Brauns erste Demonstration am 1. November 1932 reagierte *der* Mann, der zuerst Deutschland und dann die Welt zittern ließ, nun selber entsetzt, weil in die Enge getrieben. Winter berichtete: »Einst fügte sie [Eva Braun] sich einen Streifschuss an ihrer Brust zu. Das war zu einer Zeit, als sie [Hitler und Braun] schon fast getrennt waren [zweite Hälfte 1932]. Er [Hitler] kam abends zu Frau Winter und sagte: ›Warum macht sie so etwas, ängstigt mich derart? Aber ich habe alles wieder eingerichtet. Alles ist in Ordnung. Sie wird es nicht wieder tun.« *(Winter* 48 II, S. 5) Und ob sie es wieder tat!

Hitler hätte weder 1932 noch 1935 einen Eklat riskieren können (»Ich kann mir keinen Skandal leisten.«). Auch wenn er sich zu dieser Zeit noch nicht an Eva Braun sozial gebunden hatte, hätte ein gelungener Selbstmord Brauns für ihn unvorhersehbar negative Folgen haben können. Von seinem Braun-Verhältnis war zumindest zu den eigenen Leuten schon zu viel durch»gegeben« worden. Schwarz wusste es seit Winter 1931/32, Wiedemann seit Frühjahr 1935. Die Diener und Sekretärinnen wussten ...

Die Neun-Zimmer-Wohnung am Prinzregentenplatz – das Territorium, in dem sich die Begegnungen Braun-Hitler abspielten – war eine zu große Verführung für andauernde Treffen auch zwischen Hitler und diversen »Gehobenen« und »Positionierten« bis zum britischen Premierminister Chamberlain. Dieses In-die-Wohnung-Holen von Politik wäre in Hitlers Bude bei den Reicherts in der Thierschstraße neun Jahre lang noch nicht gegangen. Außerdem war Hitler nach seinem Münchener Putsch-Versuch vom 8./9. November 1923 die extremste politische Kontroversität und deswegen Bekanntheit in Deutschland und beginnend auch in der Welt. Gerade über jemanden wie Hitler wurde damals unentwegt »gequatscht«.

Doch das Wichtigste, an das erst nach der Analyse des Verhältnisses Hitler-Gürtner gedacht werden kann *(zweites Buch)*: Hitlers stärkster Schutz, der bayerische Justizminister Franz Gürtner, der ein Jahrzehnt lang jegliche Bedrohung von Hitler ferngehalten hatte, war seit Mitte 1932 Reichsjustizminister im Kabinett Papen geworden, saß amtlich in Berlin fest. Im Falle eines gelungenen Selbstmordes der

»Führer‹-Geliebten« Eva Braun im November 1932 hätte die bayerische Polizei ohne Gürtners Veto nun kriminalistisch exakt untersuchen können, ja müssen. Hitlers Rettungssituation September 1931 nach dem gewaltsamen Tod seiner Nichte Geli Raubal gab es wegen Gürtners Verlassen Münchens nicht mehr.

Hitler wusste, dass die Öffentlichkeit andauernd in sein *Privates* hineinlangen wollte. Denn *politisch-gesellschaftlich* war er immer mehr unschlagbar geworden. Das Gefährliche an den Braun-Selbstmordversuchs-Demonstrationen war 1935 besonders Hitlers *eigene* emotionale Reputation gegenüber dem »deutschen Volk«. Millionen deutscher Frauen hätten irritiert sein können, wenn durchgesickert wäre, Hitler behandelt sein »Verhältnis« so brutal, dass »es« Selbstmord begehen muss. Anni Winter hat Hitlers Zwickmühle richtig übermittelt. Er musste auf irgendeine Weise mit Braun zusammenbleiben. Aber diese »Weise« entsprach nicht Strebungen von Hitlers Unten, sondern Erfordernissen des obersten Oben, der Staatsräson, der sich auch der Staatsführer Hitler beugen musste.

Unbrauchbarkeit der Aussage von Zeugen
in Selbstverteidigung

Bisher wurde bei der Untersuchung des Wahrheits-Gehaltes von Zeugen-Statements auf die Person im Zusammenhang mit ihrer Aussage abgestellt: Wie nah war jemand Hitler gewesen? Kann das, was eine Person wahrgenommen hat, als eine realistische Beobachtung ernst genommen werden? Verbildlichung: Können ein Gärtner oder eine Köchin, die nie in der Nähe von Hitler gewohnt, erst recht nicht neben ihm in seiner Wohnung oder dem Privat-Stockwerk auf dem *Berghof* geschlafen haben, etwas Schlüssiges zu Hitlers Sexualität zum Ausdruck gebracht haben? Dieses Thema wird noch eine Rolle beim *1. Ja-Sager* spielen, Hitlers Leibarzt Theodor Morell. *(ANALO)*. Haushälterin Winter erfüllt das Nähe-Erfordernis. Sie wohnte gemeinsam mit ihrem damaligen Ehemann Georg Winter von 1929 bis 1944 mit Hitler zusammen am Prinzregentenplatz 16, in den dieser ab Sommer 1944 nicht noch einmal zurückgekehrt ist.

Doch bei dem Widerspruch innerhalb von Winters Äußerungen gegenüber den Amerikanern geht es um etwas anderes: Jemand steht unter einem begründeten oder unbegründeten Verdacht, den er unbedingt zerstreuen möchte. Und was er in diesem Zusammenhang von sich gibt, kann wie eine Anti-Wahrheits-Trophäe behandelt werden. So war die Situation bei Anni Winter. Ihre Aussage, die für

Hitlers Heterosex-Apologeten Görtemaker und Ullrich den Charakter geradezu eines Starbelegs hat, ist im Zeugen-Befragungs-technisch äußerst wichtigen Zusammenhang eines Verdachts gemacht worden, der auf Winter lastete und den sie ausräumen wollte. Direkt bevor es im November 1945 zu Winters extrem positiver Wertung des auch sexuellen Verhältnisses zwischen Hitler und Braun gekommen war, wurde sie von Hauptmann Norden mit dem Verdacht konfrontiert, sie selbst hätte ein Verhältnis mit Hitler gehabt. In dem hinterlassenen Maschinen-schriftlichen Papier der Amerikaner zum Winter-Interview wurde diesem Thema sogar die Überschrift »Verhältnis zu Hitler« gewidmet *(Winter 45,* S. 7) Der US-Offizier Norden muss den gegen Winter bestehenden Verdacht offen ausgesprochen haben, denn sie verteidigt sich vehement dagegen, dass ihr ein sexuelles Verhältnis mit Hitler angedichtet wurde:

»Ich muss wirklich sagen, ich glaube [,] dass es niemanden gibt, der darüber sprechen kann und das überhaupt glaubt. Wenn Streicher sagt, ich hätte etwas mit Hitler gehabt, so lügt er ... Hitler hatte mich gern, weil ich alles sehr sauber hielt und weil er sich vielleicht privat und ohne Adjutanten aussprechen konnte. Aber weiter hatte ich mit Hitler in keiner Weise etwas ...Ich glaube wirklich nicht, dass ich da irgendetwas klären muss mit Streicher. Wenn Streicher behauptet, Hitler sei mir hörig gewesen, so lügt er. Ich kann dazu nur sagen, dass ich alle Unterstellungen dieser Art zurückweise.« *(a. a. O.)*

Diese Vehemenz Winters war der theoretische Teil ihrer Rechtfertigung. Ihm folgte sofort im textlichen Anschluss daran der praktische, ihre Hymne auf das nahe, sich »immer mehr vertiefende« »Verhältnis« zwischen Hitler und Braun. Je näher und absoluter Hitler und Braun zueinander von Winter in Beziehung gestellt wurden, um so entfernter und relativierter entrückte Anni Winter sich dem »Führer«: »Jedes Mal, wenn Hitler da war,«, war Braun »auch da«. Dann gab es nicht die kleinste zeitliche und persönliche Lücke für ein Verhältnis zwischen Hitler und Winter.

Anni Winter wusste im November 1945 nicht, wie die Nürnberger Kriegsverbrecher-Prozesse sich entwickeln, vor allem, wie die Mittäter-Fragen behandelt werden würden. Schon der von einem Nazi-Führer wie dem *Stürmer*-Herausgeber Julius Streicher geäußerte Verdacht, Winter hätte ein sexuelles Verhältnis mit Hitler gehabt, konnte der derart Verdächtigten biografisch einen großen Schaden zufügen. Winter musste unverzüglich schwerste Geschütze gegen ein Verhältnis zwischen ihr und Hitler auffahren. Dass sie in Hitlers Wohnung mit ihrem Mann Georg zusammengelebt hatte, erwähnte sie an keiner

Stelle ihres Interviews. Nach dem Ende des Dritten Reiches hatte sie sich scheiden lassen und Georg Brunner geheiratet. *(Winter 52)* Doch die Amerikaner über ihre eigenen sexuellen Bedingungen zu informieren, lag nicht in Winters Strategie. Sie organisierte stattdessen das Verhältnis Hitler-Braun in eine solche Absolutheit, dass vor den Verhörern kein Eindruck mehr entstehen konnte, es hätte für Hitler noch einen zeitlichen Platz gegeben, sich außer mit Eva Braun mit einer anderen Frau einzulassen. Winter haute derart auf die Pauke, dass ihr bei jedem Satz entweder ein grammatikalischer bzw. ein wörtlicher oder ein Tatsachen-bezüglicher Fehler nachgewiesen werden kann – typisches Gestrauchel von Zeugen vor Kriminalisten und Prozess-Juristen, wenn sie sich bei einer Selbstverteidigung in die Enge getrieben fühlen und daher ihren Aussagen überhaupt kein Wahrheitsgehalt mehr beigemessen werden kann:

»Braun war jedes Mal, wenn Hitler da war, auch da.« Wird vom Vier-Monats-*Tagebuch-Fragment* Eva Brauns im Vergleich mit den täglichen Aufzeichnungen der Adjutanten Brückner und Wünsche und Goebbelsʼschen Tagebuch-Einträgen vollständig widerlegt. Hitler war zigmal in München, ohne Braun zu kontaktieren.

»Manchmal schlief sie aber auch im Hause.« Wo? Winter vergisst zu sagen, was Leibdiener Linge gegenüber den sowjetischen Interrogateuren hinterlassen hat, dass Braun mal im Gastzimmer am Prinzregentenplatz ein Bett zur Nacht gerichtet worden war und ein andermal Linge sie nach Hause gebracht hatte *(AMORO)*. »Im Hause« sagt man nur bei Privathäusern. Hitler lebte am Prinzregentenplatz 16 in einem Mehrparteien-Mietshaus. Winter hätte das Wort »Wohnung« benutzen müssen.

»So war es, soviel ich mich erinnere, bis zum Schluss.« Nonsens. Wann war der »Schluss«? Winter hatte Hitler Anfang Juni oder Anfang Juli 1944 zum letzten Mal gesehen, konnte über den »Schluss« der Braun-Hitler-Beziehung daher gar nichts sagen. *(Winter 45, S. 2)*

»Die gegenseitige Zuneigung zwischen Hitler und Eva Braun hat sich immer mehr vertieft.« Diesen Satz widerrief Winter expressis verbis in ihren Äußerungen drei Jahre später gegenüber dem Musmanno-Team.

»Eva Braun ging ungefähr im Oktober 1944 von München nach Berlin und blieb bis zum Ende in Berlin.« Wurde alles und wird noch weiterhin im Einzelnen widerlegt. Braun kam erst Anfang April 1944 »zum letzten Gefecht« in den »*Führer*«-Bunker nach Berlin *(HETERO, ORALO)*

Aber dass Anni Winter vollkommen »aus den Pantinen gekippt« ist – bei allem, was sie im November-45-Interview über Hitler und

Braun von sich gegeben hat – kommt mit einem Satz auf der nächsten
Seite zum Ausdruck:»Von der Affäre, die Eva Braun mit einem anderen Mann hatte, wusste Hitler m[eines]. W[issens]. nichts. Ich selbst
habe erst später einmal erfahren, dass Eva Braun noch einen Freund
nebenbei hat.« *(a. a. O.,* S. 8) Näheres dazu in den nächsten Kapiteln
von *NEUTRO)*

Eine Aussage zu dem Zweck, einen Verdacht von sich auf andere
abzuwälzen, hat einen Wahrheitsgehalt gleich Null, erst recht deswegen, wenn die Aussage drei Jahre später widerrufen wird. 1948 waren
die Nürnberger Prozesse vorbei, von denen Anni Winter im November 1945 noch nicht wusste, ob sie ihr hätten gefährlich werden können. Winter hatte in den drei Jahren keine Verfolgungen vonseiten der
Alliierten erleiden müssen, befand sich ja schon im November 1945 auf
freiem Fuß. Jetzt konnte sich Winter gegenüber dem Musmanno-Team
der Realität nähern, ohne sich selbst zu gefährden.

»Samstags erschien sie immer in der Wohnung am Prinzregentenplatz mit einem kleinen Köfferchen« Das muss Anni Winter als
Tatsache abgenommen werden, weil dasselbe auch Leibdiener Heinz
Linge im *Buch Hitler* gesagt hat. *(Eberle/Uhl,* S. 62) Er wiederholte es
gegenüber seinen westlichen Interviewern im Oktober 1955 nach der
Entlassung aus seiner russischen Gefangenschaft *(Linge* 55/56, Nr. 46
v. 12. 11. 55, S. 49) Ebenso ist Winter zu glauben, dass sie wahrnahm:
Es hat »etwas« zwischen Braun und Hitler gegeben. Aber mehr sagt
die nüchtern und in eigener Sache 1948 unängstlich gewordene Winter
nicht, vor allem ihre Beschreibung des Hitlerschen »Low«, seines sexuellen Äußerst-Wenig, dem Fast-Nichts ist stimmig.

In ihrem dritten Interview bleibt Winter auf diesem Kurs. Gegenüber
dem Beauftragten des Münchener *Instituts für Zeitgeschichte,* dem
Historiker Georg Franz-Willing, stellt Winter das Thema Braun-Hitler-Beziehung gänzlich ein. Braun und andere »Frauen um Hitler«
kommen in keiner Wendung des Gespräches vor. Stattdessen macht
Winter Tabula rasa mit Hitlers Nächten ohne alle Frauen. »Hitlers
Lebensgewohnheiten: Immer Nachtarbeiter. Vor Mitternacht ging
er nie zu Bett. Normalerweise begab er sich erst um 2 Uhr zur Ruhe.
Dann nahm er sich immer noch einen Arm voll Bücher mit zu Bett,
hauptsächlich Architektur-Bücher.« *(Winter* 52, S. 2) 1952 waren
andere Zeiten. Es gab Ende der 1940er Jahre die von Luis Trenker lancierte Fälschung der Braun-Tagebücher, gegen die die Eltern Brauns
und Riefenstahl geklagt hatten. Sex zwischen Hitler und Braun war
ein Thema für Gerichtsverhandlungen *(ONANAO, 17. Nein-Sager, Karl*

Wilhelm Krause). Da machte Winter eine neuerliche Kehrtwendung und ließ es in ihren Aussagen über Hitler ganz weg

Wie die Hitler-Forscherin Brigitte Hamann es für die Glaubwürdigkeit des Contra-Sex-Zeugen Reinhold Hanisch vorgeführt hat *(ONANO, 8. Nein-Sager),* kommt es immer nur auf die relative Glaubwürdigkeit gegenüber einem Thema, einer Frage, einem Streitpunkt an und nicht darauf, ob ein Zeuge als »ganzer Mensch« eine glaubwürdige Person ist. *(Hamann* 96, S. 264 ff.) Anni Winter ist beim Thema »Geli Raubal« befangen, was im *zweiten Buch* ausgebreitet wird. Winter musste ihre eigene Verwicklung in den Fall von Raubals gewaltsamem Tod bedecken, so dass sie gerüttelt Unstimmiges zu Protokoll gab. Doch Eva Braun gegenüber waren bei Winter keine Selbstschutz-Maßnahmen vonnöten. Winter sagte der Wahrheit entsprechend, dass das Verhältnis Braun-Hitler eine Zweckgemeinschaft war, die Hitler nach einem Sieg der Deutschen im Zweiten Weltkrieg – über wen alles? – beendet hätte.

Interessant auch noch eine Bemerkung Winters zum Anfang des Braun-Hitler-Verhältnisses: Als Hitler in seine Beziehung zu seiner Nichte Geli Raubal involviert war, hatte er Eva Braun gar nicht beachtet, obwohl er sie zwei Jahre lang flüchtig als Foto-Hoffmanns Angestellte kannte. *(Winter* 48 II, S. 11) US-Richter Musmanno will über das Verhältnis Raubal-Braun etwas wissen, weil eine These zum gewaltsamen Tod Raubals den Amerikanern zu Ohren gekommen ist: Eva Braun wäre der Grund für Raubals »Selbstmord« gewesen. Anni Winter eisern in diesem Fall an der Wahrheit bleibend: »Nein, zu dieser Zeit [Hitlers mit Geli] war er nicht interessiert an Eva Braun. Er kannte sie zu dieser Zeit nur sozial, aber das spielte überhaupt keine Rolle zu Gelis Lebzeiten.« *(a. a. O.)*

Landsberger Festungs-Direktor und Hanfstaengl-Ehefrau

38. und 39. No-Newcomer – Otto Leybold und Helene Hanfstaengl

Das 38. Nein-Votum stammt vom Gefängnis-Direktor der Landsberger Festung für politische »Ehren«-Häftlinge wie den Eisner-Mörder Anton Graf von Arco und die 1923-Putschisten Hitler *and associates.* Otto Leybold steht nicht im Verdacht, dass er Hitler etwas Böses hätte ankreiden wollen. Im Gegenteil, Leybold plädierte mehrmals für Hitlers vorzeitige Entlassung aus der einjährigen Haft – wegen bester Führung, das erste Mal am 15. September 1924 in seiner »Stellungnahme gegenüber dem I. Staatsanwalt bei dem Landgericht München I wegen Freilassung Hitlers auf Bewährung«. *(Fleischmann,* S. 138) In Leybolds

Charakterisierung Hitlers finden sich allgemein gutwillig wirkende Sätze, die jedoch Hitlers Verhältnis zu Frauen als nicht existent entlarven: »Er hat keinen Zug zur Weiblichkeit, Frauen, mit denen er hier bei Besuchen in Berührung tritt, begegnet er mit größter Höflichkeit, ohne sich mit ihnen in ernste politische Besprechungen einzulassen.« *(Deuerlein 76*, S. 238, *Fleischmann*, S. 139)

Das aber scheinbar Nebensächliche und doch Entlarvendere war Leybolds Beobachtung, Leybolds Beobachtung Hitlers: »Als Junggeselle, der auch in der Freiheit keine Ansprüche an eine gute Lebenshaltung stellt, trägt er den Entzug der Freiheit leichter als seine verheirateten Schicksalsgenossen. Er hat keinen Zug zur Weiblichkeit ...« *(a. a. O.)* »Junggeselle« war nicht der Punkt. Auch unverheiratete Männer, die auf Frauen oder Männer stehen und mit ihnen auf eine unverheiratete oder polygam promiske Weise »verkehren«, können »Freiheitsentzug schwer« bis gar nicht »ertragen«. Es kommt auf das echte »Stehen« an, das bei Hitler nicht stattfand. *Hitler 2* verfügte über kein mitmenschlich sexuelles Agieren und konnte daher seiner Natur entsprechend besser von Menschen »abgesperrt« sein.

Leybold nahm mit seinem Eindruck vorweg, was Ernst Hanfstaengl später in seinen Erinnerungen von seiner Frau Helene erzählt hat, die nach Hitlers Kniefall, in den Hanfstaengl fast geplatzt wäre, zu ihrem Mann gesagt habe: »Glaube mir, er ist ein absolutes Neutrum, aber kein Mann.« *(Hanfstaengl 70*, S. 61) Helene Hanfstaengl hatte ihre Einschätzung Hitlers nicht weiter gehässig gemeint. Im Gegenteil, sie war Hitler so zugewandt, dass sie ihn nach dem gescheiterten Putsch vom November 1923 und seiner Flucht in ihr Landhaus auffing und den Strauchelnden vom Selbstmord abhielt. Sie liebte Hitler durchaus, aber nur »rein menschlich«, politisch-»oben« und hatte dabei bemerken können, dass er in seinen »Unten«-Bedingungen »ein absolutes Neutrum« und »kein Mann« war.

Helene Hanfstaengls Wahrnehmung deckt sich mit dem, was Marianne Hoppe bei ihren Besuchen Hitlers aufgefallen war, wonach sie urteilte: »Er hat kein Flair als Mann gehabt.« *(HETERO, Marianne Hoppes zweite Enttarnung Hitlers)*. Dieses drastische Votum qualifiziert Helene Hanfstaengl zur 39. Zeugin gegen eine kommunikative Sexualität jedweder Art Hitlers. Sie gesellt sich damit zu Ihrem Ehemann, der zu einem der ersten Nein-Sager gehörte.

Noch beißender und schon analytisch wissenschaftlich notierte es der Hitler-zeitgenössische *homme de lettres* Harry Graf Kessler am 28. Januar 1935 in sein Tagebuch: »Hitler sei wahrscheinlich weder hetero- noch homosexuell, sondern ein Neutrum, empfinde absolut nichts«, wie Hermann Graf von Keyserling es Kessler »gesteckt« habe. *(Kessler, S.* 631) Kessler war ein dem Sexuellen gegenüber aufmerksamer Schriftsteller. Er lieferte Hugo von Hofmannsthal die Idee zum Libretto der Oper *Der Rosenkavalier* – das Gewagteste, was es je auf einer Opernbühne gegeben hat. Es werden drei Beziehungen vorgestellt und ineinander verwoben. Das Lesbische und das Pädophile kommen ebenso zu Wort wie das »Gerontologische«. Es liebt einfach alles auf der Bühne. Und das sexuell Schärfste: Richard Strauss' Ouvertüre lässt einen Fick zwischen einer 40–50-jährigen Frau und einem 17-Jährigen, gesungen ebenfalls von einer Frau, *erklingen* und endet mit dem imaginierten Orgasmus des Paares. Vorhang auf: Die es soeben miteinander »getrieben Habenden« werden im Bett gezeigt, wie sie sich nachschauernd für das gerade Geschehene gegenseitig loben! 1911 prämiert. Es ist die künstlerisch gelungenste Kundgabe der Biophilie gegen die sich zusammenbrauende Nekrophilie des anmarschierenden Ersten Weltkriegs, aus dem *Hitler 2* gekrochen ist. Kaiser Wilhelm II. war einer der Nekro-Promoter des bevorstehenden bis dahin ärgsten Männerschlachtens der Männer-bündischen Geschichte (20 Millionen Tote und Verkrüppelte). Solch ein Menschentyp war schon vom Libretto des *Rosenkavaliers* so schockiert, dass er die Uraufführung der Oper in Berlin verbot. Strauss und Hofmannsthal mussten nach Dresden ausweichen, wohin die Reichsbahn für jede Vorstellung Sonderzüge organisierte, damit auch alle in Berlin Interessierten das Hohe Lied – die musikalisch verwegenste Ovation – auf den Orgasmus miterleben konnten.

Gefängnis-Direktor Leybold hatte genau das Gleiche wahrgenommen wie Helene Hanfstaengl und Harry Graf Kessler: Hitler war ein »absolutes Neutrum«, das »absolut nichts empfinde«. Ein solches »Neutrum«, das sich mit niemandem sexuell verbinden wollte und musste, konnte die Gefangenschaft bestens überstehen. Die Kolorierung von Leybolds Zeugnis mit den Bemerkungen von Helene Hanfstaengl und Harry Graf Kessler geschieht, um Leybolds Wahrnehmung nicht etwa in Richtung eines homosexuellen *Hitler 2* zu interpretieren *(zweites Buch).* Ein Mann kann noch so sehr homosexuell orientiert sein und sich trotzdem von dieser oder jener Weiblichkeit angezogen fühlen. Leybold traf etwas Über-Orientierungsmäßiges – Hitlers Unempfindlichkeit gegenüber Frauen. Genau das haben Helene Hanfstaengl sowie Kessler und Keyserling zum Ausdruck gebracht. Bei den Letzteren sind es Reflexionen nach Beobachtungen von fern, Interpretationen nach allerlei Gehörtem und ihnen Zugetragenem. Das alles wäre zu wenig, um in den Rang einer Zeugenaussage erhoben zu werden. Doch Leybold hat Hitler so gut wie täglich beobachtet.

Sowie Helene Hanfstaengls Memoiren erschienen sind, wird ihre Wahrnehmung Hitlers als »absolutes Neutrum« noch genauer erfahrbar sein. Auch wenn es sich bei ihrer Einschätzung von Hitlers inexistenter kommunikativer Sexualität nur um einen Farbtupfer auf den ausgebreiteten Schilderungen ihres Mannes zu handeln scheint, genügen ihr Gespür und ihre Eingebung, Hitlers Low-Sex-Realität richtig erfahren zu haben. Denn immerhin hatte Hitler es mit seinen Kniefällen vor Helene Hanfstaengl scheinbar auf die Ehefrau seines Freundes abgesehen gehabt. Aber Helene durchschaute, eher durch*fühlte,* dass sie nur Hitlers Pseudo-Sexual-Objekt gewesen ist.

Gefängniswärter Franz Hemmrich

40. Nein-Sager

Was sich hinter Hitlers »größter Höflichkeit« gegenüber Frauen verbarg, führte der 40. *Nein-Sager* vor, der auf die »Halde« muss, der Gefängniswärter Franz Hemmrich in Landsberg. Er stellte fest, »dass Hitler den Frauen und Mädchen gleichgültig gegenüberstand.« »Er war ihnen gegenüber von einer charmanten Höflichkeit, aber ohne die geringste Anzüglichkeit in Wort und Blick.« *(Hemmrich* 52)

Die Gefängnis-Beamten Leybold und Hemmrich waren Hitler insofern Leib-Nahe, als sie über ein Jahr hinweg von Ende 1923 bis Ende 1924 Hitler rund um die Uhr beobachten konnten. Vor allem der Gefängniswärter Hemmrich bekam Hitler »Tag und Nacht« »aus nächster Nähe« mit. Hemmrich und Leybold waren daher Hitler gegenüber in einer ähnlichen Position wie seine Adjutanten, Leibdiener und Sekretärinnen, auch wenn sich ihr Eindruck von Hitler nur auf ein Jahr bezog. Es gab einen ungeheuren Besuchs-Andrang bei Hitler, vor allem von Frauen, die zu Hitler »drängten«. Und für diese Begegnungen benutzten beide Gefängnismänner Worte, die das platte Ergebnis hinterlassen: Es bestand keine Anziehung zwischen *Hitler* und den Weiblichkeiten. Nur das Umgekehrte herrschte: Frauen flogen auf Hitler.

Leybolds »Keinen *Zug* zur Weiblichkeit« ist das Gleiche wie Hemmrichs »ohne die geringste Anzüglichkeit«. Das Wort »anzüglich« hat später im Sprachgebrauch eine Drehung ins Negative durchgemacht, meint aber in seinem ursprünglichen Sinn: Es besteht keine Anziehung zwischen ..., kein Bezug zu ... Hemmrich sagt sogar »Frauen *und Mädchen*«. Die Hitler-Verehrerinnen kamen oftmals mit ihren

Töchtern, um Hitler »etwas« zum Heiraten »unterzujubeln«. Aber welch eine Pleite in Hemmrichs Worten: Hitler war von Frauen und Mädchen nicht angezogen. Er stand ihnen »gleichgültig« gegenüber.

Hitlers Gesäusel über seine Freude an schönen Frauen und Mädchen vor seinen Militärs und Begleitmännern war nur Deklamation. (*Krause*, S. 47 f./43 f.) Wenn Hitler vor seinen diversen Hilfsmännern von den weiblichen Schönheiten redete, waren keine solchen »Schönheiten« mit im Männer-Raum. Niemand unter seinen Männern konnte beobachten, ob Hitler wirklich auf Frauen stand. Aber Hemmrich und Leybold sahen Hitler von Nahem im manchmal täglichen Umgang mit Frauen und Mädchen.

Hemmrich und Leybold beobachteten den einjährigen »Wahnsinn« von Hitlers Unempfindlichkeit gegenüber den ihn besuchenden Frauen und Mädchen. Es waren Dutzende Besucherinnen. Darüber gibt es ein Gefängnis-Protokoll-Buch. *(Fleischmann)* Und nie zündete etwas, nie ging die Post ab, nie zuckte bei Hitler etwas auf. Ein solches reagibles Fehlen von spontaner »sexueller Reaktion« kann auch nicht mit politischer Vorsicht beschönigt werden, mit der Hitler sich alles Weibliche hätte vom Leibe halten wollen. Er war den Besucherinnen gegenüber zu nichts verpflichtet. Er würde irgendwann entlassen werden, aus der Greifbarkeit der Frauen verschwinden, die seine Privatadresse nicht kannten. Auch hätte er sich jegliche Besuche von Frauen oder von bestimmten zu aufdringlichen Frauen verbitten können

Hitlers Nicht-in-Schwingung-Geraten gegenüber Frauen und Mädchen ist ein Todesurteil für jegliche Ambition, Hitler zu heterosexualisieren. Es handelt sich daher bei solchen Versuchen nur um ein Sich-Drehen in einem »Wahnsex«.

Die Hitler-Impotenz-Akte des Reichsführers SS

Es muss zur nicht-existenten phallisch-vaginal-penetrativ-friktierenden Praxis Hitlers mit Braun noch etwas angefügt werden, das zwar weder als Beleg noch als Indiz für eine weitere Position im Nein-Revier genutzt werden kann. Aber für einen Hinweis auf Hitlers Non-Phallik taugt es: Es gab eine »Anti-Hitler-Akte«. Aus dem Gespräch von 1947 zwischen dem Nürnberger Anklage-Vertreter Robert Kempner und Fritz Wiedemann, dem vormaligen Hitler-Adjutanten und Bürochef in der Reichskanzlei und späteren Dissidenten, fällt im kürzest denkbaren Schlagabtausch die Nachricht über die »Anti-Hitler-Akte«

heraus. Diese Information ist so versteckt und erfolgt so beiläufig, dass ihr Inhalt bisher nicht ins Bewusstsein der Hitler-Forschung treten konnte:

»Kempner: Sagen Sie, bestimmte Leute haben gegen Hitler Akten gesammelt. Gehörte Meissner dazu? [Meissner war Chef in den Reichspräsidenten-Kanzleien von Ebert, Hindenburg *und* Hitler]

Wiedemann: Das weiß ich nicht.

Kempner: Sie haben nie gehört, dass Meissner Material gegen Hitler gesammelt hat?

Wiedemann: Nein.

Kempner: Von wem haben Sie gehört, dass er Material gegen Hitler aufgehoben hat; irgend ein Beispiel?

Wiedemann: Putzi Hanfstaengl (Ehemaliger Vertrauter Hitlers).

Kempner: Und Himmler. Stimmt das, nicht?

Wiedemann: Ja.

Kempner: Himmler hat Akten über Hitler geführt im Zusammenhang mit Äußerungen, die Eva Braun gemacht hat, nicht?

Wiedemann: Ja.« *(Kempner* 05, S. 96) Die Bemerkung Kempner/Wiedemanns »Himmler hat Akten über Hitler geführt im Zusammenhang mit Äußerungen, die Eva Braun gemacht hat« enthält ihre Überraschung im zweiten und letzten Satzteil.

Erste Nachricht: »Himmler hat Akten über Hitler geführt.« In der Einleitung Kempners sagt der Interviewer deutlich, dass es sich dabei um Akten »*gegen* Hitler« handelte. Auch der kritisch beobachtende Zeitgenosse des Dritten Reichs und dessen späterer wissenschaftlicher Chronist Harry Schulze-Wilde berichtet über Himmlers »Akte Hitler« »in den Panzerschränken der SS«. Solche Details waren auch nach 1945 immer noch so »heiß«, dass Schulze-Wilde sein Buch über das Nazi-Regime unter dem Pseudonym »H. S. Hegner« publizieren musste. *(Hegner,* S. 485)

Zweite Nachricht: Was konnte Eva Braun für »Äußerungen« »gegen Hitler« »gemacht« haben? Von diesen »Äußerungen« Eva Brauns hatte sogar Wiedemann etwas erfahren, denn er bejahte seine Kenntnis von Heinrich Himmlers Akten über Hitler. Und diese »Akten« mit den »Äußerungen« Eva Brauns »gegen Hitler« hatten sich so weit herumgesprochen, dass von ihnen die Nürnberger Ankläger gehört hatten und nun Näheres über sie wissen wollten. *Näheres* wird in dem Gespräch zwischen Kempner und Wiedemann jedoch nicht ausgeführt, muss daher aus den Spänen der Information rekonstruiert werden.

Fritz Wiedemann war Hitler zweimal nahe gewesen, zuerst von »oben«, dann von »unten«. Im Ersten Weltkrieg war Wiedemann als

Adjutant im bayerischen *Regiment List* Hitlers Vorgesetzter. Hitler war Wiedemanns Ordonanz, ein militärischer Diener. Ab Anfang 1935 war Wiedemann Hitlers Reichskanzlei-zuständiger Adjutant, von dem sich Hitler nach vier Jahren, Ende 1938, trennte, als er auf einen endgültigen Auslösch-Kurs schwenkte, den Wiedemann nicht mehr mitmachen wollte.

Wiedemann hat sich über sein Verhältnis zu Hitler mehrmals geäußert, direkt nach 1945 in Interviews mit den Amerikanern *(Joachimsthaler 03*, S. 33, 578), u. a. mit Kempner, und 1964 in seinem Buch ueber Hitler *Der Mann, der Feldherr werden wollte. (Wiedemann – HETERO, 9.*»Ja«-*Sager)*

Der raffinierte Kreuzverhörer Kempner hat Wiedemann das Atemberaubende herausgelockt, das wegen dessen Hingeworfenheit einiger Erläuterungen bedarf. Es gab eine »kritische Akte Hitler«, angelegt von seinem blutrünstigsten Mitmörder, dem Reichsführer SS Heinrich Himmler, Promoter und Supervisor des millionenhaften Menschenvernichtungs-Programms. Die Überprüfung und Bespitzelung auch gegenüber dem Staatsführer geschah im Zuge von Materialsammlungen über alle Dritte-Reichs-Bonzen. Himmler war der oberste Reichspolizist und Verhaltens-Kontrolleur im Nazi-Staat. Der Chef seines Sicherheitsdienstes, Reinhard Heydrich, betätigte sich als ausgefuchstester Reichsspitzel und ließ unmerklich die Lebensumstände der Mittäter durchschnüffeln. Dabei machten Heydrich und Himmler auch vor ihrem eigenen »Führer« Hitler nicht Halt.

Alle Anti-Bonzen-Akten wurden nicht nur zur Verhaltens-Kontrolle angelegt, zum ideologischen Saubermachen, sondern dienten auch dem praktischen Ziel, Material für eine eventuelle Absetzung eines der Co-Führer parat zu haben. Hitler war zwar der oberste Staatsmann, aber Himmler und Heydrich waren die oberobersten Wächter und Beobachter aller – inklusive Hitlers. Das Geheimakten-Material betraf Dinge, die die Mit-Bonzen aus der Nazi-Perspektive als unhaltbar decouvrieren würden, wenn darüber etwas herauskäme. Für alle Fälle füllten Heydrich und Himmler ihre Tresore mit den Geheimakten über jegliches Nazi-Verhaltens-Unbekömmliche – über Görings Impotenz, Bormanns Vorstrafen, Goebbels' Affären mit Ausländerinnen (Baarová-Skandal). Und auch bei Hitler gab es ein besonderes Pfui-Pfui, über das sich Kempner und Wiedemann die Bälle zuwarfen. *(Manvell/Fraenkel 07*, S. 152 ff., 225, 266, *Padfield*, S. 409 ff., *Waller*, S. 101, *Wykes 72*, S. 118 f, *Wykes 81*, S. 109 ff.)

Himmlers »Anti-Hitler-Akte« ist das Gegenteil von dem, was im *Hauptarchiv der NSDAP* »liebevoll« über Hitlers Jugend und politisches Vorleben zusammengetragen worden war. Das *Hauptarchiv* unterstand Hitlers Parteiführer-Stellvertreter Rudolf Heß, einem der treuesten Hitler-Kooperateure, der Hitler nichts hätte »am Zeug flicken« wollen. Doch in Heinrich Himmlers *nasty dossier* standen allerhand Nazi-Unbekömmlichkeiten, wie zum Beispiel die grundlose Vermutung über Hitlers angeblich jüdische Abstammung väterlicherseits, worüber sich auch Hitlers Mitschlächter Hans Frank, der Generalgouverneur im »Nazi-Schlachthaus Polen«, vor seiner Hinrichtung ausgelassen hat. *(Frank, H.,* S. 330 f.) Und wie Kempner/Wiedemann zuzüglich informieren, soll in der »Schwarzakte Hitler« – manchmal genannt »Hitler-Schwarzbuch« – auch etwas zu Hitlers Sexualität enthalten gewesen sein. Um etwas anderes kann es sich im Zusammenhang mit der Erwähnung Eva Brauns in Himmlers Anti-Hitler-Material nicht gehandelt haben.

Eva Braun hatte keine politisch-administrative Funktion im männerbündischen Nazi-Staat inne. Sie war als Volks-verheimlichte, aber vor den Mittätern demonstrierte »Führer-Geliebte«, von der alle Co-Diktatoren und sonstigen Hitler-Nahen etwas wussten, ein rein »sexueller Terminus«. Aber mit diesem sexuellen Gegenstand schien Nazi-bezüglich einiges nicht zu stimmen, so dass er aufgrund von »Äußerungen, die Eva Braun gemacht hat«, als »Material gegen Hitler« in Heinrich Himmlers »Anti-Hitler-Akte« wandern konnte. Was war das, das Eva Braun selbst oder eine Person aus ihrer Nähe ausgerechnet dem obersten »Polizisten« Heinrich Himmler zu Protokoll gegeben hätte? War Eva Braun oder eine ihrer Vertrauenspersonen eine »Informandin« Heinrich Himmlers, eine Nachrichten-Durchreicherin über eine sexuelle Eigentümlichkeit des obersten »Führers« Adolf Hitler?

Eva Brauns sogenannter Geliebtenstatus bei Hitler konnte nicht der Gegenstand des »Hitler-Schwarzbuchs« gewesen sein – hatte Heinrich Himmler selbst doch Ehefrau und Geliebte und mit Letzterer sogar zwei Kinder gezeugt, mit Ersterer eines. »Lover is beautiful« hieß es unter den Bonzen des Dritten Reiches. Goebbels zeugte sich durch die Gegend. Bormann war auf diesem Gebiet »herausragend« tätig. Und – wie Nazi-Sex-Spezialistin Sigmund schreibt – »die meisten NS-Politiker verbargen ihr Sexualleben nicht vor der Öffentlichkeit«. *(Sigmund* 08 I, S. 21)

Wegen der zu erwartenden »Ausdünnung« der Soldaten im geplanten und dann durchgeführten Zweiten Weltkrieg Deutschlands gegen zuletzt fast die ganze Welt sollten ständig und am besten von »allemann« neue Jungs produziert werden. Die Kinderzüchtungs-»Farm« *Lebensborn* war von Himmler eingerichtet worden. Jedem SS-Mann wurde »empfohlen«, auch außer-familiär »wildwüchsig« Kinder zu zeugen. Weibliche »Nazissen« füllten die *Lebensborn*-Stätten mit Empfängnis-Bereitschaft. *(Longerich 08*, S. 595 ff.) Nicht zu vergessen die Tausenden von deutschen Frauen, die an Hitler schrieben, weil sie ein Kind von ihm bekommen wollten. *(Eberle 07)*

Demnach muss in Heinrich Himmlers negativer Bestandsaufnahme über Hitlers Sexualität das Gegenteil dieser »Besamungs«-Doktrin gestanden haben – nämlich etwas über Hitler, den Nicht-Zeuger, schlimmer, über Hitler, den Nicht-Könner, den Nicht-Kindermacher, den phallisch Insolventen, den Nicht-Ficker! Eine solche Nachricht wäre für die Züchter-Gesinnung Heinrich Himmlers exquisit gewesen – ein wie gerufener Ultra-Negativ-Aspekt, der es gemäß Himmlers Menschenzucht-Gesinnung verdient hätte, im »Schwarzbuch Hitler« festgehalten zu werden. Der Vor-Nazi-Himmler hatte Landwirtschaft studiert und eine Hühnerfarm betrieben. *(Longerich 08*, S. 33 ff.) Er war spießig und später Nazi-doktrinär »von Kopf bis Fuß« nur auf Penis-in-Vagina »eingestellt«: Bespringen, eindringen, besamen, gebären – das war »seine Welt und sonst gar nichts«. Und ausgerechnet damit hatte es bei dem obersten Reichs-Führer A. H. eine »abfuckende«, »abgewrackte« Bewandtnis.

Was Hitler ins Zwielicht eines Heinrich Himmler setzte, war seine möglicherweise physische Zeugungs- als Penetrations-Unfähigkeit. Phallisch-intransigente Insuffizienz war im Dogmen-Kodex Heinrich Himmlers die sexuelle Behinderung eines Mannes. Und »Behinderung« war gemäß Hitlers eigenem Befehl vom September 1939 »Todes-würdig«! Bis zur Zahl von mehreren Hundertausenden – das enorme Ausmaß der Tötungen wird heute mehr und mehr offenbar – wurde alles »ausgemerzt«, was »abwich«, was »unnormal« = »abirrend« in Körper, Geist, Seele, Sexual- und Sozialverhalten war. Und da könnte »durchgesickert« sein: »Todes-würdig un-normal« war in sexueller Hinsicht auch der »Führer« selbst.

Noch Sturz-zwingender als die spekulierte »jüdische Abstammung« Hitlers wäre eine Nachricht über genital-phallisch insolvente Spezifika des »Führers«. Und diese Information kam direkt von der Intimitäts-Betroffenen Eva Braun oder von jemandem aus ihrer Nähe, denn nur naheste Nähe-Leute konnten das Vertrauen Eva Brauns haben, um ihnen diese Information weiterzureichen.

Behinderung jeglicher Art war unter den Nazis ab September 1939 ein »Delikt«, das mit dem Tode bestraft wurde, schwerer geahndet als im Mittelalter Geisteskrankheit – zumindest, wie »jüdischer Großvater«, ein Grund, um Hitler zu beseitigen. »Jüdischer Opa« und phallisch-vaginale Insolvenz waren im Sein verankerte Phänomene. Unter bestimmten Bedingungen reichten auch schon zwei jüdische Großelternteile, um Holocaust-Opfer zu werden. Verdrehter konnte sich ein destruktiver Männerbund nicht benehmen – ein Männerbund, dem der negativ von Himmler »beaktete« Adolf Hitler selber vorstand. Denn das schlimmste Tun, das Menschen-Ermorden, begingen ja alle. Das war nicht würdig, um in einer »Anti-Hitler-Akte« aufgenommen zu werden. Multimorden stand nicht auf der Amts-Enthebungs- und Todes-»Würdigkeits«-Liste in Heinrich Himmlers »Schwarzakte Hitler«. Multimörder war Himmler selbst. Dafür war es nicht erforderlich, eine Geheimakte gegen Hitler anzulegen.

Summe: Es führt kein Weg am Ergebnis vorbei – die Formulierung Kempner/Wiedemanns, Heinrich Himmler habe »Akten über Hitler geführt« »im Zusammenhang mit Äußerungen, die Eva Braun gemacht hat«, ist eine Verschlüsselung dafür, dass in der »Schwarzakte Hitler« »Schwanz-Angelegenheiten« über den »Führer« persönlich enthalten waren. Nichts sonst konnte es in der sexual-spezifischen »Sonder-Akte Hitler« gegeben haben, was ein Grund für eine Amts-Enthebung Hitlers durch den Eugeniker Heinrich Himmler gewesen wäre.

Praktizierte Verhütung hätte es nicht sein können. Die Doppel-Lügnerin Gretel Mittlstrasser kann über die »Anti-Hitler-Akte« nicht rehabilitiert werden *(HETERO, 7. Ja-Sagerin)*. Verhütung wäre ein *Tun* gewesen, das von den Nazis prinzipiell niemals so schwer bestraft wurde wie das – in ihren »verstockten Hirnen« gespeicherte – angeblich falsche *Sein* von Behinderten, Juden, Polen, Russen und Zigeunern, das sie multimillionenhaft »erledigten«. Praktizierte Empfängnis-Verhütung wäre kein zwingender Grund für einen Sturz Hitlers gewesen. Außerdem hätten dieses Tun beide, Hitler und Braun, zu verantworten gehabt. Und Hitler hätte sich herausreden können, er habe von Brauns antifertilen Vorkehrungen nichts gewusst. In Heinrich Himmlers »Schwarzakte Hitler« wird aber nicht vom gemeinsamen Tun des obersten Paares gesprochen, sondern allein von etwas, das Hitler betraf und das »im Zusammenhang mit Äußerungen« stand, »die Eva Braun gemacht hat«. Es heißt in der Kempner/Wiedemann-Nachricht deutlich: »Himmler hat Akten über Hitler geführt«. Die Männer sprechen nicht von »Akten gegen Hitler und Braun«.

Es kommt neben Heinrich Himmlers Akten-»kundig« gemachtem »Viertel-jüdisch-Sein« Hitlers väterlicherseits – was sich heute als unrichtig herausgestellt hat – nur eine »phallische Behinderung« Hitlers in Frage. Für so etwas interessierte sich der Menschen-Züchter und ehemalige Hühner-Züchter Heinrich Himmler brennend.

Kein »Stecken und Stab trösteten« sie

Es gibt zwei drastische Vorkommnisse um Eva Braun selbst, die zum Reichsführer SS Heinrich Himmler durchgesickert sein können – zusätzlich zu dem Chor der Umfeld-Stimmen über Hitlers »phallische Behinderung«, die das Verhältnis Braun-Hitler als »phall-ohnisch« kennzeichneten. Was die Schar der 17 über das Verhältnis Braun-Hitler bisher summiert hat, ist ein Manko, ein Minus. Zunächst könnte gelästert werden: Die sogenannt einfachen Männer stehen nun mal auf Pimmel-in-Vagina. Etwas anderes ist für sie keine Sexualität. Doch wie ist es mit den »einfachen« Frauen, den Sekretärinnen Junge, Schroeder und Wolf und dem Zimmermädchen Anna Plaim-Mittlstrasser, erst recht mit der gynäkologischen Fachfrau Nelly Scholten, bei denen allen Hitlers Sexualität ebenfalls in den »roten Zahlen« von Fehlanzeige steckte?

Das sexuelle Manko Hitlers reicht viel weiter als nur bis zu »phall-ohnisch«. Hitlers libidinös unbesetzter Sex mit Braun kommt in seinem orgastischen Desinteresse an ihr zum Ausdruck. Er hat ja nur ihr »genügt«, wie es in der Speer-Übermittlung des Eva-Braun-Klageliedes, dass Hitler ihr als Mann nicht mehr »genügen« könne, heißt. *(HETERO, 10. Ja-Sager)* Beim oralen Verkehr Hitlers mit Braun gab es keine Gegenseitigkeit. Er blieb dabei inorgastisch. *(ORALO)*

Für Hitlers orgastisches Desinteresse an Eva Braun gibt es ja zwei »Haar-sträubende« Beispiele. Erstens: Braun wohnte nie bei Hitler auf seinem Landsitz *Haus Wachenfeld*, wenn sie mit ihm auf den Obersalzberg fahren durfte. Und zweitens: Hitler überließ sie nach einem oral-vaginalen »Rendezvous« in seiner Wohnung in München ihren eigenen Faschings-Amüsements.

Wie bereits zu Beginn von *HETERO, kein Mitschlafen – kein Beischlafen,* ausgeführt wurde, ist es Hitler-Forscher Anton Joachimsthaler gelungen, ein bisher von der Hitler- und der Braun-Biografik nicht ernst genommenes Zeugnis für die Lenden-Unlust Hitlers gegenüber Braun zu heben: Joachimsthaler sammelte für seinen 2003 erschienenen Hitler-Frauen-Verriss *Hitlers Liste* die Hotel- und Pensions-Rechnungen, die Hitler für seine männlichen und weiblichen Gäste auf dem Obersalzberg bezahlt hatte, auch für Eva Braun bei deren Besuchen in seinem *Haus Wachenfeld*, in dem Braun demnach sogar in den Jahren des Anfangs ihrer näheren Beziehung zu Hitler ab 1931/32 nie übernachtet hat. Gemeinsames Übernachten von Hitler und Braun geschah erst ab der zweiten Hälfte 1936, als Braun es nicht anders konnte, ja musste, weil ihr ein eigens für sie gebautes Zimmer mit Bad »an der Seite des Führers« im *Berghof* zur Verfügung gestellt worden war. *(Joachimsthaler* 03, S. 300, 442) Bereits Hitlers zweite Sekretärin Christa Schroeder hat vom Nicht-Übernachten Eva Brauns im *Haus Wachenfeld* berichtet. Die Privatsekretärin war aus funktionalen Gründen andauernd dort, hat im *Haus Wachenfeld* selbstverständlich dann auch geschlafen, also über dem Fakt von Brauns immerwährender nächtlicher Fernhaltung aus dem Haus von ganz Nahem »die Lampe gehalten«. *(Schroeder* 85, S. 172)

Zu Eva Brauns Nicht-Übernachten im *Haus Wachenfeld* passt etwas, das Braun in ihrem *Tagebuch-Fragment* nur beiläufig erwähnt: »Am 2. März [1935] … verbrachte … [Eva Braun mit Hitler am Prinzregentenplatz in München] ›bis 12 Uhr [nachts] ein paar wundervoll schöne Stunden.‹ Ihr Liebhaber erlaubte ihr, sich anschließend noch auf dem Faschingsball der Stadt zu vergnügen.« So berichtet Biograf Ullrich ohne den Anflug eines Sich-Wunderns darüber, dass »Liebhaber« Hitler seine »Geliebte« Braun nach dem »Rendezvous« um null Uhr auf den Faschingsball entließ. *(Ullrich,* S. 682, *Gun* 68 I, S. 74, *Maser* 74 ff., S. 338 ff.) Echtes sexuelles »Abfahren« von Menschen aufeinander will fortsetzen, weitermachen, nachklingen lassen, sich für einen neuen Anlauf kräftigen. Da gibt es keine Separierung für ein »Vergnügen« auf dem »Faschingsball«. Wenn, dann »Vergnügen« nur zusammen, um sich erneut füreinander anzuregen. In dem Nach-»Rendezvous«-Moment Braun wegzuschicken, hieß, die ganze Begegnung mit Braun war Hitler »Jacke wie Hose«.

Es wurde in dem Kapitel *Die Sexual-Subjekte der Geschlechter* mit der Huldigung der Körperteile Hände und Mundregion der phallischen Hybris Paroli geboten. Doch auch wenn der männliche Superstar Phallus von seiner Dominanz »runtergeholt« worden ist, bleibt noch zu sagen: Wer echt seine oder ihre Organe Hände und Mundregion *sexuell subjektiviert* hat, der und die setzt sie zur Erzielung von *kooperativen Orgasmen* ein – bei der begehrten Person und bei sich selbst. Und genau das tat Hitler nicht. Das Erzielen von *kooperativen Orgasmen* mit einer sexuell begehrten Person – durch welche Organe auch immer – ist die Conditio sine qua non echter interpersoneller Sexualität, an die sich dann auch so etwas wie »Eifersucht« heftet, die bekanntlich von vielen Umfeldern bei Adolf Hitler gegenüber Eva Braun *nicht* angetroffen wurde. *(ONANO,* im Heer der *Nein-Sagenden* aufzustöbern)

Für den kommunikativen Sex ist die Produktion eines Orgasmus beim anderen nicht genug. Sex wird durch vice versa = Beidseitigkeit, Gegenseitigkeit und Miteinander definiert. »Er war nicht eifersüchtig auf Eva Braun« heißt unter dem Aspekt des *kooperativen Orgasmus*:

Hitler hat keine gemeinsame Basis von Orgasmen mit Braun gehabt. Alles an Hitler war auch im Intimen nur Show. Ein Orgasmus-»Händler« wäre immer eifersüchtig und würde sein Verhältnis freiwillig niemals *nie* bei sich auf seinem Wochenendhaus mitschlafen lassen, im Gegenteil, er würde vielmehr jede Gelegenheit suchen, damit das geschehen könnte. Und ein solcher interpersoneller Human-Orgastiker würde seine Liebschaft auch nicht allein auf den Eros-umtriebig sich tummelnden Fasching lassen, bei dem ihm sein Orgasmus-»Kommerzial«-Verhältnis ja hätte durchbrennen können. Solch ein Dem-Fasching-Überlassen kann bei miteinander fest verbundenen Paaren schon mal aus organisatorischen Gründen vorkommen. Aber in Verbindung mit dem nächtlichen Fernhalten Brauns aus *Haus Wachenfeld* ist Brauns Geschicktwerden in die Faschings-Nacht dann doch ein grelles Licht auf Hitlers nicht echtes sexuelles Interesse an ihr.

Das alles bringen die 17 Nein-Sagenden zum Ausdruck mit ihrem »Da war nix!« oder »Scheinverhältnis«. Das Platonisch als »Phall-ohnisch« bekommt dann insofern eine Bedeutung, als beim Involviertsein dieses Organs eine anästhetische = inorgastische Reaktion schwer möglich ist, es sei denn, es handelt sich um einen Serienkiller. Deshalb nahmen die Nahen so etwas wie »Phall-ohnisch« wahr und konnten es sich nur als »Platonisch« erklären.

Alle, die zu Hitlers Sexualität Bemerkungen gemacht haben, sind ja nicht vorher in Seminare zur sexologischen Fortbildung gegangen, die der Braun-Hitler-Biografik dringend empfohlen wird. Die Umfelder haben kategorienlos nur ihre Wahrnehmung wiedergegeben, aus der die sexualwissenschaftliche Forschung die Genauigkeit erst herstellen muss. Die Wahrheit, die aus den Zeugnissen herauskommt, heißt simpel: Alle (mit Otto Dietrich) 24 Personen zusammen »tuten in das selbe Horn«, Hitlers genitale Phallik sei unterbelichtet gewesen.

Eine Mini-Auffälligkeit ist in diesem Zusammenhang noch, dass die *4. Ja-Sagerin*, Henriette von Schirach, ahnungsvoll von einem »Schäferstündchen« zwischen Hitler und Braun schreibt und nicht von einem »Stell-dich-ein«. *(ORALO)*

Braun nie in Hitlers Ferienhaus *Wachenfeld* genächtigt (selbstverständlich auch kein anderes »Verhältnis« Hitlers) und Braun allein auf den Fasching geschickt, wenn Hitler in München war – solche Hetero-Demo-Ausrutscher müssen an die Ohren des genitalen Zuchtmeisters Heinrich Himmler gedrungen sein. Darüberhinaus gab es zwischen Hitler und Himmler noch einen sensationell direkten »Übertragungsweg«, auf dem Hitlers »phallische Behinderung« in Himmlers »Schwarzakte Hitler« Eingang gefunden hat.

Der Informandinnen-Gleitcreme der Braun-Schwestern

Im Verhör zwischen Kempner und Wiedemann nach 1945 wird nur gesagt: »Himmler hat Akten über Hitler geführt im Zusammenhang mit Äußerungen, die Eva Braun gemacht hat.« Nichts wurde darüber angemerkt, *wann* Eva Braun diese Äußerungen und *wem* gegenüber sie sie gemacht hat. Braun konnte so etwas dem obersten Reichs-»Vergaser« nicht selbst rübergereicht haben, genausowenig wie sie »ihrer Friseuse« Hitlers Non-Phallik persönlich durchgegeben hat. In dieser Passage muss die 3. *Nein-Sagerin*, Hitlers Sekretärin Christa Schroeder, korrigiert werden. Aber dass Hitlers phallisch-vaginales Passen auf »Schleichwegen« zur Braun-Friseuse gekommen ist, ist genauso zu akzeptieren, wie die zwischen Kempner und Wiedemann ausgetauschte Tatsache, dass Heinrich Himmler davon erfahren und diesen »Un-Stand« in sein »Hitler-Schwarzbuch« aufgenommen hat.

Eva Braun hatte ein denkbar nahes, ja pathologisch enges Verhältnis zu ihrer dreieinhalb Jahre jüngeren Schwester Margarethe Braun, genannt »Gretl« (geboren am 30. August 1915), die Eva (geboren am 6. Februar 1912) in ihrer kurzen Lebenszeit von 33 Jahren die meiste Zeit Hündinnen-haft an der Leine durch ihr Dasein mitsichschleifte – bis zu Gretls Heirat mit Hermann Fegelein am 3. Juni 1944.

Sobald die über tausend an den zweihundert deutschen Universitäts-Lehrstühlen für Frauenforschung arbeitenden, bei der Abschaffung des männerbündischen Systems stagnierenden wissenschaftlichen »Mitscheiden« ihren Widerstand gegen die Analyse des patriachalisch verunstalteten Tochter-Mutter- und vor allem des Schwester-Schwester-Verhältnisses aufgegeben haben, muss die sozio-psychisch kranke gegenseitige Beziehung der zwei grauenhaftesten Nazi-Mittäterinnen, der zwei jüngeren Braun-Schwestern Eva und Margarethe, einer analytischen Expertinnen-Untersuchung ausgesetzt werden. Die Unabgegrenztheit zwischen den beiden jungen Braun-Familien-Töchtern war nicht nur eine Familien-systemisch-physische, sondern auch eine destruktiv psychische.

Etwa ab der Foto-Hoffmann- und damit Eva Brauns Hitler-Zeit lebten die Schwestern immer zusammen, zuerst noch in der elterlichen Wohnung in München, dann »dank« E. B.s Serienkiller-»Spezi« zuerst in einer gemeinsamen eigenen Münchener Wohnung (ab August 1935), alsbald in einem ebensolchen Münchener Haus (ab März 1936) und schließlich in der gemeinsamen Wohnung unterm Dach direkt über Hitlers Privatgemächern auf dem *Berghof* (im Laufe der zweiten Hälfte des 1930er Jahrzehnts). Drei Jahre nachdem Eva Braun Assistentin im Münchener »Photohaus Hoffmann« geworden war (1929 mit 17), überführte sie auch ihre Schwester in ihren Arbeitsbereich. Gretl Braun wurde 1932 – ebenfalls mit 16/17 – bei Hoffmann Lehrling fürs Kontor. Genau zu der Zeit, da die Beziehung zwischen Hitler und Braun sich näher gestaltete, genau da brauchte Eva ihre Schwester Gretl noch näher bei sich als bisher, nun rund um die Uhr, nachts und tagsüber.

Was dieses Schwestern-Duo für eine doppel-partnerschaftliche Serienkiller-stützende Wirkung auf den Täter des Jahrhunderts gehabt hat, auch das beließ die Hitler-Biografik unnatürlicherweise bisher vollständig im Dunkeln. Neben Heike Görtemaker verfahren so auch alle übrigen Braun-Berichterstattenden: Nerin E. Gun, Johannes Frank, Anna Maria Sigmund und Angela Lambert.

Solange Frauenforschung nur Opfer-Forschung ist, wird kein Gran am männerbündischen System abgetragen werden, denn dessen Stabilisator ist neben der Viri-Hierarchie das gesellschaftlich nicht in Erscheinung tretende Mittäterinnentum an der sogenannt privaten Seite der Millionen männlichen System-Eingebundenen.

Die Pionierin in der Mittäterinnen-Forschung, Christina Thürmer-Rohr, führt noch immer ein Schatten-Dasein in der Frauen-Theorie-Rezeption zur Abschaffung des »Patriarchats«, beginnend mit dem erbitterten Widerstand der in den 1970er/80ern führenden *Feministinnen* wie Alice Schwarzer gegen den Mittäterinnen-Gedanken überhaupt. *(Thürmer-Rohr)* Diese Wehr gegen Thürmer-Rohr ist ein Zeugnis für die systemische Mittäterinnenschaft der Feministinnen. Denn – wie Thürmer-Rohr richtig ausführt – Opferschaft der Frauen ist nur die eine Hälfte der weiblichen Misere, die andere ist ihre Mittäterinnenschaft, in die spätestens die Frau als »patriarchalische« Mutter gerät, wegen deren Bindung, ja Fixierung ihrer Kinder beiderlei Geschlechts an ihre eigene Person.

Die zwei jüngeren Braun-Schwestern Eva und Gretl plus ihre Mutter Franziska sind eines der greifbarsten Beispiele für die Mutterbindungs-Misere der Frau und mit einer Fülle von erhalten gebliebenem Material in ihrer destruktiven Wirkung auffaltbar. *(Gun, Pilgrim 94, Sigmund 98, 05, Lambert, Görtemaker)*

Zur Verschweißung der Psychen dieser beiden Hitler-»Hosenträgerinnen« gehörte auch, über alles Intime ohn' Unterlass und ohne Aussparung irgendwelcher Einzelheiten miteinander zu reden. Auf der zwischeneinander gelegten Psycho-Basis lief alles Faktische hin und her Die Braun-Sisters waren ja nicht nur an den *Tagen* miteinander verschweißt, sondern auch in den *Nächten*. Bis zum Alter von 32 und

29 schliefen sie Nacht um Nacht nebeneinander. Auch für diesen Fakt war es wichtig, Eva Brauns reale Wohnverhältnisse auf dem *Berghof* unterm Dach zu outen. Denn direkt über dem »Arbeits«- alias Mordplan-Zimmer des »Führers« befand sich die Mittäterinnen-Schmiede der jungen Brauns. Die Erben der Braun-Freundin und Leibfotografen-Hoffmann-Tochter Henriette von Schirach haben der Hitler-Intim-Forschung einen besonderen Dienst erwiesen, als sie der jüngsten Ausgabe – der neunten Auflage – von Schirachs seit über 60 Jahren auf dem Markt befindlichen »Erlebnisbuch« (Klaus von Schirach) *Der Preis der Herrlichkeit* bisher unbekanntes Material »aus dem Nachlass« zusteuerten. Darunter befinden sich die Erinnerungen der namenlos gebliebenen Braun-Schwestern-Friseuse: »Alltag auf dem Berghof - eine Friseuse berichtet«. In diesen Zeilen kommt zum Ausdruck, wie hoch her es während der Verschönerungs-Tänze der Hitler-Frauen Eva und Gretl Braun auf dem *Berghof* zuging. *(Schirach* 16, S. 306 ff.) Es ist ausgeschlossen, dass bei diesem täglich zelebrierten Sozio-Schleim-Haarkontakt von Frau zu Frau die Nachricht über Hitlers »Phall-ohnisch« nicht Gerücht-befruchtend transportiert worden wäre.

Dieser Intim-Schleim zwischen den Schwestern quoll »Töpfchen koch!«-haft unaufhaltsam bis zum Sich-Verlieben in denselben Mann, SS-General Hermann Fegelein, den Kooperateur von »Mister Gas«, Heinrich Himmler. Die jüngere, Gretl, heiratete den Mitarbeiter des obersten Auschwitz-Spezialisten, was die ältere, Eva, wegen ihrer para-öffentlichen Position als *Berghof*-Hof-haltende »Führerbraut« nicht machen konnte. Aber sich in ihn verlieben – das konnte sie. Und ihre jüngere, psychisch mit ihr siamesisch verzwillingte Schwester Gretl den »Auserwählten« heiraten zu lassen, auf dass er auch in Evas Nähe für alle Höllen-Ewigkeit installiert sein würde, das ging ebenfalls. All das war dem an den Braun-Sisters Trieb-dynamisch null interessierten Hitler gleichgültig, der ja Umfeld-bezeugtermaßen nicht eifersüchtig auf Eva war.

Ob Eva Braun mit Hermann Fegelein echt Schleimhaut-friktiv aktiv wurde – was ihre dritte Biografin Angela Lambert zu Recht bestreitet –, wird in einem folgenden Kapitel geklärt. Doch Lambert bringt entgegen ihrer eigenen Annahme Aussagen von Hitler- und Braun-Nahesten, die eine Spur in ein Bett Braun-Fegelein legen wollten, zumindest »belegen«, dass Eva vom schmucken, sie umwerfenden Rittmeister-Typ »hin und weg« gewesen sein soll. *(Lambert* 06, S. 317 ff.) Es besteht in der Braun-Hitler-Biografik ein Patt zur Frage: »Haben sie oder haben sie nicht?« Lambert = »Nein!«, Joachimsthaler = »Ja!« *(Joachimsthaler* 96, S. 261 ff.)

Verblüffenderweise votierten diesmal mit »Sex = Ja« ausgerechnet Herbert Döhring (5.) und Christa Schroeder (3.), die zwei Nein-Zeugen zur Sexualität zwischen Braun und Hitler. Döhrings und Schroeders Blick aufs magnetisch funktionierende Inter-Sexuelle war demnach nicht im Hitler-Braun-Verhältnis befangen, sondern objektiv auf alles gerichtet, was sich zu diesem Thema bei Braun und Hitler »so tat«. Schroeder und Döhring konnten wahrnehmen, ob und zwischen wem »was lief«. Aber eben nur sozial, woraus Rückschlüsse auf »sexuell« mal glücken können, mal nicht.

Die pathologische Verstrickung zwischen Eva Braun, Gretl Braun und Hermann Fegelein hat irgendwann zu Vor-Untergangs-Zeiten die Information von Hitlers phallischer Insuffizienz zum Zuchtmeister Heinrich Himmler transportiert. Der Info-Weg führte von Eva Braun zu Gretl Braun-Fegelein und von dort über den heimlichen physischen oder psychischen »Doppel-Gatten« Hermann Fegelein zu Heinrich Himmler.

Himmler war ein »fliegender Mörder«. Seine Aktivitäten spannten sich zwischen mehreren Wohnungen und Aufenthaltsorten. In Berlin besaß er ein Haus. Seine wegen erloschener Ehe fast gar nicht mehr besuchte, sieben Jahre ältere Frau Margarete lebte mit der gemeinsamen Tochter Gudrun und dem Pflegesohn Gerhard in einem Haus in Gmund am Tegernsee. Himmlers Zweitpartnerin, seine ehemalige Sekretärin Hedwig Potthast, lebte mit ihren zwei Kindern von ihm in einem Haus in Berchtesgaden, auch dorthin der Allzwecks-Auslöscher nur in Mehrmonats-Abständen zu reisen pflegte.

Himmlers Fliessband-Mord-Firma SS, für die er alltäglich tätig war, befand sich an mehreren Orten diesseits der Ostfront. Am 20. August 1943 ernannte Hitler ihn zum Reichsinnenminister, was ihn jedoch nicht tiefer in Berlin verankerte, denn er »betrat« »das Innenministerium während seiner Amtszeit nur drei- oder viermal«. (*Longerich* 08, S. 702) Als Hitler seine »starke [Mord]Hand« »Anfang September 1944« als »Feldherrn des Ersatzheeres« und Oberbefehlshaber des »Volkssturms« einsetzte, »richtete« Himmler »sein Hauptquartier« »in seinem Sonderzug ein, der auf dem Bahnhof Triberg im Schwarzwald stand« und bei Bombenangriffen in einen Tunnel geschoben werden konnte. (*a. a. O.*, S. 732, 736)

Während seiner gesamten Massenmord-Vorsitzenden-Zeit kurvte, fuhr, düste und flog er durch die Gegend, sich permanent spannend in Von-Mannen-zu-Mannen-Treffen. Auch so etwas Heimeliges wie die Weihnachtszeit führte ihn nicht zu Erst- und Zweit-»Weib und Kind«. Himmler bewegte sich in einem grotesken Hetero-Oblaten-Dasein.

Physiologisch war von ihm Heterosexuelles – im Gegensatz zu Hitler – zwar leistbar, bewiesen mit der Drei-Kinder-Zeugung. Aber soziopsychisch spielte sich bei ihm alles von morgens bis abends, tags und nachts unter Männern ab. Auch und gerade Ferienreisen gestaltete er mit jemand Glut-und-Boden-Tremolo-Afffekt-Besetztem, wie dem Männerfreundschaft-süßlichen Brief-Korrespondenten, dem Nazi-Dichter und -Funktionär Hanns Roost. (*Longerich* 08, S. 393 ff.)

Da Himmler regelmäßig im Osten das Millionen-Menschen-Ausmerz-Programm supervisierte, aktivierte, steuerte und steigerte, konnte er für die Durchreichung der Nachrichten über die Serienkilling am industriellen Gas-Fliessband und für die Generalstabsmäßige Abstimmung mit Hitler nicht mehr regelmäßig selbst zum »Führer« der Destru-Ausflipp-Tour nach Berlin, Berchtesgaden oder in Hitlers verschiedene »Führer«-Hauptquartiere reisen. Dafür hatte er seinen Braun-Schwestern-»Liebhaber« Fegelein, der nicht nur mit offiziellen Massenmord-Nachrichten von Ost nach West pilgerte, sondern auch mit Intim-Informationen zurück von West nach Ost gelangte.

Hermann Fegelein war Verbindungsmann zwischen Himmler und Hitler. Fegelein sollte zwischen den obersten Reichs-Destrukteuren über die geschehenen Vollzüge und die weiteren Pläne der Massenmorde hin und her informieren. Dass dabei auch die Petitesse von Hitlers Schwachpunkt in der Mordwerkzeug-Tasche des Kuriers verpackt war, ergab sich sogar zwingend. Fegelein schwamm in der voluminösen Empfänglichkeit beider Braun-Schwestern. Er wusste dadurch auch alles aus der Hitler-Braun-Intim-Bonboniere und transferierte Details des Hitler'schen »Schwachzeugs« an den Hitler-Kooperateur und -Befehlsempfänger Heinrich Himmler in seinem – von den Todesnachrichten ausgeleerten – Gepäck zurück.

Zur persönlich-libidinösen Nähe zu Hitler durch seine Heirat der »Führerbraut«-Schwester Gretl plus der sachlichen Funktion als Himmler-Hitler-Verbindungsmann kam noch – wie auch bei *Berghof*-Verwalter Herbert Döhring – ein biografischer Hintergrund hinzu, der Fegelein schon von allein die Wahrheit herausfinden ließ, nachdem er sich in Hitlers Leibnähe »hochgevögelt« hatte. Fegelein war auf dem Lande aufgewachsen. Seine Eltern hatten ein Gut bei München. Fegelein war beruflich zuerst als Stallbursche und Reitknecht tätig gewesen. Er ritt so gut, dass er Olympiade-Ambitionen hatte. Er war Mitglied der SS *Reiterstandarte.* (*Riess*) Ein Mann, der das Pferd »von der Pieke auf« kennen- und lieben gelernt hatte, der von Vatersamen und Muttermilch an wusste, was es mit dem Hengst und der Stute auf sich hatte, ein solcher Mann brauchte seiner Verlobten und späteren Gemahlin Margarethe nur ein Augenblinzeln zuzufunken und sie zum Nicken oder Kopfschütteln, zum Mundverziehen zu bewegen – und schon war die Nachricht raus: Adolf Hitler und Eva Braun = keine Hengst-Stuten-Aufstiege, niemals, nie.

Schon im *Nibelungenlied* läuft der Zug in den Untergang aller über unabgegrenztes Gequatsche zwischen Siegfried zu Kriemhild, Kriemhild zu Brunhild, Brunhild zu Gunther, bis die Nachricht von Siegfrieds einzig verwundbarer Stelle zwischen dessen Schulterblättern bei Hagen angekommen ist, der – im Moment des Sich-Bückens von Siegfried vor der Quelle – gezielt und präzise zustechen kann. Der Start zu Völkermord und Untergang.

Seit der deutschen Publikation von Henrik Eberles und Matthias Uhls *Buch Hitler* 2005 mit nachfolgenden 45 Übersetzungen in aller Welt ist dieser nun auch schwarz auf weiß bekannt, dass Hitler von den massenhaften Vergasungen europäischer Menschen in Auschwitz-Birkenau, Belzec, Chelmno, Majdanek, Sobibor und Treblinka, gelegen in den überfallenen Ostgebieten, nicht nur wusste, sondern durch die Fegelein'sche Nachrichten-Tätigkeit die gasmörderische »Endlösung« auch supervisierte, die ohne seine vorherigen Geheim-Befehle hätte nicht ausgeführt werden können. Alles war genauso verlaufen, wie Hitler es in seinem »Politischen Serienkiller-Manifest«, *Hitlers zweitem Buch*, projiziert hatte. *(Hitler 61)*

Die Mord-Werkzeuge waren nur verschieden, zuerst per Massen-Erschießungen (u. a. im ukrainischen Babyn Jar Ende September 1941) und per Gruppen-Vergasungen in Bus- und Lastwagen-ähnlichen Automobilen, bis deutscher männerbündischer Techno-Verstand auf die Zyklon-B-(»End)Lösung« gekommen war. Hitlers Leibmänner Otto Günsche und Heinz Linge berichteten nach 1945 den sowjetischen Investigatoren für das *Buch Hitler* genau von Hitlers Thronen über den zyklonischen Massenmorden –was heißt »thronen«?! Die Rede ist von Hitlers Serienkiller-Akribie, den Anläufen auf seine destru-orgastische Klimax »Gaskammer«: »Hitler hatte sich seinerzeit persönlich für die Entwicklung von Gaskammern interessiert. Er studierte eingehend derartige Entwicklungsprojekte, die ihm Himmler vorlegte. Hitler ordnete an, dem Konstrukteur der Gaskammern, einem [namenlosen] Ingenieur aus Eisenach, umfassende Unterstützung zu geben und die besten technischen Kräfte zur Verfügung zu stellen. Gaskammern wurden auf persönlichen Befehl Hitlers erstmalig in Charkow eingesetzt.« *(Eberle/Uhl, S. 196 f.)* Die Aussagen des ehemaligen Begleit-Personals können nicht erfunden sein, da sie auf Adjutant und Diener ein negatives Licht warfen. Sie zeigten, dass beide

SS-Männer sogar mit diesem ihrem Wissen dem Massenmörder A. H. weiterhin mittäterisch zur Seite gestanden hatten.

Die Hitler-Impotenz-Akte Heinrich Himmlers wirft noch einmal ein anderes Licht auf die zweifach unternommene Hitler-Potenz-Reklamation der Berghof-Verwaltungs-Chefin Gretel Mittlstrasser (HETERO, 7. Ja-Sagerin). Hermann Fegelein kennzeichnete ein doppelagentisches Naturell. Er »diente zwei Herren«, zwischen denen er so rum und andersherum Informationen hin- und hertrug. Während des Fegelein'schen Nachrichten-Austauschs muss Hitler von seiner eigenen Schwarzakte, die vom Mitmörder Himmler über ihn »geführt« wurde, etwas vernommen oder zu ahnen begonnen haben – von seiner Kategorisierung durch Himmler als »sexuell Behinderter«, der absetzbar bis Hinrichtungs-würdig war. Es galt deshalb für Hitler und Braun, trotz der Existenz dieser Hitler-Impotenz-Akte den »Führer« als potent darzustellen. Es musste in Richtung Osten zu Heinrich Himmler das Gegenteil gefunkt werden – das Gegenteil von der Wahrheit, die Hermann Fegelein unberechtigterweise heimlich zu Himmler transportiert hatte.

Diese Informations-Gegenhaltung unternahm das »Herrscherpaar« quasi rund um die Uhr mit seinen Tisch-Gesellschaften beim Mittagessen, Abendessen und beim Nachmittags-Geplauder im Obersalzberg-Teehaus – erst recht mit seinen nächtlichen »Kaminabenden« bis in die frühen Morgenstunden. Immerzu mit Sitzordnung Braun bei Hitler – Braun an Hitlers linker Seite, jedes Mal eine andere Gästin an seiner rechten. (Junge 02, S. 66 ff., 73 ff., 80 ff., 88 ff.) »Steter Tropfen höhlt den Stein« = tägliches Sich-zusammen-Zeigen verstärkt den Schein.

Obwohl nichts dergleichen überliefert wurde, kann schon damals ein Mittel zur Hitler-Potenz-Demonstration auch das »geheimste Durchsickernlassen« von Brauns Menstruations-Bewegungs- und Verhütungs-Praxis gewesen sein. Heißt, die deutsch-britische Lügen-Demonstrantin Gretel Mittlstrasser war schon damals Hitler-Braun-stützend tätig und hat dann im Jahre 2001 in beiden TV-Sendungen nur wiederholt, was ihr vor 1945 direkt von Braun geheißen worden war.

Auf jeden Fall ist alles, was bei ihren Besuchen auf dem Berghof ab März 1943 erlebt zu haben, die unvoreingenommene 23-jährige neue Hitler-Sekretärin Traudl berichtet, Potenz-Schaugepränge. Adolf Hitler und Eva Braun stellten von mittags bis nachts ein sozial intakt funktionierendes Ehepaar dar, so dass diese permanenten Darstellungen auf der Vorderbühne den Vorhang vor der Hinterbühne der

»getrennten Betten« des Paares, ihrer getrennten Zimmer in getrennten Stockwerken, Spalt-dicht zuzogen. Wegen dieser Strategie ist es unmöglich, dass Eva Braun selbst es war, die ihrer Friseuse etwas vom Nicht-Geschlechtsverkehr zwischen ihr und Hitler erzählt hätte. Aber da Eva Braun mit ihrer jüngeren Schwester Gretl Braun alles teilte und mit ihr auch Hitler-Impotenz-Nachrichten austauschte, beide dieselbe Friseuse hatten und Gretl als die Jüngere auch Konkurrenz-Impulse gegenüber Eva, der Älteren, in sich verspürt hat, ist es »so rum« gewesen: Nicht die ältere, sondern die jüngere der Braun-Sisters hat gegenüber der gemeinsamen Friseuse geplaudert.

Diese Einzelheit wurde dann in der Übermittlungs-Geschichte des Nein-Details bis zur Hitler-Sekretärin Schroeder verwechselt. Bei sozio-psychisch aneinandergeschweißten siamesischen Zwillings-Schwestern ist das nicht verwunderlich. Trotzdem bleibt das Detail »Braun-Friseuse bekam mitgeteilt: Kein GV zwischen Hitler und Braun« unangefochten als Zeuginnen-Bestandteil erhalten (21. Nein-Sagerin), auch wenn besagte Friseuse in ihrem Bericht Alltag auf dem Berghof nichts dergleichen ausgesprochenermaßen hinterlassen hat. (Schirach 16, S. 306 ff.) Doch die wollüstige Verwandlung von Brauns Badestube für eine täglich mehrmals darin betriebene Frauenhaar-Herrichtungs-Frisiersalons-Orgie, schamlosest zelebriert an der Seite von Hitlers Schlafzimmer in der »Führer«-»Mätressen«-Suite auf dem Berghof – genau dieses jahrelange Wühlen der noch jungen Friseuse in den Haaren der Braunschwestern Eva und Gretl hat irgendwann den Keuschheitsgürtel vor der Braun-Hitlerschen Genital-Wahrheit aufspringen lassen.

Der Doppel-Beleg durch den Doppel-Agenten

So gewagt die Symbolik ist, sie ist eine einmalige Chance, das Serienkiller-(Un-)Naturell Adolf Hitlers per Zuspitzung hervorzuheben: Der postillon de mort, Hermann Fegelein, Erfüllungsgehilfe der zwei Leiber-Verweser Himmler und Hitler, kommt angereist aus dem Osten, den Rauch der vergasten Seelen noch mit seiner Aura vermischt um sich, gibt Rapport vom Erfolg der Millionen-Auslöschung »Unwerter« und reist zurück mit dem Rapport der Information zur causa des Mannes, der solches Nie-Dagewesene an Eigen-Art-Vernichtungs-Vorgängen befohlen hat und zur Fortsetzung weiter und weiter befiehlt und in seinem politischen Testament noch rechtfertigen wird. (Domarus) Und dieser Rapport muss ein Detail enthalten haben, das der Züchtung einer »arischen Herrenrasse« auf dem leeren Boden der als »Ungeziefer« vernichteten Menschen in Osteuropa diametral widersprochen hat. Im Lust-Zentrum des Befehlshabers befand sich eine Vollzugs-Leere. Der Antrieb ging nach hinten los. Anstatt *Freude schöner Götterfunken, Tochter aus Elysium* – Qualen-hässlichst Teufelsblitze, Höll'n-Sohn. In Fegeleins Gepäck für seine Himmler-Hitler-Reisen war auf dem Hinweg von Ost nach West die Folge und auf dem Rückweg von West nach Ost die Ursache von Hitlers seriellen Destruktionen verstaut.

Der englische Hitler-Biograf Ian Kershaw weist fünffach nach, dass die industriell am Fließband laufende Vergasung der sechs Millionen europäischen Juden auf einen intern ausgegebenen Befehl Adolf Hitlers zurückgeht und dass Hitler auch im Einzelnen über die Menschen-Vernichtungs-Aktionen ständig auf dem Laufenden gehalten wurde:

1. Dr. jur. Hans Frank, der Regierungs-organisatorisch verantwortliche Gouverneur von Polen, wo unter Franks usurpierter Hoheit an mehreren Orten die massenhaften Gas-betriebenen Ermordungen stattfanden, schrieb am 9. April 1942 an einen Untergebenen: Der Befehl zur Auslöschung der Juden käme von »einer höheren Instanz«. Als »höhere« politische »Instanz« über dem Generalgouverneur Frank gab es zwischen 1939 und 1945 nur noch den Reichskanzler Adolf Hitler

2. Heinrich Himmler enthüllte am 28. Juli 1942 – ebenfalls in einem Geheimbrief an einen Befehls-empfangenden SS-Mann–, dass Himmler unter der Autorität Hitlers tätig wäre, der ihm befohlen hat, die okkupierten osteuropäischen Gebiete »Juden-frei« zu »machen« und dass der »Führer« die »Bewerkstelligung« dieses »sehr schwierigen Befehls« auf »die Schultern« Himmlers gelegt hätte.

3. Hitlers Adjutant Otto Günsche und Leibdiener Heinz Linge bezeugten vor den sowjetischen Interrogateuren nach 1945, dass Hitler ein »direktes Interesse« an der »Entwicklung der Gas-Kammern« gezeigt und »gegenüber Himmler« persönlich über die »Benutzung von Gas-Bussen gesprochen« habe. Da die allernahesten männlichen Bediensteten gerade bei Gesprächen zwischen Hitler und Nazi-Co-Führern ständig im Raum anwesend sein mussten, sich wegen Serviertätigkeiten etc. in einem permanenten Rein-und-Raus befanden, haben sie über alle besprochenen Topoi Gesprächsfetzen aufgepickt, wovon auch Kammerdiener Karl Wilhelm Krause immer wieder berichtet. *(Krause)*

4. Heinrich Himmler belieferte Hitler mit realen Zahlen und ließ ihm durch seinen Sonder-Kurier Ende 1942 Massenmord-»Ergebnisse« zukommen – dass zwischen Anfang September und Ende November desselben Jahres 363 211 Juden exekutiert worden waren.

5. Vier Monate später, im April 1943, machte Himmler weiter mit der Durchgabe von Zahlen an Hitler, die die »Vollzüge« der Massenmorde betrafen. Ab jetzt wurde mit »Statistiken« operiert, wurde terminologisch verschlüsselt und nur noch von »Sonderbehandlung« geschrieben, eine Verschleierung des Tatbestandes »Massenmord«. Hitler wusste bei dem Begriff »Sonderbehandlung«, worum es ging. Andere Personen wussten es nicht und konnten in die Einbildung abdriften, »Sonderbehandlung« meine »Umsiedlung«. *(Kershaw 08, S. 715 f.)*

Die Nachrichten Himmlers an Hitler wurden nicht mit der Post oder einem speziellen Kurier-Dienst von Ost nach West gesandt, sondern durch den persönlichen Beauftragten Himmlers beim »Führer«, Hermann Fegelein.

Die Juden-Vergasung nahm im Laufe der Jahre ein solches Ausmaß an, dass »Mister Gas«, Heinrich Himmler, bei einer Zahl, die in die Millionen stieg, »langsam« selbst überfordert wurde. Heinrich Himmler war kein Serienkiller wie Adolf Hitler, sondern ein psychopathologisch aus seiner Ich-Struktur entglittener Mann, der in suggestiver Hörigkeit gegenüber Hitler alles machte, was der befahl. Trotzdem gibt es Zeugnisse darüber, dass Heinrich Himmler »nur« ein psychisch gekippter Massenmörder, aber kein Serienkiller war. Er konnte zum Beispiel kapitulieren, was Serienkiller nie können – eines ihrer markantesten und sie untrügerisch entlarvenden Merkmale.

Als Himmler 1944/45 begreifen musste, dass es nur noch den Untergang gab, nahm er im Februar Kontakt mit den West-Alliierten auf und wollte mit ihnen über Hitlers Kopf hinweg verhandeln. Das bedeutete Menschenhandel: Freies Geleit für seine SS-Männer im Gegenzug für die Freilassung von Juden aus den KZs. *(Longerich 08, S. 740 ff.)*

Zu so etwas war Serienkiller Hitler – wie historisch unstrittig bekannt – nicht fähig. Er gab das Mordbefehlen erst auf, als die Rote Armee vor seiner Bunkertür stand. In einer weiteren Besonderheit unterschied Himmler sich von Hitler. Er konnte begnadigen. Er verwandelte Todesurteile in Zuchthausstrafe und Frontbewährung. *(Michaelis, S. 276 ff.)* Hitlers Steckenpferd war es, Todesurteile zu unterschreiben.

Heinrich Himmler ergötzte sich auch nicht wie Hitler »mehrmals« an den gefilmten Fleischerhaken-Quäl-Erhängungen der 20.-Juli-Attentäter. *(ONANO, Serielle Mordlust).* Von Schenkel-reibender »Verlustierung«, wie sie Marianne Hoppe und Karl Wilhelm Krause an Adolf Hitler beobachtet haben, bei Heinrich Himmler keine Spur *(Hitlers Männermord-Orgasmus).*

Mit der Erwähnung dieser historischen Details soll Heinrich Himmler nicht entschuldigt, aber auf seine andere Täter-Struktur hingewiesen werden. Sein Biograf Peter Longerich führt vor, mit welch atemberaubender Geschwindigkeit Himmler wie auf Knopfdruck jemand anderes wurde. Er wechselte vom spätestens seit 1941 tätigen Mr. Massenmord vier Jahre danach zum Kapitulations-willigen Friedens- und Versöhnungs-Interessenten. (*Longerich* 08, S. 746)

Als Hitler begann, im Frühjahr 1945 seinen Platz in Himmlers mürber Ich-Struktur zu räumen – im März 1945 hatte es Krach zwischen ihnen gegeben –, war Himmler fähig, dort die kommende Verbindung mit den demokratischen Westmächten Platz nehmen zu lassen, ein Vorgang, der sich übrigens bei Hunderttausenden von Hitler-Mittätern und Mitläufern abgespielt hatte. Andernfalls wäre die Installierung und Prosperierung der Adenauer-BRBonn nicht möglich gewesen. Longerich berichtet sogar von einem Treffen zwischen Himmler und Goebbels Anfang März 1945, wobei in dieser Lage-Besprechung zwischen den beiden Co-Führern ein Hitler-Sturz im Raum stand. (*a. a. O.*, S. 742)

Es ergab sich für Himmler die günstige Situation, dass sich die beiden jüngeren Braun-Schwestern Eva und Gretl in seinen Hitler-Spezial-»Führergesandten« Hermann Fegelein verliebten, was bis zur Heirat Gretls mit Fegelein geführt hatte – und eben nicht nur das, sondern auch zum Transport des Ultra-Intimen aus den Braun-Hitler-Betten direkt an die Ohren des Hitler-Stürzers in spe.

Als Himmlers Versuch, mit den West-Alliierten zu verhandeln, an die Ohren Hitlers gedrungen war, verfügte dieser sofort am 29. April, einen Tag vor seinem Selbstmord, Himmlers Absetzung plus Hinrichtung, was Hitler nichts nützte, da er aus dem Berliner Reichskanzlei-Bunker heraus keine Vollzugsarme gegen Himmler mehr mobilisieren konnte. »Das Todesurteil zu vollstrecken, findet sich niemand mehr.« (*Hegner*, S. 485) Genau das Gleiche geschah in Richtung Südwesten. Als Göring am 23. April 1945 von seinem Berchtesgadener Landsitz aus an Hitler im »*Führer*«-*Bunker* telegrafierte und erst einmal nur fragte, ob er als Hitlers schon vor Jahren installierter Stellvertreter in der Staatsführung mit den West-Alliierten verhandeln dürfte, weil Hitler im Bunker Handlungs-unfähig geworden wäre, explodierte Hitler und verfügte die Verhaftung Görings ebenfalls zum Zwecke von dessen Hinrichtung, der sich die Göring-nahen SS-Männer jedoch verweigerten. (*a. a. O.*, S. 484 f.)

Erst in den Momenten des Kriegsendes im Jahr 1945 – verstärkt durch die Zug-um-Zug-Niederlagen der deutschen Armee – ist den nahesten und Reichs-potentesten Mitmördern Hitlers, Göring und Himmler, endgültig klargeworden, mit ihrem eigenen »Führer« stimmt etwas nicht. Statt seiner müssen sie »den Karren aus dem Dreck ziehen« und in buchstäblich letzter Minute kapitulieren. Und auch das handelte ihnen noch Hitlers Todesverachtung ein. Erst einmal offenbarte sich rein politisch-militärisch: Der »Führer«, der oberste europäische »Saubermann« selbst, ist »deviant«. Nur wo? Und wie nachweisbar?

Die durch die Eva-Braun-Schwester Gretl rausgesickerte Information über Hitlers Beschädigung seiner *sexuellen Reaktion* (Masters/Johnson) war etwas Einmaliges. Auch nicht zu vergleichen mit der künstlichen Befruchtung Emmy Görings durch den Samen ihres Mannes für die Geburt der Tochter Edda. *(Pilgrim 86, S. 35)* Erstens hatte von diesem Vorgang Heinrich Himmler keine Kenntnis. Göring entstammte der Oberschicht, die wusste, wie echt geschwiegen werden muss. Görings Vater war Diplomat gewesen, Gouverneur auf Haiti. Zweitens gab es bei der Göring-Frau Emmy Sonnemann keinen psychischen Verwachsungs-Klumpen mit einer Schwester, der Intim-Infos »entfallen« könnten, wie bei den zwei Braun-»Mädels« Eva und Gretl geschehen. Drittens waren die Görings ein echtes Paar, beide schon einmal zuvor verheiratet. Viertens resultierte Görings phallische Blesse aus seiner Schussverletzung, die er beim November-1923-Putsch in München erlitten hatte.

Nein, »Staat« konnte Heinrich Himmler nur mit Hitlers Nazi-Nomenklatur-entsprechend »abartigem« sexuellem *Sein* machen, mit Hitlers genetisch verursachter Orgasmus-Dysfunktion *(zweites Buch)*. Und so etwas ereignete sich ausgerechnet am markantesten Ort der Männlichkeit des »Führers« des tobsüchtigsten Männerbundes aller Zeiten! Die Mär von Hitlers jüdischem Großvater wäre zum Sturz nicht genug und außerdem zu widerlegen gewesen. Doch die phallisch-reagible Insolvenz etc., beweisbar durch »Äußerungen« der »Führerbraut« persönlich, wäre eine Abtakelung der Männlichkeit der obersten Axt geworden, nach der sich alle Ruten des Nazi-Männerbundes gerichtet hatten. Ein schärferer und überwältigenderer Skandal war für die maskulistische Hybris dieses Bundes nicht denkbar.

Himmlers Akte »in Rot«

Obwohl auch bei der Erschliessung des Inhalts der *Hitler-Impo-tenz-Akte* die Mosaik-Technik angewandt wurde, reicht sie diesmal nicht, um aus den Mitteilungen Robert Kempners und Fritz Wiede-manns einen Beweis oder ein Indiz zu destillieren.

Der Emigrant Kempner und der ehemalige Reichskanzlei-Büro-Chef Wiedemann haben von der *Hitler-Impotenz-Akte* in den Tresoren des Reichsführers SS Heinrich Himmler nur etwas *gehört*. Die Akte selbst ist verschwunden.

Hätten Himmler-Mittäter dem Nürnberger Ankläger Kempner Rede und Antwort gestanden, wäre die Situation komplett anders gewesen, zum Beispiel Männer wie sein persönlicher Referent Dr. Rudolf Brandt, der Himmlers Diensttagebücher führte, oder sein Chefadjutant Werner Grothmann, der den Terminkalender erstellte *(Witte)* Hätten R. Brandt oder Grothmann von der Akte berichtet, sie selbst angelegt oder gelesen oder hätte noch jemand anderes aus dem Stab Himmlers von ihr gesprochen, hätten solche Details für einen Beweis oder ein Indiz ausgereicht.

Doch die Öffnung von Himmlers Panzerschrank, inliegend die »Schwarzakte Hitler«, aus der Himmler seinem Masseur Felix Kers-ten ein Spezial-Dossier gezeigt hatte, war für Himmlers Adjutanten R. Brandt ein solches Sakrileg, dass Brandt Kersten dazu verdonnerte, nie wieder diesen ganzen Vorfall zu erwähnen, geschweige denn Ein-zelheiten aus dem Dossier rumzutragen. *(Waller,* S. 101 f.)

Bei aller Einschränkung, die zur beweisbaren Existenz einer *Hit-ler-Impotenz-Akte* gemacht wurde, genügt der Schlagabtausch zwi-schen Kempner und Wiedemann aber für einen Hinweis. Hinweise konturieren Belege und Indizien. Sie sind Fermente, die Beweise und Indizien bei deren Entfaltung unterstützen. Im Gegensatz dazu kön-nen Hinweise einen Beleg auch schwächen, ja abbauen und ein Indiz kippen. Das wichtigste Merkmal des vorliegenden Hinweises auf eine *Hitler-Impotenz-Akte* ist das Detail: Die Negativ-Akte zu Hitler ist von Himmler angelegt worden, im Zusammenhang mit »Äußerungen«, die »*Eva Braun*« »gemacht« hat oder die von ihr übermittelt wurden. Von »Indizien«, gar von »Beweisen« wird erst dann gesprochen wer-den koennen, wenn die Himmler-Forschung sich der Kempner-Wie-demann-Information annimmt.

Eine erneute Überraschung: In der gesamten Himmler-Biografik kommt die *Hitler-Impotenz-Akte* des Reichsführers SS nicht vor. Und es verwundert, dass auch die Himmler-Biografik ein *blackout* hat, was

Hitlers sexuelle Abnormitäts-Bedingungen betrifft. Die Information über die *Hitler-Impotenz-Akte* in den Tresoren Himmlers geschieht durch zwei kompetente Dritte-Reichs-Kenner und -Behandler, den Nürnberger Ankläger Robert Kempner und den Hitler-Beobachter und -Analytiker, den ehemals vier Jahre lang tätigen Reichskanzlei-Büro-Chef Fritz Wiedemann. Der Schlagabtausch zwischen den beiden über die *Hitler-Impotenz-Akte* geschah auch nicht an schwer auffindbarer Quelle, sondern leicht greifbar seit Kempners Erstausgabe seines Buches *Das Dritte Reich im Kreuzverhoer* von 1969.

Die Himmler-Biografik redet nur von der »Krankenakte Hitler«, die jedoch etwas anderes ist als die *Hitler-Impotenz-Akte.* In der »Krankenakte Hitler« kommen Auseinandersetzungen mit Hitlers Gesundheitszustand ab 1941/42 vor. Dazu werden Angelegenheiten aus Hitlers Soldatenzeit im Ersten Weltkrieg erwähnt, seine Gasvergiftung, sein Eisernes Kreuz. Das Regierungszeit-Aktuelle betrifft Hitlers Krankheits-Symptome, die fälschlich aus einer Syphilis, dann richtig aus Parkinson erklärt werden. Ein Symptom-Vergleich mit den medizinischen Tagebüchern von Hitlers Leibarzt Theodor Morell ergibt, dass das, was Himmler in der »Krankenakte Hitler« zusammengetragen hat, den historischen Tatsachen zu Hitlers brüchiger Gesundheit seit 1941 entspricht. *(Morell 83* I, II)

Bei der Beschäftigung mit der »Krankenakte Hitler« wird von der Himmler-Biografik gründlich die Auseinandersetzung Himmlers mit seinem baltisch-finnischen Masseur Felix Kersten behandelt. Kersten versuchte, auf Himmler einzuwirken: Gerade weil Hitler doch krank sei, müsse über seine Absetzung nachgedacht werden und Himmler sich für die Amtsübernahme des »Führers und Reichskanzlers« bereitmachen. Himmler zögerte, sah sich nicht imstande, es so weit zu treiben, einen Staatsstreich zu begehen und sich selbst an die Spitze des Reiches zu stellen. Aber anders – das hatten Himmlers Kontakte mit dem Präsidenten des schwedischen Roten Kreuzes, Folke Graf Bernadotte, ergeben – wären keine Kapitulations-Verhandlungen mit den Alliierten zu haben gewesen. Somit entsteht der Eindruck, die *Hitler-Impotenz-Akte* sei ein Fantasie-Produkt von Kempner und Wiedemann.

Als Erstes muss darauf hingewiesen werden, dass Himmlers Masseur Felix Kersten ein Schlüssel-Zeuge über die gesamte »Schwarzakte Hitler« in Himmlers Tresoren ist. Denn es wird von ihm ein Detail übermittelt, das für die Existenz der *Hitler-Impotenz-Akte* von Belang sein kann: »Am 12. Dezember 1942, einem denkwürdigen Tag, fand Kersten Himmler in einem nervösen Zustand. Kersten fragte ihn, was ihm Sorgen machte. Himmler reagierte rätselhaft, indem er erwiderte, ob Kersten jemanden behandeln könnte, der an Schlaf-störungen, Übelkeit und schweren Kopfschmerzen litte. Vorsichtig erläuterte Kersten, dass er zuerst Näheres über den Patienten wissen und ihn deshalb gründlich untersuchen müsste. Kersten feierlich zu äußerster Geheimhaltung einschwörend, holte Himmler ein schwar-zes Akten-Konvolut aus seinem persönlichen Tresor heraus, entnahm ihm eine blaue Mappe, übergab sie Kersten und bat ihn, sie sorgfäl-tig zu lesen.« *(Waller,* S. 101) »Lesen Sie das! Hier sind die geheimen Dokumente mit dem Bericht über Hitlers Krankheiten«« *(Waller,* S. 101, *Kersten,* 12. 12. 1942, S. 165)

Wieder sind es kleinste Momente, die beim Schnell-Lesen der Pas-sage durchrutschen und ein Wahrheits-Erkennen verhindern können. Kersten berichtet von einem Hitler-Akten-*Konvolut* in Himmlers Tre-sor, das er tatsächlich mit dem Wort »schwarz« kennzeichnet, mehr den physischen Zustand der Aktenordner, Umschläge und Mappen treffend als die Bedeutung von negativ = hinterrücks. Trotzdem kann der Begriff »Schwarzakte Hitler« bestehen bleiben, weil er beides umfasst. Aus diesem schwarzen Konvolut entnimmt Himmler am 12. Dezember 1942 ein blaues Dossier – die »Krankenakte Hitler« – und ueberreicht sie Masseur Kersten mit der Bitte um ein genaues Stu-dium. Himmler hatte Kersten in das Vorhandensein von geheimen Anti-Hitler-Akten eingeweiht, weil er ihn motivieren wollte, Hitler zu behandeln und dessen Symptome zu kurieren. Seit Jahren hatte Kers-ten Himmler immer wieder von Kopf- und Leibschmerzen befreit. *(Neuß, Waller)* Auch Himmler misstraute Hitlers Leibarzt Morell, der Hitlers Zustände erleichterte, sie jedoch nicht abschaffte.

Im blauen Portofolio zu Hitlers korodierender Gesundheit war nichts über sexuelle Einzelheiten enthalten, die Kersten sonst in seinen Memoiren erwähnt hätte. *(Kersten)* Die Frage von Hitlers Impotenz gehörte nicht in das blaue Dossier hinein. Aber durch Kerstens Schlen-ker weiß die Nachwelt: Es gab einen Stapel von Mappen innerhalb der »Schwarzakte Hitler«. Himmler war an allem zu Hitlers Person interessiert. Das Konvolut in Himmlers Safe wirkte wie eine Durch-pause von Hitlers gesamten Lebensumständen, um die der »Führer« nach draußen solch ein Geheimnis machte. Himmler war aber »drin-nen«, eine an Hitlers Körper und vor allem an sein Bett geheftete Wanze, die ständig alles mithörte und mitsah, was sich beim »Füh-rer« leiblich und Verhaltens-technisch ereignete. Der Überwacher des Überwachungsstaates war selbst Gegenstand der Überwachung! Und das ohne sein Wissen und seinen Willen.

Himmler- und Hitler-Biografen müssen nun ihren Widerstand aufgeben und sich der Information über eine *Hitler-Impotenz-Akte* stellen. Es handelt sich um eine Unterakte innerhalb des Konvoluts der »Schwarzakte Hitler«, jene Unterakte durch andere Quellen und zu ermittelnde Zeugen rekonstruiert werden muss, was vorbildlich mit der Ake in Blau, der »Krankenakte Hitler« über seine Herrschertüchtigkeit, geschah. Sie wurde in der Himmler-Biografik derart breit reflektiert, dass ihre Existenz nicht mehr bestritten werden kann. Aber die *Akte in Rot*, die über Hitlers sexuelle Kapazität, liegt bleiern unerschlossen auf dem Grund des Nichtwissens von Himmler- und Hitler-Forschung. An »Täuschung, Lüge, Hinterlist« von Kempner und Wiedemann ist »nicht im Traum zu denken«. Der Nürnberger Ankläger war daran interessiert zu wissen, ob Staatssekretär Meissner in der Reichspräsidenten-Kanzlei eine »Counter-Akte Hitler« angelegt, was Meissner in den Kempner-Verhören behauptet und Kempner bezweifelt hatte. Solch eine Behauptung machte sich gut, sollte sie doch nahelegen, auch Meissner wäre schon beizeiten ein Hitler-Gegner gewesen. Es gibt dazu aber keine Materialsplitter und auch keine Zeugen. Deshalb fragte Kempner Wiedemann danach.

Wie aus den Hinterlassenschaften von Ernst Hanfstaengl nachweisbar, entstehen bei der Anlegung von Anti-Hitler-Akten Abfälle, die übrig bleiben. Es gab Vornotizen und damalige Maschinenschrift-Durchschläge. Doch nichts dergleichen konnte Meissner präsentieren. Kempner wollte darauf hinweisen, dass Meissner kein genuiner Hitler-Gegner gewesen war, wie Meissner es jetzt in den Verhören darstellte. Beweisträger Wiedemann zuckte nüchtern die Achseln, nichts von Anti-Hitler-Akten des Staatssekretärs Meissner zu wissen. Nachfrage Kempners: Wer sonst noch könnte so etwas angelegt haben. Antwort: Hanfstaengl. Richtig, da durch viele Zeugnisse Hanfstaengls Jahrzehnte später bewiesen.

Nun erst im dritten Anlauf des Interviews kommt die Sprache auf Akten Himmlers gegen Hitler. Davon weiß Wiedemann etwas. Und nicht nur irgendwas, sondern Kempner wird ganz genau und formuliert den Inhalt der (»roten«) Akte Himmlers gegen Hitler, die sich auf Äusserungen Eva Brauns über den »Führer« gründen soll. Das wissende Ja Wiedemanns muss sich auf die Zeit zwischen 1935 und Anfang 1939 beziehen, da er nur als Reichskanzlei-Adjutant Hitlers in der Lage war, von solcher Akten-Anlegung Himmlers etwas erfahren zu haben. Vorher war er kein Insider und nach seinem Ausscheiden Februar 1939 war er im Ausland, Konsul zuerst in Amerika und dann in China. Wiedemanns gesamte Frist als Hitler-Adjutant war von den

Zeiten entfernt, die Himmlers blaue »Krankenakte Hitler« behandelte, aktuell ab 1941. Über diese Zeit wusste Wiedemann nichts und hat gegenüber Kempner auch nichts dargestellt. Aber 1935 – das ist ja die Zeit von Hitlers »Mädchen in München« und Brauns zweiter Selbstmord-Demonstration *(HETERO, 9. Ja-Sager)*. Das alles war für Himmlers »rote« *Hitler-Impotenz-Akte* interessant. Es kann sich auch nicht um eine Verwechslung der »roten« mit der blauen Akte gehandelt haben. Die blaue, die über Hitlers Gesamt-Krankheits-Bedingungen informiert, ist etwas anderes als die »rote« *Hitler-Impotenz-Akte*. Nur über letztere wusste Wiedemann etwas, nichts über die erste, die erst nach seiner Reichskanzlei-Zeit mit Material bestückt worden war.

Wiedemann hatte keinen Grund, in seinem Gespräch mit Kempner etwas falsch darzustellen. Er gehörte nicht wie Staatssekretär Meissner zu den wegen Kriegsverbrechen Verdächtigten und Angeklagten. Wiedemann war schon vor Kriegsende über eine Mittelsfrau zu den Alliierten konvertiert, denen er wie Hanfstaengl Nachrichten durchgereicht hatte, auch wenn er immer noch im Dienst des Nazi-Staates tätig war – an weitest entfernten Stellen von Übersee-Gesandtschaften.

Brauns Einsatz-Kommando für Hitlers Mannhaftigkeit

Obwohl auch dem Inhalt der »Schwarzakte Hitler« Mosaikstein-mäßig auf den Leib gerückt werden konnte, reicht dies diesmal nicht aus, um aus den Mitteilungen Robert Kempners und Fritz Wiedemanns einen Beweis oder ein Indiz zu destillieren. Der Emigrant Kempner und der ehemalige Reichskanzlei-Adjutant Wiedemann haben von der »Hitler-Schwarzakte« in den Tresoren des Reichsführer SS Heinrich Himmler nur etwas gehört. Die Akte selbst ist verschwunden. Hätten Himmler-Mittäter, wie sein persönlicher Referent Dr. Rudolf Brandt, der Himmlers Diensttagebücher führte, oder Himmlers Chefadjutant Werner Grothmann, der den Terminkalender erstellte, *(Witte)* dem Nürnberger Ankläger Kempner Rede und Antwort gestanden, wäre die Situation komplett anders gewesen. Hätten R. Brandt oder Grothmann von der Akte berichtet, sie selbst angelegt oder gelesen oder hätte noch jemand anderes aus dem Stab Himmlers von ihr gesprochen, hätten solche Details für einen Beweis oder ein Indiz ausgereicht.

Doch der Schlagabtausch zwischen Kempner und Wiedemann genügt für einen Hinweis. Hinweise konturieren Belege und Indizien. Sie sind Fermente, die Beweise und Indizien bei deren Entfaltung unterstützen. Im Gegensatz dazu können Hinweise einen Beleg auch schwächen, ja abbauen und ein Indiz stürzen. Das wichtigste Merkmal des vorliegenden Hinweises auf eine »Schwarzakte Hitler« ist das Detail: Die Negativ-Akte zu Hitler ist von Himmler angelegt worden – im Zusammenhang mit Äußerungen, die Eva Braun gemacht haben soll oder von ihr übermittelt wurden.

Am Ende der gesamten Auseinandersetzung mit der 6. *Ja-Sagerin* zu Hitlers angeblich »normal« funktionierender Heterosexualität – beginnend in *ORALO* – müssen noch zwei von Braun hinterlassene oder ihr unterschobene Sätze auf den Gehalt an historischer Wahrheit hin untersucht werden.

Im gesamten Braun-Kapitel wurde unüblich verfahren, indem die einzig relevanten vier Ja-Aussagen – von Eva Braun, Anni Winter, Henriette von Schirach und Herta Ostermayr – gebündelt behandelt wurden. Vor allem wurden die Notate Brauns in ihrem Tagebuch-Fragment mit ihrer Bemerkung über »die Geschichte des Chamberlainsofas« und der Mitteilung ihrer besten Freundin Herta Ostermayr über das Wann und Wo des Sofa-Komentars *(ORALO, 3. Ja-Sagerin)* kombiniert. Ohne diese Kombination wäre kein Tiefeneinstieg in die sexuelle Technik des Oral-Vaginal zwischen Braun und Hitler möglich gewesen.

Die noch zu behandelnden Braun-Sätze teilen etwas zu Hitlers phallisch-vaginaler Tätigkeit mit und hätten das Zeug, alles oben Gesagte zu Hitlers phallischen Restriktionen und allein oral-vaginaler Tätigkeit mit Eva Braun »sich in Wohlgefallen auflösen« zu lassen. Diese letzten beiden Braun-Zeugnisse zu Hitlers Sexualität müssen vor allem deshalb ernst genommen werden, weil beide durch massenhaft gelesene Autoren wie Albert Speer und Werner Maser weltweit verbreitet worden sind und sich im Bewusstsein des speziell männlichen Denkens über den »Führer« des Dritten Reiches bis heute festgesetzt haben.

Braun soll zweimal etwas »Negatives« über Hitlers phallisch-vaginale Tätigkeit zum Ausdruck gebracht haben, das auf das ehemals »Positive« dieser angeblichen sexuellen Praxis Hitlers rückschließen ließe. Die eine Braun-»Aussage« ist beim *10. Ja-Sager*, Albert Speer, bereits besprochen worden. Dabei wurde angekündigt, dass diese Speer-Übermittlung der Braun-Äußerung noch einer gesonderten Untersuchung unterzogen würde. *(HETERO, 10. Ja-Sager)* Jetzt ist der Moment gekommen, das zu tun, um Speer zu bestärken oder als Ja-Sager endgültig auszusondern.

Wie im Einzelnen berichtet, soll sich Braun 1939 gegenüber Speer beklagt haben, »Hitler habe ihr freigestellt, ihn zu verlassen und sich einen anderen Mann zu suchen – er könne ihr doch nicht mehr genügen«. (*Speer* 75, S. 210) Speer selbst hat in seinen beiden Schriften diese Episode erwähnt und sie dabei auch datiert – das eine Mal »im Frühjahr 1939« (*Spandauer Tagebücher*) und das andere Mal mit der Umschreibung: »der noch nicht einmal Fünfzigjährige« (*Erinnerungen – Speer* 05, S. 118) – Hitler wurde am 20. April 1939 fünfzig Jahre alt. Die zwei Datenangaben Speers decken sich demnach. Bei der dritten Übermittlung dieses Speer-Berichts von Braun-Hitlers sexuellen Angelegenheiten geschah ein Irrtum in Bezug auf die zeitliche Zuordnung. Speers Biografin Gitta Sereny behauptete, Eva Brauns »phallisches Klagelied« wäre gegenüber Speer 1943 »intoniert« worden. (*Sereny* 01, S. 234) Dieses Datum vier bis fünf Jahre später als das, das der originale »Überträger« der Nachricht persönlich zweimal schriftlich angab, ist zweifellos falsch, was sogleich auch noch inhaltlich bestätigt werden kann. Speers doppelt festgehaltenes »ein halbes Jahr vor Beginn des Zweiten Weltkrieges« ist die richtige Datierung.

Brauns *caprice*, Hitler hätte ihr »nicht mehr genügen können«, »sie solle sich einen anderen Mann suchen«, basiert als Ganze auf einem sexuellen »Wolkenkuckucksheim«. Denn oben konnte mit mehreren Techniken der historischen Rekonstruktion die Art des Hitler-Braun'schen sexuellen Verkehrs seziert werden = oral-vaginal. Phallo-vaginal, auf das Braun gegenüber Speer anspielt, ist zwischen Hitler und ihr nie praktiziert worden. Und an Phallo-Vaginal war Braun wegen lesbischer Latenz und Mutterbindungs-verursachter phallischer Dekonstruktivität gegenüber Männern überhaupt nicht interessiert. »Einen anderen Mann suchen« – leerer Wahn, da Braun nicht auf »Hitler als Mann« abfuhr, sondern in ihm die Mutter-ähnliche »Phantommöse« begehrte.

Das Konstatierte kann außerdem rein biografisch auch dadurch bewiesen werden, dass es ohne diese Sex-Devianz auf Brauns Seite wegen ihres perfekten weiblichen, Filmstar-gestylten Aussehens hätte von Männern hageln müssen, noch dazu wo es in Hitlers Entourage junge Männer »wie Sand am Meer« gegeben hat. Obwohl monatelang im Jahr von Hitler getrennt und über zwei Wohnsitze verfügend (in München und Berchtesgaden), ist Braun keiner einzigen Versuchung erlegen, was sogleich mit der Analyse des Braun-Fegelein-Verhältnisses bekräftigt werden wird.

Weder Brauns ältere Schwester Ilse noch ihre jüngere Schwester Gretl hatten Evas sexuelle Probleme, was beide Schwestern mit einer Zahl von Beziehungen zu Männern bewiesen. Ilse zum Beispiel hat fast ein Jahrzehnt lang mit ihrem Arbeitgeber, dem HNO-Arzt Dr. Martin Lewy Marx, in dessen Praxiswohnung zusammengelebt und war nach Marx' Emigration 1937 zweimal verheiratet. Bei Gretl sind Beziehungen zu Männern, beginnend mit Heinrich Hoffmanns Sohn Heini bis hin zur Heirat Hermann Fegeleins und der Geburt der Tochter Evi, ebenfalls beweisbar. Über »Unterwegs«-Verhältnisse zwischen Gretl und Hitler-Männern, wie dem Außenamts-Verbindungsmann Walter Hewel, sind bei den Hitler-»Umfeldern« etliche Nachrichten zu finden.

Wie bei der noch zu führenden Auseinandersetzung mit Eva Brauns ebenfalls »trockenem« Verhältnis zu Hermann Fegelein kann auch generell nachgewiesen werden, dass es in Brauns Leben überhaupt keinen sieghaften phallischen Strategen in die Richtung ihrer Vagina gegeben hat. Brauns Intima Herta Ostermayr berichtete Brauns erstem Biografen, Nerin E. Gun, von einer einzigen Affäre, die Braun mit einem anderen Mann als Hitler oder Fegelein gehabt hätte. *(Gun* 68 I, S. 119) Als Braun Hitler schon »hatte«, sei ihr eine Urlaubsbegnung mit einem Mann gelungen. Zuerst waren die beiden »ein Herz und eine Seele«. Doch sowie der Braun-Interessent nach »unten« strebte, tat Braun das Gleiche, wie es Hitler von seiner Sekretärin Christa Schroeder nachgesagt und bereits ausgiebig zitiert wurde *(ONANO, 3.* und *21. Nein-Sagerin)*: Als die Urlaubsbekanntschaft Braun näher kommen wollte, hat Braun den »echt« phallischen Prätendenten verabschiedet und sogar jegliches Weitermachen per Telefon-Freundschaft abgeblockt. Begründung, sie sei schon vergeben – an ihre »Phantommöse« A. H., der gerade seine zweite Rückszugs-Tour absolviert hatte.

Dass Brauns Aussperrung jeglicher Männer von ihrem dafür *auch* vorgesehenen »Eingang« mit ihrer Mutterbindung in Zusammenhang stand, bewies sich zum wiederholten Male: Die Urlaubsbekanntschaft geschah während Brauns Sommer-Reise mit Mutter und Schwester Gretl. Mutter Franziska Braun hatte während der ganzen Zeit des Anknüpfens die Männer-Bekanntschaft ihrer Tochter Eva supervisiert und dabei ihre in Evas Leben eingezogene Botschaft bloß zu verstärken brauchen: »Echte Männer als Schwanzträger verboten! Bleib meine kleine Latenz-Lesbe!«

Sollte sich Thomas Lundmarks Behauptung von Eva Brauns Scheiden-Verschluss-Syndrom bewahrheiten, wäre dieser medizinische Sachverhalt die Causa einer zusätzlichen Verstärkung von Brauns lebenslänglich zur Schau gestellten Anti-Phallik-Strategie. *(ORALO, Eva Braun – eine pathologia sexualis?)* Auch in Italien passierte mit Braun nie etwas heterosexuell »Eindrückliches«, obwohl die Männer dort auf die Filmstar-*bionda* wild gewesen waren. Fünf Reisen Brauns nach Florenz sind während ihrer *Berghof*-Hitler-Putativ-Gattin-Zeit belegt und fotografisch festgehalten. Immer mit vier oder fünf

Freundinnen und Mutter. Für die allein sie ihren Glamour-Sexappeal
im fremden Land voll aufdrehen durfte, für sonst niemanden. (B. 21)
Braun hat ihrem Freund Albert Speer mit ihrem Märchen von ihrer
angeblichen Zurückweisung durch Hitler einen Bären aufgebunden.
Bei ihrem Tun verfolgte Braun politische Absichten. Mit der Aufschlüsselung der Braun-Speer-Episode als »Bären-Aufbinden« kann
zum ersten Mal nachgewiesen werden, dass Braun eine aktive Mittäterin Hitlers war, die auch in Hitlers politischen Bereich hineinwirkte.
Braun akzeptierte – wie Ullrich es richtig festhielt *(HETERO)* – nicht
nur Hitlers staatliche destruktive Handlungen gegen Hunderttausende
Menschen und war über die Mord-und-Totschlags-Aktionen genau im
Bilde, sondern Braun gesellte sich auch mit eigenen Handlungen Hitler zur Seite – zugunsten seiner öffentlich optimalen Wirkung. Braun
bemühte sich darum, Hitlers Image als »normaler«, »guter« = für alle
seine Mittäter identifikatorisch ergiebiger Mann aufzupolieren – von
einer Seite her, von der nur die »Führer-Geliebte« Hitler zu unterstützen vermochte: Hitler könne Braun nicht mehr »genügen«. Im Zusammenhang mit dem Nachsatz, Braun möge sich »einen anderen Mann
suchen«, heißt das, Hitlers phallische Kapazität lasse gegenüber Braun
nach. »Klossbrühen-klar« vermindere sich diese Kapazität kurz vor
Hitlers Lostreten des Zweiten Weltkriegs! »Im Frühjahr 1939«, genau
dann, als Hitler sich trotz *Münchener Konferenz* vom September 1938
weiter auf die Entfesselung eines militärisch ausgetragenen Natio-
nen-Konflikts zuorganisierte.

In diesem Moment brauchte er vor einem seiner hochkarätigs-
ten Mittäter, seinem »Leibarchitekten« und späteren Kriegsminister
Albert Speer, eine Aufwertung als »normal funktionierender Mann«.
Brauns »Hitler konnte ihr nicht mehr genügen« hieß für Speer zweierlei. Erstens: Hitler vollführte dieses sexuelle »Genügen« Brauns sieben
Jahre lang. Zweitens: Hitler war so involviert im und absorbiert vom
politisch-militärischen Geschehen, dass er allein dort hinein Maria
Reiters »ganzen Mann« einbringen wollte und musste, um als »ganzer
Mann« nun bald Kriegsführer zu werden und nicht mehr auch nur
das kleinste Partikel seiner Männlichkeit »nebenraus« in »Frauenge-
wässer« abtropfen zu lassen. »Wie wahr, wie schön, wie gut!«, hat nach
diesem Braun-»Bekenntnis« ein Albert Speer denken sollen. »Nun, o
Destruktivität, bin ich ganz dein!« (frei nach Kleists Hymne auf die
Verschweißung seines *Prinz Friedrich von Homburg* mit der Unsterblichkeit)

Speer war mit Brauns »Bekenntnis« im Frühjahr 1939 eingeschmiert
fürs Mitmachen bis zum Äußersten – in Speers Fall bis zum effektiven

Funktionieren als Rüstungs- und Kriegsminister für den totalen Krieg ab 1943, ganz nach Hitlers Bedarf. Schon die gesamte Pseudo-Zeuginnenschaft der *Berghof*-Hausverwalterin Gretel Mittlstrasser zu Eva Brauns Perioden-Unterdrückung entsprach Brauns Taktik, den »Führer« seinem Umfeld phallisch intakt zu präsentieren und ihn auch post mortem noch so darstellen zu lassen, wobei Gretel Mittlstrasser ihrer ehemaligen Chefin bis 55 Jahre nach deren Tod assistierte *(HETERO, 7. Ja-Sagerin)*.

Mit der Konturierung von Eva Brauns Speer-»Bekenntnis« als Lüge zum Zwecke der Mann-Aufwertung Hitlers, quasi eine phallischen »Führer«-Aufbereitung, ist auch Albert Speers Ja-Zeugnis – wie das der Gretel Mittlstrasser – gänzlich in sich zusammengebrochen, wie beim *10. Ja-Sager* bereits angekündigt. Die Speer-Erinnerung zählt demnach nicht mehr als Ja-Votum mit. Dass Braun zu ihrem nahen Freund Albert Speer solch eine Finte transportieren musste, hätte ebenfalls das Zeug, ein Indiz für die andere Seite der Nein-Sagenden zu werden: somit das 41. Jedoch braucht nach 40 aufgehäuften Neins alles weitere nicht mehr im Einzelnen mitgezählt zu werden. Es genügt von nun an immer zu sagen: »Über 40 Neins gibt es zu Hitlers heterosexuellem Wegtreten!«

Ein solches Nein ist jetzt auch die Erinnerung Speers an Brauns Märchen, die genau ein halbes Jahr vor Beginn des Zweiten Weltkriegs nötig hatte, in Hitlers Mittäter-Szene pro-phallische Spezial-Voten zu speichern. Zu anderen Co-Führern als Speer hatte Eva Braun keinen Zugang – Goebbels, Göring, Heydrich und Himmler konnte sie so etwas nicht durchreichen: »Der gute Führer! Sein ›ganzer Mann‹ ist im Einsatz für Deutschland, dem er nun auch noch die Tätigkeit seines ›kleinen Mannes‹ opfert. Jetzt verzichtet er nicht nur aufs Heiraten, sondern auch aufs Vögeln. Die ›ganze Mannschaft‹ kann getrost einem solchen ›ganzen Kriegsherrn‹ in alles folgen, was der befiehlt – von ›Euthanasie‹ über das Polen- und Russen-Auslöschen bis hin zu Juden- und Zigeuner-›Endlösungen‹.«

Die Maser-Finte vom Schwächeln des »kleinen Mannes«

Es gibt noch eine zweite Übermittlung von Brauns Gerede über Hitlers »kleinen Mann«. Der Hitler-biografische Sexual-Normativist Werner Maser behauptete etwas, das im Einzelnen Beweis-führend unter dem *1. Ja-Sager,* Hitlers Leibarzt Theodor Morell, besprochen werden muss *(ANALO)*. Ein ehemaliger Patient Dr. Morells hätte Maser 1970 etwas über Morell erzählt. In seinem nach einem Schlaganfall geistig beschädigten Zustand hätte Morell nach April 1945 seinem ehemaligen Patienten Paul Otto Schmidt anvertraut, Eva Braun wäre eines Tages zu Morell gekommen und hätte bei Morell für Hitlers »kleinen Mann« Viagra-vorlaufende »Aufbaupackungen« erbeten, da Hitlers »kleiner Mann« nicht mehr so recht seinen Dienst für den »ganzen Mann« und vor allem für Eva Braun hätte vollbringen können *(ANALO)*. Wieder geschah eine phallische Aufmöbelung Hitlers. Doch an dergleichen war die im Oral-Vaginal schwimmende Eva Braun »null und nichtig« je interessiert. Es handelt sich diesmal um reine *Männerphantasien*, die unter *ANALO* mit drei Beweisführungen zerstäubt werden. Hier vorweg die Ergebnisse:

Erstens. Morell war nach April 1945 viel zu krank und gedächtnisschwach, als dass er sich an eine solche Einzelheit hätte erinnern können.

Zweitens. Eva Braun mochte Morell nicht und hätte ihn daher nie in so etwas Intimes wie Hitlers nachlassende phallische Potenz eingeweiht und gerade ihn um Abhilfe gebeten.

Drittens. In Morells Tagebüchern und medizinischen Kalendern kein Hauch einer Andeutung eines solchen Ansinnens Eva Brauns an ihn oder auf seine medizinische Reaktion darauf. Kein Notat zur Verabreichung von Viagra-Vorläufern an Hitler durch Morell.

Erneut eine aufwendige Beweisführung in *ANALO*, »*Leise flehen*« *ihre* »*Lieder*«, gegen diesen phallo-vaginalen Firlefanz, an den jedoch kompetente Hitler-biografische Weltautoren wie Henrik Eberle und Hans-Joachim Neumann in ihrem Buch *War Hitler krank? Ein abschließender Befund* Kirchen-standfest glauben – ein Glauben, den sie seit 2009 auf Deutsch und seit 2013 auf Englisch verbreiten. Mit der Expertise in *ANALO* zur Aufhebung von Werner Masers *Männerphantasie* und dem Ergebnis, dass Braun solch einen »Viagra-Kniefall« vor Hitlers Leibarzt Morell nie und nimmer vollführt hat, sind dann beide »Bäume« von Brauns Häuflein des Hitler-»Aufrechten« gefällt.

Was jedoch noch bleibt, sind andere Hitler-komplizische Braun-Lügen, die entlarvt werden müssen, weil auch aus ihnen die Intaktheit des Hitler-Braun'schen phallo-vaginalen Verhältnisses grinst. Braun hat fünfmal groß-biografisch gelogen. Drei Lügen sind schon besprochen worden – die zwei unechten Selbstmordversuche und der »Speer-Bär« in Bezug auf Hitlers phallisches Nicht-mehr-»Genügen«.

Die erstunkenen Hitler-Liebesbriefe an Eva Braun

Bei Eva Brauns vierter »Lebenslüge« (Ibsen) handelt es sich um etwas »Komisches«, das von der Braun-Hitler-Biografik ebenfalls noch nie unter die Lupe genommen wurde, um diese Braun-Lüge endgültig aus dem Weg der Hitler-Wahrnehmung zu räumen. Braun hat am 23. April 1945 in ihrem Abschiedsbrief aus dem »Führer«-Bunker an ihr »Alter Ego«, ihre jüngere Schwester Gretl Braun-Fegelein, etwas »Kujauisches« in die Nachwelt gesetzt. Braun bittet ihre Schwester Gretl in dem Brief, sie möge die Hitler-Braun-Liebesbriefe sicher vergraben. (Gun 68, S. 191) Also hätte es eine Hitler-Braun-Korrespondenz gegeben? Der Schreibmuffel Hitler 2 hätte an Braun Liebesbriefe geschrieben? Braun an ihn die Liebe erwidert?

Nichts anderes als Brauns Flaschenpost für ihre Nachwelt-Reputation, enthaltend einen Lügen-Geist in der Flasche! Eine neue Spezial-Studie angesagt. Hier nur das Ergebnis-Gerippe:

Erstens. Braun hatte seit 1936 nichts mehr zu tun – seit ihrer Installierung als Hitlers »Putativ«-Gattin in der Szenerie des Berghofs, dargestellt für den inneren Kreis. Sie war seit dieser Zeit nur noch kosmetisch für das Finanzamt Angestellte im »Photohaus Hoffmann«. Vor allem 1944/45, als Hitler mit den End-Auslöschungen europäischer Menschen »aufs Ganze ging«, hatte Braun sogar theatralische »Sommerferien«. In seinen »Führer«-Hauptquartieren fand Hitler für Braun gar keine Verwendung. Sie durfte dort nie auftauchen und hat sich dieses Recht erst in den letzten Bunker-Monaten ertrotzt. Zwischen November 1944 und April 1945 war sie drei- bis viermal hin- und hergereist und hatte dazwischen Muße und Zeit, ihre Angelegenheiten zu regeln, vor allem die sogenannte Braun-Hitler-Korrespondenz »top secret« zu verstauen, zum Beispiel bei ihren Freundinnen Herta Ostermayr, Marion Schönmann, Anni Brandt und Margret Speer, bei ihren Schwestern Ilse und Gretl, bei ihren Eltern oder ihren mütterlichen Verwandten Weisker. Acht Orte der relativen bis absoluten Sicherheit standen ihr monatelang zur Verfügung. Wer etwas Ultra-Geheimes zum Retten und Vergraben besitzt, der tut das beizeiten, wie der hingerichtete 20.-Juli-44-Verschwörer Ulrich von Hassell, der seine Tagebücher vom anderen Deutschland sicher vergrub und damit für die Nachwelt erhielt, indem er spezielle Vertrauenspersonen über den Ort des Verstecks informierte. (von Hassell)

Zweitens. Wenn Sammlungen existieren, die als gesamte zerstört werden sollten oder zerstört wurden, wie zum Beispiel die Briefe Heinrich von Kleists an seine angeheiratete Cousine Marie, dann gibt es immer die versehentlichen Überlebenshelden, weil mal Schriftstücke aus einem Konvolut woanders deponiert wurden, außer Sammlung lagerten und erst gar nicht in den Destru-Fundus hineingelangten. Ein halbes Dutzend Kleist-Briefe an Marie von Kleist haben auf diese Weise überlebt, so dass die an Kleist interessierte Nachwelt aus diesen Stücken weiß, wie offen und unverblümt Kleist an seine Cousine geschrieben hat und vor allem, was das für ein Freundschafts- und beileibe kein Sexual-Verhältnis gewesen ist. Von Hitlers ausgerechnet in Brauns Last-Minute-Abschiedsbrief an ihre Schwester Gretl behaupteten Liebesbriefen an Braun existiert kein einziges authentisches Blatt. Was in der Braun-Biografik herumgeistert, sind antizipierte »Kujaus«, die Heike Görtemaker in luzider Durchschauung enttarnt hat und dabei ihre Vorläufer und Vorläuferinnen beim buchstäblich stumpfsinnigen Für-echt-Halten verhöhnt. Mit dieser Schärfe hat sie auch gleich ein warnendes Zeichen für ihre Nachfolger wie Blaine Taylor (2013) gesetzt, die nicht ablassen wollen, an den Hitler-Braun-Liebes-Brief-Wechsel zu glauben. (*Görtemaker* 10, S. 259, 346, Anm. 20, *Gun* 68 I, S. 164, *Sigmund* 98, S. 185 f., *Lambert* 06, S. 394 f., *Taylor*, S. 128)

Drittens. Brauns Biograf Gun forschte nach der Hitler-Braun-Korrespondenz ohne den Schatten eines Ergebnisses. Er stellte konsterniert fest, dass Brauns Familie »mauerte« = »ausweichend reagierte«. (*Gun* 68 I, S. 163, *Gun* 69, S. 207) Keine Jas, keine Neins von Mutter und Schwestern zu erhalten. Niemand wollte dem Braun-Nachwelt-Schwindel in die Parade fahren und hielt sich daher mit Aussagen, »ob und wo und wie und überhaupt« zurück. Kein einziges erhellendes Wort über die angebliche Hitler-Braun-Korrespondenz war von Gun aus der Familie herauszubekommen. Braun muss vor ihrem Bunker-Selbstmord ihre Frauen »gebrieft« haben.

Zu dieser Total-Vakanz von Hitler-Briefen an Braun passt, was die Sekretärinnen Schroeder und Junge hinterließen: *Hitler 2* war ein Schreibmuffel. Es gibt, mit wenigen Ausnahmen, wie etwa den Briefen an Maria Reiter, überhaupt keine ganzen handschriftlichen und langen Briefe von ihm, nur diese Rudimente von Grüßen, Danksagungen und Glückwunsch-Bekundungen, jedoch kein mehrseitiges geistiges Elaborat. Das *Hauptarchiv der NSDAP* segnet mit seinen Beständen diese Statements der Hitler-Sekretärinnen ab: Alles von Hitler dort nur Schreibmaschine, getippt von jemand anderem. Und das meiste nur Amtsbezug.

Das *Hauptarchiv der NSDAP* belegt durch seine Sammlung: Es existiert, von den genannten Ausnahmen abgesehen, überhaupt kein ausführlicher persönlicher Brief von *Hitler 2*, kein Entwurf dazu von seiner Hand, während von *Hitler 1* solche Briefe zahlreich überliefert sind und in Eberhard Jäckels und Axel Kuhns Publikation von Hitlers Früh-Zeugnissen bestaunt werden können. *(Hitler 80)* Und selbstredend ist in den Bänden des Münchener *Instituts für Zeitgeschichte* von *Hitlers Reden, Schriften, Anordnungen (Hitler 92* ff.) alles politisch. Es gibt darin nichts ausführlich schriftliches Privates.

Mit dem Überleben von Braun-Materialien gab es sonst ja keine Schwierigkeiten: Ihre Fotos, Filme und die Abschrift ihres Tagebuch-Fragments blieben erhalten und fanden ihren Weg in die sicheren Hallen der *National Archives* in Washington.

Viertens. Der Hitler-Biograf David Irving war selbstverständlich hochmotiviert, die von Braun erschwindelte »Hitler-Braun-Korrespondenz« zu finden. Braun-Biografin Heike Görtemaker berichtet von einer »Räuber Hotzenplotz«-Story exquisiter Lächerlichkeit und distanziert sich dadurch mehr oder weniger von der »Hitler-Braun-Korrespondenz«, auch wenn sie sich zu deren Nicht-Existenz nicht ganz festlegen will. Aber Vorgänge, über die berichtet wird, sprechen häufig für sich allein: Der ehemalige Assistent von Hermann Fegelein, Johannes Göhler, behauptete nach 1945, er habe von Hitler den Auftrag erhalten, die »Hitler-Braun-Korrespondenz« zu vernichten. Er und seine Frau hätten Briefe vorgefunden, die dann von einem US-Offizier auf Nimmer-Wiedersehen konfisziert worden wären.

Wenn sich der von Irving sogar namentlich genannte US-Offizier selbst gemeldet und über seinen Fund einer Braun-Hitler-Korrespondenz, die er angeblich hat verschwinden lassen, geäußert hätte, wäre alles anders gewesen. Aber das Verschwinden von Nazi-Unterlagen bei den Amerikanern ist bloss eine Geschichts-revisionistische Masche, die auch Werner Maser betätigte, als er behauptete, ein von ihm »herausgegebenes« angebliches »Diensttagebuch« von Hitlers Leibdiener Heinz Linge sei »in amerikanischen Archiven verschwunden« *(AMORO)* Das russische Matrjoschka-Prinzip der »Puppe in der Puppe in der Puppe« ist Kujau-Kujau-typisch und indiziert mit der Behauptung, A. H. hätte seine persönlichen Dinge so drittklassig delegiert vernichten lassen, nicht einmal ein denkbares Verhalten des Prinzipals. Allein Julius Schaub, der das für Hitler getan hat, war ihm ans Herz gewachsen wie ein zu ihm gehörendes Organ. Und eben deshalb durfte und wurde *nur* Schaub mit der Hitler-Nachlass-Vernichtung betraut, als handelte es sich um eine Herzensmission unter Lebenden. Was Irving der Welt da einzureden versuchte, ist lachhaft – eine unkontrollierbare Vier-Assi-Tour, die in Hitlers Auftrag niemals hat stattfinden können. Himmler war Assistent Hitlers. Fegelein war

Assistent Himmlers. Herr Göhler war Assistent Fegeleins. Und Frau Göhler war Assistentin von Herrn Göhler. Assistentin des Assistenten des Assistenten des Assitenten! Ein vierfacher Fehler-Risiko-Faktor. Solch eine vierfache Assi-Prolongation entpuppt sich noch immer als Fake.

Derart unprofessionell ging ein Adolf Hitler bei seinem Befehl zur Vernichtung seiner Hinterlassenschaften unter keinen Umständen vor! Hitler hat dem Mann, dem er am meisten vertraute, seinem ihm zwanzig Jahre lang dienenden Adjutanten Julius Schaub, befohlen, in Hitlers Domizilen in München und auf dem *Berghof* »alles Persönliche zu verbrennen«. Ein solcher Befehl war an die tatsächlich naheste Person gegangen, die Hitler zur Zeit seines Untergangs noch zur Verfügung stand.

Dem Assistenten des Himmler-Assistenten solch einen Auftrag zu erteilen, einem Mann, der in Hitlers Nähe nie aufgetaucht ist = »Hirn-verbrannter« Spuk von Wunschvorstellungen und Wahnideen, mit dem sich ein Geschichts-Revisionist und Sexual-Normativist à la Irving gern beschäftigte, um sich wichtig zu machen und weiter an der humanen Aufwertung seines Gegenstandes A. H. zu wirken. Aber mit historischer Wahrheit hat das alles nichts zu tun. (*Görtemaker* 11, S. 85 f., 266, Anm. 107 ff.)

Fünftens. Anton Joachimsthaler berichtet in seinem Buch *Hitlers Liste* von einer Aktion mit 30 Stücken aus der sogenannten Braun-Hitler-Korrespondenz. Da die Braun-Schwester Gretl und drei Männer über die Aktion etwas ausgesagt haben, wirkt sie zunächst glaubhaft: Gretl Braun-Fegelein hätte nicht, wie ihre Schwester Eva ihr geboten, die Briefe Hitlers an Eva und die dazugehörenden Skizzen ihrer Antworten vergraben. Gretl hatte stattdessen dem in der Angelegenheit der »Braun-Hitler-Korrespondenz« schon negativ aufgefallenen Adjutanten Hermann Fegeleins, dem SS-Sturmbannführer Johannes Göhler, die »Korrespondenz« übergeben, verstaut in einer blechernen Wehrmachts-Tropenkiste.

Der SS-Hauptsturmführer Erwin Haufler, Kommandeur des SS-»Remonteamts Fischhorn« bei Zell am See, einer Lagerungsstätte für SS-Hinterlassenschaften in Südbayern, habe von Göhler den Auftrag bekommen, den Inhalt der Blechkiste zu vernichten. »Mit einem Aktenvermerk (›Aktenvernichtungsurkunde‹) bezeugte« Haufler, »dass die [Hitler-Braun-]Briefe vernichtet worden sind.« Mit dieser Vernichtungsaktion wurde der SS-Hauptsturmführer Franz Konrad beauftragt, der während seiner späteren Gefangenschaft gegenüber einem Offizier des amerikanischen *Counter Intelligence Corps* ausgesagt hat: »Ich habe die Sachen dann in der Zentralheizung mit dem Hausmeister Franz Schuler verbrannt. Ich habe verbrannt etwa 30 Briefe. Bei diesen Briefen handelte es sich um weiße Briefkarten in Briefumschlägen ... Diese Briefumschläge waren von Hitler mit der Hand geschrieben und an Eva Braun gerichtet ... Mehr als diese etwa 30 Briefkarten habe ich nicht verbrannt und überhaupt nicht gesehen. Sie waren in einem kleinen Pappkarton ... Ich erinnere mich noch, dass ich auch zwei Notizbücher verbrannt habe, in die Eva Braun ihre Briefe, die sie an Hitler schrieb, vorher im Konzept hineingeschrieben hatte.« *(Joachimsthaler* 03, S. 450 ff., 452, 604, Anm. 806 ff.)

Bei dieser ausführlicheren Aussage kann sofort mehrfach eingehakt werden: Woher wusste der SS-Mann Franz Konrad, dass die Schrift auf den weißen Umschlägen die von Adolf Hitler war? An welche Adresse sind sie gerichtet worden, an Brauns Haus in München oder an ihre Residenz *Berghof?* In einem Pappkarton hätten sich die 30 Briefe Hitlers befunden? Es hieß doch zweimal, sie hätten in einer blechernen, Verrottungs-sicheren Tropenkiste gelegen. Brauns Brief-konzeptuale Notizbücher? Die muss Konrad vorm Verbrennen genau studiert haben, um aus einer fremden Handschrift-Kritzelung schlau zu werden und mitteilen zu können, welchen Inhalts das Geschriebene war.

Aber das am meisten Wahrheits-Unterminierende: »Konrad gab dann noch an, dass ihm beim Verbrennen die Idee gekommen sei, einen Teil dieser Sachen in Schladming, wo er Verwandte hatte – auch seine Mutter lebte dort – aufzuheben, und er soll sie dann mit einem LKW dorthin geschickt haben.« *(a. a. O.,* S. 452) Ein Lastkraftwagen wäre nötig gewesen, die 30 Papierchen beiseitezuschaffen? Vorausgesetzt, die 30 weißen Karten Hitlers an Braun haben je existiert, dann muss es sich um Grüße gehandelt haben oder um Dankesworte. Dreißigmal in Weiß, passt zur ewigen »Führer-Braut«! So etwas Ähnliches lag vielleicht vor, wie die angeblich täglichen Anrufe Hitlers bei Braun, von denen Sekretärin Junge berichtete. *(Junge* 02, S. 121) Da man damals leichtest Telefongespräche mithören konnte, wurde auch den Telefonaten zwischen Hitler und Braun akustisch beigewohnt. Der Telefonist Alfons Schulz war *Drei Jahre in der Nachrichtenzentrale des Führerhauptquartiers* tätig und hat in dieser Zeit die Gespräche zwischen Braun und Hitler abgelauscht.

Nur Biograf Kershaw ist aufgefallen, dass aus den elektrischen Schlagabtausch-Geschäftigkeiten auf die Nicht-Existenz einer Liebesbeziehung zwischen Hitler und Braun rückgeschlossen werden kann. »Hitler wirkte bemerkenswert kühl und geschäftsmäßig bei seinen Telefonaten aus der *Wolfsschanze* und zeigte Eva Braun gegenüber

nicht einmal freundschaftliche Gefühle.« (*Kershaw* 2000, S. 981,
Anm. 15) Niemand aus der Fraktion der Hitler-Verheterosexualisierer
hat je daran gedacht, den »Telefon-Sachverständigen« Alfons Schulz
zu Rate zu ziehen, den *postillon d'affaires* zwischen Hitler und Braun.
Schulz hätte ihnen drei Jahre emotionaler Dürre nachweisen können.
Nie gab es zwischen Hitler und Braun in ihren Telefonaten Substanzi-
elles. Belanglose Öde hat zwischen ihren Stimmen geherrscht. (*Schulz*,
S. 90 f.) In einem echten Liebesverhältnis wird nicht zwanghaft täglich
telefoniert. Und außerdem gäbe es bei solchen Telefonaten immer mal
etwas Verräterisches zur Innenbeziehung der Sich-Anrufenden, beiläufig fallengelassen oder nur gehaucht, sodass jeder Mithörer damit hätte
etwas in Richtung »Aha« »anfangen« können, so sehr die Telefonierer
sich auch verstellt haben, weil sie eine Distanz-Show abziehen wollen.

Die 30 papierenen »Masken in Weiss« bedeuten nur ein weiteres:
Wenn sie existiert haben, dann lag damit keine Partner-Korrespon-
denz vor, sondern sie waren Zeugnisse einer Show. Wie Hitlers rosa
Ring für Braun zur »Kapitalrücklage« (15. *Nein-Sager*), so galten die
30 Karten Hitlers an Braun dem »Merken« der Umfelder. Wegen ihres
Placebo-emotionalen Effekts nicht des Vergrabens wert!

Eva Brauns erst im allerletzten Schreiben an ihre Schwester ausge-
drückter Wunsch, Hitlers Briefe an sie zu vergraben, war ein Bestre-
ben, sich für die Nachwelt aufzuwerten, dass es auch eine geistige
Beziehung zwischen ihr und Hitler gegeben hätte. Aus solch einem
geistigen Hin und Her zwischen Hitler und Braun hätten dann Rückschlüsse auf das gewisse leibliche Hin und Her zwischen Mann und
Frau gezogen werden können, was bereits geschah, als Braun-Hitler-Biografen wie Gun und Irving sich mit der Braun-Information
überhaupt recherchierend befassten. Was in *HETERO* unter der *siebenten* »*Ja*«-*Sagerin* schon zu *Adolf war kein Adam* gesagt wurde,
darauf kann hier nur nochmals verwiesen werden: Braun und Hitler
tauschten weder Geist noch Geschlecht. Was sie miteinander zu tun
hatten, war reines Massenmörder-»Vernetten«, für das Eva Braun bis
zu ihrer letzten Stunde tätig war und dem auch noch ihre Heirat Adolf
Hitlers galt. Mehr war nicht!

Keine Happy-End-Erlösung Brauns durch Fegelein

Brauns fünfte biografisch-historische Substanz-Lüge machte sie in
ihrem Verhältnis mit Hermann Fegelein, das sogar ein Joachimsthaler
»normalisieren«, verheterosexualisieren = phallo-vaginal stabilisieren
wollte. Doch nach dem Outing von Hitler-Brauns Oral-Vaginal ist

sämtliches Phallo-Vaginal in Brauns Leben abgeräumt. Auch jegliche Spekulation darüber im Verhältnis zwischen Braun und Fegelein muss auf den Sperrmüll von historischen Männerphantasien, vor denen selbst ein Joachimsthaler nicht gefeit war.

Was war zwischen Braun und Fegelein los? Warum gab es in diesem Verhältnis *keine* »phallische Erlösung« Brauns? Zunächst korrigierte Joachimsthaler abermals Wesentliches – vorerst in der Beziehung Braun-Hitler, um die dortigen Schimären in der Braun-Hitler-Biografik zu verflüchtigen. Joachimsthaler nahm sich für sein Bunkerbuch *Hitlers Ende* die Beziehung Braun-Fegelein vor *(Joachimsthaler 96, S. 261 ff.)*, weil diese Personen-Konstellation gerade im Zusammenhang mit der letzten Zeit im *»Führer«-Bunker* vor Ende April 1945 eine Rolle spielte.

Wieder korrigierte Joachimsthaler Wesentliches, das sich in der jüngsten Hitler-Biografik fälschlich festgesetzt hatte. Da die Anfang-dritte-Jahrtausend-Stars in der Hitler-Biografik, Heike Görtemaker und Volker Ullrich, nicht nur sexualwissenschaftliche, sondern auch noch psychoanalytische und Familien-forscherische Laien sind, öffneten sie 2010/11 und 2013/16 Tür und Tor zu neuen Hitler-Braun-Beziehungs-Fantasien. Görtemaker unterschlug die ganze Braun-Fegelein-Beziehung, was ihr bereits vorgehalten wurde *(HETERO, 7. »Ja«-Sagerin)*. Ihr ist dieses Verhältnis nur einen einzigen Satz wert: »Es kursierten sogar Gerüchte, sie [Eva Braun] und Fegelein, der laut Speer allen einsamen Frauen auf dem Berghof den Hof machte, hätten seinerzeit Gefallen aneinander gefunden. *(Görtemaker 10, S. 254)* So reduktionistisch geht Görtemaker in der Biografie einer Frau vor, die sowieso schon von libidinösen Beziehungen mit Männern kahlgeschlagen war und für die es angeblich Intimität *nur* mit Hitler gegeben hätte!

Brauns Beziehung zu Fegelein ist unbedingt ein Gegengewicht gegen Brauns Beziehung zu Hitler und hätte in einer Braun-Biografie auf keinen Fall unbehandelt, geschweige denn unerwähnt bleiben dürfen – ein Beispiel dafür, wie Fakten-dirigistisch Braun-Hitler-Biografen/innen mit ihren Stoffen immer wieder verfahren. Görtemaker bildete sich ein, Eva Braun wäre so verschweißt mit Hitler gewesen, dass diese sich schon im Oktober 1944 bereitgemacht hätte, mit ihrem »Geliebten« A. H. zu sterben! Warum denn so früh? Wollte er zu dieser Zeit doch auf keinen Fall abtreten, wozu er sich erst in allerletzter Minute seines Wirkens, am 28. April 1945, entschloss und erst dann testamentierte und Braun für seine »Höllenfahrt« ehelichte.

Görtemaker fußt ihre Vorstellung auf der Tatsache, dass Braun im Oktober 1944 ihr Testament gemacht hatte. *(Görtemaker 11 I, S. 221 ff.)*

Doch der Lebens-Überdruss der erst 32-jährigen Braun entsprang einer anderen Dynamik als dem Wunsch, Hitler, dem Kriegsverlierer, »aus Liebe« in den Tod zu folgen. Ab Juni 1944 war Eva Braun biografisch »entkorkt«. Mindestens zwei Jahrzehnte lang hatte sie ihre um drei Jahre jüngere Schwester Gretl an sich geschweißt. Braun hatte die Biografie der Jüngeren einfach auf die ihre gekorkt und damit alle ihre Rollen-Verquerungen und Mutterbindungs-Verheerungen unfühlbar zugestöpselt. Psychische Arbeit an den biografischen Verzerrungen war daher nicht nötig.

Doch mit dem räumlichen »Wegfall« ihrer Schwester von ihrer Seite in der *Berghof*-Unterdach-Wohnung rissen Brauns Probleme Krater-haft auf, sich breitmachend in schweren Verstimmungen und einer Daseins-Unlust, die allein sie zum Testament führte. Nun war Braun aber als Hitlers Umfeld-Demo-Gattin an ihn angeschmiedet und Psychotherapie in einer derart »verkrunkelten« Situation ihr nicht mehr möglich, obwohl die auch im Nazi-Deutschland objektiv möglich gewesen wäre. Erinnert sei nur an das *Institut für psychologische Forschung und Psychotherapie* von Matthias Heinrich Göring, einem Vetter Hermann Görings. Das »Göring-Institut« thronte im Dritten Reich über der seit der 1900-Wende prosperierenden Therapeuten-Szene und hatte zu Mitgliedern solche »zeitlos« hochkarätigen Alternativ-Psychiater wie Johannes Heinrich Schultz, den Erfinder des autogenen Trainings. (*Heller*, *Schultz* 21, 21/22, 54)

In dieser Lebensend-erscheinenden autobiografischen Vermasselung bekam Hermann Fegelein für Eva Braun eine Art Erlöser-Funktion. Wie Anton Joachimsthalter richtig feststellte, galt Brauns Besuchs-Stakkato in der Berliner Reichskanzlei und dann im »Führer«-Bunker ab November/Dezember 1944 im Zweimonatstakt bis April 1945 nicht dem körperlich und seelisch verfallenden Adolf Hitler, sondern dem im Zentrum stationierten blühenden Hermann Fegelein. Früher kam Braun ohne Fegelein alle paar Jahre einmal ins Regierungszentrum in Berlin. Braun trieb es jetzt zu Fegelein – vor allem zum Tanzen mit ihm.

Alles, was Hitlers zweite Sekretärin, Christa Schroeder, beobachtet hat und das Joachimsthaler ausführlich zitiert, klingt glaubhaft: Eva Brauns Jauchzen, wenn der stattliche »horse-man« Fegelein sie beim Tanzen hochhob. (*Schroeder* 85, S. 167 ff., *Joachimsthaler* 03, S. 480 ff.) Doch die Einschätzung Schroeders vom »Frauenheld« Fegelein ist diesmal falsch. Er hätte es auf Eva Braun abgesehen gehabt und Brauns Schwester Gretl nur geheiratet, um in der Nähe seiner echt angebeteten Eva sein zu können.

Hermann Fegelein war mit Frauen biografisch gepflastert. Heiraten bis 38-jährig für ihn nicht nötig und auch in diesem Alter nur wegen der außerordentlichen Berührung mit Hitler durch die Schwester der »Führer-Geliebten« unternommen – eine Karriere-Optimierung ohnegleichen für einen ehemaligen Pferdeknecht. Doch sich auf *eine* Frau konzentrieren, im Sinne von sich verlieben, das konnte Fegelein gar nicht. Joachimsthaler arbeitete Fegeleins Personal-Akte auf und stellte sogar Nazi-Unbekömmliches in Fegeleins damals jüngster Vergangenheit fest: Während Fegeleins Dienstzeit unter Himmler im besetzten europäischen Osten war Fegelein ein Verhältnis mit einer Krakauerin eingegangen, die von ihm schwanger geworden war. Er hatte sie zur Abtreibung motiviert, anstatt das zu erwartende Kind in einem Nazi-Lebensborn-Nest abzuliefern. Die Sache war rausgekommen, ein Verfahren gegen Fegelein konnte sein Gönner Himmler gegen dessen eigene Bestimmungen für das »artgerechte« Verhalten von SS-Männern niederschlagen lassen. *(Joachimsthaler 96, Longerich 08, S. 388, 477)*

Fegelein hatte sich den Braun-Schwestern nur aus Karriere-Strategien genähert, ja deshalb auch Brauns jüngere Schwester Gretl geheiratet, die er zunächst bei seinem ersten Besuch auf dem *Berghof* »eine dumme Gans« titulierte, ehe er wusste, was für ein Hitler-nahes Hochkarat sie war. *(Joachimsthaler 96, S. 272)* Da das Dritte Reich als Ganzes zusammenbrach, gab es darin keine Karriere mehr für Fegelein = Ende der Bedeutung beider Braun-Schwestern für ihn. Er wollte ohne sie in die Schweiz oder über die Schweiz nach Übersee verschwinden. Somit brach auch die Funktion einer Tanz-wütigen Eva Braun für ihn zusammen. Und er begann, sich von ihr zu absentieren. Er hatte vor, mit gehorteten Schätzen abzuhauen, als er gewärtig wurde: Das Teufelsboot sinkt endgültig. *(Riess)*

Joachimsthaler kann nachweisen, dass Hermann Fegelein auch Gretl Braun nicht echt geliebt hat, sondern dass seine Heirat mit ihr reines Karriere-Kalkül gewesen war. Jedoch in der Annahme der »wirklichen Liebe« Fegeleins zu *Eva Braun* lag Joachimsthaler diesmal falsch. *(Joachimsthaler 96, S. 261 ff.)*

So jemand wie Fegelein »liebt« überhaupt keine Frau, sondern »vernascht« eine nach der anderen. Ohne Männerforschung keine Kenntnis davon, wie es in »Frauenhelden« Trieb-dynamisch aussieht. Fegelein hatte ein sogenanntes *baby-face*, auf das alle Frauen abfuhren. Wer so im Fett der Zuwendung des anderen Geschlechtes schwimmt, auf das er zuzüglich sexuell auch noch steht, der braucht jegliche Mühe der sexuell personalen Spezifizierung erst gar nicht zu trainieren.

»Gleich zu Gleich gesellt sich gern«

Eva Braun als Miniatur-Lügnerin passt zum lügnerischen Großmeister Adolf Hitler. Der biografische Ansatz »Er der Böse, sie die Gute« ist gescheitert. Brauns Behauptung gegenüber Hitlers jüngster Sekretärin Traudl Junge, Fegelein hätte sie am 27. April 45 im Bunker angerufen, um Braun zur Flucht mit ihm zu bewegen, ist eine Lüge – Brauns fünfte, biografisch groß angelegte. (*Junge* 03, S. 178 ff.) Die Enttäuschte wollte sich auf diese Weise an Fegelein rächen.

Und – das für die Braun-Hitler-Biografik Folgenreichste – Braun wollte ihr Verhältnis zu Fegelein als ein intim geglücktes vor der Nachwelt darstellen, sich als eine deutsche Mae West in die Annalen der Geschichte eingravieren. Sie kannte so gut wie alle relevanten US-Filme, die sie sich hinter dem Rücken von Hitlers und Goebbels' Verboten für das deutsche Volk so gut wie täglich reingezogen hatte. Die »böse Zunge«, Zahnarzt Hugo Blaschke, sprach im Verhör mit Robert Kempner davon, dass Braun sich bis zu vier Filme pro Tag angeschaut hätte (*ONANO*, 13. *Nein-Sager*).

Die Übermittlung Traudl Junges vom letztminütlichen Fegelein-Braun-Telefonat hat erneute Lore-Roman-Wellen in der Hitler-Biografik gezogen: Die »Liebenden« hätten fliehen wollen. Doch Braun war an Hitler gekettet, ihm gegenüber verpflichtet, in einer biografischen Zerreißprobe zwischen zwei Männern. Der Hitler-Sekretärin ist bei der Durchreichung dieses Braun-»Geständnisses« an die Nachwelt nicht klar geworden, dass Braun log. Junge hat nicht nachgedacht, dass bei Brauns Gerede vom letztminütlichen Fegelein-(An)Ruf einiges nicht stimmen kann. Fegelein war SS-General, der selbstverständlich wusste, dass Telefongespräche technisch mitgehört werden konnten. Der Telefonleitung in den »*Führer*«-*Bunker* den Plan eines Desertierens gemeinsam mit ausgerechnet der »Führer-Braut« anzuvertrauen – das wäre eine solche Nazi-Endzeit-Sensation gewesen, die sofort die Runde gemacht hätte. Ein bis zwei Tage, bevor es mit dem Abhauen hätte losgehen sollen, noch schnell »die Eva« zum Mitkommen zu animieren, was ja tüfteligst hätte organisiert werden müssen?

Besonders sinnwidrig wird diese Braun-Junge-Übermittlung, wenn die Realitäten betrachtet werden: Braun und Fegelein waren bis vor zwei Tagen im »*Führer*«-*Bunker* anwesend. Außer für einen kurzen dienstlichen Ausflug aus Berlin hatte Fegelein die ganze letzte Zeit im Bunker zu tun gehabt und mit Braun ab Ende März/Anfang April gefetet. Hundert Gelegenheiten hätte es bis zu seinem Verschwinden am 25. April 1945 gegeben, Braun ohne jegliches Risiko zum Mitkommen zu animieren. Unverständlich, dass dem elektrotechnisch trainierten Diplomingenieur Anton Joachimsthaler die Kette der Absurditäten von Brauns Behauptung des Fegeleinschen Last-Minute-Anrufs nicht sofort ins Auge gesprungen ist. Joachimsthaler glaubt der Junge-Übermittlung ohne Abstriche. Er verfängt sich in seiner Vorstellung, das Braun-Fegelein-Verhältnis auch als ein sexuell-praktisches durchzuziehen. Er blockt seinen gesunden Ingenieursverstand ab, den er für das Auffliegen des kolportierten Sekretärinnen-Märchens hätte einsetzen müssen. *(Joachimsthaler* 96, S. 277) Was Braun der Junge erzählt hat, ist der Ausfluss einer biografisch Enttäuschten. Denn Fegelein war nicht nur von Hitler, sondern auch von Braun desertiert.

Die Braun-Fegelein-Beziehung war nicht einmal wie die Braun-Hitler-Beziehung wegen einiger Jahre praktizierten Oral-Vaginals halbfeucht, sondern blieb für alle Braunschen Lebenszeiten ganz trocken. Eva Braun war gemäß ihrer latent-lesbischen Mutter-Verplombtheit viel zu ungeübt im erotisch-sexuellen Umgang mit Männern, ja, sie hatte auf dieser Ebene überhaupt keine Erfahrungen, so dass sie sich in den zwei »Weibmännern« verfing – nach Hitler in dem multimörderischen »Mädchen«-Mann Fegelein, einer zweiten, von Braun in einem Mann halluzinierten Weiblichkeit, wie für Braun schon Adolf Hitler etwas Mutter-konturiert Frauenhaftes war. Es bleibt dabei, Braun fuhr als »virgo intacta« nach und neben ihren beiden verkrunkelten Emotions-Adressaten Fegelein und Hitler in die »Hölle«. Das, was ihr vorläufig letzter (Bild-)Gesamt-Biograf, Blaine Taylor, vermutete, Braun sei als Jungfrau gestorben, ist eine Tatsache. *(Taylor,* S. 179)

Nicht um mit »Manti« A. H. vereint zu sterben, wählte E. B. für sich selbst den Tod, sondern weil ihre biografische Falle endgültig zugeschnappt hatte: Heilung von Brauns Mutter-Verkorksungen unmöglich – weder durch Hitler noch durch Fegelein. Dann lieber große Hochzeit mit der *Nachwelt* feiern, für die Braun ein Star sui generis werden wollte und geworden ist: »An der Seite dieses Massenmörders« es bis zum Äußersten zu treiben, wenn nichts »Unten« möglich, dann so viel wie möglich »Obenherum«. Braun wird von ihren fünf Gesamt-Biografen Gun, J. Frank, Lambert, Görtemaker und Taylor und von ihren fünf Teil-Biografen Infield, Charlier/de Launay, Sigmund und Costelle als posthum wirkungsvolle Reichsführer-Gattin und Prinzessin-Diana-Vorläuferin gefeiert – wegen ihrer Monroe-Präsenz auf allen ihren Fotos und in ihren Privat-Filmen. Endlich hat sie Filmstar-adäquat ihren ersten *Bild*-Gesamt-Biografen gefunden, der die Welt seit 2013 mit Braun-Konterfeis überschwemmt. *(Taylor)* Seine Vorläufer waren Lambert 2006 und Costelle 2007. Engländer,

Franzosen und Amerikaner lassen die Unholdin nicht ruhen. Es ist für die Biografen zu geil, sie mit ihren andauernd wechselnden Frisuren, in ihren Kostümen und Positionen anzuschauen und dabei Hitler und ihre Mittäterinnenschaft vergessen zu machen.

Brünnhilde = Braun-Hilde

Ohne die Klarheit über die Beziehung Braun-Fegelein keine Klarheit über die Beziehung Braun-Hitler. Nunmehr muss Anton Joachimsthaler korrigiert werden, der hier irrtümlich den Zeugen Döhring und Schroeder gefolgt ist und aus Braun-Fegelein eine ausübende vaginal-phallisch penetrative, übliche Frau-Mann-Beziehung konstruiert hat.

Braun war vom antiphallischen Brünnhilde-Komplex gekennzeichnet, einer muttertöchterlichen Spezialausgabe. Wird das Verhältnis Fegelein-Braun als phallisch-vaginales Hin und Her und Rein und Raus missverstanden, muss die Beziehung Hitler-Braun auch als so etwas gesehen und daher ebenfalls missverstanden werden. Denn die Schwanz-interessierten Frauen wollen das unterleibliche Hin und Her immer: Braun-Fegelein = »Fickelein« führe ebenfalls zu Hitlers In-Brauns-Scheide-Rein!

Doch der antiphallische Brünnhilde-Komplex wurde vom germanischen Mythos richtig erkannt. Brünnhilde ist eine Non-Phallikerin, wie Wagner es in der *Götterdämmerung* verewigt hat, was Hitler beim »Beiwohnen« von Brünnhildes Bühnentod verzückt Winifred Wagner die Hand küssen ließ *(HETERO, 10.* »Ja«-*Sager*, Albert Speer, 4.) Brünnhilde liegt in einem unüberspringbaren Feuerkranz, der sie verbrennen wird. Das ist das Bild der Eva-Braun-Pathologie: Der unüberwindbare Feuerring um Brünnhilde ist die mütterliche Botschafts-Strangulierung in der Biografie der Tochter. Kommt noch hinzu, dass der mit Frauen verwöhnte Hermann Fegelein gar keine Ambitionen hatte, psycho-biografische Schwerstarbeit bei Braun zu leisten. Ihm flogen wie die »gebratenen Tauben in den Mund« die »geöffneten Mösen vor seinen Schwanz«. Kein Interesse, sich beim mütterlichen Feuerkreis »Braun-Hildes« zu verbrennen.

Soziale Feuerringe gab es für ein gelingendes Zueinanderkommen von Braun und Fegelein nicht. Es wäre für Braun überhaupt nicht schwierig gewesen, mit Fegelein intim zu werden. Sie war frei. Sie hätte ihm überallhin folgen können. Ab Brauns Bekanntschaft mit Fegelein in der ersten Hälfte 1944 weilte Hitler nicht mehr permanent auf dem *Berghof*, ab Sommer 44 nur noch im »Führer«-Hauptquartier *Wolfsschanze* und dann im »*Führer*«-*Bunker* unter der Reichskanzlei, wo er sie »gar nicht haben wollte« *(ONANO,* 16. »*Nein*«, Wolf) Braun hatte bis Ende April 1945 frei von ihrer Verpflichtung der Putativ-Gattin-Darstellung »an der Seite« Hitlers auf dem *Berghof.* Und Hitler hatte Braun mehrmals aus dem Berliner »*Führer*«-*Bunker* weggeschickt. Er hätte danach nicht gewusst, was sie außerhalb so trieb. Braun hatte genug Geld, sich am wenig zerbombten Rand von Berlin ein Zimmer zu mieten, um dort jemanden wie Fegelein zu »empfangen« oder ihn in seiner Berliner Wohnung regelmäßig heimlich zu besuchen.

Hitler hat am 22. April 1945 fast alle seine Mitarbeiter entlassen und immer wieder darauf bestanden, dass Eva Braun auf dem *Berghof* blieb. Er gab mehrere seiner Nahen in den letzten Tagen im April 1945 frei: Leibarzt Morell, Zahnarzt Blaschke, Außenminister Ribbentrop, Chefadjutant Schaub, Kriegsminister Speer. Die Sekretärinnen Schroeder und Wolf durften aus dem »*Führer*«-*Bunker* ausbrechen und sich nach West- oder Süddeutschland vor den anmarschierenden Russen »verdrücken«. Leibdiener Heinz Linge berichtete davon, dass Hitler auch ihm anheimgestellt hätte, »auszubrechen und zu seiner Familie zurückzugehen«. *(Linge* 55/56, Nr. 48 v. 26. 11. 55, S. 31) Die Pilotin Hanna Reitsch wurde auf ihren letzten Flug aus dem Berliner Kessel geschickt. Göring hatte sich mit Hitlers Einverständnis in sein Refugium bei Berchtesgaden zurückgezogen, Himmler war auf diese Weise »Russen-sicher« in Richtung Lübeck entwichen.

Auch Fegelein hätte versuchen können, mal eben aus Berlin zu verschwinden, sich vorgegebenermaßen zu seinem funktionellen Verbindungsmann Himmler nach Norddeutschland, in Wirklichkeit, seinen Weg ändernd, sich nach Süden in Richtung Schweiz zu begeben. Seine Reise nach außerhalb von Berlin ist belegt *(Eberle/Uhl, Joachimsthaler* 95, 03, *Riess)* Aus bisher nicht geklärten Gründen kehrte Fegelein jedoch zurück nach Berlin. Er hatte in Berlin keine dort dringend von Hitler benötigte Position, vor allem nicht seit Himmlers heimlichen Verhandlungen mit den Westalliierten. Mit ein wenig Geschick hätte auch Fegelein aus seinen Funktionen von Hitler entlassen werden können. Trotz des Kriegsend-Chaos hat nichts Soziales Braun und Fegelein daran gehindert, miteinander übereinzukommen. Es war von Brauns Seite her allein psychisch determiniert Selbst-Destruktives, das sie vor Fegelein »versperrte«. Fegelein wurde am 28. April 1945 auf Befehl Hitlers in seiner Berliner Wohnung festgenommen und wegen überführten Versuchs der Fahnenflucht ein paar Stunden vor Hitlers und Brauns Selbstmord erschossen.

Noch diese paar Stunden vor Eintreffen der Russen im Bunker war Serienkiller Adolf Hitler nicht in der Lage, »fünfe gerade sein zu lassen« und Fegelein freizugeben. Gleichzeitig hatte Hitler noch die Todesurteile wegen Hochverrats gegen Göring und Himmler verfügt, die aber nicht mehr erschossen werden konnten, da sie sich außerhalb der Vollstreckungsmacht Hitlers befanden. Unklar ist, ob Hitler mit der Erschießung Fegeleins den Verrat Himmlers rächen wollte.

Siegfried gegen Siegfried – Hitler-Liebling macht Himmler-Liebling kalt

Ungewöhnlich, geradezu germano-mythisch interessant, ist, was Hitlers persönlicher Adjutant Otto Günsche den sowjetischen Investigatoren über Fegeleins Ende als Deserteur berichtet hat. Diese Sichtweise bestätigt das oben Konstatierte gegen ein letztminütliches Braun-Fegelein-Übereinkommen, das von Widersachern nur durchkreuzt worden sei. Günsches Darstellung rückt den Fegelein-Tod in eine Männertragödie vom Exquisitesten. Ein eigenes Thema, hier nur skizziert für die letzte Konturierung des nicht echt genitalen Verhältnisses Braun-Hitler: Fegelein war weg. Hitler hat es plötzlich bemerkt und nach ihm »verlangt«. Niemand im Bunker wusste, wo er ist. Nur Günsche hatte mitbekommen, dass Fegelein in Berlin über eine eigene Wohnung verfügte. Das verrät Adjutant Günsche seinem »Führer«. Dieser hatte am 27. April 45 noch einmal eine Gelegenheit, etwas in seinen letzten Lebenstagen zu befehlen. Er befahl, Fegelein in dessen Wohnung aufzusuchen und im Falle seines dortigen Antreffens zu verhaften. Hitlers letzte »Arme« und »Beine« gehorchten ihm, hielten nach Fegelein Ausschau, fanden ihn in seiner Berliner Wohnung und schleppten ihn ab. Bemerkenswert, dass Fegelein das alles mit sich machen ließ, beginnend vom Noch-in-seiner-Wohnung-Sein, über das Türöffnen bis zum Mitkommen. Günsche behauptete, bei Fegelein sei ein Mann angetroffen worden, der mitverhaftet wurde. Von anderen Seiten her heißt es, Fegelein habe seine Zeit mit einer »ungarischen Geliebten« zugebracht, was mehr Wahrheitsgehalt für sein Verbleiben in Berlin enthält, obwohl er eigentlich verschwinden wollte. *(Lambert 06, S. 445)*

Nun geht es bei dem Bericht Günsches wieder mit dem »Ge-habe« los: Hitler habe Fegelein wegen des überführten Desertationsversuches nicht sofort hinrichten lassen, sondern zur »Front« um seinen »Führer«-Bunker direkt vor die anrückenden Russen schicken wollen. Da habe Fegelein sich Helden-Brust-raus im blutigen Kampf um »Führer« und Bunker bewähren sollen. Springt der intrigante Günsche noch einmal dazwischen und will gesagt haben: »So geht es nicht, mein Führer! Desertation ist Desertation! Da helfen keine Verwandtschaften. Ihr Schwippschwager Fegelein muss hier und jetzt hingerichtet werden!« Zwei bis drei Tage vor dem Komplett-Aus vom »Führer«-Kriegsherr der letzte Männerleib geopfert!

Eine Männertragödie besonderer Art: *Ein* schönster Nazi gegen den *anderen* schönsten Nazi. Rache Günsches gegen Fegelein? Was hatte dieser denn jenem angetan, auf dass Günsche zweimal an dem Frauenhelden sein Mütchen kühlen musste? Günsche war als ein germanischer Marlon Brando die Sexbombe fürs Mann-Mann-Empfinden – auf allen überlieferten Fotos springt er als ein solcher aus den Bildern. Doch Bubi Fegelein war die Sexbombe mit unwiderstehlichem Reiz für Frauen, in dem sich beide Braun-Schwestern verfingen.

Über das Aus zwischen Fegelein und Eva Braun kann Günsche nichts weiter erzählen, als dass sie geheult hat, als Fegelein antransportiert wurde. Auf jeden Fall wird die Leiche dieses Adonis die Morgengabe Hitlers für die Hochzeit seiner »Führer-Braut« ein paar Stunden nach Fegeleins Hinrichtung. Denn wie rum alles auch lief, Hitler musste den Befehl zur Erschießung Fegeleins erteilen und tat es. Ein Machtwort in Richtung Gnade und Biophilie = Maskuphilie kam von ihm nicht. *(Eberle/Uhl,* S. 430 ff.)

Fazit zu Hitlers Heterosexualität aufgrund der Quellenlage

1. Bis 29-½-jährig – Oktober 1918 – null Heterosexualität. Von keiner Hitler-bekannten Person aus dieser Zeit gibt es auch nur eine Andeutung, die in eine Praxis-Richtung hätte ausgelegt werden können. Im Gegenteil, das Brandmayer-Statement mit der Wiedergabe von *Hitler 1*-O-Ton sagt sogar: Hitler hatte bisher »kein Mädchen« gehabt. Und Hitler fügte an, er werde auch in Zukunft keine Zeit für »so etwas« haben. *(ONANO, 7.–10. Nein-Sager)*

2. Zwischen 29 ½ und 43 (von November 1918 bis März 1932) – 13 ½ Jahre – gibt es Hinweise zu »obenrum«, das heißt Mund-zu-Mund-Berührungen zwischen Hitler und drei Frauen, seine kürzestweiligen Kussverhältnisse mit:

a) Ada Klein, die 1925/26 für nicht mehr als sechs Monate als »Hitlers Begleitung« – in *öffentlicher* Darstellung Hitlers an seiner Seite – auftrat. Hitler habe bei ihr »das Küssen gelernt«.

b) Maria Reiter – zwischen 1926/27 »gerade mal« vier persönliche Treffen, die sich aus Karten, Briefzeilen und Hitlers politischem Terminkalender ergeben.

c) Lotte Bechstein – unbekannte Klammer-Zeit um die Mitte der 1920er Jahre. Hitler hat sich auf Wunsch ihrer Mutter manchmal mit der Flügelbauer-Tochter getroffen. Er nutzte die »Jungfräulich in die Ehe geh«-Doktrin, um keinerlei Anstalten in Richtung des »Unten« von Lotte Bechstein machen zu müssen. *(HETERO, Lippenstärke – Lendenschwäche?, Hitlers Trennungszyklus)*

Die beiden ersten »Kuss«-Frauen gehören in die Zeit, die Hitlers Intimus zwischen 1921 und 1928, Emil Maurice, von jeglicher Genitalität Hitlers »freigeputzt« hat. Speziell für diese Fälle muss Emil Maurice beim Wort genommen werden. Maurice war nicht nur Hitlers Fahrer, sondern auch sein Diener und Leibwächter, der ihn beschirmt, von Stund zu Stunde beobachtet und dadurch in den »intimen Dingen« auch kontrolliert hat. Beide wohnten kurzfristig sogar zusammen. Maurice' Diktum, »Liebschaften« ja, aber »intimer Verkehr nein«, räumt deshalb auch Ada Klein und Maria Reiter als Horizontal-Eventualitäten gleich mit ab. Für die dritte Eventual-Zeit Hitlers mit »Anstalten« in Richtung von Lotte Bechstein gilt das Gleiche. *(ONANO, 22. Nein-Sager)*

Die *eine* Nacht, die Maria Reiter vier Jahre später, im Sommer 1931, mit Hitler in seiner Wohnung am Prinzregentenplatz in München verbracht haben will – einschließlich vaginal-phallischem Kontakt zwischen den beiden –, verflüchtigt sich bei Überprüfung der Umstände Hitlers während dieses Zeitpunktes zum Hirngespinst einer Wichtigtuerin. Reiters Scherz von ihrer »eidesstattlichen Versicherung«, Hitler sei ein »ganzer Mann« gewesen, entpuppt sich als ein Presse-Gag für die Nach-1945-Medien-Geilheit auf alles, was mit Hitler zu tun hat. Reiter machte von sich reden, sorgte für ihr Bekanntwerden und schließlich für ihre Unsterblichkeit wegen kürzester Momente »an der Seite dieses Mannes«.

Zwei Zeuginnen und ein Zeuge (Geli Raubal, Anni und Georg Winter), die im historischen Moment vom Sommer 1931 in Hitlers Wohnung am Prinzregentenplatz mitlebten, wären zugegen gewesen und von ihnen hätte mindestens eine Person, am ehesten die Blick-scharfe Anni Winter, etwas zum plötzlichen und singulären gemeinsamen Bett zwischen Hitler und Reiter hinterlassen. Doch die Antwort ist glasklar: Nichts!

Hitler war im Sommer 1931 auch noch in seine Nichte Geli Raubal »involviert«. Außerdem war Reiter im Sommer 1931 seit einem knappen Jahr frisch verheiratet. Da wollte sie ausgerechnet zu dieser Zeit ihren gerade Angetrauten verlassen haben, um mit Hitler den Akt ihrer Träume zu erleben? Vor allem *vier* Jahre nachdem Hitler das »Obenrum« mit Reiter beendet hatte und die beiden in der Zwischenzeit nicht mehr in Kontakt gestanden hatten? Es gibt keine hinterlassenen Zeugnisse und Aussagen über etwas untergründig Weitergelaufenes zwischen Hitler und Reiter, wie Anna Maria Sigmund in der Aufarbeitung der kurzen Hitler-Reiter-Liaison nachweist. (*Sigmund* 05, S. 1045 ff., *Joachimsthaler* 03, S. 177 ff.)

Nach »bis 29 ½ nichts« nun innerhalb der nächsten 13 ½ Jahre jeweils nicht mehr als zweimal sechs Monate Klammer-Zeiten um hier und da mal unternommene Kussbegegnungen und einmal »Ausgeh-Anstalten« in Richtung Gönner-Tochter – keine vehemente Steigerung von Hitlers Sexualität mit Frauen innerhalb seiner dafür bereitstehenden-virilsten Jahrzehnte. Bis 43-jährig blitzt gar nichts »Unten«-Entflammtes aus Hitlers Hosenschlitz heraus!

3. Von März 1932 bis März 1935 verkehren Adolf Hitler und Eva Braun drei Jahre lang oral-vaginal – wiederum mit Hitlers geschlossenem Hosenschlitz. Mehr haben ein Zeugnis und drei Zeuginnen für diese Zeit nicht erbracht. *(ORALO, 6. bis 3. Ja-Sagerin)* Über Genital-Genital = Vaginal-Phallo zwischen Braun und Hitler gibt es keine primären, sekundären oder tertiären Zeugnisse.

a) Ein primäres Zeugnis wäre eine Schwangerschaft Eva Brauns durch Adolf Hitler oder Bekenntnisse in Eva Brauns Handschrift über Schwangerschaftsvermutungen oder Aussagen von Zeuginnen, denen gegenüber Braun sich um dieses Problem Sorgen gemacht hätte. Es existiert nichts dergleichen. Der Versuch von Brauns ehemaliger Angestellten Gretel Mittlstrasser, Braun Schwangerschafts-Verhütung anzudichten, konnte als historische Lüge enttarnt werden *(HETERO, 7. Ja-Sagerin)*.

b) Ein sekundäres Zeugnis wären Äußerungen von Eva Braun über die physische Attraktivität, die Hitler auf sie ausgeübt hätte. Signifikanterweise enthalten die Blätter von Brauns *Tagebuch-Fragments*-Abschrift, datierend zwischen Februar und Ende Mai 1935, nicht einen einzigen Hinweis darauf, dass Hitler sie als Mann interessiert hätte. Er war für sie ein in Mutter-Übertragung erlebter Schemen, den sie diffus libidinös besetzt hatte. Dieses Fehlen von jeglicher »Physik der Liebe« Brauns zu Hitler in ihren Tagebuch-Blättern müsste auch für die Letzten, die sich sträuben, Hitler als Brauns halluzinierte »Phantommöse« zu begreifen, überzeugend sein.

Die damalige Zeit hätte so etwas Mann-begreifend Taxierendes durch eine Frau noch nicht zu Papier gebracht? Und wie! Brauns Zeitgenossin im Alter ihrer Mutter, Alma Mahler-Werfel, hat sich vor allem damit einen Namen gemacht, dass sie alle Männer des Kulturlebens, die sie kennengelernt hat, rein als Männer taxierte – was jeder so pur-physisch bis sexuell draufhatte, wie er auf sie wirkte und wie weit von oben nach unten seine Wirkung auf Mahler-Werfel ging. Frau konnte so etwas also schon vor Brauns diffusen Hitler-Schmacht-Zeiten. *(Mahler-Werfel)* Auf ihre Weise hätte Eva Braun trotz meilenweiten Reflexions-Abstandes von Alma Mahler-Werfel etwas Physis an und um Adolf Hitler aufs Papier bringen können, falls sie je das Wesentlichste am Mann für sich »begriffen« hätte. Wenn es von Eva Braun ein Zeugnis wie den Notariats-Witz von Maria Reiter gegeben hätte, Hitler sei ein von ihr beglaubigter »ganzer Mann« gewesen, ja, dann hätte das auch etwas über das zum Mann machende Körperteil Hitlers und seine Bedeutung für Braun aussagen können. Doch Braun scheint in ihrer Gefühls-Verquastheit gegenüber Hitler gar nicht begriffen zu haben, dass er ein Mann war.

Das Frappierendste: Die ganze Welt schwärmte von Hitlers Augen. In keiner Biografie des Menschen-Zerstücklers fehlt der sich permanent wiederholende Hinweis, so viele Zeitgenossen, besonders Frauen, seien von Hitlers Augen angezogen gewesen – neuest wieder bei Volker Ullrich zu finden *(Ullrich,* S. 424 f., 941) –, so dass Martha Schad diesem Thema sogar eine spezielle Untersuchung widmete: *Das Auge war vor allen Dingen ungeheuer anziehend. (Schad* 01) Nichts dergleichen bei Eva Braun zu finden! Sie schreibt über Hitler, als sei er körperlos, ein austauschbarer Schaufenster-Puppusch. Jede Konkretion im Physischen Hitlers, nicht nur im Sexuellen, hätte ihre Mutter-Übertragung gestört. Also »von Kopf bis Fuß« zu Hitler schon nichts, von Fabelhaftigkeit zwischen Bauchnabel und Oberschenkel erst recht nichts. Aber dass Braun gar nichts von Hitlers »Schönen blauen Donau«-Augen fallen ließ, das ist ein Symbol, ein sekundäres Erkennungszeichen des Fehlens jeglichen »Gesehen«- = Erlebthabens seiner männlichen Markanz.

Tja, auch Hitler hatte für Eva Braun »bestimmte Zwecke«, die nichts mit Hitlers gesamter männlicher Physis und deren sexuellen »Kommandos« zu tun hatten. Diese »Zwecke« hießen: »Erlöse mich aus meinem kleinfamiliären Mutter-Schwestern-Sud, aus dem heraus ich keine eigene Identität entwickeln kann!«

c) Die tertiären Zeugnisse sind die zehn Jahre lang fehlenden Laken-Handtuch-Spuren auf dem *Berghof,* die sich bei jeglicher phallischen Tätigkeit nicht vermeiden lassen und die auch entstehen können, wenn ein Präservativ benutzt wird.

Und, ach, aus dieser Spurenlosigkeit ergibt sich sogleich noch ein weiterer genitaler Hinweis: Oral-Vaginal zwischen Hitler und Braun in den drei Jahren in München 1932–35 – ja, aber nicht als Woody Allen'sche Fellatio zwischen Braun und Hitler, sondern nur als Cunnilingus zwischen Hitler und Braun – sein Mund an ihrer Scheide, womit solche Spuren sich restlos vermeiden lassen. Bei Fellatio zwischen Mund und Phallus hätte es irgendwann mal Spuren gegeben, die vom Kammerpersonal zu sehen und zu riechen gewesen wären. Hausverwalter Herbert Döhring spricht ja davon, dass er und seine Frau jedes Mal nach der Abreise von Hitler aus dem *Berghof* extra die Intim-Stoffe untersucht hätten, weil es für das Personal diebisch interessant gewesen wäre, endlich einmal eine solche Spur zu entdecken. Aber Döhring enttäuschte: »Da war nix, nie!« Und von Brauns heimlichem Spuren-losem Leben mit ihrem »Frauenstaat« unterm Dach über der eigentlichen »Führer«-»Mätressen«-Suite wusste Döhring nichts. *(ONANO, 5./21. Nein-Sagende, HETERO, 7. Ja-Sagerin, 28. Nein – Der Einsturz der »Führer«-»Mätressen«-Suite).*

4. Ab 1935 bis 1945 – zwischen Hitlers 46. und 56. Lebensjahr – herrschte nun die »Unnatürlichkeit«, die »Entsagung« von Hitlers »Bettgenossin«, in der Beziehungs-Wirklichkeit von seiner Sofakumpanin, Eva Braun.

Alles andere zu allen Lebenszeiten von *Hitler 2* – so etwas wie »Frauengeschichten« – war Image-Pflege, wozu auch schon die Küsse mit Ada Klein und Maria Reiter und die Kuss-Versuche mit Lotte Bechstein, Leni Riefenstahl und Henriette von Schirach gehören: »Aha, der Herr Hitler macht mal wieder einer Frau den Hof!« – »Der Kuss« sagt in diesem Zusammenhang genital nichts und führte ja auch zu nichts Genitalem. Und über die Hälfte der Frauen, denen »der Kuss« angetragen wurde, fanden schon den Antrag Hitlers unappetitlich.

Bei Hitlers Image-Pflege ging es in den frühen 1920er Jahren um essentiell Politisches: Wenn mit Ernst Röhm schon *eine* NSDAP-Spitze sich offen homosexuell gab und öffentlich von jungen Männern umringen ließ, dann war es politstrategisch wichtig, dass eine weitere Parteispitze, noch dazu die rednerisch zugkräftigste, sich hetero-orientiert zeigte. Die Frauen flogen auf Hitler. Das musste ausgenutzt werden, aber nicht fürs Bett, sondern für die Bühne. Hitler brauchte nur einmal bei einer öffentlichen Kulturgelegenheit an seiner Seite eine junge hübsche Frau zu zeigen, wie Sigrid von Laffert, eine Verwandte seiner »Überbau-Schachtel«, der Diplomaten-Gattin Viktoria von Dirksen, und schon entzündete sich die Fama: »Der Führer hat eine neue Flamme!«, die im Volk bis heute weiterglimmt, das sich immer noch keine Vorstellung von der *terra vacanza* des Hitler'schen Sexuallebens machen kann.

Sollte deshalb bei irgendjemandem irgendein weiblicher Name auftauchen, der historisch in Verbindung mit Hitlers »intimen Verhältnissen« gebracht werden könnte, dann möge sich der- oder diejenige beim Dreigestirn der Austrocknung von Hitlers »Feuchtgebieten« erkundigen: Brigitte Hamann, Anton Joachimsthaler und Anna Maria Sigmund haben in ihren Werken bis in das beginnende dritte Jahrtausend hinein mit akribischer Einzelrecherche immer wieder zu jedem weiblichen Namen in Verbindung mit Hitler das *Berghof*-Verwalter Döhring'sche »Hände über den Kopf« zutage gebracht: »Da war nix, nix« und nochmals »nix!« *(Hammann 96, 01, 13, Joachimsthaler 95/96, 03, Sigmund 98, 2000, 02, 03, 05, 08)*

AMORO

Der »Widerrufs«-Linge

2. *Ja-Sager* – Heinz Linge als Widerrufer
    Das zum Abschluss des Kapitels *NEUTRO* gemachte Fazit ist end-
gültig. Die zwei letzten Ja-Sager zu Hitlers »normaler« Heterosexualität
entspringen im einen Fall einer Fälschung, im anderen der Frisierung
einer Aussage in geistiger Verwirrung nach einem Schlaganfall. Es
handelt sich um konstruierte oder retuschierte Statements von Hitlers
Leibdiener Heinz Linge als angeblicher »Widerrufer« seiner Antworten
vor den sowjetischen Interrogateuren und um zweifelhafte Äußerungen von Hitlers Leibarzt Theodor Morell, missverstanden oder falsch
interpretiert als »Bestätigung« von »Hitlers Geschlechtsverkehr mit
Eva Braun«. Die Fälschung und die Frisierung könnten links liegen-
gelassen werden, wenn nicht beide innerhalb von Hitler-biografischen
Büchern in Dutzenden von Sprachen bis in das dritte Jahrtausend verbreitet und sogar noch gegenwärtig um die Welt laufen würden.
    Fälschung und Frisierung sind innerhalb des ersten Jahrzehnts
nach dem Untergang des Dritten Reichs vorgenommen worden. Für
sie haben viele, zum Teil nicht mehr namentlich festzumachende wirt-
schaftliche und politische Interessenten an einem »normalen« Hitler
»gebastelt«. Jahrzehnte später wurden die Aussage-Fiktionen von den
Geschichts-Revisionisten und Sexual-Normativisten David Irving
und Werner Maser ausgebaut und dadurch erst eigentlich verfestigt.
Irving und Maser sind dafür verantwortlich, dass die Konstruktionen
von Linge- und Morell-Aussagen nichts zeitbedingt Singuläres aus
den Wirren der Nachkriegszeit und innerhalb der ersten Bewältigun-
gen des Nazi-Chaos blieben, sondern sich per Hunderttausenden von
verkauften Büchern in einem Hitler-Bild etablierten, das noch heute
herrscht. Vor allem Maser wird unangefochten von der nachfolgenden
Generation der männlichen und weiblichen Braun- und Hitler-Biografen zitiert. Dabei wird nicht bemerkt, dass Maser tatsächlich etwas
Kujau-Vergleichbares gemacht hat – nicht Tagebücher von Hitler
gefälscht, sondern ein »Diensttagebuch« von Hitlers Leibdiener Heinz
Linge kreiert. Maser unternahm diese Attacke auf den Forscher-Ethos,
um seine Vorstellungen von Hitlers »normaler« Heterosexualität zu
verewigen. Alle thematisch bezogenen Nach-Maser-Biografen fielen
auf den Schwindel rein und zitierten ihn, als ob es sich beim fingierten
Linge-»Diensttagebuch« um eine Zeugnis-Autorität handelte.
    Die Nachwelt hat ein Recht darauf, die Ursachen des Desasters in
dessen Hauptperson so exakt wie möglich zu kennen. Die Linge-Ser-
vierung und die Morell-Frisierung können nicht stehenbleiben. Beide

geschahen ausgerechnet mit zwei Hitler-Leibmännern, mit Leibdiener Linge und Leibarzt Morell. Beide Positionen sind so auf Hitler zugeschnitten, dass ihre Aussagen zu der bestimmten Leibmitte-Stelle, Hitlers Genitalien, von der Welt ultragenau genommen, ja unkritisch akzeptiert werden. Zum Leib gehören die Geschlechtsteile und alles, was mit ihnen unternommen wird. Wenn Leibdiener und Leibarzt dazu etwas Positiv-»Normales« sagen, muss es ja stimmen. Fälschung und Frisierung griffen tief in die Vorstellungen von Hitlers Mitte-körperlichen Angelegenheiten ein und wirken bis heute tonangebend auf die Meinungen über Hitlers Sexualität. Kein Biograf hat sich davon ganz freigemacht.

Da es sich beim angeblichen »Widerruf« des Leibdieners Linge um einen historischen »Schichttorten«-Schwindel handelt, der über mehrere Vorgänge innerhalb mehrerer Jahrzehnte von verschiedenen Seiten aus betrieben wurde, ist das Aufrollen dieses Hitler-forscherischen »Kujau«-Coups abermals kompliziert. Ohne die Eröffnung eines neuen Verfahrens ist keine Klarheit über Hitlers sexuelle Besonderheiten zu erringen. Die Hitler-Forschung muss lebendig gehalten werden. Mit der Umwölkung der Leibdiener-Linge-Äußerungen und der Frisierung in den Leibarzt-Morell-Aussagen (ANALO) geht das heterosexuelle Gespenst Hitler weiter um, das nach wie vor seine diskrepante Attraktivität behält: Waas, soo normal war er und doch soo brutal! Wie geht das zusammen?

In Wirklichkeit verschanzt sich das männerbündische System hinter den Ungeklärtheiten Adolf Hitlers. Diesem nicht auf die Schliche zu kommen heißt, einer gesellschaftlichen Befreiung zu einer Geschlechter-Paritätik nicht auf die Sprünge helfen zu können. Zuerst muss das Schlimmere aufgedeckt werden, die pure Fälschung, der verborgenste unglaublichste Kujauismus in der Hitler-Biografik.

»Turteltauben-Idyll«?

Gegen den Chor der etwa 30 Zeugen der interpersonellen Sexual-Sahara, in der Hitlers Leben so gut wie oasenlos versandet war, tauchte 1980 eine Beschreibung auf, die »den Führer« als »treuverliebten Gatten« und »das Fräulein Braun« als zufriedenes »Heimchen am Herd« darstellt. Ein befremdliches Zeugnis über »Manti« Adolfs »Einfuhr« zu seinem – in seinem *privaten Testament* so genannten – »Mädchen« Eva, inzwischen 20 bis 33 Jahre alt.

Es handelt sich angeblich um die Aufzeichnungen von Heinz Linge, einem der Leibdiener Hitlers: *Bis zum Untergang. Als Chef des*

persönlichen Dienstes bei Hitler. Herausgegeben von Werner Maser.
(Linge 80/82) Der Text behauptet zur Beziehung zwischen Adolf Hitler und Eva Braun das Gegenteil von allem, was die vorgeführten Braun-Hitler-Nahen an Äußerungen über das Verhältnis hinterlassen haben. Auch nimmt er sich als Widerruf der Aussagen aus, die Heinz Linge selbst 35 Jahre zuvor während seiner Gefangenschaft vor sowjetischen Interviewern 1945/46 gemacht hat. *(ONANO, 6. Nein-Sager)*
Heinz Linge war von Januar 1935 bis April 1945 Hitlers Diener, immer in Hitlers Nähe in der Reichskanzlei, auf dem *Berghof,* in den »Führer«-Hauptquartieren und zugegen auf Hitlers Ausfahrten und Reisen – ein Bodyguard, auf zahlreichen Fotografien als Hitlers Schatten festgehalten.

In dieser nahen Position hat Linge selbstverständlich alles mitbekommen, was sich an und mit dem Leib und um den Leib seines Herren herum abspielte. So habe – laut dem 1980/82er Text – Linge einmal Hitler und Braun auf dem *Berghof* ertappt. Mitten im Raum hätten Braun und Hitler sich »umarmt«, die »wie Eheleute lebten« – in einem »Liebesidyll«, begrifflich gesteigert ein paar Zeilen weiter noch zum »Turteltauben-Idyll«. *(Linge 82,* S. 64 ff.) Welch ein – die Hitler-Sparflammen-Sexualität hochgischtendes – Inflagranti!

»Umarmt« hätten sich die beiden mitten im an die Schlafzimmer grenzenden Arbeitszimmer Hitlers auf dem *Berghof,* das Kammerdiener Linge, ohne vorher anzuklopfen, betreten haben wollte?

Als ob das jemals hätte passieren können, ja dürfen! Vielleicht hat er aber angeklopft, und die »Turteltauben« haben weitergemacht, war doch die Architektur ihrer per Kofferkammer ineinanderführenden Schlafzimmer mit den dazugehörenden Bädern im *Berghof* auf dem Obersalzberg darauf ausgerichtet gewesen, dass Hitler und Braun ihr »Liebesidyll« und »Turteltauben-Idyll« vor Leibdiener Linge demonstrieren konnten, diesem zweimal hintereinander gebrauchten Wort »Idyll« hätten die »bestimmten Zwecke« aus Eva Brauns *Tagebuch-Fragments-Abschrift* gedient. *(a. a. O.,* S. 68) Und was sieht Linge beim Eintritt in Hitlers Arbeitszimmer? Er überrascht Braun und Hitler dabei, dass sie sich »umarmt« hätten.

Von »enger Umarmung«, wie sich Hitlers zweitjüngster Biograf Volker Ullrich das Inflagranti vorstellt, *(Ullrich,* S. 689) steht da nichts. Das Wort »eng« fehlt im 1980/82er Text. Ob »eng« oder nicht, »umarmt« ist »umarmt«. So etwas soll es auch zwischen nicht sexuell miteinander verkehrenden Freunden und Freundinnen, zwischen Eltern und Kindern etc. geben. Es wird nichts über eine »stöpselnde Umbeinung« gesagt, für die es in der deutschen Sprache auch

harmlosere Unschärfe-Formulierungen gäbe, die trotzdem unmissverständlich wären, zum Beispiel: Braun und Hitler waren nackt,
schreckten hoch, hatten derangierte Haare, rote Gesichter, zerwühlte
Kleider, schimpften mich raus ... Nicht einmal das im Deutschen für
die Überraschung von Menschen beim Geschlechtsakt gebräuchliche
Fremdwort »Inflagranti« wird benutzt.

Deswegen war es voreilig von Brauns dritter Biografin Angela
Lambert, in der behaupteten Hitler-Braun-Umarmungs-Szene die
Vorstufe zu einem Geschlechtsakt zu sehen, das Beieinander-Stehen
sei das Prelude zum bald folgenden Beieinander-Liegen. (Lambert 06,
S. 244 – Lamberts Unbewusstes war mal wieder nicht »bei der Sache«.
Sie vergaß, die Seitenzahlen der Umarmungs-Passage in Linges Unter-
gang anzugeben.)

Die an dieser Stelle noch ungelenk versuchte Suggestion einer
Geschlechtsakts-Vorbereitung mündet bei Maser/Linges Bis zum
Untergang in einem fulminant entgleitenden Wortspiel mit männ-
lich-phallischem »Können«. Der Text wird nun für die bisher Ver-
ständnis-Renitenten umschriebenermaßen ganz deutlich: Auch habe
Hitler sexuell »gekonnt«, heißt es angeblich aus der Feder Linges:
»Dass er ›konnte‹, habe ich oft genug mitbekommen. Nach meiner
Beobachtung waren die sexuellen Beziehungen zwischen Hitler und
Eva Braun zeitweilig besonders aktiv. Wer der aktivere von beiden war,
weiß ich allerdings nicht. Eva Braun wirkte sehr sexy [...] doch Hitler
war es auch.« (Linge 82, S. 93 f.) Erst zu Kriegsbeginn sei es zwischen
den beiden koitiv abgeflaut. (a. a. O., S. 68) Verständlich! Der »kleine
Mann« des großen Mannes hatte sich nun in den Kampf um »Lebensraum« einbringen müssen, durfte nicht mehr die Muschi seines »Fräu-
leinchen Braun« einräumen.

Despektierliche erste Anmerkung zur Sprache dieser »Idylle«-Fik-
tion: »Sexy« kann man in der deutschen Sprache nicht »sein«, sondern nur wirken, nämlich sexuelle Kapazitäten ausstrahlen. Und
der Hinweis auf »den Aktiveren« rutscht unfreiwillig ins Sexual-
akt-Positionelle. Im Übrigen haben »man« und »frau« eine sexuelle
Beziehung miteinander, »sexuelle Beziehungen« jedoch zu mehreren
Personen. Diese drei sprachlichen Verschiebungen in den drei wesentlichen Zeilen zur angeblich »normal« funktionierenden, penetrativen
Heterosexualität Hitlers untergruben sofort das Vertrauen in das Wiedergegebene.

»Wenn Hitler nicht da war, lebte« Eva Braun »förmlich auf«

35 Jahre vor Hitler-Biograf Masers »Herausgabe« der angeblichen
Verlautbarungen Heinz Linges hatte sich dieser genau gegenteilig ausgelassen: »Hitlers Verhältnis zu Eva Braun war eindeutig unnormal.
Im *Berghof* lief Eva oft mit verweinten Augen und gequälter Miene
herum. Abends zog sie sich früh zurück, während Hitler bis in die tiefe
Nacht mit seinen engsten Mitarbeitern belanglose Gespräche zu führen pflegte. Die Kammerfrau fand Eva oft in Tränen aufgelöst. Wenn
Hitler nicht da war, lebte sie förmlich auf, gab sich ungezwungen und
fröhlich, tanzte sogar. In Hitlers Umgebung hieß es, Eva Braun sitze
in einem ›goldenen Käfig‹ und sei als Hitlers Bettgenossin zu einem
entsagungsvollen Leben verurteilt.« *(Eberle/Uhl, S. 63 f.)*

Auch zur Frühzeit der Beziehung zwischen Braun und Hitler in der
Münchener Wohnung am Prinzregentenplatz hatte sich Heinz Linge
mehr als drei Jahrzehnte zuvor anders geäußert – wie es im *Buch
Hitler* festgehalten wurde: »Als Hitler die Stimme seiner Geliebten
vernimmt, eilt er ihr freudig entgegen. Er macht einen Scherz über
Eva Brauns neues Hütchen. Hitler führt sie in sein Arbeitszimmer,
wo heiße Schokolade und Tee, Kognak, Pralinen, Obst und gekühlter
Champagner bereitstehen. Stundenlang gehen beide Hand in Hand
im Zimmer auf und ab. Dann liest Hitler die Abendzeitung, während
Eva es sich am Kamintisch gemütlich macht, von Diesem und Jenem
nascht. So verbringen sie gewöhnlich die Zeit, die sie beisammen sind.
Erst nach Mitternacht zieht sich Hitler in sein Schlafzimmer zurück,
wo Linge wie immer etwas Obst, Tee und Stimulanzmittel bereitgestellt hat, die ihm von seinem [Hitlers] neuen Leibarzt, Dr. Morell, verordnet worden sind. Eva begibt sich in das für sie vorbereitete Zimmer
oder wird von Linge nach Hause begleitet.« *(a. a. O., S. 63)*

Durch die Erwähnung von Hitlers »neuem Leibarzt Dr. Morell« ist
die Szene zeitlich einzugrenzen. Sie »spielt« ab 1937, da Morell um die
Jahreswende 36/37 Hitlers Leibarzt wurde *(ANALO)* – zu einer Zeit, da
(wie in *ORALO* und *NEUTRO* beschrieben) die Beziehung zwischen
Braun und Hitler sexuell so gut wie »definitiv« verödet bis gänzlich
ausgetrocknet war.

Mit Auftauchen des Begriffs »Stimulanzmittel« glimmt die Vermutung auf: »Jetzt doch noch oder endlich ein Akt zwischen den zwei
›Aktiveren‹?«, wie es im Text von 1980 heißt. Aber stattdessen vorm
»Aktiver«-Werden der Rückzug Brauns in ihr Zimmer oder noch ent-
täuschender ihr Abtransport durch Linge zurück in ihr von Hitler für
sie gekauftes Haus.

Nach der zitierten Passage kommt in Linges Originaltext von 1945/46 sofort ein Kommentar zu »Stimulanzmitteln«: »Morell gab Hitler stimulierende Spritzen. Hitler nannte Morell seinen ›Retter‹, besonders im Krieg, als er keinen Tag mehr ohne diese Spritzen auskommen konnte.«

Und direkt nach diesem Satz die Summe: »Hitlers Verhältnis zu Eva Braun war eindeutig unnormal.« *(a. a. O.)* Sogar die »Stimulanzmittel« werden in Beziehung gesetzt zum »eindeutig unnormalen« »Verhältnis« Hitlers »zu Eva Braun«. Die »Stimulanzmittel« und später die »Stimulanzspritzen« waren demnach keine *Viagra*-Vorläufer = Sexualakt-Fitmacher für den Mann, um jetzt gleich *in medias res* zu gehen, sondern – wie es heute heißt – »Enhancer«, Aufbauer, Wohlfühlmacher, Anti-Depressiva, auch Tranquilizer. *(Ohler)*

Zu der späten Stunde nach Mitternacht, da sie von Hitler zu sich genommen wurden, waren sie entweder Aufbaumittel, um die Nacht durcharbeiten zu können, oder kaschierte Schlaftabletten. Es waren auf jeden Fall Drogen, die in Zusammenhang mit Eva Brauns Rückzug in ihr Zimmer oder sogar mit ihrem Rücktransport zu sich nach Hause gestanden haben. *(Morell* 83 I, II – Näheres in *ANALO)*

Das Maser-Linge-Kombinat

Was war in den 35 Jahren Zwischenzeit zwischen Linges Gesprächen mit den sowjetischen Geheimdienst-Beauftragten 1945/46 und dem Erscheinen der Erstausgabe von *Bis zum Untergang* 1980 geschehen? Hat der zu dieser Zeit 67-jährige Linge – geboren 1913 – Gedächtnislücken gehabt? Schwelgte er in Alters-rosigem Dämmerlicht, in das er seinen ehemaligen, etwas ausgefallenen Arbeitgeber Adolf Hitler tauchte?

Es ist unangenehmer: Der 1980 von Werner Maser publizierte Text wirkt noch vor jeder Examination des ganzen Falles als etwas Befremdliches aus der Hand des seit 1971 berühmten deutschen Hitler-Biografen: Keine Wiedergabe eines Interviews, wie beim russischen Bericht 35 Jahre zuvor. Auch wird der Text entgegen des Hinweises im Untertitel nicht kommentiert. Nur manchmal taucht auf einer Seite eine Fußnote auf.

Das Buch von 1980 präsentiert sich wie eine Erzählung Linges, was beim Lesen nichts als Sich-Wundern darüber provoziert, wie flüssig und stringent ein Bediensteter, ein Leibwächter und Kleidermeister, erzählen kann, vor allem zu welch Schriftsteller-professionellen Reflexionen über das Berichtete er in der Lage ist. *Bis zum Untergang* wird von Maser im Herbst 1980 publiziert, ein halbes Jahr nach Linges Tod im März 1980.

Linges Aussagen im *Buch Hitler* gab es 1980 nicht auf deutsch, nur in einer russischen Manuskript-Fassung von 1948 für den Privatgebrauch von Josef Stalin. Das *Buch Hitler*, endlich herausgegeben von den ostdeutschen, des Russischen mächtigen Historikern und Hitler-Forschern Henrik Eberle und Matthias Uhl, erschien in Deutschland erst 57 Jahre später 2005. *(Eberle/Uhl)* Es wurde nun aus dem Deutschen in viele Sprachen übersetzt.

Pietät gegenüber dem Hitler-Forscher Maser darf nicht vor Klarheit bewahren. Er präsentierte 1980 in der Erstausgabe sein »Linge-Kombinat« im Klappentext wie folgt: Niemand unter den Dritte-Reichs-Größen hätte »Hitler jemals in so intimen und höchst privaten Situationen und Szenen erlebt, wie Linge es von 1935 bis 1945 musste und durfte! In Hitlers Auftrag führte Linge ein Diensttagebuch, das nach 45 in amerikanischen Archiven verschwand. Der international renommierte Historiker und Hitler-Forscher Werner Maser hat es ausgewertet, Dokumente geprüft und Linges Aufzeichnungen [...] für den Druck vorbereitet.« *(Linge 80)* »Diensttagebuch«? »Das nach 45 in amerikanischen Archiven verschwand«? Und doch hätte es der »international renommierte [...]« »ausgewertet«? Wie macht man das mit etwas »Verschwundenem«? Wie war der »Historiker und Hitler-Forscher« auf das »Verschwundene« gestoßen? Kein einziges Mal erscheint im Text von *Bis zum Untergang* ein Hinweis auf ein amerikanisches Institut oder eine US-Bibliothek, erst recht nicht auf eine Signatur, unter der solche Urkunden, wie ein ehemaliges »Diensttagebuch« eines Hitler-Vertrauten, archiviert werden.

Bei der Lektüre von *Bis zum Untergang* hatte sehr bald erstaunt, was in einem »Diensttagebuch« »in Hitlers Auftrag« die Erspähung des Braun-Hitler'schen »Turteltauben-Idylls« zu suchen gehabt hätte. Ach so, es handelte sich beim Beobachten des »intimen Könnens« Adolf Hitlers gegenüber Eva Braun um Wahrnehmungen des Leibdieners Heinz Linge während dessen Dienstes in Hitlers Landhaus *Berghof*!

Trotzdem verstimmt nachhaltig, wie Maser seine Kollegen in der Hitler-Biografik mit seiner »Herausgabe« von Linges »Diensttagebuch« behandelte, als seien sie Betschwestern, denen man für männliche Vorgänge Nachhilfe-Unterricht erteilen müsste. Doch am peinlichsten für die gesamte Szene der Hitler-Forschung war Masers Satz: »In Hitlers Auftrag führte Linge ein Diensttagebuch, das nach 45 in amerikanischen Archiven verschwand. Der [...] hat es ausgewertet [...] und Linges Aufzeichnungen [...] für den Druck vorbereitet.« In amerikanischen Archiven landeten tatsächlich Texte aus der Nazizeit, wie die Abschrift des Eva-Braun-*Tagebuch-Fragments*.

In amerikanischen Archiven befinden sich die Originalschriften und Dokumente zur *psychologischen Kriegsführung* der USA gegen Hitler, zum Beispiel Walter Langers *Adolf-Hitler-Psychogramm (Langer)* und der *Navy-Intelligence-Report* für das *Office of Strategic Services* über *Hitlers Blindheit* am Ende des *Ersten* Weltkriegs. *(NIR, Horstmann,* S. 25 ff.) Beide Arbeiten wurden 1943 verfasst und 30 Jahre später – 1973 – für die Öffentlichkeit freigegeben. *(Toland* 92, S. 910)

Es gibt das *Hitler Source Book* (Hitler-Quellen-Buch), das in jeder ernsthaften Auseinandersetzung mit dem ganzen Hitler oder mit Teilen seines Lebens im Literaturverzeichnis vorkommt und das heute in den *National Archives* in Washington einsehbar ist. In amerikanischen Archiven »verschwanden« Dokumente aus Nazideutschland nicht »ewig«. 1980, im Jahr des Erst-Erscheinens von Masers fingiertem »Linge-Diensttagebuch«, wäre dieses Dokument von den Amerikanern längst für wissenschaftliche Untersuchungen zur Verfügung gestellt worden. Die unerbittliche Härte: Genau das geschah zweimal!

In der Washingtoner *Library of Congress* lagern Tagebücher von Hitlers Adjutanten, unter dem Titel *Sekretär des Führers. Führer[-Dienst] Tagebuch* vom 1. Januar 1934 bis zum 12. Juni 1943. *(Diensttagebuch* 34/43) Doch das Entblößendste für Masers Vorgehen: In Washingtons *National Archives* befinden sich späte Notizbücher auch von *Heinz Linge,* datiert erst für die Jahre zwischen März 1943 und Februar 1945 – unter dem Eintrag: *Linge, Heinz. Diaries, March 1943 to February 1945. (Linge 43/45, Toland,* S. 910, *Irving* 83 I, II)

Es muss 1980/81 über das »in amerikanischen Archiven verschwundene« und ohne Verweise plötzlich aufgetauchte »Diensttagebuch« Heinz Linges in der Hitler-Fachwelt so Dementis gehagelt haben, dass Maser den Passus 1982 in seiner zweiten Ausgabe von *Bis zum Untergang* weglieβ. Aber auch noch beim Rest der erhalten gebliebenen Projektbeschreibung in der Klappe der 1982er-Ausgabe stimmt nichts: »In Hitlers Auftrag führte er [Linge] ein Diensttagebuch, das der international renommierte [...] ausgewertet und herausgegeben hat.« *(Linge* 82)

Der Schwindel des »Diensttagebuchs«

Von wegen *Diensttagebuch!* Wenn Maser es wirklich »ausgewertet und herausgegeben« hätte, hätte an der Struktur des publizierten Materials noch der Charakter wenigstens eines Tagebuchs erkennbar sein

müssen. Nichts im Text von *Bis zum Untergang* erinnert an ein »Tagebuch«. Und auch von »Dienst« ist nichts zu finden. Es geht in Masers
Linge-Verschnitt sprunghaft zu. Manchmal werden die Episoden
mit Hitler sogar unzusammenhängend aneinandergeheftet, zeitlich
durcheinandergewürfelt. Und es werden nicht einmal Jahres-Zusam-
menhänge hergestellt. Es gibt im Text nicht ein einziges Datum!

Was Maser präsentiert, sind wahllos zusammengeflickte, nicht einmal in Kapiteln geordnete Äußerungen des ehemaligen Hitler-Dieners, ist ein Geplaudere aus der Nazi-Vergangenheit mit eingestreuten
Reflexionen, die aus der Schreibmaschine eines ehemaligen »Baupraktikanten« überraschen, der Heinz Linge war, bevor er als 21/22-jähri-
ger SS-Mann bei Hitler den Dienst antrat. *(Linge* 80)

Der ganze Text enthüllt: Es handelt sich nicht um »Aufzeichnungen«,
um etwas Geschriebenes, sondern um die »zwanglose« Wiedergabe
von etwas Gesprochenem. Das Ärgste am gesamten Maser-Schwindel
ist das »Diensttagebuch in Hitlers Auftrag«: Linge war für diese Fixierung der Abläufe der Hitler'schen Pläne nicht zuständig. Dienstpläne
machten die Adjutanten wie Nicolaus von Below, *(Below)* Wilhelm
Brückner *(Brückner)* und Max Wünsche. *(Wünsche)*

Schon der Untertitel von *Bis zum Untergang* enthält eine Irre-
führung: »Als Chef des persönlichen Dienstes bei Hitler«. Das Wort
»Chef« ist unangebracht – eine nichtssagende bis Falsches zum Ausdruck bringende Pompösität – und eignet sich nicht für die Kennzeichnung der Position von Heinz Linge in Hitlers Entourage. Zu viele
Männer waren neben und zeitlich vor Linge in der Leibnähe von Hitler tätig – in miteinander verwandten Positionen, mit denen sie sich
jedoch nicht über- oder untereinander befanden.

Linge stand seit 1935 in Hitlers persönlichem Dienst. Er war Leibdiener Hitlers, aber nicht der einzige. Er teilte sich seine Aufgaben
bis Anfang der 40er Jahre mit dem »Kammerdiener« Karl Wilhelm
Krause, der Hitler näher als Linge stand, weil schon ein Jahr früher
in Hitlers Dienst. *(Krause)* Darüberhinaus hatte Heinz Linge immer
Stellvertreter, die wechselten. Das waren u. a. Wilhelm Arndt und
Hans Hermann Junge. Rochus Misch nennt noch weitere zwei Männer in Hitlers nächster Leib-dienender Nähe – auch sie wiederum
neben- und nicht übereinander. Misch bestätigt Krause als Hitlers
»ersten Diener«. *(Misch,* S. 66) Außerdem fungierte in Hitlers Tuchfühlung bis zu seinem Selbstmord auch noch Julius Schaub – genannt
»Adjutant«»ohne Geschäftsbereich«. Schaub war »Mädchen für alles«,
in Wirklichkeit »Bube fürs Grobe und vieles mehr«, weil wichtig für
Hitler wegen dessen Gefühlsverbundenheit mit Schaub seit den frühen

Stoßtrupp-Tagen. Im Übrigen gehört zum Begriff »Chef«, dass jemand
Leitendes aufgeführte Untergebene hat. Doch niemand namentlich
zu Nennendes stand noch unter Linge – außer den nicht überlieferten
Funktionsrädchen wie Wäscherin, Plätterin, Raumpflegerin, Klei-
der-Bringer und -Abholer. Die namentlich erwähnten Diener Hitlers
standen nicht in einem Unter- und Übergeordneten-Verhältnis zueinander, auf das das Wort »Chef« hätte zutreffen können.

Nach der von Volker Ullrich publizierten Rangliste des Hitler-Sta-
bes kam Heinz Linge an letzter, nämlich 12. Stelle. Vor Linge rangier-
ten vier »persönliche Adjutanten«, drei »militärische Adjutanten«, drei
Sekretärinnen und der erste Kammerdiener Karl Wilhelm Krause.
(Ullrich, S. 630) Deshalb ist Masers Wort »Chef« für die Kennzeichnung Linges bei dessen 12. Position in der Hierarchie der Hitler-»Leib-
garde« falsch, ja noch dazu eine Verhöhnung des angeblichen »Autors«
von *Bis zum Untergang.* »Als Chef des persönlichen Dienstes bei Hitler« und »in Hitlers Auftrag geführtes Diensttagebuch« sind Marx'sche
falses appearances und dienen Maser für diverse Zwecke. Vor allen
Dingen hatte keiner der Diener etwas mit einem »Diensttagebuch« zu
tun.

Die Diener dienten, waren aber nicht für die Registratur der Hitler'schen Tagesabläufe zuständig. Sie mussten ausführen, was pro Tag
für ihre Dienste von Hitlers direkten Befehlsempfängern geplant und
von diesen schriftlich fixiert wurde. Sie waren in dem ihnen gesetzten
Rahmen für persönliche Angelegenheiten Hitlers zuständig, für seine
privaten Bedürfnisse, seinen Körper, seine Unterwäsche, seine Anzüge
und seinen leiblichen Schutz.

Alles andere war vorgegeben, was wann angezogen, wo wann auf-
getreten wurde. Unmissverständlich genau äußerte sich dazu 1949 der
noch vor Linge 1934 für Hitlers persönliche Dinge eingestellte Karl
Wilhelm Krause, der sein Buch unprätentiös *Zehn Jahre Kammerdiener bei Hitler* nannte. *(Krause)* Ebenso genau und »original« »echt«
tut es über 50 Jahre später Hitlers Leibwächter, Kurier und Telefonist
Rochus Misch. *(Misch)*

Ihren beiden Büchern ist die Originalität anzumerken. Diese Diener haben ihren Text selber gemacht, ihn entweder geschrieben oder
nach eigenen Angaben schreiben lassen (Krause) oder einer Interview-
partnerin berichtet (Misch). So wirken auch die Texte von Julius
Schaub, die Olaf Rose erstmals 2005 herausgegeben hat. *(Schaub* 10)

Demgegenüber kommt bei wiederholter Lektüre der Maser-Schrift
»Linges Diensttagebuch« heraus: Das Buch ist vollständig von jemand
anderem gemacht, der Text nicht nur ediert, sondern über den Kopf

des Berichtenden hinweg arrangiert und teilweise sogar inventioniert worden. Der Geschichts-Revisionist Maser konnte so verfahren, weil Linge bereits seit einem halben Jahr tot war.

Die Unwürde einer wissenschaftlichen Entgleisung

Das Schlimmste: Die historischen Quellen – das [Dienst]*Tagebuch* des *Führer-Sekretärs 1934–1943* und das Original von *Linges Notizen 1943–45* –, die in der *Library of Congress* und den *National Archives* (Washington) lagern, wurden von Maser für sein Linge-Untergangs-Arrangement nicht erwähnt. Das ist eine Unterdrückung! Denn mit diesen beiden Funden lässt sich belegen, dass es zu Hitlers Tagesaktivitäten selbstverständlich *Diensttagebücher* gab, die teilweise auch überlebten, und von wem sie angefertigt wurden – zunächst nicht von Heinz Linge –, aber dass Linge sich in den letzten beiden Jahren seines Dienstes bei Hitler tatsächlich persönliche Notizen gemacht hat, die es ebenfalls noch gibt, die aber kein offizielles »Diensttagebuch« waren. Oder Linge tat das immer, und nur seine Kalender aus den Jahren 1943 bis 1945 wurden überliefert.

Maser verschweigt den Lesenden, was in Linges Original-Kalendern 1943–45 gestanden hat. Sexuelles zu Hitler nicht, wie sich aus der Lektüre ergibt. Das konnte auch nicht sein, denn wie bereits besprochen hat Hitler seinen skizzierten »Sexualverkehr« mit Eva Braun schon ab März 1935 eingestellt oder sich zur Komplett-Ausnahme verflüchtigen lassen – etwa um die Zeit, da Heinz Linge in Hitlers Dienst kam, hätte er Sexuelles zwischen Braun und Hitler generell nicht mehr wahrnehmen können. Linge kann deshalb sowieso kein »richtiger« Zeuge mehr von einem »Turteltauben-[Liebes]Idyll« als genitalem Schleimhautkontakt zwischen Eva Braun und Adolf Hitler gewesen sein.

Entweder Maser hat gewusst, was in Linges Kalendern von 1943 bis 1945 gestanden hat, nämlich dass diese Notizen nichts mehr hergeben, um Hitlers Verhältnis mit Eva Braun als ein »Liebesidyll« auszuschmücken – Maser musste die Existenz dieser Original-Kalender Linges dann unterdrücken, um seine Version vom sexuell »könnenden« Hitler durchzuziehen. Oder Maser hat die beiden Quellen in den US-Archiven nicht gekannt, was für die »Herausgabe« eines angeblichen »Diensttagebuches« von Hitlers »Chef des persönlichen Dienstes« wissenschaftlich genauso unmöglich wäre wie die erste Version – besonders wenn man drucken ließ »Diensttagebuch [...] verschwand in amerikanischen Archiven«.

Beide Verhaltensweisen sind eines »international renommierten Historikers und Hitler-Forschers« unwürdig. Er »gibt« ein »Diensttagebuch« »heraus«, das jedoch keines ist. Und das, was »in amerikanischen Archiven« »verschwunden« sein soll, erweist sich als etwas anderes, das nichts mit dem 1980 publizierten Buch *Bis zum Untergang* zu tun hat.

Weder sind die *Linge-Diaries* von 1943/45 in den *National Archives* identisch mit dem, was Maser 1980 als »Linges Diensttagebuch« präsentiert, noch hat des *Führers[Dienst]Tagebuch* von 1934–1943 des *Sekretärs des Führers* in der *Library of Congress* mit Masers Linge unterschobenem »Diensttagebuch« *Bis zum Untergang* irgendetwas zu tun. Das von Maser zusammengestellte und als »Diensttagebuch« suggerierte Linge-Geplaudere muss für weitere Forschungen zu Hitlers sexuellem Verhalten in Frage gestellt werden nach dem Prinzip: Wer (mehr als) einmal lügt, dem glaubt man nicht.

Trotzdem beruft sich noch 2013 Volker Ullrich auf das *Maser-Linge-Kombinat*, um das Verhältnis Braun-Hitler als ein »normales« Ehe-ähnliches – »miteinander intim gewesen seien« – ausschmücken zu können. *(Ullrich,* S. 689, 1006, Anm. 77) Die authentischen Äußerungen Linges vor fast 70 Jahren im *Buch Hitler* lässt Ullrich weg. Auf diese Weise der Zitat-Auswahl werden Luftschlösser zu Hitlers heterosexuellen Potenzen gebaut. Der *Berghof* war kein feudalistisches Mann-Frau-Lustschloss.

Diensttagebücher waren keine persönlichen Aufzeichnungen

Mit drei Argumenten soll Werner Masers Linge-Verschnitt als historisches Dokument erst einmal formell so diskreditiert werden, dass künftighin Hitler-Forschende davon absehen, es für Aussagen über Hitlers fluktuierende Heterosexualität heranzuziehen.

1.: Die Nachwelt hat seit 1975, fünf Jahre vor Masers Linge-»Diensttagebuch« von 1980, und spätestens seit 1999 einen Eindruck, wie echte »Diensttagebücher« von Naziführern aussahen und wer sie anlegte. Das waren das *Diensttagebuch des deutschen Generalgouverneurs in Polen* [Hans Frank] *1939–1945 (Frank, H., Präg/Jacobmeyer)* und der *Dienstkalender Heinrich Himmlers 1941/42.* Die Herausgeber dieses »Todespfades« nehmen noch Bezug auf die »Diensttagebücher« von Himmlers persönlichem Referenten Dr. Rudolf Brandt und den »Terminkalender« von Himmlers Chefadjutanten Werner Grothmann. *(Witte,* S. 13) »Dienstkalender« und »Diensttagebuch« der obersten Nazitäter waren im Dritten Reich die fixierten Marschrouten in

Richtung Mord und Zerstörung, waren vor allem die Notate über alles, was da vorher, nachher, zwischendurch und nebenbei von den Massenmördern getan, verabredet und mit anderen Co-Führern konferiert werden musste und wollte.

»Diensttagebuch« war eine »reine Chefsache« und kein Tagesplan von einem Leiter der Kleider- und Schutzabteilung, sondern ein Strukturgerüst vom Oberhaupt der ganzen Ausrott-Tour und seiner direkten, sich damit ebenfalls blutig machenden rechten Hände, seiner Vollstrecker und direkt praktischen Mittäter.

An den Ausgaben von Franks *Diensttagebuch* und *Himmlers Dienstkalender* kann gesehen werden:

Erstens: was ein »Dienstkalender«/»Diensttagebuch« im genauen Sinne gewesen ist,

Zweitens: wie so etwas angefertigt wurde,

Drittens: wer sie führte, und vor allem

Viertens: wie sie wissenschaftlich korrekt ediert und kommentiert werden müssen.

2.: Grundsätzlich wurden Tagebücher von den Männern nicht verfasst, mit denen sich Hitler engst leiblich umgab. Alle Hitler-Diener kamen aus einfachen, nicht reflektorisch trainierten Verhältnissen: Wilhelm Arndt, Herbert Döhring, Otto Günsche, Hans-Hermann Junge, Erich Kempka, Karl Wilhelm Krause, Heinz Linge, Emil Maurice, Rochus Misch, Willi Mittlstrasser, Julius Schaub, Julius Schreck ...

Sie alle waren Faktoten, »treue Seelen«, Hitler ergeben = Ich-unabgegrenzt, Person-undistanziert – manchmal bis über Hitlers Tod hinaus, wie vor allem Julius Schaub, der auf Befehl Hitlers dessen gesamte Hinterlassenschaft in allen Hitler-Domizilen vernichtete und damit in wissenschaftlicher Hinsicht eines der schwersten Attentate gegen die Mit- und Nachwelt beging. Diese Männer führten weder zur Hitler-Zeit »Diensttagebücher« noch hinterließen sie private Tagebücher. Wenn sie sich zu Hitler in eigenen Büchern äußerten, wie Krause, Misch und Schaub, dann taten sie es gegenüber Befragenden, was Maser bei seinem Linge-Buch zu verschleiern trachtete.

Die *Linge Diaries, March 1943 to February 1945* in den Washingtoner *National Archives* sind eine Ausnahme. Ein Unding, dass sie nicht einmal Werner Maser publiziert hat. Sie enthalten Skizzen des Hitler'schen Tagesablaufes, Gedächtnisstützen für Linge selbst, die der Verfasser für so unbedeutend gehalten hat, dass er sie nicht an gesonderter Stelle aufbewahrte, um sie später für Publikationen und Interviews als Quelle benutzen zu können. Sie blieben irgendwo liegen, auf dass sie von den US-Streitkräften gefunden werden konnten. Sie wurden erstmals von John Toland für seine Hitler-Biografie von 1976 herangezogen, aber auch von ihm nicht teilweise veröffentlicht, sondern nur im Literaturverzeichnis erwähnt. Das erneut Überraschende: Kein einziges Mal erfolgt bei Toland ein Spezialverweis auf Linges Tagebücher 1943/45, obwohl Toland sich über 20-mal ausführlich mit Linge beschäftigt, doch dabei immer andere Quellen zitiert. (*Toland* 92, S. 398, 453, 460 f., 578, 611, 615, 638, 745, 799, 817, 824–828, 889 f., 896, 910 f., 967, 972, 984, 987, 989, 999, 1003–1005, 1011) Nicht einmal Linge persönlich war nach 1945 an seinen Aufzeichnungen aus den Jahren 1943–45 interessiert. Er lebte ja noch bis 1980 und hätte sich für seine eigenen Unterlagen eine Kopie des Originals von den *National Archives* beschaffen können.

Geschichts-Revisionist Irving gegen Sexual-Normativist Maser

3.: Die groteske Situation wurde angetroffen, dass drei Jahre nach der Erstausgabe von Masers Fälschung des »Diensttagebuches« von Heinz Linge 1980 der zweite Geschichts-Revisionist und Sexual-Normativist David Irving das echte Linge-Tagebuch erstmals in Teilen publizierte – 1983 für Irvings Herausgabe der medizinischen Tagebücher von Hitlers Leibarzt Theodor Morell. (*Irving* 83 I, II) Immer wieder muss darauf hingewiesen werden, dass beide Hitler-forschenden Geschichts-Revisionisten und Sexual-Normativisten David Irving und Werner Maser in ihrer wissenschaftlichen Verwendbarkeit ständig »pendeln«.

Bei der Holocaust-Forschung liegen die Dinge günstig – sie kann den ganzen Irving zu dieser Problematik verschrotten. (*Evans* 01 II, III, *Guttenplan, Lipstadt* 94, 05, *Menasse*) Alles, was Irving dazu ab *Hitlers Krieg* hinterließ, (*Irving* 77) ist geschönt bis falsch, teils irrtümlich, teils bewusst gefälscht, wie es ihm der britische *High Court* in seiner Urteilsbegründung vom 7. April 2000 am Ende des Londoner Holocaust-Leugnungs-Prozesses nachwies. (*Evans* 01 III, S. 287 ff., 291) In allen anderen Fragen der Hitler-Forschung ist der Historiker David Irving zum Teil unverzichtbar – so auch jetzt bei seiner erstmaligen Erschließung des echten Linge-Tagebuches aus den *National Archives* 1983.

Durch Irvings Beitrag im Umgang mit diesem Zeugnis kann Werner Masers Schwindel vollends entlarvt werden. Ein Geschichts-Revisionist wird gegen den anderen ausgespielt. Bei der Enttarnung des von Maser frisierten Linge-»Diensttagebuchs« spielt David Irving eine rein positive Rolle. Erst bei der Benutzung von Leibarzt-Morell-Aussagen vor US-Interrogatoren trat Irving wieder negativ in Erscheinung, ja spielte bei der Verbreitung der US-Geheimdienstlichen Frisierung von Morell-Verhören die negative Hauptrolle. *(ANALO)*

Durch Irvings Aufarbeitung des echten Tagebuchs von Hitler-Leibdiener Heinz Linge kann die Maser-Fälschung endgültig gekippt werden. Irving zieht für die Kommentierung der medizinischen Morell-Tagebücher permanent Linges Tages-Notizen zwischen März 1943 und Februar 1945 heran, um Daten aus den Morell-Tagebüchern zu verifizieren oder zu präzisieren und notfalls zu korrigieren. Denn manchmal war Morell ungenau, was Irving mit den Linge-Einträgen nachweisen kann. Manchmal stellt Irving die Daten nur nebeneinander und überlässt den Lesenden die Entscheidung über die Stimmigkeit. Bei Irvings erster Erwähnung der originalen Linge-Notate erfolgt sogleich eine zentrale Information: »24. 3. [43] – Abends 22 Uhr [...]« *(Kursiv gesetzte Zeiten werden anhand der Aufzeichnungen der Führerdiener Heinz Linge bzw. Hans Hermann Junge hinzugefügt.)« *(Irving 83 I, S. 119)*

Gewöhnliche Adjutanten-Diensttagebücher, -kalender oder die täglichen Aufzeichnungen waren nicht nur Reflektierungen der Tagesgeschehnisse, sondern auch Direktiven Hitlers, bestimmt zur Weitergabe seiner Wünsche und Planungen. Doch was die Leibdiener Heinz Linge und Hans Hermann Junge hinterließen, waren Aktions-Durchpausen. Hitler wollte über eine Chronik seines Agierens von Stunde zu Stunde verfügen und ließ seine Diener für sämtliche Tages-Ereignisse eine Registratur anfertigen, die den Dienstkalendern ähnelt, aber noch mehr als diese eine reine Chronik der Abläufe des Hitler'schen täglichen Agierens ist – zum Zwecke einer Gedächtnisstütze: Was war gestern und vorgestern etc?

Und dabei deckt Irving sogleich eine weitere Unrichtigkeit bei Maser auf: Nicht Linge allein hat solch eine Registratur der Tagesabläufe erstellt, sondern Hitlers damals zweiter Leibdiener neben Linge, Hans Junge, ebenfalls. Was hieß: Diese Chronik hatte so gut wie nichts mit Linge persönlich zu tun, sondern war ein Elaborat des jeweils Dienst habenden Leibdieners.

Daten, Daten und nochmals Daten

Mit drei Beispielen kann gezeigt werden, wie solche Tagebücher der Hitler-Leibdiener Junge und Linge als Chroniken aussahen und dass das, was Werner Maser der Öffentlichkeit ab 1980 als Linges

»Diensttagebuch« angedreht hat, dem tatsächlichen und von Maser verheimlichten Zeugnis ins Gesicht schlägt.

Irving beginnt zunächst immer mit Leibarzt Morells medizinischem Tagebuch: »12./15. 11. [44] – [Notizen von Dr. Weber {dem ärztlichen Vertreter Morells}, zusammengestellt anhand von verschiedenen Abschriften in Morells Handakten. Das Tagebuch Linges zeugt von Besuchen Webers bei Hitler am 13. November, 15.45 Uhr und 18 Uhr; am 14. November, 1.45 Uhr und 13 Uhr, und am 15. November um 0.25 Uhr, 2.10 Uhr, 13.15 Uhr und 23.45 Uhr.]« *(Irving* 83 I, S. 243)

»16. 11. [44] (Donnerstag) [...] 15.30 Uhr [14.50] beim Führer. [Die genaueren Zeitangaben in eckigen Klammern wurden dem Diensttagebuch des Dieners Linge entnommen.]« *(a. a. O.,* S. 245)

»11. 12. 44: Abends zum Tee von 20 bis 23 Uhr [Morell nahm an diesen Tagen wieder häufig an den Teegesprächen teil, was darauf schließen lässt, dass er zu diesem Zeitpunkt hoch in der Gunst Hitlers stand. Am 13. 12. 44 vermerkte Hitlers Diener Heinz Linge im Terminkalender: ›13 Uhr: Prof. Morell. 20 Uhr: Abendessen Frau Christian, Frl. Schroeder, Frl. Manziarly {Hitlers Köchin}, Prof. Morell.‹].« *(a. a. O.,* S. 260)

»16. 1. (Donnerstag) [45] – Vormittags Berlin. [Tagebuch Linge vom 16. 1. 45: 9 Uhr Wecken; 9.40 Uhr Ankunft Grunewald; 10 Uhr Ankunft Reichskanzlei; 10.45 Uhr Prof. Morell; 11 Uhr Lage, Generaloberst Guderian [...]‹] [...]« *(a. a. O.,* S. 267)

Mehrmals spezifiziert Irving die echte Linge'sche Hinterlassenschaft, die in den *National Archivs* nur mit »diaries« gekennzeichnet wurde, als »Terminkalender«, »Tagebuch« und manchmal auch als »Diensttagebuch«, obwohl dieser Ausdruck nicht der eigentliche *terminus technicus* für die Leibdiener-Linge-und-Junge-Notate war.

Auf jeden Fall kann mit Irvings wissenschaftlichem Heranziehen von Linges realer Chronik der Hitler'schen Tagesabläufe vorgeführt werden, wie so etwas aussah, und dass Masers Linge-Verschnitt *Bis zum Untergang,* in dem es keine einzige Jahres- oder Tageszahl gibt, kein »Diensttagebuch« ist.

Das Wichtigste: Mit Irvings durchlaufender Zitierung vom echten Leibdiener-Tagebuch hätte jeder Hitler-Forschende sich sofort klarmachen müssen: Wenn ein echtes Tagebuch Linges so aussieht, dann ist das, was Werner Maser als »Diensttagebuch« in seinem *Linge-Kombinat Bis zum Untergang* anbietet, zumindest etwas anderes. Wer Irving misstraut, kann sich in den *National Archives* in Washington und im Münchener *Institut für Zeitgeschichte* Original und Kopie vornehmen.

Doch signifikanterweise meiden alle sich im Hitler-Hetero-Wahn-Befindenden schon die von David Irving herausgegebenen

Morell-Tagebücher, bei deren Lektüre sich zweierlei ergibt: Aus diesen Zeugnissen kommt mitnichten ein »heterosexueller Hitler« heraus. *(ANALO, erster Ja-Sager)* Und es gibt echte Linge-Tagebücher. Was soll also Masers ganzes Linge-Unternehmen *Bis zum Untergang* mit dem »im Auftrage Hitlers geführten Diensttagebuch« zu tun haben?

Echte Tagebücher, Terminkalender, Diensttagebücher, tägliche Aufzeichnungen von Hitler-Gefolgsmännern werden dadurch gekennzeichnet, dass einem bei der Lektüre Daten und nochmals Daten ins Gesicht springen. Das Datum ist das Erste und Durchlaufend-Bleibende eines Tages-bezogenen Textes unter den soeben aufgeführten Begriffen. Das Tages-, Monats- und Jahresdatum und meist auch noch das Stunden- und Minutendatum der Tageszeit strukturieren solche Einträge.

Kein einziges Datum gibt es im *Maser-Linge-Kombinat Bis zum Untergang*, das schon bei der ersten Lektüre als Niederschlag und Zusammenfassung von Gesprächen erscheint, die der »Herausgeber« Werner Maser mit Hitlers ehemaligem Leibdiener geführt und für die Veröffentlichung zusammengestellt hat. Datums-los wird querbeetein im ganzen Buch durch die Zeiten »Erinnerungs-selig« geredet. Jede Hitler-forschende Person, die sich positiv auf Maser/Linges *Bis zum Untergang* beruft und den Text zur Untermalung der Hitler-Hetero-Fiktion affirmativ zitiert, hat geschlafen. Ein weiteres Beispiel für die in der Hitler-Biografik grassierenden Absencen, Halluzinationen und Wahnideen. Als diesem Umstand unter *HETERO*, der *7. Ja-Sagerin*, ein eigener Abschnitt gewidmet wurde, ist wahrscheinlich bei vielen Lesenden die Reaktion ausgelöst worden: Das kann nicht wahr sein! Eine bloße Provokation! Denkende Wissenschaftler schlafen bei ihrer Arbeit nicht!

Jedoch ist das Nicht-Bemerken von Masers Holzhammer-Trick, einen Erzähltext als »Diensttagebuch« auszugeben, ein weiterer Beleg fürs »Wegsehen« von Hitler- und Braun-Biografinnen und -Biografen, wenn sie Hitler verheterosexualisieren wollen. Obwohl jeder von ihnen genau weiß, wie ein unter Hitler damals geführtes Diensttagebuch etc. ausgesehen haben muss, hat niemand bemerkt, dass ihnen Werner Maser eine Leibdiener-Erzählung als ein »Diensttagebuch« unterjubelte. Der »Jubel« herrscht bis 2015, den neuesten Ausgaben vom *Maser-Linge-Kombinat Bis zum Untergang* in Deutsch und Fremdsprachen.

Fassungslos macht wieder einmal die Absence des zweitneuesten Hitler-Gesamt-Biografen Volker Ullrich. Gerade er ist Spezialist im Erschließen von »Täglichen Aufzeichnungen« der Hitler-Adjutanten

Below, Brückner und Wünsche, deren Diensttagebücher, lagernd im *Bundesarchiv Berlin* und *Koblenz*, Ullrich erstmals gehoben hat – eine seiner bedeutenden, für die Hitler-Forschung Bahn-brechenden wissenschaftlichen Taten. Man kann sagen, dass er u. a. der Fachmann für die Zeugnisse der »Adjutanten-Literatur« geworden ist. Umso unbegreiflicher, dass Ullrich nicht wahrgenommen hat, wie es sich beim 1980 publizierten »Diensttagebuch« Heinz Linges um eine pure Fiktion Werner Masers handelt.

Ullrich ist bei seiner bewussten Geschichts-Modelierung des heterosexuellen Hitlers mit seinen mehr als 10 Verstößen gegen Historiker-Regeln für nicht mehr als seine elf Seiten Braun-Hitler-Verhältnis-Darstellung so überfordert, dass er sein eigenes Fachgebiet der Hitler-adjutanturischen Dienstkalender-Literatur »vergisst«, stattdessen in einen Zustand des Glaubens gerät und aus Masers Schwindel die Linge-Beteuerungen als standfeste Zeugenaussagen zitiert.

Wenn ein Hitler-Forscher in seinem ansonsten Wahrheits-klaren Werk ins Schlingern gerät, dann ist das weniger ihm als Person anzulasten, sondern dann hat mehr das Thema »heterosexueller Hitler« so etwas nötig. Es kann nur in geistig abdriftender Weise behandelt werden.

Ergebnis zum gefälschten Diensttagebuch Heinz Linges

Werner Masers »Ausgewertet«, »Dokumente geprüft«, »Diensttagebuch« »für den Druck vorbereitet« und sogar das scheinbar neutrale »Herausgegeben« des »Diensttagebuches« sind als Ausschmückungen des angekündigten Textes nichts anderes als Bemäntelungen, die nicht merken lassen sollen, dass es sich um Masers eigenes Elaborat auf der Basis von Heinz Linges Äußerungen handelt, die vom Text-Macher nach allen Seiten hin gedreht und gewendet wurden, wie es Maser in sein Konzept der Durchpaukung eines heterosexuellen Hitlers passte.

Masers Mega-Ente

Wieso hat sich dieser mit vielen Einzelheiten seiner Forschung zu Hitler als seriös hervorgetretene Wissenschaftler in dem Stuss von »Linges in US-Archiven-verschwundenem Diensttagebuch« und dessen »Herausgabe« verrannt? Maser wollte Hitler mit seinen frisierten Linge-Aussagen über die fließende Genitalität zwischen Hitler und Braun fit machen für die Vaterschaft eines nicht-ehelichen Sohnes, in dessen Spur Maser sich verirrte.

Die Linge-Zurechtmachung sollte die Voraussetzung von Hitlers heterosexueller »Normalität« schaffen, die sich auch schon vor der Braun-Hitler-Beziehung zuweilen ihre Bahn gebrochen hätte, wie durch die Zeugung eines nicht-ehelichen Sohnes mit einer Französin – geschehen im Stadium von *Hitler 1* im Ersten Weltkrieg. Inzwischen ist Masers Behauptung von Hitlers nicht-ehelichem Sohn (*Maser* 78 ff., zwischen S. 528 und S. 529 seitenloser Sondertext auf Fotoglanzpapier, herumdrapiert um die Bilder 61 ff., 74 ff.) durch eine abenteuerlich erreichte DNA-Analyse als nicht der Wahrheit entsprechend aufgeflogen. Einzelheiten dazu sind in Jean-Paul Mulders' 2009 publiziertem Buch *Auf der Suche nach Hitlers Sohn. Eine Beweisaufnahme* zu finden. Mulders gelingt die restlose Enttarnung der Angelegenheit als Mega-Ente, sodass ein erneutes Für-und-Wider-Aufrollen überflüssig ist. (*Mulders – HETERO, 7. Ja-Sagerin*) Hitlers Vaterschaft eines ausgerechnet mit einer »Feindin« gezeugten Sohnes hätte auch schon vor Mulders' DNA-Verfahren entlarvt werden können – mithilfe von drei Details in Hitlers Biografie, an denen nicht zu rütteln ist.

Um der gegenwärtigen kriminalistischen DNA-Euphorie – wegen auch hier möglicher Pannen – nicht zu verfallen, müssen die drei konventionellen Belege zu Hitlers nicht praktizierter Heterosexualität während seiner Teilnahme am Ersten Weltkrieg vorgebracht werden.

1.: *Hitler 1* war »schreibselig«. Vor 1918 galten seine emotionalen Elaborate ausschließlich Männern – Kriegskameraden und Vorkriegsfreunden. Frauen als Adressatinnen von *Hitler-1*-Schreiben kommen nicht vor – mit einer einzigen Ausnahme, einer Dank-Floskel für eine Terminvermittlung. Eine solche Formalie war nichts anderes als eine Aufmerksamkeit. Hitlers Brief »an eine Unbekannte« kann nicht als »emotionales Elaborat« bezeichnet werden. Und sein angebliches Schreiben an Mutter und Schwester entsprang der Feder Kujaus! (»An Klara und Paula Hitler, 4. August 1907«. In: *Hitler 80 I*, S. 1253)

Eine sexuelle Beziehung Hitlers mit einer Frau, noch dazu mit der Mutter seines Sohnes, hätte Lebens-sicher viele schriftliche Zeugnisse Hitlers hervorgebracht, von denen einige überliefert worden wären, wie die Schreiben von *Hitler 2* an seine Kurzfrist-Kuss-Freundin Maria Reiter 1926/27. (*Sigmund* 02, S. 11 ff.) Es gibt kein einziges Schriftstück Hitlers zu Masers Komplex »illegitimer Sohn«.

2.: Durch Hitlers vier *Kriegsstammrollen* sind seine »Bewegungen« im Zusammenhang mit seinem Soldat-Sein genau festgehalten und überliefert worden. Hinter dem heute seltsam wirkenden Wort »Kriegsstammrolle« verbirgt sich die persönliche Chronik von Taten und Aufenthalten eines Soldaten – in Hitlers Fall seinen militärischen Aktivitäten von 1914 bis zu seinem Ausscheiden als Soldat. *(drittes Buch)*

In den Zeiten zwischen seiner Rekrutierung am 16. August 1914 und seiner Entlassung aus dem Lazarett von Pasewalk am 19. November 1918 gibt es keine Lücke für ein – laut Maser – in Frankreich passiertes Stelldichein mit fruchtbarem Ergebnis. Es gibt nur Hitlers Teilnahme als Meldegänger an Schlachten – aus denen er sich nicht »verdrückt« haben kann –, darüber hinaus seine zwei Lazarett-Einweisungen 1916/1918 wegen Kriegs-bedingter Verletzungen und seine Urlaubsreisen 1917/18, die alle in Richtung Deutschland geführt haben und die obendrein doppelt belegt sind durch andere Zeugnisse wie an Freunde geschickte Kartengrüße. *(BAB, NS 26, 11/12, Deuerlein 59, S. 190 ff., Plöckinger 13, S. 27 f., Hitler 80 I, S. 1253)*

3.: Aus dem 1930er-Jahrzehnt wurden drei Bücher und etwa 20 Statements zu *Hitler 1* im Ersten Weltkrieg hinterlassen. Gewiss – alles bereits nazi-kooperativ verfasst oder geäußert bzw. vorgetragen. Das früheste Buch »Hans Mend *Adolf Hitler im Felde 1914–1918*« erschien erstmals 1931 – Tendenz: »Hitler = braver Soldat! Kann zum Reichspräsidenten gewählt werden!« – Die Wahl fand am 13. März und 10. April 1932 statt.

Die Tendenz »guter Führer« bleibt das beherrschende Motiv auch bei den zwei folgenden Büchern nach Mend: Balthasar Brandmayer und Heinz Bayer *Meldegänger Hitler 1914–18*«, 1932/33 (in erster Auflage 1932 unter dem Titel *Zwei Meldegänger* erschienen) und Adolf Meyer *Mit Adolf Hitler im Bayerischen Reserve-Infanterie-Regiment 16 (List)*, 1934.

Auch die vielen schriftlichen und mündlichen Einlassungen von Zeitzeugen für das *Hauptarchiv der NSDAP*, das eine Enzyklopädie über Hitler vorbereitete, folgen der Gesinnung von »Krieg und Glorie«, die schon den in der Kaiserlichen Armee 1914/18 sich noch ganz unten befindenden Hitler charakterisiert hatten.

»Der Führer und Reichskanzler« A. H. plusterte sich gegen Ende der 1930er Jahre auf als Kriegsinteressent, dem seine Münchener Ideologie-Behörde *Hauptarchiv* die Kontur von leidenschaftlichem Einssein mit dem Krieg geben sollte. Trotz all dieser Einschränkungen stellen die Berichte zugleich Erfahrungen von meist sogenannten einfachen Männern dar, denen intellektuelles Lügen, das sämtliche Hoch-Nazis kennzeichnete, schwerer fiel. Vor allem blieb genug Atmosphärisches in den Erzählungen nah an der Wirklichkeit von Hitlers 1914–18-Bedingungen, um einschätzen zu können: Ging das überhaupt vom Verfahren her, dass *Hitler 1* den zunächst »rein« menschlichen Kontakt zu einer jungen Französin oder Belgierin hätte während des Krieges aufbauen können, um mit ihr ein Kind zu zeugen? Die Antwort »braust« als »Ruf wie Donnerhall« aus dem Chor der Weltkrieg-I-Stimmungen: »Es ging nicht!« Es ging speziell für den Gefreiten und Meldegänger Adolf Hitler Situations-bedingt in keinem denkbaren Fall. Hitlers Kriegskamerad Hans Mend war ein Meldereiter, der hinter der Front große Strecken auf dem Pferd zurücklegen und dafür selbstverständlich manchmal auch an verschiedenen Plätzen übernachten musste. Mend hätte mit »Gastleuts Töchterlein« ein Kind zeugen können. *(Mend,* S. 39 ff., 71 ff., 139 ff., 146 ff.)

Der Erste-Weltkriegs-Gefreite Adolf Hitler hatte eine andere Funktion. Er musste zwischen dem Unterstand der militärischen Führer seines Regiments 16 im Front-Hintergrund und anderen Befehlshabern seiner Division VI hin –und –her laufen oder manchmal mit dem Fahrrad fahren, was in seinen *Kriegsstammrollen* zweimal vermerkt wurde. *(BAB* 26/11, 12 Tafel 18, Rubrik 13) Er musste diese Wege gehen oder radfahren, um Nachrichten zu transportieren, wenn die Funkverbindung zwischen Armee-Einheiten gerissen war. *(drittes Buch, Weber, T.,* S. 75, 126 ff., 142, 158)

Auf diesen Strecken gab es keine Häuser mit jungen Frauen darin. Sich heimlich zu einer Mademoiselle schleichen? Das ging auch nicht, weil es eine Desertierung gewesen wäre, die bei Hitlers Deutschland-Begeisterung und seiner Liebe zu seinen Regimentskameraden als ausgeschlossen erachtet werden kann. Außerdem gibt es nichts dergleichen in den Chroniken und Berichten über ihn. Unter der *Kriegsstammrollen-*Rubrik »Verhalten« hätte es sonst einen Eintrag über »unautorisiertes Entfernen von der Truppe« geben müssen. *(BAB* 26/11, 12, Tafel 16, Rubrik 10)

In den Beschreibungen von Hitlers Regimentskameraden, wie der des Unterleutnants Lippert, kommen Ausgänge der Soldaten vor, die aber eisern unter militärischem Befehl oder ebensolcher Kontrolle geschahen. Es sollten für die Truppe Besorgungen gemacht oder aus einem belgischen Ort Möbel abgeholt werden, wie in einem Fall ein Bett für einen neu eingetroffenen Befehlshaber. *(BAB,* NS 26/47, Bild 8, S. 1) Darüber hinaus gab es in schießfreier Zeit den Ausgang aller Soldaten. Und »alle« strebten »natürlich« in »Normalmann«-gewohnter Weise zu Frauenkontakten in den fremden Ortschaften. Nur *Hitler 1* nicht. Dieser allen aufgefallene »Sonderling« war sogar nicht einmal an einer Theateraufführung interessiert. *(a. a. O.,* Bild 9, S. 2)

Hitler 1 bewegte sich zwischen Pflichterfüllung während der Kämpfe und Zeichnen/Lesen während der Pausen unauffällig brav hin und her. Von ihm sind Zeichnungen, Aquarelle und Skizzen aus diesen Jahren hinterlassen worden, die später beim *Hauptarchiv der NSDAP* landeten. *(BAB Akten)* Am deutlichsten ist die Beschreibung von Hitlers Aseptischem bereits gegen den Impuls seiner Kameraden, sich mal wieder in heterosexuelle Gefilde zu begeben.

Die folgende Szene wurde von Balthasar Brandmayer festgehalten, der Hitler für mehrere Kriegsjahre hindurch am nahesten gestanden hatte – so nah, dass noch *Hitler* 2 ausrief, als Brandmayer später einmal eine NSDAP-Veranstaltung besuchte: »Brandmoiri! Wo bist du denn immer?!« *(Brandmayer,* S. 117)

Auch *Hitler* 2 hatte Brandmayer in seiner Kriegszeit-Erinnerung noch so präsent behalten, als hätte er den Maurer immer mal wieder treffen wollen, was dem politischen Scharfmacher rein organisatorisch nicht mehr möglich war. Aus Maurer Balthasar Brandmayers Erzählung, die noch einmal aufgerollt werden soll: »Die Post hatte sich unterdessen angehäuft. In einem Brief lesend, lache ich vor mich hin. Das sieht Hitler und fragt im übermütigen Ton: ›Brandmoiri, hat Trutschnelda wieda g'schrieb'n?‹ – ›Beinahe erraten‹, gebe ich zurück. ›Hast denn du no nia a Madl gern g'habt?‹, dringe ich in Hitler. – ›Schau, Brandmoiri, für a solches Ding hat mir no immer die Zeit g'fehlt‹, meinte Hitler. ›Und ich werde a nia dazu kemma‹, fuhr er fort. – ›Du bist a g'spaßiga Hecht, Adi! Di versteh' i einfach net‹, erwiderte ich. ›Dir is net zum helfa.‹

Wir hatten uns wieder etwas menschenwürdig erholt. Die schönen Februartage lockten uns ins Freie. Um einen Tisch sammelte sich eine lustige Gesellschaft. Am Vormittag hatte es eine ausgiebige Löhnung gegeben. ›Wie wär's, wenn ma uns heut um a Mamsell umschau'n tan?‹, fragte einer der Telefonisten, als eben ein ähnliches Thema angeschnitten wurde.

›I tät mi z'Tod schäma bei einer Französin a Liab z'sucha‹, fiel Hitler erregt in dessen Rede. Die Wirkung war vorerst ein homerisches Gelächter. ›Jetzt schau den Klosterbruada o!‹, rief ein anderer. Hitlers Gesicht war ernst geworden: ›Habt Ihr überhaupt koa deutsch Ehrg'fühl mehr in Euch?‹, begann wieder Hitler. Und er legte weiter los, bis wir selbst beschämt dieses würdelose Verhalten einsahen. Die Ausführung dieses Vorschlages fand dann auch keine Zustimmung mehr. In dieser Hinsicht war Hitler unerbittlich korrekt und hart. Es leben heute noch Zeugen genug, die mir das erhärten können, niemals aber umbiegen oder wegleugnen.« *(Brandmayer,* S. 102 f.)

Auch wenn von den Nazi-Machern des Brandmayer-Buches etwas stark auf die nationalistische Tube gedrückt wurde, halten Hitlers verhochdeutschte bayerischen anti-heterosexuellen Mürrischkeiten Werner Maser den Zerrspiegel vor: »Für ein solches Ding [wie ein Mädchen] hat mir noch immer die Zeit gefehlt. Und ich werde dazu auch niemals kommen. – Ich täte mich zu Tode schämen, bei einer Französin Liebe zu suchen. Habt Ihr überhaupt kein deutsches Ehrgefühl mehr in Euch?«

Die Bücher und Statements zu *Hitler 1* im Ersten Weltkrieg geben einhellig ein nahes bis zärtliches Verhältnis zwischen Hitler und seinen Kameraden wieder. Ein solcher Fakt wie ein nicht-eheliches Kind eines der Soldaten mit einer Französin wäre zu den Kumpels durchgesickert.

Doch in sämtlichen *Hitler-1*-bezogenen Nachrichten über 1914–18 herrscht heterosexuelle »Mondlandschaft« anstatt französische Liebschaft Hitlers, deren erste Barriere schon seine nicht-existenten Französisch-Kenntnisse gewesen wären. Die Soldaten standen im Ersten Weltkrieg immer unter Kontrolle – von oben durch die Vorgesetzten und von der Seite durch die Kameraden.

Hitler-Biograf Maser hat in seinem Eifer auf der Hitler-Sohn-Spur die Situationen des Ersten und des Zweiten Weltkrieges miteinander verwechselt. Im Zweiten war alles ganz anders: Frankreich hatte sich nach dem Einfall der Deutschen in deren Westnachbarn Holland, Belgien, Luxemburg und Frankreich ab 10. Mai 1940 bereits am 22. Juni 1940 ergeben, um eine Wiederholung des nutzlosen, nur mörderischen 1914–18-Grabenkrieges zu vermeiden. Danach herrschte in Nordfrankreich die übliche Besatzerzeit. Es gab genug Gelegenheiten für die deutschen Soldaten, mit Französinnen Kinder zu zeugen.

Über 200 000 Franzosen werden heute geschätzt, die einen deutschen Besatzer zum Vater/Großvater haben und manchmal bis heute nach ihm auf die Suche gehen. *(ZDF-Sendung* 2010) Von nichts annähernd in den Dimensionen Vergleichbarem ist aus der Zeit des Ersten Weltkriegs zwischen 1914 und 1918 berichtet worden.

Geschichts-Revisionist und Hausfrauen-Illustrierte

Nach Abschluss der zulasten Masers geführten Genre-Prüfung des Buches *Bis zum Untergang* und der Feststellung, dass es sich bei dem *Maser-Linge-Kombinat* nicht um ein »Diensttagebuch« handelt, muss nunmehr eine Untersuchung des Inhalts der attackierten Schrift stattfinden. Denn es kann sich ja trotzdem um Linge-Aussagen oder

Linge-Notate handeln, die Maser aus unaufgedeckten Gründen in ein falsches Genre einordnete. Die Lektüre von *Bis zum Untergang* ergab, dass darin gesprochene Texte von Hitlers früherem Leibdiener Heinz Linge vorliegen, die als ein Widerruf von Linges *Buch-Hitler*-Aussagen ein eigenes Gewicht haben könnten. *(ONANO, 6. Nein)*

Es müssen im Folgenden drei Untersuchungen vorgenommen werden – erstens zu Text und Stil des Produktes, zweitens zum Ursprung der Materialien und drittens zu ihrer Originalität als tatsächliche Linge-Aussagen. Leichter gesagt als getan! Das eigentliche Skandalon bei der Maser-Fälschung *Bis zum Untergang*, die auch und gerade eine inhaltliche Seite hat, sind zweitens und drittens: Woher kommt das Linge-Material, das Maser 1980 »herausgibt«? Und handelt es sich dabei um einen authentischen Linge? Oder ist in das Material eingegriffen, in diesem Falle sogar noch ärger: Sind von Maser Stellen hinzugefügt worden?

Masers zweifaches Vorgehen ist verdächtig – zum einen einen Sprechtext als etwas Geschriebenes auszugeben und noch dazu das durchlaufend Erzählte als ein »Diensttagebuch« zu deklarieren. Und zum anderen das komplette Schuldigbleiben einer Information über die Herkunft des Textes, die ja nachweislich nichts mit einem Diensttagebuch zu tun hat. Diese Duplizität von formeller Düpierung der Hitler-biografischen Szene und der an der Geschichte des Nazireichs interessierten Öffentlichkeit fällt in ihrer Raffiniertheit eindeutig aus dem Rahmen der historischen Wissenschaft. All das war nur möglich, weil der sogenannte Autor Heinz Linge gerade gestorben war.

Manche Dinge beim Kujauismus in der Hitler-Biografik sind derart unfassbar, dass ihre Aufschlüsselung im Geschichts-prozessualen Verfahrensstil das nachvollziehende Verständnis der Ungeheuerlichkeiten vereitelt. Um an der Beweisführung so aufmerksam wie möglich Anteil nehmen zu können, muss manchmal in den Urteilsstil gewechselt, das heißt das Ergebnis muss vorweggenommen werden. Soll das Kommende als rarer Angriff auf das Denken begriffen und bei der Beweisführung nachvollzogen werden, geht das nur mit einem zuvor erlebten Schock: In Teilen der englisch-deutschsprachigen Hitler-Biografik herrschten Gleichschaltungs-Zustände.

Um seine Einbildung vom heterosexuell »normal« funktionierenden Adolf Hitler im gesellschaftlichen Wissen festzusetzen, bediente sich Werner Maser Wissenschafts-korrodierenden Methoden, die aus Mangel an emanzipativer Sensibilität für das Thema nicht längst gegeißelt wurden und daher nicht aufflogen. Kurz: Masers *Linge-Kombinat* stammt nicht aus Gesprächen und Interviews zwischen Maser und Linge.

Maser druckte in seinem letzten publizierten Buch über Hitler und Stalin ein Foto ab, das ihn und Linge traut vereint miteinander zeigt – suggerierend, dass auf diese Weise auch die Linge-Aussagen im Buch *Bis zum Untergang* zu Wege gebracht worden sein könnten. *(Maser 04, S. 456)* Falls derartige Gespräche zwischen Maser und Linge stattgefunden haben sollten, erstaunt bei der Lektüre von *Bis zum Untergang*, dass über eine solche Herkunft des Textes an keiner Stelle von Maser ein Vermerk gemacht wird. Aber das kann er ja auch nicht, da Maser das »Herausgegebene« als Linges »in Hitlers Auftrag geführtes Diensttagebuch« hinstellte. Maser befand sich in einer »Zwickmühle«: Das Hauptkontingent von *Bis zum Untergang* ist weder ein »Diensttagebuch« noch stammt es aus Gesprächen zwischen Werner Maser und Heinz Linge. Es handelt sich um das von Maser etwas umstrukturierte, lektorierte, redigierte und teilweise auch umgeschriebene Material von Linges Interview-Serie für die Münchener Hausfrauen-Illustrierte *Revue*.

Zwischen Oktober 1955 und März 1956 druckte *Revue* Linges Berichte, die zu Memoiren gedreht wurden, in Wirklichkeit Ghostwriter-fabrizierte Früchte aus Linge-Interviews waren – geführt mit deutschen und englischen Befragern kurz nach Linges Entlassung aus der sowjetischen Kriegsgefangenschaft und seiner Rückkehr nach Deutschland Mitte des Jahres 1955. *(Linge 55/56)* Aus diesem bereits nur halb-authentischen Material kompilierte Maser sein Konvolut des *Linge-Kombinats Bis zum Untergang* – eine demnach doppelte Fragwürdigkeit: Gespensterschreiber machten mit Linges Aussagen so ziemlich, was sie wollten, was sie für das Publikum der Hausfrauen-Illustrierten *Revue* als Verkaufs-zugkräftig empfanden. Und Maser machte aus dem Ganzen noch einmal, was er für seine Zwecke der Verheterosexualisierung Hitlers brauchte.

Deshalb durfte Maser im Klappentext des Buches auf keinen Fall ankündigen: *Bis zum Untergang* basiere auf Gesprächen mit Linge, weil solch eine Annäherung an die Wahrheit ihn ins Fahrwasser des Vorgehens der *Revue* gebracht hätte, die auf Urheberrechts-Verletzung gegen Maser hätte klagen können.

Ein simples Enttarnungszeichen von Masers Anti-Wissenschafts-Komplott: In keinem seiner Bücher erwähnt er die Linge-*Revue*-Serie von 1955/56. Mit seiner scheinbaren Unkenntnis dieses für den Hitler-Biografen eigentlich hoch wichtigen Zeitzeugen-Stoffes baute er schon mal für seine Unschuld vor: »*Revue*-Linge? Noch nie was gehört!« Masers Fiktion, es handele sich beim *Untergang* um ein »Diensttagebuch« Linges, befand sich ganz weit weg vom *Revue*-Urtext aus den

Jahren 55/56. Und 1980 lag die *Revue*-Linge-Serie 25 Jahre zurück. Niemand in der Hitler-Forschung »hatte sie noch im Kopf« oder hatte sie 1955/56 innerhalb der Verwucherungen einer Hausfrauen-Illustrierten überhaupt zur Kenntnis genommen. Und der Protagonist Linge war gerade gestorben, konnte sich nicht mehr wehren. Seine Erben bekamen das Autoren-Honorar für *Bis zum Untergang*. Maser schwamm im Fett des damals manipulativ fulminant Möglichen.

Der Vorgang der Doppel-Modifikation von Linge-Äußerungen 1955 und 1980 ist an sich schon des wissenschaftlichen Wahnsinns genug. Er hat aber noch zwei Sahnehäubchen oben auf, die erneut einer Kujau-Fälschung alle Ehre machen würden.

Die aus dem *Maser-Linge-Kombinat* von 1980 schon erwähnte Szene der Umarmung zwischen Braun und Hitler entstammt ebenfalls der *Revue*-Serie. Sie wird von Maser mit kaum merklichen Retuschen fast wortwörtlich übernommen. Doch gerade sie wurde von den hinter Linge stehenden und mit seinen Aussagen herummachenden Gespensterschreibern 1955 für die *Revue* erfunden und Linge »in die Feder« gelegt. Linge hat sie seinen Interviewern nicht vorgetragen, weil er sie im Original der Geschehnisse auf dem *Berghof* so hätte nicht erleben können. Die Umarmung zwischen Braun und Hitler ist für das *Revue*-Publikum der deutschen Hausfrauen erfunden worden, um das Braun-Hitler-Verhältnis für diese Zielgruppe »schnuggelig« zu machen. Es beginnt also mit der – Linge untergeschobenen – Braun-Hitler-Ehepaar-Fälschung bereits 1955. Sie wurde durch die Geldgeber von *United Press* in Dutzenden US-Zeitschriften verbreitet.

Die Erfindung der Paarschafts-Umarmung von Braun und Hitler wäre für alle ferneren Zeiten im Hausfrauen-Illustrierten-Stuss der *Revue* verblieben, wenn nicht der Geschichts-Revisionist und Sexual-Normativist Werner Maser sie in sein *Linge-Kombinat Bis zum Untergang* eingebaut, noch ausgebaut und angereichert und damit Wissenschafts-fähig gemacht hätte. Wobei mit den beiden Verben »ausbauen« und »anreichern« die Stichwörter für den dritten und letzten Teil des Hitler-biografischen Skandals gefallen sind: Maser hat die *Revue*-Passagen für sein *Linge-Kombinat* noch verkrasst, ja den ganzen Hausfrauen-Illustrierten-Zwirn aus *Revue* in die Hitler-Biografik erst eingeführt, in der er sich bis in die Gegenwart hinein mit den unzähligen Ausgaben und Auflagen von *Bis zum Untergang* ideologisch Hitler-Bild-prägend festzurrte. Dabei half Maser dem Thema machistisch auf, indem er in *Bis zum Untergang* weit über das Hausfrauen-Illustrierten-Mögliche reine Männer-Genital-Stellen implantierte: Das phallische »Können« Hitlers und das »Rudel-Pinkeln« von Hitler mit Linge, das noch zitiert wird, sind in der *Revue*-Fassung nicht enthalten. Der genital-bezügliche Machismo von »Pinkeln« und »Können« huldigte den Kapazitäten des männlichen Gliedes im »Still«- und Hochstand ovational, um Hitlers »normales« Funktionieren in Ruhe- und Erregungsphase »klammheimlich« in die Gemüter der Hitler-Rezeptoren einzuschmuggeln. Maser hat diese Passagen aus freien Stücken noch über den *Revue*-Text hinaus erfunden.

Das alles lässt sich aber nur schwer beweisen! Deswegen musste der Aktschluss vorweggenommen werden. Jetzt erst ist die Bühne frei für ein Interesse daran, der zähen Beweisführung folgen zu wollen. Sie beginnt mit der Text- und Stil-Analyse – vergleichsweise harmlos gegenüber dem, was kommt, der »Zusammenarbeit« zwischen einer Hausfrauen-Illustrierten und einem Geschichts-Revisionisten zum Zwecke, den unnormalsten Mann der männerbündischen Geschichte als einen »liebenswürdigen« Frauen-»Liebhaber« von um die Ecke zu präsentieren und damit für Jahrzehnte ein falsches Hitler-Bild der Gegenwart einzuhämmern.

Russische Tracht Prügel?

Maser suggerierte mit seinem *Linge-Kombinat Bis zum Untergang,* dass die Original-Äußerungen Linges zu Hitlers sexueller Unnormalität und zum »eindeutig unnormalen Verhältnis« Hitlers mit Eva Braun in russischer Gefangenschaft 1945/46 erzwungen worden wären. Das war eine clevere Vorbereitung für den »Tag X«, an dem die Original-Statements von Linge und Günsche in deutscher Sprache vorliegen und erst danach in weitere 25 Sprachen übersetzt würden – 25 Jahre nach Masers Hitler-»normal«-Erheischungen, die genug Zeit hatten, sich durchzusetzen. Außerdem hatte jeder Westler schon mal etwas von den russischen Gefangenen-Lagern gehört, in denen geprügelt wurde – Stichwort *Archipel Gulag.*

Bei Maser in *Bis zum Untergang* klingt Heinz Linge – den Einwand vorwegnehmend – 1980/82 so: »Als ich mich in russischer Gefangenschaft befand, wurde ich in Verhören oft gefragt, ob ich Hitlers Geschlechtsteile gesehen hätte und ob sie normal gewesen seien. Ich ahnte zwar nicht, wieso die Russen ausgerechnet dies wissen wollten; aber ich sagte, wie es gewesen war. Ich hatte Hitler natürlich nicht nur einmal nackt gesehen. Über die andeutungsweisen Behauptungen der russischen Vernehmungsoffiziere, dass Hitler ›doch wohl nur einen Hoden gehabt‹ habe, konnte ich nur lachen, und ich tat es auch, was mir manchmal allerdings schmerzhafte Nachteile einbrachte. Ich bekam Prügel. So ungereimt war dies, so absonderlich waren auch die Behauptungen der Russen, dass ich sexuelle Beziehungen zu Eva Braun unterhalten hätte, weil ›Hitler doch vermutlich gar nicht konnte‹. Dass er ›konnte‹, habe ich oft genug mitbekommen […]« (Fortsetzung siehe »*Turteltauben-Idyll*«?!). *(Linge* 82, S. 93 f.)

Obwohl sich die »schmerzhaften Nachteile«, ja die »Prügel«, auf Linges Lachen über die »Behauptungen« der »Russen« bezogen, Hitler habe »nur einen Hoden gehabt«, ist diese Stelle dazu geeignet, den Eindruck entstehen zu lassen, die sowjetischen »Vernehmungsoffiziere« hätten den deutschen Gefangenen Heinz Linge immer dann »geprügelt«, wenn er ihnen gegenüber Unpassendes zu Hitler äußern wollte oder weil er es schon getan hatte. Allein der Umstand, dass in den russichen Verhören angeblich überhaupt »geprügelt« worden sei, unterlegt den Äußerungen Linges im *Buch Hitler* die Annahme: Naja, dann kann den Linge-Statements von 1945/46 über Hitlers sexuelle Unnormalität nicht geglaubt werden, denn der gefangene Linge stand immer unter der Angst, er würde bei Äußerungen, die den Russen nicht passten, geschlagen.

Vor allem wird mit diesem angeblich puren und echten Linge-Zitat von 1980/82 in Masers Händen vorausgesetzt, die Russen hätten schon ein vorgefasstes Bild von Hitler, das Linge bestätigen musste. Tat er es nicht, wurde er geschlagen, um aus Linge das antizipierte Verständnis der Russen von Hitler »herauszuprügeln«. Und dieses »antizipierte Verständnis von Hitler« hieß: »Unnormal«. »Nur einen Hoden« und Linge »hätte« »sexuelle Beziehungen zu Eva Braun unterhalten«, »weil Hitler doch vermutlich gar nicht konnte«.

An acht Punkten kann entblößt werden, dass Maser mit dem »herausgegebenen Diensttagebuch des Chefs des persönlichen Dienstes beim ›Führer‹« auch noch eine Textmodelierung beging. Maser betrieb einen Gedankenschmuggel. Waren und Güter werden über Grenzen geschmuggelt, obwohl der Transport der Dinge von Land zu Land verboten ist oder dafür Zoll gezahlt werden muss.

Maser unternahm mit dem Linge-Text in *Bis zum Untergang* das Gegenteil von einem Plagiat. Ein Plagiat eines Autors gibt fremde Gedanken als eigene aus, was verboten ist, bestraft wird und den Täter in der Welt des Gedanken-Eigentums, dem Urheberrecht, diskreditiert. In Kontrast dazu schmuggelte Maser eigene Gedanken in einen fremden Text und fingierte sie unter dem harmlos zurückhaltenden Tarnbegriff »Herausgabe« als die authentischen Äußerungen des gerade verstorbenen Autors Heinz Linge – solch ein Vorgehen gegen das Gedanken-Eigentum ist nicht im Urheberrecht geregelt.

Es geht nunmehr um die Frage des Originären der Linge-Mitteilungen zu Adolf Hitlers angeblich »normal« praktizierter Heterosexualität, die Maser zu seinem oben genannten Zweck verbreitet hat. Dabei kommt es darauf an, inwieweit Linges Hitler-Beschreibungen im Maser-Text-[Heraus]Gegebenen sich selbst widersprechen oder unschlüssig sind und sie definitiv mit Linges Aussagen in den russischen Verhören während seiner sowjetischen Gefangenschaft kollidieren.

Vor allem ist mit der achtmal vorzunehmenden Text-Demontierung nachzuweisen, dass Maser es war, der seinem toten Autor »schmerzhafte Nachteile einbrachte«. Maser beging Inhalts-»Prügel«, indem er seinen Autor dorthin bog, wohin er ihn haben wollte. Damit erreichte er den Effekt, die authentischen Äußerungen Linges von vor 35 Jahren in der Sowjetunion befänden sich quasi in einem Fälschungs-Modus.

Maser hat mit seinem Kompakt-Frevel gegen die wissenschaftliche Ergründung von Hitlers sexuellen Eigenschaften der Hitler-Biografik einen elementaren Schaden zugefügt. Denn dass ein prinzipiell durch und durch seriöser Hitler-Biograf wie Volker Ullrich sich noch 2013 in dem Maser-Netz von Hitlers angeblich »normaler Heterosexualität« verfängt, bedeutet ein Sich-Verfangen in Ideologien, von denen dieser Forscher hätte verschont bleiben müssen. Doch Ullrich transportierte mit seinem Glauben an das *Maser-Linge-Kombinat* die Situation zur Sexualität Hitlers zurück in die Einpaukungen der 1930/40er Jahre.

Achtmaliger Nachweis des Konstrukts von fremder Hand

Die acht sogleich angeführten »Unnormalitäten« in den zitierten elf Maser/Linge-Zeilen hätten vom »Herausgeber« Maser eigentlich korrigiert werden müssen. Denn Linge konnte als ehemaliger Bauprakant und dann Hitler-Leibdiener nicht Schriftsteller-professionell schreiben. Dass jedoch die Sprach-Verrutschungen blieben – ja, wie in die Passagen hineingeflochten wirken –, entblößt *Bis zum Untergang* als das Konstrukt von »fremder Hand«. Das Verrutschte sollte Leser »unbewusst« beeindrucken. Jetzt endlich rede Linge »wie ihm der Schnabel gewachsen« sei. Vor 35 Jahren bei den Russen – alles nur erzwungen.

1.: »Als ich mich in russischer Gefangenschaft befand, wurde ich in Verhören oft gefragt, ob ich Hitlers Geschlechtsteile gesehen hätte und ob sie normal gewesen seien.«

Im *Buch Hitler,* der Zusammenstellung der sowjetischen Interview-Protokolle, gibt es keine Fragen zu diesem Thema und auch keine Antworten. *(Eberle/Uhl)*

2.: »[…] aber ich sagte, wie es gewesen war.«

Was heißt hier »es«? Es folgt in Masers Linge-Verschnitt keine Detail-Antwort, wie die Geschlechtsteile von Adolf Hitler »gewesen« seien, weder anschließend an diese Stelle noch im weiteren Verlauf der 1980/82-Publikation *Bis zum Untergang.* Das konnte 1980, zur Zeit der »Herausgabe« des *Maser-Linge-Kombinats,* noch nicht geschehen sein, da erst 35 Jahre später 2015 die Landsberger Gefängnis-Akten veröffentlicht wurden – mit der amtsärztlichen Bestätigung von Hitlers Ein-Hoden-Syndrom. *(Fleischmann,* S. 417)

3.: »Ich hatte Hitler natürlich nicht nur einmal nackt gesehen.«

Also mindestens zweimal! Doch es fehlen jegliche Spezifizierungen, bei welchen Gelegenheiten das geschah – beim Duschen, Ankleiden, Ausziehen, »Verarzten«?

»Nackt gesehen« kann viel heißen. Und bei »Nackt gesehen« in einer gewissen Anstands-Distanz würde sich die genaue Gestalt von Hitlers Hodensack nicht sehen lassen: Doppelt gefüllt oder auf einer Seite nur schrumplige Sackhaut über nichts?

Maser war nie oder jahrzehntelang nicht mehr in einer Badehaus-Männerdusche, in der an den männlichen Nackten alles mögliche Hervortretende gesehen werden kann, aber nicht die Detail-genaue Füllung oder Halbleere eines Hodensacks. Und Linge war weder Hitlers Sex-Partner, noch ein Urologe, der in dieser Funktion Hitlers Organ hätte untersuchen können.

Maser kannte bei seiner Tatsachen-Fälschung 1980/82 noch nicht die von David Irving 1983 herausgegebenen medizinischen Morell-Tagebücher, *(Irving 83)* bei deren Bearbeitung in *ANALO,* dem *ersten Ja-Sager* nachgewiesen werden wird, dass sogar Hitlers Leibarzt Theodor Morell den »Führer« nie ganz nackt gesehen hat, weil Hitler wegen seiner Einhoden-Anomalie extrem scheu war, sich ganz nackt zu zeigen – vor jedermensch, auch vor seinen Ärzten. Mit einer Ausnahme hat niemand die Geschlechtsteile Hitlers gesehen. Und diese Ausnahme war nicht Leibdiener Heinz Linge, sondern im November 1923 der Landsberger Gefängnisarzt Josef Brinsteiner. *(Fleischmann,* S. 417, *ANALO)*

4.: »[…] die andeutungsweisen Behauptungen der russischen Vernehmungsoffiziere, dass Hitler ›doch wohl nur einen Hoden gehabt‹ habe […]« – keine diesbezüglichen »Behauptungen« sind im *Buch Hitler* zu finden. *(Eberle/Uhl)*

Das jahrzehntelange Rätselraten um Hitlers *Monorchismus* ist durch Peter Fleischmanns Herausgabe der Landsberger Gefängnisakten 2015 beendet worden. *(Fleischmann)* Maser stemmte sich sein ganzes Hitler-Forscher-Leben lang gegen diese Wahrheit. Sein Linge-Verschnitt ist ein Meilenstein dafür. Maser hatte versucht, Hitlers »Doch-wohl-nur-einen-Hoden« mit »So ungereimt war dies« beiseitezuräumen.

5.: »[…] konnte ich nur lachen, und ich tat es auch, was mir manchmal allerdings schmerzhafte Nachteile einbrachte. Ich bekam Prügel.« Wieso »manchmal«? Entweder Linge hat einmal gelacht und wurde dafür einmal verprügelt. Oder über die Hoden-Unnormalität Hitlers wurde mehrmals gesprochen. Und Linge hat immer gelacht und wurde dann dabei entweder immer oder nur »manchmal« geschlagen. Ohne nähere Erläuterungen der Gesprächspassage ist der Hinweis auf »manchmal« sinnwidrig. Da es in den *Buch-Hitler*-Protokollen gar keine Erwähnung dieses Themas gibt, fliegt die gesamte Stelle »Ich bekam Prügel« als Erfindung auf.

6.: »So ungereimt war dies, so absonderlich waren auch die Behauptungen der Russen«. Die Russen haben im *Buch Hitler* nie etwas *behauptet*, sondern die Hitler-Mitarbeiter Linge und Günsche befragt. Sie wollten von den Hitler-Vertrauten Genaues über deren Chef wissen.

7.: »[…] dass ich sexuelle Beziehungen zu Eva Braun unterhalten hätte […]«

Genau das haben die Russen bestimmt nicht »behauptet«, weil sie an den näheren Bedingungen von Eva Braun interessiert waren, um aus deren Verhalten Rückschlüsse auf die Beziehung Braun-Hitler ziehen zu können. Hätte Eva Braun tatsächlich vaginal-phallische Beziehungen mit Männern gehabt, dann nicht mit Linge. Denn ein sexuelles Verhältnis zwischen Braun und Linge hätte Hitlers gesamte »Führer«-»Normalmann«-Architektur zusammenbrechen lassen, die zur Demonstration in die Hitler-Privatgemächer der Berliner Reichskanzlei und des Berchtesgadener *Berghofs* eingebaut worden war, damit ins Land »Des ›Führers‹ Geheim-Ehe« sickern konnte.

Das »Geheim« war ein doppeltes. Zum einen: Der »Führer« hat wie jeder Mann eine Frau, die das Volk bloß nicht zu sehen bekommt. Und zum anderen das noch Verborgenere, Ultra-Geheime auch vor den Umfeldern: Der »Führer« macht mit dieser Frau aber nicht das, was jeder Normalo so machen würde.

Leibdiener Heinz Linge kommt als Sexpartner von Eva Braun hundertprozentig auch deshalb nicht in Frage, weil er immer mit Hitler zusammen war, ihn auf allen Reisen begleiten musste. Und daher zu oft von Eva Braun entfernt war, die den »Führer« in der Regel nicht auf seinen Reisen begleitete. Und wenn ja, wie einmal nach Italien, dann reiste Braun nicht im selben Tross mit Hitler, sondern quasi »außen vor« und »nebenher« und dadurch abermals wieder nicht mit Linge. *(Lambert* 06, S. 271 ff., *Görtemaker* 10, S. 214 ff.)

8.: Direkt nach der Behauptung Masers, die Russen hätten »behauptet«, Linge hätte »sexuelle Beziehungen zu Eva Braun unterhalten«, kommt der in *Turteltauben-Idyll?* schon zitierte Holzhammer auf Hitlers phallisches »Können« – von Maser Text-technisch mit dem Linge-Schlenker auf die angeblichen »Behauptungen« der Russen geschickt eingeleitet. Er fällt aber hinten runter als unfreiwillige Bestätigung, dass Hitler nicht »gekonnt« hat. Denn wie hätten die Russen auf das sexuelle Nicht-»Können« des deutschen Staats- und Kriegsführers überhaupt gekommen sein sollen?! Weil alle Wände Ohren haben?

Über die genitalen Angelegenheiten der Diktatoren Stalin und Mussolini wurde nichts dergleichen behauptet. Weil es bei denen dergleichen auch nicht zu behaupten gab? Stalin und Mussolini haben eigene Kinder gehabt und beide auch mehrere (Ehe- oder Verhältnis-)Frauen.

Aber hatte sich Hitler nicht mit zig schönen, jungen Frauen öffentlich gezeigt? Die Engländerin Unity Valkyrie Mitford hatte sich in Hitlers Nähe gedrängt, war von ihm erhört und auf so viele seiner Reisen mitgenommen worden, dass seine Adjutanten und Leibwächter sie als »Mitfahrt« verspotteten. Der US-Geheimdienst *Navy Intelligence* hatte sogar etwas über »perverses« »Können« Hitlers mit dessen Nichte Geli Raubal in einem *Report* festgehalten. *(NIR, Horstmann,* S. 25 ff. – *PERVERSO)* Solch ein Hitler'sches sexuelles Spezial-»Können« hätte eigentlich von einem US-Geheimdienst zum sowjetischen KGB, der mit dem Ersteren zur strategischen Besiegung Hitlers in Verbindung stand, durchgesickert sein müssen.

Und dann gab es auch noch so viele weibliche »Bejahrte« in Hitlers Nähe, wie die Damen Bechstein, Bruckmann, Dirksen, Förster-Nietzsche und die Solln-Münchener Lehrerwitwe Hoffmann. Wie sollen bei einer solchen Flut von Frauen um Hitler die sowjetischen »Vernehmungsoffiziere« darauf gekommen sein, zwischen Hitler und all den vielen Frauen »war nix«? Maser ist mit seiner Linge in den Mund gelegten Behauptung, die Russen hätten Hitlers »Garnicht-Können« vermutet, in die eigene Grube einer Einwand-Vorwegnahme gefallen.

Buch Hitler – kein »Test Abraham«

Werner Maser hatte 1980 bei der »Herausgabe« von Linge-Äußerungen mit der hineinmontierten »Prügel-Szene« leichtes Spiel. Es war die Zeit des »Kalten Krieges«, zehn Jahre vor dem Mauerfall. »Ja ja! Die Russen sind gewalttätig! Haben sie doch deutsche Gutsbesitzer erschossen und deutsche Frauen und junge Mädchen vergewaltigt! Da werden sie auch Kriegsgefangene zu Aussagen über Hitlers sexuelle Unnormalität ›schmerzhaft‹ gezwungen haben!«

Linges Original-Aussagen im *Buch Hitler* gab es nur in sowjetischen Archiven. Nicht einmal die »westliche« Hitler-Biografik kannte sie. Die Rezeption begann erst nach der deutschen Publikation von 2005 und ihrer Übersetzung in 25 Sprachen. Beim sowjetischen *Buch Hitler* von 1948/49 handelte es sich um eine wissenschaftliche Untersuchung. Genauso wie die Amerikaner wollten die Russen nach 1945 die Ursachen von Hitlers Monstrosität herausfinden, die ihnen Millionen von Opfern, nie vorher erlebte Volksverletzungen und gigantische Sachschäden zugefügt hatte. *(Benz/Graml/Weiß, Snyder 76/95, Zentner/Bedürftig)* Was die Realität des Umgangs mit Menschen anderer Nationalitäten betrifft, waren »die Deutschen« so gewalttätig, dass sie drei Millionen russischer Kriegsgefangener verhungern ließen und bei ihrem Überfall auf die Sowjetunion mehr als 20 Millionen Menschen einfach so »wegputzten«. *(Klee/Dreßen, Klee/Dreßen/Rieß, Reese)* Die Sowjets befanden sich nach 1945 nicht mehr wie die Amerikaner zwischen 1942 und 1945 in einer »psychologischen Kriegsführung«.

Bei den Amerikanern kann man heute in den Arbeiten zur »psychologischen Kriegsführung« eine Reihe von Frisierungen, Fehlern und Irrtümern nachweisen *(PERVERSO)*. Die Russen waren an Wahrheiten interessiert. Sie standen nach 1945 nicht mehr unter Zeitdruck und politischem Erfolgszwang wie die Amerikaner mitten im Krieg vor 1945. Sowjetische Wissenschaftler haben monatelang in einem Zeitraum bis zu zwei Jahren mit Günsche und Linge Gespräche geführt – selbstredend unter der Leitung des russischen Geheimdienstes.

Mit Otto Günsche und Heinz Linge hatte man schließlich Männer in ehemalig nächster Nähe zu demjenigen deutschen Politiker vor sich gehabt, der das millionenhafte Elend der Russen verursacht hatte. Gorbatschow machte in den 1980er Jahren bekannt, dass die Zahl der sowjetischen Kriegsopfer nicht 20 Millionen, sondern 40 Millionen war. Stalin hatte die Opfer in den Berichten einfach halbieren lassen, um mit der Originalzahl keine militärischen Schwächen in Verbindung bringen zu müssen. Günsche und Linge waren nicht irgendwelche Gefangene, die mit »Prügel« zu Fiktionen gezwungen wurden. Sie waren wie Fachmänner, Experten und Spezialisten für den größten Unheilbringer Russlands im 20. Jahrhundert.

Wenn die Russen im *Buch Hitler* hätten fälschen wollen oder für Stalin hätten fälschen müssen, dann hätten sie die kriegsgefangenen Mitarbeiter Hitlers nicht zu schlagen brauchen, sondern einfach das bekanntlich geduldige Papier bearbeiten können, wie Maser es in seinem *Linge-Kombinat Diensttagebuch* gemacht hat. Maser schließt von sich auf seine sowjetischen Kollegen. So leicht, wie aus den 40 Millionen Toten 20 Millionen in den sowjetischen Statistiken »gestrichen« worden waren, so leicht hätte aus »normal gebautem und ›könnendem‹ Adolf Hitler« der »Nichtkönner« fabriziert und anschließend die »Führer«-Beschreibungen den deutschen Gefangenen in den Mund gelegt werden können. Niemand im Westen hätte 1948/49 die Äußerungen Linges und Günsches überprüfen können und wollen. Maser konnte deshalb 1980 machen, was er wollte.

Erst 2005 ergibt sich mit der deutschen Veröffentlichung vom *Buch Hitler* für die internationale Rezeption, dass die Aussagen zu Hitlers Sexualität von Heinz Linge vor 50 Jahren atmosphärisch genau sind und sich mit den Einschätzungen anderer Hitler-naher Personen wie Blaschke, Brand, Dietz, Döhring, Hanfstaengl, Hoffmann, Junge, Kempka, Krause, Maurice, Schaub, Schroeder und Schwarz decken. Wenn es im *Buch Hitler* von Exzessen und sexuellen Grenzüberschreitungen Hitlers nur so gewimmelt hätte, von Ausbrüchen und Unanständigkeiten, vergleichbar damit, wie Walter Langer, Otto Strasser und der US *Navy Intelligence Report* von Hitlers »Perversität« und auch privater Mordstätigkeit schreiben, *(PERVERSO, Horstmann, NIR)* dann müssten auch beim *Buch Hitler* Fiktionen diskutiert werden.

Aber Heinz Linge sagt darin zu den sowjetischen Interviewern über Hitlers Sexualität so gut wie »gar nichts«, außer dass sich »der Führer« gegenüber seiner »Geliebten« Eva Braun sehr zurückgehalten, sich ritterlich, charmant und aufmerksam benommen habe, dass das Verhältnis zwischen Hitler und Braun eher einer innigen Freundschaft als einer sexuellen Liebe geähnelt hätte, deren praktische »Vollzüge« Linge während der Braun-Hitler'schen Begegnungsrituale in Hitlers Münchener Wohnung jedoch nicht definitiv ausschließt. Nur über die spätere *Berghof*-Zeit rafft Linge: »Hitlers Verhältnis zu Eva Braun war eindeutig unnormal« und fügt auch direkt an, worauf sich die »Unnormalität« bezieht: »als Bettgenossin« »zu einem entsagungsvollen Leben verurteilt« gewesen zu sein. *(Eberle/Uhl, S. 64)*

Linge konnte nichts über befleckte Laken und entsprechend Akustisches zu sexuellen Geschehnissen hinter den verschlossenen Türen der »Führer«-Privatgemächer berichten. Er stand – wie *Berghof*-Verwalter Döhring gegenüber Hitler-Brauns Bettwäsche – vor dem Dilemma von Nichts-Gesehenhaben und Nichts-Gehörthaben. Er konnte von nichts reden, was auf eine fließenlassende Stecktätigkeit zwischen Hitler und Braun hätte schließen lassen. Er sagt vor den Russen mit anderen Worten das Gleiche wie Döhring: Da war nix. Was soll bei diesen ausgewogenen Berichten 1945/46 von den Russen erprügelt worden sein?! Es gibt von Linge sogar übermittelte Szenen, die den »Führer« anrührend menschlich zeigen, zum Beispiel diese, dass er seinen Diener Linge mitten in der Nacht nicht wecken wollte, weil die Glühbirne in Hitlers Raum ausgegangen war. Hitler selbst stieg auf sein bescheidenes Eisenbett und wechselte sie, wobei ihm Lärm passierte, der Linge aufweckte. Und diese Auswechslung der Glühbirne unternahm Hitler mitten zu nachtschlafener Zeit. Bei der Rekapitulation dieser Szene teilt Linge auch mit, dass er Hitler nur im Nachthemd und nie nackt gesehen hat: »Und man muss wissen, dass er immer sehr darauf bedacht war, dass niemand ihn sah, bevor er untadelig angezogen war. So habe ich, als sein persönlicher Diener, ihn nur ein einziges Mal während meiner zehnjährigen Dienstzeit im Nachthemd gesehen (er trug keine Pyjamas).« Dieses einzige Mal war bei der nächtlichen Birnen-Auswechsel-Szene Hitlers. *(Linge 55/56 Nr. 6 v. 11. Februar 1956, S. 23)*

Der »Rorschach-Test« Otto Günsche

Die in Masers Linge-Verschnitt *Bis zum Untergang* suggerierten Assoziationen, Linge sei zu seinen Aussagen 1945/46 »schmerzhaft« durch »Prügel« gebracht worden, fliegen als Fiktionen auf, wenn ein unbefangener und unabhängiger – weder russischer noch deutscher – zeitgenössischer Kollege in der Hitler-Biografik zurate gezogen wird, der amerikanische Historiker John Toland, der Masers Konstrukt von einer pur harmlosen anderen Seite her aufribbelt und zutage bringt: Es war von Werner Maser reputativ unfasslich leichtsinnig, mit der »Prügel«-Passage die Divergenz um 180 Grad in den Aussagen Linges zwischen 1945/46 und 1980 plausibel machen zu wollen.

Ab Ende der 1950er, vor allem ab Anfang der 1960er bis Anfang der 1970er Jahre ging Masers Herausforderer Toland in der Welt um und durchpflügte das ehemalige gesamte Umfeld Adolf Hitlers. Toland führte über 250 Gespräche mit ungefähr 200 Personen auf allen Ebenen der Beteiligung am Dritten Reich und der Nähe zu Adolf Hitler, zusätzlich noch mit Dritte-Reichs-Spezialisten und Hitler-Forschern. Heinz Linge ist nicht darunter, aber Otto Günsche, das zweite Träger-Element im *Buch Hitler*. *(Toland* 92, S. 906 ff.) Der SS-Major Otto Günsche war 10 Jahre in russischer Gefangenschaft, kehrte 1955 zurück nach Deutschland und gab John Toland zwei Interviews innerhalb von acht Jahren 1963 und 1971. *(a. a. O.*, S. 907)

Günsche hatte bei diesen Gelegenheiten ausreichend Zeit, die Einschätzung des Verhältnisses Braun-Hitler durch Linge abzutun. Vor allem darauf hinzuweisen, dass Linges Aussagen vor den russischen Interviewern erprügelt worden seien. Linge und Günsche waren beide die Objekte der zweijährigen Interviews der Russen. Keine Fluse einer Andeutung gibt es auch in den beiden Interviews mit dem amerikanischen Hitler-Biografen, wobei Toland extra auf Günsches russische Gefangenschaft zu sprechen kommt. Toland zeigt Günsche auf einem Foto mit dessen Kollegen, Hitlers persönlichem Adjutanten Richard Schulze-Kossens, nachdem beide den Platz des ehemaligen Hitler'schen *Berghofes* besucht haben. *(a. a. O.*, S. 836)

Zwanglos hätte es sich in diesem Moment ergeben, mit einem Satz darauf hinzuweisen, dass Linges »falsche« Aussagen über Hitlers sexuell unnormales Verhältnis zu Eva Braun in den russischen Gesprächen erprügelt worden seien, was Günsche hiermit korrigiere und nun berichte, wie es seiner Wahrnehmung entsprechend wirklich gewesen sei. Nichts dergleichen macht Günsche gegenüber dem Hitler-Biografen John Toland.

Ende der Text-Kritik – Übergang zur Herkunfts- und Authentizitäts-Prüfung.

Der »Schieds«-Linge
in der Hausfrauen-Illustrierten »Revue«

Heute existieren in deutschen Medien drei verschiedene Heinz-Linge-Äußerungen:

erstens vor den sowjetischen Interrogateuren im *Buch Hitler*, Linges Einlassungen von 1945/46, *(Eberle/Uhl* 05)

zweitens in der *Revue*-Folge zwischen Oktober 1955 und März 1956, *(Linge* 55/56)

drittens in Maser/Linges Buch *Bis zum Untergang* von 1980/82. *(Linge* 80/82)

Linge hat in der zweiten Jahreshälfte 1955 – direkt nach der Rückkehr aus seiner russischen Gefangenschaft – mit der US-Agentur

United Press einen Vertrag abgeschlossen, seine Erinnerungen an sein Jahrzehnt unter Hitler für Publikationen in Deutsch und Englisch mithilfe von Interviews durch Ghostwriter-Teams preiszugeben: »Für *United Press* und *Revue* berichtet Kronzeuge Linge.« *(Linge 55/56,* Nr. 48 vom 26. November 1955, S. 8 f.)

Daraus entstanden identische Serien in den *Chicago Daily News* und vielen anderen US-Zeitschriften von Oktober bis Dezember 1955 und in der *Revue* von Oktober 1955 bis März 1956. Die *Chicago Daily News* u. a. veröffentlichten Linge täglich, die *Revue* offerierte im Oktober erst einmal Appetit-Anreger mit Linge-Text-Auszügen und begann ab Mitte November 1955, die Linge-Erinnerungen wöchentlich zu publizieren *(Revue* war damals eine Wochenzeitschrift). *(Linge 55, Linge 55/56)*

Es ist also möglich, den *Revue*-Linge mit dem 25 Jahre später herausgekommenen *Maser-Linge-Kombinat Bis zum Untergang* (1980/82) zu vergleichen, den *Revue*-Linge wie einen »Schieds«-Text zu behandeln, der die Widersprüche zwischen Linges ursprünglichen Aussagen im *Buch Hitler* von 1945/46 und Linges sogenanntem Widerruf im »Buch Maser« von 1980 *Bis zum Untergang* aufheben kann – ein Unterfangen, das noch nie gemacht wurde, weil der *Revue*-Linge von 1955/56 in einer für »Fach-Historiker« unbekömmlichen Fassung präsentiert wird.

Die Münchener *Revue* als eine nach 1945 in der Bundesrepublik Bonn erschienene Hausfrauen-Illustrierte kennzeichneten schon damals alle Charakteristika dieser Verblödung des weiblichen Geschlechts, von Ablenkung bis Werbung – die Mixtur aus Kochrezepten, Schönheits- und Gesundheitsmitteln, Schlankmachern, Filmstar-Geschichten und Kriminal-Talmi, Zusammenhangs-los miteinander verrührt und in Mode und Trivial-Stories getränkt, übergossen von Dutzenden Fotografien – alles immer »mittenmang« in den Linge-Text gestreut. Diese Dezentrierung des Geistes ist schon für »allgemeine« Männer und berufstätige Frauen kaum zu konsumieren, jedoch für Hitler- und Braun-Forschende eine solche Zumutung, dass der ganze *Revue*-Linge von ihnen ignoriert wird. Dem *Revue*-Linge geschah das Gleiche wie drei Jahre zuvor der in der *Revue* als Serie publizierten Hitler-Biografie von Thomas Orr *(Orr, ONANO, 20. Nein-Sager).*

Und wieder entgeht der »normalen« Hitler-Biografik Wesentliches. In den *Revue*-Linge-Erinnerungen stehen Details über Hitler, die nicht genauer hätten sein können, um Hitlers Entfremdung von sich selbst, seine Wesensveränderung und seine Serienkiller-Entkorkung zu zeigen (drittes *Buch*). Den *Buch-Hitler*-Linge gibt es ja erst ein halbes Jahrhundert später, ab 2005. *(Eberle/Uhl)*

Hitlers Biograf von 2013/16, Volker Ullrich, bringt es gerade so weit, sich zu der Nummer der *Revue* vorzutasten, in der die von Linge angeblich beobachtete Braun-Hitler-Umarmung im Stehen vorkommen soll. Ullrich macht jedoch keine näheren Seiten-Verweise. Seine Angabe ist denn auch falsch – nicht »Nr. 45 (vom November 1955)«, wie er schreibt. In der Nummer 45 vom 5. November 1955 sind nur Ankündigungen zu Linge enthalten. (S. 6 f.) Los geht es mit dem kontinuierlichen *Revue*-Linge-Text erst in der Nummer 46 vom 12. November 1955. Und die Stelle, die Ullrich für seine »Beweisführung« zugunsten eines heterotüchtigen Hitlers braucht, steht in der Nummer 48 vom 26. November 1955 auf Seite 35.

Somit wird klar, dass Ullrich nicht ein einziges Mal in den *Revue*-Linge hineingeschaut hat. Seine Quelle ist ja auch die Sammlung der Linge-»Artikel« im bequemen Münchener *Institut für Zeitgeschichte.* Da lief Ullrichs »Bibel-Stechen« im Linge-Text cremig. Er pickte sich die Szene heraus, die er für die Untermalung von Hitlers heterosexueller Fungibilität verwenden wollte, notierte sich die Fundstelle falsch und floh danach sofort zum *Maser-Linge-Kombinat Bis zum Untergang,* aus dem er die entsprechenden Seiten zitierte. *(Ullrich,* S. 1006, Anm. 77)

Die Linge-Hinterlassenschaft in *Revue* ist von der aktuellen Hitler-biografischen Seite her geradezu auf Ungenauigkeit gebucht. Es wird durchgehend Nummern- und Seiten-los pauschaliert. »*Revue* – Oktober 55 bis März 56« heißt es, wenn der *Revue*-Linge überhaupt erwähnt wird. Bei den jüngsten Braun-Biografinnen Lambert und Görtemaker kommt er gar nicht vor, dito beim neuesten Hitler-Biografen Longerich. Nicht verwunderlich ist es, dass sich dann das Thema »Hitlers Heterosexualität« in Verstiegenheiten verflüchtigt. Wieder verpassten männliche und weibliche Braun-Hitler-Biografen die Nah-Erfahrung mit dem *Revue*-Linge-Text.

Schon Ullrichs Objekt-Beschreibung »Artikelserie« ist falsch. *(a. a. O.* und S. 1036) Es handelt sich nicht um »Artikel«, sondern um die Erinnerungen eines der nahesten Personen im Umfeld Hitlers über den Zeitraum von einem Jahrzehnt. In Buchform wäre das ein Konvolut von ab 500 Seiten aufwärts, das wegen der Erstpublikation in einer Hausfrauen-Illustrierten zerstückelt werden musste. Bei einem Vorabdruck eines Buches würde Ullrich auch nicht von einer »Artikelserie« sprechen.

Auch Ullrich kennt den *Revue*-Linge – mit Ausnahme der Umarmungs-Stelle – nicht. Der *Revue*-Linge kommt in Ullrichs Hitler-Biografie ansonsten außer in der zitierten Fußnote nicht vor. Das entblößt eine Ignoranz, als ob Ullrich Eva Brauns *Tagebuch-Fragments* nicht kennen würde. Linge – ähnlich wie Braun – war Hitler Leib-nah. An Linges Seite hat Hitler mehr Zeit verbracht als an der Seite von Braun.

Die Schock-Wellen des Revue-Linges

Da es um die Jahrtausendwende einen Publikations-Boom des *Maser-Linge-Kombinats Bis zum Untergang* gibt, das zwischen 2008 und 2015 in sieben Sprachen (darunter Englisch) und in deutscher Neuauflage *(Linge* 11) auf den internationalen Hitler-Markt geworfen wurde – wie die *Deutsche Nationalbibliothek* ausweist –, musste in den Hausfrauen-Illustrierten-Dschungel von *Revue* eingedrungen und Heinz Linge ohne Masers Entstellungen Seite um Seite gelesen werden. Das »Wirken« Masers enthüllt sich nicht beim »Bibel-Stechen«, Querlesen und Überfliegen. Das Ergebnis der Lektüre führte zum größten akademischen Schock während der Arbeit an *Hitler 1 und Hitler 2.* Der Schock geschah in drei Wellen.

Erste Schock-Welle: Nun den *Revue*-Linge ganz im Kopf, drängte sich das zuvor Undenkbare in die Gewissheit: Das *Maser-Linge-Kombinat Bis zum Untergang* von 1980/82 basiert nicht auf Gesprächen zwischen Maser und Linge, wie zuerst zugunsten Masers angenommen wurde. Das angebliche »Diensttagebuch« Linges ist ein hundertprozentiger formeller und inhaltlicher Schwindel des »renommierten Hitler-Forschers und Historikers Werner Maser«. Bei Masers Konstrukt von Linges »Diensttagebuch« handelt sich um eine sprachlich etwas veränderte und manchmal umgeschriebene Auswahl aus Linges *Revue*-Passagen mit der Vermixung von Masers eigenen Texten, die er dem toten Linge unterlegt hat, wie schon analysiert wurde.

Dass *Bis zum Untergang* keine »Aufzeichnungen« Linges sind – wie Maser in der ersten Auflage 1980 behauptet –, war bei der Lektüre sofort bemerkt worden.

Bis zum Untergang ist nicht vergleichbar mit Olaf Roses echter Herausgabe und Kommentierung der hinterlassenen *Schriften* und *Notizen* von Hitlers engstem Adjutanten Julius Schaub 2005/10. *(Schaub* 10) *Bis zum Untergang* hat auch nichts zu tun mit der Zusammenarbeit von Sandra Zarrinbal und Burkhard Nachtigall, die mit dem damals noch lebenden Rochus Misch 2008 in Kontakt getreten waren, *(Misch)* geschweige denn könnte Masers Linge-Verschnitt in einem Atemzug genannt werden mit Melissa Müllers und Traudl Junges Gemeinschaft für die Publikation 2002 von Junges Erinnerungen aus dem Jahre 1947.

(*Junge* 02) Enkel und Urenkel wie diese Herausgeber müssen nicht mehr mitlügen, aber Werner Maser, geboren 1922, war noch Nazi-Generations-Angehöriger.

Zweite Schock-Welle: Die Maser Transplantate in den Linge-Text sind von Maser erfunden worden, wie schon nach Kenntnis vom Original-Linge im *Buch Hitler* angenommen wurde. (*Achtmaliger Nachweis des Konstrukts von fremder Hand*) Das konnte jedoch noch nicht bewiesen werden, erst einmal war die Hypothese aufzustellen, Linge selbst hätte sich noch zu seinen Lebzeiten in persönlichen Gesprächen Masers Wünschen angepasst und die Beziehung Braun-Hitler Maser zuliebe idyllisiert – entgegen Linges Wahrnehmungen zwischen 1935 und 1945 und konträr zu seinen Auskünften für die Sowjets. Der Historiker und Speer-Forscher Ulrich Schlie hat ein solches Verkaufs-förderndes Zurechtmachen von Erinnerungen an Hitler in dem Zusammenwirken von Speer, Hitler-Biograf Fest und Verleger Siedler aufgedeckt. (*Schlie* 99, S. 10)

Immer wieder stößt man während der Hitler-Forschung auf den Sachverhalt, dass bei der Bearbeitung des größten Fälschers der Weltgeschichte die meisten seiner männlichen und weiblichen Rezeptoren von der Anwandlung zum Lügen nicht frei sind und sich einbilden, sie dürften auf Teufel komm raus mit dem »Leibhaftigen« ebenfalls fälschend, zumindest ungenau in irgend einer seiner Angelegenheiten umgehen.

Vier Maser-Transplantate zu Hitlers Heterosexualität in den Linge-Text von 1980/82 kommen beim *Revue*-Linge 1955/56 nicht vor: Es fehlen in *Revue* die Hitler-»konnte«-Stelle, die »lebten-wie-Eheleute«-Stelle, die Hitler-ganzkörperlich-nackt-gesehen-Stelle und die Russische-Tracht-Prügel-Stelle.

Da es sich bei dem »Widerrufs«-Linge um einen hochkalibrigen Zeugen handelt, wurden seine Erinnerungen in der *Revue* mit »drei Vergrößerungs-Gläsern« Zeile um Zeile gelesen. Anders hätte nicht bemerkt werden können, dass Linges in der *Revue* publizierte »Erinnerungen« von seinen Ghostwritern, *United-Press*-Reporter Norman Rae mit Dolmetscherin Rita Stoepel und *Revue*-Chef-Reporter Hans Rudolf Berndorff, aus den deutsch-amerikanischen Interviews zusammengestellt worden sind. (*Linge* 55/56, Nr. 48 vom 26. November 1955, S. 8 f.) Der Maser/Linge-Text *Bis zum Untergang*, wenn er denn je ganz zur Kenntnis genommen werden würde, erweist sich jedem Sprach-Umgänglichen sofort als die Wiedergabe von Gesprochenem, nicht von Geschriebenem.

Dritte Schock-Welle: *United Press'* Eilmarsch in die US-Publikationen. Auch die Hausfrauen-Illustrierte *Revue* mogelte, wenn sie von

Linges Aufzeichnungen redete, die er zurückgezogen in England
»geschrieben« hätte: »Schon kurze Zeit nach seiner Heimkehr nach
Berlin flog er mit Frau und Kindern nach England, wo er fernab vom
Tagesgeschehen seine Erinnerungen schrieb.« *(a. a. O., S. 9)*

Die »kurze Zeit« zwischen Linges »Schreiben« an seinen »Erinnerungen« und der Publikation eines ersten Teils daraus bestand
aus *einem* Tag: 8. Oktober 1955 Linges Entlassung aus sowjetischer
Kriegsgefangenschaft, anschliessend sofortige Reise nach Deutschland. 10. Oktober 1955 Linges Weiterfahrt oder -flug nach England.
Doch schon am 9. Oktober 1955 titelt die *Chicago Sunday Times: Tells
of Hitler's Suicide.* Am 10. Oktober folgen ihr die *Atlanta Constitution*
und die *New York Times,* am 11. Oktober die *Chicago Daily Tribune.*
Nun gibt es kein Halten mehr. Linge läuft täglich in der Serialisierung
seiner Interviews durch den gesamten US-Blätterwald. (*Linge 55* I, II,
III, IV)

Wie kann denn dieses Tempo »mit rechten Dingen zugegangen« sein?! Die deutsch-englischen Ghostwriter haben Linge an der
polnisch-russischen Grenze empfangen und ihm schon in diesem
Moment die Mikrofone vor den Mund gehalten. Die Linge-Interviews
begannen in der Eisenbahn oder im Flugzeug. Als die Fotos von Linge
mit seiner Frau und seinen drei jugendlichen Kindern in England
gemacht wurden, waren seine ersten Antworten längst gedruckt, Man
konnte damals bereits Texte kabeln, wie in *ANALO* beim Artikel der
New-York-Times-Korrespondentin Tania Long über Hitlers Leibarzt
Morell behandelt werden wird. Das Ganze sollte ja eine Serie werden,
und es gab noch viel Zeit für weitere Fragen und Antworten. Aber
den lukrativen Startschuss wollte *United Press* so schnell wie möglich
abdrücken.

Um die Authentizität verkaufsträchtig auf die Spitze zu treiben,
wurde einfach von Linges »Erinnerungen« gesprochen. Doch aus
dem gesamten *Revue*-Linge kommt das Gleiche wie aus dem Maser-
Linge zum Vorschein: Es handelt sich nicht um die Wiedergabe von
Geschriebenem.

Revue verrät sich selbst, indem sie Fotos von Linge und seinen bei-
den Ghostwritern plus Dolmetscherin abdruckt – für die Anglo-Aus-
gaben waren es der Reporter Norman Rae und die Übersetzerin Rita
Stoepel, für die deutschsprachige Version der Reporter Hans Rudolf
Berndorff, *(a. a. O.)* der spätere erste Schleicher-Biograf, der im *dritten
Buch* eine Rolle spielen wird. (*Linge* 55/56, Nr. 48 v. 26. November 1955,
S. 9) Was haben diese drei Personen bei Linge zu suchen gehabt, wenn
er seine »Erinnerungen« an Hitler bloß »aufgeschrieben« hätte? Die

demonstrierten Fotos von Linge, Berndorff, Rae und Stoepel sprechen Bände gegen die Verfasser-Version, die *Revue* verbreitete.

Für die aktuellen Linge-»Erinnerungen« in der *Revue*-Serie waren 1955 die zwei Ghostwriter zuständig. Und alte Aufzeichnungen Linges – außer den *Linge Diaries 1943–45 (Das Maser-Linge-Kombinat)* – gibt es nicht, was er selbst bekundete, sodass sich auch von seiner Seite her Masers Phantom »Diensttagebuch« *Bis zum Untergang* verflüchtigt: »In der Abgeschiedenheit des kleinen Badeorts Bexhill an der englischen Südküste hat Heinz Linge, von 1935 bis 1945 persönliche Ordonnanz Hitlers, aus dem Gedächtnis seine Erlebnisse mit dem ›Führer‹ für die große amerikanische Agentur UNITED PRESS niedergeschrieben. REVUE hat diesen Bericht übernommen und durch Linge ergänzen lassen. Als einzige deutschsprachige Zeitung bringt somit REVUE diese ungekürzte Darstellung. Als REVUE mit Linge sprach, sagte er:

›Ich habe zehneinhalb Jahre lang über jene Zeit nachgedacht. Viele, sehr viele Begebenheiten stehen mir noch immer kristallklar vor Augen. Ich habe alles so aufgeschrieben, wie ich es erlebt habe. Seit meiner Rückkehr aus russischer Gefangenschaft habe ich noch nichts von dem gelesen, was seit 1945 über die Hitlerzeit veröffentlicht wurde. Mit Hitler und seiner Zeit bin ich persönlich fertig. Es war meine Absicht, meinen Bericht unvoreingenommen und unbeeinflusst zu schreiben.«« *(a. a. O., S. 8)*

Alles stimmt, nur das dreimalige »schreiben« nicht. Dass Linge bei seinem Zwei-Tage-Eilmarsch von Russland nach England zwischen 8. und 10. Oktober 1955 keine Hitler-Literatur lesen konnte, enthüllt seine zeitliche Rosskur. Bei mindestens sechs Passagen hat der zuständige Redakteur von *Revue* nicht aufgepasst und ließ Ausdrücke von Linges Sprechtext unkorrigiert stehen, die den Interview-Charakter des Ganzen freilegen: Linge-O-Ton: »Ich brauche Ihnen nicht zu erzählen, warum wir geschwiegen haben.« – »Heute kann ich als reine Wahrheit aussagen […]« *(Linge 55/56, Nr. 48 vom 26. November 1955, S. 34)* – »Stellen Sie sich eine Wohnung mit dem Grundriss eines großen L vor!« *(a. a. O., S. 35)* – »Sein [Hitlers] Tisch war nie vollständig, solange diese Dinge nicht außer den drei Farbstiften, von denen ich vorhin berichtet habe, darauflagen […]«–»Im Zusammenhang mit dem Thema ›Uniform‹ fällt mir ein […]«–»Ich kann diese seine Furcht weder beschreiben noch erklären, aber dass sie bestand, steht fest.« *(a. a. O., Nr. 9 vom 3. März 1956, S. 31)*

Die sechs Satz-Teile sind Linges Reaktionen auf Interviewer-Fragen, die bei der Schluss-Redaktion des Textes weggelassen wurden.

Deutlich zeigt sich bei den sechs »Antwort«-Fragmenten, dass Linge mit jemandem spricht, der Linges Gedächtnis in Schwung versetzt, der nachhakt, weil er an Einzelheiten interessiert ist.

Ergebnis des Text-Vergleichs zwischen Revue-Linge und Maser-Linge
Aus den *Revue*-Interviews mit Heinz Linge hat Werner Maser Teile herausgenommen, neu zusammengestellt und mit Maser-eigenen Texten vermischt, die er Linge unterschob. Danach hat Maser sein *Linge-Kombinat Bis zum Untergang* Geschichts-trächtig aufgeblasen und – jeder formellen und inhaltlichen Wahrheit ins Gesicht schlagend – als ein »in Hitlers Auftrag geführtes ›Diensttagebuch‹« präsentiert. *(Linge 82)*

Hitlers Sekretärin Christa Schroeder kritisiert das Maser-Linge-Kombinat *Bis zum Untergang*, obwohl sie den *Revue*-Linge von 1955 nicht zu kennen scheint, denn sie verliert kein Wort darüber. In ihrem Buch *Er war mein Chef* veröffentlicht ihr Herausgeber Anton Joachimsthaler in den »Anlagen« Schroeder-Kritiken zu zeitgenössischen Büchern über Hitler. Zwei Seiten widmet Schroeder der Maser-Dubiosität *Bis zum Untergang*. Sie behandelt die Unstimmigkeiten dieses Textes von anderen Seiten her. Sie weist darauf hin, dass »Herr Maser« in Linge »posthum Gedanken und Gespräche (›aufgeschnappt‹ bzw. als mit Hitler geführt angegeben) integriert«. »Maser verstand, diese Sachen stilistisch so einzubauen, dass Außenstehende den Eindruck gewinnen müssen, es handele sich dabei um von Linge Selbsterlebtes.« *(Schroeder 85, S. 274)* »Maser lässt Linge Sätze – als von Hitler verbal gehört – wiedergeben, die aus diesen ›Äußerungen des Führers‹ abgeschrieben sind. Mein Misstrauen gegen Maser ist groß.« *(a. a. O., S. 275)*

Bei den »Äußerungen des Führers« handelt es sich um Aufzeichnungen Martin Bormanns, deren Herausgabe Mitte der 1970er nicht geklappt hatte und aus denen – gemäß der Kenntnis Schroeders von Hitlers wirklichen »Äußerungen« – Maser sich ebenfalls bedient hat.

Was tun gegen eine Diensttagebuch-Fälschung?

Weil sich alle Hitler- und Braun-Gesamt-Biografen nach 1980 – beginnend mit Marlis Steinert 1991/94, fortgesetzt durch Ian Kershaw 1998/2000, Angela Lambert 2006/07 und Bernard Plouvier 2007/08, endend mit Heike Görtemaker 2010/11 und Volker Ullrich 2013/16 – positiv-gläubig auf die Maser-Fälschung *Bis zum Untergang* beziehen, die sie mit ihrer bloßen Zitat-Entnahme-Benutzung des Textes nicht haben erkennen können, und weil der Schwindel in einer neuen deutschen Ausgabe von 2011 und in sieben weiteren Sprachen ab 2008/15 (darunter Englisch) um die Welt läuft und ein schimäres Bild von Hitlers heterosexuellen »Konditionen« verbreitet, muss die seriöse Hitler-Forschung Schritte unternehmen, diesem Spuk ein Ende zu bereiten. Ob Reserve und Vorsicht der jüngsten Braun- und Hitler-Biografen Taylor und Longerich den Trend stoppen oder nur Geschmacks-Einzel-Fälle sind, ist noch nicht auszumachen. Ihnen steht eine fast 30-jährige Phalanx von sechs Braun- und Hitler-Profis entgegen, von der sich beide Aktual-Biografen nicht deutlich genug distanzieren.

Die Verheerung der Hitler-Hetero-Montur begann 1980, weil das *Maser-Linge-Kombinat Bis zum Untergang* von keinem Hitler-Biografen durchgelesen wurde. Es ist ein gut verkäufliches Buch für »Liebhaber« der NS-Zeit. Aus ihm bedient sich die Hitler-Biografik nur mit den Stellen, die entweder schon von den *Revue*-Linge-Gespenstschreibern erfunden oder von Maser in die *Revue*-Linge-Version hineinmontiert wurden. Es muss eine Buch-Fassung aus dem *Revue*-Linge erarbeitet werden, wobei die vielen redaktionell gemachten Zusätze von anderen Zeitzeugen nicht uninteressant sind und in das Buch aufgenommen werden sollten, ebenso die Kommentare, die die *Revue*-Redakteure 1955 und 1956 dem Text beigaben. In der *Revue*-Fassung ist der Text Linges für die Forschung verloren, nicht zu reden von der schweren Erreichbarkeit der alten *Revue*-Ausgaben.

Die Forschung über Hitler als ein »absolut nichts empfindendes Neutrum«, *(Helene Hanfstaengl und Graf Kessler)*, über Hitler, den furchtbarsten »Führer aller Zeiten« als »kein Mann«, *(Helene Hanfstaengl)* muss aber weitergehen. *(NEUTRO, 39.* Nein-Sagerin) Denn es steht nun ein Vergleich zwischen dem *Revue*-Linge und dem *Buch-Hitler*-Linge an, da auch der *Revue*-Linge-Text über Hitler und Braun als ein Widerruf seiner Aussagen vor den sowjetischen Interviewern gefälscht wurde. Etliche Passagen zum Verhältnis zwischen Adolf Hitler und Eva Braun stimmen zwischen diesen beiden Versionen von Linges Äußerungen nicht überein.

Ohne derart zu übertreiben, wie es Maser mit seiner »Konnte«-Stelle tat, haben auch die *Revue*-Redakteure und Linge-Ghostwriter das Verhältnis zwischen Braun und Hitler idyllisiert. Sie taten das, um die Fantasien des Hausfrauen-Publikums anzuregen, das die *Revue*-Nummern kaufen sollte – siehe das soeben erwähnte, von Schlie aufgedeckte Fest-Siedler-Speer-Publikums-Täuschungsmanöver. Eine vollständige Analyse der Linge-Texte in allen drei Versionen kann erst gemacht werden, wenn der *Revue*-Linge in Buchform vorliegt.

Immer wieder bricht im *Revue*-Linge der *Buch-Hitler*-Linge durch, wird eine Eva Braun beschrieben, die zerquält, verweint und genauso abgetakelt auf dem *Berghof* herumschleicht, wie Linge sie im *Buch Hitler* beschrieben hat: »Manchmal sah Eva sehr traurig und krank aus. Dann erhielt sie Spritzen gegen Herzbeschwerden von Dr. Morell [...]« *(Linge 55/56*, Nr. 52 vom 24. Dezember 1955, S. 35) Dazu passt die für die *Revue*-Leserinnen vorgenommene »Harmonisierung« des Paares Braun-Hitler nicht.

Werner Maser setzt in seinem Linge-Elaborat *Bis zum Untergang* noch einen drauf und fügt Passagen der Beschreibung eines bestens funktionierenden Paares ein, bei dem – wie bei allen – eben mal »der Haussegen schief« hänge und die Partnerin demzufolge deshalb nicht gut drauf wäre: »Wie in jeder Ehe, so hing auch bei Hitler und Eva Braun der ›Haussegen‹ dann und wann einmal schief. Zwar gab Eva Braun sich Mühe, ihre verweinten Augen vor mir zu verbergen, aber ich sah ihr doch an, dass es ›Krach‹ gegeben hatte.« *(Linge* 80/82, S. 65) Auch diese Partner-ideologische modulierte Formulierung fehlt im *Revue*-Linge. Die Verbindung zwischen der Braun-Hitler-»Ehe« und dem »dann und wann einmal schiefhängenden Haussegen« gibt es im *Revue*-Linge nicht.

Am deutlichsten zeigt sich die Eingriffigkeit von Ghostwriter und Redakteur 1955 schon für die Ur-Fälschung in *Revue* an der Steh-Umarmungs-Szene, die auch in der *Revue*-Linge-Version unstimmig bleibt. Das Wichtigste ist einstweilen die Ausschaltung der Maser-Fälschung, weil sie gar nichts mit Linge zu tun hat. Wie geht man gegen eine gedruckte Diensttagebuch-Fälschung vor? Es ist unhaltbar, dass in der internationalen Hitler-Forschung, dem schwersten Geschichts-wissenschaftlichen Thema überhaupt, etwas umläuft, das »der international renommierte Historiker und Hitler-Forscher Werner Maser« nicht »ausgewertet und herausgegeben«, sondern in Verhöhnung aller Prinzipien der eigenen Zunft als Quelle »angedreht« hat.

Ausgerechnet Maser und Irving waren die Ersten, die Anfang der 1980er Jahre die Kujau-Fälschung der Hitler-*Tagebücher* erkannten. Derart widersprüchlich liegen die Dinge nun einmal in der Hitler-Forschung!

Jetzt geht es darum, nicht eine Fälschung von Hitler-Schriften vom Markt zu nehmen, sondern eine Fälschung eines Textes über Hitler. Wenn Maser schon ab 1977 als »Geschichts-Revisionist« eingestuft wurde – hauptsächlich aufgrund von anderen Publikationen, wie seinen Konfrontationen gegen das Nürnberger Kriegsverbrecher-Tribunal, *(Wikipedia)* dann bekommt diese Abwertung des

Wissenschaftlers mit dem Auffliegen von Masers Linge-Schwindel *Bis zum Untergang* ein weiteres Argument. Maser war zum Teil ein Geschichts-Fälscher. Deshalb muss es auch in Bälde eine Sichtung dahin gehend geben, was von ihm als brauchbar bleibt und was vermüllt werden kann. Denn Maser im Ganzen abzutun, geht nicht, vor allem in der Hitler-Forschung nicht. Mit Maser begann 1965/71 für seine beiden Werke *Frühgeschichte der NSDAP* und die Hitler-Biografie die echte Zeugnis-Forschung in der Hitler-Biografik.

Maser hat zum Beispiel die Mär vom jüdischen Großvater Hitlers väterlicherseits Fakten-sicher ein für alle Male zerstreut, worüber bei der Beschäftigung mit Hitlers *dichter Inzucht* Näheres ausgeführt wird. *(zweites Buch)* Kurz zuvor hatte sie ein österreichischer Historiker in einer Grazer Fachzeitschrift als ein komplett unstichhaltiges Gerücht aufgedeckt. *(Klein)* Forschung in Nischen machen oder sie weltweit verbreiten sind zweierlei. Maser tat verdienstvoll Letzteres. Was ihm in diesem Punkt besonders hoch anzurechnen ist: Er scheute nicht davor zurück, sich selbst zu korrigieren. In seiner *Frühgeschichte* glaubte er noch an Hitlers jüdische Abstammung, die er in seiner Hitler-Biografie widerrief.

»Die Frühgeschichte« des Werner Maser

Nach der Entdeckung seiner gesamten – formellen und inhaltlichen – Frisierung des Linge-»Diensttagebuches« *Bis zum Untergang* stellt sich die Frage, wie nah Maser in seiner Jugend an Geschichts-Fälschungen größeren Stils dran war. Maser selbst schreibt über seine Anfänge: »Als Hitler mir, dem knapp vierzehnjährigen Schüler, am 18. März 1936 ›staatsmännisch jovial‹ riet, es mir doch noch zu überlegen, ob ich denn tatsächlich einmal über Geschichte – und vor allem über ihn – schreiben wolle, was ich ihm ehrfurchtsvoll stammelnd erklärt hatte, war das noch nicht zwingend sicher. Seit jener ›historischen‹ Stunde sind 68 Jahre vergangen ... Ich habe in der Zeit rund ein Dutzend in aller Welt übersetzte Bücher über Hitler und die Folgen seines unheilvollen Wirkens geschrieben ...« *(Maser 04, S. 5)* Es gibt mehrere Auffälligkeiten in der »Werner-Maser-Frühgeschichte«, die den jungen Maser in Verbindung mit dem *Hauptarchiv der NSDAP* in München bringen. Auf ein Indiz und einen Beleg kann hier schon hingewiesen werden.

Das Indiz: Maser outete Thomas Orr, den frühen Hitler-Biografen aus der Nachkriegszeit, als einen ehemaligen Mitarbeiter des *Hauptarchivs der NSDAP*, der sich hinter einem Pseudonym verborgen hat. *(Orr)* Wer weiß so etwas außerhalb der *HA*-Männer? Bei seiner Präsentation dieser Nachricht, versteckt in einer Fußnote seiner Hitler-Biografie, sagt Maser kein Wort darüber, woher er die Information hat. *(ONANO, 20. Nein-Sager)* Schon in seiner Dissertation von 1954 und seiner *Frühgeschichte* von 1965 zitiert er Orr durchlaufend. *(Maser 54, 65)*

Der Beleg: Maser behauptet in seinen Büchern *Die Frühgeschichte der NSDAP* 1965 und Adolf Hitlers *Mein Kampf* 1966, er sei der erste deutsche Wissenschaftler, der von US-Autoritäten nach dem Ende des Dritten Reichs Zugang zum *Hauptarchiv der NSDAP* erhalten hätte: »Als ich von 1950 bis 1954 eine Doktorarbeit über die Frühgeschichte der NSDAP schrieb, erhielt ich von US-Behörden die Erlaubnis, einige der in zuletzt 1923 Bänden und Mappen mit Einzelakten befindlichen Dokumente des ehemaligen Hauptarchivs der NSDAP auszuwerten, die sich im US Berlin Document Center befanden.« *(Maser 65, S. 9)*

Maser rechnete 1965 damit, dass weder Historiker noch das allgemeine Publikum genau wussten, was mit den Hinterlassenschaften des ehemaligen *Hauptarchivs der NSDAP* nach dem Ende des Dritten Reiches geschehen ist. Das Material der ideologischen Gestapo war von den *HA*-Männern in Kisten verpackt worden, hatte in Luftschutzkellern überlebt und 1945 seinen Weg zu den US-Siegern gefunden. Erst 1959 wurde von den Amerikanern damit begonnen, es den Deutschen wieder zugänglich zu machen. *(Hoover 60, 64, BAB, NS 26/47)*

Masers Lüge ist derart massiv und auffällig, dass klar wird: Er wollte 1965 etwas verbergen. Sie wirkt bei Kenntnis der historischen Gegebenheiten genauso plump wie Masers Gespinst, das er sich 15 Jahre später 1980 bei der »Herausgabe« des Linge-»Diensttagebuchs« leistete, das »in amerikanischen Archiven« »verschwand«.

Es gibt ein zweites Bein dieses Beweises: Die Vita in Masers Dissertation von 1954 ribbelt seine eigene Behauptung von 1965 auf: »Im Dezember desselben Jahres [1941] zur Wehrmacht einberufen, war ich als Soldat an beiden Fronten und geriet im März 1945 als Infanterie-Offizier in amerikanische Kriegsgefangenschaft, aus der ich im März 1946 entlassen wurde.

Von sowjetischen Militärangehörigen an der Zonengrenze verhaftet, wurde ich für einige Monate in das KZ Sachsenhausen eingeliefert und anschließend zur Zwangsarbeit in die SU transportiert. Nach der auf Grund einer schweren Verletzung notwendig gewordnen Entlassung ließ ich mich am 10. Oktober 1950 an der Berliner ›Humboldt-Universität‹ immatrikulieren und studierte daselbst 5 Semester Geschichte, Philosophie und Germanistik. Meine Lehrer waren die

Professoren und Dozenten: Hager [!], Hohl, Jahn, Kamnitzer, Kosing, Lezius, Maus, Mayer, Meier, Meusel, Mueller-Mertens, Niekisch, Otto, Richter, Schilfert, Sielaff, Simon, Streisand, Suhle, Timm, Werner und Zweiling. Nach der im November 1952 aus politischen Gründen erfolgten Exmatrikulation wurde ich am 3. November 1953 an der ›Friedrich-Alexander-Universität‹ in Erlangen immatrikuliert, an der ich 3 Semester Religions- und Geistesgeschichte, Geschichte und Philosophie studierte. Meine Erlanger Lehrer waren die Professoren und Dozenten: Ernstberger, Günther, Lades, Schöps, Solleder und Zeltner.« (Maser 54, S. 205)

»Von sowjetischen Militärangehörigen an der Zonengrenze verhaftet, wurde ich für einige Monate in das KZ Sachsenhausen eingeliefert [...]« – in das ehemalige KZ Sachsenhausen in Oranienburg nördlich Berlins kamen nicht gewöhnliche kriegsgefangene deutsche Soldaten, sondern ehemalige Nazis, die von den Alliierten aufgelistet worden waren – »[...] und anschließend zur Zwangsarbeit in die SU transportiert.« Weder für diesen Satzteil, noch für den vorigen werden genaue Zeiten angegeben. Es heißt nur »für einige Monate« in Sachsenhausen – nichts über die Dauer, geschweige denn den Ort von Masers »Zwangsarbeit« in der Sowjetunion.

»Nach der auf Grund einer schweren Verletzung notwendig gewordenen Entlassung« – was für eine »schwere Verletzung« war das? Wann ist sie passiert? Die Russen behandelten verletzte Kriegsgefangene in eigenen Krankenhäusern und entließen sie erst Anfang bis Mitte der 1950er Jahre nach Bundeskanzler Adenauers Reise in die Sowjetunion. Maser jedoch gibt an, er habe sich schon zum 10. Oktober 1950 in Ostberlin immatrikuliert. Die ganze Gefangenschaft in der Sowjetunion ist gemogelt, um sich als normaler kriegsgefangener Soldat zu »stilisieren« und über seine Zeit in Sachsenhausen als jemand Nazi-Behörden-Beteiligtes hinwegzutäuschen.

Weiterhin fällt auf, dass es in Masers Vita kein Datum und keinen Ort zu seinem Staatsexamen gibt. Das Examen muss noch in Ostberlin abgelegt worden sein. Maser behauptet seine Exmatrikulation am 3. November 1952. Er sagt aber nicht, ob er als abgebrochener Dissertant und schon Magister ein Jahr später in Erlangen angetreten ist oder noch als Student. Dass er Datum und Ort seines Staatsexamens verheimlicht, ist mal wieder bezeichnend. Er will sich im Westen nicht als Staats-examinierter Ostler präsentieren.

Aber erst Masers »Wahn-Sinn«, er habe noch als Student 1950/51 »von US-Behörden die Erlaubnis [erhalten], einige [...] Dokumente des ehemaligen Hauptarchivs der NSDAP auszuwerten, die sich im US Berlin Document Center befanden.« Abgesehen davon, ob das historisch überhaupt möglich gewesen wäre, sollten »US-Behörden« – wer ist das im Einzelnen? – einem ostdeutschen Erstsemester-Studenten den ersten deutschen Zutritt zu Dokumenten aus dem ehemaligen *Hauptarchiv der NSDAP* gewährt haben, noch dazu einem politischen »Konvertiten«, der an der Ostberliner Humboldt-Universität studierte und sich als Schüler von 22 »Kommunisten« outete? Darunter der DDR-Richtlinien-Ideologe Kurt Hager und als Doktorvater Ernst Niekisch, der 1919er Revolutionär, »Nationalbolschewist« und Münchener Räte-Republik-Mitwirkende? *(Niekisch)* – »persönlich und maßgeblich engagierte Linksintellektuelle« wie Prof. Ernst Niekisch, der als Präsident des Zentralrates vom 21. Februar bis zum 6. April 1919 die gesamte vollziehende Gewalt in Bayern in seinen Händen vereinigte«. *(Maser 65, S. 27, Anm. 71)*

»Die vorliegende Arbeit wurde von meinem hochverehrten Lehrer, Herrn Professor Ernst Niekisch, angeregt und im Jahre 1951 in Berlin begonnen.« *(Maser 54, S. I)* Und diese Erst-Öffnung des *Hauptarchivs* nach 1945 gegenüber dem Ostberliner Studenten Werner Maser, dem Schüler eines SED-Mitglieds *(Wikipedia* spricht vom »Assistenten«), wäre von den »US-Behörden« in Westberlin ausgerechnet in der Hoch-Zeit des »Kalten Krieges« und der Kommunisten-Feindlichkeit Amerikas geschehen? (Stichwort *McCarthy-Ära)*

Die Gespaltenheit des Akademikers Werner Maser zeigt sich in den beiden Vorkommnissen, der Linge-»Diensttagebuch«-Frisierung *Bis zum Untergang* und der gelogenen 1950–1954-Öffnung des *Hauptarchivs der NSDAP* für den noch studierenden und bald frisch examinierten »Kommunisten«: Masers Hintergehung von Wahrheit ist so »durchtrieben«, dass der Verblüffungs-Effekt hundertprozentig sicher wirkt – nach dem Schema *Des Kaisers neue Kleider*. Niemand wagt zu bemerken, der Kaiser hat gar keine Kleider an, trägt nur Unterhosen. Maser selbst war solch ein »Kaiser«, der »unterweltliche« Sachen machte, die für seine Kollegen bis heute unvorstellbar sind. Er war immerhin Dozent an der Münchener *Hochschule für Politik* und hatte mehrere Gastprofessuren im In- und Ausland inne. *(Wikipedia)*

Masers »frühe« Kenntnis des *Hauptarchivs der NSDAP*, die er erklären musste, da sie in seine Spezialarbeiten über die Nazi-Zeit »durchsickerte«, basiert nicht auf einer Sonderöffnung von Teilen des ehemaligen *Hauptarchivs* gegenüber dem 28- bis 32-jährigen unfertigen, damaligen DDR-deutschen Akademiker zwischen 1950 und 1954, sondern reicht zurück in das Jahr 1941, als der schon 19-Jährige für

Hilfsdienste im Hauptarchiv herangezogen worden sein dürfte. Seine Spezial-Kenntnisse vom *Hauptarchiv* und seine Bekanntschaft mit ehemaligen Hauptarchivlern können an vielen einzelnen Stellen in Maser-Texten nachgewiesen werden, was zu zitieren für den Abriss *Die Frühgeschichte des Werner Maser* nicht mehr nötig ist. *(Maser 54,* S. I ff., 65, S. 9 f.)

Nur der Hinweis genügt, dass Maser in seiner Dissertation von 1954 kein einziges Mal das *Hauptarchiv der NSDAP* zitiert, obwohl er andauernd mit Auszügen aus dessen Beständen brilliert und dabei den Eindruck erweckt, als ob es spätere Interviews wären, die er mit *Hauptarchiv*-Männern geführt oder es sich um spätere schriftliche Zeugnisse von Hitler-Bekannten gehandelt hätte, die heute Einwand-frei im *Hauptarchiv* geortet werden können. Mit dem Zitieren des *Hauptarchivs* beginnt Maser erst ein Jahrzehnt später in seiner *Frühgeschichte der NSDAP*, als das Archiv inzwischen allgemein zugänglich war. *(Hoover* 60, 64 im BAK)

Maser konnte für seine Dissertation von 1954 über den frühen Hitler unter dem Titel *Die Organisierung der Führer-Legende* aus seinen Kenntnissen des *Hauptarchivs der NSDAP* schöpfen – tatsächlich ähnlich wie Thomas Orr, den Maser verriet. Über sich selbst aber schwieg er.

Er machte in seiner 1954er Schrift noch überhaupt keinen Hinweis darauf, wann er in Dokumente des *Hauptarchivs* Einblick erhielt. Dazu fühlte er sich erst ein Jahrzehnt später bemüßigt. Denn »wie sag ich's nun den Lesern meines ersten veröffentlichten Buches, woher meine Spezial-Kenntnisse kommen?« Maser wagte den tollkühnen Sprung nach vorn, datierte seine Berührung mit dem *Hauptarchiv* einfach auf ein Jahrzehnt später – in eine unverfängliche Zeit, die ihn nicht mehr stigmatisieren konnte: »Ich bin der erste deutsche Wissenschaftlicher, dem ›US-Behörden‹ zwischen 1950 und 1954 ›Dokumente‹ aus dem *Hauptarchiv*-Material geöffnet haben!«

Daraus drehte Maser 1966 bei der Ankündigung seines nächsten Buches, *Adolf Hitlers Mein Kampf,* etwas Welt-Sensationelles. Im Klappentext ließ er auftrumpfen:»Werner Maser, einer der bedeutenden Hitler-Forscher unserer Zeit, der erstmals die von US-Behörden bis 1962 beschlagnahmten Dokumente und zahlreiche Zeugenaussagen auswertete und zu neuen verblüffenden Einsichten und Ergebnissen gelangte, untersucht die Geschichte von ›Mein Kampf‹« *(Maser 66,* linke Klappe) Und *Wikipedia* kolportiert bis zur Stunde Masers Feigenblatt über seiner ehemaligen Kooperation mit dem *Hauptarchiv der NSDAP*.

Auch Werner Maser gehörte zu den »Ehemaligen«, wie Günter Grass, der WDR-Fernseh-Moderator Werner Höfer (sonntäglicher *Frühschoppen*), der Tübinger Rhetorik-Professor Walter Jens etc., die in ihrer Jugend unter Hitler »aktiv« gewesen waren und nach 1945 Schwierigkeiten hatten, ihr Tun zu verbergen. Maser ist das sein ganzes Leben lang gelungen. Erst die Entdeckung des Schwindels mit seinem *Linge-Kombinat Bis zum Untergang* stieß die Tür in Richtung Wahrheit auf.

Es ist ein zweischneidiges Schwert, die späteren BRD-Demokratie-Kultur-Glanzlichter wegen ihrer früheren Nazi-Kooperation anzuprangern, vor allem, wenn nicht ehemalige Opfer des Nazi-Staatsterror-Systems, sondern die nächsten Generationen den Finger in Richtung Schuld erheben. Die schuldig gewordenen Männer waren damals jung. Und das Nazi-Reich war für sie die Welt. Die Jünglinge hatten nichts anderes. Mitmachen hieß für sie leben. Warum sie jedoch persönlich von den Gewalt- und Destruktions-Phänomenen der Hitler-Gesellschaft angezogen wurden, wäre mangels universitärer Männer-Forschung wieder nicht in Kürze zu behandeln.

Hier geht es jetzt bei der Behandlung von *Masers Frühgeschichte* seiner Pro-*Hauptarchiv-der-NSDAP*-Aktivität nur darum aufzudecken: Masers wissenschaftliche Lehrzeit verlief in zwei Diktaturen, im Nazi-Reich und in der DDR. Sich in Demokratie zurechtzufinden – damit begann er erst mit 30 Jahren. So etwas wie den Schwindel von Heinz Linges »Diensttagebuch« *Bis zum Untergang* muss jemand direkt in der Nazi-Zeit gelernt haben, während seiner Mitwirkung für höchste Gremien. Das *Hauptarchiv der NSDAP* war im Dritten Reich das Institut, das seinen *HA*-Männern das historische Fälschen antrainierte.

Das Nazi-Training in Geschichts-Fälschung

Nur mit der Technik der Geschichts-Fälschung gelang es den *Hauptarchiv*-Männern, Hitlers reale Stummheit 1918 nach seiner »Gasvergiftung« am Ende des Ersten Weltkriegs in eine »Blindheit« zu trans-»diagnostizieren«. Das Manöver war so erfolgreich, dass die Hitler-Biografik in toto ihm noch immer erliegt.

2013 schreibt Volker Ullrich: »In der Nacht vom 13. auf den 14. Oktober 1918 wurde Hitler mit mehreren Kameraden Opfer eines Gasangriffs, und zwar mit dem Kampfstoff Lost, auch ›Gelbkreuz‹, oder, nach dem eigentümlichen Geruch, Senfgas genannt [...] Bis heute ist umstritten, wie ernst Hitlers ›Erblindung‹ tatsächlich war und wie sie in Pasewalk therapiert wurde. Die Krankenakten existieren nicht

mehr. Einigermaßen gesichert scheint zu sein, dass er durch die Gasvergiftung eine schwere Bindehaut- und Augenlidentzündung erlitt
und vorübergehend kaum sehen konnte.« *(Ullrich, S. 87)*

Alles außer den »nicht mehr existierenden Krankenakten« ist
falsch – von Hitler selbst, seinen ehemaligen Weltkrieg-I-Kameraden
und seinen *Hauptarchiv*-Männern so ausgetrickst gefälscht, dass es
eines ganzen Buches bedarf, auch diese und mit ihr in Zusammenhang stehende weitere Fälschungen aufzuheben, was geschehen muss,
weil gerade Hitlers »Blindheit« eine »Blendung« der Hitler-Forschung
ist, um nicht hinter seine Wesensveränderung und Serienkiller-Zün-
dung zu kommen. *(Drittes Buch)* Auch bei den Stars der Ausgewogenheit gegenüber Hitlers »sexueller Frage«, Kershaw und Longerich,
die Ullrich zeitlich einrahmen, sind geblendete Antworten zu Hitlers
nicht angezweifelter »Blindheit« zu finden. Die Auffaltung sämtlicher
gefälschter Einzelheiten im *Maser-Linge-Kombinat Bis zum Untergang*
würde ebenfalls Buch-Länge einnehmen.

Für die Erarbeitung von Hitlers sexuellen Eigentümlichkeiten ist
zunächst nur die Beschäftigung mit der »Konnte«-Stelle notwendig, die Maser dem toten Linge untergeschoben hat. Das wirklich
Anrüchige von Masers Vorgehen beginnt sogleich mit dem Vorwort
von *Bis zum Untergang*. Maser lässt Linge im Herbst 1980 sagen – ein
halbes Jahr nach Linges Tod –, dass im *Revue*-Linge nichts stimme:
Jetzt erst komme der echte (Maser-)Linge, der endgültig die Wahrheit
bringe.

O-Ton von Masers Linge: »Im Jahre 1955, als ich nach zehnjähri-
ger Gefangenschaft aus Russland heimkehrte, stürmten Journalisten
und Verleger auf mich ein und baten mich, über meine Erlebnisse
mit Adolf Hitler und über dessen Ende zu berichten. Einheitlich lau-
tete der Text aller Anfragen, Angebote und Telegramme: ›Bitte nicht
abschließen. Wir bieten mehr.‹ Ich entschloss mich, einen Engländer
zu wählen, der mir schriftlich ausdrücklich zugesichert hatte, nur zu
veröffentlichen, was ich zuvor unterschreiben würde. [Falsch, es war
die US-Firma *United Press*] Er [»der Engländer«] hielt sich ebenso wie
andere ausländische Verlage und Journalisten daran. Nur ein deutscher Verlag [*Revue*] glaubte, meine Darstellungen ›umformen‹ und
den Inhalt ändern zu müssen. Was ich schließlich lesen musste, war
zwar gut formuliert, hatte aber mit den Tatsachen nichts mehr zu tun.
Unerfahren und solchen Machenschaften gegenüber machtlos, verzichtete ich auf den Rat meines Anwalts hin auf gerichtliche Schritte.
Eine Story, die verantwortungslose Journalisten sich aus den Fingern
gesogen hatten, war in Umlauf, galt als ›Linge-Bericht‹ und brachte

mir großen Schaden. Ehemalige Kameraden aus der Umgebung Hitlers kehrten mir den Rücken und ziehen mich der Geschäftemacherei mit frei erfundenen Behauptungen. Mehr als 20 Jahre sind seitdem vergangen. Vieles ist wieder zurechtgerückt und korrigiert worden. Jetzt, nachdem ich nicht mehr fürchten muss, noch einmal in Gefängnis und Straflager gesteckt zu werden, weil ich zehn Jahre lang in Hitlers unmittelbarer Umgebung gedient habe, kann ich hoffen, frei und offen sagen zu dürfen, was ich mit Hitler erlebte, dem ich zwangsweise näher stand als – außer Eva Braun – irgend jemand sonst. Heinz Linge.« *(Linge* 80/82, S. 6 f.) Ohne Kommentar steht genau derselbe Text in der 2011er Ausgabe. *(Linge* 11, S. 3 f.)

Auch dieses »Vorwort« stammt nicht von Linge, denn es enthält ein weiteres »Falsch«: Linge hatte zwischen seiner Entlassung aus sowjetischer Gefangenschaft am 8. Oktober 1955 und seiner Weiterreise nach England am 10. Oktober 1955 gar keine Zeit, mehrere Angebote zu prüfen. *United Press* muss dem mittellosen ehemaligen Baupraktikanten und späteren Hitler-Leibdiener »Traumsummen« für das nachweisliche »Sofort« eines Interviews angeboten haben, das ihn zur Weiterreise nach England zwang. Außerdem machten die Amerikaner mit Linges Antworten, was *United Press* für Verkaufs-optimierend hielt. Maser will mit dieser Voll-Lüge sein Unternehmen »Heinz Linge ›Bis zum Untergang‹« derart abstützen, dass jegliches Stirnrunzeln sich von vornherein glätten muss.

»Frei und offen sagen zu dürfen, was ich mit Hitler erlebte«? »Sagen«? Also doch kein geschriebenes »Diensttagebuch«? Und wem »sagte« es der tote Linge wann, der ein halbes Jahr vor Masers Pietätlosigkeit gestorben war? Dem »international renommierten [...]« persönlich?

Eben das geschah nicht. Während der 25 Jahre nach Linges Interviews für die *Revue* 1955 hatte Maser Zeit gehabt, Linge erneut zu Gesprächen zu bewegen und ein gemeinsames Buch herauszubringen. Von solch einer Zusammenarbeit spricht Maser an keiner Stelle in *Bis zum Untergang.*

»Solch eine Zusammenarbeit« zwischen ehemaligen Hitler-Untergebenen und Hitler-Spezialisten gab es etwa zur gleichen Zeit mit dem Duo Anton Joachimsthaler und Hitler-Sekretärin Christa Schroeder, deren Erinnerungen Joachimsthaler 1985 nach Schroeders Tod herausgab. *(Schroeder)* Dabei wird von Joachimsthaler alles so vorgeführt, wie es die beiden besprochen hatten und er es in Schroeders Materialien vorfand, die sie ihm testamentarisch übergeben hatte.

Bei Maser herrscht ein fassungslos machendes Gemauschel der Undurchsichtigkeit, in das noch heute nach fast 40 Jahren schwer einzudringen ist. Darunter ist auch der schon angemerkte Sachverhalt: Maser erwähnt den *Revue*-Linge weder in seiner *Frühgeschichte der NSDAP* noch in seiner Hitler-Biografie. Maser hatte sich den *Revue*-Linge für einen Sonder-Coup aufgehoben, um mit Linge Masers Sohn-Wahn durchzupauken, sowie Linge tot war. Ausführlich flickt Maser seine Hitler-Sohn-Caprice in den Linge-Text. *(Linge* 80/82, S. 77 f.) Maser lässt Linge zweimal von Hitlers Sohn reden, obwohl auch diese Stelle zum *Revue*-Linge in Kontrast steht, da Linge in *Revue* aussagt, Hitler und Braun hätten keine Kinder gehabt, wonach er von den Interviewern gefragt wurde. Über andere Kinder Hitlers fällt beim *Revue*-Linge kein Wort.

»Nach den Berichten von Heinz Linge besteht kein Grund zu der Annahme, dass Hitler und Eva Braun Kinder hatten. *(Linge* 55/56, Nr. 3 vom 21. Januar 1956, S. 14) Und als Maser in scheinbar wissenschaftlicher »Ausgewogenheit« Hitlers Zahnarzt Hugo Blaschke zitiert, der sich gegen ein Liebesverhältnis Braun-Hitler geäußert hat, lässt Maser im Zitat aus dem Kempner-Blaschke-Interview die Stelle weg, in der Blaschke generell verneint, dass Hitler Kinder gehabt hätte. *(Linge* 80/82, S. 71 f.) Und das sagt Hitlers Leibzahnarzt, der 14 Jahre in Hitlers Nähe verbracht hat. *(ONANO, 13. Nein-Sager)*

Linges Erben spielten mit, bekamen sie doch üppige Autoren-Honorare. Die Familie des ehemaligen Maurers war kein Schriftsteller-Milieu, in dem es üblich ist, dass die Erben den Biografen, Theatern und Verlagen »auf die Finger gucken«, um zu sehen, was mit den toten Autoren gemacht wird und im Zweifelsfall zu intervenieren, solange sie das per Urheberrecht können. Vor allem die Brecht-Erbin Barbara Brecht-Schall war gefürchtet, da sie nicht davor zurückschreckte, Inszenierungen von Stücken ihres Vaters absetzen zu lassen, wenn sie ihr nicht zusagten. *(Spiegel* 37/2015, S. 133)

Der »Konnte«-Schwindel und der Pinkel-Schwindel

Zur Erkenntnis der Wahrheit über Hitlers Sexualität muss zuerst Masers »Konnte«-Schwindel im Linge-Verschnitt *Bis zum Untergang* aufgedeckt werden. Anschließend geht es um die erbärmlichste Lüge Masers, Linge hätte ihm gegenüber die Wahrheit »gesagt« – wo ist plötzlich das »geschriebene«»Diensttagbuch«? – und die von Maser nicht genannte *Revue* hätte sich alles »verantwortungslos«»aus den Fingern gesogen«.

Es muss in einer *Revue*-Linge-Untersuchung gezeigt werden: Ja tatsächlich, schon *Revue* hat den *Buch*-Hitler-Linge verfälscht. Aber

Maser hat nicht in Kontrast zur *Revue* die Wahrheit »gebracht«, sondern auf den *Revue*-Fälschungen aufgebaut, sie exzerpiert und ausgebaut, hat alles in die Richtung heterosexueller Funktionstüchtigkeit
Hitlers getrieben.

Die Lektüre des *Revue*-Linges führte zu zwei Ergebnissen. Es gibt
noch zwei »Vorgänge«, die auf die »Halde« der Neins gegen Hitlers
stimmige Heterosexualität gewuchtet werden müssen. Zu den bisher 40 gehört als Vorgang 41 der »Hitler-konnte«-Schwindel Werner
Masers: Beim Vergleich der Stellen zwischen *Revue*-Linge und Maser-
Linge kam heraus, was Linge halbwegs gesagt und was Maser ganz
abwegig hinzugedichtet hat.

Obwohl aus der Maser-Linge-Passage schon in »Turteltauben-Idyll«?
und *Russische Tracht Prügel*? zitiert wurde, muss die Stelle hier noch
einmal in ihrer ganzen Länge wiedergegeben werden, weil sonst ein
Vergleich der beiden Versionen Maser-Linge und *Revue*-Linge nur
schwer möglich wäre.

Die Maser-Fälschung (1980/82) von Linges Aussage: »Als ich mich in
russischer Gefangenschaft befand, wurde ich in Verhören oft gefragt,
ob ich Hitlers Geschlechtsteile gesehen hätte und ob sie normal gewesen seien. Ich ahnte zwar nicht, wieso die Russen ausgerechnet dies
wissen wollten; aber ich sagte, wie es gewesen war. Ich hatte Hitler
natürlich nicht nur einmal nackt gesehen. Über die andeutungsweisen Behauptungen der russischen Vernehmungsoffiziere, dass Hitler
›doch wohl nur einen Hoden gehabt‹ habe, konnte ich nur lachen, und
ich tat es auch, was mir manchmal allerdings schmerzhafte Nachteile
einbrachte. Ich bekam Prügel. So ungereimt war dies, so absonderlich
waren auch die Behauptungen der Russen, dass ich sexuelle Beziehungen zu Eva Braun unterhalten hätte, weil ›Hitler doch vermutlich
gar nicht konnte‹. Dass er ›konnte‹, habe ich oft genug mitbekommen.
Nach meinen Beobachtungen waren die sexuellen Beziehungen zwischen Hitler und Eva Braun zeitweilig besonders aktiv. Wer der aktivere von beiden war, weiß ich allerdings nicht. Eva Braun wirkte sehr
sexy, um den heute üblichen Begriff zu verwenden, doch Hitler war es
auch.« *(Linge* 82, S. 93 f.)

Der *Revue*-Linge von 1955: »Eva im Goldenen Käfig – Bei den endlosen Verhören in über zehn Jahren meiner Gefangenschaft in der
Sowjetunion bin ich immer wieder gefragt worden, ob Hitler eifersüchtig war. Die Russen hatten ein erstaunlich großes Interesse daran,
das Verhältnis zwischen Hitler und Eva Braun mit möglichst vielen
Einzelheiten in ihre Vernehmungsprotokolle aufzunehmen. Nun,
eifersüchtig war Hitler nicht, und er hatte dazu auch keinen Grund.

Es gibt keinen Zweifel, dass er die blonde Foto-Laborantin aus München, Eva Braun, seit den dreißiger Jahren liebte, dass sie seine Liebe erwiderte und daß sie einander die Treue hielten. Hitler war auch in dieser Beziehung sehr selbstsicher. Wir Leute in Hitlers persönlichem Stab, die wir die Verhältnisse kannten, nannten Eva Braun oft ›das Mädchen im Goldenen Käfig‹, denn sie blieb bis wenige Stunden vor ihrem Tod die Frau im Hintergrund. Hitler selbst hat mir einmal eine einfache Erklärung dafür gegeben, daß er Eva Braun nicht heiratete (es war lange vor Kriegsbeginn). ›Linge‹, sagte er, ›Fräulein Braun ist ein junges Mädchen, viel zu jung, um die Frau eines Mannes in meiner Position zu sein. Aber sie ist für mich die einzig Richtige. Also leben wir so wie jetzt. Aber eines Tages werde ich nicht mehr Führer des Reiches sein. Ich werde mich zurückziehen und in Linz ein kleines Haus bewohnen, das von ein paar Leuten bewirtschaftet werden kann. Dann werde ich Fräulein Braun heiraten. Und Sie, Linge, bleiben dann auch bei uns.‹« *(Linge 55/56*, Nr. 46 vom 12. November 1955, S. 49)

Nichts von der Problematik nur eines Hodens, nichts vom »russischen Prügeln« und nichts von der Annahme der sowjetischen Verhörer, Linge hätte ein Verhältnis mit Eva Braun gehabt. Im Gegenteil, gerade diese Erfindung Masers wird in den *Revue*-Linge-Aussagen auch noch optisch aufgehoben. In der nächsten *Revue*-Nummer erscheint ein Foto der glücklichen Linge-Familie. Drei Kinder wurden in der Hitler-Leibdiener-Zeit Linges gezeugt und geboren, zwei Söhne und eine Tochter. *(a. a. O.*, Nr. 47 vom 19. November 1955, S. 8)

Zur *Revue*-Idyllisierung des Verhältnisses Braun-Hitler werden unter Nein-Vorgang 42 noch Bemerkungen gemacht.

Trotz der bestehenden Aussagen-Differenz zwischen *Revue*-Linge und *Buch-Hitler*-Linge ergibt der Vergleich zwischen *Revue*-Linge und Maser-Linge *(Bis zum Untergang)*, mit welch unredlichen Mitteln des Aufs-Auge-Drückens von Hitlers angeblich phallischer, vaginal-bezüglicher Präsenz der Sexual-Normativist Maser vorgegangen ist. Er schreckte vor keiner Anzüglichkeit zurück, über die schon eine Stil-Kritik unternommen wurde. (»*Turteltauben-Idyll*«?)

In den *Revue*-Linge-Aussagen kommen nicht noch später »»Konnte‹-Karierungen« oder Fleisch-Beschauungen von Hitlers Zwei-Hoden-Sack vor. Der *Revue*-Linge von 1955/56 bleibt fast diskret im Hintergrund bei der Beschreibung des Verhältnisses zwischen Hitler und Braun trotz Wendungen wie »Es gibt keinen Zweifel, dass er die blonde Foto-Laborantin aus München, Eva Braun, seit den dreißiger Jahren liebte, dass sie seine Liebe erwiderte und daß sie einander die Treue hielten.«

Erste Auffälligkeit zum redaktionellen *Revue*-Linge-Text-Hineinflicken solcher »Liebes«-Ingredienzen: Die »Foto-Laborantin aus München« war *nicht* »blond« sondern brünett, wie auf den Fotos der frühen Eva Braun in ihrer Biografie von Nerin E. Gun angeschaut werden kann. *(Gun* 68 I, S. 32, B. 7, S. 48, B. 1) »Blond« war nachgeholfen platiniert, für Brauns Filmstar-imitierende Wirkung an der Seite Hitlers schon bei ihren ersten Auftritten als »Führer«-Begleiterin bis zu ihren Paar-Demos auf dem »Berghof«. *(ONANO, 13.* »Nein«-*Sager,* Hugo Blaschke) Und »seit den dreißiger Jahren« ist eine Linge-unübliche Ungenauigkeit vom Verlauf der Braun-Hitler-Beziehung. Da Linge ab Frühjahr 1935 Hitlers Leibdiener wurde, wusste er genau, wann Hitlers »intime« Beziehung mit Eva Braun angefangen und wann sie aufgehört hatte. »Seit den dreißiger Jahren« enthüllt den Ghostwriter.

Im direkten Zusammenhang mit Masers »Hitler-›konnte‹ -Schwindel« steht Masers nächster Zusatz in *Bis zum Untergang,* sein »*Hitler-Pinkel-Schwindel*«: »Gern unternahm Hitler vor 1939 Picknickfahrten in die nähere und weitere Umgebung. Ich war stets dabei und erlebte meist einen Hitler, wie wir ihn gern immer gehabt hätten: Witzig, kameradschaftlich und unproblematisch. Unterwegs musste die Kolonne halten. Es wurden in schattigen Wäldern oder auf Wiesen Decken ausgebreitet und Bier und Wein kredenzt. Jeder aß und trank, worauf er Lust hatte. Anekdoten und gesellschaftsfähige Witze wurden erzählt, Erlebnisse geschildert und Zukunftspläne geschmiedet. Hitler lag oder saß mitten unter uns auf einer Decke und machte alles mit. Nur verzichtete er darauf, Alkohol zu trinken und zu rauchen. Bei der ersten dieser Ausfahrten, die ich mit ihm erlebte, verblüffte mich vor allem, dass er den ›Führer‹ ganz und gar abstreifte, was mir zuvor buchstäblich unmöglich erschienen war. Ja, er stellte sich sogar neben uns, wenn wir, voll von Bier und Wein, unseren natürlichen Bedürfnissen freien Lauf lassen mussten. Er hatte zwar, anders als wir, immer nur Fachinger oder Tee und Kaffee getrunken, aber die Wirkung war zwangsläufig die gleiche wie beim Alkohol. Als ich mich in russischer Gefangenschaft befand, wurde ich in Verhören oft gefragt, ob ich Hitlers Geschlechtsteile gesehen hätte und ob sie normal gewesen seien ...« *(Linge* 82, S. 93) [direkte Fortsetzung wie oben unter *Der* »*Konnte*«-*Schwindel*]

Ebenso wie der *Hitler-*»*konnte*«-*Schwindel* fehlt auch der *Hitler-Pinkel-Schwindel* in der *Revue*-Linge-Fassung. Maser brauchte diese Fälschung, um mit dem Linge-Hitler-Nebeneinander-Pinkeln die Monorchismus-Behauptung der Russen abschmettern zu können. Maser hat sich immer nur solange und soweit aus dem ganzen

Revue-Linge-Konvolut für seinen Linge-Verschnitt *Bis zum Untergang* bedient, wie Maser für seine »bestimmten Zwecke« die *Revue*-Linge-Passagen zusagten, in die er dann »von Zeit zu Zeit« »Injektionen« mit Eigentext-Behandlungen vornahm.

Wegen der Abstrusität noch einmal Männer-Umgangs-Sprach-verständlich nachgebessert: Männer, nebeneinander am Baum oder in Pissoirs stehend, können von oben runterschauend *nicht* die Konstitution des Nebenmann-*Hodensacks* »erkennen«, erst recht nicht, wie Maser es »inszeniert«, wenn Männer bekleidet sind. Aus dem Hosenschlitz wird beim Pinkeln in der Natur oder vor den »Porzellan-Becken nur die Längsvorrichtung rausgeholt, nicht auch der Sack.

Sekretärin Schroeder hat etwas Entwaffnendes gegen die Masersche Rudel-Pinkel-Behauptung unternommen: »... nicht zu vergessen die taktlose Bemerkung über seine [Linges] angeblichen Beobachtungen anlässlich eines Picknicks, als er mit der gleichen Tätigkeit wie Hitler beschäftigt neben ihm stehend (!!) Wasser ablassend (!!) des Führers männliche Merkmale in einwandfreier Vollkommenheit gesehen haben will. Als ob es im Walde nicht für jeden Mann einen eigenen Baum zu diesem Behuf hätte benutzen können [verrutsche Grammatik original], und wer (?) hätte es schon gewagt, sich neben Hitler solchen Tuns zu befleißigen bzw. umgekehrt? Jedes männliche Wesen, das ich diesbezüglich interviewte, verneinte die Möglichkeit der Inaugenscheinnahme auf diese Weise. Was soll dies also?« (*Schroeder* 85, S. 274)

Es gibt noch einen zweiten, schlimmeren, weil geschichtlichen Sachverhalt, mit dem der K.o.-Schlag gegen das »Rudel-Pinkeln« zwischen Hitler und Linge ge«lingt«. Was Maser diesmal Linge unterschiebt, kann »vor 1939« nicht mehr stattgefunden haben. Linge kam im Januar 1935 in den Dienst Hitlers, zu einer Zeit, da der »Führer und Reichskanzler« solche Ausflüge mit seinen Getreuen in die Gegend nicht mehr machen konnte – wegen seiner Position als oberster Staatsführer Deutschlands ging das aus Sicherheits-technischen Gründen nicht. Maser hat nicht aufgepasst und Schilderungen anderer Hitler-Naher wie Hoffmann und Schirach aus Vor-Reichskanzler-Zeiten Heinz Linge angedreht. (*Hoffmann* 74, S. 96, B. 3, *Schirach* 83, 16, S. 223 f.)

Masers Erfindung vom »Nicht-nur-einmal-nackt-Gesehen« lässt sich mit zwei Auskünften von Linge in der *Revue* widerlegen: »Und man muss wissen, dass er [Hitler] immer sehr darauf bedacht war, dass niemand ihn sah, bevor er untadelig angezogen war. So habe ich, als sein persönlicher Diener, ihn nur ein einziges Mal während meiner zehnjährigen Dienstzeit im Nachthemd gesehen (er trug keine Pyjamas).« *(Linge 55/56, Nr. 6 v. 11. 2. 1956, S.* 23) Linges »einziges Mal« bezieht sich nicht auf Hitlers Nacktsein, sondern auf »Hitler im ›Nachthemd‹«. »Hitler zog sich immer allein an. Er war sehr stolz darauf, dass er sich schnell umziehen konnte. Sein Rekord waren 10 Minuten ...« *(a. a. O., Nr. 9 v. 3. 3. 1956, S.* 31)

Auch in den Erinnerungen von Hitlers erstem Kammerdiener, Karl Wilhelm Krause, kommt keine Passage darüber vor, Krause hätte Hitler »(nicht nur) einmal nackt gesehen«. Krause war Jahre lang in Hitlers »nächster Nähe«. Er berichtet über Hitlers Körper-Phobie. Hitler habe sich sogar gegen das Maßnehmen des Herren-Schneiders so lange gesträubt wie irgend möglich. Und als der Schneider endlich zugelassen wurde, musste Maßnehmen in zwei bis drei Minuten vonstatten gehen. *(Krause, S.* 25/24) Aber »Maßnehmen« hieß noch lange nicht »Nacktsehen«.

Hitlers gegenüber allen Personen bestehende Scham, sich nackt zu zeigen, hat der Chirurg Hans Karl von Hasselbach festgehalten, der mit Unterbrechungen zwischen 1936 und 1944 acht Jahre lang Hitlers Begleitarzt war und sich während seines Dienstes stundenlang in Leib-Nähe Hitlers befand: »Hitler hatte eine ausgesprochene Scheu, seinen Körper zu zeigen. Auch ich habe ihn daher nie ganz nackt/entkleidet gesehen und untersucht. Ob er eine körperliche Missbildung an seinen Geschlechtsteilen hatte, darüber könnte wahrscheinlich sein früherer Fahrer und Diener Maurice etwas wissen [...] der mir in der Gefangenschaft Andeutungen machte.« *(Hasselbach 52, S.* 2 – HETERO, 11. *Ja-Sager)*

Der Grund für Hitlers Scheu, sich ganz nackt zu zeigen, ist inzwischen bekannt. Maser hingegen wollte seinen Protagonisten Adolf Hitler hetero-normalisieren, was er mit Voraussetzung und Ergebnis männlich fertiler Tätigkeit versuchte: »Konnte« = phallisch-vaginal-penetrativ-friktiver Anfang, Sohn = Ende. Der »Sohn« ist durch Jean-Paul Mulders' DNA-Beweisaufnahme schon weg. *(Mulders)* Jetzt muss auch die angeblich funktionierende Voraussetzung Hitlers dafür aufgehoben werden.

Da Maser der Sohn eines ostpreußischen Landwirtes und Pferdezüchters war, ist ihm an Adolf Hitler – wie es schon bei Hermann Fegeleins gleicher Herkunft besprochen wurde – intuitiv aufgefallen, dass Hitler mit allem »Aufbocken«, »Bespringen«, »Reiten« und »Vögeln« nichts »im Sinn« gehabt hat. Doch irgendwie Nazizeit-Erinnerungs-selig hat es Maser einen Spaß bereitet, Hitler der deutschen Nachkriegs-Öffentlichkeit als »ganzen Mann« *(Maria Reiter)* einzuschleifen.

Jeder Mann, der wirklich »kann«, bedarf solchen Unter-die-Beine-Greifens nicht. Daher ist Masers Trickserei, die noch über 30 Jahre später auf seinen Nachfolger Volker Ullrich affirmativ gewirkt hat, ein »Vorgang«, der in die Nein-Kategorie zu Hitlers »normaler« Heterosexualität gehört: Wenn ein Historiker gegen sein eigenes besseres Wissen zu den am schärfsten in der Hitler-Biografik je erlebten Verfälschungen eines Sachverhaltes greifen muss, dann hat er einen Grund dazu. Der Grund heißt: »Da war nix«! – Von wegen »Hitler konnte«!

Revues Liter-weise Eros-Soße

Vorgang 42 für die Nein-Halde – die *Revue*-Verfälschung der Linge-Aussagen: Was ist in die *Revue*-Macher gefahren, den Original-Linge aus dem *Buch Hitler* ins Gegenteil umzuorganisieren und die Beziehung zwischen Braun und Hitler nicht als »eindeutig unnormal« zu bezeichnen, sondern – im Widerspruch zu 18 *Revue* noch unbekannten Anti-Braunsex-Zeugen – als ein »Liebesnest-Verhältnis« und Hitler als »treu«-verliebt in wenigstens eine Frau zu suggerieren?

Revue lässt den Original-Linge zur Ader und titelt: »Liebesnest auf dem Berghof«. Aus Linge strömt in die *Revue*-Fassung seiner »Erinnerungen« Liter-weise Eros-Soße: »Hitlers Privatleben barg vor mir keine Geheimnisse. Ich hatte eine besondere Stellung, und heute kann ich als reine Wahrheit aussagen, dass ich, abgesehen von der politischen und militärisch-strategischen Planung, alles wusste, was der Führer von Sonnenaufgang bis Sonnenuntergang tat. Ich kannte Eva Braun genauso gut. Um so größer ist mein Erstaunen darüber, dass heute, über zehn Jahre nach dem Tag, an dem ich in russische Gefangenschaft geriet, in der Welt noch immer die Frage gestellt wird: War Eva Braun Hitlers Geliebte, und wenn, wie lange?

Diese Frage kann ich leicht beantworten. Hitler und Eva Braun waren schon oft zusammen, als ich im Jahre 1935 zu Hitlers persönlichem Stab kam. In all den Kriegsjahren, bis sie schließlich in dem Bunker in Berlin gemeinsam starben, lebten sie, wann immer es möglich war, in – man könnte sagen: einem Liebesnest.

Das deutsche Volk wusste von den tatsächlichen Verhältnissen nichts [...].

Sehr bald nach meiner Versetzung zu Hitlers persönlichem Stab war ich der einzige Mann im Reich, der dabei war, wenn Hitler seinen Ehrgeiz als Staatsmann beiseite tat und ein Mensch wurde, ein Mann mit der Frau seiner Wahl.

Schon im Jahre 1936 ließ Hitler einen Ergänzungsbau für seinen Berghof bei Berchtesgaden entwerfen [...] Der ganze Neubau wurde aus Liebe zu Eva Braun errichtet.

Sie war gewiss nicht die erste Frau in seinem Leben, aber von dem Augenblick an, in dem er sich – und diese Worte wähle ich sehr bewusst – in sie verliebte, hat keine andere Frau so vollständig seine freien Stunden geteilt.

Das heißt nicht, dass er den Reizen anderer Frauen gegenüber blind war. Weit gefehlt. Er hatte viel von dem altösterreichischen Charme für Frauen, für den Wien berühmt ist. Mit großer Ritterlichkeit und Galanterie behandelte er die vielen Schauspielerinnen und Damen der Gesellschaft, die ihn in Berlin und anderswo besuchten. Manchmal konnte seine Galanterie Frauen gegenüber fast peinlich sein, wenn die Ehemänner dabei waren. Ich kann nicht verstehen, wenn heute noch gesagt wird, Hitler sei Frauen gegenüber gleichgültig gewesen.

Keineswegs – er glich den meisten Männern der Welt, soweit es sich um hübsche Mädchen handelt. Aber er hatte Angst, die ihn buchstäblich beherrschte: Unter den Frauen, die ihn besuchten, könnte eine zweifelhafte Dame sein.

Oft sagte er zu mir: ›Linge, denken Sie an so viele große Gestalten der Geschichte. Seltsame Frauen sind oft ihr Untergang gewesen Solche Frauen haben oft ihre Gesundheit ruiniert.‹ [...]« *(Linge 55/56, Nr. 48 vom 26. November 1955, S. 34 f.)*

Revue geht nicht so weit wie Werner Maser, der seine Fälschung bis ins Physische hineintreibt: Hitler »konnte« und Hitler hätte sich in einem gesunden »Duo-orchismus«, einer Zwei-Eiigkeit, befunden, »nachgewiesen« mit Linges mehrmaliger Betrachtung des Hodensacks am nackten oder pinkelnden Hitler. *Revue* fälscht mehr atmosphärisch, mit Plakatierungen und Überschriften.

Dass auch *Revue* Wahrheits-widrig in den Linge-Text eingreift, kommt in einer Fülle von Inkorrektheiten zum Ausdruck, die in der Einzelstudie nach der Buch-Befreiung Linges aus dem Hausfrauen-Il-lustrierten-Dschungel vorgeführt werden müssen. Hier nur die eklatantesten: Sogleich zu Anfang von *Revues* Sich-Vertun mit dem Wort »Verhältnis«. Die Fälscher wollten eigentlich schreiben: »Das deutsche Volk wusste von dem tatsächlichen Verhältnis [zwischen Hitler und Braun] nichts.« – Statt dessen faseln sie davon, das »deutsche Volk« hätte über »die tatsächlichen Verhältnisse« »nichts gewusst«, was eine doppelte Verwirrung anrichtet: »Verhältnisse«? Um welche handelt es sich? – Hatte Hitler etwa sogar mehrere »Verhältnisse« mit Frauen? »[...] war ich der einzige Mann im Reich, der dabei war, wenn Hitler seinen Ehrgeiz als Staatsmann beiseite tat und ein Mensch wurde, ein Mann mit der Frau seiner Wahl.«

Die Braun-Hitler-Beziehung haben hautnah noch die Männer Arndt, Blaschke, Brandt, Döhring, Günsche, Hanfstaengl, Hasselbach, Hoffmann, Junge, Kempka, Krause, Misch, Morell, Schwarz und vor allem Schaub erlebt. Sich unter 16 Nahen zum Einzigen zu »stilisieren«, entlarvt einen Eingriff in den Text von fremder Seite her. Heinz Linge hätte so etwas Unrichtiges nicht sagen können. 16 Männer und dazu noch vier Frauen, drei Sekretärinnen und ein Zimmermädchen!

Die *Revue*-Macher haben entweder die 15 anderen Hitler-nahen Männer nicht gekannt und bildeten sich ein, Linge wäre »der einzige Mann« in Hitlers Leibnähe gewesen, oder die Ausschaltung der anderen 15 geschah böswillig zu Produkt-Werbungs-Zwecken.

Aus der Darstellung von drei Szenen kann das *Revue*-Gefummel in Linges Aussagen aufgedeckt werden:

1.: Die Braun-Hitler-Treffen ab 1932 in Hitlers Wohnung am Prinzregentenplatz.

»Zu dieser Zeit waren jene Tage längst vergessen, in denen Eva Braun ihren Geliebten heimlich in der kleinen Wohnung in der Prinzregentenstraße in München besuchte. Sie kam dann immer erst gegen Mitternacht, hatte ein kleines Köfferchen mit ihrem Nachtzeug und wurde von Hitler selber hereingelassen. Noch vor der Morgendämmerung, wenn die Straßen menschenleer waren, ging sie wieder fort.« (*a. a. O.*, Nr. 46 vom 12. November 1955, S. 49)

a) Hitler hatte keine kleine, sondern eine Neun-Zimmer-große Wohnung – nicht in der Prinzregentenstraße, sondern am Prinzregentenplatz.

b) Die Begegnungen zwischen Hitler und Braun müssen in die Zeit vor und nach Brauns zweiter Selbstmordversuchs-Demonstration Ende Mai 1935 unterteilt werden. Im *Buch Hitler* werden die Szenen nach Mai, ab etwa August 1935 genau beschrieben (»Wenn Hitler nicht da war, lebte« Eva Braun »förmlich auf«). Es wurde vom Original-Linge seinen russischen Vernehmern übermittelt, dass Eva Braun mit dem Auto zu Hitler fuhr oder mit einem solchen abgeholt und auch wieder zurückgebracht wurde. Sie hatte einen eigenen Wagen. Wenn Hitler in München eintraf und es ihm passte, wurde Eva Braun angerufen, sie möge sich in Bewegung zu ihm setzen. (*Eberle/Uhl*, S. 62)

Von März 1932 bis Februar 1935 hatte sich Eva Braun zu Fuß zu Hitler bewegen müssen. Aber das tat sie nicht um Mitternacht. Prinzregentenplatz-Haushälterin Anni Winter spricht von Tee-Besuchen und/oder gemeinsamen Abendessen. (*Winter* 48 II,

S. 4) – »Mitternachts« waren die »Rendezvous'« auf keinen Fall, weil da schon die für Hitler »geheiligte« Nachtarbeitszeit begonnen hatte. *(Winter 52, S. 2)* »Zu seinen Lebensgewohnheiten gehörte es, bereits in der Frühzeit nachts zu arbeiten und sehr spät schlafen zu gehen. Er schlief viel bei Tage«, berichtete Antonie Reichert, die Tochter von Hitlers zweiten Münchener Wohnungsgebern Maria und Ernst Reichert in der Münchener Thierschstraße 41. *(Reichert, S. 2)*

Mit dem *Revue*-Redakteur sind »die Pferde durchgegangen«. Er hat das räudige Kater-Schleichen zum Kätzchen mitten in der Nacht Seiten-verkehrt und Eva Braun mit Köfferchen zu dieser Uhrzeit als brünstige Katze in Richtung Kater am Prinzregentenplatz marschieren lassen. Selbstredend kannte der *Revue*-Redakteur 1955 noch nicht die Auskünfte der Zeitzeuginnen Reichert und Winter zu Hitlers Lebens- und vor allem Arbeitsgewohnheiten.

2.: Eva Brauns Autofahrt zu Hitler in den Reichskanzlei-Bunker April 1945.

»Meine Frau kannte Eva Braun gut. Deshalb sprach eines Tages Anfang 1945 Hitler mit meiner Frau, die Eva überreden sollte, von Berlin nach München umzuziehen, wo Hitler sie in größerer Sicherheit glaubte.

Zum ersten Mal legte nun Eva Braun eine große Entschiedenheit an den Tag. ›Frau Linge‹, sagte sie zu meiner Frau, ›ich bin bereit, nach München zu gehen. Aber wenn der Führer mich in vier Wochen nicht zurückholen lässt, komme ich auf eigene Faust wieder, und er kann machen, was er will – ich gehe nicht wieder fort.‹

Sie hielt ihr Wort und kehrte nach Berlin zurück, zu einem Zeitpunkt, an dem sie wissen musste, dass es eine Reise in den Tod war.« *(Linge 55/56, Nr. 46 vom 12. November 1955, S. 49)*

a) Eva Braun lebte »Anfang 1945« nicht in Berlin, sondern auf dem *Berghof* bei Berchtesgaden. Gemeldet war sie in München, wo ihr seit Anfang 1936 ein von Hitler geschenktes Haus gehörte. Sie hat Hitler »Anfang 1945« – Januar/Februar – in der Reichskanzlei nur besucht.

b) Sie ist endgültig erst Ende März bis Mitte April 1945 gegen Hitlers Willen zu ihm in den Bunker der Reichskanzlei gezogen und blieb dort bis zu ihrem Selbstmord. *(Kershaw 2000, S. 797, Anm. 1, S. 1029, NEUTRO, Keine Last-Minute-Erlösung Brauns durch Fegelein, Die fünfte Braun-Lüge, HETERO, Görtemakers gehäufte Counter-Faktizität)* Vorher hat Braun nie in Berlin gewohnt (Für beide Tatsachen – die Nein-Sagenden Julius Schaub [15.], Johanna Wolf [16.], Karl Wilhelm Krause [17.], Rochus Misch [18.], Thomas Orr [20.] und Erich Kempka [23.] in *ONANO).*

Deutsche Erstaufführung der inszenierten Ur-Liebesszene

3.: Die Steh-Umarmung Braun-Hitler auf dem *Berghof*, in die Linge geplatzt wäre: »Stellen Sie sich eine Wohnung mit dem Grundriss eines großen L vor! In dem langen Flügel lag Hitlers Arbeitszimmer, in dem kürzeren zwei Schlafzimmer und zwei Badezimmer. Neben einem Kamin gab es große Sessel und eine Couch. Vom Arbeitszimmer führte eine Tür in Hitlers Schlafzimmer, eine zweite, gegenüberliegende Tür verband das Arbeitszimmer mit einem Arbeitszimmer und einer kleinen Diele, von der aus man direkt in Evas Schlafzimmer gelangte. In Hitlers Zimmer stand eine doppelbreite Schlafcouch.

Zu der Wohnung gab es nur zwei Türen, eine zum Arbeitszimmer und die andere zu Evas Gemach, so dass sie dort hineingehen konnte, ohne das Arbeitszimmer betreten zu müssen.

Eva hatte die feste Gewohnheit, ihr Zimmer von innen abzuschließen, sobald sie es betrat, um schlafen zu gehen. Ich hatte ein Zimmer in nächster Nähe und wusste immer Bescheid, wenn Eva zu Hitler in das Arbeitszimmer gegangen war. Auch Hitler verschloss dann sein Arbeitszimmer immer von innen, so dass von diesem Augenblick an niemand die Wohnung betreten konnte.

Wenn ich sage, dass dies eine feste Gewohnheit war, so muss ich allerdings berichten, dass Hitler einmal vergessen hatte abzuschließen. Ich trat ein und fand Hitler und Eva in enger Umarmung. Es war offenkundig: Sie liebten sich. Ich bekam sofort eine ›Zigarre‹. Hitler war wütend auf mich, und es wäre mir wohl schlimmer ergangen, wenn Eva sich nicht für mich eingesetzt hätte. Sie hatte mich gern und betrachtete mich als den Menschen, der dem Führer, dem Mann, den sie liebte, am nächsten stand.« *(Linge* 55/56, Nr. 48 vom 26. November 1955, S. 35)

Diese Umarmungs-Szene mit den Darstellern Eva Braun und Adolf Hitler ist die Ur-Szene heterosexueller Landein-Landaus-Gepflogenheiten, in Millionen Wohnungen und Häusern das »gang-und-gäbe« vom Mann-und-Frau-sich-umarmenden-Beieinander-Stehen, um sich sogleich als Liebespaar den Freuden des geschlechtlichen Liegens hinzugeben. Und das soll in einer Beziehung geschehen sein, die für das *Sexuelle Niemandsland* auf Hunderten von Seiten fast ausschließlich ohne Geschlechtsleben, sondern als Geschlechtstod aufgedeckt wurde? Die häusliche Hitler-Braun-Liebes-Steh-Szene ist eine Erfindung der Hausfrauen-Illustrierten *Revue* und in die Aussagen von Hitlers Leibdiener Heinz Linge hineingeflickt worden.

Wie wollen Sie das wieder beweisen?! Auf erneut notwendigen mehreren von Seiten!

Der dritte Punkt der Nachweise, dass *Revue* in Linges Aussagen »zu bestimmten Zwecken« eingegriffen hat, ufert zu einem eigenen Kapitel aus. Das musste gemacht werden, weil die Steh-Umarmungs-Szene zwischen Braun und Hitler der Grundstein für die bis heute florierende Einbildung in der Hitler-Biografik wurde: Bei Hitler alles in (heterosexueller) Ordnung.

Werner Maser hat die Szene übernommen, heterosexuell aufgeplustert, mit anmachenden Details ausgeschmückt und in seinem Linge-»Diensttagebuch«-Schwindel *Bis zum Untergang* weltweit verbreitet. *(Linge* 82, S. 65) Die Verbreitung hält an – mit Masers Ultimo-Sexo zwischen Braun und Hitler, dem ehemaligen Hitler-Leibdiener Linge für *Bis zum Untergang* in die Feder gelegt: »An den Abenden, an denen Hitler sich auf dem ›Berghof‹ aufhielt, saß er gewöhnlich noch allein mit Eva Braun in seinem Arbeitszimmer zusammen, bevor sie zu Bett gingen. Sie trug dann meist nur noch einen Abendmantel oder einen Hausmantel und trank Sekt, während er seinen Tee zu sich nahm. Einmal betrat ich [Heinz Linge] das Arbeitszimmer, ohne zuvor angeklopft zu haben. Mitten im Raum hatten Hitler und Eva Braun sich umarmt. Mit hochrotem Kopf machte ich kehrt und verschwand wieder.« *(Linge* 80/82, S. 65)

Es geht zwar jetzt um das Kippen der Ur-Umarmungs-Szene, erfunden von den *Revue*-Machern oder Gespensterschreibern der Linge-Erinnerungen für die Serie in der Hausfrauen-Illustrierten zwischen Oktober 1955 und März 1956, aber gegen ein unverschämt erfundenes Zusatzdetail von Masers Linge-Verschnitt muss sofort »eingeschritten« werden. Sämtliche Zeugen von Hitlers »Zu-Bett-Geh«-Riten auf dem *Berghof* haben von Hitlers »Kamin-Nächten« berichtet. Es handelte sich dabei um ein Die-Nächte-Totschlagen, wobei es keine Minute mehr für das gab, was Maser spintisierte: »An den Abenden […] saß er gewöhnlich noch allein mit Eva Braun in seinem Arbeitszimmer zusammen […]« Nichts dergleichen! Alle Zeugen von Hitlers Nicht-zu-Bett-gehen-Wollen berichten von seinem Kleben auf einem seiner Wohnhallen-Herrensessel und seinem Sich-Verhaken in seinem Gelabere, bis Eva Braun totmüde allein hochgeschickt wurde, aber alle Gäste weiter bis in die frühen Morgenstunden aushalten mussten. *(HETERO, Des Biografen unlauterer Stelldichein-Wink, Das zweite Urszenen-Konstrukt zu Hitlers Heterosex)*

Maser war sich der Wirkung seiner noch ausgebauten, schon von *Revue* gefälschten Hitler-Braun-Umarmungs-Szene hundertprozentig sicher. Und er wird in dieser Annahme von seinen beiden Nachfahren in der nächsten Generation der Braun-Hitler-Biografik, Angela

Lambert und Volker Ullrich, bestätigt. Lambert bringt die Szene 2006/07 in ihrer – nach Nerin E. Gun – zweiten, Presse-umjubelten, Englisch-sprachigen Biografie Eva Brauns. (*Lambert* 06, S. 244 – mit Verweis in Fußnote 16 auf »Heinz Linge *Bis zum Untergang. Als Chef des Persönlichen Dienstes bei Hitler* [Munich: Herbig, 1983]« – entgegen ihrer sonstigen Gewohnheit ohne Seiten-Angabe). Das Wichtige für den weiteren Welt-Umlauf von Hitlers »Konnte« ist Lamberts freihändiger Schluss, den sie aus Masers *Revue*-Variation alias Linges »Diensttagebuch« *Bis zum Untergang* gezogen hat: »Er [Linge] mag die beiden [Braun und Hitler] nicht inflagranti geschnappt haben, aber das klingt sehr wahrscheinlich als das Vorspiel zum Liebemachen.« *(a. a. O.)*

Aus der Präsentation des Vertikalen – des Beieinander-Stehens von Braun und Hitler – wird bei den Rezeptoren dieser Szene sofort in die Imagination der Horizontalen zwischen Braun und Hitler gegangen. Dieses Kalkül von *Revue* und Maser ist bis ins dritte Jahrtausend hinein erfolgreich gewesen. Selbstverständlich kennt Braun-Biografin Lambert die Ur-Umarmungs-Szene in der *Revue* von 1955 nicht, weil sie wegen zu hoher Dornröschen-Hecken-Verwucherung in einer 50 Jahre alten Hausfrauen-Illustrierten für niemanden aus der Braun-Hitler-Forschung kritisch-analytisch begehbar ist. Daher kann Lambert nicht realisieren, dass Eva Brauns Bekleidung mit »nur noch einem Abendmantel« beim Hitler-Braun-Umarmungs-Stehen eine Hetero-Eindrucks-steigernde Zutat Masers in dessen gefälschtem Linge-»Diensttagebuch« ist.

Bei der Ur-Umarmungs-Szene in der *Revue* wird nicht gesagt, was Eva Braun während des »Liebes«-Stehens mit Adolf Hitler anhatte. Die *Revue*-Macher fälschen ohne Kostüm-Details, lassen Linge nur sagen: »Ich trat ein und fand Hitler und Eva in enger Umarmung. Es war offenkundig: Sie liebten sich.« Diese beiden Sätze sind alles, woraus die *Revue*-Urszenen-Fälschung besteht.

Lambert berichtet in einer Anmerkung zu ihrem Zitat aus Masers Linge-»Diensttagebuch«-Fälschung von einem Eva-Braun-Abendmantel-Thrill: »The brown satin brocade dressing gown described earlier; a full-length garment lined in black silk, fastened at the waist with one covered button, was sold by the Munich auction house of Hermann-Historica in 1989. (Lot 4544, auctioned on 10/11. November.)« *(a. a. O.,* Anm. 15) Welch eine Präzision herrscht da mit einem Mal beim »Liebe«- und Modemachen und bei der Bedienung der gegenwärtigen Nazi-Zeit-»Liebhaber« und »Liebhaberinnen«.

Biograf Ullrich fuhr nicht derart wie Lambert auf die Umarmungs-Steh-Szene ab, erfand aber dafür eine Vorlaufs-Szene zu dieser – das Märchen vom gemeinsamen Zu-Bett-Gehen des vernormten Paares Braun-Hitler. Diese Ullrich'sche Einbildung führt nach dem Treppe-Rauf der beiden zu besagter, *Revue*-gestellter Ur-Szene des umarmten Stehens in Hitlers Arbeitszimmer, bevor es im »angrenzenden« Braun-Schlafzimmer »zum Äußersten« zwischen den beiden »kommen« würde. *(HETERO, Des Biografen unlauterer Stelldichein-Wink, Das zweite Urszenen-Konstrukt zu Hitlers Heterosex)*

Die Lambert zu dankende Mitteilung von der Versteigerung des Nachtkleid-ähnlichen Braun-Abendmantels – den diese just bei diesem Stehen in Umarmung mit Hitler in seinem Arbeitszimmer auf dem *Berghof* gemäß Maser getragen haben soll – zeigt, wie Mode und unechte Heterosexualität eine fiese Allianz miteinander eingegangen sind: Das grässlichste, die grauenhaftesten Massenmorde »möglich« machende Monsterpaar »ist doch ›ein Teil von uns!‹«. Das soll beim Lesen der B.-H.-Steh-Umarmungs-Urszene gedacht werden, was millionenhaft mit dem Umlauf vom *Maser-Linge-Kombinat Bis zum Untergang* geschehen ist und permanent weiter geschieht. Andernfalls könnte sich diese Urszene ab *Revue* über Maser bis zu Lambert und Ullrich nicht so hartnäckig im öffentlichen Bewusstsein halten. Die Geilheit der Öffentlichkeit auf die Normalität des Paares Braun-Hitler entblößt die Geilheit der Öffentlichkeit auf die von diesem Paar in verteilten Rollen verbrochenen Genozide.

Knacken der Hetero-Urszene zwischen Braun und Hitler

Während der längsten Zeit der sieben Jahre anhaltenden Nonstop-Recherche an *Hitler 1 und Hitler 2* wurde angenommen, die Urszene »normaler« allabendlicher Heterosexualität wäre ein Teil des Eros-Show-Business' gewesen, das Hitler und Braun täglich veranstalteten, um ein »ordentliches« Mann-Frau-Paar vor dem nahen Dienst-Umfeld und den *Berghof*-Gästen darzustellen: Nicht nur mittags, nachmittags, abends und spät nachts sich als gespensterndes Ehepaar zu präsentieren, *(Junge 02, S. 66 ff., 73 ff., 88, 97 ff., 107 ff., 120)* sondern sich auch mal »andersrum« einem der nahen Diener direkt zur Schau zu stellen, um zu zeigen, wie es zwischen Hausherr und Hausdame knistert, damit Linge seiner Frau was zu erzählen hat, die es dann ins allgemeine deutsche Volk sickern lässt.

Die Urszene als eine »Sickertube« Gleitcreme für ein besseres Flutschen der Hetero-Demos: Absichtlich die Tür unverschlossen lassen, auf dass unser Leibdiener unsere Leiber auch einmal wirklich sieht – wenigstens beieinander stehend, damit »offenkundig« wird: »Wir lieben uns! Und werden sogleich beieinander liegen.« Erst nach der verhältnismäßig späten Durcharbeitung des *Revue*-Linges kann diese Version als Erklärung für das umarmende Miteinander-»Stehen« der in Wirklichkeit gegeneinander längst Erloschenen oder miteinander nie Entflammten Braun und Hitler nicht mehr angeboten werden.

Und dass Hitler und Braun sich doch noch einmal echt umarmt hätten? Sie wohnten auf dem *Berghof* zusammen, sie schliefen unter einem Dach – zwar nicht miteinander, aber in räumlicher Nähe zueinander. Sie hatten sich in den Tagen des *Chamberlainsofas* vielleicht umarmt *(ORALO, 6. bis 3. Ja-Sagerin)*. Aber beide denkbaren Möglichkeiten des Umarmt-Stehens von Braun und Hitler scheiterten an der Organisation des *Berghof*-Lebens, an der äußeren für die Eros-Show oder an der inneren für die Zärtlichkeit.

Den *Berghof* gab es erst seit Mitte 1936, als die intime Beziehung zwischen Hitler und Braun »von Hause aus« tot war. Schon im *Haus Wachenfeld* hatte Eva Braun nie mit übernachtet! *(HETERO, Kein Mitschlafen – kein Beischlafen)*

Linge war ab Anfang 1935 in Hitlers Dienst. Er konnte mit dem Betrachten der Einzelheiten zwischen Braun und Hitler erst anfangen, als das Verhältnis laut Eva Brauns *Tagebuch-Fragment* zwischen März und Juni 35 »eindeutig unnormal« geworden war. *(ORALO, sechste Ja-Sagerin)*

Auch die Show-Version musste gänzlich ad acta gelegt werden: Welch ein Timing wäre nötig gewesen, auf dass die Szene wirklich an Linge gelangen konnte. Das »hohe Paar« stellt sich hin, lässt die Tür absichtlich unabgeschlossen, damit der Leibdiener in Braun-Hitlers stehende Leiblichkeit hineinplatzen kann? Aber Braun/Hitler wussten ja nicht, ob Linge diesmal anklopft oder nicht. Normalerweise tat er es. Hitler hätte Linge gebeten haben müssen, etwas ins Arbeitszimmer zu bringen, wovon Linge aber nichts sagt. Wann kommt Linge zurück? Welch ein Umstand, derart in zeitlicher Ungewissheit in dieser Pose des Atem-in-Atems aushalten zu müssen – bei einem Paar, das nicht (mehr) ineinander verliebt ist! Die behauptete hinterherige Schimpfe passt nicht zur Anlockung Linges, damit er in das Braun-Hitler-Umarmungs-Stehen hereinplatzen kann.

Die äußeren und inneren Fragezeichen zur Braun-Hitler-Paar-»Aufstellung« *(Hellige)* verschwanden nach der Lektüre des *Revue*-Linges. Die Hausfrauen-Illustrierte unternahm keine wissenschaftliche Edition, sondern machte mit den Linge-Erinnerungen an Hitler, was sie wollte und geschäftlich brauchte.

Schließlich endeten das Rätseln und Vermuten und alle Beine konnten diesem fingierten Umarmungs-Stehen zwischen Braun und Hitler »abgenommen« werden, sodass das ganze Arrangement zu Boden fiel. Es hat überhaupt nichts mit den originalen historischen Personen Braun und Hitler zu tun. Es hat sich nicht zugetragen. Es entspringt der Erfindung einer Hausfrauen-Illustrierten.

Erstens. Ohne anzuklopfen in Hitlers Arbeitszimmer rein? Dienern wird Anklopfen so eingetrichtert, dass sie ohne den Beginn ihres Tuns mit Anklopfen ihren Beruf nicht ausüben könnten. Der Beruf heißt, »Herrschaften« aus einer Distanz heraus zu bedienen. Aller Dienerei Anfang ist das Anklopfen.

Zweitens. Vertan haben sich die Revue-Macher mit Hitlers Reaktion auf Linges angebliches Hereinplatzen in die Umarmung Braun-Hitler: »Ich bekam sofort eine ›Zigarre‹. Hitler war wütend auf mich, und es wäre mir wohl schlimmer ergangen, wenn Eva sich nicht für mich eingesetzt hätte.«

Da Revue manche Passagen, vor allem die »erotischen«, zweimal abgedruckt hat – einmal am Anfang als Auszug und später im laufenden Text –, können Vergleiche unternommen werden, denn die Wiederholungen sind nicht immer wortwörtlich miteinander identisch, woraus ein weiteres Mal deutlich wird: Es ist permanent redaktionell in die Linge-»Erinnerungen« eingegriffen worden.

Im Vorabdruck der Umarmungs-Urszene erscheint Hitler noch wütender: »Hitler war sehr wütend auf mich, und ich bekam eine furchtbare ›Zigarre‹. Vielleicht wäre noch Schlimmeres gekommen, wenn sich Eva Braun nicht für mich eingesetzt hätte […]«. (Linge 55/56, Nr. 46 vom 12. November 1955, S. 49)

Die »furchtbare Zigarre« und das »noch Schlimmere« wurden aufs Papier gesetzt, um auf die Rührungs-Drüsen des Zielpublikums »Hausfrau« zu drücken. Beim Reinkommen Linges in Hitlers Arbeitszimmer, ohne vorher angeklopft zu haben, soll Hitler dermaßen dekompensiert haben? Das passt kein bisschen zu der Rund-um-die-Uhr-»Ehe«paar-Show, die Hitler mit Braun betrieb. Mehr als umarmt beieinander stehend hatte Linge sie – gemäß der Fiktion – ja nicht mitbekommen. In der Auszugs-Vorabdruck-Version der Revue fehlt »Es war offenkundig. Sie liebten sich.« Und Hitler war fürs Nicht-Abschließen – gemäß des Konstruktes – selber verantwortlich.

Als überzogen und den Tatsachen des Verhältnisses Hitler-Linge widersprechend fliegt Hitlers gestellte Reaktion auf, wenn sie damit verglichen wird, mit welch großer Wertschätzung Hitler seinen Leibdiener und Bodyguard Heinz Linge betrachtete: »Wenn er mit der

Eisenbahn fuhr, war ich immer unmittelbar an seiner Seite. Wenn er im Wagen reiste, musste ich auf dem Platz hinter ihm sitzen. Ich weiß noch, wie er einmal zu mir sagte: ›Linge, ich bin froh, dass Sie hinter mir sitzen anstatt des Obergruppenführers [...], der mich mit seiner Pistole von hinten erschießt. Er nannte dabei einen bestimmten Namen [...]« *(a. a. O.)* Dass Linge im Auto oft hinter Hitler saß, ist auf vielen Fotos festgehalten. *(Linge* 80/82)

Einem so existentiell geliebten und gebrauchten Mann »verpasste« Hitler keine »furchtbare ›Zigarre‹« wegen einer derartigen Lappalie. Von »noch Schlimmerem« wie Kündigung oder Verfrachtung in ein KZ nicht zu reden.

Die Wahrheit der Innenarchitektur

Drittens. Die oral-vaginale Beziehung zwischen Hitler und Braun 1932–1935 konnte über Interior Design rekonstruiert werden.

Die Innenarchitektur und die realen Verhältnisse unter den Mietparteien Hitler und dem Ehepaar Anni und Georg Winter in Hitlers Münchener Wohnung am Prinzregentenplatz »ergaben« – in Zusammenhang mit der vierten und dritten Ja-Sagerin Schirach und Ostermayr – das Oral-Vaginal auf dem *Chamberlainsofa*: Gedanklicher Rausschmiss der nach Geli Raubals gewaltsamem Tod Polizei-direktiv in die Münchener Hitler-Wohnung virtuell einquartierten »Familie Reichert« = Reicherts nie bei Hitler als Untermieter gewohnt! *(ORALO, Hitlers Herrensofa-»Fetischismus«, Zweites Buch)*

Jetzt kann die bisher so unerhört »tragfähige« Braun-Hitler-Umarmungs-Urszene ebenfalls mit Architektur-Feststellungen »gestrichen« werden. Die *Revue*-Macher haben für ihre Urszenen-Erfindung absichtlich und unabsichtlich Fehler bei der Wiedergabe der *Berghof*-Architektur gemacht. Der Zimmer-Aufriss im ersten Stock des umgebauten *Hauses Wachenfeld*, wie er in *Revue* vorgestellt wird, ist falsch. Er wurde als »Aufmacher« zum besseren Funktionieren der Braun-Hitler-Umarmung gebraucht, stimmt aber mit der tatsächlichen Raum-Anordnung auf dem *Berghof* nicht überein. Solch ein Fehler kann Linge selbst nicht passiert sein, da er die örtlichen Gegebenheiten während der neun Jahre seiner Tätigkeit dort genau kannte. Die falsche Innenarchitektur entlarvt den Einschub der Umarmungs-Urszene durch die *Revue*-Macher.

Linge in der *Revue*-Version: »Stellen Sie sich eine Wohnung mit dem Grundriss eines großen L vor! In dem langen Flügel lag Hitlers Arbeitszimmer, in dem kürzeren zwei Schlafzimmer und zwei Badezimmer

[...] Vom Arbeitszimmer führte eine Tür in Hitlers Schlafzimmer, eine zweite, gegenüberliegende Tür verband das Arbeitszimmer mit einem Arbeitszimmer und einer kleinen Diele, von der aus man direkt in Evas Schlafzimmer gelangte.« *(Linge* 55/56, Nr. 48 vom 26. November 1955, S. 35)

Schon bei der ersten Lektüre dieser Zimmer-Anordnung geschah ein Stutzen:»L-Grundriss«? Hitlers Arbeitszimmer im einen Flügel, Braun-Hitlers Schlafzimmer und Bäder im anderen? Können bei dieser Winkel-Anordnung nicht beide Schlafzimmer eine Tür zu Hitlers Arbeitszimmer gehabt haben.

Die *Revue*-Fälscher passten nicht auf. Vor allem: Was soll das zweite »Arbeitszimmer«? – Freudsche Fehlleistung! Die »gegenüberliegende Tür« von Hitlers Arbeitszimmer verband entweder nur »eine kleine Diele« mit dem einen Hitler-Arbeitszimmer oder direkt mit Eva Brauns Schlafzimmer.

Oder hatte auch sie ein »Arbeitszimmer«, das sich »gegenüberliegend« von Hitlers Arbeitszimmer befunden haben sollte? – In der »Führer«-»Mätressen«-Suite im ersten Stock des *Berghofes* gab es kein »Arbeitszimmer« Eva Brauns, was durch den Abdruck des Grundrisses deutlich geworden ist. (B. 10, *Stratigakos*, S. 76 f.)

Es hätte bei der räumlichen Anordnung der Umarmungs-Szene heißen müssen:»Eine zweite, gegenüberliegende Tür verband Hitlers Arbeitszimmer mit einer kleinen Diele, von der aus man direkt in Evas Schlafzimmer gelangte.«

Aber auch das ist nach Kenntnis von Gerdy Troosts *Berghof*-Grundrissen und Traudl Junges Darstellung falsch, die sogleich zu Wort kommen wird. Kurz nach der Lektüre des *Revue*-Linges wurden die beiden unbeeinflussten Zeuginnen der Innenarchitektur des ersten *Berghof*-Stocks herangezogen, Traudl Junge und Anna Plaim-Mittlstrasser. In den Schilderungen beider ehemaliger Hitler-Angestellter wird die Anordnung der Zimmer im ersten Stock des *Berghofes* so dargestellt, dass Eva Brauns Schlafzimmer keinen direkten Zugang zu Hitlers Arbeitszimmer hatte.

Diese von zwei verschiedenen Zeuginnen zu verschiedenen Zeiten vorgenommene Darstellung stimmt vollkommen mit Linges L-Form überein, die einen solchen Zwei-Türen-Zugang zu Hitlers Arbeitszimmer auch schon unmöglich gemacht hat.

Am deutlichsten ist Traudl Junges Beschreibung. Junge wurde im November/Dezember 1942 für die Position der vierten Hitler-Sekretärin ausgewählt. Sie verbrachte zuerst drei Monate im »Führer«-Hauptquartier *Wolfsschanze* an der Ostfront und wechselte mit

Hitler und dem Tross von Beipersonen im März 1943 auf Hitlers Landsitz *Berghof* bei Berchtesgaden.

Junges Bericht gibt ihre erste Begegnung mit dem Gebäude-Komplex wieder. Die junge Frau zieht im Geiste in ihren 1947 verfassten Erinnerungen durch den ganzen »Komplex«, befindet sich bei der folgenden Passage im ersten Stock auf dem Flur zu den Privatgemächern Hitlers und Brauns: »[...] ein sehr breiter Korridor wirkte fast wie eine Halle [...] Gleich die erste Tür links nahe der Treppe führte zu einem kleinen Zwei-Zimmer-Appartement mit Bad, das der Dienst-habende Diener und der Chauffeur bewohnten; gegenüber auf der rechten Seite des Korridors hatten die Zofen von Eva Braun eine kleine Bügelkammer. Vor der nächsten Tür [auf der rechten Seite neben der Zofen-Kammer] saßen rechts und links [von der Tür] wie aus Bronce gegossen zwei schwarze Scotch-Terrier. Die Türhüter der Hausherrin. Unbeweglich saßen sie an ihren Plätzen, bis die Frau des Hauses erwachte und Stasi [!] und Negus sie begrüßen durften. Das folgende Zimmer [auf der rechten Seite] war Hitlers Schlafzimmer. Dazwischen lag ein großes Badezimmer, das jedoch von außen keinen Eingang hatte. Damit war die Länge des Korridors ausgefüllt. Die Flügeltür auf der Schmalseite [des Ls] führte zu Hitlers Arbeitszimmer [...] Gegenüber von Eva Brauns Zimmer führten ein paar Stufen ... zum Übergang vom ursprünglichen Haus Wachenfeld zum großen Berghof. Am Ende dieses Übergangs stiegen wir die Treppen wieder hinunter und traten in das Wohnzimmer ein [...].« *(Junge 02, S. 68 f.)*

Junges Innenarchitektur stimmt mit Linges L-Anlage der Zimmer überein, aber es war umgekehrt: Der kurze Querboden des Ls wurde von Hitlers Arbeitszimmer eingenommen, der Längsbalken beherbergte rechts und links das Diener/Fahrer-Appartement, die Zofen-Plättkammer, Eva Brauns Schlafzimmer, die Bäder für beide Schlafzimmer und Hitlers Schlafzimmer. Hier ein unbedeutender Irrtum: Junge muss nur das Braun-Bad inspiziert haben und spricht daher von einem »Bad«, während der Grundriss deutlich zwei Bäder aufzeigt, für jedes Schlafzimmer eines.

Doch wieder ist unverwechselbar klar in Junges Schilderung: Zugang zu Hitlers Arbeitszimmer gab es nur von Hitlers Schlafzimmer aus. Eva Brauns Schlafzimmer war von Hitlers Arbeitszimmer durch drei Räume getrennt, Hitlers Schlafzimmer, das Hitler-Bad und das »Kofferkammerl«, von dem das ehemalige Zimmermädchen Anna Plaim-Mittlstrasser berichtet: »Der so genannte ›Kofferraum‹ hatte zwei Türen. Die eine war auf der Seite von Hitlers [Schlaf-]Zimmer.

Und als wir durch die zweite Tür gingen, kam Gretel auch gleich auf den springenden Punkt zu sprechen: ›Und das hier ist das Zimmer von der Eva Braun [...]‹ [...] – und dass sein [Schlaf-]Zimmer und das Schlafzimmer Eva Brauns lediglich durch ein Kammerl getrennt waren, das ›Kofferraum‹ hieß [...].« *(Plaim/Kuch,* S. 38 f.)

»Die restliche Zeit hat Hitler in seinem Arbeitszimmer verbracht, wo man ihn keinesfalls stören durfte. Ich glaube, das hat auch in gewisser Hinsicht für Eva Braun gegolten.« *(a. a. O.,* S. 72 f.)

»Die Aufenthalte im Teehaus haben normalerweise ungefähr eine Stunde gedauert. Nicht länger. Danach hat sich Hitler sofort wieder in sein Arbeitszimmer zurückgezogen. Alleine. Und das bedeutete, dass im Haus wieder absolute Ruhe herrschen musste, damit er auf keinen Fall gestört wurde.« *(a. a. O.,* S. 75)

»Vom Gang aus kam man in das Arbeitszimmer Hitlers.« *(a. a. O.,* S. 105)

»Und dann war da noch das Badezimmer mit einer Badewanne, einem Waschbecken und einer Waage, die ich auch fast täglich benutzt habe [...] Daneben gab es dann den so genannten Kofferraum, durch den man in das Zimmer von Eva Braun kam.« *(a. a. O.,* S. 108)

Seit Despina Stratigakos' Publikation des Gerdy-Troost'schen Grundrisses der zwei *Berghof*-Stockwerke in ihrem Buch *Hitler at Home* kann jeder endlich genau sehen, wie die Anordnung der Zimmer architektonisch gewesen ist, wo es Türen gab und vor allem wo nicht. Außerdem kann realisiert werden, dass die zwei Braun- und Hitler-Leibfrauen, »das Zimmermädchen Anna« und die Sekretärin Traudl Junge, die Wahrheit sagten, die *Revue*-Zimmer-Anordnung jedoch komplett erfunden ist. (B. 10)

Neben der falschen Aneinanderrückung von Hitlers Arbeitszimmer und Brauns Schlafzimmer gibt es noch drei weitere innenarchitektonische Falschdarstellungen, die zum Zwecke der »Erotisierung« Braun-Hitlers absichtlich gemacht wurden: Hitlers schmale Bettstelle wurde verbreitet, auf dass »es« nach dem Umarmungs-Stehen in seinem Arbeitszimmer sogleich »zum Äußersten« des gemeinsamen Umbeinungs-Liegen auf Hitlers »doppelbreiter Schlafcouch« in seinem Schlafzimmer kommen konnte *(Deutsche Erstaufführung der inszenierten Ur-Liebes-Szene).*

In Kontrast dazu beschreibt das ehemalige »Zimmermädchen Anna«, wie die echte Gestalt der Braun-Hitler-Betten war, wonach sich ihr Gesprächspartner Kurt Kuch erkundigt: »Und wie sah es in Hitlers Schlafzimmer aus?« – »Ich habe ein sehr einfaches Bett in Erinnerung. Schon damals habe ich mich darüber gewundert, dass der Führer nicht einmal eine Daunendecke hatte, sondern mit einer gewöhnlichen Steppdecke schlief.« *(Plaim/Kuch,* S. 107)

»Hatte Hitler eigentlich ein Einzel- oder ein Doppelbett?« – »Er hatte ein einfaches Einzelbett. Ein ausgesprochen schlichtes Einzelbett.« – »Und Eva Braun?« – »Deren Bett war größer. Außerdem konnte man ihr Bett zu einer Sitzcouch umfunktionieren, die dann wie eine richtige Wohnzimmer-Couch aussah.« *(a. a. O.,* S. 108).

Die *Revue*-Macher legen Linge das Gegenteil in den Mund: »In Hitlers [Schlaf-] Zimmer stand eine doppelbreite Schlafcouch.« *(Linge, a. a. O.)*

Es handelt sich bei dem *Revue*-Bett-Umtausch nicht um das Arbeitszimmer, sondern um das Schlafzimmer Hitlers. Das Mobiliar in Hitlers Arbeitszimmer hatte *Revue* schon kurz zuvor abgehakt: »Neben einem Kamin gab es große Sessel und eine Couch.« *(a. a. O.)*

Für die »Untermalung« der Umarmungs-Szene wurde das Bett in Hitlers Schlafzimmer einfach ausgewechselt: Fälschung! »Stellen Sie sich eine Wohnung mit dem Grundriss eines großen L vor! In dem langen Flügel [falsch: es war der kurze Flügel] lag Hitlers Arbeitszimmer, in dem kürzeren zwei Schlafzimmer und zwei Badezimmer [falsch: in dem längeren L-Flügel lagen die zwei Schlafzimmer, die Kofferkammer, die zwei Badezimmer und die Plätt-Stube]. Neben einem Kamin [in Hitlers Arbeitszimmer] gab es große Sessel und eine Couch. Vom Arbeitszimmer führte eine Tür in Hitlers Schlafzimmer, eine zweite, gegenüberliegende Tür verband das Arbeitszimmer mit einem Arbeitszimmer und einer kleinen Diele, von der aus man direkt in Evas Schlafzimmer gelangte.[falsch] In Hitlers [Schlaf]Zimmer stand eine doppelbreite Schlafcouch.«

Alles falsch! Richtig ist: Es gab keine zweite, gegenüberliegende Tür zum Eva-Braun-Trakt. Die zweite Tür von Hitlers Arbeitszimmer ging auf den Flur. Die erste Tür führte nur in Hitlers Schlafzimmer. Erst von dort gab es eine zweite Tür zur »Kofferkammer«, von der es weiter ging in Brauns Schlafzimmer.

Wie gerade Anna Plaim-Mittlstrasser zitiert wurde, stand in Hitlers Schlafzimmer keine »doppelbreite Schlafcouch«, sondern »ein einfaches Einzelbett. Ein ausgesprochen schlichtes Einzelbett.« Demgegenüber war Eva Brauns Bett in ihrem Schlafzimmer in der »Führer«-»Mätressen«-Suite »größer. Außerdem konnte man ihr Bett zu einer Sitzcouch umfunktionieren, die dann wie eine richtige Wohnzimmer-Couch aussah.«

Plaim-Mittlstrassers Beschreibung des Hitler-Bettes als »einfaches Einzelbett« entspricht den Tatsachen. Hitler hatte in allen seinen Domizilen, in München, in der Reichskanzlei und in den »Füh-rer«-Hauptquartieren immer »einfache Einzelbetten«, wie aus den Zeugnissen von Ernst Hanfstaengl, Marianne Hoppe und Heinz Linge schon deutlich wurde. Nix mit »doppelbreiter Schlafcouch«!

Wem bei der Beschreibung von Hitlers »ausgesprochen schlichten Einzelbetten« in allen seinen Schlafzimmern es nicht bereits anti-he-terosexuell »geklingelt« hat, den und die entlarven Einfältigkeiten bis Störungen im sexuellen Denken.

»Liebe und Arbeit« – nicht die Quellen des unholden Paares

Die Umarmungs-Lüge wird 1955 von der Hausfrauen-Illustrierten *Revue* mit vier »Begleit-Lügen« gestützt, bevor es 25 Jahre später 1980 »zum Äußersten« von Masers »Nackt unterm Abendmantel« »gekom-men ist«, den Eva Braun beim gemeinsamen Stehen mit Hitler in des-sen Arbeitszimmer getragen hätte. *(Linge* 80)

Aber die ersten zwei »Bei-Lügen« der *Revue*, betreffend Bett und Türen sind auch »nicht ohne«! Zwei Türen in Hitlers Arbeitszim-mer vereinten es mit Brauns Schlafzimmer. Und die Betten wurden umdrapiert. Auch der »Führer« bekam in sein Schlafzimmer eine »doppelbreite Schlafcouch« organisiert. Auf der konnte es direkt vom Arbeitszimmer aus in sein Schlafzimmer mit Eva Braun *in medias res* gehen. Zwei Schlafzimmer zum Abwechseln, direkt aus seinem Arbeitszimmer zu erreichen! Mal in ihrem, mal in seinem »Liebe machen«. Liebe liebt Abwechslung und Rollentausch. Mal verführt er sie, mal überfällt sie ihn – direkt aus ihrem Schlafzimmer mit ihrem schon halb geöffneten »Abendmantel«, durch die »zweite Tür« in sein Arbeitszimmer eindringend.

Ein eisernes, enges Ein-Personen-Bett in Hitlers Schlafzimmer, wie das ehemalige »Zimmermädchen Anna« es bezeugte? – I woher denn? Dann wäre für die Hausfrauen ja gar nichts mehr zwischen »Adolf and Eva« in seinem Schlafzimmer vorstellbar.

Die *Revue*-Macher müssen von Hitlers ehemaligem Leibdiener Heinz Linge zuvor die Wahrheit gesagt bekommen haben, was mit Linges L-Konstruktion, die im aufgemischten Text stehengeblieben ist, sich selbst aufdeckt. Bei der L-Anlage des Flures im ersten Stock vom *Berghof*, die 50 Jahre später von Traudl Junge und 60 Jahre später von Troost/Stratigakos bestätigt wird, ist keine »Berührung« zwischen Hitlers Arbeitszimmer und Eva Brauns Schlafzimmer möglich.

Die *Revue*-Macher haben gedacht, ihr Zielpublikum »deutsche Hausfrau« hätte sowieso keinen architektonischen Sachverstand, die Fälschung käme als wahr rüber. Hauptsache, Hitlers und Brauns Schlafzimmer sind so eng wie möglich miteinander verbunden. Die Nähe über eine Kofferkammer reichte für die anzukitzelnde Fantasie der Hausfrauen nicht aus. Eva Braun sollte auch dem arbeitenden Hitler ganz nah sein, ihm fast auf dem Schoß sitzen. Noch wenn er arbeitet, erwartet er sie oder will gleich danach zu ihr stürmen und nicht noch einem Adjutanten, Diener, Fahrer auf dem Flur begegnen müssen.

Plaim-Mittlstrasser sagt es zweimal: Niemand durfte Hitler im Arbeitszimmer stören, auch Eva Braun nicht. Hitler hat die Pläne zum Umbau selbst entworfen. Unmöglich, dass er sein »Tschapperl« aus ihrem Schlafzimmer so eins, zwei, drei in seine konzertierte Destruktions-Konzentration hätte fahren lassen wollen – mit was für Privat-Gelüsten auch immer. Eva Brauns Schlafzimmer lag in der Wirklichkeit der seriös übermittelten Architektur drei Räume von Hitlers Arbeitszimmer entfernt. Am Tage waren beide Schlafzimmer unberührt, wie »Zimmermädchen Anna« berichtet. (Plaim/Kuch, S. 75)

Und dass dieses »Unberührt« daher kam, weil Eva Braun im Verlaufe ihrer Existenz als Hitlers virtuelle Demo-»Gattin« überhaupt nicht mehr im großen L des ersten Berghof-Stocks wohnte und schlief – das wussten nicht einmal die Braun- und Hitler-Nahen Junge, Linge und Plaim-Mittlstrasser. (HETERO, 7. Ja-Sagerin, Gretel Mittlstrasser, 28. Nein – Der Einsturz der »Führer«-»Mätressen«-Suite) Vom Unterm-Dach-Leben in ihrem Frauenstaat kam Eva Braun dann prozedurischer Weise zu einer Umarmungs-Steh-Szene mit Hitler niemals mehr herunter.

Traudl Junge und Anna Plaim-Mittlstrasser haben ihre Erinnerungen an den Berghof erst 60 Jahre nach ihren Erfahrungen dort publiziert. Hätte sich Anna Plaim-Mittlstrasser in ihren Gesprächen mit Kurt Kuch nach 60 Jahren hier und da einmal irren können, so hat Traudl Junge ihre Aufzeichungen sofort zwei Jahre nach 1945 gemacht und mit der Publikation 55 Jahre gewartet. Sie hatte 1947 weder Gedächtnis-Lücken, noch motivierten sie unlautere Geschäftsinteressen zur Publikation, wie sie der Hausfrauen-Illustrierten Revue vorzuwerfen sind. Es waren Gespräche mit André Heller und Melissa Müller, die Junge dazu bewogen, ihre schon geschriebenen Memoiren in der damaligen Fassung nahezu unverändert herausgeben zu lassen. (Heller/Schmiderer, Müller, M., S. 231 ff.) Der Vorzug an Genauigkeit liegt bei Traudl Junge. Ihr Bericht stimmt von der Flurseite her mit der Zimmer-Innenschau Anna Plaim-Mittlstrassers überein.

Die *Revue*-Macher fallen mit ihrer Fälschung dreimal hinten runter: durch die Junge- und die Plaim-Mittlstrasser-Erinnerungen und durch die nicht-veränderte Linge-Passage zur L-Architektur des ersten Stocks mit Hitlers Privatgemächern. Traudl Junge ist den Flur im ersten Stock des *Berghofs* Dutzende Male entlangegangen. Gerade Hitlers Arbeitszimmer war zeitweilig auch das ihre, wenn Hitler sie für Diktate benötigte.

Die *Revue*-Macher hatten ein sexual-ideologisches Interesse daran, die von ihnen inszenierte Urszene des Braun-Hitler-Umarmungs-Stehens in Hitlers Arbeitszimmer mit einem falschen Räume-Arrangement abzustützen. »Liebe und Arbeit sind die Quellen des Lebens. Sie sollen es auch regieren.« *(Sigmund Freud)* Arbeit und Liebe: die Erfindung ungetrübter Mann-Frau-Harmonie = Arbeit und Liebe jedoch nicht etwa für jeden Menschen paritätisch gleich verteilt in seinem Leben, sondern zwischen den Geschlechtern aufgespalten. Er arbeitet, sie liebt! Und damit diese gesellschaftliche Zerrissenheit auch zwischen Hitler und Braun klappt, musste Brauns Schlafzimmer in der »Führer«-»Mätressen«-Flucht eine Tür zu Hitlers Arbeitszimmer suggeriert bekommen. Im halb geöffneten, 50 Jahre später versteigerten »Abendmantel« schlüpft Eva Braun zu Adolf Hitler: Geliebter! O komm! Nur du! Und Hitler? Der ist, der hat, der kann, der steht mit der Eva Braun mitten in seinem Arbeitszimmer! Ja, dann steht doch auch sein – für Braun gezückter – ihr immer treuer »Hansemann«, der die beiden in Umarmung Stehenden sogleich zum Umbeinungs-Liegen bringen wird. So etwas glauben 50 bis 60 Jahre später sexualwissenschaftlich auf der Stufe von Vorpubertären »stehen« gebliebene Hitler- und Braun-Biografen!

Volker Ullrich rutscht an der Szene nicht so ab wie Angela Lambert, aber Ullrich erfand das »Zu-Bett-geh-Märchen«, die zweite Urszenen-Fälschung. Ob gemeinsames Stehen oder gemeinsames Zu-Bett-Gehen – beide Jahrtausendwende-Hitler-Braun-Biografen verlegen danach das unholde Paar in ein gemeinsames Bett. Die Braun-Biografin Heike Görtemaker macht das ebenfalls, nur nicht so platt wie ihre Vorläuferin Lambert und ihr Kollege Ullrich.

Linge als Amor zwischen dem Pseudo-»Liebesnest«-Paar?

Und etwas schon angekündigtes viertes Gefälschtes wird aus den Traudl-Junge-Schilderungen der Zimmer-Anordnung der oberen Hitler-Privat-Räume klar: Ein Extra-Linge-Zimmer gab es nicht. Auch dieses Detail erfinden die *Revue*-Macher, wenn sie Linge sagen lassen:

»Eva hatte die feste Gewohnheit, ihr Zimmer von innen abzuschließen, sobald sie es betrat, um schlafen zu gehen. Ich hatte ein Zimmer
in nächster Nähe und wusste immer Bescheid, wenn Eva zu Hitler in
das Arbeitszimmer gegangen war. Auch Hitler verschloss dann sein
Arbeitszimmer immer von innen, so dass von diesem Augenblick an
niemand die Wohnung betreten konnte.« (*Deutsche Erstaufführung
der inszenierten Ur-Liebesszene*)

Die Tür ist ins Schloss gefallen. »Wohnung« heißt: Fünf Räume
hatten die »Liebesnestler« mit drei Betten und zwei Badewannen. Das
durchsichtige Nachthemd Eva Brauns braucht nur noch abgestreift
oder der pure Maser'sche »Abendmantel« fallengelassen zu werden – und los gehts!

Gemäß der echten Architektur des oberen Stockwerks von Hitlers
Privaträumen hatte Linge kein »Zimmer in nächster Nähe«. Er war in
einem der zwei Zimmer des »Dienst-habenden Diener-Fahrer-Appar-
tements« vorn an der Treppe untergebracht, wie Traudl Junge schreibt:
»Gleich die erste Tür links nahe der Treppe führte zu einem kleinen
Zwei-Zimmer-Appartement mit Bad, das der Dienst-habende Diener
und der Chauffeur bewohnten.« (*HETERO, Die Wahrheit der Innenarchitektur*)

Möglich, dass aus dem Zwei-Zimmer-Appartement für Diener und
Fahrer noch hörbar war, ob Eva Braun aus ihrem gegenüberliegenden
Schlafzimmer herauskam. Aber unmöglich, dass Linge auch vernommen haben könnte, dass Braun den langen Flur bis zum Ende ging und
in Hitlers Arbeitszimmer verschwand. Und warum derart demonstrativ umständlich der Gang Brauns über den Flur von außen? Sie hätte
doch zu Hitlers Arbeitszimmer einen viel direkteren Zugang von innen
her gehabt, nämlich von ihrem Schlafzimmer über die Kofferkammer
zu Hitlers Schlafzimmer und von dort in sein Arbeitszimmer.

Es gibt keinen Grund, warum Traudl Junge das Diener/Fahrer-Ap-
partement Wahrheits-widrig nach vorn an die eine der Treppen verlegt haben sollte, am weitesten entfernt von Hitlers Arbeitszimmer.
Der Grundriss des ersten Stocks im *Berghof* bestätigt ihre Aussage.
Junge war mit einem Hitler-Leibdiener liiert und dann verheiratet, mit
Hans-Hermann Junge. Somit kannte sie den ersten Stock nicht nur aus
der Perspektive von Hitlers Arbeitszimmer, sondern sie kannte den
Flur auch aus der Perspektive des Diener/Fahrer-Appartements, weil
ihr Mann genau dort in einem der Zimmer untergebracht war, wenn
er auf dem *Berghof* Dienst hatte.

Was es auf dem Grundriss des ersten *Berghof*-Stocks noch zu sehen
gibt, ist eine Ansammlung von drei Zimmern um die Treppe herum,

in Kombination mit einem Bad. Zu dieser Anlage gibt es keinen Kommentar von Traudl Junge. Daher ist alles denkbar: Zimmer für den Anhang der Diener oder für einzelne Kurzfrist-Gäste.

Wieder kommt zum Vorschein, dass *Revue* mit der gefälschten Linge-Passage etwas beabsichtigte. Zunächst musste unbedingt vertuscht werden, dass das Diener/Fahrer-Appartement direkt gegenüber von Eva Brauns Schlafzimmer in der »Führer«-»Mätressen«-Suite lag. Diese Vis-à-vis-Anlage ätzte jedes heiße sexuelle Interesse Hitlers an Eva Braun weg. Hitlers Arbeitszimmer und Eva Brauns Schlafzimmer lagen nicht in »nächster Nähe« zueinander, dafür das Doppel-Begleiter-Appartement und Eva Brauns Schlafzimmer.

Ein echt verliebter Mann hätte solch eine Kombination nicht entworfen und bauen lassen, war sie doch fast eine Aufforderung an Eva Braun, spätabends anstatt den langen Gang zum Arbeitszimmer des Hausherrn zu gehen, sich direkt rüber zu den immer jungen Hitler-Leib-Männern zu schleichen und in deren Zimmern zu verschwinden. Der notorisch Nacht-arbeitende Sexmuffel A. H. hätte nichts von diesem Gang Eva Brauns in die Jung-Männer-Zimmer mitbekommen.

Unstrittig ist, dass Hitler selbst es war, der 1935 für den Umbau seines 1928 zuerst gemieteten *Hauses Wachenfeld* die Entwürfe skizziert hat, aus denen dann von einem Profi-Architekten die Baupläne angefertig wurden. *(Ullrich, S. 673)* Hitler hätte alle Macht gehabt, ein gänzlich anderes Raum-Arrangement für seine Privat-Gemächer vorzunehmen.

Ehe sich bei den *Revue*-Leserinnen in Ansehung der Merkwürdigkeit der Zimmer-Anlage »Braun gegenüber den Leib-Dienenden« hätten Fragezeichen erheben können, musste eine konträre Vorstellung in die Hausfrauen-Fantasien implantiert werden: Linge wurde zu einer Art Amor zwischen dem umarmt stehenden und alsbald »umbeint« liegenden »Liebesnest«-Paar Braun und Hitler arrangiert. Er sollte dieser fingierten Urszene so nah wie möglich gerückt werden, damit sein Reinplatzen in sie plausibel wirkt.

Aber gerade damit hat sich *Revue* das eigene Grab gegraben, wie sich nach der Überprüfung der Glaubwürdigkeit des Gedruckten ergab: Durch einen so langen Flur von Linges Zimmer in dem Diener/Fahrer-Appartement bis zu Hitlers Arbeitszimmer zu gehen, um dort ohne anzuklopfen einfach die Tür zu öffnen? – Unmöglich! Der Gang durch den Längsbalken-L-Flur von links, vom Diener/Fahrer-Appartement, am rechts gelegenen Dienstmädchen-Plätt-Raum, an Brauns Schlafzimmer, der Kofferkammer und Hitlers Schlafzimmer vorbei, bis zum Arbeitszimmer – da schiebt sich unerbittlich das Anklopfen in die Gedanken eines Dieners. Mit unwillkürlich schnellem »Reinplatzen« ist hier nichts!

In *Revues* Erst-Vorstellung dieser Szene in den vorweg abgedruckten Auszügen – gemacht, um die Leserinnen zu Voten zu bewegen: Wollt Ihr den totalen Linge? – kommt das Arrangement von Paar und Amor noch deutlicher zum Vorschein als im laufenden Linge-Gesamt-Text ab Ende November 1955. Beide stimmen nicht wortwörtlich miteinander überein – ein weiterer Hinweis auf die Eingriffe der *Revue*-Macher in die Linge-Aussagen. Die vorweg abgedruckten Auszüge sind immer anders als der laufende Text: »Nach dem Umbau des ›Berghofs‹ bei Berchtesgaden im Jahre 1936 enthielt dieses große Haus einen Trakt, den man die Privatwohnung nennen könnte. Sie bestand aus einem Arbeitszimmer (das nicht mit dem berühmten großen Raum mit dem riesigen Fenster verwechselt werden darf) [der im Parterre lag], zwei Schlafzimmern, zwei Badezimmern und einem kleinen Raum für mich. Beide Schlafzimmer hatten direkten Zugang vom Arbeitszimmer. Vor dem Zubettgehen schlossen Hitler und Eva Braun immer die Türen von innen zu. Ein einziges Mal passierte es, daß ich spät abends noch etwas im Arbeitszimmer zurechtlegen wollte – ich trat ein und sah Hitler und Eva Braun in enger Umarmung.« [Der Zusatz in der später abgedruckten Komplett-Fassung »Es war offenkundig. Sie liebten sich.« fehlt.] *(Linge* 55/56, Nr. 46 vom 12. November 1955, S. 49)

Es gab kein »Zimmer für Linge«. Linge teilte das Diener-Fahrer-Appartement mit dem jeweiligen Fahrer, meist Erich Kempka, der, wie über den 23. *Nein-Sager* berichtet wurde, aus gleicher Nähe/Ferne zu den Privaträumen des obersten Staatsterror-Paares die »Führer-Geliebte« zur »unglücklichsten Frau Deutschlands« gekürt hatte. *(ONANO)* Im Leben der »Miss Unhappy« waren solche stehenden Umarmungen mitten im Arbeitszimmer Hitlers nicht drin.

Für den *Revue*-Schwindel von »einem kleinen Raum für mich« wird das »Kofferkammerl« zu einer Linge-Kammer »umgebaut« und Linge dem »Eltern«-Paar Braun/Hitler als »Sohn« untergejubelt, der direkt zwischen, ja fast bei ihnen geschlafen hätte. Selbstverständlich passiert einem Sohn im Zusammenleben mit seinen Eltern so etwas, einmal in deren Umarmung hineinzuplatzen. Genauso »organisch« familiär und architektonisch Berührungs-nah sollte Linges Ertappen des »Liebesnest«-Paares Braun und Hitler wirken.

Wenn in den Erinnerungen von Hitlers Kammerdiener Karl Wilhelm Krause solch ein Vorkommnis enthalten wäre, hätte es geglaubt werden können. Doch nichts dergleichen kommt bei Krause vor. Er publizierte seine Erinnerungen schon 1949 in einer Broschüre und hatte sich nicht kaufen lassen wie Linge. Das permanente Herumreiten der *Revue*-Macher auf der Nähe und Einzigartigkeit Heinz Linges in seiner Position gegenüber Hitler ist die Basis-Fälschung, die ein Fluidum schafft, in dem ein Hineinplatzen in eine Liebes-Umarmung möglich wird.

Der naheste und erste Mann unter den Hitler-Dienern war aber Krause, wie es von Reichskanzlei-Chef Fritz Wiedemann bestätigt wurde. *(Wiedemann, S.* 78) Biograf Ullrich führt noch mehrere Hitler-Umfelder an, die den Kammerdiener Krause an die erste Stelle bei Hitler setzen. *(Ullrich, S.* 636, 992 f.)

Krause war Hitler in einer Art »Dreifaltigkeit« nah – er war für dessen Anzieh-Sachen und das Servieren bei Tisch zuständig. Er bediente Hitler den ganzen Tag, er kredenzte ihm am späten Abend noch einen Cognac-kombinierten Nachttrunk. Und Krause war auch dafür verantwortlich, Hitler die spätesten politischen Nachrichten vorm Zubettgehen »aufzutischen«. *(Krause, S.* 24/21) Vom gemeinsamen Tragen derselben Unterhose nicht zu reden, wie beim *17. Nein-Sager* berichtet wurde.

Es gibt eine bezeichnende Stelle in Krauses Erinnerungen sechs Jahre vor der *Revue*-Linge-Fälschung. Krause erzählt etwas über Hitlers Verhalten beim Ankleiden und zitiert ihn dabei, um zu zeigen, wie nah die Verbindung zwischen Hitler und dem wirklich ersten Leibdiener war:»Die Krawatten hat er sich stets selbst gebunden. Die Schleifen für Frack und Smoking musste ich ihm binden. Das musste aber sehr rasch, etwa in 25 Sekunden, geschehen sein. Nach dieser Zeit musste sie sitzen, andernfalls wurde er ungnädig und trat von einem Bein auf das andere [...] Auch äußerte er einmal auf dem Obersalzberg bei Tisch vor mehreren Gästen: ›Seht Euch mal hier meinen Krause an – den kann eigentlich nichts erschüttern. Wenn ich mal Krach mache, hat er ein kleines, ironisches Lächeln für mich und guckt mich mit einer ganz unschuldsvollen Miene an und denkt sich sicher sonst was. Dem seine Ruhe möchte ich einmal fünf Minuten lang haben.‹« *(a. a. O., S.* 28/27)

Heinz Linges Übermittlung eines Ausspruches von Hitler – »Seht Euch mal meinen Linge an!« – gibt es nicht. Linge war immer mehr »Leibwächter« als Leibdiener, wozu der oben zitierte Ausspruch Hitlers passt, der »Führer« fühle sich am sichersten, wenn Linge auf Reisen hinter ihm saß und stand. *(Knacken der Hetero-Urszene zwischen Braun und Hitler)*

Die *Revue*-Macher haben bei ihrer gesamten Präsentation von Heinz Linge hochgestapelt, was hier präziser heißen müsste: ihn zu nah an Hitler herangerückt.

Braun und Hitler in einer Illustrierten-Schnulze

Warum frisierte *Revue* das Verhältnis Braun-Hitler zu einer »Liebesnest«-Idylle?

Wollte sie Hitler »vernetten«, »normalisieren«, glätten, wenigstens privat »verschönern«? Nein, es kommen Hitler-Verzerrungen beim *Revue*-Linge nicht zu knapp vor. »Verschönt« und »normalisiert« wird Hitler in der *Revue*-Linge-Fassung nur bei der Darstellung seiner Beziehung zu Eva Braun. Wenn das Verhältnis Braun-Hitler als das von frisch Verliebten noch bis tief in den Krieg hinein gemogelt wird, hat das etwas mit dem Zielpublikum der *Revue* zu tun. Alle Nummern der Hausfrauen-Illustrierten sind voll von Trivial-Liebes-Geschichten. Solche »Liebesromane« wollen Hausfrauen lesen, um sich davon abzulenken, dass es in ihrem Dasein meist nicht mehr besonders »Liebes-würdig« zugeht. Auch die Braun-Hitler-Beziehung, das extremste Mann-Frau-Unikum in der neueren Real-Geschichte, wurde zu einem »Lore-Roman« gedreht. Die deutschen Hausfrauen sollten sich mit Eva Braun identifizieren können. Der eigene Mann war zwar kein Hitler, aber irgendwo ein kleines Bösewichtchen im männerbündischen Räderwerk. Braun und Hitler sollten als ein Vorbild das oberste Herrscherpaar dieses Männerbundes darstellen. Wenigstens mit Ober-»Mutti« Eva sollte »Vati«-Adolf lieb, ja frisch verliebt sein, damit »Mutti« beide Augen zudrücken kann gegenüber allem, was »Vati« »draußen … im feindlichen Leben« (Schillers *Glocke)* so macht – und von dem »drinnen am häuslichen Herd« »Mutti« nichts wissen darf und kann.

Das noch Wichtigere für die *Revue*-Retuschierung des realen Braun-Hitler-Verhältnisses zu einem »Eva-Roman«: Zehntausende von Hausfrauen – das »Zielpublikum« der Illustrierten – hatten vor ein paar Jahren »Liebesbriefe an den Führer« geschrieben. (*Eberle* 07) Die meisten Absenderinnen der Zeugnisse solcher Öffnung von Leib und Seele für Hitler lebten noch. Das Dritte Reich war 1955, als die Linge-Erinnerungen in der *Revue* starteten, erst zehn Jahre zu Ende.

Die Hitler-Liebhaberinnen waren noch immer der fruchtbare Schoß, aus dem die Hitler-Geilheit von Frauenseite her kroch – um das geflügelte Wort von Bertolt Brecht abzuwandeln. Diesen »Schoß« wollten die *Revue*-Macher nicht enttäuschen, was geschehen wäre, wenn offensichtlich geworden wäre, dass der »Führer«, für den sich

Zehntausende »deutsche Frauen« geöffnet hatten, ein »absolut nichts empfindendes Neutrum« war, ja ein »Nicht-Mann«. *(Kessler/Keyserling, Helene Hanfstaengl)* Wenn die ehemals sich freiwillig unter(ihn)werfenden Hausfrauen darüber informiert worden wären, dass keine »Leibstandarte« sich beim »Führer« regte, dass psychisches und physisches Beine-Breit der Frauen für ihn umsonst war, wäre die Leserinnenschaft von *Revue* nach dem Erscheinen der Linge-Erinnerungen vom *Buch-Hitler*-Linge abgesprungen. Die Hausfrauen-Illustrierte hätte Pleite machen können. Denn diese Ernüchterung wäre für das Publikum der *Revue* zu schmerzhaft gewesen. Keine »deutsche Eiche« hätte vor den Gewalt-lüsternen Muttertöchtern gestanden, die sich unverlangt für den »Führer« in ihrem massenhaften Zujubel geöffnet hatten. Im Gegenteil, das »absolute Neutrum« hätte allen »Führer«-Samen-Aspirantinnen ein »eindeutig unnormales«, »entsagungsvolles«, Kinder-loses »Bett« beschert, wie es Eva Braun erdulden musste. *(Pilgrim* 94, S. 82 ff.)

Noch einmal muss darauf hingewiesen werden, dass die Duplizität der *Revue*-Fälle der Hitler-Biografie von Orr 1952 und der Linge-Erinnerungen 1955/56 mit Deutschlands verlorenem Krieg zu tun hatte. Der alliierte Kontrollrat bestimmte nach 1945 über das, was gedruckt werden durfte. *(ONANO, 20. Nein-Sager)* Im ersten Jahrzehnt nach dem Untergang des Dritten Reiches konnten zwei Mitarbeiter des ehemaligen Staatsterror-Systems, Thomas Orr und Heinz Linge, mit ihren Arbeiten über Hitler nirgendwo anders »unterkommen« als in einer Hausfrauen-Illustrierten.

Der *Stern* habe angeblich abgelehnt, berichtet *Revue* und reicht dafür eine seltsame Begründung nach: Für den *Stern* sei Hitler 1945 gestorben. *(Linge* 55/56, Nr. 45 vom 5. November 1955, S. 7) Das mag schon sein. Wahrscheinlich ist, dass der *Stern* sehr wohl interessiert war, sich bei den weiter indirekt Aufsicht-führenden alliierten Kontrolleuren erkundigt hat, ob er Hitlers Leibdiener-Erinnerungen drucken sollte und ihm ein Kopfschütteln signalisiert wurde.

Die Erinnerungen von Hitlers erstem Kammerdiener, Karl Wilhelm Krause, wurden 1949 publiziert, ein Heft von weniger als hundert Seiten – mit einer Nachwort-Hymne auf die Meinungsfreiheit, was wie befohlen wirkt und sich aus der Feder eines Mannes, der dem obersten Zerstörer von Meinungs- und Seins-Vielfalt Jahre lang gedient hat, komisch ausnimmt. *(Krause, S. 11)* Die gesamte Situation von 1952 und 1955/56 war verzerrt. Stoffe über Hitler, eine Biografie und die Erinnerungen vom Leibdiener Linge, mussten in eine Hausfrauen-Illustrierte ausweichen und haben sich aus dieser Verzerrung bis heute nicht befreit.

Unter den US-Zeitschriften, in denen die Linge-Erinnerungen erschienen, befanden sich erste Tageszeitungen von Großstädten: die *Chicago Daily News*, der *Daily Boston Globe*, die *Los Angeles Times* und *The New York Times*. *(Linge 55 VI, VII, VIII, III)* – Linge in der *FAZ*, der *SZ*, der *Welt* oder dem *Spiegel?* – Nicht 1955!

Summe zur erfundenen Umarmungs-Szene

Die Braun-Hitler-Umarmungs-Szene hat sich wegen mehrerer nachprüfbarer Details als fingiert erwiesen:

1.: Wegen des Hitler'schen Kamin-Nächte-Rituals auf dem *Berghof*, das ein halbes Dutzend Zeugen als eine Ausnahms-lose Regel beschrieben, die hieß: Braun und Hitler gingen weder zu einem gemeinsamen Liegen ins Bett, noch zu einem sich umarmenden Stehen in Hitlers Arbeitszimmer gemeinsam in den ersten Stock des *Berghofes*, um dort den Tag zärtlich miteinander zu beschließen. Hitler blieb konstant allein unten, bis er weit nach Mitternacht alle seine Gäste fast zu Tode monologisiert hatte.

2.: In der Umarmungs-Szene sind architektonische Unstimmigkeiten bei der Tür- und Zimmer-Anordnung und der Räume-Benutzung enthalten, die darauf hinweisen, dass sie von Hitlers Leibdiener Heinz Linge in dieser Form nicht gebracht worden sein können, da Linge wegen seiner Spezialkenntnisse der räumlichen Gegebenheiten keine Veranlassung hatte, in diesen Nebensachen falsche Angaben zu machen.

3.: Die Zeuginnen, Hitlers jüngste Sekretärin Traudl Junge und das »Zimmermädchen Anna« Plaim-Mittlstrasser haben als junge Frauen Monate auf dem *Berghof* verbracht, haben in ihren Funktionen von Hitlers rechter (Schreib)Hand und als für den Privatzimmer-Trakt im ersten Stock zuständige Raumpflegerin sowohl die Architektur als auch die Räume-Funktionen – die aktuellen Benutzungen und das Interieur – terminiert, die mit dem Grundriss des ersten Stocks übereinstimmen, nicht jedoch mit der, hinter Leibdiener Linges Rücken eingeflickten Hitler-Braun-Umarmungs-Szene, fabriziert von Ghostwritern und Redakteuren.

Braun und Hitler in einer Hollywood-Romanze

Der letzte Punkt von Interesse: Es gibt zwei Ausgaben der Linge-Interviews – eine deutsche und eine englische. Sind die Szenen in beiden Versionen identisch oder ist die Umarmungs-Szene nur in den deutschen Text eingebaut worden?

United Press, die amerikanische Presse-Agentur, hat den gesamten US- und Welt-Markt mit der Linge-Story bedient. *Revue* annoncierte am 26. November 1955, dass in mehreren Hauptstädten der Welt die Serie zu laufen begonnen hätte. »Den Bericht des Kronzeugen Linge hat REVUE von der amerikanischen Nachrichtenagentur UNITED PRESS erworben. In beinahe allen Großstädten der Erde erscheint heute Heinz Linges Bericht. In London, der Weltkapitale, die Hitler einäschern wollte. In Rom, der offenen Stadt, wo er 144 Geiseln hinrichten ließ. In Paris, der Stadt des Lichts, die er für vier Jahre verdunkelte. In Zürich wie in New York, in Sydney wie in Tokio [...].« *(Linge 55/56, Nr. 48 vom 26. November 1955, S. 9)*

Die englische Version wurde »serialisiert« – inklusive der gefälschten Umarmungs-Szene. Zum Nachweis sind im Literaturverzeichnis acht erste US-Tages- oder Wochen-Zeitungen aufgeführt, die Linges Erinnerungen abdruckten. Es handelt sich um die *Atlanta Constitution*, die *Chicago Daily News*, die *Chicago Daily Tribune* und die *Chicago Sunday Tribune*, den *Daily Boston Globe*, die *Los Angeles Times*, die *New York Times* und die *St. Petersburg Times*, Florida. *(Linge 55 I–VIII)*

Da der englische Hitler-Biograf Ian Kershaw lediglich die *Chicago Daily News* als Englisch-sprachige Quelle der Linge-Erinnerungen zitiert, entstand der Eindruck, nur darin sei der englische Text enthalten. Auf der Suche nach dieser Quelle, purzelte aus jeder Ecke der USA eine andere Zeitschrift mit der Linge-Story in den Forschungs-Weg.

Weil *United Press* die Englisch-sprachige Tagespresse mit der Linge-Story belieferte, kann nicht mehr nur gesagt werden, die Braun-Hitler-Umarmungs-Szene sei allein für ein [deutsches] Hausfrauen-Illustrierten-Publikum gefälscht worden. Für die Englisch-sprachige Serie in der Großstadt-Tagespresse galt es also, auch Männer und berufstätige Frauen »anzusprechen«, die die Zeitungs-Ausgaben mit dieser Serie verstärkt kaufen sollten.

Die Umarmungs-Szene und das Reinplatzen des Dieners sind dem Stil von Hollywood-Romanzen Mitte des 20. Jahrhunderts nachempfunden, in denen sich die erotische Fantasie von amerikanischen »Normalbürgern« bewegt. Durch solch ein Unterhaltungs-Industrie-Schlüsselloch wurde Hitlers fiktives Privatleben mit Eva Braun tendenziös gefunzelt – wieder mit demselben Effekt: Der Führer ist ja einer von uns, ein Gewaltmensch nur »draußen, im feindlichen Leben«. »Drinnen« mit seinem Housewife »waltet« auch bei ihm das »züchtige« Liebe-, Lust- und Ehe-Trallala. *(Glocke)*

Die »Umarmung« avancierte im US-Presse-Markt sogar zum Ein-zel-Nummern-Titel »Führer tobte, als der Diener ihn mit Eva Braun ertappte«, reizte die *St. Petersburg Times* in Florida am 29. Oktober 1955 ihre Lesenden, die noch dazu speziell mit der Rubrik *The Private Life of Adolph Hitler* in Aufregung versetzt wurden. *(Linge* 55 V, S. 6) Sowohl diese Einzelstelle als auch die falsche Architektur der Raum- und Tür-Anordnung, ebenso wie die Umstände der abendlichen Braun-Hitler-Umarmung in Hitlers Arbeitszimmer mit dem angebli-chen Wütend-Werden des »Führers« sind identisch mit der deutschen *Revue*-Version. Auch alle anderen Teile von Linges Erzählung erwei-sen sich als pure Übersetzung des deutschen Urtextes. *(a. a. O.)*

Die Phallik des Befehls – Darstellung sexueller Phallik

Endergebnis AMORO: 28 Zeuginnen und Zeugen und 16 Vorgänge, in die genauso viele Personen verwickelt waren, indizieren Adolf Hitlers phallisch-vaginale Inaktivität. Er fristete seine Tage auch Eva Braun gegenüber in einem Dasein als »Neutrum«, das bei interperso-nell praktizierter Heterosexualität »absolut nichts empfand«. *(Helene Hanfstaengl, Grafen Kessler und Keyserling)* Die Zeit, in der er seine Freundin Eva Braun manchmal etwas Sexuelles empfinden ließ, währte nur drei Jahre: von Anfang 1932 bis Anfang 1935.

Die Beziehung Hitlers zu Eva Braun begann als kindlich-spieleri-sches Ablenkungsmanöver, da Hitler nach dem gewaltsamen Tod sei-ner Nichte Geli Raubal im September 1931 verstört war und von seinem Freund und Mentor, seinem medial mächtigen Bild-Propagandisten Heinrich Hoffmann, wieder auf gewohnten »Vordermann« gebracht werden wollte. Hoffmann »verkuppelte« beide, indem er Eva Braun, die Hitler schon seit 1929 kannte, bei einer Einladung Hoffmanns zu einer Filmvorführung neben Hitler platzierte. Hoffmann hatte die 19½-Jährige auf Hitler angesetzt. Und der ließ sich tatsächlich von diesem »Kind« ablenken, wie seine Prinzregentenplatz-Haushälterin Anni Winter übermittelte. Hitler habe ihr erzählt, »die kleine Braun« wäre ihm in diesem Moment »vergnüglich« gewesen, weil sie ihm »gewisse Dinge aus seiner Seele weggeplappert« hätte. *(Winter* 48 I, S. 3 f.)

Hitlers Versessenheit auf Darstellung und Schau traf sich mit Brauns Identifikation mit Mannequins und Filmschauspielerinnen. Die Bedeutung von Brauns Biografin Angela Lambert besteht darin, diese Identität Brauns genau herausgearbeitet und damit die Basis für das Verständnis gelegt zu haben, warum Braun und Hitler in der beiderseitigen Affinität fürs Zur-Schau-Stellen miteinander rein freundschaftlich harmonierten und zusammenleben konnten. *(Lambert 06, S. 26 ff., 91 ff., 161 ff., 211 ff., 225 ff., 253 ff.)*

Bizarr war nur Braun/Hitlers Zwangsjacke, sich für das enge Umfeld als ein hetero-aktives Paar darstellen zu müssen. Aber auch das kam beider Naturell fürs Show-Business entgegen, sodass sie ihre Darstellung als »Liebesnest«-Paar einigermaßen »professionell« bewerkstelligen konnten – immerhin so überzeugend, dass wesentliche Produzenten von Hitler- und Braun-Biografien bis heute meinen, die Darstellung beruhe auf Wahrheit, was genauso abwegig ist, wie wenn geglaubt werden würde, Filmschauspieler »lebten« ihre Rollen, was nur sehr ausnahmsweise geschieht. Braun und Hitler spielten täglich immer ein und dieselbe Rolle, die die Umwelt von ihnen brauchte.

Hitlers Beziehung zu Eva Braun war nie phallisch motiviert, worin sich die Hälfte der Negativ-Zeugen (18) zu diesem Verhältnis einig sind (= 9). Hitler kannte Braun, als es zum Oral-Vaginal auf dem Chamberlainsofa kam, schon seit zweieinhalb Jahren, weil sie bei seinen Besuchen im Münchener »Photo-Haus Hoffmann« seit Herbst 1929 meist zugegen war. Hitler hatte zwischen 1929 und 1931 kaum Notiz von Braun genommen, da er zu dieser Zeit emotional in die Geschichte mit seiner Nichte Geli Raubal involviert war. Das einzige Mal in seinem Leben geschah so etwas, darüber sind sich alle Biografen einig. Haushälterin Winter machte die Gegenüberstellung im Hitler-Braun-Verhältnis zwischen Herbst 1929 und Frühjahr 1932 genau: 1929 = nichts. 1932 = etwas Regelmäßiges, das sich in Hitlers Wohnung abgespielt hat. *(Winter 48 II, S. 11)*

Nach zweieinhalb Jahren Sehen und »Kaum-Notiz-Nehmen« ist Verliebtheit Hitlers in Braun ausgeschlossen. Ein Sich-Verlieben geschieht bei Männern innerhalb von Sekunden, durch einen Seitenblick auf das begehrte Sexualobjekt. Verliebtheit – nunmehr ist das Gesellschafts-verklemmt immer noch unangenehme Wort »Geilheit« vonnöten – kann bei Männern nicht durch »guten Willen« oder sogenanntes Vertrauen nachgereicht werden. Die Motive Hitlers, warum er sich auf das »Kinderspiel« und die Schaustellerei mit Eva Braun einließ, waren gewichtige, aber keine sexuellen.

Brauns Vier-Tageszeiten-Styling verrät, dass Hitlers Verhältnis zu ihr kein aus tiefsten sexuellen Gründen emporquellendes war. Vor allem Heteromänner begehren nicht nur automatisch prompt, sondern auch Typ-fixiert. Für dieses Begehren wollen sie den Frauen-Typ, auf den sie abfahren, stündlich wiedererkennen. Ja, das Wiedererkennen ist eine Vorausbedingung für ihr Abfahren, ihre sexuelle Reaktion.

Braun aber betrieb von morgens bis abends ein »Maskemachen«, wie Marianne Hoppes Show-Ehemann Gustav Gründgens es ausdrückte, wenn er das ständige Sich-Verkleiden und Umfrisieren des Schauspielers zum Ausdruck bringen wollte. Sie wechselte viermal am Tage den Frauentyp, wie es ihre Biografin Angela Lambert mit den Braun-Fotos verbildlicht und Hitlers Sekretärin Traudl Junge mit vielen Einzelheiten beschrieben hat. *(Junge 02)*

Die Berghof-Kompanie sah Braun morgens nach dem Aufstehen anders als zur Mittagstafel, wieder anders im Teehaus und nochmal mit neuer »Maske« zum Nachtessen. Brauns Lebensinhalt war das Entourage-Überraschen mit ihren immer wechselnden Kostümen und Frisuren, mit ihren rotierenden »Masken«, als spielte sie zu jeder Erscheinungs-Gelegenheit eine andere Rolle in einem anderen Film. Ein sie begehrender Heteromann hätte sich das verbeten, weil er Sex-meschugge impotent geworden wäre. Da Hitler das gegenüber Braun schon war, schritt er gegen Brauns sexuell abturnendes Mode-Karussel nicht ein.

Ullrich schildert Hitlers Beziehungen zu Männern als ein Agieren, »ein kühles Zweck-Nutzen-Kalkül«. *(Ullrich, S. 631)* Das »Zweck-Nutzen-Kalkül« Hitlers bestand in seinen Beziehungen zu Frauen genauso. Bei jedem Verhältnis könnte dieses Motiv nachgewiesen werden, von Helene Bechstein bis Winifred Wagner. Und erst recht gegenüber Eva Braun. Auch das Oral-Vaginal mit Braun auf dem *Chamberlainsofa* war Zweck-rational kalkuliert und nicht Trieb-emotional entfesselt. Für diesen Unterschied fehlt dem Hitler-Biografen Ullrich plötzlich jegliches Verständnis, sodass er sich über ein Dutzend Inkorrektheiten hineinsteigert bis hin zu schwerwiegenden Fehlern.

Bei allen Hitler- und Braun-Biografen um die Jahrtausendwende – außer bei Kershaw und Longerich – ist diese Technik belegbar. Hitler mit Braun in echte Trieb-gesteuerte Emotionalität zu fingieren, geht nur mit Absencen und Falschdarstellungen der Autoren und Autorinnen. Unschlagbar ist, wie Prinzregenten-Haushälterin Anni Winter in ihren Gesprächen mit dem Musmanno-Team 1948 Hitlers Gefühle gegenüber Eva Braun kennzeichnete. Die Interviewer übersetzten Winters Beschreibung von Hitlers Gefühlen gegenüber Braun: »He was very affectionate to her.« *(Winter 48 II, S. 5)* Das englische »affectionate« ist dem deutschen »affektiert« nah, ein sibyllinisches Wort, das »berührt« aber auch »vorgetäuscht« bedeuten kann. In ihm schwingt etwas Künstliches mit.

Hitler als »Neutrum« und »Unmann« kennzeichnete tatsächlich das, was seine zweite Sekretärin, Christa Schroeder, an ihm erlebt hat, seit er »beschloss Politiker zu werden« (November 1918): kein Sex! Rückzug, sowie eine Frau näherkam, die auf »das Äußerste« einer vaginal-phallischen Vereinigung mit Hitler zusteuerte. *(ONANO, 3. und 21. Nein)* Schroeder aber konnte nicht wissen, dass Hitlers Verhalten nicht auf einer Willensleistung beruhte, sondern ein Teil seiner Serienkiller-Anomalie war.

Unmöglich, dass Hitler sich vor seinen direkten, vor allem männlichen Untergebenen als »Neutrum«, ja als »Unmann« hätte darstellen können. Seine Befehls-Empfänger von Adjutant und Diener bis hin zu Generälen, Ministern und Reichsleitern hätten dann nicht funktionieren können. Hitler musste sich vor allen seinen Befehls-Empfängern als ein »inter-phallisch« tätiger »Konnte«-Heteromann präsentieren. Damit suggerierte er sich ihnen allen als Gleicher. Alle verzichteten vorübergehend auf den Kontakt mit Frauen. Hitler war der Einzige, der in der Wirklichkeit seiner Trieb-Konditionen darauf nicht verzichtete, weil er diesen Kontakt nicht wollte, aber vor seinen Untergebenen so erscheinen musste, als wäre er »ein Stück von ihnen«.

Befehlen – woraus *Hitler 2* ganz und gar bestand – ist etwas Quasi-Phallisches = Geistig in andere eindringen, sie zum Orgasmus der gewollten Tat bringen. Wenn herausgekommen wäre, dass so ein Dauer-Befehlshaber kein eigenes »Befehlsorgan« zur Verfügung hat, das in fremde Leiber eindringen will und kann, um darin (sexuelle) Reaktionen zu provozieren, wäre die Hitler-Befehls-Destruktions- und Menschen-Auslösch-Maschinerie zusammengebrochen. *(NEUTRO, Die Hitler-Impotenz-Akte des Reichsführers SS)*

Werner Maser hat bei seinem Heinz Linge untergeschobenen »Konnte«-Schwindel den Axt-Ruten-Reflex des Männer-bündischen Systems – die Befehls- und Gehorch-Mechanik – genau getroffen: Im bündischen Mann hätte sich ohne eine »Konnte«-Gewissheit über den »Führer« etwas Befehls-Verweigerisches im Kopf und in der Tat abgespielt: »Was, der Führer ›kann‹ ja gar nicht, der ist ›unfähig‹ dazu?!« *(Döhring)* Na, dann brauche ich auch nicht zu gehorchen, mich nicht zu allen möglichen Tötungsakten entriegeln zu lassen.

Die ganze Dritte-Reichs-Destru-Orgie hätte mit einem von allen wahrgenommenem »Neutrum« und »Unmann« an der Spitze nicht funktioniert. Das hat Hitler noch ein Jahr vor seiner »Machtergreifung« begriffen und sich ab Frühjahr 1932 »das Mädchen in München gehalten«. *(HETERO, 9. Ja)* Weil *Hitler 2* als gezündeter delegierender Staffellauf-Serienkiller für seine Gewalt-orgastische Befriedigung ewig-während zuerst sein privat-militärisches Banden- und dann ein staatliches Destru-System benötigte, musste er sich zu einer

Darstellung phallisch-vaginaler »Intaktheit« bequemen, so unbeqem ihm seine für Braun geopferten Zeiten auch waren.

Diese törichte, simple, spezial-unreife, sachlich und sexuell verkorkste Eva Braun eignete sich bestens dazu, war ihm vom Leben in Person seines fotografischen Bildners und Propagandisten Heinrich Hoffmann 1931/32 aufgedrückt worden. Hitlers privates und staatliches Destru-System konnte nur über Männer funktionieren, weil nur die systemisch im Männerbund korporiert waren und im Prinzip immer als Männer gegen Männer wüten. Dadurch wurde Hitlers Serienkiller-orientiertes Spezialverlangen, Männer rituell zu töten – quälerisch ermorden zu lassen – befriedigt. Seine Zeit mit Eva Braun war für seinen echten Lustgewinn ein geringes Opfer, das er brachte. Deswegen ließ er sich zweimal von Brauns Selbstmordversuchs-Demonstrationen »bei Fuß« zurückkommandieren, um die Hetero-Show fortzusetzen und sie als Ritual in seine Existenz auf seinem Landsitz *Berghof* einzubauen. Die Darstellung eines funktionierenden, vaginal-bezogenen Phallischen gelang Hitler leicht, weil sie zum Naturell von Serienkillern gehört.

Serienkiller mimen Sexualität. Das ist bei all denjenigen der Fall, bei denen sie noch »halbwegs« abläuft: mechanisch erektiv, penetrativ-friktiv, ejakulativ. Mit dieser Show können die meisten sogar Kinder zeugen. Ihren fehlenden Orgasmus holen sie sich dann beim ausgedehnten Quälmorden.

Vor allem der regierende *Hitler* 2 hatte als spät gezündeter Serienkiller den täglichen Lustgewinn von intendierten, bewirkten, veranstalteten oder befohlenen Tötungen. Da konnte er das kleine Opfer bringen, mit einer Volks-bezüglichen Geheimfrau so zusammenzuleben, dass es für sein direktes Täter- und Täterinnen-Umfeld danach aussah, als ob er sich seine Orgasmen mit seiner vereitelten Filmschauspielerin und seinem Möchtegern-Mannequin Eva Braun holen würde.

Die in der Hitler- und Braun-Biografie anhaltende Illusion von Hitlers funktionierender Heterosexualität basiert auf einer inszenierten Schlüsselloch-Perspektive, einer Fälschung, gemacht von Interviewern und Ghostwritern, die die Aussagen von Hitlers ehemaligem Leibdiener Heinz Linge für zwei Publikationen frisieren mussten – für das deutsche Klientel einer wöchentlich erscheinenden Hausfrauen-Illustrierten und für die Konsumenten der internationalen, speziell amerikanischen Tagespresse in Großstädten der Welt.

Bei der Initial-Szene eines »verliebten«, umarmten Stehens von Hitler und Braun in seinem Arbeitszimmer auf dem bayerischen *Berghof* wurden die Rollen-Stereotypen miteinander kombiniert und füreinander koinzidiert: Das äußerste Außen des obersten schuldigen Mannes wurde mit dem innersten Innen-Besteck einer untersten, angeblich unschuldigen Frau versetzt:»Umarmten«,»liebten sich«.

Unfreiwillig entlarvt die Hausfrauen-Illustrierte *Revue* ihr Vorgehen, indem sie das Kapitel»Liebesnest« mit der Braun-Hitler-»Liebten-sich«-Umarmung»Haut-nah« direkt nach dem Kapitel mit den historisch exakt wiedergegebenen Hitler-Braun-Selbstmord- und anschließenden Leichen-Verbrennungs-Scheußlichkeiten im Reichskanzlei-Bunker-Territorium abdruckt. Dieses ekelhafte Ende hätte angeblich nichts zu tun mit dem von *Revue* suggerierten Anfang eines angeblich echten Braun-Hitler-»Liebesnests«.

Hitlers und Brauns Umarmungs-Stehen in seinem Arbeitszimmer auf dem *Berghof* ist ein Bild heterosexueller»Norm«, das sich bis heute in die Vorstellung über Hitlers Sexualität eingraviert hat. Das Reinplatzen des Leibdieners in dieses Umarmungs-Stehen wird von der Braun- und Hitler-Biografik immer noch wie»Kindergeburtstag« gefeiert: Der Führer und die Eva Braun!

Bei diesem Bild handelt es sich um eine Groß-Lüge wie die von *Berghof*-Verwalterin Gretel Mittlstrasser über die Perioden-Beeinflussung durch noch nicht existente Schwangerschafts-Verhütungs-Mittel.»Als sich nach Kriegsende, Zug um Zug, der Vorhang über den Privatgemächern Adolf Hitlers hob, war die Enttäuschung groß. Die Sensationen blieben aus. Das Geheimnis bestand darin, dass es keines gab [...] Es gab keine Frauen, mit denen er sich in gefährliche Liebschaften gestürzt hätte.« *(Schlie 99, S. 218)* Dem muss hinzugefügt werden: Es gab auch keine Frau, mit der er eine ungefährliche»Liebschaft« gepflegt hat.

Hitler-Biograf Masers um die Welt geschickte Umarmungs-Szene zwischen Braun und Hitler ist ein Exzerpt aus der Hausfrauen-Illustrierten *Revue* und auch dort schon eine Fälschung. Die Welt hatte sie in dem Bilder-Labyrint von *Revue* und dem Nachrichten-Dschungel der internationalen Tagespresse Oktober/November 1955 noch nicht bemerkt. Das geschah erst 25 Jahre später durch die Übernahme Masers und ihren Ausbau zu einer Drehbuch-Passage aus einem Hollywood-Film –»tragischerweise« unter wissenschaftlichen Auspizien.

Nach den *Revue*- und Maser-Fälschungen entwickelte die Hitler-Biografik bis in das dritte Jahrtausend hinein fortlaufend Tochterzellen-Fälschungen. Gertrude Stein lässt grüßen:»Eine Rose ist eine Rose ist eine Rose [...].«

Eine Fälschung ist eine Fälschung ist eine Fälschung – in Hitlers Hose in Hitlers Hose in Hitlers Hose ist nichts drin.

ANALO

Präliminarische Morell-Zeugen-Prüfung

1. Ja-Sager – Dr. Theodor Morell

»Morell glaubt, dass Hitler, obwohl er starker Sexualaktivität nicht zuneigte, mit Eva Braun Geschlechtsverkehr hatte, obgleich sie in getrennten Betten schliefen.« *(MISC, CIR No. 4,* S. 10) Diesen Satz ließ einer der US-Geheimdienste in seinem Bericht vom 29. November 1945 *Hitler, untersucht von seinen Ärzten* notieren. Der Satz kann aus vier Gründen nicht als Zeugenaussage akzeptiert werden.

1.: Im Geheimdienst-Papier wird keine Aussage eines Zeitzeugen festgehalten, sondern eine Einschätzung über den ehemaligen Leibarzt des »Führers«. Wer die Einschätzung vorgenommen hat, ist bei der Niederschrift des Geheimdienst-Berichts nicht mitgeteilt worden.

2.: »Glauben« ist nicht Zeugnis-fähig. Zeugen müssen etwas wissen, es kraft Beobachtung gespeichert haben, von dem sie in einem Prozess Mitteilung machen – Irrtümer, Fehlwahrnehmungen inbegriffen. Weil diese jedem Menschen passieren können, konsultiert ein Gericht nach Möglichkeit mehrere Zeugen, deren möglicherweise divergierende Aussagen gegeneinandergehalten werden müssen, bis die Wahrheit sich in der Mitte eines Nachrichten-Spannungsfeldes einpendelt.

Ein Zeuge, der »glaubt«, ein Tatgeschehen war vorgestern, kann keinen Auftritt vor Gericht bekommen, da sein »Vorgestern«, an das er »glaubt«, auch vorvorgestern, in der vorigen Woche oder erst gestern gewesen sein kann. Er muss seine Aussage rein subjektiv derart präzisieren, dass er sich wegen mehrerer Koinzidenzen erinnert, der Vorfall war seiner Erinnerung gemäß wirklich vorgestern.

3.: Morell ist nicht prädestiniert, über den stattgehabten Geschlechtsverkehr zwischen Hitler und Braun eine positive Aussage machen zu können. In den Kapiteln *ONANO, HETERO, ORALO, NEUTRO* wurde herausgearbeitet, wer als Zeuge für die Aussage über Hitlers Sexualität in Frage kommt, vor allem wurde der Begriff Nähe definiert, die ein Zeuge zu Hitler gehabt haben muss. *(NEUTRO, »Kronrat der Sechs«)* Nah bedeutete eine Rund-um-die-Uhr-Begleitung Hitlers tags und vor allem auch nachts. Die Definition von Rund-um-die-Uhr in Hitlers leiblicher Nähe ist ein Trägerelement, auf das bei einem Zeugen zu Hitlers Sexualität nur in Ausnahmen verzichtet werden kann. Sollte das Rund-um-die-Uhr-Nah fehlen, müssen andere Merkmale hinzukommen, die einen Zeugen qualifizieren, etwas Schlüssiges über Hitlers Geschlechtsverhalten auszusagen.

Das Merkmal Rund-um-die-Uhr fehlt beim Leibarzt Morell. Und sonstige Merkmale, die ihn kennzeichnen, schließen ihn eher aus, als ihn für die Zeugenschaft über den Geschlechtsverkehr zwischen Hitler und Braun zu qualifizieren. Nach Kenntnis von Morells Lebensbedingungen während seiner Hitler-Leibarzt-Zeit und seinen eigenen schriftlichen Hinterlassenschaften ist es fraglich, ob gerade er in der Lage war, Verbindliches über Hitlers Sexualität bezeugen zu können.

Bei der Personenbezeichnung »Leibarzt des Führers« wird der Anschein erweckt, es hätte sich auch in Morells Fall um eine Hitler-Begleitperson in nächster Nähe gehandelt – Leibarzt wie Leibdiener, vergleichbar einem Leibmasseur, jemandem im Nachbar-Schlafzimmer, der sich quasi Wand an Wand oder auf der Schwelle zu den »Führer«-Gemächern befand. Von alledem kann bei Morell nicht die Rede sein. Aus seinen medizinischen Tagebüchern ergibt sich, dass Morell nie in Hitlers Nähe auf dem *Berghof* übernachtet hat. Er hielt sogar genau fest, wo er jedesmal abgestiegen ist. *(Irving* 83) Morell konnte es sich leisten, Berchtesgadener Luxus-Hotels zu frequentieren. Er hatte weder ein festes Appartement innerhalb des *Berghofs* noch eine Wohnung oder ein Haus in Hitlers Nähe auf dem Obersalzberg, wie es bei den Bormanns, Brandts und Speers der Fall war. Morell besaß in Berlins Wannsee-Schickeria-Gegend ein Haus plus eines am Tegernsee und ein Domizil in Bad Reichenhall. Er hatte sich im Zuge seiner präferierten Stellung als »Leibarzt des Führers« ein pharmazeutisches Imperium aufgebaut, war Multimillionär mit allen damit verbundenen Annehmlichkeiten. Er nahm das Amüsement wahr, sich zu jeder Hitler-Begegnung chauffieren zu lassen. Morell war Hitler so weit Schlaf-entfernt, dass er nicht einmal wusste, Hitler und Braun schliefen nicht nur in getrennten Betten, sondern auch in getrennten Zimmern in separaten Stockwerken.

Morell folgte Hitler zu dessen jeweiligen Aktivitäten, jedoch angeschweißt im Ganz-Nah geschah das erst ab Beginn von Hitlers losgetretenem Zweiten Weltkrieg. Nun begleitete er Hitler zu allen »Führer«-Hauptquartieren. Jetzt geschahen Wohnen und Schlafen in direkter Raumnähe zu Hitler. Doch in keinem »Führer-Hauptquartier« an den Fronten erschien jemals Eva Braun. *(ORALO, Eva Braun hatte «Führer«-Hauptquartiers-Verbot)*

Was Morells besondere Merkmale betrifft, schließen auch die eher aus, etwas Ernstzunehmendes über Hitlers Geschlechtsakte mit Braun aussagen zu können: Morell hatte das Alter, in dem sich die echten Leib-Leute um Hitler befanden, die 20/30, weit überschritten – geboren 1886. Außerdem unförmig, was in diesem Zusammenhang nicht nur fett heißt, sondern auch unbeweglich, in seiner Mitte zur Tonne ausgeufert. Die für Sexualität gebrauchte Mitte war bei Morell während seiner Hitler-Leibarzt-Zeit Schwellkissen-starr aufgebläht. Hinzu kam, dass von den meisten Umfeldern Negatives über Morells Körperpflege hinterlassen wurde. Für einen Arzt ungewöhnlich, hätte Morell sich nicht gewaschen und daher gerochen. Es gibt kein einziges positives Zeugnis eines Umfelders über die Körperlichkeit Morells. Morell war seit 1920 verheiratet mit der zwölf Jahre jüngeren Johanna Moller, die sich bei para-offiziellen Festivitäten wie der jährlichen Silvester-Party auf dem *Berghof* zeigte und auf den Gruppenfotos abgelichtet wurde, doch im Gegenzug zur Verschweißung ihres Mannes an Hitler über einen Zweitpartner verfügte, der sich nach 1945 unversehens einmal verraten hatte. *(Irving 83)*

4.: Morells Zeugen-Unbekömmlichkeiten hätten nicht viel ausrichten können, wenn die US-Secrets bei ihrer Formulierung von Morells »Glauben« an Hitlers »Geschlechtsverkehr« »mit Eva Braun« eine Bemerkung darüber angefügt hätten, worauf Morell seinen »Glauben« denn gestützt hatte. Haben ihm Braun oder Hitler etwas gesteckt? Kein Hinweis im *CIR No 4*. Und es gibt auch keinen noch unentdeckten Ja-Sager, mit dem die Geheimdienstler Morells »Glauben« in Richtung Tatsachen erhärtet hätten.

Das alles zum Einstieg eines Zeugen-Zertifikats für Morell: In seiner Zeit mit Hitler ab 1936/37 schon fürs eigene Sexuelle nicht mehr recht zuständig, war Morell es erst recht nicht für den Geschlechtsverkehr eines »erotisch undurchsichtigen« Hitlers. *(Heiden)*

Spätfolgen der US-geheimdienstlichen Hitler-Hetero-Frisur

Mit der Bescheinigung Morells als Non-Sex-Experte hätte der *1. Ja-Sager* als Zeuge eigentlich abgelehnt und das Verfahren geschlossen werden müssen, wenn nicht der US-Geheimdienst-Satz über Morells »Glaube« an Hitlers »Geschlechtsverkehr mit Eva Braun« in einen über 70-jährigen Unfug ausgeartet wäre. In diesen Unfug sind neben dem US-Geheimdienst die zwei Geschichts-Revisionisten Irving und Maser federführend verwickelt – der US-Geheimdienst aus politischen Sieger-Erfordernissen, die beiden Historiker, weil sie den Secret-Service-Satz für ihre Zwecke der *Hitler-Abnormitäts-Leugnung* exzellent benutzen konnten.

Auch das wäre noch kein Grund, erneut recherchierend auszuschwärmen und beweisführend auszuschweifen, wenn nicht zu Beginn des dritten Jahrtausends neueste Hitler-Biografen wie Henrik Eberle, Hans-Joachim Neumann (2009/13) und Volker Ullrich (2013/16) sich in diesem Kujau-Gestrickten verheddert hätten – Eberle/Neumann mit der Unausgeglichenheit von Widersprüchen und Fragment-Informationen ohne Quellen-Anhang und Ullrich mit seinem bekannten Diktum zu Hitlers heterosexueller »Normalität«: »Nach allem, was wir aber wissen ...«.

Neben den Unfug von Morells »Hitler-Braun-Geschlechtsverkehr-Glaube« hatte sich in den US-Geheimdienst-Vorgang noch etwas zweites Phantomistisches eingeschlichen – »mehrfache« Hitler-»Geschlechtsorgan-Untersuchungen«. *(Maser)* Hitler wäre gegen alle ermittelten Aussagen von echten Zeitzeugen doch von seinem Leibarzt Morell an den Genitalien untersucht worden und der hätte diese ohne »Anzeichen von Anormalität oder Pathologie« vorgefunden. Der geschlechtliche »Normalitäts«-Checkup Morells hätte Eingang in den US-Geheimdienst-Bericht gefunden, betitelt mit *Consolidated Interrogation Report No. 4.* Denn darin befindet sich unter Punkt »19 Geschlechtsmerkmale« Hitlers sexualorganischer »Normalitäts«-Ausweis und das ominöse »Glaubens«-Bekenntnis Morells zu Hitlers »Geschlechtsverkehr mit Eva Braun«. Auf diese »mehrfachen« Hitler-»Geschlechtsorgan-Untersuchungen« durch Morell bezieht sich Biograf Ullrichs Un-»Wissen« und zugleich das der – im Pluralis Majestatis »wir« gebündelten – gesamten Hitler-Biografik.

Alles zu Hitlers medizinischen Supermann-Konditionen, die im *CIR No. 4* festgehalten wurden, stammt nicht von Morell, sondern von den US-Secrets selbst – vorgenommen zu »bestimmten Zwecken«. Mit dem Ätz-Wort »gefälscht« muss daher die Sieger- und Befreiungsmacht USA attackiert werden. Der Höhepunkt der historischen Verknäuelung, der medizinische Bericht im *CIR No. 4,* stammt nicht nur nicht vom ehemaligen »Leibarzt des Führers«, sondern der Leibarzt hat auch nicht einmal an Hitlers »Geschlechtsverkehr mit Eva Braun« »glauben« können, denn Morell lag zum Zeitpunkt der Bericht-Abfassung im Sommer/Herbst 1945 Schlaganfall-zerrüttet in Krankenhäusern und Krankenabteilungen von US-Gefangenenlagern. Mit seinem löchrigen Gedächtnis war er nicht einmal reduziert US-Army-Aussage-ergiebig, geschweige denn wäre er noch fähig gewesen, seine ehemaligen Untersuchungen Hitlers sich erinnernd aufs Papier zu bringen.

»Spätfolgen« ist ein Begriff aus Krankheiten von Einzelpersonen. Bei Morells »Glaube« an Hitlers »Geschlechtsverkehr mit Eva Braun« und seinen Hitler-Ganzkörper-Supermann-Expertisen handelt es sich um Spätfolgen der Hitler-biografischen Erblindung gegenüber ihrem Sujet. Nach Eberle/Neumann und Ullrich zwischen 2009 und 2016 werden die nächsten Blindgänger folgen. Longerich hat das Problem umschifft, aber Braun-Biografin Lambert ist mit ihren Publikationen von 2006 und 2007 in ihm »ertrunken«.

Für den Geschichts-Prozess um Theodor Morell gibt es ein weinendes und ein lachendes Auge. Alle paar Jahre geschehen neue Eröffnungen von Dokumenten in den Print- und Digital-Medien, sodass die Wahrheitssuche breitspurhaft betrieben werden kann: 2015 Peter Fleischmanns Herausgabe der Landsberger Gefängnisakten 1923/24. Anfang 2016 die Digitalisierung des ganzen – die zwei Fiktionen enthaltenden – Berichts *CIR No. 4, Hitler as seen by his doctors*, der vorher in zähen politischen und gesetzgeberischen Schritten dem US-Geheimdienst aus den Zähnen gezogen werden musste: 2001 die erste Deklassifizierung, 2007 die zweite, zuerst das Papier noch in den eigenen zugänglichen Pentagon-Hallen gelagert, erst sechs Jahre später in die *National Archives* in Washington überführt, Dezember 2015 der *Hoover-Institution* der Stanford University in Kalifornien zur Verfügung gestellt, die ihn 2016 elektronisierte.

Fulminantester Durchbruch war jedoch die Digitalisierung von Teilen des Auktionsmaterials, das den Nachlass eines ehemaligen US-Geheimdienst-Mannes betraf, der in der Hitler-Forschung bislang unbekannt war: Herman Merl (1912–2004). Die Versteigerung des Merl-Nachlasses fand 2013 statt, die Netz-Information 2017.

Wer war Merl? – Der »Ur-Morell«. Ein damaliger US-Secret-Service-Mann, ein Mediziner, der die Urfassung des Reports *Hitler as seen by his doctors* in deutscher Sprache verfasst hat. Hermann Merl war jüdischer Österreicher, befand sich beim Einmarsch der deutschen Armee in Österreich mitten im Medizinstudium an der Universität von Wien, konnte in die USA emigrieren. Wegen seiner genuinen Deutsch-Kenntnisse und seiner medizinischen Ausbildung wurde er von der US-Armee als Morell-»Beschauer« eingesetzt. In dieser Funktion wird Merl noch eine Rolle in der Hitler-Geschichtsschreibung spielen, weil er hilft, das Knäuel der US-Secret-Service-Frisierung von Morell-Nachrichten im *CIR No. 4* über Hitlers Genital-Konditionen und dessen »Geschlechtsverkehr mit Eva Braun« zu entwirren. Dieser Quellen-Siegeszug hatte eine Sieg-Unheil-Nebenwirkung: Das Kapitel *ANALO* musste viermal geschrieben werden.

Die erste Fassung umschloss nur eine Auseinandersetzung mit den Geschichts-Revisionisten Irving und Maser, weil sie mehrfach in ihren Büchern von unspezifizierten »US-Protokollen« geschrieben hatten, in denen Morell angeblich vor vage titulierten »Kommissionen« etwas Positives über den Geschlechtsverkehr zwischen Hitler und Braun »ausgesagt« hätte. Die Hitler-Biografen hatten behauptet, es gäbe ein

»Morell-Protokoll« – die berüchtigte ärztliche Hitler-Supermann-Ge-samtkörper-Untersuchung. Dieses von Morell angeblich »Ausgesagte« und Sexual-Aspekte aus dem putativen »Morell-Protokoll« hängten Maser und Irving ohne aufgeschlüsselte Nachweise an die größte Glo-cke, die noch Braun- und Hitler-Biografen wie Lambert und Ullrich hörten und weiterläuteten.

Die zweite Fassung von ANALO wurde nach Kenntnis einer Aus-zugs-Version des wirklichen CIR No. 4 notwendig, die die Musman-no-Collection der Duquesne University in Pittsburgh zur Einsicht anbietet. In der Musmanno-Version fehlen die positiven Hitler-Unter-leibs-Nachrichten plus Morells »Glaube« an den Geschlechtsverkehr zwischen Hitler und Braun.

Die dritte Fassung ergab sich nach der Freigabe des unzensier-ten CIR-No. 4 Anfang 2016. Der Vergleich zwischen Original- und Schnitt-Version legte die politische Dimension des Berichtes bloß, der für die Nürnberger Kriegsverbrecher-Prozesse angefertigt worden war – eines der spannendsten Themen von Hitler 1 und Hitler 2 über-haupt.

Die vierte Fassung, die vorläufig letzte Verhandlungsbasis, musste die Aktual-Entdeckungen der Landsberger Gefängnisakten und des Herman-Merl-Nachlasses einarbeiten.

Leibarzt Morells Nach-April-45-Verschwinden

Ehe den Verästelungen der US-Geheimdienst-Prioritäten gefolgt wird und auch noch bevor die Retuschierungen, die Maser und Irving am Geheimdienst-Material vorgenommen haben, entblößt werden, ist eine Zusammenfassung des Morell-Biografie-Hintergrundes notwen-dig, mit dem die CIR-No.-4-Behauptungen nicht in Einklang stehen.

Morell glänzt mindestens zehnmal nach April 1945 durch Abwe-senheit bei Ereignissen und inmitten von Erwähnungen, bei denen er eigentlich hätte anwesend und inbegriffen sein müssen – wegen seiner herausragenden Stellung als »Leibarzt des Führers« während fast neun Jahren. Zu dieser obersten Sichtbarkeit im Dritten Reich an der Seite Hitlers passt nicht Morells plötzlich konstante Unsichtbarkeit bei allen Ereignissen zur Ad-hoc-Bewältigung des Nazi-Weltdesasters:

1.: Morell fehlt in allen Nürnberger Verfahren, tritt weder als Ange-klagter noch im Zeugenstand auf, in dem er sowohl im Prozess gegen die Hauptkriegsverbrecher Göring etc. als auch vor allem im Ärz-te-Prozess hätte auftreten müssen – und zwar von Ankläger- und von Verteidiger-Seite aus.

2.: Morell erscheint niemals im Luxemburger *Palace Hotel*, in das alle Nazi-Granden zum Zwecke ihrer Vor-Verhörung logiert wurden. Diese Feststellung ergibt sich daraus, dass Morell in keinem der gespeicherten Tonband-Aufzeichnungen über Verhöre mit Nazi-Repräsentanten zu finden ist.

Das US-Gefangenen-Haus mit dem offiziellen Namen »Central Continental Prisoner of War Enclosure No. 32« befand sich von Mai bis September 1945 im *Palace Hotel* von Mondorf-les-Bains in Luxemburg. Inoffiziell trug es unter den amerikanischen Militärs den Namen »Mülleimer« (»ashcan«). In diesem Gefangenen-Hotel wurden fast alle hochrangigen Nazis und deutschen Militärs festgehalten und verhört, darunter Brandt, Göring, Ribbentrop, Rosenberg und Streicher. Morell scheint dort nicht aufgetaucht zu sein. Er lag zwischen 1. Mai und 17. Juli 1945 im Krankenhaus von Bad Reichenhall, wurde am 17. Juli 45 von den Amerikanern in Gefangenschaft genommen und von Lager zu Lager transportiert. *(Irving 83 I, II)*

3.: In den Materialien, genannt *Preliminary Interogations*, sind Tausende von Befragten aufgeführt. Doch kein Morell. Was bei Irving im Literaturverzeichnis seiner deutschen Morell-Tagebücher-Ausgabe als »PIR No. 9« spezifiziert wird, ist ein Irrtum oder eine Fälschung. Das von Irving in seiner *Sammlung Irving* ED 100 so gekennzeichnete Papier ist im Münchener *Institut für Zeitgeschichte* »nicht zugänglich«. Siebzig Jahre nach dem Tod des angeblich Interviewten? Oder handelt es sich gar nicht um ein vorlaufendes, vorläufiges *Interview* mit Morell? Auch in den Listen des *IfZ* unter der Signatur MA 1569 – mit Bezug auf die Zeugnis-identischen Sammlungen in den Washingtoner *National Archives* – nichts. In der *Sammlung Irving* ED 100 wird Morell viermal erwähnt – jedesmal nur als Objekt der Betrachtung, zweimal bei Giesing, einmal bei Junge und einmal bei Brandt. Alles, was es sonst noch zu Morell im *Bundesarchiv Koblenz* und im *IfZ* gibt, sind Vor-Mai-1945-Sachen oder Äußerungen über ihn, keine Mitschnitte von Interviews mit ihm.

4.: Das Interview mit Morell, das der damalige britische Geheimdienstmann Trevor-Roper am 13. September 1945 geführt haben soll, existiert nicht. Trevor-Roper war erst am 18. September 1945 für seine Untersuchungen zum Tod von Adolf Hitler nach Deutschland gekommen. *(Douglas, S, Mullen)* In keiner von Trevor-Roper publizierten Schriften wird ein Verweis auf ein Morell-Interview gemacht. Keiner seiner Biografen erwähnt es. Im Münchener *Institut für Zeitgeschichte* gehört es ebenfalls zu den »nicht zugänglichen« Papieren aus der *Sammlung Irving*. Fake zum Zweiten?

5.: In zwei US-Secret-Service-Reports unter demselben Titel mit zwei verschiedenen Nummern kommen Hitlers Ärzte vor: *Hitler as seen by his doctors*, CIR No. 2 vom 15. Oktober 1945 und CIR No. 4 vom 29. November 1945. Morell fehlt in der Nummer 2 ganz und wird in der Nummer 4 mit den zwei Dubiositäten präsentiert, mit seinem »Glauben« an den »Geschlechtsverkehr« zwischen Braun und Hitler und mit seinem angeblichen Bericht über seine ärztlichen Hitler-Supermann-Gesamtkörper-Untersuchungen, der nach dem neuesten Stand des Wissens »Merl-Bericht« genannt werden muss. Es gibt im *CIR No.* 4 nur diese beiden Eigentümlichkeiten über Morell und Extrakte aus seinen – den Amerikanern übergebenen – ärztlichen Materialien von vor Mai 1945. Etwas aktuell echtes Nach-April-45-Produziertes von Morell fehlt, ebenso alles Interrogative mit ihm. Morell ist niemals Gegenstand eines offiziellen US-Armee-Interviews, eines aufgezeichneten, Quellen-fassbaren Frage-und-Antwort-Hin-und-Hers gewesen. *(MISC)*

6.: In einer Sammlung von Statements für das *Military Intelligence Service Center* mit dem Titel *Adolf Hitler: A Composite Picture* vom 12. März 1947 sind zwölf präferierte Hitler-Kenner vereint, darunter die vier gefangen genommenen Ärzte Blaschke, Brandt, Giesing und Hasselbach, Adjutant Brückner, Außenamts-Pressechef Paul Karl Schmidt-Carell und Finanzminister Johannes Ludwig Graf Schwerin von Krosigk. – Morell fehlt. *(WRPC)*

7.: Percy Ernst Schramm, der ehemalige Verfasser des Kriegstagebuchs des Oberkommandos der Wehrmacht, hat ebenfalls mit Hitlers Ärzten Gespräche geführt, während die sich im US-Armee-Lager Oberursel bei Frankfurt am Main befanden. Auch Morell war dort vorübergehend inhaftiert. Obwohl Schramm seine Erfahrungen zusammenfasst als »Originalnotizen über Hitler, gemacht während der Befragung von Hitlers Leibärzten, Sommer 1945 in Oberursel«, ist Morell abermals nicht dabei. Es fanden nur Gespräche mit Brandt und Hasselbach statt. *(Schramm 45, 62/65)*

8.: Von Hitlers Ärzten Blaschke, Brandt, Giesing, Hasselbach und Schenck gibt es aus verschiedenen Zeiten gesprochene oder geschriebene Texte über Hitler, von Morell nichts, obwohl er bis Mai 1948 gelebt hat. Er starb mit 61 am 26. Mai 1948.

Die zwei weiteren Hitler-Ärzte Stumpfegger und Haase starben 1945 bzw. nach 1945 durch Selbstmord (Stumpfegger) und in sowjetischer Kriegsgefangenschaft (Haase), konnten demnach keine Erinnerungen an Hitler hinterlassen. Alle Ärzte, die den Untergang des Dritten Reiches überlebt haben, äußerten sich, was noch heute in einwandfrei nachprüfbaren Quellen fixiert ist. Nur der sechste Überlebende, Theodor Morell, hinterließ nichts über Hitler nach April 1945. *(Kempner, Brandt, Giesing, Hasselbach, Schenck)*

9.: Was Eberle/Neumann summieren, stimmt: Morell war krank und nicht mehr vernehmungsfähig. Es gab von einer US-Armee-Einheit schon im Mai 1945 eine Annäherung an Morell, einen Besuch an seinem Krankenbett im Städtischen Krankenhaus von Bad Reichenhall. Doch die Offiziere mussten Morell unverrichteter Dinge wieder verlassen. Es gibt keine Quelle zu diesem Kontaktversuch. *(Irving 83 II)*

10.: Das sogenannte Interview mit Morell in der *New York Times* vom 22. Mai 1945 ist ein camoufliertes. Eberle/Neumann widersprechen sich bei ihrem Hinweis auf ein nebulöses »Interview« Morells mit »einem amerikanischen Journalisten« (genaue Fundstellen-Aufschlüsselungen im laufenden Text).

Als erster Hauptteil der Verhandlung ist es nun notwendig, eine Begründung für Morells zehnmaliges Nicht-Auftauchen zu geben, vorzuführen, wie krank Morell war, dass es tatsächlich absurd ist, noch von Morell-»Aussagen« und Morells »Glauben« an den Hitler-Braun-Geschlechtsverkehr zu reden. Keine einzige US-Kommission ist nachweisbar, vor der Morell etwas »ausgesagt« haben könnte. Auch das, was im *CIR No. 4* steht, nämlich dass mit Morell Vorgespräche geführt worden wären und er in Gefangenschaft mündlich oder schriftlich aus seiner Erinnerung heraus frühere Hitler-Untersuchungs-Ergebnisse den Amerikanern übermittelt hätte, all das bricht zusammen, wenn nachgewiesen werden kann – nicht nur, dass Morell krank war, sondern auch, wie es im Einzelnen um sein geistiges Erlöschen aussah.

Mit sieben echten Zeugen-Aussagen bzw. Zeugnis-Konvoluten kann bewiesen werden, dass Morell nach dem Ende des Dritten Reichs ab Mai 1945 in seinen drei letzten Lebensjahren bis Mai 1948 vor keiner in- oder ausländischen Autorität regulär etwas »ausgesagt« *(Irving)* oder in »Verhören« »zu Protokoll gegeben hat«. *(Maser)*

Morell war tatsächlich, wie Eberle/Neumann festhalten, ab Ende April 1945 nicht mehr in der körperlich-geistigen Verfassung, Interviews zu geben, jeglichen gezielten Fragen erhellend »Rede und Antwort stehen«, ja Aufzeichnungen über Hitler machen zu können.

Die Erinnerung von Hitlers Sekretärin Christa Schroeder

Erstes Zeugnis

»Morell tauchte allein im Berghof auf. Er war völlig verstört und hätte sich in seinem Zustand keineswegs um andere Frauen kümmern können.« *(Schroeder 85*, S. 266) Schroeder bezieht sich mit diesem Satz auf Stellen in David Irvings Buch *Wie krank war Hitler wirklich?*, das der Autor 1980 publiziert hatte. *(Irving 80)* In ihren Memoiren erwähnt Schroeder Morells Eintreffen auf dem Berghof ebenfalls, obwohl sie sich hier im Datum von Morells dortiger Ankunft irrt. Ihr eigener Aufbruch aus der Reichskanzlei war derart dramatisch und hätte ihr um ein Haar das Leben gekostet, so dass sie Jahrzehnte später die zeitlichen Einzelheiten durcheinanderbrachte. Bei der zweiten Erwähnung von Morells Ankunft im Berghof notierte sie das Datum jedoch richtig. Es war nicht der 24., sondern der 22. April 1945 *(Schroeder 85*, S. 210) Entscheidend ist hier jedoch nur Schroeders wiederholte Beschreibung eines »verstörten« Morells, der auf dem *Berghof* nicht bleiben konnte und sich nach Bad Reichenhall weiterfahren ließ: »Nach zwei Tagen, am 24. April 1945 [richtig 22. April], traf auch Hitlers Leibarzt, Prof. Dr. Morell, ein. Er war sehr verstört und verbittert: ›Der Führer misstraue ihm‹, sagte er, ›und habe ihn fortgeschickt!‹ Das hatte wohl Morells Lebensnerv getroffen. Nach einem kurzen Aufenthalt entfernte Morell sich wieder, angeblich wollte er nach Bad Reichenhall fahren.« *(Schroeder 85*, S. 205)

Über das Datum von Morells Ankunft Ende April 1945 in Bayern gibt es generell widersprüchliche Mitteilungen. Die Aussagen divergieren zwischen 21./22., 22./23. und 23./24. April. Für die erste Fassung von *ANALO* spielte das Datum eine Rolle, um nachweisen zu können, ab wann Morell »völlig verstört« war und ob es sogenannt lichte Momente gegeben hat, während denen er noch Aussage-fähig gewesen wäre. Im Laufe der Untersuchungen wurde der Nachweis über Morells Abflugdatum aus Berlin noch in der Nacht vom 21. auf den 22. April immer zweitrangiger, sodass das lange Ausführungen hier wegfallen können. Der erste Kontakt der Amerikaner mit Morell fand im Mai 1945 statt. Das Ergebnis des Besuchs der Militärs an Morells Krankenbett ist: Morell = nicht mehr vernehmungsfähig.

Morell war am 21. April 1945 nach einem Wutanfall Hitlers im »*Führer*«-*Bunker* unterhalb der Berliner Reichskanzlei gezwungen worden, seinen Dienst sofort zu quittieren. Hitler hatte Morell in ihrer acht-neun-jährigen Beziehung zum ersten Mal misstraut und ihn stante pede aus dessen Position des Leibarztes entlassen. Traudl Junge,

Hitlers jüngste Sekretärin, war bei dem Schlagabtausch zwischen Hitler und Morell dabei und bezeugte, dass Morell unmittelbar danach Berlin verlassen hat. *(Junge 48, S. 31)*

»Leibpilot« Hans Baur berichtete darüber, dass in den letzten Tagen des Dritten Reiches Ende April 1945 jede Nacht Flugzeuge im Auftrage Hitlers Berlin verließen: »Meine Männer flogen die ganzen Nächte rauf und runter zwischen Salzburg und Berlin oder München und Berlin. Ich hatte damals noch 8 viermotorige Kondor-Maschinen.« *(Baur 63, S. 11/14, Baur 56, S. 266 f.)*

Das Datum von Morells Abflug aus Berlin, das in den Irving-Ausgaben von Morells Tagebüchern festgehalten wurde – »23. 4. 1945« *(Irving 83 I, S. 282, 83 II, S. 273, 277, 281)* –, ist ein Irrtum. Es war schon die Nacht vom 21. auf den 22. April 1945, in der der Flug mit Morell als Passagier aus dem brennenden Berlin heraus nach München stattgefunden hat.

In dem *Consolidated Interrogation Report No. 4, Hitler as seen by his doctors*, gibt es in der Version I die »chronology of life and career of Prof. Dr. Theodore Morell«. Diese Chronik von Morells Leben und Karriere führt die Daten auf, die Morells Übergang von Hitlers voll funktionsfähigem Leibarzt zum Drei-Jahres-Wrack bis zu seinem Tode fixieren, dieser Übergang hat sich gemäß CIR No. 4 innerhalb eines Tages, einer Nacht und eines Folgetages abgespielt:

»21. 4. 1945 – Morell von Hitler entlassen,

22. 4. 1945 – Morell kommt in Bad Reichenhall an [»arrived«],

1. 5. 1945 – Morell wird ins Stadtkrankenhaus von Bad Reichenhall eingeliefert.« *(MISC, Version I, S. 16 f.)* Da diese Daten den Aufnahme-Unterlagen des Stadtkrankenhauses von Bad Reichenhall entnommen wurden, kann davon ausgegangen werden, dass Morell in der Nacht vom 21. auf den 22. April Berlin schon im geistig beschädigten Zustand verlassen hat, worüber es bei Bedarf noch weitere sechs Zeugnisse gibt, die alle den irrtümlich späteren Reisezeitpunkt widerlegen. Morell selbst war so konfus, dass er in seinem ersten prompten Brief an seine Frau Johanna sein Ankunftsdatum in Bad Reichenhall nicht mehr genau angeben konnte. Im Brief vom 24. April 1945 notierte er: »Gestern Morgen kam ich per Flugzeug in München an.« *(Katz, S. 347)* Es war schon vorgestern Morgen.

Auch die Bunker-Zeugen, Adjutant Otto Günsche und Leibdiener Heinz Linge, sind hier nicht verlässlich. Sie waren bei dem Hitler-Morell-Zerwürfnis am Abend des 21. April 1945 nicht anwesend. So etwas konnte andauernd passieren, so dass Günsche später berichtete, er habe nicht mitbekommen, dass Hitler und Braun am Abend des 28. April geheiratet hatten. *(Günsche, S. 16 f., 19 f.)* Das exakte Mitbekommen von Ereignissen hing davon ab, was Hitlers letzte Bunker-Umfelder gerade zu tun hatten. Nur Hitlers Sekretärin Traudl Junge musste andauernd in Hitlers physischer Nähe sein und bleiben, um in jedem Moment ein Notizen-Diktat von ihm aufnehmen zu können. Er schrieb am Schluss – auch wegen seiner zitternden Hände – überhaupt nicht mehr selbst. Junges Zeugnisse sind daher für Vieles wegen ihres Jobs als Hitlers Schatten verlässlich. Die Hitler-Morell-Beziehung endete mit einem Zerwürfnis, bei dem Junge zugegen war:»An jenem Abend sagte Hitler: ›Gehen Sie weg, Morell! Sie beabsichtigen, mir Morphium zu geben! Und wenn ich bewusstlos bin, werden Sie mich wegtransportieren.‹ Daraufhin verließ Morell Berlin.« *(Junge 48, S. 31)*

Der Anstoß zur Trennung kam von Hitler am Abend des 21. April 1945 und nicht erst am Nachmittag des 23. April. Dass Morell »heulte wie ein Kind«, wie es Günsche und Linge übermittelten, kann sehr wohl sein. *(Eberle/Uhl, S. 397 f.)* Das geschah jedoch zwei Tage früher – wegen Hitlers plötzlichem Misstrauen gegenüber Morell und dessen Zusammenbruch danach.

Die Schilderung des ehemaligen Patienten Paul Karl Schmidt

Zweites Zeugnis

»Als der Gesandte Dr. Paul Karl Schmidt[-Carell] ihn [Morell] im Lazarett des amerikanischen Gefangenenlagers Dachau besucht, liegt er gelähmt, geschunden und depressiv verstimmt auf einem amerikanischen Feldbett, klagt über Herzbeschwerden und berichtet seinem einstigen Patienten in weinerlicher Selbstbemitleidung, stockend und mit Sprechschwierigkeiten kämpfend, über sein Schicksal. Im Frühjahr 1948 stirbt er in einem Lazarett am Tegernsee [...]« *(Maser 71/01, S. 352 f./402 f.* [Anmerkung 109, S. 483/585:»Persönliche Auskunft von Dr. Paul Schmidt{-Carell}, 1971. Schmidt besuchte {seinen ehemaligen Arzt} Morell drei- oder viermal. Als er dann wieder im Lazarett erschien, erklärte ihm ein deutscher Sanitäter: ›Der Professor wurde heute früh weggeschafft.‹«])

Die Übermittlung des früheren Morell-Patienten Paul Karl Schmidt-Carell über Morells Zusammenbruch stammt von Werner Maser. Jemand, der »gelähmt ist«, an »Herzbeschwerden« leidet, »mit Sprechschwierigkeiten kämpft«, ist nicht mehr fähig, Interviews zu geben.

Die Erfahrung des britischen Geheimdienstoffiziers Trevor-Roper

Drittes Zeugnis

»Morell wurde zunehmend kränker – beides, physisch und geistig. Hugh Trevor-Roper, berühmt als Historiker, aber zu dieser Zeit noch ein unbekannter Major im Britischen Geheimdienst, besuchte ihn im USFET Interrogation Center am 13. September 1945. – ›Morell‹, berichtete er seinen Vorgesetzten, ›schien physisch verfallen und geistig gaga; er war sich der meisten Fakten, die er angab, unsicher und wahrscheinlich echt unsicher.‹« *(Irving* 83 II, S. 281)

Über diese Summe von Trevor-Ropers Erfahrung bei seinem Besuch am Krankenbett Morells berichtet David Irving in der ersten englischen Ausgabe von Morells *Geheimen Medizinischen Tagebüchern.* Der spätere britische Hitler-Spezialist Hugh Trevor-Roper hatte im September 1945 Morell in der US-Armee-Stationierung Oberursel/ Taunus besucht. Sein Fazit: Morell »war sich der meisten Fakten, die er angab«, »echt unsicher«. Grund: »geistig gaga«. Trevor-Ropers Besuch am Krankenbett Morells fand statt im Zusammenhang mit seinen Recherchen in Deutschland zum Tod von Adolf Hitler. Der britische Geheimdienst wollte die Anschuldigung der sowjetischen Alliierten entkräften, Hitler lebe noch, die Briten hätten ihm und Eva Braun Asyl gewährt. Trevor-Roper sprach mit sämtlichen in den Westzonen erreichbaren *»Führer«-Bunker*-Zeugen und präsentierte der Weltöffentlichkeit sein Ergebnis zum bewiesenen Selbstmord Hitlers in seiner Pressekonferenz am 1. November 1945 im Berliner *Hotel am Zoo.* *(Trevor-Roper* 12, S. 262) Die ausführliche Fassung seiner Nachforschungen publizierte er erstmals 1947 in seinem Buch *The Last Days of Hitler.* Über keinen weiteren Zeugen brach Trevor-Roper derart wie über Morell geistig den Stab – mit dem Ergebnis: Morell = Aussage-unfähig.

Das Urteil des ärztlichen Rivalen Karl Brandt

Viertes Zeugnis

Morells ehemaliger Kollege und Widersacher Karl Brandt, der oberste »Euthanasie«-Verantwortliche, lieferte den Amerikanern am 19. September 1945 während seiner Kriegsgefangenschaft in Oberursel bei Frankfurt am Main Aufzeichnungen über Morell, in denen Brandt die desperaten körperlich-seelischen Bedingungen des Hitler-Leibarztes nach Ende April 1945 festhielt: »Der Gesundheitszustand von Morell selbst ist zur Zeit nicht gut. Er hat im Laufe der letzten Monate sehr stark an Gewicht verloren. Die früher schon vorhandenen Erscheinungen einer chronischen Herzerkrankung und eines Blasen-, eventuell auch Nierenleidens wegen einer Prostatahypertrophie scheinen vermehrt. Morell hat in den Tagen, die ich mit ihm in Haftgemeinschaft war, wechselnd über subjektive Beschwerden geklagt und dabei auch zeitweilig über erhebliche Kopfschmerzen, die unter Umständen Ausdruck einer allgemeinen leichten Harnvergiftung sein könnten. Im Zusammenhang damit bestand sehr deutliches Schlafbedürfnis und gelegentlich eine gewisse Erinnerungsschwäche. In Bezug auf seine Psyche ist Morell zur Zeit labil und im allgemeinen auch da verfallen ... Als Morell mich unerwartet plötzlich sah, hat er allein dadurch zweifellos einen gewissen Schock erlitten. Er wurde blau, völlig unsicher und fing nach einigen belanglosen Begrüßungsworten, auf die ich nicht reagierte, an – sich in der Ecke seines Bettes zusammenkauernd – zu weinen. Er sagte später, dass er einen ähnlichen Zustand gehabt habe, als er nach dem 21. April [1945] nach München und Berchtesgaden gekommen war, ... Diese psychische Labilität, die in einer gewissen Weise parallel zu dem physischen Gesundheitszustand sich befindet, beherrscht zur Zeit den Eindruck, den man von der Persönlichkeit Morells gewinnt ... Und ich bin überzeugt, dass er, teilweise wenigstens, zur Zeit den kranken Mann spielt und so den Eindruck eines äußeren Verfalls angibt. Er erwartet wahrscheinlich, dadurch mehr Mitleid zu erregen ... Diesen Vorhaltungen gegenüber fasste Morell seinen jetzigen Standpunkt in den Worten zusammen ›Ich wollte, ich wäre nicht ich!‹« *(Brandt* 45, S. 1 f., 60 f.)

Auch wenn Brandt und Morell sich nach dem »Ärzte-Streit« im Oktober 1944 ein halbes Jahr nicht mehr gesehen hatten und Brandt vom Zerwürfnis zwischen Hitler und Morell Ende April 1945 nichts wusste, auch meinte, Morell simuliere seine Miseren vielleicht, schildert Brandt den Zustand eines geistig Beschädigten, wobei sich dieses Bild im Zusammenhang mit anderen Zeugenaussagen zu ein und demselben Krankheitssymptom eines vom Schlage Getroffenen verdichtet.

Die Hinweise von Hitlers Begleitarzt Hasselbach

Fünftes Zeugnis

Es gab bis Oktober 1944 drei Hitler-Begleitärzte: Karl Brandt, Hans Karl von Hasselbach und Werner Haase. Sie waren Chirurgen, die abwechselnd als ständige notärztliche Reisebegleiter Hitlers fungierten, um bei Bedarf Erste Hilfe leisten zu können. Hans Karl von Hasselbach war 1936 wegen Überlastung des 1933 zuerst engagierten Chirurgen Karl Brandt als zweiter Begleitarzt eingestellt worden. Hasselbach befand sich in Hitlers Nähe über einen Zeitraum von insgesamt fünfeinhalb Jahren – zuerst dreieinhalb Jahre von Frühjahr 1936 bis Kriegsbeginn September 1939 und dann noch einmal von September 1942 bis Oktober 1944. In diesen Jahren war Hasselbach »immer wieder wochenlang in Hitlers Begleitung«. *(Hasselbach 52, S. 1)*

Hasselbach hat sich schon in seinem ersten überlieferten Verhör von 1948 zur körperlich-geistigen Verfassung des Hitler-Leibarztes Theodor Morell nach dem Ende des Dritten Reichs geäußert. US-Interviewer: »Haben Sie Dr. Morell nach all dem [Ende April 1945] gesehen.« – Hasselbach: »Ja, ich sah ihn [...] Ich sah ihn nur auf der Reise von Freysing nach Oberursel – im September 1945 [...] Er war körperlich und geistig ruiniert und ist das auch heute noch.« – Interviewer: »Ich verstehe. Er ist jetzt ein Fall von Geisteskrankheit.« – Hasselbach: »Ja, das denke ich.« *(Hasselbach 48, S. 7)*

Die Zeitangaben der Gesprächspartner »heute noch« und »jetzt« beziehen sich auf das Interview, das die Amerikaner mit Hasselbach in ihrem Regensburger Internierungslager für deutsche Kriegsgefangene am 14. April 1948 geführt haben. Das war ein Monat vor Morells Tod am 26. Mai 1948.

Im amerikanischen Original des Verhörs heißt es, Morell sei »jetzt« ein *mental case*. Aus vielen Wendungen des Interviews wird deutlich, dass Hasselbachs amerikanischer Befrager selbst Mediziner war. Der Interrogateur ist am Anfang des Interviews ausnahmsweise nicht genannt worden. Auch das spricht dafür, dass er kein gewöhnlicher *intelligence officer* war. Das Interview hinterlässt den Eindruck, dass sich zwei Ärzte unterhalten und versuchen, Morells Zustand aus der Ferne medizinisch in den Griff zu bekommen.

Die Amerikaner waren noch Mitte April 1948 prinzipiell an Morells Zustand interessiert, sodass Hasselbachs Befrager einen Monat vor Morells Tod sagte: »Ich habe ihn [Morell] noch nie gesehen. Ich muss ihn sehen.« *(a. a. O., S. 5)*

Morell hätte der unerhörteste und subtilste Zeuge für Hitlers physische, psychische und geistige Bedingungen sein können. Morells »Auskunft über Hitler« wäre »ohne Zweifel sehr enthüllend gewesen«, wie Eberle/Neumann zurecht schreiben. Sie »stand« aber »nicht zur Verfügung«, weil »Morells Gesundheit zu schlecht« war, »als dass er hätte interviewt werden können.« *(Eberle/Neumann 13, S. 57)* Trotzdem behielten die Amerikaner Morell im Auge, wie es kurz vor Morells Tod am 26. Mai 1948 im Verhör von Hitlers zweitem Begleitarzt Hans Karl von Hasselbach zum Ausdruck kommt. »Ich muss ihn sehen«, gestand Hasselbachs medizinisch versierter US-Interviewer dem deutschen Chirurgen. Keiner der Interviewpartner – weder Hasselbach noch sein anonymer US-Befrager –wusste, worin die Ursache von Morells Zustand der »Geisteskrankheit« lag.

Hasselbach war in den letzten Kriegszeiten an der Westfront. Seine Freundin, die Pilotin Hanna Reitsch, auf die er sich wegen »*Führer«-Bunker*-Geschehnissen beruft, kam erst nach Morells Zusammenbruch am 21. April 1945 in den Bunker und damit in die Lage, Einzelheiten über Hitlers letzte Lebenstage beobachten zu können.

Der US-Interviewer bezieht sich im Gespräch mit Hasselbach plötzlich auf nicht genannte Zeugen, die von Morells Ohnmacht berichtet hätten: »Da gibt es eine Geschichte, dass Hitler zu Morell gesagt hätte: ›Sie haben versucht, mich zu vergiften!‹ und dass Hitler Morell weghaben wollte. Da fiel Morell in Ohnmacht.« *(Hasselbach* 48, S. 9)

Zu den Übermittelnden von Hitlers Ausbruch gegenüber Morell gehört auch Hitlers jüngste Sekretärin Traudl Junge, die in ihrem Interview mit den Amerikanern zweieinhalb Monate vor Hasselbach, am 7. Februar 1948, zu Protokoll gegeben hatte: »An jenem Abend sagte Hitler: ›Gehen Sie weg, Morell! Sie beabsichtigen, mir Morphium zu geben. Und wenn ich bewusstlos bin, werden Sie mich wegtransportieren.‹ Daraufhin verließ Morell Berlin.« *(Junge* 48, S. 31)

In seinem letzten erhalten gebliebenen Interview bringt Hasselbach auf einem Umweg noch einmal den geistig beschädigten Zustand Morells zur Sprache: Hasselbach berichtet während seiner – durch das Münchener *Institut für Zeitgeschichte* veranlassten – Zeugenbefragung 1951 über die Tage der Gefangenschaft, die Hasselbachs Freund und Kollege, Hitlers erster chirurgischer Begleitarzt Karl Brandt, mit Hitlers Leibarzt Theodor Morell in einer gemeinsamen Zelle verbracht hat: »[…] in der Gefangenschaft teilte Morell etwa 14 Tage die Zelle mit Brandt, dessen Zellengenosse ich später wurde.« *(Hasselbach* 52, S. 1)

Über die – später mit der Zahl 8 spezifizierten – Tage Brandts in der Gefängniszelle mit Morell erzählte Brandt seinem ehemaligen Kommilitonen, dass diese Tage und Nächte die fürchterlichsten seines Lebens gewesen wären: »Brandt sagte im übrigen zu mir, dass diese 8 Tage für ihn ärger gewesen seien als alles andere, was er bisher mitgemacht habe.« *(a. a. O.,* S. 1 f.)

Die hochgepokerte Schrecklichkeit beim einwöchigen Verbringen Brandts mit Morell in derselben Zelle muss sich auf Morells Folgezustände nach einem Schlaganfall bezogen haben, der sich erst aus den nächsten Punkten 6.) und 7.) als Fakt bestimmen lässt. Brandt kannte Morell seit ungefähr zehn Jahren, aber nicht den inzwischen geistig verwirrten Morell. Brandt empfand seine Inhaftierung in einer gemeinsamen Zelle mit Morell als eine Attacke der Amerikaner gegen ihn, wie er sich bei seinem Freund Hasselbach später beklagt hatte. Brandt war gespannt, »was ihm die Amerikaner noch antun könnten«. *(a. a. O.)*

Frau und Herrn Morells Fremd- und Selbstzeugnisse

Sechstes Zeugnis

Theodor Morells Biografen Ottmar Katz und David Irving wetteiferten miteinander, wer der Erste in der Publikation seiner Biografie bzw. seines biografischen Abrisses war. Katz' Biografie kam 1982 heraus. Irving war an die Edition der Morell-Tagebücher gebunden, die erst nach dem Tode von Morells Frau Johanna 1983 publiziert werden durften. Beide Biografen sind sich jedoch darin einig, dass Morell nach dem 21. April 1945 körperlich und geistig verfiel. *(Katz, S. 344 ff., 352 ff., Irving 83 I, S. 7 ff., 283 ff., Irving 83 II, S. 3 ff., 277 ff.)*

Die Zeugnisse des Ehepaares dazu werden erst jetzt mit dem *Sechsten Zeugnis* vorgestellt. Ihnen hätte zu einem früheren Zeitpunkt der Mitteilung misstraut werden können, ob es sich bei Morells Vernehmungs-Unfähigkeit nicht um Simulationen handelte, weil Morell seine Aussagen für den Nürnberger Ärzte-Prozess vermeiden wollte, der bekanntlich am 15. November 1946 begann und ohne Morell ablief.

Und – was für seinen Zustand das Signifikanteste ist – es gibt keine Verhöre Morells für die Vorbereitung dieses wesentlichen internationalen Tribunals gegen 20 deutsche Ärzte, die sich unter der Nazi-Herrschaft Verbrechen gegen die Menschlichkeit hatten zuschulden kommen lassen. *(Snyder 76/95)* Dieses Fehlen Morells bei allem, was den Nürnberger Ärzte-Prozess betrifft, sagt über Morells Vernehmungs-Unfähigkeit eigentlich schon genug aus.

Trotzdem kann dem Phänomen »Morells gefälschtes Sagen über Hitlers Sexualität« nicht mit Pauschalen zu Leibe gerückt werden. Endgültig überzeugen können nur bewiesene Einzelheiten. Und solche haben an sechster Stelle die Protagonisten Johanna und Theodor Morell sogar selbst geliefert.

Im Statement von Johanna Morell heißt es am 2. Oktober 1945: »Mein Mann lag weinend im Bett, ganz gebrochen und erzählte mir weinend, wie ihn der Führer weggeschickt habe. Auch klagte er über sein Herz, das in den letzten Jahren sehr schlecht war.« *(Irving 83 I,*

S. 283, *83* II, S. 277 ff., *Katz*, S. 347 f.) Johanna Morell bezog sich bei diesem Statement auf ihren Besuch in der Städtischen Klinik von Bad Reichenhall am 1. Mai 1945. An diesem Tag war Morell dort eingeliefert worden.

Die Eheleute hatten sich monatelang nicht gesehen. Morell war mit Hitler Anfang 1945 in den »*Führer*«-*Bunker* unter der Berliner Reichskanzlei gezogen. Seine Frau Johanna hatte ihr Haus am Wannsee wegen des zunehmenden Bombenhagels über Berlin verlassen und sich auf den Morell'schen Landsitz am Tegernsee begeben.

Am 17. Juli 1945 wurde Morell von den amerikanischen Streitkräften verhaftet und zunächst in das Untersuchungsgefängnis in Bad Reichenhall transportiert, wo er einige Wochen in einer Zelle zubringen musste. *(Katz*, S. 352, *Irving* 83 II, S. 279 – in der deutschen Fassung irrtümlich »17. Juni 1945« [*Irving* 83 I, S. 285])

Johanna Morell besuchte ihren Mann im Gefängnis am 24. Juli 1945, eine Woche nach Morells Einlieferung dort, durfte ihn jedoch nur eine Viertelstunde sehen: »Als ich aufgerufen wurde, fand ich meinen Mann in einem Stuhl sitzend [...] Er war alt geworden, ausgemergelt, sein Gesicht von Tränen zerfurcht. Er wiederholte wieder und wieder: ›Ich dachte, du bist tot! Ich hörte dich schreien, nicht wahr?!‹ – Er redete nicht mehr vernünftig. Wenn wir [Johanna und ihr mitgebrachter Freund Aloys Becker] versuchten, ihm die Realität klarzumachen, sagte er: ›Na gut, dann muss *ich* verrückt geworden sein.‹ – Bevor wir ihn verließen, flüsterte er mir zu, die Amerikaner hätten ihm seine Zehennägel rausgerissen!« *(Irving* 83 I, S. 286, 83 II, S. 280)

Am 13. Februar 1946 schrieb Johanna Morell über ihren Mann an die Autoritäten der amerikanisch besetzten Zone, »sie hätte seit Juli 1945 nichts von ihm gehört: ›Ich weiß, dass mein Mann sehr krank ist. Besonders sein Nervenzustand fiel mir bei meinem letzten Besuch in Bad Reichenhall auf. Seine Reden waren derart verwirrt, dass ich schon damals den Vorschlag machte, meinen Mann in ein Nervensanatorium zu bringen.‹« *(Irving* 83 I, S. 287 f.) Was in der Geschwindigkeit des Zitats aus Johanna Morells Brief kaum bemerkt wird: Sie spricht davon, dass bei ihrem »letzten Besuch« Morell auch schon »verwirrt« gewesen ist. Dieser »letzte Besuch« fand irgendwann nach Juli 1945 statt. Seit längerer Zeit bemühte sich Johanna Morell um die Aufnahme ihres Mannes in einem »Nervensanatorium«. Die Amerikaner hatten dieses Ersuchen immer ignoriert. *(Irving* 83 I, S. 287 f., 83 II, S. 282)

Einige Zeit nach Februar 1946 berichtete Johanna Morell, dass ihr Mann nach Fürth bei Nürnberg verlegt worden ist, aber auch dort nicht verhört werden konnte:»Da hat der Amerikaner rumgetobt und hat gesagt, mein Mann sagt nicht aus, ich darf nicht zu ihm, weil er nicht aussagen würde. Deshalb haben sie ihn wahrscheinlich auch so gefoltert und gequält.›« (*Irving* 83 I, S. 288)

Im Juni 1946 wird Morell permanent in die Krankenabteilung des ehemaligen KZs in Dachau verlegt, das die Amerikaner nunmehr für die Gefangennahme von Nazi-Tätern umfunktioniert hatten. Morell war vom Untersuchungsgefängnis in Bad Reichenhall über mehrere Städte (u. a. Freysing und Oberursel) in der amerikanisch besetzten Zone schließlich nach Dachau transportiert worden.

Am 12. Oktober 1946 wurde er von einem Gerichtsmediziner im Zusammenhang mit dem direkt bevorstehenden Nürnberger Ärzteprozess untersucht, um seine Vernehmungsfähigkeit professionell zu testen. Auch der von höchster Seite eingesetzte Facharzt konnte sie Morell nicht attestieren. (*Irving* 83 II, S. 283 f.)

Morell schreibt kurz danach an seine Frau ein paar gestammelte Zeilen:»Ich bin unfähig, mein rechtes Bein zu heben, meine natürlichen Bedürfnisse ohne die Hilfe anderer zu verrichten [...] Es ist wahrscheinlich nicht viel, was sie mit mir machen können. Und mein Kopf ist immer noch oft sehr benebelt. Und mein Gedächtnis ist praktisch weg! Ich kann mich an nichts erinnern.« (*a. a. O.*, S. 284) Ab Ende Oktober 1946 fällt Morell in Agonie, kann nicht mehr schreiben, nur noch diktieren. Am 17. Juni 1947 verliert er auch noch die Sprechfähigkeit.

Die Amerikaner entließen ihn am 30. Juni 1947 aus ihrer Gefangenschaft und transferierten ihn, »seiner Bitte entsprechend«, »in das Kreiskrankenhaus Tegernsee, *Alpenhof*, Rottach-Egern« in der Nähe von Morells Landsitz. (*Katz*, S. 355) Genau zwei Jahre – vom 17. Juli 1945 bis zum 30. Juni 1947 – hatten die Amerikaner versucht, aus Morell »etwas herauszubekommen«, was in alle Richtungen negativ verlief. Die Alliierten hatten keine »Verwendung« mehr für ihn.

Der Nürnberger Ärzteprozess stand kurz vor seinem Abschluss. Morells Kollege Karl Brandt wurde am 20. August 1947 zum Tode verurteilt. Morell starb ein knappes Jahr nach seiner Verlegung in den *Alpenhof* am 26. Mai 1948. (*a. a. O.*, S. 356, *Irving* 83 II, S. 284 f.) »In der Sterbefall-Anzeige des Krankenhauses hieß es über die Todesursache: Herz- und Kreislaufschwäche. Als Grundleiden wurde angegeben: Apoplexie der Hirngefäße, Juli 1945 schwere Myokard-Schädigung, Bronchopneumonie im linken Unterlappen.« (*Katz*, S. 356)

Morells Requiem

Siebtes Zeugnis

Es gibt noch einen siebenten Punkt, der beweist, dass Morell geistig erloschen war: Alle seine schriftlichen Hinterlassenschaften enden im April 1945 – mit Ausnahme seiner Stammeleien in seinen Briefen 1945/46 an seine Frau Johanna.

Der dritte medizinische Hitler-Biograf Ernst Günther Schenck *(Schenck* 89) publizierte auch noch eine Morell-Biografie, die dritte nach Ottmar Katz (82) und David Irving (83): *Prof. Dr. med. Theodor Gilbert Morell. Hitlers Leibarzt und seine Medikamente.* (Schenck 98) Im Zusammenhang mit dieser Publikation hat Schenck »die noch zur Verfügung stehenden Akten, Briefschaften, Geschäftspapiere« Morells erfasst, deren Originale (»Morell-Papers«) der Autor in den *National Archives* von Washington vorfand. (Schenck 98, S. 555) Unter den 51 aufgeführten Aktenordnern und Mappen mit über 15 000 Blättern gibt es nichts mehr geistig Relevantes von Morell nach dem 21. April 1945. *(a. a. O.,* S. 555 ff.) Mit unanfechtbarer Deutlichkeit endet alles von Morell hinterlassene Berufliche spätestens im April 1945.

Am schlagendsten belegen das die 122 Seiten von Morells *Täglichen Aufzeichnungen über Hitler* – erhalten geblieben zwischen dem 22. Juli 1942 und dem 21. April 1945. – Die *Täglichen Gespräche mit Persönlichkeiten und Berichte über Hitler* laufen vom 24. Februar 1944 bis zum 7. April 1945. Morells *Medizinische Berichte über Hitler* spannen sich zwischen 9. Januar 1940 und 7. April 1945, seine *Medizinischen Berichte über Patient D (Duce [= Mussolini])* reichen vom 1. November 1944 bis zum 23. März 1945. *(a. a. O.,* S. 559) Morells erhalten gebliebene *Tagesnotizen* wurden zwischen August 1943 und März 1945 gemacht. In den Korrespondenzen zu Morells Geschäfts- und medizinischen Fach-Angelegenheiten enden die letzten Briefe Anfang 1945. *(a. a. O.,* S. 558)

Morells *Geheime Medizinische Tagebücher,* die mit dem 20. April 45 schließen, legten andere Überlebens-Fährten zurück und landeten über »Umwege« beim Hitler-Forscher David Irving, der diese Morell-Skripte 1983 im deutschen Original und gleichzeitig in englischer Übersetzung herausgab und kommentierte. *(Irving 83 I, II)*

Die Titulierungen der meisten Morell-Notizen in den *National Archives* und im *Institut für Zeitgeschichte München* klingen alle so ähnlich: »Tagesnotizen«, »Tägliche Aufzeichnungen«, »Tägliche Gespräche« und »Tagebücher«. Die vier Titel enthüllen die Tatsache, dass Morell sich in den letzten fünf Jahren vor Mai 1945 wirklich täglich Notizen zu seiner Arbeit gemacht hat – und das sogar in mehreren Heften gleichzeitig.

Im Folgenden soll Hitlers Leibarzt mit Ausschnitten aus seinen Tagebüchern zu Wort kommen, weil mit diesen Original-Einträgen deutlich gemacht werden kann, dass in Morells Leben nicht nur eine Zäsur, sondern wirklich ein Abbruch im Sinne eines geistigen Endes geschah, als diese Aufzeichnungen plötzlich versiegten. Alle anderen Notate, vor allem die »medizinischen Berichte« und die »Gespräche mit Persönlichkeiten«, mochten gleichzeitig wie das Dritte Reich »untergehen«, weil sie mit der Diktatur zu eng in Verbindung gestanden hatten. Aber ein Tagebuch ist etwas System-unabhängig Persönliches zur Selbstreflexion. Wer einmal Tagebuch schreibt, der tut das meist immer. Ein Tagebuch ist nicht an äußere, erst recht nicht an politische Ereignisse geknüpft, obwohl es das sein kann wie bei den berühmten Tagebüchern von Harry Graf Kessler, Victor Klemperer und Thomas Mann.

Da auch Morells *Geheime Medizinische Tagebücher* nach dem 20. April 1945 abbrechen, muss etwas Gravierendes mit Morell geschehen sein, sodass er zu der Permanenz der Selbstreflexion nicht mehr in der Lage war. Sein erhalten gebliebenes medizinisches Tagebuch läuft non stop über dreidreiviertel Jahre. Es beginnt am Donnerstag, dem 7. August 1941, und endet am Freitag, dem 20. April 1945 (zu den von Irving präsentierten Einträgen vom 21. und 23. April 1945 folgen sogleich Bemerkungen). Morells Tagebuch enthält Aufzeichnungen von Ereignissen, Gesprächen, Aussprüchen und Medikamenten-Verabreichungen, speziell Beschreibungen von Hitlers täglichem Befinden. *(Morell* 83 I, S. 85 ff., 83 II, S. 84 ff.)

Doch nicht nur Hitlers Behandlung wurde im Tagebuch festgehalten, sondern auch die Beschäftigung mit anderen Morell-Patienten und vieles Persönliche, wie zum Beispiel Tod und Beerdigung von Morells Bruder Adolf und Morells Reise vom »Führer«-Hauptquartier *Wolfsschanze* an der Ostfront nach Hessen zu seinen Verwandten zwischen 11. und 16. November 1944. *(Morell* 83 I, S. 245, 83 II, S. 234 ff., *Katz* 85, S. 316)

Morell war ein typischer Tagebuch-Schreiber, der sich auch über komplett unwichtige Belange täglich Rechenschaft gab.

»24. 3. [43] Ankunft Obersalzberg. Föhn und plötzlich starke Wärme.« *(Morell* 83 II, S. 119)

8. 1. [44] [Hitlers »Leibpilot«, Flugkapitän Hans] Baur bei mir. Winniza-er Flugplatz [in der Ukraine an der Ostfront] schnell um 17 Uhr verlassen wegen russischer Tanks, Nahrungsmittel mitgebracht,

Zahlen. Intendantur wollte nichts aus dem Lager herausgeben.«
(a. a. O., S. 152)

23. 2. [44] Im Zuge nach München. Ankunft 15 Uhr nachmittags.
Zum Führerbau. Patienten A behandelt. *(a. a. O., S. 158)*

1. 3. [44] Berghof – Kleßheim.

8. 3. [44] Abends Fahrt mit Hanni [Ehefrau Morells] nach Salzburg,
Besuch bei [Leni] Riefenstahl.« *(a. a. O., S. 161)*

Der Abbruch von Morells *Geheime Medizinische Tagebücher* sieht
aus wie der Schluss der Partitur von Mozarts unvollendetem Requiem,
dessen Noten ohne imposantes Finale »auströpfeln«. Genauso wirken
Morells letzte Einträge.

Das, was für den »21. 4.« und den »23. 4. [45]« steht und sich in Letzterem als falsch erwiesen hat, kann eine nachträgliche »Vollendung«
des Morell-Tagebuches durch dessen Herausgeber David Irving sein,
der irgendeinen markanten Abschluss einsetzte, den der Schlaganfall-getroffene Morell selbst nicht mehr hat machen können:

»21. 4. [45] (Sonnabend) – *Entlassung!*

23. 4. – Ungefähr 2 Uhr [schon in der Nacht vom 21. auf den
22. April 1945] Start einer Kondor nach München. Ganz tief über russische Linien (Jüterbog!); viele brennende Dörfer, später amerikanische
Front über Bayern, hier viel Scheinwerfer- und Flaktätigkeit. Nach
einigem Suchen Flughafen Neubiberg.« *(Irving 83 I, S. 282, 83 II, S. 273)*

Die Beschreibung des Fluges über den Wolken wirkt unter Morells
Einträgen künstlich. So etwas tat Morell sonst nie in seinem Tagebuch.
Er notierte immer eng an der Realität entlang Begebenheiten, Taten
und kurze Reflexionen dazu, machte jedoch keine Reise-Schilderun-
gen. Er ist zwischen 1941 und 1945 – der »Laufzeit« seines erhalten
gebliebenen Tagebuches – oft gereist, hat aber nie längere Zug- und
Flug-Eindrücke festgehalten, auch deswegen nicht, weil er auf Reisen
meist schlief, wie Hitlers jüngste Sekretärin Traudl Junge berichtete.
(Junge 02, S. 63)

Der bombastische Schluss des Morell-Tagebuchs passt nicht zu den
immer knapp gehaltenen, Stichwort-haften Einträgen des Arztes. Und
Morell war nach seinem Schlaganfall zu so etwas sinnvoll Ausführli-
chem nicht mehr fähig. Seinen Flug über den Wolken hat er in diesem
Zustand gar nicht richtig »mitbekommen«.

Wahrscheinlich ist sogar, dass schon der Eintrag vom »21. 4. (Sonnabend) – *Entlassung!*« vom Herausgeber Irving »nachgetragen« wurde,
was keineswegs auf einer Einbildung beruht. Denn werden beide Fassungen von Morells Tagebuch in Deutsch und Englisch herangezogen,
so überrascht, dass sie einander nicht immer entsprechen. Irving muss

in den laufenden Text des Ganzen hier und da eingegriffen haben, in den deutschen anders als in den englischen – ein neues Thema für eine Einzelstudie. Morells Tagebuch-Schluss zum Flug über den Wolken wirkt wie Süßmayrs »Vollendung« von Mozarts Requiem. Es existieren in Morells Unterlagen auch keine neu begonnenen Tagebücher. Als Ganzheitsmediziner hätte er sich unter allen Umständen für seine eigene Krankheit interessiert, wie sie behandelt wurde, was bei seinen verschiedenen Verlegungen von Krankenhaus zu Krankenhaus zu amerikanischen Kriegsgefangenen-Lagern und wieder in ein Krankenhaus alles passierte, wenn er denn geistig fähig gewesen wäre, noch schriftlich seine Zustände zu reflektieren, was nur hätte geschehen können, wenn seine Erkrankung einen anderen Körperteil betroffen hätte als sein Gehirn.

In seinen erhaltenen Tagebuch-Blättern kommen solche Betrachtungen über eigenes Kranksein sehr wohl vor – so am 17. August 1941 über seine Erschöpfung, am 18. August 1941 über das Rheuma-erzeugende Schlafen im Bunker des »Führer«-Hauptquartiers bei Winniza, Ukraine, an der Ostfront, am 26. Februar 1944, als Morell Halsschmerzen mit Fieber hatte, am 20. April 1945, weil er sich wegen zitternder Hände von seinem Assistenten Ludwig Stumpfegger für die Hitler täglich zu verabreichenden Spritzen vertreten lassen musste. Es »schüttelte« ihn an »Führers Geburtstag«. Das ist sein letzter echter Eintrag in sein Tagebuch. *(Morell 83 II, S. 90 f., 149, 271)*

Es gibt außer den spärlichen Wehklage-Briefen an seine Frau nichts Selbstreflektorisches mehr von Morell nach dem 21. April 1945, dem Tag seines – durch Hitlers Explosion verursachten – Schlaganfalls.

Die Morell-Material-Sammlungen bestätigen das Gesagte – an erster Stelle die von Ernst Günther Schenck bearbeiteten in den *National Archives*, *(Schenck 98)* Auszüge davon im Münchener *Institut für Zeitgeschichte. (Morell 45)*

Im *Nachlass Theodor Morell* im *Bundesarchiv Koblenz* (N1348/6) und im *Bestand* MA 617/1–3 (früher F/123), *Sammlung Theodor Morell*, im Münchener *Institut für Zeitgeschichte* liegen zwar außerdem noch allerhand Originale. Die jedoch betreffen Morells Beziehung zu Hitler vor 1945.

Das geistige Ende Morells fand am 21. April 1945 statt. Morell war ab Mai 1945 nicht aus der Welt und wäre das auch in Zukunft nicht gewesen. Er war im Mai 1945 in keinem Alter, um beruflich abzutreten – sondern erst 58, geboren am 22. Juli 1886. Wie seine hinterlassenen Papiere bis April 1945 belegen, war Morell mit der deutschen Ärzte- und der Pharma-Szene vernetzt. Er wäre einer der brillantesten

»Weitermacher« geworden. Morell war kein derart schwerer Kriegsverbrecher wie sein Kollege Karl Brandt, »Mr. Euthanasie«. Er war kein KZ-Arzt, kein Menschen-Versuchs-Mediziner wie Josef Mengele und Aribert Heim. Die Amerikaner ließen den zweiten Hitler-Begleitarzt Hans Karl von Hasselbach schon nach drei Jahren Gefangenschaft laufen. Denn dieser Chirurg war nicht wie Brandt und viele andere Mediziner in Massen-Ermordungen involviert. (Hasselbach 52, S. 1)

Morells Papiere legen offen: Er war in Schandtaten verwickelt, in »Arisierungen«, das heißt Enteignungen von Firmen ehemaliger Besitzer jüdischer Herkunft. Er benahm sich im Zuge von Hitlers Eroberungskrieg gen Osten für sein Pharma-Imperium okkupantisch, eignete sich sowjetische Institute und Betriebe in der von der Hitler-Armee besetzten Ukraine an. Den Hauptsitz seiner chemischen Fabrik »Hamma« verlegte er in die tschechische Stadt Olmütz. Er schwoll zum Multimillionär an, ließ sich von Hitler das Millionen-Objekt seines elektro-optischen Instituts in Bad Reichenhall schenken. Morell testete seine produzierten Medikamente an KZ-Insassen, was nicht mit Menschen-Versuchen zu verwechseln ist, (Schenck 98, S. 556 ff.) aber heißen soll, dass er ein atemberaubender Opportunist bei der Ausschlachtung seiner Position als »Leibarzt des Führers« war, von dessen tödlichem »Tun und Trachten« Morell alles wusste, das er mit seinen bis zu 90 gezählten »chemischen Verbindungen« alias Arzneien unterstützte und – wie aus seinen Korrespondenzen ersichtlich – ideologisch auch absegnete.

Und doch: Morell wäre nicht zum Tode verurteilt worden, sondern mit einigen Jahren Gefängnis davongekommen, wenn schon sein Duzfreund Albert, Rüstungs- und Kriegsminister Speer, nach 20 Jahren Haft entlassen wurde. »Morell war sein Entlastungs-Schreiben Nr. 52, 160 ausgehändigt worden, datiert am 20. Juni 1947 – mit dem Vermerk: ›Befreit von Kriegsverbrechen[s-Anschuldigungen]‹.« (Irving 83 II, S. 284) Morell wäre ein baldiges »Weitermachen« gewährt worden, wahrscheinlich nicht als Pharma-Großunternehmer, aber mit einer Praxis als Arzt für Allgemeinmedizin, spezifiziert auf Haut- und Geschlechtskrankheiten sowie nervös bedingte Beschwerden, hätte er in der Bundesrepublik Bonn oder Westberlin fortsetzen dürfen.

Das Wichtigste: Auf dieses »Weitermachen wie bisher« – wie vor Beginn der Hitler-Leibarztschaft ab 1936/37 – hatte sich Morell schon in der letzten Kriegszeit vorbereitet. Er hatte Hitler verlassen wollen und begonnen, Nachfolger in der Position des Leibarztes zu trainieren, die bereits seit einiger Zeit als seine Assistenten fungierten – Ludwig

Stumpfegger, Nachfolger Hasselbachs als Hitlers Begleitarzt nach dem Zerwürfnis Hitlers mit den Ärzten Brandt, Giesing und Hasselbach im Herbst 1944 (»Ärzte-Streit«), und Richard Weber, Morells rechte Hand seit Januar 1941 in seiner weiter bestehenden ärztlichen Praxis am Berliner Kurfürstendamm 216. *(Irving 83 II, S. VIII, Morell 83 II, 13.–15. November 1944, S. 235 f., Katz 85, S. 316)* Es kam jedoch vor dem 21. April 1945 nicht zu Morells Abschied, weil Hitler auf ihn nicht verzichten wollte. *(Irving 83 I, S. 42)* Hitler geriet schon in Panik, als Morell wegen des Todes seines älteren Bruders Adolf Mitte November 1944 für ein paar Tage zur Beerdigung in seinen Kindheitsort Trais/Münzenberg von der *Wolfsschanze* nach Hessen reisen wollte. *(Morell 83 II, 11. November 1944, S. 234 ff., Katz 85, S. 316 f.)*

Morells »Weitermachen« entfiel aber ab Mai 1945 wegen unheilbarer Geisteskrankheit des Arztes: Nach seiner Entlassung aus Dachau am 30. Juni 1947 musste Morell in das Kreiskrankenhaus *Alpenhof* in Rottach-Egern am Tegernsee verlegt werden – in die Nähe der Wohnung seiner Frau Hanni, die ihn jedoch zu Hause nicht pflegen konnte oder wollte. »Die Ärzte bestätigten die Diagnose *myocardial insufficiency* und beobachteten ebenfalls, dass sein Gedächtnis schwer beeinträchtigt war und er nicht mehr lesen und schreiben konnte.« *(Irving 83 II, S. 285)* »Es bestehe eine schwere Störung seiner Gedächtnisfunktion, sowie die Aufhebung der Fähigkeit zu schreiben und zu lesen. Deshalb sei es dem Patienten nicht möglich, schriftliche Äußerungen zu machen«, »bescheinigte ihm der Stationsarzt, Dr. Rolf Findewirth, unter dem 17. September 1947.« *(Katz 85, S. 355 f.)*

Summe:

Kein Zeugnis belegt Morells erhalten gebliebenes geistiges Leben nach dem 20. April 1945. Alles bricht Mozart-Requiem-haft ab – Morells Tagebuch »ausgerechnet« mit »Führers Geburtstag«, dem 20. April 1945. *(Morell 83 I, S. 282, 83 II, S. 271)* Mit Morells »Terminkalender« ist am 22. März 1945 Schluss. *(Morell 45, S. 2)* Seine Korrespondenzen hören im April 1945 auf. *(a. a. O., S. 1)* Seine pharmazeutischen Geschäftsbeziehungen, in denen es u. a. um die Penicillin-Forschung und die Vitamin-Herstellung ging, verenden im März 1945. *(a. a. O., S. 1 f.)* Und nichts wird ab Mai 1945 wieder aufgenommen. Nichts wird fortgesetzt, wozu einiges aus Morells Tätigkeit vor, ja unter Hitler geeignet gewesen wäre.

Was von Morell in seinen drei letzten Lebensjahren überliefert ist, ist nur sein gänzliches Kranksein und seine mehrmalige Verlegung in verschiedene Krankenhäuser oder Krankenabteilungen in

Kriegsgefangenen-Lagern. Irving berichtet von insgesamt sieben. *(Irving* 83 II, S. 282) Keines hat Morell als Gesunder verlassen. Er starb im letzten am Tegernsee: »Nach dem Zusammenbruch des Dritten Reichs war Morell ernsthaft krank wegen seiner alten Nieren-Beschwerden und seiner Herzschwäche. Er war außerdem verwirrt nach einem Schlaganfall und von den Amerikanern am 30. Juni 1947 als unfähig für den Gefängnisaufenthalt entlassen und in die lokale Klinik *Alpenhof* am Tegernsee überwiesen worden, wo er am 26. Mai 1948 verstarb. Die Eintrags-Nummer 116 im offiziellen Geburts-, Sterbe- und Heiratsregister von Tegernsee gibt als Todesursache an: ›Herz-Gefäße-Schwäche‹.« *(Eberle/Neumann* 13, S. 57)

Dieses Zitat aus Eberle/Neumanns *War Hitler krank?* komprimiert das Verenden Morells, lässt aber alles zu der dreijährigen Spanne zwischen 20. April 1945 und 26. Mai 1948 offen. Auch Eberle/Neumann sind mit ihrer Studie über Hitlers gesundheitliche Bedingungen »Gesamte«. Sie geben einen Überblick über alle Krankheits-Bedingungen in Hitlers Leben. Sie schrieben nach Recktenwald (1963), Röhrs (1965/66), Schenck (1989), Redlich (1998/02), Neumayr (2001) und Plouvier (2007/08) die siebente medizinische Biografie Hitlers.

»Gesamte« können prinzipiell keine Einzeluntersuchungen machen. Bei Eberle/Neumann finden sich keine Nachweise von Quellen, die belegen, in welchem Zustand sich Morell zwischen Ende April 1945 und Ende Mai 1948 die ganze Zeit befand, wann, wo und warum er einen Schlaganfall erlitt und was er in seinen drei Jahren Zeit zwischen Bunker in Berlin und Tod im *Alpenhof* alles gemacht hat.

Und merkwürdigerweise fehlt bei den amerikanisch-englischen und deutschen medizinischen Expertisen zu Morells Gesundheitszustand jedesmal das Wesentliche – der Verweis auf Morells kaputten Geist. Es ist in den ärztlichen Urteilen immer nur von krankem »Herz« die Rede. Oder der »kaputte Geist« wird so beiläufig erwähnt, dass nicht klar werden kann: Das ist das Hauptproblem. »An Herz und Nieren« hatte Morell »es« schon seit Jahren. Doch am Kopf erst seit dem 21. April 1945.

No. 4 *in deutscher Sprache*

Zehnmal fehlt Morell nach April 1945 in Zeugen-Konvoluten bzw. innerhalb von Zeugen-Szenen. Siebenmal wird er als geistig weggetreten und Gedächtnis-krank bezeugt. Das zehnmalige Fehlen umfasst das gesamte Spektrum der US-Nazi-Untersuchungen in der Nähe von Morell. Er hätte eigentlich dazugehört.

Was ist denn dann in das »Militärische Geheimdienst-Zentrum« der »Hauptquartiere der in Europa stationierten US-Streitkräfte« gefahren, einen »zusammengestellten Befragungsbericht« mit der Nummer 4 zu verfassen, der hauptsächlich auf der »Information« von Hitlers Leibarzt Morell basieren soll? Die Frage kann mithilfte einer dreifachen Quellen-Erschließung beantwortet werden, die um die Jahrtausendwende möglich wurde:

Erstens: 2001/07/16 die geheimdienstliche Freigabe des *Consolidated Interrogation Reports No. 4* vom 29. November 1945,

zweitens: 2004 die Publikation der deutschen Urfassung dieses Berichts in Werner Masers letzter Buch-Veröffentlichung *Fälschung, Dichtung und Wahrheit über Hitler und Stalin,*

drittens: 2013/17 die Versteigerung und teilweise Veröffentlichung des Nachlasses in deutscher Sprache des früheren US-Geheimdienst-Mannes Herman Merl, der der Verfasser des sogenannten »Morell-Protokolls« ist, das nach den neuesten Erkenntnissen zum »Merl-Bericht« umgetauft werden muss.

Ohne Masers Publikation des Ur-*CIR-No. 4*, dem von ihm vorgestellten »Morell-Protokoll«, hätten die Brücken nicht so schnell und nicht so tragfähig geschlagen werden können. Wieder ist zu sehen: Hitler-Forschung ohne Maser geht nicht. Dieser Umstand wird noch lange die Hitler-Biografik konditionieren, obwohl die Hitler-Forschung manchmal gegen Maser betrieben werden muss. Doch ebenfalls dieses Gegen-Maser-Anforschen setzt Wahrheiten frei. Auch wenn heutzutage noch nicht gesagt werden kann, ob sich die Urfassung des Secret-Service-Reports *CIR No. 4, Hitler as seen by his doctors,* im Nachlass Merls befindet, gibt es mehrere Indizien, die dafür sprechen, dass Merl der Autor des Ur-Reports in deutscher Sprache sein muss.

Ob und wann es eine Gesamt-Ausgabe des Merl-Nachlasses geben wird, ist ungewiss. Herman Merl ist ein Novum in der Hitler-Forschung. Seine Quellen sind noch nicht wissenschaftlich aufbereitet worden. Dass sein Nachlass auf der US-Versteigerung in eine Käufer-Hand gekommen ist, davon ist nicht auszugehen. Deshalb muss dem Auktionshaus *Alexander Historical Auctions* gedankt werden, dass es schon jetzt Einzelheiten aus dem Merl-Nachlass online gestellt hat. Bereits aus diesen digitalisierten Einzelstücken oder Original-Teilexzerpten ist der Nachweis zu erbringen: Merl war der Befrager Morells. Es gibt fünf Notizbücher Merls, das erste ist Morell gewidmet, das dritte und vierte dem Hauptangeklagten im Nürnberger Ärzte-Prozess, Karl Brandt. Das Auktionshaus hat sogar Bruchstücke aus Merls Notaten nach Zusammenkünften mit Morell publiziert. Noch kann aus Merls Notizen nicht endgültig bekräftigt werden, ob Morell tatsächlich »gaga« war, wie es u. a. Morells dritter »Versucher«, Hugh Trevor-Roper, nach seiner Begegnung mit Morell Ende September 1945 festgehalten hat.

Theodor Morells Vernehmungs-Unfähigkeit lässt sich jedoch auch hier wieder auf Umwegen rekonstruieren, nun konkret am Gegenstand der *CIR-No. 4*-Urfassung. Hätte der selige Maser sich klargemacht, dass die Publikation des »Merl-Berichts«, von Maser »Morell-Protokoll« genannt, belegt, dass sein Protagonist und fabrizierter Hitler-Hetero-Kronzeuge, Leibarzt Theodor Morell, für gar keine Zwecke mehr systematisch Befragungs-fähig war, dann hätte Maser von der Publikation des deutschen Ur-*CIR 4* vielleicht abgesehen. Denn es ging Maser – wie sein Rahmentext expressis verbis zum Ausdruck bringt – um die Stabilisierung von Morells »Aussage«-Fähigkeit, auf der Maser schon in seiner Hitler-Biografie ab 1971 rumreitet, indem diesem Vorgang ein eigenes Kapitel gewidmet wird. *(Maser* 04, S. 424 ff.)

Maser wusste 2004 bei der Publikation seines Buches über die Hitler-Stalin-Fälschungen etc. noch nichts von der Existenz und Bedeutung des Ur-*CIR-No.*-4-Verfassers Herman Merl und kannte deshalb eine Notiz Merls zu dessen Morell-Besuch am Krankenbett des Arztes nicht. In Merls Notizbuch zum Gegenstand Morell steht eine frappierende Zeilen-Koinzidenz, die den Hitler-Homo-Promoter Lothar Machtan erfreut hätte: »Homosex« – und direkt darunter »Eva Braun – getrennte Betten«. *(Alexander Historical Auctions)*

Und doch findet Morells »Glaube« an Hitlers »Geschlechtsverkehr mit Eva Braun« in den *CIR No. 4* Eingang? Das ging nur, weil Morell nichts mehr geistig kontrollieren konnte. Das amerikanische »Militärische Geheimdienst-Center« machte mit dem geistig weggetretenen Morell, was es wollte. Und gerade der Ur-*CIR No. 4* von Herman Merl ist ein Beweis dafür. Die herausstechendste Stelle: »Fünf Röntgenuntersuchungen von Hitlers Kopf sind als Anhang II beigefügt. Die 3 Platten – sie wurden am 19. September 1944 aufgezeichnet – wurden im Armee-Hospital in Rastenburg in Ostpreußen hergestellt, während Dr. Giesing Hitlers Verwundungen behandelte, die er beim Versuch der Ermordung Hitlers am 20. Juli 1944 erlitt. Zwei Platten, aufgezeichnet am 21. Oktober 1944, wurden unter Morells Aufnahmen gefunden; aber er kann sich nicht mehr daran erinnern, wann und warum sie angefertigt wurden.« *(Maser* 04, S. 440)

Morell selbst hatte die Aufnahmen veranlasst, um prüfen zu lassen, ob die Bomben-verursachte Durch-die-Luft-Wirbelung Hitlers beim

20.-Juli-44-Attentat innere Kopfverletzungen bewirkt hatte. Die extremste Besonderheit in der neunjährigen Arzt-Patienten-Geschichte war Morell entfallen: Hitlers Lebensbedrohung durch die Bomben-Explosion im »Führer«-Hauptquartier *Wolfsschanze* am 20. Juli 1944.

Die Machart des Merl-Berichts alias Ur-CIR-No.-4

Spätestens ab diesem Nachweis mussten sämtliche US-Armee-Einheiten eine weitere ernstzunehmende Verwendung von Morell-»Aussagen« aufgeben. Auch wenn Morell gegenüber Herman Merl noch etwas gestammelt haben sollte, hätte das in einem US-Geheimdienst-Report nicht verwendbar sein können. Denn die amerikanischen Interrogateure wussten ja nicht, wann etwas stimmt und wann nicht. Bei den CIReports ging es schließlich um Weltbedeutendes in der Vorbereitung der Nürnberger Prozesse gegen die Nazi-Täter mehrfacher Art. Der US-Geheimdienst *MISC* machte daher aus seiner Not eine Tugend. Er ließ von Merl ein Hitler-Gesundheits-Bulletin aus verschiedenen Materialien zusammenstellen. Aussagen Morells – unmöglich. Doch die 20 Druckseiten Gesundheits-Bericht über Hitler konnten bestens anders gefüllt werden:

Ein Viertel echte Aussagen der in Gefangenschaft geratenen Ärzte Brandt und Giesing mit vielem *über* Morell, das sich in der Schlussfassung wie *von* Morell liest. Ein Viertel Auszüge aus der Dr.-Giesing-HNO-Untersuchung Hitlers nach dem 20.-Juli-44-Attentat, zum einen Teil in den Morell-Materialien enthalten, zum anderen Teil von Giesing in Gefangenschaft für die Amerikaner rekonstruiert. Ein Viertel Bericht über andere frühere Untersuchungen Hitlers durch sechs fachärztliche Spezialisten, die Morell vor April 1945 eingeschaltet hatte. Ein Viertel Morell-Arzneien für die tägliche Behandlung Hitlers.

Morell wird auf jeder der 20 Seiten mindestens einmal erwähnt, wie er »glaubt« und was er »meint«, ihn kontinuierlich zitierend nicht in seinem Hier und Jetzt gegenüber den US-Interrogateuren, sondern nur wiedergebend, was er früher für Hitler alles medikamentös therapeutisch unternommen hat. Einzelheiten brauchen nicht nachgewiesen zu werden, da die Giesing-Hitler-Untersuchungen ebenfalls digitalisiert wurden und ein Vergleich zwischen dem Giesing-Original von 1944 und dem *CIR-No.*-4-Referat der Giesing-Untersuchung das Gesagte bestätigt. Außerdem kann die auszugsweise Morell-Behandlung Hitlers in seinen überlieferten ärztlichen Tagebüchern nachgeprüft werden. Ebenso ist das möglich im Appendix vom CIR Nr. 4 von 15 alten

Facharzt-Expertisen und den damaligen Morell-Notizen in seinen *Geheimen Medizinischen Tagebüchern. (MISC,* Vers. I, S. 56)

Die Brandt- und Giesing-Besprechungen über Morell, die Herman Merl mit beiden Hitler-Ärzten geführt hat, werden im Report *CIR No. 4* nicht aufgeschlüsselt. Zu bemerken ist jedoch an jeder Stelle des Papiers: Die Giesing-Untersuchungen Hitlers zwischen Juli und Oktober 1944 durchziehen den ganzen *CIR No. 4* so sehr, dass von einem »Giesing-Protokoll« gesprochen werden müsste: Sechs Seiten hintereinander nehmen die »Neurologischen Daten (16)« ein, und gleich hinterher kommen die »Psychiatrischen Daten (17)«. *(Maser* 04, S. 434 ff.) Aber auch »Gesicht«, »Kopf« und »Hals« (5.–7.) gehören in das Gebiet des Facharztes für Hals-Nasen-Ohren-Krankheiten. *(a. a. O.,* S. 430 f.)

Der Medizin-Profi Herman Merl verrät sich an fünf Stellen des Ur-*CIR No. 4:*

1.: Am Ende von Hitlers »Neurologischen Daten (16)« unter der Bezeichnung »Basen S-3 bis S-5«: »Freiwilliger Beginn beim Urinieren und Darmentleerung unter Kontrolle. Keine Sinnesstörung oder Pathologie des (von) perineum, anus oder perianal-Gegend. Von Dr. Morell Analreflex nicht getestet.« *(a. a. O.,* S. 438) Von wem denn dann? Hitler ließ von niemandem seinen »Analreflex« »testen«.

2.: »(14) Rectal- und Genital-Bereich – Es bestand keine Störung des Blasen- und rektalen Schließmuskel-Tones und kein Anhaltspunkt für Prostata-Erkrankung oder Hämorrhoiden.« *(a. a. O.,* S. 433) In Morells *Geheimen Medizinischen Tagebüchern* kein Hinweis darauf.

3.: »(19) Geschlechtsmerkmale: Die Sexualorgane ließen keine Anzeichen von Abnormalität oder Pathologie erkennen.« *(a. a. O.,* S. 439) Mit dieser Fiktion konnte Dank des Ergebnisses der Landsberger echten Generaluntersuchung von Hitlers Körper am 11. November 1923 durch den Gefängnisarzt Josef Brinsteiner aufgeräumt werden. *(Fleischmann,* S. 417)

4.: Und somit entlarvt sich auch als falsch, was Giesing zu den Zwei-Hoden-Reflexen Hitlers festgehalten und was in den *CIR No. 4* Eingang gefunden hat: »Basis L-2: Keine motorische Störung oder Pathologie (von) ›iliopsoas‹ oder der (von) ›cremaster‹. Keine Sinnesstörung oder Pathologie in der Gegend der Seitenansicht von (Ober-) Schenkel und der Hoden. Cremaster-Reflex normal.« *(Maser* 04, S. 437)

Mit dieser Stelle hat Maser während der gesamten Auflagen seiner Hitler-Biografie jeglichen Gerüchten um Hitlers Ein-Hoden-Syndrom das Kreuz entgegengehalten. Vor der Aufdeckung durch die Landsberger Gefängnisarzt-Untersuchung vom 11. November 1923 hatte Maser leichtes Spiel, seinen Protagonisten auch organisch zu »normalisieren«, genital zu stabilisieren, was immer zugleich hieß, Geschlechts-verkehrend mit Braun zu aktivieren.

5.: In diesem Zusammenhang geschieht eine sprachliche Sinnverdrehung Merls. Er will etwas aus Giesings Abschluss-Einschätzung Hitlers entnehmen. Im Original-Bericht macht Giesing einen Hinweis darauf, dass Hitler »Asket« war. *(Giesing* I, S. 32/34) Zu diesem Thema heißt es bei Merl unter »(16) Neurologische Daten [...] c) Großhirn – Frontal: Gehirntätigkeit normal. Konzentration hervorragend (ausgezeichnet). Keine Euphorie, keine Enthaltsamkeit (Unkeuschheit), keine ›anosmia‹ oder kein Persönlichkeitswandel (Veränderungen).« *(Maser* 04, S. 435)

»Unkeusch« = nicht »enthaltsam« wird auf »herumhuren« angewendet. Niemand hat so etwas über Hitler fallengelassen. Und von Leibarzt Morell gibt es keine Nachrichten dazu in seinen Tagebüchern.

Im Anschluss an die physiologische Hitler-»Normalitäts«-Hymne folgt Dr. Morells Medikamenten-Liste. 30 von insgesamt 90 werden aufgeführt. Mit diesen 30 Arzneien »spricht« Morell jetzt scheinbar O-Ton. Die Lesenden sind von den Riten der ärztlichen Verabreichungen für Hitlers Wohlgefühl so gebannt, dass sie nicht bemerken: Das alles sind Auszüge aus Morells *Geheimen Medizinischen Tagebüchern.* Es hat nichts mit »Aussagen« Morells vor »amerikanischen Kommissionen« zu tun.

Die historische Wahrheit war so: Im *CIR No. 4* liegen gar keine »Aussagen« Morells vor. Stattdessen stammt alles aus seinen, den Amerikanern übergebenen ärztlichen Unterlagen, inclusive aus den immer wieder erwähnten Expertisen der vier Fachärzte mit Hinweisen auf noch zwei weitere – alles alte Kamellen und keine neuen »Aussagen«. Nur der Kardiologe Karl Weber aus Bad Nauheim muss aktuell angesprochen worden sein. Denn es heißt unter »(23) Elektrokardiographie: Vier Elektrokardiogramme, die sich über eine Zeit von 3 Jahren erstrecken (August 41 bis September 44), sind als Anhang VII angeheftet. Dr. Morell nahm diese Untersuchungen vor und sandte die Diagramme an Dr. Weber [...] in Bad Nauheim/Hessen zur Ablegung und Diagnose. Allein auf der Basis solcher Karten diagnostizierte Dr. Weber eine rasch fortschreitende Coronar-Sklerose – eine Meinung (eine Ansicht), an die er sich erinnert und jetzt bekräftigt.« *(a. a. O.*, S.442)

Was die Doctores Brandt, Giesing und Hasselbach den US-Secrets präliminarisch über Hitler und Morell zugesteckt haben, wird nicht im Einzelnen aufgeschlüsselt.

Im »Zusammengefassten Befragungs-Report, Nummer 4«, »Hitler, untersucht von seinen Ärzten«, gibt es kein einziges Frage-und-Antwort-Hin-und-Her wie in den Hunderten von echten US-Verhören, heute gespeichert im Münchener *Institut für Zeitgeschichte* und der Pittsburgher *Musmanno-Collection.*

Unter diesen Umständen noch einen Rest von Realität in Morells »Glauben« an Hitlers »Geschlechtsverkehr mit Eva Braun« vorauszusetzen ist illusorisch. Durch den ganzen »Merl-Bericht« zieht sich Morells »Glaube« an irgendetwas. Diese Wendung wird ständig wiederholt, wenn etwas zu Morells Einschätzung von Hitlers körperlichen Unebenheiten und Hauskrankheiten gesagt oder über den Erfolg seiner medikamentösen Behandlung vorgetragen werden soll.

Haben denn die US-Secrets vom »Militärischen Geheimdienst-Zentrum« damals der Zeit mitten ins Gesicht gelogen? Bei Hitlers »Geschlechtsverkehr mit Eva Braun« volles Rohr.

Die Strategie des Military Intelligence Service Centers

Warum bedurfte es gerade dieser »Normalisierung« Hitlers? Die *CIR No. 2 and 4* sind Basispapiere für die Nürnberger Prozesse gegen Verbrechen wider die Menschlichkeit – völkerrechtlich eine Neuheit.

Wenn immer der Begriff »Nürnberger Tribunal gegen Kriegsverbrecher« in den Vordergrund gestellt wird, entsteht der falsche Eindruck, die Sieger konnten sich gegenüber den Besiegten alles erlauben. Doch in Nürnberg ging es darum, über Taten eines zivilisierten Volkes zu verhandeln, das – wie alle seine Nachbarn und Kultur-verwandten Völker – einen mühsamen, jahrhundertelangen Weg in humane Gesetzgebung, Demokratisierung und Gewaltenteilung zurückgelegt hatte und plötzlich von jetzt auf gleich entartete in das Sittenwidrigste der gesamten Menschheitsgeschichte, das in einer Völkergemeinschaft denkbar ist: Teile des eigenen Volkes und benachbarter Völker zu Millionen industriell am Fließband mit insektiziden Chemikalien qualvoll zu vergasen, Krankheits- und Behinderungs-halber hospitalisierte Menschen mit tödlichen Spritzen oder Autogasen zu Hunderttausenden zu ermorden, Kriegsgefangene gegen eine jahrhundertelange Tradition zu Millionen verhungern zu lassen, Nachbarländer zu überfallen und Millionen dort lebender Bürger brandzuschatzen, auszurauben und ebenso am Fließband mit allen möglichen quälerischen Tötungsarten umzubringen.

Gegenüber diesem Verhalten von Hunderttausenden Männern aus diesem Volke gab es zu Recht ein internationales Bedürfnis der Anprangerung.

Die Alliierten wurden während ihrer Vorbereitungen der Nürnberger Prozess-Unterlagen von namhaften Juristen beraten. Bei allem militärisch organisierten Massenmord-Tun gibt es den Entschuldigungsgrund des »Befehlsnotstands«. Die Alliierten hätten mit dem Aufrollen der Nürnberger Verfahren nicht erst anzufangen brauchen, wenn sie jedem der obersten Hitler-Mitmassenmörder die Ausrede »Befehlsnotstand« hätten durchgehen lassen. Göring hat so etwas gesagt: Jeder, der in Hitlers Aktionsnähe nicht gehorchte, war ein toter Mann.

Ehe 70 Jahre später die Frage der Massenhypnose durch einen zuvor selbst hypnotisierten, zum akut delegierenden, gezündeten Staffellauf-Serienkiller aufgeworfen werden kann, musste damals erst einmal die – sachlich nicht stimmende – Basis für Nürnberg geschaffen werden: »Hitler = ›normal‹, Ihr anderen in Eurer Gefolgschaft ›unnormal‹, Euch ist beizukommen mit den Humanitäts- und Aufklärungsvokabeln von ›Freiheit Gleichheit Brüderlichkeit‹, vor allem mit dem ›freien Willen‹, der jahrhundertelang das Strafrecht konditionierte«. Je »normaler« Hitler, um so freiwilliger mörderisch alle seine Mittäter.

Deswegen musste aus dem in Morells Besitz befindlichen Material und den Hitler-Untersuchungs-Protokollen Giesings nach dem 20. Juli 1944 ein olympionikischer Supermann-Eindruck hergestellt werden, wozu an exponiertester Stelle auch Hitlers »Geschlechtsverkehr mit Eva Braun« gehörte. Negativ im Gesundheits-Bericht über Hitler vermerkt wurden nur eine voranschreitende Herz-Sklerose, Schlafschwierigkeiten und Verdauungsprobleme. So was hat jeder.

Volles Verständnis gegenüber der historischen Situation vom Mai 1945, doch 70 Jahre später gibt es eine neue historische Situation: Die Ursachen-Forschung »Wie konnte es dazu kommen?« darf vor nichts Halt machen. Denn »die letzte Antwort« auf »die Königsfrage der deutschen Geschichte«, »eine Formel, die alles erklären könnte, steht bis heute aus.« (Bönisch/Wiegrefe, S. 33)

Eine der wesentlichen Verhinderungen beim »Formel«-Finden sind Illusionen über die »Normalität« Hitlers, vor allem sein angeblich »normal«-sexuelles Verhalten im Umgang mit seiner Teil-Wohngemeinschafts-Partnerin Eva Braun. Deshalb muss die Hürde von Morells »Glauben« an Hitlers »Geschlechtsverkehr mit Eva Braun« vollkommen niedergerissen werden.

Reichen denn die zehn Vakanzen von Morells Präsenz im ersten Nach-April-45 Bewältigungs-Geschehen nicht? Nicht die siebenfachen

Geisteskrankheits-Zeugnisse über ihn? Nein. Die Hitler-Illusionistik ist eine Hydra, der immer neue Köpfe wachsen, sowie einer abgeschlagen wurde. Die *Spiegel*-Autoren Georg Bönisch und Klaus Wiegrefe haben die Hitler'sche Sphinx-Situation richtig mit der »Formel« getroffen, die »bis heute aussteht«. Die Unwissenheit über Hitlers sexuelle Bedingungen ist der Hauptkopf der Hydra. Solange der nicht abgeschlagen worden ist, wachsen immer neue Falschmeldungen nach – wie die um die Jahrtausendwende forciert betriebene Hitler-Verheterosexualisierung.

Die braven US-Secrets wollten nur die Nürnberger Prozesse effizient machen und konnten sich nicht vorstellen, welch starre Weichen sie in Richtung falschem Hitler-Bild gestellt haben und welch ein Unfug mit Morells »Glauben« an Hitlers »Geschlechtsverkehr mit Eva Braun« seit Jahrzehnten betrieben wird. Dieser »Glaube« der Geschichts-Revisionisten und Sexual-Normativisten in der Hitler- und Braun-Biografik hat nun mit der Teil-Publikation des Herman-Merl-Nachlasses neue Nahrung bekommen: Da haben Sie's! Morell spricht! Morell konnte doch etwas »aussagen«. Der medizinisch studierte österreichisch-amerikanische Secret-Service-Mann hat es in seinen Notizbüchern Schwarz auf Weiß bezeugt. Morells »Glaube« an Hitlers »Geschlechtsverkehr mit Eva Braun« müsste demnach so ernst genommen werden, als hätte dieser Verkehr wirklich stattgefunden? Also her mit allem, »was wir« von Herman Merl zur Zeit »wissen« können!

Auktionshaus verrät Morells Aussage-Insolvenz

Auch wenn die kompletten Notizbücher von Herman Merl noch nicht eingesehen werden können, gibt das amerikanische Auktionshaus *Alexander Historical Auctions* von ihnen so viel preis, dass daraus zum 18. Mal Morells Vernehmungs-Unfähigkeit bewiesen werden kann – nach den zehnmaligen Ab-Mai-45-Ereignissen und -Registraturen, bei und in denen Morell eigentlich zugegen und inbegriffen hätte sein müssen, und den sieben Zeugen-Aussagen, respektive Zeugnissen für Morells geistiges Erlöschen.

Das Tatsachen-Gerippe: Herman Merl hinterließ fünf Notizbücher von insgesamt 79 Seiten. Das erste gilt Hitlers Leibarzt Theodor Morell, hat jedoch nur zehn Seiten. Im Gegensatz dazu widmen sich das dritte und vierte Notizbuch dem Morell-Kollegen Karl Brandt. Sie haben insgesamt 31 Seiten. Das zweite Notizbuch umfasst 20 Seiten, das fünfte 18. Das erste zu Morell ist das kürzeste. Das zweite sieht so aus, als ob es mit Morell-Gesprächen fortsetzt, tut es aber nicht. Mit ihm steigt Herman Merl in die Bearbeitung der Medikamenten-Liste Morells für die Behandlung Hitlers ein, die im gedruckten »Merl-Bericht«, der deutschen Ur-Fassung des *CIR No. 4*, sieben Seiten ausmacht. *(Maser* 04, S. 442–449)

Herman Merl sprach mit vier Hitler-Ärzten, mit Brandt, Giesing, Hasselbach und Morell. Er stellte am Schluss eine Liste seiner Interviews zusammen, in der Morell jedoch nicht an erster, sondern an letzter Stelle aufgeführt wird. Und die Namen der drei ersten Ärzte werden von Merl unterstrichen, der Theodor Morells nicht. Einer Strich-Interpretation wird sich jetzt enthalten. Es soll nur der Hinweis darauf gemacht werden: Bei Morell hat Herman Merl etwas unterlassen. Da fehlt was.

Wie geht es im Einzelnen im ersten Notizbuch zu, das Morell gewidmet ist? Datiert ist es auf den 7. September 1945, an diesem Tag wurde aber kein Merl-Morell-Interview geführt. Erst 14 Tage später geschieht das, am 21. September 1944 – nicht etwa den ganzen Tag über, sondern nur von 9 bis 11 Uhr morgens. In diesen zwei Stunden muss Morell sein Glaubensbekenntnis an Hitlers »Geschlechtsverkehr mit Eva Braun« von sich gegeben haben.

»Das erste Notizbuch ist beschildert mit ›Dr. Morell, 7. Sept. 1945‹. Es umfasst zehn Text-Seiten und beginnt mit Merls Aufzählung der Ärzte, die er interviewt hat, zu denen auch die Doctores Giesing und von Hasselbach gehören. Und er erwähnt Zahn-Röntgen-Aufnahmen von General Albert Kesselring. Am 21. September notiert Merl: ›Dr. Morell wurde zwischen neun und elf Uhr morgens interviewt. Er wurde befragt über medizinische intramuskuläre Injektionen und Unter-die-Haut-Spritzen. Er war mit Hitler innerhalb einer Periode von mehr als acht Jahren zusammen. Mein Verhör über das medizinische Feld wird noch fortgesetzt werden. Fragen über Eva Braun, Hitlers Mädchen, wurden von mir auch gestellt. Sein Sexlife und sein Geschlechtsverkehr mit Eva Braun wurde mir erzählt.‹« *(Alexander Historical Auctions)*

Ja, dann ist doch alles in Ordnung! Sehen Sie denn nicht den Klartext? »Hitlers Geschlechtsverkehr mit Eva Braun wurde« dem Geheimdienstmann Herman Merl »erzählt«!

Erst einmal schon richtig! Doch wie ging es in Herman Merls Notizbüchern weiter? Das Versteigerungshaus *Alexander Historical Auctions* hatte sie für die Anpreisung der Objekte inspiziert und informierte die Interessenten: »Die nächsten fünf Tage [22., 23., 24., 25. und 26. September] zeigen Merl, wie er den Morell-Bericht über Hitler zubereitet und übersetzt, und er erwähnt [General] Kesselring, der bemerkt habe, Patton war ein großer General, Clark ein guter und Hitler ein geschickter. Das zweite Notizbuch, datiert am 21. September, umfasst 20 Text-Seiten und erscheint so, als seien es Merls Notizen über das Morell-Interview. Merls Notate sind ausführlich, listen alle verschiedenen Vitamine, Injektionen und ausgefallenen Mischungen auf, die Hitler unter Morells Behandlung eingeführt wurden. Die meisten dieser ›Heilmittel‹ erscheinen im endgültigen Report des US-Armee-Geheimdienstes. Offensichtlich werden auch die verschiedenen männlichen und weiblichen Hormone erwähnt, die männlichen enthaltend die Extrakte von Stierhoden – von Hitler eingenommen, um seinen Testosteron-Spiegel zu regulieren. Mit einer körperlichen Beschreibung von Hitler wird fortgesetzt, außerdem mit seinem Puls und dem Fakt, dass er einen Tremor hatte. Das dritte und vierte Notizbuch enthält die Interviews mit Dr. Karl Brandt und umfasst insgesamt 31 Seiten [...]«. *(a. a. O.)*

Bereits im Ur-Material zum Secret-Service-Bericht *Consolidated Interrogation Report No. 4* geschieht das Gleiche wie im Report selbst: Das sogenannte Interview mit Morell verebbt. Stattdessen muss über etwas anderes berichtet werden. Und dabei wird schon im ersten Notizbuch auf Morells Materialien zurückgegriffen, die nun in extenso exzerpiert werden, was tatsächlich fünf Tage in Anspruch nahm. Ein pures Interview hätte bloß übersetzt werden müssen. Und dann heißt es bei der Vorstellung des zweiten Notizbuches wieder: Es »erscheint so, als seien es Merls Notizen über das Morell-Interview«. Doch nein, schon im nächsten Satz wird wieder der Schwenk auf die Morell-Behandlungen Hitlers gemacht: »Merls Notate sind ausführlich, listen alle verschiedenen Vitamine, Injektionen und ausgefallenen Mischungen auf [...]«.

Bereits die archivarischen Sachbearbeiter vom Auktionshaus stellen fest, dass es in Herman Merls zwei Notizbüchern (3. und 4.) über die Gespräche mit Karl Brandt gänzlich anders zuging: »Das dritte und vierte Notizbuch betrifft Befragungen von Dr. Karl Brandt, umfasst 31 Seiten Text, geschrieben mit Bleistift. Diese Notizbücher Merls sind in Stenografie geschrieben. Aber es ist klar, sie enthalten Brandts Biografie und ausführliche Informationen über des Doktors Behandlung Hitlers.« Genaue Aufzählungen von Krankheits-Einzelheiten folgen.

Stenografie wird benötigt, wenn eine flüssige Rede mitgeschrieben werden soll. Von Stenografie ist nichts beim ersten Notizbuch vermerkt worden, das der Begegnung Merls mit Morell gewidmet ist, für die Merl keine schnell funktionierende Kurzschrift einsetzen musste.

Auch kommt innerhalb des Überblicks von *Alexander Historical Auctions* über Merls drittes und viertes, Brandt gewidmetes Notizbuch heraus, dass Dr. Brandt selber aufzählt, woran Hitler litt und wie er behandelt wurde. Brandt schüttelt alles von »Angina« bis »Meteorism« aus dem Ärmel und fügt noch dazu die Behandlungsdosen an. Zweimal weist er auf Psychosomatisches bei den Krankheiten Hitlers hin: Das Zittern könnte »psychogenisch« sein, der »Parkinson hysterisch«. Hitler sei »Vegetarier« gewesen, hätte ein »ausgezeichnetes Gedächtnis« gehabt, müsste jedoch als »Megalomaniac« (Größenwahnsinniger) gekennzeichnet werden.

Nichts dergleichen wird vom Auktionshaus über Merls Begegnung mit Morell vermerkt. Denn dort war es ja anders. Merl musste sich nach dem Treffen mit Morell alles, was er wissen wollte, aus den Morell-Materialien heraussuchen, worauf ausdrücklich hingewiesen wird.

Die endgültige Klarheit vermittelt sich durch die Präsentation des fünften und letzten Notizbuchs: »Beim letzten Notizbuch mit 18 Seiten Text in Bleistift ist die Frontseite mit der Überschrift ›Morell‹ abgerissen worden.« Dieser Umstand verführt *Alexander Historical Auctions* zu der falschen Annahme, es handle sich um »Notizen über ein folgendes Morell-Interview«. Dass diese Meinung falsch ist, widerlegen das Auktionshaus mit der Inhaltsangabe: »Die Seiten [des fünften Notizbuchs] beginnen mit einer kurzen Zusammenstellung von verschiedenen Vitaminen und Arzneien, die Hitler ab 1936 verabreicht wurden und erwähnen ein Elektrokardiogramm.«

Wieder geschieht das, was schon beim ersten und zweiten Notizbuch festgestellt werden musste: Hoffnung auf ein Gespräch zwischen Merl und Morell. Dann aber folgt das Ausweichen auf die medizinischen Morell-Materialien. Und das abgerissene Deckblatt »Morell« spricht Bände. Aber das tun erst recht die letzten Merl-Notate: »Er erwähnt noch einmal Morells Meinung über Hitlers Sexualität: Homosex – Eva Braun = getrennte Zimmer. Er war ein Nachtmensch [...] Überschwang [...] weibliche Hormone an die zwölfmal, [Aufzählungen von Einzelheiten über] Hitlers Gallenblase und Leberfunktion, sein sich verstärkendes Zittern, seine Nervosität und Reizbarkeit, [eine Erwähnung von] Astrologie und die Liste der Namen vieler, die bei der Eroberung in Hitlers Bunker waren.« Schluss! (*Alexander Historical Auctions*)

»Homosex«, »Eva Braun = getrennte Zimmer«, »Nachtperson«, »Überschwang«, »weibliche Hormone« verpasst bekommen, »verstärktes Zittern«, »Nervosität und Gereiztheit«, »Astrologie«, »Namen vieler, die bei der Eroberung im Bunker waren«. Welch eine Ausführlichkeit bei der Aufzählung von allem, was Herman Merl in seinem letzten Notizbuch zu den US-Geheimdienst-Untersuchungen Hitlers festhielt! Eine Wiederholung von Hitlers »Sexlife« kommt jedoch nicht vor, geschweige denn vom »Geschlechtsverkehr Hitlers mit Eva Braun«. Im Gegenteil, Merl zählt eine Menge von Einzelheiten auf, die alle gegen Braun-Hitler-Geschlechtsakte sprechen.

Erst Einzeltext-kritische Analysen können hundertprozentig sicher machen, Morell hat so etwas gegenüber Merl bei ihrer einzigen Begegnung am 21. September 1945 zwischen 9 und 11 Uhr wirklich gestammelt und Merl hat diese Passage in seinem Notizbuch nicht fingiert, was möglich wäre, da Merl am Schluss bei der Summe seiner Gespräche mit vier Hitler-Ärzten letztlich alles zum »Geschlechtsverkehr Hitlers mit Eva Braun« wieder zurücknimmt. Außerdem ist der Zusammenhang der Notate »Homosex« »getrennte Zimmer« zwischen Hitler und Braun schlagend, plus der Bemerkung, er war »Nachtmensch«.

Geheimdienst-Männer waren beim Anlegen von Kalendern und Tagebüchern limitiert und wurden von ihren Vorgesetzten dabei dirigiert und kontrolliert. Das wurde durch die Herausgabe der *Wartime Journals* von Hugh Trevor-Roper bekannt. Den englischen Secrets war jegliches Tagebuch-Schreiben verboten. Denn nichts sollte dem Feind in die Hände fallen, falls ein Secret-Service-Mann in Gefangenschaft geriet. Trevor-Roper umging das Verbot. (*Davenport-Hines* 12)

Seltsam ist in Merls Notizbüchern zum Beispiel weiterhin dieses: Merl soll noch Aussagen von Hitlers Fachärzten erwähnt haben, die jedoch nachweislich nichts aussagten, sondern deren alte Vor-Mai-45-Expertisen exzerpiert wurden – im endgültigen *CIR No. 4*. Merl weiß das. Keiner der zitierten Fachärzte tritt noch persönlich auf im Forum des *CIR No. 4*, nur der Nauheimer Kardiologe Weber mit dem zitierten einen Satz.

Ob Vorsichtsmaßnahmen, ja Retuschen-Pflichten beim Notieren auch für die in Deutschland tätigen US-Army-Secrets nach April 1945 galten, muss hier nicht festgestellt werden, da Merl im Finale seines Notizbuch-Rings den vom Leibarzt gelallten oder ihm in den »Glauben« gelegten »Geschlechtsverkehr Hitlers mit Eva Braun« widerruft und eine Verbindung zwischen »Homosex« und »getrennten Zimmern« herstellt.

Noch ist nicht klar, ob sich das »Homosex« auf Hitler und Braun bezieht oder nur auf ihn selbst. Die seltsame Wortfolge, die das Auktionshaus sogar im Original ablichtet, kann auch einen Hinweis-Schnipsel auf Eva Brauns Leben im Frauenstaat unter dem *Berghof*-Dach über dem »Führer«-Arbeitszimmer enthalten. Dann hieße Merls Kürzel »Homosex«: Beide praktizierten »in getrennten Zimmern« »Homosex«. Klar wirft die Wortkombination ein Licht auf Hitler, da den »getrennten Zimmern« der dritte Hinweis folgt: »Hitler war ein Nachtmensch«. Heißt hier, kein Nachtvögler, sondern ein Nachtarbeiter, als solcher wurde er von mehreren Umfeldern bezeugt. Hitler schlief nachts nicht, weder allein noch mit jemand anderem.

Verdächtig langer Verschluss des Secret-Service-Papiers

In Herman Merls Nachlass befand sich ein Original-Exemplar des *CIR No. 4*, das ebenfalls versteigert wurde. Dieses Schriftstück kann nur in Merls Besitz gekommen sein, weil er den Ur-*CIR-4*, den »Merl-Bericht« in deutscher Sprache, hergestellt und daher quasi ein Recht hatte, die endgültige englische Fassung zu besitzen. Die in der Mitte des 20. Jahrhunderts üblichen Durchschläge erbrachten die Möglichkeit von mehreren Originalen – drei bis vier, je nach Schlagkraft der alten Schreibmaschinen.

Merls heute bei Maser leicht lesbarer Ur-*CIR 4* stammt aus dem Archiv vom stellvertretenden Nürnberger Ankläger Robert Kempner, der ihn am 30. September 1970 an Werner Maser geschickt hatte – mit der Auflage, ihn weder abzudrucken, zu zitieren noch weiterzugeben. Maser durfte den Ur-*CIR 4* in deutscher Sprache zur Kenntnis nehmen und den Inhalt für seine Hitler-Biografie verwenden – ohne zu einer Quellenangabe berechtigt zu sein. *(Maser 04, S. 426)*

Kempner hatte Maser gegenüber auch begründet, warum er ihm die Restriktionen im Umgang mit der Nullnummer des US-Geheimdienst-Papiers auferlegte: Kempner wollte als Erster den »Merl-Bericht« publizieren, was ihm nicht mehr möglich war, da er 1993 verstarb – mehrere Jahre vor der Deklassifizierung des *CIR No. 4*. Das Auktionshaus teilte mit, dass es schon früher einmal einen Original-*CIR No. 4* versteigert hatte.

Maser wunderte sich, dass Kempner sich von dem Ur-*CIR No. 4* keine Kopien angefertigt hatte, wozu der Nürnberger Anklage-Vertreter eigentlich befugt gewesen wäre. *(a. a. O., S. 424)* Maser wusste nichts von dem Fakt und den Gründen des *top secrets* dieses Berichts, der in der endgültigen englischen Fassung um die 60 Jahre unter Verschluss blieb – und es bedurfte noch weiterer zehn Jahre, ehe er online ging.

Dieser lange Verschluss von US-Geheimdienst-Papieren ist unüblich. Normalerweise kommen sie nach etwa vier Regierungs-Amtsperioden ans Licht der Öffentlichkeit. So war es mit dem *Navy-Intelligence-Report* über Hitlers »Blindheit« von 1943, der 30 Jahre später dem amerikanischen Hitler-Forscher John Toland zur echten Verfügung gestellt wurde – zitieren erlaubt. *(Horstmann, S. 25 f., NIR, S. 1, Toland 77, S. 1136, Toland 92, S. 925)*

Im Zusammenhang mit der ungewöhnlich langen »Verschluss-Sache« *Hitler as seen by his doctors* steht eine weitere Besonderheit: Die schon erwähnte Auszugs-Fassung des *CIR No. 4*, bereitgestellt in der *Musmanno-Collection*, kam ein bis zwei Jahrzehnte vor der offiziellen Deklassifizierung an die Öffentlichkeit. So etwas kann nicht gegen den Willen des jeweiligen US-Geheimdienstes und seiner Nachfolge-Organisation geschehen sein. Secret-Service-Papiere werden von den Geheimdiensten deklassifiziert oder bleiben verschlossen.

Daher die sich sofort entzündende Frage: Warum durfte die Auszugs-Fassung des *CIR No. 4* raus, das komplette Original aber noch nicht? Mit diesem kann letztlich erst seit 2016 wissenschaftlich gearbeitet werden.

Das *corpus delicti* für die 50/60-jährige Sperrfrist muss sich auf etwas bezogen haben, das in der *Musmanno*-Schnitt-Fassung nicht enthalten ist, die deswegen schon früher an die Öffentlichkeit gelassen werden konnte.

Versteckspiel mit der unbeschrifteten Auszugs-Fassung

Dass im *CIR No. 4* etwas Wahrheits-Unkoscheres enthalten ist, kann mit sechs Schritten aufgedeckt werden. Die ersten drei Schritte der Erkenntnis, dass »etwas faul ist im« *CIR No. 4* sind mit Hilfe der Auszugs-Fassung aus der *Musmanno Collection* möglich.

Schritt eins – es handelt sich um keine Interviews.

Die *Musmanno Collection* offeriert in ihrer Sammlung innerhalb der *Gumberg Library* der *Duquesne University* in Pittsburgh/Pennsylvania die *Rare Interviews with Hitler's Inner Circle – Interviews with Hitler's Associates*. Davon gibt es zahlreiche, die laufend für *Hitler 1* und *Hitler 2* zitiert werden. Im *CIR No. 4* kommt jedoch nie eine Direkt-Ansprache vor, keine Rede und Gegenrede. Alles ist »alt« und »über«, doch nie »mit«: alte Facharzt-Expertisen über Hitlers spezielle Gesundheits-Probleme, mehr Checkup-Charakter als echter Krankheits-Alarm. Es geht um Augen, Herz, Blutdruck, Haut, Fäkalien. An vorderster Stelle das »Giesing-Protokoll«, die genaue Untersuchung des HNO-Facharztes, notwendig nach dem 20. Juli 1944, weil Hitlers Trommelfell durch die Bombenexplosion beschädigt war. Von diesen insgesamt sechs im *CIR No. 4* zitierten oder erwähnten ärztlichen Expertisen aus Vor-Mai-45-Zeiten werden in der Schnitt-Fassung bei *Musmanno* nur zwei aufgeführt – Hals-Nasen-Ohren-*Giesing* und Augen-*Löhlein*.

Beim gesamten »Über«-Morell fällt auf, dass nie gesagt wird, wer sich über Morell auslässt, woher genau die Secrets ihre Informationen haben. Diese Frage konnte erst mit den Herman-Merl-Notizbüchern geklärt werden. Es waren die drei Rivalen von Hitlers Leibarzt – Brandt, Giesing und Hasselbach.

Ein weiterer Anlass zum Sich-Wundern bei der Auszugs-Fassung: Die *Musmanno Collection* präsentiert unter ihrem Akten-Titel *Morell* etwas, das nicht in ihre Reihe der *Interviews* mit Hitler-Bezogenen passt, und macht dazu keinen Kommentar. Solche Kommentare gibt es durchaus – in der Sammlung des Münchener *Instituts für Zeitgeschichte* zum Beispiel merkt der Befrager des frühen Hitler-Duz-Freundes Emil Maurice etwas an zu Maurices psychischer Verfassung. *(Maurice)* Auch in der *Musmanno Collection* werden Kommentare geliefert, zum Beispiel sind sämtliche Interviews mit Hitlers Prinzregentenplatz-Haushälterin Anni Winter eingebettet in Reflexionen der Interrogateure, hier der von Musmanno selbst. *(Winter)*

Bei der Schnitt-Fassung des *CIR No. 4* wird nicht mitgeteilt, um was es sich handelt. Die gesamte Bezeichnung des Papiers tritt nie auf, sodass der fälschliche Eindruck entstand, es läge eine Investigation des ehemaligen Nürnberger Richters Michael Musmanno vor. Die Erkenntnis, dass es sich um eine Auszugs-Fassung des *CIR No. 4* vom *Military Intelligence Service Center* handelt, war erst 2016 nach dem Studium des Originals möglich. Nun wurde klar, dass die *Musmanno Collection* mit dem *CIR No. 4* ein Versteckspiel hatte betreiben müssen, als sie das Fragment in ihre Sammlung einbezog.

Schritt zwei – zwölf Posten fallen in der Schnitt-Fassung weg.

Das Erste, das bei der Schnitt-Fassung des *CIR No. 4* auffiel: Es fehlen Nummern und die dazugehörenden Absätze. Der Text beginnt nicht bei 1. und 2., sondern mit 3., hört dann mit 6. auf, entzieht den Studierenden 7. bis 14., springt stattdessen von 6. auf 15. und setzt noch einmal bei 18./19. aus, um mit 20. fortzufahren.

Schritt drei – die Schnitt-Fassung ist der Auszug aus einer Prozess-Akte.

Bei der Auszugs-Fassung des *CIR No. 4* in der *Musmanno Collection* handelt es sich um den Bestandteil einer ehemaligen Prozess-Akte.

Was Nicht-Juristen nicht aufgefallen wäre: Unten rechts oder links auf jedem Blatt gibt es eine zweite Seitenzahl-Nummerierung in Hunderter-Höhe.

Die Auszugs-Fassung hat zwei Zählungen, eine für sich allein von 1 bis 21 an der oberen Ecke jeder Seite und eine zweite an der unteren Ecke – 224–244. Diese unteren Seitenzahlen sind – typisch für juristische Akten – hastig mit Bleistift notiert, manchmal kaum lesbar. Das ungeschnittene Original des *CIR No. 4* landete im Netz und ebnete einer Vielzahl von Erkenntnissen den Weg.

Die Enthüllungen vom »In and Out«

Schritt vier – der US-Geheimdienst und der »Führer«-Unterleib.

Was stand in den rausgeschnittenen Punkten 1/2, 7–14 und 18/19, die die Prozess-Juristen, denen der Report-Verschnitt vom US-Geheimdienst *MISC* vorgesetzt wurde, nicht sehen sollten?

Für die Beweisführung in der Frage – »Hat Leibarzt Theodor Morell sich über ›Hitlers Geschlechtsverkehr mit Eva Braun‹ geäußert oder nicht?« – waren die in der Schnitt-Fassung fehlenden Punkte 14, 18 und 19 die wichtigsten.

»(14) Rektal- und Genital-Bereich – Es bestand keine Störung des Blasen- und rektalen Schließmuskel-Tones und kein Anhaltspunkt für Prostata-Erkrankung oder Hämorrhoiden.« *(MISC, Version I, S. 5, Maser 04, S. 433)*

»(18) Urologische Daten – Im Jahre 1936 litt Hitler in der Gegend der rechten Niere Schmerz, aber nicht im Bereich der Blase, Prostata, Hoden, ›epididymes‹, ›urethra‹, oder ›ureters‹. Urinieren zeigte keine anormale Schwierigkeit in der Häufigkeit, beim Tröpfeln (Rinnen), Zurückhalten oder des Blut-Volumens. Es gab keine fühlbare Resistenz im unteren oder oberen Leib oder im ›costovertebral‹-Winkel.

Urinanalysen wurden bei verschiedenen Gelegenheiten vorgenommen, um den ›genitouriner‹ Trakt zu prüfen (kontrollieren) und herauszufinden, ob andere pathologische Symptome festzustellen (vorhanden) waren.« *(MISC, Version I, S. 9, Maser 04, S. 439)*

»(19) Geschlechtsmerkmale – Die Sexualorgane ließen keine Anzeichen von Anormalität oder Pathologie erkennen, und die sekundären Geschlechtsmerkmale waren normal entwickelt. Hitler liebte die Gesellschaft attraktiver Frauen sehr – besonders während der Jahre seines Weges zur Macht. In späteren Jahren war seine Libido offensichtlich durch die Zunahme von Pflichten und Verantwortung sublimiert. Morell glaubt, dass Hitler, obwohl er starker Sexualaktivität nicht zuneigte, mit Eva Braun Geschlechtsverkehr hatte, obgleich sie in getrennten Betten schliefen.« *(MISC,* Version I, S. 10, *Maser* 04, S. 439)

Die rausgeschnittenen Punkte 14, 18 und 19 betreffen Hitlers gesamtes intimes Unten, das er – außer einmal zwangsweise dem Landsberger Gefängnisarzt Josef Brinsteiner – niemandem mehr gezeigt hat. Diese Blindstelle über Hitlers physiologisches Unten steht in engster Verbindung zu Morells »Glaube« daran, was Hitler sexuell mit seinem Unten vor allem gemeinsam mit Eva Braun angestellt hat. Aus den Gesprächen Herman Merls mit Hitlers Ärzten Brandt, Giesing und Hasselbach müssen Fakten herausgekommen sein, die die Secrets zur Vorsicht gemahnt haben: Bei der Zurechtmachung ihres Reports für das Gerichtsverfahren lieber alles aus dem *CIR No. 4* über Hitlers Unterleib weglassen – nicht nur die Bestandsaufnahme darüber, wie es beim »Führer« in dieser Angelegenheit bestellt war, sondern auch gleich die angebliche Morell-Bemerkung dazu, was besagter Herr in Bezug zu seiner *Berghof*-Hausdame Eva Braun mit seinem Unten veranstaltet hat. Damit der Strich später nicht so ins Auge springt, fielen die harmlosen Passagen 7–13 ebenfalls weg – »Nacken/Hals (7), Brust (8), Lungen (9), Herz (10), Bauch (11), Lymphatische Drüsen (12) und Rücken (Kreuz) (13)«. *(MISC,* Version I, S. 4 ff., *Maser* 04, S. 431 ff.)

Schritt fünf – Vertuschung von Konzept und Machart.

Das Rausschneiden sogar der beiden Vorwörter des *CIR No. 4* provozierte den größten Überraschungseffekt. Die Seitenzählung der Auszugs-Fassung in der *Musmanno Collection* beginnt sofort mit dem Punkt 3, der auf der Seite 1 und gleichzeitig auf der Prozessakten-Seite 224 aufgeführt wird, was beweist, dass Punkt 1 und Punkt 2 nie in dieser Fassung enthalten waren. Sie sind auch nicht Teil des »Merl-Berichts«, des Deutsch-sprachigen Ur-*CIR-No.-4.* Es handelt sich um Zusätze des federführenden Geheimdienstmannes, die das Konzept enthüllen.

Punkt 1 aus dem *CIR-No.-4*-Original: Es beginnt mit Verweisen des *Military Intelligence Service Centers* auf seine früheren Aktivitäten in Richtung Hitler-Gesundheits-Erhebungen – am 30. Juni, 2. und 12. Juli und 15. Oktober 1945. *(MISC,* Version I, S. 2) Am 15. Oktober 1945 war der Bruder-Report des *CIR No. 4* abgeschlossen worden, der *CIR No. 2,* der Interviews mit den ehemaligen Hitler-Ärzten Brandt, Giesing und Hasselbach enthält. *(WRPC,* Box 1, Item 9c) Am

2. Juli fand eine Befragung des Morell-Rivalen Karl Brandt im Luxemburger *Palace Hotel* statt, wie die Webside der *National Archives* »Records of the United States Nürnberg War Crimes trials Interrogations, 1946–1949« angibt.

Doch pikanterweise informiert die zentrale digitale Auskunftsstelle der *National Archives* nicht darüber, was das *Military Interrogation Service Center* am 30. Juni und am 12. Juli 1945 gemacht hat. Auch an diesen Tagen gab es Aktivitäten der Secrets im Luxemburger »Mülleimer«, dem Nazi-Bonzen-Gefangenen-Palasthotel, wie zumindest die übrig gebliebenen *NARA*-Signaturen enthüllen. Aber mehr sagen sie nicht. Und hinter ihnen steht auch nichts, aus ihnen kommt nichts. Der *MISC* muss an den Tagen des 30. Juni und 12. Juli 1945 etwas in Richtung Theodor Morell versucht haben, da diese Daten zu Beginn des Morell-Dossiers *CIR No. 4* mitgeteilt werden. Um was es sich bei diesen Geheimdienst-Versuchen im Zusammenhang mit Morell gehandelt hat, wird bis heute nicht mitgeteilt. Ein Krankentransport Morells von Bad Reichenhall nach Luxemburg? Der zweimalige Versuch eines Interviews der Amerikaner mit Morell am 30. Juni und 12. Juli? Erst am 17. Juli beginnt Morells Gefangenschaft – als Strafe für sein Nicht-Reden?

Es geht jedenfalls sogleich im ersten Satz der Einleitung des *CIR No. 4* mit einer nun wörtlich zum Ausdruck gebrachten Dubiosität los – einem Doppel von Eingeständnis und Verhüllung: »Bemerkung: Morell ist Gegenstand einer Reihe von Berichten, die jedoch nicht in dieser Akte festgehalten wurden.« – Ach! Im Englischen herrscht hier ein hübsches Gedrehe und Gewinde: »not on file with this unit« = »in dieser Abteilung nicht aktenkundig sind.« – »Abteilung«? »Nicht aktenkundig«? = »Lassen wir in diese Akte nicht rein!« (*MISC*, Version I, S. 2) Erneute Fragezeichen in Richtung des Themas »Morell im Luxemburger Palasthotel«?

Ganz klar: Solch eine Bemerkung musste aus dem Secret-Service-Papier raus, ehe es in die Hände von Prozess-Juristen gelangen würde. Denn so etwas geht nicht für ein Untersuchungsverfahren, das die verborgene Beteiligung von Staatsführern und hohen politischen Funktionären an Verbrechen gegen die Menschlichkeit aufzuklären hat. Aus solchen Geheimdienst-Formulierungen und ihrer späteren Unsichtbarmachung für »bestimmte Zwecke« ergibt sich, dass gewisse Widersprüche zwischen Nachrichtendiensten und Rechtsprechung bestehen, diese Kontroverse aber eher vertuscht werden sollte. Deshalb: für eine Gerichtsakte besser weglassen.

Die Sex-Fakes – für den Ärzte-Prozess zurückgenommen

Punkt 2 aus dem *CIR-No.*-4-Original: »Die Gründe für den Bericht [CIR No. 4]: Das ist der zweite Bericht einer Serie, behandelnd Hitler. Er basiert auf einer Information, die von einem Arzt erhalten wurde, der mit Hitler für acht Jahre zusammen war – bis 21. April 1945.« *(a. a. O.)*

Wie sich aus der bisherigen Analyse des *CIR No. 4* ergibt, ist dieser Passus eine Fiktion. »Der Bericht basiert« in Wirklichkeit auf den echten Aussagen der drei Hitler-Ärzte Karl Brandt, Erwin Giesing und Hans Karl von Hasselbach, was jetzt mit den Notizbüchern von Herman Merl, dem Verfasser der deutschen Ur-Fassung des *CIR No. 4*, bewiesen werden kann. Merl war der medizinische Sachverständige, der aus seinen Gesprächen mit Brandt, Giesing und Hasselbach und aus den Morell- und Giesing-Materialien plus alten Facharzt-Expertisen das Basispapier für den Bericht *Hitler, untersucht von seinen Ärzten* zusammenstellte.

Direkt im Anschluss an die zwei zitierten Sätze der Secrets folgt eine erstaunliche Ankündigung: »Die Information wird auf Anordnung hin publiziert werden, um Folgendes zu liefern:

a) Medizinische Daten, die für die Identifikation Hitlers oder seiner Überbleibsel brauchbar sind.

[Wie Robert Kempner an Werner Maser schrieb, spielte es zu Anfang des ersten Nürnberger Prozesses noch eine Rolle, ob Hitler wirklich tot war. Als sich der *CIR No. 4* in Arbeit befand, waren die Recherchen des britischen Geheimdienst-Offiziers Hugh Trevor-Roper noch nicht abgeschlossen.]

b) weiteres Material, um zahlreiche Hitler-Mythen zu zerstreuen,

c) das Wissen, das gebraucht wird, um diejenigen Schwindler zu entlarven, die in späteren Jahren behaupten könnten, Hitler zu sein oder ihn gesehen oder mit ihm gesprochen zu haben,

d) Untersuchungsmaterial für den Historiker, den Arzt und den Wissenschaftler, die an Hitler interessiert sind.« *(a. a. O.)*

Die Doppel-Befremdlichkeit der zwei Text-Aussonderungen aus dem Original des »Zusammengestellten Befragungsberichts Nummer 4« enthüllt das Gerichts-Verfahren, aus dessen Akten-Konvolut die Auszugs-Fassung des *CIR No. 4* in der *Musmanno Collection* stammt – nämlich aus dem Nürnberger Ärzte-Prozess.

Angeklagt wurde unter den 23 Beschuldigten an oberster Stelle der zehn Jahre für Hitler tätige Intimus und ehemalige chirurgische Begleitarzt, Professor Dr. Karl Brandt. Brandt hatte sich in amerikanischer Kriegsgefangenschaft schriftlich zum Thema *Frauen um Hitler* geäußert. *(Brandt* 99) Auszüge aus seinen Notaten wurden Anfang 1947 sogar in der US-Presse veröffentlicht. *(Brandt* 47) Karl Brandt war der Rang-Höchste der vor dem *Nürnberger Militärtribunal* angeklagten Ärzte und auch der gewichtigste Täter, da Hitlers direkter medizinischer »Euthanasie«-Bevollmächtigter.

Ob die Schnitt-Fassung des *CIR No.* 4 ehemals in eine Ankläger-, Verteidiger- oder Richter-Akte gehört hat, konnte nicht mehr festgestellt werden. Es wäre auch gleichgültig gewesen. Denn keinem Verfahrens-Beteiligten hätte etwas ausgehändigt werden dürfen, das Brandt hätte kontern können: Stimmt ja nicht, was Ihr da in Euerm Geheimdienstpapier über Hitlers Geschlechtsverkehr mit Eva Braun behauptet!

Brandt selbst hat seinen Aufsatz *Frauen um Hitler* so abgefasst, dass indirekt klar wird: Er hatte bemerkt »Geschlechtsverkehr Hitlers mit Eva Braun« fand nicht statt. *(ONANO, 12. Nein-Sager)* Wahrheits-forcierend kam hinzu, dass Brandts Frau Anni eine Intima von Eva Braun war. Die Gespenster-Neins von Brauns Friseuse über Schwester Gretl bis zur Gynäkologen-Ehefrau Nelly Scholten hätten geweckt werden, Hitlers totale heterosexuelle Vakanz die gesamte politisch-strafrechtliche Beweisführung im Ärzte-Prozess untergraben können.

Karl Brandt war mit den nicht angeklagten Hitler-Ärzten Hans Karl von Hasselbach und Erwin Giesing befreundet, mit denen zusammen er im Oktober 1944 den »Ärzte-Streit« gegen den »Führer-Leibarzt« Theodor Morell vom Zaun gebrochen hatte. In einer der medizinischen Giesing-Expertisen über Hitler steht ausdrücklich, Hitler habe kein Geschlechtsleben gehabt. *(Giesing* 45 II, S. 6/7, 32/34) Die Giesing-Berichte, geschrieben in der Gefangenschaft, befanden sich seit Juni und November 1945 im Besitz der US-Militärs.

Es hätte also sein können, dass Karl Brandt zu seiner Verteidigung mehrere Zeugen auftreibt, die bestätigen: Was da im *CIR No.* 4 über Hitlers ganz normale Männlichkeit zu lesen ist, stimmt nicht. Morells Glaube an Hitlers Geschlechtsverkehr mit Eva Braun ist vom US-Geheimdienst erfunden worden. So etwas kann Morell gar nicht gesagt oder geschrieben haben!

Von Ankläger-Seite her durfte nichts unglaubwürdig wirken. Ein Nachweis darüber, dass in einer Militär-Geheimdienst-Schrift Sachen fingiert wurden, hätte allgemein die Vertrauenswürdigkeit der US-Ankläger diskreditiert.

Die US-Secrets wollten die internationalen Nürnberger Prozess-Juristen nicht mit einer Unachtsamkeit reinreiten. Sie waren klug und benahmen sich ihrer Bezeichnung entsprechend richtig: »Geheime Diener«. Die Nachrichten-Dienste dienen den anderen Staats-Gewalten, Probleme entstehen erst, wenn die Secrets sich polit-strategisch benehmen. Von diesen Problemen werden die Demokratien massiv gebeutelt.

Der Rausschnitt aller Hitler-Unterleibs-Passagen für eine Akte im Nürnberger Ärzte-Prozess indiziert, dass gerade die Punkte 14 (Rektal- und Genital-Bereich), 18 (Urologische Daten) und 19 (Geschlechtsmerkmale) im *CIR No. 4* vom US-Secret Service ganz oder teilweise erfunden sind oder auf der Basis von Morell-Halluzinationen »nachgebessert« wurden.

Die Sexualität Hitlers hätte in keinem anderen Nürnberger Nachfolge-Prozess eine Rolle gespielt. Das tat sie nur im Ärzteprozess, weil dort der mit Hitler vertraute Angeklagte Brandt zu viel über Hitler in dieser Angelegenheit gewusst hat.

Der unnormale Hitler und die Unlösbarkeit der Schuldfrage

Die Passagen zu Hitlers Braun-bezüglich »normal« funktionierender Sexualität waren eigens für den ersten Nürnberger Prozess gegen die Hauptangeklagten in den *CIR No. 4* eingefügt worden, was problemlos ging, denn weder Göring, Ribbentrop und Rosenberg noch Speer, Streicher und Konsorten wussten über Hitlers Sexualität derart genau Bescheid, wie es bei Brandt der Fall war. Wenn die obersten politischen Schranzen etwas wussten, dann »andersherum« wie Speer, der sich sein Ja einbildete. *(HETERO, 10. Ja-Sager)*

Bei der Ärzte-Szene hätte es auch außerhalb von Brandt noch Pilzverflechtungen mit der Wahrheit geben können. Assistenten und Assistentinnen von Ärzten hoher Nazis, wie dem Zahnarzt Blaschke und dem Bormann-Gynäkologen Scholten, »redeten«. Hitlers Sex war unter Umfeldern und Verbindungspersonen ein Gesprächsthema, wie beim Flugkapitän Hans Baur und dem Münchener Tratsch über Hitler und Braun behandelt wurde. *(HETERO, 8. Ja-Sager)*

Dagegen bestand im Hauptprozess keine Gefahr der Unglaubwürdigkeit im Falle der Mitteilung von positiven Hitler-Unterleibs-Nachrichten. Bei den Hauptangeklagten ging es um nichts Sexual-Verwandtes wie bei der Ärzte-Szene, die absichtlich in einem Extra-Prozess zusammengefasst wurde. Außerdem hatten die Hauptangeklagten keine Ahnung, wie es um Hitlers Unterleib bestellt war. *(HETERO, 8. Ja-Sager)* Die für den Ärzte-Prozess gestrichenen Passagen im *CIR No. 4* waren ja gerade zuvor für den Prozess gegen die Hauptangeklagten in den »Zusammengestellten Befragungs-Bericht, Nummer 4« eingefügt worden.

Zum Verständnis dieser Fiktion ist es nötig, sich noch einmal das Ziel der Aliierten bei der Nürnberger Verfolgung der Verbrechen gegen die Menschlichkeit zu vergegenwärtigen. Sie waren daran interessiert, Hitler zu normalisieren. Das *Internationale Militär Tribunal* hätte gar nicht erst eröffnet zu werden brauchen, wenn Karl Brandts Einschätzung Hitlers nach April 1945 »Er war ein Teufel« für die Nürnberger Prozess-Führung vorausgesetzt worden wäre. *(Schroeder* 85, S. 10, *Schlie* 99, S. 221 f.)

Als sich die vier Alliierten auf ihrem Treffen vom 26. Juni bis 8. August 1945 in London darüber einigten, die Prozesse gegen die deutschen Kriegsverbrecher zu führen, wollten sie diese auch »schnell und gerecht« verurteilen. Um dem Vorwurf des »Schauprozesses« zu begegnen, mussten alle strafrechtlichen Einwände ernst genommen werden, insbesondere der »Befehlsnotstand«, auf den sich die meisten der Nürnberger Angeklagten im Hauptprozess zwischen 20. November 1945 und 1. Oktober 1946 auch tatsächlich beriefen. Je unnormaler Hitler erschien, umso schuldloser waren die Angeklagten. Ihnen sollte keine leichte Entschuldigung ermöglicht werden: Wir konnten für nichts! Wir handelten unter einem Abnormen, der Abnorm-Zustände schuf.

1945 war Sigmund Freud im außerdeutschen »Abendland« in den Grundzügen bekannt und durchgesetzt: »Trieb« = Zentrum der Person, woraus sich der Vorwurf der alliierten Siegermächte gegen die deutschen Besiegten ergab: Ihr alle habt zerstören wollen. Es hat Euch Spaß gemacht, dass Hitler Euer in Euch angelegtes Destruktions-Verlangen entriegelte und diesem zwecks Befriedigung zum Durchbruch verhalf. Ihr wolltet töten – aus ›freien Stücken‹!« (Siehe die in der *Einleitung* »*Induziertes Irresein*« aufgeführte Literatur zu den »ganz normalen Männern«)

Die Alliierten wollten die Deutschen verurteilen – mit dem Gedanken: Ihr alle hättet nicht mitzumachen brauchen. Ihr hättet Euch gegen den ganz normalen (Ver)Führer wehren können. Es gab unter Euch genug Widerständler. Euer Mitmachen geschah vollkommen freiwillig – aus eigenem Antrieb zu morden und zu zerstören. Für die Beantwortung der Schuldfrage war es kollossal wichtig, einen »normalen Hitler« vorauszusetzen. Wie hoch lag der Anteil der Schuld der Hauptkriegsverbrecher? Low, medium, large? Je »normaler« Hitler »gemacht« wurde, umso größer war der Schuld-»Betrag« seiner Mittäter und Gehilfen.

In Anbetracht dieses übergeordneten Konzepts der Nürnberger Prozesse wird es sinnfällig, warum das *Military Intelligence Service Center* in der Strich-Fassung des *CIR No. 4* für das nachfolgende Ärzte-Verfahren auch die beiden Einleitungs-Punkte wegließ. In ihnen überwiegt zu sehr so etwas wie eine »Marschrute«, die leicht von der Wahrheit wegführen kann, wenn es zum Beispiel heißt: »Der Bericht basiert auf einer Information, die von einem Arzt erhalten wurde, der mit Hitler für acht Jahre zusammen war – bis 21. April 1945.« So etwas konnte nicht zu den Prozess-Beteiligten des Nürnberger Ärzte-Verfahrens gelassen werden, wenn der Hauptangeklagte, Dr. Karl Brandt, genau wusste, dass zu großen Teilen er selbst es war, der die »Basis« für die »Information« des »Berichts« *CIR No. 4* gelegt hatte – er und seine Kollegen Giesing und Hasselbach.

Das Dilemma der Secrets war gegenüber den Ärzten zu groß. Ausgerechnet der Hauptangeklagte, der »Euthanasie«-Verantwortliche Karl Brandt, war ein wesentlicher Informant für den *Consolidated Interrogation Report, No. 4, Hitler as seen by his doctors*. Von diesem Fakt hätten auch andere angeklagte Ärzte etwas mitbekommen können.

Alles lief Gefahr, sich aufzuribbeln: Der *CIR No. 4* basiert nicht auf Interviews mit Morell. Die Interviews mit den drei anderen Ärzten konnten nicht aufgedeckt werden. Und nur die alten Materialien Morells zu zitieren entbehrte der Aktualität.

Den US-Geheimdienstlern waren die Hände gebunden. Sie konnten nicht sagen »Brandt-Protokoll«, denn Brandt war zwar Hitler-nah, würde aber der Hauptangeklagte im Nürnberger Ärzte-Prozess werden, der sich für die Tötung von Hunderttausenden Behinderten verantworten musste. Ebenso ging es nicht, den *CIR No. 4* »Giesing-Protokoll« zu nennen. Giesing war Hitler nur für drei Monate nah, zwischen Juli und Oktober 1944, außerdem kein Gesamtmediziner wie Morell, sondern ein Hals-Nasen-Ohren-Spezialist. Die Secrets hatten sich schon genug mit den andauernd zitierten Giesing-Expertisen geleistet, dessen Hitler-Untersuchungen dem »Gaga«-Morell untergeschoben wurden. So etwas durfte auf keinen Fall rauskommen.

Der Umgang der US-Militärs mit dem zerrütteten Morell

Schritt sechs – Geheimdienstliche Einschränkung von Morells Glaubwürdigkeit.

Die Geheimdienst-Sparte, die ein virtuelles Morell-Votum pro Braun-Hitler-Geschlechtsverkehr im Raum der Diskussion über

Hitler fixierte – von ihr gemacht vor Ende November 1945 –, hat einen aufwendigen Namen, der in seiner vollen Länge einmal gebracht werden muss, um keine Missverständnisse entstehen zu lassen oder Verwechslungen zu provozieren, da es mehrere US-Geheimdienste mit vielen Abteilungen gab und gibt. Es handelte sich um eine Sektion der Hauptquartiere der Streitkräfte der Vereinigten Staaten von Amerika, um das *Military Intelligence Service Center, United States Forces in the European Theater* [Kriegsschauplatz], *Headquarters.*

Mit zwei Buchstaben, beim Zitat oftmals noch vor den *CIR No. 4* gesetzt, gibt das »Militärische Geheimdienst-Zentrum« halb ausgestellt, halb zugedeckt preis, was es kurz nach dem Ende des Zweiten Weltkriegs in Deutschland eigentlich gemacht hat: »O I« = »Operational Intelligence« – ein Eingeständnis dafür, dass sich hinter den Buchstaben ein amerikanischer Geheimdienst verbarg, der »operativ« agierte, der nicht nur »aufklärte« im Sinne von »Nachrichten sammeln«, sondern der »vorging«, der politische Ziele verfolgte, zu deren Erreichung er handelte. Die Wortbedeutung des *CIR* – »Zusammengestellter Befragungsbericht« – ist, wie unentwegt vorgeführt, eine Camouflage. Werden jedoch die beiden Buchstaben » O« und »I« bei der Erwähnung des *CIR No. 4* im Hinterkopf behalten, dann wird der konstruierte Inhalt des »Zusammengestellten Befragungsberichts« verständlicher – in seiner Bedeutung dafür, was mit ihm wirklich gemacht wurde: »Operiertes« als organisiertes und teilweise konstruiertes Material zu beschaffen, geeignet zur Durchführung der Nürnberger Prozesse vor dem Internationalen Militärtribunal.

Dieses in Deutschland stationierte *Military Intelligence Service Center,* spezialisiert auf operative Vorgehensweisen, hat sich trotz der Verschleierungen dessen, was es mit dem *CIR No. 4* beabsichtigte, im Papier mehrmals über Morell geäußert und dadurch eingestanden, dass mit Morells Vernehmungsfähigkeit etwas nicht stimmte.

Das *MISC* machte erhebliche Einschränkungen zu Morells »Information« – konterkarierte somit auch sich selbst und legte die Spur zur Erkenntnis der Fiktivität der »Morell-Aussagen«. Es gibt im Original-Bericht Nr. 4 vom 29. November 1945, »Hitler, untersucht von seinen Ärzten«, mehrere Mitteilungen über Morell, die ahnen lassen, in welcher Zwickmühle sich die Amerikaner befanden. Sie brauchten über Hitler medizinisches Material und ärztliche Informationen von Morell, dessen »Gesundheit« aber »zu schlecht« war, wie Eberle/Neumann festhielten, *(Eberle/Neumann* 13, S. 57) als dass er professionell hätte »interviewt werden« können. Das gaben die Amerikaner in aller Vorsicht preis: »Die Hauptquelle dieses Berichtes ist Prof. Dr.

Theo Morell. Der Hauptteil des Berichtes handelt von der Beobachtung gegenüber Hitler in einer Periode von mehr als acht Jahren, während derer er [Morell] ›Leibarzt‹ des Führers war. Manche Information kommt aus der Erinnerung, manche basiert auf dem Dokumenten-Beweismaterial, das in seinen Papieren gefunden wurde. Generell kann die Information über Hitler als zuverlässig angesehen werden, während Angaben zur eigenen Person mit größter Vorsicht behandelt werden sollten.« *(MISC,* Version II, S. 0)

Das heißt: sachlich okay, persönlich nicht. Diese scharfe Trennung der Secrets bei ihrer Einschätzung Morells überrascht. Plötzlich sei »größte Vorsicht« geboten.

Morells »Glaube« an Hitlers »Geschlechtsverkehr mit Eva Braun« liegt zwischen beiden geheimdienstlich getrennten Extremen, ist teils Sach-bezogen, betrifft den Morell-Patienten Hitler, aber nicht nur die Organe, sondern das sexuelle Verhalten, das in den Wahrnehmungs-Bereich des Persönlichen von Morell selbst gehörte, nämlich, wie der Arzt kommunizierte, wie er sein oberstes Patientenpaar in dessen intimstem Vorgang, der Sexualität, eingeschätzt hat. So etwas gehörte zu Morells Person – wie er auf sein Umfeld reagierte, was er von Menschen, mit denen er lebte, mitgekriegt hat. Selbsteinschätzung und Fremdwahrnehmung liegen nah beieinander.

Unmittelbar nach der Trennung in Vertrauenswürdigkeit, was Morells ärztliche Arbeit betrifft, und starker Reserve gegenüber allem, was Morells eigene Person angeht, lüftet der »operative« »Nachrichten-Reporter« kurz das Geheimnis, hinter dem sich der gesamte Hitler-Leibarzt nach dem 20. April 1945 verbarg: »Es sollte hier auch angemerkt werden, dass Morells Gedächtnis manchmal besser ist, manchmal schlechter: An manchen Gelegenheiten kann er Dinge zurückrufen, die er später unfähig ist zu bestätigen.« *(a. a. O.)*

Alle hier zitierten Bemerkungen sind nicht im »Merl-Bericht«, der deutschen Ur-Fassung des *CIR No. 4,* enthalten. Ein ungenannter »Interrogateur« fasst seine Kenntnisse aus den bisherigen US-Nachrichten-dienstlichen Aktivitäten gegenüber Hitlers Leibarzt Theodor Morell zusammen. Die Erhebungen waren zu einer Zeit begonnen worden, als der Leibarzt noch »traut vereint« mit dem »Führer« zwischen dessen Auslösch-Dirigierungs-Plätzen, genannt »Führer-Hauptquartiere«, hin- und herraste, um den Millionen-Mörder mit diversen Pillchen, Püderchen, Sälbchen, Trünkchen und vor allem Spritzchen bei Mords-Laune zu halten: »Dr. Morell ist der Gegenstand einer großen Zahl von Nachrichten-dienstlichen Untersuchungen gewesen, die alle in einer höchst unschmeichelhaften Weise auf ihn Bezug nehmen.

Manche Erhebungen beschreiben ihn als einen schlauen, Geld-ver-
rückten Quacksalber, der an seine eigene Quacksalberei glaubt. Andere
beschreiben sein hygienisches Verhalten als das eines Schweins. Dieser
Befrager hat dem sehr wenig hinzuzufügen und kann mit den Schrei-
bern der früheren Berichte nur übereinstimmen.« *(a. a. O.)*

Worauf »this interrogator« bei seinem »Schlusswort« zu Morell jetzt
verweist, sind nicht nur die Berichte der siegreichen Amerikaner nach
April 1945 – die »series of reports« –, sondern auch die »intelligent«
Nachrichten-dienstlich ausspionierten Umstände der letzten Kriegsjahre in Deutschland, als der »Führer«-Leib und sein Leibarzt noch
aus dem destruktiven Vollen schöpfen konnten.

Intelligence-Report enthüllt Morells Vernehmungs-Unfähigkeit

Aus den Formulierungen der US-operativ-geheimdienstlichen Militärs in ihrem *Consolidated Interrogation Report No. 4* spricht Ärger
über Morell. Sie brauchten etwas von ihm. Sie kamen ihm nicht bei.
Sie konnten ihn anfänglich nicht einschätzen. Wie kaputt war er? Hat
er sein verlorenes Gedächtnis simuliert?

Dass die Amerikaner mit Morell einiges vorhatten, entlarvt sich aus
der befremdlich verzwillingten Form, in der der »Zusammengestellte
Befragungsbericht Nummer 4« übermittelt wird. Diese seltsame Form
ist noch nie bei vergleichbaren Dossiers vorgefunden worden. Der
MISC-Bericht besteht aus zwei Versionen, die direkt hintereinander-
gesetzt und in einer Akte »abgeheftet« wurden. Sie weichen voneinander nicht nur formell ab, sondern auch inhaltlich. Und trotzdem
handelt es sich um »das Gleiche noch einmal von vorn« – mit dem
Unterschied, dass die erste Version Seitenzahlen enthält, die zweite
nicht.

Beide Versionen wurden unter dieselbe Signatur und dasselbe
Datum eingeordnet: »OI, CIR, No. 4, 29. 11. 45«, die auf jeder Seite
oben rechts am Rand durchlaufend mit antiquierter Schreibmaschi-
nen-Type fixiert sind. Das heißt: ein und derselbe Vorgang, aus zwei
eigentlich voneinander unabhängigen Ähnlichkeiten bestehend, die
Galeerensklaven-haft aneinandergekettet wurden. Es muss bei den
einzelnen zitierten Passagen wegen dieses Double-Files immer »Version I« oder »Version II« heißen, wenn ein korrekter und zugleich verständlicher Umgang mit dem Text gewährleistet werden soll.

Die gerade zitierte Verächtlichmachung Morells als »Schwein«
stammt aus dem Vorwort der Version II. Diese Version muss für das

immer noch erhoffte Morell-Interview angelegt worden sein. Es kam und kam nicht zustande. Aus dieser Geheimdienst-»komisch« zwittrigen Form lugen vielleicht die Luxemburger »Palasthotel«-Versuche der Secrets mit Morell am 30. Juni und 12. Juli 1945 heraus – Datums-mäßig und sogar Fundstellen-präzise auch von den *National Archives* erwähnt, aber dann mit dem Mantel der historischen Unaufschlüsselbarkeit bedeckt. Morell-Befrager Herman Merl wurde zwischen 7. und 21. September 1945 hingehalten, dann »abgefertigt« mit dem zwei Stunden Morell-»Gespräch« zwischen 9 und 11 Uhr morgens am 21. September.

Der eigentliche Report des *CIR No. 4* war nicht mehr mit »Aussagen« Morells zu füllen, blieb aber wegen des an ihn gehefteten Anhangs der 15 Facharzt-Expertisen über Hitlers gesundheitliche Einzelprobleme im ganzen Konvolut »hängen«. So kam der *CIR No. 4* zu seiner monströsen Gestalt des Double-Files. Auch diese Gestalt war nicht etwas, das die operativen US-Geheimen vom *MISC* eilig der Öffentlichkeit übergeben wollten, um sich bloß »dumme Fragen« einzuhandeln.

Verschweigen von Morells verhinderter Zeugenaussage

Nunmehr wird auch verständlich, warum die amerikanischen Besatzer Theodor Morell zwei Jahre in Gefangenschaft behielten und warum es kein Bulletin über die Vernehmungs-Unfähigkeit und damit die geistige Testats-Unzurechnungsfähigkeit des ehemaligen Hitler-Leibarztes nach April 45 gab. Wie krank, ja kaputt Morell nach April 45 war, sollte zugunsten der Nürnberger Kriegsverbrecher-Prozesse nicht so genau gewusst werden, um seine »Aussage«-Fähigkeit über das »normale«»Sexlife« Hitlers nicht zu untergraben.

Wenn Morell gegenüber seiner Frau Johanna beteuert hatte, dass sein Gedächtnis »weg« sei, so ist das nicht die ganze Wahrheit über seinen Zustand. Gedächtnis-Probleme machen jemanden noch nicht unbedingt Vernehmungs-unfähig und daher unzurechnungsfähig für eine Zeugenschaft.

Es gibt »bei Gericht« das Prinzip des »supporting witness« (»Hilfszeugen«): Jemand hat Gedächtnis-Probleme, denen durch eine nahe Person des Zeugen »aufgeholfen« werden kann. Der Zeuge wird befragt, kann sich nicht erinnern. Die Gedächtnis-»Erste-Hilfe« hakt nach und erinnert vor: »Das war doch damals so und so! Weißt du's denn nicht mehr?« – »Ach ja, richtig!«, sagt der Gedächtnis-Problematische.

Und schon ist seine Erinnerungs-Elektrizität wieder angeschaltet worden. Es fahren aus ihm Einzelheiten der Vergangenheit heraus, die der »Zeugen-Helfer« wegen seines Wissens kontrollierend bestätigen kann.

Morell war nicht nur »Gedächtnis-problematisch«, sondern rundum spirituell aus den Fugen geraten, »völlig verstört«, »geisteskrank«, »gaga«. Das alles bezeichnet etwas anderes, als nur Gedächtnis-Blockaden zu haben. Morell war verwirrt, »ver-rückt«. Alles drehte sich in ihm. Und solch einem Zustand konnte niemand mehr »aufhelfen«. Dieser Zustand Morells sollte zugunsten der Nürnberger Kriegsverbrecher-Prozesse so lange wie möglich verheimlicht werden. Deshalb haben die Amerikaner Morell zwei Jahre – vom 17. Juli 1945 bis zum 30. Juni 1947 – in Gefangenschaft behalten und ihn gerade nicht in eine »Irrenanstalt« eingeliefert, wie es seine Frau vorgeschlagen hatte. Morell wurde so lange »unter Kontrolle« genommen, bis der Nürnberger Ärzte-Prozess im Sommer 1947 fast ausgefochten war. Urteilssprüche im August 1947 nach der Sommerpause im Juli 47. Da erst wurde Morell einer privaten Krankenanstalt übergeben – dem *Alpenhof* am Tegernsee. Damit erklärt sich das weitere Auffällige der amerikanischen Militärs im Umgang mit Morell – seine unentwegte Verlegung durch die Siegermacht.

Sechsmal musste er die »Anstalt« wechseln – die Krankenabteilung in einem Gefangenenlager. Zwischen dem Untersuchungsgefängnis in Bad Reichenhall, seiner ersten Station, und dem *Alpenhof*, seiner letzten, lagen Gefängnis-Aufenthalte in Freysing, Oberursel bei Frankfurt, Darmstadt, Kornwestheim, Ludwigsburg und Dachau. *(Irving* 83 II, S. 282)

Flucht- und Konspirations-Gefahr, ausgehend von Hitlers ehemaligem Leibarzt, bestand nicht. Scheinbar geschah ein sinnloses Hin und Her eines »Geisteskranken«. Doch Morells permanente Umlegungen wurden aus zwei Gründen unternommen: Die Betreuer sollten nicht genervt und der Sachverhalt von Morells geistigem Erlöschen sollte nicht bemerkt werden, vor allem nicht nach »draußen« dringen.

Dieser mobile Umgang der Amerikaner mit Morell macht es um ein Weiteres wahrscheinlich, dass der zweimalige Transport Morells ins Luxemburger Nazi-Bonzen-»Palasthotel« für Verhöre am 30. Juni und 12. Juli 1945 doch nicht so abstrus war, wie es anfänglich erschien. Morell musste bis zum Ende des Nürnberger Ärzte-Prozesses als halb gesund suggeriert werden. Denn seine »Aussagen« über Hitler – ob vollständig oder gekürzt, ob »nachgeholfen« oder »frei erfunden« – sollten das Bild des »normalen« Hitlers glaubwürdig vermitteln. Ein Bulletin »Morell ganz kaputt!« hätte jegliche seiner Materialien und »Aussagen« diskreditiert. Jedes »Nagen« an Morells Glaubwürdigkeit hätte auch seine ärztlichen Unterlagen überschattet, ja die Kollegen-Expertisen über Hitlers medizinische Detail-Probleme in Mitleidenschaft gezogen, die Auszugs- und Übersetzungsarbeit der Herman Merls zunichte gemacht.

Weiterhin wird auch klar, warum der vollständige *CIR No. 4* so außergewöhnlich lange »klassifiziert« geblieben war, mehr als doppelt so lange wie üblich. Ja, es kann davon ausgegangen werden, dass die Nachfolge-Organisation, der jetzige CIA, 1998 gezwungen werden musste, den *Consolidated Interrogation Report No. 4* vom 29. November 1945 der Öffentlichkeit endlich freizugeben, was nach drei Jahren ab 2001 in drei Etappen bis 2016 geschah – dank des *Nazi War Crimes Disclosure Act* von 1998, in dessen Folge die Regierungsstellen alle noch zurückgehaltenen Akten zur Nazizeit freizugeben hätten. Das ursprüngliche Deckblatt des *CIR No. 4* wurde mit dem Stempel versehen: »Nazi War Crimes Disclosure Act 2000«. Mit der Deklassifizierung ging es jedoch erst später los: »Declassified 2001/2007« heißt es auf Seite 1. *(MISC)*

Freudsche Termini im österreichischen Ur-CIR-No.-4

Bleibt als Letztes zum Verhältnis zwischen Morell und dem *MISC* die Beschäftigung mit Hitlers »Geschlechtsmerkmalen«, den im englischen Original sogenannten Sexcharacteristics (19), die der ehemalige Leibarzt am 27. September 1945 dem medizinischen österreichisch-amerikanischen Voruntersucher Herman Merl morgens zwischen 9 und 11 Uhr anvertraut haben soll: »Hitler liebte die Gesellschaft attraktiver Frauen sehr – besonders während der Jahre seines Weges zur Macht. In späteren Jahren war seine Libido offensichtlich durch die Zunahme von Pflichten und Verantwortung sublimiert. Morell glaubt, dass Hitler, obwohl er starker Sexualaktivität nicht zuneigte, mit Eva Braun Geschlechtsverkehr hatte, obgleich sie in getrennten Betten schliefen.« *(MISC, Version I, S. 10, Maser 04, S. 439)*

Die einzelnen Sätze der von Merl für den *MISC* komprimierten Phantom-Morell-»Aussage« werden auseinandergenommen und mit einem Kurzkommentar versehen, um ihren Gehalt deutlich zu machen.

1.: »Hitler liebte die Gesellschaft attraktive Frauen sehr – besonders während der Jahre seines Weges zur Macht.« Dieses Verhalten Hitlers

gehört in das Gebiet »Hetero-Reklame«, die unter der 7. *Ja-Sagerin,*
der *Berghof*-Angestellten Gretel Mittlstrasser, ausführlich behandelt
worden ist. *(HETERO)*
   Der Satz sagt nichts über genitale Kontakte Hitlers mit den »attraktiven Frauen«. Es kommt in der Kennzeichnung dieser Frauen nicht
einmal das Wort »jung« vor. Von Hitlers ehemaligem zweiten »Leibfahrer« Emil Maurice wurde schon mitgeteilt: Der 22. *Nein-Sager* hat
Hitlers sexuelle Frage negativ beantwortet – kein intimer Verkehr
sogar nicht mit »kürzeren oder längeren Liebschaften«. Dieses Statement umfasst die Zeit von *Hitler 2* zwischen 1921 und 1928 – betrifft
also die im *CIR No. 4* erwähnten »Jahre seines Weges zur Macht«.
(ONANO)
   Im Übrigen handelt es sich bei dem ersten Satz im *Report* um
Non-plus-ultra-Vages. Außerdem hat der reale Dr. Morell zu jener
Zeit Hitler noch nicht gekannt. Dem späteren »Leibarzt des Führers«
wären persönliche Beobachtungen Hitlers erst ab Ende 1936 möglich
gewesen. Herman Merl hat bei dieser »montierten« Stelle nicht aufgepasst und Theodor Morell etwas in den Mund gelegt, das dieser nicht
hätte von sich geben können.
   2.: »In späteren Jahren war seine Libido offensichtlich durch die
Zunahme von Pflichten und Verantwortung sublimiert.«
   »Spätere Jahre«, in denen »die Pflichten« und »die Verantwortung«
»zugenommen« haben, betreffen 1933 aufwärts, vor allem 1936 bis 1945,
in denen die nahe Beziehung zwischen Hitler und Morell bestand.
Gemäß des von Sigmund Freud in die Diskussion über die menschliche Sexualität eingeführten, berühmt gewordenen und stichhaltig
gebliebenen Begriffes »Sublimation« heißt »sublimiert« = »zerstäubt«,
verfeinert, ja aufgelöst. Etwas ehemals Festkörperliches ist grobstoff-
lich nicht mehr vorhanden. Die Dynamik, Sexualität zu betreiben, hat
sich innerhalb einer Transformation der spezifisch körperlichen Energie in außer-sexuelle Handlungen »versprüht«. *(Mertens/Waldvogel/
Roudinesco/Plan)*
   Dieser zweite Satz ist ein wichtiger Teil der Übermittlung, denn
»Libido sublimiert« bedeutet, Hitler betrieb ab 1933 im Prinzip gar
keine sexuelle Aktivität mehr. Gegenüber einer solchen Informa-
tions-»Bescherung« zugunsten aller *Nein-Sagenden* bricht der Morell
unterlegte »Glaube« an Hitlers »Geschlechtsverkehr mit Eva Braun«
erst einmal zusammen. Und eine Sonder-»Bescherung« zur Früh-Ent-
tarnung der Fälschung dieser Bruchstücke von Morell-»Aussagen«:
Beim echten Morell in seinen Tagebüchern und Krankenkalendern
kommen die Begriffe »Libido« und »Sublimation« nicht vor.

Freud wurde zur Zeit der 1930/40er Jahre in den USA viel mehr rezipiert als in Deutschland. Der Begriff »Sublimation« war hier außerhalb der psychoanalytischen Szene noch nicht allgemein-medizinisch so gebräuchlich, als dass ein Schiffs-, Haut- und Geschlechts-Arzt vom Schlage Dr. Morells die Wörter »Libido« und »Sublimation« einfach so aus dem Ärmel geschüttelt hätte.

Wieder ist Herman Merl, dem Konstrukteur des »Zusammengestellten Befragungsberichts Nummer 4« ein .Fehler unterlaufen. Er schloss von sich auf die deutschen Verhältnisse und dachte, auch der Hitler-Leibarzt Morell hätte »Libido« und »Sublimation« schon in den Mund genommen. »Libido« und »Sublimation« waren keine Medizin-psychischen Kategorien Morells, wie sie dem österreichischen Amerikaner Herman Merl zu Gebote standen. Als ehemaliger Student in der Freud-Stadt Wien und als späterer US-Mediziner wusste er genau, was »Libido« und »Sublimation« bedeuten. Ein Theodor Morell wusste das nicht.

3.: »Morell glaubt, dass Hitler, obwohl er starker Sexualaktivität nicht zuneigte, mit Eva Braun Geschlechtsverkehr hatte, obgleich sie in getrennten Betten schliefen.«

Ein erstes Stop-Schild gegenüber aller frohlockenden Ja-Annahme: Gemäß des von Herman Merl konstruierten Passus wird sogar vonseiten der US-Secrets eingeschränkt: Morell hätte nicht gewusst, sondern nur »geglaubt«, »dass Hitler mit Eva Braun Geschlechtsverkehr hatte«.

Es fehlt jegliche ärztliche Einschätzung zur sexuellen Frage. Der ganze *MISC-Report No. 4* ist voll von medizinisch formulierten Exaktheiten über sämtliche körperlichen Bedingungen Hitlers. Bis zu »Rectal and Genital Region« (14) wird alles Organische Hitlers aufgeblättert. Anus und Prostata bestens, keine Hämorrhoiden. (*MISC*, Version I, S. 5, *Maser* 04, S. 433) Auch »die Sexualorgane ließen keine Anzeichen von Anormalität oder Pathologie erkennen, und die sekundären Geschlechtsmerkmale waren normal entwickelt.« (19) (*a. a. O.*, S. 10, *a. a. O.*, S. 439) Präzise, aber ebenfalls erfunden, was die Landsberger Gefängnisakten offenbart haben.

Bei Morells »Glaube« an Hitlers »Geschlechtsverkehr mit Eva Braun« driftet der Text ins Ungefähre ab, als enthielte er die Vermutung eines Hausnachbarn.

Außerdem zitiert der *Report* keine wörtliche Rede. Er berichtet nur davon, was Morell angeblich zu seinem Verhörer Herman Merl gesagt haben soll. Es geschieht kein Frage-und-Antwort-Hin-und-Her. Dadurch wird nicht vermittelt, ob Morells »Glaube« an den »Geschlechtsverkehr« Hitlers »mit Eva Braun« stark oder schwach gewesen ist. Mehr als eine Vermutung gibt die US-geheimdienstliche Nachricht rein objektiv sowieso nicht her.

Darüber hinaus werden im *CIR No. 4* noch zwei Einschränkungen gemacht:

Hitler war »starker Sexualaktivität nicht zugeneigt«.

Das ist eine Grundsatz-Erklärung zu den Modalitäten von Hitlers Sexualität überhaupt, nämlich: Hitler war an Sex nicht interessiert. Ganz gleich, auf welchen Wegen diese Information zu den Amis gelangt ist – von der ärztlichen Szene um Hitler müssen sie sie hergeleitet haben, gefiltert aus den echten Aussagen der Doktoren Karl Brandt, Erwin Giesing und Hans Karl von Hasselbach.

Braun und Hitler »schliefen in getrennten Betten«.

Dieser Umstand muss Sex nicht ausschließen, kann das Gegenteil bedeuten: Die schnarchend-furzende Dauer der ganzen Nacht wird getrennt und nur die kurze Frist der Körper-Vermischung gemeinsam in einem Bett verbracht.

Wenn da nicht die *14. Nein-Sagerin*, das Zimmermädchen Anna, wäre, die zwei Informationen zum Braun-Hitler-Schlafen hinterlassen hat: Wo Hitler schlief, wusste niemand. Am Tage blieben die Betten von Hitler und Braun unberührt. *(ONANO)*

Eigentlich hätte es der Einschränkung »getrennte Betten« nicht bedurft. Zum Herunterschrauben der Erwartung nach der Information »Morell glaubt nur, weiß es jedoch nicht wirklich« passt dieses »Obgleich in getrennten Betten«. »Getrennte Betten« sind im Volksverständnis dasselbe wie »No-Sex«.

Der englische Kronprinz Charles und seine Frau Camilla landeten damit sogar als alte Leutchen Schlagzeilen in der Trivial-Presse: »Getrennte Betten!« – Was für ein Geheimnis wurde da gelüftet! – Ja, welches denn? – Eben das von »kein Sex (mehr)«.

Ärztliches Potpourri mit Anglizismen versetzt

In den 20 Seiten des »Merl-Berichts« gibt es auf jeder Seite mindestens einen Anglizismus, so etwas wie »epigastric«, »fossa of helix« und »mammary«. *(Maser 04, S. 428, 430 f.)* Um die 40 hat der österreichische Amerikaner Herman Merl schon einmal vorsorglich eingesetzt, um die Übersetzungsarbeiten vorzubereiten.

Eberle/Neumann irren sich vollständig, wenn sie meinen, der Ur-*CIR-No.*-4 sei von Morell in Gefangenschaft für den stellvertretenden Nürnberger Hauptankläger Robert Kempner aus dem Gedächtnis heraus niedergeschrieben worden. *(Eberle/Neumann 09, S. 55,*

Anm. 159) So etwas behauptet nicht einmal Werner Maser. Eberle/ Neumann passen an dieser Stelle nicht auf, was nicht der Rede wert wäre, wenn nicht aus ihrer Absence Geschichts-Revisionisten und Sexual-Normativisten erneut Nahrung bezögen, nehmen es sich Eberle/Neumann doch heraus, ihre medizinische Hitler-Biografie im Untertitel »einen abschließenden Befund« zu nennen, was heißt, sie orthodoxieren Endgültigkeit in ihrer Aussage über Gesundheitsprobleme Hitlers. Ihre Sätze »in einem von Leibarzt Morell verfassten Protokoll« und »Masers Wiedergabe des Morell-Protokolls für Kempner« provozieren unverzüglich automatisch die falsche Annahme: Morell also doch »Aussage«-fähig gewesen, ja sogar Gedächtnis-stabil, wenn er für den Nürnberger Ankläger Kempner seine Hitler-Untersuchungen aus dem Gedächtnis hätte abrufen können (a. a. O.). Und einszweidrei transmutierte der »Merl-Report« zum »Morell-Protokoll«. Morell ist nicht das Subjekt der deutschen Fassung des CIR No. 4, sondern nur das Objekt. Auch der Gegenstand des »Zusammengestellten Befragungsberichts Nummer 4« ist nicht oder kaum Morells Person, sondern sind seine ärztlichen Materialien, die er schon in den letzten Kriegsmonaten vorsorglich von Berlin nach Bad Reichenhall transportieren ließ und im Gelände seines ihm von Hitler finanzierten Instituts für ein Elektronen-Mikroskop versteckte (Irving 83 I, S. 78, 83 II, S. 277) Morell konnte den Amerikanern bei seiner Verhaftung im Juli 1945 alles zur Auswertung übergeben, was sie brauchten. Nur aussagen konnte er verlässlich gar nichts mehr.

Seit dem Auftauchen der Merl-Notizbücher ist auch klar, dass der Maser-Satz falsch ist: »Dieses vom US-Geheimdienst als ›Morell-Protokoll‹ bezeichnete Dokument enthält die Aussagen des von den Amerikanern 1945 gefangen genommenen Theo Morell (Leibarzt Hitlers) und der weiteren Ärzte, die Hitler in Morells Auftrag bis an Hitlers Lebensende behandelt haben.« (Maser 04, S. 424)

1.: Nirgendwo wird der CIR No. 4 »vom US-Geheimdienst« als »Morell-Protokoll« bezeichnet.

2.: Und von »dem Geheimdienst« schon überhaupt nicht. Maser ist bereits über den politischen Sachverhalt der Existenz mehrerer US-Geheimdienste nicht im Bilde. Er hätte spezifizieren müssen, das »Dokument« war vom Military Intelligence Service Center »als ›Morell-Protokolle‹ bezeichnet worden«.

3.: Außerdem handelt es sich eben nicht um »Aussagen« von »Theo Morell«, sondern um Auszüge aus Morells ärztlichen Materialien.

4.: Ganz falsch sind auch die »Aussagen der weiteren Ärzte, die Hitler bis an Hitlers Lebensende behandelt haben«.

a): Vier Gutachten sind dem Bericht angefügt worden, auf zwei weitere wird Bezug genommen – Annex III–XV. *(MISC,* Version I, S. 56)

b): Außer dem HNO-Spezialisten Erwin Giesing wird keiner von Hitlers Fachärzten interviewt, deren Vor-Mai-45-Gutachten im *CIR No. 4* vorkommen.

c): Keiner der erwähnten Ärzte hat Hitler »bis an sein Lebensende behandelt«.

5.: Interviewt wurden – wie es sich aus dem Herman-Merl-Tagebuch ergibt – die drei Hitler-Ärzte Brandt, Giesing und Hasselbach, jedoch heimlich, nie aufgeschlüsselt und erklärtermaßen. Giesing wird im *CIR No. 4* dreimal erwähnt, Brandt einmal, Hasselbach keinmal.

6.: Verschwiegen wird, dass es sich bei dem *CIR No. 4* zu großen Teilen um ein »Giesing-Protokoll« handelt, um Auszüge aus den Hitler-Untersuchungen des HNO-Arztes Erwin Giesing nach dem 20.-Juli-1944-Attentat.

Fazit: Wer beim *CIR No. 4* in Nachfolge Masers noch von einem »Morell-Protokoll« redet, verzapft Hitler-biografischen Unsinn. Es handelt sich bei dem, was der Nürnberger Ankläger Kempner 1970 an den Hitler-Biografen Maser geschickt hat, um den »Merl-Bericht«, ein Hitler-Gesundheits-Potpourri, entnommen hauptsächlich aus den Giesing-Befunden, versetzt mit US-geheimdienstlichen Eigenmächtigkeiten zu den schon behandelten politisch »bestimmten Zwecken«.

Die Herman-Merl-Presse-Kampagne im Mai 1946

Ihre politisch »bestimmten Zwecke« enthüllten die US-Militärs vom *Military Intelligence Service Center* des in Europa stationierten Hauptquartiers der US-Streitkräfte im Mai 1946 mit einer überraschenden Aktion. Sie schickten ihren medizinischen Sachbearbeiter des *CIR-No.-4*-Dossiers, Herman Merl, an die US-Öffentlichkeit. Merl gab am Sonnabend, dem 18. Mai 1946, in Los Angeles eine Pressekonferenz. Er machte dabei Teile aus dem *CIR No. 4* publik. Anschließend berichteten Zeitungen von Hitlers Kopf-Röntgen-Aufnahmen, druckten Hitlers Schädel ab. *(Leibrich)* So etwas hätte Merl nicht ohne das Einverständnis, ja den Auftrag von höchster Seite her machen können. Er outete sich sogar als Mitglied des *MISC –* »ein amerikanischer medizinischer Geheimdienst-Offizier stellte am Samstag in Los Angeles Röntgen-Aufnahmen von Adolf Hitler vor, gemacht von den Ärzten, die seine geistigen und körperlichen Leiden behandelten«, schreibt das *Des Moines Register* am Sonntag, dem 19. Mai 1946 (S. 3) »Herman Merl, ein junger, in Wien geborener eingebürgerter Amerikaner, der als Röntgen-Techniker in der in Deutschland stationierten US-Armee diente«, notierten *The Greenville News* am selben Tag. (S. 17)

Deutlich hat Merl bei seiner Pressekonferenz einen Tag zuvor in Los Angeles auf den »Zusammengestellten Befragungsbericht, Nummer 4« des *MISC* Bezug genommen: »Merl brachte ein bemerkenswertes Dokument mit, das das Gehirn und den Körper des deutschen Diktators beschreibt. Es war von amerikanischen Geheimdienst-Offizieren zusammengestellt worden – aus den Berichten von sechs Nazi-Ärzten, die für Hitlers Gesundheit tätig waren.« *(a. a. O.)* Da steht frappierend klar, was der Hitler-biografischen Szene nicht einleuchten will. Es heißt nicht, das Dokument bestünde aus »Statements«, »Declarations« und »Evidences«, geschweige denn »Interviews«, sondern »from the reports of six Nazi doctors who had charge of Hitler's health.« Und Hitlers Leibarzt Morell kommt gar nicht vor. Der US-Secret-Offizier Merl konnte zu Hause Klartext reden.

Die Merl-Aktion des *MISC* in Los Angeles am 18. Mai 1946 geschah noch vor Abschluss des Nürnberger Prozesses gegen die Hauptkriegsverbrecher, der zwischen November 1945 und Oktober 1946 lief.

Mit dem Gang Herman Merls an die Öffentlichkeit kann das oben Festgestellte zur »Normalisierung« Hitlers endgültig bewiesen werden. Merl präsentierte nämlich nicht nur die Hitler-Schädel-Röntgen-Aufnahmen (im »Merl-Bericht« enthalten auf Seite 441 *[Maser* 04]), sondern zitierte auch laufend aus dem Papier die Hitler-Hetero-»Normal«-Stellen.

Der US-Gesellschaft wird Hitler dreifach als »normal« eingepaukt: erstens bewiesen mit Gehirn-Einzelheiten, zweitens fingiert mit dem Hitler-Braun-Geschlechtsverkehr, drittens missdeutet mit Hitlers Einnahme von Testosteron.

Die amerikanische Cowboy-Mentalität wird vorzüglich bedient, die Stierhoden-Stelle in mehreren Zeitungsartikeln zitiert, ist sie doch bestens geeignet, Hitler geradezu als einen der Ihren, nämlich nicht als einen Kuh-, sondern als einen Bullenjungen zu präsentieren.

Zuerst wird mitgeteilt, Hitler hätte wegen seines oftmaligen Bauchwehs vom Leibarzt weibliche Hormone verabreicht bekommen. »Dann begann er [Hitler] sich Sorgen zu machen über eine Veränderung seiner Männlichkeit‹, sagte Merl, ›dadurch steigerte er die Dosis männlicher Hormone, Auszüge von jungen Stieren, um deutlich zu sein.‹« (Merl im *Des Moines Register,* Sonntag, den 19. Mai 1946, S. 3) Anschließend zitiert Merl eine Stelle aus dem *CIR No. 4* zu Hitlers »normaler« Heterosexualität, die im Punkt 19 »Sexcharacteristics« zusammengefasst ist. Und es folgt die bekannte »Libido«-»Sublimations«-Passage:

»Normale Geschlechtsorgane«, mit denen »normaler Geschlechtsverkehr« betrieben wurde. *(a. a. O.*, nach *MISC*, Version I, S. 10, *Maser* 04, S. 439) Die Stierhoden-Hormon-Extrakt-Zeilen sind fett gedruckt zum greifbaren Auf-den-ersten-Blick-Sehen jedes Interessenten.

Zehn Tage später hämmerte es der *United-Press*-Korrespondent Eugene Leibrich seinem Publikum fünfmal ein: Hitler normal, sein Gehirn zeigt keine Ängste, keine Zwangsvorstellungen, keine Halluzinationen. Auch aus seinen über Hitler erstellten psychiatrischen Daten (17) hatte Merl auf seiner Pressekonferenz zitiert. *(MISC*, Version I, S. 9) »Hitlers Sexlife war ziemlich normal, glaubten seine Ärzte.« Dieser Satz im *Nevada State Journal* vom 30. Mai 1946 ist umrahmt von der Stierhoden-Stelle und der »Attraktive-Frauen«-Stelle, mit denen Hitler sich so gern auf seinem »Weg zur Macht« umgeben hätte. *(Leibrich, MISC*, Version I, S. 10)

Die Hitler-»Normal«-Mann-Politik der US-Militärs kommt am krassesten mit der Stierhoden-Hormon-Stelle zum Ausdruck. Merl hat diese Stelle aus den Morell-Materialien selbst exzerpiert, weiß also, was es mit der Testosteron-Passage auf sich hat. Trotzdem nutzt er sie, um das US-Männer-Gemüt anzukitzeln, vor allem wenn die Stierhoden-Stelle mit der Eva-Baun-Geschlechtsverkehr-Stelle in Verbindung gebracht wird. Das war den US-Secrets von vornherein klar, dass diese Stelle alle Zeitungen bringen werden. Daher muss ihr Original-Wortlaut aus dem »Merl-Bericht«, frei nach der Arznei-Liste Morells, zitiert werden, um die Diskrepanz zwischen Tatsachen-Keim und Vorstellungs-Blase freizulegen: »(26) Hitlers Potenz wurde durch eine Kombination aller männlichen Hormone und die Hinzufügung von Extrakten der (des) ›testis‹, Samen-Bläschen und Prostata(-Drüse) junger Stiere, verstärkt. Dr. Morell behauptet, es nur einmal verwendet zu haben und da, um Erschöpfung und Depression zu bekämpfen. Es wurde intramuskulär verwendet. 2.2 cc (1 Ampulle). Es ist ein Hamma-Produkt.

(27) Prostacrinum – Ein Extrakt von Samenbläschen und Prostata(-Drüse). Verwendet, um depressive Stimmungen zu verhindern. Wurde im Jahre 1943 für kurze Zeit verwendet. Dosis: 2 Ampullen intramuskulär jeden 2. Tag.« *(Maser* 04, S. 449)

Die *Geheimen Medizinischen Tagebücher* Morells waren ein Rechenschaftsbericht für den Doktor selbst, eine Chronik seiner Hitler-Behandlung, ähnlich dem »Kassabuch« von Eduard Bloch, dem Linzer Arzt von Hitlers Mutter. Es handelte sich um Registraturen von dem, was wirklich geschehen ist und das Hitlers Arzt zum Überblick über das eigene Tun benötigte. Die Behandlungs-Chronik sollte in

Erinnerung rufen: Was war gestern, vor einer Woche, einem Monat, einem Jahr? Was habe ich dann und dann in welchen Dosen verschrieben oder verabreicht?

Die Stierhoden-Hormon-Stelle hat ein derartiges Männer-Erregungs-Quantum, das es nicht schrill genug in die US-Presse-Berichte gesetzt werden konnte. Aber ein täglicher Bezug zu »Hitlers Geschlechtsverkehr mit Eva Braun« bestand nicht.

Noch bis 2015 schlägt Merls Information Wellen, sodass der Sexual-Normativist Guido Knopp es nicht lassen konnte, abermals den Tatsachen zuwider die Testosteron-Braun-Verbindung herzustellen: Immer, wenn Braun und Hitler auf dem *Berghof* zusammen waren, hätte es von Dr. Morell Testi-Futter für den angeblich Einstiegswilligen gegeben. *(Krankenakte Hitler, ZDF-Dokumentation Geheimnisse des Zweiten Weltkriegs,* 27. November 2012, 20.15 Uhr)

So wie die US-Demokraten darauf hingewirkt haben, mit ihrer Geheimdienst-Nazi-Papier-Gesetzes-Novelle die Freigabe von alten Intelligence-Reports zu erzwingen, so müssen sich die Parlamentarier in Deutschland überlegen, was sie gegen das bewusste oder unbewusste Tatsachen-Fingieren im Zusammenhang mit Hitler tun können. Schon der Titel des Knopp-Films ist eine Dreistigkeit: »Krankenakte Hitler« erweckt den Anschein, als handle es sich um eine Akte, die ja bekanntlich nicht mehr existiert, weil die Originale von der Gestapo vernichtet worden sind. *(drittes Buch)* – Wieder erlaubte sich ein Sexual-Normativist alles, was er wollte. Er behauptete sogar, »die Krankenakte Hitler« schon Mitte der 1990er Jahre »eingesehen« zu haben! *(HÖRZU,* 24. Juli 2015)

Die US-Secrets befanden sich 1946 in einer ganz anderen Situation, die mit der heutigen der Hitler-Hetero-Fantasierer überhaupt nicht zu vergleichen ist. Adolf Hitler hat mit seinem destruktivsten Männerbund aller Menschheits-geschichtlichen Zeiten Europa aus den Angeln gesprengt und die Jahrhunderte-alte hebro-germanische Weltkultur zerstört, deren bewegendstem Ausdruck, der abendländischen Musik von Bach bis Strauss, die Welt noch heute Ovationen bringt.

Vom Hitler-und-*Associates*-Desaster waren zwischen 1939 und 1945 alle Kulturvölker betroffen. Es gab einen Weltbedarf, wenigstens einen kleinen Teil der ranghöchsten Hitler-Mitmörder zur Verantwortung zu ziehen. Dafür war das Mittel, Hitler in einem historischen Moment zu »normalisieren«, unter allen Umständen und in jedem Fall geboten: Gehirn »normal« – stimmt und ist mit den Röntgen-Aufnahmen beweisbar. Aber »normaler« Sex mit Braun stimmt nicht.

70 bis 80 Jahre nach Nürnberg hat die Menschheit wieder ein Recht, diesmal ein anderes, nämlich die Implikationen von Hitlers sexueller Unnormalität kennenzulernen. Jegliche »Normalisierung« Hitlers hatte zwischen 1945 und 1947 das Recht auf ihrer Seite. Heute ist es umgekehrt.

Auch die medizinischen Hitler-Biografen, Henrik Eberle und Hans-Joachim Neumann, driften plötzlich in Männerfantasien ab und kringeln sich in Hitlers »Potenz«, die Dr. Morell mit Testosteron-Gaben aufgemöbelt hätte, um Hitler Braun-Geschlechtsverkehrs-fit zu machen. (Eberle/Neumann 09, S. 69) Solch eine Behauptung leisten sich die Autoren ohne eine Quellenangabe vor Ort, was rein schändlich ist, denn gerade sie hätten für ihre medizinische Hitler-Biografie *Ein abschließender Befund* die *Geheimen Medizinischen Tagebücher* von Hitlers Leibarzt zitieren müssen, aus denen deutlich wird: Die Verabreichung von männlichen Hormonen für Hitler geschah zu Wohlfühl- und allgemein körperlichen Aufbau-Zwecken und hatte nichts mit Sexual-Potenz-steigernder Geschlechtsverkehrs-Anbahnung zu tun.

Nach der Landsberger Wahrheit über Hitlers Ein-Hoden-Anomalie ist endgültig klar, warum Hitler Testosteron appliziert werden musste – nicht für den Steckbetrieb mit Eva Braun, sondern um den Mangel zu ersetzen, der durch den Ausfall an Produktion des männlichen Sexualhormons wegen des fehlenden rechten Hodens verursacht wurde. Dieser Umstand ist das Geheimnis jeglicher Hitler-Testosteron-Beigabe durch Morell. Doch die Ursache für dieses Defizit Hitlers durfte nicht einmal der Leibarzt wissen, der ihn nie ganzkörperlich untersucht hatte, dafür aber Hitlers Blut. Und aus der Blutzusammensetzung war der Testo-Mangel auch zu entnehmen. (MISC, Version I, Annex XI, XIII ff., S. 56)

Die 180-Grad-Wende im öffentlichen Hitler-Bild

Herman Merls US-Presse-Aktion des *Military Intelligence Service Centers* im Mai 1946 war dringend notwendig, hatte doch der Bruder-Geheimdienst, das *Office of Strategic Services*, drei Jahre zuvor die genau gegenteilige Kampagne durchgeführt: 1943 musste Hitler pathologisiert werden. Das geschah zweibahnig, psycho- und sexopathisch. Mit der Serienkiller-Entdeckung konnte zwar noch nicht gearbeitet werden, aber es gab genügend damalige klinische Werkzeuge, einen Mann psychisch und sexuell zu pathologisieren. Sexuell wurde es mit der Abnorm-Kategorie »Perversität« gemacht, worüber im nächsten Kapitel *PERVERSO* berichtet wird: Hitler habe Sado-Maso- und

Koprophilie-Sex-Praktiken betrieben und das deutsche Film-Starlet Renate Müller dazu so sehr genötigt, dass sie deshalb Selbstmord begehen musste. Und seine Nichte Geli Raubal habe Hitler umbringen lassen, weil sie sich den Sex-Unartigkeiten ihres Onkels nicht habe aussetzen wollen. *(Horstmann,* S. 30, *NIR,* S. 2)

Im *Langer-Report,* erstellt von hauptpersönlich deutschen Emigranten aus den Psy-Szenen, *(Langer)* und im *Navy Intelligence Report* über *Hitler's Blindness* wurden 1943 für die amerikanische psychologische Kriegsführung gegen Nazi-Deutschland griffige Kategorien geliefert: Hitler = Psychopath. Dreimal kommt im Bericht des US-Marine-Nachrichtendienstes der deutsche Neuropsychiater Ernst Kretschmer zu Wort. Sein auf Hitler bezogenes Bonmot wird zitiert: »In normalen Zeiten verbringen sie [die männlich kategorisierten Psychopathen] ihr Leben als Abenteurer, kleine Schwindler, Sektengründer und ähnliches, aber in unruhigen Zeiten schlägt ihre Stunde. Sie erlangen eine überwältigende Macht über die Massen. Mit kurzen Worten kann gesagt werden: In unruhigen Zeiten herrschen die Psychopathen über uns, in ruhigen Zeiten erforschen wir sie.« *(Horstmann,* S. 29, 31) Kretschmer war im Anglo-Kulturbereich wegen der Übersetzung seiner Bücher ins Englische bekannt. Und dann kommts: Psychopathen = ganz böse Schlucker, machen alles, schrecken vor nichts zurück. Amerika in Gefahr!

Außerdem war von den Amerikanern 1943 der bis heute virulente Glaube an Hitlers »Kriegshysterie« am Ende des Ersten Weltkriegs aufgemischt worden. Der deutsch-holländische Neuropsychiater Edmund Forster hätte den gasvergifteten Gefreiten Adolf Hitler als »kriegsneurotisch« diagnostiziert und sei im Gegenzug dafür vom 15 Jahre später regierenden Hitler zum Selbstmord gezwungen worden. *(a. a. O.,* S. 29 f.) Der Gang der Amerikaner ins medizinhistorische Archiv galt allein dem Zweck, Hitler nicht erst jetzt – 1943 –, sondern schon damals – 1918 – und eigentlich für immer als psychopathisch zu definieren.

Als der Krieg lief, war es für die psychologische Kriegsführung der USA essenziell notwendig, die eigene Bevölkerung fürs Durchhalten zu stabilisieren. Hitler, das Schreckgespenst, wurde nicht etwa als Holocaust-Täter angeprangert, was counter-identifikatorisch nicht gezogen hätte, sondern als privat-pathologischer Sexpraxis-Deviant plus Mörder einer jungen Frau und eines verdienstvollen Professors. So jemand als Staatsführer musste von der puritanischen Gesinnung des »Normal«-Amerikaners bekämpft werden. Der nächste Kriegshaushalt kam durch.

Mai 1946, ein Jahr nach Kriegsende, war alles ganz anders. Immer wieder wird in den Zeitungsartikeln über Herman Merls Pressekonferenz in Los Angeles am 18. Mai 1946 auf Hitlers gesundem Gehirn herumgeritten: keine Wahnvorstellungen, keine Besessenheit. – Das stimmt übrigens mit den Gehirnen aller Serienkiller überein, wie die Serienkiller-Spezial-Forscherin Helen Morrison nach der Obduktion Dutzender SK-Gehirne festgestellt hatte: In den Gehirnen ist die *anomalia masculinis* nicht lokalisiert. *(Morrison)*

Zu Hitlers gesundem Gehirn musste noch zusätzlich seine »normale« Sexualpraxis mit Eva Braun nachgeschoben und die hormonelle Aufmöbelung mit Stierhoden-Extrakten Prärie-gerecht gemacht werden. Hat geklappt. Das Gedächtnis der Öffentlichkeit ist nicht besonders gut. Mit Hitler kann man und frau eben alles machen.

Die sechs Geisterbahn-Interviews mit Morell

Herman Merl wird in die Geschichte der Hitler-Forschung eingehen als Aushebler von Theodor Morells »Aussage«-Fähigkeit. Da dieses hundertprozentig sichere Ergebnis erst mit der Herausgabe von Merls Notizbüchern zu erlangen ist, müssen noch die sechs herumspukenden Interviews mit Morell verscheucht werden, deren angebliche Existenz David Irving in seinen Publikationen der *Geheimen Medizinischen Tagebücher* des Hitler-Leibarztes teils im Text, teils im Literaturverzeichnis verstreut hat. Nicht ein einziges der sechs sogenannten Morell-Interviews existiert. Aber das muss für jede Behauptung nachgewiesen werden, denn diesmal spricht auch der alternative Hitler-Biograf Anton Joachimsthaler plötzlich einmal von einem »Morell-Interview«. *(Joachimsthaler 96, S. 291)* Und schon sprießt die Morell'sche »Aussage«-Fähigkeit in den Himmel der Hitler-Heterosex-Spekulationen.

Wenn auch nur der Hauch eines Verdachts bestehen bleibt, Morell hätte doch irgendwo irgendwann gegenüber irgendwem irgendwas mal »ausgesagt«, ersteht Stehaufmännchen-haft wieder und wieder sein doch stabil erscheinender »Glaube« an Hitlers »Geschlechtsverkehr mit Eva Braun«.

Spuk-Interview eins: CIR No. 2 mit der angeblichen Morell-Präsenz.
Hier handelt es sich bloß um einen harmlosen Irrtum Irvings. *(Irving 83 I, S. 379)* Er verwechselt die Secret-Dossier-Brüder *CIR No. 2* und *CIR No. 4.* Im *CIR No. 2* kommt gar nichts mit und von Morell

vor. Darin treten nur die Morell-Rivalen Brandt, Giesing und Hasselbach auf. *(WRPC, Box 1, Item 9 c)*

Spuk-Interview zwei: CIR No. 4: Morells »Glaube« an Hitlers
»Geschlechtsverkehr mit Eva Braun«.

Zehn Aussagen und Zeugnisse wurden auf über 40 Seiten ausge-
breitet: Morell war geistig verwirrt und nicht mehr Testats-fähig. Die
Los-Angeles-Presse-Konferenz Herman Merls im Mai 1946, des Sach-
bearbeiters, der die Behauptung von Morells »Glauben« an Hitlers
»Geschlechtsverkehr mit Eva Braun« geheimdienstlich für »bestimmte
Zwecke« in den *CIR No. 4* hineingesetzt hat, brachte das Fass zum
Überlaufen. Merl enthüllte in dieser US-Presse-Konferenz, dass der
Consolidated Interrogation Report No. 4 sich nicht aus Fragen an Hit-
ler-Ärzte zusammensetzt, sondern aus Materialien des Hitler-Leiba-
rztes, die dieser den amerikanischen Investigatoren übergeben hatte,
und aus Teilen der Hitler-Untersuchungen durch den HNO-Arzt
Erwin Giesing. Aus Glaubwürdigkeits-Gründen für die Nürnberger
Kriegsverbrecher-Prozesse konnte diese »Zusammenstellung« jedoch
nicht aufgedeckt werden, man musste »Aussagen« des Gedächtnis-be-
schädigten Morells fingieren. Was die *Philp Collection* der *Stanford
University* zum *CIR No. 4* notierte, »hauptsächlich basierend auf
einem Interview mit Dr. Theo Morell«, (Box 1, Item 9 d) ist ein Irrtum,
Umstände-halber in die Kennzeichnung des Papiers geraten, das erst
seit Ende 2015 in den Bestand der Sammlung gelangt ist. Das Archiv
hatte bisher noch keine Zeit, den *CIR No. 4* durchzuackern und die
Merl-Wahrheit, veröffentlicht im Mai 1946, zu realisieren: »Arrangiert
aus Berichten und Materialien von Hitler-Ärzten«.

Spuk-Interview drei: das Präludium einer Morell-»Interrogation«.

David Irving kündigte einen »vorbereitenden Befragungsbericht«
auf genauso pompöse Weise an, wie er die beiden *CIR-No.-2-und-4-*
Brüder annoncierte: »Headquarters, United States Forces European
Theater Military Intelligence Service Center: OI Preliminary Interrogation Report (PIR) No. 9, Dr. Theodor Morell.« *(Irving 83 I, S. 379)*

Im Gegensatz zum *CIR No. 2* und zum *CIR No. 4* gab die elektronische Leine diese Fundstelle nicht auf Anhieb her – zunächst nichts bei
der *NARA* in Washington, nichts in der *Philp Collection* in Califor-
nien, letztere mit den drei Hitler-Kollektionen *CIR No. 2, CIR No. 4*
und dem *Adolf Hitler: Composite Picture* glänzt. Das Münchener
Institut für Zeitgeschichte erteilte am 2. Juni 2017 zu Morells »vor-
bereitender Befragung« auf Befragung folgende Auskunft: »Gemäß

unserer Recherche im bereits erschlossenen Bereich des Irving-Be-
standes (Signatur ED 100) konnte das Dokument *PIR No. 9, Dr. Theodor Morell* nicht nachgewiesen werden. Allerdings ist ein Großteil
des Bestandes noch unerschlossen und aus personellen Gründen eine
Recherche nicht möglich. Im Manuskript ›Irving, David: Hitler and
his medicine man‹ mit der Signatur MS 245 wird Bezug genommen
auf die Interviews und Befragungen vom 14. 9. 1945, 13. 9. 1945 und
11. Juni 1967 [das tatsächlich existierende Interview der Morell-Ehe-
frau Johanna mit dem Morell-Biografen Ottmar Katz], und es werden
auch einzelne Ausschnitte verwendet, aber es sind nicht die gesamten
Interviews und Befragungen, sondern wirklich nur einzelne Auszüge.«

Die Quelle *Preliminary Interrogation Report, No. 9,* betreffend
Dr. Theodor Morell, ist bis heute kein Quelle, sondern ein Verweis
des Geschichts-Revisionisten David Irving auf eine Quelle, die nicht
zu existieren scheint, da sie nicht einmal das sie angeblich lagernde
Institut kennt. Und das nach 70 Jahren – bei einer im Zusammenhang mit Hitler zentral wichtigen Person, nämlich die des Leibarztes.
Ausgeschlossen, dass das *Institut für Zeitgeschichte* für die Hebung
dieses Interviews keine Personen und keine Zeit mobilisiert hätte, vorausgesetzt das Papier existierte wirklich. In diesem Zusammenhang
muss außerdem darauf hingewiesen werden, dass das Münchener
Nazi-Zeit-Spezial-Institut ansonsten genau auflistet, was zu Morell bei
ihm vorhanden ist. Immer wird Morell mit der Masse seiner Nach-
lässe und Konvolute vor Mai 1945 erwähnt *(7. Morells Requiem)*. Etwas
Nach-Mai-45-Morell-»vorbereitend-Befragendes« gibt es in München
nicht, selbstredend ebenfalls nicht in der Pittsburgher *Musmanno Collection,* die nur mit der ausführlich besprochenen Auszugs-Fassung
des *CIR No. 4* vertreten ist.

Plötzlich doch ein Lichtblick auf der Suche nach dem Morell-Be-
fragungs-Preludium: Auf der Webside zu den *National Archives and
Records Administration* in Washington befindet sich unter der Sigle
M-1019 ein Verzeichnis mit dem Titel *Records of the United States
Nürnberg War Crimes trials Interrogations, 1946–1949* (Publikations-
datum 1979). Dieses Verzeichnis bezieht sich auf eine in den *National
Archives* befindliche US-Regierungsveröffentlichung aus 91 Mikrofilmrollen mit »fast 15 000 vorprozessualen Vernehmungsprotokollen, Zusammenfassungen und verwandten Aufzeichnungen von
über 2250 Individuen«, die in Verbindung mit den zwölf Nürnberger
Nachfolgeprozessen stehen, unter anderem mit dem Ärzteprozess
um »Karl Brandt et al.«. Diesem Online-Dokument ist eine »Liste der

vernommenen Personen« angehängt. In dieser Liste der »über 2250 Individuen« taucht der Name »Morell« nicht auf. Doch Morell befindet sich im »Appendix II«, und das sogar zweimal. Dieser »Anhang 2« besteht wiederum aus zwei Listen – zum einen aus einem Verzeichnis der *consolidated reports*, das auch den casus knacksus *CIR No. 4* vom 29. November 1945 aufführt. Die zweite Liste enthält »alphabetisch nach Namen geordnete einzelne Berichte von Personen, die von verschiedenen Behörden vernommen und der Vernehmungsstelle des IMT *[International Military Tribunal/Internationaler Militärgerichtshof]* verfügbar gemacht« wurden. Und hier endlich das Licht nach dem Tunnel – der Eintrag: »Morell, Theodor – Sept. 14, 1945; OI-PIR/9«. Doch was ist das? Was hängt da an den »Mikrofilmrollen« der »fast 15 000 vorprozessualen Vernehmungsprotokolle«, unter denen sich Leibarzt Morell bezeichnenderweise wieder nicht befindet?

Noch einmal wird der aufwendige Titel präsentiert: *Records of the United States Nürnberg War Crimes trials Interrogations, 1946–1949*. Danach platzt der Luftballon. Denn es kommen in dem *PIR No. 9* nur vage Verweise auf Morell-Befragungen und deren Ergebnisse im *CIR No. 4*. Ein lächerliches Uroboros-Geschehen – die Schlange beißt sich in den eigenen Schwanz. Im Vorn des *PIR No. 9* befindet sich nur ein Zeigefinger auf das Hinten des *CIR No. 4*, in dem das Morell-Nichts bereits nachgewiesen wurde.

Der *Preliminary Interrogation Report No. 9, Dr. Theodor Morell* ist eine Placebo-Akte. Die Online-zeichnende Behörde der *NARA* gibt das verdruckst auch zu, denn Morell hätte für den *CIR No. 4* schon 1945 einleitend befragt werden müssen, vor dem 29. November 1945, dem Datum des *CIR No. 4*. Die *War Crimes trials Interrogations* »beziehen sich jedoch ausdrücklich auf die Jahre« *1946–1949*.

Der Geschichts-Trickser David Irving hat diese Placebo-Akte einfach in seiner Sammlung von Morell-Phantom-Interviews platziert, um die »Aussage«-Kapazität seines Kronzeugen für den »Von-Zeit-zu-Zeit-Geschlechtsverkehr« Hitlers mit Eva Braun aufzuplustern.

Spuk-Interview vier: britischer Geheimdienst-Besuch an Morells Krankenbett. Die Digitalisierung von Akten bedeutet für die Hitler-Forschung einen Durchbruch. Es ist danach nicht mehr so leicht, unachtsam zu sein, sich zu irren oder gar zu mogeln. 1983 konnte es sich jemand wie Irving noch leisten, mal lässig eine »vorbereitende Befragung« von »Dr. Theodor Morell«, die nur aus einem Verweis auf eine Vakanz besteht, in sein Literaturverzeichnis zu setzen. Das

Annoncierte zu finden war damals Fehlanzeige. Heute haben mit den elektronischen Findbüchern die Unachtsamkeiten, Irrtümer, ja Lügen kurze Beine.

Irving hat etwas weiteres Zwielichtiges in das Literaturverzeichnis seiner deutschen Herausgabe der *Geheimen Medizinischen Tagebücher* Morells genommen: *Morell, Interrogation by Major H. R. Trevor-Roper, September 13, 1945. (Irving* 83 I, S. 379) Bei diesem Morell-»Verhör« handelt es sich um die Aufpeppung des Krankenbesuchs, den Trevor-Roper während Morells Lagerung in Oberursel absolvierte – ein Versuch des englischen Geheimdienst-Offiziers, etwas Effizientes von Morell über Hitler herauszubekommen. Die kurze Nachricht, die Trevor-Roper seinen Vorgesetzten nach seinem Besuch an Morells Krankenbett zukommen ließ, wurde schon als Punkt 3 unter der Liste der Zeugen aufgeführt, die Morell in Gedächtnis-beschädigtem, geistig verwirrtem Zustand vorgefunden haben – Trevor-Ropers unnachahmliches Kürzel: Morell = »gaga«.

Dem Publikum solch ein geheimdienstlich versuchtes »Anhauen« des ehemaligen Hitler-Leibarztes – eine »präliminarische« Stippvisite Trevor-Ropers am Krankenbett – als »Interrogation« anzudrehen, dazu gehört eine gute Portion Fantasie, wenn nicht Ärgeres. Zunächst handelt es sich bei der Datierung des fruchtlosen Zusammentreffens zwischen Trevor-Roper und Morell in Oberursel im Spätsommer 1945 um einen Irrtum. Trevor-Ropers Besuch am Krankenbett Morells fand nicht am 13. September statt, sondern erst am 18. oder nach dem 18. September.

Die Militär-Historikerinnen Sarah Douglas und Kelsey Mullen haben sich den gesamten Komplex der Hitler-Selbstmord-Recherche des Britischen Geheimdienstes zwischen Ende September und Ende Oktober 1945 vorgenommen und datieren Trevor-Ropers Eintreffen in Deutschland auf den 18. September 1945 – vorher aus nachgewiesenen Gründen unmöglich. *(Douglas, S.,* S. 164, *Mullen,* S. 2) Das »Ärgere« ist jedoch die gesamte Frisierung eines Krankenbesuchs als »Interrogation«. Dabei fiel schon auf, dass die Angabe der »Interrogation« keine Fundstelle enthält. In keinem der vier Institute ist deshalb ein Trevor-Roper-Interview mit Morell zu finden – weder in München und in Pittsburgh, noch in Stanford oder Washington. Und die *National-Archives*-Listen haben ja ebenfalls in toto zu Morell als Subjekt und Objekt von Befragungen und Berichten »gepasst«.

Die Hunderte von Nachkriegs-Interviews mit ehemaligen Mittätern oder Gegnern der Nazis zeichnen sich durch eine immer wiederkehrende Gestalt aus. Wenn diese fehlt, ist größtes Misstrauen gegenüber der Angabe einer »Interrogation« angebracht. Aus den tatsächlich stattgefundenen [US-]Interviews mit Nazis nach dem Untergang des Dritten Reichs ist eine Regel der Bezeichnung der Interviews zu entnehmen. Ein echtes Interview, festgehalten in einem überprüfbaren Zeugnis, wurde zum Zwecke seiner Auffindbarkeit mit sechs Merkmalen gekennzeichnet:

Erstens: Militärische Einheit, von der das Interview durchgeführt wurde,

zweitens: Name und Position des Interviewers, der die Befragung vorgenommen hat,

drittens: Name und manchmal ehemalige Position des Verhörten,

viertens: Ort, an dem die »Fragen und Antworten« stattfanden,

fünftens: Datum der Interrogation,

sechstens: Institution der Lagerung des Schriftstücks. [Letztere konnte manchmal wechseln].

Drei Beispiele – in allen amerikanischen und deutschen Archiven vervielfältigbar:

1.: Erich Kempka, Hitlers vierter »Leibfahrer« und »Führer«-Fuhrpark-Chef.

Erstens: »Historical Interrogation Commission – War Department General Staff, G-2 Historical Branche / Historical Interrogation Report«,

zweitens: »Lt. Col. O. J. Hale«,

drittens: »Obersturmbannführer Erich Kempka, Chief Driver and Head of the Führer's Motor Pool«,

viertens: »Third Army Intelligence Center«,

fünftens: »26. September 1945«,

sechstens: »*Institut für Zeitgeschichte München*, ZS 253« *(Kempka 52/45, S. 3 ff.)*

2.: Franz Xaver Schwarz, Schatzmeister der NSDAP.

Erstens: »Office of U. S. Chief of Counsel«,

zweitens: »APO 403, U. S. Army Interrogation Division«,

drittens: »Schwarz, Franz Xaver, Reichsschatzmeister (National Treasurer of the Nazi Party)«,

viertens: »Nürnberg, Germany«,

fünftens: »26 October, 1945«,

sechstens: »*Institut für Zeitgeschichte München*, ZS 1452« *(Schwarz, S. 1)*

3.: Julius Schaub, längstamtierender Adjutant Hitlers.

Erstens: »Internment Camp«,

zweitens: »Mr Schwarzbach«,

drittens: »Julius Schaub, SS Obergruppenführer [...]«,

viertens: »Garmisch«,

fünftens: »7. 12. 46« [später nachgetragen],

sechstens: »Ministries Division, Research Section, no date, *BAB*, Film 55270, *BDC*, personal file Julius Schaub« und »*Musmanno Collection*« *(Schaub 46, S.* 1)

Keines der fünf angeblichen Morell-Protokolle, -Interrogations oder -Interviews präsentiert sich in dieser Form. Somit kann schon im jetzigen Stadium der Untersuchung festgehalten werden: Dann gibt es keine Morell-»Interrogations«.

Sollte weiteres »präliminarisches« Befragungs-Material zu Morell auftauchen, dann sind das Versuche, erste Kontakte, Beobachtungen, wie es sich aus dem Herman-Merl-Nachlass ergibt. Diesem *approaching* kann jedoch nicht die Qualität einer Befragung, eines Frage-und-Antwort-Hin-und-Hers beigemessen werden.

Nicht einmal der betroffene Interrogateur, Hugh Trevor-Roper, hat seine Begegnung mit dem kranken Morell als eine Befragung eingestuft, was fünfmal nachgewiesen werden kann – der zeitlichen Reihenfolge entsprechend:

1.: In Trevor-Ropers *Wartime Journals* erwähnt der Autor weder direkt noch indirekt ein Interview mit Morell. Bei der einzigen Berührung Morells in den *Wartime Journals* hätte sich das angeboten. Trevor-Roper bringt zum Ausdruck, dass Morell auf Hitler einen Einfluss gehabt hätte wie ein Höfling auf einen römischen Kaiser. *(Trevor-Roper* 12, S. 245)

2.: In Trevor-Ropers Aufsatz vom 17. März 1946 in der *New York Times*: *Hitler – New Light on a Dark Career* kommt Morell ausführlich vor, aber nur, weil Trevor-Roper Hitlers Leibarzt gesehen, von ihm gehört und über ihn gelesen hat. Vier Seiten lang keine Erwähnung eines Gesprächs zwischen Morell und Trevor-Roper. Was dieser über Morell schreibt, ist aus dem *CIR No. 4* entnommen. *(Trevor-Roper* 46, S. 57)

3.: Nicht anders geht es in Trevor-Ropers erster Buch-Publikation 1947 zu – *The Last Days of Hitler.* Darin Textstellen, entnommen aus dem *CIR No. 4* – die »Schwein«-Passage und Morells »Glaube an den Geschlechtsverkehr Hitlers mit Eva Braun«, diesen »Glauben« tut Trevor-Roper als »irrelevant« ab. *(Trevor-Roper* 47/93, S. 106 f., 274 f.)

4. und 5.: An keiner Stelle erwähnen Trevor-Ropers Biografen ein Interview zwischen ihrem Protagonisten und dem »Leibarzt des Führers«. *(Bradsher, Sisman)* Beide Exponenten waren viel zu prominent, als dass es sich für Biografen nicht angeboten hätte, über eine Begegnung zwischen Morell und Trevor-Roper nähere Ausführungen zu machen.

Es kann in Zukunft nicht mehr davon gesprochen werden, dass es sich bei dem »Gut-Glück«-Besuch Trevor-Ropers am Krankenbett Morells zwischen Ende September und Ende Oktober 1945 in Oberursel um ein Interview gehandelt hätte.

Kein Text existiert zu den behaupteten Morell-Befragungen

Spuk-Interview fünf: erneuter Beleg für Hitler-biografisches Schlafwandeln. Damit Dr. Theodor Morell als insuffizienter *Ja-Sager* zu Hitlers praktizierter Sexualität mit Eva Braun abtreten kann, muss als Nächstes die letzte noch verbliebene angebliche »Vernehmung« Morells, geführt durch Angehörige eines US-Geheimdienstes, auf den Geschichts-prozessualen Prüfstand kommen. Das immer wieder »Plattmachende«: Fünf »Interrogationen« Morells werden behauptet, die in Militär-geheimdienstlichen Zusammenhängen durchgeführt worden wären, und von diesen »Verhören« Morells existiert kein Text! Und doch hat auch ein Anton Joachimsthaler sich hinreißen lassen, in einem Fall ungeprüft von amerikanischen »Interrogationen« Morells zu schreiben.

Wieder gibt es erst einmal etwas zum Kopfschütteln: Fünf »Vernehmungen« Morells geistern durch die Hitler-Biografik, von denen kein einziger Mitschnitt überliefert wurde, wodurch erneut klar wird, dass es in dieser historischen Sparte Somnambulismen gibt, die Jahrzehnt um Jahrzehnt bis zu Joachimsthaler und von dort in *Wikipedia* hinein fortgeführt werden.

Zuerst die Ärger machende, »brandneue« Nachricht Joachimsthalers: »Am 23. April von Berlin auf den Berghof ausgeflogen, war Morell durch das CIC in der Städtischen Klinik von Bad Reichenhall am 18. Mai verhört und am 17. Juli 1945 gefangen genommen worden.« *(Joachimsthaler 96,* S. 291, Anm. 61) Bis zu den jüngsten *Wikipedia*-Ausgaben über Theodor Morell in englischer Sprache wird dieser Tage auf Joachimsthalers Buch *Hitlers Ende* Bezug genommen: *The Last Days of Hitler. The Legends – The Evidence – The Truth.* Was bei Joachimsthaler steht, ist trotz der Fähigkeit dieses Hitler-Forschers, mit vielen Legenden aufzuräumen, ebenfalls eine Legende, die *Wiki-pedia* abschreibt. Das »Ausgeflogenwerden Morells am 23. April 1945« ist falsch und »das Verhörtwerden Morells am 18. Mai 1945« ebenfalls. Das tut Joachimsthalers bedeutendem Buch über *Hitlers Ende* unter der Erde im »*Führer*«-*Bunker* der Reichskanzlei keinen Abbruch, steht aber der Zeugen-Prüfung über den »Glauben« des Hitler-Leibarztes an Hitlers »Geschlechtsverkehr mit Eva Braun« im Wege, ja, die minutiöse Beweisführung für Morells Vernehmungs-Unfähigkeit wird dadurch »Schall und Rauch«.

Für Joachimsthaler waren die beiden Einzelheiten »Datum des Morell-Fluges von Berlin nach Bayern am 23. 4. 45« und »Morells Verhör-Fähigkeit, zu Tage getreten am 18. 5. 45« derartige Nebensachen, dass der in vielen Dingen innovative Hitler-Forscher für diese Punkte keine eigenen Recherchen unternahm und sich an das hielt, was sein Vorläufer David Irving 1983 publiziert hatte. Es muss also gegen eine Falsch-Darstellung von Irving 1983 über Joachimsthaler 1996 bis zu *Wikipedia* 2017 angearbeitet werden.

Wer ist das »CIC«? – »CIC« war ein weiterer US-Geheimdienst – das *Counter Intelligence Corps* der US-Streitkräfte im Zweiten Weltkrieg. Gab es eine stenografische Fixierung des Verhörs von Morell? So etwas wurde immer gemacht, sonst gäbe es heute nicht Hunderte Hinterlassenschaften der damaligen Vernehmungen von Nazi-Tätern sowie männlichen und weiblichen Mittätern und Gehilfen. Manchmal wird der Stenograf sogar erwähnt. Diesmal von dem ansonsten meist gründlichen Joachimsthaler – keine Beantwortung der Frage!

Welches Institut hat 1996 die *CIC*-Morell-Vernehmung gespeichert? Schweigen.

Oder wo gibt es eine Abschrift, eine Fotografie oder Fotokopie der Aufzeichnung des »Morell-Verhörs«? – Von solch einem Zeugnis berichtet die Hitler-Biografin Anna Maria Sigmund beim Statement von Hitlers erstem »Leibfahrer« Emil Maurice vor eben diesem *CIC*. Sigmund besitzt die Niederschrift des *CIC*-Maurice-Verhörs – zum Nachlesen in ihrem Privatarchiv. (*ONANO*, 22. *Nein-Sager*)

Maurice war nach dem April 1945 zwar psychisch lädiert – wie ihm sein zweiter Befrager, der Historiker Georg Franz-Willing, attestierte, (*Maurice* 51, S. 1) aber nicht geistig beschädigt und daher, im Gegensatz zu Morell, Vernehmungs-fähig.

Es war leichtsinnig von Joachimsthaler, David Irving pauschal zu übernehmen und 13 Jahre nach dessen Publikation von 1983 die Nachricht von einer »Morell-Interrogation« noch einmal in die Welt zu setzen, ohne Belegstücke zu präsentieren und ohne

Archiv-Aufschlüsselungen zu machen. Denn Irving hatte in diesem frühen Fall einer angeblichen »Morell-Interrogation« am 18. Mai 1945 vorbildlich gearbeitet, was bemerkbar gewesen wäre, wenn Joachimsthaler realisiert hätte, worum es sich bei dem CIC-»Verhör« gehandelt hat.

Werden Irvings ziemlich genau Untersuchungen über Morell herangezogen, die er aus Anlass seiner Herausgabe von Morells *Geheimen Medizinischen Tagebüchern* unternahm, so ergibt sich, dass Irving sich schon in die Richtung von Morells Vernehmungs-Unfähigkeit vorgearbeitet hat und keineswegs derart pauschaliert, wie Joachimsthaler und *Wikipedia* dies Jahrzehnte später tun. Irving ist ein Morell-Spezialist. Joachimsthaler ist das nicht.

Irvings gesamter englischer Rahmentext zu den Morell-Tagebüchern enthüllt einen kaputten, nicht mehr Verhör-fähigen Morell, auch wenn Irving diesen Eindruck hin und wieder abzuschwächen versucht. *(Irving* 83 II, S. 3 ff., 277 ff.): Die US-Abwehr-Geheimdienstler hatten Morell im Krankenhaus von Bad Reichenhall besucht und sich bemüht, den ehemaligen »Leibarzt des Führers« zu befragen, waren aber nicht weit gekommen, weil ihnen Morell schon am 18. Mai 1945 das Stopp-Schild »Verlust meines Gedächtnisses« vor die Nase setzte: »Immer noch Bett-lägerig in Reichenhall, war Morell im Krankenhaus am 18. Mai 1945 von Offizieren der *General George S. Patton's U. S. Third Army* besucht worden. Sie hatten begonnen, ehemalige SS-Offiziere aus solchen Krankenhäusern herauszufegen. Morell wurde gefragt, behauptete aber, unter Anfällen von Gedächtnisverlust zu leiden.« Irving benutzt für Morells Befragung diesmal nicht »interrogated«, das mehr der terminus technicus für »vernommen«/»verhört« wäre, sondern »questioned«, das näher beim umgangssprachlichen »ausgefragt«, »angefragt«, »befragt« etc. liegt. *(Irving* 83 II, S. 278)

Mit dieser Darstellung Irvings sieht die Sache, wie es um Morell im Mai 1945 »bestellt« war, anders aus. Morell wurde von amerikanischen Offizieren eben nicht »verhört«, sondern nur im Krankenhaus »besucht«, wobei sie erfuhren, dass Morell »an Anfällen von Gedächtnisverlust litt«, über die später das *Military Intelligence Service Center* im *CIR No. 4, Hitler as seen by his doctors*, schreiben würde. Das heißt deutlich: Es geschah keine Vernehmung Morells. Es existiert auch nichts Emil-Maurice-Verhör-Vergleichbares, das Anna Maria Sigmund präsentiert hat.

Die Secrets mussten als »begossene Pudel« abziehen und begannen, sich der Mühe des Studiums der Morell-Materialien zu unterziehen, wofür das *CIC* nicht mehr zuständig war und den Fall den langsamer mahlenden Mühlen des *MISC* übergab.

Was Irving an Zeugnishaftem noch anfügt, das angeblich nach dem Besuch der US-Offiziere am Krankenbett Morells in Bad Reichenhall hinterlassen wurde, ist Geschichts-prozessual komplett unbrauchbar:»Ein Amerikaner schrieb in sein Tagebuch: ›Dr. Morell sagt, er war vorrangig beschäftigt mit wissenschaftlicher Forschung. Für diesen Zweck hat er mit Dr. Riedel, einem Chemiker, zusammengewirkt. Dr. Morells Hauptabsicht war es, für sich selbst zu arbeiten – um den permanenten Nachstellungen der SS zu entgehen. Wie Dr. Morell selbst sagt, war er ein Freund der Juden. Und das ist der Grund, warum er unter andauernder Beobachtung stand.‹« *(a. a. O.)*

Derartiges hätte die Nachwelt gern aufgeschlüsselt bekommen, weil inhaltlich gegen Morells angebliche Selbstschutz-Behauptung eine Menge zu sagen wäre. Es ergibt jedoch bei dieser taffen Zeugnis-Mulmigkeit keinen Sinn , in das»Zaubertrickhafte« von Irvings»Amerikaner« einzusteigen, wo alles fehlt: Wer, in welcher Position schrieb den Text wann in sein Tagebuch?

Vor der Nachreichung dieser»offenen Stellen« gibt es nur eines: Ignorieren des»Amerikaners«, der bloß die Blöße bedecken sollte, dass Morell zu solch einer geschickten Selbstverteidigung gar nicht mehr in der Lage war. Der nichtssagende»Tagebucheintrag eines Amerikaners« untergräbt die Tatsache von Morells Gedächtnisschwund, denn die Passage – wenn sie ein echtes Zeugnis wäre – belegte siebenfach Morells fantastisch funktionierendes Gedächtnis.

Morells Deklassifizierung durch die US-Geheimdienste

Das erste»Verhör« Morells durch die Amerikaner am 18. Mai 1945 konnte ziemlich zügig»in der Luft zerfetzt« werden. Alsdann hat die Aktion des Besuchs des *CIC* am Krankenbett von Hitlers Leibarzt zu zwei Folge-Vorgängen geführt:

Erstens: Empfang der Morell-Materialien, Weiterreichen an die Kollegen vom *MISC*, die nun exzerpieren und investigieren anstatt interagieren mussten,

zweitens die *New-York-Times*-Korrespondentin Tania Long in die Morell-Materialien hineinschauen lassen.

Diese zweite Folge des Krankenbesuchs der *CIC*-Offiziere bei Morell in Bad Reichenhall ist ein überraschender Beweis für Morells Vernehmungs-Unfähigkeit: Schon drei Tage später, am 21. Mai 1945, fand der Besuch Tania Longs an Morells Krankenbett statt. *(Spuk-Interview sechs)*

Mit Longs eine DIN-A3-Seite langem Artikel in der *New York Times* vom 22. Mai 1945 wird nachgewiesen werden, dass es sich hier nicht um ein echtes Interview gehandelt hat. Im Gegenteil, die US-Korrespondentin enthüllte Morells geistigen Zusammenbruch – er war bereits am 21. Mai 1945 nicht mehr Vernehmungs-fähig, sondern »verrückt«. Und zwar schon zwei Monate bevor er am 17. Juli 1945 in amerikanische Gefangenschaft genommen wurde und die Amerikaner mit ihrem *CIR No. 4* an Morells »Aussage«-Fähigkeit zu drehen begannen. Wenn Morell am 21. Mai 1945 von der Korrespondentin der *New York Times* als verrückt beschrieben wurde, dann war er das drei Tage zuvor, am 18. Mai, beim Besuch der *CIC*-Männer an seinem Krankenbett auch schon. An diesem Tage hat ein etwas ungewöhnlicher Krankenbesuch am Bett eines geistig verwirrten »Nazi-Onkels« stattgefunden und weiter nichts – eine »Null-Nummer« von Interview, die aber derart daneben gelaufen sein muss, dass sie nirgendwo »gesendet« = in den Materialien einer US-Militär-Sektion gespeichert werden konnte.

Was machte das *CIC* daraufhin? Es gab Morell für die Anglo-Presse frei. Drei Tage später erfolgte der Krankenbesuch der *New York Times* beim geistig verwirrten »Nazi-Onkel« und vier Tage später die ausführliche Publikation mit Namensnennung Morells in der *New York Times*. Und nicht nur das: Am selben Tag erschien auch im britischen *Guardian* eine Kurzfassung von Tania Longs Artikel, den die *New York Times* derart schnell dem *Guardian* verkauft hatte. *(Guardian online)*

Diese Übergabe eines Objektes geheimdienstlichen Interesses an die Presse des eigenen Landes und des alliierten Kooperations-Landes Großbritannien legt nahe, dass schon zu so früher Zeit wie in der zweiten Maihälfte 1945 die US-Geheimdienste erstmals realisiert haben müssen: »Morell ist nichts für uns.«

Spätere Versuche, Morell zu verhören, etwa im Luxemburger »Palasthotel«, waren nichts anderes als Tests, die die Secrets routinemäßig absolvieren mussten. Doch wäre Morell ein bleibendes ernsthaftes Ziel geheimdienstlicher Absichten gewesen, hätten die Amerikaner ihn nicht so schnell der Anglo-Presse übergeben.

Es fand mit Morell eine Art »Deklassifizierung« statt – nicht von Geheimdienst-Akten, sondern von einem Geheimdienst-Objekt, der Person des ehemaligen Hitler-Leibarztes. Etwas Vergleichbares gibt es nicht bei den anderen Hitler-Ärzten, derer die Amerikaner habhaft geworden waren. Blaschke, Brandt, Giesing und Hasselbach blieben in US-Geheimdienst-»Besitz«, bis die Funktion aller vier für die Nürnberger Prozesse und für sonstige politisch-wissenschaftliche Interessen der Amerikaner ausgeschöpft war. Alle mussten den Amerikanern mit Aussagen mehrfach zur Verfügung stehen. Keine *New York Times*, kein *Guardian*, kein *Figaro*, keine *Prawda (!)* ... durfte sich den ehemaligen Hitler-Ärzten nähern. Blaschke, Brandt, Giesing und Hasselbach haben sich wiederholten Verhören stellen und/oder US-Forderungen nach schriftlichen Kundgaben genügen müssen. Hasselbachs erstes »ziviles« Interview geschah für das Münchener *Institut für Zeitgeschichte* erst sechs Jahre später 1951.

Hitlers Begleitarzt Karl Brandt verfasste in amerikanischer Gefangenschaft 1945 den Abriss *Frauen um Hitler*. Dieser Text wurde von den US-Secrets den amerikanischen Publikationsorganen erst zwei Monate nach Beginn des Nürnberger Ärzteprozesses (November 1946) weitergereicht.

Brandts Aufsatz *Hitler's Legion of Ladies Ranged from Scullery Help to Chatelaines* erschien in der *Washington Post* am 19. Januar 1947 und war eine Übersetzung von *Frauen um Hitler*, verfasst zwischen Juni und September 1945, von den US-Militärs freigegeben jedoch etwa eineinhalb Jahre später und von Ulrich Schlie erstmals 1999 in der Originalfassung publiziert. *(Brandt 47, 99, Schlie 99)*

David Irving führt im »Literatur- und Quellenverzeichnis« seiner Herausgabe von Morells Tagebüchern in Deutsch zehn »Titel« Karl Brandts aus der Zeit seiner amerikanischer Kriegsgefangenschaft auf. *(Irving 83 I, S. 378)* Mit der geheimdienstlichen »Deklassifizierung« der Person Brandts wurde jedoch nicht vor dem Ablauf einer Frist von 16 bis 18 Monaten begonnen – und nicht schon wie bei Morell drei Tage nach dem ersten US-Kontakt mit Hitlers Leibarzt.

Schon unmittelbar nach der ersten US-geheimdienstlichen Berührung mit Morell wurde er als Ganzer »deklassifiziert« und drei Tage später der *New York Times* überlassen: »Das ist ein Fall von Sensation. Der kann an die Öffentlichkeit. Für uns nicht mehr von Interesse.«

Und so blieb es. In Trevor-Ropers vier Seiten langem Artikel in der *New York Times* vom 17. März 1946 wird Morell groß herausgestellt, aber die anderen vier geheimdienstlich weiter »unter Vertrag« stehenden Hitler-Ärzte Blaschke, Brandt, Giesing und Hasselbach befanden sich noch unter Geheimhaltungs-Schutz. Trevor-Roper durfte sie nicht namentlich nennen. Er spricht deshalb von Brandt, Giesing und Hasselbach nur von den »drei anderen Ärzten«. *(Trevor-Roper 46, S. 9)*

So ging es weiter. Irving berichtet von der Nummer 4. Mai 1946 des US-Massenblattes *Collier's*, dass Morell und dessen Verhältnis zu Hitler darin »ausgebreitet« worden ist. Woher hatten *Collier's* die Informationen – als das Blatt von »ill-famed Dr. Morell« schrieb –, wenn nicht von den US-Secrets persönlich?! *(Irving* 83 II, S. 282 f.)

Ergebnis: Bereits vier Wochen nach Morells Zusammenbruch am 21. April 1945 war es mit »Morell-Interrogations« aus, was sofort beim ersten Versuch der amerikanischen Siegermacht, Morell zu kontaktieren, herausgekommen war – am 18. Mai 1945, drei Wochen nach ihrer Besetzung Bayerns.

Der Versuch eines Kontaktes zwischen US-Geheimdienstlern und Hitlers Leibarzt Theodor Morell am 18. Mai 1945 im Stadtkrankenhaus von Bad Reichenhall kann in der Geschichtsschreibung über die Nazizeit-Bewältigung nicht mehr als »Morell-Interrogation« geführt werden. Wie bei der Kontaktaufnahme Trevor-Ropers mit dem geisteskranken Morell Ende September 1945 in Oberursel ist der Begriff »Morell-Befragung« für solche Krankenbesuche deplatziert. Es müsste in Zukunft stattdessen heißen: »Morell-Case-Inquiries and Morell-Paper-Excerptions«.

Spuk-Interview sechs: Wahrheits-Gefährdung durch Unspezifik.

Seit 2009/13 ist zwischen dem *US-Military-Intelligence-Service-Center* von 1945 und den jüngsten medizinischen Hitler-Biografen Henrik Eberle und Hans-Joachim Neumann eine Situation des Widerspruchs entstanden. Die »Summateure« zu Hitlers Krankheiten ließen in ihrer Expertise von 2009 (Englisch 2013) *War Hitler krank? Ein abschließender Befund* mit einem Satz zu den angeblichen »Morell-Verhören durch US-Kommissionen« aufhorchen: »Nach dem Zusammenbruch des Dritten Reiches war Morells Gesundheit zu schlecht, als dass er hätte interviewt werden können, und aus diesem Grunde stand eine Auskunft über Hitler, die ohne Zweifel sehr enthüllend gewesen wäre, nicht zur Verfügung.« *(Eberle/Neumann* 13, S. 57)

Doch Eberle/Neumann führen bei dieser ihrer wichtigen Mitteilung keine Einzelheiten auf, reichen diese auch nicht in der aktuellen englischen Ausgabe ihres Buches 2013 nach. Das Verfahren der Unaufgeschlüsseltheit in der historischen Wissenschaft ist gerade bei Angelegenheiten der Sexualität von geschichtlichen Personen und diesen komplizierten Nachweisen etwas »Hochgefährliches«. Denn auf jede nicht spezifizierte Antwort zu genitalen Fragen gegenüber Hitler setzen sich sofort die »Parasiten« der Einbildung, der falschen Vorstellung, ja der Fälschung. Anders gesagt: Gegen unspezifische Summen können sich Sexual-Normativisten in der Hitler-Biografik alle Fiktivitäten erlauben.

2009 kam das Buch von Eberle/Neumann heraus. Ullrich verweist 2013 auf Eberle/Neumann mit irrtümlichen Seitenangaben und unternimmt darüber hinaus auch noch unrichtige inhaltliche Resumees:»Vgl. zusammenfassend Neumann/Eberle: War Hitler krank?, S. 52–60«. *(Ullrich,* S. 911, Anm. 3) Weiter geht es dann ab dem Begriff »ferner« mit Ullrichs Erwähnung der Maser-Fälschung vom »Diensttagebuch« des Hitler-Leibdieners Heinz Linge. *(HETERO, Masers Mitspieler beim Schachzug von Linges »Diensttagebuch«)* Und wie zu erwarten, kommt Ullrichs nächste »Fundstelle« zu Morells »Berichten« über Hitlers gar nicht stattgehabte Ganzkörper-Untersuchung mit Ullrichs Hinweis auf Maser selbst und dessen Nebulösität »US-Protokoll der Morell-Vernehmung«.

Wegen der Geschichts-prozessualen »Verhöre« der sich im Schlepptau der US-Secret-Erfindung von Morell-»Aussagen« befindenden Maser und Irving wurden Eberle/Neumann im Einzelnen genau herangezogen. Die medizinischen Hitler-Biografen bestätigen keineswegs »zusammenfassend« Morells Ganzkörper-»Bericht«. Etwas ganz anderes ist bei ihnen nachzulesen: Die Autoren müssen mit ihrem soeben zitierten Ergebnis zum Phantom der »Morell-Verhöre durch US-Kommissionen« auf ihre Passagen über die Morell-»Berichte« Bezug nehmen (Seiten 27–32 ihrer neuesten englischen Ausgabe von 2013 – »Hitler's Genitalia«), werden aber von Ullrich dazu benutzt, um ihnen das Gegenteil ihrer Konklusion »Morell zu krank für Interviews« nachzusagen.

Ungünstigerweise widersprechen sich Eberle/Neumann kaum merklich auch noch selbst, indem sie plötzlich schreiben: »Ein amerikanischer Reporter entdeckte Morell im Mai 1945 in einem Krankenhaus in Südbayern und führte ein Interview mit ihm durch.« *(Eberle/ Neumann* 13, S. 57, 207, Anm. 47 – mit Verweis auf Ernst Günther Schencks *Patient Hitler,* S. 462) Was stimmt denn nun: »Zu krank, um Interviews zu geben« oder »durchgeführtes Interview mit amerikanischem Reporter«?

In solchen Widersprüchen und Lücken korodiert die Wahrheit, setzen sich Fehlvorstellungen aller Art hinein. Bei ihrem Verweis auf Schenck wird von Eberle/Neumann nichts zu dem »Interview mit dem amerikanischen Reporter« angefügt. Worum handelt es sich? Wer hat das »Interview« mit Morell geführt? Ist es publiziert worden? Und wenn ja, wo? Alles bleibt »dahingestellt«. Und trotzdem brüsten sich die Autoren im Untertitel ihres Buches mit dem Diktum *Ein abschließender Befund. (Eberle/Neumann)*

Bei der Frage von Morells »Aussagen« über Hitlers »Geschlechtsverkehr mit Eva Braun« ließen Eberle/Neumann alles so unabgeschlossen
offen, dass nach ihnen der medizinisch unbewanderte Hitler-Biograf
Volker Ullrich sich einen »normalen« Hitler ins Blaue jeglicher heterosexueller Funktionstüchtigkeit einbilden konnte.

Das »Interview« »mit Morell« durch »einen amerikanischen Reporter« »im Mai 1945 in einem Krankenhaus in Südbayern« bekommt eine
solche Priorität, dass das behauptete »Interview« einer genauen Analyse unterzogen werden muss. Denn die US-Geheimdienste wären bei
Morell nicht fündig geworden, aber »ein amerikanischer Reporter«?

Der Bericht der US-Korrespondentin Tania Long

Bei dem von Eberle/Neumann unaufgeschlüsselt gelassenen »Interview« handelt es sich um den *New-York-Times*-Artikel vom 22. Mai 1945
der Europa-Korrespondentin der US-Zeitschrift, Tania Long. *(Long)*
Long hatte ihren Text am 21. Mai 1945 von Deutschland aus an die
Redaktion der *New York Times* telegrafiert (»By Wireless to The New
York Times«) – drei Wochen nach Hitlers und Brauns Selbstmord im
Reichskanzlei-Bunker am 30. April 1945. Eine Kurzfassung des Artikels erschien am 22. Mai 45 im Londoner *Guardian*, die heute *online*
umläuft.

Tania Long hatte Morell am Morgen des 21. Mai 1945 in der Städtischen Klinik von Bad Reichenhall besucht. Sie war prädestiniert für
ihre Position der Berichterstatterin über die Geschehnisse im besiegten Deutschland. In Berlin geboren, Tochter einer Russin und eines
Briten, war sie in Deutschland und Frankreich aufgewachsen. Sie
erwarb in ihrer Jugend die Fitness in den vier Sprachen, die nach der
Niederlage Deutschlands von den Siegermächten gebraucht wurden:
Deutsch, Englisch, Französisch und Russisch. *(Wikipedia)*

Was bereits aus Tania Longs Artikel herauskommt: Morell hatte
einen Monat vor dem Besuch der Korrespondentin an seinem Krankenbett einen Schlaganfall erlitten – unmitelbar im Zusammenhang mit Hitlers Ausbruch gegen Morell im *»Führer«-Bunker* am
21. April 1945. Dieser Wutanfall Hitlers gegenüber Morell »ohne Vorwarnung« hatte in einem fast neunjährigen, ununterbrochen einvernehmlich verlaufenen Vertrauensverhältnis wie ein Überfall auf den
Leibarzt gewirkt. Die damit verbundene Entlassung Morells von jetzt
auf gleich aus seiner privilegierten Stellung als »Leibarzt des Führers«
war ein Steinwurf, der Wellenbewegungen in Morells Tiefenschichten
und gesamtkörperlichen Bedingungen zog. Achteinhalb Jahre hatten

Hitler und Morell einander so gut wie täglich gesehen und geradezu libidinös an ihrem »Gegenstand« zusammengearbeitet, dem Leib des Massenmörders, über dessen Körper der »Leibarzt des Führers« permanent Wache halten musste.

Dass Tania Long den zusammengebrochenen Morell im Krankenhaus noch hätte »interviewt« haben können, erweist sich beim Studium ihres »Kabels« an die *New York Times* als unglaubwürdig. Aus mehreren Aspekten ihres ausführlichen Artikels kommt die Zurechtmachung ihrer Recherchen zu einem Interview heraus:

1.: Long berichtet über Einzelheiten der Behandlungen Hitlers durch Morell, die der Schlaganfall-getroffene ehemalige Leibarzt nicht mehr hat im Kopf haben und exakt zu Protokoll geben können, was schon aus dem *MISC-Consolidated-Interrogation-Report No. 4, Hitler as seen by his doctors* ersichtlich wurde.

2.: Long war seit Monaten in Europa als Korrespondentin hinter der Westfront tätig. Wie aus der *Chronology of Life and Career of Prof. Dr. Theo Morell* im *MISC-CIR No. 4* zu entnehmen ist, kam Morell am 22. April 1945 in Bad Reichenhall an. Sein Zustand war jedoch so ernst, dass der ehemalige »Leibarzt des Führers« eine Woche später, am 1. Mai 1945, in das Stadtkrankenhaus von Bad Reichenhall aufgenommen werden musste, wo ihn Tania Long am 21. Mai 1945 besuchte.

Drei Tage zuvor, am 18. Mai 1945, hatte Morell seine in den letzten Kriegsmonaten aus Berlin nach Bad Reichenhall in Sicherheit gebrachten Unterlagen den Amerikanern bei ihrem ersten Kontaktversuch übergeben, weil Morell selbst nicht mehr in der Lage war, Fragen präzise zu beantworten *(Phantom-Interview fünf). (Irving* 83 II, S. 5 f., 278, *Joachimsthaler* 96, S. 291, Anm. 61)

Tania Long hat die Morell-Materialien innerhalb von drei Tagen studieren und daraus Exzerpte für ihren Bericht an die *New York Times* entnehmen können.

3.: In Longs »Interview« mit Morell kommt er selbst nie »zu Wort«. Die Korrespondentin schiebt nur immer wieder in ihren Text Wendungen ein, wie: »sagte er«, »erzählte er heute«, »erklärte er später«, »fügte er hinzu«, »beschrieb er das letzte Treffen« mit Hitler. Doch alles bleibt in der Möglichkeitsform der indirekten Rede. Echte wörtliche Rede eines antwortenden Interview-Partners steht im ersten Teil von Longs Artikel, der sich mit Morell beschäftigt, an keiner Stelle. Mit wörtlicher Rede tritt in diesem ersten Teil von Longs *New-York-Times*-Bericht nur Hitler auf, dessen Worte Morell angeblich repetiert habe.

Aber der Zusammenstoß zwischen Hitler und Morell am 21. April 1945 im »*Führer*«-*Bunker* der Reichskanzlei war kein Geschehen unter vier Augen, sondern geschah inmitten der Entourage, sodass Tania Long jede Einzelheit über das, was Hitler zu Morell bei seinem Wutausbruch gesagt hat, von einem wirklich interviewten Kriegs-gefangenen »Hitlersekretär« erfahren haben kann. Über die Kontaktierung von »sieben Hitlersekretären« berichtet Long im zweiten Teil ihres Artikels.

Zum Beispiel bezeugte Hitlers jüngste Sekretärin Traudl Junge fast drei Jahre später in ihrem Verhör durch den US-Richter Michael Musmanno, dass sie bei dem Zusammenstoß zwischen Hitler und Morell am 21. April 1945 im Bunker dabei war. Sie gab einen Hitler-Satz wieder, mit dem er Morell niedergeschrien hat. Diese Hitler'sche Hass-Explosion kann Junge Tania Long mitgeteilt haben. (*Junge* 48, S. 31)

4.: Long machte augenfällig, was zu der Position einer Korrespondentin gehört: Nachrichten zu sammeln, die möglichst stimmen sollten. Wie die Informationen dann von einer Zeitung präsentiert werden, ist eine andere Angelegenheit.

Von heute aus gesehen wird klar, dass die *New York Times* am 22. Mai 1945, drei Wochen nach dem Zusammenbruch Nazi-Deutschlands, nicht berichten konnte: »Was unsere Korrespondentin Tania Long aus den Papieren des Hitler-Leibarztes erfahren hat.« Solch eine Wendung – die der Wahrheit entsprochen hätte – hätte wie eine Erfindung gewirkt. Die Nachrichten über Morell mussten Zeitungs-technisch als »Interview« gebracht werden. Es ist in ihnen an Faktischem zur Geschichte vom Ende des Dritten Reichs nichts falsch übermittelt worden, wie sich heute aus anderen Quellen beweisen ließe. Nur der scheinbar nebensächliche Umstand des persönlichen »Sagens« des zusammengebrochenen Leibarztes Morell stimmt nicht.

Die in der *New York Times* am 22. Mai 1945 vorgenommene Interview-Frisierung der Morell-Materialien und der Geschehnisse um das Zerwürfnis zwischen Hitler und Morell ist gesamt-historisch nebensächlich, jedoch nicht für die Behauptung von Maser und Irving, Leibarzt Morell habe »den Amerikanern« etwas über Hitlers Sexualität »ausgesagt«, »zu Protokoll« gegeben.

Aus dem Bericht Tania Longs kommt zweierlei zum Vorschein. Erstens: Ihr gegenüber hat Morell nichts von Hitlers »Geschlechtsverkehr mit Braun« erzählt, zweitens: Morell hat jenseits der sexuellen Frage nichts mehr über Hitlers gesundheitliche Bedingungen und Morells jahrelange Behandlung des »Führers« »aussagen«, »zu Protokoll« geben können – wie mit dem Vergleich der beiden Teile des Berichts der Korrespondentin in der *New York Times* augenfällig gemacht wird.

Morell hatte den Verstand verloren

1.: Originalzitate aus dem Bericht in der New York Times vom 22. Mai 1945:

»Bayrisch-Gmain, Deutschland, 21. Mai [1945] – Sich erholend von einem Schlaganfall, den er bei seinem letzten Treffen mit Adolf Hitler in dessen Bunker in Berlin erlitten hat, erzählte heute Dr. Theodor Morell, persönlicher Arzt des Kanzlers für acht Jahre, wie er die nachlassende Energie des deutschen Staatsführers während des Krieges mit Unterhaut-Injektionen von Glukose, Vitaminen und Coffein auf einem hohen Stand gehalten hat.

Dr. Morell, ein gebrochener alter Mann von 59 Jahren, liegt in seinem Krankenhausbett in dieser kleinen bayerischen Gemeinde auf der Straße nach Berchtesgaden, als ich ihn an diesem Morgen sah. Er geriet offen sichtbar in Schrecken. Zuerst kreisten seine Augen durch den Raum wie die eines in die Ecke getriebenen Tieres, und er erklärte später, dass er wüsste, ›sie‹ – die Gestapo, die SS und Heinrich Himmler – wären draußen, um ihn zu holen.« (Long)

Aus diesen beiden Eingangs-Absätzen Tania Longs kommt sogar heraus, dass Morell »den Verstand verloren« hatte. Drei Wochen nach dem Zusammenbruch des Dritten Reichs, nach Hitlers Tod und Himmlers Untertauchen und späterem Selbstmord, bildete Morell sich beim Erscheinen einer US-Korrespondentin an seinem Krankenbett ein, er werde von den ehemaligen deutschen Nazi-Behörden, die »draußen« seien, »geholt«. Auch in Bad Reichenhall gab es Tageszeitungen, die über die vollständige Entmachtung der Nazi-Diktatur inklusive ihres verzweigten Mord-Apparates berichteten. Aber Morell konnte nicht mehr kontinuierlich lesen.

Dass das Detail keine Erfindung Longs ist, kommt im Zeugnis von Morells Nichte, Liselotte Kurth, zum Ausdruck. Drei Jahre später berichtet sie, Morell habe einen Verfolgungswahn gehabt. Sein Realitäts-Bewusstsein sei gestört gewesen: »Misstrauen und Angst beherrschten ihn. Als einmal beim Spaziergehen im Wald ein Schuss fiel, stammelte er erschrocken: ›Das gilt mir!‹ – In seinem [Krankenhaus]Zimmer sprach er kaum, weil er seinen Mitpatienten, einen ehemaligen Oberstleutnant, für einen Spitzel hielt.« (Katz 85, S. 356) Morell hatte drei Jahre Zeit zum Lesen Zeit gehabt – auch dafür, sich von seinen Krankenhaus-Autoritäten von den politischen Umständen in Deutschland berichten zu lassen.

Schon Tania Long entlarvte – gegen ihre spätere Zurechtmachung ihrer Recherchen zu einem angeblich stattgefundenen Morell-Interview

–, dass Hitlers ehemaliger Leibarzt »verrückt« geworden war. Und Morells Nichte bestätigt drei Jahre später, dass Morell sich in diesem »ver-rückten« Zustand immer noch befand, als sie ihn im Kreiskrankenhaus *Alpenhof* in Rottach-Egern am Tegernsee besuchte.

Die *New-York-Times*-Korrespondentin muss demnach am 21. Mai 1945 von jemandem unter den – im zweiten Teil ihres Berichts erwähnten – »sieben Sekretären Hitlers« oder von ungenannten Informanten die Nachricht über das Zerwürfnis zwischen Hitler und Morell bekommen haben, wie zum Beispiel die folgende Szene, die Morells Schlaganfall vorausgegangen ist: »Hitlers Jähzorn erreichte den Höhepunkt während ihres [Morells und Hitlers] letzten Zusammentreffens im Berliner Bunker am 21. April [1945]. Dr. Morell sagte, Hitler schien müde und abgewirtschaftet, deshalb empfahl er [Morell] eine Injektion von Coffein. Ohne Vorwarnung sprang Hitler auf und schrie ihn [Morell] an: ›Denken Sie, ich bin ein Dummkopf?! Sie werden mir vielleicht Morphium verabreichen.‹« *(Long)*

In ihrem Interview mit dem US-Richter Michael Musmanno 1948 hat Hitlers jüngste Sekretärin Traudl Junge ihre Beobachtung des Zerwürfnisses zwischen ihm und Morell wiedergegeben, die eingangs von *ANALO* zitiert wurde.

Tania Long fährt fort: »Dr. Morell sagte, Hitler schrie weiter auf ihn ein, drohte ihm, ihn zu erschießen und befahl ihm schließlich, nach Hause zu gehen, seine Uniform des Kanzler-Arztes auszuziehen und ›sich so zu verhalten, als ob Sie mich nie gesehen hätten‹. – Dr. Morell sagte, dass er dann zu Hitlers Füßen zusammengebrochen wäre. – Am folgenden Tag wurde er nach München geflogen und in ernstem Zustand zu seiner Klinik hier gefahren. Zwei Tage bevor die Amerikaner das Territorium besetzten, wurde er in ein örtliches Krankenhaus verlegt.« *(Long, 4.–6. Absatz)*

Als Neben-Information kommt heraus, dass Morell in seiner »allgewaltigen« Position als »Leibarzt des Führers« nicht nur ein pharmazeutisches Unternehmen aufgebaut hatte, *(Schenck 98)* sondern auch mit der ärztlichen Szene u. a. in Bad Reichenhall vernetzt war, von der er nach seinem Schlaganfall behandelt werden wollte. Doch sein Zustand wurde immer schlimmer, sodass seine Überweisung in das Stadtkrankenhaus von Bad Reichenhall unvermeidlich geworden war.

Ein Beleg dafür, dass Morell nicht mehr »vernünftig« gesprächsfähig war, kommt in einer Wendung des *New-York-Times*-Artikel zum Ausdruck. Tania Long bildete sich nach dem Gestammel Morells ein, er hätte in Bad Reichenhall über eine eigene Klinik verfügt. Dass es sich in Morells Nazizeit-Realität jedoch nicht um »seine Klinik« in

Bad Reichenhall gehandelt hatte, sondern um das ihm dort gehörende »Elektro-optische Institut«, *(Irving* 83 II, S. 68 f., 277 f.) hatte Long nicht »mitkriegen« und Morell ihr nicht vermitteln können. Morell war nicht mehr in der geistigen Verfassung, der *NYT*-Korrespondentin klarzumachen, was ihn am 22. April 1945, direkt vom *Berghof* kommend, nach Bad Reichenhall geführt hatte und dass das keine »eigene Klinik« war, wie Long formulierte, sondern ein eigenes Institut, in dem er erst einmal unterkommen wollte, um sich von den Strapazen der letzten Stunden erholen zu können.

2.: Gegenüberstellung von unechten mit echten Interviews im *NYT*-Bericht, eine »bemerkenswerte« Einzelheit des *New-York-Times*-Artikels von Tania Long: Er hat einen zweiten Teil, der mit dem ersten Teil über Morell in keinem Zusammenhang steht, außer dass er deutsche Nazi-Geschichte betrifft.

Etwa ein Drittel bis die Hälfte des ganzen Artikel-Konvolutes wird von einem Bericht über eine Auseinandersetzung zwischen Hitler und Göring gefüllt, die im Mai 1945 eineinviertel Jahr zurücklag, also auch damals schon »Geschichte« war. Nach starken britisch-amerikanischen Luftangriffen auf Deutschland im Februar 1944 musste Hitler klargemacht werden, dass die deutsche Luftwaffe unfähig war, den Anglo-Bombardements zu widerstehen, geschweige denn Gegenangriffe zu fliegen. Danach war die Beziehung zwischen Hitler und Göring »im Eimer«.

Dieser Informationsteil in der *NYT* über einen Vorgang in Richtung der gänzlichen Niederlage Deutschlands ist nicht nur vom Thema her, sondern auch von der Machart her komplett verschieden vom ersten Teil des Artikels, dem Besuch Tania Longs am Bett Morells im Krankenhaus von Bad Reichenhall.

Aufgebaut ist der zweite Teil des *New-York-Times*-Artikels so, dass angenommen werden kann, er beziehe sich unter anderem auf echte Interviews, die die Korrespondentin mit Hitler-Leuten in Gefangenschaft geführt hatte, denn es heißt: »Sieben vertrauliche Sekretäre, die die geheimen Zusammenkünfte zwischen Hitler und seinen Beratern festgehalten hatten, teilten heute Details mit, nachdem sie ihr Gedächtnis aus ihren Notizen aufgefrischt hatten.«

Es wird zu dieser Zeitungsnachricht keine neue Autoren-Person genannt. Der Artikel-Teil muss also auch mit der Arbeit der Korrespondentin Long in Zusammenhang gestanden haben. Es heißt zu Beginn des neuen Themas nur: »Zerwürfnis mit Göring wegen Flugzeugen – Berchtesgaden, 21. Mai [1945] (AP)«. Das Buchstaben-Anhängsel »AP« ist ein sogenannter *dpa*-Hinweis = »American Press«, was hieß, es handelte sich bei dem folgenden zweiten Teil des *New-York-Times*-Artikels um eine Kombination zwischen Archiv-Material und Korrespondentinnen-Bericht. Es muss beim Maschinen-Drucksatz der Zeitung für den morgigen Tag des 22. Mai 1945 eine Platz-Lücke entstanden sein, die die Redaktion der *New York Times* mit etwas zu füllen versuchte. Für den von Long angekündigten Bericht über Hitlers Leibarzt war von der *NYT*-Redaktion ein bestimmter Raum in der Ausgabe der Zeitschrift für den 22. Mai 1945 festgelegt worden, der plötzlich nicht gefüllt werden konnte – in den Jahrzehnten vor dem »digitalen Zeitalter« etwas Druck-technisch Unangenehmes, denn beim damals noch »festen Umbruch« konnte der Text nicht einfach »gerückt«, hin- und hergeschoben, verschmälert oder verbreitert, sondern die Lücke im zuvor kalkulierten Platz musste mit etwas anderem gefüllt werden. Daher das Wahrscheinliche: Long hat der US-Zeitschrift entweder Interview-Fetzen zwischen ihr und Morell angeboten, die die Redakteure der *New York Times* so unbrauchbar fanden, dass sie sie nicht benutzen wollten. Oder Long musste die »ganze Wahrheit« rauslassen: Morell nicht mehr in der Lage, auf Fragen sinnvoll zu antworten. Daraufhin mussten die Redakteure aus ihrem Zeitungs-Archiv Nachrichten über Nazi-Deutschland herausholen, sie mit Long-Befragungen anderer Hitler-Leute kombinieren und in die entstandene Satz-Lücke einfügen.

Für die Beweisführung zum geisteskranken Morell ist es nicht nötig zu klären, wie es genau zu dem »Einsatz« des zweiten Teils des Long-Artikels gekommen ist und was da alles authentisch war oder fingiert wurde. Ist der zweite Teil des Artikels vom 22. Mai 1945 in der *New York Times* wirklich mit Nachrichten der »sieben Sekretäre«, die zweimal erwähnt werden, bestückt worden? Sehr unwahrscheinlich, dass die Kriegs-gefangenen Hitler-Leute ihre persönlichen Notizen »dabeihatten«, um US-Korrespondenten gegenüber »das Richtigste« aussagen zu können! Long schreibt: »Hitlers Sekretäre sagten heute, dass die Unfähigkeit der deutschen Luftwaffe, der Herausforderung der britischen, amerikanischen und russischen Flugzeuge zu begegnen, für ihn [Hitler] einer der schlimmsten Momente des Krieges bedeutete. Sie [die Schwäche der deutschen Luftwaffe] war direkt verantwortlich für die Kälte, die zwischen Hitler und Göring aufkam, sagten sie. [»Hitlers Sekretäre«] [»...«] Die historische Februar-44-Offensive der britischen und amerikanischen Luftwaffe verursachte den ersten Bruch mit Göring, erklärten sie.«

Was jedoch für die Realisation des Nicht-Interviews zwischen Long und Morell wichtig ist: Ab nun kommen im zweiten Teil des Artikels echte Passagen von Interviews, werden Sätze der wörtlichen Rede von Insidern wiedergegeben, die sich deutlich von dem abheben, was Long bisher über Morell berichtet hat und dann mit den Verben »sagte er« etc. als Interview-Splitter ausgibt, obwohl alles bei Morell im Konjunktiv gehalten wird. Mit einem Mal erscheint beim Bericht über den Hitler-Göring-Konflikt eine wörtliche Rede nach der anderen.

Das Folgende sind keine frisierten Interviews mehr, sondern Wiedergaben von Gesprächen mit »nicht-verrückten« deutschen Zeitzeugen: »Die Produktion von deutschen Bombern versumpfte im Februar 1944 total‹, erzählte Hans Helling, der sehr vertraut mit den deutschen Luftwaffen-Angelegenheiten zu sein scheint, ›der Abschuss [Görings] geschah dadurch, dass die Produktion [der Kampfflugzeuge] vom Luftwaffenministerium [das Göring unterstand] zum Kriegsministerium [dem Albert Speer präsidierte] verlegt wurde.‹ [...] Die Produktion von Düsenflugzeugen war enttäuschend. ›Es wurde angenommen, dass diese zu Beginn von 1943 bereit waren, in die Produktion zu gehen‹, sagte Helling. Aber es war erst eineinhalb Jahre später, ehe irgendwelche Resultate gesehen werden konnten [...] Hierbei sagten die Männer, die die Zusammenkünfte zwischen Hitler und seinen engsten Beratern aufgezeichnet hatten, dass Hitler niemals wahrheitsgemäß über die amerikanischen Produktionsziffern informiert worden war. Diese Zahlen waren absichtlich von ihm ferngehalten worden – aus Furcht vor seiner Wut über Deutschlands Unfähigkeit, ihnen gewachsen zu sein.« *(Long)*

Mit diesem Satz endet der gesamte Artikel in der *New York Times* vom 22. Mai 1945 über das ungleiche »Paar«: »Morell und die deutsche Luftwaffenschwäche«. Ob der zweite Teil über die Luftkriegs-Auseinandersetzung zwischen Deutschland und den USA aus der historischen Mottenkiste geholt worden war, ob er eine Mixtur aus AP-Archiv und Long-Recherchen vor Ort im amerikanisch besetzten Süddeutschland enthielt oder ob er von Tania Long gänzlich neu recherchiert worden war – denn Interviews mit gefangenen Hitler-Leuten gehörten zu ihrem Job –, ob diese Kampfflugzeug-Passage von Long schon früher an die *New York Times* geschickt oder gleichzeitig mit dem Bericht über Morell »gekabelt« worden war oder ob eine Kombination aus verschiedenen Interviews zu verschiedenen Zeiten vorlag ..., all das spielt für die Problematik von Morells Interview-Unfähigkeit keine Rolle.

Nebenbei muss darauf aufmerksam gemacht werden: Sowieso wäre es unmöglich gewesen, diesen DIN-A3-Seite-langen-Artikel an einem einzigen Tag herzustellen – nämlich, wie behauptet, am 21. Mai 1945. Schon der Morell-Teil könnte in dieser kurzen Zeit nicht mitstenografiert und danach ins Reine getippt worden sein, voraus-gesetzt, ein Interview-fähiger Morell hätte der Korrespondentin zur Verfügung gestanden. Tania Longs Artikel ist tagelang vorbereitet und fast »vollendet« worden. Ihr Besuch an Morells Krankenbett war eine Formsache, ein Zuckerguss über den schon längst gebackenen Kuchen des doppelthematischen Artikels vom 22. Mai 1945.

Das Wesentliche, das sich aus dem zweiten Teil des Long-Berichts zwingend ergibt: In den Luftkriegs-Passagen erscheint am laufenden Band wörtliche Rede, wie sie in allen Interviews üblich, wie sie beson-ders mit Zeugen zum Dritten Reich in den Sammlungen der *Mus-manno Collection* und des Münchener *Instituts für Zeitgeschichte* zu Hunderten festgehalten ist. Bei einem echten Interview wird nichts in der Möglichkeitsform gehalten, wie durchlaufend im ersten Teil von Tania Longs Bericht über Morell mit allem, was sie von ihm zitiert. Womit Long den Morell-Teil ihres Artikels beschließt, das liest sich beeindruckend. Dabei kann es sich jedoch um Lese-Früchte der Secrets oder Longs selbst nach der ersten Berührung mit Morell-Materialien handeln, denn die von Long gebrachten Passagen sind in Morells Tage-büchern wiederfindbar – somit ist Longs Technik der Interview-Ca-mouflage belegbar: »Dr. Morell sagte, obwohl Hitler anfangs immer freundlich war, war der Kanzler leicht zu irritieren und ein extrem schwieriger Patient. Er weigerte sich ständig, geröntgt zu werden und entgegnete Morells Forderung nach einer kompletten medizinischen Untersuchung mit der brüsken Bemerkung: ›Ich bin niemals krank gewesen.‹«. (dritter Long-Artikel-Absatz = Morell-Tagebuch-Einträge vom 7. und 14. August 1941, 30. September und 16. November 1944, 31. März 1945. In: *Morell* 83 II, S. 84, 89, 192 f., 236, 266 f.)

Und nichts spricht dagegen, dass Morell vom Krankenbett aus das Folgende der US-Korrespondentin gegenüber gestammelt und sie es anschließend in »Vernunft-begabte« Rede übersetzt hat: »Der Doktor fügte hinzu, dass – vom Standtpunkt des Charakters aus – Hitler die komplizierteste Natur hatte, der er [Morell] jemals begegnet wäre und dass er niemals fähig war, Hitlers Persönlichkeit zu seiner eigenen [Morells] Befriedigung hat erklären können.« *(Long,* zehnter Absatz)

Solch ein Resumee kann Long aus dem Hin-und-Her zwischen Hit-ler und Morell in den Tagen 7. bis 9. November 1944 entnommen haben: »Himmelhochjauchzende« Liebeserklärungen Hitlers für Morell, aber sich der Körper-Annäherung des Arztes per Röntgen-Aufnahmen abermals widersetzend. *(Morell* 83 II, S. 230 ff.)

3.: Es fand kein »Sich-Erholen« statt, sondern ein Verdämmern Morells.

Dass Morell einen Schlaganfall erlitten hat, ist auch von den Zeugen Schroeder (1.), Schmidt (2.), Trevor-Roper (3.), Brandt (4.), Hasselbach (5.) und den Morells (6.) übermittelt worden, ohne dass dabei der Begriff fällt. In den sechs Berichten über Morells körperlich-geistigen Verfall ab Ende April 1945 kommt der medizinische Terminus »Schlaganfall« nicht vor. Doch die beschriebenen Befindlichkeiten von Morells Kranksein treffen das Ergebnis des Vorganges »Hirnschlag«: »Völlig verstörter Zustand« (Schroeder), »gelähmt, geschunden und depressiv verstimmt auf einem amerikanischen Feldbett [liegend], klagt [Morell] über Herzbeschwerden und berichtet [...] in weinerlicher Selbstbemitleidung, stockend und mit Sprechschwierigkeiten kämpfend, über sein Schicksal« (Schmidt) »gaga« (Trevor-Roper), »die meiste Zeit verbrachte er mit Schlafen. Sein Gedächtnis hatte begonnen, ihn im Stich zu lassen [...] – generell gesagt, befindet [er] sich darüberhinaus auch noch in einem Zustand von Verfall«, (Brandt) »er war körperlich und geistig ruiniert und ist das auch heute noch« (Hasselbach). Hasselbachs US-Interrogator formulierte in Erwiderung auf die Aussage von Hitlers chirurgischem Begleitarzt: »Ich verstehe. Er ist jetzt ein Fall von Geisteskrankheit«, womit der US-Secret-Service-Mann dem medizinischen Sachverhalt von »Schlaganfall« am nahesten kam, was dann auch Hasselbach bestätigte: »Ja, das denke ich.«

»Mein Kopf ist immer noch oft sehr benebelt. Und mein Gedächtnis ist praktisch weg! Ich kann mich an nichts erinnern.« (Morell) Morells Ehefrau Johanna definierte in ihrem Brief an den Gouverneur der amerikanisch besetzten Zone den Zustand ihres Mannes dann genauso präzise, wie es Hasselbach und der US-Mediziner in ihrem Gespräch getan hatten: »Mein Mann ist ernsthaft krank. Ich war besonders alarmiert vom Zustand seiner Nerven [...] Seine Sprechweise war so verwirrt, dass ich empfehle, er sollte in eine Nervenheilanstalt überwiesen werden.«

Die US-Korrespondentin Long, die als Einzige unter den Zeugen zu Morells körperlich-geistig krankem Zustand nach April 1945 den Begriff »Schlaganfall« benutzte, hatte keine Veranlassung, diesen Umstand zu erfinden. Im Gegenteil: Mit einem nicht Hirnschlag-gezeichneten ehemaligen »Leibarzt des Führers« hätte Long eine Serie von Interviews machen können und wollen, weil die Zeitgenossen danach gelechzt haben, wie es noch zehn Jahre später nach der Rückkehr von Hitlers ehemaligem Leibdiener Heinz Linge aus sowjetischer Gefangenschaft der Fall war, dessen aktuelle Interviews mit dem Journalisten Hans Rudolf Berndorff von *United Press* in der ganzen Welt verbreitet wurden. *(Linge 55/56 – AOMORO)* Die Floskel über Morell, »sich erholend von einem Schlaganfall«, musste Long zu Beginn ihres Artikels bringen, um dem Publikum der *New York Times* ihren Bericht als übliches »Interview« plausibel zu machen. Aber es fand kein »Sich-Erholen« statt, sondern nur ein Verdämmern Morells.

PS 1: Das camouflierte Morell-Interview mit Tania Long in der *New York Times* ist der einzige erfolgreich verlaufene Versuch eines Publikations-Organs, sich mit Morell »ins Benehmen zu setzen« und aus dem Kontakt mit dem kaputten »Leibarzt des Führers«»das Beste« für die Veröffentlichung eines Artikels zu machen.

Was David Irving über den »Besuch« einer »französischen Journalistin« im Mai 1945 am Krankenbett Morells in Bad Reichenhall schreibt, ist ein Irrtum, der bei der Übermittlung durch einen »Morell-Assistenten« passiert ist. *(Irving 83 II, S. 6)*

Die »französische Journalistin« ist die besagte viersprachig perfekte Tania Long gewesen, die kraft ihrer Ausbildung an französischen Schulen auch fließend Französisch sprach, was sie bei den Anbahnungen oder Folgehandlungen ihres Kontaktes mit Morell zum Ausdruck bringen wollte = international unabhängige freie Journalistin und keine bestechliche »Ami-Mietze« oder Feind-Komplizin.

PS 2: Wenn weiterhin noch Hinweise auf das Morell-»Interview« in der *New York Times* durch die Hitler- und Morell-Biografik spuken, können diese Hinweise »getrost« als »Hirngespinste« verscheucht werden. Weder Eberle/Neumann, noch Irving oder Katz, die in ihren Abhandlungen von »Interview« sprechen, haben den Artikel Tania Longs in der *New York Times* Text-strukturell auf Form und Inhalt hin analysiert. Wenn sie und andere Autoren ihn überhaupt gelesen haben, dann mit dem meist üblichen Verfahren des Überfliegens, womit in der Hitler-Forschung keine Wahrheiten zu heben sind.

Sexual-Normativisten verkrassen Secret-Service-Fiktion

Mit dem Über-Bord aller sechs Morell-»Interviews« wurde der Kern der Auseinandersetzung um den *1. Ja-Sager* freigeschält. Alle sechs Morell-»Interviews« sind unecht. In Kombination mit der zuvor gelaufenen Beweisführung wird die Wahrheit immer plastischer. Morells »Glaube« an den »Geschlechtsverkehr Hitlers mit Eva Braun« ist entweder von den US-Secrets erfunden worden oder »irrelevant«, wie Trevor-Roper es summierte, da Morell sich in keinem geistig zurechnungsfähigen Zustand befand, als er diesen »Glauben« zum Ausdruck gebracht hatte.

Mit der Text-Analyse des fiktiven *New-York-Times*-Morell-Interviews hieße das das Ende der Geschichte – Ergebnis: Disqualifizierung des 1. *Ja-Sagers*.

Doch es gibt da die beiden Hitler-biografischen »Tunichtguts«, die Sexual-Normativisten und Geschichts-Revisionisten Werner Maser und David Irving, die ab den 1970ern und 1980ern das US-Geheimdienst-Politikum von 1945, Hitler mit einer heterosexuellen Aura zu umgeben, für ihre Zwecke fantastisch ausgebaut haben. Dieser Ausbau hat eine tragfähige Architektur in Form von Hunderttausenden der berüchtigten Hitler-biografischen Bücher, die noch heute nachgedruckt und online zur Verfügung gestellt werden. Ohne einleitende Maßnahmen zum Abriss dieser Hitler-Hetero-Ideologie-Architektur blieben die Wurzel-Schürfungen in den US-Secret-Service-Materialien komplett wirkungslos.

Die zwei ehemals hochdotierten, Welt-wirksamen, heute als »Geschichts-Revisionisten« verewigten und verdächtigten Hitler-Biografen und Nazizeit-Forscher Werner Maser und David Irving spielen bei der Wahrheitsfindung zu Hitlers eigentümlicher Sexualität eine mephistophelische Rolle. Goethe definierte dieses althebräische Handlungs-Prinzip Satans bei der ersten Selbstdarstellung Mephistos: Ich bin »ein Teil von jener Kraft, die stets das Böse will und stets das Gute schafft.« (Faust I, Kapitel 6, Studierzimmer)

Maser und Irving »bastelten« jahrzehntelang an der US-Secret-Service-Fingierung weiter, verkrassten sie und halfen dadurch wider Willen, die gesamten »Aussagen« Morells im »Zusammengefassten Befragungs-Bericht Nummer 4« als »eingerichtet« oder »nachgeholfen« auffliegen zu lassen.

Die Passagen zur Sexualität Hitlers in der US-Geheimdienst-Produktion des *Consolidated Interrogation Report's No. 4* wurden von Maser und Irving verändert und rotieren nun voll-fiktiv in den Büchern der beiden bis in die Gegenwart hinein, verschaffen sich dadurch Jahr um Jahr hunderttausendfachen Zugang zur allgemeinen Gedankenwelt über Hitler. Aus der Mücke wurde von ihnen ein Elefant gemacht – nicht nur was die Größen-Verhältnisse betrifft, sondern die »Mücke« bekam von Maser und Irving auch noch eine andere Gestalt »verpasst«.

Und – wie konnte es anders sein?! – Masers und Irvings »Elefant« ist in das Bewusstsein der Hitler-Rezeption eingedrungen und bleibt dort bis 2013/16 hartnäckig sitzen, wie an der gerade geführten Auseinandersetzung mit dem Hitler-Biografen Volker Ullrich gesehen werden kann.

Das Original des geheimdienstlich »organisierten« Morell-Drei-Satz-Vielleichts hat bis 2016 niemand offiziell kennen können. Deshalb hatten Maser und Irving leichtes Spiel. Sie betraten die Bühne zu Hitlers heterosexueller Frage mit forcierter Ja-Stimme, die die zusammengetragenen 40 Nein-Voten bzw. -Vorgänge übertönte.

Weltweit gekannt werden folgende Aufbauschungen Masers und Irvings:

1. Maser: von 1971 bis 2001 in allen Ausgaben seiner Hitler-Biografie »[…] Morell hat Hitlers Geschlechtsorgane mehrfach untersucht und darüber unter anderem zu Protokoll gegeben: ›Die Sexualorgane ließen keine Anzeichen von Abnormität oder Pathologie erkennen, und die sekundären Geschlechtsmerkmale waren normal entwickelt.‹« [Anm. 70, S. 480/582: »US-Protokoll der Morell-Vernehmung.«]. *(Maser 71/01, S.* 319/323) [Die zwei Seiten-Angaben beziehen sich auf die Auflagen von 1971 bis 1989 und danach die letzten Fassungen bis 2001.]

»[…] Hitlers Leibarzt Theo Morell gab nach 1945 im Rahmen seiner Verhöre durch US-Kommissionen zu Protokoll, dass Hitler mit Eva Braun ganz offensichtlich geschlechtlich verkehrt habe.« [Anm. 74, S. 480/582 »Morell-Protokoll (Urologische Daten: Geschlechtsmerkmale)«]. *(a. a. O.,* S. 320/324)

Es fällt sofort auf, dass Maser die oben zitierten, geheimdienstlich frisierten »Äußerungen« Morells gegenüber den »Interrogateuren« des *MISCs* wiedergibt, die dort auf den zitierten Seiten 5 und 10 innerhalb der Version I zu finden sind und sich zehn Jahre nach Masers Tod als Teile des »Merl-Berichts« erwiesen.

Maser pauschaliert jedoch die Quelle unnachvollziehbar, was er musste, da das *US-Military Intelligence Service Center* der *Headquarters* den *Consolidated Interrogation Report No. 4* über »Hitlers Ärzte« 1971 bis 2001 noch nicht deklassifiziert hatte *(Mullen,* S. 62) und Kempner 1970 Maser eine Verwendung untersagte, woraus Maser kein Strick gedreht werden soll.

Doch es muss darauf hingewiesen werden, dass die verstärkte Bejahung vom »Geschlechtsverkehr« Hitlers »mit Eva Braun« bis 2016 Qellen-los durch die fast 100 Auflagen und Übersetzungen von Masers Hitler-Biografie um die Welt gelaufen sind, ohne dass jemand daran Anstoß nahm, schlimmer, dass trotz der Quellenlosigkeit an Masers Behauptung geglaubt wird.

Etwas anderes ist es, dass Maser sich die Gunst der historischen Stunde des Verbots, eine amerikanische Militär-Quelle mit den angeblichen Äußerungen von Hitlers Leibarzt aufzuschlüsseln, nicht hat nehmen lassen, um ausmalend nachzubessern. Masers Ausschmückungen haben bis heute überlebt. Biograf Ullrich konnte die Divergenz zwischen Masers Zeugnis-Veränderung und dem deklassifizierten Original-*MISC-Report No. 4* über »Hitlers Ärzte« noch nicht kennen und ist deshalb den Maser'schen Tricks aufgesessen. Dass die Geheimdienst-Fiktionen und die Geschichts-Revisionisten-Operationen in die seriöse Hitler-Forschung à la Ullrich eingedrungen sind, erzwingt die »Krieg-und-Frieden«-Länge der Enttarnung. Ullrich glaubte dreifach an Maser, was er mit seinem Hitler-Hetero-Credo verewigte: »Nach allem, was wir aber aus den Berichten seines Leibarztes Theodor Morell wissen, der Hitler auch im Intimbereich untersuchte, waren die Geschlechtsorgane seines Patienten normal entwickelt. Alle Vermutungen, er sei unfähig gewesen, Frauen körperlich zu lieben, treffen demnach nicht zu.« *(Ullrich, S. 300)*

Erste Unwahrheit: Morell hätte Hitler »auch im Intimbereich untersucht«, daher die zweite Unwahrheit: »waren die Geschlechtsorgane seines Patienten [Hitler] normal entwickelt« und die dritte Unwahrheit gibt das Fazit: »Alle Vermutungen, er [Hitler] sei unfähig gewesen, Frauen körperlich zu lieben, treffen demnach nicht zu.« Ullrichs »Quelle« ist die obige Maser-Konstruktion. *(a. a. O., S. 911, Anm. 3)* Und »wir« sind alle Hitler-Forscher, die ihrem Glauben an diese Dreifaltigkeit bis heute erliegen.

Die Beweisführung dagegen geschieht nicht, um ein benötigtes Geheimdienst-Dossier von vor 70 Jahren auffliegen zu lassen, sondern um die von Fälschungen verfärbten gegenwärtigen Einsichten über Hitler zu korrigieren. Die zum Glauben an die Unwahrheit Verführten müssen von ihm befreit werden. Und eine Rückkehr in die Hitler-forscherische Akzeptanz der Geheimdienst-Frisierungen und Maser-Ausbauungen darf es nicht geben.

Es handelt sich bei Maser um zwei Folge-Verfälschungen des *Report*-Originals:

a): Masers Eingriff: »[...] dass Hitler mit Eva Braun ganz offensichtlich geschlechtlich verkehrt habe.« – Original des *MISC*: »Morell glaubt, dass Hitler, obwohl er starker Sexualität nicht zuneigte, mit Eva Braun Geschlechtsverkehr hatte«. Bei dieser Veränderung Masers handelt es sich nicht um Nuancen, sondern um ein bewusst massives Eingreifen in den Text. Maser lässt die zwei Einschränkungen des US-Geheimdienst-Berichtes weg: »Morell glaubt« und »obwohl er [Hitler] starker Sexualität nicht zuneigte«. Stattdessen fegt Maser mit seiner Hinzufügung »ganz offensichtlich« jeden Zweifel beiseite. Dabei agierte Maser im Imponiergehabe mit Drohgebärde: Wehe, wenn hier noch jemand skeptisch ist und von Braun-Hitlers Platonik redet! Dass Maser mit seiner Übertreibung des geheimdienstlich vorsichtigen Ja-Glaubens in einer Stilblüte landet, ist ihm im Eifer des Gefechts nicht aufgefallen: »Ganz offensichtlich«?! = »Ganz« »offen« »sicht-lich« hat Hitler »Geschlechtsverkehr« mit Braun gehabt? Alle konnten den »ganz« »offen« »sehen«? 30 Jahre hat der Welt-Autor diese Stelle nicht für Korrektur-bedürftig gehalten.

b): Masers kompliziertere Modifikation ist die nicht sofort auffallende, aber massiver wirkende. Immer wieder reitet er in seiner Hitler-Biografie darauf herum, dass Hitlers Leibarzt Morell vor »amerikanischen Kommissionen« »Aussagen« gemacht hätte. Maser spricht permanent im Plural von »Vernehmungen«, »US-Protokollen«, »Morell-Protokollen«. Er behauptete, Morell »gab nach 1945 im Rahmen seiner Verhöre durch US-Kommissionen zu Protokoll«. Und somit hätte alles, was Maser Morell in den Mund legte, zu stimmen, da eine nicht zu überbietende Autorität von »US-Kommissionen« hinter Maser stünde.

Diese Quellen-Reduktion flog nicht so leicht auf wie die Zitat-Steigerung (a), bedurfte erneuter Einzel-Recherchen und für die ersten drei Fassungen von *ANALO* einer ausgedehnten Beweisführung, die jedoch schon vor der Teilveröffentlichung des Herman-Merl-Nachlasses zum Sturz des *1. Ja-Sagers*, Hitlers Leibarzt Theodor Morell, geführt hat. Globus-rund kann jetzt Quellen-ausgewogen belegt werden: Morell stand niemals vor einer »Kommission«, um regulär von ihr verhört zu werden, was von Stenografen mitgeschrieben und danach in getippten »Protokollen« der »US-Kommissionen« niedergelegt und in spezifizierten Sammlungen konserviert worden wäre. Nichts dergleichen existiert. Es geschah kein Morell'sches Rede-und-Antwort-Stehen.

Der Titel des US-Geheimdienst-Dossiers Nummer 4 »Zusammengestellter Befragungsbericht« (*Consolidated Interrogation Report No. 4*) ist schon 1945 ein Etikettenschwindel gewesen, weshalb Maser sich nach seiner Kenntnis des ihm von Kempner zugeschickten Ur-*CIR-No.-4*, dem »Merl-Bericht«, zutraute, weiter an Hitlers »Geschlechtsverkehr mit Eva Braun« zu drehen, »was das Zeug hielt«.

Es fanden 1945 von den US-Secrets Untersuchungen statt, Nachforschungen, Zusammenstellungen von Akten-Auszügen, Materialien und Äußerungen der Morell-Kollegen Brandt, Giesing und Hasselbach. Das Ergebnis hätte korrekterweise im Englischen nicht »interrogation« heißen dürfen, sondern »investigation«, »examination«, »inquiry«,

»exploration« oder »analysis« und »excerption«. Warum das *Military Intelligence Service Center* in den *Headquarters* der *US-Forces European Theater* eine »examination« als eine »interrogation« – eine Untersuchung als eine Befragung – ausgab, ist erschöpfend behandelt worden.

Und ob und wann Hitlers Leibarzt Theodor Morell den »Führer« wirklich »auch im Intimbereich untersucht hat«, *(Ullrich)* wird im nächsten Kapitel behandelt werden.

Wenn diese Untersuchung Hitlers durch Morell »gekippt« wird, begradigen sich auch gleich die beiden anderen Verdrehungen: Hitler hätte »normale« Genitalien gehabt und mit denen deshalb einen »normalen« Geschlechtsverkehr praktiziert.

2. Irving: 1983 in seiner Herausgabe und Kommentierung der deutschen Original-Tagebücher von Hitlers Leibarzt Theodor Morell – bis heute online:

a): »Morell sagte aus – aufgrund welcher Indizien wissen wir nicht –, Hitler hätte von Zeit zu Zeit sexuellen Kontakt zu Eva Braun gehabt, obwohl sie getrennte Schlafräume hatten. Hitlers Adjutanten haben gegenüber dem Verfasser [David Irving] im wesentlichen diese Aussage bestätigt.« *(Irving 83 I, S. 42 f.)*

Wiedererkennbar die Stelle im *MISC-CIR-No. 4*, Version I, Seite 10. Beim Vergleich der beiden Passagen wird deutlich: Auch Irving modifiziert. Er lässt die Einschränkungen der Secrets weg: »Morell glaubt« und »Hitler = starker Sexualität nicht zuneigte«. Stattdessen fügt Irving »von Zeit zu Zeit« hinzu, was zwar nicht so stark ist wie das Maser'sche »ganz offensichtlich«. Doch der »sexuelle Kontakt« Hitlers »zu Eva Braun« bekommt auch mit »von Zeit zu Zeit« einen »Schub«, etwas regelmäßig Routinehaftes, dieses Charakteristikum fehlt im US-Geheimdienst-Bericht von 1945 über Morell. Erst recht das »fabelhafte« Träger-Element, das Irving in die Morell-»Aussage« stützend einzieht: »Hitlers Adjutanten« hätten »gegenüber« Irving »im wesentlichen diese Aussage bestätigt«.

Ein »Drüber-Nüber-Gepinsel«, wie es prächtiger nicht sein kann! »Hitlers Adjutanten«!? Wer kann das nicht alles sein?! Und »im wesentlichen« sei von den Adjutanten der Sex zwischen Braun und Hitler »bestätigt« worden? »Sex« und »Wesen«! Da ist der Brite Irving bei seinem deutschen Publikum richtig! Das beides zusammen – und schon stimmt die Chemie dieser Suggestion!

b): Das zweite Auffällige des Irving-Verschnitts vom *CIR No. 4*: Gar keine Quellen-Angabe! Nicht einmal die Maser'schen Oberbegriffe wie »US-Kommissionen« werden von Irving angefügt.

Irving muss kein Quellen-Publikations-Verbot gegen sich gehabt haben wie sein deutscher Kollege Maser durch Robert Kempner. Denn Irving zitiert an folgender Stelle innerhalb seiner deutschen Morell-Tagebuch-Ausgabe aus dem *MISC-Report* unverfroren original – 33 Jahre vor der Deklassifizierung: »Ein früher Untersuchungsbericht über Morell konstatiert: ›Einige der Informationen entstammen seinem Gedächtnis; einige basieren auf dokumentarischen Belegen aus seinen Papieren [...] Es sollte an dieser Stelle auch festgehalten werden, dass [...] er sich gelegentlich an Dinge erinnern kann, die er jedoch später unfähig ist, zu bestätigen.‹ [OI/CIR 4]«. *(a. a. O.,* S. 9) Das sind Irvings Auszüge aus dem *MISC-Consolidated-Interrogation-Report No. 4,* Version II, Seite 0. Doch für Hitlers »von Zeit zu Zeit« stattgehabten »sexuellen Kontakt zu Eva Braun« unterlässt Irving die Herstellung jeglichen Quellen-Bezuges, da er jetzt nicht zitiert, sondern »frisiert«.

»... war zu einem Geschlechts- und Liebesleben nie in der Lage«

In allen seinen Hitler-Biografie-Auflagen und -Ausgaben zitiert Maser aus dem ihm im September 1970 von Kempner zugeschickten »Merl-Bericht«, dem von Maser titulierten »Morell-Protokoll«, die inzwischen bekannte Stelle, die in den *CIR No. 4* Eingang gefunden hat: »Die Sexualorgane [Hitlers] ließen keine Anzeichen von Abnormität oder Pathologie erkennen, und die sekundären Geschlechtsmerkmale waren normal entwickelt.« Das Originalwort bei Merl heißt nicht »Abnormität« sondern »Anormalität«. *(Maser* 04, S. 439) Im Prinzip sagen beide Begriffe dasselbe. Doch »A-Normalität« ist antiquierter, zugleich dichter an »Normalität«. »Abnorm« beziffert dann immer gleich »das Höchste der Gefühle«, so etwas wie siamesische Zwillinge.

Hitler fehlte ein funktionsfähiger Hoden, was erst bei der Untersuchung seiner Geschlechtsorgane herausgekommen ist. Alles andere, wie seine genetische Anlage des *morbus orgasmus* war nicht zu sehen, nur für Hitler selbst zu spüren, bis das sexuell irrläufige Syndrom zu einem Weltbrand geführt hat.

Maser gehörte zu denen, die versuchten, Hitlers Anormalität möglichst weiterhin unsichtbar zu machen. Um seiner Hitler-»Vernormalisierung« noch einen draufzusetzen, leitete Maser das Quellen-los in den Raum gestellte Zitat aus dem *CIR No. 4* forcierend ein: »[...] Morell hat Hitlers Geschlechtsorgane mehrfach untersucht und darüber unter anderem zu Protokoll gegeben: ›Die Sexualorgane ließen keine Anzeichen von Abnormität oder Pathologie erkennen.‹«

Die Hitler-Abnormitäts-Leugnung kann acht Jahre nach Masers Tod mit Fleischmanns Publikation der Landsberger Gefängnisakten von 1923 enttarnt werden.

Mit diesem seit 2016 in die Hitler-Biografik gelangten Wissen könnte Masers Erfindung, »Morell« hätte »Hitlers Geschlechtsorgane mehrfach untersucht« sogleich mit aufgedeckt werden. In der Hitler-Forschung ist es jedoch bei jeglichem Problem gefährlich, auf einem Bein stehen zu wollen. Diese Schwierigkeit wurde bereits in Sachen von »Hitlers Sohn« behandelt, Maser-behauptetermaßen gezeugt mit einer Französin während des Ersten Weltkriegs. Trotz des ganzen Buches von Jean-Paul Mulders gegen diese Verstiegenheit Masers mussten sämtliche vorhandene sozio-psycho-historischen Einzelheiten zusammengetragen werden, um gegen die Reste von Mulders angeblich noch bestehenden Zehn-Prozent-Unsicherheit anzukämpfen *(Masers Mega-Ente).* Komplizierter ist die Situation bei der Frage: Hat Morell Hitler je »im Intimbereich untersucht«, wie es Ullrich 2013/16 wiederholt, sich vor Maser verbeugend. Auch für die Beantwortung dieser Frage ließen sich tatsächlich Zeugnisse finden, die eine zweifelsfreie Klarheit schaffen.

Sofort tritt bei Masers Mit-der-Tür-ins-Haus-Fallen wieder das drohgebärdende Imponiergehabe in Erscheinung: »Morell hat Hitlers Geschlechtsorgane mehrfach untersucht und darüber unter anderem zu Protokoll gegeben.« – »Mehrfach untersucht« und »darüber unter anderem zu Protokoll gegeben« – »mehrfach« schüchtert auf der Stelle ein. Und »unter anderem zu Protokoll gegeben« lässt Widerspruch ein für alle Male verstummen. Denn Morell hätte ja vieles zu Protokoll der US-Secrets gegeben, »unter anderem« auch das Untersuchungsergebnis von Hitlers »Abnormitäts«-freien und »Pathologie«-losen »Sexualorganen«. Erfolg: 46 Jahre stimmts, denn weitertransportiert mit Ullrichs »auch im Intimbereich untersucht«, »waren die Geschlechtsorgane seines Patienten normal entwickelt«.

1.: Hinter Masers »mehrfach untersucht« fällt nicht sofort auf: Maser gibt ja gar keine Datierungen dieser angeblich »mehreren« Hitler-»Geschlechtsorgan«-»Untersuchungen« durch Leibarzt Morell an. »Mehrere«? = Viele. Doch wann?

Nicht nur für Morell, sondern auch für jeden anderen seriösen Arzt ist es untypisch, zu einer Untersuchung eines Patienten kein Datum hinzuzufügen, was dann übermittelbar wäre. Bei Ärzten geschieht alles per Datum. Sie wollen und müssen wissen, wann eine Krankheit begann, was ihr vorausging, wie sie verlief, wohin sie führte. Und immer geschieht alles per Tagesdatierungen. Manchmal sind sogar die Uhrzeiten angefügt.

Besonders eine Gesamtkörper-Untersuchung bis »runter« zu den Geschlechtsorganen wäre vom gewissenhaften Hitler-Behandler Morell präzise auf den Tag genau datiert worden, vor allem auch, um nachweisen zu können, wie krank Hitler an welcher Körperstelle dann und dann war und wie die Heilung durch Morell erfolgte, der sich ja von allen anderen Ärzten um Hitler abhob, die sich bis 1936 an Hitlers Oberschenkel-Ekzemen und Magen-Problemen vergeblich versucht hatten. Morells Kur hatte Erfolg, vor allem seine Kombination beider Symptome Ekzem und Magenbeschwerden. *(Schenck, Redlich, Plouvier)*

Solche Untersuchungen bis zum Intimsten, vorgenommen mit dem zur damaligen Zeit mächtigsten Patienten Deutschlands, wären auch nicht nur auf der ersten Seite des Check-ups datiert worden, sodass es hätte passieren können, dass bei Verlust des Deckblattes der Untersuchung das Datum mit verlorengegangen wäre. In einem solchen Fall agieren Ärzte zur Sicherheit wie Filmregisseure vorm digitalen Zeitalter, die mehrere Kopien einer besonders wichtigen Szene anfertigen ließen.

Die schnöde Fakten-Realität: Es existiert kein einziger Niederschlag der »mehrfachen Untersuchungen« der Hitler-»Geschlechtsorgane« durch Leibarzt Morell, geschweige denn gibt es Einträge darüber in Morells *Geheimen Medizinischen Tagebüchern.* Dort zumindest hätte unter allen Umständen eine Bemerkung enthalten sein müssen, da Morell pingelig genau alles eintrug, was zwischen ihm und Hitler vor allem ärztlicherseits geschah. *(Morell)*

2.: Leibarzt Morell erwähnt in seinem Tagebuch Situationen, aus denen deutlich wird, dass Hitler nie »seine Geschlechtsorgane« hat »untersuchen« lassen.

Wenn Hitlers zweiter chirurgischer Begleitarzt, Hans Karl von Hasselbach, behauptete, er hätte Hitler nie unbekleidet gesehen, ihn nie ganzkörperlich untersucht, *(Hasselbach 52, S. 2)* dann ist das nichts Besonderes. Denn Hasselbachs Aufgabe bestand nicht darin, Hitler von oben bis unten zu untersuchen, sondern auf Reisen oder Veranstaltungen bei geschehenen Unfällen oder Zwischenfällen »operativ« einzugreifen, wie Karl Brandt, Hitlers erster chirurgischer Begleitarzt, es im August 1933 nach dem Autounfall von Hitlers Adjutanten Wilhelm Brückner getan hatte, den Brandt sofort operierte. Aber Theodor Morell, der »Leibarzt des Führers«, hätte eigentlich sehr wohl dessen ganzen Leib, inklusive die »Geschlechtsorgane«, sogar alle paar Zeiten untersuchen müssen. Stichwort Prostata-Verhärtung bei älter werdenden Männern.

Doch Hitler war ungeheuer störrisch, hatte – wie Hasselbach aussagte – eine extreme Scheu, sich nackt zu zeigen. Und er zeigte sich so auch nicht.

Sogar bei einer Erste-Hilfe-Maßnahme, der Applizierung eines Einlaufes gegen eine hartnäckige Verstopfung, wies Hitler das Hilfsangebot seines Leibarztes zurück, schloss sich in der Toilette ein und »verabreichte« sich den Einlauf selbst. Während der Prozedur ließ Hitler Morell direkt hinter der Klo-Tür warten. Morell sollte beim Vorgang von Hitlers Klistier-Selbst-Spritzung so nah wie möglich sein. Aber Hitlers Unterleib bekam Morell wieder nicht zu sehen. *(Morell* 83 II, S. 192 f.) Genauso durfte er Hitlers Prostata nicht fühlen, sodass bei der Besprechung der Einzelheiten zum »Rectal- und Genital-Bereich« und zu den »Urologischen Daten« im *CIR No.* 4 bereits darauf hingewiesen wurde: Das Fingierte fliegt auf, da Morell nie bis in Hitlers Anal-Hoden-Damm-Region vorgedrungen ist.

Zur Prostata-Untersuchung notierte Morell am 28. Oktober 1944: »[...] Prostata. Ich sagte, es würde bald Zeit für mich, eine gründliche Untersuchung Letzterer durchzuführen. Aber wie bei der Verabreichung der Nasentropfen, sagte der Patient, er wollte das selber machen.« *(a. a. O.,* S. 223)

Hitler hatte den eigenen nackten Körper auch außerhalb von sexuellen Zusammenhängen niemandem präsentieren wollen, ebenfalls Männern nicht. »Manuelle Behandlungen kamen für ihn wegen seiner Scheu, sich vor anderen zu entblößen, niemals in Frage.« *(Schenck* 89, S. 162) Jahrelang ist er der Musterung durch die österreichischen Militärbehörden ausgewichen und vor ihnen dann im Mai 1913 nach Deutschland geflohen. *(ONANO, 9. Nein-Sagende, drittes Buch)* Schließlich musste Hitler vom österreichischen Staat im Januar/Februar 1914 dazu gezwungen werden, sich seiner Musterung zu unterziehen, was am 5. Februar 1914 in Salzburg geschah.

Die Ganzkörper-Untersuchung 1914 und eine ebensolche durch den Landsberger Gefängnisarzt Brinsteiner am 11. November 1923 sind die zwei Belege dafür, dass Hitler auch seine nackten Genitalien für eine Inspektion präsentiert hat. Die Musterung Hitlers im Februar 1914 führte zum Ergebnis seiner vollständigen Waffen-Untauglichkeit. Begründung: »Zu schwach für Waffen- und Hilfsdienste«. *(Jetzinger,* S. 256 f.,265) Ob Hitlers Einhoden-Syndrom dafür als Ursache vorausgesetzt wurde, ist in dem Befund nicht vermerkt worden, sodass Brinsteiners Landsberger Untersuchungsergebnis zu Hitlers Geschlechtsorganen das einzige Zeugnis für eine »Untersuchung auch im Intimbereich« ist. *(Fleischmann,* S. 417)

3.: Dass Theodor Morell Hitlers Geschlechtsorgane in Wirklichkeit nie zu sehen bekommen hat, bestätigte Morells Witwe in einem Gespräch mit Hitlers »Bewegungs«-Frühzeit-Spezie Ernst Hanfstaengl nach 1945. Johanna Morell und Ernst Hanfstaengl sind einander vor 1945 nur flüchtig begegnet, weil Hanfstaengl 1936/37 in Hitlers Ungnade gefallen war, bevor Theodor Morell sich als »Leibarzt des Führers« gefestigt hatte. Nach 1945 gab es für Hanfstaengl genug Gründe, das intensive Gespräch mit Morells Witwe bei der Vorbereitung seiner Autobiografie *Zwischen Weißem und Braunem Haus* zu suchen.

Wieder handelt es sich um eine oftmals bedeutungsvolle Nebenbemerkung oder eine Hingeworfenheit, die als eine stabile Zeugen-Aussage allein nicht hätte Bestand haben können. Jedoch im Zusammenhang damit, dass in Morells Tagebüchern nichts von einer Hitler-Geschlechtsorgan-Untersuchung durch Morell erwähnt wird, konturiert Johanna Morells Bemerkung den Fakt, dass es einen Total-Checkup Hitlers durch den Leibarzt nie gegeben hat. Morell berichtet nur vom Sich-Sträuben Hitlers gegen eine Körper-Beschau und schon ein Unterleibs-Abtasten. *(Irving* 83 I, S. 42, *Morell* 83 II, 8. Dezember 1944, S. 248)

»Auch die Tatsache, dass Hitler nicht schwimmen konnte und sich verbissen weigerte, es zu lernen oder wenigstens ein Freibad zu besuchen, entsprang zweifellos dieser seltsamen Wasserscheu. Zu dieser Abneigung kam seine geradezu altjüngferliche Abneigung, sich unbekleidet zu zeigen, eine Manie, die sogar körperliche Untersuchungen von ärztlicher Seite [her] unmöglich machten, wie wir aus einer Mitteilung der Witwe Dr. Morells, seines Leibarztes in späteren Jahren, wissen. Unter diesen Umständen gewinnt die von ehemaligen Frontkameraden Hitlers verbreitete Version an Wahrscheinlichkeit, dass die Ursache für seine Weigerung, sich vor anderen zu entblößen, in einer auffälligen Unterentwicklung, wenn nicht gar Missbildung bestanden habe. *(Hanfstaengl* 70, S. 185)

Es gibt keinen ersichtlichen Grund, warum Morells Witwe nach 1945 mit ihrer Bemerkung gegenüber Hanfstaengl hätte gelogen haben sollen. Eher im Gegenteil hätte es nach Wichtigtuerei ausgesehen, wenn Johanna Morell behauptet hätte, ihr Mann sei der Einzige gewesen, der Hitler gesamt-körperlich untersucht und dabei ebenfalls gesamtnackt gesehen hätte. Beides war nicht der Fall! Johanna Morell sagte die Wahrheit.

4.: Unter den erhalten gebliebenen Morell-Tagebüchern und -Materialien befindet sich keine Gesamt-Expertise eines Hitler-Checkups.

Der Herausgeber von Morells Papieren, Ernst Günther Schenck, erwähnt kein vergleichbares Schriftstück. *(Schenck* 98, S. 555 ff.) Und auch nirgendwo in Morells medizinischen Tagebüchern zwischen 1941 und 1944 taucht ein Verweis auf, in dem es hieße: Wie ich in meinem ersten Checkup von Führers Gesamt-Konditionen 1936 festgehalten habe.

Maser hat sich bei seiner Behauptung »mehrfacher Untersuchungen« von »Hitlers Geschlechtsorganen« an die Pauschalen im *Consolidated Interrogation Report No. 4* des *Military Intelligence Service Center's* gehalten. Darin steht zwar auch nichts von »mehrfachen Untersuchungen der Hitler-Geschlechtsorgange«, aber es werden von den Secrets »Summen« gemacht, wie der Satz »Die Sexualorgane ließen keine Anzeichen von Anormalität oder Pathologie erkennen«. Woher dieses Ergebnis stammt, ließ der *CIR No. 4* offen. Dieser Satz erweist sich nach dem Zu-Tage-Treten der Landsberger Gefängnis-Akten als Erfindung, wovon es im *CIR No. 4* eine Menge gibt. Maser fühlte sich daraufhin berechtigt, sein Konstrukt der »Mehrfach-Untersuchung« von Hitlers »Geschlechtsorganen« durch Leibarzt Morell in die Welt zu setzen – wiederum etwas Hitler-biografisch Tragfähiges, das den Hitler-Hetero-Wahn bis zu Ullrich animierte.

5.: Die Reihe der Zeugnisse und Bezeugungen gegen »Morells mehrfache Untersuchungen von Hitlers Geschlechtsorganen« endet mit einem Kuriosum.

Aus der »Sammlung David Irving« wurden vom Münchener *Institut für Zeitgeschichte* die echten Giesing-Protokolle ins Netz gestellt. Dabei handelt es sich um die Erinnerungen des Hals-Nasen-Ohren-Arztes Erwin Giesing an seine Untersuchungen Hitlers nach dem Attentats-Versuch am 20. Juli 1944. Zum Teil konnte Giesing sich auf seine Notizen stützen, die er in die amerikanische Gefangenschaft hatte mitnehmen dürfen. Diese medizinischen Berichte Giesings haben noch heute ihren Wert, weil sie mit dem endgültigen *CIR No. 4* verglichen werden können, wobei herauskommt: Giesing war der Lieferant für das, was von den US-Secrets als »Morell-Aussagen« präsentiert wurde.

Das Kuriosum zur Problematik »mehrmalige Untersuchungen von Hitlers Geschlechtsorganen« durch Leibarzt Morell: Es wäre angeblich Giesing gewesen, der Hitlers »Geschlechtsorgane« untersucht hätte. Tatsächlich steht in den Giesing-Erinnerungen für die Amerikaner ein Satz, der direkt in die Passage »Geschlechtsmerkmale (19)« übernommen wurde: »Die Sexualorgane ließen keine Anzeichen von Anormalität oder Pathologie erkennen« bezieht sich auf Giesings Satz »Auch das Genitalorgan war äußerlich normal.« *(Giesing* 45 II, S. 2/3)

Ein HNO-Facharzt sollte Hitlers Geschlechtsorgane untersucht haben? Darüber lästerten schon Eberle/Neumann 09/13 und machten daraus ernsthaft die Lachnummer des Jahrhunderts. *(Eberle/Neumann 09, 13, S. 77 ff., 42 ff.)* Giesing äußerte sich bescheiden, gab seine Restriktionen auf allen anderen ärztlichen Gebieten außerhalb seines HNO-Fachbereichs unumwunden zu. *(Giesing 45 II, S. 1/2)* Dadurch trübte eine für den Fortgang von *Hitler 1* und *Hitler 2* unsachgemäße Fantasie die Recherche um Morells »mehrfache Untersuchungen von Hitlers Geschlechtsorganen«: Hitler war durch die Bombenexplosion im »Führer«-Hauptquartier *Wolfsschanze* durch die Luft geflogen, dann aufgeprallt. Hatte sein Gehirn nicht doch einen Schaden davongetragen – mit dem Ergebnis: Hitlers Schamschwelle plötzlich runtergerissen, hätte er dem HNO-Arzt gegenüber das Nachthemd gehoben, sodass der Kopf-Spezialist auch einen Blick auf Hitlers Geschlechtsorgane hätte werfen dürfen?

»Zu perfekt! Weg!« muss mit Theater-Regisseur Peter Zadek ausgerufen werden, was er tat, wenn er auf ihn nicht überzeugend wirkende Angebote von Schauspielern verwarf. Aus drei Gründen braucht über Giesings Untersuchung von Hitlers Geschlechtsorganen nicht mehr nachgedacht zu werden: Erstens. Gemäß Eberle/Neumann ist es ein medizinhistorischer Witz von einem Hals-Nasen-Ohren-Arzt, Amerika-gefälig so etwas der Welt angeboten zu haben. Zweitens wurde von vielen Zeugen übermittelt, dass Hitler eine Entkleidungs-Phobie hatte, die ihm auch nicht durch seinen Luftsprung nach der Bomben-Explosion im »Führer«-Hauptquartier Wolfsschanze am 20. Juli 1944 ausgetrieben worden war. Drittens beweist die Landsberger Untersuchung Hitlers mit der Diagnose des Einhoden-Syndroms, dass Giesing Hitlers »Genitalorgan« nicht gesehen hat. Er log, als er sagte, es wäre »äußerlich normal« gewesen.

Somit stimmt das in diesem Fall tatsächlich abschließend Befundene, das die jüngsten medizinischen Hitler-Biografen Eberle/Neumann über Hitlers Genitalien schreiben: »Keine vertrauenswürdige Primärquelle [über Hitlers Geschlechtsteile] existiert aus den Jahren vor 1945. Es gibt in allen medizinischen Aufzeichnungen keine präzise Beschreibung von Hitlers Penis und Hoden – weder in einem Geliebten-Kalender, noch in Morells Notizen oder in Eva Brauns Tagebuch.« *(Eberle/Neumann 13, S. 31 f.)* Wie wahr und auch wie lachhaft! Denn so etwas präzise Genital-Bezügliches gibt es mangels Männerforschung ebenfalls nicht über andere Politiker vor, neben und nach Hitler – nicht über Adenauer, Bismarck, Churchill, de Gaulle, Reagan ...

Als Eberle/Neumann 2009 diesen genital-vakanten Jammer über Hitler auf die Welt losließen, war der Sack mit den Landsberger Gefängnisakten noch nicht aufgetaucht. Das geschah 2010 und bis 2015 dauerte es, das Material zu publizieren. Noch hat die Hitler-Biografik nicht auf die Publikation des Nürnberger Staatsarchiv-Direktors Peter Fleischmann »unmittelbar vor Weihnachten 2015« weitwirkend reagiert. Die jüngste Hitler-Biografie von Peter Longerich 2015 überschnitt sich mit Fleischmanns Herausgabe der Landsberger Gefängnis-Akten. Was der Kommentator dieser »echten Sensation«, der Hitler-Forscher Sven Felix Kellerhoff, Ende 2016 herausfordernd in der *Welt* formulierte, ist erst einmal ein Wetterleuchten: »Ein Arzt stellte bei der Eingangsuntersuchung [von Hitlers Landsberger Haft] fest, dass Hitler eine Fehlbildung an den Geschlechtsorganen hatte und vermutlich deshalb zu einem normalen Geschlechts- und Liebesleben nie in der Lage war.« *(Kellerhoff* 16)

Dass aus dem »Vermutlich« ein »Tatsächlich« wird, ist die Herausforderung für die Hitler-Biografik der Zukunft.

»Leise flehen« ihre »Lieder durch die Nacht zu« ihm

Es gibt noch eine weitere Geschichts-wissenschaftliche Unart Masers zur Promotierung des heterosexuellen Hitlers – auch sie auf die Kürze und die Schnelle und mit der Kaum-Merklichkeit dem Ziel dienend, den Zeitgenossen einen heterosexuell intakten Hitler aufzudrücken.

Die Platte »Morell-Aussagen« und »Morell-Verhöre durch US-Kommissionen«, das Thema »US-Protokolle über Hitlers Leibarzt Morell«, ist »abgespielt«, eine Neu-»Auflage« von diesen Fakten-Einstampfungen ist nach den vorangegangenen Beweisführungen unmöglich. Und Masers »mehrfache Untersuchungen von Hitlers normalen Geschlechtsorganen« durch Leibarzt Morell werden nach der Verbreitung des Landsberger Gefängnisarzt-Gutachtens über Hitlers Anormalität des Hodensacks nie wieder kolportiert und nachgebetet werden können.

Maser hat diesen Moment des Ihm-auf-die-Schliche-Kommens vorausgesehen und vorgesorgt. Für den Fall der Parierung seines Manövers »Morell in US-Verhören« hat er in seiner Hitler-Biografie ein deutsches Parade-Dessert nachgereicht, das zur nun folgenden direkten Enttarnung »griffbereit« zitiert wird: »Seinem einstigen Patienten, dem Gesandten Dr. Paul Karl Schmidt, berichtete er [Morell] zur gleichen Zeit vertraulich, dass Eva Braun ihn [Morell] während ihrer Besuche beim Führer häufig bedrängt habe, das sexuelle

Verlangen Hitlers, dessen Libido in seinen letzten Lebensjahren durch ununterbrochene Krankheiten, Überarbeitung, Pflichten, Verantwortung und immer entscheidender wirkende Niederlagen sublimiert wurde, durch Stimulantien wieder zu fördern.« *(Maser 1971/01,* S. 320/324) – [Anm. 76, S. 480/582 »Persönliche Auskunft von Dr. Paul Karl Schmidt(-Carell) vom 17. Februar 1971.«]

»Zur gleichen Zeit« betrifft diejenige Zeit, für die Maser das »Zeugnis« des Hitler-Leibarztes erfunden hat: »Hitlers Leibarzt Theo Morell gab nach 1945 im Rahmen seiner Verhöre durch US-Kommissionen zu Protokoll, dass Hitler mit Eva Braun ganz offensichtlich geschlechtlich verkehrt habe.« *(a. a. O.,* S. 320/324) [Anm. 74, S. 480/582 »Morell-Protokoll (Urologische Daten: Geschlechtsmerkmale)«]

Ist nicht die Maser-Mitteilung vom »vertraulichen« Morell-Geflüster mit dem deutschen »Zeugen«, dem »Gesandten Dr. Paul Karl Schmidt«, zusammen mit der Enttarnung von Masers »US-Kommissionen«-Fiktion gleichfalls aufgeflogen? Gemäß des Prinzips: »Wer einmal lügt, dem glaubt man nicht!«?

Schön und leicht wäre es, wenn dem Sexual-Normativisten Werner Maser mit Sprüchen der deutschen Volksseele beizukommen wäre. Doch Maser hat diesen Trug so raffiniert platziert, dass der Lug in den männlichen Teil eben dieser deutschen Volksseele, nämlich in dessen »Sexualseele«, eingedrungen ist. Die von der »Führer-Mätresse« gegenüber seinem Leibarzt angeblich erflehten sexuell aktiv machenden Hitler-»Stimulantien« turbieren nicht mit gleicher wissenschaftlicher Einvernehmlichkeit in der Hitler-Forschung wie »Morell und die US-Protokolle«, dafür aber genauso maskulistisch konform. Stimulanzmittel sind von Männerseite her das Überzeugendste für das A und O von Geschlechtsverkehr, wie Verhütungsmittel von Frauenseite her.

Es gibt – abgesehen von der Nachweisbarkeit einer Schwangerschaft – diese beiden Eckpfeiler als Voraussetzung der Annahme praktizierter Heterosexualität: Beim Mann »Stimulantien« = dann will er, dann »kann« er, dann macht er »es«. Bei der Frau Verhütung = dann will sie das Gewollte, Gekonnte, Gemachte in dessen Folgen auf ihren Körper ungeschehen werden lassen: Wer sich künstlich »stimuliert«, der koitiert. Die verhütet, tut das Gleiche.

Masers »Gesandter-Schmidt-Erzählung« – frei nach Franz Schuberts in der deutschen Musikalität »drin«sitzendem Lied »Leise flehen meine Lieder durch die Nacht zu dir. In den stillen Hain hernieder. Liebster, komm zu mir.« – ist tief in die Sexualpsyche des deutschen Mannes eingedrungen: Eva Braun hat den Leibarzt um Stimulantien für Hitler gebeten. Dann stimmts doch, dass Braun und Hitler GV miteinander hatten! So wird es wieder und wieder »von Mann zu Mann« erzählt und echot durch das ganze Land. Fast 50 Jahre schon hält sich Masers »Nachricht«, die sich im »gewöhnlichen« und im publizistisch aktiven Mann festgesetzt hat.

Ein Beweis für Letzteres ist die schon gescholtene Stelle in der Publikation des zusammenarbeitenden Wissenschafts-Paares Henrik Eberle und Hans-Joachim Neumann für die vorläufig letzte medizinische Hitler-Biografie: »Leibarzt Morell [...] war der Meinung, dass Hitler an sich sexuell potent war. Eben deshalb applizierte er ihm seit 1944 regelmäßig das 1935 entdeckte Sexualhormon Testosteron, sowie Hormonpräparate aus eigener Produktion.« *(Eberle/Neumann* 09, S. 55) Verheerend wirkt sich im Geschichtswissenschafts-Bereich aus, so etwas ohne Belege zu bringen. Verheerend für die Verifikation von Hitlers eigentümlicher Sexualität ist Eberle/Neumanns Verfahren des unabgeschlossenen, Fußnoten-ungeankerten In-den-Raum-Stellens einer angeblichen sexuellen Hitler-Besonderheit. Morells Verabreichung von Hormon-Präparaten geschah aus auto-körperlichen und nicht aus interspezies kontaktiblen Sexual-Kommunikations-Gründen.

Bis heute wird in der Hitler-Biografik angenommen, Morells Hormon-Behandlung Hitlers habe dessen »Geschlechtsverkehr mit Eva Braun« gegolten, wie es wieder Meinungs-nachzüngelnd von Guido Knopp in seinem ZDF-Film »Krankenakte Hitler« ab dem 27. November 2012 unternommen wird. Knopp benutzt den Begriff »Hitlers Krankenakte« untechnisch, denn auch er weiß, dass zum Beispiel Hitlers Krankenakte aus dem Lazarett Pasewalk von den Nazis vernichtet wurde. Und doch nimmt Knopp sich heraus, in einem Interview mit *Hörzu* zu verlautbaren, er hätte »Hitlers Krankenakte« »schon Mitte der 1990er Jahre eingesehen«. Eine Krankenakte Hitlers, die man noch »einsehen« könnte, gibt es nicht mehr.

Die Wahrheit zu den Morell'schen Hormonspritzungen: Die männlichen Hormone sollten Hitler nicht aktiv im Verhältnis zu anderen Körpern machen, sondern standen zur Aktivität im Inneren seines eigenen Körpers in einem Verhältnis. Wegen seines fehlenden rechten Hodens litt Hitler unter Testosteron-Mangel, das von Morell zyklusmäßig nachgereicht wurde.

Zu diesem Thema injizierte Knopp erneut Maser-technisch Schwammiges in die Hitler-Geschichtsschreibung: »Mehrere Ärzte« hätten »die zwei Hoden Hitlers bestätigt«. Das liegt auf der Schiene von Masers »mehrfachen Untersuchungen von Hitlers Geschlechtsorganen«

durch Morell und von Irvings »mehreren Adjutanten«, die Hitlers
Geschlechtsverkehr mit Eva Braun »im Wesentlichen bestätigt« hätten. Und was geschieht bei Eberle/Neumann? Sitzen die auch im Boot
von absichtlichen Geschichtsverdrehern? Nein, doch ein promovierter
Mediziner wie Hans-Joachim Neumann ist als spezialisierter Medi-
zin-Historiker der ärztlichen Praxis derart entwöhnt, dass er nicht
(mehr) weiß: Hormone können in der Arzt-praktischen Behandlung
nicht nur zur Förderung der interpersonellen Horizontalen, sondern
auch rein fürs *Single Wellbeing* verabreicht werden – Thema Klimak-
terium und Behandlung alternder Frauen mit Östrogen. Für Männer
vergleichbar ist die Verabreichung von Testosteron gegen Prostata-Verhärtung und Krebsgefahr.

Was Eberle/Neumann sich bei ihrer Fehldeutung von Morells Tes-
tosteron-Behandlung leisteten, ist jedoch noch schlimmer als medizinische Vergesslichkeit. Sie unterließen es, alles zu Morell zu studieren,
was für ihre Medizin-Biografie Hitlers notwendig gewesen wäre, um
sich nicht auf das Glatteis ihres Prä-Viagra-Wahns alias Hormon-Ver-
abreichung für Hitler-Braun-Geschlechts-Akte zu begeben. Eberle/
Neumann kennen die Urszene zu Morells Testosteron-Kur und deren
Zwecke nicht. Hitlers zweite Sekretärin Schroeder, eine der verläß-
lichsten Zeuginnen zu »Hitler privat«, hinterließ die Schilderung, an
der alle stimulanzistischen Geschlechts-Aktivisten und Hitler-Verheterosexualisierer vorbeischauten:

»Ganz besonders auffallend enthemmt gab sich Hitler im Herbst
1944, als Dara [Hitlers dritte Sekretaerin Daranowski] und ich allein
bei Hitler zum Tee eingeladen waren. Der Diener hatte ihm, als wir
am Teetisch saßen, das schmerzende Bein auf das Sofa gelegt. Und
nun streckte Hitler auf dem Sofa im Verlauf der dahinplätschern-
den Gespräche plötzlich wohlig seine Arme aus und sprach verzückt
davon, ›... wie schön es sei, wenn zwei Menschen sich in Liebe fänden‹.
Dara und ich waren perplex – so schwärmerisch und schwelgend hatten wir Hitler noch nie erlebt. Anschließend gingen wir in Morells
Baracke [innerhalb des »Führer«-Hauptquartiers Wolfsschanze an
der Ostfront] und fragten ihn, was mit dem Chef los wäre, er hätte
so komische Reden geführt. Morell antwortete verschmitzt lächelnd
über seine Brille hinwegschauend: ›So, habt Ihr was gemerkt? Ja, ich
gebe ihm jetzt Hormoninjektionen, die aus den Hoden von Stieren
gewonnen werden, die sollen ihn im Gesamten kräftigen!‹ Im März
erzählte mir Robert Scholz, der früher im Stabe Rosenbergs [nach dem
Überfall auf die Sowjetunion Reichsminister für die Ostgebiete] tätig

gewesen war, dass Morell Rosenberg gebeten hätte, ihm Hoden von Stieren zur Verfügung zu stellen. – Dass Hitler von aufputschenden Injektionen bzw. von Morell abhängig war, beweisen mehrere Vorfälle. – Nach dem Attentat am 20. Juli 1944 ...« *(Schroeder 85, S. 207)*

Das kommt eben davon, wenn selbst in einer *medizinischen* Biografie Hitlers nicht realisiert wird, wer sein Leibarzt, Dr. Theodor Morell, war – ein Ganzheits-medizinisch orientierter Grenzüberschreiter, der wegen vieler seiner ärztlichen Randgebiets-Erfahrungen als Schiffsarzt, als Haut- und Geschlechtskrankheits-Spezialist und als Geburtshelfer schamanistische »Medizinmann«-Qualitäten hatte, die von Hitler bevorzugt wurden, von »industrialisierten« Fachärzten, wie dem »Trio clinical« Brandt, Giesing und Hasselbach jedoch verabscheut und sogar von Medizinhistorikern wie Hans-Joachim Neumann nicht mehr begriffen werden.

Die personell-interaktiv missverstandene Hormon-Behandlung Hitlers durch Morell führte zu einem der hartnäckigst festsitzenden Fehlurteile über Hitlers Sexualität. Das Zitat aus Eberle/Neumanns Buch *War Hitler krank?* sollte als Beleg dafür herangezogen werden, wie Masers Wahrheits-Stürmungen auch den wissenschaftlichen Mann erobert haben.

Wenn es um Sexualität geht, benimmt sich noch »jeder« Mann, dem der Dramatiker Arthur Schnitzler sein Theaterstück *Das weite Land* gewidmet hat, wie eine Sickergrube, in die jede masku-phallische Potenz-Schimäre eindringen kann. Eberle/Neumann haben sich nicht klargemacht, was sie mit ihrem unvermuteten »Wischiwaschi« anrichteten: »Dass Hitler an sich sexuell potent war«, »war die Meinung« von »Leibarzt Morell«? Wann war Morell dieser Meinung, die er gegenüber wem oder in welchem Schriftstück zum Ausdruck gebracht hat?

Erst Eberle/Neumanns Missverständnis der »Hormonisierung« Hitlers als eine Viagra-Vorläufer-Kur des Leibarztes für seinen Patienten A. H. gibt einen Hinweis darauf, dass Eberle/Neumann sich auf das dubiose Maser-Schmidt-Gespräch beziehen, denn nirgendwo sonst kommt so etwas vor. Eberle/Neumann wollten das aber nicht rauslassen. Warum denn nicht? Weil auch ihr Zweifel bestand, ob es mit der mündlichen, Zeugnis-losen Schmidt-Aussage gegenüber Maser seine Richtigkeit hat? Anstatt Klarheiten in sexuellen Angelegenheiten Hitlers zu schaffen, benehmen Eberle/Neumann sich schweizbänkerisch. Sie waschen eine Falsch-Quelle »wahr«. Denn nun steht alles über die phallische »Potenz« Hitlers bei den Welt-angesehenen medizinischen Hitler-Biografen. Und wieder »stimmt es« – gegen alle sexualwissenschaftliche Vernunft vom a-»potenten« Potentaten!

So ist es abermals nicht möglich, einen Maser-Trick mit einer Ein-Seiten-Abschmetterung zu kontern. Im Stretto eines Scherzos muss mit allen Körperteilen des Karate-Kämpfers der Angriff des Sexual-Normativisten Werner Maser auf die historische Wahrheit pariert werden, dem Eberle/Neumann 2009/13 klammheimlich gefolgt sind.

Das ist diesmal mit staatsanwaltlicher Voruntersuchungs-Präzision und mit Zustech-Messerschärfe fast ganz ohne das von Historikern erfundene Langsamkeits-Element der Quellen-»Belegschaft« zu vollbringen.

1.: Ein mehrpersonelles Um-drei-Ecken-Sagen ist kein für eine Beweisführung einsetzbares Zeugnis, wenn es allein dasteht.

Maser arbeitete in der Regel nicht Geschichts-prozessual, weil er juristisch nicht gebildet war, nicht wusste, welch ein Zeugnis akzeptiert werden kann und welches nicht: Er behauptete, Dr. Morells ehemaliger Patient Schmidt hätte Maser erzählt, dass der ehemalige Leibarzt eben jenem ehemaligen Patienten Schmidt »vertraulich« »berichtet« hätte, Eva Braun hätte für Adolf Hitler sexuelle »Stimulantien« haben wollen. Wenn solch ein multi-personelles »Sagen-Sagen« nicht gleichzeitig mit geradlinig direkt geschienten Ein-Personen-Aussagen kombiniert werden kann, ist es kein Zeugnis. Maser blieb Zweit-Hinweise auf den Inhalt des vom Schmidt-Morell-Gesagten schuldig.

2.: Maser widerrief sein sogenanntes Zeugnis, indem er dessen Inhalt kurz danach widersprach. Er passte zum zweiten Mal nicht auf – diesmal vulgärst.

Maser kann nicht dreidimensional lügen. Wer einmal lügt, muss zur Stützung des Gelogenen immer lügen, muss das Gelogene permanent im Gedächtnis behalten und alle weiteren Details dem Gelogenen angleichen. Nichts früher und später Geäußertes darf dem Gelogenen widersprechen. So präzise lügen können nur wenige Menschen. Das ist die große Chance der Kriminalisten, Staatsanwälte und Richter bei der Wahrheitsfindung. Die meisten, zu denen auch Maser gehörte, sagen heute Dieses und morgen Jenes, das mit dem gestrigen »Dieses« nicht übereinstimmt.

Maser berichtete ein paar Seiten nach der »Stimulantien«-Stelle vom Morell-Patienten a. D., dem »Gesandten Schmidt« und dessen Besuchen am Krankenbett des Schlaganfall-getroffenen Hitler-Leibarztes, der sich zu genau dieser Zeit in diesem Gehirn-lädierten Zustand nicht mehr an solche Einzelheiten wie Eva Brauns »Drängen« um »Stimulantien« für die Zeit »ihrer Besuche bei Hitler« hätte erinnern können, geschweige denn, dass ihm das in seinem gelähmten, Sprach-gestörten

Kaputtsein überhaupt noch wichtig gewesen wäre, einem ehemaligen Patienten, der ihn am Krankenbett besucht, just in diesem Moment »anzuvertrauen«. *(Die Schilderung des ehemaligen Patienten Paul Karl Schmidt)*

Das für Masers Getrickse besonders Ungünstige: Die Morell-Verwirrung, von der der Zeuge Schmidt in echter Bezeugung von Morells Zusammenbruch dem Hitler-Biografen Maser berichtet hat, wird weitere sechs Mal bestätigt, sodass an ihr nicht mehr vorbeigegangen werden kann. Morell hat innerhalb seines Erinnerungs-Desasters, das im Verhalten der Amerikaner ihm gegenüber zu Tage tritt, nicht mehr derart Nebensächliches wie Eva Brauns Interesse an »Stimulantien« für Hitler parat gehabt, um es einem Besucher an seinem Krankenbett »vertraulich« zuzustecken. Ein vom Schlaganfall getroffener Arzt hatte in diesem Zustand keinen »Grips« mehr dafür, Auskünfte über Details von sexuellen »Stimulantien« zu geben, die die Freundin seines abgeschlafften Hochstand-Patienten irgendwann mal erbeten hätte. Oder umgekehrt: Wegen Morells desolatem Zustand nach seinem Schlaganfall kann auf nichts etwas gegeben werden, was seinem Gedächtnis-Kauderwelsch entfahren ist.

Es kommt noch hinzu, dass Maser mitten bei der Fiktion des »Sagen-Sagens« nicht aufpasst: Nicht Eva Braun hat Hitler »besucht«, sondern Hitler hat Eva Braun besucht. Sie war die meiste Zeit zwischen 1936 und 1945 im *Berghof* fix, wie es alle Zeugen aus dem Umfeld kundtaten. Hitler kam und ging, vor allem in den Zeiten, in denen er »stimuliert« hätte werden sollen, in denen er sich ab 1939 in seinen verschiedenen »Führer«-Hauptquartieren aufgehalten hat, immer seltener auf dem Obersalzberg war und ab Mitte 1944 gar nicht mehr. Masers »[...] dass Eva Braun [...] während ihrer Besuche beim Führer [...]« ist von den vertauschten Aktivitäten der historischen Personen Braun und Hitler her pur falsch.

Ergebnis von 2.: Masers zweite Aussage über den »Gesandten Schmidt« hebt seine erste Aussage über eine Mitteilung von diesem auf: Die zweite Mitteilung Schmidts über Morells Schlaganfall macht solch eine Präzision, wie die »vertrauliche« Bemerkung über Brauns erbetene Hitler-»Stimulantien«, hundertprozentig unglaubwürdig. Eine derartige Bemerkung kann der Leibarzt innerhalb des verworrenen Zustandes seines Zusammenbruchs nicht gemacht haben. Oder sie ist ein »Irren-Gaga«.

3.: Maser gab für seine Schmidt-Morell-Braun-Hitler-»Stimulantien«-Fiktion einen Zeitplan an: »[...] das sexuelle Verlangen Hitlers, dessen Libido in seinen letzten Lebensjahren durch ununterbrochene

Krankheiten, Überarbeitung, Pflichten, Verantwortung und immer
entscheidender wirkende Niederlagen sublimiert wurde, durch Stimulantien wieder zu fördern.«
Beiseite-Spott: Maser rutschte in seiner »Führer«-Einfühlung
sprachlich aus. Die »Niederlagen« seiner Armee hätten auf Hitler
»immer ent-scheidender gewirkt«. Eine ordinärere und faktisch fal-
schere Männerfantasie ist unter Hitler-Biografen kaum anzutref-
fen! – »Niederlage« = ab-scheidende Wirkung als Signal-runter des
Phallus, Niedergang des männlichen Errichtungsorgans anstatt des
angeblich mit Eva Braun betriebenen »Auf-und-Nieders«. Deshalb
die Bitte der Vagina-Trägerin um »Förderung« des vorderen »Wieder«-Aufrichtens. Die Zeit, in der die [militärischen] »Niederlagen«
Hitlers auf ihn »immer ent-scheidender« »gewirkt« hätten, ist identisch mit der Jahres-Spanne der erhaltenen *Geheimen Medizinischen
Tagebüchern* Morells. *(Morell* 83 I, II)

Die »Niederlagen« Hitlers im von ihm angezettelten Zweiten Weltkrieg begannen in der zweiten Hälfte des Jahres 1941. Er hatte spätestens
seit seinem »Politischen Serienkiller-Manifest« *Zweites Buch* von 1928
geplant, die Sowjetunion im Handstreich zu erobern, *(Kershaw 2000,*
S. 388) kam jedoch ab seinem Überfall am 22. Juni 1941 nicht bis nach
Leningrad [Petersburg] hinein und wurde von der Roten Armee vor
Moskau gestoppt.

Morells noch vorhandene Tagebücher beginnen am 7. August 1941.
Die fast vier Jahre währenden Arzt-Notizen vom 7. August 1941 bis
zum 20. April 1945 Zeile um Zeile abgegrast, erbrachten nichts »Sti-
mulantiges«, weder ausdrücklich festgehalten noch angedeutet. Nie
wurden von Morell an Hitler in den Zeiten der »immer ent-scheidender wirkenden Niederlagen« sexuelle Wiederbelebungs-Medikamente
verabreicht. Ja, dieses »Problem« hat der Leibarzt nie angeschnitten.

Wenn er Hitler mal Hormone gespritzt oder eingeflößt hat, dann
geschah das zur allgemeinen Aufmunterung, zum Zwecke der Depres-
sions-Aufhellung, aber nicht mit sexuellen »Hintergedanken«, die der
Leibarzt in seinen Notaten nie zum Ausdruck gebracht hat. Zweimal
tauchen die selten angewandten »Einsätze« von Hormon-Präparaten
auf – in Morells, den amerikanischen Siegern überlassenem Material,
das sie in ihrem *CIR No. 4* referierten und in seinen Tagebüchern, die
40 Jahre später David Irving herausgab. *(MISC,* Version I, S. 11 ff., *MC,*
S. 7, 15, *Irving* 83 I, S. 299 f.)

4.: Jemand Renitentes, der sich in der »Stimulantien«-Saga-Saga weiter suhlen möchte, könnte kontern: Einträge darüber ins Tagebuch hätte
Hitler seinem Leibarzt verboten! Diese Ausflucht ist durch ein Detail

der Maser-Konstruktion versperrt. Maser behauptete nicht – indem er Morell/Schmidt sagen-sagen ließ –, Hitler hätte den Leibarzt um »Stimulantien« gebeten und ihn dabei zum totalen Schweigen verdonnert, das sich auch auf Morell-Einträge ins Doktor-Tagebuch bezogen haben könnte. Nein, nein, die Bitte um »Stimulantien« wäre angeblich von Eva Braun an den Hitler-Leibarzt herangetragen worden. Das hieße in der Unlogik Masers, Hitler wusste über die Wiederaufrichtungs-Maßnahmen seines Leibarztes gegenüber seinem männlichen Mitten-körperlichen »Niedergang« null und nichts. Dann hat er auch dem Morell nichts in die Tagebuch-Notate reinreden können. Und Eva Braun hatte keine Macht über die mächtige »Führer«-Leib-Figur Dr. Morell, ihm die täglichen Einträge in sein Tagebuch zu diktieren oder zu verbieten.

5.: Nächstes »Beiseite«: Immer mal wieder blitzt beim Janus-köpfigen Hitler-Biografen Werner Maser eine Hitler-Apologetik durch, wenn er »einfühlsam« in den Kriegs-gebeutelten »Führer« auf dessen sexuelle »Niederlage« zuformuliert, dass Hitlers »Libido in seinen letzten Lebensjahren durch ununterbrochene Krankheiten, Überarbeitung, Pflichten, Verantwortung und immer entscheidender wirkende Niederlagen sublimiert wurde.«

Nach Kenntnis des Zeile-um-Zeile-Textes von Morells Tagebuch kommt eine Unter-Unverschämtheit Masers heraus. 1983 hat Maser-Rivale David Irving zwölf Jahre nach Masers Hitler-biografischem Auf-die-sexuelle-Tränendrüse-Drücken die *Geheimen Medizinischen Tagebüchern* des Leibarztes publiziert, wonach Maser seinen »Stimulantien«-Humbug eigentlich in den neuen Auflagen seiner Hitler-Biografie hätte revidieren müssen: Hitler war mitnichten »ununterbrochen krank«, sondern lebte vereint mit seinem »alter-physio« Dr. Theodor Morell im Saus und Braus des Aufs und Abs, der Hochs und Tiefs, frönte seinen Stimmungen, die allerdings schwankten. *(Morell* 83 I, S. 85 ff.) Hitler war manchmal knackig gesund, wie zum Jahresende 1943, *(a. a. O.,* S. 149, 174 f.) sodass Hitlers Begleitarzt Karl Brandts Übermittlung glaubhaft wirkt, Morell hätte gegenüber Brandt in der gemeinsamen Gefangenschaft behauptet, Hitler sei »eigentlich nie krank gewesen«. *(Brandt* 45, S. 2/61 ff., *Irving* 83 I, S. 69)

Das stimmt. In Morells Tagebüchern gibt es die »Randerscheinung« der einmaligen Operation eines gutartigen Stimmband-Geschwürs *(Morell* 83 I, S. 245 ff.) und die die ganzen vier Jahre durchziehenden Verdauungsprobleme Hitlers und sonstige Kleinigkeiten wie Ohrensausen, Zahnfleischbluten und Schwindelgefühle, später das Gliederzittern. Hitlers Herz-Sklerose ist mehr ein Gegenstand von Morells Untersuchungen oder von Gesprächen zwischen Arzt und Patient

6.: Eva Braun kommt in Morells Tagebuch selten vor, ungefähr alle viertel bis halbe Jahre einmal – aber mit definitiv unsexuellen Spezifika, als sei sie eine Verwandte oder Funktionsträgerin Hitlers auf dem Obersalzberg, die mal den »Hausarzt« konsultieren musste oder über die Morell etwas Nebensächliches festhält.

Wenn Morell Eva Braun erwähnt, telefoniert Hitler mit ihr oder sie ist krank, aber nicht sexuell »bedürftig«, im Gegenteil, Braun benötigt Morells Medikamente. Das ist alles. So etwas berichtet Morell auch von ihrer Freundin Herta Ostermayr: Beide jungen Frauen seien an Grippe erkrankt. Außerdem hält Morell die Zusendung eines Paketes mit Arzneien für Braun fest, wobei er die schwere Post für die gerade unpässliche Braun vom »Führer«-Hauptquartier Wolfsschanze an den Berghof schickt. Auch in diesem Paket kann nicht »vertraulich« eine »Stimulantie« enthalten gewesen sein, denn der »Führer« »stand« täglich direkt neben Morell an der Ostfront. Und Eva Braun befand sich »Führer«-los im Bayerisch-Hinterländischen.

Die Braun-Notate im Morell-Tagebuch geschehen in einem Ein-paar-Monate-Abstand: 20. April 1943 – Braun grippal. 8. Januar 1944 – Morells Medikamenten-Paket an Braun. 8. März 1944 – »Führer telefoniert mit Eva Braun«. 10. Juni 1944 – Braun und ihre Freundin Ostermayr-Schneider haben »es« im Halse. Morell soll sich sorgen, was er dann auch tat. (Morell 83 I, S. 123, 151 f., 161, 175)

7.: Hitler-Biograf und Möchtegern-Kuppler Maser hält sich zwar bedeckt und spricht nicht vom »Potenz«-Aufbau Hitlers, sondern nur von »Stimulantien« für ihn, um die die »Führer-Geliebte« dessen Leibarzt »bedrängt« hätte. Die »Stimulantien« betreffen mehr die Geschlechtsverkehrs-Willigkeit eines Mannes im Allgemeinen als seine phallische »Potenz« im besonderen Sinne von »Erektion-Penetration-Friktionen-Ejakulation«. (ONANO, 19. Nein-Sager)

Doch in der Fantasie des Volksmannes läuft das Wort »Stimulantien« auf die Wieder-Belebung der im Argen liegenden phallischen Potenz zu. Maser deutete das »diskret« mit den »Niederlagen« an, die das »Nieder« und nicht mehr »Aufstehen« von Hitlers Frontalorgan zur Folge gehabt hätten. Um »Stimulantien« fürs Hoch des körperlichen »Vornst« bitten Männer. An so etwas sind Männer interessiert. Medizinische Lexika in öffentlichen Bibliotheken sind an den Nachschlag-Stellen für »Potenz« von Hunderten Befingerungen braun und verfranst. Maser hatte nicht bedacht, dass ihm eine Männerfantasie entwich.

Frauen bitten Ärzte nicht um Männerpotenz-Mittel. Hätte Maser gesagt, Schmidt hätte gesagt, Morell hätte gesagt, Hitler selbst hätte

Morell um »Stimulantien« als er-hebliche Potenzialitäten gebeten, dann wäre es nicht so leicht gewesen, Maser »hochzunehmen«. Wie in *Hitlers Phantommoese fuer die latente Lesbe Eva Braun* und *Auf dem Chamberlainsofa (ORALO)* auseinandergesetzt worden ist, war Braun an Stimulantien für Hitlers phallischen Aufbau gar nicht zentral interessiert. Für das, was Braun von Hitler wollte und zeitweilig bekommen hat, brauchte sie Hitlers Leibarzt nicht um »Stimulantien« zu »bedrängen«.

8.: Eva Braun konnte Morell im Laufe seiner Hitler-Leibarztschaft immer weniger leiden. Es gibt eindeutige Zeugnisse ihrer Abneigung gegenüber Morell, die sogar in Hass übergegangen ist. »›23. 2. 44 (Mittwoch)‹ Hitler kam mit seinem Sonderzug nach München. Im Führerbau sprach er anlässlich des Gründungstags der NSDAP vor den alten Kämpfern. Dann fuhr er weiter nach Berchtesgaden, wo er bis Mitte Juli 1944 bleiben sollte. Eva Braun war erschrocken, als sie ihn sah. Hitler ging nach vorne gebeugt und wirkte stark gealtert. ›Wie geht es dem Führer, Frau Junge?‹, fragte sie die Sekretärin laut deren Aufzeichnungen. ›Ich will Morell nicht fragen, ich vertraue ihm nicht und hasse ihn.‹« *(Irving 83 I, S. 158)*

Braun wäre die Letzte gewesen, die Morell um phallische Aufbau-Packungen für irgendwen gebeten hätte. Für Anti-Grippe-Mittel ja, aber für so etwas Intimes wie das Eingeständnis vom »schief hängenden Haussegen« und Hitlers Ausstieg aus dem sowieso nie gehabten gemeinsamen Bett wäre gerade Eva Braun den ihr ekligen Morell nicht angegangen.

Ergebnis: Die »Stimulantien«-Fiktion Masers ist nicht Prozess-fähig und muss ohne Umschweife und jede weitere Quellen-Recherche abgeschmettert werden.

Der 1. Ja-Sager, Hitlers Leibarzt Theodor Morell, ist als hundertprozent unglaubwürdig ad acta zu legen. Ein »Verhör« Morells durch »amerikanische Kommissionen«, eine »Aussage« von ihm zur Anfertigung eines »Morell-Protokolls«, gab es nicht.

Was als sein »Glaube« in der US-Geheimdienst-Akte *CIR No. 4* behauptet wurde, ist eine Fiktion, zumindest eine Frisierung, weil ein »Sex Life« Hitlers in den medizinischen Tagebüchern Morells nicht vorkommt. Es gibt weder direkte Hinweise darauf, noch indirekte Anspielungen dazu. Deswegen ist auch alles andere, was Morell untergeschoben wurde, das er zu Hitlers »Geschlechtsverkehr mit Eva Braun« gesagt haben soll, eine Erfindung.

Wehende Winde gehen über Leichen

Sollte jemand auf die Idee verfallen, die ganzen *Geheimen Medizinischen Tagebücher* Morells seien einer Schwindelei entsprungen, dann müsste dieser »Witzbold« seine Idee auf Dutzenden bis Tausenden von Seiten nachweisen, um die gröbsten Klötze des »Fake-Hitlers« abzutragen.

Zur Idee »Morell-Tagebuch fingiert« kann gesagt werden, dass es kein Durchkommen für sie geben würde, sollte folgende These aufgestellt werden: Hitler, in Wirklichkeit genital fuhrwerkend »in Saus und Braus« mit Frauen (Hetero-Wahn) und Männern (Machtan), habe seinen Leibarzt angewiesen, diesen Umstand mit einem anal deformierten Hitler zu bedecken und jahrelang einen medizinischen Bericht darüber zu fingieren. Zu vieles auch außerhalb von Morells Tagebuch Bezeugtes bestätigt den anal deformierten und genital-kommunikativ leblosen Hitler. *(Pilgrim/Mend)*

Die Kollegen und Rivalen Morells, die Ärzte Brandt, Giesing und Hasselbach, berichteten vom »Rühr-mich-nicht-an!«-Hitler und vom sexuell »lautlosen« Hitler, vom gelbsüchtig »braunhäutigen«, weil durch Morell Strychnin-Vergifteten. Die Leibdiener Arndt und Linge bestätigten Hitlers Sich-Drehen um die Anti-Gas-Pillen, die er vom leibärztlich verordneten Höchstmaß der zehn pro Tag heimlich auf 16 pro Tag erhöhte. Was heißt das psycho-sexuell? In stündlicher Aktion befanden sich nicht Hitlers Genitalia, sondern befand sich seine »Analia«, an die er sich 16mal pro Tag erinnern wollte. Vegetarier haben »von Hause ihrer Ernährung aus« keine Verdauungsprobleme. Bei Hitler muss etwas bisher ungeklärt Sexual-Psychisches hinzugekommen sein, das seine Beziehung zwischen seinem körperlichen Oben und Unten, seinem Aufnahme- und seinem Ausscheidungsorgan, permanent aus den Fugen geraten ließ.

Dieses vertikale Uroboros-Sich-Drehen um sich selbst machte jedes horizontale Sich-Drehen mit Mitmenschen unmöglich. Nicht »wegdiskutiert« werden können die Sekretärinnen Junge und Schroeder, die Hitlers Vom-sexuellen-Wege-Abgekommen-Sein festhielten und einen körperlich »runtergekommenen« »Führer« darstellten, wie in schärfster Form auch Hitlers Münchener Haushälterin Winter zu Protokoll gegeben hat.

Hitlers zwanghaftes »Brauchen« Morells und Morells physische Gegenwart in Hitlers Leibesnähe wird von allen Umfeldern erwähnt und ist auf Dutzenden Fotos bezeugt worden. Bei Hitlers hetero- und homosexuellem »Saus und Braus« hätte er so viel mit den Leibern anderer Menschen zu tun gehabt, dass er nicht Baby-haft täglich, manchmal stündlich einen Leibarzt an seiner eigenen Haut gebraucht hätte. Im Gegenteil: Sein Leibarzt hätte bei Hitlers sexuellem »Saus und Braus« ausgiebig und ständig »frei« gehabt.

Die para-sexuelle Beziehung zwischen Hitler und Morell ist der stabilste Beweis für die Echtheit von Morells Tagebüchern und die Wahrheit der in ihnen zugrunde gelegten wirklichen Körper-Angelegenheiten Hitlers. Die medizinischen Aufzeichnungen Morells über Hitlers Krankheits- und Gesundheits-Bedingungen sind die Chronik der analen Deformation eines Politikers, die ihresgleichen in der Geschichte der Männerbünde suchen muss.

Die Obszönität hat keine Grenzen. Zwischen Morell und Hitler fluktuierte es täglich hin und her, gab es die immer häufiger und am Schluss manchmal täglich mehrmaligen Injizierungen, das Gespritze und das Eingeführe von Wohlfühl-, Aufwirbelungs- und Beruhigungs-Substanzen. Dieser Vorgang spricht für sich, weil er die Wohlgefühle, die Aufwirbelungen und die Beruhigungen durch kommunikative Sexualität ersetzen musste. Täglich ging es von Morell in Hitler hinein, in dessen Muskeln, Adern und unter die Haut. Überall da, wo Sexualität wirkt – sie bei sich selbst zu spüren und jemand anderem zu machen –, da agierte die Morell-Hitler'sche Einflößung, Eingabe und Einspritzung.

Das alles beleidigt den Machismo der Hitler-Verheterosexualisierenden, die sich nicht vorstellen wollen, dass Hitler nicht aus seinem »Ding« heraus »aktiv« war, sondern aus seinem »Loch«. Aber nicht etwa kommunikativ einvernehmlich, sondern derart weltzerstörerisch, dass Hitler Freuds Kategorie vom »Analsadismus« ins Ungeahnte verschärfte – in einen Anal-Destruktivismus, den die Welt ja kennt, weil sie ihn schon erlitten hat.

Das Morell-Tagebuch ist für diesen Fakt die Kehrseite, ist des Zerstörers verschwiegenes Selbstleiden an dem Körperort des Ausscheidens, am analdestruktiven Vorgang. Bekannt ist nur das »Sieg-Heil der Haufenbildung«, *(Das anale Zeitalter)* das Scheißemachen aus Millionen lebenden Einzelnen, aus Völkern, Traditionen und Kulturen. Das hat eine unbekannte Entsprechung an Hitlers geheimstem Körperort, die sich durch alle erhalten gebliebenen Morell-Tagebücher zieht. Dabei gibt es keine Pause, keine Minute für etwas Kommunikativ-Blühend-Genitales.

Was man auch immer gegen den Geschichts-Revisionisten David Irving sagen kann, es bleibt sein – viele seiner Schandtaten aufwiegendes – Verdienst, dieses Zeugnis von Hitlers anal-destruktiver

Orientiertheit an die Öffentlichkeit gebracht zu haben, was jedoch 35 Jahre lang in der Hitler-Forschung nicht verstanden worden ist.

Demnach muss weiter davon ausgegangen werden, dass das, was Irving aus Morells Tagebuch-Aufzeichnungen festgehalten hat, im Prinzip der Wahrheit entspricht – dass es sich bei Morells medizinischem Tagebuch um die Chronik von Hitlers Unterleibsmisere handelt. In Aufregung und Dramatik befanden sich Hitlers Magen und Darm, aber nicht seine Geschlechtsorgane.

Eine sogenannte kritische Ausgabe der vollständigen Morell-Aufzeichnungen über Hitler mit detaillierten Analysen und medizinischen Kommentaren von verschiedenen fachärztlichen Seiten her ist erst nach Irvings Tod möglich, da Irving von Morells Witwe Johanna die Rechte an Morells ärztlichen Tagebüchern übertragen bekommen hat.

Um der Welt einen heterosexuell agierenden Hitler plausibel machen zu können, müssen die Hitler-Hetero-Fraktionäre die Morell-Tagebücher aussparen, die vom schreienden Gegenteil berichten, von einem Hitler, der auto-erotisch nichts anderes tat, als um seine eigene Verdauungs-Achse zu kreisen. Morells *Geheime Medizinische Tagebuch* sind das ungelesenste Buch in der Hitler-Biografik.

»Alles spricht für eine starke psychische Fixierung seiner Beschwerden auf den Darm.«, äußerte sich Hitlers späterer medizinischer Biograf Schenck in einem Gespräch mit Irving über Hitlers »anale Fixierung«. *(Irving* 83 I, S. 42)

Es ist viel prinzipieller: Was aus Morells Tagebüchern zum Ausdruck kommt, ist die Darstellung eines Hitlers von absoluter kommunikativ-genitaler Empfindungslosigkeit. Sexuell »besetzt«, wie es die Psychoanalyse nennt, werden von Hitler niemals Personen, von denen er sich rituell im Handumdrehen trennen konnte. »Besetzt« werden von ihm auch nicht Sexualorgane von Personen, geschweige denn die von Eva Braun. »Besetzt« ist Hitlers eigenes, fürs Ausscheiden zuständige Organ, mit dem es jahrein jahraus »hochhergeht« – nicht etwa sexual-verbindlich mit Männern. Von wegen Machtans Geheimnis! *Hitler 2* hat nie Analverkehr mit Männern gehabt. Zu solch einer echt sexuellen Kommunikation war er nach seiner Zündung zum delegierenden Staffellauf-Serienkiller nicht mehr fähig und für sie auch nicht mehr willens. *(zweites Buch)*

Trotz 16 eingenommener Dr.-Köster-Anti-Gas-Pillen pro Tag sind es die üblen Winde, genannt »Blähungen«, von denen Hitler sich im »Auf und Nieder«, »Rein und Raus« »Domina«-haft im Einklang mit seinem aufgeschwollenen Doktor zusetzen ließ.

Allen denjenigen, die sich Hitler »als Mann« in einer Beziehung zu Eva Braun »als Frau« genital aktiv erträumen, müssen die Morell-Tagebücher als Pflicht-Lektüre verordnet werden. Vorher sind die heterosexualistischen Hitler-Biografen in diesem Punkt *out of discussion*. Das sind auch die Braun-Biografinnen, die die 1983 erschienenen Morell-Tagebücher ebenfalls – wissenschaftlich unverantwortlich – links liegen ließen oder ganz gemieden haben, wodurch sie fähig wurden, das Bild des »Hetero-Intakters A. H.« an die Wand der Erkenntnis-theoretisch betrogenen Gegenwart zu menetekeln.

Die dreidreiviertel Jahre Morell-Tagebücher definieren das Nicht-Sexuelle von Hitlers Leben: In ihnen gibt es zu Hitlers Kopf, Haut, Herz, Augen, Hals und Schlaf ein paar Kleinigkeiten – zusammengenommen nicht mehr als zehn Prozent des Raumes einnehmend. Die übrigen 90 Prozent sind dem großen Thema dieser verwrungenen Männerbeziehung gewidmet: Hitlers Bauch und Hintern konnten nicht, was die beiden gewöhnlich können müssen. Alleweil ist Hitlers Leibesmitte defekt – nicht etwa echt krank, sondern einfach stagnativ oder eruptiv zur falschen Seite heraus. Hitlers Unterleib ist ein Teufels-Tanzplatz. Ein solches Querlaufen, eine derartige Blockade des Bauches ist der schnödeste Beweis dafür, dass die Hitler'sche Mitte erstarrt war. Die Bewegung in ihr war gesperrt, weil es keine Bewegungen Hitlers mit anderen menschlichen Mitten gab.

»26. Mai 1944: Gab Patient A eine intravenöse Spritze mit Glucose, plus intramuskulär eine mit Testoviron und Glyconorm – und nach dem Klogang zwei intramuskuläre Spritzen mit Vitamultin forte.« (*Morell II*, S. 161)

PERVERSO

PERVERSO

Sexuell »abartiger« Hitler?

Mit dem Spekulieren über Hitlers heterosexuellen Masochismus, Fetischismus und Koprophilismus kann für alle Zeiten aufgehört werden.
Bereits in den 1930ern wurde das Gerücht in Umlauf gebracht, Hitler begehre Stiefeltritte von Frauen und komme bei deren Urinieren
und Fäzesieren auf ihn zum Orgasmus. Der Selbstmord der deutschen
Filmschauspielerin Renate Müller stehe mit solch einer Praxis in einem
Zusammenhang, die Hitler von Müller bei einem Rendezvous gefordert habe. Vor ihrem Selbstmord habe Müller ihre Erlebnisse einem
Freund mitgeteilt. Die Gestapo habe demnach Müller zum Selbstmord
gezwungen, weil die damals bekannte und beliebte Filmschauspielerin
geplaudert habe.

Richtigstellung: Der erste große Hitler-Hetero-Ausmister, der alternative Hitler-Biograf Anton Joachimsthaler, entkoppelte 2003 Renate
Müller zweifelsfrei von solch einer Beziehung mit Hitler und stellte
Krankheit, psychische Krise und schließlich Selbstmord Müllers in
einen Zusammenhang mit ihrer privaten Biografie. (Joachimsthaler 03, S. 22, 250, 562, 567 ff.) Generell muss zu den Gerüchten über
Hitlers »abartige« Sexualpraxen gesagt werden: Bei einem Konjunk-
tiv-vierfachen »Habe« ist es um die Wahrheit geschehen. Was das
Problem von Hitlers Sexualität betrifft, sollte nach der Freilegung
des kurzfristigen oral-vaginalen Hitler-Braun-Verhältnisses und in
Anbetracht des nunmehr jederzeit konsumierbaren Haufens von
rund 40 Negativ-»Voten« zum Thema »Hitler als Hetero« das Feld des
»Habes«, »Ge-habes« und »Habe nun, ›ach!‹ das und das spekuliert!«
für immer verlassen werden.

Es interessieren in Zukunft nur noch Zeugnisse und Aussagen, die
nach dem biblischen Gebot daherkommen: »Eure Rede aber sei: Ja! Ja!
Nein! Nein!« Und nicht das Geschwanke des Dazwischens der Möglichkeitsform. Auch wenn noch manches aus erst jetzt sich öffnenden
Nachlässen der Zeitzeugen oder deren Erben zutage tritt, sind die
40 Neins erst einmal ein Granit, der durch einzelne mögliche Jas nicht
mehr in wesentlichen Partikeln abgefräst werden kann.

Die »Gerüchte« über Hitlers »Perversität« gegenüber Frauen waren
Erfindungen von deutschen Emigranten, die an der »psychologischen Kriegsführung« der USA gegen Hitler mitwirken wollten. Otto
Strasser, der mit seinem älteren Bruder Gregor Strasser zu den frühen Co-Führern der NSDAP gehört hatte, war schon 1930 Dissident
geworden und nach der Machterlangung Hitlers am 30. Januar 1933
nach Österreich gegangen, von dort in die Schweiz gezogen und später

über Frankreich nach Kanada ausgewandert. Sein Bruder Gregor wurde als inzwischen Hitler-Unliebsamer von dessen Schergen in der »Nacht der langen Messer« am 30. Juni 1934 in Berlin ermordet. Danach waren dem überlebenden Otto Strasser alle Mittel recht, Hitler zu bekämpfen.

Strasser behauptete einfach, Geli Raubal hätte ihm »voller Zorn, Abscheu und Entsetzen« die »sonderbaren Anträge, mit denen ihr Onkel Adolf sie verfolgte«, »Punkt für Punkt« »bestätigt«. (Strasser 48, S. 97) Doch anschließend folgt in Strassers Autobiografie Hitler und ich kein einziger »Punkt«, der Strassers Vorstellung von Hitler als »Asketen mit der perversen Phantasie« (a. a. O., S. 94) bekräftigen würde. Ja, Strasser widerspricht sich sofort nach seiner Behauptung über »perverse« Sexualpraktiken, zu denen Hitler seine Nichte angeblich gezwungen hätte. Hitler sei eigentlich nur ein »Asket mit perverser Phantasie« »Asket« heißt: Auch in Hinsicht von »Perversität« war Hitler kein Praktiker. Strassers Definition von Hitlers ungewöhnlichen sexuellen Bedingungen trifft ja die Wahrheit des befehlend delegierenden Serienkillers A. H. – nur mit der Abwandlung, dass die »perverse Phantasie« Hitlers keine Imagination von Sexuellem bedeutete, sondern von Mörderischem, generell Destruktivem.

Otto Strassers Kampfschrift The Gangsters around Hitler – eine Publikation von 1942 in der Reihe »Hurricane Book« des Londoner Verlages Allen, ist ein Anti-Hitler-Propaganda-Pamphlet mit Einzelheiten im Stil von Brechts Theaterstück Der aufhaltsame Aufstieg des Arturo Ui. Solche Schriften wie die von Otto Strasser waren notwendig, um im Ausland alle geistigen Kräfte gegen Hitler zu mobilisieren. Strasser »pervertierte« Hitler vierfach:

1. Mit der 13-jährigen Tochter des Münchener Fotozars Heinrich Hoffmann habe Hitler in der Dunkelkammer gesessen und mit ihr »Opa«-»Enkelin«-Fellatio betrieben. (Strasser 42, S. 39 f.) Richtigstellung: Henriette Hoffmann von Schirach hat sich zu Hitlers Kuss-Versuch ihr gegenüber in ihrem Buch Frauen um Hitler geäußert (ORALO, Lippenschwäche – keine »Lendenstärke«?). Wenn sich die Fellatio-Szene zwischen ihr und Hitler im Fotolabor ihres Vaters wirklich abgespielt hätte, hätte Schirach nach 45 davon berichtet, weil sie zur Hitler-Kritik fähig war.

2. Mit Leni Riefenstahl habe Hitler eine Nacht verbracht und sich der Enttäuschten als »Onanist« präsentiert. (a. a. O., S. 42) Richtigstellung: Weder in Riefenstahls Memoiren noch in ihrem Filmporträt wird diese Szene zwischen ihr und Hitler erwähnt. Riefenstahl war nicht prüde. Auch sie berichtet wie Schirach von Hitlers Kuss-Versuch

ihr gegenüber. *(Müller, R, Riefenstahl)* Hitler als »Onanisten« im Bett mit ihr zu outen, wäre so pikant gewesen, dass es eine derart Öffent-lichkeits-bewusste Künstlerin wie Riefenstahl sich nicht hätte entge-hen lassen, diesen »Triumph des stillen« Hitlers für die Nachwelt zu pointieren.

3. Geli Raubal sei explodiert bei ihrer Erzählung über Folter und Terror [ihres Onkels Adolf], die dem Marquis de Sade hätten die-nen und Materialien für ein medizinisches Werk über psycho-sexu-elle Abweichungen liefern können. Geli habe Otto Strasser Hitlers »morbide Kombination von Impotenz und Masochismus« enthüllt. *(a. a. O., S.* 41) Jedoch Strasser selbst enthüllt nichts, bringt nur den Stein des Fantasierens der Konsumenten ins Rollen, der bis heute nicht zum Stillstand gekommen ist.

4. Der Höhepunkt von Hitlers »Perversität«: Hitler habe zwei zum Tode verurteilte junge Spioninnen nach altem Brauch mittels einer Axt-Köpfung hinrichten und die Szene filmen lassen. Wenn er Einschlafstörungen gehabt habe, hätte er sich den Film in seinem Hauskino vorführen lassen, ihn sich wieder und wieder angeschaut. Publikumswirksamer Spitzenhorror: Hitlers Nutzung einer gefilmten Axt-Köpfung junger Frauen als Beruhigungsmittel! *(Strasser* 48, S 41) Historisch-sexualpolitische Wahrheit: Obwohl Hitlers Lust zum Anschauen der Frauen-Hinrichtung dem von Marianne Hoppe fest-gehaltenen Luis-Trenker-Film-Vorführungs-Oberschenkelreiben Hit-lers entsprechen würde, kann nichts von Strassers Szenario als »bare Münze« verwendet werden, weil sämtliche Details fehlen *(ONANO).* Über die Axt-Köpfung der jungen Frauen, ihre Filmaufzeichnung und Hitlers »Spaß« beim wiederholten Zuschauen hätten Hitlers naheste Personen »todsicher« mal eine Bemerkung hinterlassen. Otto Strassers Behauptung ist jedoch von niemandem im Umfeld Hitlers verifiziert worden. Bewiesen ist erst wieder, dass Hitler befahl, die Aufständi-schen des 20. Juli 1944 an ihrem Kinn mit Fleischerhaken aufzuhän-gen, sie folterisch lange »zappeln« zu lassen, bis sie qualvoll starben. Die Prozedur musste verfilmt werden. Die gefilmte Tortur-Hinrich-tung führte zu einem Todeskampf der Opfer bis zu 20 Minuten. »Speer berichtet, Hitler sei von dem Film begeistert gewesen und habe ihn sich immer wieder zeigen lassen.« *(Toland* 77, S. 1016, 1182, Anm. 73, *Kershaw* 2000 II, S. 906, 1258, Anm. 41 ff., *Bonhoeffer,* S. 110 f., *Freytag von Loringhoven,* S. 65 f.)

Außerdem bricht Strassers Behauptung, Hitler habe die Spionin-nen mit einer Axt köpfen und die Hinrichtung filmen lassen, wegen einer Serienkillerschen sexualspezifischen Besonderheit zusammen, die Strasser nicht gekannt und sich deshalb in seiner Fiktion vertan hat: Serienkiller sind destru-sexuell *spezialisiert*. Sie haben wie jedermann sexuelle Vorlieben – nicht nur mit bestimmten Praxen, sondern auch gegenüber festgesetzten Personengruppen. Serienkiller quältöten in 90 Prozent der Fälle Frauen *oder* Männer, Männer *oder* Jünglinge *oder* Knaben, junge Mädchen *oder* Kinder. Die Typisierung der Opfergruppe ist das gröbste Merkmal, das Serienkiller als sexual-deviante Täter terminiert. Hitler stand darauf, Männern massenhaft Qual zuzufügen. *(ONANO, Hitlers Männermord-Orgasmus, Serielle Mordlust, Marianne Hoppes Ur-Szene)* Frauen gegenüber war Hitler generell und prinzipiell »nett«, auf sie vor allem nicht quälmörderisch versessen. Die Axt-Hinrichtung von Spioninnen hätte er sich deshalb gar nicht lustvoll ansehen wollen. Er »stand« nicht darauf, Frauen-Hinrichtungen zu sehen. Er hätte eine solche Filmaufnahme nicht befohlen. Alle Quäl-Hinrichtungen von 20.-Juli-44-Attentätern an Fleischerhaken galten Männern. Und nur solche Hinrichtungen mussten auf Hitlers Befehl hin gefilmt werden. Es gibt keine vergleichbare Verfilmung vom Vollzug der Todesurteile an Frauen und keine Nachricht darüber, dass Hitler erpicht gewesen wäre, sich auch solche Szenen anzuschauen, zum Beispiel die Köpfung der 20.-Juli-Widerständlerin Elisabeth von Thadden. *(Schad* 10, S. 130 f.)

PS: Strasser spricht von »jungen Spioninnen«, nicht von »Widerstandskämpferinnen«, die – wie Thadden – von den Nazis zur Strafe für Aktionen gegen diese geköpft wurden. Widerstandskämpferinnen waren meist Deutsche, was für Strassers englische Publikation *The Gangsters around Hitler* nicht werbewirksam genug gewesen wäre. Mit der Spioninnen-Köpfung köchelte Strasser erfolgreich das Anglo-Gemüt hoch, denn Spioninnen waren in der Regel Ausländerinnen und hätten auch Engländerinnen und Amerikanerinnen sein können. Das zog bei Strassers Publikum dreifach: Köpfung der jungen Spioninnen, Verfilmung der antihumanen Destru-Szene und Hitlers Nutzung des Films als »Schlaftablette«!

Perversologische Kriegsführung

Die Story von Hitlers Stiefeltritt-Wünschen gegenüber der Filmschauspielerin Renate Müller kam auf ähnliche Weise zustande wie die Strasser'sche Behauptungs-Kampagne über Hitlers heterosexuelle »Abartigkeit«. Der Filmregisseur Alfred Zeisler, 1937 nach Amerika emigriert, habe mit Renate Müller kurz vor ihrem Tod

gesprochen – über ihre sadomasochistische Begegnung mit Hitler in dessen Schlafzimmer! Das gibt Zeisler sechs Jahre später, am 24. Juni 1943, dem US *Office of Strategic Services (OSS)* zu Protokoll. *(Joachimsthaler 03, S. 568)*
Das *OSS* war 1942 eigens für die »psychologische Kriegsführung« gegen Hitler-Deutschland gegründet worden, mit dem sich die USA seit 1942 im Krieg befanden. *(Horstmann, S.* 24) Das *OSS* hatte sich geradezu die Aufgabe gesetzt, den deutschen Staats-Terroristen unterleiblich zu »pervertieren«, weil solche Nachrichten das »ganze Volk« Amerikas in Aufregung versetzen konnten. Geheimdienst-Erfordernisse und wissenschaftliche Sachverhalte sind zweierlei – vor allem historische Notwendigkeiten und reflektorische Wahrheiten können auseinanderfallen: Der Reichskanzler Adolf Hitler empfängt ein deutsches Starlet zum Domina-Stiefeltritt in seinem Schlafzimmer? In welchem? In der Reichskanzlei, in seiner Münchener Privatwohnung oder auf seinem Obersalzberger Landsitz? Weil solch ein Zusammentreffen nach Hollywood gerochen hat, haben die US-Militärs das fantasierte Arrangement unhinterfragt geglaubt oder es vom »Zeugen« Filmregisseur Zeisler für ihre »psychologische Kriegsführung« haben wollen. »Haben wollen« hieße dann, ihn zur Fälschung ermuntert!
Die unbestechliche Marianne Hoppe berichtete, dass Hitler sie und gleichzeitig ein paar andere zu einem Essen geladene Filmschauspielerinnen einmal einen Blick in sein damals noch provisorisches Reichskanzlei-Schlafzimmer werfen ließ, das Hoppe als »furchtbar ungemütlich« = nicht »nett und freundlich« empfand. *(Hoppe, S. 75 f., HETERO, Einsturz der »Führer«-»Mätressen«-Suite)*
Christa Schroeder notierte, Hitler sei derart auf seinen guten Ruf bedacht gewesen, dass er als Reichskanzler nicht einmal mehr gewagt hätte, privat seine ihm angenehme kurze bayerische Lederhose zu tragen, in der er nicht überrascht und plötzlich fotografiert werden wollte. *(Schroeder 85, S.* 363) Außerdem habe Hitler eine »gewisse Scheu« vor Frauen gehabt, eine »Angst, sich zu blamieren«, die »ihn vor Abenteuern mit Frauen zurück[hielt]«. »Die Angst, sich lächerlich zu machen, war bei Hitler krankhaft [...]. Wenn man diese Scheu [vor Frauen] als unnormal bezeichnen will, dann war er unnormal.« *(a. a. O.)* Unnormal demnach nicht in aktiver Hinsicht, sondern in passiver – nämlich unberührbar! Das hieße wiederum »Asketentum«, statt in die entgegengesetzte Richtung von praktizierter »Perversität« zu weisen.
Solche Nachrichten wie die von Sekretärin Schroeder wären für das US-Geheimdienst-Büro *Office of Strategic Services* vollkommen unbrauchbar gewesen. Die Schroeder-Beobachtungen von Hitlers

Unnahbarkeit als sexuelle Unberührbarkeit werden durch das späte Öffentlich-Machen der Ergebnisse von Hitlers Landsberger Gefängnis-Generaluntersuchung im November 1923 gestützt. Das jahrzehntelange Rätseln um die Beschaffenheit von Hitlers Genitalien kann seit Ende 2015 eingestellt werden. Hitler hat tatsächlich an *Solotestis* gelitten, dem ärztlich bestätigten rechtsseitigen *Kryptorchismus* seines vor der Geburt nicht in den Sack eingetretenen rechten Hodens. Beim *Monorchismus* handelt es sich um die »Lage-Anomalie eines Hodens mit dauerndem Verbleib im Hodenkanal«. *(Fleischmann, S.* 417) Wegen dieser Anomalie schämte Hitler sich grundsätzlich vor Frauen, war sein »normaler Kontakt« mit ihnen zumindest gestört. Es gibt in den Erinnerungen von Hitlers zweiter Sekretärin Christa Schoeder eine Passage, die vor der Herausgabe der Landsberger Anstaltsarzt-Untersuchung des gefangenen Hitlers als Klatsch hätte abgetan werden können, was Hitlers jüngste Medizin-Biografen Eberle/Neumann in ihrem un«abschliessenden Befund« voreilig auch gemacht haben. *(Eberle/Neumann* 09, S. 55)

»Vielleicht trifft auch das oft erwähnte Gerücht von nur einem Hoden zu. Professor Kielleuthner, der Urologe Münchens, gab jedenfalls Henriette von Schirach eines Tages ein von ihr ausgeliehenes Buch zurück, das sich mit den Wohnungen berühmter Münchener befasste. Kielleuthner sagte zu ihr, er habe alle darin aufgeführten Namen der von ihm behandelten Prominenten mit Bleistift unterstrichen. Als sie nachsah und auch Hitlers Namen unterstrichen fand, fragte sie ihn ›An was haben Sie den Hitler behandelt?‹ Kielleuthner antwortete, Hitler habe nur einen Hoden gehabt, er hätte ihm aber nicht helfen können, dafür sei er bereits zu alt gewesen. Das Ganze soll sich in den 20er Jahren abgespielt haben.« *(Schroeder* 85, S. 152 f.)

Nach der Akten-kundig vorliegenden Landsberger Dr.-Brinsteiner-Untersuchungs-Tatsache von Hitlers *Kryptorchismus* besticht dieses Zeugnis Schroeders wegen seiner Beiläufigkeit. Der Münchener Urologe Kielleuthner musste Hitler die damalige Tatsache unterbreiten: Einem *Kryptorchismus* war mit 35 nicht mehr zu helfen. Christa Schroeder übermittelte nur die Antwort des Unterleibs-Spezialisten und nicht auch, ob Kielleuthner Hitlers Geschlechtsteile damals untersucht hat. Hitler kann ja nur mal nachgefragt haben. Die Kielleuthner-Stelle ist heute eine weitere Bastion gegen »Hitler pervers«. Schroeder spricht von Hitlers krankhafter Scheu, sich vor Frauen nackt zu zeigen. Der Herausgeber ihrer Erinnerungen, Anton Joachimsthaler, fügt an dieser Stelle die schon zitierten Genital-Anomalie-Hinweise von Hitlers Diener und Duz-Freund Maurice und vom zweiten chirurgischen Begleitarzt, Dr. Hasselbach, hinzu. *(Joachimsthaler,* S. 152, 363, Anm. 274) Hitlers Angezogen-Bleiben hat alle sexuell-kommunikativen Vorlieben und Techniken betroffen. Sein Sich-nicht-unbekleidet-Darbieten hieß, sexuell gar nicht tätig werden zu wollen.

Bei den Kooperationen der Emigranten mit dem *OSS* springt ins Auge, dass die beiden Haupt-»Quellen« zu Hitlers angeblicher sexueller »Perversität« auf zwei zum Zeitpunkt der Entstehung des »Gerüchts« schon tote Frauen – Renate Müller und Geli Raubal – zurückgeführt wurden, von denen die übermittelnden Männer Otto Strasser und Alfred Zeisler behaupten konnten, was sie wollten. Über das Verhältnis zwischen Hitler und Eva Braun wurde nie etwas in Richtung »pervers« kolportiert, weder zu Lebzeiten Hitlers noch nach seinem Tode, weil die Emigranten nicht wussten, dass es dieses Verhältnis gab. Oder sie wussten nicht, wie a-praktisch es darin zuging.

Auch die Entourage Hitlers definierte das Verhältnis Braun-Hitler nie als »perverse Aktion«. Soweit sich jemand darüber näher ausgelassen hat, dann geschah das entweder achselzuckend affirmativ unspezifisch, wie bei den Ja-Sagern 12., 11., 10. und 1., Max Amann, Hans Karl von Hasselbach, Albert Speer und Theodor Morell *(HETERO, ANALO),* oder als Vermutung von Aktionen wie bei Ja-Sagerinnen 5., 4. und 3., Anni Winter, Henriette von Schirach und Herta Ostermayr *(ORALO).* Oder die Braun-Hitler-Beziehung wurde von Nein-Sagenden als »tote Hose« charakterisiert *(ONANO, NEUTRO).*

Durch alle Zeugen-Aussagen kam heraus: Das Verhältnis Braun-Hitler löscht die »Perverso«-Nachrichten. Wie es sich bei Männern mit allen sexuellen Dingen verhält – auf etwas stehen = fortgesetzt auf der Befriedigung vom »Gestandenen« beharren –, so ist es bei Serienkillern mit deren Destru-Techniken auch. Und so ist es bei den »Perversen« erst recht. Wenn die Geschichten von den Renate-Müller- und den Geli-Raubal-Sado-Maso-Praktiken mit Hitler stimmen würden, hätte Hitler sie von Eva Braun auch verlangt. Darüber geistert jedoch keine Andeutung durch den Raum der Hitler-Nahest-Zeugen und -Zeuginnen.

Die zuerst im englischen Sprachbereich verbreiteten »Perverso«-Kombinationen über Hitler brachten den um die Erhaltung ihrer Existenz kämpfenden Emigranten ein Honorar. Und die Anglo-Geheimdienste konnten ihre Öffentlichkeiten pro Krieg gegen Deutschland stimulieren: »Waaas?! Hitler lässt sich von Frauen mit Stiefeln treten? – Waaas?! Hitler – ein Sado-Maso-Praktikant?! – Der muss bekämpft werden!« Heute gäbe es dieses allgemein gesellschaftliche »Perversions«-Entsetzen nicht mehr. Es wäre untauglich, um einen Diktator als »abartig« zu brandmarken und daraufhin verschärfter gegen ihn Krieg führen zu lassen.

Sogar der geheime *Navy Intelligence Report* für das *Office of Strategic Sevices* vom 21. März 1943 greift Otto Strassers »Perversions«-Fiktion wie eine bezeugte Tatsache auf: »Seine [Hitlers] eigene Nichte, ein gewisses Fräulein Rubahl (!), wurde mit einer Kugel im Kopf und einem Revolver ihr zur Seite tot aufgefunden. Als Todesursache wurde Selbstmord angegeben [...]. In Wirklichkeit wurde sie erschossen, weil sie sich weigerte, sich den perversen Wünschen ihres Onkels zu unterwerfen. (Hitler ist, wie viele Psychopathen, sexuell anormal). Jedenfalls ist er nicht, wie bisweilen behauptet, homosexuell, sondern in anderer Weise pervers. Nähere Details finden sich in dem neuen Pamphlet von Otto Strasser mit dem Titel ›Gangster um Hitler‹ und in anderen Veröffentlichungen.« *(Horstmann, S. 30)*

Das Secret-Service-Business mit den Counter-Facts

Auch Walter Langer beruft sich in seinem *Adolf Hitler Psychogramm* von 1943 für das *OSS* auf die »Pervers«-Fiktionen der deutschen Emigranten. *(Langer 73*, S. 184 ff., 189) Langers 300-Seiten-Bericht war ebenfalls eine US-Geheimdienst-Sache, die dreißig Jahre unter Verschluss bleiben musste und erstmals 1972 mit dem Titel *The Mind of Adolf Hitler* auf Englisch publiziert werden durfte. *(Langer 72)* Die Langer-Studie – erstellt von überwiegend aus Deutschland stammenden Kollegen aus den psychiatrisch-psychologisch-psychoanalytischen Szenen – wurde wie der *Navy Intelligence Report* von 1943, betreffend *Hitlers Blindheit* [am Ende des Ersten Weltkriegs], behandelt. *(Horstmann, S. 23 ff.)*

»Geheim« heißt diesmal vor allem, beträchtliche Anteile von Texten wurden aus vielen historisch bedingten Gründen gefälscht, was öffentlich nicht sofort bemerkt werden sollte. Langers Psycho-Report über Adolf Hitler ist ein Teil des *Hitler Source Book* des *Office of Strategic Services (Toland 92*, S. 910), heute in Washingtons *National Archives* gelagert – wissenschaftlich jedoch mit äußerster Vorsicht zu genießen.

Das damalige »Hitler-Quellen-Buch« der US-Geheimdienste kann heute nicht ohne Fakt-um-Fakt-Prüfung als wissenschaftliche Quelle benutzt werden. Am Beispiel der Langer-Studie: Es wird schon sofort unwissenschaftlich, wenn dem nachgegangen wird, wie

Psychoanalytiker Langer sich auf Strasser beruft. Auf *ein* Gespräch mit Otto Strasser! Walter Langer war nach Kanada geflogen, um Otto Strasser in Montreal zu interviewen. *(Langer 73,* S. 29) Mit einem halb-verschlüsselten Satz hält Langer das Treffen mit Strasser fest: »Nach allem, was wir wissen, kann Gelis Beschreibung der Perversion Hitlers als zutreffend angenommen werden.« Und schon war Hitler festgelegt auf »solche Art von Befriedigung«. *(a. a. O.,* 184 f.)

Im ganzen Buch Langers werden alle Zitate genau auf ihre Urheber zurückgeführt. Doch bei den »Perversions«-Stellen gibt es keinen vergleichbaren Hinweis. Sie bleiben in der Luft der »zutreffenden Annahme« hängen. Dass Langer die »Perversität« Hitlers aus seinem Gespräch mit Strasser »hat«, muss im Nachhinein sogar kombiniert werden. Denn das sagt Langer nicht ausdrücklich, auf keiner Seite seines Buches. Er macht nur die Anmerkung zu seinem Interview mit Strasser, führt aber nicht aus, worüber die beiden Männer im Einzelnen gesprochen haben, oder dass Passagen daraus zitiert würden. Und selbst Otto Strasser gibt in seinen Pamphleten nicht ein einziges Mal konkrete Hinweise. Es existiert kein schriftlicher Beleg für die »Perversitäten« Hitlers. Auch Strasser scheut davor zurück, Klartext zu *schreiben.* Nicht einmal er als Sekundär-Zeuge tat das, geschweige denn, dass er Primärzeugen-Aussagen »hieb- und stichfest« mit Daten von Gesprächen konkretisiert.

Aber es gibt doch das Interview Otto Strassers mit OSS-Geheimdienstlern vom 13. Mai 1943 in Montreal. *(OSS, Hitler Source Book,* NA 918-19) In diesem Gespräch hat Strasser »explizit« gesagt, dass Hitler mit Geli sexuell »pervers« praktiziert habe. *(Kershaw 98 I,* S. 705, Anm. 227) Dankenswerterweise publizierte Anton Joachimsthaler die »explizite« Passage aus Strassers »exkretorischer Perversionsgeschichte« in *Hitlers Liste.* Er tat es jedoch nur im originalen Englisch, weil er sich genierte, die Unappetitlichkeiten in Deutsch zu präsentieren. Wie geht es in der Hitler-Forschung doch »gschamig« zu! Die Strasser-»Pervers«-Passage im Englischen zu belassen, heißt, sie fürs deutsche Denken unbrauchbar zu machen. Zwar lernen alle deutschen Bürger auf höheren Schulen Englisch. Doch führt das nicht dazu, dass Englisch bei Deutschen immer ins Herz von Geist und Seele trifft. Den deutschen Hitler-Forschenden ist mit wenigen Ausnahmen auf Schritt und Tritt anzumerken: Sie beherrschen Englisch nur über Stock und Stein, ja sie sind dem Englischen so entfernt, dass sie es weder fließend lesen und sprechen, noch für psychische Tiefenwirkungen in sich eindringen lassen können. Dadurch sind sie von vielen Anglo-Publikationen zu Hitler, die nicht ins Deutsche übersetzt werden, ausgeschlossen. Also muss die »explizite« »Pervers«-Passage Strassers in Deutsch zugemutet werden, um sie im wichtigsten Land der Hitler-Forschung unschädlich machen zu können:

»Strasser versuchte, Licht in die Angelegenheit zu bringen und sagte zu Geli:›Na gut, doch warum schläfst du nicht mit ihm? Was macht das für einen Unterschied, dass er dein Onkel ist?‹ Geli erwiderte, dass sie gern mit ihm schlafen würde, wenn das *alles* wäre, was er wollte, aber sie könnte nicht noch einmal durchmachen, was sie erlebt hat. Nach heftigem Zusetzen, um was es sich bei dem Durchgemachten denn handelte, erzählte Geli Strasser endlich: Hitler ließ sie sich ausziehen, und er legte sich auf den Boden. Sie sollte sich über sein Gesicht hocken, dass er sie so von ganz Nahem betrachten konnte. Das würde ihn sehr aufregen. Wenn seine Erregung ihren Höhepunkt erreichte, verlangte er von Geli, auf ihn zu urinieren. Das ermöglichte ihm sein sexuelles Lustgefühl. Geli sagte, die ganze Szene war für sie extrem ekelhaft. Obwohl sexuell erregend, erlangte sie dadurch keine Befriedigung.« *(OSS-HSB.*, NA, S. 919, engl. Original *Joachimsthaler 03*, S. 327, 599, Anm. 63)

Das geheimdienstliche Konstrukt dieser »perversen« Szene kommt sogleich in der »Versuchsanordnung« zu Tage: Hitler = sexuell »phall-ohnisch« tätig, läßt seine über ihm hockende nackte Nichte ihm ins Gesicht pinkeln. Er hat dabei einen Orgasmus, den er sich wie denn geholt haben sollte? Durch onanieren? Verschweigt das *OSS* – jedenfalls hat Geli keinen! Sex ohne »eri-pene-frikti-eja« galt damals in Amerika als »pervers«: Sex mit Pisse der Frau, der der Orgasmus ausbleibt. Der Mann befriedigt die Frau nicht. Pfui.

Der Wechsel von »angedeutet« in Otto Strassers 1940–42 publizierten Schriften *(Strasser)* zu »ausdrücklich« in seinem *OSS*-Interview von 1943 kann auf dreierlei Weise zustande gekommen sein: 1. Strasser hat absichtlich gemogelt. Auch er wollte sich in die »perversologische Kriegsführung« der USA einreihen und Hitler mit allen ihm zu Gebote stehenden Mitteln bekämpfen. Strasser selbst hätte bei den »Röhm-Putsch«-Morden 1934 um ein Haar »dran gewesen« sein können, wenn er nicht emigriert wäre. Sein älterer Bruder Gregor – immerhin ein ehemaliger NSDAP-Führer – war in der »Nacht der langen Messer« ermordet worden.

2. Strassers OSS-Interviewer hat den Emigranten am 13. Mai 1943 um »Ausdrücklichkeit« jenseits von Wahrheit gebeten.

3. Der Geheimdienst-Beamte hat nach dem Interview mit Strasser die Stelle »retuschiert«. Für Letzteres spricht eine Charakterisierung Hitlers in Strassers Buch *Hitler und ich* von 1948, bei der die OSS-Szene

nicht hat stattfinden können: »Aber die panische Furcht, etwas von sich selbst hinzugeben, sich in ein zärtliches Gefühl zu vertiefen, barg ein eifersüchtig gehütetes Geheimnis, über das die intimsten Freunde des Führers niemals ganz aufgeklärt worden sind.« *(Strasser* 48, S. 94) Für die »psychologische Kriegsführung« der USA gegen Hitler-Deutschland war jedes Mittel recht. Je »perverser« Hitler dargestellt wurde, umso williger zeigte sich das puritanische Amerika, gegen diesen Sitten-Frevler in den Krieg zu ziehen. Die amerikanischen Geheimdienstler waren absolut im Recht, so vorzugehen. Dass sich Adolf Hitlers »Perversität« auf ganz anderem Gebiet Bahn brach – ab 1942 in der zwanzig Minuten andauernden Zyklon-B-Quäl-Vergasung von Millionen europäischen Mitbürgern (Juden, Roma und Sinti) –, war den Amerikanern vom SS-Dissidenten Kurt Gerstein zwar schon übermittelt worden, *(Friedländer* 68) aber solch ein abnormer Destruktions-Zusammenhang war einem »einfachen« US-Bürger-Gemüt nicht als Tatsache verständlich zu machen. Mit der Unterstellung »abartiger« Sexpraktiken des Staats-Terroristen A. H. ging das leicht. »So was« musste bekämpft werden. Daher summierte Hitlers zweiter großer englischer Biograf Ian Kershaw: »Doch ködernde Geschichten über [Hitlers] angeblich abweichende Sexualpraktiken, ausgestreut von Otto Strasser, müssen als fantasievolle Anti-Hitler-Propaganda eines eindeutigen politischen Feindes betrachtet werden.« *(Kershaw* 98 I, S. 352)

Schon der frühe amerikanische Hitler-Biograf John Toland, der ein genauer und differenzierter Kenner Hitlers war, trat der »Perverso«-Behauptung 1976 mit einfachen Argumenten entgegen: »Otto Strassers vom Hörensagen her publizierten Sensationsbericht über ihr [Hitlers und Gelis] abweichendes Sexverhältnis hielten nur diejenigen für ›bezeugt‹, die über Hitler das Scheußlichste glauben wollten. Er liebte seine Nichte tief, aber es ist unwahrscheinlich, dass beide [überhaupt] eine sexuelle Beziehung miteinander hatten. Er war zu reserviert, um sich einer Frau gegenüber zu öffnen und zu vorsichtig, um nicht seine politische Karriere dadurch zu gefährden, dass er eine Geliebte in seine Wohnung nahm – und dann auch noch die Tochter seiner Halbschwester!« *(Toland* 92, S. 252 f.)

Die Tellermine Otto Strasser

Unter allen diesen Umständen wird deutlich: Strasser lancierte eine Erfindung. Er war ja ein Nazi und jahrelang Hitlers Gefolgsmann gewesen. Strasser leitete ab 1926 den mit seinem Bruder Gregor gegründeten *Kampfverlag* in Berlin. *(Strasser* 30) Er war geübt im Infiltrieren von Meinungen, ja er war ein faschistischer Propagandist. »Faschismus« heißt, rituelle Beschädigung und Zerstörung von einzelnen Personen und Attacken gegen gewachsene Ganzheiten in einem Volk, die ebenfalls am Ende zerstört werden sollen und zerstört worden sind. Die »Endlösung« hat zur Auslöschung des spezifischen europäischen Judentums geführt. Strasser blieb auch nach seiner Emigration Antisemit. *(Benz/Graml/Weiß, Zentner/Bedürftig)* Er zuckte nicht mit der Wimper, 1940 bis 1943 Adolf Hitler selbst, die Axt der Ruten, aus denen Strasser noch vor 1933 ausgesondert worden war, so zu attackieren, wie er es für den Kampf gegen Hitler für opportun hielt.

Die edle Hitler-Gesamt-Biografik um die Jahrtausendwende – von Steinert über Kershaw und Plouvier bis zu Ullrich und Longerich – führt Strassers Pamphlet *The Gangsters around Hitler* nicht einmal in ihren Literatur-Verzeichnissen auf. So taten es auch die Vorläufer von Bullock bis Tolland. Das heißt, die Biografen kennen Strassers drei andere, oben zitierte Verstiegenheiten zu Hitlers angeblicher »Perversität« neben dessen Urinal-Praxis mit Geli Raubal nicht mehr – wissen nichts vom Spioninnen-Köpf-Grusel. Diese Nicht-Beachtung scheint gut zu sein, weil der Strasser-Quatsch als historische Quelle quasi ausgelöscht wird und damit öffentlich nicht mehr breitgetreten werden kann. Die Ignorierung Strassers ist jedoch auch schlecht, weil mit Kenntnis seiner Schrift *The Gangsters around Hitler* die Geli-»Pervers«-Erfindung gründlicher entlarvt werden kann – ist sie bei Strassers *Gangstern um Hitler* doch eingebettet in drei weitere Erfindungen: erstens den Dunkelkammer-Pädo-Sex mit der »Under age«-Foto-Hoffmann-Tochter Henriette, zweitens das »Impotenz«-Bett mit Riefenstahl und drittens die Betrachtung einer gefilmten Spioninnen-Köpfung als »Schlafmittel«.

Otto Strasser, den Hitler – gemäß Strassers eigener Bekundung – »das Schwein« oder »den Zyniker der Partei« genannt hat, *(Strasser* 48, S. 94) baute mit seinen vier »Perverso«-Imaginationen für die Zukunft vor: Der Dunkelkammer-Sex mit der 13-jährigen Henriette Hoffmann würde heute eine »Abartigkeits«-Plakette einbringen und Politiker ins Aus manövrieren, was schon geschieht, wenn diese beim bloßen Anschauen von Internet-Pädo-Pornos ertappt werden. Dementsprechend ist Strassers Kampfschrift gegen die »abartigen« sexuellen »Wahrheiten« Adolf Hitlers immer noch eine Mine, die die Tatsachen von Hitlers asketischem »Low-Sex« und direktiv-delegierendem Serienkiller-Agieren hochgehen lassen kann. In gesellschaftlichen

»Meinungen« bei Gesprächen über Hitler kommt die von Otto Strasser erfundene Dunkelkammer-Pädo-Fellatio zwischen Hitler und der
13-jährigen Henny bis heute vor: Hitler sei ja »auch« pädophil gewesen,
wird in der Bevölkerung »gewusst«!

Otto Strasser war mit seiner Hitler-Geli-»Perverso«-Story auf jeden
Fall so erfolgreich, dass an die Geschichte bis zum Ende des 20. Jahrhunderts sogar wissenschaftlich »geglaubt« wird. Der englische Hit-
ler-Teil-Biograf Ronald Hayman leitete noch 1997 in seinem Buch
Hitler & Geli die »abartige« Sexualpraktik zwischen Hitler und Geli
wenigstens aus einem Geli-Ausspruch her, der von ihr übermittelt
wurde: »Mein Onkel ist ein Monster! Niemand kann sich vorstellen,
was er von mir verlangt.« *(Hayman, S. 139 ff.)*

Und die Hitler-Frauen-Biografin Anna Maria Sigmund glaubte in
der ersten Auflage ihrer Serie 1998 an die Echtheit eines Geli-Akt-Bil-
des, das von Hitler gemalt worden sein sollte. *(Sigmund 98, S. 143 f.)*
Fünf Jahre lief dieser »Glaube« um die Welt – wegen Sigmunds sehr
erfolgreicher Nazifrauen-Bücher. Bis 2003 Anton Joachimsthaler Sigmund eines Besseren belehrte und den Geli-Akt als Fälschung outete.
(Joachimsthaler 03, S. 8 f.) Schön? Wissenschaftlich echt spannend, wie
es in der Hitler-Biografik doch zugeht? Keine Rede! Denn der Ang-
lomarkt weigert sich bis heute, Joachimsthalers Buch *Hitler Liste* mit
massenweise Richtigstellungen zu Hitlers nicht existentem Hetero-
Sexlife zu publizieren. An der »Total-Ausräumung« sämtlicher Frauen
aus Hitlers Horizontaler – egal ob »straight« oder »pervers« – ist die
Anglo-Kultur nicht interessiert.

Wegen des anhaltenden Hitler-»Perverso«-Hetero-Kurses war es kein
Wunder, dass auch die Psy-Szene bis zum Ende des 20. Jahrhunderts
immer wieder Hitlers angeblich prozedierte Geschlechtsakt-»Perversität« ausgewalzt und diese als Beleg für seine Mordstätigkeit zu
nutzen versucht hat. *(Bromberg/Volz-Small, Fromm, E. 74, Stierlin 75, Waite 77)* Im Deutschen äußerte sich Alice Miller in ihrer
Hitler-Studie am nachhallendsten »pervers«-gläubig und führte die
Renate-Müller'schen Stiefeltritte gegen Hitler und den Urin-/Fäkali-
en-Sex zwischen Hitler und seiner Nichte Geli Raubal auf Hitlers »sehr
frühe Störungen« im Verhältnis zu seiner Mutter zurück. *(Miller,
S. 228)* So weit kommt es, wenn sich namhafte Vertreter einer Wis-
senschafts-Sparte auf den »Gangster« Otto Strasser berufen, der diese
»Informationen« Anfang der 1940er in die Welt gesetzt hat.

Die psychiatrisch-psychoanalytischen Fachmenschen, die an den
»Maso«-»Perverso«-Stuss der deutschen Emigranten Strasser und
Zeisler glaubten, sind erste Adressen in der Psy-Szene gewesen und

haben aufgrund der Verdienste ihres Werks außerhalb ihrer Hitler-»Betrachtungen« bis heute eine weit verbreitete Wirkung. Deshalb muss auch ihre Glaubwürdigkeit in Sachen »Hitler-pervers« vollkommen überwunden werden.

Serienkiller – Sadist

Erst die Enttarnung Adolf Hitlers als Serienkiller macht es möglich, die von deutschen Emigranten in den 1930er/40er Jahren aufgebrachten »Gerüchte« über Hitlers »perverse« Sexualpraktiken restlos zu zerstreuen.

Serienkiller sind nie Masochisten. Es gibt keinen sogenannten Masochisten unter ihnen. Sie wollen lustmorden. Sie haben nichts zu tun mit anderen Sexualpraktiken und Lust-Kombinationen. Sado-Masochismus und Fetischismus sind triebdynamisch etwas extrem anderes als die Eigentümlichkeit von Serienkillern, quälmorden zu wollen. Ja, es muss noch schärfer formuliert werden: »Masochismus« und »Perversität« sind andere sexualwissenschaftliche Kategorien, die die Psy-Szene mit dem allgemeinen Phänomen »Serienkiller« durcheinandergeworfen hat. »Masochisten« und »Perverse« sind keine »Low- und Hyposexuelle« wie die Serienkiller, sondern im Gegenteil »High«-, »Hot«- und »Hypersexuelle«. Sie haben keine Orgasmusstörungen. Sie sind eine Sonderart des »Gesunden«. Sie wollen mit ausgefallenen, anstrengenden und umständlichen sexuell kommunikativen Techniken zum Orgasmus kommen. Und können das auch. Serienkiller dagegen haben einen genetischen Defekt, mit dem sie – außer durchs Quälmorden – gar nicht zum Orgasmus kommen.

Die moderne deutsche Sexualwissenschaft um Borneman, Giese, Gunter Schmidt und Sigusch hat den Begriff »Perversion« so gut wie aufgegeben. Vor allem nachdem Transsexuelle gesetzlich zur Umwandlung ihres Geschlechts berechtigt sind, nachdem die Homosexualität aus dem Straftatenkatalog herausgenommen wurde, ja als Krankheitsrubrik der Weltgesundheits-Organisation gestrichen werden musste und nachdem sich Bisexuelle immer mehr durchsetzen, bleibt nicht viel, was als »pervers« gelten könnte. Im Prinzip gar nichts. Deswegen wird hier der Begriff »pervers« nur noch in Anführungsstrichen verwendet, als Kennzeichnung eines ehemaligen Irrtums über Sexualität als eine Normkategorie.

Das »Verkehrte« hält immer mehr Einzug in das »Richtige«. »Normal« gibt es zumindest im Bett nicht. Es gibt nur noch das Gegensatzpaar »biophil« und »nekrophil« = pro-vital und anti-vital. Die Person

Adolf Hitler – in ihrer Formation als *Hitler 2* – war die extremste Anti-Vitalität, die die Menschheit bisher hervorgebracht und erlitten hat.

Die ihm angedichteten Schuhtritt-Akte genauso wie der Urin-/Fäkalien-Sex wären nicht anti-vital gewesen. Hitler war weit davon entfernt, sich auf mitmenschlich so unkomplizierte Weise Orgasmen verschaffen zu wollen. Die Masochismus-Fetischismus-Plakette auf Hitlers Sexualität wurde im Einklang mit modischen Zeit-Freudianismen des 20. Jahrhunderts geprägt: Masochismus sei die Kehrseite von Sadismus: Wer wie Hitler dauermorden lasse, der »brauche« Stiefeltritte und untenkörperliche Entleerungen der Partnerinnen zu seiner sexuellen Befriedigung.

Das Sexpraxis-Paar »Sadismus-Masochismus« eignet sich nicht zur Erfassung des Serienkiller-Phänomens. Es ist ein Klischee-Duo außerhalb von Mörder-Kategorien. Wenn Hitler durch Getreten- und Auf-ihn-Entleertwerden zu Orgasmen gekommen wäre, na dann »Sieg Heil!« und »Glück auf!« für alle seine Opfer. Hitler bekam jedoch erst Lust, wenn er per Befehl von fern destruierte oder wenn er einer (dargestellten) Destruktion von Männern beiwohnte. Doch er bekam orgastische Lust nicht, wenn ihm hautnah zugesetzt wurde. Deswegen hat er körperliche Direkt-Traktierungen nicht angestrebt und ist sie nie eingegangen.

Ein Mann, der von einem ihn orgastisch befriedigenden »Tret-« beziehungsweise »Piss/Schiss-Date« kommt oder der sich auf ein solches kurz nach der privaten Vorführung des Trenker-Films *Der Rebell* freut, der braucht sich nicht mitten im geladenen Publikum bekannter Zeitgenossen einer derartigen Selbstbeschämung auszusetzen, wie Marianne Hoppe sie registriert hat *(ONANO)*. Hitler führte bei seiner – von ihm nicht mehr aufhaltbaren – halböffentlichen Masturbation den typisch Serienkiller-haften Zwang vor: sich augenblicklich eine Gewalt-vermengte sexuelle Abreaktion zu genehmigen, wenn sie irgend möglich ist. Deshalb kommt es unter Serienkillern immer wieder vor, dass sie kurz hintereinander morden, falls sie zeitlich schnell das nächste Opfer »erwischen« können.

Es gibt fetischistisch agierende Serienkiller, wie den Österreicher Jack Unterweger und den Amerikaner John Gacy. Unterweger (1950–1994; elf bewiesene, insgesamt dreizehn vermutete Tötungen) strangulierte seine ausnahmslos weiblichen jungen Opfer mit dem immer gleichen Knoten, den er aus ihrer Unterwäsche fabrizierte und mit dem er auch seine eigenen Trikotagen zu einem Strick für seinen Selbstmord in der Zelle knüpfte. Gacy (1942–1994; 33 nachgewiesene Morde)

stopfte seinen massakrierten Jünglingen und jüngsten Männern nach
ausgiebigen Torturen als Folter-szenischen Höhepunkt ihren eigenen
Slip in die Kehle, woran sie qualvoll erstickten.

Wenn Serienkiller auch Fetischisten sind, ist ihr Fetischismus
jedoch nur ein Zubehör ihrer Tötungspraxis, in die er wie einkomponiert wirkt. Der Fetischismus der Serienkiller geschieht nicht in Kontrast zu ihrem Töten als etwas anderes, wie man sich den »Hitler'schen Fetischismus«, von Frauen mit Schuhen getreten werden zu wollen, vorstellte – und auch seinen Urin-Fäzes-Masochismus. Der wesentlichste Unterschied zwischen Fetischisten und Serienkillern: Nicht der Fetischismus produziert dem Serienkiller die sexuelle Befriedigung, sondern die quälerische Mordprozedur vollbringt das, die bei manchen Serienkillern (nicht bei allen) nach einem Ritus in Kombination mit immer wieder eingesetzten gleichen Dingen verlaufen kann.

Der US-Serienkiller Dennis Rader (geb. 1945, seit 2005 im Gefängnis, zehn bewiesene Opfer) ging beim Töten ebenfalls »seriell« nach einem sich immer wiederholenden Schema vor. Er hängte seine zu 80 Prozent weiblichen Opfer in nacktem Zustand – nach »Vorlust«-Quälungen – für das eigentliche Töten in der Art einer Körper-gebogenen Rummelplatz-Schaukel auf, die er jedes Mal von vielen Seiten her fotografierte, um sich beim Anschauen der Fotos in den Wochen nach dem Quälmord den gewünschten Hoch-Orgasmus noch einmal per Onanie produzieren zu können. Rader war als Prediger Vorsitzender der größten Kirchengemeinde von Wichita im US-Staat Kansas und konnte deshalb sein »BTK« (»Bind, Torture, Kill«), mit dem er wie »Jack the Ripper« »signierte«, nicht jede Woche praktizieren.

Serienkiller sind durchaus stolz auf ihr Tun. Rader hat sich diese Visitenkarte selbst gegeben, mit ihr sich auf Bekenner-Schreiben und -Anrufen nach Abwurf seiner Leichen dargestellt, um dadurch auch noch bei der gesamten Bevölkerung seiner Stadt Angst und Schrecken zu erzeugen, was wiederum seine »höchste Lust ganz bewusst« anstachelte. (Quellenverweise zu den Serienkillern in *ONANO*)

Hitler war ein delegierender Serienkiller. Diese Spezial-Ausgabe der *Anomalia masculinis* ist in Verbindung mit Hitlers Welt-wirksam gewordener politischer Tätigkeit scheinbar einzigartig. Jedoch kann es im männerbündischen System viele solcher Kombinationen männlicher Anomalie nach Schema Hitler geben, die sich hinter allen möglichen Anführern verbirgt, die andere Männer um sich scharen und ihnen am laufenden Band Mord und Destruktion befehlen. Diese direktiv-delegierenden Serienkiller sind bisher nur zu selten aufgefallen, weil die Kriminologie den Vorgang des Tötens durch Befehl strafrechtlich nur ungenau erfassen kann. Eine solche Tat-Genauigkeit ist erst beim ausführenden Täter des Mordes möglich. Es gibt zwar den Straftatbestand der singulären Anstiftung, die aber als habituelle Triebtäter-Eigenart noch nicht definiert wurde. Das ging auch deswegen nicht, weil das direktiv-delegierende Morden zu sehr mit dem gesamten männerbündischen System verschweißt ist. Um diese besondere Art von delegierenden Serienkillern ins Verfolgungs-Raster von Staatsanwalt und Polizei zu bekommen, müssten genauere Definitionen aller Anstiftungs-Täter erstellt werden. Ein solcher ist Hitler ohne Zweifel gewesen.

Sein Mordtrieb richtete sich auf Männer, auch wenn in seinen späteren Massenmordprogrammen der »Euthanasie« Behinderter und sozial Auffälliger, des Genozids am europäischen Judentum, an den Roma und Sinti, ebenso wie beim Verbrannte-Erde-Überfallkrieg gegen Polen und die Sowjetunion und zuvor bei der Bombardierung Englands massenhaft Frauen und Kinder gleichermaßen wie Männer Opfer wurden. Hitlers eigentliche Tötungstriebziele waren jedoch Männer.

Summe: Es muss mit der Fälschung »Hitler pervers« klipp und klar aufgeräumt werden, so wie es die Historikerin Anna Maria Sigmund mit ihrem eigenen Irrtum gehalten hat. Sie glaubte zunächst an die Echtheit »perverser Aktstudien« Hitlers von seiner Nichte Geli Raubal, die ihm von fremder Hand in Pinsel und Stift gelegt und lukrativ in Umlauf gebracht worden waren. Sigmund hatte ihre Überzeugung in der Erstauflage ihrer Bände von 1998 über die Nazifrauen zum Ausdruck gebracht. *(Sigmund* 98, S. 143 f.). Nach Anton Joachimsthalers Veto-Expertise *(Joachimsthaler* 03, S. 8 f.) hat Sigmund in der revidierten Neuausgabe ihrer Nazifrauen-Bände von 2005 – wie es sich bei einem Irrtum wissenschaftlich gehört – Kujaus »Geli«-Aktbilder weggelassen. *(Sigmund* 05, S. 131 f.)

Bei einer so einflussreichen Person, wie es *Hitler 2* gewesen ist, wird auch im wissenschaftlichen, erst recht im politischen und journalistischen Bereich fantasiert, »was das Zeug hält« – siehe den *Stern*-Skandal von 1983 um Hitlers nicht-existente, weil nie geschriebene und von Konrad Kujau gefälschte Tagebücher. *(Seufert)*

Die »Perversitäts«-Verbreitung geschah zum Zwecke der »psychologischen Kriegsführung« der USA gegen Hitler. Dieser Teil der Kriegsführung wurde weniger im Ausland, mehr im amerikanischen Inland unternommen. Sie galt der Renitenz der eigenen Bürger, gegen

Hitler-Deutschland nicht Krieg führen zu wollen, Söhne und Ressourcen nicht opfern zu müssen. »Doch, ihr müsst! Denn Hitler ist pervers, hat von seiner Nichte ›Urin trinken‹ wollen und Geli im Zustand davor auch noch gemalt. Als seine Nichte so etwas Abgefucktes nicht mehr wollte, hat er sie erschießen lassen!« Beim Hören solcher »entarteten« Unappetitlichkeiten schultert jedes puritanische Gemüt sein Gewehr – im Geiste und in der Tat.

Was im *Navy Intelligence Report* stand, war 1942–45 im Lande »gerüchteweise« auch in Umlauf gebracht worden. Und es schien ganz, als hätten die US-Geheimdienste selbst an die Emigranten-Saga von Hitlers »Perversitäten« geglaubt. Nach 1945 kam dann die »große Überraschung«: »Im Mai 1945 erstellte der amerikanische Geheimdienst Richtlinien für die Einvernahme [offiziellen Verhöre] hoher nationalsozialistischer Funktionäre. Die Frage nach Hitlers Sexualleben erhielt Priorität. Die Antworten der NS-Bonzen entpuppten sich als wenig ergiebig. Man erzählte bereitwillig von der Bewunderung des ›Führers‹ für schöne Frauen, von näheren Verhältnissen wussten sie – abgesehen von Eva Braun – nichts zu berichten.« *(Sigmund* 08 I, S. 53)

Das Zaunkönig-Argument gegen »Hitler pervers«: Die Praktizierung. Man stelle sich diese Scherereien vor, diesen Krach und diesen Schmutz und diesen Gestank in der – von der moralisch supercleanen Haushälterin Anni Winter überwachten – Prinzregentenplatz-Wohnung Hitlers! Oder sind Onkel und Nichte für seine präferierten »abartigen« Wonneschauer extra immer ins Grüne – diesmal sogar ohne mitwissenden Chauffeur – geradelt, damit sich der Führer der NSDAP, Kanzler und Reichspräsident in spe, bei solch ausschüttend sexual-kommunikativer Tätigkeit von einem Spaziergänger hätte ertappen lassen können?

Also bitte: Niemand möge sich aufs Neue lächerlich machen mit auch nur der Erwähnung eines *vielleicht* »perversen Hitlers« – nach dem Volks-versimpelten Schema: »Hitler war doch ein ›Urinist‹!« War er nicht! Daher ein für alle Mal weg mit dem ganzen »perversen« Quatsch! Es ist wissenschaftlich schon ätzend genug, dass eine Psy-Koryphäe wie Alice Miller sich leichtfertig mit ihrem Vertrauen auf die amerikanischen »Quellen« von »Hitlers Perversität« in Bezug auf ihre Hitler-Studie gänzlich außer Diskussion gebracht hat. Die Amerikaner lassen sich ihre ehemalige Psychologische-Kriegsführungs-Halluzination vom »perversen Hitler« nicht so leicht aus den Meinungs-Zähnen reißen. Noch 60 Jahre nach dem Konstrukt zwischen den Emigranten und dem *OSS* von 1943 wird dieses in einer wissenschaftlichen Arbeit über Himmlers Masseur Felix Kersten aus dem Jahre 2002 mit dem Brustton der Überzeugung von der Treffsicherheit der pathologischen Kennzeichnung Hitlers referiert. John H. Waller widmet in seinem Buch *The Devil's Doctor* dem damaligen OSS-Experten Henry A. Murray und dessen perversologischer Studie *Analysis of the Personality of Adolf Hitler* vier Seiten, zitiert aus ihr breit, ohne von einem Zweifel an der Richtigkeit der Diagnose angekränkelt zu sein. *(Waller, S. 110 ff., 258)*

Der politische Serienkiller suis generis, Adolf Hitler, wurde mit etwa zwanzig privaten Serienkillern verglichen, beginnend mit Klaus Manns frappierender phänotypischer Gesichts-strukturellen Gegenüberstellung von Hitler und Haarmann, dem „Schlächter von Hannover«. Zur selben Zeit, da der Polit-Serienkiller mit seinem Münchener Putsch-Versuch vom November 1923 den ersten Anlauf nahm, um zukünftig befehlend Männer am Fließband ermorden zu lassen, genau in diesem Jahr begann sein privates alter ego mit der Serie der Ermordung von Jünglingen und jungen Männern im Alter von 14 bis Anfang 20.

Zum besseren Verständnis der komplett getrennten Welten, die zwischen Serienkillern und „Perversen« aller Art Ozean-weit auseinanderliegen, wird das seit Mythen-Zeiten beliebte Mittel des Gleichnisses eingesetzt. Fritz Haarmann gehört zu den fast gänzlich erschlossenen Serienkillern, vor allem Dank Theodor Lessings Veröffentlichung seiner Studie über Haarmann, in der der Schriftsteller unbeschränkt aus den Gerichtsakten zitieren durfte. Lessings Buch ist eine komprimierte Falldarstellung.

Über „die Art der Tötung« seiner Opfer „sagt der Mörder aus: ›Ich habe mich mit ganzem Leibe auf die jungen Leute geworfen. Sie waren durch das Herumtreiben und die Ausschweifungen ermattet. Ich habe ihren Adamsapfel durchbissen, zugleich wohl auch mit den Händen gewürgt und gedrosselt. An der Leiche brach ich zusammen. Ich machte mir dann schwarzen Kaffee. Den Toten legte ich auf den Boden und tat ein Tuch übers Gesicht. Dann sieht er einen nicht so an. Ich öffnete die Bauchhöhle mit zwei Schnitten und tat die Eingeweide in einen Eimer. Ich tunkte ein Tuch in das Blut, das sich in der Bauchhöhle gesammelt hatte und tat dies solange, bis alles Blut aufgetunkt war. Dann erst schnitt ich mit drei Schnitten die Rippen auf nach der Schulter zu, fasste unter die losgetrennten Rippen und drückte solange hoch, bis sie in der Schultergegend knackten. An *der* Stelle schnitt ich dann durch und tat sie weg. Nun konnte ich Herz, Lunge, Nieren fassen, zerschneiden und in den Eimer tun.

Zum Schluss wurden die Beine abgetrennt; dann die Arme. Ich löste das Fleisch von den Knochen und tat es in meine Wachstuchtasche. Das übrige Fleisch kam unters Bett oder in den Verschlag. Um nun alles hinauszubringen, und es ins Klosett oder in die Leine zu werfen, gebrauchte ich fünf oder sechs Gänge. Das Glied schnitt ich ab, nachdem ich Brust und Bauchhöhle gereinigt hatte. Ich zerschnitt es in viele kleine Teile. Ich bin immer mit Grauen an diese Arbeit gegangen und doch war meine Leidenschaft stärker als das Grauen vor der Zerstückelung. Die Köpfe nahm ich zuletzt vor. Mit dem kleinen Küchenmesser schnitt ich die behaarte Kopfhaut ringsherum vom Schädel und zerlegte sie in ganz kleine Streifen und Würfel. Den Schädel legte ich mit der Wangenfläche auf eine Bastmatte und deckte Lumpen darüber, um die Klopftöne abzuschwächen. Ich schlug mit der scharfen Seite eines Beiles, den Schädel immer herumdrehend, die Nähte auseinander. Das Gehirn kam in den Eimer; die kleingeschlagenen Knochen warf ich in die Leine, gegenüber dem Schloss. Oder ich ging in die Eilenriede, dort wo es sumpfig ist, warf die Stücke heimlich vor mich hin und trat sie in den Sumpf. Nur wenn ich eine Leiche sehr eilig beseitigen musste, kann möglicherweise einmal ein Schädel unzerklopft in das Wasser geraten sein.«*
(Lessing, S. 138 ff.)

Der politische Serienkiller sui generis Adolf Hitler betrieb eine historische Ausweidung ab 1933 mit Deutschland und ab 1939 mit Europa: Das, was Fritz Haarmann an über 50 eingestandenen jungen Männern beging, das tat Adolf Hitler zwischen 1933 und 1945 mit Europa – mit der von ihm provozierten Ermordung der dutzenden Millionen Kriegs- und Verfolgungsopfer, mit den zehnmal so vielen gebrochenen Biografien, die Jahrzehnte an den Schnitt- und Stich-Folgen zu leiden hatten, mit den zerbombten Städten und dem verwüsteten Land, mit der Zerstörung der bis dahin jahrhundertelang Früchte-tragenden deutschen Kultur, die nach Hitler ihren Weltgeist ausgehaucht hatte und nicht mehr fähig war, Brechts und Mahlers hervorzubringen.

Kulturphilosophische Bemerkung zum cleanen Hitler

Der antiquiert sexual-definitorisch »perverse« Hitler muss endgültig ad acta gelegt werden – »pervers« definiert hier im Sinne von »abweichende Sexualpraktiken einsetzend«. »Abweichend« heißt einfachst verstanden »ausweichend« = den Genitalien nahe gelegene Ausscheidungsorgane mit deren Endstoffen Urin und Fäzes zur Gewinnung von Orgasmen einzusetzen.

Von *Hitler 1* gibt es dazu gar keine Übermittlungen. Und *Hitler 2* hat überhaupt nicht co-genital mitmenschlich eigensexual-orgastisch praktiziert – weder heterosexuell noch homosexuell, wie im *zweiten Buch* besprochen wird. Trotzdem spukt im männlichen Teil des deutschen Volkes immer noch die Vorstellung vom »perversen Hitler«, genährt vom »kleinen« Mann bis zum »großen« Hitler-Forscher. Hitler sei »doch ein Urinist« gewesen, sagt der unwissende »Untere«, und »Hitlers perverse Fantasien« untertitelt Ende 2016 einer der »obersten« Hitler-Spezialisten. *(Kellerhoff 16)* Das wirkt missverständlich und perpetuiert den »kalten Kaffee« vom »an sich perversen Hitler«. Der Begriff sollte, auf Hitler bezogen, für alle Zukunft vermieden werden, um endlich mit den immer noch kursierenden falschen Vorstellungen aufräumen zu können.

Einen Autobahn-breiten Schlussstrich unter den »perversen Hitler« zog 2009 sein dritter Jugend-Biograf Dirk Bavendamm. Dessen Buch über Hitler 1 bis 1914 ist viel mehr als nur eine Jugend-Biografie, sondern strahlt permanent auch auf den ganzen Hitler aus – mit unzähligen erkenntnistheoretisch brillanten, überraschenden Details, wie sie kulturphilosophisch in keiner Hitler-Gesamt-Biografie derart gehäuft zu finden sind. Auch wenn Bavendamms theoretisches Gesamtkonzept – Hitler sei eine verrutschte und misslungene Erscheinung der deutschen Hochkultur gewesen, der sich auf die Schillers, Nietzsches und Wagners bezogen hätte – nicht geteilt werden kann, vermittelt Bavendamms Buch doch eine Reihe von schlüssigen Einsichten wie diese: Der ganze »perverse Hitler« gehört in den Abfall-Eimer von Rätsel-Erklärungen. *(Bavendamm, S. 470 ff.)* Bavendamm arbeitet hier exakt historisch-fachmännisch. Alles zur »Perversität« Hitlers ist erfunden. Es gibt keine einzige Übermittlung, die, wie Hitlers temporär oral-vaginal »funktionierende« Beziehung zu Eva Braun, wenigstens im Gutachten-Stil ausgebaut werden könnte *(ORALO)*. Von Geschichts-prozessualer Tragfähigkeit einzelner Behauptungen kann erst recht keine Rede sein.

Vor allem: Die Selbstmorde oder Selbstmordversuche von Frauen in Hitlers Nähe haben nichts mit ihm zu tun gehabt. Der Sonderfall von Hitlers Nichte Geli Raubal wird im nächsten Buch von *Hitler 1 und Hitler 2* besprochen werden. Und die zweimaligen Selbstmordversuchs-Demonstrationen Eva Brauns wurden ausführlich als Erpressungen in Richtung Hitler demontiert *(ORALO)*.

Alles über den »perversen Hitler« diente der psychologischen Kriegsführung der Amerikaner im Zweiten Weltkrieg und eignet sich nur noch als Aspekt zu »Hitler in der Ideologie-Geschichte der westlichen

Welt«, dem es jedoch an jeglicher Hitler-forscherischen Aktualität gebricht. Bavendamm wartet mit – in der Hitler-Biografik rarer – End-gültigkeit auf und zieht unter den »perversen Hitler« die letzte Summe: »Hanfstaengl, einer der engsten Vertrauten, hat […] mit der Formulie-rung, Hitler sei ›weder völlig hetero- noch homosexuell‹ gewesen, son-dern habe in einem ›sexuellen Niemandsland‹ gelebt, […] die passende Formel geliefert.« *(Bavendamm*, S. 471 f., in Bezug auf *Hanfstaengl* 57)

Auch im übertragenen Sinne sollte der Begriff »pervers« nicht mehr für Hitler benutzt werden, wie Sven Felix Kellerhoff es in seiner Über-schrift »Hitlers perverse Fantasien« noch Ende 2016 gemacht hat. *(Kel-lerhoff* 16) Hitler hatte keine »schmutzigen Fantasien« im weitesten Sinne, sondern »saubere«. Er war ein nationales »Säuberungs-Kader« der deutschen Geschichte. Er hat beim »Saubermachen« die deutsche Hochkultur zerstört: So gut wie sämtliche lebende Produzenten dieser Hochkultur hat Hitler aus Deutschland vertrieben, als Kulturwirkende aus dem Volksganzen herausgeschnitten – von Elisabeth Bergner über Max Ernst, Einstein, Lang, Lubitsch, die Manns, Tucholsky bis zu den Zweigs.

Außerdem war Hitler mit seinem eigenen malend-zeichnerisch hervorbringenden Tun Dilettant, Kunstgewerbler, ja Kitschier und hatte ein schwerst gestörtes Verhältnis zum Essential einer Hoch-kultur, zur Innovation. Die produzentische Stil-Erneuerung war ihm verhasst, ja mehr noch, physisch eklig, so dass er den Begriff »ent-*artet*« = »ent-kunstet« für alles Neue in Architektur, Belletristik, Malerei, Musik und Theater verwendete und damit Hochkultur zum Erlöschen brachte – in letzter Konsequenz zwang er die wesentlichen Teilnehmer dieser Hochkultur in die »Endlösung« ihres physischen Todes. Er selbst war in seinen Elaboraten ein art-iger, todlangweiliger Konventionalist für den Stubengebrauch.

Hochkultur wird immer heute ins Morgen hinein kreiert und nicht aus dem Gestern, auf das sich dann nur die rezeptive Allgemeinheit bezieht und das gesammelte Gestern als Hochkultur wahrnimmt und verehrt. Hochkultur entsteht durch Vermischung im Landes-Inne-ren – durch Volksteile-»Sexualitäten« mit »allen Schikanen« – und durch Entgrenzung nach außen hin, durch das Überschwappen des Eigenen zu den Nachbarn und die Aufnahme von deren Eigenem zur Verarbeitung bei sich selbst. All das war für Hitler »pervers« = abscheu-lich und todeswürdig.

Die deutsche Hochkultur hatte einen langen Anlauf genommen – ab dem Mittelalter auf der Basis des zerfallenden Roms. Doch sich gestei-gert zu dem Blütenansatz der Bachs bis Strauss', der Gryphius' bis

Brechts – das tat das deutsche Volk ab dem Westfälischen Frieden 1648 und dem Ende jeglicher Pogrome gegen den jüdischen Bevölkerungsteil. Die folgenden dreihundert Jahre Höchstkultur hat A. H. mit der Herrschaft seiner Mittelmäßigen ab 1933 in den Zusammenbruch getrieben.

Die populativ-genetische Vermischung – leiblich und geistig –, die sich in Kultur-biografischen Studien von Goethe bis Wagner und Mann nachweisen ließe, hat Hitler gestoppt mit seinem Rausschmiss der Juden aus Deutschland ab 1933 und ab 1939 aus Europa. Seine Saubermann-Ideologie und staatsterroristische Tätigkeit hat die deutsche Hochkultur zuerst attackiert und dann mit der Macht seiner Männer-kohortig gegengezeichneten Millionen-Mord-Vollzüge abgeschafft. Hitler war »völkisch«-kulturell eine »Reinemachefrau« und gerade überhaupt nicht »pervers«, verstanden als schmutzig, ungeschieden, vermischt, bekleckert, durchdrungen, entgrenzt.

Hochkultur kommt aus dem »Perversen«, das »polymorph« = »vielgestaltig« liiert ist, so wie Freud das Begriffspaar »polymorph-pervers« prägte. Hitler war »bis zum Gehtnichtmehr« clean, »ums Verrecken« nicht vielgestaltig vermischt – von Kopf bis Fuß auf dichte Inzucht eingestellt (zweites Buch). In seiner monokulturell engsten Stirn erfand er eines der dümmsten Gesellschafts-Konzepte, die je ein Politiker von sich gegeben hat – die kunstgewerblich-kitschige Trennung in »Arier« und »Juden«, in germanisch sesshafte = in seinen Horror-«Lebensraum« umgesiedelte, art-gerecht langweilige Sitzfleischer und in hebräisch bewegliche, überregional traumtänzerische Artisten, die er Zug um Zug mit allen Millionen Zugehörigen in Europa killen wollte, bis er schließlich mehr als sechs Millionen zerstäubt hatte.

Das, was ihn leiblich rasend machte, die festkörperlichen und gashaften Endprodukte des menschlichen Stoffwechsels auszuscheiden, das nahm er sich transfigural gegenüber Millionen Europäern heraus. Sein innerkörperliches Rohr von Mund zu Anus war in der Formation als Hitler 2 schließlich so kaputt, dass er sich täglich mit 16 Anti-Gas-Pillen vollständig saubermachen wollte (ANALO). Dagegen betrieb er Ausscheidung massenphysiologisch jenseits von sich selbst. Mit der KZ-tierung von Millionen setzte er außerkörperlich Menschheits-geschichtlich einen populativen Kultur-Stoffwechsel in Gang. Er wollte Juden und Zigeuner, die auf verschiedene Weise mobilsten Elemente Europas, aus dessen Völker-Körper und Gesamt-Kultur ausscheiden.

Nur obszön kann Auschwitz verstanden werden. Ohne den Unanstand ist das Desaster Hitler nicht für alle Zeiten von allen Menschen merkbar. Frei nach Alice Millers berühmtem Buch Du sollst nicht merken. Doch! Ja gerade: »Du sollst dir das merken!«

Schlussnote

Definition »Serienkiller«

Adolf Hitler war ein vom *Kopf* aus tätiger Serienkiller, auch wenn er unter diesem Begriff noch nicht diskutiert wurde. Das wird vor allem deshalb nicht getan, weil sich die Alltags-Kriminalistik über den Terminus »Serienkiller« immer noch nicht im Klaren ist. Er ist wissenschaftlich definitorisch nicht fest umrissen. Serienkiller werden häufig mit Amokläufern verwechselt oder »über einen Kamm geschert«, die aus extrem anderen Ursachen töten.

Die kategorialen Schwankungen gegenüber Serienkillern geschehen bis in die Universitäten hinein, wie es in Deutschland durch Ad-hoc-Statements wieder offensichtlich wurde, als im November 2010 ein junger, noch fragmentarischer Serienkiller, der es »erst« auf zwei Opfer brachte, in der Kleinstadt Bodenfelde bei Göttingen sein Ausschlachtmesser gegen zwei Jugendliche richtete, eine 14-Jährige und einen 13-Jährigen.

Der Begriff »Serienkiller« stand bisher für die Diskussion über Hitler nicht zur Verfügung. Die Tendenzen der Rezeption des größten Massenmörders der Weltgeschichte pendelten zwischen einerseits: »Ein Mensch von nebenan«, »einer von uns mit schlechter Kindheit: prügelndem Vater und liebesunfähiger Mutter« *(Miller),* und andererseits: »Gar kein Mensch«, »irgendetwas unvergleichlich Schauergestalt-Singuläres« *(Rosenbaum).*

Dass Serienkiller sehr wohl Produkte der menschlichen Gesellschaft sind, bedarf einer genaueren Herleitung. Was ist ein Serienkiller? Er ist ein Mann und *nur* ein Mann, mit dessen sexueller Wegstrecke bis zum Orgasmus etwas nicht »in Ordnung« ist. Er will und muss, wie Jürgen Bartsch es einsichtig gemacht hat, seinen Orgasmus – oder etwas körperlich vergleichbar Wirkendes – durch Destruktion und kann ihn nicht durch Konstruktion erzielen.

Der Begriff »Orgasmus« sollte im Zusammenhang mit Serienkillern nicht zu eng definiert, kann im weiteren Sinn als Hochgefühl verstanden werden, als *Tristan-Isoldes* »höchste Lust unbewusst« (Richard Wagner), wobei sofort das wesentliche Merkmal heranzuziehen ist: Der Mord-Orgasmus unterliegt nicht dem Willen des von ihm betroffenen Mannes. Es handelt sich um eine sexual-genetische Fehlsteuerung, die als ein Zwang abläuft, die angeboren ist, sich während der Pubertät manifestiert und dann irreversibel lebenslänglich funktioniert.

Hitlers oral-vaginale Praktiken mit Eva Braun sind zweifelsohne für ihn nicht Befriedigung genug gewesen, sonst hätte er sich nicht zur gleichen Zeit eilig vor dem Luis-Trenker-Film onanistisch entladen müssen *(ONANO, ORALO)*. Sein Verhältnis zu Eva Braun war ein funktional-hinhaltender, intervallisch gehandhabter Permanent-Interruptus. Demgegenüber geschah sein von ihm losgetretenes Massenmorden mindestens zwölf Jahr lang ununterbrochen am Fließband, steigerte sich zum ubiquitären Menschengemetzel ab 1939 und geschah zuvor schon präliminarisch in der Weimarer Republik – per Anschlägen, Attentaten und Überfällen seiner Männer auf Hitler-Gegner und Ihm-nicht-Passende.

Hitler hatte Lust aufs Töten, wurde bereits durch sein Beiwohnen einer gestellten Massenmordszene sexuell erregt und ersann als Staatschef eine Massenermordung nach der anderen. Die sofort nach Januar 1933 in seinem Staat errichteten KZs waren Stätten für die serielle Quälung und Tötung von zu dieser Zeit noch fast ausschließlich Männern. Hitlers SA- und Gestapo-Schergen waren die Arme und Greifklauen seines Drachenkopfes, mit dem er nach dem 30. Januar 1933 zum Zwecke des Quälens und Tötens potentiell in jede deutsche Wohnung hineinlangen konnte.

Dass Hitler in Zukunft als Serienkiller begriffen werden kann, setzt eine Definition dieses Verbrechertyps voraus. Den Begriff »serial killer« hat Mitte der 1970er der FBI-Beamte Robert Ressler eingeführt. *(Ressler)* Spätestens 2004 hatte ihn die US-Gerichtsmedizinerin Helen Morrison etabliert. Bezeichnenderweise war die einzige Person auf der Welt, die ihr gesamtes Berufsleben ausschließlich dieser Spezialität rein männlichen Verbrechens widmete, eine Frau. Dreißig Jahre lang beschäftigte sich die Ärztin mit über achtzig Serienkillern. Sie summierte ihre Forschungen in ihrem Buch *My Life Among the Serial Killers*, das sie 2004 publizierte. *(Morrison)*

Es empfiehlt sich, den Begriff endlich im Deutschen zu übernehmen, weil die Täter eine Rarität sind und ihr spezifisches Tun als Sexualmörder in seinem Gesamt-Erscheinungsbild weder auf Frauen als Täterinnen noch auf andere Arten von Mördern übertragen werden kann. Die Franzosen haben den englischen Begriff schon längst in ihrem Sprachgebrauch etabliert. *(Bourgoin)*

Das deutsche Wort »Mörder« eignet sich nicht für die Kennzeichnung der Besonderheit, weil es immer wieder mit nur verwandten, aber nicht identischen Tätertypen verwechselt werden kann, mit Raubmördern, Massenmördern, Terroristen, Amokläufern, politischen Überzeugungsmördern, KZ-Mördern, Wiederholungs-Totschlägern,

Diktatoren aller Art und Kriegsverbrechern. Außerdem umgibt den Begriff »Mörder« immer noch zu viel Positives, das in der Nähe des Heroischen liegt. Verwirrend viele Frauen sind auf Mörder emotional, ja sexuell erpicht, in deren Nähe sie sich drängen, mit denen sie sich paaren und die sie in Gefängnissen mit Fanpost bis hin zu Heiratsanträgen überhäufen. Schon Hitler als Putschist vom November 1923, als verursachender Mörder von immerhin bereits zwanzig Männern, erfreute sich während seiner Festungshaft in Landsberg 1924 riesigen liebesbrieflichen Frauenzuspruchs. (*Sigmund* 08 I, S. 259, Anm. 13) Das wissenschaftlich immer noch nicht exakt kategorisierte Phänomen kann nicht genau entschlüsselt werden, wenn es nicht einmal einen präzisen Namen hat. Im Gegenteil, in der deutschen Sprache verbreiten sich derzeit neue Verrätselungen. Serienkiller werden als »Intensivtäter« vernebelt. Auch der Begriff »Serientäter« ist unbrauchbar, weil er alle Arten von wiederholenden Straftätern umfasst: Diebe, Räuber, Betrüger, Erpresser, Unterschlager, Einbrecher ... Das Wort »Täter« ist zu unspezifisch. Und »intensiv« ist ein Gefühl, aber keine Tat. Der »Intensivtäter« ist ein solcher Kleinjungenscherz, dass er sofort aus jeglicher Diskussion um diesen Tätertyp verschwinden muss.

Ein Serienkiller killt seriell – die Begriffe sind von unverwechselbarer Klarheit. Mit dem aus dem Englischen übernommenen Wort »killen«, das längst Weltsprachen-verständlich geworden ist, kann die Besonderheit des Quältötens zum Ausdruck gebracht werden, die den Serienkiller von allen anderen Mördern und Totschlägern unterscheidet. Robert Ressler hat mit Bedacht nicht von »serial murderer« oder »serial manslaughterer« gesprochen. Das Faktum darf nicht mehr mit Utensilien aus dem deutschen Sprachschatz zum Zwecke der Missverständlichkeit umrankt werden.

Das Wichtigste für die Etablierung des Wortes »Serienkiller«: Diese Männer begehen nicht lediglich Tötungen wie alle anderen Mörder und Totschläger. Die Spezialität des Serienkillens ist das langsame, ausgeklügelte, extremquälerische Tot*machen*, das immer wieder an neuen Opfern durchgeführt wird. Den Serienkiller verlangt es zur Entstehung von Hochlustgefühlen, Menschen nach reproduzierbaren Schemata zu schlachten. Er wiederholt diese Taten nicht nur zufällig, sondern mit einem im Voraus konstruierten Verfahren, das der seriellen Herstellung von Industrieprodukten ähnelt.

Marianne Hoppes Urszene

Marianne Hoppes zu Anfang wiedergegebene Beobachtung ist die einzige Sex-Szene, die über Hitler festgehalten wurde, ja wahrscheinlich die einzige, die je von einem Weltpolitiker überliefert worden ist, da weibliche und männliche Geliebte und Ehefrauen meist selbst die Person-gewordenen Überlieferungen des sexuellen Verhaltens der Spitzenführer sind, aber keine Szenen zwischen sich und dem Männerwelt-Star gebracht haben, keine Darstellungen von sexueller Aktion, die sich die Mit- und Nachwelt »halt denken muss«. Daher gibt es keine spezifischen Berichte über sexuelle Eigentümlichkeiten, Körpermaße, Vorlieben, Schwächen und Stärken. Von Cäsar bis Stalin herrscht Achselzucken, weil sich die Geschichtsschreibung für das Genitale bisher ja auch nicht wirklich interessiert hat. Wenn aber ein Spitzenpolitiker wie Hitler als Serienkiller geoutet werden soll, als eine maskuline sexuelle Anomalie, dann werden Sex-Szenen oder Beobachtungen von sexuellen Äußerungen oder organische Befindlichkeiten dieses Protagonisten plötzlich extrem bedeutsam.

Hoppe berichtet von einer solchen Hitler'schen Sex-Szene. Diese Sensation bei einem »Low-Sexuellen« war so groß, dass die gesamte Hitler-Forschung – auch die ab den 1990er Jahren angetretenen Frauen – von ihr keine Kenntnis genommen hat, was leicht möglich gewesen wäre, da Hoppes Beobachtungen in einem Themen-spezifischen Band von 1989 über das Dritte Reich enthalten sind, den die Hitler-Forschung hätte rezipieren müssen: Deutsche im Zweiten Weltkrieg. Zeitzeugen sprechen. (Steinhoff/Pechel/Showalter)

Hoppes an Hitler wahrgenommene Sex-Szene hat vier Teile:
1. »und dann kriegte Hitler eine Art Erregung«,
2. »und hat so die Knie gerieben bei diesem Ereignis«,
3. »und hat gestöhnt«,
4. »da kriegte er so eine Art von Orgasmus.« (ONANO, Hitlers Männermord-Orgasmus)

Diese vier Teile gehören zu jedem männlichen Sexualakt:
1. Sexuelle »Erregung«,
2. (onanistisch:) durch »Kniereiben« phallische Oberschenkel-Friktionen,
3. »stöhnen« = Kurve zu einem Lusthöhepunkt beschreiten,
4. ihn erreichen: »Orgasmus«.

Da Hoppe von diesem ihr aufgezwungenen Ereignis Hitler'scher masturbatorischer Aktivität angewidert war, verließ sie den Raum nach dem Ende des ungewöhnlichen Vorgehens des deutschen

Staatsführers und folgte keiner weiteren Einladung zu Hitlers Filmvor-
führungen mehr. Es fehlt also der Serienbeleg. Aber der beobachtete
einzelne Akt erfüllt die Serienkiller-typische Lustprozedur – die »Bei-
wohnung« an Qual. Was Hand-anlegende manifeste Serienkiller selber herstellen müssen – einen sich in Qual windenden Körper in ihrer
Gewalt zu haben –, das schuf dem Befehls-delegierend imaginär-visio-
nären Serienkiller Adolf Hitler das Erlebnis der Männermassen-Qual
auf der Leinwand. Hitler prozedierte einen onanistischen Sexualakt
direkt angesichts einer Massentötung, vor allem einer massenhaften
Quäl-Ermordung von Männern. Die Steine, die auf die französischen
Soldaten stürzten, hätten diese nur in wenigen Ausnahmefällen sofort
getötet. Die schweren Brocken – »wie die Steine da runterrollten auf
die Franzosen drauf« – setzten die Soldaten außer Gefecht, verletzten
sie, begruben sie unter sich und bewirkten nun in der Mehrzahl der
Fälle das von Hitler begehrte qualvolle Sterben. So gekonnt in der
filmischen Handlung das Wehr-Prozedere von den aufständischen
Tirolern ohne Waffengewalt siegreich durchgeführt worden war, es
bedeutete in der konstruierten Wirklichkeit das Qualsterben von Dutzenden Männern, das Spezifikum, auf das Hitlers Serienkiller-Trieb
einrasten konnte: Am Fließband Männer langsam quälerisch zu töten.

Ohne Marianne Hoppes Ur-Szene von Hitlers Serienkiller-typi-
schem Trieb, Männer massenhaft töten zu lassen, wäre es viel schwieriger gewesen, Hitlers Serienkiller-(Un-)Naturell bloßzulegen. Jedoch
dieser einzelne von Hoppe beobachtete Akt hat Hitler entlarvt. Seine
Mord-*Serie* ist an jeder Ecke seines politischen Wirkens zwischen 1919
und 1945 abzurufen.

Trotz Hitlers Mordenlassen am Fließband hätte sich die Geschichtsschreibung weiter an dem Fakt »Serienkillen« vorbeibewegen können – mit der Begründung: Da hätten weniger Eigentriebe eines
Mannes, stattdessen mehr Generalzwänge deutscher und später europäischer Männerbünde gewirkt. Stimmt nun nicht mehr nur. *Dieser*
politische Führer unterstand einem Zwang, den er auf alle ihm folgenden Männer im Befehls-Staffellauf übertragen konnte: Er musste
massenhaft quältöten. Sein organischer »Chemismus« brauchte die
Lustbeiwohnung am Gegnerzersetzen – so fing es an –, alsdann am
langsamen, vor allem gasquälerischen Gruppen- und Minderheiten-
bis hin zum Völker-Auslöschen.

Man muss sich immer wieder vergegenwärtigen, dass Hitler sofort
nach seiner Machterlangung ein »Klima« = eine »Luftbedingung«
von Quältöten im ganzen Lande schuf. Wenn er abends zu Bett ging,
wusste er, der Tag hatte ihm Dutzende Morde, später Hunderte, dann

Tausende und Zehntausende Quältötungen erbracht, vollzogen von den maskulinen Verlängerungen seines Ichs. Wenn er aufwachte, atmete er die Luft ein, die ihm die Qualschauer der Nacht zuwehte und heute am Tag neue Quälungen ermöglichte. Hitlers Dasein als politischer Staatsführer war gesättigt von seinem Wissen, dass vom 30. Januar 1933 bis zum 30. April 1945 zuerst Deutschland und schließlich die ganze Welt, verkörpert in Millionen von Menschen, qualstarben.

Machttrieb = Mordtrieb

Einer der frühen Hitler-Reflekteure und -Grundsatz-Kenner, Max Domarus, der erste enzyklopädische Herausgeber von Hitlers Reden, kam bei seiner Einschätzung Hitlers der Entdeckung von dessen Serienkiller-Agens überraschend nah. Das auffälligst Verbindende zwischen allen Serienkillern: Sie können nicht aufhören. Quältöten ist ihr Trieb, den kein Mann bei sich stilllegen kann.

Die Lage im April 1945 war für Deutschland nur mit einem Wort zu umfassen:»Nieder-lage«. Alles tot. Alles zu Ende. Aber Hitler befahl ewiges Weitermachen, jetzt die verbrannte Erde im eigenen Land, damit die Sieger dort nicht Fuß fassen können – sein in die Geschichte eingegangener *Nero-Befehl*: Bahnen, Brücken, Gebäude, Industrie-Anlagen, alles Lebens-Tragende und -Funktions-Kooperierende in die Luft zu sprengen. Diese»verbrannte Erde« provozierte weiteres Qualsterben. Recht so! Wenn die Rote Armee nicht vor seiner Bunkertür gestanden hätte, hätte er auch die *Nero-befehlende* Zu-Tode-Quälung alles Lebenden, das sich um ihn auf deutschem Boden befand, fort- und fortgesetzt, bis sich kein Stein mehr auf dem anderen befunden hätte und alles Weichteil-Organische verdunstet wäre.

Der erste Band der Studie zu Hitler als Serienkiller sui generis, *Das sexuelle Niemandsland*, lässt sich einsichtig abschließen mit einer Passage aus Hitlers – am 29. April 1945 diktierten – *politischem Testament*, dem Domarus Reflexionen zu Hitlers unstillbarem Machthunger folgen ließ, der ein Ausfluss von Hitlers Blutrunst war.

Göring und Himmler, seine Mittäter an oberster Stelle, hatten mit aller Vorsicht und verstrickt in eigene Loyalitäts-Konflikte nachgedacht und bei Hitler angefragt (Göring) oder schon Fühler in Richtung Gegner ausgestreckt (Himmler) – mit der dahinter stehenden Erwägung, ob nicht eine Kapitulation jetzt, im April 1945, sinnvoll wäre.»Sinnvoll«! Das ist keine Handlungs-Motivation eines Serienkillers. Göring klopfte bei Hitler an, da der doch Bunker-gefesselt

Handlungs-unfähig geworden sei, ob nun nicht Göring, sein Reichs-
führungs-Stellvertreter, handeln dürfe. Und für Himmler folgte Rückzug auf Rückzug, als nun vom Ost-Alliierten, der Sowjetunion, eines
seiner Tötungslager nach dem anderen erobert wurde.

Beide Co-Mörder konnten in diesen Niederlage-Momenten wenigstens nachdenken und nach Auswegen suchen. Nicht der Serienkiller
A. H. Er hatte von Göring und Himmler Weitermachen verlangt,
Selbstmord und In-die-Luft-Sprengung auch der KZs mit neuen Wellen von Massenmord. In der Agonie des eigenen Verlöschens hatte
Hitler noch die erstaunliche Kraft, Göring und Himmler aus der Partei
auszuschließen, sie aller ihrer Positionen zu entheben und zum Tode
zu verurteilen, was sich in seiner Sprache wie folgt liest: »Göring und
Himmler haben durch geheime Verhandlungen mit dem Feinde [rich-
tig: widersprüchliche Versuche und vorsichtigste Kontakt-Anbahnun-
gen], die sie ohne mein Wissen und gegen meinen Willen abhielten,
sowie durch den Versuch, entgegen dem Gesetz, die Macht im Staate
an sich zu reißen [so weit waren die noch gar nicht], dem Lande und
dem gesamten Volk unabsehbaren Schaden zugefügt, gänzlich abgesehen von der Treulosigkeit gegenüber meiner Person.« Die »neue
Regierung«, die sich »aus ehrenhaften Männern zusammensetzt« und
»die die Verpflichtung erfüllt, den Krieg mit allen Mitteln weiter fortzusetzen«, definierte Hitler als seinen neuen verlängerten Mordarm
in Ersatz für Göring und Himmler: Auch nach seinem Tod weitermorden und -zerstören! Etwas anderes war für ihn nicht sinnvoll und
trachtbar.

Als er sich schließlich umgebracht hatte, wurden in konzertierter militärischer und politischer Aktion von mehreren deutschen
Befehls- und rudimentären Machthabern noch am selben Tag Kapitu-
lations-Fühler gegenüber den Alliierten im Westen und Osten ausgestreckt. Dass mit Hitlers »Krieg-Fortsetzen« auch noch in den letzten
Minuten der greifbaren End-Niederlage etwas nicht stimmte, brachte
Max Domarus mit seinem Resümee über Hitler zum Ausdruck:

»Kein deutscher König oder Kaiser, kein deutscher Staatsmann – Regierungschef oder Staatsoberhaupt – kein deutscher General hat jemals eine solche Fülle von Macht in eigener Hand vereinigt
und ausgeübt.

Hitler wollte niemandem auch nur die geringste Macht zugestehen,
die nicht von ihm ausging … alles sollte sich nach ihm und ganz allein
nach ihm richten … Hitler war die Inkarnation der Macht überhaupt,
ein wahrer Dämon an Machtbesessenheit, wie ihn die Erde bisher nur
selten erlebt hat. Insofern war Hitler ein übernationales Phänomen.

Unterwarfen sich die Persönlichkeiten, die einflussreiche Positionen bekleideten, waren sie bereit, Hitlers Befehlen zu gehorchen, dann war es gut, dann ließ er sie gewähren. Aber wehe, wenn irgendeiner von ihnen sich eine Stellung ausbaute, die machtpolitisch von Bedeutung sein und Hitler auch nur theoretisch gefährlich werden konnte, dann entfiel jede Rücksicht. Hitler schreckte vor keiner Intrige, vor keinem Mord zurück, um solche machtpolitisch [für ihn] gefährlichen Persönlichkeiten zu beseitigen.« *(Domarus* II, S. 2255) [Anspielung auf den »Röhm-Putsch« 1934] »Das Wort ›Geschichte‹ führte Hitler fast genauso häufig im Munde wie das Wort ›Vorsehung‹. In Wirklichkeit war ihm das Urteil der Geschichte, wie sein Leben beweist, genauso gleichgültig wie das Schicksal des deutschen Volkes. Auch die ›Geschichte‹ war für ihn, wie alles andere, nur Mittel zum Zweck, zur Befriedigung seines ungeheuren Machttriebs.« *(a. a. O.,* S. 2261)

Wenn der Passus »Befriedigung seines ungeheuren Machttriebs« ersetzt wird durch »Befriedigung seines ungeheuren Mordtriebs«, dann trifft das exakt die 26/27-jährige Realität des politischen Serienkillers sui generis *Hitler 2.*

Werke und Zeugnisse,
auf die sich im Text bezogen und aus denen zitiert wird

ADLER, JEREMY: Das absolut Böse lässt sich nicht neutralisieren [Verriss der Mein-Kampf-Edition des Münchner Instituts für Zeitgeschichte], in: SZ, Nr. 4 vom 5./6. Januar 2017, S. 11

ADORNO, THEODOR W. (52): Versuch über Wagner, Berlin 1952

ADORNO ET AL. (73): Studien zum autoritären Charakter. Aus dem Amerikanischen von Milli Weinbrenner. Vorrede von Ludwig von Friedeburg, Frankfurt a. M. 1973

ADORNO; HORKHEIMER, MAX: Dialektik der Aufklärung. Philosophische Fragmente, Frankfurt a. M. 1969

ARENDT, HANNAH: Eichmann in Jerusalem. Ein Bericht von der Banalität des Bösen, 6. Auflage. München 1987

ARIÈS, PHILIPPE: L'enfant et la vie familiale sous L'Ancien régime, Paris 2014 [Erstausgabe 1960]

ARMBRUSTER, JAN: Die Behandlung Adolf Hitlers im Lazarett Pasewalk 1918. Historische Mythenbildung durch einseitige bzw. spekulative Pathographie, in: Journal für Neurologie, Neurochirurgie und Psychiatrie 2009, 10 (4), S. 18 ff.

ARNIM, ACHIM VON; BRENTANO, CLEMENS: Des Knaben Wunderhorn. Alte deutsche Lieder. Vollständige Ausgabe nach dem Text der Erstausgabe von 1806/08, Köln 2015

AXMANN, ARTUR: »Das kann doch nicht das Ende sein!« Hitlers letzter Reichsjugendführer erinnert sich, Koblenz 1995

BACH, STEVEN: Leni: The Life and Work of Leni Riefenstahl, New York 2007

BAUR, HANS (56): Ich flog Mächtige der Erde [»13 Jahre Chefpilot bei Hitler«]. Kempten/Allgäu 1956

BAUR (63): Die letzten Tage in der Reichskanzlei von Adolf Hitler. Vortrag, gehalten vor der Deutschen Gemeinschaft. Ort und Datum unbekannt. Nach dem Tonband aufgezeichnet vom Münchner Institut für Zeitgeschichte am 22. Januar 1963, in: IfZM, ZS 638

BAVENDAMM, DIRK: Der junge Hitler. Korrektur einer Biographie 1889–1914, Graz 2009

BELOW, NICOLAUS VON (52): [»Hitler: ›Es wäre richtiger gewesen, die SA nicht zu zerschlagen!‹«] Gespräch des ehemaligen Hitler-Adjutanten (1937–1945) mit Frh. v. Siegler am 7. 1. 1952, im Auftrag des Münchner Instituts für Zeitgeschichte, in: IfZM, ZS 7

BELOW (80): Als Hitlers Adjutant 1937–1945, Mainz 1980

BENZ, WOLFGANG; GRAML, HERMANN; WEISS, HERMANN (HG.): Enzyklopädie des Nationalsozialismus, Stuttgart 1997

BERG, KARL: Der Sadist. Gerichtsärztliches und Kriminalpsychologisches zu den Taten des Düsseldorfer Mörders Peter Kürten, München 2004. [Original: 1931]

BERNDORFF, HANS RUDOLF: General zwischen Ost und West. Aus den Geheimnissen der [ersten] deutschen Republik. [Leben und Sterben, Wirken und Scheitern des letzten Reichskanzlers vor Hitler, Kurt von Schleicher], Hamburg 1971

BEZYMENSKI, LEW (68): Der Tod des Adolf Hitler. Unbekannte Dokumente aus Moskauer Archiven. [Über Hitlers Monorchismus] Eingeleitet von Karl-Heinz Janßen, Hamburg 1968

BEZYMENSKI (74): Die letzten Notizen von Martin Bormann. Ein Dokument und sein Verfasser, Stuttgart 1974

BINION, RUDOLPH: »… daß Ihr mich gefunden habt«. Hitler und die Deutschen. Eine Psychohistorie, Stuttgart 1978

BLAZEK, MATTHIAS (09 I): Haarmann und Grans. Der Fall, die Beteiligten und die Presseberichterstattung, Stuttgart 2009

Blazek (09 II): Carl Großmann und Friedrich Schumann. Zwei Serienmörder in den zwanziger Jahren, Stuttgart 2009

Bleibtreu, Renato Attilo: Die Kindheit des Führers in Braunau, Lambach, Hafeld und Fischlham, erforscht und dokumentarisch erfasst für das Hauptarchiv der N. S. D. A. P. [ab 1938], in: BAB, NS 26/65 [Stücke aus der Bleibtreu-Sammlung befinden sich auch in den Akten NS 26/14, 17 a, 19–33]

Bönisch, Georg; Wiegrefe, Klaus (08 I): Triumph des Wahns. Vor 75 Jahren wurde ein Obdachloser aus Österreich Reichskanzler: Adolf Hitler. In gut einem Jahr schwang sich der glühende Antisemit und Nationalist zum Diktator der deutschen Großmacht auf. Wie konnte es dazu kommen? Das ist die Königsfrage der deutschen Geschichte, in: Der Spiegel, Nr. 3 vom 14. Januar 2008, S. 33 ff.

Bönisch; Wiegrefe (08 II): Morden für das Vaterland. Die Vernichtung der europäischen Juden war das Werk von rund 200 000 Deutschen und ihren Helfern ... Die Täter – »ganz normale Männer«, in: Der Spiegel, Nr. 11 vom 10. März 2008, S. 42 ff.

Bonhoeffer, Karl: Führerpersönlichkeit und Massenwahn, in: Scheller, Heinrich; Straus, Erwin; Zutt, Jürg (Hg.): Karl Bonhoeffer zum 100. Geburtstag am 31. März 1968, Berlin 1969, S. 108 ff.

Bormann, Gerda; Bormann, Martin: The Bormann Letters: The Private Correspondence between Martin Bormann and his Wife from January 1943 to April 1945. Edited by H. R. Trevor-Roper. Translated by R. H. Stevens, London 1954

Borneman, Ernest: Das Patriarchat. Ursprung und Zukunft unseres Gesellschaftssystems, Frankfurt a. M. 1976

Bourgoin, Stéphane: Serienmörder. Pathologie und Soziologie einer Tötungsart. Aus dem Französischen von Holger Fock, Reinbek 1995 [Original: Serial Killers. Paris 1993]

Bradsher, Greg: [Hugh Trevor-Roper] Hunting Hitler. Part VIII: The Search Ends September–November 1945, in: The National Archives. The Text Message Blog. Discoveries from processing and reference archivists on the job (posted online December 23, 2015 by Netisha)

Brandmayer, Balthasar; Bayer, Heinz (32): Zwei Meldegänger, Bruckmühl 1932

Brandmayer; Bayer (33): Meldegänger Hitler 1914–18. Erlebt und erzählt von Balthasar Brandmayer, mitgeteilt von Heinz Bayer. 2. verbesserte Auflage, München 1933

Brandt, Karl (45): Theo Morell [»Ich wünschte, ich wäre nicht ich«]. Niederschrift der Erfahrungen mit Hitlers Leibarzt, verfasst während der Kriegsgefangenschaft in Oberursel/Taunus und den Amerikanern am 19. September 1945 übergeben, in: BAK Nachlassbestand Adolf Hitler, BArch, N 1128/33, S. 60 ff.

Brandt (46): [»Ich habe meine Dienststelle auf dem Papier nie als eine Spitze, sondern in Kreuzform dargestellt.«] Vernehmung des [»Euthanasie«-Beauftragten] Dr. Karl Friedrich Brandt durch Mr. Wartenberg auf Veranlassung von S[ecret]S[ervice]-Section Mc Haney am 18. Oktober 1946 vormittags 10 Uhr, in: IfZM, ZS 847

Brandt (47): Hitler's Legion of Ladies Ranged from Scullery Help to Chatelaines, in: Washington Post January 19, 1947

Brandt (99): Frauen um Hitler, in: Schlie 99, S. 225 ff.

Brechtken, Magnus (97): »Madagaskar für die Juden«. Antisemitische Idee und politische Praxis 1885–1945, München 1997

Brechtken (17): Albert Speer. Eine deutsche Karriere, München 2017

Breloer, Heinrich; Zimmer, Rainer: Die Akte Speer. Spuren eines Kriegsverbrechers, Berlin 2006

Brinsteiner, Josef: Gutachten des Obermedizinalrats Dr. Josef Brinsteiner über den Geisteszustand des Untersuchungsgefangenen Adolf Hitler, Landsberg am Lech, 8. Januar 1924, in: Fleischmann, S. 92 f.

Bromberg, Norbert; Volz Small, Verna: Hitler's Psychopathology, New York 1981

Bromwich, Peter; Parsons, Tony: Contraception: The Facts. 2. Edition, Oxford/ New York etc. 1990

BROSZAT, MARTIN: Betrachtungen zu »Hitlers Zweitem Buch«, in: VfZ, 9 (1961), S. 417 ff.

BROWNING, CHRISTOPHER: Ganz normale Männer. Das Reserve-Polizeibataillon 101 und die »Endlösung« in Polen, Reinbek 1996

BRÜCKNER, WILHELM: [Notizbuch des Adjutanten zu Hitlers Terminkalender], in: BAB, NS 26/1209

BRÜCKWEH, KERSTIN: Mordlust, Serienmorde, Gewalt und Emotionen im 20. Jahrhundert, Frankfurt a. M. 2006

BRUNS, CLAUDIA: Politik des Eros. Der Männerbund in Wissenschaft, Politik und Jugendkultur (1880–1934), Köln/Weimar/Wien 2008

BRUPPACHER, PAUL: Adolf Hitler und die Geschichte der NSDAP. Eine Chronik. Teil I 1889–1937. Teil II 1938–1945. 3. überarbeitete und erweiterte Auflage, Norderstedt 2014 [1. Auflage 2008, 2. überarbeitete Auflage 2013]

BULLOCK, ALAN (53): Hitler. Eine Studie über Tyrannei, Düsseldorf 1953 [56.–70. Tausend 1962, unverändert 1964 als Taschenbuch Frankfurt a. M., Original: 1952]

BULLOCK (99): Hitler und Stalin. Parallele Leben. Aus dem Englischen von Helmut Ettinger und Karl Heinz Siber. Überarbeitete und aktualisierte Taschenbuchausgabe, Berlin im Januar 1999 [Original: London 1991]

BURN, GORDON: Somebody's Husband, Somebody's Son: The Story of Peter Sutcliffe, London 1984

CANETTI, ELIAS: Masse und Macht. Essays, Hamburg 1960

CARLO, PHILIP: The Ice Man: Confessions of a Mafia Contract Killer [Richard Kuklinski], New York 2006

CHARLIER, JEAN-MICHEL; LAUNAY, JAQUES DE: Eva Hitler, geb. Braun. Die führenden Frauen des Dritten Reiches, Essen 1981 [Original: Eva Hitler, née Braun, 1978]

CHRISTIAN[-DARANOWSKI], GERDA: [»Er diktierte alles in die Maschine«]. Interview mit Hitlers dritter Sekretärin am 26. Januar 1948, geführt vom US-Richter Michael Musmanno, in: MC

CONSTANZA, DOMENICA DI: Eva Braun: Le destin tragique de la maitresse d'Hitler. Traduit de l'Italien [sans nom de traducteur!], Paris 1954 [Auf der Innenseite abgewandelter Titel: Le tragique destin d'Eva Braun (S. 5)]

COSTELLE, DANIEL: Eva Braun. Dans l'intimité d'Hitler, Paris 2007

DAHLKE, RUEDIGER: Krankheit als Symbol. Handbuch der Psychosomatik. Symptome, Be-Deutung, Bearbeitung, Einlösung. 14. überarbeitete und erweiterte Auflage, München 2000

DAHMER, LIONEL: A Father's Story [Die Erfahrungen des Vaters mit seinem Serienkiller-Sohn Jeffrey], New York 1994

DAVENPORT-HINES, RICHARD (07): [»Trevor-Roper was a major Oxford figure for half a century«], in: Trevor-Roper (07), S. XIII ff.

DAVENPORT-HINES (12): [»On His Majesty's Service«]. Die Kriegs- und Nachkriegs-Journale des britischen Geheimdienst-Offiziers Trevor-Roper zwischen 1940 und 1947], in: Trevor-Roper (12), S. 1 ff.

DAVENPORT-HINES; SISMAN, ADAM: [»He believed that history should be not ›a boring private subject for the specialists‹ but a vital force that animated general readers.«], in: Trevor-Roper (14), S. XIII ff.

DAVIS, DON: Jeffrey Dahmer, München 1992 [Original: The Milwaukee Murders. New York 1991]

DEKLE, GEORGE R. (SR.): The last Murder: The Investigation, Prosecution and Execution of Ted Bundy, Santa Barbara 2011

DEUERLEIN, ERNST (HG.) (62): Der Hitler-Putsch. Bayerische Dokumente zum 8./9. November 1923, Stuttgart 1962

DEUERLEIN (HG.) (68): Der Aufstieg der NSDAP in Augenzeugenberichten, Düsseldorf 1968

DEUERLEIN (69): Hitler. Eine politische Biographie, München 1969

DEVRIENT, PAUL: Mein Schüler Adolf Hitler. Das Tagebuch seines Lehrers. Herausgegeben von Werner Maser, München 2003 [Erstausgabe Pfaffenhofen 1975]

DIELS, RUDOLF: Lucifer ante Portas ... es spricht der erste Chef der Gestapo, Stuttgart 1950

DIETRICH, OTTO: 12 Jahre mit Hitler, München 1955

DOUGLAS, JOHN; DODD, JOHNNY: Das Profil eines Mörders. Die lange Jagd nach dem BTK-Serienkiller [Dennis Rader]. Aus dem Amerikanischen von Isabel Lamberty-Klaas, Weinheim 2008

DOUGLAS; OLSHAKER, MARK: Die Seele des Mörders. 25 Jahre in der FBI-Spezialeinheit für Serienverbrecher, München 2002

DOUGLAS, SARAH K.: The Search for Hitler: Hugh Trevor-Roper, Humphrey Searle, and the Last Days of Adolf Hitler, in: The Journal of Military History 78 (2014), No. 1, S. 159 ff.

DOYLE, D.: Adolf Hitler's Medical Care, in: Publications of the Royal College of Physicians of Edinburgh, Edinburgh 2005, S. 75 ff.

DURLACHER, CHRIS: Hitler's Hidden Drug Habit: Secret History on You Tube. Directed and produced by Chris Durlacher. A Waddell Media Production for Channel Four. In association with National Geographic Channels MMXIV. Executive Producer John-Barrie Waddell

DVORCHAK, ROBERT J.; HOLEWA, LISA: Wer ist Jeffrey Dahmer? Bergisch Gladbach 1992

EBERLE, HENRIK (14): Hitlers Weltkriege. Wie der Gefreite zum Feldherrn wurde, Hamburg 2014

EBERLE (HG.) (07): Briefe an Hitler. Ein Volk schreibt seinem Führer. Unbekannte Dokumente aus Moskauer Archiven – zum ersten Mal veröffentlicht, Bergisch Gladbach 2007

EBERLE; NEUMANN, HANS-JOACHIM (09): War Hitler krank? Ein abschließender Befund, Bergisch Gladbach 2009

EBERLE; NEUMANN (13): Was Hitler Ill? A Final Diagnosis. Translated by Nick Somers, Cambridge [UK]/Malden [USA] 2013

EBERLE; UHL, MATTHIAS (HG.): Das Buch Hitler. Geheimdossier des NKWD für Josef W. Stalin, zusammengestellt aufgrund der Verhörprotokolle des Persönlichen Adjutanten Hitlers, Otto Günsche, und des Kammerdieners Heinz Linge. Moskau 1948/49. Aus dem Russischen von Helmut Ettinger. Mit einem Vorwort von Prof. Dr. Dr. h. c. Horst Möller, Direktor des Instituts für Zeitgeschichte, München-Berlin, Bergisch Gladbach 2005

EBERMAYER, ERICH; ROOS, HANS: Gefährtin des Teufels. Leben und Tod der Magda Goebbels, Hamburg 1952

EICHHORN, JOHANN: Geständnis. Vernehmungsprotokolle der Polizeidirektion München aus den Jahren 1930–1939. Hauptstaatsarchiv München, in: Schenkel, S. 22, 39, 45, 70, 87, 149, 153 ff.

EISSLER, KURT R.: Goethe. Bd. I, II. Aus dem Amerikanischen übersetzt von Peter Fischer, München 1987

ENSLER, EVE: Die Vagina-Monologe. Eine anthropologische Untersuchung [Interviews mit 200 Frauen allen Alters zu allen Problemen des weiblichen Geschlechts]. Mit einem Vorwort von Gloria Steinem, Hamburg 2000 [Original: The Vagina Monologues, New York 1998]

ERLANGER, PHILIPPE (66): Bartholomäusnacht. Die Pariser Bluthochzeit am 24. August 1572. Aus dem Französischen von Nikolaus Klocke, München 1966

ERLANGER (74): Le Régent trahi par son destin, Paris 1974

ERLANGER (87): Ludwig XIV. Das Leben eines Sonnenkönigs. Aus dem Französischen von Ulla Leippe. 3. Auflage, Frankfurt a. M. 1987

EVANS, RICHARD J. (98): Fakten und Fiktionen. Über die Grundlagen historischer Erkenntnis, Frankfurt a. M. 1998

EVANS (01 I): Lying About Hitler. History, Holocaust and the David Irving Trial, New York 2001

EVANS (01 II): Der Geschichtsfälscher. Holocaust und historische Wahrheit im David-Irving-Prozess. Aus dem Englischen von Udo Rennert, Frankfurt a. M. 2001

EVANS (05): [»Harvard's Gift to Hitler«]. Introduction to Ernst Hanfstaengl's The Unknown Hitler, London 2005

FARIN, MICHAEL: Gilles de Rais, München 1988

FARIN; SCHMID, HANS (HG.): Ed Gein – a quiet man, München 1996

FARIN; POZSÁR, CHRISTINE (HG.): Die Haarmann-Protokolle, München 2009

FEST, JOACHIM (73): Hitler. Eine Biographie, Frankfurt/Berlin/Wien 1973 ff.

FEST (99): Speer. Eine Biographie, Berlin 1999

FEST (02): Der Untergang. Hitler und das Ende des Dritten Reiches. Eine historische Skizze, Berlin 2002

FEST (05 I): Die unbeantwortbaren Fragen. Notizen über Gespräche mit Albert Speer zwischen 1966 und 1981, Reinbek 2005

FEST (05 II): Ein Psychogramm des Diktators Adolf Hitler, in: Lang, S. 5 ff.

FEUERBACH, ANSELM RITTER VON: Kaspar Hauser oder Beispiel eines Verbrechens am Seelenleben eines Menschen. Neuausgabe des Originals von 1832, Leipzig 2006

FINK, PETER: Immer wieder töten. Serienmörder und das Erstellen von Täterprofilen, Hilden/Rheinland 2001

FLEISCHHAUER, INGEBORG: Die Chance des Sonderfriedens. Deutsch-sowjetische Geheimgespräche 1941–1945, Berlin 1986

FLEISCHMANN, PETER: Hitler als Häftling in Landsberg am Lech 1923/24. Der Gefangenen-Personalakt Hitler nebst weiteren Quellen aus der Schutzhaft-, Untersuchungshaft- und Festungshaftanstalt Landsberg am Lech. Herausgegeben und kommentiert von Peter Fleischmann, Neustadt an der Aisch im Dezember 2015

FLEMING, GERALD: Hitler und die Endlösung.»Es ist des Führers Wunsch ...«, Wiesbaden/München 1982

FLOURNOY, HENRI: Folie a deux. A propos d'un cas de suggestibilité et de contagion mentale, in: Schweizer Archiv für Neurologie und Psychiatrie. Bd. 20, Heft 1, 1927, S. 44 ff.

FOREL, AUGUST-HENRI (1905): Die sexuelle Frage. Eine naturwissenschaftliche, psychologische, hygienische und soziologische Studie für Gebildete, München 1905 [9. Auflage 1909]

FOREL (1894): Gehirn und Seele. Vortrag, gehalten auf der 66. Versammlung deutscher Naturforscher und Ärzte in Wien am 26. September 1894, Bonn 1894

FOREL (22): Gehirn und Seele. 13. durchgesehene und ergänzte Auflage, Leipzig 1922

FÖRSTER, JÜRGEN (HG.): Stalingrad. Ereignis. Wirkung. Symbol, München/Zürich 1992

FRAENKEL, HEINRICH; MANVELL, ROGER (65): Heinrich Himmler, London 1965

FRAENKEL; MANVELL (81): Himmler. Kleinbürger und Massenmörder, Herrsching 1981

FRANK, HANS (53): Im Angesicht des Galgens [Aufzeichnungen des ehemaligen Generalgouverneurs in Polen], München 1953

FRANK (75): Das Diensttagebuch des deutschen Generalgouverneurs in Polen 1939–1945. Herausgegeben von Werner Präg und Wolfgang Jacobmeyer, Stuttgart 1975

FRANK, JOHANNES: Eva Braun. Ein ungewöhnliches Frauenschicksal in geschichtlich bewegter Zeit, Preußisch Oldenburg 1988 [neue Ausgabe Coburg 1997]

FREUD, SIGMUND (72): Über Kriegsneurosen, Elektrotherapie und Psychoanalyse. Auszug aus dem Protokoll des Untersuchungsverfahrens gegen Wagner-Jauregg im Oktober 1920, in: Psyche, 26. Jg. Nr. 12 (Dezember) 1972, S. 939 ff.

FREUD (17): Massenpsychologie und Ich-Analyse, Köln 2017

FREYTAG VON LORINGHOVEN, BERND: Mit Hitler im Bunker. Die letzten Monate im Führerhauptquartier Juli 1944 – April 1945. In Zusammenarbeit mit François d'Alançon [bereits für die französische Erstausgabe der Freytag-Memoiren]. Aus dem Französischen von Michael Erbe, Berlin 2006

FRIEDLÄNDER, SAUL (68): Kurt Gerstein oder die Zwiespältigkeit des Guten. Aus dem Französischen von Jutta und Theodor Knust, Gütersloh 1968

FRIEDLÄNDER (07): Das Dritte Reich und die Juden. Bd. I. Die Jahre der Verfolgung

FRIEDLÄNDER (06): Das Dritte Reich und die Juden. Bd. II. Die Jahre der Vernichtung, München 2006/07

FROMM, ERICH: Anatomie der menschlichen Destruktivität, Stuttgart 1974

FUCHS, EDUARD (1908): Geschichte der erotischen Kunst, München 1908

FUCHS (1909): Illustrierte Sittengeschichte. Vom Mittelalter bis zur Gegenwart. Bd. I–III, München 1909 ff.

GALLO, MAX: Der schwarze Freitag der SA. Die Vernichtung des revolutionären Flügels der NSDAP durch Hitlers SS im Juni 1934, Wien 1970

GEARY, RICK: The Beast of Chicago: An Account of the Life and Crimes of Herman W. Mudget [Serienkiller unter dem Decknamen »Dr. Holmes«], New York 2004

GELBERG, KARL-ULRICH: Untersuchungsausschuss zum Hitler-Ludendorff-Prozess, 1924–1928, in: Historisches Lexikon Bayerns, URL. Online 10. Februar 2010

GERLACH, CHRISTIAN (97 I): Die Wannsee-Konferenz, das Schicksal der deutschen Juden und Hitlers politische Grundsatzentscheidung, alle Juden Europas zu ermorden, in: Werkstatt Geschichte, 18 (1997), S. 7 ff.

GERLACH (97 II): Failure of Plans for an Extermination Camp in Mogilev, Belorussia, in: Holocaust and Genocide Studies, 11 (1997), S. 60 ff.

GERLACH (98 I): Krieg, Ernährung, Völkermord. Forschungen zur deutschen Vernichtungspolitik im Zweiten Weltkrieg, Hamburg 1998

GERLACH (98 II): Deutsche Wirtschaftsinteressen, Besatzungspolitik und der Mord an den Juden in Weißrussland, 1941–1943, in: Herbert 98, S. 263–291

GIESING, ERWIN (45 I): Bericht über meine Behandlung bei Hitler (12. Juni 45 – Gefängnis, Wiesbaden), in: IfZM, ED 100/71 (Sammlung David Irving)

GIESING (45 II): Kurzer Bericht über Hitler (11. November 45), in: IfZM, ED 100/70 (Sammlung Irving)

GILBERT, GUSTAVE M. (48): Hermann Göring. Amiable Psychopath, in: Journal of Abnormal and Social Psychology. 43. Jg. 1948, S. 211 ff.

GILBERT (50): The Psychology of Dictatorship. Based on an Examination of the Leaders of Nazi-Germany, New York 1950

GILBERT (62): Nürnberger Tagebuch. Ehemaliger Gerichts-Psychologe beim Nürnberger Prozeß gegen die Hauptkriegsverbrecher, Frankfurt a. M. im Januar 1962 [67. Tsd. Mai 1982 Fischer Taschenbuch]

GOEBBELS, JOSEPH (92): Tagebücher 1924–1945. Bd. I–V. Herausgegeben von Ralf Georg Reuth, München/Zürich 1992

GOEBBELS (98): Die Tagebücher von Joseph Goebbels. Im Auftrag des IfZ [M] und mit Unterstützung des Staatlichen Archivdienstes Russlands herausgegeben von Elke Fröhlich, Teil I: Aufzeichnungen 1923–1941. Bd. I–IX, Teil-Bd. 1–14, München 1998 ff.

GOESCHEL, CHRISTIAN: Suicide in Nazi-Germany, New York 2009

Goethes Leben von Tag zu Tag. Eine dokumentarische Chronik. Bd. I–VIII. Bearbeitet von Angelika Reimann und Robert Steiger, Zürich 1982 ff.

GOLD, ALISON LESLIE: The Devil's Mistress: The Diary of Eva Braun. The Woman who lived and died with Hitler. A Novel, Boston/London 1997

GOLDHAGEN, DANIEL: Hitlers willige Vollstrecker, München 2012

GÖRING, EMMY: An der Seite meines Mannes. Begebenheiten und Bekenntnisse, Preußisch Oldendorf 1972

GÖRLITZ, WALTER; QUINT, HERBERT A.: Adolf Hitler. Eine Biographie, Stuttgart 1952
GORODETSKY, GABRIEL: Stalin und Hitlers Angriff auf die Sowjetunion. Eine Auseinandersetzung mit der Legende vom deutschen Präventivschlag, in: VfZ, 37 (1989), S. 645 ff.
GÖRTEMAKER, HEIKE B. (10): Eva Braun. Leben mit Hitler, München 2010
GÖRTEMAKER (11 I): Eva Braun: Life with Hitler. Translated from the German by Damion Searls, London 2011, New York 2011
GÖRTEMAKER (11 II): Eva Braun. Leben mit Hitler. Aktualisierte Taschenbuchausgabe, München 2011
GÖRTZ, ADOLF: STICHWORT: Front. Tagebuch eines jungen Deutschen 1938–1942. 2. Auflage, Leipzig 1987
GOSSET, PIERRE; GOSSET, RENÉE (61): Adolf Hitler. Bd. I: Des origines à la prise du pouvoir, Paris 1961
GOSSET (62): ADOLF HITLER. BD. II: De la prise du pouvoir à Munich, Paris 1962
GOSSET (65): ADOLF HITLER. BD. III: De l'Apogée au Götterdämmerung. Paris 1965
GOSSWEILER, KURT: Die Röhm-Affäre. Hintergründe – Zusammenhänge – Auswirkungen, Köln 1983
GREIG, CHARLOTTE: Serienmörder. Die Faszination des Bösen. Aus dem Englischen von Markus Santler, Fränkisch-Crumbach 2012
GREULICH, ANJA; KNOPP, GUIDO: Hitlers Frauen, in: Knopp (11), S. 261 ff.
GRITSCHNEDER, OTTO: »Der Führer hat Sie zum Tode verurteilt ...« Hitlers »Röhm-Putsch«-Morde vor Gericht, München 1993
GROSSMANN, ATINA: Reforming Sex: The German Movement for Birth Control and Abortion Reform, 1920–1950, New York/Oxford 1995
GUN, NERIN E[MRULLAH]. (68 I): Eva Braun-Hitler. Leben und Schicksal. Mit 108 Aufnahmen, Urkunden und Dokumenten, Velbert und Kettwig 1968
GUN (68 II): Eva Braun: Hitler's Mistress, New York 1968
GUN (69): Eva Braun: Hitler's Mistress, London 1969
GUN (94): Eva Braun-Hitler. Leben und Schicksal. Unveränderte Neuausgabe des erstmals 1968 im Blick + Bild Verlag erschienenen Buches, Kiel 1994
GÜNSCHE, OTTO: [»...da hat er (Hitler) sie (Eva Braun) monatelang nicht gesehen, tag- und jahrlang nicht gesehen.«] Notes on an Interview with Herrn Otto Günsche [persönlichem Adjutanten Hitlers zwischen 1943 und April 1945] by Col. Karl-Heinz Vestel, Rösrath, 5–7 pm, 19 March 1967. [Anschließend ein zweites Interview am Tag darauf], in: IfZM, ZS 2234
GUTTENPLAN, D. D.: Der Holocaust-Prozess. Die Hintergründe der »Auschwitz-Lüge«. Aus dem Englischen von Thomas Bertram, München im Oktober 2001 [Original: The Holocaust on Trial, London 2001]
HAAG, CARLOS: The day on which Hitler cried, The terrible consequences of the dictator's hysterical blindness during the First World War, in: Pesquisa FAPESP – Mars 2007, Ediçao 133, online (8. Juli 2011).
HABERMANN, JENS I.: Serienmörder im Europa des 20. Jahrhunderts, Berlin 2008
HAFFNER, SEBASTIAN (78): Anmerkungen zu Hitler. 21. Auflage, München 1978
HAFFNER (2000): Geschichte eines Deutschen. Die Erinnerungen 1914–1933, Stuttgart/München 2000
HALMBURGER, OLIVER: DER Berghof – Hitler privat. Teil I und II. Film-Dokumentation von 2001. Loop-Film München, in: DVD ZeitReisen Verlag Bochum 2009
HAMANN, BRIGITTE (96): Hitlers Wien. Lehrjahre eines Diktators, München/Zürich 1996 [4. Auflage]
HAMANN (01): Hitlers Wien. Lehrjahre eines Diktators. Ungekürzte Taschenbuchausgabe, München 2001.
HAMANN (10): Hitlers Edeljude. Das Leben des Armenarztes Eduard Bloch. Ungekürzte Taschenbuchausgabe, München 2010 [Erstausgabe 2008]

HAMANN (13): Winifred Wagner oder Hitlers Bayreuth. Ungekürzte Taschenbuchausgabe, München 2013 [Erstausgabe München/Zürich 2002]

[HANFSTAENGL, ERNST] =»HEINZ, HEINZ A.« (34): Germany's Hitler. [Vom »Büro Hitler« für den Anglo-Markt bestimmte und recherchierte, von Hitler autorisierte erste Biografie, verfasst von seinem Auslandsspezialisten Hanfstaengl in englischer Sprache unter dem Pseudonym »Heinz A. Heinz« (Näheres im *dritten Buch)]*, London im November 1934

[HANFSTAENGL] =»HEINZ, HEINZ A.« (38): Germany's Hitler. Revised throughout and brought fully up to date, London, October 1938

HANFSTAENGL (43): I Was Hitler's Closest Friend. In: Cosmopolitan (American Issue), March 1943

HANFSTAENGL (51): [»Hitlers Geschlechtsteil war nur sehr gering entwickelt«] Interview mit ungenanntem Befrager in Uffing am 28. 10. 1951, in: IfZM, ZS 60

HANFSTAENGL (57 I): Unheard Witness, New York/Philadelphia 1957

HANFSTAENGL (57 II): Hitler. The Missing Years, London 1957

HANFSTAENGL (70): Zwischen Weißem und Braunem Haus. Memoiren eines politischen Außenseiters, München 1970

HANFSTAENGL (76): Aufzeichnungen. Unveröffentlichte Manuskripte und Notate, in: BSB Nachlass Ernst Hanfstaengl N 1, Ana 405, Schachtel 25, 47

HANFSTAENGL (80): 15 Jahre mit Hitler. Zwischen Weißem und Braunem Haus. 2. Auflage, München/Zürich 1980

HANFSTAENGL (05 I): Unheard Witness. Republished with a new Appendix, New York 2005

HANFSTAENGL (05 II): The Unknown Hitler. Notes from the young Nazi party. Introduction Richard J. Evans, London 2005

HANFSTAENGL (11): Hitler. The Memoir of a Nazi Insider who turned against the Führer, New York 2011

HANISCH, REINHOLD (33): Meine Begegnung mit Hitler. [Bericht von 1933 für den mit Hanisch seit 1924 befreundeten österreichischen Bahnschaffner Franz Feiler, der das Papier an das Hauptarchiv der NSDAP nach München weiterleitete], in: Joachimsthaler (2000), S. 50 ff.

HANISCH (39): I Was Hitler's Buddy, in: New Republic 5., 12. und 19. April 1939, S. 239 ff., 270 ff. und 297 ff.

HARBORT, STEPHAN (01): Das Hannibal-Syndrom. Phänomen Serienmord, München 2001 [Neuauflage 2005/06]

HARBORT (06): Das Serienmordprinzip. Was zwingt Menschen zum Bösen? Düsseldorf 2006 [Taschenbuch München 2008]

HASSELBACH, HANS KARL VON (48): [»Jeden oder jeden zweiten Tag wollte Hitler eine Injektion von seinem Leibarzt, auch wenn er nicht krank war.«] Verhör von Hitlers zweitem Begleitarzt – im Internment Camp Regensburg am 14. April 1948, in: MC

HASSELBACH (52): [»Hitler hatte eine ausgesprochene Scheu, seinen Körper zu zeigen«] Unterredung mit Freiherrn von Siegler, geführt in den Krankenanstalten von Bethel/Bielefeld am 27./28. Dezember 1951 – im Auftrag des Münchner Instituts für Zeitgeschichte. Niederschrift vom 7. Januar 1952, in: IfZM, ZS 242

HAUNER, MILAN: Hitler: A Chronology of his Life and Time. London/New York 2005 [erste Fassung 1983]

HAYMAN, RONALD: Hitler & Geli, London 1997

HEGNER, H[ANS]. S. (Pseudonym für Harry Wilde): Die Reichskanzlei 1933–1945. Anfang und Ende des Dritten Reiches. Überarbeitete vierte Auflage, Frankfurt a. M. im April 1966 [1. Aufl. 1959]

HEIBER, HELMUT: Adolf Hitler. Eine Biographie, Berlin 1960

HEIDEN, KONRAD (32): Geschichte des Nationalsozialismus, Hamburg 1932

HEIDEN (36): Adolf Hitler. Eine Biografie. Bd. I. Das Zeitalter der Verantwortungs-losigkeit, Zürich 1936

HEIDEN (37): Adolf Hitler. Bd. II. Ein Mann gegen Europa, Zürich 1937

HEINSOHN, GUNNAR; STEIGER, OTTO: Die Vernichtung der weisen Frauen. Hexenver-folgung. Kinderwelten. Bevölkerungswissenschaft. Menschenproduktion. Erwei-terte dritte Ausgabe, München 1989

»HEINZ, HEINZ A.« – siehe Hanfstaengl (34/38)

HELLER, ANDRÉ; SCHMIDERER, OTHMAR: Im toten Winkel – Hitlers Sekretärin [Traudl Junge]. Dokumentationsfilm. Österreich 2002

HEMMRICH, FRANZ: Hitler in Landsberg: Oberwachtmeister Hemmrich's Story, in: Hanfstaengl 34/38 [»Heinz A. Heinz«], S. 167 ff.

HEMMRICH: [Nach-1945-Erinnerungen des Landsberger Gefängniswärters Franz Hemmrich an Hitlers Festungshaft 1923/24], in: IfZM, ED 153

HERBERT, ULRICH (94): Die deutsche Besatzungspolitik in Dänemark im Zweiten Weltkrieg und die Rettung der dänischen Juden, in: Tel Aviver Jahrbuch für deut-sche Geschichte, 23 (1994), S. 93 ff.

HERBERT (HG.) (98): Nationalsozialistische Vernichtungspolitik 1939–1945. Neue For-schungen und Kontroversen, Frankfurt a. M. 1998

HERBERT; ORTH, KARIN; DIECKMANN, CHRISTOPH (HG.): Die nationalsozialistischen Konzentrationslager. Entwicklung und Struktur. Bd. I, II, Göttingen 1998

HERBST, LUDOLF (82): Der totale Krieg und die Ordnung der Wirtschaft. Die Kriegs-wirtschaft im Spannungsfeld von Politik, Ideologie und Propaganda 1939–1945, Stuttgart 1982

HERBST (10): Hitlers Charisma. Die Erfindung eines deutschen Messias, Frank-furt a. M. 2010

HÉROARD, JEAN: Journal de Jean Heroard sur l'enfance et la jeunesse de Louis XIII (1601–1628). Sous la direction de Madeleine Foisil. Bd. I–III, Paris 1989

HEYDRICH, LINA: Leben mit einem Kriegsverbrecher, Pfaffenhofen 1976

HILLE, STEPHAN: Der gute Mann von Rostow am Don. [Alexander Buchanowski] Ein russischer Psychiater erforscht die Motive von Triebtätern und erprobt prophylak-tische Therapien, in: Neue Züricher Zeitung vom 29. Juli 2006, S. 63

HILLER VON GAERTRINGEN, HANS GEORG (HG.): Das Auge des Dritten Reiches. Hit-lers Kameramann und Fotograf Walter Frentz, München/Berlin 2007 [2. Auflage]

HILLICH, REINHARD; MITTMANN, WOLFGANG: Die Kriminalliteratur der DDR 1949–1990, Berlin 1991

HIMMLER, HEINRICH (99): Der Dienstkalender Heinrich Himmlers 1941/42. Im Auf-trag der Forschungsstelle für Zeitgeschichte in Hamburg bearbeitet, kommentiert und eingeleitet von Peter Witte, Michael Wildt, Martina Voigt, Dieter Pohl, Peter Klein, Christian Gerlach, Christoph Dieckmann und Andrej Angrick. Mit einem Vorwort von Uwe Lohalm und Wolfgang Scheffler. Hamburger Beiträge zur Sozial- und Zeitgeschichte, hg. von der Forschungsstelle für Zeitgeschichte in Hamburg. Quellen. Bd. 3. Redaktion: Uwe Lohalm und Michael Wildt, Hamburg 1999

HIMMLER (13): Heinrich Himmlers Taschenkalender 1940. Kommentierte Edition. Herausgegeben von Markus Moors und Moritz Pfeiffer. Schriftenreihe des Kreis-museums Wewelsburg. Bd. 9, herausgegeben im Auftrag des Kreises Paderborn von Kirsten John-Stucke, Paderborn/München/Wien/Zürich 2013

HINRICHSEN, KLAUS V. (HG.): Humanembryologie. Lehrbuch und Atlas der vorge-burtlichen Entwicklung des Menschen, Berlin etc. 1990

HIRSCHFELD, GERHARD; KETTENACKER, LOTHAR (HG.): Der »Führerstaat«: Mythos und Realität. Studien zur Struktur und Politik des Dritten Reiches, Stuttgart 1981

HITLER, ADOLF (25/26): Mein Kampf. Bd. I: Eine Abrechnung, München 18. Juli 1925. Bd. II: Die nationalsozialistische Bewegung, München 11. Dezember 1926 – 13. Auf-lage bis 1933 = 560 Tsd.

HITLER (53): Hitler's Secret Conversations, 1941–1944, edited by Hugh R. Trevor-Roper, translated by Norman Cameron and R. H. Stevens, London/New York 1953

HITLER (61): [»Die internationale jüdische Völkermade«. Politisches Serienkiller-Manifest zur Vernichtung der Juden mit insektiziden Mitteln] Hitlers Zweites Buch. Ein [zu seinen Lebzeiten nicht publiziertes] Dokument aus dem Jahr 1928. Eingeleitet und kommentiert von Gerhard Ludwig Weinberg. Mit einem Geleitwort von Hans Rothfels (Quellen und Darstellungen zur Zeitgeschichte im IfZM, Bd. 7), Stuttgart 1961. Neuausgabe in: Hitler (92). Bd. II A: Außenpolitische Standortbestimmung nach der Reichstagswahl Juni–Juli 1928. Eingeleitet von Gerhard L. Weinberg. Herausgegeben und kommentiert von Gerhard L. Weinberg, Christian Hartmann und Klaus A. Lankheit, München 1995

HITLER (65): Hitler. Reden und Proklamationen 1932–1945. Kommentiert von [Max Domarus,] einem deutschen Zeitgenossen. Bd I. Triumph: Erster Halbband 1932–1934, zweiter Halbband 1935–1938. Bd. II: Untergang. Erster Halbband 1939–1940, zweiter Halbband 1941–1945, München 1965.

HITLER (76): Hitlers Tischgespräche im Führerhauptquartier [1941–42]. Herausgegeben von Henry Picker. 3. vollständig überarbeitete und erweiterte Neuausgabe, Stuttgart 1976. [1. Auflage Bonn 1951, 2. Auflage Stuttgart 1963]

HITLER (80 I): Hitler. Sämtliche Aufzeichnungen 1905–1924. Herausgegeben und kommentiert von Eberhard Jäckel und Axel Kuhn, Stuttgart 1980

HITLER (80 II): Monologe im Führerhauptquartier 1941–1945. Die Aufzeichnungen Heinrich Heims. Hg. v. Werner Jochmann, Hamburg 1980

HITLER (81): Hitlers politisches Testament. Die Bormann-Diktate vom Februar und April 1945. Mit einem Essay von Hugh R. Trevor-Roper und einem Nachwort von André François-Poncet. Herausgegeben und eingeleitet vom Albrecht-Knaus-Verlag, Hamburg 1981

HITLER (92): Hitler. Reden, Schriften, Anordnungen. Februar 1925 – Januar 1933. Bd. 1–6. Herausgegeben vom IfZM, kommentiert von Clemens Vollnhals, München/London/New York/Paris 1992 ff.

Der Hitler-Prozeß vor dem Volksgericht in München [Die Protokolle der öffentlichen Verhandlungen nach den Berichten der Münchener Neuesten Nachrichten von 1924]. Bd. I, II, München 1924 [Faksimile Glashütten im Taunus 1973]

Der Hitler-Prozeß 1924. Wortlaut der Hauptverhandlung vor dem Volksgerichtshof München 1. Herausgegeben und kommentiert von Lothar Gruchmann und Reinhard Weber unter Mitarbeit von Otto Gritschneder. – Ergänzungsbände 1–4 zu Hitler 92, München 1997 ff.

HITLER, BRIDGET: The Memoirs of Bridget Hitler [Schwägerin Adolf Hitlers, erste Ehefrau seines älteren Halbbruders Alois jr.], edited by Michael Unger, London/New York 1979

HITLER, WILLIAM PATRICK: Mon Oncle Adolf [Aussagen von Hitlers Neffen, Sohn von Alois jr. aus erster Ehe mit Bridget Dowling], in: Paris-Soir, 5. August 1939, S. 4 f.

HOFFMANN, HEINRICH (HG.) (32): Hitler, wie ihn keiner kennt, Berlin 1932

HOFFMANN (HG.) (34): Jugend um Hitler, Berlin 1934

HOFFMANN (HG.) (35): Hitler in seinen Bergen, Berlin 1935

HOFFMANN (HG.) (37): Hitler abseits vom Alltag, Berlin 1937

HOFFMANN (47): Mein Beruf. Meine Arbeit für die Kunst. Mein Verhältnis zu Adolf Hitler, in: IfZM, Bestand MS 2049, Manuskript [1947]

HOFFMANN (49): [»Ich meine, Hitlers Verhältnis zu Eva Braun war immer ein platonisches«], Aussage von Heinrich Hoffmann am 1. Juli 1949 in der öffentlichen Sitzung der Spruchkammer München. Sonderregistratur S München, in: Joachimsthaler 03, S. 433 f., 604, Anm. 790

HOFFMANN (74): Hitler, wie ich ihn sah. Aufzeichnungen seines Leibfotografen, München/Berlin 1974. [Erstausgabe: Hitler was my Friend, London 1955]

Holocaust Memorial Museum of the United States: Encyclopedia of Camps and Ghettos 1933–1945. Volume I, II. Editors Geoffrey P. Megargee and Martin Dean. Introduction by Christopher R. Browning, Bloomington/Indianapolis 2012

Hoover Institution (60): [NSDAP Hauptarchiv] Microfilm, containing the archives of the Nazi Party (NSDAP Hauptarchiv) and related material, produced from originals in the U. S. Document Center in Berlin [John W. Blodgett Collection], Stanford April 1960

Hoover Institution (64): NSDAP Hauptarchiv. The Nazi Party's Archive. Microfilm Collection, compiled by Grete Heinz and Agnes f. Peterson, Stanford 1964

Hoppe, Marianne: [Beobachtung von Hitlers »unheimlicher«, Gewalt-bezogener, öffentlich prozedierter Masturbation], in: Steinhoff/Pechel/Showalter, S. 75 f.

Horstmann, Bernhard: Hitler in Pasewalk. Die Hypnose und ihre Folgen, Düsseldorf 2004 [zweite revidierte Auflage 2005]

Howells, Martin; Skinner, Keith: The Ripper Legacy [Montague John Druitt = »Jack the Ripper«], London 1988

Infield, Glenn B. (74): Eva and Adolf,. New York 1974

Infield (79): Hitler's Secret Life: The Mysteries of the Eagle's Nest, New York 1979

Internationaler Militärgerichtshof Nürnberg: Der Prozess gegen die Hauptkriegsverbrecher vor dem IMN, 14. November 1945 – 1. Oktober 1946. Bd. 1–23, Nürnberg 1947. Fotomechanischer Nachdruck München/Zürich 1984

Internationales Militärtribunal: Der Prozess gegen die Hauptkriegsverbrecher vor dem IMT in Nürnberg 1945–1947. 42 Bände, Nürnberg 1947 ff.

Irving, David [John Cawdell] (77): Hitler's War, London/New York 1977 [Der Autor nennt dieses Buch in seiner Publikation von 83 II, S. 4 »my biography of Hitler«. Schon darin taucht erstmals Irvings Holocaust-Leugnung auf, Hitler habe die »Endlösung« nicht befohlen, ja, von ihr nichts gewusst!]

Irving (78): The War Path. Hitler's Germany, 1933–1939, London 1978

Irving (80): Wie krank war Hitler wirklich? Der Diktator und seine Ärzte. Originalausgabe. Aus dem Englischen von Klaus Kamberger, München 1980 [Das echte Original erschien unter dem Titel Hitler's Doctors and his Medical Health]

Irving (Hg.) (83 I): Die geheimen Tagebücher des Dr. Morell. Leibarzt Adolf Hitlers. Originalausgabe, München, Juli 1983

Irving (Hg.) (83 II): Adolf Hitler: The Medical Diaries. The Private Diaries of Dr. Theo Morell. Edited by David Irving, London 1983

Irving (89): Führer und Reichskanzler. Adolf Hitler 1933–1945, Berlin/München 1989

Irving (Hg.) (90): The Secret Diaries of Hitler's Doctor, London 1990 [Paperback Edition nach der zweiten Ausgabe, London 1983]

Irving (16): Die geheimen Tagebücher des Dr. Morell. Leibarzt Adolf Hitlers. Online

Itard, Jean; Malson, Lucien; Mannoni, Octave: Die wilden Kinder. Aus dem Französischen von Eva Moldenhauer. 10. Auflage, Frankfurt a. M. 1992 [Original: Les enfants sauvages]

Jäckel, Eberhard; Kuhn, Axel: Zu einer Edition von Aufzeichnungen Hitlers, in: Vierteljahrshefte für Zeitgeschichte, Bd. 29 (1981), Heft 2, S. 304 f.

Jäckel; Rosh, Lea: Der Tod ist ein Meister aus Deutschland. Dokumentarfilm, 29. April 1990

Jäckel: L'arrivée d'Hitler au pouvoir: un Tchernobyl de l'histoire, in: Gilbert Krebs et Gérard Schneilin (Hg.): Weimar ou de la Démocratie en Allemagne, Paris 1994

Jens, Inge: Unvollständige Erinnerungen, Reinbek 2009

Jetzinger, Franz (53): Meine Erlebnisse mit Hitler-Dokumenten. Aufzeichnungen vom 12. Juli 1953, in: IfZM, ZS 325

Jetzinger (56): Hitlers Jugend. Phantasien, Lügen und die Wahrheit, Wien. 1956

JOACHIMSTHALER, ANTON (81): Die Breitspurbahn Hitlers. Eine Dokumentation über die geplante transkontinentale Drei-Meter-Breitspureisenbahn der Jahre 1942–1945, Freiburg im Breisgau 1981

JOACHIMSTHALER (85): [»Immer auf der Suche nach der Wahrheit und dem Sinn der Dinge«] Vorwort, Anmerkungen und Hinweise des Herausgebers, in: Schroeder (85), S. 7 ff., 281 ff.

JOACHIMSTHALER (89): Korrektur einer Biographie. Adolf Hitler 1908–1920, München 1989

JOACHIMSTHALER (95): Hitlers Ende. Legenden und Dokumente, München 1995 [Neuausgabe Augsburg 1999]

JOACHIMSTHALER (96): The Last Days of Hitler. The Legends, the Evidence, the Truth, London 1996

JOACHIMSTHALER (2000): Hitlers Weg begann in München. 1913–1923. Geleitwort von Ian Kershaw. Überarbeitete und um die Jahre 1920–1924 erweiterte Neuauflage des 1989 erschienenen Titels Korrektur einer Biographie. Adolf Hitler 1908–1920. München 2000.

JOACHIMSTHALER (03): Hitlers Liste. Ein Dokument persönlicher Beziehungen. [Jedes Verhältnis Hitlers zu einer Frau war nur eine »Vertikale«, nie eine »Horizontale«], München 2003

JOACHIMSTHALER (04): Hitlers Ende. Legenden und Dokumente. 2. überarbeitete Auflage, München 2004.

JUNGE, TRAUDL (48): [Interview mit Hitlers vierter Sekretärin. Befragung am 7. Februar 1948 durch den US-Richter Michael Angelo Musmanno], IMT, in: MC

JUNGE (02): Bis zur letzten Stunde. Hitlers Sekretärin erzählt ihr Leben. Unter Mitarbeit von Melissa Müller, München im Februar 2002

JÜTTE, ROBERT: Lust ohne Last. Geschichte der Empfängnisverhütung von der Antike bis zur Gegenwart, München 2003

KARDORFF, URSULA VON: Berliner Aufzeichnungen 1942–1945. Nach den Original-Tagebüchern neu herausgegeben und mit Anmerkungen versehen von Peter Hartl, München 1997 [1. Auflage München 1976, 2. Auflage München 1982]

KARL, MICHAELA: »Ich blätterte gerade in der Vogue, da sprach mich der Führer an«: Unity Mitford. Eine Biografie, Hamburg 2016

KATZ, OTTMAR: Prof. Dr. med. Theo Morell. Hitlers Leibarzt, Bergisch Gladbach 1985

KELLERHOFF, SVEN FELIX: Hitlers Berlin. Geschichte einer Hassliebe, Berlin 2005

KELLERHOFF: Hitlers Ende, Berlin 2015

KELLERHOFF (16): 2016 war das beste Hitler-Jahr – für Historiker. Adolf Hitlers perverse Fantasien, in: Die Welt vom 30. Dezember 2016

KEMPKA, ERICH (45): [Eva Braun, »die unglücklichste Frau Deutschlands«], Historical Interrogation Report vom 28. Dezember 1945, nach einer Befragung von Hitlers »Leibfahrer« durch die Historical Interrogation Commission im War Department [der USA], General Staff, G-2, Historical Branch, am 26. September 1945, in: IfZM, ZS 253

KEMPKA (50): »Ich habe Adolf Hitler verbrannt«, München 1950

KEMPKA (52): [»Im ›Hanselbauer‹ in Wiessee ging Hitler (am 30. 6. 1934) von Tür zu Tür und sagte: ›Sie sind verhaftet!‹«] Unterredung am 23. März 1952 mit Hitlers »Leibfahrer«, geführt von Dr. Georg Franz[-Willing] im Auftrage des Münchner Instituts für Zeitgeschichte, Bericht am 25. 9. 1952, in: IfZM, ZS 253

KEMPNER, ROBERT M. W. (69): Das Dritte Reich im Kreuzverhör. Aus den unveröffentlichten Vernehmungsprotokollen des Anklägers Robert M. W. Kempner, München/Esslingen 1969

KEMPNER (HG.) (83): Der verpaßte Nazi-Stopp. Die NSDAP als staats- und republikfeindliche, hochverräterische Verbindung. Preußische Denkschrift von 1930, Frankfurt/Berlin/Wien 1983

KEMPNER (05): Das Dritte Reich im Kreuzverhör. Aus den unveröffentlichten Vernehmungsprotokollen des Anklägers in den Nürnberger Prozessen. Mit einer Einführung von Horst Möller. Neuausgabe, München 2005

KEPPEL, ROBERT: The Riverman. Ted Bundy and I Hunt for the Green River Killer [Gary Ridgway], New York 2010

KERSHAW, IAN (80): Der Hitler-Mythos. Volksmeinung und Propaganda im Dritten Reich, Stuttgart 1980

KERSHAW (92): Hitlers Macht. Das Profil der NS-Herrschaft, München 1992

KERSHAW (98 I): Hitler. 1889–1936: Hubris, London 1998

KERSHAW (98 II): Hitler. 1889–1936. Aus dem Englischen von Jürgen Peter Krause und Jörg W. Rademacher, Stuttgart 1998

KERSHAW (2000 I): Hitler. 1936–45: Nemesis, New York/London 2000

KERSHAW (2000 II): Hitler. 1936–1945. Aus dem Englischen von Klaus Kochmann, Stuttgart 2000

KERSHAW (2000 III): The Nazi Dictatorship. Problems and Perspectives of Interpretation. 4. edition, London 2000

KERSHAW (08): Hitler. Abridged and updated, one volume, London 2008

KERSHAW (14): The Long Shadow of Adolf Hitler, in: History IV 2014, S. 32 ff.

KERSTEN, FELIX: The Kersten Memoirs 1940–1945. With an Introduction by H. R. Trevor-Roper. Translated from the German by Constantine Fitzgibbon and James Oliver, London 1956

KESSLER, HARRY GRAF: Das Tagebuch. Bd. 9. 1926–1937. Hg. von Sabine Gruber und Ulrich Ott, unter Mitarbeit von Christoph Hilse und Nadin Weiß, Stuttgart 2010

KING, GARY C.: Im Schatten. Geschäftsmann, Familienvater … und Serienmörder [Dayton Rogers]. Aus dem Amerikanischen von Alessandro Ricciarelli, München 1997 [Original: Blood Lust, New York 1992]

KINKEL, LUTZ: Die Scheinwerferin. Leni Riefenstahl und das »Dritte Reich«, Hamburg/Wien 2002

KLABUNDE, ANJA: Magda Goebbels. Annäherung an ein Leben, München 1999

KLEE, ERNST (83): »Euthanasie« im NS-Staat. Die »Vernichtung unwerten Lebens«, Frankfurt a. M. 1983

KLEE (HG.) (85): Dokumente zur »Euthanasie«, Frankfurt a. M. 1985

KLEE (86): Was sie taten – Was sie wurden. Ärzte, Juristen und andere Beteiligte am Kranken- oder Judenmord, Frankfurt a. M. 1986

KLEE; DRESSEN, WILLI; RIESS, VOLKER (HG.): »Schöne Zeiten«. Judenmord aus der Sicht der Täter und Gaffer, Frankfurt a. M. 1988

KLEE; DRESSEN (HG.): »Gott mit uns«. Der deutsche Vernichtungskrieg im Osten 1939–1945, Frankfurt a. M. 1989

KLEE, KARL (58): Das Unternehmen »Seelöwe«, Göttingen/Berlin/Frankfurt 1958

KLEE (HG.) (59): Dokumente zum Unternehmen »Seelöwe«. Die geplante deutsche Landung in England 1940, Göttingen/Berlin/Frankfurt 1959

KLEIN, ANTON ADALBERT: Hitlers dunkler Punkt in Graz? Das Gerücht von Hitlers jüdischer Abstammung im Lichte der Quellen, in: Historisches Jahrbuch der Stadt Graz, Bd. 3, S. 7 ff., Graz 1970

KLOSINSKI, GUNTHER; BERTSCH-WUNRAM, SIMONE: Jugendliche Brandstifter. Entwicklungspsychopathologie, Diagnostik, Therapie, forensische Begutachtung, Stuttgart 2003

KNOPP, GUIDO (95): Hitler. Eine Bilanz, Berlin 1995

KNOPP (01): Hitlers Frauen und Marlene, München 2001. [US-Ausgabe: Hitler's Women, New York 2003]

KNOPP (11): Geheimnisse des »Dritten Reichs«, München 2011

KNOX, MACGREGOR: Mussolini Unleashed. 1939–1941, Cambridge/New York 1982

KOCH-HILLEBRECHT, MANFRED (99): Homo Hitler. Psychogramm eines Diktators, München 1999

KOCH-HILLEBRECHT (03): Hitler – ein Sohn des Krieges. Fronterlebnis und Weltbild, München 2003

KOGON, EUGEN ET AL. (HG.): Nationalsozialistische Massentötung durch Giftgas. Eine Dokumentation, Frankfurt a. M. 1983

KOHSE, PETRA: Marianne Hoppe. Eine Biografie, München 2001

KOMPISCH, KATHRIN; OTTO, FRANK: Bestien des Boulevards. Die Deutschen und ihre Serienmörder. Bd. I, Leipzig 2003

KOMPISCH; OTTO: Teufel in Menschengestalt. Die Deutschen und ihre Serienmörder. Bd. II, Leipzig 2004. [Neuausgabe Bergisch Gladbach 2006: Serienkiller – Superstar. Von der Faszination mörderischer Gewalt]

KÖPF, GERHARD: Hitlers psychogene Erblindung. Geschichte einer Krankenakte, in: Nervenheilkunde 9, 2005, S. 783 ff.

KOPPENSTEINER, MARIA: [»Wir konnten uns an unseren Vetter nur dunkel erinnern.«] Interview mit einer Hitler-Cousine, posthum abgedruckt in: Profil 32 vom 27. Juli 1998

KOZENCZAK, JOSEPH R.; HENRIKSON, KAREN: The Chicago Killer: The Hunt for Serial Killer John Wayne Gacy, Philadelphia 2003

KRAFFT-EBING, RICHARD VON (1879): Soldatenstand. Kriegspsychosen. Die Ursachen des Irreseins, in: Lehrbuch der Psychiatrie. Bd. I, S. 150 ff., Stuttgart 1879

KRAFFT-EBING (1886): Psychopathia sexualis. Eine klinisch-forensische Studie, Stuttgart 1886

Krankenbuchlager Berlin im Landesamt für Gesundheit und Soziales. III A 4. Versorgungsamt und Krankenbuchlager: Bestand des Archivgutes

KRAUSE, KARL WILHELM (49): Zehn Jahre Tag und Nacht Kammerdiener bei Hitler, Hamburg 1949

KRAUSE (11): [»Zeitzeugen berichten«] Im Schatten der Macht: Kammerdiener bei Hitler [vervollständigte Neuausgabe des 1949-Titels], Bochum 2011

KRETSCHMER, ERNST: Medizinische Psychologie. 3. Auflage, Leipzig 1926.

KRIVITCH, MIKHAIL; OLGIN, OLGERT: Der Mann aus der Hölle. Die unglaubliche Geschichte des russischen Serienmörders Andrej Tschikatilo. Aus dem Russischen von Ganna-Maria Braungardt, München 1993

KUBIZEK, AUGUST (53): Adolf Hitler. Mein Jugendfreund, Graz/Göttingen 1953

KUBIZEK (95): Adolf Hitler, mein Jugendfreund. 6. Auflage [Anreicherung durch 60 Bilder], Graz/Stuttgart 1995

LANG, JOCHEN VON (HG.): Adolf Hitler. Gesichter eines Diktators. Bilddokumentation aus den Beständen von Hitlers Leibfotografen Heinrich Hoffmann. Mit einem Vorwort von Joachim Fest. 3. Auflage [1. Auflage Reinbek 1968, 2. Auflage München 1975], München 2005

LANGER, WALTER C. (72): The Mind of Adolf Hitler, New York 1972 / London 1973

LANGER (73): Das Adolf-Hitler-Psychogramm. Eine Analyse seiner Person und seines Verhaltens, verfaßt 1943 für die psychologische Kriegsführung der USA. Ins Deutsche übertragen von Ferdinand Bruckner, Berlin/München/Wien 1973

LANKHEIT, KLAUS A.: »Immer dieselben Gesichter, dieselben Gespräche«. Hitler und sein Umkreis in den Fotografien von Walter Frentz, in: Hiller, S. 133 ff.

LANZMANN, CLAUDE: Shoah. Dokumentationsfilm 1985

LARSON, ERIC: Der Teufel von Chicago: Ein Architekt, ein Mörder und die Weltausstellung, die Amerika veränderte. Aus dem Amerikanischen von Bernhard Robben, Frankfurt a. M. 2005

LEIBRICH, EUGEN: X-Rays of Hitler Produced to Solve Mystery of Whether Fuehrer is Dead. [Bericht über Herman Merls öffentliche Präsentation des

US-Geheimdienstpapiers CIR No. 4, Hitler as seen by his doctors. Los Angeles, am 18. Mai 1946], in: Nevada State Journal, Reno/Nevada, 30. Mai 1946, S. 3

LENK, ELISABETH; KAEVER, KATHARINA (HG.): Peter Kürten, genannt der Vampir von Düsseldorf, Frankfurt a. M. 1997

LESSING, THEODOR: Haarmann. Die Geschichte eines Werwolfs. Außenseiter der Gesellschaft – Die Verbrechen der Gegenwart, Berlin 1925. [Neuausgabe 1995, 2. Auflage, München 1996]

LEUTHEUSSER, ULRIKE (HG): Hitler und die Frauen, München 2003

LEWIS, DAVID: The Man Who Invented Hitler. The Making of the Fuehrer, London 2003

LICHFIELD, JOHN: Killer »hunted virgins« [Fourniret], in: New Zealand Herald/Independent vom 9. Juli 2004, S. B 4

LINEDECKER, CLIFFORD L.: The Man who killed Boys. A True Story of Mass Murder in a Chicago Suburb [Gacy], New York 1986 [First Edition 1980]

LINGE, HEINZ (43/45): Diaries. March 1943 to February 1945, in: National Archives, Washington

LINGE (55 I): Tells of Hitler's Suicide, in: Chicago Sunday Tribune, October 9, 1955

LINGE (55 II): Burned Hitler, Eva – After Suicide. Valet Liberated by Soviets Relates, in: Atlanta Constitution, Monday, October 10, 1955

LINGE (55 III): Valet Says He Set Fire to Hitler's Body, in: The New York Times, Monday, October 10, 1955

LINGE (55 IV): Hitler's Love Life Is Told by His Valet, in: Chicago Daily Tribune, Tuesday, October 11, 1955

LINGE (55 V): Fuehrer Raved When Valet Walked In On Him and Eva. The Private Life of Adolph Hitler, in: St. Petersburg Times, Florida, Saturday, October 29, 1955

LINGE (55 VI): Valet's Own Story: »The Hitler I Knew«, in: Chicago Daily News, October 22 – December 1955

LINGE (55 VII): I Was Hitler's Valet – No. 8: Hitler Hoped to Retire and Marry Eva, in: Daily Boston Globe, November 6, 1955

LINGE (55 VIII): Valet Upsets Love Scene between Hitler and Eva, in: Los Angeles Times, November 6, 1955

LINGE (55/56): [»Jetzt auch in Deutschland«] Kronzeuge Linge. (Revue beginnt mit dem ungekürzten Bericht von Hitlers engstem Vertrauten: »Ich war Hitlers Kammerdiener«), in: Revue, Nr. 48 vom 26. November 1955. [Die Serie läuft in der Münchner Hausfrauen-Illustrierten mit der Einleitung zum Für und Wider des Abdrucks und Leser(Innen)-Befragungen plus vorweggenommenen Auszügen aus Linges Interviews 20 Wochen lang, ab Nr. 45 vom 5. November 1955, und endet mit der Nr. 13 vom 31. März 1956. Einen Appetithappen gibt es schon in der Nr. 43 vom 22. Oktober 1955, S. 6]

LINGE (80): Bis zum Untergang. Als Chef des persönlichen Dienstes bei Hitler. Herausgegeben von Werner Maser, München/Berlin 1980 [Von Maser aus den Linge-Interviews in Revue zusammengestellte und »bearbeitete« Linge-Erinnerungen, nach dessen Tod präsentiert als »Diensttagebuch« des »Führer«-Leibdieners. Der Titel sollte ursprünglich »Dienen bis zum Untergang« lauten. (Maser 04)]

LINGE (82): Bis zum Untergang. Als Chef des persönlichen Dienstes bei Hitler. Herausgegeben von Werner Maser. 2. Ausgabe, München 1982.

LINGE (09): With Hitler to the End. Translated by Geoffrey Brooks. London/New York 2009

LINGE (11): Bis zum Untergang. Dresden 2011

LINKE, THERESE: [»Die geheime Tapetentür« zwischen den Schlafzimmern von Adolf Hitler und Eva Braun] Erinnerungen der Berghof-Köchin Therese Linke. Handgeschrieben in den 1950er Jahren, in: IfZM, ZS 3135

LIPSTADT, DEBORAH E. (94): Betrifft: Leugnen des Holocaust. Aus dem Amerikanischen von Gabriele Kosack, Zürich 1994 [Original: Denying the Holocaust: The Growing Assault on Truth and MemoryNew York 1993]

LIPSTADT (05): History on Trial: My Day in Court with David Irving, New York 2005

LONG, TANIA: Doctor Describes Hitler's Injections. Says He Used Caffeine, Glucose and Vitamins to Restore Energy of Chancellor. By Wireless to The New York Times, May 22, 1945

LONGERICH, PETER (89): Die braunen Bataillone. Geschichte der SA, München 1989

LONGERICH (92): Hitlers Stellvertreter. Führung der Partei und Kontrolle des Staatsapparats durch den Stab Heß und die Partei-Kanzlei Bormanns, München 1992

LONGERICH (08): Heinrich Himmler. Biografie, München 2008

LONGERICH (10): Joseph Goebbels. Biografie, München 2010

LONGERICH (15): Hitler. Biografie, München 2015

LUKACS, JOHN: Hitler. Geschichte und Geschichtsschreibung, München 1997

MACHTAN, LOTHAR: Hitlers Geheimnis. Das Doppelleben eines Diktators. Überarbeitete und ergänzte Ausgabe, Frankfurt a. M. 2003 [1. Auflage Berlin 2001]

MAEDER, THOMAS: Die unglaublichen Verbrechen des Dr. Petiot. Chronik eines Serienmörders, Berlin 2006

MAHLER-WERFEL, ALMA: Mein Leben, Frankfurt a. M. 1960

MANN, HEINRICH: Die Jugend des Königs Henri IV, Gütersloh 1979

MANN, THOMAS (33): [Hohes Lied auf Demokratie und Völkerverständigung. Verfasst zweieinhalb Wochen vor dem Untergang Deutschlands als Weltkultur-Nation durch die Übergabe der Staatsmacht an den seit 14 Jahren anmarschierenden, für niemanden erkennbaren politischen Serienkiller sui generis, Adolf Hitler, am 30. Januar 1933] Brief aus München vom 12. Januar 1933 an den preußischen Kultusminister Adolf Grimme, in: VfZ, Jg. 6, 1958, S. 172 ff.

MANN (86): BRUDER HITLER, IN: An die gesittete Welt. Politische Schriften und Reden im Exil, Frankfurt a. M. 1986, S. 253 ff.

MANN (77 FF.): Tagebücher. Hg. von Peter de Mendelssohn, Frankfurt a. M. 1977 ff.

MARTYNKEWICZ, WOLFGANG: Salon Deutschland. Geist und Macht 1900–1945, Berlin 2009 [Wegbereiter Hitlers, die Kunstbuch-Verleger Elsa und Hugo Bruckmann]

MASER, WERNER (54): Die Organisierung der Führer-Legende, Dissertation an der Humboldt-Universität in Berlin (Ost) 1954

MASER (62): Der Kampf der SED gegen die Kirche, in: Freiheit und Ordnung. Soziale Fragen der Gegenwart. Herausgegeben vom Heinrich-Pesch-Haus, Heft 24, Mannheim 1962

MASER (63): Genossen beten nicht. Kirchenkampf des Kommunismus, Köln 1963

MASER (65): Die Frühgeschichte der NSDAP. Hitlers Weg bis 1924, Frankfurt/Bonn 1965

MASER (66): Adolf Hitlers »Mein Kampf«. Geschichte, Auszüge, Kommentare, Esslingen 1966 [9. Auflage 2001]

MASER (71): Adolf Hitler. Legende. Mythos. Wirklichkeit, München/Esslingen 1971–1973 [1.–5. Auflage]

MASER (73 I): Hitler. Translated by Peter and Betty Ross, London 1973

MASER (HG.) (73 II): Hitlers Briefe und Notizen. Sein Weltbild in handschriftlichen Dokumenten. Unveränderter Nachdruck der im Econ Verlag erschienenen 2. Ausgabe, Düsseldorf 1973.

MASER (74): Adolf Hitler. Legende. Mythos. Wirklichkeit. 6. vom Autor (durch Eva Brauns Tagebuch) ergänzte Auflage, München/Esslingen 1974

MASER (78): Adolf Hitler. Biographie. 7., vom Autor mit Bilddokumenten [»Hitler-Sohn«] ergänzte Auflage, München/Berlin im Januar 1978

MASER (80): Adolf Hitler. Das Ende der Führer-Legende, Düsseldorf/Wien 1980 [eigenständiges Buch, dem kein Erfolg wie Masers Hitler-Biografie beschieden war und das deshalb in der Hitler-Rezeption ein Schattendasein fristet]

MASER (89): Adolf Hitler. Legende. Mythos. Wirklichkeit. 12., völlig überarbeitete und ergänzte Auflage, München/Esslingen 1989

MASER (95): Adolf Hitler. Legende. Mythos. Wirklichkeit. Genehmigte und erweiterte Taschenbuch-Ausgabe. 14. Auflage. 1. Auflage dieser Ausgabe, München 95

MASER (01): Adolf Hitler. Legende. Mythos. Wirklichkeit. 18. Auflage. Sonderproduktion, München/Esslingen 2001

MASER (04): Fälschung, Dichtung und Wahrheit über Hitler und Stalin, München 2004

MASTERS, BRIAN (91): Dahmer's Inferno, in: Vanity Fair, November 1991, S. 183 ff.

MASTERS (93): The Shrine of Jeffrey Dahmer, London 1993

MASTERS (95): Todeskult. [Dahmer] Reinbek 1995

MASTERS, WILLIAM H.; JOHNSON, VIRGINIA E. (67): Die sexuelle Reaktion, Frankfurt a. M. 1967

MASTERS; JOHNSON (73): Impotenz und Anorgasmie. Zur Therapie funktioneller Sexualstörungen, Frankfurt a. M. 1973

MATUSSEK, PAUL; MATUSSEK, PETER; MARBACH, JAN: Hitler. Karriere eines Wahns, München 2000 [Die Karriere eines Wahns betrifft weniger Hitlers Wahn, mehr denjenigen von Hitlers Anhängern und Wegbereitern]

MAURICE, EMIL (45): [»Bei keiner Liebschaft Hitlers ist es zu einem intimen Verkehr gekommen.«] Erste Vernehmung des ehemaligen Hitler-Duzfreundes und Fahrers. Juni 1945, in: Sigmund 03, S. 94

MAURICE (51): [»Hitler war großmütig und großzügig«] Unterredung mit Georg Franz-Willing im Auftrag des IfZM am 23. Juni 1951, in: IfZM, ZS 270

MC: siehe Musmanno Collection

McKALE, DONALD M.: Hitler: The Survival Myth, New York 1981

McLAREN, ANGUS: A History of Contraception. From Antiquity to the Present Day, Oxford 1990

MEISSNER, HANS-OTTO; WILDE, HARRY: Die Machtergreifung, Stuttgart 1958

MEISSNER: Magda Goebbels. Ein Lebensbild, München 1978

MENASSE, EVA: Der Holocaust vor Gericht. Der Prozess um David Irving, Berlin 2000

MEND, HANS: Adolf Hitler im Felde 1914–1918. Von Hans Mend, Meldereiter bei dem 16. bayerischen Reserve-Infanterie-Regiment »List«, genannt: der Schimmelreiter, Dießen vor München 1931

MERTENS, WOLFGANG (HG.): Schlüsselbegriffe der Psychoanalyse, Stuttgart 1993

MERTENS; WALDVOGEL, BRUNO (HG.): Handbuch psychoanalytischer Grundbegriffe. 2. durchgesehene Auflage, Berlin/Köln/Stuttgart 2002

MEYER, ADOLF: Mit Adolf Hitler im Bayerischen Reserve-Infanterie-Regiment 16 (List), Neustadt an der Aisch. 1934

MICHALKA, WOLFGANG (HG.): Der Zweite Weltkrieg. Analysen. Grundzüge. Forschungsbilanz, München/Zürich 1989

MILITARY INTELLIGENCE SERVICE CENTER, UNITED STATES FORCES IN THE EUROPEAN THEATER, HEADQUARTERS: Consolidated Interrogation Report No. 4: Hitler as seen by his doctors, 1945 November 29, in: WRPC, Box 1, Item 9d, online, und NARA (D 000 922) Box 8

MILLER, ALICE: Am Anfang war Erziehung [Bartsch, Hitler], Frankfurt a. M. 1983

MILLER, ALICE: Du sollst nicht merken. Variationen über das Paradies-Thema. Mit einem neuen Nachwort, Frankfurt a. M. 1985

MILLER, HENRY: Stille Tage in Clichy. Deutsch von Kurt Wagenseil, Berlin/Darmstadt/Wien 1987

MILNE, MARION: Adolf and Eva. TV-Dokumentation. 3BM Television [GB] IMDb, London. Erstsendung am 29. April 2001

MISCH, ROCHUS (06): J'etais garde du corps d'Hitler (1940–1945). Unter Mitarbeit von Nicolas Bourcier, Paris 2006 [englische Fassung 2014]

MISCH (10): Der letzte Zeuge. »Ich war Hitlers Telefonist, Kurier und Leibwächter«. Unter Mitarbeit von Sandra Zarrinbal und Burkhard Nachtigall. Mit einem Vorwort von Ralph Giordano. Ungekürzte Taschenbuchausgabe. 4. Auflage, München/Zürich im Februar 2010 [1. Auflage 2008]

MOOR, PAUL: Jürgen Bartsch. Opfer und Täter. Das Selbstporträt eines Kindermörders in Briefen, Reinbek 1991 [Neuauflage 2003].

MORELL, THEODOR (1913): 16 Fälle von verschleppter Querlage und ihre Behandlung in der Universitäts-Frauenklinik zu München. Medizinische Dissertation, München 1913

MORELL (45): Terminkalender 18. 8. 1943 – 22. 3. 1945, Korrespondenzen von September 1941 bis April 1945, Geschäftspapiere von Dezember 1941 bis März 1945, betreffend Morells Pharma-Unternehmen, in: IfZM, Bestand MA – 617/1–3 [alte Signatur F 123]

MORELL (83 I): Die geheimen Tagebücher, in: Irving 83 I, S. 85 ff.

MORELL (83 II): The Medical Diaries. The Private Diaries of Dr. Theo Morell, in: Irving 83 II, S. 84 ff.

MORRISON, HELEN; GOLDBERG, HAROLD: Mein Leben unter Serienmördern. Eine Profilerin erzählt. Aus dem amerikanischen Englisch von Sebastian Vogel, München 2007. [Original: My Life among the Serial Killers, New York 2004]

MÜLLER, RAY: Die Macht der Bilder. The Wonderful Horrible Life of Leni Riefenstahl, Filmporträt 1993

MULDERS, JEAN-PAUL: Auf der Suche nach Hitlers Sohn. Eine Beweisaufnahme [mit Hilfe einer DNA-Analyse gegen Werner Masers Fiktion], München 2009.

MULLEN, KELSEY: American Intelligence and the Question of Hitler's Death. Undergraduate Research Thesis. The Ohio State University, November 2014, online

MÜLLER, MELISSA: Eine Kindheit und Jugend in Deutschland, in: Junge 02, S. 13 ff.

MÜLLER: Chronologie einer Schuldverarbeitung, aufgezeichnet 2001, in: Junge 02, S. 231 ff.

MÜLLER, MICHAEL BERTHOLD: Der junge Hitler. Eine Biografie der ersten 30 Lebensjahre, Frankfurt a. M. 2000

MURAKAMI, JULIA; MURAKAMI, PETER: Lexikon der Serienmörder. 450 Fallstudien einer pathologischen Tötungsart. 9. Auflage, München 2003 [1. Auflage 2000]

MUSMANNO COLLECTION: Dr. Morell. – Hitler as seen by his doctors [anonymer und undatierter US-Secret-Service-Report, Auszugs-Fassung des Consolidated Interrogation Report No. 4], in: Interviews with Hitler's Associates. MC, Gumberg Library. Duquesne University, Pittsburg, Pennsylvania USA

NEUMAYR, ANTON: Hitler. Wahnideen, Krankheiten, Perversionen, Wien 2001

NEWTON, MICHAEL: Die große Enzyklopädie der Serienmörder. 5. erweiterte und aktualisierte Auflage, Graz 2014

NIEDEN, SUSANNE ZUR (01): Geschichten aus dem braunen Nähkästchen: Der Führer und die Frauen [Kritik der Nazifrauen-Literatur um die Jahrtausendwende], in: Werkstatt Geschichte, 30. Bd. 2001, S. 115 ff.

NIEDEN (HG.) (05): Homosexualität und Staatsräson. Männlichkeit, Homophobie und Politik in Deutschland 1900–1945, Frankfurt a. M. 2005

NIEKISCH, ERNST: Gewagtes Leben. Begegnungen und Begebnisse, Köln/Berlin 1958

OFFICE OF STRATEGIC SERVICES: Navy Intelligence Report (OSS Restricted C.I.D. 31963, declassified 6/6/1972): Adolf Hitler's Blindness. A psychological study [copyright David Lewis: The Man Who Invented Hitler: The Making of the Fuehrer]. Online: Dr Edmund Forster.

OFFICE OF STRATEGIC SERVICES: Hitler Source Book, in: National Archives, Washington

OHLER, NORMAN: Der totale Rausch. Drogen im Dritten Reich. [u. a. über das Krankmachende in der Beziehung Hitlers zu seinem Leibarzt Morell] Mit einem Nachwort von Hans Mommsen, Köln 2015

OLDEN, RUDOLF (35): Hitler, Amsterdam 1935. [Reprint Hildesheim 1981]

OLDEN (84): Hitler. Mit einem Vorwort von Werner Berthold. [Fischer Taschenbuch nach der Neuauflage im Gerstenberg Verlag, Hildesheim 1981, Frankfurt a. M. 1984

ORLOB, STEFAN: War der deutsche forensische Psychiater Hans Szewczyk der erste moderne Profiler? Online

ORR, THOMAS: Das war Hitler. Das Ende eines Mythos. Tatsachenbericht, in: Revue München, Nr. 37 ff., 13. September 1952 ff.

PADFIELD, PETER: Himmler. Reichsführer-SS, London 1990

PANZRAM, ERHARD: Wer wird Serienmörder? Fälle. Motive. Urteile (Serie Psychologie), Berlin 2002

PAUL, GERHARD (HG.): Die Täter der Shoah. Fanatische Nationalsozialisten oder ganz normale Deutsche? Göttingen 2002

PÄTZOLD, KURT; WEISSBECKER, MANFRED: Adolf Hitler. Eine politische Biographie, Leipzig 1995

PFEIFFER, HANS: Der Zwang zur Serie. Serienmörder und ihre Motive, Leipzig 2002, [Neuauflage Erftstadt 2007]

PILGRIM, VOLKER ELIS (71): »Sie wollen auch kein Antwort hörn« [Deutschlands Weltmaler zu seinem 500. Geburtstag als homosexuell geoutet], in: Hessischer Rundfunk, Mai 1971

PILGRIM (73): Der Untergang des Mannes. [Studie zur Frühgeschichte des »Patriarchats« und seiner gegenwärtigen Welt-Destruktion], München 1973 [8. Auflage Reinbek 1993]

PILGRIM (74): Dressur des Bösen. Zur Kultur der Gewalt. [Antropologische Untersuchungen über die psycho-sozialen Ursachen der menschlichen Destruktivität. Kampfschrift gegen Konrad Lorenz »Das sogenannte Böse«, München 1974 [6. Auflage Reinbek 1992]

PILGRIM (75): Der selbstbefriedigte Mensch. [Analyse des 250 Jahre wütenden Onanie-Wahns als eine der Ursachen des in Europa verbreiteten Faschismus]. München 1975 [7. Auflage Reinbek 1994]

PILGRIM (84): Die Elternaustreibung [Proklamation von Buddhas Dritter Geburt, der Trennung vom psycho-sozialen Ursprung], Düsseldorf 1984 [3. Auflage Reinbek 1993]

PILGRIM (86): Muttersöhne. [Erster Band zur Geschlechter-spezifischen Destruktions- Theorie], Düsseldorf 1986 [10. Auflage Reinbek 1996]

PILGRIM (90): Adieu Marx. [Sexus und Krankheit im Hause des Wortführers. Bekanntmachung mit der dritten Sexpartnerin von Karl Marx, Marianne Kreuz], Reinbek 1990

PILGRIM (93): Vatersöhne [Zweiter Band zur Geschlechter-spezifischen Destruktions- Theorie: Der Vatersohn (Freud, Mozart, Goethe, Rathenau und der Mann der SPD) als systemischer Komplize in der Muttersöhne-Gesellschaft], Reinbek 1993

PILGRIM (94): »Du kannst mich ruhig ›Frau Hitler‹ nennen«. Frauen als Schmuck und Tarnung des NS-Systems. [Dritter Band zur Geschlechter-spezifischen Destruktions-Theorie: Muttertöchter, Nazigattinnen »an der Seite« jeglicher Zerstörungs-Spezialisten], Reinbek 1994

PILGRIM; MEND, ALEXEJ: Das Paradies der Väter [ist das anale Zeitalter die (Atom)-Vermüllung der Erde], Weinheim 1980

PILGRIM; LIFFMAN, DORIS; LIFFMAN, HERBERT: Fremde Freiheit. [Geistig-seelische Heimholung vertriebener Juden], Reinbek 1992

PLAIM, ANNA; KUCH, KURT: Bei Hitlers. Zimmermädchen Annas Erinnerungen, München 2005

PLÖCKINGER, OTHMAR: Unter Soldaten und Agitatoren. Hitlers prägende Jahre im deutschen Militär 1918–1920, Paderborn/München/Wien/Zürich 2013

PLOUVIER, BERNARD (07/08): Hitler. Une biographie medicale et politique. Bd. 1: L'essor. Bd. 2: La conquete du pouvoir. Bd. 3: Les triomphes des annees de paix. Bd. 4: Les triomphes d'un homme pressé, Paris 2007/08

PLOUVIER (09): 100 Points de détail controversées sur Hitler, le IIIe Reich et la Seconde Guerre mondiale, Paris 09

POOL, JAMES; POOL, SUZANNE: Hitlers Wegbereiter zur Macht. Die geheimen deutschen und internationalen Geldquellen, die Hitlers Aufstieg zur Macht ermöglichten. Aus dem Amerikanischen von Hans Thomas, Bern/München 1979 [Original: Who Financed Hitler? The Secret Funding of Hitler's Rise to Power 1919–1933. London 1979 [Überwältigende Informationen, z. B. Winifred Wagner stellte für Hitler die Verbindung zu Henry Ford her]

POPP, ANNA: [»Herr Hitler«] Interview mit Ernst Hanfstaengl, in: Hanfstaengl [»Heinz«]. 2. Auflage, S. 50 ff., London 1938

POST, DAVID EDWARD: The Hypnosis of Adolf Hitler, in: Journal of Forensic Sciences 43 (6) 1998, S. 1127 ff.

PÜSTOW, HENDRIK; SCHACHNER, THOMAS: Jack the Ripper. Anatomie einer Legende, Leipzig 2017

PYTA, WOLFRAM: Hitler. Der Künstler als Politiker und Feldherr. Eine Herrschaftsanalyse, München 2015

RADFORD UNIVERSITY, DEPARTMENT OF PSYCHOLOGY: [Über den Serienkiller] Bobby Joe Long. The Classified Act Rapist. Online

RASTAM, HANNES: Thomas Quick. The Making of a Serial Killer. Translated [from the Swedish] by Henning Koch. Foreword by Elizabeth Day, Edinburgh/London 2013

RECKTENWALD, JOHANN: Woran hat Adolf Hitler gelitten? Eine neuropsychiatrische Deutung, München 1963

REDLICH, FRITZ (98/99): Hitler. Diagnosis of a Destructive Prophet, Oxford 1998, New York 1999

REDLICH (02): Hitler. Diagnose des destruktiven Propheten, Wien 2002

REESE, WILLY PETER: »Mir selber seltsam fremd«. Die Unmenschlichkeit des Krieges. Herausgegeben von Stefan Schmitz, Berlin/München 2003

REICH, WILHELM: Massenpsychologie des Faschismus. Zur Sexualökonomie der politischen Reaktion und zur proletarischen Sexualpolitik, Kopenhagen/Prag/Zürich 1933 [Neuausgabe 2011, Zitat aus der Ausgabe Köln 1986]

REICHERT, ANTONIE: [»Zu seinen Wirtsleuten hatte Hitler uneingeschränktes Vertrauen«] Äußerungen der Tochter von Hitlers ehemaligen zweiten Münchner Zimmervermietern Maria und Ernst Reichert in der Thierschstr. 41 (zwischen Mai 1920 und September 1929). Unterredung mit Georg Franz-Willing am 20. Juni 1952, Niederschrift am 9. September 1952, im Auftrag des IfZM, ZS 287

REITLINGER, GERALD: Die Endlösung. Hitlers Versuch der Ausrottung der Juden Europas 1939–1945, Berlin 1956

REITSCH, HANNA: Fliegen – mein Leben, Stuttgart 1956

RESSLER, ROBERT K. ET AL. (88): Sexual homicide: Patterns and Motives, Massachusetts 1988

RESSLER; SHACHTMAN, TOM (93): »Ich jagte Hannibal Lecter.« Die Geschichte des Agenten, der 20 Jahre Serienmörder zur Strecke brachte. Aus dem amerikanischen Englisch von Peter Pfaffinger, München 1993 [Original: My Twenty Years Tracking Serial Killers, 1992]

RESSLER; SHACHTMAN (98): Whoever fights Monsters, New York 1998

REUTH, RALF GEORG (90): Goebbels, München/Zürich 1990

REUTH (03): Hitler. Eine Biografie, München/Zürich 2003

REUTH (05): Hitler. Eine politische Biografie. Ungekürzte, durchgesehene Taschenbuchausgabe, München/Zürich Januar 2005

REUTH (09): Hitlers Judenhass. Klischee und Wirklichkeit, München/Zürich 2009

RIDLEY, JASPER: Mussolini, London 1997

RIEFENSTAHL, LENI: Memoiren, München 1987

RIESS, VOLKER: Hermann Fegelein. Parvenu ohne Skrupel, in: Smelser/Syring (03). S. 161 ff.

ROBERTZ, FRANK J.; THOMAS, ALEXANDRA: Serienmord. Kriminologische und kulturwissenschaftliche Skizzierungen eines ungeheuerlichen Phänomens, München 2004

ROCHE, CHARLOTTE: Feuchtgebiete. Roman, Köln 2008

ROEWER, HELMUT; SCHÄFER, STEFAN; UHL, MATTHIAS: Lexikon der Geheimdienste im 20. Jahrhundert, München 2000

RÖHRS, HANS-DIETRICH (65): Hitler. Die Zerstörung einer Persönlichkeit. Grundlegende Feststellungen zum Krankheitsbild. Neckargemünd 1965

RÖHRS (66): Hitlers Krankheit. Tatsachen und Legenden. Medizinische und psychische Grundlagen seines Zusammenbruchs, Neckargemünd 1966

ROSENBAUM, RON (98): Explaining Hitler. The Search for the Origins of His Evil, New York 1998

ROSENBAUM (99): Die Hitler-Debatte. Auf der Suche nach dem Ursprung des Bösen. Aus dem Amerikanischen von Suzanne Gangloff und Holger Fliessbach. München 1999

ROUDINESCO, ÉLISABETH; PLON, MICHEL: Dictionnaire de la Psychanalyse. Nouvelle édition augmentée, Paris, Octobre 2002

SANDKÜHLER, THOMAS: Adolf Hitler. Lebensweg eines Diktators, München 2015

SANDNER, HARALD: Hitler. Das Itinerar. Aufenthaltsorte und Reisen von 1889 bis 1945. Bd I–IV [Hitler von Tag zu Tag], Berlin 2016

SCHAAKE, ERICH; BÄURLE, ROLAND: Hitlers Frauen. Die willigen Helferinnen und ergebenen Mätressen des Führers, München 2000

SCHAD, MARTHA (03): »Das Auge war vor allen Dingen ungeheuer anziehend.« Freundinnen und Verehrerinnen [Hitlers]. In: Leutheusser, S. 21 ff.

SCHAD (09): Sie liebten den Führer. Wie Frauen Hitler verehrten, München 2009

SCHAD (10): Frauen gegen Hitler. Vergessene Widerstandskämpferinnen im Nationalsozialismus. Überarbeitete und ergänzte Neuauflage des Titels von 2001 Frauen gegen Hitler. Schicksale im Nationalsozialismus, München 2010

SCHÄFFER, MAX PIERRE: Der Triebtäter. Lustmörder vor Gericht. Von Haarmann bis Bartsch, München 1970

SCHAUB, JULIUS (46): [»Das sind alles Geschichten, alles Lügen«] Verhör Julius Schaubs in Internment Camp in Garmisch durch Mr. Schwarzbach am 7. 12. 1946, in: Erstens. Ministries Division, Research Section, BAB, Microfilm 55270. Zweitens. MC »Julius Schaub«. Drittens. BAB/BDC – Personal file Julius Schaub.

SCHAUB (47): [»Warum hat Ihr Führer so viele getötet?« – »Mein Führer hat niemanden getötet!«] Interrogation of Wilhelm [Julius] Schaub by Dr. Kempner on 12 March 1947 [Englische Fassung des Verhörs von Julius Schaub durch Robert W. M. Kempner am 12. März 1947], in: MC »Wilhelm [Julius] Schaub« [nicht identisch mit MC »Julius Schaub«]

SCHAUB (10): In Hitlers Schatten. Erinnerungen und Aufzeichnungen des Chefadjutanten 1925–1945. [Mit der Wiedergabe des originalen Schaub-Verhörs durch Kempner vom 12. 3. 1947.] Herausgegeben, eingeleitet und kommentiert von Olaf Rose. 2. durchgesehene Auflage, Stegen, Ammersee 2010. [1. Auflage 2005]

SCHECHTER, HAROLD: Deviant: The shocking true story of the original »Psycho«, the story of Ed Gein, the killer who inspired Psycho, The Texas Chain Saw Massacre and The Silence of the Lambs, New York 1989

SCHECHTER: Deranged: The shocking true story of Amerika's most fiendish killer, the story of serial murderer Albert Fish, New York 1990

SCHECHTER: Depraved: The shocking true story of America's first serial killer, the story of Chicago serial murderer Herman Mudgett, alias Dr. H. H. Holmes, New York 1994

SCHECHTER: The Serial Killer Files. The Who, What, Where, How and Why of the world's most terrifying murderers, New York im Dezember 2003

SCHECHTER; Everitt, David: The A to Z Encyclopedia of serial killers, New York 1996

SCHENCK, ERNST GÜNTHER (70): »Ich sah Berlin sterben«. Als Arzt in der Reichskanzlei, Herford 1970

SCHENCK (89): Patient Hitler. Eine medizinische Biografie, Düsseldorf 1989

SCHENCK (98): Prof. Dr. med. Theodor Gilbert Morell. Hitlers Leibarzt und seine Medikamente, Beltheim 1998

SCHENKEL, ANDREA MARIA: Kalteis [Die Geschichte des Münchner Serienkillers Johann Eichhorn, hingerichtet 1939], Hamburg 2008

SCHIRACH, BALDUR VON (46): [»Das sind Sentimentalitäten!‹ sagte Hitler«] Verhör Schirachs im Zeugenstand am 24. Mai 1946. In: IMN. Bd XIV, S. 461 ff.

SCHIRACH (67): Ich glaubte an Hitler, Hamburg 1967

SCHIRACH, HENRIETTE VON (78): Der Preis der Herrlichkeit, Berlin/München/Wien 1978

SCHIRACH (83): Frauen um Hitler. Nach Materialien von Henriette von Schirach, München/Berlin 1983

SCHIRACH (16): Der Preis der Herrlichkeit. Erlebte Zeitgeschichte. Mit einer Einführung von Dr. Steffen Bruendel und einem Nachwort von Klaus von Schirach, München 2016

SCHIRRMACHER, FRANK (98): Wir haben ihn uns engagiert, in: FAZ, Nr. 231 vom 6. Oktober 1998

SCHIRRMACHER (04): Filme, die Geschichte machen. Breloer, Eichinger und die »Innenausstattung« des Dritten Reichs. Der Hitler der Jahre 2004 und 2005, in: FAZ vom 22. Juni 2004

SCHLIE, ULRICH (HG.) (99): Albert Speer. »Alles, was ich weiß«. Aus unbekannten Geheimdienstprotokollen vom Sommer 1945. Mit einem Bericht »Frauen um Hitler« von Karl Brandt, München 1999

SCHLIE (HG.) (03): Albert Speer. Die Kransberg-Protokolle 1945. Seine ersten Aussagen und Aufzeichnungen (Juni–September), München 2003

SCHMIDT, MATTHIAS: Albert Speer. Das Ende eines Mythos. Speers wahre Rolle im Dritten Reich, Bern/München 1982

SCHMIDT, ULF: Hitlers Arzt Karl Brandt. Medizin und Macht im Dritten Reich, Berlin 2009 [Die englische Ausgabe erschien zwei Jahre früher: Karl Brandt: The Nazi Doctor. Medicine and Power in the Third Reich, London 2007]

SCHMIEDEBACH, HEINZ-PETER: »Abweichung vom Durchschnitt im Sinne der Zweckwidrigkeit«. Der psychiatrische Blick auf die psychische »Normalität«, in: Hess, Volker (Hg.): Normierung der Gesundheit. Messende Verfahren der Medizin als kulturelle Praktik um 1900. (Abhandlungen zur Geschichte der Medizin, 82), Husum 1997, S. 39 ff.

SCHNEIDER, MICHAEL: Tödliches Begehren [der Serienkiller], Norderstedt 2004

SCHNEIDER, WILLI: Hitler aus nächster Nähe, 7 Tage, in: Illustrierte Wochenschrift aus dem Zeitgeschehen, 17. Oktober 1952 – 2. Januar 1953

SCHRAMM, PERCY ERNST (45 ff.): Originalnotizen von Dr. phil. Percy Ernst Schramm über Hitler, gemacht während der Befragungen von Hitlers Leibärzten (Prof. Brandt und Prof. Hasselbach) 1945, 1953, 1963, in: BAK, Nachlassbestand von Adolf Hitler, N 1128/33 [alte Signatur Kleine Erwerbung 441–3]

SCHRAMM (62): Hitler als militärischer Führer. Erkenntnisse und Erfahrungen aus dem Kriegstagebuch des Oberkommandos der Wehrmacht, Frankfurt/Bonn 1962 [2. durchgesehene Auflage 1965].

SCHROEDER, CHRISTA (45): [»Hitler sah Fräulein Braun als seine Ehefrau«] Besprechung zwischen Herrn Albrecht und Frl. Schroeder, früher Sekretärin von Hitler, Berchtesgaden, 22. Mai 1945, in: IfZM, MA 1298/10, DJ–13 [Sammlung David Irving]

SCHROEDER (85): Er war mein Chef. Aus dem Nachlaß der Sekretärin von Adolf Hitler. Herausgegeben von Anton Joachimsthaler, München/Wien 1985

SCHÜLER, WOLFGANG: Serienmörder in Deutschland, Leipzig 2006

SCHULTE, THEO J.: The German Army and Nazi Policies in Occupied Russia, Oxford/New York/Munich 1989

SCHULZ, ALFONS: Drei Jahre in der Nachrichtenzentrale des Führerhauptquartiers. Stein am Rhein 1996

SCHUSTER, WOLFGANG: Hitler in München – privat? In: Stadtmuseum München, S. 125 ff.

SCHWANDT, CHRISTOPH: Unaussprechlich, unbegriffen. [Zweites homosexuelles Outing von Franz Schubert zu seinem 200. Geburtstag 1997], in: text und kritik 1997

SCHWARZ, FRANZ XAVER: [»Hitlers Beziehung zu Eva Braun war rein platonisch«] Verhör des NSDAP-Reichsschatzmeisters durch die U.S. Army Interrogation Division Nurnberg am 26. Oktober 1945, in: IfZM, ZS 1452

SCHWEYER, FRANZ XAVER: Politische Geheimverbände, Freiburg i. Br. 1925

SEIDLER, FRANZ W.; ZEIGERT, DIETER: Die Führerhauptquartiere, München 2001

»SEKRETAER DES FUEHRERS«: Diary (January 1, 1934 – June 12, 1943). Fuehrers [Dienst] Tagebuch, in: Library of Congress, Washington, Appendix 5, Safe 5,5

SERENY, GITTA (95): Albert Speer. Sein Ringen mit der Wahrheit und das deutsche Trauma. Aus dem Englischen von Helmut Dierlamm, Klaus Fritz und Norbert Juraschitz, München 1995 [Albert Speer: His Battle with Truth, New York 1995]

SERENY (02): Das deutsche Trauma. Eine heilende Wunde. Aus dem Englischen von Rudolf Hermstein. Vollständige Taschenbuchausgabe München im März 2004 [Erstausgabe 2002, Original: The German Trauma. Experiences and Reflections 1938–2001, London 2002]

SERGON, JULIA: Sensible Pflege. Berliner Hochschule erforscht LSBTI im Alter, in: Der Tagesspiegel, Mittwoch, 12. April 2017, S. 30

SERIENKILLER-LITERATUR: Berg (Kürten), Blazek (Haarmann), Brückweh (Bartsch, Haarmann, Hagedorn), Burn (Sutcliffe), Davis (Dahmer), Dekle (Bundy), Douglas (Rader), Farin (Gilles de Rais), Farin/Pozsar (Haarmann), Farin/Schmid (Gein), Fink (Täterprofiler), Greig, Habermann, Hille (Sliwko, Tschikatilo), Hillich/Mittmann (Hagedorn), Keppel (Bundy, Ridgway), King (Rogers), Klosinski/Bertsch-Wunram (Brandstifter), Kozenczak/Henrikson (Gacy), Larson (Mudgett/»Dr.Holmes«), Lenk/Kaever (Kürten), Lessing (Haarmann), Lichfield (Fourniret), Linedecker (Gacy), Maeder (Petiot), Masters (Dahmer), Murakami, Newton, Orlob (Profiler), Panzram, Pfeiffer, Püstow (»Jack the Ripper«), Rastam (Justiz-Kollaps), Redford University (Long), Robertz/Thomas, Schaeffer (Haarmann bis Bartsch vor Gericht), Schechter (Fish, Gein, Mudgett/»Dr. Holmes«), Schneider, M., Schüler, W., Stabenow (Fourniret), Staisch (Pommerenke), Tithecott (Dahmer), Wagner, A. (Unterweger), Werremeier (Bartsch)

SEUFERT, MICHAEL: Der Skandal um die Hitler-Tagebücher, Frankfurt a. M. 2008

SIGMUND, ANNA MARIA (98): Die Frauen der Nazis. Bd. I, Wien 1998

SIGMUND (2000): Die Frauen der Nazis. Bd. II, Wien 2000

SIGMUND (02): Die Frauen der Nazis. Bd. III, Wien 2002

SIGMUND (03): Des Führers bester Freund. Adolf Hitler, seine Nichte Geli Raubal und der »Ehrenarier« Emil Maurice. Eine Dreiecksbeziehung, München 2003.

Sigmund (05): Die Frauen der Nazis. Die drei Bestseller vollständig aktualisiert in einem Band, München 2005

Sigmund (06): Diktator, Dämon, Demagoge. Fragen und Antworten zu Adolf Hitler, München im März 2006

Sigmund (08 I): »Das Geschlechtsleben bestimmen wir«. Sexualität im Dritten Reich, München 2008

SIGMUND (08 II): Als Hitler auf der Flucht war. (Aus den unveröffentlichten Erinnerungen Helene Hanfstaengls), in: SZ vom 8./9. November 2008

SIGMUND (11): Leichenroulette. Kriminalroman, München 2011

SIGMUND (13): Die Frauen der Nazis [Bd. I]. Komplett überarbeitete Neuausgabe, München 2013

SIONS, HARRY: Berchtesgaden, in: Yank. The Army Weekly, 22. Juni 1945, S. 2 ff.

SISMAN, ADAM (10): Hugh Trevor-Roper. The Biography, London 2010

SISMAN (11): An Honourable Englishman: The Life of Hugh Trevor-Roper, New York 2011

SMELSER, RONALD; SYRING, ENRICO; ZITELMANN, RAINER (HG.): Die braune Elite. Bd. II. [21 weitere biografische Skizzen], Darmstadt 1993

SMELSER/SYRING (HG.): Die SS. Elite unter dem Totenkopf. 30 Lebensläufe. 2. durchgesehene und aktualisierte Auflage, Paderborn 2003

SMITH, BRADLEY F.: Adolf Hitler. His Family, Childhood and Youth, Stanford 1967

SMITH: Heinrich Himmler 1900–1926. Sein Weg in den deutschen Faschismus. Mit 7 Abbildungen und 4 Tagebuch-Faksimile-Drucken (von 1915 bzw. 1921). Aus dem Amerikanischen übersetzt von Elisabeth Nußbaumer, München 1979

SNYDER, LOUIS LEO (32): Hitlerism. The Iron Fist in Germany. [Unter dem Pseudonym »Nordicus« gemachte öffentliche Voraussage von Hitlers Herrschaft, Weltkrieg und Untergang], New York 1932

SNYDER (52): German Nationalism. The Tragedy of a People, Harrisburg 1952

SNYDER (67): Hitler and Nazism, New York 1967

SNYDER (76/95): Encyclopedia of the Third Reich. Unveränderter Nachdruck des Originals von 1976, London 1995

SNYDER (89): Hitler's Elite. Biographical Sketches of Nazis who Shaped the Third Reich, New York 1989

SOLOMON, MAYNARD: Franz Schubert and the Peacocks of Benvenuto Cellini. [Erstes homosexuelles Outing von Franz Schubert], Berkeley/Oakland 1989

SOMMER, HARTMUT: Gesucht: der Arzt von Pasewalk. Die Wahrheit über Hitlers Blindheit, in: Münchner Abendzeitung v. 30. 4./1. 5. 1966, S. 9

SMIDT, WILHELM: Deutsches Königtum und deutscher Staat des Hochmittelalters während und unter dem Einfluß der italienischen Heerfahrten. Ein 200jähriger Gelehrten-Streit im Lichte der historischen Methode zur Erneuerung der abendländischen Kaiserwürde durch Otto I., Wiesbaden 1964

SPEER, ALBERT (69): Erinnerungen, Berlin/Frankfurt 1969

SPEER (75): Spandauer Tagebücher, Berlin/Frankfurt/Wien 1975

SPEER (93): Erinnerungen. Mit einem Essay von Jochen Thies, Frankfurt/Berlin 1993 [neueste, ungekürzte Ausgabe 2005]

SPEER (99): »Alles, was ich weiß«. Aus unbekannten Geheimdienstprotokollen vom Sommer 1945. Herausgegeben von Ulrich Schlie, München 1999

SPEER (03): Albert Speer. Die Kransberg-Protokolle 1945. Seine ersten Aussagen und Aufzeichnungen (Juni–September). Hg. von Ulrich Schlie, München 2003

STABENOW, MICHAEL: »Seine Augen haben keine Seele.« [Über den französischen Serienkiller Fourniret], in: FAZ vom 26. April 2008, S. 11

STACHURA, PETER D.: The Political Strategy of the Nazi Party 1919–1933, in: German Studies Review 3, no. 2 (1980), S. 261 ff.

Stadtmuseum München: München – »Hauptstadt der Bewegung«. Katalog zur Ausstellung vom 22. Oktober 1993 bis zum 27. März 1994

Staisch, Thomas Alexander: Heinrich Pommerenke, Frauenmörder. Ein verschüttetes Leben, Tübingen 2010

Steinert, Marlis (70): Hitlers Krieg und die Deutschen. Stimmung und Haltung der deutschen Bevölkerung im Zweiten Weltkrieg, Düsseldorf 1970

Steinert (91): Hitler, Paris 1991

Steinert (94): Hitler. Aus dem Französischen von Guy Montag und Volker Wieland, München 1994

Steinhoff, Johannes; Pechel, Peter; Showalter, Dennis (Hg.): Deutsche im Zweiten Weltkrieg. Zeitzeugen sprechen. München 1989

Steinle, Jürgen: Hitler als »Betriebsunfall in der Geschichte«, in: Geschichtswissenschaft und Unterricht. Bd. 45 (1994), S. 288 ff.

Stern, Carola: Auf den Wassern des Lebens. Gustav Gründgens und Marianne Hoppe, Köln 2005

Stern, Joseph Peter (78): Hitler. Der Führer und das Volk, München 1978

Stierlin, Helm (71): Das Tun des Einen ist das Tun des Anderen. Eine Dynamik menschlicher Beziehungen, Frankfurt a. M. 1971 [7. Aufl. 1995]

Stierlin (75): Adolf Hitler. Familienperspektiven, Frankfurt a. M. 1975

Stierlin (03): Anziehung und Distanz. Hitler und die Frauen aus der Sicht des Psychotherapeuten, in: Leutheusser, S. 264 ff.

Strasser, Otto (30): Ministersessel oder Revolution? Berlin 1930

Strasser (40): Hitler and I, London 1940

Strasser (41): Hitler und ich, Buenos Aires [o. O. (1941/42)]

Strasser (42): The Gangsters around Hitler, London 1942

Strasser (48): Hitler und ich, Konstanz 1948

Stratigakos, Despina: Hitler at Home. [Hitler und seine »Leib-Architektin« Gerdy Troost], New Haven [USA]/London 2015

Suttora, Mauro (Hg.): Clara Petacci: Mussolini segreto, Milano 2009

Syberberg, Hans-Jürgen: Winifred Wagner und die Geschichte des Hauses Wahnfried 1914–1975. Doku-Porträt. Interview, Bayerisches/Österreichisches Fernsehen 1975

Szarewski, Anne; Guillebaud, John: Contraception. A User's Handbook. The most complete and up-to-date guide for women today, Oxford/New York etc. 1994.

Tadden, Adolf von: Adolf Hitler. Verwandler der Welt, Rosenheim 1991

Taylor, Blaine (07): Hitler's Headquarters: From Beer Hall to Bunker. 1920–45, Washington, DC 2007

Taylor (10): Hitler's Engineers. Fritz Todt and Albert Speer – Masterbuilders of the Third Reich, Havertown, Pa 2010

Taylor (13): Mrs Adolf Hitler: The Eva Braun Photograph Albums 1912–45, Solihull, West Midlands, England 2013

Thacker, Toby: Joseph Goebbels. Life and Death, New York 2009

Thamer, Hans-Ulrich: Wirtschaft und Gesellschaft unterm Hakenkreuz, in: Nationalsozialismus II. Führerstaat und Vernichtungskrieg. Informationen zur politischen Bildung 266, Bonn 2002, S. 21 ff.

Thamer: Nationalsozialistische Außenpolitik. Der Weg in den Krieg. in: a. a. O., S. 31 ff.

Theiss-Abendroth, Peter: Was wissen wir wirklich über die militärpsychiatrische Behandlung des Gefreiten Adolf Hitler? Eine literarisch-historische Untersuchung, in: Psychiatrische Praxis, 36. Jg., 2009, S. 35 ff.

Thuermer-Rohr, Christina (Hg.): Mittäterschaft und Entdeckungslust. Herausgegeben vom Studienschwerpunkt »Frauenforschung« am Institut für Sozialpädagogik der Technischen Universität Berlin, Berlin 1989

TITHECOTT, RICHARD: Of Men and Monsters: Jeffrey Dahmer and the Construction of the Serial Killer. Foreword by James R. Kincaid, Wisconsin/London 1997
TOLAND, JOHN (77): Adolf Hitler. Aus dem Amerikanischen von Uwe Bahnsen. Bergisch Gladbach 1977
TOLAND (92): Adolf Hitler. New York 1992 [actual edition February 2007, reprint of the first edition 1976]
TREUE, WILHELM: Rede Hitlers vor der deutschen Presse (10. November 1938) [einen Tag nach der »Reichskristallnacht« gegen das deutsche Judentum am 9. November 1938]. Eingeleitet und kommentiert von W. T., in: VfZ, Jg. 6, 1958, S. 175 ff.
TREVOR-ROPER, H[UGH]. R[EDWALD]. (46): Hitler – New Light on a Dark Career. A revised portrait based on captured records and the testimony of the Fuehrer's intimates, in: The New York Times, March 17, 1946, Sunday Magazine, p. 4, 7, 9, 57
TREVOR-ROPER (47): The Last Days of Hitler, London 1947 [6. Auflage 1993]
Trevor-Roper (07): Letters from Oxford to Bernard Berenson. Edited by Richard Davenport-Hines, London 2007
TREVOR-ROPER (12): The Wartime Journals. Edited by Richard Davenport-Hines, London/New York 2012
TREVOR-ROPER (14): One Hundred Letters. Edited by Richard Davenport-Hines and Adam Sisman, New York/Oxford 2014
TURNER, HENRY A. (86): Die Großunternehmer und der Aufstieg Hitlers, Berlin 1986
TURNER: Hitlers Weg zur Macht. Der Januar 1933, München 1996
TYRELL, ALBRECHT: Vom »Trommler« zum Führer. Der Wandel von Hitlers Selbstverständnis zwischen 1919 und 1924 und die Entwicklung der NSDAP. München 1975
ULLRICH, VOLKER: Adolf Hitler. Bd I: Die Jahre des Aufstiegs 1889–1939. Biografie, Frankfurt a. M., Oktober 2013 [Anglo-Erstausgaben 2016]
ULLRICH (13 I): Als Hitler sich selbst erfand. In: Die Zeit, Nr. 40 vom 26. September 2013, S. 17 ff.
ULLRICH (13 II): Zwei weiße Westen für Hitler. Volker Ullrich erzählt von Entdeckungen, die er bei seinen Archivrecherchen machte, in: a. a. O., S. 20
VALFER, ERNST: [»Meine Eltern waren gute Deutsche«] Erinnerungen an Valvers am 19. Oktober 1941 aus Frankfurt am Main nach Lodz deportierten und später ermordeten Eltern, die Frankfurter Bürger Frieda und Heinrich Valfer, in: Renate Hebauf: Ein Schmerz, der bleibt, FAZ vom 20. Oktober 2016, S. 31
VAT, DAN VAN DER: Der gute Nazi. Albert Speers Leben und Lügen, Berlin 1997
VERMEEREN, MARC: De jeugd van Adolf Hitler 1889–1907. En zijn familie voorouders. Soesterberg 2007
VILAR, ESTHER: Das polygame Geschlecht. Das Recht des Mannes auf zwei Frauen. 1. Überarbeitete Neuausgabe, München 2016 [Original: 1974]
VISTRITS, ROBERT: Wer war wer im Dritten Reich, Frankfurt a. M. 1993 [1. Auflage 1983 – auf Englisch publiziert unter dem Namen Wistrich, Robert S. und dem Titel: Who's Who in Nazi Germany, London 1982]
VITT-MUGG, VALESKA: Sexuell sadistische Serientäter, Lengerich 2003
VOEGELI, WOLFGANG (HG.): Nationalsozialistische Familienpolitik zwischen Ideologie und Durchsetzung, Hamburg 2001
VOGL, ADOLF: [»Geli war so ein lebenslustiges Mädchen, dass ich einen Selbstmord für ausgeschlossen halte«] Interview mit David Irving, in: IfZM, ZS 226/52
VOLLNHALS, CLEMENS: Der Aufstieg der NSDAP in München 1925 bis 1933: Förderer und Gegner, in: Stadtmuseum München, S. 157 ff.
WAGENER, OTTO: Hitler aus nächster Nähe. Aufzeichnungen eines Vertrauten 1929–1932. Herausgegeben von Henry A. Turner, Kiel 1987 [1. Auflage 1978]
WAGNER, ASTRID: Mörder, Dichter, Frauenheld. Der Fall Jack Unterweger, Leipzig 2004 [erste Ausgabe: Jack Unterweger, Leipzig 2001. Sonderausgabe aus Anlass des

Films über Unterweger: Verblendet: Die wahre Geschichte der Anwältin, die sich in den Mörder Jack Unterweger verliebte, Wien 2015]

WAITE, ROBERT G. L. (52): Vanguard of Nazism: The Free Corps Movement in Post-War Germany, 1918–1923, Cambridge [Mass.] 1952

WAITE (77): The Psychopathic God: Adolf Hitler, New York 1977

WALLER, JOHN H.: The Devil's Doctor. Felix Kersten and the Secret Plot to Turn Himmler Against Hitler, New York 2002.

WARLIMONT, WALTER: Inside Hitler's Headquarters. Translated by Richard H. Barry, London 1964

WEBER, MORITZ: Das große Tabu um Franz Schubert, in: Schweizer Radio und Fernsehen, Samstag, den 13. 4. 2013, 11:03 Uhr. Online 23. 12. 2015

WEBER, THOMAS: Hitlers erster Krieg. Der Gefreite Hitler im Weltkrieg. Mythos und Wahrheit. Aus dem Englischen von Stephan Gebauer. 2. Ausgabe, Berlin 2012

WEGNER, BERND (89): Hitlers zweiter Feldzug gegen die Sowjetunion. Strategische Grundlagen und historische Bedeutung, in: Michalka, S. 652 ff.

WEGNER (92): Vom Lebensraum zum Todesraum. Deutschlands Kriegführung zwischen Moskau und Stalingrad, in: Förster, S. 17 ff.

WEGNER; KERSHAW, IAN: Hitler, der Zweite Weltkrieg und die Choreographie des Untergangs. Unpublished paper, zitiert in Kershaw 2000 I, S. 1075

WEINBERG, GERHARD L. (61): siehe Hitler 61

WEINBERG (80): The Foreign Policy of Hitler's Germany. Bd. II: Starting World War II 1937–1939, Chicago/London 1980

WEISS, ERNST: Der Augenzeuge. Roman. Bd. 14 der Gesammelten Werke. Herausgegeben von Peter Engel und Volker Michels, Frankfurt a. M. 1982

WELZER, HARALD: Täter. Wie aus ganz normalen Menschen Massenmörder wurden. Unter Mitarbeit von Michaela Christ, Frankfurt a. M. 2005

WENDT, BERND-JÜRGEN (81): Südosteuropa in der nationalsozialistischen Großraumwirtschaft, in: Hirschfeld/Kettenacker, S. 414 ff.

WENDT (87): Großdeutschland. Außenpolitik und Kriegsvorbereitung des Hitler-Regimes, München 1987

WERREMEIER, FRIEDHELM: Der Fall Heckenrose [Bartsch], München 1975

WIEDEMANN, FRITZ: Der Mann, der Feldherr werden wollte. Erlebnisse und Erfahrungen des Vorgesetzten Hitlers im I. Weltkrieg und seines späteren persönlichen Adjutanten, Velbert/Kettwig 1964

WIKIPEDIA: Chemical Weapons in World War I [19. März 2015]

WIKIPEDIA: Psychopathographie Adolf Hitlers [21. Juli 2011]

WILLIAMSON, GORDON: Die SS. Hitlers Instrument der Macht. [150 Lebensläufe der wichtigsten SS-Mitglieder] Gesamtüberarbeitung von Alex Klubertanz. Aus dem Englischen von Walter Wurzer und Maria Graßhoff, Fränkisch-Crumbach 2013 [deutsche Erstausgabe 1998]

WINTER, ANNI (45): [»Streicher sagt, ich hätte etwas mit Hitler gehabt.«] Interrogation by Capt. O. N. Norden, Munich, 6. 11. 45, in: Donovan Nuremberg Trials Collection, Vol. IV, Subdivision 8/Hitler, Section 8.02. Cornell University, Law Library.

WINTER (48 I): [Drittes Interview mit Hitlers Haushälterin seiner Münchner Privatwohnung am Prinzregentenplatz 16. Befragung am 3. September 1948 im Hotel »Rosengarten« (München) durch das Team des US-Richters Michael Angelo Musmanno, Nürnberger Tribunal] In: MC

WINTER (48 II): [Erstes Interviews mit Musmanno und seinen Secret-Service-Mitarbeitenden am 30. März 1948 in Winters Wohnung Widenmayerstraße 43. Da in der Musmanno Collection die Mitschnitte nicht entsprechend der Datierungen aneinandergereiht wurden, muss den Originaldokumenten – entgegen der zeitlichen Reihenfolge der Interviews – gefolgt werden.], in: MC

WINTER (48 III) [»Eine Familie Reich lebte im anderen Flügel«] Statement am 28. April 1948 zu der ersten Befragung durch Musmanno am 30. März 1948, in: MC

WINTER (52): [»Sie kam durch Vermittlung von Elsa Bruckmann zu Hitler«] Protokoll einer Unterredung in Winters Wohnung mit Georg Franz-Willing 1952 »im Auftrage des Instituts für Zeitgeschichte« [Datum des Gesprächs und des Protokolls nicht angegeben. Es ließ sich aus dem IfZM-Stempel für das Jahr 1952 spezifizieren], in: IfZM, ZS 194

WITTE: siehe Himmler, Heinrich (99)

WOODMAN, DOROTHY (ALBERT SCHREINER): Hitler treibt zum Krieg. Dokumentarische Enthüllungen über Hitlers Geheimrüstungen. Herausgegeben von deutschen Emigranten in Paris, gemeinsam mit dem Sekretariat der englischen Union of Democratic Control, Paris 1934

WULF, JOSEF: Heinrich Himmler. Eine biographische Studie. [Innerhalb der Serie: Das Dritte Reich und seine Mörder], Berlin 1960

WÜNSCHE, Max: Tägliche Aufzeichnungen, in: BAB, NS 10/125

WÜNSCHE: Terminkalender des Führers, in: BAB, NS 10/591

WÜNSCHE: [Äußerungen über Hitler], in: IfZM, ZS 2250

WYKES, ALAN (72): Himmler, New York 1972

WYKES (81): Reichsführer SS Himmler. Aus dem Englischen von Wulf Bergner, München 1981

ZDRAL, WOLFGANG: Die Hitlers. Die unbekannte Familie des Führers, Frankfurt a. M. 2005

ZENTNER, CHRISTIAN; BEDÜRFTIG, FRIEDEMANN: Das große Lexikon des Dritten Reiches. München 1985

ZIMMERMANN, MICHAEL (89): Verfolgt, vertrieben, vernichtet. Die nationalsozialistische Vernichtungspolitik gegen Sinti und Roma, Essen 1989

ZIMMERMANN (98): Die nationalsozialistische Lösung der Zigeunerfrage, in: Herbert (98), S. 235 ff.

ZITELMANN, RAINER: Adolf Hitler. Eine politische Biographie, Göttingen 1989

Bildnachweis

Bayerisches Hauptstaatsarchiv NSDAP Baupläne 6132   488
bpk/Bayerische Staatsbibliothek/Archiv Heinrich Hoffmann   24, 432
bpk/Bayerische Staatsbibliothek/Heinrich Hoffmann   30, 438
bpk   433, 515
Staatsarchiv München Baupläne Berchtesgaden 1936/14 B114 und B116   403, 418
ullstein bild – Imagno/IMAGNO/Austrian Archives (S)   43
ullstein bild – TopFoto   31, 482
ullstein bild – Walter Frentz   213
ullstein bild   25, 266
Autor   64, 397, 414, 516, 520

Personenverzeichnis